D1878543

हिंदी साहित्य ज्ञानकोश

खंड -2

हिंदी साहित्य ज्ञानकोश

खंड -2

प्रधान संपादक
शंभुनाथ

संपादक मंडल
राधावल्लभ त्रिपाठी, जवरीमल्ल पारख, अवधेश प्रधान
अवधेश कुमार सिंह, अवधेश प्रसाद सिंह

भाषा संपादक
राजकिशोर

संयोजक
कुसुम खेमानी

शोध सहायक
दिनेश कुमार शर्मा (समन्वयक), पीयूषकांत,
श्रद्धांजलि सिंह, पूजा गुप्ता, उपेन्द्र शाह, निशांत

प्रकाशक
भारतीय भाषा परिषद
36ए, शेक्सपियर सरणी, कोलकाता - 700 017

एकमात्र वितरक

वाणी प्रकाशन
4695, 21-ए, दरियागंज, नयी दिल्ली 110 002
फ़ोन : +91 11 23273167 फ़ैक्स : +91 11 23275710
शाखाएँ
अशोक राजपथ, पटना 800 004, बिहार
कॉफ़ी हाउस कैम्पस, महात्मा गांधी मार्ग, इलाहाबाद 211 001, उत्तर प्रदेश
महात्मा गांधी अन्तरराष्ट्रीय हिन्दी विश्वविद्यालय, वर्धा 442 001, महाराष्ट्र
www.vaniprakashan.in
marketing@vaniprakashan.in
sales@vaniprakashan.in

HINDI SAHITYA JNANKOSH-2
Chief Editor : Shambhunath

ISBN : 978-81-940882-0-2
Kosh

© 2019 भारतीय भाषा परिषद

प्रथम संस्करण

सात खंडों का सम्पूर्ण सेट : ₹ 5000

इस पुस्तक के किसी भी अंश को किसी भी माध्यम में प्रयोग
करने के लिए प्रकाशक से लिखित अनुमति लेना अनिवार्य है।

सन्मार्ग प्रा.लि., कोलकाता में मुद्रित

वाणी प्रकाशन का लोगो मक़बूल फ़िदा हुसेन की कूची से

सौजन्य

विशम्भरदयाल सुरेका

मनोविकास ट्रस्ट

3/1, लाउडन स्ट्रीट

कोलकाता - 700 017

श्याम सुंदर कानोड़िया

शीला कानोड़िया फाउंडेशन

23 सी, आशुतोष चौधुरी एवेन्यू

कोलकाता - 700 019

राम अवतार गुप्त की स्मृति में

विवेक गुप्त

सन्मार्ग

160बी, चित्तरंजन एवेन्यू

कोलकाता - 700 073

भारतीय भाषा परिषद

न्यास मंडल

प्रतिभा अग्रवाल
कुसुम खेमानी
काशी प्रसाद खेरिया
ईश्वरी प्रसाद टांटिया
राजीवलोचन कानोड़िया
अजित भुवालका
नंदलाल शाह
रवींद्र चमड़िया
अरुण सुरेका

कार्यकारिणी 2018

कुसुम खेमानी (अध्यक्ष)
ईश्वरी प्रसाद टांटिया (उपाध्यक्ष)
नंदलाल शाह (मंत्री)
बिमला पोद्दार (मंत्री)
घनश्याम सुग्ला (कोषाध्यक्ष)
रामकुमार मुखोपाध्याय
रवींद्र चमड़िया
राजीवलोचन कानोड़िया
विवेक गुप्त
शंभुनाथ
राजश्री शुक्ला
शालीन खेमानी
प्रेमशंकर त्रिपाठी
अरुण चूड़ीवाल
स्वपन चक्रवर्ती

प्रविष्टि सूची

खंड-2

उ

ऊ

ऋ

ए

ऐ

ओ

ख

॥ उ ॥

उग्रवाद

उग्रवाद (Extremism) का अर्थ है प्रतिरोध के सामान्य स्वीकृत पथ को छोड़कर चरम पद्धति को अपनाना और उसका समर्थन करना। यह शांतिपूर्ण या उदारवादी राह के विपरीत अर्थ का द्योतक है और मुख्य धारा के बाहर की घटना है जिसमें हिंसा कई बार मुख्य साधन बना दी जाती है। वामपंथ, दक्षिणपंथ दोनों के संदर्भ में उग्रवाद शब्द का प्रयोग होता आया है। इसके अलावा अति-क्रांतिकारिता, नक्सलवाद, इस्लामी कट्टरवाद आदि के संदर्भ में भी इस शब्द का व्यवहार हुआ है। यह राजनीतिक रूप से अर्थगर्भित प्रत्यय है। आपराधिक तत्व भी भय फैलाने के उद्देश्य से हिंसा का सहारा लेते हैं, लेकिन उन्हें उग्रवादी की संज्ञा नहीं दी जाती।

भगत सिंह और नेल्सन मंडेला जैसे स्वाधीनता आंदोलनों के प्रतीकों को भी एक दौर में उग्रवादी कहा गया था। राष्ट्रों की मुक्ति और आत्मनिर्णय के अधिकार के मुद्दे उग्रवाद की किसी स्पष्ट परिभाषा के प्रश्न को जटिल बना देते हैं। कई बार सत्ताधारी दल किसी दूसरे दल को असंवैधानिक सिद्ध करने के लिए और उसके विरुद्ध दमन की कार्रवाई करने के लिए इस शब्द का सहारा लेते हैं। लोकतांत्रिक व्यवस्था में हिंसा के राजनीतिक उपयोग को उग्रवाद का प्रमुख तत्व माना जा सकता है। उग्रवाद किसी देश के भीतर सीमित हो सकता है और अंतरराष्ट्रीय भी हो सकता है। धार्मिक, राजनीतिक या किसी विचारधारात्मक लक्ष्य की प्राप्ति के लिए भय फैलाने के लिए हिंसक घटनाओं को अंजाम देना उग्रवाद कहलाता है।

हिंसा का आश्रय लेने वाला उग्रवाद लंबे समय तक बने रहने वाले मनोवैज्ञानिक प्रभावों के लिए हिंसक कार्य करता है। उग्रवादी अक्सर खुलेआम सामने नहीं आते। उग्रवादी संगठन चोरी-छिपे और षड्यंत्रकारी तरीके से कार्य करते हैं। इनका उद्देश्य मीडिया में प्रचार पाना भी होता है जिससे लोगों में मनोवैज्ञानिक भय पैदा किया जा सके। वे सैनिकों, सरकारी लोगों और प्रशासनिक स्थानों पर विशेष रूप से हमला करते हैं जिसका उद्देश्य मनोवैज्ञानिक ही अधिक होता है। उग्रवादी गतिविधियों में भले आत्मोत्सर्ग जैसी भावुकता दिखाई दे, यह स्वतःस्फूर्त न होकर नीतिगत और सोची-समझी होती है। कई बार उग्रवादी कहने की जगह स्वतंत्रता सेनानी, अलगाववादी, राष्ट्रवादी, नक्सलवादी, जिहादी, गुरिल्ला, फिदायीन जैसे शब्दों का इस्तेमाल भी होता है। राजनीतिक तौर पर ऐसे शब्दों के प्रयोग इनके नकारात्मक पक्षों को छिपाने के लिए किए जाते हैं। उदाहरण के लिए अमेरिका के राष्ट्रपति रोनाल्ड रीगन अफगानी उग्रवादियों के लिए स्वतंत्रता सेनानी शब्द का प्रयोग करते थे। माइकेल वेल्जर जैसे कुछ चिंतकों का मानना है कि कुछ स्थितियों में उग्रवाद न्यायसंगत हो सकता है, विशेषकर जब किसी राष्ट्र अथवा समुदाय पर विनाश का खतरा हो। किसी देश में उग्रवाद उभरने और राजनीतिक समाधान न पाने को लोकतंत्र के संकुचित होने के चिह्न के रूप में भी देखा जा सकता है।

उग्रवादियों का उद्देश्य अक्सर हिंसक गतिविधियों द्वारा अंतरराष्ट्रीय स्तर पर लोगों का ध्यान आकृष्ट करना होता है। वे अपने समुदाय के उद्देश्यों के प्रति प्रतिबद्धता और एकता दिखाने के लिए इस तरह की गतिविधियों में शामिल होते हैं। धर्म और जातीय आत्मनिर्णय के नाम पर उग्रवाद का प्रचार आसान होता है।

उग्रवाद के कारणों पर विचार करते समय अक्सर कहा जाता है कि उग्रवादी गतिविधियों में हिस्सा लेने वाले गरीब लोग होते हैं। इसका कारण गरीबी और अशिक्षा है। मगर नए अध्ययनों से यह उजागर हुआ है कि ऐसी गतिविधियों में शिक्षित लोग भी शामिल होते हैं। उग्रवादी दलों में 14 से 30 तक

की आयु के लोग ज्यादा शामिल होते देखे गए हैं। समझा जाता है कि इस आयु वर्ग के लोग उग्रवादी घटनाओं को अंजाम देने में अधिक उत्साह दिखाते हैं। उग्रवाद को नियंत्रित करने की राह राजकीय आतंक नहीं है, उसका राजनीतिक समाधान ही सही पथ है। उग्रवाद कई बार अपने बोझ से दब और थक कर व्यवस्था का अंग बन जाता है।

उग्रवादी लोग अपनी गतिविधियों की व्यापकता के लिए कई बार दूसरे देशों के सहानुभूति रखने वालों से धन पाते हैं और कई बार अपने कार्य क्षेत्र से ही भयदोहन करके धन प्राप्त करते हैं। उत्तर-पूर्व और बिहार के कुछ इलाकों में यह आम बात है और इसे चिंताजनक माना जाता है।

साहित्य में उग्रवाद की ओर झुकाव रखने वाली काफी रचनाएं हैं। 1970-80 के दशक में नक्सलवादी आंदोलन के असर में ऐसा साहित्य आया। आलोकधन्वा, विजयकांत, कुमारेंद्र पारसनाथ सिंह, कुमार विकल ऐसे लेखकों में गिने जाते हैं।

रघुवंशमणि

अधिक जानकारी के लिए :
1. **The Bigot : Why Prejudice Persists :** Stephen Eric Bronner, 2. **Rational Extremism : The Political Economy of Radicalism :** Ronald Wintrobe, 2006

उग्रसेन

उग्रसेन मथुरा के यदुवंशी राजा थे। उनके बेटे कंस का विवाह जरासंध की पुत्रियों के साथ हुआ था। कंस ने ससुर की सहायता से अपने पिता उग्रसेन को बंदी बनाकर कारागृह में डाल दिया और स्वयं मथुरा का राजा बन बैठा। कृष्ण के हाथों जब कंस मारा गया, तब वह पुनः राजसिंहासन पर बैठे। कृष्ण भक्ति काव्य में उग्रसेन का उल्लेख मिलता है। शतपथ ब्राह्मण में उद्धृत गाथा एवं ऐतरेय ब्राह्मण के अनुसार, इस यदुवंशी राजा की राजधानी आसंदीवंत में थी। उग्रसेन, भीमसेन एवं श्रुतसेन इन तीन भाइयों ने अश्वमेध यज्ञ द्वारा अपने साम्राज्य का विस्तार किया था और अपने को पापमुक्त किया था।

कृष्णभक्त कवियों ने उग्रसेन की प्रतिष्ठा कृष्ण के भक्त के रूप में की है। उग्रसेन के चरित्र को केवल कृष्ण काव्य में ही प्रमुखता मिली। भागवत के भाषानुवादों को छोड़कर उनका चरित्र प्रायः उपेक्षित ही रहा है। मान्यता है कि अग्नि प्रवेश कर इनकी मृत्यु हुई थी।

मैथिलीशरण गुप्त के काव्य 'द्वापर' में उग्रसेन का उल्लेख है। द्वारका प्रसाद मिश्र ने 'कृष्णायन' में 'श्रीमद्भागवत' के अनुसार, मथुरा कांड की घटनाओं का वर्णन करते समय उग्रसेन की चर्चा की है। 'द्वापर' काव्य में उग्रसेन एक राज्यच्युत दीन राजा, पुत्र द्वारा पीड़ित, प्रबुद्ध एवं सहज, सरल स्वभाव वाले तथा मानवतावादी आदर्शों के समर्थक के रूप में चित्रित हुए हैं। उनके स्वर में आसुरी सत्ता से पीड़ित, त्रस्त, प्रबुद्ध जनता का स्वर है।

सरोज सिंह

अधिक जानकारी के लिए :
Encyclopedia of Religion and Ethics : James Hastings

उच्च कला

उच्च कला (High Art) आंदोलन मुख्यतः प्रबोधन या 'एनलाइटेन्मेंट' से प्रेरित था। इस पर यथार्थवाद का भी प्रभाव था। इससे संबंधित कलाकारों का मानना था कि कला का महत्व वास्तविक चीजों के निरूपण में है। यह आंदोलन आधुनिकताबोध को वास्तविक अर्थों में निरूपित करता था। उच्च कला को बीसवीं सदी की आधुनिक कला और संस्कृति का प्रस्थान बिंदु माना जा सकता है। कला में मूर्तन की प्रक्रिया को इस दौर में प्रश्नांकित किया जाने लगा, जिसकी शुरुआत 1860 के आसपास फ्रेंच चित्रकला से हुई थी।

उच्च कला आंदोलन से जुड़े कलाकारों का मानना था कि न सिर्फ कलाकार को, बल्कि दर्शक को भी

अपने कला अनुभव के लिए एक ऊंचा स्तर विकसित करना होगा। इस तरह कला मूल्यों में परिवर्तन के साथ-साथ कला के आस्वाद की प्रक्रिया को भी बदलने की बात कही गई। उदाहरण के तौर पर 1865 में एडुअर्ड मैनेट द्वारा निर्मित चित्र 'ओलंपिया' को देखा जा सकता है। इसमें एक वेश्या की नग्न तस्वीर बनाई गई है। इसमें चटक रंगों की अपेक्षा बेहद सपाट रंगों का इस्तेमाल किया गया है। उसके पैर कुछ अधिक लंबे दिखाए गए हैं। इस चित्र के माध्यम से दर्शक के भीतर मौजूद स्त्री की छवि को चुनौती दी गई है। मैनेट द्वारा प्रस्तुत की गई इस चुनौती को बाद के इंप्रेशनिस्ट या प्रभाववादी चित्रकारों ने आगे बढ़ाया। उन्होंने चित्र में मौजूद क्षणों को महत्वपूर्ण माना, चाहे वे क्षण पारंपरिक छवि को तोड़ते ही क्यों न हों। इसी तरह पारंपरिक संगीत को भी चुनौती दी गई और कला के क्षेत्र में सामान्य से ऊपर एक उच्च आस्वाद की मांग स्थापित हुई। समयांतर में इस आंदोलन की केंद्रीयता में ह्रास आया, विशेषकर उत्तर-संरचनावादी काल में जब तथाकथित उच्च के स्थान पर 'लघु' या 'निम्न' ने केंद्रीयता प्राप्त की और लोक तथा पॉपुलर कला रूपों की प्रतिष्ठा हुई।

अच्युतानंद मिश्र

अधिक जानकारी के लिए :

1. **Modernism : A Source book** : (Ed.) Steven Mathews, 2. **Popular Culture and High Culture : An Analysis and Evaluation of Taste** : Herbert J Gans, 1974

उत्तर-औद्योगिक समाज

उत्तर-औद्योगिक समाज से अभिप्राय उस समाज से है जो उद्योगीकरण के युग के बाद पनपा और जिसका सबसे बड़ा हिस्सा सेवा क्षेत्र से जुड़ा है। कोई राष्ट्र विकास की तरफ बढ़ते हुए कई चरणों से होते हुए गुजरता है जिनमें उद्योगीकरण एक महत्वपूर्ण चरण है। उत्तर-औद्योगिक देशों में औद्योगिक उत्पादन आय तथा पूंजी का सबसे बड़ा स्रोत बन जाता है। इस चरण में देश की अधिकांश आबादी सीधे तौर पर उद्योगों और उत्पादन से जुड़ी होती है। इस चरण से गुजरने के बाद कोई भी देश ऐसी अवस्था में जा पहुंचता है जहाँ उत्पादन की अपेक्षा सेवा क्षेत्र बढ़ता चला जाता है। ऐसे में अधिकांश आर्थिक गतिविधियां सेवा क्षेत्र से जुड़ती जाती हैं। इस चरण में देश की अधिकांश आबादी सेवा क्षेत्र से जुड़ी होती है। यह सेवा क्षेत्र देश के सकल घरेलू उत्पाद (जीडीपी) में सबसे बड़ा योगदान देने लगता है। यह अवस्था किसी देश के आर्थिक विकास का अपने चरम की ओर बढ़ना है। इस अवस्था में जीने वाला समाज ही उत्तर-औद्योगिक समाज कहलाता है। इस तरह के समाज का सबसे बड़ा भाग यूरोपीय देशों समेत अमेरिका, कनाडा, ऑस्ट्रेलिया और जापान में है। दूसरी ओर, भारत, ब्राजील, दक्षिण अफ्रीका, चीन जैसे देशों के प्रमुख महानगरों में भी एक बड़ा तबका उत्तर-औद्योगिक समाज का प्रतिनिधित्व करता दिखाई देता है।

उत्तर-औद्योगिक समाज में उद्योग और उत्पादन का महत्व घट जाता है। ज्ञान, सूचना और तकनीक की अहमियत अत्यधिक बढ़ जाती है। पर्यटन और मनोरंजन जैसे सेवा-प्रधान परोक्ष उद्योग तेजी से बढ़ते हैं। दूसरी ओर डाक्टरी, इंजीनियरिंग, न्यायिक सलाह आदि से जुड़ी सेवाएं, इलेक्ट्रोनिक सेवाएं, परिवहन सेवाएं, शिक्षा सेवाएं, निवेश, बीमा, बैंकिंग सेवाएं तेजी से विस्तार करती दिखाई देती हैं। इस समाज में अर्थव्यवस्था को विकसित करने के लिए विचारों का उत्पादन किया जाता है। भूमंडलीकरण स्वचालितकरण के जरिए मानव श्रम और संगठित श्रमिकों की स्थिति में गिरावट ला देता है, प्रोफेशनल कार्मिकों में बढ़ोतरी होती है। सूचना विज्ञान तथा प्रौद्योगिकी का विकास होता है और सिर्फ व्यावहारिक ज्ञान महत्व प्राप्त करता है।

उत्तर-औद्योगिक समाज अपनी आत्मनिर्भरता, भव्यता, चकाचौंध और ऐश्वर्य से सहज ही आकर्षित करता है। यही कारण है कि भूमंडलीकरण के दौर में आज हर कोई इसका हिस्सा बनने के लिए लालायित दिखता है। यह सामाजिक अंतरण आसान नहीं है। इसके लिए जो कीमत चुकानी पड़ती है, उसका दंश

आज पश्चिमी समाज गहराई से महसूस कर रहा है। उत्तर-औद्योगिक समाज ने एक ओर जहाँ व्यक्ति को वैयक्तिक स्वतंत्रता का सुख दिया है वहीं अकेलापन, असंवेदनशीलता, असंतोष, अशांति, तनाव और डिप्रेशन बढ़ाया है। उत्तर-औद्योगिक समाज ने व्यक्ति से व्यक्ति के जुड़ने की संभावना को खतरनाक हद तक कम कर दिया है जिसकी भरपाई करने की कोशिश आज सोशल नेटवर्किंग के जरिए की जा रही है। उत्तर-औद्योगिक समाज भी एक पूंजीवादी समाज है जो मुनाफे के सिद्धांत पर कायम है। इसमें पूंजीवादी समाज के किसी भी नकारात्मक पक्ष का समाधान नहीं होता वरन जिस तेजी से विषमता बढ़ती है, बेरोजगारी बढ़ती है, गरीबी और अमीरी में टकराव भी बढ़ता है। विकसित देश अपनी समस्याओं को विकासशील देशों की ओर धकेल देते हैं।

उत्तर-औद्योगिक समाज का एक सकारात्मक पक्ष यह है कि इसने व्यक्ति को भरसक धर्म, जाति, संप्रदाय ही नहीं बल्कि राष्ट्र के स्तर से भी ऊपर उठकर एक वैश्विक नागरिक बनने को प्रेरित किया है। दुनिया में कहीं का भी उत्तर-औद्योगिक समाज अपने जीवन स्तर, खान-पान, वेशभूषा से लेकर अपनी चिंताओं और विचारों तक में एक अदृश्य एकसूत्रता का अनुभव करता है। समाज के विकास के साथ एक नए ढंग के राजनीतिक-सामाजिक दर्शन का विकास हुआ है जिसे उत्तर-आधुनिकता कहा जाता है। उत्तर-औद्योगिक समाज को उत्तर-आधुनिक समाज के रूप में भी परिभाषित किया गया है। उत्तर-औद्योगिक समाज की अवधारणा प्रस्तुत करने का श्रेय अमेरिकी समाजशास्त्री डेनियल बेल (1919-2011) को है जिन्होंने एक ऐसे समाज की संकल्पना प्रस्तुत की जिसमें औद्योगिक समाज की विशेषताएं नहीं होंगी और जहाँ विचारधारा का अंत हो चुका होगा।

घनश्याम कुमार 'देवांश'

अधिक जानकारी के लिए :

1. **The Coming of Post-Industrial Society : A Venture in Social Forcasting** : Daniel Bell, 1973, 2. **Post Industrial Society** : Barry Smart, 3. **Post Industrial Possibilities : A Critique of Economic Discourse** : Fred L Block

उत्तर प्रदेश

भू-प्रदेश : भारत के उत्तरी भाग में स्थित उत्तर प्रदेश का निर्माण 1 अप्रैल 1937 को संयुक्त प्रांत के रूप में हुआ था। 12 जनवरी 1950 को इसका नाम बदल कर उत्तर प्रदेश कर दिया गया। इस राज्य के पश्चिम में राजस्थान, उत्तर-पश्चिम में हरियाणा और दिल्ली, उत्तर में उत्तराखंड एवं नेपाल देश, पूर्व में बिहार, दक्षिण-पूर्व में झारखंड, दक्षिण में छत्तीसगढ़ तथा दक्षिण-पश्चिम में मध्य प्रदेश राज्य हैं। इस राज्य का क्षेत्रफल 2,43,290 वर्ग किलोमीटर है, जो पूरे भारत के कुल क्षेत्रफल का 6.88 प्रतिशत है। क्षेत्रफल की दृष्टि से यह भारत का चौथा सबसे बड़ा राज्य है। 9 नवंबर 2000 को उत्तर प्रदेश के हिमालयी क्षेत्र को इससे अलग करके एक नया राज्य उत्तराखंड निर्मित किया गया। यह देश का सबसे अधिक घनी आबादी वाला राज्य है, जिसकी जनसंख्या 2011 की जनगणना के अनुसार 20 करोड़ से अधिक है। भौगोलिक रूप से इस राज्य की स्थिति उत्तम, प्राकृतिक दृष्टि से बहुत मजबूत, ऐतिहासिक दृष्टि से अत्यंत गौरवशाली, सांस्कृतिक दृष्टि से परम समृद्ध, सामाजिक दृष्टि से अति महत्वपूर्ण तथा राजनीतिक

उत्तर प्रदेश : मानचित्र

दृष्टि से बहुत सक्रिय है। भौतिक दृष्टि से इस राज्य को उत्तर में उपहिमालयी क्षेत्र, मध्य में गंगा के मैदानी क्षेत्र तथा दक्षिण में प्रायद्वीपीय क्षेत्र के रूप में विभाजित किया जा सकता है। 2011 की जनगणना के अनुसार उत्तर प्रदेश की कुल आबादी 19,98,12,341 है, जिसमें पुरुषों की संख्या 10,44,80,510 एवं महिलाओं की संख्या 9,53,31,831 है।

प्रशासनिक दृष्टि से इस राज्य को 18 मंडलों, 75 जिलों एवं 813 विकास प्रखंडों में विभाजित किया गया है। इसकी राजधानी लखनऊ है। इस प्रदेश की राजभाषा हिंदी है, जो राज्य के अधिकांश भागों में बोली जाती है। देश की कुल आबादी का लगभग सोलह प्रतिशत हिस्सा उत्तर प्रदेश में रहता है। प्रदेश का दो तिहाई हिस्सा गंगा की घाटी में है। गंगा, यमुना और उनकी सहयोगी नदियों का जाल पूरे प्रदेश में फैला हुआ है। हिमालय, शिवालिक और विंध्य की पर्वतमालाएं इस प्रदेश को सुशोभित करती हैं।

पर्यावरण : राज्य में उष्णकटिबंधीय मॉनसून के कारण औसत तापमान जनवरी में न्यूनतम 3-4 डिग्री सेल्सियस से लेकर मई-जून में अधिकतम 43-44 डिग्री सेल्सियस के आसपास रहता है। कुछ क्षेत्रों में जाड़े के समय तापमान शून्य डिग्री तक चला जाता है। यहां अक्तूबर से फरवरी तक सर्दी, मार्च से मध्य जून तक गर्मी और मध्य जून से सितंबर तक वर्षा का मौसम रहता है। उपहिमालयी क्षेत्र में वर्षा औसतन 170 सें.मी. और मैदानी भागों में 85 सें.मी. होती है। गंगा और यमुना यहां की दो प्रमुख नदियां हैं। इनके अतिरिक्त इस राज्य में बहने वाली सरयू, बेतवा, धौली, पिंदार, अलकनंदा, मंदाकिनी, रामगंगा, गोमती, घाघरा, काली, शारदा, राप्ती, गंडक, कोसी, कल्याणी, चंद्रप्रभा, कर्मनाशा, रिहंद आदि 32 से अधिक नदियां हैं।

इतिहास : राम एवं कृष्ण की पौराणिक भूमि उत्तर प्रदेश का इतिहास वैदिक काल से ही उपलब्ध है। पौराणिक कथाओं में रावण का जन्म स्थल भी उत्तर प्रदेश के बिसरख नामक स्थान में बताया गया है। प्राचीन काल से यह भारत के अत्यधिक लोकप्रिय क्षेत्रों में से एक रहा है। वैदिक काल में इसे मध्य देश के नाम से जाना जाता था। उसके बाद शासकों के परिवर्तन के साथ इसका नाम भी बदलता रहा। वैदिक युग में कुरु, कोशल, काशी और पांचाल राज्यों का उल्लेख है। ईसा पूर्व छठी शताब्दी में भारत 16 महाजनपदों में विभाजित था जिनमें से 50 प्रतिशत अर्थात कुरु, पांचाल, शूरसेन, वत्स, कोशल, मल्ला, काशी और चेदी वर्तमान उत्तर प्रदेश क्षेत्र में थे। इसके अतिरिक्त कपिलवस्तु का शक्य राज्य, समसुमेरिगिरि का भाग्गा राज्य और पावापुरी एवं कुशीनगर का मल्ला राज्य भी इसकी सीमाओं के भीतर थे। 554 ईसवी के आसपास ईशवर्मन ने मध्य देश पर अपना शासन स्थापित किया। मालवा के राजा देवगुप्त ने इस क्षेत्र पर अपना अधिकार स्थापित किया और उसके बाद उसके साले थानेश्वर के राजा हर्षवर्धन ने 606 से लेकर 647 ईसवी तक यहां शासन किया। पुत्रहीन हर्षवर्धन का कोई उत्तराधिकारी नहीं होने के कारण आठवीं शताब्दी में यशोवर्मन नामक राजा यहां का शासक बना। 740 में उसका वध कर दिए जाने के बाद बंगाल के पलाश, दक्षिण के राष्ट्रकूट और पश्चिम भारत के गुर्जर प्रतिहार शासकों ने कन्नौज पर कब्जा करने का प्रयास किया। पाल वंश के धर्मपाल ने कन्नौज पर विजय प्राप्त की। राष्ट्रकूट वंश के इंद्र तृतीय ने भी यहां दो वर्षों तक शासन किया। उसके बाद भोज द्वितीय, विनायकपाल, गहेंद्रपाल, गहिपाल द्वितीय और विजयपाल ने 1019 तक यहां शासन किया। नौवीं शताब्दी में चंदेल वंश के संस्थापक ननुका चंदेल ने वर्तमान बुंदेलखंड पर अपना आधिपत्य जमा लिया। उसका उत्तराधिकारी यशोवर्धन यहां का स्वतंत्र शासक बना और उसके पुत्र चंग ने 950 से 1008 तक वहाँ शासन किया। 1104 से 1114 के बीच गोविंदचंद्र ने अपना अधिकार जमाया। उसका पौत्र जयचंद एक लोकप्रिय राजा बना। वीर परमाल (1166-1203) जेजाभुक्ति के अंतिम चंदेल राजा थे। बुंदेलखंड पर दिल्ली के सुल्तान कुतुबुद्दीन ऐबक ने आक्रमण कर वीर परमाल का वध कर दिया। उसी के बाद चंदेलों का शासन समाप्त हो गया।

दिल्ली पर मुस्लिम शासन स्थापित होने के बाद उत्तर प्रदेश भी धीरे-धीरे उसके अंतर्गत आया और 1414 से लेकर 1526 तक सैयद और लोदी राजाओं के अधीन रहा। सिकंदर लोदी (1489-1517) के शासन काल में आगरा उप-राजधानी बना। सुल्तान इब्राहिम लोदी को पराजित करने के बाद मुगल वंश के बाबर ने 1526 में दिल्ली पर अपना आधिपत्य जमाया और उसका साम्राज्य उत्तर प्रदेश तक फैला। बहादुरशाह जफर मुगलों का अंतिम और उन्नीसवां सम्राट था जिसे 1862 में अंग्रेजों ने कैद में लेकर मुगल वंश का अंत कर दिया। इसी बीच अवध सूबे के मुगल सूबेदारों तीन पीढ़ियों ने अवध पर स्वतंत्र शासन किया, जो सुजाउद्दौला (1754-75) तक चला। वाजिद अली शाह अंतिम नवाब था और उसी के समय (1847-56) में अवध को औपचारिक रूप से ब्रिटिश शासन में मिला लिया गया।

1858 में भारत पर विक्टोरिया का आधिपत्य स्थापित हुआ और उसके साथ ही उत्तर-पश्चिमी सूबे से दिल्ली प्रभाग को अलग कर दिया गया और आगरा के स्थान पर इलाहाबाद को राज्य की राजधानी बना दिया गया। उस समय लेफ्टिनेंट गवर्नर एवं अवध के मुख्य आयुक्त के पदों का आमेलन होने के बाद राज्य का नाम आगरा और अवध का उत्तर-पश्चिमी प्रांत हो गया। 1902 में पुनः उसका नाम संयुक्त प्रांत किया गया। 1921 में इसे राज्यपाल का प्रांत बना दिया गया और उसके बाद इसकी राजधानी इलाहाबाद से लखनऊ स्थानांतरित कर दी गई। 1937 में आगरा और अवध शब्द हटा दिए गए और राज्य को संयुक्त प्रांत के नाम से जाना जाने लगा। 12 जनवरी 1950 को इसका नाम उत्तर प्रदेश किया गया और 26 जनवरी 1950 को इसे भारतीय गणराज्य में संपूर्ण राज्य का दर्जा दिया गया।

भाषाएं एवं बोलियां : उत्तर प्रदेश को हिंदी का हृदय स्थल कहा जाता है। उत्तर प्रदेश राजभाषा अधिनियम, 1951 के अनुसार, हिंदी को उत्तर प्रदेश राज्य की प्रशासनिक भाषा के रूप में मान्यता प्रदान की गई। 1989 में इस अधिनियम में संशोधन करके उर्दू को इस की द्वितीय भाषा के रूप में शामिल किया गया। भाषाई दृष्टि से यह राज्य भारोपीय भाषा के केंद्रीय, पूर्व-केंद्रीय तथा पूर्वी अंचल के रूप में विभाजित है। भोजपुरी, अवधी, कन्नौजी, बुंदेलखंडी, बघेली, कौरवी और ब्रज भाषा यहां की प्रमुख बोलियां हैं।

संस्कृति : उत्तर प्रदेश की सभ्यता और संस्कृति का इतिहास उतना ही पुराना है, जितना भारत का। प्राचीन काल से ही विविध संस्कृतियों का संगम इस राज्य की विशेषता रही है। इस दृष्टि से इस विशाल राज्य की भाषाई और सांस्कृतिक विविधता बेजोड़ है। इस क्षेत्र की संस्कृति और सांस्कृतिक परंपराएं कृषि और कृषक जीवन के इर्द-गिर्द ही विकसित हुई हैं। बुवाई-कटाई-दवाई से होते हुए अन्न के घर आने तक के अवसर तरह-तरह के आनंद-उल्लास का बायस बनते हैं। यहां गीत-संगीत, नृत्य-नाटक के अनेक रूप विकसित हुए। इस पूरे प्रदेश में रोजी-रोजगार के लिए जाने कब से परदेश जाने की परंपरा रही है। बिरहा की तान में मौजूद बिरह की धुन इसकी कहानी कह रही है। भोजपुरी, अवधी, कन्नौजी, ब्रज, बुंदेलखंडी और खड़ी बोली क्षेत्र की सांस्कृतिक संपदा इस प्रदेश की समृद्ध लोक संस्कृति की कहानी कह रही है। इन सभी भाषाई क्षेत्रों का अपना-अपना लोक संगीत, लोक नाट्य और अपनी लोक कलाएं मौजूद हैं।

खेती का संबंध एक ओर किसानों के श्रम से है तो दूसरी ओर, बहुत कुछ अनिर्दृष्ट है। खेतों में लहलहाती फसल जितनी खुशी देती है, प्राकृतिक आपदाओं से फसल का नष्ट होना उतना ही दुखी और निराश करता है। ऐसे में किसानों के पास दार्शनिक हो जाने के अलावा कोई विकल्प नहीं बचता। यह दार्शनिकता यहां की लोक संस्कृति का अनिवार्य अंग है। भोजपुरी के एक लोक गीत में कहा गया है कि 'अंखिया से अंखिया मिलाव ए बलमुआ जिनगी के कवन बा ठेकान'—एक तरफ जीवन की क्षणभंगुरता का एहसास और दूसरी ओर जीवन को भरपूर जी

लेने की आकांक्षा! उत्तर प्रदेश का लोकमन इसी भूमि पर डोलता है। भोजपुरी, अवधी, ब्रज हो या बुंदेलखंड हर जगह आजादी की तरंग पहुंची है। कहीं 'होई गइली कंगाल हो विदेसी तोरे रजवा में' का बोध है तो कहीं पर 'या गोरा केर लंदन निसानी/सन सत्तावन भारत बिगड्यौ गौरमिंट घबरानी' का बोध मिलता है। आजादी की उमंग में लोक मन 'खेलौ री देस प्रेम की होली' पर आ गया। बुंदेलखंड में रानी लक्ष्मीबाई, अवध में राना भयो मर्दाना और भोजपुर क्षेत्र में कुंवर सिंह के गीत गाए जाते हैं।

उत्तर प्रदेश में जीवन के हर क्षेत्र और हर अवसर पर लोक गीत गाए जाने की परंपरा है। बच्चे के जन्म से लेकर मृत्यु तक सभी संस्कारों के लिए गीत उपलब्ध हैं। बच्चे के जन्म पर सोहर गाया जाता है। अवधी में लोरी के नाम पर बाल गीतों की बड़ी समृद्ध परंपरा मौजूद है। विवाह में अनेक उपक्रमों के लिए अलग-अलग गीत गाए जाते हैं। इसी तरह ऋतु गीत प्रचलित हैं। सावन के महीने में झूला पड़ते ही कजली शुरू हो जाती है। फगुआ में राधा और कृष्ण ही नहीं, शिव और पार्वती, राम और सीता भी लोक में उतर आते हैं। होरी या फगुआ की मस्ती जाकर चैता में उतरती है। ऋतु गीतों के साथ श्रम गीतों के विविध रूप मिलते हैं, जिनमें रोपनी से लेकर जँतसार तक के गीत शामिल हैं। पीड़िया, गोधन, जिउतिया, बहुरा और छठ जैसे विभिन्न व्रत त्योहारों पर गाए जाने वाले देवी गीत और भगवान शिव और गणेश से जुड़े गीत भी गाए जाते हैं। विभिन्न जातियों के अपने विशिष्ट गीत भी होते हैं, जिनमें बिरहा, पचरा, कहरऊ आदि प्रमुख हैं। इसके अलावा झूमर, लाचारी, पूरबी और निर्गुण गायन की अत्यंत समृद्ध परंपरा मौजूद है। ब्रज क्षेत्र में लांगुलिया, झूलना और रसिया जैसे गीत नृत्य बहुत लोकप्रिय हैं।

उत्तर प्रदेश में लोक नाटकों की भी बड़ी समृद्ध परंपरा है। इसमें रामलीला और रासलीला जैसे राम और कृष्ण से जुड़े नाटक हैं। रामनगर और अवध की रामलीला विश्व प्रसिद्ध है। ब्रजभूमि में रासलीला की बहुलता है, जिसमें राधा कृष्ण की नित्य लीला चलती रहती है। अवध के लोक नाट्य में भाड़-भड़ैती भी प्रमुख है। अवधी-उर्दू शेर इसकी गवाही देता है 'जंगल बीरान जहाँ शेर न बासद/महफिल बीरान जहाँ भांड़ न बासद।' अवधी क्षेत्र में लोक नाट्य के साथ लोक नृत्य की भी समृद्ध परंपरा है। इनमें कहरवा, पंवरिया, पतुरिया, हिंजड़ा, मिरासिन, दहकी, छपका, लिल्ली घोड़ी, देवी, कोरी, फरी आदि प्रमुख हैं। अवधी लोक नाट्य में कठपुतली नाच बहुत प्रसिद्ध है।

इस प्रदेश में विपुल लोक गाथाएं प्रचलित हैं। इनमें आल्हा, लोरिकी, विजयमल, कुंवर विजयी, सोरठी-बृजभार, बिहुला, राजा भरथरी और राजा गोपीचंद की कथाएं प्रचलित हैं। भोजपुरी क्षेत्र में लोरिकी के विजयमल, आल्हा के कुछ विशेष प्रसंग प्रचलित हैं। ब्रज और बुंदेलखंड में हरदौल की कहानी प्रसिद्ध है।

लोक जीवन : उत्तर प्रदेश के लोग सामान्यतः धार्मिक विचारों के शांत-शिष्ट लोग हैं। प्राचीन काल से नैतिकता, मर्यादा, आदर्श और लोकरंजन के लिए प्रसिद्ध इस भूमि पर सद्भावना, सदाचार, उदात्त सोच एवं चिंतन की प्रधानता रही है। विनम्रता, शिष्टता, सदाचार, सदाशयता और सद्भावना यहां के लोगों में सर्वत्र दिखाई पड़ती है। बड़ों के लिए श्रद्धा और छोटों के लिए प्यार यहां के लोगों की विशेषता है। यहां के लोग प्रायः परिश्रमी और संघर्षशील होते हैं। विभिन्न संस्कृतियों के लोग यहां आए, बसे और यहां के होकर रह गए। यहां की आबादी के लगभग 81 प्रतिशत लोग हिंदू धर्मावलंबी, 18 प्रतिशत इस्लाम को मानने वाले और बाकी लोग सिख, जैन, बौद्ध एवं ईसाई धर्म को मानने वाले हैं। हिंदू धर्म में अनेक उप-समूह, जातियों के आधार पर समुदाय बने हुए हैं।

उत्तर प्रदेश में पारंपरिक पोशाकों के अतिरिक्त पाश्चात्य पोशाकें भी प्रचलित हैं। यहां के हिंदू पुरुष धोती-कुर्ता के अतिरिक्त आधुनिक पहनावे, जैसे—पैंट, शर्ट आदि पहनते हैं और महिलाएं साड़ी, सलवार-कमीज, दुपट्टा आदि पहनती हैं। मुस्लिम महिलाएं सलवार-कमीज, बुर्का, दुपट्टा आदि पहनती हैं और पुरुष कुर्ता-पायजामा, लुंगी, शेरवानी आदि पहनते

हैं। सिख सिर पर पगड़ी बांधते हैं, मुस्लिम लोग टोपी पहनते हैं।

मुगल शासन काल में मुगलाई पाक प्रणाली विकसित हुई। अवध के नवाबों के शासन काल में लखनऊ का लोक जीवन एक नए स्वरूप में उभरा। उन दिनों शामे-अवध के रूप में लखनऊ नगर की एक अलग पहचान थी, जो अपनी खूबसूरती, रमणीयता तथा चहल-पहल के लिए सुविख्यात थी।

उत्तर प्रदेश के लोगों का सामान्य भोजन रोटी, चावल, दाल आदि है। हालांकि सभी धर्मावलंबियों की अपनी-अपनी पाक प्रणाली है। अवधी पाक प्रणाली, जैसे—कबाब, कोरमा, बिरयानी, कलिया, नहारी कलछा, जरदा, रूमाली रोटी, वारकी परांठा और तरह-तरह के गोश्त प्रचलित हैं। हिंदुओं में कड़छन, पेड़ा, गुलाब जामुन, मक्खन मलाई, चमचम आदि मिठाइयां विशेष प्रचलित हैं।

गरीबी और बदहाली के बीच उद्दाम जिजीविषा और संघर्ष का जज्बा इस प्रदेश की खासियत है। उत्तर प्रदेश की लोक परंपराएं विभिन्न भाषाओं के माध्यम से प्रवाहित होती हैं। अलग-अलग भाषाओं में प्रवाहित होने वाली लोक परंपराएं अपनी बेशुमार विशिष्टताओं के बावजूद काफी कुछ एक-दूसरे से मिलती हैं। लोगों में धार्मिक सहिष्णुता और आपसदारी के अद्‌भुत नमूने मिलते हैं। केवल रामलीलाओं को देखें तो मुसलमान कारीगरों के बगैर रामलीला संभव ही नहीं है। खास तौर पर रावण बनाने वाले कलाकार पुश्तैनी मुसलमान हैं। अवध की रामलीला में मुसलमान पात्र रोल करते हैं। गोरखपुर के आसपास मुसलमान जोगियों की एक जाति है जो अपने को गोरखनाथ का शिष्य कहती है और सारंगी पर भरथरी और गोपीचंद के गीत गाते हुए भिक्षाटन करती है।

इस प्रदेश में प्रचलित लोक गाथाओं में लोगों के शौर्य, प्रेम, रहस्य-रोमांच और अनासक्ति के भाव का पता चलता है। यहां की अनेक लोक कथाओं और लोकोक्तियों में इस प्रदेश के लोगों की सहज बुद्धिमत्ता, संघर्षशीलता और अपराजेयता का परिचय मिलता है।

पर्व-त्योहार : उत्तर प्रदेश में विभिन्न प्रकार के त्योहार हैं, जिनमें दीपावली, होली, दशहरा, कृष्ण जन्माष्टमी, रामनवमी, शिवरात्रि, नागपंचमी, भैया दूज, मकर संक्रांति, बसंत पंचमी और रक्षाबंधन हिंदुओं के प्रमुख त्योहार हैं। नाग पंचमी के दिन तरह-तरह के दंगल और देशी खेल आयोजित करने का रिवाज है। बुद्ध पूर्णिमा पर बुद्ध जयंती, जैनियों द्वारा महावीर जयंती और कार्तिक पूर्णिमा पर सिख लोग नानक जयंती उत्साह से मनाते हैं। मुसलमान आबादी ईद, बकरीद, बारावफ़ात, शब-ए-बारात, मुहर्रम और रमज़ान जैसे त्योहार मनाती है। ईसाइयों का ईस्टर, गुड फ्राइडे, क्रिसमस और नए वर्ष का त्योहार भी प्रदेश में धूमधाम से मनाया जाता है। इन त्योहारों की छवि लोक उत्सव जैसी बन गई है जिनमें सभी धर्मों के लोग शामिल होते हैं।

उत्तर प्रदेश में अनेक मेलों का आयोजन होता है। चैत्र माह में अयोध्या में रामनवमी के मेले का महत्व है। इसमें प्रदेश ही नहीं, देश भर से राम भक्तों की भीड़ उमड़ती है। चैत्र की नवरात्रि में मां काली की पूजा की जाती है। इस अवसर पर बलरामपुर जिले के तुलसीपुर में पाटन की देवी के थान पर बड़ा भारी मेला लगता है। चैत्र और शारदीय नवरात्रि के अवसर पर विंध्याचल की भवानी के यहां भक्तों की भीड़ उमड़ती है। तीर्थराज प्रयाग में माघ महीने में लगने वाला कुंभ मेला उत्तर प्रदेश क्या पूरी दुनिया का सबसे बड़ा मेला है। हर बारह वर्ष पर महाकुंभ, छह वर्ष पर अर्ध कुंभ लगता है। इस मेले में श्रद्धालु जन संगम के किनारे (गंगा, यमुना और सरस्वती के मिलन स्थल) महीने भर कल्पवास करते हैं।

फर्रुखाबाद का कंपिल्य मेला प्रसिद्ध है। महाभारत काल में राजा द्रुपद की राजधानी रहे कंपिल्य नामक इस स्थान पर जैन धर्म के तेरहवें तीर्थंकर विमलनाथ का जन्म हुआ था। इसलिए यह मेला जैनियों के लिए महत्वपूर्ण है। इसी तरह आगरा के निकट बटेश्वर नाथ का मेला प्रसिद्ध है। बटेश्वर महादेव के नाम पर कार्तिक की छठ से अगहन की पंचमी तक लगने वाला यह मेला प्रदेश का महत्वपूर्ण

सांस्कृतिक संगम है। इसी तरह कार्तिक पूर्णिमा पर बलिया में लगने वाला ददरी मेला भी विशेष महत्व रखता है, जो दो हफ्ते तक चलता है। यह प्रदेश का प्रसिद्ध पशु मेला भी है।

बाराबंकी के निकट देवा शरीफ में सूफी संत वारिस अली शाह के उर्स पर बड़ा मेला लगता है। बहराइच में बाले मियां के मजार पर जाने वालों का तांता साल भर लगा रहता है।

इसके अतिरिक्त पूर्णागिरि मेला (टनकपुर से 24 किमी दूर), गढ़मुक्तेश्वर मेला, शहीद मेला (हापुड़), राधाष्टमी मेला (बरसाने, मथुरा), दाऊजी मेला (मथुरा), बिठूर मेला (कानपुर) प्रदेश के महत्वपूर्ण सांस्कृतिक उत्सव हैं, जिनमें लाखों की संख्या में लोग आते हैं। माघी पूर्णिमा के दिन संत रैदास की जयंती और जेठ पूर्णिमा के दिन कबीर जयंती पर बनारस में लगने वाले मेलों की एक अलग ही लोक छवि है। मकर संक्रांति पर गोरखपुर के गोरखनाथ मंदिर में लगने वाला खिचड़ी का मेला महत्वपूर्ण लोक उत्सव है। वैसे तो पूरे सावन भर और विशेष रूप से शिवरात्रि के अवसर पर शिव की नगरी काशी में देश भर के तीर्थ यात्री उमड़ पड़ते हैं।

कला-शिल्प : उत्तर प्रदेश के विभिन्न हिस्से अलग-अलग तरह के हस्तशिल्प के लिए प्रसिद्ध है। बनारस से लेकर मऊ तक बुनकरी प्रसिद्ध है। यहां की साड़ी देश-दुनिया में प्रसिद्ध है। भदोही से लेकर आगरा तक कालीन उद्योग फैला हुआ है। चमड़े से जुड़ी कलाकारी कानपुर और आगरा क्षेत्र में फैली है। मुरादाबाद पीतल की नगरी है, तो फीरोजाबाद चूड़ियों के लिए प्रसिद्ध है। अलीगढ़ के ताले की मजबूत और रामपुर के चाकू की धार अभी भी कायम है। बांस, मिट्टी और लकड़ी के खिलौने और कलाकृतियां पूरे प्रदेश की पहचान हैं। चिकनकारी एवं मलमल के बढ़िया कपड़े पर उत्कृष्ट शैडो वर्क वाली कढ़ाई के लिए यह प्रदेश बहुत प्रसिद्ध है। इनके अतिरिक्त चिकन के काम, जरी के काम, लकड़ी के खिलौने तथा पीतल के काम बड़े पैमाने पर होते हैं।

सुधार आंदोलन : इस प्रदेश के सांस्कृतिक भूगोल के कुछ अध्याय राम और कृष्ण की पौराणिक कथाओं से रचे गए हैं तो कुछ बुद्ध, गोरखनाथ, कबीर-रैदास, सूर-तुलसी, भारतेंदु हरिश्चंद्र, प्रेमचंद, निराला, प्रसाद आदि के विपुल साहित्य से। आल्हा-ऊदल और लोरिक जैसे वीर लोकनायकों और कुवर सिंह, बेनी माधो, देवीबख्श, मौलवी अहमदुल्लाह, अजीमुल्ला खाँ, बाबा रामचंद्र, भगत सिंह, चंद्रशेखर आजाद और रामप्रसाद बिस्मिल जैसे स्वतंत्रता संग्राम के योद्धाओं और शहीदों की कहानियां इस प्रदेश की शौर्य गाथा कहती हैं।

1857 की क्रांति और आजादी की लड़ाई में प्रतिरोध और संघर्ष की मुख्य भूमि यह प्रदेश ही बनता है। प्रतिरोध और संघर्ष की भूमि होने से उत्तर प्रदेश में स्वाधीन चेतना का जन्म हुआ। इस स्वाधीन चेतना ने अनेक सुधार आंदोलनों के लिए वातावरण तैयार किया। यह प्रदेश स्वामी दयानंद के आर्य समाज से लेकर गांधी के असहयोग आंदोलन का केंद्र रहा है। बाबा रामचंद्र, स्वामी सहजानंद सरस्वती आदि के किसान आंदोलनों ने प्रदेश को जगाने में महत्वपूर्ण भूमिका निभाई है। इनकी अनुगूंजें लोक गीतों में सुनाई पड़ती हैं।

आधुनिक समाज सुधारकों में सैयद अहमद खाँ और मदन मोहन मालवीय के नाम अग्रणी हैं जिन्होंने क्रमशः अलीगढ़ मुस्लिम विश्वविद्यालय (1875) और बनारस हिंदू विश्वविद्यालय (1920) की स्थापना कर शिक्षा के क्षेत्र में उल्लेखनीय कार्य किए। अलीगढ़ मुस्लिम विश्व विद्यालय में भारतीय मुस्लिमों के बीच अंग्रेजी शिक्षा का प्रचार-प्रसार करके सामाजिक एवं शैक्षिक सुधार के क्षेत्र में उल्लेखनीय पहल की गई।

कृषि और उद्योग : इस विशाल प्रदेश की भूमि उपजाऊ है। खेती-किसानी यहां के जीवन का प्रमुख आधार है। यहां की मुख्य फसलें हैं—धान, गेहूं, जौ, ज्वार, बाजरा, मक्का, उड़द, मूंग, अरहर, चना, तिलहन, आलू, सोयाबीन, सूरजमुखी आदि। गेहूं इस राज्य की प्रधान खाद्य फसल और ईंख प्रमुख

वाणिज्यिक फसल है। देश में ईख की कुल उपज का लगभग 70 प्रतिशत उत्तर प्रदेश में होता है। आम और अमरूद यहां के मुख्य फल हैं। इनके साथ ही बागवानी, फलोत्पादन, जड़ी-बूटियों का उत्पादन एवं अधिक मूल्य वाली फसलें जैसे–मेंथा, फूल आदि भी यहां के लोगों की जीविका के साधन हैं।

इस राज्य में उष्णकटिबंधीय आर्द्र पर्णपाती वन, उष्णकटिबंधीय शुष्क पर्णपाती वन, उष्टकटिबंधीय कँटीले वन पाए जाते हैं, जहाँ से नीम, फिलाई, खैर, कोकी, धामेम, गोंद के वृक्ष, रेजिन आदि प्राप्त किए जाते हैं, जो आय के उल्लेखनीय साधन हैं। अनेक प्रकार की जड़ी-बूटियां भी पाई जाती हैं। पशुधन की दृष्टि से भी उत्तर प्रदेश भारत में विशेष स्थान रखता है। यहां पाए जाने वाले प्रमुख पशुओं में गाय, भैंस, बकरी, भेड़ आदि हैं। इनके अतिरिक्त अनेक प्रकार के जंगली जानवर भी पाए जाते हैं।

उत्तर प्रदेश के मुख्य खनिजों में लाइम स्टोन, डोलोमाइट, कोयला, मैग्नेसाइट, सोपस्टोन, ग्लास, सैंड, संगमरमर, फास्फोराइट, बॉक्साइट, फायर क्ले, मोरम रेत आदि हैं। इनके अतिरिक्त रेह, शोरा, चिकनी मिट्टी, तांबा, यूरेनियम आदि भी पाए जाते हैं।

राज्य में उद्योग की दृष्टि से सीमेंट, वनस्पति तेल, वस्त्र उद्योग, कपास सूत, चीनी, जूट, कांच के पदार्थ एवं चूड़ियों के कल-कारखाने हैं। यहां के प्रमुख उत्पादों में इंजीनियरिंग के सामान, इलेक्ट्रिकल वस्तुएं, केबल, स्टील, चमड़ा, वस्त्र, आभूषण, रेलवे कोच, वैगन आदि शामिल हैं। एसएफसी अधिनियम, 1951 के अधीन उत्तर प्रदेश फिनान्सियल कार्पोरेशन की स्थापना 1954 में गई, जिसके माध्यम से अनेक छोटे एवं मझोले उद्योगों का विकास हुआ। उत्तर प्रदेश के प्रमुख औद्योगिक क्षेत्रों में कानपुर, लखनऊ, मुगलसराय, नोएडा, सोनभद्र, आगरा, ललितपुर, झांसी, हमीरपुर, महोबा, चित्रकूट, बांदा, वाराणसी, मिर्जापुर आदि हैं। कानपुर को 'पूर्व का मैनचेस्टर' कहा जाता रहा है। मुगलसराय में लोकोमोटिव संयंत्र है। उत्तर प्रदेश के छोटे एवं मझोले उद्योगों की संख्या लगभग 359 है। नोएडा एवं लखनऊ सूचना प्रौद्योगिकी के प्रमुख क्षेत्र के रूप में विकसित हो रहे हैं। सोनभद्र में बड़े आकार के उद्योग स्थापित हुए हैं। राज्य के दक्षिणी क्षेत्र को भारत की 'ऊर्जा राजधानी' कहा जाता है।

शिक्षा एवं स्वास्थ्य संस्थान : उत्तर प्रदेश में आधुनिक शिक्षा का विकास सैयद अहमद खाँ और मदन मोहन मालवीय के प्रयासों से ब्रिटिश काल में प्रारंभ हुआ। आजादी के बाद उत्तर प्रदेश में शिक्षा के क्षेत्र में उल्लेखनीय प्रगति हुई। सर्वशिक्षा अभियान में उत्तर प्रदेश देश के कुछ अग्रणी राज्यों में शामिल है। 1981 तक यहां साक्षरता दर 28 प्रतिशत थी जो 1991 में बढ़कर 42 प्रतिशत हो गई। 1999 में किए गए सर्वेक्षण के अनुसार, उत्तर प्रदेश में पुरुषों एवं महिलाओं की साक्षरता दर क्रमशः 73 प्रतिशत तथा 43 प्रतिशत थी। इस समय राज्य में 8,66,361 प्राथमिक विद्यालय, 8,459 उच्च माध्यमिक विद्यालय, 758 डिग्री कॉलेज, 26 विश्वविद्यालय और पांच सरकारी इंजीनियरिंग कॉलेज हैं। यहां बड़ी संख्या में अनुसंधान संस्थान हैं, जिनका संचालन राज्य सरकार एवं निजी संस्थाओं द्वारा किया जाता है। राज्य में दो आईआईटी संस्थान हैं–कानपुर एवं वाराणसी में, एक आईआईएम लखनऊ में, एनआईटी और आईआईआईटी इलाहाबाद में हैं। इनके अतिरिक्त उच्च शिक्षा हेतु राजीव गांधी इंस्टीट्यूट ऑफ पेट्रोलियम टेक्नोलॉजी, रायबरेली, इंस्टीट्यूट ऑफ इंटिग्रेटेड मैनेजमेंट एंड टेक्नोलॉजी, वाराणसी प्रमुख तकनीकी शिक्षा केंद्र हैं।

मदन मोहन मालवीय द्वारा वाराणसी में स्थापित स्थित साढ़े पांच वर्ग किलोमीटर में फैला बनारस हिंदू विश्वविद्यालय केंद्रीय विश्वविद्यालय है, जो एशिया का सबसे बड़ा आवासीय विश्वविद्यालय है। इसमें 128 से अधिक स्वतंत्र शैक्षिक विभाग हैं। विज्ञान, भाषाविज्ञान, विधि, अभियांत्रिकी, प्रौद्योगिकी, कंप्यूटर विज्ञान, चिकित्सा आदि की दृष्टि से यह भारत के श्रेष्ठ शिक्षा संस्थानों में एक है। यहां लगभग 15,000 विद्यार्थी शिक्षा ग्रहण करते हैं,

जिनमें विदेशी भी शामिल हैं। इलाहाबाद में स्थित इलाहाबाद विश्वविद्यालय देश के चार सबसे पुराने विश्वविद्यालयों में एक है। यह इस राज्य का अग्रणी शिक्षा केंद्र रहा है। एक समय इसे पूर्व का ऑक्सफोर्ड कहा जाता था। इसी प्रकार सैयद अहमद खाँ द्वारा स्थापित अलीगढ़ मुस्लिम विश्वविद्यालय आवासीय शैक्षिक संस्थान है, जिसने उच्च योग्यता एवं पांडित्य के अनेक मेधावी मुस्लिम स्नातक तैयार किए। उत्तर प्रदेश सरकार द्वारा वर्ष 2002 में स्थापित गौतम बुद्ध विश्वविद्यालय में इंजीनियरिंग, जैव प्रौद्योगिकी, बीएससी, बीबीए, एमबीए, एलएलबी, मानविकी तथा बौद्ध शिक्षा प्रदान की जाती है।

राज्य में 9 मेडिकल कॉलेज, 4,236 एलोपैथिक चिकित्सालय एवं औषधालय, 2,210 यूनानी एवं आयुर्वेदिक चिकित्सालय, 1,342 होमियोपैथिक चिकित्सालय एवं औषधालय हैं।

पर्यटन : उत्तर प्रदेश ऐतिहासिक, सांस्कृतिक, धार्मिक एवं सामाजिक दृष्टि से एक अनुपम राज्य है। राज्य की राजधानी लखनऊ में अनेक ऐतिहासिक स्मारक, जैसे—बड़ा इमामबाड़ा एवं छोटा इमामबाड़ा, शहीद मीनार, शाहनजाफ इमामबाड़ा, कैसरबाग बारहदरी के अतिरिक्त अन्य दर्शनीय स्थलों में भूलभुलैया, आजाखाना, रूमी दरवाजा, लक्ष्मणावती, बोटेनिकल गार्डेन, विधानसभा भवन, मोतीलाल नेहरू चिल्ड्रेन म्यूजियम, शामिल हैं। ऐतिहासिक दृष्टि से महत्वपूर्ण वाराणसी और उससे 10 किमी दूर सारनाथ वह क्षेत्र है जहाँ बोधि प्राप्त होने के बाद गौतम बुद्ध ने अपना प्रथम उपदेश दिया था कुशीनगर में उनका महाप्रयाण हुआ था। सारनाथ में अशोक स्तंभ एवं धर्मराज्य स्तंभ दोनों पुरातात्विक दृष्टि से महत्वपूर्ण हैं। वाराणसी से 80 किमी दूर गाजीपुर का गंगाघाट एवं लॉर्ड कार्नवालिस का समाधि-स्थल भी प्रसिद्ध दर्शनीय स्थान हैं। इसके अतिरिक्त एटा का पक्षीवन, चंद्रप्रभा अभयारण्य भी दर्शनीय हैं। उत्तर प्रदेश का सबसे प्रसिद्ध स्थल आगरा का ताजमहल एवं फतेहपुर सीकरी पूरे विश्व के पर्यटकों के आकर्षण के केंद्र हैं। इनके अतिरिक्त आगरा दुर्ग, अमरसिंह गेट, जहांगीर महल, मोती मस्जिद, एतमा-उद-दौला, रामबाग, पांच महल आदि प्रसिद्ध पर्यटन क्षेत्र हैं। मोतीझील भी पर्यटन की दृष्टि से उल्लेखनीय है।

उत्तर प्रदेश के धार्मिक स्थलों में अयोध्या, मथुरा, काशी, वृंदावन, गोकुल, कपिलवस्तु, श्रावस्ती, गोरक्षपुर आदि अति महत्वपूर्ण स्थान हैं। काशी के विश्वनाथ मंदिर, अन्नपूर्णा मंदिर, संकटमोचन, दुर्गा मंदिर, तुलसी मानस मंदिर, साक्षी विनायक मंदिर, पंचरत्न मंदिर प्रसिद्ध हैं। तीर्थराज प्रयाग का संगम स्थल विश्वविख्यात है, जहाँ कुंभ मेले में विश्वभर के लाखों लोग पहुंचते हैं। कानपुर का जे के मंदिर, निकट वर्ती बिठूर मंदिर, नैमिषारण्य, शक्तिपीठ विंध्यवासिनी देवी मंदिर, देवीपाटन, रीठ-मीठ साहेब, देवाशरीफ, कलियरशरीफ, नानकमट्टा आदि विभिन्न धर्मों के तीर्थस्थल हैं। इनके अतिरिक्त अन्य अनेक स्थान पर्यटन की दृष्टि से उल्लेखनीय हैं, जिनमें शिक्षा का केंद्र अलीगढ़, कानपुर, कन्नौज, कुशीनगर, चित्रकूट, झांसी, कौशांबी आदि शामिल हैं।

यातायात : उत्तर प्रदेश में विशाल बहुपद्धतीय परिवहन व्यवस्था है। इसमें देश का सबसे बड़ा सड़क मार्ग है। यह राज्य देश के नौ पड़ोसी राज्यों से राष्ट्रीय उच्च पथ से जुड़ा हुआ है। इस राज्य में 42 राष्ट्रीय उच्च पथ हैं, जिनकी लंबाई 4,942 किमी है। सभी शहर राज्य के उच्च पथ से जुड़े हुए हैं। उत्तर प्रदेश भारत में सातवां सबसे अधिक सड़क घनत्व वाला राज्य है और देश में सबसे बड़ा सतह शहर-मार्ग वाला राज्य है, जिसकी लंबाई 50,721 किमी है।

यह राज्य वायुमार्ग की दृष्टि से भी काफी समृद्ध है। लखनऊ का चौधरी चरण सिंह अंतरराष्ट्रीय एयरपोर्ट तथा वाराणसी का लाल बहादुर शास्त्री अंतरराष्ट्रीय एयरपोर्ट व्यस्ततम विमानपत्तनों में हैं। इसके अतिरिक्त आगरा, इलाहाबाद, गोरखपुर और कानपुर में घरेलू विमानपत्तन हैं।

सदानंद शाही

अधिक जानकारी के लिए :
1. **Uttar Pradesh–Land and People** : Subodhnath Jha, 2. **Land and People of Indian States and Union Territorries-28 U P** : Gopal Bhargava, C Bhatt, 2012

उत्तर-सत्य

उत्तर-आधुनिक की तरह उत्तर-सत्य (Post-Truth) भी एक शक्तिशाली अवधारणा है। अनेक विचारकों के अनुसार, अब हम एक ऐसे समाज में रह रहे हैं जिसके सार्वजनिक जीवन में, खासकर राजनीतिक जीवन में सत्य का मूल्य बहुत ज्यादा नहीं है। महत्वपूर्ण फैसले या नीतिगत निर्णय सत्य के आधार पर नहीं मिथक, अफवाह, प्रचार, विश्वास या विज्ञापन निर्मित वातावरण में लिए जा रहे हैं जिनका सत्य से संबंध होना आवश्यक नहीं है। हमारे देश में इसका एक बड़ा उदाहरण 6 दिसंबर 1992 को सामने आया जब अयोध्या में स्थित बाबरी मस्जिद को उसकी स्थापना या स्वामित्व के बारे में सत्य का पता लगाए बिना या सत्य की खोज किए बिना एक समुदाय-विशेष की जिद के कारण ढाह दिया गया।

यह प्रचार, विज्ञापन, फिल्म और स्पांसरशिप का युग है। इन चारों के लिए सत्य का केंद्रीय महत्व नहीं है। उसे हाशिए पर ढकेला जा चुका है। उसकी जगह हमारी इच्छाओं ने ले ली है। अब सत्य वह है जो इच्छाओं के फिल्टर से छाना जा कर निकलता है। इस कारण कोई भी लड़ाई सत्य बनाम असत्य की नहीं, बल्कि असत्य बनाम असत्य की लड़ाई हो जाती है। सोवियत संघ और अमेरिका के बीच शीत युद्ध का इतिहास झूठों, अर्धझूठों, अर्धसत्यों और असत्यों से भरा हुआ है। वैसे भी, एक पुरानी समझ यह है कि प्रेम और युद्ध में कुछ भी गलत नहीं होता। लेकिन पोस्ट-फैक्ट का प्रयोग ज्यादातर राजनीति के साथ होता है। अब पोस्ट-ट्रुथ समाज की अवधारणा सामने आई है।

'पोस्ट-ट्रुथ पॉलिटिक्स' का प्रयोग ब्लॉगर डेविड रॉबर्ट्स ने 1 अप्रैल 2010 को किया था। इससे उसका आशय एक ऐसी राजनीतिक संस्कृति से था जिसमें राजनीति पॉलिसी से एकदम कट जाती है। संयुक्त राज्य अमेरिका के 2016 के राष्ट्रपति चुनाव के दौरान इतना झूठ बोला गया, इतनी अफवाहें और गलतफहमियां फैलाई गईं और इतने द्विअर्थी वाक्य कहे गए कि सच और झूठ की तमीज करना कठिन हो गया था। डोनाल्ड-ट्रंप को पोस्ट-ट्रुथ प्रेसिडेंट माना गया है।

पोस्ट-ट्रुथ को ऑक्सफोर्ड डिक्शनरी ने 2016 का विशेष शब्द माना है। डिक्शनरी में दी गई परिभाषा के अनुसार, इस विषेशण का प्रयोग उन परिस्थितियों के लिए किया जाता है जहाँ भावनात्मक आग्रह सत्य के तकाजों पर भारी पड़ते हैं। शब्दकोश में बताया गया कि उत्तर-सत्य का पहला प्रयोग साबेरियाई-अमेरिकी नाटककार स्टीव टेसिच ने 1992 में लिखित अपने एक निबंध में किया था। उसी साल अमेरिकी पत्रकार एरिर अल्टरमैन ने 'पोस्ट-ट्रुथ राजनीतिक वातावरण' की चर्चा की। एक अर्थ में यह पोस्ट-डेमोक्रेसी भी था, जिसका उल्लेख उसने इसी नाम की अपनी किताब में किया। 2015 में अमेरिका में जेसॉन हारसिन ने 'पोस्ट-ट्रुथ व्यवस्था' का जिक्र किया। उनका संदर्भ मास मीडिया का था, जिसमें एक ही समाचार को कई तरह से दिखाया जाता है और उनके बीच मौजूद विरोधाभास की परवाह नहीं की जाती।

एक चकाचौंध की तरह यह शब्द भले ही हाल में आया हो और 2016 के बाद इसकी लोकप्रियता बढ़ी हो, पर प्रक्रिया यह उतनी ही पुरानी है जितनी कि सत्य नाम की अवधारणा। वेदों में कहा गया है कि सत्य का मुंह स्वर्ण से ढंका है। आधुनिक हिंदी कविता में लीलाधर जगूड़ी की एक किताब का नाम है—सत्य का मुंह विज्ञापन से ढंका है! पांडवों के युग में विज्ञापन नहीं हुआ करता था। प्रतिष्ठित लोगों की बात ही विज्ञापन बन जाती थी। इसलिए जब महाभारत युद्ध में यह बात फैलाई गई कि अश्वत्थामा मारा गया, तब विचलित हो कर द्रोणाचार्य ने धर्मराज

युधिष्ठिर से पूछा—क्या अश्वत्थामा मारा गया? युधिष्ठिर ने जवाब दिया—अश्वत्थामा मारा गया, मनुष्य नहीं, हाथी! कृष्ण ने उसी समय इतने जोर से शंखनाद किया कि द्रोणाचार्य को अंतिम शब्द सुनाई न पड़ा। पुत्र शोक में उन्होंने सारे हथियार जमीन पर फेंक दिए। हर युग में असत्य को ढंकने के लिए अर्धसत्य का सहारा लिया गया है।

लेकिन 'पोस्ट-ट्रुथ' शब्द आज ज्यादा अर्थपूर्ण लगता है क्योंकि जीवन में सत्य की कोई महत्ता नहीं रह गई है। सत्य अब सिर्फ वैज्ञानिक मामला है। विज्ञान के क्षेत्र में सत्य की खोज निरंतर जारी है और आगे भी जारी रहेगी, क्योंकि वहां एक छोटा-सा झूठ एक बड़ी परिकल्पनात्मक व्यवस्था को जमीन पर मुंह के बल गिरा देगा। विज्ञान में यह भी माना जाता है कि सत्य एक ही हो सकता है—दो या तीन नहीं, जैसे पृथ्वी गोल हो सकती है या चपटी, वह एक साथ गोल और चपटी दोनों नहीं हो सकती। लेकिन मानव जीवन में इच्छाएं वास्तविकताओं पर भारी पड़ती हैं। अंग्रेज भारत का शोषण करने आए थे, पर प्रकट रूप से कहते थे कि हम भारत को सभ्य बनाने आए हैं। स्वतंत्रता संघर्ष के दौरान आंदोलनकारियों के मन में सत्य शब्द अहिंसा से पहले आता था। लेकिन स्वतंत्रता प्राप्ति के कुछ वर्षों बाद पतन की रफ्तार इतनी तेज हुई कि समाजवाद पूंजीवाद में, धर्म सांप्रदायिकता में और राग्यवाद यथास्थिति गें बदलने लगा। अधिकांश राजनीतिक दल ऊपर-ऊपर लोकतांत्रिक बने रहे, पर भीतर-भीतर उनमें राजतांत्रिक प्रवृत्तियां घर करती गईं। यही उत्तर-सत्य समाज है।

उत्तर-सत्य का संबंध विखंडन से नहीं है। विखंडन का उद्देश्य यह दिखाना है कि सत्य कोई रूढ़, ठहरी हुई, अपरिवर्तनशील या अखंडनीय चीज नहीं है। एक ही सत्य में पुरुष का सत्य और स्त्री का सत्य, सामंत का सत्य और किसान का सत्य, ब्राह्मण का सत्य और डोम का सत्य अलग-अलग दिखाई पड़ सकता है। विखंडन के माध्यम से ही हम अपने इतिहास और वर्तमान, समाज और व्यक्ति, व्यवस्था और इकाई के कुछ मामलों में सहयोगी और अन्य मामलों में द्वंद्वात्मक संबंध को देख सकते हैं। जितने 'स्टेकधारी' होते हैं, सत्य के उतने ही रूप हो सकते हैं, बल्कि होते हैं। लेकिन यह तथ्य सत्य के विश्लेषण से ही सामने आता है। उत्तर-सत्य में सत्य तक पहुंचने की कोशिश नहीं की जाती, उसे दबाने की कोशिश होती है, ताकि स्वार्थ साधना में कोई बाधा न आए।

राजकिशोर

उत्तर-आधुनिक साहित्य

उत्तर-आधुनिक साहित्य की बुनावट, उसके स्वरूप और प्रभाव को स्पष्ट रूप से समझने के लिए उत्तर-आधुनिक कालबोध की अवधारणा को स्पष्ट करना आवश्यक है। बीसवीं सदी के उत्तरार्ध में पश्चिमी बौद्धिक जगत ने दुनिया भर में हो रहे आर्थिक, राजनीतिक, सामाजिक और सांस्कृतिक बदलावों को विभिन्न विमर्शों में देखने का प्रयास किया है। वह आधुनिक काल के दर्शनों एवं आख्यानों को संदेह की निगाह से देखता है। ज्यां फ्रांस्वा ल्योतार अपनी पुस्तक 'द पोस्ट मॉडर्न कंडीशन' में ऐसे सभी महावृत्तांतों को नकारते हैं जो अब तक हमारे जीवन को संगठित करते आए हैं। उत्तर-आधुनिक समय में ज्ञानोदय से उपजी आधुनिकता और तार्किकता के गहाआख्यान गें जो विषय दबा दिए गए थे, वे उभरने लगे हैं और उन्हें स्वर मिलने लगे हैं। स्त्री विमर्श, दलित विमर्श, अल्पसंख्यक और आदिवासी विमर्श ऐसे ही विषय हैं। एक प्रकार उत्तर-आधुनिक समय में उभरते विमर्श अनुपस्थितियों को दर्ज करने वाले विमर्श हैं।

उत्तर-आधुनिक समय उच्च टेक्नोलॉजी आधारित संचार क्रांति और उपभोक्ता संस्कृति के बीच बने नए अनुभवों पर आधारित है। इस दौर में चिंतक विखंडन पर आधारित सत्यों को सेलिब्रेट करता है और 'पूर्णता' या 'एब्सोल्यूट' की धारणा को नकार देता है। अब रचनाकार का महत्व नहीं

रह जाता। रोलां बार्थ लेखक की मृत्यु की घोषणा करते हैं क्योंकि अपने 'पाठ' पर लेखक का कोई एकाधिकार नहीं रह जाता। 'पाठ' की स्थिति पाठक और उपभोक्ता तय करता है। जॉक देरिदा अपनी कृति 'द एंड ऑफ मेन इन मार्जिन्स ऑफ फिलॉसफी' में मानव श्रेष्ठता की विचारधारा को नकारते हैं। उत्तर-आधुनिक समय वह समय है जिसमें फुकोयामा ने इतिहास के अंत की घोषणा की थी। आल्विन कार्नान ने साहित्य की मृत्यु की घोषणा कर दी थी।

उत्तर-आधुनिक समय में साहित्य 'उत्पाद' की श्रेणी में आ गया। अब ऐसा साहित्य केंद्र में है जो क्षणिक और ऐंद्रिक सुख प्रदान करता है। यह समय सभी प्रकार की रचनाओं को एक पाठ मानता है। वात्स्यायन का 'कामसूत्र' हो या मार्क्स का 'दास कैपिटल', कालिदास का 'कुमारसंभव' हो या चेतन भगत के उपन्यास, सभी पाठ हैं और सभी 'पाठ' समान हैं। किसी पाठ को किसी पाठ पर प्राथमिकता नहीं दी जा सकती। उत्तर-आधुनिक विमर्श के अनुसार प्रत्येक 'पाठ' में कुछ छिपे हुए 'पाठ' होते हैं जिन्हें 'उपपाठ' कहा जाता है। पाठ के भीतर छिपे पाठों की पर्तों को अंतर्पाठ भी कहा जाता है। उत्तर-आधुनिक साहित्य का मूल्यांकन इन्हीं 'उपपाठों' के विखंडन के द्वारा किया जाता है। यहां पाठक अपने अनुभव, परिवेश, अभिप्राय एवं जरूरतों के लिहाज से 'पाठ' का विखंडन करके अध्ययन करता है। जो अर्थ वह लेता है वही 'पाठ' का अर्थ होता है। इस प्रकार अर्थ की बहुलता उत्तर-आधुनिक साहित्य का प्रमुख गुण है।

उत्तर-आधुनिक साहित्य की लाक्षणिकता किसी तयशुदा मानक के अनुरूप नहीं है। यहां कवि किसी निर्धारित काव्य पद्धति से रचना नहीं करता, बल्कि रचना की बुनावट प्रायः खुली या मुक्त होती है। रचनाओं में अनेक अधूरी पंक्तियां होती हैं जिन्हें पाठक स्वयं अपने मनोभाव के अनुसार समझता है। उत्तर-आधुनिक साहित्यकार की कृति मुक्त विचरण करती है। इस समय में रचा साहित्य मात्र घटना होता है, कोई उपलब्धि नहीं। इसलिए साहित्य एवं कलाएं मुनाफे से संबद्ध हो गई हैं। जो साहित्य जितना अधिक मुनाफा देता है वह उतना अधिक मूल्यवान है।

भाषा के प्रति उत्तर-आधुनिक साहित्य का दृष्टिकोण उत्तर-संरचनावादी है जिसमें भाषा की प्रकृति आत्मसंदर्भात्मक (सेल्फ-रेफरेंसियल) होती है, अर्थात भाषा अपने बारे में अधिक बोलती है वस्तु के बारे में कम। भाषा में रचा साहित्य भी आत्मसंदर्भात्मक होगा। ऐसी भाषा के स्तर पर उत्तर-आधुनिक साहित्य किसी भी प्रकार की शुद्धता के पक्ष में नहीं है। यह संकरता या 'हाइब्रिडिटी' को साहित्य का केंद्रीय गुण मानता है। भाषा का चरित्र आभिजात्यीय नहीं होता, देशज चरित्र और अनगढ़ता इस समय की भाषा की पहचान है।

हिंदी साहित्य का अवलोकन करें तो हम पाएंगे कि पिछले बीस-पच्चीस वर्षों में लिखे गए कुछ उपन्यास, नाटकों और कविताओं में उत्तर-आधुनिक स्थितियों का चित्रण होने लगा है। खासकर उत्तर-आधुनिक समय में जिस स्त्री विमर्श का सूत्रपात हुआ उसमें स्वानुभूत यथार्थ के प्रति लगाव अधिक है। उत्तर-आधुनिकता ने स्त्री विमर्श को जो स्पेस दिया है उसका प्रयोग करते हुए लेखिकाएं अपनी रचनाओं में उन तत्वों को ला रही हैं जो स्त्री पर हुए अब तक के लेखन में अनुपस्थित थे। वर्जित समझे जाने वाले विषयों को साहित्य में उठाने का साहस उत्तर-आधुनिक समय दे रहा है। दलित विमर्श अपने पुराने ब्राह्मणवाद-विरोध की परिपाटी से निकलता हुआ अभिव्यक्ति और संघर्ष के नए तरीके ईजाद कर रहा है।

उत्तर-आधुनिक साहित्य हाशिए के साहित्यों का विमर्श है। सभ्यता के विकास और आधुनिकता की अंधी दौड़ ने प्रत्येक समाज के मूल निवासियों को उजाड़ा है। अब इनका समय आया है। उत्तर-आधुनिक समय में रचे जा रहे आदिवासी विमर्श नवउदारवाद और कारपोरेट के उस षड्यंत्र का भी पर्दाफाश करते हैं जो विकास के नाम पर आदिवासी को उनके जल, जंगल, जमीन एवं उनकी संस्कृति से बेदखल कर तथाकथित मुख्यधारा में लाने की कोशिश करता है।

उत्तर-आधुनिक समय में भूमंडलीकरण और आर्थिक उदारीकरण के साथ संचार क्रांति और सूचना-बहुल समाज का उदय हुआ है। इस दौरान पॉपुलर कल्चर के प्रतिमान काफी बदल चुके हैं। उत्तर-आधुनिक समय के नवउदारवादी मॉडल का गरीब किसानों पर प्रभाव पड़ रहा है। यह मिथकों के भी पुनर्जीवित और वर्तमान संदर्भों के अनुसार परिवर्तित होने का समय है।

उत्तर-आधुनिक समय में साहित्य को मीडिया के जरिए अभूतपूर्व विस्तार प्राप्त हुआ है। सोशल मीडिया, ब्लॉग ये सभी आज के समय में साहित्यिक अभिव्यक्ति का माध्यम बन गए हैं। आज किताबों से अधिक फेसबुक के पेज लाइक किए जाने का समय है। मार्शल मैकलुहान की अवधारणाएं 'ग्लोबल विलेज' एवं 'माध्यम ही संदेश है' साकार हुई हैं। मैकलुहान के अनुसार सामाजिक परिवर्तनों में विचारों की अपेक्षा उन माध्यमों की भूमिका अधिक महत्वपूर्ण हो जाती है जो विचारों के संप्रेषण में प्रयुक्त होते हैं। समकालीन साहित्य में 'विचार' क्या है यह मायने नहीं रखता, बल्कि यह मायने रखता है कि जिस विचार या अर्थ को साहित्य के जरिए संप्रेषित करने का प्रयास किया जा रहा है उसका लोगों तक पहुंचने का माध्यम क्या है।

उत्तर-आधुनिक साहित्य की दिशा भले विकेंद्रित और मीडिया एवं उपभोक्ता समाज के द्वारा नियंत्रित हो, इस समय उभर रहे विविध विमर्श साहित्य को समृद्ध कर रहे हैं। यह एक प्रकार से बहुविध मुक्ति का साहित्य है। आधुनिकता के व्यापक विचार के तले न उभर पाने वाले ऐसे बहुत-से स्वरों को उठने का मौका उत्तर-आधुनिक साहित्य देता है। साथ ही यह साहित्य किसी भी विचारधारा, चाहे वह उदारवाद हो या नवउदारवाद या मार्क्सवाद, किसी के भी पक्ष में खड़ा नहीं होता, बल्कि बिना किसी निश्चित राजनीतिक विकल्प के भी स्थापित वर्चस्वों को चुनौती देता है।

अंकित पाठक

अधिक जानकारी के लिए :
1. **The Condition of Postmodernity** : David Harve, 1989, 2. **The Postmodern Turn** : Ihab Hasson, 1987

उत्तर-आधुनिक स्त्रीवाद

उत्तर-आधुनिक स्त्रीवाद (Post-Modern Feminism) की चर्चा लगभग दो दशकों से हो रही है, परंतु इसे स्पष्ट ढंग से परिभाषित नहीं किया जा सका है। यह अस्पष्टता हर किसी को अपने रुझान के मुताबिक उत्तर-आधुनिक स्त्रीवाद का निश्चय करने की स्वतंत्रता और सुविधा देती है। कुछ नारीवादियों ने तो इसके अस्तित्व पर ही प्रश्नचिह्न लगा दिया है। उनका दावा है कि यह पद मीडिया की उपज है, जिसने सनसनी की खोज में और लहर-दो के रेडिकल स्त्रीवाद का अवमूल्यन करने के लिए इसका आविष्कार किया है। मसलन तानिया मॉडलेस्की ने अपनी पुस्तक का नाम रखते हुए उत्तर-स्त्रीवाद को उद्धरण चिह्न से घेर दिया है : फेमिनिज्म विदाउट वीमेन : कल्चर एंड क्रिटिसिज्म इन ए 'पोस्ट फेमिनिस्ट एज'। जब हम उत्तर-आधुनिक स्त्रीवाद की चर्चा करते हैं, तो इसमें स्वाभाविक रूप से निहित होता है कि हम आधुनिक स्त्रीवाद को पीछे छोड़ आए हैं और एक नई स्थिति में हैं, जिसका विवेचन पुराने औजारों से नहीं किया जा सकता।

उत्तर-आधुनिक स्त्रीवाद को कॉनसाइज ऑक्सफोर्ड डिक्शनरी (नौवां संस्करण) में इस प्रकार परिभाषित किया गया है : यह ऐसे विचारों, दृष्टि कोणों आदि से संबंधित है जो 1960 और उसके बाद के दशकों के स्त्रीवादी विचारों की या तो उपेक्षा करते हैं या उन्हें खारिज करते हैं। उपेक्षा करने की बात सही है, क्योंकि प्रत्येक पीढ़ी अपनी जरूरतों और प्रवृत्तियों के हिसाब से अपना मुहावरा गढ़ती है। लेकिन खारिज करने की बात यथार्थ से काफी दूर है, क्योंकि उत्तर-आधुनिक स्त्रीवाद भी आखिर है स्त्रीवाद ही। अस्पष्टता के बावजूद उत्तर-आधुनिक

स्त्रीवाद के संदर्भ में चार बातें उभरती दिखाई देती हैं। एक, यह बहुलता का सम्मान करता है और यह नहीं मानता कि स्त्रीवाद का कोई एक संस्करण ही प्रामाणिक है। दो, इसकी विचारधारा लचीली है, जिस कारण प्रत्येक व्यक्ति अपनी जरूरतों और इच्छाओं के अनुसार इसे ढाल सकता है। तीन, यह स्त्रियों की प्रताड़ना (विक्टिमाइजेशन) के यथार्थ को स्वीकार करता है, परंतु स्त्री की अपनी जिम्मेदारी को भी रेखांकित करता है। इसलिए वह पोर्नोग्राफी या डेटिंग के दौरान बलात्कार की आलोचना करने से बचता है। चार, उत्तर-आधुनिक स्त्रीवाद व्यवहारवादी और स्थानीय संदर्भ-युक्त है और मानता है कि दर्शन का आधार ज्ञान या सामाजिक आलोचना नहीं, बल्कि अनुभव है। उदाहरण के लिए, उत्तर-आधुनिक स्त्रीवादी की नजर में जो चीज पश्चिमी समाज के लिए वैध है (स्त्री और पुरुष का हाथ मिलाना या सार्वजनिक स्थान पर चुंबन करना), वह दूसरे समाजों के लिए अनुपयुक्त हो सकता है।

उत्तर-आधुनिक मानसिकता को समझने केलिए दो उदाहरण लिए जा सकते हैं। उत्तर-आधुनिक स्त्रीवादी मानी जाने वाली ज्युडिथ बटलर का मानना है कि सेक्स और जेंडर में जो भेद किया जाता है, वह बेमानी है, क्योंकि हमारे सामने जो कुछ भी है वह एक सामाजिक गढ़ंत है। जेंडर अगर सामाजिक गढ़ंत है, तो यह एक स्थायी गढ़ंत है और सभी ज्ञात सभ्यताओं में ऐसा ही दिखाई देता है। मेरी जो फ्रग (ए पोस्टमॉडर्न फेमिनिस्ट लीगल मेनिफेस्टो) के अनुसार, हमारे अनुभवों का हमारी भाषा से गहरा रिश्ता है और ताकत का प्रयोग हमेशा बल प्रयोग के द्वारा नहीं होता, बल्कि उन तरीकों से भी होता है जिनके जरिए भाषा यथार्थ का आकार गढ़ती है और उसे सीमित करती है।

राजकिशोर

अधिक जानकारी के लिए :

1. **Enlightened Women Modernist Feminism in a 'Postmodern Age'** : Alison Assiter, 1996, 2. **Post-modern Feminist Writers** : W S Kettiswari, 2008

उत्तर-आधुनिकता

उत्तर-आधुनिकता' (Post-Modernity) पद का इस्तेमाल सामान्यतया उन विचार सरणियों के लिए किया जाता है जो पश्चिम के अकादमिक जगत में बीसवीं सदी के उत्तरार्द्ध में उभरी हैं। इन विचार सरणियों के द्वारा दूसरे महायुद्ध के बाद पश्चिम के उन्नत औद्योगिक समाजों में साहित्य, कला, संगीत, स्थापत्य, दर्शन, जनसंचार आदि के क्षेत्र में घटित हुए अनेक परिवर्तनों की शिनाख्त और उनकी व्याख्याएं की जाती हैं। उत्तर-आधुनिकता की अवधारणा व्यापक और बहुआयामी है। कई बार इसे आधुनिकता बोध के एक विस्तार के रूप में देखा गया है तो कुछ व्याख्याकार इसे आधुनिकता बोध की प्रतिक्रिया में जन्मे एक परवर्ती अध्याय के रूप में देखते हैं। द्वितीय विश्व युद्ध की विराट त्रासदी, साठ के दशक में उन्नत औद्योगिक समाजों में युवाओं का स्थापित व्यवस्थाओं के प्रति असंतोष, वियतनाम युद्ध, नागरिक अधिकार आंदोलन, बीट जनरेशन, साम्यवाद का भीतरी संकट, प्रौद्योगिकी का तीव्र विकास, औद्योगिक समाजों में मनुष्य के व्यक्तित्व का एकायामी विकास और तीसरी दुनिया के देशों में भीषण आर्थिक विषमताएँ—ये बीसवीं सदी के उत्तरार्द्ध के कुछ ऐसे राजनीतिक, आर्थिक, सांस्कृतिक संदर्भ हैं जिनके कारण पश्चिमी यूरोप में जागरण काल के आदर्शों और आधुनिक जीवन मूल्यों के प्रति अनेक प्रश्न उठे हैं। मोहभंग की इन्हीं स्थितियों में उत्तर-आधुनिक दर्शन के बीज छिपे हुए हैं।

पश्चिमी समाज में अठारहवीं सदी के जागरण काल से अगले दो सौ वर्षों तक जारी आधुनिकता का समूचा परिबोध तार्किकता, प्रगति की सार्वभौमिक अवधारणा और भविष्यवाद पर टिका था। आधुनिकता की यह परियोजना एक कारगर और सर्वसमावेशी औद्यौगिक समाज के साथ जुड़ती थी। मानव समाज और राष्ट्र एक ही इयत्ता के दो पहलू थे तथा राजनीतिक व प्रशासनिक ढांचे के भीतर तमाम तरह की सामुदायिक पृथकताओं, विभेदों, उपेक्षित स्वरों

और उप-संस्कृतियों को ढंक दिया जाता था। इस परियोजना में केंद्रपरकता और भविष्यवाद का वर्चस्व था। लेकिन बीसवीं सदी में प्रथम विश्व युद्ध के साथ ही प्रगति के जिन मूल्यों को सार्वभौमिक माना गया था, उनमें दरारें पड़ने लगी थीं। आधुनिकता की यह परियोजना अपने साथ वर्चस्ववाद, यूरोपकेंद्रित सोच, औपनिवेशिक शोषण, नस्ली घृणा, जातीय नरसंहार, युद्ध, आणविक विनाश और तीसरी दुनिया की लूट और भुखमरी की स्थितियों को ले कर आई। विज्ञान और तर्क की शक्ति ने निरंकुश राज्य व्यवस्थाओं को जन्म दिया। शक्ति-तंत्र द्वारा संरचित और प्रचारित सार्वभौमिक सच असहमत, कमजोर और सीमांत लोगों के दमन और उत्पीड़न का औजार बन गए। तमाम तरह की केंद्रपरक सच्चाइयों ने हाशिए पर उपस्थित सचों को ढंक देना चाहा। ये प्रश्न उठने लगे कि यदि आधुनिकता की विरासत यही है, तो वह वरेण्य किस तरह से है? यह प्रश्न भी उठने लगा कि बीसवीं सदी की तमाम विराट त्रासदियां आधुनिक बोध की केंद्रपरकता और नवजागरणकालीन मूल्यों की कोख से निकली हैं।

यद्यपि बीसवीं सदी के प्रारंभिक दशकों की बौद्धिकता के भीतर ही आधुनिकता की परियोजना के प्रति संदेह उभरने लगा था, तब भी उसकी पूरी लड़ाई इस आधुनिकता के भीतर रह कर ही थी। सदी के उत्तरार्द्ध में बौद्धिकों की एक नई पीढ़ी उभरी जिसने आधुनिकता के समूचे दर्शन और उसकी संपूर्ण व्यवस्था को नकार दिया। इस उत्तर-आधुनिक दर्शन के अंतर्गत कोई एक परिभाषा, कोई एक सूत्र या कोई एक परिसर नहीं है। तब भी यह कहा जा सकता है कि ज्यादातर विमर्श युद्धोत्तर समय के उच्च टेक्नॉलॉजी आधारित संचार युग और उपभोक्ता संस्कृति के बीच से उभर कर आए नए अनुभवों पर आधारित हैं।

उत्तर-आधुनिक दृष्टि में चीजों की परस्पर एकसूत्रता के बजाय उनके विभेद और सापेक्ष मूल्यवत्ता का आग्रह है। वह किसी 'एब्सोल्यूट' और प्रश्नातीत सच की धारणा को सिरे से खारिज कर देती है। इन विमर्शों के अंतर्गत सामाजिक विश्लेषण के भीतर निहित बहुविध सच्चाइयों, परस्पर असंबद्ध रूपों, हाशिए पर छिटके अनुभवों, सुनिश्चित और स्थिर अर्थों के स्थगन और एक प्राइवेट भाषिक खिलवाड़ को खोज का अनिवार्य हिस्सा माना जाने लगा। वैयक्तिक जीवन चीजों के संज्ञान को किसी स्वतःस्फूर्त स्थिति के रूप में नहीं बल्कि किसी 'अन्य' द्वारा गढ़ी गई किसी भाषिक संरचना से प्राप्त अर्थ के रूप में देखा जाने लगा।

उत्तर-आधुनिकता के दर्शन ने उच्च-भ्रू और लोकप्रिय-कला की सीमा रेखाओं को भी नकार दिया है। उसने कला और विचार क्षेत्र में चिंतनशीलता और आत्म-चेतस तत्वों को महत्व देने के बजाय मिश्रित सृजन (pastiche), विभिन्न तत्वों की खिचड़ी से तैयार कलारूपों (bricolage), पैरोडी, विडंबना और शाब्दिक खिलवाड़ को अधिक महत्व दिया है। आख्यानों की संरचना में उसका आग्रह विखंडन, क्रमभंगता, अर्थों की बहुलता, समक्षणिकता, विकेंद्रितता और भावहीन आत्मपरकता पर है। आधुनिकता के बोध के भीतर भी 'एब्सर्ड' जीवन स्थितियों के चित्रों, विभक्त मानवीय चेतना और खंडित इतिहास बोध को प्रस्तुत किया गया था, पर उस विखंडन में कुछ मूल्यवान को खो देने के त्रास और शोक की अभिव्यक्ति थी। बहुत सारी आधुनिकतावादी रचनाएं इस विचार को ले कर चलती थीं कि एक कलाकृति आधुनिक जीवन में जो कुछ खो गया है उसकी एक संगति, संबद्धता और अर्थवत्ता को रचती है या कला वह सब कर सकती है जिसे अन्य मानवीय संस्थाएं करने में विफल रही हैं। इसके विपरीत उत्तर-आधुनिकता के बोध में विखंडन, अस्थिरता या असंबद्धता का शोक नहीं, बल्कि वहां इन स्थितियों को 'सेलिब्रेट' किया जाता है। इसमें यह अंतर्निहित बोध है कि यह संसार अर्थहीन है और इस बात का दिखावा न किया जाए कि कला कोई अर्थ पैदा कर सकती है। इस स्थिति में इस अर्थहीनता का केवल खिलवाड़ किया जा सकता है।

फ्रेंच चिंतक ज्याँ फ्रांक्वा ल्योतार्द ने 1979 में प्रकाशित अपनी पुस्तक 'दि पोस्ट-मॉडर्न कंडीशन :

ए रिपोर्ट ऑन नॉलेज' में उत्तर-आधुनिकता के कुछ आधारभूत लक्षणों की पहली बार व्यवस्थित रूप से चर्चा की। इससे पहले यह पद केवल कला-समीक्षा या दर्शन के क्षेत्र में प्रयुक्त होता था। ल्योतार्द ने इस तर्क को रखा कि उत्तर-आधुनिक समाज में आधुनिक युग के उन सारे महाख्यानों का अंत हो चुका है, जो अब तक पश्चिमी ज्ञान-मीमांसाओं को आकार देते आए थे जैसे प्रबोधन काल में प्रगति की अवधारणा या मार्क्सवाद में इतिहास की व्याख्या में मनुष्य की सामाजिक मुक्ति का स्वप्न था या फ्रायड के सिद्धांत में अवचेतन के त्रास से मुक्ति की कामना थी। ल्योतार्द कहते हैं कि ये सारे आख्यान अपने स्वरूप में निरंकुश थे। वे कार्य, घटनाओं और वस्तुओं का सरलीकरण कर उस पर एक सार्वभौमिकता आरोपित करते थे। ल्योतार्द के अनुसार, विकसित औद्योगिक समाजों में बीसवीं सदी के उत्तरार्द्ध में पूंजीवाद की विकसित अवस्था ने मनुष्य जीवन के सारे जीवन मूल्यों, सोच की प्रविधियों, टेक्नोलॉजी, विज्ञान, और मास मीडिया को अपने नियंत्रण में ले लिया है और अब इस संसार के बारे में सच्चाई, तर्क या सार्वभौमिक लेखे-जोखे की बात करना व्यर्थ है।

ल्योतार के अनुसार, वैज्ञानिक, धार्मिक, ऐतिहासिक या राजनीतिक महाख्यानों का समय बीत चुका है। यह सूक्ष्म विवेचनाओं (माइक्रो नरेटिव्स), विखंडित चेतनाओं, अर्थ की बहुलताओं और स्थानिकताओं में जाने का समय है। संचार, मास मीडिया और कंप्यूटर विज्ञान के क्षेत्र में यंत्र निर्मित प्रज्ञा और मशीन आधारित अनुवाद की तकनीकों ने संकेत और कोड आधारित उत्पादन को उत्तर-औद्योगिक अर्थव्यवस्था और उससे संबद्ध उत्तर-आधुनिक संस्कृति का केंद्रीय तत्व बना दिया है। इसके परिणामस्वरूप विभिन्न प्रकार की तर्क प्रणालियों में भाषिक-खेल की बहुलता बढ़ी है और इसी के साथ यह भी हुआ है कि विज्ञान में सत्य की खोज का लक्ष्य बेदखल हुआ है और उसकी जगह कार्य-निष्पादन और दक्षता अब केंद्र में आ गए हैं जो पूंजी या राज्य व्यवस्था की चाकरी में लगे हुए हैं। ल्योतार्द ने यह महत्वपूर्ण स्थापना रखी कि उत्तर-आधुनिक समाजों में कोई भी वह चीज जो कंप्यूटर प्रणाली द्वारा पहचानी या संग्रहित नहीं की जा सकती या दूसरे शब्दों में जिसका 'डिजिटल' रूपांतरण नहीं हो सकता, वह ज्ञान की परिधि में नहीं आती। इस आधार पर वे कहते हैं कि पूर्ववर्ती आधुनिक समाज और मानवतावादी मीमांसाओं में 'ज्ञान' का विलोम अज्ञान था, जबकि उत्तर-आधुनिक में समाजों जो चीज 'ज्ञान' की परिधि में नहीं आती वह केवल शोर है।

उत्तर-आधुनिकता के इसी विच्छेदमूलक दर्शन को आगे बढ़ाते हुए फ्रेंच विचारक ज्यां बोद्रेला कहते हैं कि वस्तुओं के उपयोग मूल्य और विनिमय मूल्य जैसी मार्क्सवादी अवधारणाएं अब बेमानी हो चुकी हैं। आज संकेत चिह्नों, छवियों और आभासी सत्य की एक मायावी दुनिया में मनुष्य की बुनियादी आवश्यकताओं को तय करना संभव नहीं। यह समय अतिरंजनाओं से भरी वास्तविकताओं यानी 'हाइपर रियलिटी' का समय है। हम साइबर स्पेस, मुक्त प्रवाही छवियों और मीडिया द्वारा संरचित और नियंत्रित यथार्थ के एक 'हाइपर रियल' समय में रह रहे हैं। छवियों ने वास्तविकताओं को अपदस्थ कर दिया है।

जॉक देरिदा, मिशेल फूको, रोलां बार्थ और जूलिया क्रिस्तिएवा जैसे अनेक बौद्धिकों ने साठ के दशक में संरचनावादी और उत्तर-संरचनावादी विचार सरणियों के द्वारा पश्चिमी तत्वमीमांसा की उस पूरी परंपरा पर प्रश्नचिह्न लगा दिए जो किसी परम सत्य को खोजना चाहती है। उत्तर-आधुनिक चिंतन का बुनियादी परिसर यह रहा है कि सत्य का कोई एकल, मानक, सार्वभौमिक, निरपेक्ष, शाश्वत और स्थिर रूप नहीं हो सकता। इन सभी उत्तर-आधुनिक विचारकों ने उन्नीसवीं सदी के दार्शनिक नीत्शे के इस मूल विचार को अपने-अपने ढंग से आगे बढ़ाया कि सत्य निरपेक्ष नहीं होता। वह भाषा में अलंकारों के द्वारा की गई एक रूप-व्यवस्था मात्र है जो कालांतर में निर्विकल्प बोध लगने लगता है। फूको मनोविज्ञान और सामाजिक विज्ञान का विखंडन करते हुए इस बात की खोज करते हैं कि कैसे इन अनुशासनों के

भीतर वर्चस्व की शक्तियां सूक्ष्म तरीके से अपना काम करती रहती हैं।

देरिदा ने इस परंपरागत अवधारणा को ध्वस्त कर दिया कि भाषा की एक पारदर्शी सत्ता होती है और शब्द किन्हीं विचारों या वस्तुओं का प्रतिनिधित्व करते हैं। आधुनिक समाज इस अवधारणा पर आश्रित रहे हैं कि संकेत चिह्न हमेशा किन्हीं चीजों के अर्थ देते हैं और वास्तविकता उन अर्थों में निहित होती है। उत्तर-आधुनिकता में केवल संकेत चिह्नों की उपस्थिति है। इनके द्वारा किसी स्थिर या शाश्वत अर्थ की अवधारणा समाप्त हो चुकी है। देरिदा ने कहा कि सारी सच्चाइयां केवल एक पाठ हैं। हर पाठ एक राजनीतिक प्रपंच है। जब इस पाठ की भाषिक संरचना का विखंडन किया जाता है, तो पाठ के भीतर मौजूद विभिन्न परस्पर विरोधी शक्तियों के 'खेल' पर से पर्दा उठता है। पाठ का विखंडन हमें बताता है कि किस तरह एक वरीयता क्रम की व्यवस्था इस पाठ के भीतर रची गई है। केंद्र में कौन-सी चीजें हैं और किन चीजों को परिधि पर धकेल दिया गया है। देरिदा कहते हैं कि जिस भाषिक व्यवस्था के द्वारा हम चीजों का संज्ञान प्राप्त करते हैं, वह व्यवस्था किन्हीं शक्ति-केंद्रों द्वारा रचित है, इसलिए ऐसे किसी भी विखंडन में अर्थ का स्थगन होता रहेगा।

जॉक लकाँ आत्म की संरचना को विखंडित करते हुए कहते हैं कि यह आत्म भी भाषा द्वारा निर्मित एक अवधारणा भर है। एडवर्ड राईद उत्तर औपनिवेशिक समय में विखंडन के औजारों का इस्तेमाल करते हुए पश्चिमी सोच में छिपी उस वर्चस्ववादी मानसिकता को बेनकाब करते हैं जो अन्य की आवाज को हमेशा दबा देती है।

फ्रेडरिक जेम्सन ने उत्तर-आधुनिक अवस्था का विश्लेषण मार्क्सवादी नजरिए से किया है। उन्होंने विभक्ति, विखंडन और आत्महीनता का उत्सव मनाने या इसे सिरे से खारिज कर देने के बजाय इसे मनुष्यता के इतिहास में एक खास अवस्था के रूप में देखा है। वे इसे विश्व अर्थव्यवस्था में घटित परिवर्तनों और उत्पादन की नई संस्कृति से जोड़ कर देखते हैं। उनके अनुसार, वर्तमान समय में पूंजी ने संस्कृति और वस्तुओं के उत्पादन का इस हद तक एकीकरण कर दिया है कि संस्कृति के भीतर मौजूद प्रतिपक्ष और आलोचना की भूमिका अब समाप्त हो चुकी है। इसलिए उत्तर-आधुनिकता के दर्शन को उन्होंने वैश्विक पूंजी का सांस्कृतिक तर्क कहा है।

उत्तर-आधुनिकता के दर्शन में अनेक परस्पर विरोधी विचार सरणियां एक साथ देखने को मिलती हैं। जहाँ एक ओर उसकी विवेचनाओं में द्वंद्वात्मक चेतना और इतिहास बोध से विरत हो जाने और आत्महीन जीवन के शोकरहित भाषिक खिलवाड़ की स्थितियां हैं वहीं दूसरी ओर, इन उत्तर-आधुनिक विमर्शों ने ताकत की अवधारणा, ज्ञान के स्वरूप, अर्थों की निष्पत्ति और आत्म की सत्ता में छिपे राजनीतिक प्रपंच को उघाड़ा है।

उत्तर-आधुनिकता के दर्शन से अनेक विख्यात चिंतकों की तीव्र असहमतियां भी रही हैं। टेरी ईगल्टन और नॉम चोम्स्की जैसे शीर्ष विचारकों ने इन सवालों को उठाया है कि क्या ठोस भौतिक सच्चाइयों को महज कूट चिह्नों, भाषिक संरचनाओं, संकेतकों और पाठ में रिड्यूस किया जा सकता है? वे राजनीतिक रूप से तटस्थ और निरपेक्ष दिखाई देने वाले इन अकादमिक विमर्शों के भीतर छिपी हुई राजनीति को उघाड़ते हैं। युर्गेन हैबरमास जैसे विद्वान कहते हैं कि यह मानना एक मिथक है कि हम एक उत्तर-आधुनिक समय में रह रहे हैं क्योंकि अभी तो आधुनिकता की परियोजना ही अधूरी है। दूसरी ओर निकोलस बूरिओ जैसे अनेक विचारक उत्तर-आधुनिकता के दौर को अब समाप्त मान चुके हैं। इन सारी असहमतियों के बावजूद इससे इनकार नहीं किया जा सकता कि हमारे समय में वर्चस्व की सर्वग्रासी संस्कृति के विरुद्ध सीमांत स्वरों की पहचान और उनके प्रतिनिधित्व का संकट भी इन उत्तर-आधुनिक विमर्शों के भीतर से ही उभरा है। केंद्रपरकता के विरुद्ध हाशिए के सच, अनेकार्थता, स्थानिकता, असहमति और विषमता की स्थितियों को महत्व देने की अनेक पहल हुई हैं। उत्तर-आधुनिक दर्शन में प्रश्नाकुलता और विखंडनवादी प्रविधियों

के कारण ही अकादमिक जगत में बीसवीं सदी के उत्तरार्द्ध में उत्तर-औपनिवेशिक चिंतन, भूमंडलीकरण के विरुद्ध स्थानिकता की पहचान, पितृसत्तात्मक संस्कृति के विरुद्ध स्त्री विमर्श, समलैंगिकता के वैधानिक अधिकारों की मांग, उपभोगमूलक संस्कृति के संदर्भ में पर्यावरण को बचाने की चिंताएं और अधीनस्थों के सांस्कृतिक अध्ययनों ने जोर पकड़ा है।

विजय कुमार

अधिक जानकारी के लिए :

1. **Post-Modern Conditions : A Report on Knowledge** : Jean Francois Lyotard, 1979, 2. **The Conditions of Post-Modernity** : David Harvey, 1989, 3. **The Origins of Post-Modernity** : Perry Anderson, 1998, 4. **The Pleasure of Text** : Roland Barthes, 1973, 5. **A Selection** : Jacques Lacam, 1982, 6. **Simulacra and Simulation** : Jean Baudrillard, 1981, 7. **Selected Writing** : Jean Baudrillard, 2002, 8. **The Critical Reader** : Edward said, 1993, 9. **Post Modernity and the Cultural Logic of Late Capitalism** : Fredric Jamson, 1991, 10. **After Theory** : Terry Eagleton, 2003, 11. **The Illutions of Post-Modernism** : Terry Eagleton, 1996, 12. **The Structural Transformation of the Public Sphere** : Jurgen Habermas, 1962

उत्तर-उपनिवेशवाद

दूसरे महायुद्ध के बाद दुनिया में कई देशों को स्वतंत्रता प्राप्त हुई और प्रत्यक्ष औपनिवेशिक शासन का अंत हुआ। उपनिवेशवाद की औपचारिक समाप्ति के साथ ही औपनिवेशिकता हमेशा के लिए खत्म नहीं हुई बल्कि उसमें बदलाव के लक्षण दर्ज किए जाने लगे। उपनिवेशवाद के शिकार लोगों के मानसिक और सांस्कृतिक जगत पर उपनिवेशवाद के प्रभावों को नए सिरे से समझे जाने की जरूरत महसूस की जाने लगी। साथ ही संस्कृति और समाज में कई बड़े परिवर्तन भी तेजी से होने लगे। उत्तर-उपनिवेशवाद (Post-Colonialism) सांस्कृतिक जगत में घटित होने वाले इन्हीं व्यापक परिवर्तनों की व्याख्या करने वाली अवधारणा है। यह अफ्रीका, एशिया और दक्षिणी अमेरिका के देशों के नागरिकों के मन, संस्कृति तथा समाज पर उपनिवेशवाद के घातक प्रभावों का भी अध्ययन करती है।

पोस्ट-कोलोनियलिज्म शब्द में प्रयुक्त 'पोस्ट' (उत्तर) शब्द यह ध्वनित करता है कि यह उपनिवेशवाद के पारंपरिक अध्ययन से अलग तरीके से औपनिवेशिकता के आयामों का अध्ययन करता है। 'कोलोनियलिज्म' के तहत जहाँ प्राचीन काल से चले आ रही गुलामी और वर्चस्व का अध्ययन किया जाता है वहीं 'पोस्ट-कोलोनियलिज्म' (उत्तर-उपनिवेशवाद) में सोलहवीं-सत्रहवीं सदी के बाद आरंभ हुए उपनिवेशवाद, मुख्यतः यूरोपीय उपनिवेशवाद की प्रक्रियाओं, बाद में स्वतंत्र देशों पर उनके प्रभाव और उसकी बौद्धिक मशीनरी के क्रियाकलापों को अध्ययन की विषय-वस्तु बनाया गया है। इसमें नव-उपनिवेशवाद की सूक्ष्म व जटिल संरचनाओं को समझने की कोशिश भी की जाती है। उपनिवेशवाद से विभिन्न देशों व संस्कृतियों के अलग-अलग संबंध रहे हैं। उन्होंने अलग-अलग ऐतिहासिक चरणों और भौगोलिक स्थितियों में उपनिवेशवाद का अनुभव किया है या कर रहे हैं। उत्तर-उपनिवेशवाद में औपनिवेशिकता के इन सभी विविधतापूर्ण अनुभवों और उसके तीखे या नरम प्रभावों का अध्ययन होता है।

फ्रैंट्ज फैनन, एडवर्ड सईद, होमी भाभा, गायत्री चक्रवर्ती स्पीवाक आदि को उत्तर-उपनिवेशवाद को सूत्रबद्ध करने वाले मुख्य विचारकों में गिना जाता है। इसमें ज्ञान की राजनीति उपनिवेशित-उपनिवेशक संबंधों, पश्चिम द्वारा गैर-यूरोपीय सभ्यताओं के पूर्वग्रह ग्रस्त चित्रण, गुलामी की मानसिकता के आरोपण और उपनिवेशों में सांस्कृतिक हीनता का बोध पैदा करने जैसी परिघटनाओं का विश्लेषण किया गया है। ये कुछ प्रमुख पुस्तकें, इस अवधारणा को विस्तार से प्रस्तुत करती हैं—ब्लैक स्किन, व्हाइट मास्क तथा द रेचेड ऑफ द अर्थ (फ्रैंट्ज फैनन), ओरियंटलिज्म (एडवर्ड सईद), द कोलोनाइजर एंड द कोलोनाइज्ड (अलबर्ट मैमी), कैन द

सबाल्टर्न स्पीक (गायत्री चक्रवर्ती स्पीवाक), द लोकेशन ऑफ कल्चर (होमी भाभा) आदि। इनमें सबसे पहले पेशे से मनोचिकित्सक रहे फैनन ने उपनिवेशितों की दमित चेतना के सवाल को उठाया। उनका मानना था कि उपनिवेशवाद ने एक निरंतर चलने वाली प्रक्रिया से अपने अधीन लोगों में हीनताबोध को पैदा किया और उस हीनताबोध के प्रभाव के कारण वे अपनी भाषा, संस्कृति, राष्ट्रीयता और नस्ल के बारे में नकारात्मक विचारों से ग्रस्त होने लगे। वे अपनी ही अस्मिता को नकारने की प्रवृत्तियों के शिकार हो गए। वे स्वयं के भीतर सारे मानवीय गुणों और क्षमताओं का अभाव महसूस करने लगते हैं और इसका उनके मनोस्वास्थ्य पर बुरा प्रभाव पड़ता है।

उपनिवेशवाद द्वारा गुलाम देशों की भौतिक-आर्थिक दुर्बलताओं के कारण उनकी सांस्कृतिक हीनता को स्वतःसिद्ध बना दिया गया। समानांतर रूप से भाषा के स्तर पर भी औपनिवेशीकरण की प्रक्रिया चलती रही। फ्रांस के आधिपत्य में क्रियोल भाषा को फ्रेंच की तुलना में हीन और अनुपयोगी साबित कर दिया गया और मूल अफ्रीकी निवासियों को अपने यूरोपीय मालिकों की भाषा बोलने के लिए विवश कर दिया गया। फैनन ने उपनिवेशवाद के खिलाफ हिंसक संघर्ष के औचित्य को भी स्थापित किया और कहा कि इस प्रकार की हिंसा एक तरह से विरेचनकारी भूमिका अदा करती है।

एडवर्ड सईद ने अपनी प्रसिद्ध पुस्तक 'ओरियंटलिज्म' में पश्चिम और पूरब की भिन्नता को उभारने की राजनीति पर विस्तार से लिखा। उन्होंने बताया है कि पश्चिमी लेखकों ने प्राच्यवाद के अंतर्गत 'ओरियंट' और 'ऑक्सीडेंट' के फर्क को इस तरह से प्रस्तुत किया कि गैर-पश्चिमी देशों की सांस्कृतिक हीनता सिद्ध हो सके। इसमें खास तरह के द्वैतपूर्ण (बाइनेरी) सामाजिक संबंधों की कल्पना निहित थी। 'हम' और 'वे' की धारणाएं रखी गईं जिनके अंतर्गत मध्य एशिया, एशिया और अफ्रीकी मुल्कों को समरूपता के ढांचे में ढाला गया और उनकी संस्कृति व ज्ञान की व्याख्या करने के नाम पर उन्हें निम्न, दुर्बल, विचित्र और स्वाधीनता के अयोग्य सिद्ध कर दिया गया। इससे 'अन्य' की धारणा भी प्रचारित हुई। एशिया-अफ्रीका के मुल्कों की छवि के बरअक्स पश्चिम ने अपनी आधुनिकतावादी और उन्नत छवि को सींचने और मजबूत करने का काम किया और वहां पश्चिमी हस्तक्षेप को जायज ठहराया।

उत्तर-उपनिवेशवाद ने अपने बहुत सारे विश्लेषण औजार उत्तर-आधुनिकता से भी ग्रहण किए हैं। इन्हीं में विमर्श (डिसकोर्स) तथा आख्यान (नैरेटिव) के सिद्धांत भी शामिल हैं। पश्चिमी और गैर-पश्चिमी सभ्यताओं के अंतर की व्याख्या करने के लिए इनका प्रयोग किया गया है तथा इनके बीच ऊंच-नीच संबंधों की परिकल्पना के आधारों को चुनौती दी गई है। उत्तर-उपनिवेशवाद में यह मान्यता भी निहित है कि तीन-चार सौ साल तक पश्चिम का औपनिवेशिक आधिपत्य जारी रहने के कारण स्वाभाविक है कि वह निरंतर अपने प्रभाव को बनाए रखे और उसका विस्तार भी करता रहे। इसीलिए उत्तर-उपनिवेशवादी स्वयं को ऐसे विचारकों के समूह के रूप में प्रस्तुत करते हैं जो पूर्व-उपनिवेश रहे देशों के नागरिकों की सांस्कृतिक पहचान व नागरिकता को परिभाषित तथा निर्धारित करने में उपनिवेशवाद की भूमिका को देखना व दिखाना चाहते हैं। इसके अंतर्गत दूसरे महायुद्ध के पश्चात उपनिवेशवाद के विभिन्न रूपों के समाप्त होने की मान्यता को प्रश्नांकित करने की प्रक्रिया भी जारी रहती है। उत्तर-उपनिवेशवाद में साहित्य, खास तौर पर उपनिवेश रहे देशों के 'लिटरेरी टेक्स्ट' की व्याख्या के लिए अपनाई जाने वाली पद्धतियों का भी विश्लेषण किया जाता है, क्योंकि साहित्य के विभिन्न पाठों के आधार पर भी संबंधित देश की संस्कृति तथा पहचान को तय करने का काम किया जाता है। यह बौद्धिक बहस इसमें निहित रही है कि उपनिवेशवाद के दौर के साहित्य को उत्तर-औपनिवेशिक अध्ययन की सामग्री में शामिल किया जाए या केवल बाद के साहित्य को। अधिकांश का मत है कि औपनिवेशिक काल के साहित्य को भी सम्मिलित किया जाना

चाहिए, क्योंकि वह उपनिवेशवाद के असर को समझने तथा उसके विरोध के स्वर को सुरक्षित रखने का ऐतिहासिक कार्य करता है।

वैभव सिंह

अधिक जानकारी के लिए :

1. **Post-Colonial Theory–A Critical Introduction** : Lila Gandhi, 1990, 2. **Post-Colonial Literature** : Pramod K. Nayar, 2007, 3. **The Post-Colonial Critique** : Gayatri Chakroborty Spivak, 1990

उत्तरकथा

पहले लिखी हुई किसी पुस्तक का कथन जहां समाप्त होता है, उसी कथा को आगे बढ़ाने वाली पुस्तक को उत्तरकथा (Sequel) कहा जा सकता है। पहले के कथानक को आगे बढ़ाने वाला उपन्यास, नाटक या कोई अन्य कृति उत्तरकथा है। उत्तरकथा में प्रायः मूल कथा के ही पात्र होते हैं और उसी कथा को आगे बढ़ाया जाता है।

उत्तरकथा और धारावाहिक पर्यायवाची नहीं हैं। धारावाहिक वस्तुतः किसी पत्र-पत्रिका में छप रही पहले से लिखी हुई रचना (लेख या उपन्यास) है, जो उस पत्रिका के दो या अधिक अंकों में लगातार छपती रहती है। इसके विपरीत उत्तरकथा पहले लिखी गई रचना (मुख्यतः उपन्यास) के बाद की घटनाओं की परिकल्पना करके लिखी गई रचना होती है। यह अपने आपमें एक पूर्णतः स्वतंत्र कथा भी हो सकती है, भले वह किसी उपन्यास में पहले कही गई कथा को आगे बढ़ाती हो।

डेविड ब्रेवर ने उत्तरकथा को 'काल्पनिक विस्तार' कहा है, यानी किसी उपन्यास की कथा की समाप्ति के बाद उसके पात्रों का क्या हुआ, यह जानने की उत्सुकता को शांत करने के लिए 'सिक्वेल' लिखना। उत्तरकथा उपन्यास के अलावा फिल्म के क्षेत्र में भी अक्सर दिखती है। अच्छी और सफल उत्तरकथाएं वे ही होती हैं, जो स्वयं मूल लेखकों द्वारा लिखी गई हों। डी एच लारेंस ने अपने उपन्यास 'रेनबो' की उत्तरकथा के रूप में 'वीमेन इन लव' लिखा। सलमान रुश्दी ने 'द सी ऑफ स्टोंस' की उत्तरकथा के रूप में 'लूका एंड द फायर ऑफ लाइफ' और लुई कैरोल ने 'एलिस इन वंडरलैंड' की उत्तरकथा के रूप में 'थ्रू द लुकिंग ग्लास' लिखा। अज्ञेय के उपन्यास 'शेखर : एक जीवनी' का दूसरा भाग सात साल बाद उसी नाम से प्रकाश में आया।

महेंद्र राजा जैन

उत्तर-छायावाद

उत्तर-छायावाद उन काव्य प्रवृत्तियों की ओर संकेत करता है, जिनकी पृष्ठभूमि छायावाद युग में बन गई थी और राष्ट्रीय जागरण, लोकतंत्र और आधुनिकीकरण के दौर में नव-स्वच्छंदतावादी भाव-भंगिमाओं के साथ जारी थी। छायावाद के बाद प्रगतिवाद और प्रयोगवाद का युग माना जाता है, पर इस नए युग में छायावादी प्रवृत्तियों का अचानक अंत नहीं हो गया था, बल्कि वे नए भाव रूपों और शिल्प रूपों में बनी हुई थीं। उत्तर-छायावादी कवियों ने प्रगतिवाद, प्रयोगवाद और नई कविता की नई प्रवृत्तियों की बहुत परवाह नहीं की, बल्कि उन्होंने छायावादी परंपरा में ही अपना काव्य लेखन जारी रखा। उत्तर-छायावादी कवियों में माखनलाल चतुर्वेदी, बालकृष्ण शर्मा नवीन, हरिवंश राय बच्चन, रामेश्वर शुक्ल अंचल, नरेंद्र शर्मा, आरसी प्रसाद सिंह, भगवती चरण वर्मा, जानकी वल्लभ शास्त्री आदि के नाम आते हैं। रामधारी सिंह दिनकर और शिवमंगल सिंह सुमन के आरंभिक काव्य को भी उत्तर-छायावाद में रखा जा सकता है। इस युग में प्रेम, प्रकृति, राष्ट्रीय जागरण और सामाजिक विषमताओं के प्रति रोमानी रुझान बना हुआ था और उपर्युक्त कवियों में बखूबी झलकता था। हम उत्तर-छायावाद को निम्न विषयों के अंतर्गत समझ सकते हैं : (1) राष्ट्रवाद-आधारित उत्तर-छायावाद (2) प्रेम-आधारित उत्तर-छायावाद (3) प्रकृति-आधारित उत्तर-छायावाद और (4) सामाजिक विषमता-आधारित उत्तर-छायावाद।

1. राष्ट्रवाद-आधारित उत्तर-छायावाद : छायावादी कवियों में प्रसाद और निराला ने राष्ट्रीय भावना से भरी कई कविताएं लिखी थीं। उनकी निरंतरता माखनलाल चतुर्वेदी, बालकृष्ण शर्मा नवीन, दिनकर में देखी जा सकती है। इन कवियों को प्रगतिवाद के युग में भी राष्ट्रीय भावना ही ज्यादा आकर्षित कर रही थी। वे राष्ट्र को रोमांटिक नजरिए से देख रहे थे। माखनलाल चतुर्वेदी के काव्य संकलन 'हिम किरीटनी' 1942 में और 'हिम तरंगिनी' 1948 में छपे थे। उनका व्यक्तित्व एक संक्रमणकालीन दौर में निर्मित हुआ था। उनकी राष्ट्रीय भावना मन में धधकते ज्वालामुखी की तरह थी, उनके भीतर से पराधीनता की वेदना सबसे सशक्त रूप में व्यक्त हुई। उनकी कविता 'कैदी और कोकिला' मानो प्रसाद के 'आंसू' का ही राष्ट्रीय भाव विस्तार हो। इसकी पंक्तियां हैं :

इस शांत समय में
अंधकार को वेध, रो रही क्यों हो?
कोकिला बोलो तो।
चुपचाप मधुर विद्रोह बीज
इस भांति बो रही क्यों हो?
कोकिला बोलो तो!

रामधारी सिंह दिनकर छायावाद के विरोध में नजर आते हैं, लेकिन सामाजिक यथार्थ की अभिव्यक्ति करते हुए भी वह राष्ट्र को रोमांटिक दृष्टिकोण से ही देखते हैं। उनकी 'रसवंती' की कविताएं प्रेम से भरी हैं ही, राष्ट्रीय भावना में भी रोमांटिकता की कमी नहीं है। छायावाद की विरासत को मनोनुकूल बनाकर वह उसे विकसित करते हैं, उससे प्रस्थान नहीं करते। दिनकर प्रगतिवाद की ओर काफी आकर्षित थे, पर उन्होंने क्रांति को भी राष्ट्रीय भावना की तरह रोमांटिक नजरिए से देखा था। उनमें रोमांटिक राष्ट्रीयता की तरह ही रोमांटिक क्रांतिकारिता थी। दिनकर कई बिंदुओं पर छायावाद का अतिक्रमण करते हैं, पर उनके काव्य पर उत्तर-छायावाद की भी जबर्दस्त छाप है। 'रश्मिरथी' में उनका नायक कर्ण जाति-विषमता का प्रश्न उठाते हुए अपने दृष्टिकोण में मूलतः रोमानी है। राष्ट्रीय भावना की उनकी कविता 'मेरे नगपति मेरे विशाल' की उदात्त पंक्तियां हैं :

मेरे नगपति मेरे विशाल
साकार, दिव्य, गौरव विराट
पौरुष के पुंजीभूत ज्वाल!
मेरे भारत के दिव्य भाल!

युग-युग अजेय, निर्बंध, मुक्त
युग-युग गर्वोन्मत्त, नित महान
निस्सीम व्योम में तान रहा
युग से किस महिमा का वितान?

2. प्रेम-आधारित उत्तर-छायावाद : छायावादी कवियों ने अपने प्रेम का प्रकाशन छिपे रूपों में किया था। उत्तर-छायावादी कवियों में प्रेम के प्रति छायावादी दृष्टिकोण बना हुआ था, पर वे अपनी अनुभूतियों को सरल और सीधे ढंग से व्यक्त करते थे। उत्तर-छायावादी काव्य में प्रेम आवरणहीन था और रहस्यवाद से पूरी तरह मुक्त था। हरिवंश राय बच्चन की पंक्तियां हैं, 'इस पार प्रिये मधु है, तुम हो/उस पार न जाने क्या होगा।' बच्चन की मधुशाला अपनी रोमांटिकता और स्वच्छंद चित्त की मानवीय अनुभूतियों के कारण ही लोकप्रिय हुई। भारतीय समाज में सामंती बंधन आजादी के बाद भी टूट नहीं थे और प्रेम अभी भी ज्यादातर पीड़ा का ही अहसास था। इसलिए दिनकर, बच्चन, शिवमंगल सिंह सुमन जैसे कवि प्रेम को आशा-निराशा के द्वंद्वों के बीच व्यक्त कर रहे थे। उत्तर-छायावाद में प्रेम की भूमि पर छायावादी प्रवृत्तियों का असर मौजूद था, सिर्फ भाषा और अभिव्यंजना पद्धति में फर्क आया था।

उत्तर-छायावाद में भी स्त्री सौंदर्य के प्रति आकर्षण, प्रेम की अनुभूति और वेदना बनी हुई थी। एक फर्क यह आया था कि प्रेम का शरीरी रूप भी व्यक्त होने लगा था। उत्तर-छायावादी प्रेम अशरीरी नहीं था। नरेंद्र शर्मा की पंक्तियां हैं, 'यह दुनिया है, हम दोनों हैं और कामना ज्वार प्रिये/रोके कौन जगी अंतर में जब इच्छा दुर्निवार प्रिये।' शिवमंगल सिंह

सुमन एक भिन्न ढंग से प्रेम व्यक्त करते हैं, 'मैं नहीं आया तुम्हारे द्वार/ पथ ही मुड़ गया था/... किस तरह हम-तुम गए मिल/आज भी कहना कठिन है/ तन न आया मांगने अधिकार/ मन ही जुड़ गया था।' उत्तर-छायावाद के प्रेम में मन और तन दोनों शामिल थे। रामेश्वर शुक्ल 'अंचल' कहते हैं, 'मेरा बस चलता, तो मैं बन जाता कौमार्य तुम्हारा।'

3. **प्रकृति-आधारित उत्तर-छायावाद :** छायावादी कवियों—प्रसाद, निराला, पंत और महादेवी वर्मा के युग के बाद भी प्रकृति कविता का एक प्रमुख विषय थी। भले प्रकृति के मानवीकरण की प्रवृत्ति घटी हो, लेकिन प्रकृति के प्रति रोमांटिक आकर्षण का अभाव न था। माखनलाल चतुर्वेदी, नरेंद्र शर्मा, हरिवंशराय बच्चन, शिवमंगल सिंह सुमन, दिनकर आदि ने निरंतर प्रकृति को विषय बनाया, प्रकृति और मनुष्य की भावनाओं को जोड़कर रखा। नरेंद्र शर्मा का काव्य संग्रह 'पलाश वन', शिवमंगल सिंह सुमन का 'विंध्य हिमाचल' और दिनकर की 'उर्वशी', जानकी वल्लभ शास्त्री के 'मेघ गीत' में प्रकृति अपने पूरे वैभव, गरिमा और सौंदर्यात्मक आकर्षण के साथ मौजूद है। उत्तर-छायावादी कवियों को प्रकृति में जीवन का स्फुरण मिला है। वे इसमें उल्लास और नए रंगरूप पाते हैं, सूक्ष्मता से अधिक विराटता लक्ष्य करते हैं। प्रकृति कहीं राष्ट्रीय भावना का स्रोत बनी है और कहीं मांसल प्रेम भावना का। उत्तर-छायावादी कवि ही ऐसे हैं, जो किसी धरातल पर प्रगतिवाद की ओर आकर्षित होने के बावजूद प्रकृति सौंदर्य के आकर्षण से अपने को रोकते नहीं, बल्कि उनके जीवन में प्रकृति उतनी ही घुलीमिली होती है, जितनी छायावादी कवियों के व्यक्तित्व में।

4. **सामाजिक विषमता-आधारित उत्तर-छायावाद :** उत्तर-छायावादी कवियों का ध्यान सामाजिक विषमताओं की ओर गया। प्रगतिवाद के दबाव की वजह से ये कवि प्रेम और प्रकृति या वैयक्तिकता तक ही सीमित नहीं रह सकते थे। छायावादी कवि व्यक्तिवादी नहीं थे। इसी तरह उत्तर-छायावाद ने भी अपने को व्यक्तिवाद से बचाया, बल्कि सामाजिक विषमता को अधिक स्पष्टता से संबोधित किया। दिनकर, नरेंद्र शर्मा और शिवमंगल सिंह सुमन इस दिशा में ज्यादा सक्रिय थे, हालांकि इन्होंने क्रांति को रोमांटिक नजरिए से ही देखा। उनकी कविता 'जल रहे हैं दीप, जलती जवानी' की पंक्तियां हैं :

जल उठे घर, जल उठे वन
जल उठे तन, जल उठे मन
जल उठा अंबर सनातन
जल उठा अंबुधि मगन-मन
और उस दिन चल पड़े थे
साथ उंचासों प्रभंजन
और उस दिन घिर बरसते
साथ उंचासों प्रलय घन

नरेंद्र शर्मा के उत्तर-छायावादी दृष्टिकोण की एक अन्य कविता है, 'पात पात बिरवा हरियाला/धरती का मुख हुआ उजाला/सच सपने कल के/ज्योति कलश छलके।' नरेंद्र शर्मा ने प्रकृति, मानव जीवन के स्वप्नों और सामाजिक परिवर्तन की आवाज—इनको जोड़ा। वे प्रगति की भूमि से उत्तर-छायावादी कवि कहे जा सकते हैं। उनकी कविता है :

जाने कब तक घाव भरेंगे
इस घायल मानवता के?
जाने कब तक सच्चे होंगे
सपने सबकी समता के?
सब दुनिया पर व्यथा पड़ी है,
मेरी ही क्या बड़ी व्यथा!
उजड़ रहीं अनगिनत बस्तियां,
मन, मेरी ही बस्ती क्या!
धब्बों से मिट रहे देश जब,
तो मेरी ही हस्ती क्या!

उत्तर-छायावाद ने जीवन को ज्यादा करीब से देखते हुए राष्ट्रीय भावना, मानवीय स्वच्छंदता, प्रेम, प्रकृति और सामाजिक विषमता की दिशाओं में एक साथ अपना झुकाव व्यक्त किया। इसने कोई इकतरफा रुख नहीं अपनाया। इसलिए ये कवि न ठीक-ठीक छायावादी माने गए, न प्रगतिवादी और

न प्रयोगवादी, हालांकि उत्तर-छायावादी भावना-वृत्त से जुड़े कवियों का योगदान कम नहीं है।

एकता गुप्ता

अधिक जानकारी के लिए :
हिंदी साहित्य का इतिहास : विजयेंद्र स्नातक, 2009

उत्तर-मार्क्सवाद

उत्तर-मार्क्सवाद की अवधारणा मार्क्स और एंगेल्स की विचारधारा, जिसे मार्क्सवाद के रूप में जाना जाता है, के बाद के विचारकों द्वारा प्रस्तुत उन विचारों और अवधारणाओं के लिए प्रस्तावित की जाती है, जो मार्क्सवाद की मूल अवधारणाओं की आलोचना प्रस्तुत करते हुए उसमें कुछ नया और भिन्न जोड़ती या व्याख्यायित करती हैं। अंतरराष्ट्रीय पटल पर मार्क्सवाद की उपस्थिति लंबे समय तक इस कदर निर्णायक रही है कि पिछली शताब्दी के अंतिम वर्षों में सोवियत संघ के विघटन के साथ, उस पर प्रहार एक बड़ी परिघटना बन गया। हालांकि मार्क्सवाद से मोहभंग की शुरुआत, मार्क्सवाद की अवधारणाओं से असंतोष की शुरुआत तो स्टालिन के शासन के दौरान ही शुरू हो गई थी।

बीसवीं सदी के दूसरे दशक के आसपास मार्क्सवाद की आधार-अधिरचना संबंधी व्याख्याओं को लेकर नई बहसें उठ खड़ी हुई थीं। स्पष्ट रूप से उसके मूल में दो कारण थे—एक तरफ प्रथम विश्वयुद्ध से उत्पन्न वैश्विक परिस्थितियां और दूसरे, रूस में कम्युनिस्ट सत्ता की स्थापना। जॉर्ज लुकाच ने मार्क्सवाद की इतिहास संबंधी अवधारणाओं से असहमति व्यक्त करते हुए 'इतिहास और वर्ग चेतना' पुस्तक लिखी, जिसके बाद उन पर हीगेलपंथी होने का आरोप लगा। फ्रैंकफर्ट स्कूल की स्थापना के बाद यानी द्वितीय विश्वयुद्ध के दौरान मार्क्स की स्थापनाओं के संदर्भ में एक गंभीर बहस की शुरुआत हुई। एक तरह से यह बहस 1920 के दशक में आरंभ आधार-अधिरचना संबंधी बहस का ही व्यापक और विस्तृत रूप था, जिसे फ्रैंकफर्ट स्कूल ने 'क्रिटिकल थियरी' का नाम दिया था।

द्वितीय विश्वयुद्ध के दौरान मानवीय अस्तित्व पर मंडरा रहे खतरे ने नए विकल्पों पर सोचने के लिए बौद्धिकों को विवश कर दिया था। उसके बाद की परिस्थितियों में मानवीय अस्तित्व के प्रश्न को मार्क्सवादी दायरों में पूरी तरह नकारना संभव नहीं रह गया था। साथ ही 1950 और 1960 के दशक में जब तीसरी दुनिया के देश आजाद हुए तो राष्ट्रीय मुक्ति का प्रश्न संस्कृति और पहचान के प्रश्न से भी जुड़ गया। 1940 के दशक में सोवियत संघ में मार्क्सवाद के नाम पर जो कुछ हुआ उसने मार्क्सवाद को लेकर गहरे संशय को जन्म दिया।

इन्हीं परिस्थितियों के बीच मार्क्सवाद की आधार बहसों को नए संदर्भ में और नए प्रस्थान के साथ प्रस्तुत करने का काम कुछ फ्रेंच दार्शनिकों ने किया, मूलतः मिशेल फूको और लुइस अल्थुसे ने। अल्थुसे ने मार्क्सवाद को संरचनावाद से जोड़ने का काम किया। उन्होंने मार्क्सवादी व्याख्या को जटिल संरचनाओं के अंतर्गत व्याख्यायित करने का प्रयत्न किया और उसे महज सामाजिक-ऐतिहासिक भूमिका तक महदूद करने के बजाय अन्य संकल्पनाओं जैसे कि मनोविज्ञान, समाजशास्त्र आदि से जोड़ने का प्रयत्न किया। दूसरी तरफ फूको मार्क्स की वर्गीय अवधारणाओं में मौजूद केंद्रीयता को नकारते हुए उत्तर-संरचनावाद की ओर रुख करते हैं। वे हाशिए के समाज एवं अस्मिताओं की भूमिका को समाज की व्याख्या के क्रम में निर्णायक मानते हैं। इसे ही हम उत्तर-मार्क्सवाद के नाम से जानते हैं। हालांकि मार्क्सवाद की भांति उत्तर-मार्क्सवाद के पास कोई सुनियोजित वैचारिक एवं दार्शनिक अवधारणा नहीं है, लेकिन यह स्पष्ट है कि मार्क्सवाद को नए सिरे से एवं नए प्रश्नों के आलोक में देखने का प्रयत्न इन दार्शनिकों ने किया।

उत्तर-मार्क्सवाद की अवधारणा को विकसित करने का श्रेय मूलतः अर्नेस्तो लक्लाऊ और शंतल माऊफे को जाता है। उनके द्वारा संयुक्त

रूप से लिखी पुस्तक 'हेजेमोनी एंड सोशलिस्ट स्ट्रेटजी : टुअर्ड्स ए डेमोक्रेटिक पालिटिक्स' में उत्तर-मार्क्सवाद की अवधारणा एवं उसके विकास की विस्तार से चर्चा की गई है। उत्तर-मार्क्सवाद की अवधारणा पर विचार करते हुए मूल समस्या यह है कि वह जहाँ एक तरफ मार्क्स के बाद के मार्क्सवाद पर विचार करती है, वहीं मार्क्सवाद की सीमाओं पर भी ध्यान केंद्रित करती है।

मार्क्सवाद के मूल में तीन बातें प्रमुख हैं– इतिहास की भौतिकवादी अवधारणा, समाज की वर्गीय व्याख्या और सर्वहारा के अधिनायकत्व का सिद्धांत। बीसवीं सदी के उत्तरार्द्ध में कमोबेश इन तीनों अवधारणाओं पर ही प्रश्न उठने लगे। जहाँ उठाए गए कुछ प्रश्नों की सुसंगत व्याख्या प्रस्तुत की गई वहीं कुछ को अनुत्तरित छोड़ दिया गया। इन्हीं व्याख्याओं एवं प्रश्नों को हम उत्तर-मार्क्सवाद के रूप में जानते हैं। उत्तर-मार्क्सवाद से तात्पर्य उस जटिल प्रश्न का उत्तर देना है जिसके अंतर्गत मार्क्स की आधार और अधिरचना की व्याख्या से नए प्रश्न खड़े हुए। मार्क्सवादी चिंतकों के एक बड़े समूह में यह स्वीकार किया गया कि बीसवीं सदी की दुनिया ने कुछ ऐसे प्रश्न खड़े कर दिए हैं जिनके उत्तर-शास्त्रीय मार्क्सवाद के भीतर से नहीं दिए जा सकते। इसके लिए मार्क्सवाद के सिद्धांतों को वर्तमान परिवर्तनों के संदर्भ में विकसित और व्याख्यायित करने की आवश्यकता है।

बीसवीं सदी के मध्य यह प्रश्न तेजी से उठने लगा कि मार्क्स की वर्गीय अवधारणा के तहत क्या समाज की सुसंगत व्याख्या संभव है। क्या वर्ग की समूची अवधारणा ही एक वर्चस्व स्थापित करने का मामला नहीं है। दूसरी तरफ आधी आबादी (स्त्री) को शामिल किए बगैर वर्ग संघर्ष की अवधारणा को मूर्त रूप किस प्रकार दिया जा सकता है। नवपूंजीवादी विकास के साथ-साथ वर्गीय अंतर्विरोधों को एक तरह से धूमिल करने में भी पूंजीवाद की अप्रत्याशित सफलता ने मार्क्सवाद की प्रासंगिकता पर सवाल खड़े किए। ट्रेड यूनियन की राजनीति के अंतर्विरोध भी मार्क्सवाद के मूल सिद्धांतों के विरोध में नजर आने लगे। उन्नीसवीं सदी के अंतिम दशकों में दुनिया को बदलने के क्रम में मजदूर आंदोलन की केंद्रीय भूमिका को स्वीकार किया गया था, लेकिन बीसवीं सदी के मध्य तक आते मजदूर आंदोलनों की न सिर्फ प्रासंगिकता कम होने लगी बल्कि वे बूर्जुआ के हाथों की कठपुतली साबित हुए। तीसरी दुनिया की आजादी के बाद रंग, नस्ल और लिंग के प्रश्न को मार्क्सवाद के तहत ठीक से व्याख्यायित न कर सकने की समस्या भी पेश आने लगी। लोकतंत्र के अंतर्गत मार्क्सवाद और मार्क्सवाद के अंतर्गत लोकतंत्र, इस प्रश्न को भी उत्तर-मार्क्सवाद ने समझने और व्याख्यायित करने का काम किया है। उत्तर-मार्क्सवाद के साथ मार्क्सवाद का संबंध स्वयं ही एक जटिलता को जन्म देता है, जिसने वर्तमान के परिप्रेक्ष्य को नया विस्तार दिया है।

अच्युतानंद मिश्र

अधिक जानकारी के लिए :

1. **Post-Marxism An Intellectual History:** Stuart Sim, 2000, 2. **From Marxism to Post-Marxism :** Goran Therborn, 2008, 3. **Hegemony and Socialist Strategy : Towards A Democratic Politics :** Ernesto Laclau and Chantal Mouffe, 1985, 4. **Post Marxist Theory : An Introduction :** Philip Gold stain, 2004

उत्तर-यथार्थवाद

उत्तर-यथार्थवाद (Post-Realism) का शाब्दिक अर्थ है यथार्थवाद के बाद की स्थिति। लेकिन साहित्य में उत्तर-यथार्थवाद उत्तर-आधुनिक युग की उपज है, जो आधुनिकता के यथार्थवादी विचारों का पूर्णतः नकार नहीं करता बल्कि यहां प्रयुक्त 'उत्तर' शब्द यथार्थ की उस निरंतरता को भंग कर उसमें हस्तक्षेप करने का भान कराता है। आधुनिकतावाद में जिस प्रकार केंद्रीयता, पूर्ण सत्य और पूर्ण यथार्थ पर जोर दिया गया, उत्तर-आधुनिकतावाद में न कोई पूर्ण सत्य है और न ही कोई पूर्ण यथार्थ।

उत्तर-आधुनिकता का यथार्थ एक 'हाइपर रिएलिटी (अति यथार्थ) है, जो निरंतर परिवर्तनशील है।

जिस प्रकार आधुनिकता ने यथार्थवादी नजरिए के विकास में महत्वपूर्ण भूमिका निभाई, उसी प्रकार उत्तर-आधुनिकता ने उत्तर-यथार्थवाद के लिए जमीन तैयार की, या यों कहें कि उत्तर-यथार्थवाद उत्तर-आधुनिकता की ही एक पौध है, लेकिन यह उत्तर-आधुनिकतावादी सौंदर्यबोध से अलग हटकर एक उत्तर-यथार्थवादी सौंदर्यबोध का निर्माण करता है। उत्तर-आधुनिक युग में यथार्थ की बहुआयामिता और अर्थवत्ता को ही 'उत्तर-यथार्थवाद' के माध्यम से स्थानापन्न करने का प्रयास किया गया है।

डेविड लॉज ने अपनी पुस्तक 'द मोड्स ऑफ मॉडर्न राइटिंग' (1977) में समकालीन लेखन की प्रवृत्तियों पर विचार करते हुए लिखा था, 'कला के इन रूपों को न तो आधुनिक कहा जा सकता है, और न ही अनाधुनिक बल्कि इन्हें उत्तर-आधुनिक कहा जा सकता है, क्योंकि इनमें पारंपरिक अनुकरण की आलोचना के साथ-साथ नवीन प्रयोगों की प्रतिबद्धता भी शामिल है, लेकिन इसकी पद्धति विशिष्ट है।'

अनेक आलोचकों ने 70 के दशक की साहित्यिक रचनाओं में एक नई प्रवृत्ति के उभार को देखते हुए कहा कि इसने उत्तर-आधुनिक प्रयोग और यथार्थवाद की सीमारेखाओं को धुंधला कर दिया है। बार्थ ने इस तरह के साहित्य को 'पुनर्स्थापन का साहित्य' कहा है, क्योंकि इसने पुरानी शैलियों का स्थान ग्रहण कर उनका रूपांतरण कर दिया है। जैक देरिदा ने अपनी कृति 'सिग्नेचर' में बताया है कि 'लिखे हुए शब्द दुहराने योग्य होते हैं, और जिसे एक संदर्भ से काट देने/हटा देने पर यह एक मशीन की भांति कार्य करता है। यह दूसरे संदर्भ में स्थानापन्न होने पर नए अर्थ का उत्पादन करता है। इसी प्रकार उत्तर-यथार्थवाद में भी अर्थों के उत्पादन का स्वरूप अलग होता है।'

फ्रेडरिक रिगार्ड ने अपनी पुस्तक 'हिस्टोइर डी ला लिट्रेचर एंगलाइज' में सर्वप्रथम ऐसी विधाओं के लिए 'उत्तर-यथार्थवादी' (पोस्ट-रियालिस्ट) शब्द का प्रयोग किया है। उन्होंने बताया है कि इन्हें उत्तर-आधुनिक नहीं कहा जा सकता, क्योंकि उत्तर-आधुनिक रचनाओं की भांति ये महज स्वायत्त भाषिक खेल नहीं होते। 'उत्तर-यथार्थवाद' पद यथार्थवाद की एक लंबी परंपरा से जुड़ा है, लेकिन यह पुनरावृत्ति नहीं है। इसी कारण यह एक अलग तरीके से हमारे जीवन पर टिप्पणी करते हुए भी एक न एक तरह से अपनी प्रतिबद्धता जाहिर करता है।

हमारे सामने यह सवाल आता है कि यथार्थवादी, उत्तर-आधुनिकतावादी और उत्तर-यथार्थवादी रचनाओं की मुख्य विशेषताएं क्या हैं? यथार्थवादी रचनाओं का लक्ष्य जहाँ सार्वभौम यथार्थ होता है, वहीं उत्तर-आधुनिकतावादी कला को एक स्वायत्त गतिविधि मानते हैं, जो एक उच्च स्तरीय और विशिष्ट भाषिक संरचना होती है, जहाँ पूर्ण यथार्थ नहीं होता बल्कि इसमें बहुआयामी और बहुभाषिक यथार्थ होते हैं। उत्तर-यथार्थवादी रचनाओं का सौंदर्यबोध इन दोनों से अलग होते हुए भी विशिष्ट होता है। उत्तर-यथार्थवादी रचनाओं में संसार द्वारा लिए गए अनुभवों, तथ्यों को लेकर उनकी पुनर्रचना की जाती है। विशेषकर यह वाक्चातुर्य, व्यंग्य और पैरोडी के माध्यम से इतिहास को एक नए रूप में प्रस्तुत करता है। इसे 'रिपिटेशन विद ए डिफरेंस' (भिन्नता युक्त पुनरावृत्ति) के रूप में देखा जा सकता है।

उत्तर-यथार्थवादी रचनाओं में पहले पुराने पाठ को प्रसंग से मुक्त कर उसका पुनःपाठन किया जाता है। इसके दो प्रमुख पहलू हैं—पहला तो पूर्व के पाठ का उत्तर एवं साथ ही एक नए पाठ का सृजन। इस प्रकार यह पुनरावृत्ति भी है और एक चुनौती भी, जिसमें संस्मरण और विखंडन दोनों का विशेष महत्व है। यहां 'उत्तर' (पोस्ट) शब्द का अर्थ विगत का पुनरागमन अथवा विगत का नकार नहीं है, बल्कि विगत से एक अंतहीन संवाद है, जो इसके पार जाना चाहता है।

प्रफुल्ल कुमार

अधिक जानकारी के लिए :
The Modes of Modern Writing : Metaphor, Metonymy and the Typology of Modern Literature : Lodge, David, 1977

उत्तर-संरचनावाद

उत्तर-संरचनावाद का उद्‌भव फ्रांस में 1960 के दशक में संरचनावाद के विरोध में हुआ। यह दौर फ्रांसीसी इतिहास में राजनीतिक उद्विग्नता का दौर था। मई 1968 में विद्यार्थियों और श्रमिकों ने फ्रांसीसी राजसत्ता के विरुद्ध विद्रोह का बिगुल बजा दिया था। फ्रांसीसी सरकार सत्ताच्युत होने के कगार पर पहुंच गई थी। ठीक इसी समय फ्रांसीसी वामपंथी दल सोवियत संघ की दमनकारी नीतियों के समर्थन में खड़ा हो गया जो रूढ़िवादी मार्क्सवाद के प्रति जनता के मोहभंग का प्रधान कारक सिद्ध हुआ। परिणामस्वरूप क्रांतिकारी परिवर्तनवाद के वैकल्पिक स्रोतों, जैसे स्त्रीवाद, अराजकतावाद, पश्चिमी मार्क्सवाद, परिघटनावाद, नास्तिवाद इत्यादि की तरफ बुद्धिजीवियों का झुकाव बढ़ने लगा। इन सभी दृष्टिकोणों ने समवेत रूप से जिन चिंतन-प्रणालियों को लोकप्रिय बनाया, वे पाश्चात्य दर्शन और संस्कृति में प्रचलित सिद्धांतों को संशय की निगाह से देखती थीं। उत्तर-संरचनावाद इन्हीं चिंतन-प्रणालियों का समर्थन करने की प्रक्रिया में सामने आया और पश्चिमी सभ्यता के प्रभावी मानदंडों के खोखलेपन और दोहरेपन को उद्‌घाटित करने लगा। रोलां बार्थ, मिशेल फूको, जॉक देरिदा आदि उत्तर-संरचनावाद के पुरोधा चिंतक थे।

1966 में जॉक देरिदा ने 'स्ट्रक्चर, साइंस एंड प्ले इन द डिसकोर्स ऑफ ह्यूमन साइंसेज' शीर्षक एक महत्वपूर्ण व्याख्यान दिया। इस व्याख्यान में उन्होंने स्थापित किया कि हमारा बौद्धिक जीवन तोड़-फोड़ और गहरी उथल-पुथल का शिकार हो चुका है। इसके परिणामस्वरूप हमारे बौद्धिक ब्रह्मांड का केंद्र या 'नाभिक' खिसक चुका है। अब यह बौद्धिक ब्रह्मांड किन्हीं स्थिर नियमों से संचालित होने के बजाय किसी ऐसे खेल के अनियमित और असीमित नियमों द्वारा संचालित होता है, जो निरंतर बदलते रहते हैं। उत्तर-संरचनावाद अर्थोत्पत्ति की प्रक्रिया को तत्वतः अस्थिर मानता है—संकेतक और अर्थ के बीच क्षणिक मैत्री होती है।

रोलां बार्थ जो मूलतः संरचनावादी थे, 1960 के दशक में उत्तर-संरचनावादी हो गए। 1967 में उन्होंने 'द डेथ ऑफ द ऑथर' शीर्षक निबंध में पाठ और उसके लेखक को लेकर एक उपमा का प्रयोग किया—लेखक की 'मृत्यु' ही उसके द्वारा रचित पाठ के अर्थ की प्रामाणिकता को संभव बनाती है उन्होंने तर्क दिया कि किसी साहित्यिक पाठ के अनंत अर्थ होते हैं। पाठ जब तक उसके लेखक से बंधा रहेगा, तब तक अर्थ की यह अनंत क्रीड़ा प्रकाशित न हो सकेगी। दरअसल लेखक पाठ के अर्थ का प्रमुख स्रोत नहीं होता। लेखक की 'मृत्यु' पाठक के 'जन्म' से अपरिहार्यतः जुड़ी है। लेखक से मुक्त पाठ का पाठक ही वस्तुतः अर्थ की अनंत क्रीड़ा और अनगिनत भंगिमाओं का प्रामाणिक स्रोत है।

इसी तरह मिशेल फूको ने 'मैडनेस एंड सिविलाइजेशन', 'डिसिप्लिन एंड पनिश', 'द ऑर्डर ऑफ थिंग्स', 'द आर्कियोलॉजी ऑफ नॉलेज' इत्यादि ग्रंथों के माध्यम से न्याय और सुशासन का दावा करने वाली पाश्चात्य सभ्यता के विभिन्न मानदंडों में गहरे छिपे अन्याय, अनाचार, अत्याचार और शोषण के खेल को उजागर करने के सूत्र दिए। जिस तरह पुरातत्ववेत्ता दबे ध्वंसावशेषों का उत्खनन कर उन्हें प्रकाशित करता है, उसी तरह फूको ने सामान्यता को स्थापित रखने वाले सभ्यता के मानदंडों में दबे पड़े असभ्यता और असामान्यता के निकषों का उत्खनन कर उन्हें प्रकाश में लाने के उपकरण प्रदान किए।

उत्तर-संरचनावादी अर्थ-क्रिया ने केंद्र/हाशिया, बहुसंख्यक/अल्पसंख्यक, पश्चिम/पूरब की तमाम अवधारणाओं को विभेदात्मक अर्थ प्रक्रिया का उत्पाद बताकर इनकी चिर सत्यता और यथार्थता के दावे को चुनौती दी। केंद्र/हाशिया, पूरब/पश्चिम इत्यादि

अपवर्जी माने जाने वाले युग्मों में एक दूसरे की झलक, फिर इनमें से प्रत्येक के भीतर तमाम 'अन्य' झलकों के निहित होने की धारणा को प्रस्तुत कर उत्तर-संरचनावाद ने एकांतिक और निरपेक्ष पृथकता की जगह 'संकरता' (हाइब्रिडिटी) की धारणा को संभव बनाया। उत्तर-संरचनावाद ने 'यूरोकेंद्रिकता' के प्रमुख क्षेत्रों को प्रश्नांकित किया। इनमें से एक था मानवतावाद की सार्वभौमता और दूसरा था चित्रण और निरूपण की पद्धतियां। उत्तर-संरचनावाद ने उत्तर-आधुनिकतावाद और उत्तर-उपनिवेशवाद के लिए महत्वपूर्ण समझे जाने वाले उपकरणों को जुटाया। होमी जे भाभा के अनुसार, मानववाद की सार्वभौमता की उत्तर-संरचनावादी आलोचना को उत्तर-औपनिवेशिकता ने सांस्कृतिक विभेद के ठोस औपनिवेशिक 'क्षण' में अवस्थित किया। यह क्षण 'उपनिवेशवाद की संस्कृति' का था।

उत्तर-संरचनावाद ने अर्थ प्रक्रिया की अनंत विभेदात्मकता और विखंडन की अनंत संभावनाएं खोलकर वास्तव में ज्ञान की धारणा बदल दी। 'वाक केंद्रिकता' पर उत्तर-संरचनावाद ने जो चोट की, उसने ज्ञान के 'सार्वभौम सत्य' होने के दावे को भ्रम सिद्ध कर दिया। आधुनिक समय में ज्ञान के क्षेत्र में पूरी दुनिया में पश्चिम का वर्चस्व रहा है। अतः ज्ञान के सार्वभौम सत्य होने के दावों का अंत ज्ञान की 'यूरोकेंद्रिकता' पर भी प्रहार था। अर्थ को संकेतचिह्नों की अनंत और असीम क्रीड़ा मानने से पाठक को ऐसी अबाध स्वतंत्रता प्राप्त हुई कि किसी भी पाठ को पढ़ना एक नया पाठ तैयार करने की कार्यवाही जैसा हो गया। उत्तर-संरचनावाद ने परस्पर विरोधी युग्मों की अपवर्जी धारणाओं पर मरणांतक प्रहार किया। इसने 'एकत्व' की ओर नहीं बल्कि 'बहुत्व' की ओर यात्रा की। बहुसांस्कृतिकता और अर्थ की बहुलता ने पश्चिमी ज्ञान द्वारा दमित और हाशिए पर फेंके गए गैर-पश्चिमी तत्वों का पाठ-प्रक्रिया के दौरान पुनराविष्कार किया। उत्तर-संरचनावाद के अनुसार भाषा अपने ही गुप्त नियमों द्वारा 'कर्ता' की एकीकृत स्थिर धारणा को भी विखंडित करती है। उदाहरण के लिए पश्चिमी कृतियों में पूरब के पात्रों के चित्रण का 'यथार्थ' से कोई लेना-देना नहीं था। बल्कि इस चित्रण का प्रमुख उद्देश्य पूरब की 'अन्यता' और 'भिन्नता' की निर्मिति करना था। पश्चिम की स्वयं अपनी परिभाषा पूरब की 'अन्यता' या 'भिन्नता' पर अवस्थित थी या यों कहें कि पूरब का चित्रण 'जो पश्चिम नहीं है' के बतौर हुआ।

संरचनावाद के अनुसार अर्थ पाठ के भीतर संरचना का निर्माण करते हैं। यह संरचना किसी केंद्र, निश्चित सिद्धांत, अर्थों के वरीयताक्रम और मजबूत नींव या आधार की पूर्वकल्पना करती है। जबकि उत्तर-संरचनावाद पाठ के भीतर अर्थ की अनंत विभेदकता और स्थगन के चलते इन समस्त धारणाओं और संरचनाओं पर सवालिया निशान लगता है। देरिदा के विखंडनवाद और फूको एवं बार्थ के चिंतन के अतिरिक्त मनोविश्लेषक जैक लाकां और नारीवादी लेखिका जूलिया क्रिस्तेवा के लेखन का भी उत्तर-संरचनावाद को निर्मित करने में महत्वपूर्ण योगदान है।

प्रियम अंकित

अधिक जानकारी के लिए :

1. **संरचनावाद, उत्तर-संरचनावाद एवं प्राच्य काव्यशास्त्र :** गोपीचंद नारंग, 2000, 2. **Poststructuralist Discourse Analysis :** J Angermuller, 2014, 3. **Twentieth-Century French Philosophy :** E Mathews, 1996

उत्तराखंड

भू-प्रकृति : उत्तराखंड भारत के उत्तरी भाग में स्थित नैसर्गिक छटा से परिपूर्ण भारत गणराज्य का सत्ताईसवां राज्य है। इस राज्य के उत्तर में तिब्बत एवं चीन, पूर्व में नेपाल, पश्चिम में हिमाचल प्रदेश और दक्षिण में उत्तर प्रदेश है। यह राज्य $28^0 43$ उत्तर से $31^0 27$ उत्तरी अक्षांश एवं $77^0 34$ डिग्री पूर्व से $81^0 02$ पूर्वी देशांतर के बीच स्थित है। इस राज्य का कुल भौगोलिक क्षेत्रफल 53,484 वर्ग किमी है, जिसमें से 43,035 किमी पर्वतीय क्षेत्र, 7,448 किमी मैदानी

क्षेत्र तथा 34,651 किमी भूभाग वनाच्छादित है। संपूर्ण क्षेत्रफल का 21.035 वर्ग किमी क्षेत्र हिमाच्छादित रहता है। इस क्षेत्रफल का 47.1 प्रतिशत भाग कुमाऊं मंडल में तथा 52.9 प्रतिशत भाग गढ़वाल मंडल में पड़ता है। राज्य का अधिकांश उत्तरी भाग बृहत्तर हिमालय श्रृंखला का भाग है, जो ऊंची हिमालयी चोटियों और हिमनदियों से ढका हुआ है, जबकि निम्न तलहटियां सघन वनों से ढकी हुई हैं।

उत्तराखंड समुद्र की सतह से न्यूनतम 210 मीटर (नैनीताल) तथा अधिकतम 7, 816 मीटर (नंदा देवी) की ऊंचाई पर स्थित है। पूर्व से पश्चिम तक इसकी लंबाई 358 किमी और उत्तर से दक्षिण तक इसकी चौड़ाई 320 किमी है। क्षेत्रफल के विस्तार की दृष्टि से देश में इसका अठारहवां एवं जनसंख्या की दृष्टि से बीसवां स्थान है। वर्ष 2000 के पहले तक यह राज्य उत्तर प्रदेश का एक भाग था। 9 नवंबर 2000 को इसे उत्तर प्रदेश से अलग करके उत्तरांचल के रूप में निर्मित किया गया। 2000 से 2006 तक यह उत्तरांचल के नाम से जाना जाता था। 1 जनवरी 2007 को इसका नाम बदलकर उत्तराखंड कर दिया गया। इसकी अस्थायी राजधानी देहरादून है, जो इस राज्य का सबसे बड़ा नगर है। 2011 की जनगणना के अनुसार, उत्तराखंड की जनसंख्या 1,01,16,752 थी, जिसमें 51,54,178 पुरुष और 49,62,574 स्त्रियां थीं। राज्य की 69.45 प्रतिशत आबादी गांवों में रहती

उत्तराखंड : मानचित्र

है। यहां की राजभाषा हिंदी है। उत्तराखंड भारत का पहला राज्य है जहाँ संस्कृत भी राजभाषा के रूप में स्वीकृत है।

उत्तराखंड में 13 जनपद, 78 तहसीलें, 95 विकास खंड, 72 छोटे-बड़े नगर तथा 16,828 राजस्व गांव हैं। 13 जिले दो मंडलों में समूहित हैं—कुमाऊं मंडल और गढ़वाल मंडल। कुमाऊं मंडल में छह जिले हैं—अल्मोड़ा, उधम सिंह नगर, चंपावत, नैनीताल, पिथौरागढ़ तथा बागेश्वर। गढ़वाल मंडल में सात जिले हैं—उत्तरकाशी, चमोली, टिहरी गढ़वाल, देहरादून, पौड़ी गढ़वाल, रुद्रप्रयाग और हरिद्वार।

जातियां : उत्तराखंड के निवासियों के लिए प्राचीन ग्रंथों में कोल, यक्ष, किन्नर, गंधर्व, नाग, किरात, खस, राजकिरात, मगर, तंगण, परतंगण आदि पर्वतीय जातियों का उल्लेख है। कालांतर में हूण, शक, चीण, यवन आदि जातियां भी यहां आ मिलीं। पारंपरिक तौर पर ब्राह्मण, क्षत्रिय, वैश्य एवं शूद्र जातियां तथा उनकी उपजातियां यहां निवास करती हैं। उत्तराखंड के मूल निवासियों को कुमाऊंनी या गढ़वाली कहा जाता है। एक अन्य श्रेणी है गुज्जर, जो एक प्रकार के चरवाहे हैं और दक्षिण-पश्चिमी तराई क्षेत्र में रहते हैं। सरोला एवं गंगाड़ी प्रमुख ब्राह्मण जातियां हैं, जिनमें नौटियाल, मैटवाणी, सेमल्टी, चमोली, थपलियाल आदि उपजातियां हैं। क्षत्रियों में सूर्यवंशी, चंद्रवंशी, पंवारवंशी, खस राजपूत तथा उनकी उपजातियां बिष्ट, नेगी, कमीण, भंडारी, गुसाईं, रावत आदि प्रसिद्ध हैं। उत्तराखंड में अणवाल, भेड़ाल, कुथलिया बोरा आदि ऐसी पिछड़ी जातियां हैं, जिन्हें न तो अनुसूचित जातियों में शामिल किया गया है और न ही अनुसूचित जनजातियों में। उत्तराखंड में पांच जनजातियां प्रमुख हैं—राजी, भोटिया, थाड़ू, बोक्सा और जौनसारी।

पर्यावरण : हिमालय श्रृंखला की दक्षिणी ढलान पर स्थित होने के कारण उत्तराखंड के मौसम और वनस्पति में ऊंचाई के साथ-साथ बहुत परिवर्तन होता है। यहां के मौसम को दो भागों में विभाजित किया जा

सकता है : पर्वतीय और कम पर्वतीय या समतलीय। भौगोलिक दृष्टि से उत्तराखंड का भूभाग शीतोष्ण कटिबंध के अंतर्गत आता है, जहाँ अनेक प्रकार की जलवायु पाई जाती है। नदी-घाटियों, तराई एवं भाबर में तापमान अधिक रहता है और पर्वतीय क्षेत्रों में ध्रुवीय जलवायु मिलती है। अधिकतम तापमान पंतनगर में 40.2 डिग्री से. एवं न्यूनतम तापमान–40.2 डिग्री से. मुक्तेश्वर में पाया जाता है। यहां उपहिमालयी क्षेत्रों में वर्षा का वार्षिक औसत 50 से 70 सेमी तक पाया जाता है। पहाड़ों पर 108 सेमी तथा तराई क्षेत्रों में वर्षा का वार्षिक औसत 137 सेमी से 163 सेमी तक रहता है।

यहां सबसे ऊंचाई पर हिमनद से लेकर निचले स्थानों पर उपोष्णकटिबंधीय वन हैं। सबसे ऊंचे स्थल हिम और पत्थरों से ढके हुए हैं। उनसे नीचे 5000 से 3000 मीटर तक घास और झाड़ी पाई जाती है। समशीतोष्ण शंकुधारी वन, पश्चिम हिमालयी उप-अल्पाइन शंकुधर वन, वृक्षरेखा से कुछ नीचे उगते हैं। 3000 से 2600 मीटर की ऊंचाई पर समशीतोष्ण पश्चिम हिमालयी चौड़ी पत्तियों वाले वन हैं जो 2600 से 1500 मीटर की ऊंचाई पर हैं। 1500 मीटर से नीचे हिमालयी उपोष्णकटिबंधीय पाइन वन हैं। उथले गंगा के मैदानों में नम पतझड़ी वन हैं और सुखाने वाले तराई-दुआर सवाना और घासभूमि एवं निचली भूमि को ढके हुए हैं। इसे स्थानीय क्षेत्रों में 'भाभर' के नाम से जाना जाता है। निचली भूमि के अधिकांश भाग को खेती के लिए साफ कर दिया गया है। उत्तराखंड विभिन्न वृक्षों एवं पौधों और दुर्लभ जड़ी-बूटियों का घर है।

उत्तराखंड में बड़ी संख्या में पशु एवं जीव-जंतु पाए जाते हैं। ऊंचाई वाले क्षेत्रों में भड़ल, हिम तेंदुआ, मोनाल, कस्तूरा, थार और भाबरी एवं तराई क्षेत्रों में हाथी, लकड़बग्घा, बाघ, चीता, तेंदुआ आदि पाए जाते हैं।

नदियां : इस प्रदेश की नदियां भारतीय संस्कृति में सर्वाधिक महत्वपूर्ण स्थान रखती हैं। यहां अनेक नदियों का उद्‌गम स्थल है। गंगा, अलकनंदा, भागीरथी, धौली, विष्णु गंगा तथा मंदाकिनी, यमुना, सोंग आदि यहां की प्रमुख नदियां हैं। इनके अलावा राज्य में काली, रामगंगा, कोसी, गोमती, टोंस, धौली गंगा, गौरीगंगा, पिंडर नयार (पूर्व), पिंडर नयार (पश्चिम) आदि नदियां भी हैं। इसके साथ ही राज्य में गंगोत्तरी, यमुनोत्तरी, पिंडर, खतलिंग, मिलम, जौलिंकांग, सुंदर डूंगा इत्यादि हिमनद भी हैं।

राज्य में कई महत्वपूर्ण झीलें एवं ताल हैं, जिनमें गौरीकुंड, रूपकुंड, नंदीकुंड, डूयोढ़ी ताल, जराल ताल, शहस्रा ताल, मासर ताल, नैनीताल, भीमताल, सात ताल, नौकुचिया ताल, सूखा ताल, श्यामला ताल, सुरपा ताल, गरूड़ी ताल, हरीश ताल, लोखम ताल, पार्वती ताल, तड़ाग ताल इत्यादि प्रसिद्ध हैं।

उत्तराखंड अनेक हिम शिखरों के लिए विश्व में प्रसिद्ध है, जिनमें गंगोत्री (6614 मीटर), दूनगिरि (7066), बंदरपूंछ (6315), केदारनाथ (6490), चौखंबा (7138), कामेट (7756), सतोपंथ (7075), नीलकंठ (5696), नंदा देवी (7816), गौरी पर्वत (6250), हाथी पर्वत (6727), नंदा धुंटी (6309), नंदा कोट (6861) देव वन (6853), माना (7273), मृगथनी (6855), पंचाचूली (6905), गुनी (6179), यूंगटागट (6945) प्रमुख हैं।

हिम शिखरों के अतिरिक्त यहां अनेक दर्रे हैं, जिनमें बरास–5365 मीटर (उत्तरकाशी), माना–6608 मीटर (चमोली), नोती–5300 मीटर (चमोली), बोल्छाधुरा–5353 मीटर, (पिथौरागढ़), कुरंगी-वुरंगी–5564 मीटर (पिथौरागढ़), लोवेपुरा–5564 मीटर (पिथौरागढ़), लमप्याधुरा–5553 मीटर (पिथौरागढ़), लिपुलेश–5129 मीटर (पिथौरागढ़), उंटाबुरा, थांगला, ट्रेलपास, मलारीपास, रालमपास, सोग चोग ला, पुलिग ला, तुनजुनला, मरहीला, चिरीचुन दर्रा प्रमुख हैं।

इतिहास : वैदिक काल में मध्य हिमालयी क्षेत्र के लिए हैमवत शब्द का प्रयोग किया गया है। ऐतरेय ब्राह्मण में उत्तरकुरु, उपनिषद काल में उत्तरपांचाल, वाल्मीकि रामायण में उत्तर कौशल, महाभारत में उत्तरापथ, पाणिनि की अष्टाध्यायी तथा कौटिल्य

के अर्थशास्त्र में उत्तरपथ तथा कारूपथ आदि नाम प्रचलित रहे हैं। पौराणिक युग में केदारखंड और मानसखंड के नाम से इस क्षेत्र का व्यापक उल्लेख है। इस क्षेत्र को देव-भूमि और तपोभूमि माना गया है। ब्रह्मपुराण, विष्णुपुराण, श्रीमद्भागवत, वायुपुराण, अग्निपुराण, स्कंदपुराण आदि पौराणिक हिंदू ग्रंथों और प्राचीन साहित्य में इस क्षेत्र का उल्लेख उत्तराखंड के रूप में किया गया है। उत्तराखंड राज्य दो मंडलों—गढ़वाल और कुमाऊं में विभाजित है। गढ़वाल नाम अधिक गढ़ों (किलों) की प्रधानता के कारण पड़ा, जबकि पुराणों में इसका नाम केदारखंड है। स्कंद पुराण के अनुसार उत्तराखंड का पूर्वी भाग मानस खंड के नाम से जाना जाता था, जिसे वर्तमान में कुमाऊं कहा जाता है। इसे कुर्मांचल, कुर्मप्रस्थ या कुर्मपृष्ठ भी कहा गया है।

ईसा पूर्व 300 से ईसा की तीसरी सदी तक कुणिंद राजाओं ने मध्य हिमालय पर शासन किया था। पाणिनि, टॉल्मी एवं वराहमिहिर के ग्रंथों में आए विवरणों एवं कुणिंद राजाओं के सिक्कों एवं अभिलेखों से इसकी पुष्टि होती है। तीसरी से पांचवीं सदी तक पौरव या पौण वंशी वर्मन राजाओं ने उत्तराखंड पर शासन किया। 647 में हर्ष ने इस क्षेत्र पर अपना अधिकार कर लिया। उसके बाद यशोवर्मन, देवपाल, भोज, परमार आदि राजाओं ने अपने अभिलेखों में उत्तराखंड पर अपने अधिकार की घोषणा की है, किंतु इस क्षेत्र में उनकी कोई मुद्रा अभी तक नहीं मिली है। सातवीं शताब्दी में इस पर इस पर कत्यूरी नरेशों का अधिकार हो गया। पावेल प्राइस और एम पी जोशी, कत्यूरी शासकों को कुणिंदों की ही एक शाखा के वंशज मानते हैं। कत्यूरियों के बाद कुर्मांचल पर चंद राजाओं का शासन प्रारंभ हुआ, जो 1790 तक रहा। मानस खंड का कुर्मांचल और कुमाऊं नाम चंद राजाओं के शासन काल में प्रचलित हुआ। 1790 में नेपाल की गोरखा सेना ने कुमाऊं पर आक्रमण कर कुमाऊं राज्य को अपने अधीन कर लिया, जो 1815 तक उनके अधीन रहा। सन 1815 से कुमाऊं पर अंग्रेजों का शासन आरंभ हुआ।

भारतीय गणतंत्र में टिहरी राज्य का विलय अगस्त 1949 में हुआ और टिहरी को तत्कालीन संयुक्त प्रांत (उ.प्र.) का एक जिला घोषित किया गया। 1962 के भारत-चीन युद्ध की पृष्ठभूमि में सीमांत क्षेत्रों के विकास की दृष्टि से 1960 में तीन सीमांत जिले उत्तरकाशी, चमोली और पिथौरागढ़ का गठन किया गया।

भाषाएं एवं बोलियां : उत्तराखंड में कई भाषाएं और बोलियां प्रचलित हैं। सामान्यतः यहां बोली जाने वाली भाषाओं के समूह को पर्वतीय, पहाड़ी या उत्तरांचली कहा जाता है। वर्तमान उत्तराखंड की दो प्रधान भाषाएं हैं—कुमाऊंनी और गढ़वाली। ये क्रमशः कुमाऊं और गढ़वाल में बोली जाती हैं। जौनसारी और भोटिया दो अन्य बोलियां, जनजाति समुदायों द्वारा क्रमशः पश्चिम और उत्तर में बोली जाती हैं। हालांकि हिंदी पूरे प्रदेश में बोली और समझी जाती है और नगरीय जनसंख्या अधिकतर हिंदी ही बोलती है।

उत्तराखंड के कुमाऊं क्षेत्र के उत्तरी तथा दक्षिणी सीमांत को छोड़कर शेष भूभाग की भाषा कुमाऊंनी है। कुमाऊंनी की 13 उपबोलियां हैं—जुहारी, मझकुमैया, दनपुरिया, गंगोला, पछाईं, फल्दाकोटी, रौ-चौभैंसी, खसपर्जिया, कुमैया, चौगर्खिया, सोर्याली, सीराली और अस्कोटी। पिथौरागढ़ जनपद का उत्तरी क्षेत्र शौका बहुल होने के कारण वहां 'शौका' बोली जाती है। इसी जनपद के असकोट, धारचूला और डीडीहाट के निकट रहने वाले वनरौत 'राजी' बोलते हैं। कुमाऊं के दक्षिण में स्थित थारू और बौक्सा जनजातियां थारू और बौक्साड़ी बोली बोलते हैं। कुमाऊं तथा गढ़वाल का सीमावर्ती क्षेत्र दुशांद में गढ़वाली-कुमाऊंनी मिश्रित रूप में बोली जाती है। नेपाल से लगे क्षेत्र में तथा अल्मोड़ा आदि स्थानों में प्रवासी गोरखाली बोलते हैं। इसी प्रकार भावर में टनकपुर से काशीपुर तक भावरी बोली जाती है। कुमाऊँ तथा गढ़वाल के सीमावर्ती क्षेत्रों में मझकुमैया बोली जाती है। इसे कुमाऊंनी गढ़वाली का मिला-जुला रूप कहा जाता है।

गढ़वाली बोली के भी कई रूप मिलते हैं, जिनमें—श्रीनगरी, नागपुरिया, दसौल्या, बघाणी राठी, माँजकुमैया, सलाणी एवं टेहरियाली आदि प्रमुख हैं। टेहरियाली बोली की भी क्षेत्रीय आधार पर टकनौरी, बाड़ाहाटी, जौनपुरी, बड़ियारी, रवांल्टी तथा रमोली उपबोलियां हैं। जौनपुर और रवाई यमुना के निकटवर्ती क्षेत्र हैं। अतः इन क्षेत्रों की बोलियां जौनसारी एवं हिमाचली से प्रभावित हैं।

संस्कृति : उत्तराखंड में भिन्न-भिन्न जातियों एवं सामाजिक समूहों के लोग निवास करते हैं, इनमें हिंदू, मुसलमान, सिख, ईसाई, बौद्ध, जैन एवं अन्य जातियां शामिल हैं। जातियां भी कई उपजातियों, समूहों एवं अंतर्वर्ती उपसमूहों में विभाजित हैं। यहां की विषम भौगोलिक परिस्थितियों के कारण इन जातियों और समाजों में परस्पर घनिष्ठ संपर्क का अभाव है। कस्बाई और ग्रामीण तथा पर्वतीय एवं मैदानी जीवन में रीति-नीति और परंपराएं भी भिन्न हैं। धर्म, भाषा, संस्कृति, खान-पान, रहन-सहन, वेशभूषा, मान्यताएं, लोक देवता, पूजा और अनुष्ठान, संस्कारों आदि की दृष्टि से यहां काफी भिन्नताएं हैं। जनजातीय एवं इतर-जनजातीय प्रथाओं एवं परंपराओं में भी अंतर है। सभी धर्मों और जातियों के लोग स्वधर्म का पालन करते हुए परस्पर मिल-जुल कर रहते हैं।

गढ़वाली और कुमाऊंनी समाज में कई तरह के लोक विश्वास प्रचलित हैं। इनमें धार्मिक विश्वास, भूत-प्रेत संबंधी विश्वास, शुभ-अशुभ विषयक विश्वास, जादू-टोना व तंत्र-मंत्र संबंधी विश्वास, स्वप्न विचार आदि प्रमुख रूप से प्रचलित हैं। यहां का समाज धर्मपरायण एवं धर्मभीरु है। स्थानीय लोगों की मृत आत्माओं, भूत-भूतनियों और प्रेतात्माओं तक को देवी-देवता के रूप में पूजा जाता है। इनको प्रसन्न करने एवं अनिष्ट से बचने के लिए विभिन्न विधि-विधान से बलि दी जाती है। भेड़, बकरा, भैंसा एवं अन्य पशु-पक्षियों की बलि चढ़ाकर नारियल, द्रव्य, वस्त्र, धूप-दीप-नैवेद्य आदि भेंट में चढ़ाते हैं तथा अपनी मनोकामना पूरी करने का आशीर्वाद मांगते हैं। वर्तमान में यहां के मंदिरों में होने वाली बलि-प्रथाओं पर प्रतिबंध लग चुका है।

जादू-टोना एवं तंत्र-मंत्र का प्रभाव यहां भी है, जो ओझा, गणतुआ (पुछेर) या तांत्रिक द्वारा संपन्न किए जाते हैं। परंतु ज्यों-ज्यों शिक्षा और सभ्यता का विकास होता गया है, इनका प्रभाव कम होने लगा है। लोक विश्वासों का एक अभिन्न अंग है स्वप्न विचार। उत्तराखंड के विभिन्न क्षेत्रों में स्वप्न विचार लगभग एक-सा है। कुछ सपनों को शुभ और कुछ को अशुभ माना जाता है।

उत्तराखंड की कुप्रथाओं में डोला-पालकी प्रथा, दास-दासी प्रथा, जोगी-जोगिनी प्रथा, बहुपति और बहुपत्नी प्रथा, अलगोझा प्रथा, नमक-लोटा प्रथा आदि प्रमुख हैं। डोला-पालकी प्रथा में निम्न जातियों के लोगों को शादी-विवाह आदि के अवसरों पर डोला या पालकी में नहीं बैठने दिया जाता था। स्त्री-पुरुष को दास-दासी के रूप में बेचा जाता था। इसके अलावा बच्चों, युवाओं एवं परित्यक्त और विधवा स्त्रियों को मैदानी क्षेत्रों में बेचने का प्रचलन काफी था। जोगी-जोगिनी प्रथा के अधीन कुछ लोग अपने पुत्र-पुत्रियों को जोगी-जोगिनी बनाने के लिए साधु-संतों को मंदिरों में भेंट स्वरूप चढ़ाते थे। मंदिरों में चढाई गई कन्याएं देव की 'राणी' कहलाती थीं। श्रीनगर में 'राणी हाट' में देवचेलियों का मेला लगता था, जहाँ मंदिर में चढ़ाई गई लड़कियों को देवदासी और धार्मिक वेश्यावृति की विधिवत शिक्षा दी जाती थी। गढ़वाल के जौनसार-बावर या रंवाई-जौनपुर क्षेत्र में साधन-विहीन भाइयों में एक ही पत्नी रखने की परंपरा थी। इसके पीछे कुल की एकता और वंशवेल की अखंडता को बनाए रखने की भावना होती थी। संपन्न व्यक्तियों या जमींदार किस्म के लोगों द्वारा अधिक पत्नियां रखने की परंपरा रही है। इन क्षेत्रों में कमोबेश ये परंपराएं आज भी विद्यमान हैं। घर बंटवारे के समय भाइयों में पैतृक चल-अचल संपत्ति का बंटवारा ग्राम सभा के पंचों द्वारा किया जाता है जो सभी पक्षों को मान्य होता है। अलगोझा में बड़े भाई को पिता की चल-अचल संपत्ति का अलग से

कुछ हिस्सा (मकान, खेत, पशु, बर्तन या द्रव्यादि) दिया जाता है, जो 'ज्योठो बाण' कहलाता है। शेष संपत्ति का सभी भाइयों में बराबर बंटवारा होता है। बोक्सा आदिम जाति में नमक-लोटा परंपरा आज भी विद्यमान है। भरी पंचायत के मध्य में पानी से भरा लोटा रख दिया जाता है और बोक्सा जाति के लोग इस पानी से भरे लोटे में एक-एक चुटकी नमक डालकर शपथ लेते हैं। उनका मानना है कि यदि वे शपथ पूर्ण नहीं करेंगे तो उनका शरीर पानी में नमक के समान घुल जाएगा। अब इस प्रथा का दुरुपयोग राजनीतिक दल भी धड़ल्ले से कर रहे हैं।

लोक-जीवन : उत्तराखंड प्रकृति से बहुत गहरे रूप में जुड़ा है। यहां के लोगों में मान-मर्यादा, शिष्टाचार, आचार-विचार एवं आतिथ्य सेवा की भावना कूट-कूट कर भरी है। अपनी ईमानदार छवि से उत्तराखंड ने अलग पहचान बनाई है। यहां के लोग अपने जीवन मूल्य को बचाए रखने की भरसक कोशिश करते हैं। इन लोगों में आज भी सच्चाई, ईमानदारी, वफादारी और माता-पिता के प्रति आदर-सत्कार में कोई कमी नहीं आई है। ये लोग प्रकृति के इतने निकट हैं कि उससे मानवीय जैसे रिश्ते स्थापित कर लिए हैं। नंदा देवी को अपनी बेटी से भी अधिक प्यार और सम्मान देना इसका जीवंत उदाहरण है। पेड़ या जंगल इनके जीवन का अभिन्न अंग हैं। पेड़ों को वृक्ष माफियाओं से बचाने के लिए ये अपने प्राणों तक की परवाह नहीं करते। इसी तरह नदियों की अविरल धारा को बनाए रखने के लिए भी इनके जनांदोलन जगजाहिर हैं। चोरी-डकैती व छिनैती जैसी घटनाएं पहाड़ों में कम ही घटित होती हैं। अब कुछ असामाजिक तत्वों द्वारा इस तरह की घटनाओं की पुनरावृत्ति की जाने लगी है।

वेशभूषा : पारंपरिक रूप से उत्तराखंड की महिलाएं घाघरा तथा आंगड़ी, तथा पुरुष चूड़ीदार पजामा और कुर्ता पहनते थे। अब इनका स्थान पेटीकोट, ब्लाउज और साड़ी ने ले लिया है। सर्दियों में ऊनी कपड़ों का उपयोग होता है। विवाह आदि शुभ अवसर पर अभी भी सनील का घाघरा और पिछौड़ा पहनने की परंपरा है। गले में गलेबंद, जयमाला, नाक में नथ, कानों में कर्णफूल, कुंडल पहनने की परंपरा है। सिर में शीषफूल, हाथों में सोने या चांदी के पौंजी तथा पैरों में बिछुए, पायजेब, पौंटा पहने जाते हैं। घर-परिवार के समारोहों में ही आभूषण पहनने की परंपरा है। विवाहित औरत की पहचान गले में 'चरेऊ' पहनने से होती है।

इनका पारंपरिक खानपान बहुत स्वादिष्ट और पौष्टिक होता है। खानपान में प्रयुक्त होने वाली मुख्य सामग्री सुगमता से जंगलों और घरों के आस-पास मिल जाती है। स्थानीय स्तर पर उगाई जाने वाली उड़द, गहत, रैंत, भट आदि दालों का प्रयोग होता है। मंडुवा और झंगोरे जैसे स्थानीय मोटे अनाजों से रोटी और भात बनाया जाता है। चैंसू, मूली की थिंच्वाणी, आलू-टमाटर का झोल, झोई और झोली, काफलू, मंडुए की रोटी, पिनालू की सब्जी, तैडू की सब्जी, भेतु का साग, सिसौंण (कंडाली) का साग, गहत या कुलथ की दाल या गथ्वाणी, बाल मिठाई, आरसे, घुगती, रोटने इत्यादि पूरे उत्तराखंड में कमोबेश खाया जाता है।

लोक गीत एवं नृत्य : उत्तराखंड के लोक गीत व लोक नृत्य में लोक जीवन के दुख-दर्द को महसूस किया जा सकता है। इनमें लोक जीवन की अभिव्यक्ति रहती है। इसके साथ ही ये जीवन के आनंदोल्लास एवं मनोरंजन के मुख्य साधन हैं। उत्तराखंड में विविध उत्सवों, धार्मिक अनुष्ठानों, पूजाओं, मेले, पर्वों, विवाहादि विविध संस्कारों तथा मांगलिक अवसरों पर गीत एवं नृत्यों का आयोजन होता है। इन पर भौगोलिक वातावरण का प्रभाव स्पष्ट देखा जा सकता है। यहां के प्रमुख लोक गीतों और लोक नृत्यों में छपेली, झोड़ा-चांचरी, न्योली, भाग, हिलजात्रा, हिरन-चित्तल, भ्वींन, गमरानृत्य, ठूलखेल, जागर नृत्य, धिन्नरपाता, चैती, भड़ौ इत्यादि हैं। इन गीतों की रचना आम जनता द्वारा की जाती है। इसलिए इनका कोई एक लेखक नहीं होता है। यहां प्रचलित लोक कथाएं भी स्थानीय परिवेश पर आधारित हैं। इन लोक कथाओं में लोक विश्वासों का चित्रण, लोक जीवन के दुख-दर्द का समावेश होता है।

यहां के लोक साहित्य में लोकोक्तियां, मुहावरे तथा पहेलियां (आंण) आज भी प्रचलन में हैं। उत्तराखंड के अधिकांश लोक गीतों को नृत्य के साथ ही प्रस्तुत किया जाता है। उत्तराखंड का छोलिया नृत्य काफी प्रसिद्ध है। इस नृत्य में नृतक लंबी-लंबी तलवारें और गेंडे की खाल से बनी ढाल लिए युद्ध करते हैं। कुछ क्षेत्रों में छोलिया नृत्य ढोल के साथ श्रृंगारिक रूप से होता है। कुमाऊं तथा गढ़वाल में झुमैला तथा झोड़ा नृत्य होता है। झौड़ा नृत्य में महिलाएं और पुरुष बहुत बड़े समूह में गोल घेरे में हाथ पकड़कर गाते हुए नृत्य करते हैं। नृत्यों में सर्प नृत्य, पांडव नृत्य, जौनसारी, चांचरी भी प्रमुख हैं। झरनों के निनाद और नदी-नालों की मधुर ध्वनियों से तरंगित होने वाले यहां विविध वाद्य यंत्र हैं। प्रमुख वाद्ययंत्रों में नगाड़ा, ढोल, दमाऊ, रणसिंगा, भेरी, हुड़का, मोर्छंग, बीन, डौंरा, कुरूली, अलगोजा इत्यादि हैं।

लोक कलाएं : उत्तराखंड में मानव बसाव विभिन्न क्षेत्रों तथा राज्यों से आए प्रवासियों से हुआ है। अस्तु लोक कला की दृष्टि से यह एक समृद्ध राज्य है। लोक कला में, लोक भावनाओं तथा लोक जीवन के मंगलमय एवं सुंदर रंगीन स्वप्न चित्रित रहते हैं। घर की सजावट में लोक कला पग-पग पर मिलेगी। लोक कलाएं रोजमर्रा की जिंदगी से इस तरह जुड़ी हुई हैं कि उन्हें जीवन से अलग करके नहीं देखा जा सकता। वे अपने-अपने क्षेत्रों की प्रादेशिक एवं स्थानीय संस्कृति एवं लोक मान्यताओं के साथ इस प्रकार से घुली-मिली हैं कि उन्हें एक-दूसरे से अलग नहीं किया जा सकता। यहां की लोक कलाएं एक अलग पहचान दिलाती हैं, जिनमें ऐंपण (छिपण), ज्यंति मातृका, प्रकीर्ण, पौ, डिकारे या डिकाल आदि मुख्य हैं।

पर्व-त्योहार : उत्तराखंड में वर्ष भर विभिन्न पर्व, व्रत, उत्सव मनाए जाते हैं। उत्तराखंड में वर्ष के दौरान लगभग 50 तरह के त्योहार मनाए जाते हैं। भारत के प्रमुख उत्सवों, जैसे रामनवमी, जन्माष्टमी, गणेश चतुर्थी, रक्षाबंधन, दीपावली, होली, दशहरा इत्यादि के अतिरिक्त यहां के कुछ स्थानीय त्योहार हैं, जैसे—संवत्सर प्रतिपदा, फूलदेई, भिटौली, बखौती, गंगा दशहरा, हरेला, बैसी, घी-त्यार, संकष्ट चतुर्थी, हरताली व्रत, अमुक्ताभरण सप्तमी, आठूं, नंदाष्टमी, खतड़ुवा, कोजागर, गोवर्धन पूजा, घुघुतिया, दुतिया, भैरवाष्टमी, बीस्सू त्योहार, लोसर, चैतोल आदि हैं।

उत्तराखंड की भूमि में जहाँ धार्मिक पर्वों का बाहुल्य है, वहीं कुछ ऐसे उत्सव भी हैं, जो विशुद्ध रूप से लोकरंजनात्मक एवं व्यावसायिक हैं। इन उत्सवों में ऋतु विशेष के आगमन पर उसके स्वागत में आयोजित किया जाने वाला ऋतुत्सव, संक्रांतुत्सव सौर संक्रांतियों से संबद्ध उत्सव हैं। क्रीड़ोत्सव का आयोजन क्रीड़ा विशेष को लक्ष्य करके किया जाता है और समरोत्सव में अस्त्र-शस्त्र संचालनात्मक कौशल का प्रदर्शन किया जाता है। विजयोत्सव में किसी ऐतिहासिक घटना विशेष के संदर्भ में वर्ग विशेष द्वारा अपनी विजय का प्रदर्शन किया जाता है। वर्ग विशेष द्वारा आयोजित उत्सव, जैसे कृषक वर्ग, पशुपालक या पशुचारक वर्ग के उत्सव, संप्रदाय विशेष के द्वारा आयोजित किए जाने वाले उत्सव शामिल हैं। लोक भाषा में इन्हें कौतिक/कौथिग अथवा मेले कहा जाता है। गढ़वाल में मेले को 'थौल' कहा जाता है। उनका उद्देश्य मनोरंजन, धर्मार्जन, देवाराधन, व्यवसाय अथवा आध्यात्मिक परिष्करण चाहे जो भी हो, वे निर्विवाद रूप से लोक जीवन तथा लोक संस्कृति के सशक्त अभिव्यंजक एवं वाहक होते हैं। ये उनके विविध पक्षों, यथा लोक परिधानों, लोक गीतों, लोक नृत्यों एवं लोक परंपराओं के स्थानीय रंगों को विशेष रूप में उभारने तथा उनके संरक्षण में महत्वपूर्ण भूमिका निभाते हैं।

उत्तराखंड में वर्ष के दौरान अनेक मेलों का आयोजन किया जाता है। इनमें नंदा देवी मेला प्रतिवर्ष भाद्रपद शुक्ल पक्ष की पंचमी से आरंभ होता है और हिमालय की बेटी नंदा देवी की मूर्तियां बनाकर पूजा अर्चना की जाती है। उत्तरायणी मेला कुमाऊं-गढ़वाल के कई नदी घाटों एवं मंदिरों में मकर संक्रांति के अवसर पर लगता है। इस मेले का सांस्कृतिक के

साथ-साथ ऐतिहासिक महत्व भी है। उत्तराखंड की कुली बेगार प्रथा को 1921 में समाप्त करने के लिए सामाजिक कार्यकर्ताओं ने संकल्प लिया था। कुली बेगार से संबंधित सभी कागजात सरयू नदी में बहा दिए गए थे।

श्रीपूर्णागिरी मेला कुमाऊं में अन्नपूर्णा शिखर पर स्थित श्रीपूर्णागिरी मंदिर में प्रतिवर्ष चैत्र और आश्विन की नवरात्रियों में लगता है। बग्वाल मेला कुमाऊं में चंपावत के देवीधुरा में मां बाराही देवी मंदिर परिसर में प्रतिवर्ष रक्षाबंधन, (श्रावण पूर्णिमा) को लगता है। पूर्णिमा के दिन ढोल-नगाड़ों की मधुर ध्वनि के साथ छंतोली (रिगांल की बनी छतरी) और गोल-गोल पाषाणों को लेकर पगड़ बांधकर मंदिर परिसर में प्रवेश करते हैं। बग्वाल शुरू होने की घोषणा के साथ ही पत्थरों की वर्षा तब तक जारी रहती है जब तक कि पुजारी तांबे की छत्र और चंवर लिए मैदान में नहीं पहुंच जाता। बग्वाल समाप्ति के शंखनाद के साथ ही द्यौके आपस में गले मिलते हैं। ये एक-दूसरे के सुदीर्घ एवं सुखी जीवन की मंगलकामना करते हैं। वर्तमान में पत्थरों की जगह फूलों की वर्षा करने की परंपरा विकसित की गई ताकि बुरी तरह से घायल होने से लोगों को बचाया जा सके।

जौलजीवी मेला पिथौरागढ़ जनपद में अस्कोट के निकट गोरी-काली नदियों के संगम पर प्रतिवर्ष कार्तिक माह में लगता है। इस व्यावसायिक मेले में भोटिया व्यवसायी अपना पशमीना, दन, गलीचे, पंखी आदि ऊनी सामान तथा कस्तूरी, जड़ी-बूटी आदि लाते हैं। नेपाल के व्यवसायी शहद, घी, शिलाजीत, हींग आदि विक्रयार्थ लाते हैं। बिस्सू मेला धनुष-बाणों से रोमांचकारी युद्ध के लिए प्रसिद्ध है। शाम तक कई रोमांचकारी प्रदर्शन के साथ नृत्य भी चलता रहता है। गिंदी मेला मकर सक्रांति के अवसर पर पौड़ी गढ़वाल के यमकेश्वर ब्लाक में डाडामंडी के भटपूड़ी देवी मंदिर में लगता है। गिंदी मेले की ख्याति गढ़वाल में दूर-दूर तक फैली है। बौंठा और जमेली गांव के बीच चमड़े की बनी बड़ी गेंद को छीना-झपटी का प्रतिस्पर्द्धात्मक खेल होता है। यह खेल दोपहर से प्रारंभ होकर रात तक चलता है। चैती मेला उत्तराखंड में काशीपुर के कुंडेश्वरी देवी (बाला सुंदरी) के मंदिर में प्रतिवर्ष चैत्र महीने में दस दिनों तक लगता है। गौचर मेला चमोली जिले के गौचर नामक स्थान पर एक औद्योगिक व्यावसायिक मेले के रूप में जवाहरलाल नेहरू के जन्म दिन 14 नवंबर को आयोजित होता है। इसका आरंभ 1943 में हुआ था। इस मेले में उत्तराखंड के औद्योगिक विशेषकर कुटीर उद्योग से संबद्ध वस्तुओं का प्रदर्शन एवं क्रय-विक्रय होता है। इसके अतिरिक्त उसमें विभिन्न प्रकार के लोक वाद्यों की धुनों पर विभिन्न प्रकार के लोक गीतों तथा लोक नृत्यों के माध्यम से यहां के सांस्कृतिक पक्षों का भी उन्मुक्त प्रदर्शन होता है। उत्तराखंड में और भी प्रकार के मेले आयोजित होते हैं।

सुधार आंदोलन : उत्तराखंड में समय-समय पर जनांदोलन होते रहे हैं। इन जनांदोलन में प्रमुख हैं– चिपको आंदोलन, जो पर्यावरण और वन संरक्षण की अलख जगाने वाले चंडी प्रसाद भट्ट, आलम सिंह बिष्ट जैसे समाज सेवियों द्वारा प्रारंभ किया गया था। चमोली जनपद के रैणी गांव में 26 मार्च 1974 को कुल्हाड़ियों तथा बदूंकों से लैस वन-ठेकेदार के मजदूरों, वन-कर्मियों व दबंगों को इन्होंने पीछे हटने को मजबूर कर दिया। गौरा देवी और उनकी सहेलियों ने अपने प्राणों की परवाह किए बिना पेड़ों से चिपक कर हजारों पेड़ों की रक्षा की। चिपको आंदोलन का ही असर था कि 1980 में भारत सरकार को 'वन संरक्षण अधिनियम' बनाना पड़ा। सुंदर लाल बहुगुणा ने इस आंदोलन को विश्व में एक नई पहचान दिलाई। 1995 में पर्यावरण संरक्षण हेतु भावनात्मक आंदोलन मैती की शुरुआत करने के बाद अब तक लाखों पेड़ लगाए जा चुके हैं। हर शादी की याद में दूलहा तथा दुल्हन मिल कर पेड़ लगाते हैं। इसके स्वर अब भारत के अन्य राज्यों सहित अमेरिका, कनाडा, चीन, थाईलैंड और नेपाल में भी सुनाई पड़ने लगे हैं।

उत्तराखंड की निम्न समझी जाने वाली जातियों को शादी-विवाह एवं अन्य उत्सवों में डोला-पालकी में बैठना वर्जित था। जयानंद भारती के नेतृत्व में

23 फरवरी 1941 को लैंसडाउन में एक सर्वदलीय सभा का आयोजन किया गया। लंबी बहस और तीखे विचार-विमर्श के बाद डोला-पालकी विरोधी आंदोलन ने सफलता की एक नई कहानी लिखी। साठ के दशक में गढ़वाल में शराब विरोधी आंदोलन की सूत्रधार थीं—टिंचर माई। इनके पति गणेश राम नवानी द्वितीय विश्व युद्ध में शहीद हो गए थे। परिवार से विरक्त होने पर ये जोगन बन गईं। लेकिन सामाजिक कार्यों में अपने योगदान के लिए सारे गढ़वाल में अत्यंत प्रसिद्ध हुईं। इन्होंने शराब के खिलाफ आंदोलन चलाया था।

कला-शिल्प : उत्तराखंड में बहुत पहले से कारीगर विभिन्न धातुओं से अनेक प्रकार की वस्तुओं का निर्माण करते रहे हैं। पहले लोग खानों से तांबा निकालकर और अब आयातित तांबे से कलात्मक और उपयोगी वस्तुओं, जैसे—गगरे, घड़े, तौले, कलश, परात, दीपक, पंचपात्र, लोटा, थालियां आदि वस्तुओं का निर्माण करते रहे हैं। इसके साथ ही पानी के फिल्टर, डोंगे, लैंप शेड, दीवार के शो पीस आदि वस्तुएं भी बनाई जाती हैं। कलात्मक वस्तुओं में बेल-बूटे, फूल, पशु-पक्षी, देवी-देवता आदि बनाए जाते हैं।

लौहकला का भी यहां काफी प्रचलन रहा है, जिससे कृषि में उपयोगी अनेक सामान, जैसे—कुदाल, कुटला, बौसा, राफी, हँसिया आदि बनाए जाते हैं। सोने-चांदी के कार्य भी परंपरागत रूप से होते रहे हैं। काष्ठकला की दृष्टि से उत्तराखंड का विशेष महत्व है, क्योंकि यहां के जीवन में काठ का स्थान सर्वोपरि है। काठ पर नक्काशी यहां प्रमुख रूप से मिलती है। यहां के प्राचीन भवनों, मंदिरों आदि में लकड़ी पर की गई पच्चीकारी एवं कारीगरी काष्ठकला के उल्लेखनीय उदाहरण हैं। चित्रकला के मामले में भी उत्तराखंड प्रसिद्ध है, क्योंकि यहां की चित्रकला में धर्म, दर्शन और संस्कृति की अमिट छाप मिलती है। यहां की महिलाएं भित्ति, पत्र एवं वस्त्र पर तरह-तरह के चित्र बनाती हैं। किसी मांगलिक या धार्मिक शुभ अवसर, जैसे—व्रत, त्योहार, संस्कार, पूजा, नामकरण, विवाह आदि, के शुभ अवसर पर देहरी या आंगन में विस्वार (चावल का पीठा) और लाल मिट्टी से विभिन्न सुंदर चित्र या अलंकरण उकेरे जाते हैं। इनमें सूर्य, चंद्र, स्वस्तिक, शंख, घंटा, विविध पुष्प, बेल, नाग तथा ज्यामितीय आकृतियां बनाई जाती हैं।

कृषि और उद्योग : उत्तराखंड की लगभग 90 प्रतिशत जनसंख्या गांवों में निवास करती है और उनका जीवन कृषि पर निर्भर है। राज्य में कुल खेती योग्य क्षेत्र 7,84,117 हेक्टेयर (7841 वर्ग किमी) है। यहां की मुख्य फसलों में धान, गेहूं, मसूर, जौ, सरसों, मडुआ, चना, मल्का, मक्का, लाई, गन्ना, भट्ट, गहत, उड़द, आलू आदि शामिल हैं। नकदी आय वाली फसलें भी यहां बड़ी मात्रा में उपजाई जाती हैं। राज्य की अर्थव्यवस्था मुख्यतः कृषि और संबंधित उद्योगों पर आधारित है। आवागमन और यातायात के साधनों के अभाव और उत्पादन में लगने वाले अत्यधिक श्रम के बावजूद किसानों को अपनी उत्पादित वस्तुओं का उचित मूल्य नहीं मिल पाता, अतः वे विकास की दौड़ में पिछड़े हुए हैं।

उत्तराखंड की अर्थव्यवस्था में वनों का अत्यंत महत्वपूर्ण स्थान है। कुमाऊं के पर्वतीय और मैदानी भागों मे घने वन है, जिनमें अत्यंत मूल्यवान लकड़ी तथा जड़ी-बूटियां पाई जाती हैं। पर्वतीय वनों में चीड़, देवदार, बाँस, रिंगाल, मौर, र्यांज, खर्सू, पांगर, मेल, खड़क, तुन, उतीस, कटूंज, कठमड़, क्वेराल, खिनुवा, रूमल, सुरई आदि तथा मैदानी भागों में साल, शीशम, सागौन, खैर, बाकली, बाँस, आम, छन, पैरी आदि उपयोगी वृक्ष पाए जाते हैं। इन वनों से उत्पादित वस्तुओं पर कागज, कत्था, भवन निर्माण एवं लकड़ी-उद्योग, लीसा, ईंधन, कोयला, कृषि संबंधी यंत्र एवं काष्ठ लघु उद्योग आधारित हैं। वस्तुतः वन यहां के लोगों के रोजगार का मुख्य साधन है।

उत्तराखंड के उत्तरी भाग के वनों में बहुमूल्य जड़ी-बूटियां पाई जाती हैं, जिनसे आयुर्वेदिक औषधि निर्माण किया जाता है तथा रसायन निर्मित होते हैं।

इन जड़ी-बूटियों में जटामासी, सालमपंजा, कुटकी, वत्सनाभ, अतीस, डोल, बन-ककड़ी, सिलफोड़ा, तेजपात, दंदासा, सोमकल्प, किल्मोड़ा, कीड़ाजड़ी आदि प्रमुख हैं। 90 प्रतिशत बगीचों में फल पैदा किए जाते हैं। वनों एवं विस्तृत घाटियों में चरागाह भी हैं, जहाँ पशुपालन उद्योग व्यापक पैमाने पर होता है। यहां चमड़ा उद्योग, खाद उद्योग, ऊन उद्योग, डेरी फार्म आदि विकसित हुए हैं। परंपरागत पशुपालन के अतिरिक्त यहां भेड़ पालन, मुर्गी पालन, खरगोश और सूअर पालन भी होता है।

उत्तराखंड में चूना पत्थर, रॉक फास्फेट, डोलोमाइट, मैग्नेसाइट, तांबा, ग्रेफाइट, जिप्सम आदि के भंडार हैं। राज्य में 41,216 लघु औद्योगिक इकाइयां स्थापित हैं, जिनमें लगभग 305.66 करोड़ का निवेश हुआ है और लाखों लोगों को रोजगार मिला है। इसके अतिरिक्त यहां 191 भारी उद्योग स्थापित हैं, जिनमें 2694.66 करोड़ रुपयों का निवेश हुआ है। 1802 उद्योगों में 5 लाख लोगों को कार्य मिला हुआ है। 2003 में एक नई औद्योगिक नीति बनाई गई, जिसके अंतर्गत निवेशकों को कर में राहत दी गई थी, जिसके कारण राज्य में पूंजी निवेश की एक लहर आई।

उत्तराखंड का सकल घरेलू उत्पाद 2004 के वर्तमान मूल्यों के आधार पर अनुमानित 280.32 अरब रुपये (6 अरब डॉलर) था। सिडकुल यानी स्टेट इंफ्रास्ट्रक्चर एंड इंडस्ट्रियल डेवलपमेंट कार्पोरेशन ऑफ उत्तराखंड लि. ने उत्तराखंड राज्य के औद्योगिक विकास के लिए राज्य के दक्षिणी छोर पर सात औद्योगिक भूसंपत्तियों की स्थापना की है। राज्य में पनबिजली उत्पादन की भरपूर क्षमता है। यमुना, भागीरथी, भीलांगना, अलकनंदा, मंदाकिनी, सरयू, गौरी, कोसी और काली नदियों पर अनेक पनबिजली संयंत्र लगे हुए हैं, जिनसे बिजली का उत्पादन हो रहा है। अन्य स्थानों पर दर्जनों पनबिजली बांधों का निर्माण चल रहा है। फिर भी, पहाड़ी क्षेत्रों का विकास अभी भी एक चुनौती बना हुआ है क्योंकि लोगों का पहाड़ी क्षेत्रों से मैदानी क्षेत्रों की ओर पलायन जारी है।

शिक्षा एवं स्वास्थ्य संस्थान : उत्तराखंड में शिक्षा के विकास पर काफी बल दिया गया है। राज्य में प्राथमिक विद्यालयों की संख्या 15,331 है और सैकड़ों की संख्या में सरकारी, गैर-सरकारी एवं निजी स्कूल, कॉलेज, विश्वविद्यालय आदि हैं। उत्तराखंड की साक्षरता दर 79.63 प्रतिशत है, जिसमें पुरुष साक्षरों का प्रतिशत 88.30 और महिलाओं का प्रतिशत 70.70 है।

ऐतिहासिक रूप से यह माना जाता है कि उत्तराखंड वह भूमि है, जहाँ शास्त्रों और वेदों की रचना की गई थी और महाभारत महाकाव्य लिखा गया था। ऋषिकेश को व्यापक रूप से विश्व की योग राजधानी माना जाता है। आज भी यहां के शैक्षणिक संस्थान भारत और विश्व भर में महत्वपूर्ण स्थान रखते हैं। ये एशिया के सबसे पुराने अभियांत्रिकी संस्थानों का गृहस्थान रहे हैं, जैसे रुड़की का भारतीय प्रौद्योगिकी संस्थान (पूर्व रुड़की विश्वविद्यालय) और पंतनगर का गोविंद बल्लभ पंत कृषि एवं प्रौद्योगिकी विश्वविद्यालय। इनके अलावा विशेष महत्व के अन्य संस्थानों में, देहरादून स्थित भारतीय सैन्य अकादमी, इक्फाई विश्वविद्यालय, भारतीय वानिकी संस्थान, पौड़ी स्थित गोविंद बल्लभ पंत अभियांत्रिकी महाविद्यालय और द्वाराहाट स्थित कुमाऊं अभियांत्रिकी महाविद्यालय भी हैं। इन सार्वजनिक संस्थानों के अलावा उत्तराखंड में बहुत-से निजी संस्थान भी हैं, जैसे—ग्राफिक एरा संस्थान, देहरादून प्रौद्योगिकी संस्थान, भारतीय एयर हॉस्टेस अकादमी इत्यादि।

उत्तराखंड बहुत-से जाने-माने बोर्डिंग विद्यालयों का घर भी है, जैसे दून विद्यालय (देहरादून), सेंट जोसफ कॉलेज (नैनीताल), वेलहम गर्ल्स स्कूल (देहरादून), वेलहम ब्वॉयज स्कूल (देहरादून), सेंट थॉमस कॉलेज (देहरादून), सेंट जोसफ अकादमी (देहरादून), वुडस्टॉक स्कूल (मसूरी), बिरला विद्या निकेतन (नैनीताल), भोवाली के निकट सैनिक स्कूल (घोड़ाखाल), राष्ट्रीय भारतीय सैन्य महाविद्यालय (देहरादून), द एशियन स्कूल (देहरादून), द हेरिटेज

स्कूल (देहरादून), जी डी बिरला मेमोरियल स्कूल (रानीखेत) आदि।

उत्तराखंड के प्रमुख विश्वविद्यालयों में गोविंद बल्लभ पंत कृषि एवं प्रौद्योगिकी विश्वविद्यालय, हेमवती नंदन बहुगुणा गढ़वाल विश्वविद्यालय, कुमाऊं विश्वविद्यालय, दून विश्वविद्यालय, पेट्रोलियम और ऊर्जा शिक्षा विश्वविद्यालय, हिमगिरि नभ विश्वविद्यालय, गुरुकुल कांगड़ी विश्वविद्यालय, उत्तराखंड मुक्त विश्वविद्यालय आदि शामिल हैं।

पर्यटन : धरती पर अगर कहीं स्वर्ग है तो वह है उत्तराखंड। हिमालय की गोद में शिशु की तरह किलकारियां मारती उत्तराखंड की गगनचुंबी चोटियां दुनिया के पर्वतारोहियों को लुभाती हैं। यहां मखमली बुग्यालों, निर्झर झरते ऊंचे झरनों, फूलों से लदी घाटियों, भांति-भांति के जीवों और दुर्लभ जड़ी-बूटियों से अटे पड़े वनों, सदानीरा नदियों की अठखेलियां देश-विदेश के सैलानियों को आकर्षित करती रही हैं। नैनीताल और मसूरी जैसे हिल स्टेशनों के अलावा जिम कार्बेट पार्क जो बाघों की सघन आबादी के लिए एवं एशियाई हाथियों के लिए राजाजी पार्क उल्लेखनीय है। यहां धार्मिक पर्यटन के अलावा ईको टूरिज्म, एडवेंचर टूरिज्म, सांस्कृतिक पर्यटन, हिमक्रीड़ा इत्यादि भी पर्यटकों को आकर्षित करते हैं।

उत्तराखंड को 'देवभूमि' और तीर्थभूमि भी कहा जाता है। यहां हिंदू धर्म के कुछ सबसे पवित्र तीर्थस्थान हैं और हजार वर्षों से भी अधिक समय से तीर्थयात्री मोक्ष और पाप शुद्धिकरण की खोज में यहां आ रहे हैं। राज्य में मंदिरों और तीर्थस्थानों की बहुतायत है। गंगोत्तरी और यमुनोत्तरी केदारनाथ और बद्रीनाथ के साथ मिलकर उत्तराखंड के छोटा चार धाम बनाते हैं, जो हिंदू धर्म के पवित्रतम तीर्थस्थानों में से एक है। हरिद्वार के निकट स्थित ऋषिकेश भारत में योग का एक प्रमुख स्थल है। हरिद्वार में प्रति बारह वर्षों में कुंभ मेले का आयोजन किया जाता है, जिसमें देश-विदेश के करोड़ों श्रद्धालु भाग लेते हैं। जागेश्वर में स्थित देवदार वृक्षों से घिरा 124 मंदिरों का प्रांगण ऐतिहासिक रूप से अपने वास्तुशिल्प की विशिष्टता के कारण सर्वाधिक प्रसिद्ध है। तथापि, उत्तराखंड केवल हिंदुओं के लिए ही तीर्थाटन स्थल नहीं है। हिमालय की गोद में स्थित हेमकुंड साहिब सिखों का तीर्थ स्थल है और मिंद्रोलिंग मठ और उसके बौद्ध स्तूप बौद्ध धर्म के पवित्र स्थल हैं।

जिम कॉर्बेट राष्ट्रीय उद्यान और बाघ संरक्षण-क्षेत्र और नैनीताल, अल्मोड़ा, कौसानी, भीमताल, रानीखेत और मसूरी जैसे निकट के पहाड़ी पर्यटन स्थल भारत के सर्वाधिक प्रसिद्ध पर्यटन स्थलों में हैं। पर्वतारोहियों के लिए राज्य में कई चोटियां हैं, जिनमें से नंदा देवी सबसे ऊंची चोटी है।

हिममंडित शिखरों की गोद में बसी विश्व प्रसिद्ध फूलों की घाटी किसी अजूबे से कम नहीं है। 87.5 वर्ग किमी में फैली इस घाटी ने चमोली जनपद को वैश्विक पहचान दिलाई। यूनेस्को विश्व धरोहर स्थल है। अधिकांश समय तक बर्फ से ढंकी रहने वाली यह घाटी जुलाई से अक्टूबर तक फूलों से लद जाती है। चमोली जनपद में हाथी पर्वत की गोद में स्थित कागभुशुंडि झील समुद्र तल से 16,800 फीट की ऊंचाई पर स्थित है। पौराणिक महत्व वाली इस झील तक पहुंचने के लिए दर्जनों नदियों, ऊबड़-खाबड़ मैदानों, विकट चढ़ाई वाली खड़ी चट्टानों, खौफनाक हिमनद एवं जर्जर शिलाखंडों व पत्थरों को पार करना पड़ता है।

गढ़वाल का सबसे बड़ा बुग्याल है पवालीकंठा बुग्याल। टिहरी गढ़वाल में घुत्तु से 15 किमी की पैदल दूरी पर स्थित है। मखमली घास के गलीचे एवं रंगबिरंगे फूलों से ढंके इस मैदान से दूधिया हिमशिखरों की एक पूरी श्रृंखला दिखाई देती है। इन शिखरों में मेरू, सुमेरू, चौखंभा, नीलकंठ, बंदरपूंछ इत्यादि की छटा देखते ही बनती है। पंवाली में सैकड़ों प्रजाति के पुष्प, जड़ी-बूटियों के अलावा दुर्लभ हिमपक्षी मोनाल और पशु कस्तूरी मृग, कौवे से मिलता-जुलता पक्षी काला रौबिन एवं हिमालयी गौरैया को देखा जा सकता है।

दुनिया की सुंदर, मोहक और रोमांचक चोटियों

में से एक है नंदा देवी, जो सुंदरता के लिए 'हिमालय का मोती' नाम से प्रसिद्ध है। यह उत्तराखंडवासियों की इष्ट देवी और आदि महाशक्ति भी है। उत्तराखंड के सीमित इलाकों में यह देवी ध्याण (बेटी) की तरह मानी जाती है। किसी चोटी के साथ इस तरह जीवित रिश्ते की शायद ही कहीं मिसाल मिले। गढ़वाल के चमोली जनपद में स्थित नंदीकुंड झील लगभग 2 किमी की परिधि में फैली हुई है। इस झील की पूजा स्थली पर कुछ प्राचीन तलवारें रखी हुई हैं। किंवदंती है कि पांडव इन्हें छोड़ गए हैं। यहां प्राकृतिक गुफाओं में ठहरा जा सकता है।

सिखों का एक प्रसिद्ध तीर्थ स्थान हेमकुंड साहिब चमोली जनपद में स्थित है। यह हिमालय पर्वत में 4632 मीटर की ऊंचाई पर एक बर्फीली झील के किनारे सात पहाड़ों के बीच विराजमान है। बादल, पर्वत और हरियाली को मिलाकर अगर कोई खूबसूरत स्थान बनता है तो उसे औली कहते हैं। साहसिक पर्यटन के लिए औली विश्व प्रसिद्ध है। यह बुग्याल जोशीमठ से लगभग 15 किमी की दूरी पर स्थित है।

रूपकुंड चमोली जनपद में समुद्रतल से लगभग 4478 मीटर की ऊंचाई पर त्रिशूली की तलहटी में स्थित है। यह कटोरे के आकार का कुंड है जिसकी 2.5 किमी की परिधि में नर कंकाल फैले हुए हैं। यह झील आज भी पर्यटकों के लिए एक रहस्य बनी हुई है। असाधारण नरकंकाल पाए जाने के कारण यह रहस्यमयी झील विश्वविख्यात हो गई है। इसके रहस्य का पता अभी तक नहीं चल पाया है कि वे कौन थे, जो यहां ढेर हो गए।

अनुपम सौंदर्य से लकदक पिंडारी ग्लेशियर अल्मोड़ा जनपद में स्थित है। लगभग 14,500 फुट की ऊंचाई पर स्थित यह ग्लेशियर वर्ष भर पर्यटकों के आकर्षण का केंद्र बना रहता है। मिलम ग्लेशियर कुमाऊं का सबसे बड़ा ग्लेशियर है। लाखामंडल देहरादून से 126 किमी की दूरी पर जौनसार क्षेत्र में यमुना के किनारे स्थित है। किंवदंती है कि इसी स्थान पर दुर्योधन ने पांडवों को लाक्षागृह बनाकर जिंदा जलाने का षड्यंत्र रचा था। इसके मध्य में उत्तराखंड शैली का एक सुंदर मंदिर बना है। कटारमल्ल सूर्य मंदिर का निर्माण नौवीं-दसवीं शती में राजा कटारमल्ल ने करवाया था। यह अल्मोड़ा नगर से लगभग 15 किमी की दूरी पर उत्तराखंड शैली में निर्मित महत्वपूर्ण मंदिर है। इस मंदिर में महत्वपूर्ण प्रतिमा सूर्य की है जो बारहवीं शती की निर्मित है। इसके अलावा शिव-पार्वती, लक्ष्मी-नारायण, नृसिंह, कुबेर, महिषासुरमर्दिनी आदि की कई मूर्तियां गर्भगृह में रखी हुई हैं।

यातायात : उत्तराखंड रेल, वायु और सड़क मार्गों से पूरे देश से जुड़ा हुआ है। उत्तराखंड में पक्की सड़कों की कुल लंबाई 21,490 किलोमीटर है। लोक निर्माण विभाग द्वारा निर्मित सड़कों की लंबाई 17,772 किमी और स्थानीय निकायों द्वारा बनाई गई सड़कों की लंबाई 3925 किमी है।

जॉली ग्रांट (देहरादून) और पंतनगर (ऊधमसिंह नगर) में हवाई पट्टियां हैं। नैनी-सैनी (पिथौरागढ़), गोचर (चमोली) और चिनयालिसौर (उत्तरकाशी) में हवाई पट्टियों को बनाने का कार्य निर्माणाधीन है। पवनहंस लि. ने रुद्र प्रयाग से केदारनाथ तक तीर्थयात्रियों के लिए हेलीकॉप्टर की सेवा आरंभ की है।

जॉली ग्रांट हवाई अड्डा देहरादून से 25 किमी की दूरी पर है। यहां एयरबस ए 320 और बोइंग 737 भी उतर सकते हैं। चकराता वायु सेना तल चकराता में स्थित है, जो देहरादून जिले का एक छावनी कस्बा है। पंतनगर हवाई अड्डा (ऊधमसिंह नगर), उत्तरकाशी, गोचर (चमोली), अगस्त्य मुनि हेलीपोर्ट (रुद्रप्रयाग), नैनी सैनी (पिथौरागढ़) आदि भी वायुयात्रा के पथ हैं।

उत्तराखंड के रेलवे स्टेशनों में देहरादून रेलवे स्टेशन, घंटाघर/नगर केंद्र से लगभग 3 किमी की दूरी पर है। इस स्टेशन का निर्माण 1897 में किया गया था। इसके अतिरिक्त हरिद्वार जंक्शन, हल्द्वानी-काठगोदाम रेलवे स्टेशन, रुड़की, रामनगर, कोटद्वार रेलवे स्टेशन, ऊधमसिंह नगर यहां के प्रमुख रेलवे स्टेशन हैं।

आरसी चौहान

अधिक जानकारी के लिए :

1. **हिमालयी राज्य संदर्भ कोश** : जयसिंह रावत, 2. **उत्तराखंड के लोकोत्सव एवं पर्वोत्सव** : डी डी शर्मा, 3. **उत्तरांचल स्वप्निल पर्वत प्रदेश** : प्रकाश पुरोहित 'जयदीप', 4. **History of Uttaranchal :** Umachand Handa, 2002, 5. **Uttarakhand–A Land of Jungles, Temples and Snows :** K S Fonia, 1987, 6. **Uttaranchal Historical and Cultural Persfection :** Uma Prasad Thalliyal, 2005

उत्तराधिकार के नियम

उत्तराधिकार के नियमों से आशय विभिन्न संस्कृतियों और समाजों में प्रचलित उन व्यवस्थाओं से लिया जाता है जिनमें किसी स्त्री या पुरुष को संपत्ति या पद का दावेदार माना जाता है। इस दावेदारी में सामाजिक और जैविक कारक निहित होते हैं। सामाजिक और जैविक कारक उत्तराधिकार के नियमों को निर्धारित करते समय परिवार, निजी संपत्ति और राज्य के नियमों को भी देखते हैं। कहा जा सकता है कि उत्तराधिकार के नियमों का विकास समाज और राज्य की सरंचना के विकास से जुड़ा हुआ है। देखा जा सकता है कि दुनिया के अलग-अलग भागों में समाज और राज्य का विकास एकरेखिक नहीं रहा है।

उत्तराधिकार के नियम अलग-अलग समाजों में अलग-अलग प्रकार से प्रचलित और व्याख्यायित हैं। लैटिन अमेरिकी समाजों के उत्तराधिकार-नियम जापानी समाज से नितांत भिन्न हैं। यूरोप के उत्तराधिकार-नियम चर्च, राज्य और सामुदायिक परंपराओं से संचालित हैं तो भारत सहित दक्षिण एशिया के बहुधर्मी और बहु-जनजातीय समाजों में उत्तराधिकार की विभिन्न अंतर्धाराएं मौजूद हैं।

हिंदू उत्तराधिकार परंपरा में रक्त की शुद्धता और यौन शुचिता के प्रतिमानों के बीच संपत्ति के अधिकारों को सामाजिक और विविध रूप से रखे जाने की शुरुआत धर्मसूत्रों के समय से देखी जा सकती है। इसे परिपूर्ण आधार स्मृति ग्रंथों में मिला। मनुस्मृति और नारद स्मृति में पुत्री, पुत्र, औरस पुत्र, विधवा आदि के उत्तराधिकार के नियम निर्धारित किए गए हैं। इसी प्रकार विवाह के प्रचलित आठ प्रकारों में चार अप्रशस्त प्रकार उन संतानों के उत्तराधिकार की रक्षा करते थे जो इस प्रकार के वैवाहिक संबंधों से पैदा होती थीं। ध्यान देने की बात है कि 'हिंदू उत्तराधिकार' कोई एकाश्मिक अवधारणा नहीं है जैसा कि प्रस्तुत करने का प्रयास किया जाता है। भारत के अविभाजित बंगाल और असम में पारिवारिक कानून दायभाग संचालित हैं तो शेष भारत में मिताक्षरा के कानून प्रचलित हैं। कुछ और प्रणालियां भी मौजूद हैं जैसे मालाबार क्षेत्र के नायरों और मोपलाओं के पारिवारिक काननू इन सबसे अलग हैं। केरल में मरूमाकट्टायम की परंपरा मातृशासित सामाजिक नियमों की विविधता की ओर संकेत करती है।

इसी के साथ मुस्लिम समुदाय की उत्तराधिकार परंपराएं एक भिन्न सामाजिक-सांस्कृतिक दृष्टि की ओर से इशारा करती हैं। भारत में मुस्लिम शासन आठवीं शताब्दी में ही स्थापित किया गया था। अंग्रेजों की सर्वोच्चता स्थापित होने के पहले तक इस्लाम की सामाजिक उपस्थिति ने भौतिक और विधिक रूप से उत्तराधिकार के नियमों को पुनःपरिभाषित किया था। अरब मूलतः व्यापारी थे। फ्लेविया एग्नेस का मानना है कि उन्होंने समझौते को एक सामाजिक व्यवहार के रूप में माना। विवाह को समझौता माना गया। तीन तलाक की विधि-मान्यता के बावजूद मेहर की अवधारणा से मुस्लिम महिलाओं को सुरक्षा मिली थी। इसी प्रकार कुरान, सुन्ना, इजमा और कयास के द्वारा रक्त-संबंधों से निर्मित संबंधों को संपत्ति और सामाजिक सुरक्षा की गारंटी दी गई थी।

भारत में पारसी आरंभिक शताब्दियों में ही पश्चिमी तट पर आ बसे थे। उनके वाणिज्यिक जीवन में संपत्ति की महत्वपूर्ण भूमिका थी, साथ ही रक्त-संबंधों से गहरे तक परिभाषित सामुदायिक नियमों ने पारसियों के उत्तराधिकार के नियमों में स्पष्टता रखने को बाध्य कर दिया। अमिताभ घोष का उपन्यास 'फ्लड ऑफ फायर' पारसी महिलाओं के दैनंदिन

जीवन के अनुभवों के बीच उनके संपत्ति, विवाह और उत्तराधिकार की समस्याओं को अंकित करता है।

भारत में संपत्ति और उत्तराधिकार के नियमों में एक बड़ा बदलाव अंग्रेजों के आगमन, समाज सुधार आंदोलनों और उपयोगितावादी विचारों के प्रसार से आया। ईश्वरचंद्र विद्यासागर ने विधवाओं के अधिकार की लड़ाई को आगे बढ़ाने का प्रयास जिस दौर में किया, उसी दौर में 1857 का महान विप्लव भी हुआ था। इसने अंग्रेजों को भारत की परंपराओं को उनकी आंतरिक गतिकी के हवाले करने के लिए प्रेरित किया। भारत की आधुनिकीकरण की प्रक्रियाओं, जाति व्यवस्था के सुदृढ़ीकरण और परकल्पित अतीत के प्रति मोह ने मनुस्मृति के पाठों को भारत का एकांतिक पाठ बना दिया था। इससे भारत की उत्तराधिकार-परंपराओं की व्याख्या में एक खास किस्म का रुझान सामने आया। इसे फ्लेविया एग्नेस हिंदू परंपराओं का विधिकरण कहती हैं। भारत को आजादी मिली तो दाय के अधिकार पर हिंदू पुरुष को एक प्रकार से अनन्यता मिल गई। इसके कारण समाज में पितृसत्तात्मक हिंदू विधिमान्यता बरकरार रह गई। पूंजीवाद के संक्रमण की ओर बढ़ते समाज के लिए जरूरी था कि संपत्ति को व्यक्तिगत प्राधिकार में लाया जाए लेकिन यह पुरुषों के पक्ष में ही झुकी रह गई। 1950 के दशक में बाबासाहेब भीमराव अंबेडकर के उत्तराधिकार-संबंधी विचारों को देखा सकता है जिनके कारण उन्हें हिंदू धर्मगुरुओं के साथ महत्वपूर्ण नेताओं का कोपभाजन बनना पड़ा था।

हिंदू उत्तराधिकार कानून 1956 में पारित हुआ। इस कानून के अनुसार यदि कोई पुरुष अपनी संपत्ति के बारे में वसीयत किए बिना मर जाता है तो उसकी संपत्ति में उसकी पुत्रियों का भी अधिकार होगा। स्पष्ट है कि पिता अपनी वसीयत से अपनी पुत्रियों को वंचित कर सकता है। 2005 में किए गए संशोधन में माता-पिता की संपत्ति में बेटियों को भी समान अधिकार दिया गया है।

औपनिवेशिक शासन से गुजर चुके भारत के संवैधानिक अनुभवों को रोजमर्रा के जीवन का अंग बनना था। इसके लिए एक लंबी लड़ाई लड़ी गई थी। इसलिए लैंगिक न्याय के सवालों और समानता के भाव को सार्वजनिक जीवन में उतारने का प्रयास किया गया। भारत के संविधान के अनुच्छेद 44 में राज्य के नीति निर्देशक तत्व के रूप में समान नागरिक संहिता की बात की गई है। राज्य के नीति निर्देशक तत्व न्यायालय के द्वारा प्रवर्तनीय नहीं हैं। फिर भी समतामूलक समाज की स्थापना करने का दावा करने वाले समूह समान नागरिक संहिता की मांग लगातार कर रहे हैं। दूसरे छोर पर, कई धर्म और संप्रदाय अपनी अस्मिता को उत्तराधिकार के पुराने नियमों के द्वारा ही व्याख्यायित करते हैं। शाहबानो केस और उसके बाद की राजनीतिक घटना इसका एक उदाहरण है।

अरविंद जैन ने लिखा है, 'परिवार और पूंजी का संपूर्ण स्वामित्व और नियंत्रण मर्दों के हाथों में होने के कारण समाज और सत्ता के सभी क्षेत्रों में स्त्रियों की स्थिति न के बराबर है। निर्णय लेने के प्रायः सभी मुख्य केंद्रों पर मर्दों का सर्वाधिकार सुरक्षित है जिसकी वजह से स्त्री के हिस्से में सिर्फ एक अंधेरा कोना ही बचा रह जाता है।' (उत्तराधिकार बनाम पुत्राधिकार)।

रमाशंकर सिंह

अधिक जानकारी के लिए :

1. **हिंदू उत्तराधिकार कानून** 1956 **और हिंदू उत्तराधिकार कानून (संशोधित)** 2005, **भारतीय संविधान,** 2. **औरत होने की सजा** : अरविंद जैन

उदयन

उदयन कौशांबी के राजा थे। वे पुरु के वंशज थे तथा वत्सराज नाम से विख्यात थे। उनके पिता का नाम सहस्रानीक था। उनके जन्म की कथा है कि गर्भिणी राजमहिषी लाल रंग का कंबल ओढ़कर बैठी धूप सेंक रही थीं कि एक हाथी की सूरत वाला पक्षी मांस का टुकड़ा समझकर उन्हें ले उड़ा और पर्वत के एक वृक्ष पर ले गया। राजमहिषी ने पेड़ का सहारा पाकर शोर मचाया। इससे पक्षी उड़ गया। उसी

समय एक वहां तापस पहुंचा, जिसने अपने आवास में राजमहिषी को आश्रय दिया। राजमहिषी तापस के घर में ही रही। यहीं पुत्र का जन्म हुआ, जिसका नाम उदयन रखा गया। उदयन अपने पिता की मृत्यु की सूचना पाकर कंबल और अंगूठी के साथ कौशांबी पहुंचा तथा वहां उसने राजा का पद प्राप्त किया।

उदयन की प्रसिद्धि एक संगीत प्रेमी और कुशल वीणावादक के रूप में हुई। कहा गया है कि वे संगीत के बल पर हाथी को भी वशीभूत कर लेते थे। एक बार राजा चंद्रप्रद्योत ने लकड़ी का हाथी बनाकर उसमें सैनिकों को बैठाकर उदयन के पास भेजा। उदयन अपनी कला का प्रदर्शन करने लगे तभी सैनिक उन्हें पकड़कर ले गए। चंद्रप्रद्योत ने उदयन से संगीत कौशल सीखा। उदयन को उज्जयिनी की राजकुमारी वासवदत्ता के सौंदर्य की ख्याति सुनने को मिली। वासवदत्ता की प्रेम कथा के अनुसार वह स्वप्न में उदयन को देखकर आकृष्ट होती है। उदयन भी वासवदत्ता से प्रेम करने लगता है और उसका अपहरण कर के उसके साथ विवाह कर लेता है।

संस्कृत साहित्य का प्रसिद्ध नाटक 'स्वप्न वासवदत्ता' उदयन की कथा पर आधारित है। एक अन्य संस्कृत नाटक 'प्रतिज्ञा यौगंधरायण' में भी उदयन की कथा है। उदयन का मंत्री यौगंधरायण प्रण लेता है कि वह उदयन को एक चक्रवर्ती सम्राट बनाएगा। वह अपने उद्देश्य में सफल होता है। उदयन-वासवदत्ता की कथा की ओर जयशंकर प्रसाद भी आकर्षित हुए और 'अजातशत्रु' नाटक की रचना की।

विष्णु पुराण में एक अन्य उदयन का उल्लेख है, जिसके पिता दर्भक थे। ब्रह्मांड और वायु पुराणों में इनका नाम उदायिन है और भविष्य पुराण में उदयाश्व। उन्होंने गंगा के किनारे पुण्यनगर की स्थापना की थी जो कालांतर में पाटलिपुत्र बना।

सरोज सिंह

अधिक जानकारी के लिए :
भारतीय मिथक कोश : उषापुरी विद्यावाचस्पति

उदयनारायण तिवारी
(1903-1984)

उदयनारायण तिवारी हिंदी और भोजपुरी के प्रमुख भाषावैज्ञानिक हैं। वे भाषा को नैसर्गिक नहीं अपितु सामाजिक वस्तु मानने वाले भाषावैज्ञानिकों में हैं। वे हिंदी को राष्ट्रभाषा से और राष्ट्रभाषा को देश की स्वतंत्रता से जोड़ने वालों में से हैं। वे बहुत समय तक प्रयाग विश्वविद्यालय में हिंदी के प्राध्यापक रहे। बाद में वे जबलपुर विश्वविद्यालय में भाषाविज्ञान विभाग के अध्यक्ष हुए। तिवारी जी का कीर्ति-स्तंभ 'भोजपुरी भाषा और साहित्य' है। यह पुस्तक 1954 में बिहार-राष्ट्रभाषा-परिषद से छपी है। इसे भोजपुरी का विश्वकोश कह सकते हैं। उन्होंने सुनीति कुमार चाटुर्ज्या के निर्देशन में शोध कार्य कर के 'ओरिजिन एंड डेवलपमेंट ऑफ भोजपुरी' नामक प्रबंध अंग्रेजी में लिखा है, जिसपर 1945 में उन्हें प्रयाग विश्वविद्यालय से डी. लिट् की उपाधि मिली। इसी शोध-प्रबंध को बिहार-राष्ट्रभाषा-परिषद ने परिवर्धित कर के 'भोजपुरी भाषा का उद्गम और विकास' (1960) नाम से प्रकाशित किया। भोजपुरी व्याकरण और भाषा का पहली बार इतना विस्तृत और शास्त्रीय विवेचन किया गया। इसके प्रथम अध्याय में भोजपुरी भाषा का नामकरण, सजीवता, उसका विस्तार, उसकी बोलियां

उदयनारायण तिवारी

आदि का विस्तार से वर्णन है। इसका दूसरा अध्याय भोजपुरी साहित्य पर केंद्रित है। इसके द्वितीय खंड में उन्होंने भोजपुरी के ध्वनि-तत्व, रूप-तत्व आदि पर विचार किया है। इसका परिशिष्ट भी अत्यंत समृद्ध है जिसमें भोजपुरी भाषा और साहित्य से संबंधित काफी सामग्री संकलित हैं।

'भोजपुरी भाषा और साहित्य' पर जी ए ग्रियर्सन का स्पष्ट प्रभाव है। इसे उदयनारायण तिवारी ने खुद स्वीकार किया है। परंतु रामविलास शर्मा ने अपनी पुस्तक 'भाषा और समाज' में 'भोजपुरी भाषा और साहित्य' में दर्ज कई स्थापनाओं का जोरदार खंडन किया है, पर इस पुस्तक की महत्ता आज भी बरकरार है।

उदयनारायण तिवारी की दूसरी महत्वपूर्ण पुस्तक 'हिंदी भाषा का उद्‌गम और विकास' है। इसका प्रकाशन संभवतः 1955 में हुआ था। इस पुस्तक में कुल चौदह अध्याय हैं। इसके परिशिष्ट में संस्कृत, अंग्रेजी, फारसी तथा अरबी व्याकरण सहित हिंदी व्याकरण की तुलना है। पुस्तक की पूर्व-पीठिका में भारोपीय, वैदिक, संस्कृत, पालि, प्राकृत आदि के संबंध में सामग्री दी गई है। तिवारी की भाषाविषयक एक पुस्तक 'पाणिनि के उत्तराधिकारी' (1971) है जिसमें पालि साहित्य पर भरपूर सामग्री पाई जाती है।

उदयनारायण तिवारी ने जॉर्ज अब्राहम ग्रियर्सन की आर्य भाषाओं से संबंधित एक पुस्तक का संपादन-अनुवाद भी किया है। इस पुस्तक का नाम 'भारतीय आर्य भाषाएं' (1984) है। इसके प्रथम भाग में ग्रियर्सन की जीवनी तथा उनके व्यक्तित्व और कृतित्व पर लेख हैं और चतुर्थ भाग में ग्रियर्सन के पूरे लेख, 'भारतीय आर्य भाषाएं' का अनुवाद है। इसके अतिरिक्त तिवारी ने एफ मैक्समूलर की पुस्तक 'द साइंस ऑफ लैंग्वेज' का अनुवाद भी किया है जो 'भाषाविज्ञान' के नाम से 1970 में छपी।

उदयनारायण तिवारी ने भाषाविषयक दो और पुस्तकों की रचना की–1. भाषाविज्ञान का संक्षिप्त इतिहास एवं 2. भाषाशास्त्र की रूपरेखा। 'भाषाविज्ञान का संक्षिप्त इतिहास' अपने ढंग की एक अनूठी कृति है। इसके आरंभ में संस्कृत व्याकरण का इतिहास एवं संक्षिप्त परिचय दिया गया है, जिससे प्रेरणा प्राप्त कर भाषाविज्ञान के कई विद्वानों ने भाषाविज्ञान को अभिनव रूप प्रदान किया है। साथ ही इसमें अमेरिका, लंदन, पेरिस, प्राहा तथा मास्को में भाषाविज्ञान की जो अद्यतन प्रगति हुई है, उसका संक्षिप्त इतिहास है। भारत की विभिन्न बोलियों-भाषाओं पर शोधकार्य करने वाले शोधकर्त्ताओं के लिए यह पुस्तक अत्यंत उपयोगी है। इसमें बांग्ला, गुजराती, मराठी, उड़िया, असमिया, पंजाबी, राजस्थानी, तमिल, तेलुगू, मलयालम, कन्नड़, सिंघली, बर्मी, आस्ट्रिक आदि अभिनव भाषाविज्ञान की प्रगति भी दर्ज है। 'भाषाशास्त्र की रूपरेखा' में द्वितीय महायुद्ध के उपरांत भाषाशास्त्र में हुए अभिनव अनुसंधानों की मार्गदर्शिका प्रस्तुत की है।

उदयनारायण तिवारी का हिंदी की बोलियों के प्रति विशेष लगाव था। उन्होंने लिखा है, 'आज के युग में जिन्हें हम बोली के नाम से अभिहित करते हैं, उनमें से कई ऐसी हैं जिनके बोलने वालों की संख्या कई करोड़ है। ऐसी बोलियों में अवधी, भोजपुरी, मैथिली, छत्तीसगढ़ी आदि का नाम गिनाया जा सकता है। ... हिंदी के कतिपय विद्वान यह शंका करने लगे हैं कि इन बोलियों में साहित्य के विकास से हिंदी को क्षति पहुंचने वाली है। इस संबंध में मेरा दृढ़ मत है कि इन बोलियों का विकास होने एवं भाषारूप धारण करने से किंचित भी हानि होने वाली नहीं है। हिंदी का क्षेत्र एवं भाषा-रूप में उसका विकास बहुत विस्तृत है।... हिंदी गंगा की वह धारा है जिसमें सहायक रूप में ये बोलियां सहज गति से समाहित हो रही हैं।' अतः वे मानते हैं कि हिंदी के विकास में उसकी बोलियां अत्यंत महत्व रखती हैं।

वे साहित्य रचना के लिए भाषाशास्त्र का अध्ययन भी आवश्यक मानते थे। उन्होंने लिखा है कि भाषा का सामाजिक दायित्व भी है और इसी से प्रेरित होकर साहित्य की सृष्टि होती है। जब भाषा और भाषाशास्त्र के अध्ययन की गति मंद पड़ जाती है तब साहित्य रचना में भी शिथिलता आ जाती है। उदयनारायण तिवारी हिंदी-उर्दू के समन्वय के पक्षधर

थे। उनकी मान्यता थी कि उर्दू-हिंदी विवाद बहुत पुराना है। अतीत में चाहे उर्दू-हिंदी में प्रतिद्वंद्विता भले ही रही हो, आज उसका अंत हो जाना चाहिए। हिंदी भाषा के संबंध में उनका मत था कि हमारी भाषा का हिंदी नाम वस्तुतः मुसलमानों की ही देन है और यह भारतीय हिंदू और मुसलमानों का सम्मिलित रिक्त है।

उदयनारायण तिवारी मौलिक व्युत्पत्तिविज्ञानी थे। वे व्युत्पत्ति-विज्ञान में भी रुचि रखते थे। उन्होंने लिखा है कि जीवविज्ञान जिस प्रकार जीवंत प्राणी की वर्तमान अवस्था तथा उसकी पूर्ववर्ती वैकासिक प्रक्रिया के निरूपण में अत्यवाहित होता है, उसी प्रकार व्युत्पत्तिविज्ञानी भी शब्दों की वर्तमान अवस्था के अभिज्ञान के पश्चात उनके पूर्ववर्ती रूपों के निर्वचन या निरूपण में तत्पर होता है।

राजेंद्र प्रसाद सिंह

अधिक जानकारी के लिए :

1. **हिंदी भाषा का उद्गम और विकास** : उदयनारायण तिवारी, 2009, 2. **विश्व सभ्यता का इतिहास** : उदयनारायण तिवारी, 2007

उदयशंकर
(1900-1977)

भारत में आधुनिक नृत्य के जनक उदयशंकर का जन्म 8 दिसंबर 1900 को उदयपुर (राजस्थान) में हुआ था। इनका पूरा नाम उदयशंकर चौधुरी था। ये मूलतः नरैल (वर्तमान बांग्लादेश) के एक बंगाली परिवार के थे। उदयशंकर के तीन भाई थे जिनमें सबसे छोटे पंडित रविशंकर मशहूर सितार वादक थे। उदयशंकर की शिक्षा-दीक्षा कई स्थानों जैसे नसरतपुर, गाजीपुर, वाराणसी और झालावाड़ में हुई थी। गाजीपुर के स्कूल में उदयशंकर ने अंबिका चरण मुखोपाध्याय से संगीत और फोटोग्राफी सीखी थी।

शास्त्रीय नृत्य में कुशल होने के साथ-साथ उदयशंकर चित्रकला में भी रुचि लेते थे। इसलिए उन्हें चित्रकला में और दक्ष बनाने के लिए जे जे कला स्कूल, मुंबई में और फिर गंधर्व महाविद्यालय में भेजा गया। पिता श्याम शंकर जब झालावाड़ की नौकरी छोड़ कर लंदन गए तो उनके साथ उदयशंकर भी गए। वहां रॉयल कॉलेज ऑफ आर्ट में सर विलियम रोथेंस्तें के अधीन चित्रकला सीखी। उन्होंने वहां राधा-कृष्ण पर आधारित नृत्य नाटक और 'एक हिंदू विवाह' नृत्य नाटक प्रस्तुत किया था। इन्हीं कार्यक्रमों में उनकी मुलाकात विख्यात रूसी बल्लेरीना अन्ना पावलोवा से हुई थी, जिनका उनके जीवन पर काफी असर पड़ा था।

उदयशंकर ने अन्ना के साथ एक वर्ष काम किया, फिर पेरिस में अपना ट्रुप तैयार कर लिया। उन्होंने अपना पहला नृत्य प्रदर्शन 1931 में पेरिस के चंप्स-एलयसिस थिएटर में किया था। यूरोप में कार्यक्रम करने का वह केंद्र बन गया। शीघ्र ही उदयशंकर और उनका 'हिंदू बैले' लोकप्रिय हो गया जो यूरोप और अमेरिका में सात वर्षों तक प्रदर्शन करता रहा।

उदयशंकर को नृत्य की किसी भी शैली का औपचारिक प्रशिक्षण नहीं मिला था। उन्हें भारतीय शास्त्रीय नृत्य और लोकनृत्य की जानकारी थी। बाद में वह यूरोप में बैले नृत्य से परिचित हुए। उन्होंने जनजातीय

उदयशंकर

नृत्य के तत्वों को भारतीय शास्त्रीय नृत्य के तत्वों के साथ मिला कर नृत्य की एक नई शैली का ईजाद किया। इसे खुद उदयशंकर ने ही डांस का नाम दिया। ब्रिटिश संग्रहालय में राजपूत चित्रकला और मुगल चित्रकला की शैलियों का अध्ययन कर शास्त्रीय नृत्य के स्वरूपों और प्रतीकों को उन्होंने नया नृत्य-रूप दिया।

यूरोपीय थिएट्रिकल तकनीक का भारतीय नृत्य शैली में विलय करके उदयशंकर ने भारतीय नृत्य को एक नई ऊंचाई दी। उनकी यह कला भारत के साथ-साथ विदेशों में भी काफी लोकप्रिय हुई। उदयशंकर ने 1938 में अल्मोड़ा (उत्तराखंड) में 'उदयशंकर भारत सांस्कृतिक केंद्र' नाम से एक नृत्य विद्यालय खोला था। इसमें विभिन्न प्रकार के संगीत के समर्थ गुरुओं को शिक्षा देने के लिए आमंत्रित किया गया था। शीघ्र ही इस केंद्र में नर्तकों और कलाकारों की भीड़ एकत्रित हो गई थी। किंतु यह केंद्र 1942 में पैसे की कमी के कारण बंद हो गया। उन्होंने कुछ लोगों को एकत्रित कर फिर से दल बनाया और मद्रास जाकर नृत्य पर आधारित एक फिल्म 'कल्पना' बनाई, जिसमें खुद उदयशंकर और पत्नी अमला शंकर ने भूमिका निभाई। छायावादी कवि सुमित्रानंदन पंत ने 1942 में अपनी 'लोकायन' नामक संस्था के लिए अल्मोड़ा के उदयशंकर संस्कृति केंद्र से संपर्क किया था और 1943 में उदयशंकर की टोली के साथ दो-तीन महीने तक भारत भ्रमण भी किया था। उन्होंने 1944 में उदयशंकर की फिल्म 'कल्पना' के लिए गीत भी लिखे थे। 1965 में बालीगंज (कोलकाता) में 'उदयशंकर नृत्य केंद्र' खुला। उदयशंकर को 1960 में संगीत नाटक अकादमी पुरस्कार, 1962 में संगीत नाटक अकादमी फेलोशिप, 1971 में भारत सरकार की ओर से पद्मविभूषण और 1975 में विश्वभारती की ओर से देशिकोत्तम पुरस्कार से सम्मानित किया गया। कोलकाता के लोक नृत्य और शास्त्रीय नृत्य केंद्र को बाद में उनकी पत्नी अमला शंकर चलाती रही हैं।

उदयराज

अधिक जानकारी के लिए :

India's Dances : Their History, Technique, and Repertoire : Reginald Massey, 2004

उदात्तीकरण

फ्रायड ने अपने मनोविश्लेषण में उदात्तीकरण की व्याख्या की है। मनुष्य के मन में अनुचित और अवांछनीय प्रेरणाओं के रूपांतरण की प्रक्रिया चलती है, जैसे काम वासना का प्रत्यक्ष रूप बदल कर संगीत और कला में प्रकट होता है। मनोविश्लेषणशास्त्र में यह धारणा है, 'मनुष्य के बाह्य क्रियाकलाप तक ही यथार्थ सीमित नहीं है।' मानव मन का नब्बे प्रतिशत भाग अवचेतन और अचेतन का अंश है। राज्य, धर्म, समाज आदि के भय से दमित वासनाएं अवचेतन और अचेतन में जा छिपती हैं, परंतु ये व्यक्त होने के लिए छटपटाती हैं। चेतन मन प्रहरी है, अतः जेल से भागने वाले कैदियों की तरह, दमित वासनाएं रूप बदलकर समाजग्राह्य पवित्रता, जैसे काव्य, कला आदि के परिधान में प्रकट होती हैं। यही दमित वासनाओं का उदात्तीकरण है, जो साहित्य में पर्याप्त मात्रा में दिखता है।

फ्रायड के उदात्तीकरण सिद्धांत एवं सांस्कृतिक उदात्तता में अंतर है। एक में चेतन के भय से अवचेतन का समाजग्राह्य रूपों में प्रकाशन है। दूसरे में, चेतन मन का निर्मल भाव से समाज में प्रचलित बंधनों, भेदभावों और सीमाओं का अतिक्रमण है। साहित्य में उदात्तता यथार्थ के धरातल से ऊपर उठ कर एक ऊंची भावभूमि पर खड़ा होना है, जैसे–'रामचरितमानस' के राम, 'कामायनी' की श्रद्धा या अज्ञेय की 'असाध्य वीणा' का प्रियंवद उदात्त चरित्र हैं। उदात्तता का मानवतावाद से गहरा संबंध है, जबकि रूढ़िवाद से विरोध है।

साहित्य में उदात्तता यथार्थ के निर्भय सामना द्वारा प्रचलित सामाजिक नियमों को नए आयाम देने का उपक्रम है। मनोवैज्ञानिक धरातल पर मनुष्य अंधवृत्तियों का दास माना जाता है, जबकि साहित्य-संभावनाओं से भरा व्यक्ति अपनी मनोवृत्तियों का स्वामी।

सरोज सिंह

अधिक जानकारी के लिए :

1. **मनोविश्लेषण :** फ्रायड (अनु.) : देवेंद्र कुमार वेदालंकार,
2. **उदात्त भावना–एक विश्लेषण :** प्रेमसागर, 1973

उदार लोकतंत्र

उदार लोकतंत्र (Liberal Democracy) की प्रमुख कसौटी बताई जाती है एक निर्धारित समय में बहुदलीय संदर्भ में आम चुनाव होना—जनता के प्रतिनिधियों का शासन। भारत, इंग्लैंड, अमेरिका, आस्ट्रेलिया, फ्रांस आदि देश इसके उदाहरण हैं, हालांकि इनकी राजनीतिक प्रणालियों में भिन्नता है। अठारहवीं सदी के यूरोपीय ज्ञानोदय के युग में राजतंत्र और आभिजात्यवाद के विरुद्ध लोकतांत्रिक विचारों का उदय हुआ। इस मत का खंडन किया जाने लगा कि लोकतंत्र अपने साथ अराजकता और अस्थिरता का वातावरण ले आता है। यह मानव प्रकृति के विरुद्ध है। आदमी मूलतः बुरा और हिंसक होता है। उस पर किसी शक्तिशाली शासन का अंकुश जरूरी है ताकि उसकी विध्वंसात्मक प्रवृत्तियों पर रोक लगे। इन धारणाओं का खंडन करते हुए इंग्लैंड में बिल ऑफ राइट्स (1689) तथा अठारहवीं सदी में अमेरिकी स्वाधीनता (1765-1783) और फ्रांसीसी क्रांति (1789) के विचारों ने उदारवाद की नींव स्थापित की, हालांकि लोकतंत्र तब भी अपनी शिशु अवस्था में था। उन्नीसवीं सदी में लोकतंत्र एक शक्तिशाली विचारधारा के रूप में उभरा। ब्रिटिश साम्राज्य के अधीन कनाडा, आस्ट्रेलिया और न्यूजीलैंड में संसदीय पद्धति से सरकारें बनीं, हालांकि दुनिया में स्त्री मताधिकार की शुरुआत 1890 के बाद ही हो सकी। विभिन्न सुधार और क्रांतियां यूरोपीय देशों को जब उदार लोकतंत्र की ओर उन्मुख कर रही थीं, उपनिवेशवादी शासन के कारण एशियाई देश दीर्घ आकांक्षाओं के बावजूद इसका अनुभव नहीं कर पा रहे थे।

उदारवाद और लोकतंत्र का संबंध जटिल रहा है क्योंकि उदारवाद अपने पुराने रूप में व्यक्ति पर राज्य के शासन को सीमित करने के अर्थ में देखा जाता था। यह व्यक्तिगत स्वाधीनता का द्योतक था जबकि लोकतंत्र को एक सामूहिक व्यवस्था की अभिव्यक्ति माना गया। अभी भी दुनिया से राजतंत्र, सैनिक शासन, स्वेच्छाचारिता, एकदलीयता आदि का पूरी तरह अंत नहीं हुआ है और कहीं-कहीं वे रूप बदल कर पूरी ताकत से मौजूद हैं। इसलिए उदारवाद कई जगहों पर सीमित उदारवाद है। माना जाता है कि यह वैश्वीकरण का उदय है जिसने उदार लोकतंत्र को विजय पथ पर खड़ा कर दिया है। हालांकि चिंता व्यक्त की गई है कि उदारवाद सिर्फ व्यापारिक संदर्भों, बाजार अर्थव्यवस्था, पश्चिमी संस्कृति के अंधानुकरण, व्यक्तिवाद, खुले नगरीय समाज आदि मामलों में ही दिखाई देता है। ऐसे उदारवाद से लोकतंत्र कितना मजबूत हुआ है, यह विवादास्पद है। उपर्युक्त उदारवाद और लोकतंत्र अब कई बार परस्पर विरोध में खड़े दिखते हैं। क्या दुनिया के देशों को लोकतंत्र हासिल हो पाया है? यदि सिर्फ बहुदलीय संसदीय प्रणाली को एकमात्र कसौटी न माना जाए तो किस देश में आज भी कितना लोकतंत्र है?

उदारवाद के उपर्युक्त नए रूप एक बहुलतावादी देश में लोकतांत्रिक समावेशिकता, सामंजस्यवाद और अखंडता की गति को कितना सुरक्षित रख पाए हैं, यह चिंता का विषय बना है। रजनी कोठारी का कहना है, 'लोकतंत्र की उदारवादी प्रणाली को उसके मूल प्रतिपादन के साथ कभी पूरी तरह लागू नहीं किया जा सका और व्यवहार में यह मुक्त बाजार के तहत हितों की होड़ बन गई।' (लोकतंत्र के सात अध्याय)। दुनिया में पुराने किस्म के राज्यों के अंत के बाद लोकतंत्र की उदारवादी धारणाओं ने जो नए राजनीतिक व्यवहार संस्थागत रूप से दिए उन्हें संयमित रूप से विकसित करने का काम सरकारों ने नहीं किया। वस्तुतः लोकलुभावन नारों और सत्ता की संकीर्ण राजनीति ने उदारवादी लोकतंत्र के लिए आवश्यक संस्थागत विन्यास को ही धीरे-धीरे छिन्न-भिन्न कर दिया। राजनीतिक और सांस्कृतिक दिखावों के आधार पर स्वेच्छाचारिता को पनपाया गया। जाति-स्पर्धा ने जनता के बहुसंख्यक हिस्सों को राजनीतिक चेतना से संपन्न करने की जगह छोटी-छोटी स्वार्थ पूर्तियों की दौड़ में फंसा कर रखा। इन सभी का नतीजा है कि भारतीय लोकतंत्र संकट

ग्रस्त हुआ। इसमें अंतरराष्ट्रीय शक्तियों ने भी कम योगदान नहीं दिया।

उदार लोकतंत्र की एक अन्य विडंबना है कि जिन देशों में राजनीतिक दल ज्यादा हैं, वहां 40 प्रतिशत या इससे कम मत हासिल कर भी कोई दल या गठबंधन सत्ता में आ जाता है और बहुसंख्यक लोगों को किनारे कर दिया जाता है, उनकी आकांक्षाओं का कोई मतलब नहीं होता।

हरबंस मुखिया ने लिखा है, 'उदार लोकतंत्र का सहगामी उदार अर्थशास्त्र है। इसका संबंध बाजार के अर्थतंत्र और पूंजीवाद से अटूट है। बाजार की प्रमुखता और पूंजीवाद का वर्चस्व उदार लोकतंत्र के लगभग आत्मस्वरूप है और इनमें अंतिम विश्वविजय की पूर्वधारणा निहित है। यह धारणा कि बाजार ही अब आर्थिक समानता की स्थापना का जरिया है, सिर्फ कुछ ही समाजशास्त्रियों या अर्थशास्त्रियों को स्वीकार होगी। इतिहास, विशेषकर दो-तीन सदियों का इतिहास इसकी विपरीत दिशा में संकेत करता है, जब वस्तुतः बाजार समाजों में और अंतरदेशीय स्तर पर आर्थिक विभेदन और वर्चस्व का माध्यम बना है। इससे लोकतंत्र और समानता का विकास नहीं हुआ है, ह्रास हुआ है।' बाजार ने आर्थिक स्तर पर ही भिन्नता नहीं बढ़ाई है, सामाजिक, सांस्कृतिक भिन्नतावाद में भी इजाफा किया। आर्थिक स्तर पर अमेरिका, यूरोपीय देश और खुद भारत में बाजार अर्थव्यवस्था को जो परंपरागत था वह सब कुछ आसानी से नष्ट नहीं करने दिया गया, लेकिन सामाजिक-सांस्कृतिक स्तर पर भिन्नता के राजनीतिक चिह्न निर्मित कर देने में उसे पर्याप्त सफलता मिली है, लोकतंत्र और सामाजिक अखंडता का तालमेल मुश्किल हो गया है।

पश्चिम में भारत के बारे में शुरू से धारणा रही है कि भारत एक विखंडनशील लोकतंत्र है। (द टाइम्स, जनवरी 1967)। यहां अकाल पड़ते रहे हैं, बाढ़ और सूखा से मौतें आम हैं, प्रशासन आमतौर पर भ्रष्टाचार से भरा रहा है, सरकारों ने वस्तुतः आम नागरिकों का राजनीतिक विश्वास खो दिया है, सांप्रदायिक हिंसा आम घटना है और वैश्वीकरण इसके लिए 'अनसर्टेन ग्लोरी' से अधिक नहीं है। उपर्युक्त स्थितियों में भी एक अंधविश्वास की तरह यह बात जमी हुई है, 'आज तथ्य यह है कि गरीबी हटाने, असमानताएं मिटाने और औपनिवेशिकता की सांस्कृतिक गुलामी को उतार फेंकने में असफल रहते हुए भी भारत में लोकतंत्र बना हुआ है। पहले इस संभावना के बारे में शायद ही किसी ने सोचा हो कि जिन आदर्शों को लेकर हम 15 अगस्त 1947 को चले थे उनमें अब सिर्फ लोकतंत्र ही बचा है।' (योगेंद्र यादव, लोकतंत्र के सात अध्याय)। यदि लोकतंत्र के मामले को सिर्फ सफलतापूर्वक चुनाव करा लेने तक सीमित रखा जाए और सिर्फ आसपास के एशियाई देशों की राजनीतिक हालत को देखा जाए तो उपर्युक्त कथन में सच्चाई नजर आ सकती है।

लोकतंत्र एक सार्वभौम धारणा है, पर भारतीय संदर्भ में इसके आदर्शों में विशिष्टता संभव है। पिछले कुछ दशकों में इस भ्रम का खंडन हो चुका है कि लोकतंत्र के विचारों को नीचे तक पहुंचा देने भर से लोगों का मानस जनतांत्रिक हो जाएगा। धर्म, जाति, लिंग, स्थानीयता के संदर्भ में उदारवाद को विकसित किए बिना लोकतंत्र की नींवों में मजबूती संभव नहीं थी। इस जमीन पर उदारवाद की जगह वस्तुतः कट्टरता ही बनी रह गई। इन बिंदुओं पर उदारवाद के बिना गरीबों का लोकतंत्र बनना बिल्कुल एक असंभव मामला था। भारत में लोकतंत्र की हालत पतली है या मजबूत है, इस पर कोई निर्णय देना बड़ा कठिन होगा, क्योंकि मामला कभी लोकतंत्र की तरफ आगे बढ़ने और कभी पीछे हटने—दोनों के बीच झूलता रहा है। कहां किस हद तक लोकतंत्र की दिशा में आगे बढ़ना संभव हुआ है, यह जितना आर्थिक उदारीकरण से उसके रिश्ते पर निर्भर करता है, नस्ल, धर्म, जाति, लिंग और स्थानीय पिछड़ेपन के मुद्दों पर उदारवाद से उसके रिश्ते पर भी कम निर्भर नहीं करता। एक तरफ से विषमता और दूसरी तरफ से सांप्रदायिक कट्टरता ने लोकतंत्र में कई दरारें पैदा कर दी हैं, जो उसके सामने बड़ी चुनौतियां हैं।

लोकतंत्र की सफलता-विफलता को राष्ट्र-

राज्य की अवधारणा के संदर्भ में भी देखा गया है। भारतीय जनजीवन में राष्ट्र-राज्य की भूमिका इतनी प्रधान हो उठी थी और वह राजनीतिक संस्कृति का इस हद तक प्रमुख लक्षण बन गया था कि 'छोटी आवाजों', 'स्थानीय आवाजों' के लिए उसमें जगह ही नहीं बन पाती थी। आशिस नंदी का मत है कि भारत में 'आजादी के बाद उभरे अभिजात वर्ग की राष्ट्र-राज्य संबंधी अवधारणा राजनीतिक रूप से विकसित समाजों में प्रचलित अवधारणा से उधार ली गई थी।' (वही)। पश्चिमी राष्ट्र-राज्य के अनुरूप अपनी शासन कला को ढालते हुए एक उम्मीद यह की गई थी, 'आधुनिकीकरण के साथ भारतीयता का और अधिक सुसंगत रूप उभरेगा तथा विविधता कम होती जाएगी जिससे भारत में शासन करने में सुविधा होगी।' (वही)। दूसरी उम्मीद यह थी कि यह सार्वभौम आदर्शों के अनुसार चलने वाला राष्ट्र-राज्य हो जाएगा। ये उम्मीदें 'शहरी-अर्ध शहरी मध्यवर्गीय राजनीतिक संस्कृति में भी अभिव्यक्त हो रही थीं।' (वही)।

आशिस नंदी ने विविधता पर आधारित सांस्कृतिक बहुलतावाद की जगह 'मेल्टिंग पॉट' वाले बहुलतावाद को अपनाने के दृष्टिकोण की आलोचना की, इसे लोकतंत्र में अवरोध के रूप में देखा। उनके अनुसार, राष्ट्र-राज्य की सार्वभौमतावादी विचारधारा के कारण चार परिवर्तन आए—(एक) राज्य के विकास को ही समग्र विकास का पर्याय मान लिया गया और प्रतिरक्षा से संबंधित उपलब्धियों को विकास का नैसर्गिक अंग बना कर सोचा गया कि भारतीय राष्ट्र-राज्य को जितना शक्ति संपन्न किया जाएगा, देश के टिके रहने की उतनी ही गारंटी होगी, (दो) आधुनिक राष्ट्र-राज्य जातीयताओं और अन्य भिन्नताओं से दिक्कत महसूस करता है। इसलिए सेकुलर और बुद्धिवादी प्रक्रिया को उस सहिष्णुता का पर्याय बना दिया जाता है जो दरअसल जातीय और सांस्कृतिक विविधता की देन है, (तीन) देशज असंगतियों को नकारने के उद्देश्य से राष्ट्र-राज्य खुद को वैज्ञानिक ज्ञान का आगार दिखाते हुए विज्ञान और प्रौद्योगिकी के महाप्रतिष्ठान निर्मित करने लगा। वह अपनी वैज्ञानिक प्रगति का गुणगान करने लगा। इस तरह सत्ता और ज्ञान-विज्ञान का रिश्ता बना। इसका स्रोत उन सुधार आंदोलनों में निहित था जो तर्कबुद्धि को प्रधानता देते थे; (चार) चौथा परिवर्तन यह आया कि यह आख्यान गैर-आधुनिक भारत की सांस्कृतिक निकृष्टता के सबूत पेश करने लगा। भारत की विविधता निम्न स्तर की समरूपता में रूपांतरित होने लगी।

उपर्युक्त परिवर्तनों का एक नतीजा यह है कि आधुनिक भारत के कुछ तबकों में अधैर्य बढ़ा और 'लोकतंत्र ने अपनी सीमा तोड़ कर समाज के विवेकहीन तथा पुराणपंथी तत्वों को शक्ति संपन्न बना दिया।' (वही)। इसके अलावा, अस्मिता की भिन्नता पर आधारित सामुदायिक होड़ वाली जन-राजनीति अस्तित्व में आई। दूसरा नतीजा यह सामने आया कि भारतीय राष्ट्रवाद द्वारा नई स्थितियों से तालमेल स्थापित करने की प्रक्रिया शुरू हुई। स्थानीय जातीयता, दलित-पिछड़े, स्त्री, आदिवासी, अल्पसंख्यक समुदाय—ये सभी लोकतंत्र के हाशिए से केंद्र में आने के लिए मचल उठे। इस प्रक्रिया को आशिस नंदी ने 'राष्ट्र के टुकड़ों' के आधार के रूप में देखा है, हालांकि कहना चाहिए आपदा-विपदा में आश्रय के लिए राष्ट्र ही अब तक की सभ्यता की चरम उपलब्धि है—उसे सुधारने की जितनी जरूरत हो।

उदारवाद और लोकतंत्र का संबंध भूमंडलीय संदर्भ में जरूरी होता गया है, पर अंतरदेशीय संदर्भ में टूटता गया है। देश में उदारवाद की जगह कट्टरतावाद का बढ़ना, मानवीय चित्त का संकीर्ण अस्मितावादी होते जाना लोकतंत्र के लिए अभिशाप है या वरदान, इस पर बहस है और कई दृष्टिकोण हैं। सिर्फ यह कहा जा सकता है कि राष्ट्र और राज्य के तनाव के बीच अपने-अपने समुदाय में सचमुच का स्वाधीन नागरिक बन पाना अब सहज नहीं है। एक या कुछ ही धक्कों में स्वाधीन होना कई स्तरों पर भिन्नता वाले देश में ऐसे भी संभव नहीं है। लोकतंत्र के भीतर भी निरंकुश शासन व्यवस्था के तत्व बचे हो सकते हैं। अतः आज

किसी भी लोकतंत्र में स्वाधीनता अर्जित करना एक लंबी प्रक्रिया है जिसके लिए विचारों की टकराहट के बीच से गुजरना और कई अवशिष्ट जंजीरों को तोड़ना जरूरी लग सकता है। दोषों को पनपाने के बावजूद उदार लोकतंत्र का फिलहाल कोई विकल्प नहीं है।

शंभुनाथ

अधिक जानकारी के लिए :

1. **लोकतंत्र के सात अध्याय :** (संपा.) अभय कुमार दुबे, 2002, 2. **Freedom and Equality in a Literal Democratic State :** Jasper Doomen, 2014, 3. **Liberalism and the Problem of Knowledge : A New Rhetoric for Modern Democracy :** Charles Arther Willard, 1996

उदारवाद

उदारवाद (liberalism) की अवधारणा के पीछे लोकतंत्र के दो प्रमुख तत्वों स्वतंत्रता और समानता के प्रति प्रतिबद्धता निहित है। इसे एक जीवनदृष्टि अथवा विश्वदृष्टि के रूप में देखा जाता है जिसके बहुत-से पक्ष हैं। राजनीतिक दृष्टि से जो लोग निष्पक्ष चुनाव, प्रेस की स्वतंत्रता, मानवाधिकार, धार्मिक स्वतंत्रता, मुक्त बाजार और व्यक्तिगत स्वतंत्रता जैसे जनतांत्रिक तत्वों को स्वीकार करते हैं और अपना समर्थन देते हैं, उन्हें उदारवादी कहा जाता है। यह अवधारणा पश्चिमी जगत में सतरहवीं और अठारहवीं सदी के ज्ञानोदय के दौरान राजनीतिक विचारकों के बीच प्रचलित हुई, जब सामंतवादी व्यवस्था दम तोड़ रही थी और नई व्यवस्था का उदय हो रहा था। इस विचारधारा ने वंशानुगत विशेषाधिकारों, राजतंत्र आदि का विरोध किया।

जॉन लॉक (1632-1704) को उदारवाद का जनक माना जाता है। जॉन लॉक ने अपने दर्शन में प्रतिपादित किया कि प्रत्येक व्यक्ति को जीवन जीने, स्वतंत्र रहने और संपत्ति रखने का अधिकार है। सरकारों को मनुष्य के इन अधिकारों का उल्लंघन नहीं करना चाहिए। उनका मत था कि सत्ता ईश्वरीय अधिकार नहीं है। उन्होंने धार्मिक सहिष्णुता के विचार का भी प्रतिपादन किया। उदारवाद का एक महत्वपूर्ण पक्ष अभिव्यक्ति की स्वतंत्रता है जिसकी वकालत जॉन मिल्टन (1608-74) ने अपनी प्रसिद्ध गद्यकृति 'एरियोपेजिटिका' में की। उदारवादी लोग राजशाही के स्थान पर लोकतंत्र और कानून के शासन का समर्थन करते थे। उदारवाद शब्द का इस्तेमाल ब्रिटिश साम्राज्यवाद के प्रति उदार रुख और साम्यवाद की कट्टरताओं के संदर्भ में भी हुआ है। बीसवीं शताब्दी में यह चिंतन कल्याणकारी राज्य, न्यूनतम शासन की राजनीतिक अवधारणा और बाजार अर्थव्यवस्था से जुड़ गया।

फ्रांस में मांटेस्क्यू और वाल्टेयर उदारवाद के प्रमुख विचारक थे। मांटेस्क्यू ने सत्ता के विकेंद्रीकरण का प्रस्ताव किया तो, वाल्टेयर ने धार्मिक असहिष्णुता के आधार पर लोगों को दंडित करने का विरोध किया। अमेरिका में टामस जेफरसन ने समानता की वकालत की। उदारवाद के उत्थान को फ्रांसीसी क्रांति के दौर में अपने चरम पर पहुंचते देखा गया, जब वहां सामंतवाद के अंत की घोषणा हुई। फ्रांसीसी क्रांति के अंतिम दौर में नेपोलियन ने क्रांति को दबाया पर उसकी उदारवादी नीतियों को कमोबेश जारी रखा। उदारवाद ने इंग्लैंड में ग्लाडस्टोन जैसे प्रधानमंत्री को जन्म दिया और टामस पेन जैसे विचारक को।

उन्नीसवीं शताब्दी के सामाजिक परिवर्तनों के दौरान उदारवाद का सकारात्मक अर्थ में इस्तेमाल किया गया। इसे रूढ़ियों, पूर्वाग्रहों और कट्टरता से मुक्त नई मानवतावादी चेतना के अर्थ में ग्रहण किया गया।

1857 में स्वतंत्रता के लिए हुए पहले संघर्ष के बाद भारत में अंग्रेजी सत्ता ने उदारवादी नीतियां प्रारंभ की थीं। गांधी और नेहरू के नेतृत्व में कांग्रेस की विचारधारा में उदारवादी तत्वों को लगातार विकसित होते देखा गया है। राजनीतिक स्वतंत्रता केलिए राष्ट्रीय सामंजस्य, अछूत माने जाने वाले समुदायों के अधिकार के लिए संघर्ष, स्त्री-अधिकारों की चिंता तथा 'सर्व धर्म सम भाव' उदारवाद के कतिपय रूप रहे हैं।

अर्थशास्त्र के क्षेत्र में उदारवाद की यात्रा एडम

स्मिथ के स्वतंत्र व्यापार के सिद्धांत से प्रारंभ होकर जे एस मिल के कल्याणकारी राज्य की अवधारणाओं तक पहुंचती है। सामाजिक उदारवाद के ही गर्भ से स्त्रीवाद जैसे आंदोलन निकले हैं। अमेरिका में रंगभेद और गुलामी के विरुद्ध संघर्ष इसी की उपज हैं। सोवियत संघ के विघटन के बाद उदारवाद/नवउदारवाद को एकमात्र विकल्प के रूप में देखा गया। आधुनिक विश्व में कई देशों में तानाशाहों की उपस्थिति ने इस विचारधारा को समस्याग्रस्त किया। इसके बावजूद उदारवाद की परंपरा जारी है और इसे विकास की एक शर्त माना जाता है।

आज उदारवाद को दो अर्थों में प्रयुक्त किया जाता है। राजनीति और सामाजिक क्षेत्र में स्वतंत्रता, समानता और धर्मनिरपेक्षता के विचार को उदारवाद के रूप में ग्रहण किया जाता है और इसे सकारात्मक माना जाता है। आर्थिक क्षेत्र में उदारवाद को आर्थिक उदारतावाद के रूप में देखा जाता है, जिसे नव-उदारीकरण कहते हैं। उसे जनपक्षीय राजनीति की दृष्टि में नकारात्मक अर्थ में ग्रहण किया जाता है। आर्थिक उदारवाद का सिद्धांत बाजार-उन्मुख अर्थव्यवस्था पर आधारित है, जिसके अंतर्गत माना जाता है कि आर्थिक क्षेत्र में बाजार ही निर्णायक शक्ति है। वैश्विक स्तर पर व्यापार को पूरी तरह मुक्त कर दिया जाना चाहिए। उसे राज्यों द्वारा नियंत्रित और नियमित नहीं किया जाना चाहिए। 1990-91 में सोवियत संघ के विघटन के बाद आर्थिक उदारवाद की नीतियों को विकासशील देशों द्वारा भी अपना लिया गया। इन नीतियों ने बहुराष्ट्रीय निगमों को लाभ पहुंचाया और श्रमिकों को बाजार के रहमोकरम पर छोड़ दिया गया।

वैश्विक स्तर पर बढ़ती विषमता ने देशों के बीच, समुदायों और वर्गों के बीच संघर्षों को अराजक ढंग से बढ़ावा दिया। इससे आर्थिक उदारवाद के युग में धर्मांधता, अंध-राष्ट्रवाद, जातिवाद, नस्लवाद की अवधारणाओं का उभार हुआ। आर्थिक क्षेत्र के उदारवाद ने राजनीतिक, सामाजिक और सांस्कृतिक क्षेत्र में उदारवाद को कमजोर किया।

रघुवंशमणि

अधिक जानकारी के लिए :

1. **In Defence of Liberalism :** K M Panikkar, 1962, 2. **The Political Tradition of the West- A Study in Development of Modern Liberalism** : Frederick M Watkins, 1948, 3.**The Meaning of Liberalism :** J M Robertson, 1912, 4. **Liberalism and Social Action :** John Deway, 1935

उदारीकरण

उदारीकरण (Liberalisation) शब्द उदार से निर्मित हुआ है जिसके लिए अंग्रेजी में 'लिबरल' शब्द का प्रयोग होता है। उदार ऐसे व्यक्ति को कहा जाता है जो अपने विचारों और कार्यों में संकीर्ण और रूढ़िवादी न हो। राजनीतिक चिंतन में उदारीकरण ऐसे चिंतन को कहते हैं जो समानता और स्वतंत्रता में यकीन रखता है। राजनीतिक क्षेत्र में उदारीकरण वस्तुतः स्वतंत्रता, समानता और बंधुत्व पर बल देता है, जबकि सामाजिक क्षेत्र में मध्ययुगीन रूढ़िवादी संकीर्णता को नकारना उदारवाद है। आर्थिक क्षेत्र में मुक्त अर्थव्यवस्था ही आर्थिक उदारवाद है, जो बाजार-आधारित पूंजीवादी व्यवस्था को पनपने और फैलने की पूर्ण स्वतंत्रता देता है। सांस्कृतिक क्षेत्र में उदारवाद बहुलता, सहिष्णुता, समानता और स्वतंत्रता के मूल्यों को प्रश्रय देता है। देखा गया है कि मौजूदा दौर में उदारीकरण को प्रायः आर्थिक उदारीकरण के अर्थ में ग्रहण किया जाता है।

यह केवल संयोग नहीं था कि 1979 में अमेरिका और इंग्लैंड में शासन परिवर्तन के साथ ही विश्व अर्थव्यवस्था में भी परिवर्तन शुरू हुए। रोनाल्ड रीगन और मारग्रेट थैचर की शासनावधि अमेरिका-यूरोप में पूंजीवाद के नए अवतार के रूप में प्रकट हुई। पिछली महामंदी की स्मृतियां अब धुंधली पड़ गई थीं और कींस के कल्याणकारी पूंजीवाद की उपयोगिता खत्म हो चुकी थी। रीगन और थैचर ने बाजार को हर नियंत्रण और हर सीमा से मुक्त रखने की कार्यनीति प्रारंभ की। विश्व भर में आठवां दशक

राजनीतिक और आर्थिक उथल-पुथल का दशक था जिसने दुनिया की अर्थव्यवस्था को तेजी से पूंजी और बाजार के हवाले करना शुरू कर दिया। इसी दशक में अंतरराष्ट्रीय पुनर्निर्माण और विकास बैंक (आईबीआरडी) जिसे सामान्यतः विश्व बैंक के नाम से भी जाना जाता है और अंतरराष्ट्रीय मुद्रा कोष ने तीसरी दुनिया के देशों की आर्थिक नीतियों पर मुक्त बाजार के पक्ष में दबाव डालना शुरू किया। वित्तीय और उपभोक्ता पूंजीवाद के नए आक्रामक रूप को नए पारिभाषिक शब्दों के मुखौटों से ढंका गया, जिनमें वैश्वीकरण और निजीकरण के साथ उदारीकरण का मुखौटा भी था। दरअसल बहुराष्ट्रीय कंपनियों के भूमंडलीय आर्थिक वर्चस्व के लिए ऐसी आकर्षक शब्दावलियों की आवश्यकता थी, जो उनके लिए पर्देदारी का काम करें।

1990 में भारत को विदेशी ऋणों के मामलों में गंभीर संकट का सामना करना पड़ा था। सरकार अपने विदेशी ऋण के भुगतान की स्थिति में नहीं थी। 1989 से 1991 के मध्य तक भारत की अस्थिर राजनीति और विदेशी मुद्रा संकट के कारण विश्व बैंक और मुद्रा कोष का दबाव बढ़ा। मुद्रा कोष ने ऋण देने के लिए भारत पर अपनी नवपूंजीवादी शर्तें थोपीं। उस समय भारत को ऋण देने के लिए अन्य वित्तीय स्रोत अनिच्छुक थे। भारत सरकार के पास इन दो अंतरराष्ट्रीय मौद्रिक संस्थानों के पास जाने के सिवा कोई अन्य उपाय नहीं था। चंद्रशेखर के प्रधानमंत्री बनने के बीस दिनों के बाद 30 नवंबर 1990 को विश्व बैंक ने भारत सरकार के समक्ष एंडर्सन मेमोरेंडम प्रस्तुत किया, जिसमें वित्तीय सहयोग पाने के पहले कई राजनीतिक और आर्थिक शर्तों का पालन आवश्यक था। उनमें आयात के लिए कथित बाधाएं खत्म करने, मूल्य नियंत्रण को मुक्त करने, निर्यातोन्मुखी औद्योगिकीकरण को प्रोत्साहित करने, निजी क्षेत्र पर लगे प्रतिबंधों को हटाने, अनेक क्षेत्रों में सरकारी हस्तक्षेप कम करने के साथ ही विदेशी व्यापार पर लगे प्रतिबंधों को हटाने जैसी शर्तें थीं। भारत को नेहरू की मिश्रित अर्थव्यवस्था की नीति से विमुख होकर सीधे पूंजीवादी राह पर बढ़ना था। ढांचागत समायोजन कार्यक्रम (स्ट्रक्चरल एडजस्टमेंट प्रोग्राम) को 'नई अर्थनीति' कहा जाने लगा था। विश्व बैंक और मुद्रा कोष के निर्देशों पर भारत सरकार ने नई आर्थिक नीति की घोषणा की, जिसमें पूंजीवादी दृष्टि से व्यापक आर्थिक उदारवाद को सम्मिलित किया गया।

1991 में भुगतान संतुलन की समस्या के तात्कालिक निदान के लिए अन्य देशों की मुद्रा की तुलना में रुपए का अवमूल्यन किया गया। इससे देश में विदेशी मुद्रा के आगमन में वृद्धि हुई। इसी नीति के तहत विदेशी विनिमय बाजार में कई सुधार किए गए। रुपए के मूल्य के निर्धारण को भी सरकारी नियंत्रण से मुक्त किया गया। अब विदेशी मुद्रा की मांग और पूर्ति के आधार पर विनिमय दरों का निर्धारण किया जाता है।

अर्थव्यवस्था में औद्योगिक उत्पादों, विदेशी निवेश तथा प्रौद्योगिकी की अंतरराष्ट्रीय स्पर्धा को प्रोत्साहित करने के लिए बाजार को पूरी तरह खोल देने को व्यापार और निवेश का उदारीकरण कहा जाता है। इसके तहत आयात और निर्यात पर प्रतिबंधों की समाप्ति, प्रशुल्क दरों में कटौती और आयातों के लिए लाइसेंस प्रक्रिया की समाप्ति की गई। हानिकारक और पर्यावरण संबंधी उद्योगों को छोड़कर अन्य सभी वस्तुओं पर से आयात लाइसेंस व्यवस्था समाप्त कर दी गई। अप्रैल 2001 से कृषि पदार्थों और औद्योगिक उपभोक्ता पदार्थों का आयात भी मात्रात्मक प्रतिबंधों से मुक्त कर दिया गया। अंतरराष्ट्रीय बाजारों में भारतीय वस्तुओं की स्पर्धा क्षमता को बढ़ाने के लिए उन्हें निर्यात शुल्क से मुक्त कर दिया गया।

नई आर्थिक नीति के तहत उदारीकरण को ढाई दशक से अधिक समय बीत चुका है। भारत को एक उभरती हुई अर्थव्यवस्था का दर्जा दिया जाने लगा है, लेकिन आलोचकों का कहना है कि इस संवृद्धि ने देश में रोजगार के पर्याप्त अवसरों का सृजन नहीं किया।

आर्थिक सुधार से कृषि को कोई लाभ नहीं हो पाया और कृषि की संवृद्धि दर कम होती गई। उदारीकरण की नीतियों ने विषमताओं को और गहन बना दिया। फलतः केवल उच्च आय वर्ग की आमदनी बढ़ी। सारी संवृद्धि कुछ गिने-चुने क्षेत्रों तक सीमित है। ये क्षेत्र हैं—दूरसंचार, सूचना प्रौद्योगिकी, वित्त, मनोरंजन, पर्यटन, भवन निर्माण, व्यापार आदि। बाजार प्रेरित उदारीकरण की नीति से गरीबी और असमानता की खाई लगातार चौड़ी हुई है।

भारती

अधिक जानकारी के लिए :

1. **गुलामी के चक्रव्यूह में भारतीय अर्थव्यवस्था :** प्रभात पटनायक, 2. **Liberalism** : Paul Kelly, 2005, 3. **Polity Press : An Intellectual History of Liberalism** : Pierre Manent and Jerrold Seigil, 1996, 4. **A History of Capitalism (1500-2000)** : Micheel Beaul, 2004

उदासी

उदासी (Melancholy) मनुष्य में आम तौर पर पाया जाने वाला भाव या मनोदशा है। यह ऐसे धुंधले मानसिक सोच वाला मिजाज है, जो उसे बेमन कर देता है। इसे निराशा, विषाद, अवसाद, सुस्ती, विषण्णता, खिन्नता, रूखापन, मनहूसियत, निरानंदता जैसे नामों से भी जाना जाता है। ऐसी मनःस्थिति में मनुष्य बिना किसी स्पष्ट तथा ठोस कारण के चिंता करने लगता है, उसमें नकारात्मक तरह का सोच, फिक्र, रंज, ग्लानि, चिड़चिड़ापन पैदा होने लगता है। मेलांकोलिया या डिप्रेशन बढ़कर शारीरिक-मानसिक रोग का रूप ले सकता है। मनुष्य में कुछ करने या रचने की प्रेरणा छीजने लगती है, उसमें जीवन के प्रति उत्साह का अभाव हो जाता है। नकारात्मक भावों से भरकर वह चरम निराशा के गर्त में चला जाता है, उसके देह-मन की भूख खत्म हो जाती है और उसका आत्मविश्वास दरकने लगता है। वह ग्लानि से भरकर स्वयं को निकम्मा और नाकारा बना डालता है। उदासी के दो स्पष्ट रूप देखे जा सकते हैं। एक, मनुष्य मात्र में पाई जाने वाली सामान्य प्रकार की उदासी और दूसरा, एक प्रकार का मानसिक रोग जो जितना बढ़ेगा, उतना ही उसका निदान कठिन होता जाएगा।

मेलांकोलिया ग्रीक शब्द से उत्पन्न है, जिसका मतलब विचारमग्नता से था, इसे एक स्वैच्छिक आदत माना जाता था। प्राचीन चिकित्सा विज्ञान में निस्तेजता, मंथरता, सुस्ती आदि रोगों को पारे के विष से जोड़कर भी देखा जाता था और तदनुरूप इसके निदान की व्यवस्था की जाती थी। अरबी में इस रोग को हुज्न और हजन नामों से जाना जाता है।

भौतिक वस्तुओं से अत्यधिक मोह के परिणामस्वरूप उन्हें खोने का दुख, जीवन में असफल होते जाने का भाव यहां मुख्य होता है। सूफियों के यहां यह एक अलग भाव है, जब किसी को इस बात का दुख होता है कि दुनिया में आकर उसने खुदा के लिए उतना पर्याप्त नहीं किया कि खुद आश्वस्त हो सके। ईश्वर से संपूर्णता से प्रेम करने में असफल रहने के दुख के उदाहरणों से आध्यात्मिक साधना का इतिहास भरा पड़ा है। पुराने जमाने के अरबी मनश्चिकित्सकों ने हुज्न को रोग बताते हुए इसे क्रोध, घृणा मानसिक स्थितियों से जोड़ा था। फारस के सुप्रसिद्ध चिकित्सक अवीसिना (Avicenna, 980 1037) ने पाया कि 'प्रेमरोग' से ग्रस्त व्यक्ति की नाड़ी तब-तब तेज हो जाती है, जब-जब उसकी प्रेमिका का नाम लिया जाता है। हिपोक्रेटीज (पांचवीं से चौथी ईसा पूर्व) ने अपनी विख्यात पुस्तक 'एफॉरिज्म्स' (Aphorisms) में बताया कि सभी प्रकार के भय और विषाद यदि लंबे समय तक किसी व्यक्ति में रहते हों तो इसे मेलांकोलिया का लक्षण समझना चाहिए।

कवि और कलाकार कई प्रकार से उदासी के रचनात्मक उपयोग करते हैं। रोमांटिक कविता की प्रमुख विशेषता के रूप में उदासी या मेलांकोली के तत्व को लक्षित किया जाता रहा है। दुनिया भर

में प्रेम और मृत्यु के संदर्भ में कवियों, संगीतकारों, चित्रकारों तथा मूर्तिकारों ने अपने-अपने क्षेत्र में अद्‌भुत रचनाएं प्रस्तुत की हैं। हिंदी साहित्य भी ऐसी कविता-नाटकों-कथाओं से खासा समृद्ध है। छायावादी और उत्तर-छायावादी कविता में उदासी के ढेरों चित्र भरे पड़े हैं। प्रसाद की 'कामायनी' के पहले सर्ग 'चिन्ता' में उदासी, अवसाद आदि का ही मुख्यतः वर्णन मिलता है। नायक मनु पाते हैं, 'किंतु जीवन कितना निरुपाय/लिया है देख नहीं संदेह/निराशा है जिसका परिणाम/सफलता का वह कल्पित गेह!' निराला कहते हैं, 'कठिन यह संसार, कैसे विनिस्तार!' यह भी, 'बार-बार हार-हार मैं गया।' और 'हार गया जीवन रण, छोड़ गए साथी-जन/एकाकी नैश-क्षण, कंटक पथ'। कवि के लिए जीवन और जगत 'गहन अंधकारा' बन गया जिसमें 'जलता यह जीवन असफल!' साथ ही, 'भग्न तन, रुग्न मन, जीवन विषण्ण वन। क्षीण क्षण-क्षणदेह/जीर्ण सज्जित गेह/घिर गए हैं मेह/प्रलय के प्रवर्षण/चलता नहीं हाथ/कोई नहीं साथ।' कुछ ऐसी ही स्थिति का अनुभव पंत भी करते हैं, 'जीवन निसंग रे व्यर्थ विफल! एकाकीपन का अंधकार, दुस्सह है इसका मूक भार/इसके विषाद का रे न पार!" इसी विषाद का एक रूप उत्तर-छायावादी कविता में भी व्यक्त हुआ है, 'भू पर वन, वारिधि पर बेड़े, नभ में उड्‌ड-खग मेला/नर-नारी से भरे जगत में कवि का हृदय अकेला।' एक प्रकार से रचनात्मकता ही कलाकार की उदासी का उपचार बन जाती है।

सुवास कुमार

अधिक जानकारी के लिए :

1. **आधुनिक हिंदी कविता : आत्मनिर्वासन और अकेलेपन का संदर्भ :** सुवास कुमार, 2. **The Nature of Melancholy : From Aristotle to Kristeva** : Jennifer Radden, 2002, 3. **Melancholy and Depression : From Hippocratic Times to Modern Times** : Stanley W Jackson, 1986, 4. **A Field Guide to Melancholy :** Jacky Bowring, 2009, 5. **The Age of Melancholy : Major Depression and its Social Origin** : Dan G Blazar, 2005

उद्दालक

उद्दालक का जिक्र सबसे पहले शतपथ ब्राह्मण में आता है। वह वैदिक परंपरा में आस्था रखने वाले ऐसे मिथकीय चरित्र के रूप में देखे जाते हैं, जो इस परंपरा को प्रश्नांकित करते हैं। देवी प्रसाद चट्टोपाध्याय उन्हें ऐतिहासिक चरित्र के रूप में देखते हुए भारत का पहला भौतिकवादी और प्रकृतिवैज्ञानिक मानते हैं। कथा यह है कि अपनी विद्वत्ता से ख्याति प्राप्त कर चुके उद्दालक ने शास्त्रार्थ के लिए चुनौती दी, जो एक पिछड़े क्षेत्र के ऋषि शौनक ने स्वीकार कर ली। शौनक ने उद्दालक से तीन प्रश्न पूछे। पहला प्रश्न, क्या कारण है कि मनुष्य दंतहीन जनमता है, उसके दांत टूट जाते हैं, फिर निकलते हैं और वृद्धावस्था में फिर टूट जाते हैं? दूसरा प्रश्न, क्या कारण है कि मनुष्य सिर के केशों के साथ जन्म लेता है, शरीर की अन्य जगहों के केश बाद में आते हैं, सिर के केश पहले सफेद होते हैं और अन्य जगहों के बाद में? तीसरा प्रश्न, क्या कारण है कि बालक वीर्य प्रजनन में सक्षम नहीं होता, वयस्कावस्था में प्रजनन क्षमता आती है, जीवन के अंतिम समय में मनुष्य फिर अक्षम हो जाता है? ब्राह्मण गंथ के अनुसार उद्दालक ने निःसंकोच बताया कि ये प्रश्न उसकी बुद्धि से परे हैं और निवेदन किया कि स्वेदायन अर्थात शौनक उन्हें शिष्य बना लें। उद्दालक ने कोरी कल्पना में रुचि न लेते हुए प्रत्यक्षबोध और प्रकृति के पर्यवेक्षण के महत्व को स्वीकार किया। उन्होंने उस निरर्थक ज्ञान में रुचि नहीं ली, जो ब्राह्मण परंपरा में प्रचलित था।

उपनिषद भौतिकवाद के खंडन के रूप में रचे गए थे। इसका देवीप्रसाद चट्टोपाध्याय ने यह अर्थ लिया कि उस युग में भौतिकवादी दर्शन की परंपरा थी। एक उपनिषद में एक नृपति ने उद्दालक से पूछा, 'तुम आत्मा किसे मानते हो?' उद्दालक ने जवाब दिया, 'निश्चय ही पृथ्वी को, राजन!' छांदोग्य उपनिषद के छठे अध्याय में उद्दालक के भौतिकवादी सिद्धांत का सार-संक्षेप है। एक जगह उद्दालक को याज्ञवल्क्य से ब्रह्म और आत्मा के विषयों में संवाद करते दिखाया गया है।

छांदोग्य उपनिषद की कथा के अनुसार उद्यालक ने अपने बेटे श्वेतकेतु को विद्याध्ययन के लिए भेजा, जो बारह सालों बाद वेदाध्ययन करके लौटा। उसे अपने ज्ञान पर गर्व था। उद्यालक ने उससे उलटे कहा, पुत्र तुम्हें गर्व हो गया है। क्या तुमने अपने आचार्यों से उस विद्या के संबंध में पूछा जिससे जो कुछ सुना नहीं गया वह सुना जाता है, जो कुछ सोचा नहीं गया, वह सोचा जाता है, जो समझा नहीं गया, वह समझा जाता है? श्वेतकेतु समझ नहीं सका कि उद्यालक किस विद्या की चर्चा कर रहे हैं। उद्यालक ने अपने प्रश्न की व्याख्या प्रत्यक्ष पर्यवेक्षण और अनुभव के आधार पर की, 'पुत्र, जिस प्रकार एक स्वर्णाभरण को जानकर स्वर्ण की बनी हुई प्रत्येक वस्तु को जान लिया जाता है। (स्वर्ण वस्तुओं के रूप में) इसके विकार मात्र शब्दभेद हैं, वास्तविकता तो मात्र स्वर्ण है।' उद्यालक ने मनुष्य की तीन विशेषताएं मानी थीं–प्राण, मन और वाक। देवीप्रसाद चट्टोपाध्याय ने उद्यालक के विचार उपस्थित कर यह स्थापित करना चाहा कि प्रत्यक्ष सामग्री पर इतना जोर देना उस जमाने के तत्वमीमांसीय रहस्यीकरण के संदर्भ में काफी तात्पर्यपूर्ण है। इसकी तरफ किसी का ध्यान नहीं गया। इस आधार पर उन्होंने यह स्थापना दी कि जिस तरह पश्चिम में सातवीं सदी ईसा पूर्व के आसपास के थेल्स को वैज्ञानिक चिंतन का प्रणेता माना जाता है, उसी तरह उस समय के ही उद्यालक के चिंतन को भी वैज्ञानिक उपलब्धि माना जाना चाहिए। दोनों ने प्रचलित धार्मिक मत की जगह प्रकृति, विज्ञान और भौतिकवादी दर्शन की बुनियाद रखी थी। उन्होंने यह अनुमान भी लगाया कि यदि उपनिषद को श्रुति की मान्यता न मिली होती, तो उसके भीतर मौजूद भौतिकवादी दर्शन का आगे चल कर भव्य विकास होता। इससे धार्मिक रहस्याडंबर को हटा कर भारत में यथार्थपरक दार्शनिक परंपरा का विकास सुगम हो जाता, भौतिकवाद की सांस नहीं टूटती।

मृत्युंजय श्रीवास्तव

उद्दीपन

रस के अवयवों में एक अवयव है विभाव। विभाव के दो भेद होते हैं–आलंबन और उद्दीपन। आश्रय में स्थायी भाव के जगने के बाद आलंबन की चेष्टाएं तथा अनुकूल ऋतु, देश-काल आदि, जो उस स्थायी भाव को उद्दीप्त करें, उद्दीपन कहलाते हैं। आलंबन तो केवल स्थायी भाव को जगा भर देता है, पर उद्दीपन उसे तीव्रता प्रदान करता है। कृष्ण को देखकर राधा का मुस्कुराना अथवा सर्प का फन निकालकर फुँफकारना उद्दीपन है। साहित्य दर्पणकार आचार्य विश्वनाथ के अनुसार 'उद्दीपनविभावास्ते रसमुद्दीपयन्ति ये/आलंबनस्य चेष्टाद्या देशकालादयस्तथा' अर्थात उद्दीपन विभाव उन्हें कहते हैं, जो रति आदि स्थायी भावों को उद्दीप्त कर उनकी आस्वादन-योग्यता बढ़ाते हैं और इस प्रकार उन्हें रसावस्था तक पहुंचाने में मदद करते हैं।

उद्दीपन दो प्रकार के होते हैं। एक तो जैसा कि ऊपर कहा गया है, आलंबन की चेष्टाएं उद्दीपन कहलाती हैं। दूसरे, देश-काल और प्राकृतिक दृश्य आदि भी उद्दीपन का काम करते हैं, क्योंकि वे भी आश्रय के भीतर जगे स्थायी भाव को उद्दीप्त करने में मदद पहुँचाते हैं। जैसे, शकुंतला को देखकर दुष्यंत के मन में रति नामक स्थायी भाव जगता है। इसके बाद शकुंतला का कटाक्ष, मृदु मुस्कान आदि उद्दीपन हैं, किंतु शकुंतला की उक्त चेष्टाओं के अतिरिक्त एकांत वातावरण, शीतल मंद सुगंधित वायु, प्रकृति का सुरम्य वातावरण आदि भी उद्दीपन का काम करते हैं। इसी तरह 'रसतरंगिणी' में कहा गया है, 'यो रसमुद्दीपयति स उद्दीपनविभावः', अर्थात जो रस को उद्दीप्त करे, वह उद्दीपन विभाव है। हिंदी के आचार्य कवि देव के अनुसार–'रसहि जगावे दीप ज्यों उद्दीपन कहि सोइ।'

उद्दीपन के चार भेद होते हैं–आलंबन के गुण, आलंबन की चेष्टाएं, उसका अलंकरण एवं तटस्थ। आलंबन के गुण में उसके रूप-यौवन को स्थान दिया गया है और चेष्टाओं में हाव-भाव आदि आते हैं। अलंकरण के अंतर्गत अंगराग, नूपुर आदि का धारण

करना आता है और तटस्थ में चंद्रमा, मलयानिल आदि हैं। इस तरह उद्दीपन के चौथे प्रकार में प्रकृति, देश-काल और वातावरण आदि परिगणित किए गए हैं। उदाहरणार्थ—शृंगार रस के उद्दीपन में आचार्यों ने नदी का किनारा, पुष्प वाटिका, चांदनी रात, शीतल मंद सुगंधित वायु आदि को परिगणित किया है। इसी तरह भय नामक स्थायी भाव के उद्दीपन के रूप में हिंसक पशुओं की आवाजें, अँधेरी रात, एकांत आदि को शामिल किया गया है।

तात्पर्य यह कि सामाजिक के हृदय में वासना रूप में स्थित रति आदि स्थायी भावों के जगने के बाद उद्दीपन उन उद्‌बुद्ध भावों को उत्तेजित करते हैं। यदि उद्‌बुद्ध स्थायी भाव ठीक रूप में उत्तेजित न हो, तो वह अनुत्पन्न के ही समान समझा जाता है। वह अंकुर किस काम का, जिसे जल से सींचा न जाए? ऐसी दशा में स्थायी भाव उद्‌बुद्ध होना, न होना एक समान है। शकुंतला को देखकर दुष्यंत के हृदय में रति भाव उद्‌बुद्ध हो तो गया, किंतु यदि उसे शकुंतला के हाव-भावों तथा बाह्य वातावरण से उत्तेजना न मिली, तो वह पनप नहीं सकेगा। अतः वह अनुद्‌बुद्ध के समान ही माना जाएगा।

भिन्न-भिन्न रसों के उद्दीपन भी भिन्न-भिन्न होते हैं। शारदा तनय ने प्रत्येक रस की विशिष्टताओं के अनुसार उद्दीपन का वर्गीकरण करते हुए उसके आठ प्रकारों का वर्णन किया है। वे हैं, क्रमशः ललित, ललिताभास, स्थिर, चित्र, रुक्ष, खर, निंदित तथा विकृत। चित्त को आह्लादित करने वाले, संबद्ध इंद्रियों से दिखाई पड़ने वाले, शृंगार रस के उत्कर्षक उद्दीपन विभाव ललित हैं। हास्योत्पादक दृष्ट, श्रुत अथवा स्मृत और सूचित विभाव ललिताभास है। स्थिरता प्रदान करने वाले वीर रस के उत्कर्षक श्रुत, दृष्ट या स्मृत विभाव स्थिर हैं। चित्र उद्दीपन के अंतर्गत विचित्रता के अनुभावक एवं अद्‌भुत रस के ऐश्वर्य विधायक विभाव खर वीभत्स रस के विभाव निंदित हैं और भयानक रस के विकृत। इस तरह आचार्यों द्वारा निरूपित उद्दीपन विभाव देश-काल के आश्रित हैं और तदनुरूप प्रभाव डालते हैं।

उद्दीपन विभाव का महत्व रसानुभूति की प्रक्रिया के अंतर्गत ही आंका गया है। आधुनिक काल में जब रस की प्रासंगिकता पर ही सवाल उठाया जाता है, तो उद्दीपन का महत्व उसी सीमा तक घट गया है और आज की हिंदी कविता में उसकी कोई खास नोटिस नहीं ली जाती। इतना ही नहीं, आचार्य रामचंद्र शुक्ल ने अपने 'रस मीमांसा' में विभाव का विश्लेषण करते हुए तथा 'काव्य में प्राकृतिक दृश्य' नामक अपने निबंध में प्रकृति के उद्दीपन रूप में चित्रण को हिंदी कवियों की कमजोरी बताया है और संस्कृत कविता में प्रकृति के आलंबन रूप में चित्रण का बार-बार उल्लेख किया है और उसकी सराहना की है। इससे आज उद्दीपन का महत्व और भी कम हो गया है।

अमरनाथ

अधिक जानकारी के लिए :

1. **नाट्य शास्त्र :** भरत मुनि, 2. **साहित्य दर्पण :** विश्वनाथ, 3. **रस मीमांसा :** रामचंद्र शुक्ल, 4. **रस सिद्धांत :** नगेंद्र, 5. **भारतीय साहित्य शास्त्र :** बलदेव उपाध्याय, 6. **काव्य में रस :** आनंद प्रकाश दीक्षित

उद्धरण

उद्धरण (Quotation) का तात्पर्य है किसी लेखन या मौखिक अभिव्यक्ति में किसी विचार या भाव की पुनरावृत्ति। यह मूल स्रोत और उद्धरण चिह्न के साथ बतलाया जाता है। उद्धरण कई कारणों से दिए जाते हैं—अर्थ स्पष्ट करने के लिए, किसी विचार की पुष्टि करने, किसी विषय पर सीधे नकारात्मक या सकारात्मक सूचना देने के लिए या किसी लेखक या कृति के प्रति सम्मान प्रदर्शित करने के लिए। उद्धरण का प्रयोग प्रेरक सिद्धांत के रूप में या पाठक में किसी दार्शनिक विचार का आह्वान करने के लिए भी किया जाता है। उपयोग के लिए अंग्रेजी में महत्वपूर्ण उद्धरण कोश हैं, जैसे—'बार्टलेट फेमस कोटेशंस', 'द ऑक्सफोर्ड डिक्शनरी ऑफ कोटेशंस', 'द कोलंबिया डिक्शनरी ऑफ कोटेशंस', 'द येल बुक ऑफ कोटेशंस', 'स्टीवेंसन'स बुक ऑफ कोटेशंस'

आदि ये सभी महत्वपूर्ण और विश्वसनीय हैं, पर 'स्टीवेंसन'स बुक ऑफ कोटेशंस' इनमें सबसे बड़ा है, जो एक खंड में लगभग 3000 पृष्ठों में है। 1934 में इसका पहला संस्करण 'होम बुक ऑफ कोटेशंस' नाम से प्रकाशित हुआ था। इसके एक दर्जन से अधिक संस्करण निकल चुके हैं और प्रत्येक वर्ष पाठकों के सहयोग से नए-नए उद्धरण मिलते रहते हैं। इसमें सभी उद्धरण पहले विषय के अक्षर क्रम में, फिर लेखक के नाम पर रखे गए हैं।

हिंदी में उद्धरणों के छोटे-बड़े कई संकलन उपलब्ध हैं। समेकित रूप में दो संकलन भारतीय ज्ञानपीठ के हैं—'गहरे पानी पैठ' (अयोध्या प्रसाद गोयलीय) और 'ज्ञानगंगा' (नारायण प्रसाद जैन)। साहित्यिक-सांस्कृतिक संस्थाएं अपनी डायरियों, कुछ कंपनियां अपने कैलेंडरों, कुछ समाचार-पत्र एवं पत्रिकाएं अपने पन्नों पर जाने-माने लोगों के उद्धरण देते रहे हैं। शिक्षण संस्थाओं में दीवालों पर, विशेषकर बाउंड्री वाल पर और कक्षाओं में भी दीवारों पर महापुरुषों और साहित्यकारों के उद्धरण लिखे रहते हैं। इंटरनेट पर 'द कोटेशंस पेज' उद्धरणों का सबसे बड़ा संग्रह बन गया है। इसमें प्रायः प्रतिदिन नए-नए उद्धरण जोड़े जाते रहते हैं जो पाठकों द्वारा भेजे जाते हैं।

उद्धरण चिह्न दो प्रकार के हैं—एकल कामा (' ') और युगल कामा (" ") वाले। एकल के समर्थक जहाँ सुंदर और आकर्षक टाइप के आधार पर इसकी वकालत करते हैं, वहीं परंपरागत रूप से युगल रूप का प्रयोग चला आ रहा है।

उद्धरण के लिए सुझाया गया है कि किसी एक रूप का उपयोग करना चाहिए तथा उद्धरण के अंदर आए कथन, नाम आदि के लिए दूसरे रूप का। ऐसा शायद ही कभी होगा, पर यदि कभी एक ही वाक्य में दूसरे उद्धरण के अंदर तीसरा उद्धरण रखना पड़ जाए (यानी कथन के अंदर उपकथन), तो उद्धरण चिह्न का प्रयोग इस प्रकार होगा—युगल/एकल/युगल या एकल/युगल एकल। यदि उद्धरण किसी अन्य उद्धृत किए हुए अंश के बीच आता है तब तो उद्धरण चिह्न का प्रयोग करना और भी आवश्यक हो जाता है।

प्रत्यक्ष कथन उद्धृत करते समय ध्यान रखा जाता है कि उद्धरण चिह्नों के अंदर रखे गए शब्द पूर्णतः सही और यथातथ्य हैं, यानी करीब-करीब नहीं वरन पूर्णतः ज्यों-के-त्यों। इसी बात को लेकर अमेरिका और ब्रिटेन में कई मुकदमे जीते और हारे जा चुके हैं और समाचार-पत्रों को अपने रिपोर्टरों की जरा-सी लापरवाही के कारण कभी-कभी लाखों पाउंड हर्जाने के रूप में देने पड़े हैं।

महेंद्र राजा जैन

उद्धव

उद्धव कृष्ण के मित्र थे। उन्होंने बृहस्पति से ज्ञान प्राप्त किया था और ज्ञानमार्गी थे। कृष्ण ने उन्हें तत्वज्ञान और भक्तितत्व का उपदेश दिया था। उन्हें अपने तत्वज्ञान और योग विद्या पर गर्व था। विद्वान होने के नाते उनसे युद्ध और यज्ञ जैसे विषयों पर राय ली जाती थी। वह यादव सभा के सभासद थे। महाभारत के आदि पर्व में द्रौपदी के स्वयंवर में उद्धव के उपस्थित रहने की सूचना है। श्रीमद्‌भागवत के दसवें स्कंध में गोपियों ने उनकी उपमा भ्रमर से दी थी और उनके माध्यम से कृष्ण को उपालंभ दिए थे। (10.46-47)। केशव व्यास के ग्रंथ 'उद्धव गीता' (1298) में उद्धव कृष्ण को ज्ञान, वैराग्य और भक्ति का उपदेश देते हैं।

श्रीमद्‌भागवत में कृष्ण द्वारा उद्धव के माध्यम से नंद-यशोदा और गोप-गोपियों के पास संदेश भेजने का उल्लेख है। उद्धव कृष्ण की ही वेशभूषा में ब्रज पहुंचते हैं। उनसे बात करते समय गोपिकाओं को एक भौंरा दिखा, तो वे भौंरे को संबोधित करते हुए अपनी उपालंभ भरी बातें उद्धव को सुनाने लगीं। उद्धव जब वापस मथुरा पहुंचते हैं, वे कृष्ण को गोपियों की प्रेमाभक्ति के बारे में बताते हैं। (3.1.20-24)।

उद्धव का उल्लेख वैष्णव आचार्य रूप गोस्वामी (सोलहवीं शताब्दी) के ग्रंथ 'उद्धवसंदेश' में है। इसमें

उद्धव की चर्चा बतौर दूत है। सूरदास 'सूरसागर' में श्रीमद्भागवत के दसवें स्कंध को आधार बनाकर गोपियों के उपालंभ का वर्णन करते हैं। गोपिकाएं प्रेम को ब्रह्मज्ञान से श्रेष्ठ साबित करती हैं। सूरदास ने अपने भ्रमर गीत के संदर्भ में वाग्विदग्धता का अद्‌भुत परिचय दिया है, 'आयो घोष बड़ो व्यापारी/लादि खेप गुन ज्ञान-जोग की ब्रज में आन उतारी।' कृष्ण भी ऊधो से कहते हैं, 'ऊधो मोहि ब्रज बिसरत नाहीं।'

जगन्नाथ दास रत्नाकर के 'उद्धवशतक' (1929) में उद्धव गोपियों के समक्ष निर्गुण का ज्ञान बघारते हैं और कृष्ण के प्रेम में अनुरक्त गोपियां तर्क द्वारा ही उद्धव को सगुण का पाठ पढ़ाती हैं। गोपियां उद्धव से कहती हैं, 'ऊधौ कहौ सूधो सौ सनेस पहिले तौ यह/प्यारे परदेश तैं कबै धौ पग पारिहैं/कहैं रत्नाकर तिहारी परि बातिन मैं/मीड़ि हम कब लौं करेजौ मन मारिहैं/लाइ-लाइ पाती छाती कब लौं सिरेहैं हाय/धरि-धरि ध्यान धीर कब लगि धारिहैं/बैननि उचारिहैं उराहनौं सबै धों कबै/श्याम को सलौनो रूप नैननि निहारिहैं।' गोपिकाएं कह देती हैं, 'चुप रहो ऊधो पथ मथुरा को गहौ।' राधा-कृष्ण की कथा में उद्धव प्रसंग पांडित्य का उदाहरण है, जिस पर प्रेम की श्रेष्ठता प्रतिपादित की गई है।

संजय जायसवाल

उद्‌भट

वामन के समकालीन और कश्मीर नरेश जयापीड की राजसभा के सभापति उद्‌भट आलंकारिक आचार्य के रूप में मान्य हैं। उन्होंने 'काव्यालंकार सार संग्रह' नाम की महत्वपूर्ण पुस्तक लिखी, जिस पर प्रतीहारेंदु राज ने 'लघुवृत्ति' नाम से एक टीकाग्रंथ भी लिखा है। इनका समय 750-850 ईसवी के बीच का है और इनके द्वारा 'भामहविवरण' नाम से लिखे गए एक ग्रंथ का पता चलता है जो अब अनुपलब्ध है। कल्हण ने 'राजतरंगिणी' में उनका वर्णन करते लिखा है कि–'विद्वान दीनारलक्षेण प्रत्यहं कृत वेतनः/भट्टोदभट्ट स्यतस्य भूमिभर्तुः सभापतिः'। काव्यालंकार सारसंग्रह में उद्‌भट ने जितने भी उदाहरण दिए हैं वे सब उनके अपने 'कुमारसंभव काव्य' से दिए गए हैं जो अब उपलब्ध नहीं है। 'काव्यालंकार सारसंग्रह' छह भागों में विभक्त है और उसमें 41 अलंकारों के लक्षण दिए गए हैं। भामह की तरह ये भी स्वभावोक्ति को अलंकार नहीं मानते।

उद्‌भट अपने समय के एक मान्य आलंकारित हैं। 'व्यक्ति विवेक' की टीका में उन्हें 'अलंकार तंत्र प्रजापति' के नाम से विभूषित किया गया है। उद्‌भट की एक खास विशेषता यह है कि इन्होंने भामह और दंडी के अलंकार प्रभेदों का परिष्कार किया और आने वाले आलंकारिकों के लिए एक सुगम पथ प्रदर्शित किया। दूसरी बात कि इनके द्वारा आविष्कृत नए अलंकारों को मम्मट व रूटप्यक ने स्वीकार कर नए भेद किए हैं।

उद्‌भट को यह श्रेय भी दिया जाता है कि रसतत्व को वे रसवत अलंकार के अंतर्गत स्थान के साथ यह भी माना कि अलंकारों में अनेक ऐसे होते हैं जो व्यंग्य होते हैं। इस रूप में उनमें ध्वनि प्रक्रिया की आहट भी सुनाई पड़ती है जिस आधार पर 'ध्वन्यालोक' में आनंदवर्धन उन्हें सम्मान से याद करते हैं। उनकी एक देन यह भी है कि जब वे काव्य में कभी विभाव, कभी स्थाई, कभी अनुभाव का उल्लेख करते हैं तब उनके सामने श्रव्य काव्य का अस्तित्व रहता है। जिससे यह पता चलता है कि आनंदवर्धन से पूर्व उद्‌भट ने श्रव्य काव्य से 'रस' का संबंध स्थापित कर दिया था। उद्‌भट काव्य में 'श्लेष' को महत्व देने के कारण भी जाने जाते हैं। वे श्लेष के दो प्रकार मानते हैं–शब्द श्लेष और अर्थ श्लेष। ये दोनों ही अर्थालंकार हैं। श्लेष अन्य अलंकारों से प्रबल होता है। इनका कविता को अविचारित रमणीय कह कर शास्त्र के 'सुविचारित सुस्थ' से अलग करने वाले आचार्य के रूप में भी महत्व है।

श्रीप्रकाश शुक्ल

अधिक जानकारी के लिए :

1. **संस्कृत काव्यशास्त्र का इतिहास** : पी वी काणे,
2. **काव्यालंकार सार संग्रह एवं लघुवृत्ति की व्याख्या** और

भारतीय काव्य विमर्श : राममूर्ति त्रिपाठी, 3. **संस्कृत आलोचना** : बलदेव उपाध्याय, 4. **भारतीय काव्यशास्त्र की आचार्य परंपरा** और **संस्कृत साहित्य का अभिनव इतिहास** : राधावल्लभ त्रिपाठी, 5. **काव्यार्थ चिंतन** : जी एस शिवरूद्रपा

उद्यमिता

उद्यम का सामान्य अर्थ है कोई उद्योग करना, आलस्य में दिन गुजारने की जगह कौशलपूर्वक कोई कार्य करना और भले कष्ट हो प्रयत्न करना। बुद्धि, ऐश्वर्य और कीर्ति उद्यम में ही बसते हैं। भास ने कहा है, 'बिना हाथी पर चढ़े हाथी के ऊपर की पताका हाथ में नहीं आती।' (प्रतिज्ञायौगंधनारायण, 4.19)। कार्य की सफलता के लिए उद्यम करना होता है। पंचतंत्र की कथा में संदेश है, सोते हुए सिंह के मुंह में मृग प्रवेश नहीं करता–'उद्यमेन हि सिध्यंति कार्याणि न मनोरथैः'। सिर्फ मनोरथ से कार्य सिद्ध नहीं होता, उद्यम करना होता है। भर्तृहरि का कथन है कि उद्यम के समान बंधु नहीं है–'नास्त्युद्यम समो बंधुर्य'। (नीतिशतक, 87)। बौद्ध ग्रंथ 'धम्मपद' में है, 'बिना उद्यम किए सौ साल के आलस्यपूर्ण जीवन से उद्योग पूर्ण जीवन का एक दिन ज्यादा मूल्यवान है।' (8.13)। वृंद सतसई में है, 'जो पहले कीजै जतन, सो पीछे फल दाय/आग लगे खोदै कुआं, कैसे आग बुझाय।' किसी भी उद्यम की सफलता के लिए कौशल चाहिए जो परिश्रमपूर्वक अर्जित किया जाता है। भारतीय परंपरा में आलस्य और वैराग्य की जगह उद्यमता की व्यापक महत्ता प्रतिपादित है और बार-बार प्रयत्न करने के लिए कहा गया है।

वैश्वीकरण और इसके परिप्रेक्ष्य में आर्थिक सुधारों ने जो नई स्थितियां पैदा की हैं उनमें अच्छे जीवन के लिए उद्यम को और इसके लिए कौशल विकास को सर्वश्रेष्ठ रास्ता माना जा रहा है। 2011 की जनगणना आंकड़ों के अनुसार 30 करोड़ भारतीय युवा हैं। इसलिए सब कुछ युवा शक्ति के रुझानों पर निर्भर है कि ये कितना बदलते हैं, नौजवान नौकरी-चाकरी की जगह उद्यम के लिए कितनी रुचि लेते हैं। अर्थव्यवस्था में वृद्धि वस्तुतः आजीविका के साधनों के आधुनिकीकरण और कौशल विकास पर निर्भर है। अब कारबार या रोजगार के घिसे-पिटे रूप संकट में डाल देंगे। आदमी तेज रफ्तार से दौड़ती ट्रेन से बाहर फेंक दिया जाएगा। स्वरोजगार और कौशल विकास के लिए भारत में 'चीजें भारत में बनाने' और 'स्टार्टअप इंडिया' जैसी योजनाओं पर बल दिया जा रहा है। एक सूचना के अनुसार, 2015 में 32 लाख लोगों को व्यावसायिक प्रशिक्षण दिया गया, हालांकि अभी भी 80 प्रतिशत नौजवानों की ऐसे प्रशिक्षण तक पहुंच नहीं है। भारत में 1200 से अधिक पॉलिटेकनिक संस्थान, आईआईटी, फार्मेसी, आर्किटेक्चर, होटल मैनेजमेंट आदि से जुड़े प्रशिक्षण संस्थानों के बावजूद प्रशिक्षित नौजवानों की कमी है। देश में हर साल रोजगार की तलाश में 1 करोड़ नौजवान बढ़ जाते हैं। अधिकांश नौजवान विभिन्न उत्पादन और सेवा क्षेत्रों में जरूरी कौशल के अभाव में नौकरी प्राप्त नहीं कर पाते। युवा सामान्यतः कला, वाणिज्य, विज्ञान आदि से संबंधित परंपरागत विषयों में ग्रेजुएट होने में रुचि लेते हैं या छंट जाने की वजह से यह उनकी मजबूरी होती है।

भारत में कौशल विकास के कार्यक्रमों की लोकप्रियता बढ़ी है। फिर भी 2011 में छह शहरों में किए गए एक सर्वेक्षण के अनुसार, एमबीए की डिग्री पाए अभ्यर्थियों में से सिर्फ 23 प्रतिशत ही योग्य पाए गए। इंजीनियरिंग की डिग्री पाए विद्यार्थियों में कहीं-कहीं 3 प्रतिशत ही रोजगार के योग्य पाए गए। इससे ये संकेत मिलते हैं कि सिर्फ बुनियादी शिक्षा (कक्षा एक से बारह तक) में ही बड़े सुधार की जरूरत नहीं है, संपूर्ण सोच में बदलाव की जरूरत है। सामान्य स्तर के कौशल से काम नहीं चलेगा। कहा गया है कि कौशल विकास की शिक्षा मातृभाषा में देने की व्यवस्था होनी चाहिए। इसके लिए विकल्पों की स्पष्ट जानकारी जरूरी है। यहां तक कि बढ़ईगीरी, इलेक्ट्रीशियन, प्लंबर, राजमिस्त्री, लौहकर्म, कुकिंग, होटल-रेस्तरां प्रबंधन, बुक

पब्लिशिंग आदि के क्षेत्रों में भी नए कौशल अर्जित करने की जरूरत है। उद्यम के लिए कौशल अर्जन की अभिवृत्ति पैदा करने की जरूरत महसूस की जाती है। इस अभियान को कृषि क्षेत्रों तक विस्तृत किया जाना है।

दुनिया में आर्थिक वृद्धि शिक्षा, स्वास्थ्य और कौशल विकास के व्यापक अवसरों पर निर्भर है। कहा जा रहा है कि यह बहुत कुछ परिवेश में शांति और न्याय के वातावरण पर भी निर्भर है। उद्यम के अवसरों की पहचान में कमी भी एक भूमिका निभाती है। उपर्युक्त वजहों से नव-उद्यमिता दर 15 वर्षो में घट कर 4.1 प्रतिशत हो गई। कई बार नए उद्यमों की शुरुआत कम होती है और नारेबाजी ज्यादा। विकास 'होने' की जगह विकास 'दिखता' ज्यादा है, अर्थात विकास महज प्रोपगंडा होता है। इससे उद्यमिता हतोत्साह होती है।

उद्यमी के रूप में अपने को विकसित करने के लिए चार चीजों की जरूरत है—नए विचार, जोखिम लेने की प्रवृत्ति, उद्यम के अवसरों को पहचानने की क्षमता और पर्याप्त कौशल अर्जन। इसके लिए सरकार की तरफ से कई 'इनोवेशन सेंटर' खुले हुए हैं। कई नौजवान नौकरियां छोड़ कर उद्यमिता की ओर बढ़ रहे हैं। वे ऐप्स की तकनीकों का इस्तेमाल कर रहे हैं। हम पाते हैं कि कई नौजवान उद्यमिता की ओर उन्मुख होकर नौकरी खोजने की जगह नौकरी देने वाले बन रहे हैं और आर्थिक वृद्धि में प्रमुख योगदानकर्ता हो गए हैं। अब नई कल्पनाशीलता, नए विचारों और कौशल अर्जन के बिना संसार में दो डग चल पाना कठिन है, चाहे वह उद्यमिता का मामला हो या नौकरी पेशे का।

शंभुनाथ

अधिक जानकारी के लिए :

1. **योजना आयोग, बारहवीं पंचवर्षीय योजना**, 2. **Global Entrepreneurship Monitor Report 2013-2014**, 3. **M.T.2011-MBA Talent Pool Report Key Finding**, Bengaluru

उन्माद

उन्माद (Fanaticism) का सामान्य अर्थ पागलपन, सनक, चित्त विभ्रम या सम्मोह, अत्यधिक अनुराग है। इनके अलावा 'उन्माद' को 'नशा' के अर्थ में भी प्रयुक्त किया जाता है। जयशंकर प्रसाद ने अपने ऐतिहासिक नाटक 'चंद्रगुप्त' में 'उन्माद' को नशा के अर्थ में प्रयुक्त करते हुए लिखा है, 'ब्रह्मचारी, धर्मपालित मगध को उन्माद हो गया है।' उन्माद के अर्थ-संदर्भ में अंग्रेजी में hysteria, insanity, lunacy, mania, intoxication, ecstasy और intense passion जैसे शब्द प्रयुक्त हुए हैं। उन्माद मूलतः मनोविज्ञान से संबंधित शब्द है। मनोविज्ञान और विशेष तौर पर तंत्रिकाविज्ञान (न्यूरोसाइंस) के क्षेत्र में उन्माद की स्थिति, कारणों तथा निराकरणों को जानने के बारे में अध्ययन और अनुसंधान हो रहे हैं।

उन्माद वस्तुतः काम, क्रोध, भय आदि के कारण चित्त के ऐसे मानसिक रोग या विकार का सूचक शब्द है जिसकी वजह से मनुष्य की बुद्धि और विवेक काम नहीं करते। उन्माद चित्त का विप्लव है। मस्तिष्क की क्रियाशक्ति और विचारशक्ति पर मनुष्य का नियंत्रण नहीं रह जाना उन्माद का मुख्य लक्षण है। विशेष बात यह भी है कि मनुष्य में इस विकार की मात्रा स्थिर नहीं रहती, घटती-बढ़ती रहती है। अस्थिरता उन्माद का विशेष गुण है।

हरीश कुमार सेठी

उपग्रह क्रांति

उपग्रह दो तरह के होते हैं—प्राकृतिक और कृत्रिम। चांद पृथ्वी का प्राकृतिक उपग्रह है। हर दिशा में पर्यवेक्षण, पृथ्वी पर संचार और विभिन्न क्षेत्रों में दूर से संचालन आदि के उद्देश्य से उच्च तकनीकी विकास ने कृत्रिम उपग्रह सुलभ किए हैं जो पृथ्वी की कक्षा में 10,000 किलोमीटर से 35,000 किलोमीटर तक की दूरी पर घूमते हैं। 1957 में सोवियत रूस ने

पहला कृत्रिम उपग्रह 'स्पुतनिक' प्रक्षेपित किया था। संयुक्त राष्ट्र की सूचना के अनुसार, 2016 में कुल 4,256 उपग्रह थे जिनमें से 1,419 ही काम कर रहे थे। भारत में इसरो ने 2016 में दस उपग्रह प्रक्षेपित किए जिससे कुल मिला कर इसके अब तक प्रक्षेपित उपग्रहों की संख्या 121 हो गई। इनमें 75 विदेशी कंपनियों द्वारा निर्मित थे। एशिया में 1990 से उपग्रह प्रसारणों की शुरुआत हुई थी। पिछले दो दशकों में कृत्रिम उपग्रहों के बाजार में बढ़ी होड़ ने उपग्रह क्रांति (Satellite Revolution) ला दी है।

हर उपग्रह की अपनी एक अवधि होती है। कुछ प्रक्षेपण के समय ही दुर्घटना के शिकार हो जाते हैं। अत्यंत छोटे उपग्रहों को कुवेसेट कहते हैं जिनकी अवधि 3-6 महीने होती है। व्यापारिक उपभोग के लिए छोटा उपग्रह लगभग 200 किलोग्राम का होता है। नाशा इसका एक बड़ा प्रक्षेपण केंद्र है। (space.taurigroup.com.)।

टीवी चैनेल प्रसारण बहुराष्ट्रीय स्वामित्व वाले उपग्रहों से सेवाएं लेते हैं। उपग्रहों का इस्तेमाल व्यापारिक संचार के अलावा सैनिक निगरानी और संचार, नौवहन, पृथ्वी पर्यवेक्षण सेवाओं, अंतरिक्ष-अनुसंधान और विकास के लिए होता है। सेटेलाइट से पृथ्वी को बेहतर ढंग से देखा और जाना जा सकता है। सेटेलाइट के जरिए ही टीवी सिगनल कहीं भी भेजे हैं और फोन से बातचीत दूर-दूर तक समुद्र पार तक की जाती है। इसकी वजह से ही विश्व गांव की धारणा संभव हुई है। उपग्रह के वैश्विक बाजार में 2015 में दर्ज की गई कुल आय 208.3 बिलियन डालर थी। इस उद्योग की वृद्धि दर 4 फीसद थी।

उपग्रह सेवाएं मुख्यतः निम्न क्षेत्रों के लिए हैं : (क) टेलीविजन, रेडियो, इंटरनेट और ब्राडबैंड के उपभोक्ता, (ख) ट्रांसपोंडर के लिए समझौते, उड़ान सहित सभी तरह के प्रबंधन, (ग) मोबाइल और (घ) पृथ्वी और अंतरिक्ष अनुसंधान। इनमें से सबसे ज्यादा आय वर्ष 2015 में 104 बिलियन डालर उपभोक्ता सेवाओं से हुई है। वर्तमान विश्व में 11 फीसद की दर से इसके उपभोगकर्ता बढ़ रहे हैं।

2015 में कुल 202 नए उपग्रह स्थापित किए गए हैं जिसमें से 60 फीसद अमेरिका द्वारा, 25 फीसद यूरोपीय देशों द्वारा, 5 फीसद चीन, 4 फीसद जापान और बाकी 4 फीसद अन्य देशों द्वारा स्थापित किए गए उपग्रह थे। उपग्रह बाजार का सबसे बड़ा खिलाड़ी अमेरिका है। सबसे ज्यादा आय उसे ही 60 फीसद हुई। भविष्य को देखते हुए इन उपग्रहों के मुख्य निर्माता अमेरिका और यूरोपीय देश ही रहेंगे।

मीडिया उद्योग में उपग्रहों की बड़ी भूमिका है। इधर उपभोक्ताओं द्वारा ओवर द टॉप (OTT) उपयोगों और सेटेलाइट ऊर्जाबैंड की बढ़ी मांगों की वजह से सेटेलाइट उपभोग के तरीकों में बदलाव आ रहा है। एरिक्शन ने एक अध्ययन में पाया है कि 60 फीसद लोग खेलकूद, समाचार आदि के लिए सामान्य टीवी का व्यवहार करते हैं, पर अब मोबाइल पर ही देखने का रुझान बढ़ रहा है। स्मार्टफोन, टेबलेट आदि की लोकप्रियता बढ़ी है। काफी लोग अब अपनी तात्कालिक मांग के अनुसार टीवी और वीडियो देखते हैं। वे अब ओवर टू टॉप कार्यक्रमों को अपना रहे हैं। 2020 तक 50 फीसद परंपरागत टीवी और 50 फीसद ओटीटी का उपभोग होने लगेगा। वस्तुओं का अंतर्जाल अब हर चीज को हरेक के संपर्क में लाता जा रहा है और डेटा का व्यापक विनिमय हो रहा है। इंटरनेट पर संवाद बढ़ रहा है, विज्ञापन बढ़ रहे हैं। यहां तक कि कार, रेफ्रिजरेटर, वाशिंग मशीन, ओवेन जैसी वस्तुएं भी अंतःसंपर्क जाल में आ रही हैं। इन सबका प्रभाव सेटेलाइट ऊर्जाबैंड पर पड़ रहा है।

उपभोक्ता वस्तुओं के वितरण में अमेजन जैसी

सेटेलाइट

कंपनियों ने एक क्रांति ला दी है, ऑन लाइन का उपयोग खरीद-ब्रिकी में बढ़ा है। आजकल एक ही छोटी यूनिट में अधिक से अधिक कंप्यूटर और सामग्री रखी जाने लगी है जिससे सेटेलाइट बैंड ऊर्जा क्षमता की जरूरत बढ़ी है। विकसित डिजिटल मीडिया, वीडियो गेम्स और आभासी यथार्थों की तरफ बढ़ा आकर्षण भी एक मुख्य घटना है। नई-नई तकनीक आने के कारण हर जगह उस तक अपनी पहुंच बढ़ाने की कोशिश होने लगती है। इन घटनाओं और नई तकनीकों के आविर्भावों से उपग्रह बाजार का लगातार विस्तार होता है। नई-नई कंपनियां इस उद्योग में कूद रही हैं, लेकिन यह बाजार अभी लंबे समय तक पश्चिमी देशों के ही कब्जे में रहेगा।

फिलहाल एबीएस उपग्रह बाजार की सबसे बड़ी कंपनी है। इसके अलावा, एडवांटेक वायरलेस, ए जी फ्रांज, एमोस, एलएलसी आदि कंपनियां हैं। इनका अमेरिका और पश्चिमी देशों में केंद्रीकरण शेष विश्व के समक्ष एक चुनौती है। 2016 में फेसबुक के मार्क जुबेरबर्ग ने घोषणा की कि वे आसमान को पृथ्वी से कम दूरी पर घूमने वाले हजारों उपग्रहों से भर देंगे। यह उपग्रह क्रांति के दूसरे दौर की सूचना कही जा सकती है।

शंभुनाथ

उपदेशवाद

साहित्य के माध्यम से उपदेश देना उपदेशवाद (Didacticism) कहलाता है। इसके लिए 'नैतिकतावाद' का प्रयोग भी किया जाता है। साहित्य में इसका संबंध उस विचार से है जो आनंद के साथ उपदेश भी दे। इसका साहित्य और कला की उस धारा के लिए प्रयोग किया जाता है, जिसका संबंध नैतिक, दार्शनिक और धार्मिक है। इसका स्वरूप काल्पनिक और कथात्मक होता है। प्राचीन यूनानी-रोमन परंपरा में ज्ञान देना या शिक्षा देना, अपनी बात मनवाना तथा मनोरंजन करना काव्य के त्रिविध लक्ष्य माने जाते रहे हैं। प्लेटो के अनुसार, जिन कवियों की रचनाओं में उपदेश का अभाव हो, उन्हें राज्य से बहिष्कृत कर दिया जाना चाहिए। अरस्तू ने भी कमोबेश इसे स्वीकार किया। जॉन मिल्टन के काव्य 'पैराडाइज़ लॉस्ट' (1667) को इस श्रेणी में रखा जाता है। जॉर्ज बर्नार्ड शॉ और बर्टोल्ट ब्रेख्त के नाटक उपदेशवाद-नैतिकतावाद, कल्पनाशीलता और कलात्मक बुद्धि का अच्छा संतुलन प्रकट करते हैं।

भारतीय साहित्य में इसे 'व्यवहार ज्ञान' तथा 'कांतासम्मितोपदेशयुजे' के रूप में काव्य का प्रमुख प्रयोजन स्वीकार किया गया है। आनंद, विवेक वृद्धि और प्रीति के साथ उपदेश को भी साहित्य का प्रमुख उद्देश्य माना गया। भरतमुनि ने धर्म और बुद्धि-विकास के साथ उपदेश और नैतिक शिक्षा को काव्य का प्रमुख उद्देश्य माना। रसपीयूषनिधिकार ने लिखा है—'करै भलो उपदेश नित वह कवित्त चित चेति।'

उपदेश और मनोरंजन प्रारंभ से ही काव्य के दो प्रमुख उद्देश्य माने जाते रहे हैं। होरेस ने कहा था, 'कवि को चाहिए कि वह शिक्षा दे, मनोरंजन करे या दोनों कार्य करे।' भारतीय और विदेशी साहित्य में इस कोटि का साहित्य भरपूर मात्रा में मिलता है। हिंदी का नीति काव्य इसका एक प्रमुख उदाहरण है। प्रेमचंद ने लिखा है—'नीतिशास्त्र और साहित्यशास्त्र का लक्ष्य एक ही है। केवल उपदेश की विधि में अंतर है। नीतिशास्त्र तर्कों और उपदेशों के द्वारा बुद्धि और मन पर प्रभाव डालने का यत्न करता है। साहित्य ने अपने लिए मानसिक अवस्थाओं और भावों का क्षेत्र चुन लिया है।' कभी-कभी इसके लिए प्रचारवाद (प्रोपगंडा) शब्द का प्रयोग भी मिलता है। धार्मिक प्रचार सामग्री इसी कोटि में आती है।

साहित्य में दो धाराएं प्राचीन काल से ही प्रचलित रही हैं—उपयोगितावादी तथा कलावादी। दोनों को एक-दूसरे का विरोधी बताया जाता रहा है। कभी-कभी दोनों के समन्वय की कोशिश भी दिखाई देती है। प्लेटो से लेकर आधुनिक नवमानवतावादी और मार्क्सवादी विचारक तथा टॉलस्टाय एवं जॉन रस्किन कलावाद के घोर विरोधी थे। रस्किन ने काव्य को मुख्य रूप से उपदेश प्रधान माना—आनंद तो बाइ-प्रोडक्ट है। मुख्य बात यह मानी गई कि साहित्य का

लक्ष्य धार्मिक भावना को तीव्र करना, नैतिक स्तर को ऊपर उठाना है। टॉलस्टाय ने साहित्य के नैतिक और धार्मिक पक्ष पर जोर दिया। प्रत्येक युग में तथा प्रत्येक समाज में सामान्य धार्मिक और नैतिक धारणाएं प्रचलित रहती हैं। इन्हीं के आधार पर किसी भी कला द्वारा प्रतिपादित भावनाओं का मूल्य निर्धारित किया जाता है। उन्होंने साहित्य का उद्देश्य सुधारवादी और उपयोगितावादी माना। जो बेहद निजी साहित्य है, उसकी कोई उपयोगिता नहीं है। 'कला, कला के लिए' तथा 'अभिव्यंजनावाद' जैसे कलावादी आंदोलन, नैतिकता और शिक्षा संबंधी काव्य अपेक्षाओं के सामने प्रश्नचिह्न लगा देते हैं। आधुनिक काल में अस्तित्ववाद और मनोविज्ञान संबंधी स्थापनाओं ने व्यक्ति की निजता, स्वतंत्रता और वैयक्तिकता को रेखांकित कर के समाज की वरीयता पर आधारित शिक्षा और नैतिकता संबंधी दृष्टि पूरी तरह निरस्त कर दी। इसी काल में उपयोगितावाद परोक्ष रूप से उपदेशवाद के ही पक्ष में खड़ा होता है।

आधुनिक हिंदी साहित्य में उपदेशवाद की प्रधानता कम नहीं हुई, सिर्फ अभिव्यक्ति को कलात्मक बनाने पर जोर दिया गया। नवजागरणकालीन लेखन समाज सुधार का पक्षपाती था। हिंदी के प्रारंभिक उपन्यासों में उपदेशवादी दृष्टिकोण एक प्रमुख प्रवृत्ति के रूप में दिखाई देता है। 'परीक्षागुरु', 'नूतन ब्रह्मचारी' आदि उपन्यासों में इसे देखा जा सकता है। द्विवेदी युगीन काव्य पर नैतिकतावादी दृष्टिकोण की प्रधानता दिखाई देती है। मैथिलीशरण गुप्त उपदेश को महत्वपूर्ण मानते हैं, 'केवल मनोरंजन न कवि का कर्म होना चाहिए, उसमें उचित उपदेश का भी मर्म होना चाहिए' (भारत भारती)। प्रेमचंद का साहित्य उपदेश प्रधान तो नहीं था, पर उद्देश्य जरूर था। मार्क्सवाद से प्रेरित साहित्य में उपदेशवाद की उपस्थिति देखी जा सकती है।

बृजराज सिंह

अधिक जानकारी के लिए :

1. **पाश्चात्य काव्यशास्त्र के सिद्धांत** : मैथिली प्रसाद भारद्वाज,
2. **A Glossory of Literary Terms** : M H Abrams, 1957

उपनाम

हिंदी शब्द सागर में 'उपनाम' का अर्थ 'दूसरा नाम, प्रचलित नाम, उपाधि, पदवी, तखल्लुस' दिया गया है। नगेंद्रनाथ बसु के 'हिंदी विश्वकोश' के अनुसार उपनाम का अर्थ गौण नाम है, यानी ऐसा नाम जो मूल वास्तविक नाम की तुलना में कम महत्वपूर्ण हो। 'उपनाम : एक अध्ययन' पुस्तक के लेखक शिवनारायण खन्ना के अनुसार, 'उपनाम 'नाम' शब्द के पूर्व 'उप' उपसर्ग लगा देना नाम में विशेषता ला देता है, यानी जब नाम में विशिष्टता समाहित कर दी जाए तो वह उपनाम बन जाता है। विशिष्टता की ओर संकेत करने वाला नाम ही उपनाम कहलाता है।' उपनाम शब्द का प्रयोग सर्वप्रथम 'शब्दार्थदीपिका' (गोवर्धन प्रसाद भार्गव, 1874) में मिलता है।

हिंदी साहित्यकारों में उपनाम रखने की विशेष प्रवृत्ति पाई जाती है। कुछ समय बाद उपनाम ही प्रमुख हो जाता है। प्रायः लोग फिराक, निराला, अज्ञेय, बच्चन आदि के मूल नाम नहीं जानते। सच्चिदानंद हीरानंद वात्स्यायन की प्रारंभिक रचनाएं 'अज्ञेय' नाम से छपीं, क्योंकि उस समय वे राजनीतिक बंदी थे। बाद में अज्ञेय नाम अधिक प्रचलित हो जाने के कारण, वे इसी नाम से कविताएं और समीक्षाएं लिखते रहे और सच्चिदानंद हीरानंद वात्स्यायन नाम से अन्य रचनाएं। लंबे समय तक लेखक की पहचान स्पष्ट करने के लिए मूल नाम के साथ ही यानी उसके अंत में उपनाम लिखे जाने की प्रथा चली है। उर्दू में उपनाम या तखल्लुस के बाद शायर के शहर या गांव का नाम जोड़ने की परंपरा है, जैसे कैफी आजमी, अजमल सुलतानपुरी, नजीर बनारसी, असलम इलाहाबादी, अकबर इलाहाबादी आदि।

कई बार उपनाम व्यक्तिगत विचारों, प्रवृत्तियों, अभिप्रेरणाओं और साहित्यिक मान्यताओं का द्योतक होता है। यह प्रायः सरल, छोटा और आकर्षक होता है। कुछ लोकप्रिय उपनाम हैं–हरिऔध, दिनकर, अश्क, सुमन, रेणु, अंचल, नीरज, धूमिल, राही,

प्रभाकर, शानी, रमई काका, नेपाली आदि। कवियों और शायरों में उपनाम रखने की विशेष प्रवृत्ति थी।

महेंद्र राजा जैन

उपनिवेशवाद

जब किसी देश पर शासन करने वाली राजनीतिक सत्ता किसी दूसरे देश या क्षेत्र पर अपना अधिकार स्थापित कर उसे अपने अधीन कर लेती है, तो अधीनस्थ क्षेत्र को उपनिवेश कहा जाता है। उपनिवेश स्थापित करने की इस प्रक्रिया को उपनिवेशीकरण और उपनिवेश स्थापित करने के राजनीतिक सिद्धांत को उपनिवेशवाद (Colonialism) कहते हैं। उपनिवेश में रहनेवाले लोगों और उन पर अपना अधिकार स्थापित करनेवाली औपनिवेशिक सत्ता के बीच संबंध असमानता पर आधारित होते हैं। औपनिवेशिक सत्ता अपने उपनिवेशों का आर्थिक शोषण करती है, वहां के लोगों को राजनीतिक स्वतंत्रता से वंचित रखती है और उनके सामाजिक जीवन में हस्तक्षेप करती है।

मानव इतिहास में एक क्षेत्र की राजसत्ता द्वारा दूसरे क्षेत्र को अपने अधीन कर उसे उपनिवेश बनाने की परंपरा पुरानी है। उपनिवेशवाद को जिस आधुनिक अर्थ में समझा जाता है, उसकी शुरुआत सोलहवीं सदी से होती है जब यूरोप के देशों ने एशिया, अफ्रीका और अमेरिका के कई देशों और क्षेत्रों को अपने अधीनस्थ कर वहां उपनिवेश स्थापित किए। इसके अलावा शुरुआती काल में इंग्लैंड द्वारा वेल्स और आयरलैंड को उपनिवेश बनाया गया, जिसके कारण वे आज भी कुछ मायनों में अपने को इंग्लैंड से भिन्न स्वतंत्र रूप में देखते हैं।

उपनिवेशवाद की एक परिभाषा के अनुसार, 'कमजोर लोगों और क्षेत्रों पर नियंत्रण करने की नीति और व्यवहार ही उपनिवेशवाद है।' एक अन्य परिभाषा के अनुसार, 'यूरोप द्वारा दुनिया के अन्य क्षेत्रों में अपनी बस्तियां बसाने और राजनीतिक नियंत्रण स्थापित करने की प्रक्रिया उपनिवेशवाद है।' चूंकि उपनिवेशवाद की शुरुआत यूरोपीय देशों द्वारा विश्व के अन्य क्षेत्रों में उपनिवेशों की स्थापना से हुई थी, इसलिए उपनिवेशवाद को प्रायः यूरोपीय संदर्भ में समझा जाता है। यूरोप के देशों में स्पेन, फ्रांस, इंगलैंड, पुर्तगाल और हालैंड ने विश्व के अन्य हिस्सों में, जिनमें भारत शामिल है, अपने उपनिवेश स्थापित किए, हालांकि भारत की मुख्य भूमि के अधिकांश हिस्से पर इंगलैंड का ही लगभग दो सौ वर्षों तक शासन रहा है। इसके विरुद्ध लंबे संघर्ष के बाद 15 अगस्त 1947 को भारत ने स्वतंत्रता प्राप्त की। इस दशक से ही दुनिया के अन्य उपनिवेशित देशों ने अपने को स्वतंत्र घोषित करना शुरू कर दिया था। 1948 से संयुक्त राष्ट्र भी विउपनिवेशीकरण को प्रोत्साहित कर रहा था और 1980 तक भारत के अलावा म्यांमार, घाना, मलाया, अल्जीरिया, जिंबाब्वे, इंडोनेशिया आदि कई देश आजाद हो गए।

सोलहवीं सदी से उपनिवेश स्थापित किए जाने की प्रक्रिया का संबंध समुद्री यात्राओं में होनेवाले बदलाव और पृथ्वी के बारे में नई जानकारियों से था। भूगोल संबंधी नई खोजों ने लोगों को यह बता दिया था कि पृथ्वी गोल है। इस जानकारी के कारण कोलंबस भारत और चीन तक पहुंचने की लालसा में अमेरिका पहुंच गया था। दूसरे, अब तेज रफ्तार से चलनेवाले जहाज बनने लगे थे, जिससे दूर-दूर की यात्राएं कम समय में की जा सकती थीं। यही कारण है कि यूरोप के लोगों ने धन की लालसा में अमेरिका से लेकर आस्ट्रेलिया तक और अफ्रीका से लेकर एशिया तक को अपने पैरों तले रौंद डाला। वे सारी दुनिया में अपने उपनिवेश स्थापित करने में कामयाब रहे।

उपनिवेशकों ने दुनिया के विभिन्न देशों के मूलवासियों पर बर्बर हमले किए थे। अमेरिका, आस्ट्रेलिया, न्यूजीलैंड आदि क्षेत्रों में रहने वाले अधिकांश मूलवासियों को जनसंहार और बर्बरता का शिकार होना पड़ा या उन महामारियों का शिकार होना पड़ा जो यूरोपीय लोग अपने साथ ले गए थे। कई

देशों के नागरिकों को उनके अपने देशों से उखाड़कर दूसरी जगह पर बसने के लिए मजबूर किया गया, तो कई देशों में रहने वाले लोगों को गुलामों की तरह जीने के लिए मजबूर किया गया। पहली तरह के उपनिवेश अमेरिका, आस्ट्रेलिया, न्यूजीलैंड आदि देशों में स्थापित हुए, जहाँ जलवायु भी यूरोपीयनों के अनुकूल थी। इन देशों में एशिया और अफ्रीका से लाकर लोगों को गुलाम की तरह रहने के लिए विवश किया गया। दूसरी तरह के उपनिवेश एशिया और अफ्रीका में स्थापित किए गए। औपनिवेशीकरण की इस प्रक्रिया में यूरोपीय लोगों को एशिया और अफ्रीका के लोगों की तुलना में रंग और प्रजाति के आधार पर श्रेष्ठ समझे जाने का भाव दिया। इस श्रेष्ठता भाव ने भी गैर-यूरोपीय समूहों पर अत्याचार करने के लिए प्रेरित किया।

एशिया पर हिंसक होड़ के बाद अंततः इंग्लैंड का प्रभुत्व कायम हो गया था। अफ्रीकी देशों में बेल्जियम ने कोंगो नदी घाटी पर, फ्रांस ने अल्जीरिया, ट्यूनिशिया, मोरक्को पर, इटली ने लीबिया पर और लातीन अमेरिकी देशों पर स्पेन ने कब्जा कर लिया। ब्रिटेन ने मिस्र पर कब्जा करके स्वेज नहर पर नियंत्रण स्थापित कर लिया।

सोलहवीं सदी में जब यूरोप के देश दुनिया के विभिन्न भागों में अपने उपनिवेश स्थापित कर रहे थे, उसी दौरान यूरोप में आधुनिकता के विचार उभरने लगे थे, पूंजीवाद का उदय हो रहा था और यह भावना पनप रही थी कि उपनिवेश स्थापित करना उचित है। इसे औचित्यपूर्ण ठहराने के लिए धर्म, राष्ट्रवाद और उच्च सभ्यता का सहारा लिया जा रहा था। कोलंबस, वास्को दि गामा और यूरोप के कई अन्य यात्री बुनियादी तौर पर क्रूर लुटेरे थे। कोलंबस ने अपने बर्बरतापूर्ण कार्यों का औचित्य इस रूप में रखा कि ईश्वर ने उसे 'ईसाइयत के उद्धार के लिए भेजा है।' यह महज संयोग नहीं है कि यूरोप के लोगों ने जहाँ भी अपने उपनिवेश स्थापित किए, वहां ईसाई धर्म का प्रचार-प्रसार भी किया और बहुत बड़े पैमाने पर धर्मांतरण किया गया।

उपनिवेशवाद का दूसरा औचित्य राष्ट्रवाद द्वारा स्थापित किया गया, जैसे भारत जैसे देश में व्यापार के लिए अपना उपनिवेश स्थापित करने का औचित्य इंग्लैंड के राष्ट्रीय हितों के पक्ष में बताया गया। पहले भारत में निर्मित वस्तुओं का निर्यात करने के लिए और बाद में भारत में इंग्लैंड में उत्पादित वस्तुओं का बाजार स्थापित करने के लिए। उपनिवेशवाद को विस्तृत रूप देने में औद्योगिक क्रांति की एक बड़ी भूमिका थी। इसका तीसरा औचित्य 'सभ्यता का मिशन' और 'ह्वाइटमेंस बर्डेन' के सिद्धांतों द्वारा स्थापित किया गया। कहने का आशय था कि गोरी नस्ल के लोग सभ्य हैं और एशियाई-आफ्रीकी देशों को उन्होंने इन देशों में सभ्यता के प्रचार के मकसद से उपनिवेश बनाया है। उन पर यह एक दायित्व (बोझ) है। यूरोप में लोकतंत्र और प्राकृतिक अधिकारों के प्रवक्ता जान लॉक से लेकर हीगेल तक को यूरोपीय देशों के उपनिवेशवाद में निर्माणकारी भूमिका नजर आती थी। भारत के कई विचारकों ने अंग्रेजी राज की प्रगतिशील भूमिका का विश्लेषण किया है और वे मानते रहे हैं कि उपनिवेशवाद न होता तो भारत पिछड़ जाता। इस पर काफी विवाद हुआ है।

उपनिवेशवाद और साम्राज्यवाद, इन दोनों धारणाओं में कुछ भिन्नता है। कोई देश जब अपनी शक्ति और प्रभाव का विस्तार उपनिवेशीकरण और सैन्य ताकत या किसी अन्य तरीके से करता है तो उसे साम्राज्यवाद कहते हैं। बिना उपनिवेशीकरण के भी अपनी शक्ति और प्रभाव का विस्तार साम्राज्यवाद की पहचान है। साम्राज्यवाद प्रत्यक्ष उपनिवेशवाद में परिणत हो सकता है, पर अप्रत्यक्ष उपनिवेदशवाद भी संभव है। उपनिवेशवाद के कई रूप बताए गए हैं–आर्थिक, राजनीतिक, सैन्य, सांस्कृतिक और बौद्धिक उपनिवेशवाद।

आज औपनिवेशिक दासता वाले देश आजाद हो गए हैं लेकिन एक नई तरह का उपनिवेशीकरण देखा जा सकता है। साम्राज्यवादी मनोवृत्ति वाले देश आर्थिक, प्रौद्योगिक और सैन्य ताकत के बल पर

अपेक्षाकृत कमजोर और अल्पविकसित देशों को अपना सीधे राजनीतिक प्रभुत्व स्थापित किए बिना उन देशों में अपनी शक्ति और प्रभाव का विस्तार करने में कामयाब होते हैं। इस समय विश्व भर में अमेरिका के 700 से अधिक सैन्य अड्डे हैं और संयुक्त सैन्य-अभ्यास होते रहते हैं।

जवरीमल्ल पारख

अधिक जानकारी के लिए :

1. **साम्राज्य का युग** : एरिक हॉब्सबाम, 2. **Imperialism and Post-Colonialism** : Barbara Bush, 3. **Colonialism and Imperialism** (1450-1950) : Benedikt Stuchtey, 4. **Colonialism : A Theoretical Overview** : Jurgen Osterhammel

उपनिषद

वैदिक वाङ्मय के अंतर्गत उपनिषदें ब्रह्मविद्या के प्रतिपादक ग्रंथ हैं। वैदिक संहिताओं और ब्राह्मण ग्रंथों में मुख्यतः वेद का कर्मकांड भाग है, जबकि उपनिषद वेद का ज्ञानकांड है। इनमें वेदों का सर्वोत्कृष्ट सारतत्व है। वैदिक वाङ्मय का अंतिम भाग होने से इन्हें 'वेदांत' भी कहा जाता है। इनका उद्देश्य उच्चतम दार्शनिक सत्यों का निरूपण है। आध्यात्मिक अंतर्दृष्टि और दार्शनिक चिंतन के साथ ये ग्रंथ आत्मिक आलोक प्रदान करते हैं। एस राधाकृष्णन के शब्दों में 'ये हमारे आगे अमूर्त दार्शनिक पदार्थों का संसार नहीं, अपितु अमूल्य और अनेक प्रकार के आत्मिक अनुभव का संसार उद्‌घाटित करती हैं। इनके सत्यों की पुष्टि केवल तर्कबुद्धि से नहीं अपितु निजी अनुभव से होती है' (द प्रिंसिपल उपनिषद्‌स)। आर एन रानाडे का विश्लेषण है कि 'उपनिषदें हमारे आगे सत्य का वह सिद्धांत रखती हैं जो अपरोक्ष और रहस्यात्मक स्वानुभूतिजन्य है' (द कन्सट्रैक्टिव सर्वे ऑफ उपनिषदिक फिलॉसफी)।

उपनिषद ग्रंथ भारतीय अध्यात्म-चिंतन के मूलस्रोत हैं जिनसे भारतीय दर्शन की विभिन्न परवर्ती धाराएं निःसृत हुई हैं। भारतीय तत्त्वचिंतन की प्रायः सभी शाखाओं ने उपनिषदों की प्रामाणिकता स्वीकार की है और स्वतंत्रतापूर्वक इनकी व्याख्याएं की हैं। उन व्याख्याओं में विविधता के दर्शन होते हैं। यह विविधता इसलिए संभव हो सकी, क्योंकि उपनिषदें किसी एक दार्शनिक व्यक्ति या किसी एक दार्शनिक संप्रदाय के विचार नहीं हैं। यही कारण है कि कालांतर में उपनिषदों का उपयोग विविध दार्शनिक मतों के विकास के लिए किया गया। आचार्यों और भाष्यकारों ने इन पर टीकाएं लिखकर अपने विशिष्ट मतों और सिद्धांतों को परिपुष्ट किया। विशेषकर वेदांत दर्शन के विविध संप्रदायों के आचार्यों ने उपनिषदों पर भाष्य लिखे। इनमें अद्वैतमत के प्रधान आचार्य शंकर के भाष्य लगभग सभी प्रधान उपनिषदों पर उपलब्ध होते हैं। द्वैत मत के प्रवर्तक आचार्य मध्व, विशिष्टाद्वैत मत के प्रमुख आचार्य रामानुज आदि ने भी उपनिषदों पर भाष्य लिखकर अपने विशिष्ट संप्रदाय विकसित किए। वेदांत के सभी संप्रदाय उपनिषदों का साक्षात विकास हैं। वैदिक दार्शनिक परंपरा की आधारभूत प्रस्थानत्रयी में उपनिषदें प्रमुख हैं, अनंतर इसमें श्रीमद्‌भगवदगीता और ब्रह्मसूत्र परिगणनीय हैं। उपनिषदों का इतना आदर इस कारण नहीं है कि ये श्रुति या प्रकट हुए साहित्य का एक भाग होने के कारण एक विशिष्ट स्थान रखती हैं, अपितु इसका कारण है कि ये अपनी अक्षय अर्थवत्ता और आत्मिक शक्ति से भारतवासियों की पीढ़ी-दर-पीढ़ी को अंतर्दृष्टि और बल प्रदान कर प्रेरणा देती रही है (द प्रिंसिपल उपनिषद्‌स)।

वैदिक वाङ्मय में उपनिषदों का उद्‌भव और विकास वैदिक चिंतन की उत्तरोत्तर विकसित पृष्ठभूमि पर हुआ है। दैवी शक्ति की अनुभूति और स्तवन प्रधानतः संहिता ग्रंथों में किया गया। ब्राह्मण ग्रंथों में कर्मकांड की महत्ता बढ़ी। अब यज्ञ और यज्ञविधान साधन के साथ-साथ साध्य बन गया। आरण्यक ग्रंथों ने कर्मकाण्डीय जटिलता से दूर ले जा कर प्राणविद्या की प्रतिष्ठा की। उपनिषदों ने और अधिक अंतर्मुखी वृत्ति की ओर प्रेरित करते हुए आत्मज्ञान को सर्वोपरि

सिद्ध किया। निस्संदेह उपनिषदों में वैदिक चिंतन का पूर्णतया विकसित स्वरूप दिखाई देता है।

'उपनिषद' नाम का अर्थ इस शब्द की व्युत्पत्ति से प्रकट होता है। यदि इसे 'उप' (निकट), 'नि' (नीचे) और सद् धातु (बैठना) से व्युत्पन्न माना जाए, तो इसका तात्पर्य उस विद्या से है जो गुरु के अत्यंत निकट नीचे बैठकर प्राप्त की जाती है। तदनुसार उपनिषद विद्या योग्य अंतेवासी शिष्य द्वारा ही ग्रहण की जा सकती है और अत्यंत गुप्त है। सद् धातु के तीन अर्थ और भी हैं—विशरण, गति और अवसादन। आचार्य शंकर ने उपनिषद शब्द 'उप' और 'नि' उपसर्गों के साथ इसी धातु से निष्पन्न माना है। तब उपनिषद का शाब्दिक अर्थ है, वह ब्रह्मविद्या जिसके परिशीलन से संसार की कारणभूत अविद्या नष्ट हो जाती है (विशरण), ब्रह्म की प्राप्ति होती है (गति), और पुनर्जन्म का कारण बनने वाले कर्म निरस्त हो जाते हैं (अवसादन)। उपनिषद शब्द का वाच्यार्थ ब्रह्मविद्या है, पर लक्ष्यार्थ है ब्रह्मविद्याविषयक ग्रंथ। ब्रह्मज्ञान को विषय बनाने वाले प्रकरण या अंश ही सामान्य तौर से 'उपनिषद' नाम से अभिहित किए गए। संहिता से लेकर आरण्यक ग्रंथों के अंतर्गत उपनिषदों की प्राप्ति देखी जाती है। इसी परंपरा का अनुवर्तन करते हुए महाभारत के अंशभूत, श्रीमद्‌भगवदगीता को श्रीकृष्ण द्वारा उपदिष्टा ब्रह्मविद्या होने से 'उपनिषद' संज्ञा दी गई। और तो और कालांतर में भी इसी भावना से वैष्णव, शैव, शाक्त आदि परंपराओं के अंतर्गत उपनिषदों की निर्मिति होती गई।

आज उपनिषद साहित्य अत्यंत विशाल रूप में मिलता है। उपनिषदों की संख्या दो सौ से अधिक बतलाई जाती है। मुक्तिकोपनिषद में 108 उपनिषदों का उल्लेख है, साथ ही यह भी बताया गया है कि किस वेद की शाखा से किस उपनिषद का संबंध है। 108 उपनिषदों को विषयानुसार विभाजित कर छह वर्गों में रखने का भी प्रचलन है, यथा—वेदांत सिद्धांत की उपनिषदें, योग सिद्धांत की उपनिषदें, वैष्णव सिद्धांत की उपनिषदें, सांख्य और संन्यास सिद्धांत की उपनिषदें, शैव सिद्धांत की उपनिषदें तथा शाक्त आदि सिद्धांतों की उपनिषदें। संभवतः उपनिषद विधा के महत्व के कारण ही लगभग सभी संप्रदायों के आचार्यों का यत्न रहा कि उनकी कोई न कोई उपनिषद हो। उपनिषद की यह दूरगामी परंपरा भारतीय मानस में उनकी प्रतिष्ठा को ही अभिव्यक्त करती है।

वैदिक वाङ्‌गय के चतुर्थ भाग के अंतर्गत प्रायः दस उपनिषदें ही प्रमुख, प्रामाणिक, प्राचीन और महत्वपूर्ण मानी जाती हैं। इनका नामतः उल्लेख मुक्तिकोपनिषद (1.30) में हुआ है—ईश, केन, कठ, प्रश्न, मुंडक, मांडुक्य, तैत्तिरीय, ऐतरेय, छांदोग्य और बृहदारण्यक। आचार्य शंकर के प्रामाणिक एवं पांडित्यपूर्ण भाष्य इन पर ही उपलब्ध हैं। इन दस उपनिषदों के अतिरिक्त श्वेताश्वतर, कौषीतकि और मैत्रायणीय भी प्राचीन उपनिषद ग्रंथ माने जाते हैं। इन उपनिषदों का संबंध भी वेद की किसी न किसी शाखा से होता है।

वैदिक ग्रंथों में उपनिषद साहित्य सर्वाधिक लोकप्रिय और पठनीय है। यही कारण है कि प्राचीन काल से ही इस पर भाष्य और टीकाएं बहुतायत से लिखी गई हैं। 1657 ई. में शाहजहां के पुत्र और औरंगजेब के भाई दाराशिकोह ने 50 उपनिषदों का फारसी में अनुवाद सिर्र- ए-अकबर (महान रहस्य) नाम से किया था। उसका कथन था कि कुरान में उल्लिखित 'छिपी हुई किताब' उपनिषदें ही हैं। 1802 में दाराशिकोह के फारसी अनुवाद के आधार पर 'दु पेरों' नामक फ्रेंच विद्वान ने इसका फ्रेंच और लैटिन में अनुवाद किया। प्रकाशित हुए लैटिन अनुवाद को पढ़कर प्रसिद्ध जर्मन दार्शनिक शोपेनहावर उपनिषदों के प्रति अत्यंत आकर्षित हुआ था और अनंतर उसने उपनिषदों को 'मानवीय वैदुष्य की सर्वोत्तम कृति' बताया था।

उपनिषदों में सामान्यतः प्रतिपादित दार्शनिक सिद्धांत सरल और स्पष्ट हैं। ब्रह्म का स्वरूप प्रतिपादित करते हुए उसे मन और इंद्रियों की ग्रहण क्षमता से परे अति सूक्ष्म, व्याप्त एक और नित्य बताया गया है। वही सृष्टि का एकमात्र मूल कारण है। वह अक्षर

है और आत्मस्वरूप है। मानव जीवन का लक्ष्य ब्रह्म साक्षात्कार है। ब्रह्म को जानकर ब्रह्म की प्राप्ति होती है–'ब्रह्मविद् ब्रह्मैव भवति।' श्रेय और प्रेय दो मार्ग हैं पर ज्ञानी प्रेय की अपेक्षा श्रेय मार्ग का वरण करता है और आत्मिक आनंद पाता है। उपनिषदों में समन्वय की भावना देखी जा सकती है। कर्म मार्ग से भौतिक जीवन सफल होता है और ज्ञान मार्ग से मोक्ष की प्राप्ति होती है। अविद्या से मृत्यु पार कर विद्या से अमृत की प्राप्ति होती है–'अविद्या मृत्यु तीर्त्वाविद्याऽमृतमश्नुते' (ईश. उप. 11)। कर्मकांड की हीनता का प्रतिपादन अध्यात्म की महत्ता के लिए मुंडक उपनिषद में किया गया है– यज्ञ अदृढ़ नौकाओं के समान हैं जिनसे संसार रूपी सागर पार नहीं किया जा सकता (मुंडक उप. 1.2.7)।

एकात्मवाद का सशक्त वर्णन ईशावास्योपनिषद में दर्शनीय है–जो सब प्राणियों में एकत्व की अनुभूति करने लगता है, उसे संसार में शोक और मोह नहीं होता है–

यस्मिन् सर्वाणि भूतानि आत्मैवाभूद् विजानतः।
तत्र को मोहः कः शोक एकत्वमनुपश्यतः।। (7)

यजुर्वेद संहिता का चालीसवां अध्याय होने से ईशावास्योपनिषद की प्रसिद्धि 'मंत्रोपनिषद' के रूप में है। अठारह मंत्रों की यह छोटी उपनिषद समस्त वैदिक दर्शन और भारतीय दर्शन का सार प्रस्तुत करती है। हिंदू धर्म के लिए इस उपनिषद की अतिशय महत्ता पर महात्मा गांधी का एक कथन उद्धृत करना ही पर्याप्त होगा–'अब मैं इस अंतिम निर्णय पर पहुंचा हूं कि यदि सारी उपनिषदें और दूसरे अन्य शास्त्र नष्ट हो जाते हैं और यदि ईशोपनिषद का प्रथम मंत्र ही हिंदुओं की स्मृति में सुरक्षित रह जाता है तो भी हिंदुत्व सदा सर्वदा जीवित रहेगा' (द टेन क्लासिकल उपनिषद्स, भाग-1)। 'ईशावास्यमिदं सर्वम्' से प्रारंभ होने वाला यह प्रथम मंत्र न केवल इस उपनिषद के नाम का आधार है, बल्कि ईश्वर की सर्वव्यापकता और एकता का भी प्रतिष्ठापक है। यम और नचिकेता की कथा से प्रारंभ होने वाला कठोपनिषद बड़ी ही रोचकता के साथ संवादशैली में जीवन का लक्ष्य तीन सोपानों के रूप में वर्णित करता है– 1. आधिभौतिक या पारिवारिक स्तर पर प्रसन्नता, 2. कर्मशीलता और भौतिक उपलब्धियां और 3. अंततः ब्रह्मज्ञान द्वारा मोक्ष प्राप्ति। गूढ़ दार्शनिक रहस्यों और नैतिक उपदेशों को प्रस्तुत करनेवाली कथाएं एवं आरण्ययिकाएं जैसे उपनिषदों की प्रतिपादन शैली का अंग हैं। केनोपनिषद यक्षोपाख्यान द्वारा ब्रह्म की अनिर्वणीयता, सत्यकाम जाबाल की कथा, असुरराज विरोचन और इंद्र की कथा, राजा जनक की सभा में गार्गी की निर्भीकता, अभिमानी गार्ग्य और राजा अजातशत्रु का संवाद, प्रजापति द्वारा द...द...द... के उपदेश का प्रसंग आदि अनेकानेक प्रकरणों द्वारा इन उपनिषद ग्रंथों ने अपने कथ्य को अधिक विशद और रोचक बनाया है।

वैदिक सूक्तों से उपनिषदों तक आते हुए हम देखते हैं कि चिंतकों की रुचि विषय से हटकर विषयी पर पहुंच गई है। उनका चिंतन बाह्य जगत की विलक्षणता से हटता हुआ आत्मा के मनन पर आ ठहरा है। उपनिषद परंपरा वैदिक विचारों और प्रतीकों के उत्तरोत्तर विकसित होते हुए गंभीर और नवीन दार्शनिक आयाम को इंगित करती है।

उपनिषदों का प्रभाव भारतीय चिंतन परंपरा के विभिन्न प्रस्थानों पर तो है ही, भारतीय साहित्य की अनेक महत्वपूर्ण कृतियां भी उपनिषदों से प्रेरित हैं, जैसे हजारी प्रसाद द्विवेदी का उपन्यास 'अनामदास का पोथा'। और कुंवर नारायण की दो कृतियां 'नचिकेता' तथा 'वाजश्रवा के बहाने' उपनिषद के नचिकेता के आख्यान पर आधारित हैं। आधुनिक दार्शनिकों में थोरो, इमर्सन, शोपेनहावर आदि के चिंतन पर उपनिषदों का गहरा प्रभाव पड़ा है।

शशि तिवारी

अधिक जानकारी के लिए :

1. **संस्कृत वाङ्मय का बृहद इतिहास :** प्रथम खंड 'वेद', प्रधान संपादक–आचार्य बलदेव उपाध्याय, 1996, 2. **वैदिक साहित्य एवं संस्कृति :** कपिलदेव द्विवेदी, 2000, 3. **ईशावास्योपनिषद :** शशि तिवारी, 4. **The Ten Classical Upanisads :** P B Gajendra Gadkar, Vol. 1, 1981, 5. **The Principle Upanisads :** S Radhakrishnan, 1968, 6. **A Constructive Survay of Upanishadic Philosophy :** R D Ranade

उपन्यास

उपन्यास (Novel) आधुनिक युग की सर्वाधिक लोकप्रिय विधा है। एक विधा के रूप में नॉवेल का आरंभ इटली के बोकचियो गियोवानी द्वारा रचित 'डेकामेरन' (1348-53) से माना जाता है। बाद में उसका विकास स्पेन में हुआ। 1605 में छपे मिगेल सर्वेंतीज के उपन्यास 'डॉन क्विक्जोट' (डॉन किहोते) को पश्चिम का पहला पूर्ण उपन्यास माना जाता है। उस समय काव्य और नाटक सर्वाधिक प्रचलित और स्वीकृत विधाएं थीं। लेकिन उद्योग, वाणिज्य और तकनीक के विकास ने पश्चिमी समाज में एक ऐसे मध्यवर्ग को जन्म दिया, जिसकी अभिरुचियां तत्कालीन अभिजनों से भिन्न थीं। इस नए वर्ग की आकांक्षाओं, स्वप्न, हताशा, अवसाद और प्रेम को व्यक्त करने की दृष्टि से पूर्व की विधाएं अपर्याप्त थीं। इसलिए 'नॉवेल' का उद्भव हुआ, जिसका शाब्दिक अर्थ है नया (नई कथा)।

सर्वेंतीज के उपन्यास का अंत उसके मित्र के इस कथन से होता है, 'कोई तुम धार्मिक उपदेश नहीं दे रहे हो, जहाँ मानव और दैवी तत्वों में घुला-मिला दिया जाता है। किसी भी रचना में केवल प्रकृति या मानव स्वभाव के सत्यों का प्रयोग ही होना चाहिए।... तुम्हें केवल अपनी शैली, अपने आख्यान को संगीतमय और सुखद बनाना है। ऐसा बनाना है जिसमें सादगी, स्पष्टता और तथ्यपरकता हो। शब्दों का सही प्रयोग हो अपने स्थान पर। अपनी पूरी शक्ति से अपने उद्देश्यों की ओर बढ़ते हुए तुम्हें ऐसे अंदाज में कहना है कि सबकी समझ में आ जाए, जिसमें कोई छद्म या जटिलता न हो। यह भी कोशिश करो कि तुम्हें पढ़कर पाठक की निराशा और उदासी हंसी में बदल जाए।... साधारण लोग इसे पढ़कर परेशान न हों। समझ-बूझ वाले रचना की प्रशंसा करें और गंभीर लोग इससे घृणा न करें।' सर्वेंतीज ने औपन्यासिक संरचना की कुछ विशेषताओं की ओर इशारा किया, जो बाद के उपन्यासकारों का आदर्श बना। कहा जा सकता है कि उपन्यास सामंती आभिजात्य के किले को ध्वस्त करने के मकसद से लिखा जाना शुरू हुआ था।

उपन्यास विधा स्पेन में विकसित हुई लेकिन इसे लोकप्रियता के शीर्ष पर पहुंचाया, डेनियल डेफो, रिचर्डसन और फील्डिंग जैसे उपन्यासकारों ने। उनके उपन्यासों में यथार्थ और कल्पना का एक ऐसा अनोखा संसार उपस्थित हुआ जो अपनी रोचकता और चित्रण विधि के कारण जल्द ही गद्य साहित्य के शीर्ष पर विराजमान हो गया। यूरोप से संपर्क तथा ज्ञान-विज्ञान और तकनीक से निकटता के कारण भारत में इस विधा की लोकप्रियता सबसे पहले बंगाल, महाराष्ट्र और गुजरात में फैली। इन भाषाओं में उपन्यास लिखे गए। यद्यपि इन भाषाओं के रचनाकारों ने सीधे अंग्रेजी उपन्यासों का अनुकरण नहीं किया, बल्कि अंग्रेजी प्रयोग और भारतीय कथा-प्रविधि को मिलाकर नए ढंग से विस्तृत कथा लिखने के प्रयोग किए। उपन्यास को मराठी में 'कादंबरी' और गुजराती में 'नवल कथा' कहते हैं। 'कादंबरी' बाणभट्ट की एक कथात्मक कृति है। 'नवल कथा' का अर्थ भी नए ढंग की कथा है। बांग्ला में 'उपन्यास' शब्द संस्कृत काव्यशास्त्र से लिया गया, जिसका शाब्दिक अर्थ है—समीप रखना। 'नॉवेल' शब्द के लिए भारतीय भाषाओं में प्रयुक्त और स्वीकृत ये शब्द बताते हैं कि भारतीय उपन्यास यूरोपीय 'नॉवेल' की अनुकृति मात्र नहीं हैं।

हिंदी में 'उपन्यास' शब्द का सबसे पहले प्रयोग भारतेंदु हरिश्चंद्र ने 1875 में किया, लेकिन उनका यह शब्द-प्रयोग स्वयं उपन्यासकारों के बीच प्रचलित नहीं हो सका था। आगे चलकर बालकृष्ण भट्ट इस शब्द का लगातार प्रयोग कर इसे व्यवहार में ले आए।

उपन्यास का आरंभ ही सामाजिक यथार्थ को विस्तृत जीवनानुभवों द्वारा वृहत कथात्मकता से बांधने के संकल्प के साथ हुआ। यह विधा मनुष्य की सारी समस्याओं पर केंद्रित होती है। साथ ही यह साहित्य की एकमात्र ऐसी विधा है जो पूरी तरह छापेखाने पर निर्भर है। रूप की दृष्टि से उपन्यास अपेक्षाकृत एक लचीली विधा है। गद्य के तमाम रूपों के साथ-साथ

काव्य और नाटक की विशिष्टताएं भी इसमें दिखाई पड़ती हैं। इसलिए उपन्यास को किसी ऐसी परिभाषा में बांधना मुश्किल है, जो इसके रूप और अंतर्वस्तु की पूर्ण व्याख्या कर सके। फिर भी रचनाकारों और आलोचकों ने समय-समय पर इसे परिभाषित करने का प्रयास किया है। इन प्रयासों को उपन्यास की विशिष्टताओं एवं प्रयोगों को स्वीकृत अथवा अस्वीकृत करने की प्रविधि केरूप में देखना चाहिए। श्यामसुंदर दास ने 'साहित्यालोचन' में उपन्यास को 'मनुष्य के वास्तविक जीवन की काल्पनिक कथा' कहा है। प्रेमचंद उपन्यास को मानव चरित्र का चित्र बताते हुए कहते हैं कि मानव चरित्र पर प्रकाश डालना और उसके रहस्यों को खोलना ही उपन्यास का मूल तत्व है। गुलाब राय उपन्यास को जीवन का प्रतिबिंब नहीं बल्कि चित्र मानते हैं। ई एम फोर्स्टर ने उपन्यास को संस्कृति का एक ऐसा तर्कपूर्ण माध्यम कहा है जिसने मौलिकता एवं नवीनता को महत्व प्रदान किया है। इसलिए वे 'नॉवेल' शब्द को सार्थक कहते हैं।

बाख्तिन के अनुसार, 'उपन्यासकार विभिन्न पात्रों के स्वतंत्र स्वरों की अनेकता के माध्यम से उपन्यास के भीतर एक ऐसी दुनिया रचता है जिसमें स्वरों की अनेकता ही सच है।' एलेन फ्रिडमैन ने कथा कहने के उद्देश्य से लिखे गए उपन्यास को 'क्लोज्ड नॉवेल' कहा था और 'ओपेन नॉवेल' की जरूरत बताई थी। वहीं फूको, रोलां बार्थ आदि उपन्यास को 'बूर्जुआ षड्यंत्र' कहते हैं, क्योंकि यह विधा बूर्जुआ वर्ग के उदय के साथ अस्तित्व में आई थी।

कहा जा सकता है कि नए ढंग की यह कथात्मक विधा सामाजिक यथार्थ एवं मानव चरित्र के अंकन को विशेष महत्व देती है। आरंभ में समाज के समग्र यथार्थ पर अत्यधिक जोर दिए जाने के कारण इसे गद्य में लिखित महाकाव्य तक कहा गया। उपन्यास में विषय की प्रमुखता होती है और उपन्यासकार उपन्यास रचते हुए मौलिक प्रयोग भी करता है। इसी आधार पर उसे विभिन्न भागों में बांटा गया है जैसे—मनोवैज्ञानिक उपन्यास, सामाजिक उपन्यास, यथार्थवादी उपन्यास, आंचलिक उपन्यास, ऐतिहासिक उपन्यास, प्रगतिवादी उपन्यास आदि। यहां तक कि बाद में प्रति-उपन्यास की अवधारणा भी सामने आई। उपन्यास के ऐसे प्रयोग बताते हैं कि प्रयोग करने की दृष्टि से इस विधा में अनंत संभावनाएं हैं।

उपन्यास चाहे जिस विषय पर लिखे गए हों, उसके ढांचे में कुछ आवश्यक बातों का होना जरूरी है। इसे ही आलोचकों ने उपन्यास का तत्व कहा है। ये तत्व हैं—कथानक, पात्र और चरित्र, देश-काल-वातावरण, कथोपकथन, उद्देश्य, शैली। यद्यपि प्रयोगशील उपन्यासकार कई बार इन तत्वों की अनदेखी करते हैं, लेकिन उनका प्रयोग अंततः उपन्यास की अवधारणा को कुछ और विस्तृत कर देता है।

कृष्ण किशोर ने उपन्यास के पक्ष में बहुत सजा कर अपनी पत्रिका के संपादकीय में कहा है, 'उपन्यास कला ने इतने दुख बीने हैं, इतने सुख बांटे हैं, इतने आश्चर्य हवाओं में उछाले हैं, इतनी नरम और कठोर धरती की रचना की है कि लगता है कि उपन्यास जीवन से बहुत बड़ा है या पूरा जीवन तो है ही। एक ही साथ, एक ही जगह न सही। अलग-अलग हिस्सों में, समय कालों में, लगता है इनसान ने अपना असली जीवन उपन्यासों में ही जिया है। जो हम खुद नहीं कर सकते, जिसकी कल्पना भी नहीं कर सकते, जिसे जीवन में किसी भी तरह स्वयं भोग नहीं सकते, वही सब हमने उपन्यासों में भोगा है, किया है, कल्पित किया है। हमारे गोचर भी, अगोचर भी उपन्यासों में उद्घाटित होते हैं।' (अन्यथा-15)

बसंत त्रिपाठी

अधिक जानकारी के लिए :

1. **साहित्यालोचन** : श्यामसुंदर दास, 2. **कुछ विचार** : प्रेमचंद, 3. **उपन्यास : स्थिति और गति** : चंद्रकांत बांदिवडेकर, 4. **हिंदी उपन्यास का विकास** : मधुरेश, 5. **उपन्यास की संरचना** : गोपाल राय

उपन्यास लेखन

श्यामसुंदर दास उपन्यास को मानव के वास्तविक जीवन की काल्पनिक कथा मानते थे। प्रेमचंद

कहते हैं, 'मैं उपन्यास को मानव-जीवन का चित्र समझता हूं। मानव-चरित्र पर प्रकाश डालना और उसके रहस्यों को खोलना ही उपन्यास का मुख्य स्वर है।' हजारी प्रसाद द्विवेदी कहते थे, 'आधुनिक उपन्यास केवल कथा मात्र नहीं है और न पुरानी कथाओं एवं आख्यायिकाओं की भांति कथा-सूत्र का बहाना लेकर उपमाओं, रूपकों, प्रतीकों और श्लेषों की छटा और सरस पदों में गुंफित पदावली की छटा दिखाने का कौशल ही है। यह आधुनिक वैयक्तिक दृष्टिकोण का परिणाम है।'

उपन्यास मानव जीवन का वह आख्यान है जो उसके जीवन-जगत की मर्मस्पर्शी, संघर्ष भरे और सुख-दुख की घटनाओं को निश्चित तारतम्य के साथ चित्रित करता है।

आज उपन्यास साहित्य की समस्त विधाओं में सबसे लोकप्रिय विधा है। इसे मानव जीवन का यथार्थ प्रतिबिंब कहा जा सकता है। इसलिए उपन्यास को मानव जीवन का यथार्थवादी कलात्मक चित्र माना जाता है। यह मानव जीवन की गाथा है। इसलिए साहित्य में आज उपन्यास का वही स्थान है जो कभी महाकाव्यों का था। महाकाव्यों में जीवन का आदर्शवादी चित्र था, जबकि उपन्यास समाज की आलोचनात्मक व्याख्या प्रस्तुत करता है। इसलिए उपन्यासकार के लिए आख्यान साधन मात्र है, साध्य नहीं।

उपन्यासकार का उद्देश्य पाठकों का सिर्फ मनोरंजन करना नहीं होता, बल्कि वह यथार्थ, कल्पना और अपने रचनात्मक कौशल के सहारे सामाजिक जीवन की झांकी प्रस्तुत करता है। दूसरी विधाओं की अपेक्षा उपन्यास में मानव चरित्र के यथार्थ और उसके विशद अध्ययन की संभावनाएं अधिक देखने को मिलती हैं।

यह जिज्ञासा हो सकती है कि एक सुगठित और एक हद तक समावेशी उपन्यास की आधारभूत जरूरतें या कहिए मूल तत्व क्या होने चाहिए, ताकि पाठक उसे सहजता के साथ अपना सके। एक उपन्यासकार के नाते मेरी दृष्टि में उपन्यास लेखन की सबसे पहली और प्रमुख शर्त है उसकी विश्वसनीयता तथा पठनीयता। सवाल है कि एक लेखक कैसे यह शर्त पूरी करे? किसी उपन्यास को प्रामाणिक बनाने के लिए लेखक जिन औजारों का इस्तेमाल करता है, वे हैं उसकी स्मृतियां, उसका इतिहासबोध और समाज के प्रति उसका नजरिया अर्थात उसके सामाजिक सरोकार। उपन्यास को विश्वसनीय बनाने के लिए कथ्यानुरूप लोक भाषा, परिवेश और उसके पात्रों तथा प्रभावशाली संवादों का चयन अपेक्षित है। लेखक को अपनी कल्पना, अपनी शैली और रचनात्मक कौशल का सहारा लेते हुए उपन्यास को पठनीय बनाने पर पूरा ध्यान रखना होता है। दरअसल पाठक को जितना यथार्थ उपन्यास में नजर आता है उतना होता नहीं है। वह तो उसकी कल्पना होती है जिसे उपन्यासकार अपने कौशल से प्रामाणिक और विश्वसनीय बनाता है। किसी भी उपन्यास की प्रभावशाली शुरुआत और उसका अंत लेखक का रचनात्मक कौशल ही होता है। उपन्यास लेखन की एक और शर्त है। शुरुआत किसी भी उपन्यास का वह प्रवेश-द्वार है जिसमें प्रवेश कर पाठक उसके बीहड़ में उतरता है, जबकि अंत पाठक को अनेक सवालों से बेचैन करने वाला होता है।

बदलती भौतिक जरूरतों, सैद्धांतिक अनुशासनों और नैतिक मूल्यों ने अनेक विमर्शों को जन्म दिया है, जिसके कारण उपन्यास ने इधर अपने आपको बहुत बदला है। भारतीय उपमहाद्वीप में उपन्यास का उदय ही दमन, शोषण और सामंतवाद के खिलाफ हुआ था। इसका विस्तार आगे जाकर सांप्रदायिकता, जातिवाद और लिंगभेद जैसी सामाजिक व्याधियों के खिलाफ लड़ने वाले एक हथियार के रूप में हुआ। कहते हैं कि उपन्यास ही अकेली ऐसी विधा है जिससे किसी लेखक के असली धैर्य, संयम, उसके रचनात्मक कौशल, उसकी वैचारिक प्रतिबद्धता और मानव मूल्यों के प्रति उसके आग्रहों की परीक्षा होती है।

उपन्यासकार को कथ्य के अलावा अपने पात्रों, उनकी भाषा और संवादों का चयन बेहद सावधानीपूर्वक करना चाहिए, विशेषकर भाषा का क्योंकि जहाँ संवाद किसी उपन्यास को मौलिक और

प्रामाणिक बनाता है, वहीं लेखक की भाषा विचारों का निर्माण करती है। अगर अपने विचारों को लेखक नैरेशन के बजाय अपने पात्रों के माध्यम से प्रकट करता है, तो उपन्यास जीवंत हो उठता है। मेरी नजर में एक संतुलित उपन्यास के लिए उसके लेखक का अपने 'लोक' के प्रति जागरूक होना तथा उसका जीवन-संघर्ष यानी उसका जीवन संसार काफी मायने रखता है। कहना होगा कि अस्मितावादी दौर और विविधतापूर्ण भारतीय उपमहाद्वीप में राजनीतिक और आर्थिक दबावों के चलते सामाजिक संरचना आए दिन जिस तरह नए-नए रूप ले रही है, एक उपन्यास लेखक को अपनी स्मृति, इतिहास और लोकाचारों पर बेहद सतर्क, निष्पक्ष तथा निर्मम होकर सोचने की जरूरत है। इस तरह उपन्यास लिखना अपने आप में किसी शोध से कम नहीं है। एक उपन्यासकार के लिए न केवल राजनीतिक-आर्थिक इतिहास, समाजशास्त्र की समझ जरूरी है बल्कि एक कुशल विश्लेषक की भूमिका भी उसे निभानी होती है। इसलिए साहित्य की अन्य विधाओं की अपेक्षा उपन्यास के लिए पूरे शोध की जरूरत होती है। इसके साथ ही उपन्यासकार को अपने पात्रों में पूरी तरह रचना-बसना होता है।

हिंदी उपन्यास के पूरे परिदृश्य को समझने के लिए बदलते शिल्प के अलावा सामाजिक चेतना की प्रखरता, जातीय स्मृतियों, विचारधाराओं के अंतर्विरोध, लोक विश्वासों, दलित और स्त्री-प्रश्नों और उन बदलावों को आधार बनाया जा सकता है जिनके चलते उपन्यास के बहाने एक विशिष्ट लोक को समझने में आसानी हो सकती है। उपन्यासकार को उपन्यास लिखने से पहले उपन्यास की परंपरा को समझना भी जरूरी है जिसमें यह 'लोक' बार-बार एक न एक कोण से व्यक्त हुआ है।

हिंदी उपन्यासों का मूल स्वर लोक जागरण रहा है। मनुष्य की जिजीविषा हिंदी के सभी अच्छे उपन्यासों के पात्रों की सांसों में घुली मिलेगी। एक और तथ्य की तरफ हमारा ध्यान जाना चाहिए और वह यह है कि लगभग विलुप्त होती जा रही बहुरंगी किस्सागोई, भाषा की दुहरी-तिहरी छटाएं और लोक संस्कृति का वर्णन हिंदी उपन्यास की खास विशेषताएं हैं।

इधर हिंदी उपन्यास ने ऐसे नए-नए विषयों में छलांग लगाई हैं जिनके बारे में कभी सोचा भी नहीं गया होगा। यह आदर्शवादी यथार्थ की खंदकों से बाहर निकल बस्तर, बुंदेलखंड, गंगोली, मेवात, मालवा, आदिवासी, दलित जैसे अलक्षित और अचिह्नित इलाकों में प्रवेश कर साहित्य को समृद्ध कर रहा है।

भगवानदास मोरवाल

उपभोक्ता का अर्थशास्त्र

उपभोक्ता वह है जो वस्तुओं या सेवाओं को खरीदता है और खुद उपभोग करता है, वह नहीं जो नए उत्पादन के लिए या दुबारा बेचने के लिए लेता है। उपभोक्ता निर्णय लेता है कि कोई वस्तु या सेवा खरीदे या नहीं। उसका निर्णय विज्ञापन या अन्य बाजारवादी तरीकों से प्रभावित होता है। इस प्रकार उपभोक्ता अर्थव्यवस्था को प्रभावित करने में एक महत्वपूर्ण भूमिका निभाते हैं। अब के उपभोक्ता पहले से कुछ सोच कर या अपरिवर्तनशील इच्छाएं लेकर बाजार में नहीं आते। उनकी इच्छाएं वस्तुतः सामाजिक बातचीत, आर्थिक संस्थाओं के प्रचार, संस्कृति और दूसरों की जीवन शैली द्वारा प्रभावित होती हैं। हर अर्थव्यवस्था उपभोक्ता की आवश्यकता या क्रियाकलापों से प्रभावित होती है।

राष्ट्र की आय के तीन स्रोत होते हैं—सेवाएं, उद्योग और कृषि। सभ्यता के विकास के साथ-साथ इन तीनों के अनुपात बदलते गए। पिछले कुछ दशकों से तुलनात्मक रूप से सेवाओं का अनुपात बढ़ता गया है और उद्योगों से आय का प्रतिशत कुछ घटा है और कृषि से आय का प्रतिशत तो बहुत अधिक गिर गया। भारत जैसे कृषि प्रधान देश में कुल घरेलू आय का 57 प्रतिशत सेवाओं से, 25 प्रतिशत उद्योगों से और मात्र 18 प्रतिशत कृषि क्षेत्रों से उपार्जित होता है। विकसित राष्ट्रों की आय में तो 75 से 80 प्रतिशत आय सेवाओं से प्राप्त होती है। राष्ट्रीय आय

मोटे तौर पर चार प्रकार से प्रयोग में आती है– (1) व्यक्तिगत उपभोग, (2) सरकारी खर्च, (3) निवेश और (4) व्यापारिक घाटा। राष्ट्रीय अर्थव्यवस्था के विश्लेषण में इन मुद्दों पर विशेष ध्यान दिया जाता है। वर्तमान युग में उपभोग आर्थिक मापदंड का सबसे बड़ा पैमाना है। राष्ट्र की कुल आय का कितना बड़ा हिस्सा उपभोक्ता द्वारा उपयोग में आता है, यह आर्थिक विकास का मुख्य मापदंड होता जा रहा है। यह अमेरिका में 1961 में 62 प्रतिशत था जो 2013 में बढ़कर 71 प्रतिशत हो गया है।

प्राथमिक तौर पर उपभोग की वस्तुओं को तीन भागों में बांटा जाता है–आवश्यक वस्तुएं, सुविधाओं की पूर्ति हेतु वस्तुएं और विलासिता की वस्तुएं। रोटी, कपड़ा, मकान, शिक्षा और स्वास्थ्य आधारभूत एवं आवश्यक वस्तुएं हैं। बीसवीं सदी के प्रारंभ तक भारत की जनता की आय का 80 प्रतिशत भाग केवल खाद्य पदार्थों में खर्च होता था। 'सादा जीवन उच्च विचार' का नारा प्रमुख था। विश्व भर में आवश्यक वस्तुओं की कमी थी तथा मांग और पूर्ति के सिद्धांत पर बाजार की कीमतें निर्धारित होती थीं।

प्रथम विश्वयुद्ध के बाद 1920 में अमेरिका की उपभोक्ता क्रांति ने अर्थशास्त्र के सिद्धांतों को एक नया मार्ग दिखाया जो पहले कल्पनातीत था। मोटर कारें सस्ती हुईं, बिजली के घरेलू उपकरणों ने गृहस्थ जीवन को सुविधापूर्ण बनाया। आधा पका खाना, पेय पदार्थ, वैकुम क्लीनर, रेडीमेड कपड़े आदि बड़ी मात्रा में घरों में आए। रेडियो के आविष्कार ने पूरे राष्ट्र को छोटा बना दिया। उत्पादन दूर-दराज के बाजार में भी जाने लगे। फोनोग्राम, टेलीफोन और कारों का बड़ी मात्रा में सस्ते मूल्यों पर उपलब्ध होना उस दौर की उपभोक्ता क्रांति थी।

1920 की उपभोक्ता क्रांति में बाजार को दो नए आयाम मिले–विज्ञापन और किश्तों के भुगतान पर माल बेचना। बाजार की इन दो नई व्यवस्थाओं ने उपभोक्ताओं की रुचि सुविधापूर्ण वस्तुओं के लिए 10 गुना बढ़ा दी। यह क्रांति ही कई चरणों में लगभग 100 वर्ष बाद अधिक विस्तृत और सार्वजनिक रूप में उपस्थित है। इसका प्रभाव विश्व में समय के साथ बढ़ता जा रहा है और पूरी अर्थव्यवस्था को प्रभावित कर रहा है।

द्वितीय विश्व युद्ध के बाद 1950 में इलेक्ट्रॉनिक उपकरणों ने विलासिता की वस्तुओं को सुविधापूर्ण वस्तुएं बना दिया था और सुविधापूर्ण कहलाने वाली वस्तुओं या सेवाओं को आवश्यक वस्तुओं की श्रेणी

में डाल दिया था। अमेरिका के रहन-सहन का स्तर विश्व के दूसरे देशों के लिए ईर्ष्या का विषय बना गया था। इस उपभोक्तापूर्ण अर्थव्यवस्था के आधार पर 1960 तक अमेरिका विश्व का सर्वशक्तिमान देश बन गया। 1950 में डाइनर्स क्रेडिट कार्ड ने विश्व के उपभोक्तावाद को एक नई दिशा दी थी। 1955 में अमेरिका के राष्ट्रपति निक्सन ने सोवियत संघ के राष्ट्रपति ख्रुश्चेव से कहा था कि उनके देश में इस समय 6 करोड़ कारें हैं। इसके बाद कंप्यूटर, सॉफ्टवेयर, आणविक ऊर्जा के विस्तार और तकनीकी क्रांति ने विश्व को एक गांव सा बना दिया। दुनिया बहुत छोटी होती गई। इस प्रकार उपभोक्तावाद का अर्थशास्त्र वैश्वीकरण का रूप धारण करता गया।

हर देश के उपभोक्ता को दूसरे देशों के आविष्कार, नई वस्तुएं और सेवाएं आकर्षित करती हैं। कई देश साधनों से अधिक उपभोग करने के कारण दिवालियेपन के कगार तक भी पहुंचने लगे। दूसरी तरफ, उत्पादक वर्ग उपभोक्ता को बेवकूफ बनाने में भी महारत हासिल करते गए। इसलिए दुनिया के देशों ने उपभोक्ताओं को उचित सुरक्षा देने

के लिए कानून बनाए और कई प्रकार की सरकारी और गैर-सरकारी व्यवस्थाएं तैयार कीं।

भारत सरकार में खाद्य मंत्रालय के दो भाग हैं–(1) खाद्य वितरण और (2) उपभोक्ता सुरक्षा। उपभोक्ता की सुरक्षा के लिए कानून और व्यवस्थाएं इस प्रकार हैं–(i) खाद्य वितरण प्रणाली, (ii) कंज्यूमर प्रोटेक्शन एक्ट, (iii) एसेंसियल कोमोडिटीज एक्ट, (iv) सेल ऑफ गुड्स एक्ट, (v) मोनोपोली एंड रेस्ट्रिक्टिव ट्रेड प्रैक्टिसेस एक्ट, (vi) कांट्रक्ट एक्ट, (vii) वेट एंड मेजरमेंट एक्ट आदि।

उपभोक्ता के कई अधिकार निश्चित किए गए हैं–(1) सुरक्षा या बचाव का अधिकार, (2) सूचना का अधिकार, (3) चयन का अधिकार, (4) सुनवाई का अधिकार, (5) क्षतिपूर्ति का अधिकार और (6) वस्तु के विषय में पूर्ण जानकारी का अधिकार।

अंतरराष्ट्रीय स्तर पर धर्म, वर्ग, जाति, लिंग एवं राष्ट्रीयता की सीमाओं को तोड़ते हुए उपभोक्तावाद को बढ़ावा मिलता गया। अपने से समृद्ध लोगों के उपभोग और जीवन शैली को ललचाई नजरों से देखना मानवीय स्वभाव है। इस माहौल में भी सादा जीवन की आवश्यकता को नकारा नहीं जा सकता, क्योंकि कई बार देश फिजूलखर्ची से दिवालिए हो जाते हैं। कहा गया है, 'तैते पांव पसारिए, जैती लाबी सोड़'। यहीं वजह है कि कई अर्थशास्त्रियों ने वैश्वीकरण अभियान के अनावश्यक तत्वों का विरोध किया है।

इक्कीसवीं शताब्दी में उपभोक्तावाद ने भौतिकवाद, प्रतिद्वंद्विता और व्यक्तिवाद को बढ़ावा दिया है। इसलिए विलासिता की सीमाएं पार हो गई हैं। एक ही घर में एक से अधिक कारें, हर कमरे में टेलीविजन, अनेक बाथरूम आदि की व्यवस्था होने लगी है। दूसरी ओर, भारत में 50 फीसदी घरों में शौचालय नहीं है। ताजा हाल यह है कि मध्यम वर्ग धनाढ्य वर्ग की नकल करने लगे हैं और धनाढ्य वर्ग दुनिया के सबसे बड़े अमीरों और ख्याति प्राप्त सितारों की नकल करने लगे हैं। इस होड़ में एक देश दूसरे देश से कर्ज लेते रहते हैं और दिवालियेपन के कगार तक पहुंच जाते हैं।

अमेरिका में बाजार का एक स्टोर कहता है– माल खरीदिए, छह महीने तक कभी भी वापस कर दीजिए। दूसरा स्टोर कहता है, 'वी मैच दी प्राइस', अर्थात अगर हमसे कम दाम में कहीं भी माल मिले तो हमारा माल वापस कर दीजिए। मकानों पर 30 वर्ष की किस्तें और निम्नतर ब्याज ने जायदाद उद्योग को बढ़ाया। 2008 में जब विश्व का सबसे बड़ा आर्थिक मंदी का दौर आया और मकानों के दाम 50 प्रतिशत तक गिरे तो मोर्टगेज में बैंकों के कर्ज डूबने लगे। लैहमन जैसे आर्थिक संस्थान दिवालिए होने लगे। पूरे विश्व में उपभोग कम हुआ। उत्पादन गिरने लगा, 18 देशों में जीडीपी बढ़ने की जगह कम हुई। मंदी का यह दौर चलता रहा। उपभोग के अर्थशास्त्र पर आधारित आर्थिक स्थितियां अर्जेंटीना और ग्रीस की तरह जब दिवालिएपन पर पहुंचती हैं तो हालात उपनिवेशवाद की गुलामी से अधिक कष्टप्रद हो जाते हैं।

नंदलाल साह

अधिक जानकारी के लिए :

The Economic organization of the Household : K Bryant, C Zick, 2006

उपभोक्ता पूंजीवाद

उपभोक्ता पूंजीवाद (Consumer Capitalisms) पूंजीवाद का वह रूप या चरण है जब पूंजीवादी विकास में उपभोक्ता को केंद्र में रखा जाने लगा। उपभोक्ता का अर्थ है वस्तुओं का उपभोग करने वाला यानी बाजार की उपभोग्य वस्तुओं का खरीददार। शुरू में पूंजीवाद के दौरान किसी वस्तु का उत्पादन इस बात से तय होता था कि समाज को उसकी जरूरत है। दूसरे शब्दों में, वस्तु की जरूरत ही उसकी मांग को निर्धारित करती थी। लेकिन उपभोक्ता पूँजीवाद में वस्तु की मांग को पैदा करने के लिए उसकी वास्तविक आवश्यकता नहीं बल्कि नकली आवश्यकता पैदा की जाती है। यानी बिना जरूरत के वस्तुओं की मांग पैदा की जाती है। इसके लिए विज्ञापनों का सहारा लिया जाता है और

उनके द्वारा उपभोक्ताओं में उस वस्तु की जरूरत और इच्छा पैदा की जाती है, भले ही उस वस्तु की वास्तविक जरूरत उपभोक्ता को न हो। मांग को कृत्रिम रूप से पैदा करने का कारण जन उत्पादन (मास प्रोडक्शन) है। उत्पादन की नई तकनीकों के कारण जब जनोत्पादन की तुलना में मांग में बढ़ोतरी कम होती है, तो उत्पादक बाजार में अपने माल को खपाने के लिए ऐसे तौर-तरीकों का इस्तेमाल करता है जिससे लोगों में उपभोक्ता वस्तुओं को खरीदने की चाह पैदा हो। पूंजीवाद की यही स्थिति उपभोक्ता पूंजीवाद है।

माना जाता है कि उपभोक्ता पूंजीवाद का आरंभ 1850 के दशक में संयुक्त राज्य अमेरिका में हुआ जब वहां डिपार्टमेंटल स्टोर स्थापित हुए। डिपार्टमेंटल स्टोर दरअसल उपभोक्ता वस्तुओं को बेचने के वे केंद्र थे जहाँ विभिन्न तरह की उपभोक्ता वस्तुओं, विशेष रूप से घरेलू वस्तुओं का विशाल भंडार उपभोक्ताओं को बेचने के लिए उपलब्ध होता है। अधिक से अधिक ग्राहकों को आकृष्ट करने के लिए ये डिपार्टमेंटल स्टोर विज्ञापनों और मार्केटिंग के नए तौर-तरीके अपनाने लगे। मार्केटिंग के इन तरीकों से आकृष्ट होकर उपभोक्ता उन वस्तुओं को खरीदने के लिए उत्सुक होते और इस तरह उत्पादक वस्तुओं को बिना जरूरत के कृत्रिम मांग द्वारा बेचा जाना संभव हो जाता। आज उपभोक्ता वस्तुओं को बेचने के लिए मार्केटिंग और विज्ञापनों के नए-नए तरीके इस्तेमाल किए जाते हैं। इनमें प्रिंट और इलेक्ट्रॉनिक मीडिया की भी अहम भूमिका है जिसका इस्तेमाल विज्ञापनों और मार्केटिंग के लिए किया जाता है। यहां तक कि टेलीविजन और इंटरनेट अब मार्केटिंग और शॉपिंग के प्रभावशाली माध्यम बन गए हैं। लोग बहुत-सी वस्तुएं दुकानों, डिपार्टमेंटल स्टोरों और मॉलों में गए बिना सिर्फ इंटरनेट पर ऑर्डर देकर घर बैठे प्राप्त कर लेते हैं। इस तरह खरीदे-बेचे जाने वाले उत्पाद की जरूरत से ज्यादा उसका संबंध मनुष्य के सामाजिक स्टेटस से हो जाता है। वस्तुओं की गुणवत्ता से ज्यादा महत्वपूर्ण उसकी प्रस्तुति हो जाती है यानी माल नहीं माल की पेकिंग माल से ज्यादा उपभोक्ताओं को आकृष्ट करती है। इससे किसी वस्तु के उत्पादन पर वास्तव में होने वाले खर्च से कई गुना ज्यादा मुनाफा कमाना आसान हो जाता है। उपभोक्ता पूंजीवाद पूंजीपति वर्ग को अधिकाधिक मुनाफा कमाने के अवसर प्रदान करता है।

आज के अर्थ में संभव हो रहे 'उपभोक्तावादी समाज' का बोध सबसे पहले पांचवें दशक के आसपास होता है। इसे सबसे पहले थोर्स्टीन वेब्लेन और जार्ज सिमेल ने पहचाना। अपनी प्रसिद्ध पुस्तक 'द थ्योरी ऑफ लेजर क्लास' (1943) में वेब्लेन ने नए उपभोग और समाज के संबंधों की व्याख्या की। नए फुरसती बूर्जुआ वर्ग के प्रदर्शनकारी उपभोग (कांस्पिकुअस कंजंपशन) के बारे में विचार करते हुए वेब्लेन ने कहा कि अब वर्ग की पहचान उत्पादन की क्रिया से नहीं बल्कि 'उपभोग की क्रिया' पर निर्भर है। उन्होंने इसे 'प्रदर्शन उपभोग' का नाम दिया। उनके अनुसार 'प्रदर्शन उपभोग' या 'प्रतीक मूल्य के लिए उपभोग' उनके जमाने में 'सम्मानजनक, मूलतः पराक्रम की निशानी और मानव गरिमा की पूर्वापेक्षा' माना जाता था।

अर्थशास्त्री हार्वे लीबेंस्टाइन ने 1950 में 'क्वार्टरली जर्नल ऑफ इकोनॉमिक्स' में प्रकाशित अपने 'बैंडवैगन, स्नॉब एंड वेब्लेन इफेक्ट्स इन द थ्योरी ऑफ कंज्यूमर्स डिमांड' नाम के शोध निबंध में वेब्लेन के विश्लेषण को आगे बढ़ाया। लीबेंस्टाइन ने 'बैंडवैगन' और 'स्नॉब' प्रभावों की अवधारणा प्रस्तुत करते हुए स्पष्ट किया कि किस प्रकार किसी व्यक्ति का उपभोग अन्य उपभोक्ताओं द्वारा प्रभावित होता है। वेब्लेन ने अन्य तत्कालीन अर्थशास्त्रियों (जिनमें अल्फ्रेड मार्शल भी थे) के विपरीत माना कि किसी भी माल की कीमत उसके आर्थिक मूल्य या उपयोगिता का ही सूचक नहीं है, बल्कि सांस्कृतिक दृष्टि से भी एक महत्वपूर्ण प्रतीक है। इस तरह उपभोग और मांग केवल आय और कीमत संरचना से ही पूरी तरह प्रभावित नहीं होते बल्कि अहं की संतुष्टि की आवश्यकता से भी प्रभावित होते हैं। उपभोग उपयोग

मूल्य के अलावा दिखावे और समाज की अन्य श्रेणियों पर धौंस जमाने के लिए भी होता है। इसी तरह जार्ज सिमेल ने 'मेट्रोपोलिस एंड मेंटल लाइफ' (1943) में तथा 'फैशन' (1957) नामक लेख में कहा, 'उपभोग एक प्रकार की नकली वैयक्तिकता की रचना करता है। ऐसा उपभोग आदमी को नए भेद करना सिखाता है।'

बाद में मार्क्सवादी चिंतकों ने उपभोक्तावाद को वेब्लेन और सिमेल से ज्यादा संदेहवादी नजरिए से देखा। यह सत्य है कि उपभोक्तावाद पूंजीवाद का ऐसा उत्तर-संस्करण है जो बूर्जुआ वर्ग की धौंस को दिखाने के लिए अत्यधिक खर्चीली प्रदर्शनप्रियता को मानसिक असामान्यता, 'वस्तुरति' (फेटिशिज्म) तक पहुंचा देती है। कहा जा सकता है कि उपभोक्ता क्षेत्र की सैद्धांतिकी पूंजीवाद की वह सफल सैद्धांतिकी है जहाँ वह 'कामना' के हमारे क्षेत्र पर कब्जा कर लेता है। इसलिए पूंजीवाद समाज पर सीधे शासन करने की जगह जरूरतों पर शासन करता है। इसे हम जरूरतों का नियमन कह सकते हैं जो लगातार चलता रहता है।

उपभोक्तावाद की समझ को आगे बढ़ाने में फ्रेंकफर्ट स्कूल ने भी योगदान किया। उसने पूंजीवाद की आलोचना करते हुए पूंजीवाद के उपभोक्तावादी स्वभाव की गहन समीक्षा की और विस्तृत अध्ययन किए। होर्खिमार और एडोर्नो ने अपने प्रसिद्ध ग्रंथ 'कल्चर इंडस्ट्री' में पहली बार पूंजीवाद के नए रूपों की एक नई व्याख्या दी। उन्होंने माना कि बीसवीं सदी का पूंजीवाद एक नई किस्म का पूंजीवाद है। इसके उत्पादन का खास तरीका है जो पुराने पूंजीवाद से अलग है। यह मार्क्स के जमाने के उच्च पूंजीवाद से भी एक अलग प्रक्रिया है। मार्क्स के जमाने में यानी उन्नीसवीं सदी के आखिरी दौर में जो उपभोक्ता था वह भिन्न पण्यों या वस्तुओं के बीच से अपने लिए उपयोगिता मूल्य या 'यूज वैल्यू' के आधार पर अपने काम की चीजें चुनता था। इस काम में वह अपेक्षाकृत 'आजाद' था। होर्खिमार और एडोर्नो ने बताया कि 'उत्तर-पूंजीवाद' में किसी चीज का 'उपयोगिता-मूल्य' पूंजीपतियों के हाथ में चला गया है। इसके कारण बने हैं—मीडिया और विज्ञापन।

मीडिया और विज्ञापन ने मिलकर यह निर्णय अब कठिन कर दिया है कि क्या चीज बेकार है और क्या चीज काम की है। पूंजीवादी बाजार जो चाहता है उपभोक्ता उसे ही खरीदता है। इस तरह खरीदने के निर्णय पर अब बड़े पूंजीपतियों का कब्जा है। उपभोक्ता उतना भी स्वतंत्र नहीं रह गया है जितना वह मार्क्स की अवधारणाओं के अनुसार स्वतंत्र था। व्यावसायिक फर्में सार्वभौम उपभोक्ता की पसंद-नापसंद और सनक के प्रति काफी संवेदनशील हैं। विज्ञान की नई-नई तकनीकों और आकर्षक प्रलोभनों के जरिए यह काम बड़े कारगर ढंग से किया जा रहा है। सूचना प्रौद्योगिकी और संचार के क्षेत्र में पिछले दशकों में हुए क्रांतिकारी परिवर्तनों से उपभोक्ता को बड़ी आसानी से इस जाल में फंसाया गया है। मौजूदा समय में संचार या संवाद मूलतः उपभोग का संवाद और संचार है।

उपभोक्ता पूंजीवाद को प्रोत्साहित करने के लिए पूंजीवाद समर्थक सरकारें ऐसी नीतियां बनाती हैं जिनसे उपभोक्ताओं को उपभोक्ता वस्तुओं को खरीदने के लिए प्रोत्साहित किया जा सके। क्योंकि सरकारें मानती हैं कि वस्तुओं की अधिकतम बिक्री से उत्पादन बढ़ेगा और उत्पादन बढ़ने से रोजगार बढ़ेगा। वस्तुओं की बिक्री से ही सरकारों को भी कई तरह के कर प्राप्त होंगे और करों से प्राप्त राशि से ही सरकारें उन योजनाओं को क्रियान्वित करने में कामयाब होती हैं जिनसे देश की आर्थिक उन्नति संभव होती है। इसके लिए सरकारें उत्पादकों को करों में कई तरह की छूट देती हैं और उपभोक्ताओं को खरीदने के लिए बैंकों द्वारा कई तरह के ऋण प्रदान किए जाते हैं। ई-बैंकिंग ने भी इसमें अहम भूमिका निभाई है।

उपभोक्ता पूंजीवाद का विस्तार सिर्फ भौतिक वस्तुओं तक सीमित नहीं है वरन इसका विस्तार सेवाओं और सांस्कृतिक वस्तुओं के उत्पादन, वितरण और विनिमिय तक विस्तृत हो गया है। सांस्कृतिक उत्पादों जिनमें पुस्तकें, फिल्में, खेल-कूद और तरह-

तरह के खिलौने आदि शामिल हैं। विभिन्न तरह की सेवाओं को भी भौतिक वस्तुओं की तरह खरीदा और बेचा जाता है। उसके लिए भी विज्ञापनों और मार्केटिंग के विभिन्न तरह के तरीके इस्तेमाल किए जाते हैं। इसी वजह से फ्रेंकफर्ट स्कूल से संबद्ध विचारक टी डब्ल्यू एडर्नो ने सांस्कृतिक उत्पादों के लिए 'संस्कृति उद्योग' पद का इस्तेमाल किया था। संस्कृति का उद्योग बन जाना जनोत्पादन की उन नई तकनीकों के कारण संभव हुआ है जो सांस्कृतिक कृतियों के यांत्रिक उत्पादन और पुनरुत्पादन को मुमकिन बनाते हैं।

उपभोक्ता पूंजीवाद ने ऐसी वस्तुओं के क्रय-विक्रय को प्रोत्साहित किया है जो मनुष्य के स्वास्थ्य के लिए हितकर नहीं हैं। साथ ही, उन वस्तुओं के उत्पादन को प्रोत्साहन नहीं मिलता जिनकी जरूरत स्वस्थ जीवन जीने के लिए ज्यादा जरूरी है। ऑटोमोबाइल उद्योगों को मिले प्रोत्साहन ने कारों के उत्पादन को इतना बढ़ावा दिया है कि वायु प्रदूषण खतरनाक ढंग से बढ़ रहा है। पूंजीवाद के इसी रूप ने बिल्डरों को रियल इस्टेट की कीमतें मनमाने ढंग से बढ़ाने के अवसर प्रदान किए हैं। उपभोक्ता पूंजीवाद के केंद्र में खरीदने की क्षमता रखने वाला उच्च और मध्य वर्ग होता है और इसके कारण निम्न मध्य वर्ग और गरीब वर्ग इस पूरी प्रक्रिया से न केवल बाहर हो जाते हैं, उनके लिए जीवनयापन की मूलभूत जरूरतों का पूरा करना भी दिन दिन कठिन होता जाता है।

पश्चिमी बहुराष्ट्रीय निगमों ने उपभोक्ताओं की मनःस्थिति को बड़े जोरदार रूप से प्रभावित करना शुरू किया है, क्योंकि उन्होंने महसूस किया कि यदि 'सार्वभौम' उपभोक्ताओं को निरंकुश छोड़ दिया जाए और ये चयन की अपनी स्वतंत्रता का बेरोकटोक इस्तेमाल करें तो बाजार में मांग की कमी के कारण मंदी आ सकती है। इस प्रकार 'प्रभावकारी मांग प्रबंधन' की शुरुआत हुई। परिणामस्वरूप उपभोक्ता को निरंतर अतृप्त कामनाओं-तृष्णाओं के पागलपन की ओर धकेला गया ताकि वह अपने पैरों पर निरंतर कुल्हाड़ी मारता रहे। इस तथ्य को प्रसिद्ध अर्थशास्त्री जॉन केनेथ गालब्रेथ ने 1973 में अमेरिकन इकोनॉमिक एसोसिएशन में अपने अध्यक्षीय भाषण में इस प्रकार उजागर किया था, 'मांग का नियंत्रण अथवा प्रबंध वस्तुतः स्वयं एक विशाल उद्योग बन गया है। इसके अंतर्गत बड़ा संचारतंत्र, माल उत्पादन और विक्रय के संगठन की भारी व्यूह रचना, लगभग संपूर्ण विज्ञापन उद्योग, असंख्य शोध, प्रशिक्षण एवं अन्य संबद्ध सेवाओं और उनके अतिरिक्त अन्य बहुत से क्रियाकलाप आते हैं। सामान्य अर्थ में वह विशाल मशीन जो विविध प्रकार की प्रतिभाओं की मांग करती है और उन्हें काम पर लगाती है, कहा जाता है कि वस्तुओं को बेचने में लगी है अर्थात वह उन लोगों के प्रबंधन में लगी है जो वस्तुएं खरीदते हैं।'

इस तरह का निगमित क्षेत्र उपभोग-संरचना के बारे में सूचना एकत्र करने का प्रयास करता है और कोशिश करता है कि उसे इस प्रकार परिवर्तित कर दिया जाए कि वे उत्पादन-संरचना के अनुरूप हो जाएं। कारपोरेट संस्थान क्रयशक्ति-संपन्न मनुष्य को एक संभावित उपभोक्ता या ग्राहक मानकर चलता है और कोशिश रहती है कि उसे किसी न किसी प्रकार अपने मोहक जाल में फांस कर बाजार में रखे गए माल को खरीदने के लिए मजबूर किया जाए।

अतः वस्तुओं का न सिर्फ उपभोग-मूल्य बल्कि प्रतीक-मूल्य और प्रतिष्ठा-मूल्य के लिए भी उपभोग, उपभोक्तावाद की एक अनिवार्य मान्यता है। ज्यादा से ज्यादा उत्पादन और उपभोक्ता की मूल प्रवृत्तियों को उद्दीप्त कर ज्यादा से ज्यादा उपभोग, वस्तुतः नई पूंजीवादी व्यवस्था के प्राणतत्व हैं।

जवरीमल्ल पारख, भारती

अधिक जानकारी के लिए :

1. **उपभोक्तावाद—एक विश्लेषण** : गिरीश मिश्र, 2014, 2. **Theory of the Leisure Class :** Thorstein Veblen, 2005 (प्रथम संस्करण : 1899), 3. **Consumerism As a Way of Life:** Steven Miles, 1998, 5.**Consumerism in World History : The Global Transformation of Desire :** Peter N Stearns, 2001, 5. **The Sociology of Consumerism : An Introduction :** Peter Corrigan, 1997

उपभोक्ता मनोविज्ञान

एक शाश्वत उपभोक्ता मनुष्य के भीतर हमेशा मौजूद रहा है। भोग की लालसा को चिनगारी देने का काम भी आदिकाल से है। मनुष्य तृप्त होने वाला प्राणी नहीं है। उन्नीसवीं सदी से भारत जैसे देशों के लोग अपनी देह की शोभा और तृप्ति के लिए सचेत होने लगे थे, जिसे इ एम कालिंघम ने 'एंग्लाइजेशन ऑफ द बॉडी' कहा था। (इंपीरियल बॉडिज : द फिजिकल एक्सपीरियंस ऑफ द राज)। बीसवीं शताब्दी के आरंभ से मनुष्य का जैसे-जैसे भौतिक रूप से विकास होता गया, वह वस्तुओं के निर्माण से संबंधित मुद्दों पर अधिक सचेत होने लगा। एक नई बाजार व्यवस्था उपभोक्ता को केंद्र में रखकर विकसित होने लगी। उससे जनमा उपभोक्तावाद व्यक्ति के अंदर अपनी जरूरत से ज्यादा वस्तुएं हासिल करने की इच्छा पैदा करता है। यह उपभोक्ता मनोविज्ञान है जिसकी जानकारी से बाजार व्यवस्था निश्चित करती है कि उपभोक्ता के अंदर कैसी इच्छाएं पैदा की जा सकती हैं। फिर इसी के अनुसार वैज्ञानिक अनुसंधानों को मोड़ दिया जाता है, मीडिया द्वारा प्रचार चलता है और वस्तुएं-सेवाएं बाजार में उतारी जाती हैं।

उपभोक्ता मनोविज्ञान आज विशेषज्ञता का एक महत्वपूर्ण क्षेत्र है, जो सिर्फ यही नहीं बताता कि मनुष्य के विश्वास, विचार और अनुभूतियों का किस तरह वस्तुओं और सेवाओं पर असर पड़ता है और क्यों उपभोक्ता कुछ चीजें पसंद करता है और कुछ वस्तुएं पसंद नहीं करता। यह मनुष्य की आंतरिक प्रवृत्तियों का अध्ययन करके मार्गदर्शन भी करता है कि कैसे मनुष्य के विश्वासों, विचारों और अनुभूतियों को नियंत्रित किया जा सकता है। मनुष्य को महज उपभोक्ता में बदलने और उसे कृत्रिम इच्छाओं का गुलाम बनाने में नए पूंजीवाद ने जो अहम भूमिका निभाई है, वह बहुत कुछ उपभोक्ता मनोविज्ञान की जानकारी के बल पर हुआ है। इसलिए अब दुनिया में कम ही व्यक्ति बचे हैं जो बाजार की पकड़ के बाहर हैं।

काफी पहले फ्रायड ने मनुष्य के मस्तिष्क के अंदर छिपी उसकी आदिम यौन प्रवृत्तियों पर अनुसंधान किया था। उसका मानना था कि यदि इन प्रवृत्तियों को सुव्यवस्थित न किया गया तो ये व्यक्ति और समाज में उपद्रव पैदा करेंगी। इससे संबंधित निष्कर्षों के आधार पर उनके भतीजे एडवर्ड बर्नेड ने अमेरिकन कारपोरेट जगत के संदर्भ में एक नया निष्कर्ष निकाला। उसका कहना है, 'यदि हम समुदाय के मस्तिष्क के काम करने की पद्धति और उसके उद्देश्यों को समझ लें, तो भीड़ को अपनी इच्छानुसार बिना उसकी जानकारी के नियंत्रित करना असंभव कार्य नहीं है। हाल के अभ्यासों से यह प्रमाणित भी हो चुका है।' उन्होंने कहना चाहा कि मनुष्य की आंतरिक इच्छाओं को जानकर उन्हें मनचाही दिशा में मोड़ा जा सकता है। हम देख सकते हैं कि राजनीतिक क्षेत्र में भी एडवर्ड बर्नेड के ये विचार उभरते दिखाई दे रहे हैं और विकसित सूचना तकनीक के जरिए इस दिशा में प्रयोग किए जा रहे हैं।

इस प्रकार मनुष्य को महज उपभोक्ता में सीमित कर देने के लिए कारपोरेट जगत को एक नया फार्मूला मिल गया है। एक व्यक्ति किन-किन कारणों से खुश हो सकता है, उसकी आंतरिक इच्छा क्या है? यदि लोगों को वह सब मिल जाए, जो उसकी भौतिक इच्छाएं हैं तो जनमानस को अपने अनुसार मोड़ना मुमकिन हो जाता है। किसी भी व्यक्ति की आंतरिक इच्छा उसकी खुशी से जुड़ी होती है। जैसा कि हम देखते हैं कि हर स्त्री के मन में कहीं न कहीं सुंदर दिखने की इच्छा दबी रहती है। इसी कारण आज बाजार में इतने गोरे और सुंदर बनाने वाले क्रीम बिक रहे हैं। साथ ही, स्त्रियां पुरुषों के बराबर अधिकार चाहती हैं। शराब के शानदार विज्ञापनों में स्त्रियों को पुरुषों के जाम के साथ दिखाया जाता है। आधुनिक समाज में एक वर्ग समानता के अधिकार को इसी रूप में देखता है। कितनी बार लोगों को पता नहीं होता कि उनकी इच्छा क्या है? इसे एडवर्ड बर्नेड ने 'इनर सेल्फिश डिजायर' या 'अनकांशस डिजायर' कहा है, जिसके आधार पर बाजार कृत्रिम जरूरतें पैदा करता है। (वही)।

वाल्टर कैनन ने 1932 में अपने होमियो-स्टेटस सिद्धांत में बताया था कि मनुष्य की दैहिक संरचना ऐसी

है कि वह संसार में बचे रहने के लिए प्राकृतिक रूप से अपने को किसी भी वातावरण के अनुसार ढाल लेता है। उसको जब ठंड लगती है, शरीर ठंड से कांपता है और इस कंपन से जो ऊर्जा निकलती है, उससे वह शरीर को गर्म रखने की कोशिश करता है। इसी प्रकार मनुष्य का शरीर गर्मी के समय शरीर से पसीना बहाकर अपने को ठंडा रखता है। बाजार के अपने विद्वान हैं। वे ऐसे सिद्धांतों का अपने हित में प्रयोग करते हैं। बाजार उपर्युक्त सिद्धांत से प्रेरणा लेकर मनुष्य की जरूरत के स्तर को बढ़ाता है, अर्थात यह कृत्रिम जरूरतों को ही बुनियादी जरूरतों में बदलने की कोशिश करता है। एक ही सामाजिक वातावरण में रहने वाले लोग गर्मी से बचने के लिए क्रमशः हाथ पंखा, बिजली द्वारा चलने वाला पंखा और एयर कंडिशनर तीनों का उपयोग करते नजर आते हैं और हरेक को अहसास होता है कि यह उनकी मूलभूत जरूरत है। साथ ही, बाजार इनकी जरूरतों के अनुसार ही उन्हें अलग-अलग भागों में बांटकर अपना निशाना साधता है।

1954 में अब्राहम मॉशलो ने एक मॉटिवेशनल मॉडल बनाया था। इस सिद्धांत के अनुसार मनुष्य के व्यक्तित्व के विकास की प्रक्रिया उसकी जरूरत की अवधारणाओं पर निर्भर है। निम्नलिखित मॉडल में मॉशलो ने मनुष्य की जरूरतों को उसके बुनियादी स्तर से क्रमशः बढ़ते हुए क्रम में, 'हाइरेरकी' में दिखाया है :

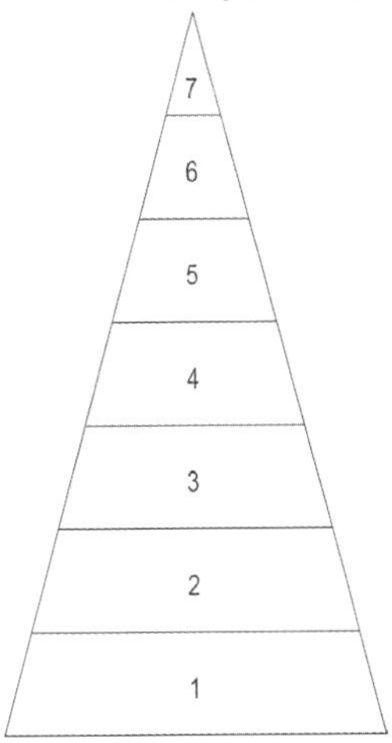

7. Self Actualgation (आत्मवास्तवकरण)
6. Asthetic Need (सौंदर्यात्मक जरूरत)
5. Cognitive Need (संज्ञानात्मक जरूरत)
4. Esteem Need (प्रतिष्ठा की जरूरत)
3. Belongigness And Love Needs (स्नेह और प्रेम की जरूरत)
2. Safety Needs (सुरक्षा की जरूरत)
1. Physiological Needs (दैहिक जरूरत)

ऐसे अध्ययनों से यह धारणा विकसित हुई कि जरूरतों के बढ़ते और गिरते क्रम के अनुसार मनुष्य का व्यक्तित्व ऊंचा उठता और गिरता है। मनुष्य की एक बुनियादी जरूरत पूरी हो जाती है तो उसे दूसरे स्तर की जरूरत महसूस होती है। इसी सिद्धांत पर काम करते हुए बाजार लोगों को उनकी जरूरतों के आधार पर बांटता है और वस्तुओं का उत्पादन करता है। बाजार को पता रहता है कि एक व्यक्ति पर अब किस जरूरत के स्तर पर निशाना साधा जा सकता है। एक व्यक्ति रोटी और कपड़े की जरूरत पूरी होते ही मकान के लिए दौड़ेगा। मकान की जरूरत पूरी होते ही प्रतिष्ठा बढ़ाना चाहेगा, पर्यटन और मनोरंजन की तरफ बढ़ेगा। उसे अपने भविष्य को सुरक्षित करने की चिंता होगी। हजारों कंपनियां भविष्य को सुरक्षित करने के लिए तैयार खड़ी मिलेंगी। इसी तरह क्रमशः बढ़ते हर चरण पर बाजार उपभोक्ता के लिए कृत्रिम जरूरतों को लेकर खड़ा मिलेगा–उसकी खुशियों को ही नहीं, उसके सौंदर्यबोध और जीवन मूल्यों को भी परिभाषित करता हुआ।

उपभोक्ता मनोविज्ञान आज का एक प्रमुख विषय है। इसे समझते हुए बाजार में रोज वस्तुएं शक्ल बदल-बदल कर आती हैं और हर बार वे पहले से अधिक उत्तेजक होती हैं। किसी फैशन, वस्तु और रुचि के तत्काल खो जाने को इस रूपक से स्पष्ट किया गया है, 'यदि जंगल में कोई पेड़ गिरता है, वहां कोई नहीं होता उसकी आवाज सुनने के लिए!' (द साइकोलॉजी ऑफ कंज्युमर बिहैवियर)।

सीमा सिंह

अधिक जानकारी के लिए :

1. **How Much a Person Consume? :** Ramachandra Guha, 2008, 2. **Towards a History of Consumption in South Asia :** (ed) Douglas E Hayness, Abigail McGowan, Tirthankar Roy, Haruka Yanagisawa, 3. **Social Psycology of Consumer Behavior** : (ed) Michaela Wanke

उपभोक्ता संरक्षण

उपभोक्ता वह व्यक्ति है जो एक कीमत चुका कर बाजार से अपने उपयोग के लिए वस्तुएं और सेवाएं खरीदता है और उनका उपयोग करता है। परिवर्तित विश्व परिदृश्य में उपभोक्ता के रूप में मनुष्य की एक बड़ी भूमिका है क्योंकि उसकी रूढ़ियों, इच्छाओं और मांगों पर ही उत्पादन, बाजार अर्थव्यवस्था एवं गतिशीलता निर्भर हैं। उपभोक्ता ही बाजार का लक्ष्य है, पर वह कई बार बाजार के छल का शिकार बनता है। उपभोक्ता मतदाता भी है, इसलिए अब उपभोक्ताओं के हितों का संरक्षण राजनीतिक के साथ संवैधानिक दायित्व माना जाता है, बल्कि उपभोक्ता संरक्षण (Consumer Protection) अब एक आंदोलन का रूप ले चुका है।

उपभोक्ता संरक्षण आंदोलन के अंतर्गत उपभोक्ता के हितों की रक्षा के लिए अनेक संस्थागत और संवैधानिक प्रबंध किए गए हैं। भारत में 'उपभोक्ता संरक्षण अधिनियम' है, जिसके तहत उपभोक्ता संरक्षण मंच जैसी संवैधानिक न्याय-व्यवस्था है। 'उपभोक्ता संरक्षण मंच' केंद्र, राज्य एवं जिला तीनों स्तरों पर गठित किए जाते हैं। इनके अधिकार क्षेत्र एवं राशि की सीमाएं निर्धारित हैं। इन मंचों का अध्यक्ष कोई न्यायिक अधिकारी/न्यायाधीश तथा सदस्य दो नागरिक प्रतिनिधि होते हैं। अभी भी इन मंचों की न्याय–प्रक्रिया आम नागरिकों की सहज पहुंच के भीतर है। लेकिन यह ज्यादा खर्चीली नहीं है और मामलों के फैसले शीघ्र होते हैं। एक आंदोलन के रूप में उपभोक्ता संरक्षण उन नीतियों पर अमल का नाम है, जिनमें उत्पादों की गुणवत्ता, सेवा का स्तर, प्रविधियां आदि पर निगरानी रखी जाती है।

कुछ विद्वानों का मानना है कि ज्यादा मात्रा में किया गया उपभोग अर्थव्यवस्था के लिए वरदान होता है। यह मत वस्तुतः कारपोरेट घरानों के समर्थक अर्थशास्त्रीय सिद्धांतों के तहत उभरा है। इस सिद्धांत के तहत ऐसी आर्थिक नीतियों के निर्माण की वकालत की जाती है जिनसे उपभोग बढ़े। इस मत के समर्थकों का कहना है कि उपभोग जितना अधिक होगा, देश की अर्थव्यवस्था उतनी मजबूत होगी। भूमंडलीकरण के युग में उपभोक्तावाद को इस संदर्भ में भी देखा जाता है। भारत में विशाल मध्यवर्ग के उदय के साथ वह धारणा मजबूत की गई है कि वस्तुओं का जितना उपभोग होगा, उतनी ही उनकी मांग बढ़ेगी और जितनी मांग बढ़ेगी, वस्तुओं का उत्पादन भी उतना ज्यादा होगा। इस पूरी प्रक्रिया में अर्थ-चक्र तेजी से घूमेगा और अर्थव्यवस्था मजबूत होगी।

उन्नीसवीं शताब्दी से उपभोक्ता गतिविधि ने एक नई करवट ली है। यह पहली बार था कि उत्पादित वस्तुएं अत्यधिक मात्रा में उपलब्ध थीं। थोक उत्पादन के चलते इनका मूल्य काफी कम था और वस्तुओं–सेवाओं की गुणवत्ता भी प्रायः संदेह से परे थी। उपभोक्तावाद का यह आरंभिक रूप था, मौजूदा उपभोक्तावाद इनसे तात्विक रूप से अलग है।

आज उपभोग के पैटर्न में एक विचित्र प्रतिस्पर्धा की स्थिति पाई जाती है। इससे उपभोग की एक अंधी दौड़ प्रारंभ हो जाती है। उपभोक्तावाद का यह विकास पारिवारिक, सामाजिक एवं बाजार के संबंधों को एक नया रूप दे रहा है। यह विकृतियां और मूल्यहीनता फैलाने के साथ लुटेरे बाजारवाद की जगह बन गया है। फ्लैट की खरीद हो, गाड़ी, फास्ट फूड या जीवन की दूसरी उपभोक्ता वस्तुओं की, हर व्यावसायिक प्रतिष्ठान और ब्रांड अपना प्रचार मुख्यतः झूठ और छली बिंबों के आधार पर करता है। वह किसी तरह अपना व्यावसायिक स्वार्थ पूरा करना चाहता है। उसके स्वार्थों की पहचान आसानी से की जा सकती है। विज्ञापनों, सेल्स-रिप्रिजेंटेटिवों, सेल्समैनों द्वारा उपभोक्ताओं को इस तरह बरगलाया जाता है कि वे झांसे में आ जाते हैं और अनिच्छा के बावजूद वस्तुओं की खरीद करने लगते हैं।

2016 में लोकसभा में एक उच्चस्तरीय रिपोर्ट के आधार पर 'उपभोक्ता संरक्षण विधयेक' प्रस्तुत किया गया जो अगर कानून बन गया तो फिल्म, खेल जगत तथा अन्य क्षेत्रों के सेलेब्रेटी दंडित किए जा सकते हैं यदि वे किसी उपभोक्ता वस्तु

या सेवा के विज्ञापन में झूठा प्रचार करते हैं। इस विधयेक के अनुसार केंद्रीय उपभोक्ता संरक्षण प्राधिकार उपभोक्ताओं के अधिकारों को सुनिश्चित करेगा और धोखे भरे व्यापारिक मामलों पर कार्रवाई करेगा। बाजार अर्थव्यवस्था ने नागरिक को मुख्य रूप से उपभोक्ता बना दिया है। इसलिए उपभोक्ताओं के अधिकारों की रक्षा के लिए विज्ञापनों पर नियंत्रण भी जरूरी समझा जा रहा है। हालांकि बड़े अक्षरों में विज्ञापन के बाद 'कंडीशंस एप्लाइ' छोटे अक्षरों में देना भी एक छल है। जाहिर है, सब कुछ इस पर निर्भर करता है कि कानून लागू कितना हो पाता है, क्योंकि पहले से भी कानून है। बड़ी कंपनियां बड़े वकील रखकर मुकदमे लंबा खींच देती हैं और उपभोक्ता परेशान होकर उदासीन हो जाता है—इस स्थिति को बदलने की जरूरत बड़े पैमाने पर महसूस की जाती है।

उपभोक्तावाद व्यावसायिक मुनाफे, सांस्कृतिक वर्चस्व तथा सामाजिक नियंत्रण की प्रक्रिया का एक उपकरण है। जिन लोगों को उपभोक्ता वस्तुएं प्राप्त नहीं हो पातीं, वे अपराधोन्मुख होने लगते हैं। जॉर्ग मजफड यह मुद्दा उठाते हैं कि उपभोक्तावाद पर अंकुश लगाए बिना पर्यावरण का प्रदूषण नहीं रोका जा सकता। उनका कथन है, 'उपभोक्तावाद को कम किए बिना पर्यावरण प्रदूषण को कम करने की सोचना ठीक वैसा है, जैसा बिना ड्रग की लत को समाप्त किए ड्रग की तस्करी को रोकना।'

उपभोक्तावाद बाजार अर्थव्यवस्था में भ्रष्टाचार और छल की प्रवृत्ति को बढ़ावा देता है। अतः उपभोक्ता संरक्षण के लिए ऐसे कानूनों और संगठनों की जरूरत महसूस की गई है, जो उपभोक्ताओं के अधिकारों की रक्षा करें और जिनसे व्यापार में पारदर्शिता आए। व्यापार में छल और धोखाधड़ी हो, तो उपभोक्ता को न्याय मिल सके। खासकर समाज के कमजोर तबकों को उपभोक्ता अधिकारों के विशेष संरक्षण की जरूरत होती है। सबसे ज्यादा अंधकार शिक्षा और स्वास्थ्य सेवाओं में है। यहां उपभोक्ता से बड़ी राशि लेकर लापरवाही और ठगी होती है। कई बार उपभोक्ता को ऐसे सामान मिलते हैं, जो वादे से भिन्न होते हैं, नकली या मिलावटी होते हैं। उपभोक्ता की निजता भी एक महत्वपूर्ण मुद्दा है। कई बार उपभोक्ता से अग्रिम लेकर उसे वस्तु नहीं मिलती या किसी वस्तु के उपयोग से उसके स्वास्थ्य और जीवन की क्षति होती है। कई बार उपभोक्ता को अंधकार में रखकर ऋण दिया जाता है, जिससे वह एक भयंकर ऋण जाल में फंस जाता है। ऐसी सभी स्थितियों में उपभोक्ता को शिकायत करने का हक होता है—वह हर शहर में कार्यरत 'कंज्यूमर कोर्ट' में जा सकता है। अब उपभोक्ताओं के ऐसे कार्यरत संगठन बन गए हैं, जो सही चुनाव का परामर्श देते हैं। वे उपभोक्ताओं को जागरूक बनाने के लिए कार्यक्रम करते हैं। ऐसे संगठन सरकारी भी हैं और गैर-सरकारी भी। बाजार की स्पर्धा की वजह से उपभोक्ता के हितों की क्षति न हो, यह उपभोक्ता संरक्षण आंदोलन का मुख्य उद्देश्य रहा है। उपभोक्ता संरक्षण अधिनियम 1986 उपभोक्ता अधिकारों की सुरक्षा की गारंटी देता है। 2014 में एक और विधेयक आया, जो उपर्युक्त अधिनियम में संशोधन से संबंधित है।

शंभु गुप्त

अधिक जानकारी के लिए :
Consumer Protection and National Consumer Disputes Redressal Commission : V Balakrishna Eradi, 2013

उपभोक्ता संस्कृति

उपभोक्ता संस्कृति उपभोग से संबंधित सांस्कृतिक विमर्श के लिए प्रयुक्त पद है। जिस संस्कृति में उपभोग ही केंद्रीय अवधारणा बन जाता है और व्यक्ति और समाज के समस्त क्रियाकलाप उपभोग के विभिन्न विकल्पों से तय होने लगें, ऐसे समाज को उपभोक्ता समाज और ऐसे समाज की संस्कृति को उपभोक्ता संस्कृति के नाम से अभिहित किया जाता है।

'उपभोक्ता संस्कृति' में यह विश्वास किया जाता

है कि हमारी भलाई और हमारी खुशी, वस्तुओं का 'क्रय' करने और उनके 'उपभोग' में है। 'जीवन स्तर' ही जीवन का लक्ष्य है। यह 'जीवन स्तर' वस्तुओं के 'क्रय-उपभोग' से ही हासिल किया जा सकता है। हमारी खुशी इसी क्रय-उपभोग में अंतर्निहित है। जॉन कीनेथ ग्रालब्रैथ ने 'द ऐफ्लुएंट सोसाइटी' और 'द न्यू इंडस्ट्रियल स्टेट' में पूंजीवाद के नए स्तर की व्याख्या की है। गालब्रैथ ने कहा है कि नए पूंजीवाद ने अपने मुनाफाकरण और उत्पादन में एक संतुलन-सा बनाने की कोशिश की है। उपभोक्ता समाज में व्यक्ति अपना समय, ऊर्जा और संसाधन उपभोग और उपभोग के संबंध में चिंतन में व्यय करता है। मंत्र यह है कि उपभोग अच्छा है, ज्यादा उपभोग और भी अच्छा है।

यह नई संस्कृति सिर्फ कीमतों का ही नियंत्रण नहीं करती, खरीदने वाले उपभोक्ता के मानस का भी

नियंत्रण करती है। मीडिया, मार्केट शोधों, विज्ञापनों के जरिए वह उपभोक्ता की मांगों का नियंत्रण करती है। मांग और आपूर्ति में जो अंतर्विरोध पुराने पूंजीवाद में था, उपभोक्ता क्षेत्र में मांग का नियमन उसी के समाधान का प्रयास है। उपभोक्ता संस्कृति की यही राजनीतिक अर्थव्यवस्था है। राजनीतिक अर्थव्यवस्था इसलिए कि 1980 के दशक के बाद रीगन और थैचर द्वारा प्रतिपादित अवधारणाओं ने पूरे विश्व की राजनीति को इसी दिशा में मोड़ दिया कि 'बाजार ही ईश्वर है'।

उपभोग की कोई सीमा नहीं होती। यदि उपभोग सिर्फ पेट भरना, खपत करना भर होता तो कहीं एक अंतिम बिंदु आ जाता। यदि उपभोग जरूरतों की व्यवस्था का परिणाम होता तो हमें किसी न किसी बिंदु पर जा कर संतुष्ट हो जाना चाहिए था। लेकिन हम जानते हैं कि यह सच नहीं है। हर क्रय का अंत एक नए क्रय की शुरुआत भर है।

सच यही है कि हम निरंतर इस दिशा में उत्प्रेरित किए जा रहे हैं कि ज्यादा से ज्यादा उपभोग मध्यवर्गीय जीवन का अंतिम लक्ष्य हो जाए। उपभोग करने की, अधिकाधिक उपभोग की यह मजबूरी सिर्फ मनोवैज्ञानिक स्थिति नहीं है, और न वह देखा-देखी या नकल का परिणाम है। यदि उपभोग दुर्दमनीय नजर आता है तो इसीलिए कि यह एक ऐसे संपूर्ण आदर्श व्यवहार की तरह अनुकूलित किया गया है, जिसका कोई ताल्लुक जरूरतों के पूरा होने से नहीं है।

उपभोग की अंतहीन चाहत व्यवहारतः उस योजना से उद्दीप्त होती है, जो असंतोष से निर्मित होती है। हमारी कल्पना, स्वप्न और कामनाएं वस्तु विशेष में निहित की जाती हैं जिसे मनोवैज्ञानिक तरीके से चिह्न में बदला जाता है। जैसे लिरिल साबुन का झरने में नहाती लड़की के चिह्न में तब्दील होना या कोकोकोला का ठंडक के चिह्न में बदलना। क्रय की कामना अपनी गति में उपभोग के वस्तु-चिह्नों के अनंत ग्रहण की इच्छा में बदल जाती है। फलस्वरूप यह इच्छा स्वयं को बार-बार दुहराती है, यद्यपि बार-बार बदली हुई-सी लगती है। यही आज जीने का तर्क है। जीवन की खंडित, असंतुष्ट और चिह्नित योजना इसी तरह लगातार वस्तुओं के अनंत ग्रहण की चाह में परिणत हो जाती है। इसलिए उपभोक्ता समाज में संतुलित उपभोग की इच्छा या जरूरतों का सामान्यीकरण मूलतः एब्सर्ड नैतिकतावाद है। उपभोक्ता क्षेत्र की सैद्धांतिकी पूंजीवाद की वह सकल सैद्धांतिकी है जहाँ वह हमारी 'कामना' के क्षेत्र में कब्जा करता है। इसी से उपभोक्ता समाज की संस्कृति का स्वरूप निर्धारित होता है।

चूंकि मनुष्य कभी संतुष्ट होने वाला प्राणी नहीं है, इसलिए उसकी 'जरूरतें' कभी खत्म नहीं होंगी। इसलिए वह बार-बार बाजार आएगा। 'जरूरत' अर्थशास्त्र की वह अवधारणा है जो सबसे

कम पहचानी जाती है, लेकिन जिसकी चर्चा सबसे ज्यादा होती है। फ्रेडरिक जेम्सन ने वृद्ध पूंजीवाद (Late Capitalism) की विशेषता का उल्लेख करते हुए कहा है कि पूंजीवाद के इस चरण में वह समाज पर सीधे शासन करने की जगह जरूरतों पर सीधे शासन करता है। इसे हम 'जरूरतों का नियमन' कह सकते हैं जो लगातार चलता रहता है। यह 'सिस्टमेटिक कंजप्सन बायॅस' (Systematic Consumption Bias) कहलाता है। दरअसल उपभोगवादी दबाव या अनुकूलन के पर्दे के पीछे 'अधिकतम मुनाफा–अधिकतम उत्पादन चक्र' की राजनीति काम करती है।

उपभोक्ता समाजों में जरूरतों के नियोजन के नियोजन-नियमन पर लगातार अध्ययन किए जाते हैं, जिन्हें प्रायः 'मार्केटिंग शोध' के नाम से जाना जाता है। जरूरतों की आपूर्ति मनुष्य की इच्छाओं में एक दिन संतुलन पैदा कर देगी, उसे तनावरहित कर देगी, इस तरह की सैद्धांतिकी उपर्युक्त 'कामना' के खेल को उद्दीप्त (stimulate) मात्र करती है। कामना क्षुधा-चिह्नों में नए चिह्न पैदा करती चलती है, इसलिए 'तुष्टि' कभी नहीं होती।

मौजूदा समय में संचार या संवाद मूलतः उपभोग का संवाद और संचार हे। हमारे संवाद की संरचना में ही उपभोग निहित है। यह एक ऐसी भाषा है जिसमें व्यक्ति की 'जरूरतें' बोलती हैं। इस संरचना में वह आनंद संभव ही नहीं है जो उपभोग के भीतर ढूंढ़ा जाता है। उपभोग-दुश्चक्र असंतुष्टि के लिए रचा गया है। उपभोक्ता के असंतोष में बाजार की चमक है। इस चमक के लिए कंपनियों-कार्पोरेटों का निवेश है। इस निवेश के लिए सरकारें कुछ भी करने को तैयार हैं। यहां तक कि उपभोक्ता के क्रय की गति बढ़ाने के लिए वे सस्ता से सस्ता ऋण उपलब्ध करवाने के लिए तैयार हैं। 'क्रेडिट कार्ड' ने उपभोग की भूख को नई ऊंचाई दी है।

एक उपभोक्ता के मानस का ऐसा अनुकूलन किया जाता है कि आनंद का अनुभव वह अपना कर्तव्य मानता है। उसका कर्तव्य है कि वह खुश रहे, खुश दिखे। आनंदित रहे, गतिशील दिखे। वह विज्ञापनों के मनुष्यों को देखे, जो हमेशा प्रसन्न, खुश और गतिशील दिखते हैं। वह अपने आनंद में एक सक्रिय उपभोक्ता है। यदि वह ऐसा नहीं करेगा तो वह 'जो है', 'जैसा है' उसी में संतुष्ट हुआ मान लिया जाएगा और आनंद के आधिक्यीकरण का लाभ नहीं उठा सकेगा। विज्ञापनों में हम इसी 'जरूरत', 'कामना', 'आनंद' के क्रम को लगातार देख सकते हैं। उपभोक्ता समाज, उपभोक्ता को विज्ञापनों के हजार-हजार तरीकों से प्रशिक्षित भी करता है, उसकी कंडिशनिंग भी करता है। वह लोगों को पूर्ण उपभोक्ता बनाने की मशीन होता है। यह सामाजिकीकरण का नया तरीका है जो नई उत्पादक शक्तियों के उभार से जुड़ा है। यही आज की मध्यवर्ग की सच्चाई है जो उपभोक्ता संस्कृति के चंगुल में फंसा हुआ है।

उपभोक्ता संस्कृति पर विचार करते हुए इस तथ्य को नहीं भूलना चाहिए कि इस संस्कृति से वे करोड़ों लोग पूरी तरह से बाहर हैं जिनके पास खरीदने की क्षमता नहीं है। उपभोक्ता संस्कृति ऐसे मनुष्यों को मनुष्य मानने से इंकार करती है। अगर उपभोक्ता बाजार में आपके पास खरीदने की क्षमता नहीं है तो इस बाजार के लिए आपका अस्तित्व ही नहीं है। इसलिए उपभोक्ता संस्कृति विषमतामूलक समाज व्यवस्था को सुदृढ़ करती है। वह उपभोग करने वालों को श्रेणीबद्ध करती है और इस श्रेणीबद्धता के शिखर पर जो वर्ग अवस्थित है, वही दरअसल उपभोक्ता समाज का नियंता और उपभोक्ता संस्कृति का सर्जक है।

रणेंद्र

अधिक जानकारी के लिए :

1. **उपभोक्तावाद :** गिरीश मिश्र; 2. **संस्कृति उद्योग :** टी डब्ल्यू एडर्नो, 3. **Consumer Culture and Modernity :** Don Slates, 4. **McDonaldization Revisited : Critical Essays on Consumer Culture :** Mark Alfino, Robin hynyard and Johns Caputo (Ed.)

उपभोक्ता संस्कृति और कामुकता

अपनी पुस्तक 'मानव और संस्कृति' में सुप्रसिद्ध समाजविज्ञानी श्यामचरण दूबे 'संस्कृति' को कुछ यों परिभाषित करते हैं, 'संस्कृति मनुष्य की वह रचना है, जिसमें मानव की सृजनात्मक शक्ति और योग्यता का चरम निहित है। संस्कृति में मनुष्य समाज के इतिहास की विकास कड़ियों के सूत्र दर्ज हैं। संस्कृति जीवन और उसकी क्रिया-प्रतिक्रियाओं का संचय है। उसमें प्रकृति और मनुष्य की सहभागिता से निर्मित जीवन और भौतिक सामग्रियों की उपयोगिता की संकल्पनाएं समाहित हैं। संस्कृति में मनुष्य के बाह्य और आंतरिक मूल्यों की अभिव्यंजना होती है। संस्कृति मनुष्य को जीवन जीने की एक उच्च भाव-भूमि प्रदान करती है। संसार में अनेक प्रकार की संस्कृतियां विद्यमान हैं।' प्रत्येक जनगण की संस्कृति अलग होने के कारण मनुष्य की आवश्यकताओं की पूर्ति का अलग-अलग ढंग, प्राकृतिक पर्यावरण और समाजगत मान्यताओं पर, विकसित ढांचे पर निर्भर होता है।

उपभोग और उपभोक्ता संस्कृति : 'द सिस्टम ऑफ ऑब्जेक्ट्स' नामक निबंध में ज्यां बौद्रीया का कथन है, 'उपभोग (कंजंप्शन) भोगने की निष्क्रिय प्रक्रिया नहीं है।...उपभोग संबंधों (आर्थिक-राजनीतिक-सामाजिक) की एक सक्रिय व्यवस्था है। सिर्फ वस्तुओं के साथ ही नहीं, सामाजिक संबंधों में भी यही सच है और विश्व संबंधों के संदर्भ में भी यही सच है। उपभोग एक प्रकार्य है और एक भूमंडलीय प्रक्रिया है जिस पर हमारा समूचा सांस्कृतिक तंत्र खड़ा है।' किसी वस्तु के उपभोग की प्रक्रिया के बारे में ज्यां बौद्रिया ने जोड़ा कि किसी वस्तु के उपभोग की वस्तु होने के लिए जरूरी है कि पहले वह एक 'चिह्न' बने। चिह्न का उपभोग होता है। उपभोग की वस्तु बनने के लिए वस्तु का चिह्न में बदलना जरूरी है, 'चिह्न उपभोग की पूर्व शर्त है।'

सुधीश पचौरी के अनुसार, 'उपभोग न तो भौतिक व्यवहार है और न संपन्नता का लक्षण ही है। हम जो खाते हैं, जो कपड़े पहनते हैं, जो कार हम चलाते हैं, जो छवि हम देखते हैं, जो संदेश ग्रहण करते हैं, उनसे उपभोग की व्याख्या नहीं की जा सकती। उपभोग इन सब प्रक्रियाओं के सघन संगठन की प्रक्रिया में होता है। उपभोग वस्तुतः उन तमाम चीजों तथा संदेशों की समग्रता का नाम है जो इन दिनों एक संगत विमर्श में निहित होती है। दरअसल उपभोग चिह्नों के मैनीपुलेशन की व्यवस्थित कार्रवाई है।' (ब्रेक के बाद)

जॉन कीनेथ गालब्रेथ ने 'द एफ्लूएंट सोसाइटी' और 'न्यू इंडस्ट्रियल स्टेट' में व्याख्यायित किया है कि नए पूंजीवाद ने अपने 'मुनाफाक रण' और 'उत्पादन' में एक संतुलन-सा बनाने की कोशिश की है। तकनीकी क्रांति से नए पूंजीवाद ने असीम उत्पादकता प्राप्त की है। नई समस्या है असीम उत्पादकता और 'उत्पाद को खपाने' के बीच के अंतर्विरोध को सुलझाने की। नई तकनीकी और औद्योगिक राजसत्ता ने इसके रास्ते निकाले हैं। अब वह उत्पादन क्षेत्र का ही नियंत्रण नहीं करती बल्कि मीडिया मार्केट शोधों, विज्ञापनों के जरिए उपभोक्ता क्षेत्र की मांग का भी नियंत्रण करती है। उपभोक्तावाद की यही राजनीतिक आर्थिकी है।'

उपभोक्तावादी संस्कृति पूंजीवाद की प्रकृति से जुड़ी है। इसे समझते हुए मार्क्स ने 'पूंजी' पर लिखते हुए कहा था कि 'हमारी जरूरत, प्रभाव, संस्कृति, ज्ञान यानी मनुष्य की समस्त क्षमताएं 'पण्य' के रूप में उत्पादन की व्यवस्था में अंतर्भुक्त होती हैं और बिकती हैं।' आज हर इच्छा, कामना, योजना, जरूरत, भावना और संबंध को 'अमूर्त' बना दिया जाता है यानी चिह्न के रूप में बदल दिया जाता है, एक खरीदने योग्य वस्तु के रूप में बदला जाता है, उपभोग्य बनाया जाता है।

प्रतिस्पर्धा और अशेष उपभोग को संपूर्ण आदर्श व्यवहार एक 'अवकाशभोगी वर्ग' (Leisure Class) बनाता है। पूंजी संचालित मीडिया की असीम कृपा से 'अवकाशभोगी वर्ग' प्रतिष्ठा की दृष्टि से सामाजिक संरचना के शीर्ष पर होता है।

इसलिए उसकी अत्यधिक खर्चीली प्रदर्शनप्रिय शाही जीवन शैली निचली श्रेणी के लिए अनुकरणीय हो जाती है। नीचे की श्रेणी के लिए ऊपर की श्रेणी की जीवन शैली अपनाने की कोशिश, (बैंडबैगन इफेक्ट) और 'अवकाशभोगी वर्ग' द्वारा श्रेणी भिन्नता की विभाजक रेखा को बनाए रखने के लिए अधिक महंगी वस्तुओं और सेवा के उपभोग की ललक (स्नॉब इफेक्ट) मिलकर एक सर्वप्रिय 'उपभोक्ता संस्कृति' का गठन करते हैं।

उपभोक्ता पूंजीवाद हमारी कामनाओं, स्वप्नों, अंतश्चेतनाओं पर कब्जा विज्ञापनों के माध्यम से करता है। नए पूंजीवाद का यह सबसे सफल हिरावल दस्ता या गुप्त और अदृश्य सेना है। जैसे ट्रॉय युद्ध में लकड़ी के विशालकाय खोखले घोड़े, ट्रॉजन हॉर्स में छुपाकर सेना भेजी गई थी वैसे ही बुद्धू बक्से में छुपा कर असंख्य अनंत अदृश्य सेना भेजी गई है जो सीधे हमारे मस्तिष्क के न्यूरोन्स पर हमला करती है।

अब चूंकि उपभोग में 'भोग' समाहित है, अतएव 'भोग' की सारी मूल प्रवृत्तियां उपभोग की संस्कृति का लक्ष्य हैं। इस लक्ष्य को साधने के लिए विज्ञापन ने 'कामुकता' को अपना सबसे पैना हथियार बनाया है। विज्ञापन का जादू यह है कि यह पण्य वस्तु को उपभोग्य बनाने हेतु चिह्न में परिवर्तित करता है।

भूख और प्यास की तरह काम (सेक्स) हमारी मूल प्रवृत्तियों में से एक है। जो भाव और गतिविधियां हमारी कामुक इच्छाओं से संबद्ध हैं वे 'कामुकता' की अभिव्यक्ति कहलाती हैं। कामुकता, काम और स्त्री तीनों अंतर्ग्रथित हैं। सामान्यतः इसके पीछे यह धारणा क ाम क रती है कि 'काम' का पर्याय स्त्री है, पुरुष नहीं। 'कामुकता' पर विमर्श एवं नजरिए का आधार पुरुष नहीं, स्त्री है। यह शायद अतीत में मातृसत्ता से पितृसत्ता में हस्तांतरण की परिघटना के समय ही घटित हुआ होगा जब पुरुष की कर्ता और धर्ता की स्टीरियोटाइप छवि गढ़ी गई होगी।

'विज्ञापन जगत' के पीछे खड़ा राजनीतिक अर्थशास्त्र 'कामुकता' 'काम' और 'स्त्री' के अंतर्गुंफन, उसके मनोविज्ञान और उसकी अचूक मार का बखूबी इस्तेमाल करता है। अब चूंकि 'सेक्स' स्त्री देह/त्वचा के माध्यम से ही 'चिह्न' में तब्दील होता है, अतएव ब्लेड से लेकर कार तक के विज्ञापनों में स्त्री की चमकती त्वचा कामुकता के 'चिह्न' के तौर पर धड़ल्ले से प्रयुक्त हो रही है। स्त्री का इस कदर वस्तुकरण हुआ है कि डियोडेरेंट के विज्ञापनों में स्त्रियां पुरुष पर बरसाती कीट-पतंगों की तरह गिरती दिखाई देती हैं। विज्ञापनों में कामुकता का तत्व इरोटिक से पोर्नोग्राफिक होता जा रहा है। अगर वह क्लासिक आभिजात्य की छौंक के साथ आंग्ल-यानी सफेद त्वचा की उच्चभ्रू-वर्ग की स्त्रियों के माध्यम से प्रस्तुत किया गया हो तो स्वतंत्र-स्वायत्त स्त्रियों द्वारा स्वीकार्य है, जैसे टेलीविजन के 'सेक्स एंड सिटी' जैसे धारावाहिक या 'फिफ्टी शेड्स' शृंखला के सॉफ्टपॉर्न उपन्यास।

उपभोक्ता संस्कृति स्त्री को उत्पाद भी मानती है और उपभोक्ता भी। प्रोफेशनल स्त्रियों के पास चयन के अधिकार हैं, वे अपने फैशन एवं अन्य रुझानों के लिए आत्मनिर्भर हैं। इसीलिए उन्हें केंद्रित कर कामेच्छाओं से संबद्ध अनेक उत्पाद बाजार में मौजूद हैं और उनकी खपत भी हो रही हैं। स्त्रियों के लिए सॉफ्ट पोर्न विजुअल और टेक्स्ट, दोनों रूपों में प्रचुरता से बाजार में उपलब्ध है। स्त्री अपनी कामनाओं की पूर्ति की तलाश में निकली 'उपभोक्ता' के रूप में चिह्नित की जा चुकी है।

समाजशास्त्री मैकनायर इसे मुख्यधारा का पोर्नोग्राफिकेशन (Pornographication) मान रहे हैं। उनका सोच है कि पोर्नोस्फेयर (Pornosphere) का निरंतर विस्तार होता जा रहा है जहाँ अश्लील सामग्रियां, विजुअल या टेक्स्ट उत्पाद के तौर पर प्रचुर मात्रा में उपलब्ध की जा रही हैं।

'काम' (sex) का पालतूकरण या घरेलूकरण किया गया है और आत्मीय संबंधों का कामुकीकरण (eroticization)। साथ ही 'काम' की व्याख्या सुखवाद (hedonism) के नितांत वैयक्तिक स्वरूप के रूप में की जा रही है। वैयक्तिक सुखवाद के एक

आयाम के रूप में निरंतर और बिना किसी जिम्मेवारी या भावनात्मक संबंध के दैहिक संबंधों के जुड़ाव को भी यह संस्कृति परोस रही है। 'व्यावसायिक यौन सेवाओं' (commercial sex services) का अकल्पनीय बाजार खड़ा किया गया है, यथा खूबसूरत युवतियों द्वारा सुरक्षा सेवाएं, लैप डांस क्लब, यौन पर्यटन (sex tourism) आदि। इस प्रकार कामुकता के अपने नए बहुविध उत्पादों तथा सेवाओं द्वारा उत्तर-पूंजीवाद यौन व्यवहारों को 'संबंध आधारित' (relational) से 'मनबहलाव' की ओर स्थानांतरित कर रहा है।

जगदीश्वर चतुर्वेदी के अनुसार 'इंटरनेट पर पोर्नोग्राफी के आने के बाद कहा जा रहा है कि यह पोर्न कामुकता के युग की वापसी है। पोर्न शारीरिक, मानसिक और आर्थिक शोषण है, जिसका आधार विषमता है। यह आभासी सेक्स है। ...वर्चुअल का बहुराष्ट्रीय पूंजी के मायावी संसार से गहरा संबंध है।' (हाइपर टेक्स्ट, वर्चुअल रियालिटी और इंटरनेट)।

फार्ब्स पत्रिका ने अनुमान लगाया है कि सारी दुनिया में पोर्न का कारोबार 56 बिलियन डॉलर से ज्यादा का है। इसमें वयस्क वीडियो 20 बिलियन डॉलर, सेक्स क्लब 5 बिलियन डॉलर, पत्रिकाएं साढ़े सात बिलियन डॉलर, फोनसेक्स साढ़े चार बिलियन डॉलर, घुमंतू सेवाएं 11 बिलियन डॉलर, केबल, सेटेलाइट भुगतान टीवी ढाई बिलियन डॉलर, सीडी और डीवीडी-रोम डेढ़ बिलियन डॉलर, इंटरनेट डेढ़ बिलियन डॉलर तथा अन्य रूपों में पोर्न का कारोबार तीन बिलियन डॉलर से ज्यादा का हो चुका है।

जगदीश्वर चतुर्वेदी एवं सुधा सिंह के अध्ययन के अनुसार तीस से लेकर साठ हजार के बीच पोर्न वेबसाइटें हैं। ओसीएलसी का मानना है कि 70 हजार ऐसी साइटें हैं। इसके अलावा दो लाख साइटें शिक्षा की आड़ में चलाई जा रही हैं। अलटाविस्टा के अनुसार इंटरनेट पर पोर्न के तीस लाख पन्ने हैं।

उत्तर-पूंजीवाद न्यूरोलॉजी जैसी मानवविज्ञान की शाखा को विज्ञापन जगत की सेवा में जोत कर उपभोक्ता के मानस की कंडीशनिंग करने में सफल है। संस्कृति नियोन लाइट की जलती-बुझती बत्तियों की तरह एक कामना की जलती-बुझती तृष्णा के उद्दीपन से उपभोक्ता बाजार का रुख कर रही है। इस तरह उपभोक्ता संस्कृति वस्तुतः अपनी सफलता पर इतरा रही है।

रणेंद्र

अधिक जानकारी के लिए :
1. **कामुकता, पोर्नोग्राफी और स्त्रीवाद :** जगदीश्वर चतुर्वेदी, सुधा सिंह, 2. **ब्रेक के बाद (दूरदर्शन के विज्ञापनों में उपभोक्ता-संस्कृति के रूपों का अध्ययन) :** सुधीश पचौरी, 3. **मानव और संस्कृति :** श्यामाचरण दुबे

उपभोक्ता सुरक्षा फोरम

बाजार अर्थव्यवस्था के युग में उपभोक्ता वस्तुओं और सेवाओं का अभूतपूर्व प्रसार हुआ है और इनकी खरीद-बिक्री में बड़ा उछाल आया है। इन वस्तुओं और सेवाओं के दायरे में पानी से लेकर रिहायशी मकान, फ्लैट, यात्रा सेवाएं, शिक्षा, चिकित्सा, भोजन-पेय, शेयर बाजार, बीमा, टीवी, वाशिंग मशीन और रोज के उपभोक्ता सामान तक सब चीजें हैं। कंपनियां आमतौर पर अपनी वस्तुओं और सेवाओं की गुणवत्ता तथा ग्राहक के लाभों को अक्सर बढ़ा-चढ़ा कर प्रस्तुत करती है और विज्ञापनों में दिखाती हैं। साथ में ठगी और लूट के एक से बढ़कर एक परिष्कृत तरीके भी ईजाद होते रहते हैं। विज्ञापनों में ग्राहक को लोभ दिखाते हुए बड़े-बड़े आश्वासन, वादे और दावे किए जाते हैं और नीचे लगभग अपठनीय अक्षरों में लिखा होता है–'शर्तें लागू' (कंडीशंस एप्लाइ)। आम उपभोक्ता की नजर ऐसी शर्तों पर नहीं पड़ती। कुछ कंपनियां और एजेंसियां लोगों को झांसे देकर ठगने के उद्देश्य से ही बनती हैं। कंपनियों और व्यापारियों की कौशलपूर्ण मार्केटिंग और बाजार-चक्रव्यूह में घिरकर उपभोक्ता अक्सर असहाय हो जाते हैं। इन स्थितियों से निपट ने की ओर सरकार का ध्यान गया और उपभोक्ता जागरूकता अभियान एक ज्वलंत विषय बन गया।

1986 के उपभोक्ता संरक्षण कानून में ही यह प्रावधान बना दिया गया था कि हर राज्य उपभोक्ता परिषद तथा ऐसे प्रशासनिक संगठन बनाएगा जो उपभोक्ताओं के अधिकारों का संरक्षण करेगा। वे अधिकार इस प्रकार हैं—(1) उपभोक्ताओं के जीवन और संपत्तियों का नुकसान करने वाली वस्तुओं और सेवाओं से रक्षा के अधिकार, (2) वस्तुओं की गुणवत्ता और मानक के बारे में जानने के अधिकार, (3) गलत ढंग से व्यापार करके कंपनियों द्वारा उपभोक्ताओं को लूटे जाने से बचने का अधिकार, (4) उपभोक्ताओं को जागरूक होने का अधिकार, (5) उपभोक्ताओं का शोषण से बचने का अधिकार, (6) उपभोक्ताओं की शिकायतों के निवारण का अधिकार, (7) जीवन की जरूरी वस्तुओं तक उपभोक्ताओं की पहुंच का अधिकार, (8) उपभोक्ताओं द्वारा वस्तुओं और सेवाओं को चुनने की स्वतंत्रता। उपभोक्ताओं की सुरक्षा के लिए उपभोक्ता अदालतों का गठन किया गया है। खासकर इक्कीसवीं सदी उपभोक्ताओं के अधिकारों की रक्षा और उन्हें सचेतन करने के लिए व्यापक प्रचार अभियान चलाया जा रहा है और उनकी समस्याओं पर तत्काल सुनवाई हो रही है। इस तत्परता से बड़ी बहुराष्ट्रीय कंपनियां भी सावधानी बरतने लगी हैं, हालांकि जानकारी के अभाव, प्रमाण के अभाव, आलस्य आदि कमजोरियों के कारण उपभोक्ता आज भी बड़े पैमाने पर ठगे जाते हैं और कुछ कर नहीं पाते। आगे वाले सालों में यह समस्या संभाल के बाहर विकराल रूप धारण करने वाली है। इस मामले में कई गैर-सरकारी संगठन (एनजीओ) भी उपभोक्ताओं को परामर्श और सहयोग देते हैं।

उपभोक्ता संरक्षण से संबंधित सूचनाएं प्राप्त करने के लिए हर भारतीय राज्य में सरकार की तरफ से कमीशन बने हैं। उनके ई-मेल पते नीचे हैं :

1. आंध्र प्रदेश : ap_sforum@nic.in
2. अरुणाचल प्रदेश : arp_sforum@nic.in
3. अंडमान-निकोबार द्वीपसमूह : an_sforum@nic.in
4. असम : asm_sforum@nic.in
5. बिहार : scdrc@sancharnet.in, bih_sforum@nic.in
6. चंडीगढ़ : stcomm_chd@nic.in, cdg_sforum@nic.in
7. छत्तीसगढ़ : chg_sforum@nic.in
8. दादर एंड नगर हवेली और दमन एंड दीपः daman@guj.nic.in, dnh_sforum@nic.in
9. दिल्ली : statecommission@vsnl.net, del_sforum@nic.in
10. गोआ : gcdrc@goa.nic.in, goa_sforum@nic.in
11. गुजरात : guj_sforum@nic.in
12. हरियाणा : har_sforum@nic.in
13. हिमाचल प्रदेश : scc_hp@nic.in
14. जम्मू और कश्मीर : jk_sforum@nic.in
15. झारखंड : jkh_sforum@nic.in
16. कर्नाटक : karscdrc@kar.nic.in, kar_sforum@nic.in
17. केरल : ker_sforum@nic.in
18. लक्षद्वीप : lak_accal@hub.nic.in, lak_sforum@nic.in
19. मध्य प्रदेश : scdrcbho@mp.nic.in, mp-sforum@nic.in
20. महाराष्ट्र : mah_sforum@nic.in
21. मणिपुर : man_sforum@nic.in
22. मेघालय : meg_sforum@nic.in
23. मिजोरम : miz_sforum@nic.in
24. नगालैंड : nag_sforum@nic.in
25. ओडिशा : ors_sforum@nic.in
26. पुद्दुचेरी : scdrc@pondy.nic.in pon_sforum@nic.in
27. पंजाब : pun_sforum@nic.in
28. राजस्थान : raj_sforum@nic.in
29. सिक्किम : sik_sforum@nic.in, statecommission_sikkim@hub.nic.in

30. तमिलनाडु : scdrc@tn.nic.in, tn_sforum@nic.in
31. त्रिपुरा : tri_sforum@nic.in
32. उत्तर प्रदेश : up_sforum@nic.in
33. उत्तराखंड : utr_sforum@nic.in
34. पश्चिम बंगाल : wb_sforum@nic.in

सीमा सिंह

उपभोक्तावाद

उपभोक्तावाद (Consumerism) का संबंध जिन तीन अन्य शब्दों से है, वे हैं–कंज्यूम, कंजप्शन और कंज्यूमर। कंज्यूम का अर्थ है उपभोग करना, कंजप्शन का अर्थ है उपभोग और कंज्यूमर का अर्थ है उपभोग करने वाला, यानी उपभोक्ता। हिंदी में उपभोग शब्द भोगने यानी ग्रहण करने के अर्थ में ही प्रयुक्त होता है जबकि अंग्रेजी शब्द 'कंज्यूम' किसी चीज को नष्ट करने या कम करने के अर्थ में भी प्रयुक्त होता है। इस तरह 'कंज्यूम' करने का अर्थ है किसी वस्तु का इस तरह उपयोग करना कि वह खत्म हो जाए जबकि हिंदी शब्द उपभोग में यह भावना नहीं है। 'कंज्यूम' नकारात्मक अर्थ भी देता है; हालांकि उपभोग शब्द उतना नकारात्मक नहीं है, लेकिन इसे सकारात्मक भी नहीं कहा जा सकता। भोग शब्द में विलासिता का भाव निहित है। इस अर्थ में यह किसी वस्तु के सामान्य अर्थ में उपयोग से अलग अर्थ ध्वनित करता है। लेकिन आज जब उपभोक्ता शब्द का प्रयोग किया जाता है तो वह उन सब लोगों के लिए प्रयुक्त होता है जो किसी वस्तु का (उपयोग के अर्थ में भी) उपभोग करते हैं। लेकिन उपभोग के लिए जिन वस्तुओं और सेवाओं की आवश्यकता होती है, उन्हें हासिल करने के लिए व्यक्ति को उन्हें खरीदना होता है। इसलिए उपभोक्ता शब्द का प्रयोग उन लोगों के लिए किया जाता है जो उपभोग के लिए वस्तुओं और सेवाओं को खरीदते हैं। अब यही अर्थ प्रमुख हो गया है। इस प्रकार उपभोक्ता का संबंध यदि वस्तुओं और सेवाओं की खरीद से है, तो वस्तुओं और सेवाओं को बेचने वाले और उनका उत्पादन करने वाले भी इस अवधारणा के दायरे में आ जाते हैं।

आम तौर पर यह माना जाता रहा है कि व्यक्ति उन्हीं वस्तुओं और सेवाओं को खरीदता है जिनकी उसे जरूरत होती है। लेकिन जरूरत का कोई सर्वमान्य पैमाना नहीं है। जरूरत का संबंध हैसियत से भी है। व्यक्ति अपनी हैसियत से भी वस्तुओं और सेवाओं को खरीदता है और उसे अपनी जरूरत समझता है। हैसियत का संबंध व्यक्ति की आर्थिक स्थिति से होता है और आर्थिक स्थिति व्यक्ति की सामाजिक स्थिति को निर्धारित करने में अहम भूमिका निभाती है। सामाजिक स्थिति से व्यक्ति अपने उपभोग की वस्तुओं और सेवाओं का चयन करता है। लेकिन यह चयन वस्तुओं और सेवाओं की उपलब्धता पर निर्भर करता है। अगर बाजार में कोई वस्तु या सेवा एक ही कीमत पर और एक ही तरह की सबके लिए उपलब्ध है, तो चयन का प्रश्न उत्पन्न नहीं होता। चयन का प्रश्न तभी उत्पन्न होता है जब व्यक्ति के पास विकल्प मौजूद होते हैं।

चयन के लिए वस्तुओं और सेवाओं के बारे में आवश्यक जानकारी उपभोक्ता को मिलते रहना जरूरी होता है, यह जानकारी विज्ञापनों द्वारा उपभोक्ता तक पहुंचती है। विज्ञापन वस्तुओं और सेवाओं के बारे में जानकारी ही नहीं देते, उनकी जरूरत और उपयोगिता को भी बतलाते हैं। यहां जरूरत और

उपयोगिता बतलाने का अर्थ यह है कि उस वस्तु या सेवा की जरूरत पहले से तय नहीं है बल्कि विज्ञापन इस बात के लिए उपभोक्ता को प्रेरित करते हैं कि वस्तु का उपभोग क्यों जरूरी है, बिना उस वस्तु का उपभोग किए उनके जीवन में किस तरह का अभाव बना हुआ है और जीवन को सुखकर, सुंदर और समृद्ध बनाने में उस वस्तु की क्या उपयोगिता है। इस तरह विज्ञापन वस्तुओं की जरूरत से कृत्रिम रूप पैदा भी करते हैं। बाजार में बिकने वाले अधिकतर सौंदर्य प्रसाधन, चटपटे स्वाद के लिए बिकने वाले तरह-तरह के फास्ट फूड, विभिन्न तरह के तीव्र गति वाहन (कारें, बाइक) और मनोरंजन के तरह-तरह के साधन इन्हीं कृत्रिम जरूरतों के उत्पाद हैं।

वैसे तो प्रत्येक व्यक्ति जो वस्तुओं और सेवाओं का उपभोग करता है, उपभोक्ता कहलाता है और इस अर्थ में यह किसी विशेष समय और समाज से जुड़ी संकल्पना नहीं है। लेकिन तब इस संकल्पना को इतना महत्व दिए जाने की जरूरत भी नहीं होती। यह संकल्पना इसलिए महत्वपूर्ण बन गई है क्योंकि आज व्यक्ति की पहचान मनुष्य के रूप में न होकर उपभोक्ता के रूप में हो रही है। एक ऐसे समाज में जहाँ वस्तुओं और सेवाओं को हासिल करना स्वयं में एक मूल्य बन जाता है और व्यक्ति की पहचान उसके इस हासिल करने की क्षमता से निर्धारित होती है, वहां उपभोक्ता होना व्यक्ति की अन्य पहचानों से अधिक महत्वपूर्ण और निर्णायक हो जाता है। इस तरह उपभोग और उपभोक्ता सामान्य अर्थ ध्वनित नहीं करते वरन आर्थिक और सामाजिक व्यवस्था को ध्वनित करने वाले सिद्धांत के आधार बन जाते हैं। इसी अर्थ में उपभोक्ता का सिद्धांत यानी उपभोक्तावाद अस्तित्व में आता है।

उपभोक्तावाद का संबंध पूंजीवादी व्यवस्था से है जिसमें वस्तुओं और सेवाओं के अधिकाधिक उपभोग पर इसलिए जोर दिया जाता है क्योंकि इसी से इनकी मांग बढ़ती है। मांग उत्पादन को बढ़ाती है और इस तरह उत्पादित करने वाली कंपनियों और निगमों का व्यापार बढ़ता है। व्यापार में वृद्धि से मुनाफा बढ़ता है। उपभोक्ता वस्तुओं की मांग बढ़ने से वस्तुओं का उत्पादन बढ़ता है और उत्पादन बढ़ाने के लिए कच्चा माल, मशीनें और उन लोगों की जरूरत होती है जो उत्पादन बढ़ाने से संबंधित कार्यों को करने के लिए जरूरी हैं। इस प्रकार मांग बढ़ने से रोजगार भी बढ़ता है। रोजगार बढ़ने से लोगों की आय में वृद्धि होती है। यदि यह वृद्धि समाज के उच्च वर्गों में अधिक होती है तो भी उसका कुछ अंश छनकर नीचे की ओर प्रवाहित होता है और इस प्रक्रिया में निम्न वर्ग की आर्थिक स्थिति पहले की अपेक्षा बेहतर बनती है। इस प्रकार विकास की प्रक्रिया ऊपर से नीचे की ओर प्रवाहित होती है। वैसे तो पूंजीवाद के प्रत्येक दौर में उपभोक्तावाद किसी न किसी रूप में उपस्थित रहा है लेकिन इसके वर्तमान स्वरूप का संबंध भूमंडलीकरण से है। उपभोक्तावाद भूमंडलीकरण की एक अनिवार्य पहचान है। इस रूप में उपभोक्तावाद एक भूमंडलीय परिघटना भी है। इससे कोई भी देश और कोई भी समाज अछूता नहीं रहा है। यह मान लिया गया प्रतीत होता है कि वस्तुओं और सेवाओं की अधिकाधिक मांग ही उत्पादन को बढ़ाती है और उत्पादन बढ़ने से ही विकास होता है और इस तरह के विकास से ही राष्ट्र समृद्ध और शक्तिशाली बनता है। विकास का कोई अन्य विकल्प नहीं है। इस प्रकार उपभोक्तावाद भूमंडलीय दौर के पूंजीवाद की एक विशिष्ट पहचान को बताता है।

पूंजीवादी सरकारें कई ऐसे कदम उठाती हैं जिससे लोग अपनी आय के अधिकतम हिस्से को वस्तुओं और सेवाओं की खरीद में व्यय करने को प्रेरित हों। इसके लिए बचत पर मिलने वाली ब्याज दरों को कम किया जाता है। ऋण लेना अपेक्षाकृत आसान बना दिया जाता है ताकि लोग भविष्य की आय के आधार पर वर्तमान में भी खरीदारी कर सकें। इस ऋण लेने को रोजमर्रा की परिघटना बनाने के लिए बैंकों द्वारा क्रेडिट कार्ड जारी किए जाते हैं जिनका उपयोग कर लोग अपने पास उपलब्ध पैसे से अधिक की खरीददारी कर सकें। लोगों को अपनी आय बढ़ाने के लिए उन्हें शेयर बाजार, म्युचुअल

फंड आदि में पैसा लगाने के लिए प्रोत्साहित किया जाता है। इस तरह से होने वाली आय पर कई तरह की कर छूटें भी प्रदान की जाती हैं।

उपभोग की वस्तुएं और सेवाएं जहाँ से हासिल की जाती हैं, यानी बाजार, वह उपभोक्तावाद में केंद्रीय महत्व हासिल कर लेता है। बाजार क्रय, विक्रय और विनिमय की गतिविधियों का केंद्र है। लेकिन पूंजीवाद में बाजार पर नियंत्रण पूंजी का होता है। इस बाजार में उन्हीं का महत्व है जिसके पास बेचने और खरीदने की क्षमता है। स्पष्ट है कि यह क्षमता प्रत्येक व्यक्ति में नहीं होती। व्यक्ति की क्रय-विक्रय क्षमता उसकी आर्थिक स्थिति से निर्धारित होती है। इसलिए जिसके पास जितनी कम क्रय शक्ति होगी, उपभोक्ता के रूप में उसकी पहचान उतनी ही कमजोर पड़ती जाएगी और बाजार में उसका महत्व भी घटता जाएगा। यहां तक कि वह उपभोक्ता बाजार से बाहर हो जाने को विवश होगा। इस प्रकार खरीदने की क्षमता के कारण समाज की पहचान उपभोक्ता समाज के रूप में होने लगती है।

उपभोक्तावाद ने जीवन के हर क्षेत्र को प्रभावित किया है। यहां तक कि शिक्षा, संस्कृति और सामाजिक और पारिवारिक संबंध भी इसके दायरे में आ गए हैं। उपभोक्तावाद की शुरुआत का श्रेय प्रायः संयुक्त राज्य अमेरिका को दिया जाता है। यह माना जाता है कि अमरीकी समाज उपभोक्ता समाज है और अमरीकी राजनीति उपभोक्तावाद को विश्व भर में फैलाने में सर्वाधिक सक्रिय रही है। उपभोक्तावाद के विस्तार को अमेरिकीकरण के तौर पर भी देखा जाता है। लेकिन उपभोक्तावाद को इस रूप में देखना उचित नहीं है। उपभोक्तावाद की प्रवृत्ति प्रत्येक देश में वहां की स्थितियों के अनुरूप विकसित हुई है लेकिन उसकी सामान्य विशेषताओं को प्रायः सभी जगह देखा जा सकता है।

उपभोक्ता समाज श्रेणीबद्धता को निर्मित करता है। श्रेणीबद्धता उपभोक्ताओं की सामाजिक हैसियत को निर्धारित करती है। अपनी हैसियत बनाए रखने के लिए व्यक्ति ऐसी वस्तुओं और सेवाओं को हासिल करने का प्रयत्न करता है जो दूसरों के पास न हों। अपने को दूसरों से अलग और श्रेष्ठ बताना उपभोक्ता संस्कृति का आधारभूत नियम बन जाता है। उपभोक्ताओं में एक तरह की प्रतिद्वंद्विता पैदा होने लगती है। बाजार में जिन वस्तुओं और सेवाओं को दूसरों से श्रेष्ठ समझा जाता है, उनकी कीमत भी दूसरी वस्तुओं और सेवाओं से अधिक होती है। वस्तुओं और सेवाओं की श्रेष्ठता की पहचान उनके ब्रांड से होती है। उपभोक्ता समाज में मर्सिडीज कार रखने वाले की हैसियत मारुति कार रखने वाले से श्रेष्ठ मानी जाएगी और जो कार नहीं खरीद सकते वे इस समाज के हिस्सा नहीं मान जाएंगे और वे महत्वहीन हो जाएंगे। इस स्थिति में उपभोक्ता समाज में प्रत्येक व्यक्ति में ऐसी उपभोक्ता वस्तुओं को हासिल करने की होड़ पैदा होने लगती है जो दूसरों के पास न हो या दूसरों से विशिष्ट और श्रेष्ठ हो। वस्तुओं और सेवाओं की श्रेष्ठता उनकी गुणवत्ता से तय हो, यह आवश्यक नहीं है। इसमें प्रचार और विज्ञापन की अहम भूमिका होती है। व्यक्ति अपना महत्व इसी बात में समझने लगता है कि उसके पास कितनी तरह की और कितनी श्रेष्ठ उपभोक्ता वस्तुएं हैं और उनमें वह कितना इजाफा कर सकता है। इस प्रकार उपभोक्तावाद एक ऐसी संस्कृति को जन्म देता है जो लोगों में लोभ-लालसा बढ़ाती है, लोगों को एक-दूसरे से अलग और दूर करती है और उनमें कृत्रिम आभिजात्य का भाव पैदा करती है। उपभोग के साधनों को हासिल करने की होड़ के बढ़ते जाने के कारण लोग अधिकाधिक धन अर्जित करने का प्रयत्न करते हैं, इसके लिए अवैध और अनैतिक तरीके अपनाने में भी संकोच नहीं करते। इससे समाज में भ्रष्टाचार और अपराध बढ़ता है। उपभोक्ता वस्तुओं की बढ़ती मांग पारिवारिक और सामाजिक स्तर पर कई तरह की समस्याएं और तनाव पैदा करती है। हम इन्हें निम्नलिखित सदर्भों में समझ हैं :

जीवन शैली : उपभोक्तावाद एक विशेष प्रकार की जीवन शैली को प्रोत्साहित करता है जिसमें धन की अहम भूमिका होती है क्योंकि धन ही से उन वस्तुओं

और सेवाओं को खरीदा जा सकता है जिनसे मनुष्य वस्तुओं और सेवाओं को खरीदने की क्षमता हासिल करता है जिसके फलस्वरूप समाज में उसकी प्रतिष्ठा बढ़ती है, ऐसा वह मानता है। वह अपनी जिंदगी को ऐसी प्रतिद्वंद्विता में धकेल देता है जहाँ वह उन चीजों को हासिल करने की कोशिश करता है जिनकी भले ही उसे जरूरत न हो लेकिन जिनसे वह दूसरों से अधिक संपन्न दिखाई दे। सुबह उठने से लेकर रात को सोने तक वह जिन चीजों का उपयोग करता है, उनका चयन करते हुए वह उन विज्ञापनों से संचालित होता है जो उसे कदम-कदम पर निर्देशित करते हैं कि उसे किन वस्तुओं का उपभोग करना चाहिए। वह वस्तुओं का चयन सदैव उन वस्तुओं की गुणवत्ता से नहीं करता। वह जिन्हें अपना आदर्श मानता है, उनकी पसंद को वह अपनी पसंद बना लेता है। समाज में यह धारणा बनने लगती है कि जो आर्थिक, सामाजिक और राजनीतिक रूप से शक्तिशाली हैं, वे ही श्रेष्ठ हैं और उनका अनुकरण करना श्रेयस्कर है। इसलिए तीसरी दुनिया के लोग अमेरिका और यूरोप के उन देशों की जीवन शैलियों का अनुकरण करने लगते हैं जिन्हें वह अपने से श्रेष्ठ मानते हैं।

इसी तरह वे उन लोकप्रिय अभिनेताओं और खिलाड़ियों की जीवन शैली का अनुकरण करने लगते हैं जिनकी कामयाबी से वे अभिभूत होते हैं। वे जिन चीजों का विज्ञापन करते हैं, उन्हें वे भी अपना लेते हैं। उन चीजों को हासिल करने की चाह उनमें पैदा हो जाती है और उन्हें हासिल करने के लिए वे कुछ भी करने के लिए तैयार हो जाते हैं। परिवार में खरीदी जाने वाली वस्तुओं का चयन उनकी जरूरत से ज्यादा इस तरह के प्रभावों से तय होने लगता है। अपेक्षाकृत कमजोर और सीमित आय वाले परिवारों पर इसका बुरा असर पड़ता है। परिवार अपनी जरूरतों का विवेकपूर्ण निर्धारण नहीं कर पाते और ऐसी चीजें खरीद लेते हैं जो उनकी प्राथमिकता में नहीं होतीं। इस प्रक्रिया में वे गहरे संकट में फंस जाते हैं।

उपभोक्तावाद के इस दौर में जीवन शैली को प्रभावित करने में फैशन की अहम भूमिका है। फैशन आज पूरा उद्योग है जो उपभोक्ताओं की इस मानसिकता का दोहन करता है जिसके अनुसार लोग अपने को दूसरों से अलग और श्रेष्ठ दिखना चाहते हैं। फैशन का संबंध प्रदर्शन से गहरा है। फैशन का मुख्य आधार है व्यक्ति दूसरों की नजर में सुंदर और विशिष्ट नजर आए। इस विशिष्टता के लिए फैशन बाजार में नित नए तरह के पहनावे, खानपान और सौंदर्य प्रसाधन आते रहते हैं। फैशन का संबंध नवीनता से उतना नहीं होता जितना विशिष्टता से होता है। फैशन का संबंध सिर्फ वेशभूषा, साज-सज्जा और खानपान तक सीमित नहीं है बल्कि फैशनपरस्ती को जीवन के हर क्षेत्र में देखा जा सकता है। यहां तक कि लोग अपने राजनीतिक निर्णय, पुस्तक पढ़ने का चयन या संगीत आदि में अभिरुचि भी बदलते फैशन के अनुसार करते हैं। फैशन अलग दिखने की चाह से पैदा होता है लेकिन अनुकरण पर बल देता है। फैशन में विवेक का दखल नहीं होता। फैशन उपभोक्ताओं की मांग को दिशा देता है और उनकी मांग का आर्थिक रूप से दोहन करता है। फैशन के कारण ही उपभोक्ता वस्तुओं की कीमतें मनचाहे ढंग से बढ़ा दी जाती हैं।

उपभोक्तावाद चूंकि भौतिक सुख-सुविधाओं से संपन्न जीवन शैली को प्रोत्साहित करता है और इसे हासिल करने के लिए अधिकाधिक आय की जरूरत होती है इसलिए यह जरूरी हो जाता है कि परिवार की आय में बढ़ोतरी हो। इसने जहाँ पति-पत्नी दोनों के लिए रोजगार में संलग्न होना जरूरी कर दिया है, वहीं उनके लिए अपना अधिकतर समय आय बढ़ाने वाले कामों में लगाना भी अनिवार्य बना दिया है। इसके कारण एकल परिवारों के लिए अपने बच्चों की तरफ पर्याप्त ध्यान देना मुश्किल हो गया है। पति-पत्नी के संबंध भी इससे प्रभावित हुए हैं। उनमें तनाव बढ़ा है और ये तनाव कई बार तलाक तक पहुंच जाता है। आमतौर पर पति-पत्नी के तलाक का प्रमुख कारण आर्थिक होता है।

आर्थिक तंगी से उबरने या आय बढ़ाने के कारण परिवारों को एक साथ समय बिताना और ऐसे

अवसर हासिल करना मुश्किल होता जा रहा है, जब वे सब तरह की चिंताओं से मुक्त होकर अवकाश के क्षण बिता सकें। जिसकी आय जितनी कम होती है, उसके लिए अवकाश के क्षण निकालना उतना ही मुश्किल होता जा रहा है। उनका जीवन पूरी तरह यंत्र में तब्दील हो जाता है। सुबह उठने से लेकर रात को बिस्तर पर जाने तक वे मशीन की तरह काम में जुटे रहते हैं। मनोरंजन के नाम पर थके-हारे टीवी के सामने बैठकर ऐसे धारावाहिक और फिल्में देखते हैं जिनमें लोभ-लालच में डूबे लोगों की कहानियां होती हैं जो अपने सुख और सुविधाओं के लिए किसी भी तरह का अपराध करने, दूसरों को धोखा देने से नहीं हिचकते। बच्चों के कोमल मानस पर ऐसी फिल्मों और धारावाहिकों का ज्यादा असर पड़ता है। जीवन में बढ़ती जटिलताओं और मुश्किलों के कारण लोग डिप्रेशन का शिकार हो जाते हैं, कई बार आत्महत्या करने को अग्रसर करता है।

मानव संबंध : उपभोक्तावाद ने दुनिया को काफी बदल दिया है। लोगों के पास आज पहले से अधिक सुख-सुविधाओं के साधन हैं। लेकिन इसने मानव संबंधों को भी दूर तक प्रभावित किया है। जिस समाज में सिर्फ क्रय-विक्रय को ही सर्वाधिक महत्व दिया जाता हो, जहाँ व्यक्ति की आर्थिक हैसियत से ही उसकी सामाजिक हैसियत का निर्धारण होता हो, वहां व्यक्ति के पारस्परिक संबंध भी उससे प्रभावित होंगे, यह स्वाभाविक है। यह आकस्मिक नहीं है कि उपभोक्तावाद ने मनुष्य को अधिकाधिक स्वार्थप्रेरित और लालची बनाया है। परिवारों पर इसका बुरा असर हुआ है। एकल परिवार में होने वाली समस्त आय को सिर्फ अपने पर खर्च करने और जिनके प्रति किसी भी तरह की जिम्मेदारी है, उससे भागने की प्रवृत्ति बढ़ी है। इसलिए लोग अपने वृद्ध माता-पिता की तरफ पर्याप्त ध्यान नहीं देते। आर्थिक रूप से कमजोर रिश्तेदारों की मदद करने से कतराते हैं। किसी अन्य की मदद करने का तो प्रश्न ही नहीं उठता।

उपभोक्तावाद ने आर्थिक संवृद्धि तो की है लेकिन विषमता भी बढ़ाई है। लगभग सभी देशों में अमीरों और गरीबों के बीच खाई बढ़ी है। देश की संपदा का केंद्रीकरण पांच-दस प्रतिशत अमीरों के पास हो रहा है और शेष बहुसंख्यक आबादी अत्यंत गरीबी और अभावों में जीने को विवश होती है। बढ़ती विषमता लोगों को अपराधों की तरफ भी धकेलती है। राजसत्ता इस विषमता की ओर से लोगों का ध्यान हटाने के लिए धर्म, जाति, नस्ल, भाषा, क्षेत्र आदि भेदों का इस्तेमाल करती है और इस तरह जनता का ध्यान इस विषमता से हटाए रखने में कामयाब होती है। लेकिन इन भेदों को बढ़ावा देने से लोगों में परस्पर विद्वेष और वैमनस्य बढ़ता है। इससे सामाजिक अशांति और हिंसक वारदातें बढ़ती हैं।

उपभोक्तावाद ने लोगों में विवेकपूर्ण ढंग से सोचने की प्रवृत्ति को कमजोर किया है। केवल अपने बारे में सोचने के कारण वे आसानी से ऐसे विचारों और धारणाओं के प्रभाव में आ जाते हैं जो उनको देश, समाज और मनुष्य के बारे में संकीर्णतावादी और स्वार्थप्रेरित ढंग से सोचने को प्रेरित करते हैं। देश की आर्थिक विपन्नता या लोगों के समुचित विकास के मार्ग में बाधक होने का आरोप लगाते हुए लोगों को किसी भी अन्य देश, समुदाय या समूह को अपना शत्रु समझने के लिए भड़काया जा सकता है और उनके विरुद्ध की जाने वाली किसी भी हिंसक और आपराधिक कार्रवाइयों को बिना सोचे-विचारे लोग न केवल समर्थन दे सकते हैं बल्कि उनमें शामिल भी हो सकते हैं। यह आकस्मिक नहीं है कि उपभोक्तावाद के इस दौर में विभिन्न देशों के बीच तनाव और लड़ाइयों में वृद्धि हुई है।

युवा : उपभोक्तावाद का सबसे अधिक प्रभाव युवाओं में दिखाई देता है। परिवारों में उपभोक्ता वस्तुओं और सेवाओं के प्रति आकर्षण का प्रभाव युवाओं पर भी पड़ता है। इस प्रभाव को बढ़ाने में मीडिया की भी भूमिका है जो चौबीस घंटे ऐसी वस्तुओं का प्रचार करने में संलग्न रहता है जो लोगों में उपभोक्ता संस्कृति को बढ़ाते हैं। यह केवल विज्ञापनों के जरिए ही नहीं होता, मनोरंजन प्रदान करने वाले जो अन्य कार्यक्रम आते हैं, उनमें भी उपभोक्तावाद को बढ़ावा

देने वाले तत्व समाहित होते हैं। युवा ऐसी वस्तुओं का इस्तेमाल करने की तरफ आकृष्ट होते हैं जिनसे वे दूसरों से अलग और विशिष्ट दिखें और उनकी सामाजिक प्रतिष्ठा में वृद्धि हो। वे अपने जीवन का लक्ष्य भी उन कंपनियों और निगमें में काम करने को बना लेते हैं जो उपभोक्ता वस्तुओं और सेवाओं का उत्पादन करती हों। इसके अनुरूप ही वे अपनी शिक्षा और रोजगार के लिए जरूरी कौशलों का विकास करने का प्रयत्न करते हैं। उपभोक्ता संस्कृति के प्रभाव के कारण ही युवाओं में ऐसी वस्तुओं को प्राप्त करने की लालसा बढ़ती है जो उनको विशिष्ट पहचान प्रदान करे। उनमें अपने समाज और राष्ट्र के प्रति दायित्व बोध कम होता जाता है। इन दायित्वों को वे उन प्रतीकों में बदल देते हैं जिनसे जुड़कर वे आसानी से अपने समाज और राष्ट्र के प्रति गौरव भाव तो पैदा कर लेते हैं, लेकिन उन्हें कुछ करने की आवश्यकता नहीं महसूस होती। उपभोक्तावादी संस्कृति के प्रभाव के कारण युवाओं में बाहरी रखरखाव और प्रदर्शनप्रियता के प्रति आकर्षण बढ़ता है लेकिन अपने समाज और देश को समझने के लिए आवश्यक ज्ञान और विवेक को बढ़ाने की जरूरत महसूस नहीं करते। मीडिया के व्यापक प्रसार ने युवाओं में सूचनाओं के प्रति ललक को बढ़ाया है लेकिन इन सूचनाओं को ज्ञान में बदलने की क्षमता वे हासिल नहीं कर पाते। उपभोक्तावाद युवाओं को बाहरी रूप से आकर्षक और विशिष्ट दिखने के लिए प्रेरित करता है। इसलिए वे उन फैशनों के प्रभाव में जल्दी आ जाते हैं जो उन्हें ऐसा बनने में मदद करे।

जवरीमल्ल पारख

अधिक जानकारी के लिए :

1. **उपभोक्तावाद—एक विश्लेषण** : गिरीश मिश्र, 2014, 2. **The Theory of The Leisure Class** : Thorstein Veblem, 2005, 3. **Consumerism as a Way of Life** : Steven Miles, 1998, 4. **Consumerism in World History-The Global Transformation of Desire** : N Stearns, 2001, 5. **The Sociology of Consumption—An Introduction** : Peter Corrigan, 1997

उपभोक्तावाद और धर्म

उपभोक्तावाद का धर्म के संसार में घुसना इसके राजनीतिकरण से अलग मामला है। उपभोक्तावाद ने धर्म को प्राचीन व्यवस्था और नवजागरण दोनों से विच्छिन्न कर दिया। उसका मुख्य जोर इसे आस्वाद और मनोरंजन की वस्तु बनाने पर है। धर्म के बाजार में पौराणिक टीवी सीरियल, पौराणिक कथाओं की जोड़-तोड़ या नई व्याख्या के साथ औपन्यासिक पुनःप्रस्तुति, म्यूजिक अलबम, प्रवचन, फिल्मी धुन पर भजन-कीर्तन, योग-ध्यान केंद्र और अनगिनत आध्यात्मिक वस्तुएं छाई हुई हैं। उपभोक्ता वस्तु के रूप में धर्म एक कला, आनंद उत्सव या स्वास्थ्य-लाभ का साधन बनता गया है। वह अब उच्च प्रेरणा या सदाचरण का मामला नहीं रह गया है। धर्म बाजारवाद के असर से डिजिटल हो गया है, इसने पुरोहितों की भूमिका सीमित कर दी है।

धर्म के उपभोक्तावादी रूप चाहे प्रवचन की दुनिया के हों या योग-ध्यान केंद्रों की दुनिया के, ये दो किस्म के हैं। कुछ रूप अंधविश्वास और सांप्रदायिकता को बढ़ावा देते हैं, जबकि कुछ रूप सेकुलर मुद्राओं और मुक्ताचार पर आधारित आध्यात्मिकताओं के साथ धर्मांधता और अंध-राष्ट्रवाद को चुनौती देते हैं। गरीबों के धर्मगुरु उनके भय और निराशा का शोषण करते हैं और अमीरों के धर्मगुरु उनके तनाव का। वे भौतिक विलासिता और आध्यात्मिकता—नदी के दोनों तटों पर एक साथ चलने का प्रशिक्षण देते हैं। वे अध्यात्म को उपभोग की वस्तु के रूप में देखते हैं, इससे बुरे आचरण में कोई फर्क नहीं आता। एक तरह से उनका अध्यात्म मूल्यविमुख अध्यात्म या रूपवादी अध्यात्म है। ऐसा धर्मेतर अध्यात्म अब अंतरराष्ट्रीय व्यापार है। भारत का अध्यात्मवाद पहले भी पश्चिम को आकर्षित करता था पर अब यह बिजनेस भी देता है।

उपभोक्तावाद सामान्यतः धार्मिक वस्तुओं को धार्मिक मतवाद से ऊपर प्रतिष्ठित करता नजर आता है, क्योंकि उसका लक्ष्य इन्हें सर्वजन सुलभ बिकाऊ

माल का रूप देना है। 'ओम नमः शिवाय' जब पॉप में गाया जाता है तो इस तरह का संगीत धार्मिक भावना न पैदा कर वस्तुतः आस्वाद की संस्कृति को जन्म देता है, जिसमें सभी हिस्सा ले सकते हैं। इस तरह के म्यूजिक अलबम बनते हैं, प्रवचनों का टीवी प्रसारण होता है, बिजली के दीप और कई डिजिटल उत्पाद बनते हैं। इनका आनंद बुजुर्गों के अलावा नई पीढ़ी भी उठाने लगी है। धर्म के नए भव्य रूप लेकर आए हैं—पॉप गायक, प्रवचनकर्ता, भजन मंडलियां, नए आध्यात्मिक संत, योग गुरु, बाबा-स्वामी और नए भगवान। यह सब अरबों रुपयों के बड़े उद्योग का रूप धारण कर चुका है।

पहाड़ों के सुंदर प्राकृतिक परिवेश में पॉश गुरुओं और स्वामियों के अनगिनत आश्रम हैं जो समाज के नव-धनाढ्य वर्गों के लिए शांतिदायक और मनोरंजक ही नहीं होते, प्रतिष्ठा-चिह्न भी होते हैं। नए युग के धार्मिक गुरुओं की महत्ता इससे आंकी जाती है कि किसके पास कौन-से विदेशी मेहमान, फिल्मी कलाकार या राजनीतिक नेता आते हैं। यहां तनाव से भरे भौतिक सुखवादियों को 'एक्सपोर्ट क्वालिटी' का अध्यात्म मिलता है। उनके लिए अध्यात्म महज एक कला है, कौशल है, मूल्योन्मुख करने वाली चेतना नहीं। इन गुरुओं की पहली शिक्षा कुछ ऐसी होती है, 'अतीत को भूलो, अतीत जा चुका है। आने वाले कल की चिंता भी क्यों करो। सिर्फ वर्तमान में जियो। यदि तुम अभी खुश हो, भविष्य भी खुशी की अपनी राह निकाल लेगा। यही जीने की कला है।' वैश्वीकरण ने धर्म में भी वर्तमान-केंद्रिकता और गतिशीलता का महत्व बढ़ा दिया है। धार्मिक उपभोक्तावाद में धर्म सुकून, लुत्फ और आनंद-क्रीड़ा का एक स्वतंत्र क्षण हो जाता है।

धर्म पर भूमंडलीय संस्कृति के असर से उसके उपभोक्तावादी रूपों में व्यापकता आई है। इस संस्कृति का संबंध मानवतावाद और बुद्धिवाद से नहीं है इसलिए उपभोक्तावादी संसार के धर्म में भी ये तत्व अनुपस्थित हैं। अब धर्म सत्य, त्याग, ईमानदारी, अहिंसा, त्याग या धर्माचरण के लिए प्रेरित नहीं करता। इसका रिश्ता न महान भक्त कवियों से है, न नवजागरण के सुधार आंदोलनों से। यह अब व्यवसाय और मनोरंजन का साधन है। भजन-मंडलियों ने धर्म को 'नाचो-गाओ-झूमो', 'जयकारा' और 'खाओ-पियो' तक सीमित कर दिया है। 'मसाला प्रवचन' में सब कुछ मिलने लगा है।

उपभोक्ता समाज में धर्म के उतने ही स्तर हैं जितने खुद इस समाज में स्तरभेद बने हैं। आम गरीब लोग इसकी परिधि में नहीं आते, क्योंकि उनका धर्म पहले की तरह व्रत-उपवास, मनौतियों, उपासना, शकुन-अपशकुन, शारीरिक यातना, नदी स्नान, मंदिरों में जल चढ़ाने, मत्था टेकने और कुछ अन्य किस्म की सीधी-सादी आस्थाओं तक सीमित है। वे धर्म का सिर्फ उपभोग करके नहीं जी सकते, क्योंकि धर्म से उनकी अस्तित्वगत पीड़ाओं का संबंध है। उनके लिए धर्म पीड़ाजनक परायापन दूर करने का शरणस्थल है।

अब नए मंदिर पुरानी किस्म के पवित्र स्थानों से भिन्न 'डिस्ने लैंड' जैसे बन रहे हैं, जहाँ तफरीह की जा सकती है या पिकनिक संभव है। यहां रेस्तरां, कृत्रिम जल प्रपात, प्रदर्शनियां, शापिंग सेंटर और नई पीढ़ियों के लिए विविध तरह के आकर्षण होते हैं—'आल इन वन' तथा 'पे एंड यूज'! पांच सितारा क्रूज में प्रवचन-यात्रा की व्यवस्था होने लगी है जहाँ योग, अध्यात्म और सेक्स का भव्य त्रिबिंब होता है और अच्छा खाना-पीना भी। धर्म अब पुण्य के लिए नहीं है, यह तनावरोधी कैप्सूल है। यह निश्चय ही उदासीनता की ओर ले जाने वाला नहीं है, पर गीता का कर्मयोग भी नहीं है। यह वस्तुतः भोग-योग है।

सवाल उठ रहे हैं कि क्या धर्म का बाजारीकरण सदियों की उदासीनता पर चोट करके समाज को अधिकाधिक जागरूक बना रहा है, क्या यह कुंठाओं को तोड़ रहा है और लोगों की इच्छाएं जाग्रत करके किसी उच्च चेतना की ओर ले जा रहा है? क्या धर्म का बाजारीकरण इंसान को एक रूढ़िवाद से निकाल कर एक दूसरे रूढ़िवाद में, एक पुरोहितवाद से निकाल कर गुरुओं और बाबाओं के एक नए जाल में फंसा रहा है? क्या यह वस्तुतः हमारी विविधतापूर्ण महान सांस्कृतिक विरासत से उदासीनता का मामला है? यह सब कहीं धर्म का पुनरुत्थान कहा जाता है और कहीं धर्म का दुखांत।

शंभुनाथ

अधिक जानकारी के लिए :
Religion, Consumerism And Sustainability : L Thomas (Ed.), 2010

उपभोक्तावाद और पर्यावरण

उपभोक्तावाद ने न केवल उत्तर-औद्योगिक समाज और मुख्यतः प्रकृति पर निर्भर समुदायों के बीच अंतर को बढ़ाया है, पर्यावरण को भी प्रभावित किया है। माना जा रहा है कि 2025 तक पृथ्वी पर प्राकृतिक महाविनाश के दृश्य होंगे। इससे कम महत्वपूर्ण नहीं है पृथ्वी के खनिज, वनों और जल का दोहन करते हुए एक बड़ी आबादी की परंपरागत जिंदगी को मुश्किल में डालते हुए उसका विस्थापन। उपभोक्तावाद से समाज की कृत्रिम जरूरतें पूरी करने के लिए मुनाफा आधारित बृहद औद्योगिक प्रसार ही घटित नहीं होता, अधिक ऊर्जा पैदा करने की समस्या पैदा होती है और कचरे को ठिकाने लगाने की समस्या भी आती है। ये जरूरतें प्रकृति निर्भर समुदायों और गांवों को उजाड़ करके ही पूरी की जा सकती हैं।

गांधी ने कामना की थी, 'ईश्वर न करे, भारत कभी पश्चिमी ढंग के उद्योगवाद को अपनाए।' उनका संदेह था कि पश्चिमी ढंग के आर्थिक शोषण पर टिका उद्योगवाद 'पूरी दुनिया को टिड्डी दल की तरह चट कर जाएगा।' गांधी वस्तुतः न मशीनों के विरोधी थे और न विकास के, पर वे मनुष्य के आंतरिक जगत की कीमत पर भौतिक विकास नहीं चाहते थे। रवींद्रनाथ और गांधी इस मामले में सहमत थे कि मनुष्य के जीवन में प्रकृति और पर्यावरण का महत्व है। उन्हें यह भी समझ में आया था कि गांवों में पुनर्जीवन लाना होगा। यह लक्ष्य उपभोक्तावादी समाज और प्रकृति निर्भर समाजों के बीच फर्क बढ़ाकर पूरा नहीं हो सकेगा।

उपभोक्तावाद ने शहरों का जीवन बदल दिया है। बाजार उपभोक्ता को बादशाह कहता है, जबकि वास्तव में वह स्वयं बाजार का दास होता है। अब्राहम लिंकन ने अमेरिका में दास प्रथा खत्म की थी, पर यथार्थ यह है कि उन्हीं के देश ने गुलामी को आनंददायक बना दिया। आज खासकर मध्यवर्गीय उपभोक्ता फिजूलखर्ची और ऋण इन दो रोगों से ग्रस्त है। किसी के पास छोटी

कार है तो उसे बड़ी कार चाहिए, फिर मर्सिडीज चाहिए, फिर सामाजिक प्रदर्शन के लिए इससे भी अधिक कीमती कार और इसके लिए ऋण। उपभोग सामग्री ही मनुष्य के व्यक्तित्व का मापक हो गई है, उसके आंतरिक गुण-अवगुण अब मायने नहीं रखते।

इसमें संदेह नहीं कि उपभोक्तावाद जिस मनुष्यता के क्षय पर अपना साम्राज्य बढ़ा रहा है, उसका ही एक हिस्सा है पर्यावरण का क्षय और प्राकृतिक संसाधनों का विनाश। आज शहरों में सीमेंट-कंक्रीट-इस्पात से बनते ऊंचे भवन, शोर बढ़ाते यातायात के साधन, कल-कारखाने और उद्योग पर्यावरण की कीमत पर ही बनते हैं। उपभोक्तावादी समाज के लोग गंदगी

और प्रदूषण के प्रति चिंतित नहीं होते, और अपने घर से बाहर स्वच्छता की उन्हें परवाह नहीं होती।

विकसित देश अपना काफी माल विकासशील और पिछड़े देशों में औद्योगिक इकाइयां खोलकर बनाते हैं। इसलिए पर्यावरण विनाश और ग्रामीण विस्थापन का ज्यादा खतरा इन देशों में ही है। जरूरत से ज्यादा उपभोग और इसके लिए वस्तुओं का उत्पादन खुद एक चेतावनी है। इसे प्लास्टिक बैग के उदाहरण से समझा जा सकता है, जिसका उपयोग असीमित रूप से बढ़ा है और यह कचरे के रूप में पहाड़ों, नदियों और समुद्रों में बड़े पैमाने पर जहरीला गैस बना रहा है। उपभोग को अधिकाधिक बढ़ाने का एक अर्थ विकास है। इसका एक अर्थ यह भी है कि किसी को इसकी कीमत चुकानी पड़ती है। आर्थिक प्रगति की एक कसौटी सकल घरेलू उत्पाद है। इसे उपभोक्ता समाज की सफलता का मापक कहा गया है। यह कसौटी बनाते समय सोचा नहीं जाता कि इसका संबंध पृथ्वी के दोहन और विषमता से प्रभावित एक बड़ी आबादी के हाशियाकरण से है। उपभोक्तावाद का संबंध गरीबों, वंचितों और उनके मन में आत्महीनता पैदा करने से भी है जो इस जीवन शैली को हासिल नहीं कर पाते।

पर्यावरण में ह्रास या दूषण की तीन वजहें बताई जाती हैं—आबादी, टेक्नोलॉजी और उपभोक्तावाद। इनमें सबसे कम नियंत्रण उपभोग पर होता है। वह अब एक नैतिक मांग के अधीन कतई नहीं है। कृत्रिम उपभोक्ता वस्तुओं की मांग का घटना जैसे मंदी को आमंत्रण देना मान लिया गया है और बेरोजगारी को निमंत्रण देना भी। वैश्वीकरण उपभोक्तावाद की मुख्य संचालक शक्ति है, पर इसने विषमता भी बड़े पैमाने पर बढ़ाई है। यदि आंकड़ों पर नजर दौड़ाई जाए तो चीन में 35 करोड़ और भारत में 24 करोड़ लोग ही शहरों में रहते हैं। जिसे विशिष्ट उपभोक्ता वर्ग कहा जाता है—अच्छे घरों, कार वाले और गैरजरूरी विलासितापूर्ण सामान का व्यवहार करने वाले, वे आज मानसिक और नैतिक स्तर पर कहां खड़े हैं, वे आम जनता के बारे में क्या सोचते हैं, इससे वे परिचित हैं जो वैश्वीकरण के लिए और आर्थिक सुधारों के लिए बेचैन हैं। यह नई बात नहीं है कि विकसित देश विकासशील देशों को बाजार बनाकर ही अपने देश की पूंजी बढ़ाते हैं और बदले में कई देशों को युद्ध और भूख के उपहार देते हैं।

उपभोक्तावाद के दौर में उन वर्गों की स्थिति पर गौर किया जा सकता है जो अपनी बुनियादी जरूरत पूरी करने के लिए अभी भी प्रकृति पर निर्भर हैं। उनका जीवन प्रकृति के संसाधनों पर निर्भर करता है। ये खेती करने वाले छोटे किसान या जंगलों पर निर्भर आदिवासी हैं। उपभोक्तावाद को संचालित करने वाले वैश्वीकरण ने इन्हें जिस असहायता और विलगाव में ढकेला है, उसे सिर्फ दिखावे के लोकोपकारमूलक कामों से ढका नहीं जा सकता। इन लोगों से कहा जाता है, अपनी असहायता में चुनो—मनोरंजन या हिंसा। आज सत्ता उसी के पास है जो ज्यादा से ज्यादा उपभोग करता है। जो सत्ता में हैं वे प्राकृतिक संसाधनों को औने-पौने दामों में बेच रहे हैं, भले इससे एक आबादी उजड़ जाए। विकास के उपभोक्तावादी ढांचे ने ही अनगिनत प्रकृतिजीवी लोगों को असहाय बनाया है और कई क्षेत्रों को संसाधनविहीन करके खोखला कर दिया है। विस्थापित होकर जो लोग नई जगहों पर जाते हैं, वहां जड़ों से उखड़े ऐसे लोग जीविका के साधन नहीं पाते। उन्हें सिर्फ एक अजनबी और अनुर्वर परिवेश मिलता है। इस तरह तेजी से बढ़ता उपभोक्तावाद नैतिक खोखलापन ही नहीं बढ़ाता, यह मनुष्य और प्रकृति के रिश्तों को भी असंतुलित कर देता है। उपभोग वहीं तक ठीक है जहाँ तक दूसरों को इसकी कीमत चुकानी न पड़े।

सीमा सिंह

अधिक जानकारी के लिए :
1. **How Much Is Enough? : Buddhism, Consumerism, and the Human Environment :** Richard K Payne, 2010, 2. **This Thanges Everything : Capitalism vs The Climate :** Naomi Klein, 2014, 3. **An Inconvenient Truth : The Planetary Emergency of Global Warming and What We can do about it :** Al Gore, 2006, 4. **Small is Beautiful : Economics as if People Mattered :** Ernst F Schumacher, 1973

उपभोक्तावाद और प्रतिष्ठा चिह्न

उपभोग केवल आवश्यकताओं को ही संतुष्ट नहीं करता, बल्कि उपभोक्ता विशेष की सामाजिक शक्ति और स्थिति को भी रेखांकित करता है। कहना न होगा कि इसी से 'ध्यानाकर्षी उपभोग' की परिघटना आई जिसे पहले पहल थोर्स्टीन वेबलेन ने उन्नीसवीं सदी के अंत में विस्तार से प्रस्तुत किया। स्पष्ट है कि उपभोग को सामाजिक विभेदीकरण और असमानता का जनक माना गया। यही कारण है कि लोग ऐसी वस्तुओं और सेवाओं के उपभोग की ओर उन्मुख हुए, जिससे समाज के अन्य सदस्यों और वर्गों पर उनका रौब जमे और वे अपने को उनसे श्रेष्ठ दिखा सकें। इस प्रकार वस्तुओं और सेवाओं का उपभोग उनके 'प्रतीक मूल्य' के कारण भी होने लगा। इन उपभोक्ताओं के मुकाबले में आने की ललक समाज के निचले पायदानों पर बैठे या उनके समान हैसियत वालों में भी जगी। इससे उपभोक्ता संस्कृति को बढ़ावा मिला और 'उपभोक्तावाद' की परिघटना का जन्म हुआ।

वेबलेन की सबसे महत्वपूर्ण पुस्तक 'द थियेरी ऑफ द लेजर क्लास' का प्रकाशन 1899 में हुआ था। इस पुस्तक की तीन आधारभूत अवधारणाएं हैं : अवकाशभोगी वर्ग, प्रदर्शन उपभोग (और अपव्यय) और धन संपदा से जुड़ी होड़। ये अवधारणाएं एक मौलिक विचार पर आधारित हैं। यह मौलिक विचार है : आत्मसम्मान की चाहत जिससे अवकाशभोगी वर्ग के दबदबे, प्रदर्शन उपभोग की व्यापकता और धन-संपदा संबंधी होड़ पैदा होती है। आत्मसम्मान का सामान्य आधार व्यक्ति विशेष को अपने पड़ोसियों से मिलने वाला आदर होता है। सामान्यतया, अवकाशभोगी वर्ग की सदस्यता पाने के लिए आवश्यक है कि व्यक्ति विशेष शारीरिक श्रम से दूर रहे, यानी उत्पादन प्रक्रिया में कोई शारीरिक मेहनत न करे। वह अधिक से अधिक प्रबंधन कार्य को ही संभाले। जिस समाज में अवकाश भोगी वर्ग का बोलबाला होता है वह तकनीकी ज्ञान और उन्नत उपकरणों के उपयोग के सहारे आगे बढ़ता है। उसका वर्चस्व अधिशेष की मात्रा और वृद्धि की रफ्तार से निर्धारित होता है। अवकाशभोगी वर्ग किसी भी हालत में निष्क्रिय नहीं होता।

वेबलेन ने अवकाशभोगी वर्ग के आत्मसम्मान के संदर्भ में 'ध्यानाकर्षी उपभोग' और 'आर्थिक प्रतिस्पर्धा' को विशेष महत्व दिया है। इनके जरिए व्यक्ति विशेष अपने इर्द-गिर्द रहने वाले लोगों यानी पड़ोसियों की नजर में ऊंचा उठना चाहता है। अवकाशभोगी व्यक्ति के लिए उपभोग का उद्देश्य मूलतः अपनी बुनियादी जरूरतों को पूरा कर जिंदा रहना और आराम का जीवन बिताना मात्र नहीं होता। वस्तुतः वह अपनी सुरुचिपूर्ण छवि उजागर कर यह रेखांकित करना चाहता है कि वह कोई ऐरा-गैरा नहीं, बल्कि अवकाशभोगी वर्ग का सदस्य है।

अवकाशभोगी वर्ग के सभी सदस्य धनवान होते हैं। ये वे लोग हैं जिनके उपभोग का अधिकार उत्पादन प्रक्रिया में उनकी प्रत्यक्ष भागीदारी के कारण नहीं होता है। अवकाशभोगी वर्ग का हर सदस्य अपने परिधान, आचरण और रहन-सहन के जरिए अपनी समृद्धि प्रदर्शित करता है। वह यह रेखांकित करने का प्रयास करता है कि वह शारीरिक श्रम करने की बाध्यता से मुक्त है। इसी तत्व को उजागर करने के लिए वह 'ध्यानाकर्षी अवकाश', 'प्रदर्शन अपव्यय' या 'प्रदर्शन उपभोग' में लिप्त होता है। वेबलेन ने रेखांकित किया कि हर वर्ग अपने से ऊपर के सामाजिक पायदान पर बैठे लोगों के उपभोग की नकल करता है।

गिरीश मिश्र

अधिक जानकारी के लिए :

1. **Theory of the Leisure Class** : Thorstein Veblen, 1899, 2. **Encyclopedia of The Consumer Movement** : Stephen Brobeck, 1997, 3. **The Wiley Blackwell Encyclopedia of Globalization** : (ED) George Ritzen, 2012

उपभोक्तावाद और स्त्री

उपभोक्तावाद ने स्त्रियों को कई बंधनों से आजाद किया है और उनका आत्मविश्वास बढ़ाया है।

हर उपभोग आजादी का विस्तार है। इस दृष्टि से उपभोक्तावाद एक आंदोलन है, पर इस पर नियंत्रण पितृसत्तात्मक बाजार का है। विश्व की पूंजी का मात्र दो प्रतिशत स्त्रियों के पास (2001) है, जबकि एक रिपोर्ट के अनुसार वे हर राष्ट्र का दो-तिहाई उत्पादन करती हैं। बाजार की एक खासियत समाज के हर संबंध को वस्तु और उपभोक्ता के संबंध में रूपांतरित कर देना है। इस दृष्टि से स्त्री वस्तु है या उपभोक्ता? स्त्री की सत्ता मर्दों के बराबर न होते हुए भी बाजार अर्थव्यवस्था को उसकी छवियां गति देती हैं। स्त्री उपभोक्तावाद के आंदोलन की एक प्रमुख धुरी बना दी गई है। वह 'अधिकाधिक लगातार उपभोग करती हुई एक सुंदर वस्तु' के रूप में दिखाई देती है। उसकी छवियों से बाजार चलता है और धन उपार्जन होता है। बाजार उसके सामने घरेलू छवि से मुक्ति या आजादी का विकल्प इसी रूप में रखता है।

चित्रा मुद्‌गल ने लिखा है, 'विज्ञापन सुंदरियों की चकाचौंध दरअसल बाजार द्वारा स्त्री दिमाग को धकियाने और उसकी देह पर कब्जा जमाने की युक्ति है। भले कुछ उत्तर-आधुनिक चिंतक इसे खुलापन या आजादी का नाम दें, पर इस बिक रही स्त्री का खरीददार कौन है? पुरुष। पहले खरीदने के लिए जाना पड़ता था, अब यह सर्वसुलभ है। देह की मुक्ति का अर्थ देहग्रस्त होना हो गया है। देह पर जोर का आलम यह है कि शिक्षालयों तक रैंप और फैशन पैरेड का विस्तार है।...अंडमान में एक जनजाति पत्तों से अपने कुछ अंग ढका करती है। हम क्यों उनकी सभ्यता की बात करते हैं, जब हम भी पहनावे के स्तर पर वहीं पहुंच रहे हैं?' (बया-1, 2006)। स्त्री का उपभोक्तावाद से क्या संबंध हो, यह प्रश्न स्त्री मुक्ति का एक केंद्रीय एजेंडा है।

विज्ञापनों में स्त्री को सबसे बड़े खरीरदार की छवि बना दी गई है। वह सुंदरताओं के मिथकों में फंसी स्त्री है। स्त्री शॉपिंग करने से प्रसन्न रहती है, पर उसकी रुचि गहनों, कपड़ों और सौंदर्य प्रसाधनों से अधिक विकसित नहीं दिखाई जाती। उपभोक्ता क्रांति ने उसे भौतिक सुखों के लिए लालायित स्त्री के रूप में अधिक प्रस्तुत किया है। स्टील, सीमेंट, कार, कृषि, व्यापार, विज्ञान, प्रौद्योगिकी, उर्वरक, ऊर्जा तथा बड़े उद्योगों के साथ उसकी छवियां जुड़ नहीं पातीं। मसालों के विज्ञापन में उसकी छवि पुरुष को स्वाद से तृप्त करने वाली एक कुक के रूप में बनती है। स्त्रियां अपनी आमदनी दीर्घकालीन हितों के लिए खर्च करती नहीं दिखतीं, वे छोटी चीजों के आसपास घूमती दिखती हैं। स्त्री के सौंदर्य की जो भी छवियां इस समय उपभोक्ता समाज में बनाई जा रही हैं, वे पुरुषों द्वारा ही बनाई जा रही हैं, जैसा कि सदियों से होता आ रहा है। उसका चेहरा, केश, वक्ष तथा देह के अन्य अंग सुंदर कैसे दिखें, वह बिस्तर पर कैसी दिखे—ये स्त्री-दृश्य ही प्रसाधन, ज्वेलरी, डिजाइनर ड्रेस तथा वस्त्र उद्योगें द्वारा दिखाए जाते हैं। वह नायिका भेद का नया अवतार बना दी गई है।

स्त्री पर बाजार का सबसे ज्यादा असर है। यह असर उसकी परिवर्तन की ताकत पर ही नहीं, स्वातंत्र्य चेतना पर भी है। वह चकाचौंध से एक चुप कर दी गई उपभोक्ता भर होती जा रही है। प्रभा खेतान ने लिखा है, 'बाजार की गुणवत्ता पर बोलने, मतामत देने या इसका विरोध करने का स्त्री को कोई हक नहीं है। ...विक्रेता तरह-तरह के लुभावने विज्ञापन, नारे और उपहार, भावनात्मक अपील आदि के जरिए स्त्री उपभोक्ताओं को फुसलाने की चेष्टा करते हैं। बाजारीकरण की पूरी नीति ही बहलाने-फुसलाने पर आधारित है। इसका प्रमुख टारगेट स्त्री वर्ग है।' (भूमंडलीकरण, ब्रांड, संस्कृति और राष्ट्र)। एक समय उत्थानशील पूंजीवाद ने स्त्री को आजादी के लिए जो अवसर दिए थे, उसे उपभोक्तावाद ने विस्तार देने के नाम पर अपने सांस्कृतिक नियंत्रण में ले लिया है। एक समय स्त्री ने घर की सीमाएं लांघ कर राष्ट्रीय-सामाजिक आंदोलनों में हिस्सा लिया था, अब स्त्रियों का एक बड़ा हिस्सा सौंदर्य प्रदर्शन और उपभोग से बाहर नहीं निकल पा रहा है। इस मुद्दे पर स्त्रीवाद का असर भी शेष होता दिख रहा है।

उपभोक्तावाद बार-बार सुंदर, कामुक और तृप्त स्त्री की छवि ही ज्यादा प्रचारित करता है। स्त्री विज्ञापन का मुख्य औजार है जिसे स्त्री कभी चुनौती नहीं देती। हर विज्ञापन स्त्रियों से यही कहता है कि वह घर कैसे सजाए, अपने को कैसे सजाए, पर्व-उत्सव कैसे मनाए और कैसे पुरुषों को प्रलुब्ध करे। उपभोक्तावाद स्त्री की पहचान के जो बाजारवादी नुस्खे देता है, उन पर स्त्री विमर्श में चिंता व्यक्त की जा रही है। पर विज्ञापन और मीडिया में स्त्री की जो छवि बनाई जा रही है, उसे सुधारने के लिए स्त्रियों का कोई बड़ा आंदोलन दिखाई नहीं देता।

मनीषा झा

उपयोगितावाद

उपयोगितावाद (Utilitarianism) के मूल में यह अवधारणा है कि कोई आचरण तभी सही अथवा नैतिक है जब वह अधिकतम लोगों को अधिकतम सुख प्रदान करे। उपयोगितावाद सुख को वांछनीय और दुख को अवांछनीय मानता है। उपयोगितावाद का विचार मुख्यतः उन्नीसवीं सदी में जेरेमी बेंथम और जॉन स्टुअर्ट मिल के चिंतन में फला-फूला, हालांकि ऐसे विचारो के बीज अरस्तू के चिंतन से ही प्राप्त होने लगते हैं। उनका मानना था कि मनुष्य के जीवन का उद्देश्य आनंद की प्राप्ति है। ग्रीक दर्शन में ही एरिस्टिपस और एपिक्यूरस ने सुखवाद पर विचार किया था। संेट अगस्टाइन और संेट एक्वीनास ने सुख के उद्देश्य की चर्चा धार्मिक परिप्रेक्ष्य में की थी। उपयोगितावाद को डेविड ह्यूम जैसे दार्शनिकों के उदारवाद की एक प्रशाखा के रूप में भी देखा जा सकता है, ह्यूम किसी व्यक्ति के व्यवहार से दूसरों के सुख में होने वाली वृद्धि को उदारता का मानदंड मानते थे।

उपयोगितावाद किसी कार्य के सही या गलत होने का निर्णय इस बात से करता है कि उसका नतीजा किस रूप में निकला है। बेंथम प्रेरणा (Motive) और अभिप्राय (Intention) में अंतर करते हैं। प्रेरणा अपने में गलत या सही नहीं होती। यह देखना महत्वपूर्ण है कि कार्य में उसकी परिणति किस रूप में होती है—सुखद रूप में या दुखद रूप में।

बेंथम के अनुसार प्रकृति ने मनुष्य को सुख और दुख इन दो मालिकों के बीच छोड़ दिया है। इन्हीं दोनों को यह निर्णय करने का अधिकार है कि क्या किया जाए या क्या न किया जाए। बेंथम का मानना था कि यह बात व्यक्ति और राज्य दोनों की कार्रवाइयों पर लागू होती है। उन्होंने स्पष्ट लिखा कि सरकार का कार्य समाज में आनंद का संवर्धन है जो उसे प्रोत्साहन और दंड के माध्यम से करना चाहिए। दूसरी तरफ मिल ने सिर्फ मात्रात्मक सुख की बात न कर गुणात्मक सुख की बात भी की। उन्होंने अपने लेखन में बौद्धिक सुख को इंद्रियों के सुख से श्रेष्ठ और कालजयी माना।

नैतिक रूप से यह अवधारणा समस्याग्रस्त है, क्योंकि जरूरी नहीं कि बहुसंख्यक लोगों के सुख को ध्यान में रखकर किया गया आचरण सही हो। इसके अलावा सुख की एकदम सही व्याख्या कर पाना भी आसान नहीं। उपयोगितावाद को परिणतिवाद (Consequentionlism) का एक रूप माना जाता है क्योंकि इस विचार सरणि में किसी आचरण के मूल्य को उसके परिणामों द्वारा आंका जाता है। वास्तव में उपयोगितावाद का कोई निश्चित नैतिक आधार नहीं बन पाता। इसलिए किसी के लिए इसका पूरी तरह से अनुयायी बन पाना बहुत मुश्किल है।

उपयोगितावाद के बारे में यह बात कही गई है कि इसके दार्शनिक आधार बहुत स्पष्ट नहीं थे। उसके तर्क काफी कमजोर थे। पर इस बात से कोई इंकार नहीं कर सकता कि उपयोगितावाद के आधार पर ही बहुत—से सुधार हुए। इस चिंतन में प्रशासन और प्रशासक को बहुत महत्व दिया गया। बेंथम के अनुसार, व्यवस्थापक की बुद्धि और दूरदर्शिता तथा कानून मिलकर समाज को सुख की ओर ले जा सकते हैं। अपने समय में जेरेमी बेंथम का इंग्लैंड और उसके बाहर व्यापक प्रभाव था। उपयोगितावाद

के आर्थिक पक्ष को हम प्रसिद्ध अर्थशास्त्री रिकार्डो के लेखन में पाते हैं जहाँ निर्बंध व्यापार पर नियंत्रणों की समाप्ति की वकालत की गई।

अपने समय में और बाद में भी उपयोगितावाद को आलोचनाओं का सामना करना पड़ा। विचारकों ने उपयोगितावादियों को न्यायसम्मत नहीं पाया। उनके परिणाम संबंधी अनुमानों का हमेशा सही होना जरूरी नहीं माना गया। यह भी कहा गया कि उपयोगितावादी लोगों से बहुत अधिक अपेक्षाएं रखते थे। वे उम्मीद करते थे कि व्यक्ति पक्षपात रहित होगा। कार्ल मार्क्स ने उपयोगितावादियों की कड़ी आलोचना करते हुए उपयोगितावादियों के दृष्टिकोण को अनैतिहासिक और प्रतिक्रियावादी बताया था। उन्होंने उनके सुख के सिद्धांत को एकायामी और द्वंद्वहीन बतलाया। उपयोगितावाद के आलोचक यह आरोप भी लगाते हैं कि यह सिद्धांत केवल लौकिक स्वार्थ को महत्व देता है। मगर यह उपयोगितावाद की संकीर्ण आलोचना मानी गई।

रघुवंश मणि

अधिक जानकारी के लिए :

1. **Utilitarianism : For and against :** J J C Smart and Bernard Williams, 1973, 2. **Practical Ethics :** Peter Singer, 2011

उभयलैंगिक कामुकता

विषम काम-संबंध (हेट्रो सेक्सुअल रिलेशंस), लिंगातिक्रम (ट्रांसजेंडर), समलैंगिक संबंध (लेस्बियन, गे)–इन तीन असामान्य कोटियों के साथ एक चौथी कोटि 'Bi-sexuality' जुड़ गई है, जिसे उभयलैंगिक कामुकता कहा जाता है। उभयलैंगिक कामुकता का अर्थ ऐसे काम संबंध से है, जो स्त्रियों एवं पुरुषों दोनों के साथ स्थापित होता है। यानी जब कोई स्त्री अन्य स्त्रियों के साथ-साथ पुरुषों से भी काम संबंध बनाती है और कोई पुरुष अन्य पुरुषों के अलावा स्त्रियों से भी काम संबंध रखता है, तो ऐसे व्यक्तियों को उभयकामुक कहा जाएगा। कुछ के अनुसार, वास्तविक काम संबंध स्थापित न होने पर भी अगर कोई दोनों लिंगों के व्यक्तियों के प्रति कामासक्ति का अनुभव करता है तो ऐसा आकर्षण उभयकामुकता की कोटि में आएगा।

इस संबंध में कुछ धारणाएं इस प्रकार हैं : (1) उभयकामुकता वास्तविक नहीं, काल्पनिक होती है, इस धारणा का अब खंडन हो चुका है। (2) यह धारणा प्राकृतिक नहीं है। इसके विरोध में कुछ पशुओं में उभयकामुकता की मौजूदगी पाई गई है। (3) यह धारणा सही नहीं मानी गई कि इससे स्त्री और पुरुष की स्त्री व पुरुष होने से जुड़ी अस्मिता संकटग्रस्त हो जाती है। कुछ के अनुसार, विषमलिंगी संबंध सामाजिक अस्मिता के लिए निभाए जाते हैं, जबकि समलिंगी संबंध दैहिक जरूरतों की पूर्ति के लिए। उभयकामुक लोग भी स्त्री और पुरुष की अस्मिता से युक्त होते हैं।

यह कहा गया कि उभयकामुक लोग पति और पत्नी के तौर पर एक-दूसरे के प्रति वफादार नहीं होते। यहां यह जवाब आता है कि अब वफादारी की सांस्कृतिक-सामाजिक धारणा की पुनर्व्याख्या की जरूरत है। परंपरागत धर्म के बजाय सामाजिक धर्म को बेहतर विकल्प माना जा रहा है। एक अध्ययन के अनुसार अस्सी प्रतिशत से अधिक उभयकामुक लोग बीस बरस से अधिक समय तक विवाह-संबंध को वफादारी से निभाने वाले पाए गए हैं।

भारत में समलिंगी संबंधों को अभी तक कानूनी वैधता नहीं मिली है। धारा 377 के अनुसार समलैंगिक संबंध दंडनीय है। लिंगातिक्रमी तीसरे जेंडर को अवश्य सामाजिक मान्यता दी गई है, परंतु उभयकामुकता भारत में सामाजिक या सार्वजनिक बहस का मुद्दा अभी नहीं है, हालांकि इसकी मौजूदगी से इंकार नहीं किया जा सकता।

विनोद शाही

अधिक जानकारी के लिए :

1. **The Male Bisexuality Debate Revisited** : A M Rosenthal, David Sylva, Adam Safron, J Michael Bailey, 2011, 2. **Female Bisexuality from**

Adolescence to Adulthood : Lisa M Diamond, 3. **The Psychology and Politics of an Individual Minority** : Beth A Firestone, 1990

उमरह

हज के समय के अलावा मक्का की हाजरी और काबा का तवाफ (परिक्रमा) उमरह कहलाता है। इसमें हज की ही तरह 'एहराम' बांधा जाता है जिसे 'काबा' के तवाफ और सफा-मना के बीच 'दोआ' के बाद खोल दिया जाता है।

उमरह के लिए कोई विशेष महीना तय नहीं है। अपनी सुविधानुसार मुसलमान कभी भी उमरह कर सकते हैं। उमरह में हज के समान किसी कठिन प्रक्रिया का पालन करना अनिवार्य नहीं होता। वे मक्का शरीफ से तीन कोस दूर 'ननईम' नामक स्थान पर नमाज पढ़ने के बाद वापस आकर काबे की परिक्रमा करते हैं।

उमरह को 'जियारत यात्रा' या मक्का-मदीना की यात्रा कह सकते हैं। इस पवित्र यात्रा में हज के लिए आवश्यक कर्मकांडों की पाबंदी नहीं होती है, लेकिन शारीरिक और मानसिक पवित्रता जरूरी है।

सेराज खान बातिश

उमाशंकर जोशी
(1911–1988)

उमाशंकर जेठ लाल जोशी गुजराती के मूर्धन्य और ख्यातिलब्ध कवि हैं। वे गुजरात के साबरकांठा जिले के थे। उनकी औपचारिक शिक्षा अहमदाबाद और बंबई में पूरी हुई। 1930 में असहयोग आंदोलन में भाग लेने के लिए उन्होंने विद्यालय छोड़ दिया। बाद में 1936 में बंबई विश्वविद्यालय से एमए किया। स्वतंत्रता आंदोलन में भाग लेने के कारण उन्हें दो बार जेल जाना पड़ा। पहली बार 1930-31 में 14 सप्ताह तक, दुबारा 1932 में 8 महीने तक।

उमाशंकर जोशी

उमाशंकर जोशी गुजराती साहित्य की आधुनिक पीढ़ी के सशक्त एवं बहुमुखी प्रतिभासंपन्न कवि माने गए। 1931 में प्रकाशित काव्य संकलन 'विश्वशांति' से उनकी ख्याति एक समर्थ कवि के रूप में हो गई। 6 खंडों में प्रकाशित इस ग्रंथ में अहिंसा और शांति के लिए किए गए गांधी के प्रयत्नों की महिमा का वर्णन है। 'विश्वशांति' के प्रकाशन को गुजराती भाषा के काव्य क्षेत्र में एक नए युग का आरंभ माना जाता है। काव्य के अलावा उन्होंने साहित्य की अन्य विधाओं कहानी, नाटक, उपन्यास, आलोचना, निबंध आदि में भी महत्वपूर्ण लेखन किया। उनकी मुख्य कृतियाँ हैं—'निशीथ' (नाटक), 'गंगोत्री', 'विश्वशांति', 'महाप्रस्थान', 'अभिज्ञ' (काव्य), 'श्रावणी मेलो' (कहानी), और 'हवेली'। जोशी जी 1937-39 तक बंबई, फिर 1946 तक गुजरात विद्या सभा में अध्यापक रहे। वे गुजरात विश्वविद्यालय में गुजराती के प्रोफेसर और विभागाध्यक्ष थे। फिर 1966 से 1972 तक वहां के कुलपति भी रहे। उन्हें राज्यसभा का सदस्य नामजद किया गया था। वे 1978 से 1982 तक साहित्य अकादेमी के अध्यक्ष थे। 1979 में शांतिनिकेतन के विश्वभारती विश्वविद्यालय ने उन्हें डीलिट की मानद उपाधि दी। अपनी रचनाओं पर उन्हें साहित्य अकादेमी, सोवियत लैंड नेहरू पुरस्कार

(1973) तथा ज्ञानपीठ पुरस्कार (1968) प्राप्त हुए।

उमाशंकर जोशी ने जहां साहित्य क्षेत्र को अपनी रचनाशीलता से समृद्ध किया, वहीं नवीन लेखकों के उद्बोधन में भी महान प्रेरणात्मक भूमिका निभाई। उन्होंने 'संस्कृति' नामक पत्रिका का संपादन किया। एक शिक्षाविद के रूप में उन्होंने भारत सरकार की ओर से 1956 में ब्रिटिश और अमेरिकी विश्वविद्यालयों की शिक्षण गतिविधियों का अध्ययन करने के लिए विदेश यात्रा की।

सरोज सिंह

अधिक जानकारी के लिए :

1. **उमाशंकर जोशी** : भोलाभाई पटेल, 2. **निशीथ (काव्य)** : उमाशंकर जोशी

उमास्वाति

(तीसरी-चौथी सदी)

उमास्वाति (या उमास्वामी) जैन धर्म के प्रभावशाली आचार्यों में से थे। वे संस्कृत भाषा के विद्वान थे। उनका प्रसिद्ध ग्रंथ 'तत्वार्थसूत्र' जैन दर्शन का प्रतिनिधि ग्रंथ है। उनका जन्म सतना (म.प्र.) के निकट नागौद ग्राम में हुआ था। अधिकांश विद्वानों की धारणा है कि उनका जन्म तीसरी शताब्दी के उत्तरार्ध से चौथी शताब्दी पूर्वार्ध के बीच हुआ था। उनका वास्तविक नाम उमास्वाति था, परंतु परवर्ती काल में गृद्धपिच्छाचार्य के नाम से प्रसिद्ध हुए।

दिगंबर परंपरा के अनुसार उमास्वाति को आचार्य कुंदकुंद की परंपरा में माना गया है, जबकि श्वेतांबर परंपरा में उनके दीक्षागुरु के रूप में घोषनंदि श्रमण का उल्लेख है। मूलसंघ की पट्टावली में उमास्वाति के कुंदकुंद के बाद चालीस वर्ष आठ दिनों तक नंदिसंघ के पट्ट पर रहने का उल्लेख है। श्रवणबेलगोल के पैंसठवें शिलालेख में उल्लेख है कि कुंदकुंद के अन्वय में उमास्वाति मुनिराज हुए, जो गृद्धपिच्छाचार्य नाम से प्रसिद्ध थे। उस समय गृद्धपिच्छाचार्य के समान समस्त पदार्थों को जानने वाला कोई दूसरा विद्वान नहीं था। इसी प्रकार श्रवणबेलगोल के एक सौ पांचवें एवं दो सौ अठावनवें शिलालेख में उनका उल्लेख ख्यातिप्राप्त विद्वान के रूप में किया गया है।

उमास्वाति की प्रतिष्ठा श्वेतांबर एवं दिगंबर दोनों परंपराओं में समान रूप से है। वे संप्रदाय भेद और सांप्रदायिक मान्यताओं के निर्धारित होने के पूर्व के आचार्य हैं, क्योंकि उनके समय तक श्वेतांबर, दिगंबर और यापनीयों का अलग-अलग सांप्रदायिक अस्तित्व नहीं बन पाया था। वे उस काल में हुए थे जब वैचारिक एवं आचारगत मतभेदों के होते हुए भी सांप्रदायिक ध्रुवीकरण नहीं हुआ था, हालांकि उत्तर भारत के निर्ग्रंथ संघ में आचार एवं विचार संबंधी अनेक मतभेद अस्तित्व में आ गए थे। वह एक संक्रमण काल था, जब श्वेतांबर, दिगंबर और यापनीय संप्रदाय और उनकी सांप्रदायिक मान्यताएं स्थिर हो रही थीं। अतः उनकी विचारधारा में यापनीय और श्वेतांबर दोनों ही परंपराओं की मान्यताएं हैं। वस्त्र-पात्र को लेकर वे श्वेतांबरों के साथ और अन्य मान्यताओं के संदर्भ में यापनीयों के निकट रहे हैं।

उमास्वाति की प्रसिद्ध रचना तत्त्वार्थसूत्र है। इसे तत्त्वार्थाधिगमसूत्र या मोक्ष-शास्त्र के नाम से भी जाना जाता है। जैन साहित्य में यह संस्कृत भाषा का एक आद्य सूत्रग्रंथ है। यह तत्त्व निरूपण की दृष्टि से जैन दर्शन का प्रतिनिधि ग्रंथ है। यह अत्यंत प्रौढ़ एवं गंभीर रचना है, जिसमें जैन वाङ्मय का सार अंतर्निहित है। कहा जाता है कि जिस प्रकार हिंदुओं में गीता को, मुसलमानों में कुरआन को और ईसाइयों में बाइबिल को सम्मान मिला है वैसा ही महत्व जैन धर्म की सभी परंपराओं में 'तत्त्वार्थसूत्र' का है। यह ग्रंथ दस अध्यायों में विभाजित है। प्रांरभ के चार अध्यायों में जीव तत्त्व, पांचवें अध्याय में अजीव तत्त्व, छठे और सातवें में आस्रव तत्त्व, आठवें अध्याय में बंध तत्त्व, नौवें अध्याय में संवर एवं निर्जरा तथा दसवें अध्याय में मोक्ष तत्त्व का विवेचन किया गया है।

माना जाता है कि उमास्वाति ने इसकी रचना

कुसुमपुर (पटना) में की थी। इस रचना के माध्यम से उन्होंने जैन दर्शन को व्याख्यायित किया है। तत्त्वार्थसूत्र की कुछ मान्यताएं श्वेतांबर आगमों के और कुछ मान्यताएं दिगंबर मान्य आगमों के विरोध में जाती हैं तो कुछ मान्यताएं श्वेतांबर आगमों के अनुकूल और कुछ यापनीयों के अनुकूल एवं कुछ उनके प्रतिकूल हैं। दूसरी ओर उनकी कुछ मान्यताएं यापनीय ग्रंथों में यथावत हैं।

उमास्वाति ने एक विस्तृत फलक पर जैन तत्वों का विश्लेषण-विवेचन किया था।

अवधेश प्रसाद सिंह

उम्बर्तो इको
(1932–2016)

उम्बर्तो इको (Umberto Eco) बीसवीं सदी के उत्तरार्ध के विश्व प्रसिद्ध इतालवी विचारक, उपन्यासकार, सांस्कृतिक इतिहासकार, दार्शनिक, निबंधकार, संकेत विज्ञानी, और मीडिया विशेषज्ञ हैं। उनकी इस बहुआयामी प्रतिभा का उत्तर-आधुनिक विमर्शों में महत्वपूर्ण योगदान है। 'द रोल ऑफ रीडर', 'ए थ्योरी ऑफ सेमियोटिक्स', 'आर्ट ऑफ ब्यूटी इन मिडिल एजेस', 'ट्रेवेल्स इन हाइपर रियलिटी', 'मिसरीडिंग्स' तथा 'द लिमिट्स ऑफ इंटरप्रिटेशंस' जैसी वैचारिक कृतियों ने उन्हें हमारे समय के शीर्ष विचारकों की कतार में ला बिठाया है। कथाकार के रूप में भी उनका एक बड़ा व्यक्तित्व है। उनके उपन्यासों से ही उत्तर-आधुनिक शैली के उपन्यासों की शुरुआत हुई है।

उम्बर्तो इको का जन्म 1932 में अलेक्सांद्रिया, इटली में हुआ था। ट्यूरिन विश्वविद्यालय से उन्होंने मध्ययुगीन दर्शन और सौंदर्यशास्त्र की पढ़ाई पूरी की। पढ़ाई के दौरान संकेत विज्ञान (सेमियोटिक्स) ने उन्हें बहुत आकर्षित किया जो संकेतों, लक्षणों, चिह्नों आदि के अंतर्निहित अभिप्रायों और उनकी व्याख्याओं के अध्ययन से जुड़ा शास्त्र है। उनकी इस बात में एक गहरी जिज्ञासा थी कि छवियों, भंगिमाओं, ध्वनियों, वस्तुओं आदि का एक जटिल साहचर्य जो रीतियों, अनुष्ठानों, परंपराओं या सार्वजनिक मनोरंजन के 'स्पेस' आदि को निर्मित करता है, संकेतों और उनके निहितार्थों की खास प्रणालियों को किस तरह से रचता है। इको ने पाया कि संकेत विज्ञान की यह आवश्यकता केवल अकादमिक बौद्धिक विमर्शों के लिए ही नहीं, बल्कि आधुनिक विश्व के इतिहास को जानने के लिए भी महत्वपूर्ण है। सूचना सैद्धांतिकी, संरचनागत मानवशास्त्र और आधुनिक मास मीडिया का विकास संकेत चिह्नों की इन्हीं प्रणालियों पर आधारित है। पढ़ाई पूरी कर वे इटली की बोलोग्ना यूनिवर्सिटी में संकेत विज्ञान, भाषा दर्शन और सौंदर्य शास्त्र के प्रोफेसर बने। आधुनिक मीडिया और कंप्यूटर टेक्नोलॉजी कैसे साहित्यिक लेखन, विज्ञान, संस्कृति और समाज को प्रभावित कर रहे हैं, यह निरंतर उम्बर्तो इको की जिज्ञासा का विषय रहा। इन्होंने शैक्षिक जगत और बाजार तथा सिद्धांत और व्यवहार के बीच की दीवार तोड़ी थीं।

समकालीन संकेत विज्ञान के क्षेत्र में उम्बर्तो इको का सबसे महत्वपूर्ण योगदान यह है कि उन्होंने व्याख्यात्मक संकेत विज्ञान की आधारशिला रखी और उसे विकसित किया है। जिन पुस्तकों में उन्होंने अपनी

उम्बर्तो इको

इस सैद्धांतिकी को रखा है, वे हैं 'द एब्सेंट स्ट्रक्चर' (1962), 'थ्योरी ऑफ सेमियोटिक्स' (1975), 'दि रोल ऑफ रीडर' (1979), 'सेमियोटिक्स एंड फिलॉसफी ऑफ लेंग्वेज' (1984), 'द लिमिट्स ऑफ इंटरप्रिटेशंस' (1990) तथा 'कांट एंड द प्लेटिपस' (1997)। उनकी रुचियों का यह बहुलतावादी क्षेत्र बच्चों की कॉमिक पुस्तकों से लेकर भाषार्चविज्ञान की सैद्धांतिकी तक फैला हुआ रहा है। विपुल मात्रा में अकादमिक लेखन और प्रकाशन करने के अलावा उम्बर्तो इको लोकप्रिय लेखन और लोकप्रिय पत्रकारिता की दुनिया में भी उतने ही सक्रिय रहे हैं। इस कारण इटली में उन्हें एक विशाल पाठक वर्ग मिला। विभिन्न युगों के सांस्कृतिक उन्मेष के तत्वों को आपस में जोड़कर देखने में उम्बर्तो इको की असाधारण क्षमता उनकी पुस्तक 'एपोकेलिप्स पोस्ट पोंड' (1964) में दिखाई देती है। इस पुस्तक में उन्होंने बौद्धिक वर्ग द्वारा लोकप्रिय संस्कृति के प्रति अपनाए गए विभिन्न दृष्टिकोणों का एक प्रभावशाली खाका प्रस्तुत किया है।

इको कहते हैं कि परंपरावादी यूरोपीय बौद्धिकों ने हमेशा लोकप्रिय संस्कृति की आलोचना की है, जबकि एंग्लो-सेक्सन परंपरा के 'एकीकृत' बौद्धिक लोग लोकप्रिय संस्कृति की अवधारणा को अपनाते रहे हैं। 1963 में प्रकाशित उनकी पुस्तक 'मिसरीडिंग्स' (अंग्रेजी अनुवाद, 1993) एक 'बेस्टसेलर' मानी जाती है जिसमें उन्होंने विभिन्न विचार प्रणालियों और मतवादों, जैसे कि फ्रैंकफर्ट स्कूल, मनोविश्लेषणवाद, रोलाँ बार्थ, एंतोनियोनी रचित सिनेमा और सांस्कृतिक मानवतावाद की पैरोडी रची है। 'द रोल ऑफ द रीडर' में संग्रहीत निबंधों में भी इको ने लोकप्रिय संस्कृति के तत्वों की गहरी विवेचना की है। इस पुस्तक में इको ने लेखक नामक प्राणी को एक ठोस व्यक्ति के रूप में नहीं बल्कि कृति के पाठ की रणनीतियों से उभरने वाली ऐसी इकाई के रूप में देखा है जो शब्दार्थ विज्ञान के सहसंबंधों को स्थापित करता है और आदर्श पाठक को उत्प्रेरित करता है। इस पुस्तक में आदर्श पाठक, कृति के 'पाठ' और लेखक के अंतःसंबंधों पर इस दृष्टिकोण से बहुत रोचक चर्चा है कि कैसे ये अवधारणाएं साहित्य के अध्ययन में अपने अभिप्राय रचती हैं।

उम्बर्तो इको हालांकि हमेशा वामपंथी विचारकों और प्रगतिशील आंदोलन के समर्थक रहे हैं, पर औपचारिक रूप से उन्होंने स्वयं को कभी उन अर्थों में 'मार्क्सवादी' नहीं माना जिन अर्थों में दूसरे महायुद्ध के बाद इटली के बौद्धिक जगत में पार्टी लाइन और यांत्रिक किस्म के मार्क्सवाद का बोलबाला था। 'थ्योरी ऑफ सिमियोटिक्स' के प्रकाशन के बाद उम्बर्तो इको की स्थिति अकादमिक जगत में लगभग एक सुपर स्टार की हो चुकी थी। संकेत विज्ञान की सैद्धांतिकी ने इको को इसलिए आकर्षित किया क्योंकि यह एक ऐसे सांस्कृतिक विमर्श की भूमिका बनाती थी जो न पूरी तरह से साहित्यिक था और न केवल उच्च संस्कृति वाली क्लासिक कृतियों की विवेचना तक सीमित था। उम्बर्तो इको अपने सोच में रोलां बार्थ की कृति 'माइथोलॉजीस' और 'एलिमेंट्स ऑफ सिमियोलॉजी' से गहरे प्रभावित थे। बार्थ की ये कृतियां शुद्ध भाषाविज्ञानी अध्ययन से हट कर लोकप्रिय फ्रेंच की संस्कृति के प्रतीकों, जैसे टेलीविजन धारावाहिकों, कुश्ती के विराट आयोजनों, खिलौनों, पर्यटन की गतिविधियों आदि में अंतर्निहित तत्वों की सूक्ष्म पड़ताल करती हैं। इसी धारा के अनुसरण में इको तत्कालीन मार्क्सवादियों के इस सोच से असहमत थे कि लोकप्रिय संस्कृति के सभी तत्वों को यह मानकर नकार देना चाहिए कि ये पूंजीवादी उपभोक्ता समाज की उपज हैं। इको मानते रहे हैं कि यह निषेधात्मक सोच उसी तरह से एक अंध प्रवृत्ति है जैसे परंपरावादी बौद्धिक उस हर चीज को संदेह से देखते रहे हैं जो लोकप्रिय हो। 'थ्योरी ऑफ सिपियोटिक्स' अमरीकी दार्शनिक चार्ल्स पीयर्स (1839–1914) के इस सिद्धांत को अपनाती है कि संकेत विज्ञान अपरिमित है, क्योंकि वह यह दर्शाता है कि किसी एक संदर्भ जगत में आशय या अभिप्रेत अर्थ कैसे विभिन्न संदर्भों की व्यवस्था में एक संकेत चिह्न से दूसरे संकेत चिह्न की ओर चालित होते रहते हैं। इको का मानाना था कि संकेत विज्ञान का यह महत्वपूर्ण सिद्धांत इस

बात की गारंटी देता है कि इस विमर्श में सामाजिक और ऐतिहासिक वास्तविकताओं को दरकिनार नहीं किया जा सकता।

समकालीन संकेत विज्ञान के सौंदर्यशास्त्र की अवधारणा पर इको का पहला महत्वपूर्ण कार्य 1962 ईसवी में प्रकाशित 'द ओपेन वर्क' (अंग्रेजी अनुवाद 1989 में) था जिसमें उन्होंने कृति के पाठ और उसके अर्थ को लेकर अपनी कुछ बुनियादी अवधारणाएं रखीं। उनका तर्क था कि एक 'खुली कृति' वह है जिसमें पाठक कृति में लेखक द्वारा छोड़े गए विभिन्न संकेतों की जांच करते हुए अपना एक अर्थ निर्मित करता है। परिणामस्वरूप ऐसी 'खुली कृति' में कोई एकल या स्थायी अर्थ नहीं होता बल्कि उसमें अर्थों की बहुलता का 'स्पेस' होता है जो कृति के पाठक और पढ़ने के संदर्भ से जुड़ा रहता है। ऐसी कृतियों का 'पाठ' विचारशीलता, समाज और जीवन के बीच एक जीवंत संबंध को रचता है और मूल्यांकन संबंधी शब्दावली उसका प्राथमिक लक्ष्य नहीं होती।

उम्बर्तो इको कहते हैं कि जो कृतियां अपने को एकल, सुनिश्चित, असंदिग्ध धरातल पर खड़ा करती हैं, वे 'बंद कृतियां' होती हैं। ऐसी कृतियों के समक्ष वे जेम्स जॉयस के 'फिनेगंस वेक', एलेक्जेंडर कॉल्डर की 'मोबाइल' और ल्युसियानो बेरियो के संगीत को रखते हुए इन्हें अवां गार्द किस्म की 'खुली कृतियां' करार देते हैं। 'मॉडेल रीडर' नामक अपनी कृति में इको कहते हैं कि एक आदर्श पाठक केवल एक परिकल्पित जीव है जिसे कृति के 'पाठ' ने स्वयं रचा है। एक आदर्श पाठक किसी उपन्यास को पढ़ते हुए यह जानना चाहता है कि कथा किस ओर मुड़ेगी और वह कृति विशेष उससे किस तरह की मांग कर रही है। हालांकि यह सैद्धांतिकी केवल कथा की विधा पर लागू होती है, फिर भी इस अवधारणा से पता चलता है कि एक साहित्यिक कृति के भीतर कितने सारे तत्वों का समावेश होता है। 'ऑन लिटरेचर' पुस्तक में उम्बर्तो इको ने इसी आधार पर दांते की 'डिवाइन कॉमेडी' (1320), कार्ल मार्क्स के कम्युनिस्ट घोषणापत्र (1850), फ्रेंच उपन्यासकार गेरार्दा द नेरवल के उपन्यास 'सिल्वि' (1853), सर्वेन्तीस के उपन्यास 'डॉन क्विक्जोट' (1605), अरस्तू के 'पोएटिक्स' (323 ईसा पूर्व), पियरो कॉम्पोरेसी के 'ज्यूस ऑफ लाइफ' (1988) और ऑस्कर वाइल्ड के 'एफोरिज़्म्स' पर महत्वपूर्ण टिप्पणियां की हैं।

केवल विचारक के रूप में ही नहीं, एक महत्वपूर्ण उपन्यासकार के रूप में भी उम्बर्तो इको ने दुनिया भर में अपने पाठक तैयार किए हैं। विश्व की लगभग सभी प्रमुख भाषाओं में उनकी कृतियों का अनुवाद हुआ है। इको के उपन्यास अपने गूढ़ संकेतों, साहित्य और इतिहास के बहु-सांस्कृतिक संदर्भों, चकित कर देने वाली रहस्यमयी घटनाओं और विभिन्न अनुशासनों के अंतर पाठ वाली संरचना के कारण पाठकों के बीच बहुचर्चित रहे है। उनका सर्वाधिक चर्चित उपन्यास 1983 में प्रकाशित 'द नेम ऑफ द रोज' है। इसकी तीस भाषाओं में एक करोड़ प्रतियां बिकी हैं। इसमें उम्बर्तो इको ने अपनी बौद्धिक रुचियों के सभी क्षेत्रों जैसे कि लोकप्रिय संस्कृति, मध्ययुगीन इतिहास, जासूसी कथानक, रहस्य-रोमांच, संकेत विज्ञान, बाइबिल के विश्लेषण और साहित्यिक सैद्धांतिकी को एक साथ बड़े विलक्षण तरीके से आपस में समायोजित कर दिया है। 1988 में प्रकाशित उनका दूसरा उपन्यास 'फूकोज पेंडुलम' में भी सत्य और फंतासी का एक सघन ताना-बाना है। 'दि आइलैंड ऑफ दि डे बिफोर' (1994) का घटनाक्रम भी सत्तरहवीं सदी का है।

2010 में प्रकाशित अपने छठे उपन्यास 'द प्राग सिमेट्री' में भी एक रहस्य और रोमांच में लिपटी हुई एक जासूसी किस्म की कथावस्तु है जिसमें एक सीक्रेट एजेंट षड्यंत्र, दुरभिसंधि, कपट और आक्रमण के द्वारा यूरोपीय महाद्वीप की ऐतिहासिक और राजनीतिक नियति को शैतानी ढंग से रचना चाहता है। उपन्यास में उन्नीसवीं सदी की घटनाओं के हवाले से यहूदियों के प्रति नस्ली घृणा के जन्म लेने और आधुनिक समय में सामी विरोध की राजनीति के उदय का वृत्तांत है। अन्य साहित्यिक कृतियों या दार्शनिक विवेचनों

की पैरोडी, प्रतिलब्धि और उनका विडंबनात्मक पुन:पाठ उम्बर्तो इको के रचनात्मक लेखन का एक अभिन्न अंग है।

उम्बर्तो इको का कथन है कि 'कथा साहित्य पढ़ने का अर्थ एक ऐसे खेल में शामिल होना है जिसके द्वारा हम उन असीमित चीजों को अपना एक अर्थ देते हैं जो कभी घटी हैं, घट रही हैं और इस वास्तविक दुनिया में अभी घटने वाली हैं।' एक दूसरी जगह वे कहते हैं कि 'पाठक और कथा के बीच, कथा और जीवन के बीच यह जटिल संबंध एक प्रकार के उस उपचार को रच सकता है जो यदि न हो तो तार्किकता सो जाती है और फलतः भयावह शैतान पैदा होते हैं।' उम्बर्तो इको का उत्तर-आधुनिक साहित्यिक सैद्धांतिकी से जुड़ा वैचारिक व्यक्तित्व और रचनात्मक लेखन इतना गंभीर और साथ ही इतना रोचक है कि वे विश्व में सर्वाधिक पढ़े जाने वाले लेखकों में से एक हैं।

विजय कुमार

अधिक जानकारी के लिए :

1. **A Theory of Semiotics** : Umberto Eco, 1976, 2. **The Role of the Reader—Exploration in the Semiotics of Texts** : Umberto Eco, 1979, 3. **The Open Works** : Umberto Eco, 1989, 4. **The Name of the Rose** : Umberto Eco, 1980

उर्दू

उर्दू एक आधुनिक भाषा है। यह भारतीय संविधान में निहित 22 भाषाओं में से एक महत्वपूर्ण भाषा है जो पूरे भारत में बोली और समझी जाती है। वास्तविकता यह है कि उर्दू न केवल भारतीय उपमहाद्वीप में संप्रेषण की भाषा है बल्कि यह भारत की साझा संस्कृति का भी आईना है। यही कारण है कि खाड़ी देशों और यूरोपीय तथा अमेरिकी उपमहाद्वीपों में भी भारत, पाकिस्तान, बांग्लादेश तथा नेपाल के लोग इसे अपनी भावनाएं व्यक्त करने का माध्यम बनाते हैं। इसे जम्मू-कश्मीर की राजभाषा तथा उत्तर प्रदेश, आंध्र प्रदेश, बिहार, तेलंगाना और दिल्ली की द्वितीय राजभाषा की मान्यता है। 2001 की जनगणना के अनुसार 5,07,72,631 भारतीयों की मातृभाषा उर्दू है। यह पाकिस्तान की राष्ट्रीय भाषा है तथा वहां की 1999 की जनगणना के अनुसार इसके बोलने वालों की संख्या 9,40,000,00 है। एस.आई. एल. के अनुसार बंग्लादेश में 2,50,000 लोगों की मातृभाषा उर्दू है।

उर्दू शब्द तुर्की का है जिसका अर्थ है—शाही शिविर, पड़ाव, छावनी, लश्कर, खेमा आदि। मुगल काल में सिपाहियों की छावनी को 'उर्दू' और उसके आसपास के बाजार को 'उर्दू बाजार' कहते थे। यहां की बोली को जबान-ए-उर्दू कहते थे। इसलिए मीर अस्मन देहलवी के शब्दों में, 'उर्दू बाजारी और लश्करी भाषा है।' एहतेशाम हुसैन ने लिखा है, 'उर्दू साहित्य का इतिहास उर्दू भाषा के इतिहास से शुरू होता है, क्योंकि प्रत्येक भाषा की तरह उर्दू को भी सामाजिक आवश्यकताओं ने जन्म दिया जिसमें धीरे-धीरे सांस्कृतिक विचारों और साहित्यिक कृतियों का प्रवेश हुआ। उर्दू को इतिहास ने जन्म दिया, बढ़ने का वातावरण पैदा किया और एक ऐसे स्तर पर पहुंचा दिया कि अठारहवीं-उन्नीसवीं शताब्दी में अनेक विद्वानों ने 'हिंदुस्तानी' के रूप में इसे देश की जनभाषा की संज्ञा प्रदान की।' (उर्दू साहित्य का आलोचनात्मक इतिहास)।

जबान के तौर पर 'उर्दू' शब्द का प्रयोग उर्दू-ए-मुअल्ला-ए-शाहजहानाबाद की शक्ल में शुरू हुआ। इसका अभिप्राय है, शुरू में उर्दू शाहजहानाबाद के शहर-ए-मुअल्ला/किला-ए-मुअल्ला/ दरबार-ए-मुअल्ला की जबान थी। कुछ विद्वानों ने यह भी कहा है कि उर्दू मध्य देश की प्राचीन भाषा की अंतिम कड़ी है। वस्तुतः आदि उर्दू व्याकरण की दृष्टि से अपभ्रंश के नजदीक थी, पर इसने धीरे-धीरे अपना अलग रूप तैयार कर लिया। इस पर शुरू में आंचलिक बोलियों का प्रभाव था।

वस्तुतः उर्दू का विकास 1000 ईसवी केआसपास होना शुरू हो गया था, परंतु उसके स्तरीकरण का कार्य 1193 अर्थात मुसलमानों के दिल्ली आगमन

से प्रारंभ हुआ। उर्दू के वास्तविक उद्‌भव को 1193 अर्थात मुसलमानों के पंजाब से दिल्ली आने और दिल्ली पर प्रभुत्व स्थापित करने से जोड़ कर देखा जाता है। दिल्ली आने वाले मुसलमानों में अरबी, फारसी, तुर्की और पश्तो बोलने वाले लोग थे, परंतु सबसे अधिक संख्या 'मुअर्रब-व-मुफर्रस' (अरबी-फारसी मिश्रित) पंजाबी बोलने वालों की थी। सुनीति कुमार चटर्जी ने बहुत-से ऐतिहासिक, सामाजिक और भाषावैज्ञानिक तथ्यों का आकलन करने के बाद निष्कर्ष निकाला था, 'अगर मुसलमान उत्तर भारत में नहीं आते तब भी आधुनिक इंडो-आर्यन भाषाओं का जन्म होता, परंतु उनके साहित्यिक उद्‌भव एवं विकास में अवश्य देर हो जाती।' (इंडो-आर्यन एंड हिंदी)। शौरशेनी अपभ्रंश के चोला बदलने के बाद जिस भाषा ने दो सौ वर्ष तक उत्तर भारत में अपनी विकास प्रक्रिया को जारी रखा वह आदि उर्दू कहलाती है।

उर्दू में आसपास की अनेक बोलियों का मिश्रण हुआ। इसलिए इंशा अल्ला खाँ उर्दू को अरबी, फारसी, तुर्की और ब्रजभाषा आदि पर आधारित मानते हैं। मोटे तौर पर कहा जा सकता है कि बारहवीं सदी में दिल्ली और उसके आस-पास मुख्य रूप से पांच भाषाएं (बोलियां) प्रचलित थीं—पंजाबी, हरियाणवी, ब्रज, कन्नौजी, बुंदेली और खड़ी बोली। खड़ी बोली के आधार पर इन बोलियों के मेलजोल से जिस नई भाषा का उदय हुआ उसी को हिंदवी, हिंदुई, हिंदी, रेखता, उर्दू-ए-मुअल्ला, जबान-ए-देहली, जबान-ए-उर्दू और अंततः उर्दू के नाम से प्रसिद्धि मिली। सुनीति कुमार चटर्जी का विचार है, 'फारसी अक्षरों में लिखित तथा फारसी की ओर झुकी दिल्ली की हिंदी तथा खड़ी बोली ने अपना विशिष्ट पथ ग्रहण कर लिया तो वह उर्दू कहलाई।'

उत्तर भारत में आदि उर्दू या आरंभिक उर्दू के नमूने बहुत कम मिलते हैं। जहाँ तक अमीर खुसरो की हिंदवी शायरी का प्रश्न है, इस पर विवाद है। तेरहवीं से सोलहवीं ईसवी के मध्य उत्तर भारत में उर्दू का उल्लेखनीय नमूना उपलब्ध नहीं है। 1200 से 1700 तक फारसी के प्रभाव के कारण उत्तर भारत में उर्दू बहुत हद तक बोल-चाल की भाषा बनी रही। अमीर खुसरो की गजलों, पहेलियों और कहमुकरियों में उर्दू/हिंदी का बड़ा सशक्त प्रयोग मिलता है, हालांकि यह साबित हुआ है कि खुसरो से संबंधित बहुत-सी रचनाएं उनकी अपनी नहीं हैं। फिर भी इस बात में कोई शंका नहीं है कि वे अरबी, फारसी, तुर्की और संस्कृत के साथ-साथ उर्दू-हिंदी में भी दक्षता रखते थे। यह खुसरो का ही योगदान है कि उन्होंने रेखतागोई की परंपरा स्थापित की, जिसमें खड़ी बोली के आरंभिक रूप देखने को मिलते हैं। खुसरो से संबंधित एक रेखता प्रस्तुत करना इसलिए आवश्यक प्रतीत हो रहा है कि इसमें उर्दू/हिंदी के चरणबद्ध विकास की प्रक्रिया निहित है :

जे हाले-मिस्कीं मकुन तगाफुल, दुराए
नैनां बनाए बतियां
कि ताबे-हिजरां नदानम ऐ जाँ न लीहो
काहे लगाए छतियां
शबाने हिजरां दराज चूं जुल्फो रोजे
वस्लत चूं उम्रे कोतह
सखी पिया कों जो मैं ना देखूं तो कैसे
काटूं अंधेरी रतियां।

मौलवी अब्दुल हक ने उर्दू साहित्य के आरंभिक उदाहरणों की खोज करते हुए चौदहवीं सदी के सूफी शायर शेख शरफुद्दीन बू अली कलंदर (मृत्यु 1323), शेख शरफुद्दीन याहिया बनेरी (मृत्यु 1380) आदि की रचनाओं का उल्लेख किया है जिनमें 'पूनो का चांद बाला है', 'सजन सकारे जाएंगे और नैन मरेंगे रोय, बिधना ऐसी रैन को भोर कभी ना होय', 'काला हंसा निर्मला बसे समुंदर तीर, पंख पसारे बिख हरे निर्मल करे सरीर', 'दर्द रहे ना पीर' जैसे प्रयोग मिलते हैं। अमीर खुसरो के दो सुखनों का भी जिक्र होता है, जिनमें आधी पंक्तियां ब्रजभाषा में और आधी पंक्तियां फारसी में हैं। मोहम्मद अफजल की 'बिकट कहानी' (1625) में बारहमासे का वर्णन है जिसकी शैली चौदहवीं सदी के सूफियों का अनुकरण

करती है। इसमें फारसी शब्दों का ब्रजभाषा के साथ अनूठा प्रयोग है। यह शुद्ध साहित्यिक दृष्टिकोण से एक उच्च कोटि की रचना है, जिसमें फारसी और हिंदी साहित्यिक परंपराओं का समन्वय हुआ है। वास्तव में 'बिकट कहानी' हिंदी कविता की परंपरा का उर्दू में पहला सशक्त उदाहरण है। इसमें प्रेम की अभिव्यक्ति स्त्री की ओर से हुई है। इसका आरंभ इस प्रकार होता है :

सुनो सखियो! बिकट मेरी कहानी
भई हूँ इश्क के गम सूँ दीवानी
ना मुझ को भूक दिन, ना नींद राता
बिरह के दर्द सूँ सीना पिराता
तमामी लोक मुझे बूरी कहे री
खिरद गुम कर्दा मजनूँ ही रही री

सत्तरहवीं के अंत तक उर्दू गुजरात, अर्कोट, मद्रास और मैसूर के कुछ भागों में पहुंच गई थी। दकनी उर्दू के महत्वपूर्ण कवियों में वली, बहरी और सिराज हैं। वली को उर्दू कविता का बाबा आदम कहा जाता है। अठारहवीं सदी में वली के असर से उत्तर भारत में भी उर्दू काव्य की जमीन तैयार हुई। जिस उर्दू का प्रयोग यहां होता था उसे रेख्ता कहा जाता था। इस सदी के प्रमुख कवियों में दर्द, सौदा, मीर, सोज आदि को रखा जाता है, जिन्होंने अपने समय के जीवन यथार्थ उपस्थित किए हैं और 'जग बीती' को 'आप बीती' के रूप में उपस्थित किया है। मीर के काव्य में मुगल साम्राज्य के ढहने की हृदय विदारक पीड़ा मिलती है, 'दिल की वीरानी का क्या मजकूर है। ये नगर सौ मरतबा लूटा गया।।' यह मीर के दिल का ही नहीं दिल्ली का भी चित्र है। उनकी कविता में मिठास भी कम नहीं थी, 'नाजुकी उसके लब की क्या कहिए/ पंखड़ी एक गुलाब की सी है।' एहतेशाम हुसैन ने लिखा है कि उस जमाने में 'राजनीति ने संस्कृति और भाषा पर धर्म की छाप नहीं लगाई थी।' (वही)। इस युग में उर्दू साहित्य की जड़ें जीवन में फैलनी शुरू हुईं और 'महान कवियों ने उस मिटती हुई संस्कृति का चित्रण करके ऐतिहासिक महत्व का काम किया।' (वही)।

अठारहवीं सदी में दिल्ली और अवध उर्दू के दो केंद्र थे। यहां काव्य के साथ गद्य रचनाएं भी लिखी जा रही थीं। इस समय उर्दू के शब्दकोश भी बने। इस युग के एक बड़े लेखक इंशाअल्ला खाँ थे। जब लखनऊ केंद्र का जिक्र आता है कवि नासिख और आतिश के नाम आते हैं। इनके अलावा दयाशंकर 'नसीम' का नाम लिया जाता है। दिल्ली और लखनऊ स्कूल के विवाद को कई आलोचक महत्व नहीं देते, क्योंकि बदलती राजनीतिक स्थितियों में इनके बीच खास फर्क नहीं था। इसी युग में नजीर अकबराबादी हुए जिनका जन्म दिल्ली में 1740 में हुआ था पर जीवन आगरा में बीता था। उनकी कविता में, 'जो सच्चाई, जो देशभक्ति, साधारण जन जीवन का जो ज्ञान, मानव का जो प्रेम, जो सहृदयता और सहजता मिलती है, वह इससे पहले किसी कवि के यहां नहीं मिलती थी।' (वही)। उनके बाद जौक और गालिब ने उर्दू साहित्य को ऊंचाइयां दीं। गालिब के काव्य में यथार्थ कल्पना और दर्शन के घुलने-मिलने से हिंदुस्तान की आत्मा बोल उठी है। वे उन्नीसवीं सदी के प्रतिनिधि उर्दू कवि हैं।

पद्मसिंह शर्मा, हाफिज मुहम्मद शैरानी आदि का विचार है कि उर्दू शब्द का प्रयोग भाषा के अर्थ में अठारहवीं सदी से पहले नहीं हुआ। उर्दू का उन्नीसवीं सदी में क्रमशः एक स्वतंत्र और विशिष्ट साहित्यिक शैली के रूप में विकास होता गया, जिसमें अरबी-फारसी के शब्दों में फारसी काव्य की रूढ़ियों और प्रतीकों का प्रयोग बढ़ता गया। मीर, सौदा, जौक, मोमिन और गालिब जैसे महाकवियों ने उसको अपने काव्य गौरव से अलग पहचान दी। इनके बाद के नामों में दाग मशहूर हुए। इसी दौर में उर्दू के पहले नाटक 'इन्दर-सभा' (अमानत) की रचना हुई। इसी प्रक्रिया में नवजागरण की चेतना लेकर 'आजाद', 'हाली' 'नजीर अहमद', 'शिबली' और 'अकबर' आते हैं। इस जमाने में उर्दू गद्य का विकास हुआ। इसमें कलात्मक साहित्य के अलावा विभिन्न विषयों पर विचार-विवेचन का भी सिलसिला आगे बढ़ा। इस प्रक्रिया में पारिभाषिक शब्दों के लिए अरबी-फारसी

पर निर्भर रहने की परंपरा भी बन गई। हिंदी और उर्दू में शैलीगत भिन्नता के बावजूद दोनों भाषाओं में स्वाधीनता संग्राम और राष्ट्रीय जीवन का परिप्रेक्ष्य समान रूप से मौजूद है। बोलचाल की खड़ी बोली का ही विशेष प्रकार का शैलीकरण और परिष्कार उर्दू में पाया जाता है। मीर, नजीर और गालिब जैसे शायर इसी कारण से समूचे उत्तर भारत में लोकप्रिय हुए थे। विशेष रूप से प्रगतिशील आंदोलन के दौर में हिंदी और उर्दू—दोनों भाषाएं, दोनों का साहित्य और दोनों के साहित्यकार एक-दूसरे के बहुत करीब आए। प्रेमचंद हिंदी और उर्दू दोनों को जोड़ने वाले महान साहित्य-सेतु बने। भारत और पाकिस्तान दोनों देशों में, हिंदू और मुस्लिम दोनों समुदायों में, सांप्रदायिक विभाजन की ताकतों की तमाम नापाक कोशिशों के बावजूद एकता और समन्वय की प्रवृत्ति कभी लुप्त नहीं हुई, यह जारी है।

बींसवी सदी में उर्दू साहित्य में परंपरा और आधुनिकता का सामंजस्य दिखता है। इस दौर में इकबाल उर्दू के एक बड़े लेखक थे, उन पर राष्ट्रीय भावनाओं का असर था। उनकी रचना 'सारे जहाँ से अच्छा हिंदोस्तां हमारा' पूरे हिंदुस्तान की आवाज आज भी बनी हुई है। एक विचारशील लेखक के रूप में उनमें कई उतार-चढ़ाव आते हैं। नवजागरण काल के इन कवियों के नाम लिए जाते हैं—'शाद' अजीमाबादी, ज्वाला प्रसाद 'बर्क', नौबत राय 'नजर', महाराज बहादुर 'बर्क', जगत मोहन लाल 'खाँ', अमरनाथ 'साहिर', 'रियाज' खैराबादी, मौलान 'सफी', 'फानी', 'अजीज', 'साकिब', 'सायल', 'आरजू', 'सीमाब', 'असगर', 'गोंडवी', 'जरीफ', 'हसरत' मोहानी, तिलोक चंद 'महरूम', 'जिगर' मुरादाबादी, 'यगाना', चंगेजी, 'असर' लखनवी आदि।

नए युग के शायरों में 'जोश,' 'फिराक', 'हफीज', सागर निजामी, 'रविश' सिद्दीकी, 'इहसान' दानिश 'मजाज', अली सरदार 'जाफरी', और फैज अहमद फैज महत्वपूर्ण हैं। फैज ने अंतरराष्ट्रीय ख्याति पाई। लोकप्रिय, प्रगतिशील और आधुनिक कवियों में 'साहिर' लुधियानवी, कैफी आजमी, 'मजरूह' सुल्तानपुरी, गुलाम रब्बानी 'ताबडां', शहरयार, गुलजार महत्वपूर्ण माने जाते हैं।

गोपीचंद नारंग ने लिखा है, 'आधुनिकतावादी आंदोलन के प्रवक्ता भारत और पाकिस्तान दोनों जगहों पर हैं। जिस प्रकार पाकिस्तान में वजीर आगा, इंतिजार हुसैन और सलीम अहमद साहित्यिक प्रतिमानों के संस्थापक हैं, उसी प्रकार भारत में आधुनिकता के आंदोलन को आगे लाने वालों में आले अहमद सुरूर, खलीलुर्रहमान आज्मी, बाकर मेहदी, महमूद हाश्मी, वारिस अलवी और खास कर शम्सुर्रहमान फारूकी हैं। फारूकी की पत्रिका 'शब-खून' की भूमिका इस संदर्भ में रेखांकित की जाती है।

उर्दू में गजल की जो परंपरा है, इसने हिंदी को काफी प्रभावित किया। उर्दू काव्य को गजल के इतिहास में सीमित न भी किया जाए, पर उसमें गजल का बड़ा महत्व है। शमशेर बहादुर सिंह ने लिखा है, 'गजल वास्तव में उर्दू कविता की जान है।' वह यह भी कहते हैं, 'पिछली शताब्दी (19वीं सदी) का पूर्वार्ध उर्दू कविता का रीति काल ही है, पर इसके भाव की सीमा 'गुल', 'बुलबुल', 'शमा' 'परवाना' आदि में स्थिर करना इनके गूढ़ अर्थ संकेतों की व्यापकता को समझने से इंकार करना है।... आधुनिक युग में उर्दू ने देश की राजनीतिक और सामाजिक परिस्थितियों की अपने भाव-स्पंदन में जो सुंदर अभिव्यक्ति की है उसके संदर्भ में अकबर, चकबस्त, इकबाल और जोश का नाम लेना पर्याप्त है। इससे उर्दू काव्य को अभूतपूर्व गौरव प्राप्त हुआ है।' (दोआब)। माना जाता है कि उर्दू के लेखकों ने अपनी भाषा को जिस तरह शुद्ध और सुडौल बनाया, 'चीनी और फ्रेंच और फारसी छोड़कर संसार की किसी भी काव्य भाषा को इस गुण पर ईर्ष्या हो सकती है।' (वही)। उर्दू के मुशायरे अलग से प्रसिद्ध हैं, यह एक अनोखी परंपरा है।

उर्दू गद्य को प्रतिष्ठित करने में सैयद अहमद खाँ, मुहम्मद हुसैन 'आजाद', अल्ताफ हुसैन 'हाली', 'शिबली' नोमानी, रतननाथ 'सरशार', अब्दुल हलीम

'शरर', सज्जाद हुसैन, मुहम्मद हादी रुसवा, ख्वाजा हसन 'निजामी', मौलाना अब्दुल हक, महमूद हसन रिजवी, अब्दुल कादिर सरबरी, अब्दुल्लाह आदि ने महत्वपूर्ण भूमिका निभाई। प्रगतिशील आंदोलन के असर में 'अंगारे' का प्रकाशन हुआ, जिसने युग परिवर्तन का काम किया।

उर्दू कथा-साहित्य में कृष्ण चंदर, सआदत हसन मंटो, राजेंद्र सिंह बेदी, इस्मत चुगताई, अखतर हुसैन रायपुरी, ख्वाजा अहमद अब्बास, सज्जाद जहीर, बलवंत सिंह आदि नाम मशहूर हुए। नए उर्दू अफसाने के क्षेत्र में पाकिस्तान में जिस तरह इंतिजार हुसैन और अनवर सज्जाद ने अच्छी रचनाएं दीं, भारत में बलराज मेनरा, सुरेंद्र प्रकाश, सलाम बिन रज्जाक आदि ने उर्दू अफसाने का विकास किया। उर्दू में प्रगतिशील और आधुनिकतावादी दोनों ढंग का कथा-साहित्य आया और इन मुद्दों पर बहस हुई।

आलोचकों में एजाज हुसैन, अहमद सरूर, मुमताज हुसैन, कलीमुद्दीन अहमद, वकार अजीम, ख्वाजा अहमद फारुकी, शम्सुर्रहमान फारुकी, एहतेशाम हुसैन, गोपी चंद नारंग आदि महत्वपूर्ण नाम हैं। उर्दू साहित्य में महत्वपूर्ण योगदान करने वाले अन्य कई लेखक हैं, जिनका विस्तार से अध्ययन किया जा सकता है।

उर्दू की साहित्यिक पत्रिकाओं में 'शाइर', 'शब-खून', 'किताबनुमा', 'सबरस', 'ऐवाने उर्दू', 'अफकार', 'फुनून', 'औराक', 'सरीर', 'दरियाफ्त', 'पर्चे नया वरक', 'जेहने जहीद', 'इस्तआरा', 'बादबान', 'तस्तीर', 'आइंदा' 'मकालमा' आदि रही हैं। उर्दू साहित्य के आधुनिक पाठकों की कमी और उर्दू लेखकों की पुस्तकों के प्रकाशन की समस्या इधर बढ़ी है।

उर्दू भाषा और साहित्य का भारतीय साहित्य में महान योगदान है। आजादी के बाद इसमें विविधता और बहुकेंद्रिकता आई। उर्दू साााहित्य में विभाजन का दर्द, किसानों की समस्या, उद्योगीकरण के आधुनिक प्रभाव, सांप्रदायिकता, विषमता, अकेलापन, स्त्री का आत्मसम्मान आदि कई प्रश्न उभरे हैं। प्रेम की वेदना, विस्थापन और बेगानेपन के जो चित्र उर्दू साहित्य में हैं, वे बेजोड़ हैं। उर्दू का भी वही क्षेत्र है जो हिंदी का है और दोनों की साझी संस्कृति है और साझा भविष्य है।

जुबैर शादाब

अधिक जानकारी के लिए :

1. **उर्दू साहित्य का आलोचनात्मक इतिहास :** एहतेशाम हुसैन,
2. **उर्दू पर खुलता दरीचा** : गोपी चंद नारंग

उर्दू और हिंदी

खड़ी बोली से ही उर्दू भाषा का विकास हुआ है और खड़ी बोली से ही हिंदी का भी विकास हुआ है। दरअसल, उस समय एक व्यापक क्षेत्र में जो नई भाषा बन रही थी, वह हिंदी कहलाती थी। इतिहासकारों ने लिखा कि मध्य काल में दो संस्कृतियां आपस में टकराईं। सच यह है कि संस्कृतियां आपस में टकरातीं नहीं, आपस में एक-दूसरे से गले मिलती हैं। उर्दू भाषा के बारे में आबे-हयात (मोहम्मद हुसैन आजाद) का एक अंश द्रष्टव्य है : 'संस्कृत और फारसी भाषा जो जेंद अवेस्ता की भाषा थी (ईरान की पुरानी भाषा), आर्यों के रिश्ते से एक 'दादा' की संतान हैं। किंतु समय का उलटफेर देखो कि कितने सौ या कितने हजार वर्ष की बिछड़ी हुई बहनें ऐसी परिस्थिति में एक-दूसरे से आ कर मिलीं कि एक-दूसरे की शक्ल तक पहचान न सकीं।' उन्नीसवीं शताब्दी में खड़ी बोली हिंदी का आंदोलन शुरू हुआ तो उत्तर भारतीय समाज दो वर्गों में बंट गया था। एक वर्ग हिंदी को संस्कृतनिष्ठ बना रहा था। दूसरा वर्ग हिंदी में अरबी-फारसी के शब्द ठूंस रहा था। शिवप्रसाद सितारेहिंद और लक्ष्मण सिंह में यही भाषिक लड़ाई थी। इनके बीच समन्वय करते हुए भारतेंदु हरिश्चंद्र ने बीच का रास्ता निकाला और कहा कि बोलचाल के शब्द होने चाहिए, चाहे वे संस्कृत के शब्द हों, चाहे अरबी-फारसी के।

उर्दू भाषा के लिए उस जमाने में एक और शब्द था, जिसका नाम 'रेख्ता' या 'रेखती' था। मिर्जा ग़ालिब का 'मीर' के बारे में एक शे'र है :

रेख़्ते के तुम्हीं उस्ताद नहीं हो ग़ालिब
कहते हैं अगले जमाने में कोई मीर भी था

'रेख्ता' उस जमाने में पक्के मकान को कहते थे। फारसी के शब्दकोश में 'रेख्ता' का अर्थ है, ढाली हुई चीज (मुजमुअल लुगात फारसी) वस्तुतः चूने से बनी दीवार 'रेख्ता' कहलाती थी। भाषाविज्ञान की कुछ किताबों में 'रेख्ता' का मतलब लिखा है–'टूटी-फूटी भाषा'। एक अन्य अर्थ दिया है–'भवन निर्माण की बिखरी हुई चीजें।' यानी 'उर्दू' एक ऐसी भाषा है, जो भवन निर्माण के समय बिखरी हुई चीजों की तरह है। यानी एक कोने में अरबी के शब्द हैं, दूसरे कोने में फारसी और तुर्की आदि के शब्द; कहीं अवधी और ब्रज के शब्द हैं तो कहीं संस्कृत के शब्द। इन बिखरे हुए शब्दों से मिल कर जो भाषा बनी, वह 'उर्दू' कहलाई।

अब थोड़ा 'उर्दू' शब्द पर विचार किया जाना चाहिए। मुहम्मद मुस्तफा खाँ 'मद्दाह' के शब्दकोश में बताया गया है कि उर्दू तुर्की भाषा का शब्द है। इसका अर्थ दिया है–सेना, फौजी पड़ाव, छावनी। फारसी के शब्दकोश में भी 'उर्दू' के यही अर्थ हैं–फौज, पड़ाव, फौजी खेमा आदि। अब सवाल है कि जब यह फौजी खेमा है, फौज है, तो भाषा कैसे हो सकती है? भाषा के रूप में इसका प्रयोग कैसे और क्यों हुआ?

दरअसल, उर्दू भाषा का जहाँ जन्म हुआ, उसके मुख्यतः चार केंद्र थे। पहला, फौजी छावनी, दूसरा, बाजार, तीसरा, दरबार और चौथा, हरम। इन चारों केंद्रों में विभिन्न भाषाएं और बोलियां बोलनेवाले स्त्री-पुरुषों के बीच आपसी संपर्क की भाषा के रूप में 'उर्दू' (रेख्ता, रेख्ती) का विकास हुआ। इसमें ब्रजभाषा, राजस्थानी, पंजाबी, हरियाणवी और अवधी के साथ तुर्की, अरबी और फारसी का मिश्रण था। उर्दू का पहला केंद्र बनी फौजी छावनी। दूसरा केंद्र बना बाजार। फौजियों ने जहाँ-जहाँ छावनी डाली, वहां-वहां बाजार बनता गया। उत्तर भारत के कई शहरों में आज भी 'उर्दू बाजार' नाम के मुहल्ले हैं। एक मुहल्ला गोरखपुर में ही है। बाजार में लेन-देन होता था। खरीद-फरोख्त होती थी। ऐसी स्थिति में परस्पर बातचीत जरूरी थी। जाहिर है कि अलग-अलग भाषा बोलनेवालों ने एक-दूसरे के शब्दों को ग्रहण करना शुरू किया। जैसे, अरबी जाननेवाले ने फल की दुकान में पूछा होगा कि 'नारंज के क्या दाम हैं?' दुकानदार को जब कुछ समझ में नहीं आया होगा, तब उसने संतरे पर उंगली रख कर पूछा होगा। इससे दुकानदार को मालूम हो गया होगा कि ये लोग 'संतरे' को 'नारंज' कहते हैं। किसी मिस्रवाले शख्स ने (मिस्र की भाषा भी अरबी है) 'नारंज' को 'नारंग' कहा होगा, क्योंकि मिस्र की अरबी में 'जीम' (ज) का उच्चारण 'ग' होता है। इसीलिए वहां जमाल अब्दुल नासिर को गमाल अब्दुल नासिर कहते हैं और अरबी भाषा के एकमात्र नोबेल पुरस्कार विजेता नजीब महफूज को नगीब महफ़ूज़ कहते हैं। इस तरह 'नारंगी' शब्द का जन्म हुआ होगा।

तीसरा केंद्र था–दरबार। वहां भी यही स्थिति थी। अवधी-ब्रज बोलनेवाले लोगों को अपनी बात अरबी, फारसी और तुर्की जुबानवालों को समझानी पड़ती थी। इस दौरान भी शब्दों का आदान-प्रदान होता था। चौथा केंद्र था–हरम यानी अंतःपुर। यहां स्त्रियां रहती थीं। उनमें बादशाहों की पत्नियां थीं, दासियां थीं; भारतीय दासियां भी रही होंगी। वे दासियां अरबी-फारसी नहीं जानती थीं। मगर इन सभी स्त्रियों में संवाद होता होगा। इस तरह जो भाषा बनी, वह 'रेख्ता' या 'रेख्ती' कहलाई। फारसी के पूर्वोल्लिखित शब्दकोश में रेख्ता का एक अर्थ 'मखलूत जबान' भी दिया हुआ है, जिसका अर्थ है–मिली-जुली भाषा।

आज भी प्रयोग में अनेकों शब्द हैं, जो आम तौर पर 'उर्दू' के समझे जाते हैं, मगर वे किसी और भाषा से आए हैं, जैसे–फारसी से चचा, बच्चा, जच्चा, चिक, बागीचा, संदूकचा आदि। 'नीलाम' पुर्तगाली शब्द है। 'कमरा' इतालवी है। 'गच' (पक्का फर्श) तुर्की है। 'यूसुफ', 'हारून', 'मूसा', 'ईसा' आदि शब्द ईरानी हैं। 'गोदाम' शब्द मलेशियाई है। कुर्सी, सुराही, नजर अरबी के हैं। नजर से मुहावरा भी बन गया–बच्चे को नजर लग गई। आज लोग इतने सारे शब्दों का प्रयोग रोजमर्रा के जीवन में कर रहे हैं, लेकिन पता नहीं होता कि वे शब्द मूलतः किस भाषा के हैं!

उर्दू के आलोचक सैयद एहतेशाम हुसैन ने 'उर्दू साहित्य का आलोचनात्मक इतिहास' में लिखा है 'उर्दू भाषा का इतिहास एक प्रकार से भारतवर्ष के एक हजार वर्ष का इतिहास है।' आगे उन्होंने लिखा है, 'उर्दू न तो विदेशी है न हिंद में पैदा हुई, न दक्षिण भारत में। न वह पंजाब से निकली, न ब्रजभाषा से। वरन दिल्ली के चारों ओर बोली जानेवाली कई बोलियों में फारसी-अरबी के शब्दों के मिलने और पश्चिमी हिंदी की उस बोली का, जिसे खड़ी बोली कहा जाता है, रूप ग्रहण करने से एक नई भाषा का विकास हुआ। आरंभ में उस पर पंजाबी का प्रभाव अधिक रहा, लेकिन धीरे-धीरे खड़ी बोली ही उर्दू के रूप में निखरती गई।' इस पुस्तक में उन्होंने कुछ और बिंदुओं की तरफ भी इशारा किया है :

1. आरंभ में जिन लोगों ने फारसी में भारतवर्ष के इतिहास लिखे या जो हिंदुस्तान में सैर करने के लिए आए और अपनी यात्रा का वर्णन लिखा, उन्होंने यहां की भाषाओं को साधारणतः जबाने-हिंद, हिंदी या हिंदुई लिखा है।
2. अमीर खुसरो ने भी जहाँ भारत की भाषाओं का वर्णन किया है वहां हिंदी और हिंदवी के अलावा जबाने-देहली लिखा है।
3. अठारहवीं शताब्दी तक उर्दू शब्द का प्रयोग भाषा के रूप में नहीं मिलता है। इसकी जगह 'रेख्ता' या 'हिंदी' ही कवियों की जुबान थी।
4. मुगलों के उत्थान के समय सेना से संबंधित बाजार होते थे, वहां मिली-जुली बोलियां बोली जाती थीं। उसके लिए कभी-कभी 'जुबाने-उर्दू' या 'जुबान-ए-उर्दू-ए-मुअल्ला' का भी प्रयोग किया जाता थ। उन्नीसवीं शताब्दी के आरंभ से कुछ पहले 'उर्दू' शब्द भी बोला जाने लगा। उसी समय से लेखकों ने इसे हिंदुस्तानी कहना भी आरंभ किया।

अर्थात हिंदी का जब विकास हो रहा था, उसी समय उर्दू का भी विकास हो रहा था। 'रेख्ता' का एक मामला यह भी है कि यह संगीत का एक पारिभाषिक शब्द था। इसमें राग-रागिनियां मिलाई जाती थीं। यह शब्द अधिकतर पद्य के लिए काम में लाया जाता था। गद्य के लिए हिंदी बोलते और लिखते थे। मतलब कविता को कहते थे 'रेख्ता' और गद्य को कहते थे हिंदी। (उर्दू साहित्य का आलोचनात्मक इतिहास)।

मिर्जा गालिब मूलतः शायर थे और फारसी में शेर और गजल कहते थे। उनकी मातृभाषा फारसी थी। मिर्जा गालिब दावे के साथ कहते थे कि इस मुल्क में फारसी जाननेवाले दो ही लोग हुए हैं : एक अमीर खुसरो और दूसरा वे खुद। मिर्जा गालिब ने जब देखा कि फारसी समझने वालों की संख्या धीरे-धीरे कम होती जा रही है तब उन्होंने तय किया कि जो जबान बोली जा रही है, समझी जा रही है, उस जबान में शायरी करनी चाहिए। तब उन्होंने जिस भाषा में शायरी की, उसे आज 'उर्दू' कहा जाता है। मिर्जा गालिब नहीं जानते थे कि जिस भाषा में वे शायरी कर रहे हैं, बाद में लोग उस भाषा को उर्दू कहेंगे। मिर्जा गालिब खुद उसे 'हिंदवी' या 'देहलवी' कहते थे। अपने खतों में उन्होंने भाषा के अर्थ में इन्हीं शब्दों का प्रयोग किया है।

फिराक गोरखपुरी ने अपनी किताब उर्दू भाषा और साहित्य में लिखा है, 'उर्दू भाषा दिन-प्रतिदिन सांचे में ढलती जा रही है। इसी जामा मस्जिद की सीढ़ियों पर सैकड़ों तरह के खोमचेवाले बैठते थे और सब अपनी-अपनी बात दिल्ली की उस टकसाली बोली में कहते थे जो चार-पांच सौ बरस पहले बन चुकी थी और उस युग तक 80-90 प्रतिशत की सीमा तक तैयार हो चुकी थी।' फिराक साहब उर्दू को टकसाली बोली कहते हैं। वह उसे न हिंदी कहते हैं और न उर्दू।

इंशा अल्लाह खान अपनी भाषा को 'हिंदी' कह रहे थे, जबकि वे लिख रहे थे अरबी लिपि में। मीर अम्मन 'बागो-बहार' में कहते हैं, मैं ऐसी जबान में लिख रहा हूं जो दिल्ली के आमो-खास बोलते हैं। (उपर्युक्त, भूमिका)। वे यह नहीं कहते कि मैं उर्दू में लिख रहा हूं।

शम्सुर्रहमान फारुकी ने अपने उपन्यास 'कई चांद थे सरे आसमां में' में जगह-जगह लिखा है,

यह जुमला हिंदी में बोला गया है। मतलब यह कि 'उर्दू' शब्द का प्रयोग भाषा के रूप में उस समय नहीं होता था।

वस्तुतः जब फोर्ट विलियम कॉलेज की स्थापना हुई तब अंग्रेजों ने उस समय की प्रचलित भाषा को दो हिस्सों में बांट दिया। भाषा का विभाजन लिपि के आधार पर किया गया। यह भी अंग्रेजों की एक चाल थी। एक भाषा को हिंदी और दूसरी को उर्दू। यानी नागरी लिपि में लिखी गई भाषा को 'हिंदी' और 'अलिफ बे' वाली पद्धति में लिखित भाषा को उर्दू कहना शुरू हुआ। अंग्रेजों ने भाषा का जब यह खेल खेला, तब उन्होंने दो कमेटियां भी बनाईं। दोनों में सिर्फ एक-एक सदस्य थे। उर्दू कमेटी में सर सैयद अहमद खाँ थे और हिंदी कमेटी में भारतेंदु हरिश्चंद्र। सर सैयद अहमद खाँ की रिपोर्ट पहले पहुंच गई, जिसे अंग्रेज सरकार ने भारतेंदु जी को भेज दिया और उनसे कहा कि उर्दू के बारे में तो सर सैयद अहमद खाँ ने यह रिपोर्ट भेजी है, अब आप हिंदी के बारे में अपनी रिपोर्ट भेज दीजिए। अंग्रेजी में लिखी गई उस रिपोर्ट को जब भारतेंदु जी ने पढ़ा तो बहुत खिन्न हुए, क्योंकि हिंदी के बारे में सर सैयद अहमद खाँ ने जो टिप्पणी की थी उसमें हिंदी के प्रति अशालीनता थी। अतः उस पर अपनी प्रतिक्रिया देते हुए भारतेंदु ने उर्दू के प्रति अशालीनता व्यक्त की। उसका नतीजा यह हुआ कि इतिहास के कुछेक विद्वान आज भी भारतेंदु जी को उर्दू विरोधी मानते हैं। ये टिप्पणियां इस प्रकार थीं : सर सैयद अहमद खाँ : 'उर्दू इज द लैंग्वेज ऑफ द जेंट्री एंड हिंदी दैट ऑफ द वल्गर।' भारतेंदु हरिश्चंद्र : 'इट (उर्दू) इज द लैंग्वेज ऑफ डांसिंग गर्ल्स एंड प्रॉस्टिट्यूट्स।' भारतेंदु हरिश्चंद्र का उपर्युक्त कथन हिंदी संबंधी सर सैयद अहमद खाँ के विचार पर दी गई उनकी प्रतिक्रिया है। इसे उनका 'उर्दू विरोध' नहीं समझना चाहिए, यद्यपि उन्होंने 'उर्दू का स्यापा' भी लिखा था। हम वाकिफ हैं कि उन्होंने स्वयं उर्दू में शायरी की थी। उनकी गजलों का संग्रह 'गुलज़ारे-पुरबहार' नाम से प्रकाशित हुआ था। इस संग्रह के तीन संस्करण उनके जीवन काल में ही आ गए थे। आधुनिक युग में प्रेमचंद से लेकर राही मासूम रजा तक हिंदी और उर्दू के बीच राहो-रस्म बरकरार है।

लिपि और शैली के वास्तविक भेद के बावजूद साहित्य और संवेदना की एक मिलन भूमि भी है जिसे हिंदी कवि शमशेर ने इस तरह बयान किया है : वो अपनों की बातें, वो अपनों की खू-खू/हमारी ही हिंदी, हमारी ही उर्दू,/वो कोयलो-बुलबुल के मीठे तराने/हमारे सिवा इनका रस कौन जाने!

अब्दुल बिस्मिल्लाह

उर्दू का लखनऊ स्कूल

उर्दू का एक 'दिल्ली स्कूल' माना जाता है और एक 'लखनऊ स्कूल'। दिल्ली और उसके आसपास की जबान को देहलवी, जबाने दिल्ली, हिंदवी, रेखता, उर्दू के नाम से जाना जाता था। इसके विकास के बारे में विभिन्न हवालों से कहा जाता है कि सल्तनत काल में मध्य एशिया के प्रभावों ने इसे बढ़ावा दिया और मुगल काल में इसने मुख्य भाषा का रूप ले लिया। शाहजहांबाद–तब की दिल्ली के रास्तों पर रेखता या जबाने दिल्ली ही बोली जाती थी, भले लाल किले में फारसी का दबदबा हो। इसी दौर में वली की शायरी ने फारसी की अभिजात दुनिया की जड़ें हिला दी थीं। बड़े शायरों ने वली की जबान में शायरी करना शुरू कर दिया था। इस भाषा को ज्यादा लोग रेखता कहते थे, जो मुगल साम्राज्य के पतन के साथ उर्दू बन गई। आफताफ के तखल्लुस से अठारहवें मुगल शासक शाह आलम द्वितीय (1728-1806) ने अपनी गजलों का संकलन तैयार किया था।

दिल्ली से मुगल साम्राज्य का पतन एक तरह से अवध (लखनऊ) में नवाबी सामंतवाद के उभार का काल है। यह सामान्य नागरिकों, कलाकारों, कला रसिकों, विशेष रूप से शायरों, तमाशाबाजों के फैजाबाद और लखनऊ में पलायन का काल भी है। हालांकि एक समान सामाजिक, सांस्कृतिक एवं राजनीतिक हालात में भाषा, साहित्य अथवा शायरी के दो भिन्न स्कूलों की अवधारणा को आमतौर पर

माना नहीं गया है। दिल्ली और लखनऊ दोनों जगहों की शायरी की विशेषताओं के बीच बुनियादी फर्क से एहतिशाम हुसैन इंकार करते हैं। यह जरूर है कि अवध दरबार के उत्थान काल में लखनवी शायरी एक नया परिधान और ध्वनि धारण कर रही थी। उसे नई भंगिमा, अलंकारिता, लयात्मकता, सौंदर्य दृष्टि और सांस्कृतिक बोध से युक्त करने में, कुल मिलाकर उसमें नया आस्वाद पैदा करने में वस्तुतः दिल्ली से आए शायर ही प्रमुख थे।

फिराक गोरखपुरी ने लिखा है, 'दिल्ली की तबाही के बाद लखनऊ उर्दू कविता का केंद्र हो गया। पहली लहर में वे ही कवि प्रमुख हुए जो दिल्ली से आए थे। उनका अपना कुछ रंग था, कुछ अपनी विशेषताएं थीं। उनके बाद आने वाले कवियों ने, जो मूल रूप से दिल्ली या उसके आस-पास के निवासी थे, अपनी जवानी की आंखें लखनऊ में ही खोलीं जहाँ के दरबार में उस समय हंसने-हंसाने और विलासप्रियता के अलावा कोई अन्य वातावरण न था। इसलिए इन बाद वाले कवियों में गंभीरता वाले तत्व गायब हो गए और उच्छृंखल तथा सतही प्रेम की कविता की जाने लगी। भाषा और अभिव्यक्ति शैली में अवश्य इस काल में विकास हुआ और दिल्ली के कवियों द्वारा व्यवहृत बहुत से शब्द जैसे नित, टुक, अंखड़िया, भल्लारे, झमकड़ा, आदि कायम रखे गए। शुरुआती दौर के लखनवी कवियों की भाषा में पुराने जमाने को देखते हुए बहुत सुथराव हुआ।' (उर्दू भाषा और साहित्य)।

फिराक साहब लखनऊ की उर्दू के संदर्भ में नासिख का उल्लेख करते हुए इस तथ्य पर विशेष बल देते हैं, 'इसमें कोई संदेह नहीं कि उन्होंने बुजुर्गों की परंपरा छोड़कर उर्दू में अरबी-फारसी शब्दों और शब्द विन्यासों की बहुतायत कर दी और परिष्कार के नाम पर हिंदी के बहुत-से मधुर शब्द भी वर्जित कर दिए, किंतु फारसी का निचोड़ लेकर उन्होंने उर्दू को ऐसा टकसाली बना दिया कि वह ऊंचे से ऊंचे विषयों के प्रतिपादन के योग्य हो गई और उसमें आगे के लिए बड़ी गुंजाइशें पैदा हो गईं।' (वही)।

उर्दू भाषा को परिष्कृत, निर्मल, आलंकारिक तथा प्रवाहपूर्ण बनाने में लखनवी शायरों का योगदान महत्वपूर्ण है। कहा जाता है कि इस योगदान ने ही दिल्ली पर लखनऊ को उच्चता प्रदान की। इसका गजल और दूसरी विधाओं पर प्रभाव पड़ा। इससे अभिव्यक्ति अधिक आवेगमयी हुई। यहां तक कि गद्य विधाओं की भाषा और चिंतन में भी निखार आया। मिर्जा सफी सौदा के काल में उर्दू को दकनी प्रभाव से मुक्त करने का शुरू हुआ अभियान, जो बाद में संस्कृत, ब्रज, अवधी शब्दों तक पहुंचा, इसी काल में पूर्णता प्राप्त करता है। इसके अलावा नवाबी शासन के अवसान काल में शासक वर्ग के जो लोग–उनके मुसाहिब, माशूकाएं और खादिमाएं लखनऊ में फारसी की दुर्गति और उर्दू के सामाजिक स्वीकार की शिकायतें नवाब साहिबान से कर रहे थे, उन्हें भी उर्दू की बादशाही स्वीकार करनी पड़ी। इस तरह उर्दू की राह बनती गई।

शकील सिद्दीकी

अधिक जानकारी के लिए :
1. **उर्दू भाषा और साहित्य :** फिराक गोरखपुरी, 2. **उर्दू साहित्य का इतिहास :** एहतिशाम हुसैन

उर्मिला

उर्मिला मिथिला नरेश जनक की कनिष्ठ पुत्री और सीता की बहन थी। दशरथ के बेटे लक्ष्मण के साथ उसका विवाह हुआ था। उससे अंगद और चंद्रकेतु नाम से दो पुत्र हुए थे। वाल्मीकि रामायण में लक्ष्मण की पत्नी के रूप में उर्मिला का उल्लेख है। बाद के काव्य में इससे अधिक उर्मिला का परिचय नहीं मिलता। आधुनिक युग में उर्मिला के प्रति विशेष सहानुभूतिपूर्ण रुख देखा जा सकता है। सर्वप्रथम रवींद्रनाथ ठाकुर ने अपने एक निबंध 'काव्येर उपेक्षिता' (1899) में अत्यंत भावपूर्ण शैली में उस पर चर्चा की है। महावीर प्रसाद द्विवेदी ने उक्त चर्चित लेख से प्रेरणा लेकर 'सरस्वती' पत्रिका में स्वयं एक लेख ('कवियों की उर्मिला-विषयक उदासीनता') लिखा और कवियों से

उर्मिला के उद्धार का आह्वान किया। मैथिलीशरण गुप्त ने इस प्रेरणा से 'उर्मिला उत्ताप' के चार सर्ग 1920 के पहले ही रच लिए थे। बाद में उन्होंने अपनी रचना को संपूर्ण राम कथा का रूप देने की दृष्टि से 'साकेत' महाकाव्य लिखा। खासकर इसके नवम सर्ग में उन्होंने काफी प्रभावशाली ढंग से उर्मिला के विरह का विस्तृत वर्णन किया। बालकृष्ण शर्मा 'नवीन' का 'उर्मिला' शीर्षक खंडकाव्य भी उल्लेखनीय है।

मंजुरानी सिंह

अधिक जानकारी के लिए :

Puranic Encyclopedia : Vettam Mani, 1975

उर्वशी

देवलोक की अप्सरा उर्वशी प्रेम और सौंदर्य के प्रतीक के रूप में आकर्षण का केंद्र रही है। वह वैदिक पाठ में ऊषा की देवी के रूप में आई, जिसकी कल्पना बाद में स्वर्ग की सबसे सुंदर और दिव्य अप्सरा के रूप में कर ली गई। उसकी जीवन की उन्मुक्तता, खुलापन और धरती के मनुष्य जीवन की ओर उसके आकर्षण से स्वर्ग की निस्सारता सामने आती है। काव्य में वह एक द्वंद्वमुक्त और एक स्पष्ट भाषी स्त्री है जो इसी वजह से शापग्रस्त भी होती है। इस तरह उसका जीवन स्त्री की विडंबना की ही एक कथा है।

ऋग्वेद का पुरूरवा और उर्वशी सूक्त उर्वशी की प्रेम कथा का प्रथम आख्यान है। इस सूक्त के अठारह मंत्रों में उर्वशी को आकुल होकर पुकारते पुरूरवा के प्रत्येक कथन का उर्वशी प्रतिवाद करती हुई उत्तर देती है। ऋग्वेद के इस सूक्त की परंपरा में उर्वशी और पुरूरवा का आख्यान शतपथ ब्राह्मण में विस्तार से बताया गया है। इस आख्यान में देवताओं की योजना के कारण उर्वशी को पुरूरवा को छोड़कर जाना पड़ता है।

उर्वशी ने पुरूरवा के साथ रहने के लिए तीन शर्तें रखी थीं जो स्त्री शक्ति का सकरात्मक चिह्न है। उसने शर्तें रखीं—पुरूरवा उसके दो मेमनों की रक्षा करेगा, शुद्ध खाद्य पदार्थों का सेवन होगा और पुरूरवा कभी भी नग्न अवस्था में सामने नहीं आएगा। देवराज इंद्र को जब स्वर्ग में उर्वशी की कमी खलने लगी, उन्होंने गंधर्वों से षड्यंत्र रचाया। गंधर्व रात के समय उर्वशी के मेमने लेकर भागने लगे, तब मेमने चीखने लगे। पुरूरवा घबड़ाकर नग्न अवस्था में ही मेमनों को बचाने के लिए दौड़ पड़ा, तभी बिजली चमकी और उर्वशी ने पुरूरवा को नग्न अवस्था में देख लिया। उर्वशी स्वर्ग वापस लौट गई। उर्वशी और पुरूरवा से एक पुत्र हुआ, उसका नाम रखा जाता है 'आयु', जो राजा बनता है।

महाभारत में वह स्वर्ग में आए अर्जुन की तरफ आकर्षित होती है और अपना प्रेम प्रस्ताव रखती है। फलतः उसे शापग्रस्त होना पड़ता है। वह एक नैसर्गिक सौंदर्य ही नहीं बल्कि नैसर्गिक स्त्री आकांक्षा का भी मिथकीय प्रतीक है। दो पुरुषों से संसर्ग की आकांक्षा के कारण ही उसे अभिशप्त जीवन झेलना पड़ता है। देवी भागवत की कथा में वह नारायण के 'उरू' अर्थात जाँघ से पैदा हुई थी। वह सभी अप्सराओं से अधिक रूपवती थी।

कालिदास के नाटक 'विक्रमोर्वशीयम्' में उर्वशी और पुरूरवा के प्रेम और वियोग की कथा है। उर्वशी और पुरूरवा के बीच प्रेम हो जाता है। उर्वशी को भरतमुनि के शाप के कारण धरती पर मानवी के रूप गें रहना पड़ा, जबकि वस्तुतः उसे देवलोक की तुलना में खुद ही धरती का जीवन पसंद था।

उर्वशी को सनातन स्त्री और पुरूरवा को सनातन पुरुष के रूप में भी देखा गया है। रामधारी सिंह दिनकर ने उर्वशी को काव्य नायिका बनाया और उसे प्रेम, सौंदर्य और भौतिक जीवन में सुख की चाह के एक कामाध्यात्मपरक प्रतीक के रूप में देखा। उन्होंने देवलोक की उर्वशी में मर्त्य लोक के सुख की असीम चाह देखी। उसके जरिए कहना चाहा कि मनुष्य में देवता की तुलना में अधिक सौंदर्य, जीवन और गरिमा होती है। उर्वशी ऊषा के ऋग्वैदिक सौंदर्य से शुरू करके अपनी मिथकीय विकास यात्रा

में प्रेम और मनुष्य की सहज काम-इच्छा के मिलेजुले रूप में देखी गई, 'मेरा तो इतिहास प्रकृति की पूरी प्राणकथा है। उसी भांति निस्सीम, असीमित जैसे स्वयं प्रकृति है।' (उर्वशी, दिनकर)।

शंभुनाथ

अधिक जानकारी के लिए :

1. **Classical Dictionary of Hindu Mythology and Religion** : John Dowson, 2009, 2. **Modern Indian Literature—An Anthology** : K M George (ED) 1992, 3. **उर्वशी** : रामधारी सिंह दिनकर, 1961

उलटबांसी

हजारी प्रसाद द्विवेदी ने 'कबीर' पुस्तक में 'उलटबांसी' शब्द का प्रयोग किया है। निर्गुण संत साहित्य और कबीर पर काम करनेवाले अधिकतर विद्वानों ने 'उलटवांसी' शब्द का ही प्रयोग किया है, लेकिन बोलचाल में उलटवांसी की जगह उलटबांसी का अधिक प्रयोग किया जाता है। इसका शाब्दिक अर्थ है उल्टी वाणी। यह संस्कृत की विपरीत रीति की प्रस्तावना है। गोरखनाथ ने इसे 'उल्टी चर्चा' कहा है तो खुद कबीर ने इसे 'उल्टा वेद' कहा। इस शब्द को कई तरह से व्याख्यायित किया गया है। हजारी प्रसाद द्विवेदी ने योग के संदर्भ में उलटबांसी पर विचार किया है। उनका कहना है कि योगमार्गी चली आ रही परंपरा से अपने को अलगाने के लिए अपने मत को उल्टे रूप में पेश करते थे। वे परंपरागत दृष्टि से जो श्रेष्ठ है, उसे सबसे बाद में और जो सबसे कम महत्वपूर्ण है, उसे सबसे पहले रखते थे। मसलन धर्म, अर्थ, काम और मोक्ष में सबसे महत्वपूर्ण मोक्ष है, लेकिन उसे सबसे बाद में उल्लिखित किया जाता था। उन्होंने अपनी हर बात उल्टे रूप में कहना शुरू कर दिया था। इसी से काव्य में उलटबांसी का प्रयोग होने लगा। संध्या भाषा प्रचलित हुई। संध्या भाषा का अर्थ एक ऐसी भाषा से है, जिसका कुछ अंश समझ में आए और कुछ न आए। उलटबांसी में भी कुछ ऐसा ही होता है।

इस शब्द का अर्थ—लोकक्रम के विपरीत जीवन व्यतीत (उलट**+**वास) करनेवाले साधक की वाणी, अनहद नाद (उलट+वंशी = उलटवंसी) के अनुभव को व्यक्त करनेवाली वाणी, उलटे हुए समान (उलटवां+सी) प्रतीत होनेवाली वाणी भी किया गया है। इन सब का निहितार्थ यह है कि निर्गुण संत पहले से चली आ रही ज्ञान और धर्म की परंपरा से असंतुष्ट थे। वे लकीर के फकीर बनने के बजाय भिन्न मार्ग पर चलना चाहते थे। रूढ़िवादिता के विरोध ने उन्हें ऐसे मत और शैली की ओर आकर्षित किया जो कई अर्थों में उसके उलट या विपरीत थी। इसी से कहने की शैली के रूप में उलटवांसी का उद्‌भव हुआ। यह सत्य अथवा यथार्थ तक पहुंचने की एक युक्ति है।

उलटबांसी का प्रयोग हिंदी में प्रमुखता के साथ कबीर ने किया। उनकी उलटबांसी शब्द और अर्थ, सामान्य दृष्टि और विवेक की विसंगति को उद्‌घाटित करती है। यह समाज की विसंगतियों पर प्रहार करने का माध्यम बनती है।

सिद्ध और नाथ पंथ के संतों ने उलटबांसियों में अपने विचार व्यक्त किए। इसके पीछे एक भाव यह भी था कि यह ज्ञान सभी को देने योग्य नहीं है। अधिकारी व्यक्ति को ही यह ज्ञान दिया जाना चाहिए। संत दूलनदास का कहना था, 'दूलन यह मत गुप्त है, प्रकट न करौ बखान। ऐसे राखु छिपाय मन, जस विधवा अवधान।।'

उलटबांसियों के चमत्कारपूर्ण प्रयोग के पीछे एक उद्देश्य सामान्य जनता का ध्यान आकर्षित करना था। शास्त्र ज्ञान बघारने वालों के बरअक्स ये भक्त कवि अपने ब्रह्मज्ञान की गूढ़ता को पहेलियों की संरचना में प्रस्तुत करते थे। पारंपरिक शास्त्रज्ञों के लिए उलटबांसी को बूझ पाना कठिन होता था। उलटबांसी की संरचना पहेली, संध्याकूट, दृष्टिकूट जैसी होती थी। कुंडलिनी मार्ग को भी उलटबांस कहा गया। बांस का मतलब पार्श्व भी होता है। उलटबांसी ज्ञान न रखनेवाले के लिए उल्टी होती है, मगर ज्ञानी के लिए वही सुलटी होती है।

उलटबांसी विरोधमूलक कथन होता है, जो एक भिन्न अर्थ तक पहुंचाता है। इसमें रूपक की जगह प्रतीकों और संकेतों की प्रधानता होती है। एक प्रसिद्ध उलटबांसी है, 'कबीर दास की उल्टी बानी, बरसै कंबल भीजै पानी।' कबीर का एक अन्य कथन है, 'पहले पूत पीछै भई माई, चेला के गुरु लागे पाई।' संत की उलटबांसियां सिद्धों और नाथों की 'उल्टी चरचाओं' से भिन्न हैं, क्योंकि ये साधनापरक की जगह लोकपरक अधिक हैं। इनमें कई जगहों पर आध्यात्मिक चेतना के साथ सामाजिक यथार्थ भी व्यक्त हुए हैं। इन अद्‌भुत लगने वाली उलटबांसियों से संतों की काव्य प्रतिभा का भी बोध होता है। इनमें सिर्फ आत्मा, परमात्मा, माया, मन की चंचलता, संसार की असारता की बातें ही नहीं हैं। ज्ञानाग्नि के ऐसे संकेत भी हैं, जिनमें विरोधाभास से भरी व्यवस्था को जला कर मानवीय अखंडता लाने का संदेश है।

रघुवंश मणि

अधिक जानकारी के लिए :

1. **कबीर** : हजारी प्रसाद द्विवेदी, 2. **हिंदी संतों का उलटबांसी साहित्य** : रमेशचंद्र मिश्र, 3. **उत्तरी भारत की संत परंपरा** : परशुराम चतुर्वेदी

उलमा

अरबी भाषा का शब्द 'उलमा' 'आलिम' का बहुवचन है। यह शब्द 'इल्म' (शिक्षा) से बना है। 'आलिम' का शाब्दिक अर्थ विद्वान, पढ़ा-लिखा, समझदार, विद्वज्जन होता है। इस प्रकार हर विद्वान व्यक्ति 'आलिम' है।

आलिम फाज़िल का अर्थ उद्‌भट विद्वान होता है। 'आलिम', 'फाजिल' की डिग्री भी होती है, जो मदरसों द्वारा दी जाती है। इस डिग्री को हासिल कर मौलवी हजरात सरकारी मदरसों में मुदर्रसी या अध्यापन करते हैं। यही नहीं, मौलाना की भी डिग्री होती है जिस प्रकार हिंदी में 'शास्त्री' की। मौलाना शौकत अली (स्वतंत्रता सेनानी), मौलाना अबुल कलाम आजाद, मौलाना अबू आला मौदूदी आदि व्यक्ति बाकायदा 'मौलाना' की डिग्री पाए हुए मौलाना थे। लेकिन इस्लाम में 'उलमा' का एक विशेष स्थान है। ये इस्लामी समाज में खास हैसियत रखते हैं। 'उलमा-ए-दीन' अर्थात धर्माचार्य। इन उलमा-ए-दीन के माध्यम से ही धर्म के सारे रीति-रिवाज अंजाम दिए जाते हैं। इन्हीं की एक श्रेणी है मुफ्ती। ये 'फतवा' जारी करते हैं।

इस्लामी राज्यों में 'उलमा' सरकारी अधिकार प्राप्त व्यक्ति होते हैं। वे राजकाज और न्याय व्यवस्था के सलाहकार भी होते हैं। भारत जैसे देश में उलमा का महत्व बस यही है कि वे मदरसे में पढ़ाते हैं और किसी खास धार्मिक आयोजन में रस्म की अदायगी करते हैं। मीलाद और धार्मिक मजलिसों में इस्लामी आख्यान देकर दीन की महत्ता को स्थापित करते हैं।

उलमा-ए-दीन का इस्लाम के प्रचार-प्रसार महत्वपूर्ण योगदान रहा है। धर्म के प्रचार-प्रसार में इन धर्मगुरुओं ने बड़ा काम किया है। उन्होंने अपने आचार-व्यवहार व अपने व्यक्तित्व के प्रभाव से आम जन में इस्लाम की अच्छाइयों का प्रचार किया। धर्म की गुत्थियों को सुलझाने का बहुत बड़ा काम उलमाओं ने ही किया। उन्होंने ही अपनी टीका-टिप्पणी और भाष्य से धर्म के अबूझ पहलुओं को स्पष्ट किया जिससे धर्म के प्रति आम आदमी में आस्था बढ़ी। इस प्रकार इस्लाम की स्वीकार्यता बढ़ी। उलमा-ए-दीन ने ही कुरआन-हदीस की उपयोगिता को मोमिनो और गैर-मोमिनो तक पहुंचाने की अहम भूमिका निभाई।

सेराज खान बातिश

ऊषा

ऋग्वेद में ऊषा प्रातःकाल का दैवी रूप है। इसकी स्तुति तीस सूक्तों में है और लगभग तीन सौ स्थानों पर इसका उल्लेख है। दिवो दुहिता (आकाश की बेटी), विभावरी, वाजिनीवती (समृद्धमयी) आदि इसके पर्याय हैं। ऊषा के सूक्तों में सौंदर्य-वर्णन की उत्कृष्ट कविताएं मिलती हैं। वैदिक लोग जीवन में ऊषा का महत्व जानते थे। ऊषा सूर्य की पहली किरण है। यह चिर सौंदर्यवान, आशाओं से परिपूर्ण और सुंदर रथ पर आरूढ़ है। इसे स्वर्ग की कन्या और सूर्य की पत्नी भी कहा गया है। ऋग्वेद में ऊषा के असीम सौंदर्य का वर्णन भौतिक जीवन का ही आह्वान है। ऊषा की स्तुति में कहा गया है, 'ऊषे, तू महान अन्न से युक्त है। तू हमारे लिए श्रेष्ठ अन्न ला, ताकि हम अपनी संतान का पालन-पोषण कर सकें। तू गौ, अश्व, प्रकाश और सच्ची वाणी से युक्त है। तू ये धन हमारे निमित्त ला। हे महान अन्नवाली ऊषे।' (ऋग्वेद 1.92, 13-14)। आकाश में अंधकार चीरकर उदित होनेवाली प्रकाश किरणें वेदकालीन लोगों के लिए जीवन का सूचक थीं। उस काल में पुरुष देवताओं के समानांतर स्त्री के रूप में ईश्वर की सुंदर कल्पना बहुत अर्थपूर्ण है। पारसियों के धर्मग्रंथ 'अवेस्ता' में ऊषा का वर्णन उशहीन नाम से पुल्लिंग में है।

ऊषा की कथा में है कि सभी देवता उससे विवाह करना चाहते थे। प्रजापति ने शर्त रखी, जो पूरे ब्रह्मांड की यात्रा करेगा और वेद का शुद्ध उच्चारण करेगा, उसी से उसका विवाह होगा। अग्नि, इंद्र आदि देवगण सफल नहीं हो पाए। ऊषा का वरण सूर्य ने किया। अग्नि उसका प्रेमी, रात्रि उसकी बहन और अश्विनी कुमार उसके मित्र हैं। ऊषा रात्रि के काले वस्त्रों को हटाती है, बुरे स्वप्नों को भगाती है और बुरी आत्माओं से रक्षा करती है। वह पूर्व में उदित होकर प्रत्येक उपासक को जगाती है। वह अपनी प्रातःकालीन लालिमा में सुकुमार स्त्री है, जैसे इंद्र कठोर पुरुषरूप हैं। यदि अग्नि वैदिक पुरोहित और इंद्र वैदिक योद्धा है, ऊषा वैदिक समय की जाग्रत स्त्री है। वह नए सृजन की आकांक्षा और नई कल्पना लेकर आती है। ऋग्वेद के बाद अथर्ववेद, ब्रह्मपुराण आदि में ऊषा की चर्चा है। छायावादी कवि प्रसाद इसे 'ऊषा नागरी' के रूप में देखते हैं तो शमशेर इसे अनोखे बिंब में रखते हैं, 'बहुत काली सिल जरा-से लाल केसर से/जैसे धुल गई हो'!

शंभुनाथ

अधिक जानकारी के लिए :
वैदिक देवता–उद्‌भव और विकास : गयाचरण त्रिपाठी

ऊदा देवी

1857 के विद्रोह में ऊदा देवी की भूमिका का वर्णन इस तरह किया गया है : लखनऊ के सिकंदर बाग के बीचोबीच पीपल का एक बड़ा और घना पेड़ था। इसके नीचे मिट्टी के कई मटके रखे रहते थे, जिनमें ठंडा पानी भरा रहता था। जब लड़ाई की मार-काट खत्म हुई तो बहुत-से अंग्रेज सैनिक अपनी प्यास बुझाने और अपनी थकान मिटाने के लिए इस पेड़ के पास पहुंचे। उन्होंने देखा कि पेड़ के आसपास उनकी तिरपनवीं और निन्नयानवीं रेजिमेंट के बहुत-से सैनिक मरे पड़े थे। कैप्टन डाउसन को मृतकों के घाव देखकर यह समझने में देर न लगी कि उन पर किसी ऊंची जगह से गोलियां चलाई गई थीं। कैप्टन डाउसन पेड़ से दूर हट गया और अपने सहायक वैलेस से बोला कि हमें पता लगाना चाहिए कि क्या पेड़ पर कोई है। उसने कहा कि मरे हुए सैनिकों को देखकर ऐसा लगता था कि उन पर सामने से गोली नहीं चलाई गई थी, बल्कि पेड़ के ऊपर से चलाई गई थी। वैलेस के पास एक भरी हुई

बंदूक थी। उसने बड़ी सतर्कता से पेड़ के आस-पास एक चक्कर लगाया और कुछ ही देर में पेड़ पर छिपे व्यक्ति को ढूंढ़ निकाला। उसने कैप्टन डाउसन को चुपके से इसकी सूचना दी और फिर अपनी बंदूक का मुंह ऊपर उठाकर निशाना लगाया। देखते ही देखते उस छिपे हुए व्यक्ति का शव जमीन पर आ गिरा। उस व्यक्ति ने लाल रंग की जैकेट और गुलाबी रंग की चुस्त पतलून पहन रखी थी। उसकी जैकेट हटाने पर पता चला कि वह कोई पुरुष न होकर स्त्री थी। उसकी जेबों में पुराने मॉडल की दो पिस्तौलें थीं। एक भरी हुई और दूसरी खाली। उसकी जेब में कुछ कारतूस भी थे, जो बड़ी होशियारी से बनाए गए थे। वैलेस ने दुख से अपना माथा ठोंकते हुए कहा कि अगर उसे पता होता कि वह एक स्त्री है तो उसे मारने से पहले वह हजार बार खुद मरना पसंद करता। वह स्त्री कोई और नहीं बल्कि ऊदा देवी थीं।

यह कहानी पासी जाति के लोगों द्वारा सुनाई जाती है। उनका मानना है कि यह घटना नवंबर 1857 में घटी थी। ऊदा देवी पासी जाति से संबद्ध दलित महिला थीं। उन्होंने 1857 में भारतीय सिपाहियों की ओर से युद्ध में भाग लिया था। वे अवध के नवाब वाजिद अली शाह के महिला दस्ते की सदस्य थीं। इस विद्रोह के समय हुई लखनऊ की घेराबंदी में 2000 भारतीय सिपाही सिकंदर बाग में शरण लिए हुए थे। ऊदा देवी उनमें से एक थीं। उन्होंने पुरुष वेश धारण कर रखा था और बंदूक और गोला-बारूद लेकर पेड़ पर चढ़ गई थीं। पेड़ पर से ही उसने अंग्रेज सिपाहियों पर गोलियां बरसाईं और 32 सैनिकों को मार गिराया और अंत में 'स्वयं' भी शहीद हो गई।

बद्रीनारायण

अधिक जानकारी के लिए :
Women Heroes and Dalit Assertion in North India—Culture Identity and Politics : Badrinarayan, 2006

ऋग्वेद

वेद विश्व सभ्यता के इतिहास में सबसे प्राचीन ग्रंथ हैं। चारों वेदों (ऋक्, यजु, साम, अथर्व) में ऋग्वेद प्राचीनतम है। वेद का अर्थ है ज्ञान। ऐसा परंपरा-प्राप्त ज्ञान, जिसकी प्रामाणिकता और चरितार्थता युग-युग तक बनी रहे। सायण ने वेदों को अपौरुषेय माना। मंत्र द्रष्टा ऋषियों ने वेद मंत्रों का दर्शन या साक्षात्कार किया था। सहस्रों वर्षों तक मौखिक या वाचिक परंपरा में ये वेद मंत्र एक पीढ़ी से दूसरी पीढ़ी तक प्रचलित रहे, इसीलिए वेद का एक नाम 'श्रुति' भी है। देवों की स्तुति में प्रयुक्त मंत्र ऋक् हैं। (ऋच्यते स्तूयते अनमा इति ऋक्)। ऋग्वेद के मंत्रों का दो प्रकार से विभाजन किया जाता है—एक अष्टक क्रम दूसरा मंडल क्रम। आठ-आठ अध्यायों का एक-एक अष्टक हुआ, इस तरह संपूर्ण ऋग्वेद 64 अध्यायों में विभाजित है।

अष्टकों का विभाजन वर्गों में किया जाता है, प्रत्येक वर्ग में एक से लेकर नौ तक मंत्र होते हैं। इसकी अपेक्षा मंडलक्रम अधिक प्रचलित और प्रतिष्ठित है, जिसके अनुसार पूरा ऋग्वेद दस मंडलों में विभाजित है। प्रत्येक मंडल में अनुवाक और प्रत्येक अनुवाक में कई सूक्त हैं। ऋग्वेद में कुल 85 अनुवाक हैं, इन अनुवाकों में कुल 1,028 सूक्त हैं और इन सूक्तों में कुल 10,528 मंत्र या ऋचाएं हैं। दूसरे मंडल से सातवें मंडल तक का अंश सबसे अधिक प्राचीन माना जाता है। इनके मंत्रद्रष्टा ऋषि हैं—गृत्समद, विश्वामित्र, वामदेव, अत्रि, भरद्वाज और वशिष्ठ। आठवें मंडल के ऋषि हैं कण्व और अंगिरा। पहले और दसवें मंडल में भिन्न-भिन्न ऋषियों के सूक्त हैं। ऋग्वेद के अनेक सूक्त स्त्री ऋषियों और आर्येतर ऋषियों के हैं। पतंजलि ने अपने महाभाष्य में ऋग्वेद की 21 शाखाओं का उल्लेख किया है; इनमें से केवल पांच शाखाओं के नाम मिलते हैं—शाकल, वाष्कल, शांखायन, मंडूकायन और आश्वलायन। इनमें केवल शाकल शाखा उपलब्ध है। शांखायन और आश्वलायन शाखाओं के ब्राह्मण तथा उपनिषद तो प्राप्त होते हैं, पर संहिताएं नहीं मिलती।

विषयवस्तु की दृष्टि से ऋग्वेद के सूक्तों को विभिन्न वर्गों में बांटा जा सकता है, जैसे—स्तुतिपरक सूक्त—ये सोम, विष्णु, वरुण, उषस्, रुद्र से संबंधित हैं। ये प्रमुख देवता हैं, जिनकी स्तुतियां संकलित हैं। दार्शनिक सूक्तों में जीवन, जगत या सृष्टि के उद्भव के बारे में दार्शनिक अवधारणाएं प्रस्तुत की गई हैं—जैसे नारदीय सूक्त, अस्य वामीय सूक्त, हिरण्यगर्भ सूक्त, पुरुष सूक्त। कभी-कभी ऋषियों ने आध्यात्मिक रहस्यों को गूढ़ पहेलियों की शैली में व्यक्त किया है। लौकिक सूक्तों में ग्राम, नगर, परिवार, राष्ट्र के प्रशासन, सभा, समिति, कृषि और अन्य आजीविकाओं, अनुष्ठानों, संस्कारों और लोकाचारों का निरू पण किया गया है। कुछ सूक्त किसी आख्यान विशेष से संबंधित संवादों के रूप में रचे गए हैं, जैसे—इंद्र-मरुत-अगस्त्य संवाद, अगस्त्य-लोपामुद्रा संवाद, विश्वामित्र-नदी संवाद, यम-यमी संवाद, सरप-पणि संवाद, पुरूरवा-उर्वशी संवाद आदि। लगभग तीस सूक्तों में दुःस्वप्ननाश, अपशकुन निवारण, रोगोपचार, पुत्र-प्राप्ति, शत्रुनाश, सपत्नीमर्दन, अशुभ निवारण आदि के लिए प्रयुक्त होने वाले अभिचारों का निरूपण है।

ऋग्वेद में त्रिष्टुभ, गायत्री, जगती, अनुष्टुप, उष्णिक, पंक्ति, बृहती आदि ग्यारह प्रकार के छंदों का प्रयोग हुआ है।

ऋग्वेद में उल्लिखित नदियों (सिंधु, विपाशा, शतद्रु, वितस्ता, असिक्नी, परुष्णी और सरस्वती) द्वारा सिंचित 'सप्त सिंधु' प्रदेश को कई विद्वानों ने वैदिक ऋषियों की वासभूमि माना है। अविनाश चंद्र दास का निष्कर्ष है कि ऋग्वेद के निर्माण काल की अवधि में वैदिक ऋषि पंचनद, कश्मीर, वाह्लीक

(बलूचिस्तान), गांधार (अफगानिस्तान) और पश्चिमी हिमालय के प्रदेशों में निवास कर रहे थे। यही आर्यों का आदि देश था। अनेक विद्वानों की धारणा रही है कि आर्य भारत में बाहर से आए, लेकिन यह धारणा विवादास्पद है।

इसी प्रकार ऋग्वेद के रचना काल को लेकर भी विभिन्न मत हैं। भारतीय परंपरा वेद को अनादि और अपौरुषेय मानती आई है। मैक्समूलर ने इसे 1200 ईसा पूर्व—1000 ईसा पूर्व, मैक्डानल ने 1300 ईसा पूर्व, तिलक ने 6000 ईसा पूर्व, जाकोबी ने 4000 ईसा पूर्व—2500 ईसा पूर्व, शंकर बालकृष्ण दीक्षित ने 3000 ईसा पूर्व माना है। भूगर्भशास्त्रीय प्रमाणों से ऋग्वेद का रचनाकाल 4 हजार ईसा पूर्व तक पीछे जा सकता है। वेबर ने ठीक ही लिखा है, 'वेदों का समय निर्धारित नहीं किया जा सकता।'

ऋग्वेद के अध्ययन-अनुसंधान से ऐतिहासिक और तुलनात्मक भाषाविज्ञान, तुलनात्मक देव शास्त्र, तुलनात्मक मिथक शास्त्र के क्षेत्र में नए वातायन खुले।

ऋग्वेदकालीन समाज में वनवासी किरात, निषाद आदि आखेटक गण, गोपालक, गड़रिया आदि पशुचारी गण, कृषकों के गांव, व्यापारियों के नगर—चारों प्रकारों की बस्तियों और आजीविकाओं का सहज भाव था। समुद्री मार्ग से व्यापार का भी संकेत मिलता है। पक्थ, भलानस, अलिन, शिव, गंधारि, पृथु, पर्शु, भरत आदि गणों या जनों के उल्लेख से प्रमाणित होता है कि आर्यों में किसी एक ही वर्ण या नस्ल का वर्चस्व नहीं था। पृथ्वी, आकाश, जल, नदी, मेघ, अग्नि, सूर्य, चंद्र, औषधि, वनस्पति, जीव-जंतु—समस्त पर्यावरण के प्रति वैदिक ऋषियों में मित्र भाव है। तब कृषि प्रधान आजीविका थी। यव (जौ) के बोने, पकने, वृष्टि में मुदित होने का उल्लेख है। हल, सीर (लांगल), फाल और सीता (हराई), कुओं, नालियों, नहरों के साथ-साथ रहट के भी संदर्भ हैं। कर्मकार (लुहार) धातु शिल्पी थे। ध्याता और द्रविता भट्ठी में धातु गलाते थे। कुलाल (कुम्हार), बढ़ई, जुलाहा,, चर्मकार, ग्वाला, शिकारी, नाई, बनिया, वैद्य, पुरोहित, कवि, गायक, वादक, नर्तक आदि का उल्लेख मिलता है। रथ बनाना, तीर बनाना, पत्थर काटना विशिष्ट शिल्प थे। तरह-तरह के औजारों और हथियारों का भी वर्णन मिलता है।

ऋग्वैदिक समाज में अनेक जातियां और जनपद, अनेक आर्थिक व्यवस्थाएं, भाषाएं और धार्मिक संप्रदाय, सामाजिक समुदाय और राज्य शामिल थे।

निवासमूलक समुदायों में ग्राम, पुर और राष्ट्र उल्लेखनीय थे, तो जनमूलक समुदायों में कुल, गोत्र और जन। सामाजिक कार्य की भूमिका के अनुसार वर्णों की व्यवस्था प्रचलित थी, तो विभिन्न शिल्पों पर आधारित नाना व्यवसायों से बाद में अनेक जातियां और श्रेणियां विकसित हुईं। अपूप (पूआ), ओदन (भात), करंभ (दलिया या लप्सी) और यवागू भोजन के विविध प्रकार थे। गोरस का प्रचुर उपयोग होता था। मांस-भोजन प्रचलित था। सुरा निंदनीय मानी जाती थी, लेकिन सोमपान धार्मिक अनुष्ठान का अंग था। मधु विशेष रूप से प्रिय था। गांव के घर लकड़ी, बांस और फूस के बने होते थे। अन्न के कोठार, पशुओं के गोठ होते थे और अग्नि चयन में कच्ची और पक्की ईंटों का प्रयोग होता था। उष्णीष (पगड़ी), अत्क, द्रापि, वासस, प्रावार, नीवी और उपानह (जूता) परिधान थे। ऊन और चमड़े के गरम कपड़े भी पहने जाते थे। करघे से बुनने का उल्लेख मिलता है।

घोड़ों का रथ, बैलगाड़ी, शिविका और नाव यातायात के साधन थे। राजा को 'गोपा जनस्य' (जनता का रक्षक) समझा जाता था। कुछ जनों में गण राज्यों की व्यवस्था का भी उल्लेख मिलता है। राजा धर्म के अनुसार शासन करने की शपथ लेता था और सभा तथा समिति की सहायता से शासन चलाता था। राजा और पुरोहित दोनों का बहुत सम्मान था। राजा को प्रजा 'बलि' (कर) देती थी। राजा के विशेष सहचर वीर कहलाते थे, उनमें सेनानी, सूत, ग्रामणी का उल्लेख मिलता है। समिति एक प्रकार

की जन संसद होती थी, जिसमें राजकीय निर्णय लिए जाते थे। हिंदी में प्रसाद की 'कामायनी' (महाकाव्य), दिनकर की 'उर्वशी' (गीति नाट्य), राहुल सांकृत्यायन का 'दिवोदास' और शिवप्रसाद सिंह का 'वैश्वानर' (उपन्यास) और दूधनाथ सिंह का 'यमगाथा' (नाटक) जैसी रचनाओं का मूल बीज ऋग्वेद ही है।

अवधेश प्रधान

अधिक जानकारी के लिए :

1. **वैदिक संस्कृति** : गोविंद चंद्र पांडे, 2. **वैदिक साहित्य** : बलदेव उपाध्याय, 3. **पश्चिम एशिया और ऋग्वेद** : रामविलास शर्मा, 4. **हड़प्पा और वैदिक साहित्य** : भगवान सिंह, 5. **वैदिक साहित्य एवं संस्कृति** : कपिलदेव द्विवेदी

ऋग्वेद संहिता

ऋग्वेद संहिता ऋग्वेद की मंत्र संहिता है। वैदिक वाङ्मय का प्राचीनतम ग्रंथ होने के कारण इसे विश्व साहित्य का प्रथम ग्रंथ होने का गौरव प्राप्त है। चारों वेदों की संहिताओं में यह सबसे बड़ी है। एक विशालकाय वैदिक ग्रंथ के रूप में यह अद्‌भुत और विविध ज्ञान का स्रोत है। 'ऋक् ' का अर्थ है 'स्तुतिपरक मंत्र'। जिन मंत्रों के द्वारा देवों की स्तुति की जाती है उन्हें ऋक् (ऋच् या ऋचा) कहते हैं। ऋग्वेद में विविध देवों की स्तुति वाले मंत्र हैं, जिनके द्वारा देवताओं का आह्वान किया गया है। ऐसी ऋचाओं के संग्रह के कारण इसे ऋक्संहिता भी कहते हैं।

वेदत्रयी में ऋग्वेद के साथ यजुर्वेद और सामवेद को रखा जाता है। ब्राह्मण ग्रंथों के अनुसार ऋक् भूलोक है, यजुष अंतरिक्ष लोक है और साम द्युलोक है। अग्नि से ऋग्वेद, वायु से यजुर्वेद और सूर्य से सामवेद की उत्पत्ति हुई है ऐसा माना गया। यजुर्वेद की एक व्याख्या के अनुसार ऋग्वेद वाक्‌तत्त्व का संकलन है, यजुर्वेद मनस्तत्त्व का संग्रह है और सामवेद प्राणतत्व का संग्रह है, इन तीनों तत्त्वों के समन्वय से ब्रह्म की प्राप्ति होती है—ऋचं वाचं प्रपद्ये, मनो यजुः प्रपद्ये, साम प्राणं प्रपद्ये। (यजुर्वेद 36.1)।

ऋक्संहिता का विभाजन दो प्रकार से किया जाता है—1. अष्टकक्रम और 2. मंडलक्रम। अष्टक क्रम के अंतर्गत संपूर्ण संहिता आठ अष्टकों में विभाजित है और प्रत्येक अष्टक में आठ अध्याय है। इन अध्यायों का विभाजन वर्गों में है। वर्गों के अंतर्गत ऋचाएं हैं। मंडल क्रम में संपूर्ण संहिता दस मंडलों में विभाजित है। प्रत्येक मंडल में कई अनुवाक, प्रत्येक अनुवाक में कई सूक्त और प्रत्येक सूक्त में कई मंत्र हैं। तदनुसार ऋग्वेद की संहिता में 10 मंडल, 85 अनुवाक, 1028 सूक्त और 10552 मंत्र हैं। प्रथम और दशम मंडल में 191 सूक्तों का संग्रह है। स्पष्टतः संग्रहकर्ता ने मंत्रों के संकलन और मंडलों में विभाजन का कार्य विचारपूर्वक किया है।

कई स्त्री ऋषियों के नाम भी मंत्रों के द्रष्टा रूप में उपलब्ध होते हैं। जैसे, वाक् आम्भृणी, सूर्या सावित्री, यमी वैवस्वती, लोपामुद्रा, घोषा आदि। द्वितीय से अष्टम तक के मंडल कुलमंडल के रूप में जाने जाते हैं, क्योंकि इनमें एक ऋषि और उसके वंशजों के द्वारा द्रष्ट मंत्रों का संकलन है। ये ऋषि हैं—गृत्समद, विश्वामित्र, वामदेव, अत्रि, भरद्वाज, वसिष्ठ, कण्व भृगु आदि। प्रथम और दशम मंडल में अनेकानेक ऋषियों द्वारा दृष्ट मंत्र संगृहीत हैं। नवम मंडल का वैशिष्ट्य इस बात में है कि उसमें अनेक ऋषियों द्वारा रचे सूक्तों का संग्रह है, पर देवता एक है—सोम पवमान। ऋग्वैदिक मंत्रों में देवस्तुति की प्रधानता है। अग्नि, इंद्र, मरुत, ऊषा, आश्विनों, वरुण आदि नाना देवताओं की कई-कई सूक्तों अथवा मंत्रों में स्तुतियां की गई हैं। सब से अधिक सूक्त इंद्र की स्तुति में हैं। इसके बाद मंत्र संख्या की दृष्टि से अग्नि के सूक्तों का दूसरा स्थान है। अतः इंद्र और अग्नि वैदिक आर्यों के प्रधान देवता प्रतीत होते हैं। कुछ सूक्तों में युगल देवताओं की स्तुतियां हैं, जैसे—पृथिवी, इंद्रवायु, मित्रावरुणा। कुछ में देवगण स्तवनीय हैं, जैसे, आदित्य, मरुत्, रुद्र, विश्वेदेवा। कुछ सूक्तों में देवियों का स्तवन है, जैसे, उषा, अदिति, पृथिवी, रात्रि।

ऋक्संहिता का वर्ण्य विषय देवस्तुतियों तक

सीमित नहीं है। इसमें कुछ महत्वपूर्ण सामाजिक, आर्थिक और नीतिपरक सूक्त भी हैं, जैसे जुआरी की दुर्दशा का चित्रण करने वाला 'अक्षसूक्त', वाणी और ज्ञान के महत्व का प्रतिपादन करने वाला 'ज्ञानसूक्त', यम और यमी के संवाद को प्रस्तुत करने वाला 'यमयमी-संवादसूक्त' पुरूरवा और उर्वशी की बातचीत पर प्रकाश डालने वाला 'पुरूरवा-उर्वशी-संवाद-सूक्त', धन और अन्न के दान की महिमा गाने वाला 'धनान्नदान सूक्त' आदि। कुछ सूक्तिवचन उल्लेखनीय हैं :

जुआ से मत खेलो, कृषि ही करो। (अक्षैमा दीव्यः कृषिमित् कृषस्व, 10.34.13)।

अकेला खाने वाला केवल पाप को खाता है। (केवलाधो भवति केवलादी। 10.117.6)।

हम मिलकर चलें, मिलकर बोलें। हमारे हृदय में एकता हो। (सं गच्छध्वं सवध्वं स वदध्वं सं वो मनांसि जानताम्। 10.191.2)।

ऋग्वेद की संहिता में ब्रह्म, जगत जैसे गंभीर विषयों के प्रतिपादक कुछ दार्शनिक सूक्त भी हैं, जैसे पुरुषसूक्त, हिरण्यगर्भ सूक्त, नासदीयसूक्त, अस्यवामीय सूक्त, वाक्सूक्त आदि। इन सूक्तों में वर्णित दार्शनिक एवं गूढ़ तत्त्वों को उत्तरवर्ती दार्शनिक परंपराओं के मूल स्रोत के रूप में देखा जाता है। इनके कुछ मन्त्रांश द्रष्टव्य हैं :

एक सत्य को ही विद्वान अलग-अलग तरह से कहते हैं। (एकं सद् विप्रा बहुधा बदन्ति। ऋ. 1.164.46)

यह यज्ञ संपूर्ण ब्रह्मांड की नाभि है। (अयं यज्ञो भुवनस्य नाभिः। 1.164.35)।

यह ब्रह्म (पुरुष) ही सब कुछ है जो हुआ और जो होगा वह भी वही है। (पुरुष एवेदं सर्वं यद् भूतं यच्च भव्यम् । 10.90.2)।

ऋग्वेद के औषधिसूक्त में विभिन्न औषधियों के रूप, रंग और प्रभाव का चित्रण है। इनके अलावा, इंद्रवृत्र-युद्ध, सोम-सूर्या विवाह, मण्डूक सूक्त जैसे कुछ ऋग्वेदीय सूक्तों का महत्व उनकी रोचकता और आख्यानरूपता के कारण है। इनके आधार पर बाद में इतिहास और पुराणों के कई आख्यानों का विकास हुआ।

कह सकते हैं कि ऋग्वेद देवस्तुतियों के अलावा दर्शन, लौकिक ज्ञान, कथनोपकथन आदि कई विषयों पर प्रकाश डालने वाला प्राचीनतम आर्ष ग्रंथ है। इसमें पग-पग पर आचार, धर्म, नीति और कर्तव्याकर्तव्य का वर्णन है। इसमें प्राचीन संस्कृति के सामाजिक, आर्थिक, राजनीतिक और शैक्षणिक जीवन का चित्रण मिलता है। भाषावैज्ञानिक और कलात्मक दृष्टि से सुंदर प्रसंग भी उपलब्ध हैं।

शशि तिवारी

अधिक जानकारी के लिए :

1. **संस्कृत साहित्य का वृहद इतिहास :** वेद खंड, (सं) बलदेव उपाध्याय, 1996, 2. **संस्कृत साहित्य का इतिहास :** मैकडॉनल (अनु.) राम सागर त्रिपाठी, 1991, 3. **वैदिक साहित्य और संस्कृति :** कपिलदेव द्विवेदी, 2000, 4. **वैदिक साहित्य का इतिहास :** जयदेव वेदालंकार, 1996

ऋषभदेव

ऋषभदेव जैन धर्म के प्रथम तीर्थंकर थे। उन्हें 'आदिदेव' भी कहा जाता है। ये इक्ष्वाकु वंशी राजा नामि के पुत्र थे। पौराणिक कथाओं के अनुसार, ऋषभदेव के जन्म से ही उनके शरीर पर विष्णु के वज्र, अंकुश आदि चिह्न विद्यमान थे। भागवत पुराण में उनका उल्लेख विष्णु के अंश तथा चौबीस अवतारों में आठवें अवतार के रूप में है। यह कथा भी है कि ऋषभदेव का विवाह इंद्र की कन्या जयंती से हुआ था।

एक दूसरी कथा है, एक बार इंद्र ने ईर्ष्यावश उनके राज्य में वर्षा नहीं की। ऋषभदेव ने इंद्र की मूर्खता पर हंसते हुए अपने योगबल से वर्षा का आवाहन किया। आकाश काले मेघों से आच्छादित हो गया और पृथ्वी पर जल वर्षण से समस्त भूमि शस्यश्यामला बन गई। कालांतर में उन्हें सौ यशस्वी पुत्र प्राप्त हुए। उनके ज्येष्ठ पुत्र का नाम भरत था। जैन मतानुसार, इन्हीं भरत के नाम पर इस

अजनाभखंड का नाम 'भारतवर्ष' पड़ा। एक बार महाराज ऋषभदेव भ्रमण करते हुए गंगा-यमुना के मध्य की पुण्यभूमि ब्रह्मावर्त गए थे, जहाँ के शासक उनके चतुर्थ पुत्र ब्रह्मावर्त थे। वहां उन्होंने प्रख्यात महर्षियों के समुदाय के साथ अपने पुत्रों को जगत के कल्याण हेतु उपदेश दिया। उन्होंने कहा—'पुत्रो! मर्त्य लोक में मनुष्य-शरीर दुखमय विषयभोग प्राप्त करने के लिए नहीं है। ये भोग तो विष्ठाभोगी सूकर-कूकुरादि को भी मिलते हैं। इस शरीर से दिव्य तप करना चाहिए, जिससे अंतःकरण शुद्ध हो, क्योंकि इसी से ब्रह्मानंद की प्राप्ति होती है।'

राजा ऋषभदेव ने अपने अवतार होने के रहस्य का उद्घाटन करते हुए अपने सब पुत्रों को आलस्यहीन होकर धर्मपूर्वक कार्य करने का आदेश दिया। उन्होंने योग साधन्न सामाजिक के विघ्नों को जानकर अजगरवृत्ति धारण कर ली। वह लेटे-लेटे ही सब कार्य करने लगे। मनुष्यता का अभिमान विस्मृत हो गया। मोक्षपति भगवान ऋषभदेव अनेक प्रकार की योग चर्चाओं का आचरण करते हुए निरंतर आनंद मग्न रहते थे। वह आदिनारायण का अवतार होने पर भी अपने ईश्वरीय प्रभाव को छिपाकर अवधूत की तरह रहते थे। उन्हें ज्ञानी अपनी योगदृष्टि से ईश्वरावतार समझते थे, किंतु सर्वसाधारण को उनके वास्तविक रूप का आभास नहीं होता था। संकल्पशून्य होकर उनका शरीर प्रारब्धवश पृथ्वी पर था। वे दिगंबर वेश में कोङ्क, वेङ्क, कुटक, कर्णाटक आदि दक्षिण देश में मुंह में पत्थर दबाए घूमते रहे।

एक कथा यह भी है कि नीलांजना नामक अप्सरा को देखकर उनके मन में वैराग्य उत्पन्न हुआ। लोकांतिक देव ने वहां उपस्थित होकर उनके विचार का अनुमोदन किया। अतः ऋषभ 'बसंततिलक' नामक उद्यान में पहुंचे। वहीं परिवारजनों से अनुमति लेकर आभूषण, वस्त्र आदि का परित्याग कर उन्होंने महाभिनिष्क्रमण किया। इस अवसर पर इंद्र ने उनके केश रत्नजड़ित वस्त्र आदि लेकर क्षीरसागर में प्रवाहित कर दिए। कुछ समय बाद ध्यान का परित्याग कर दानधर्म के प्रचारार्थ ऋषभदेव ने संपूर्ण देश का परिभ्रमण किया।

ऋषभदेव को जब भौतिक शरीर त्यागने की इच्छा हुई, तब परिस्थितियां इसके अनुरूप बनती गईं। एक दिन तेज आंधी-बिजली और घर्षण के कारण जंगल के बांसों में आग लग गई। ऋषभदेव वहीं विद्यमान थे, वे चुपचाप बैठे रहे और उनका नश्वर शरीर अग्नि की भयानक ज्वाला में भस्म हो गया। कहा जाता है कि ऋषभदेव का अवतार रजोगुण से भरे लोगों को मोक्ष मार्ग की शिक्षा देने के लिए हुआ था।

सरोज सिंह

अधिक जानकारी के लिए :
धर्मशास्त्र का इतिहास : पी वी काणे

ए

ए पी जे अब्दुल कलाम
(1931-2015)

इनका पूरा नाम अब्दुल पाकिर जैनुलाबिदीन अब्दुल कलाम है। इनका जन्म तमिलनाडु के रामेश्वरम के एक मछुआरे परिवार में 15 अक्टूबर 1931 को हुआ था। वह देश के शीर्षस्थ वैज्ञानिक और राष्ट्रपति के पद तक पहुंचे। अब्दुल कलाम ने भारतीय अंतरिक्ष अनुसंधान संगठन में 1963 से 1982 तक विभिन्न पदों पर कार्य किया। उनकी देखरेख में रोहिणी सेटेलाइट का प्रक्षेपण किया गया। 1998 के दूसरे परमाणु परीक्षण (पोखरन) में उनकी महत्वपूर्ण भूमिका थी। 1980 में जब देश में मिसाइलों के विकास की योजना बनी तो इसका मुख्य दायित्व इन्हें ही सौंपा गया। उन्होंने भारतीय सेना के लिए 'पृथ्वी', 'आकाश', 'त्रिशूल', 'नाग' और 'अग्नि' जैसी मिसाइलें विकसित कीं। यह उस समय के सैन्य अनुसंधान की एक बड़ी उपलब्धि थी। वैज्ञानिक ए पी जे अब्दुल कलाम को उनके उल्लेखनीय योगदान के लिए 1997 में भारतरत्न से सम्मानित किया गया।

ए पी जे अब्दुल कलाम

विज्ञान के क्षेत्र में उल्लेखनीय सेवाओं के कारण वे 1999 में भारत सरकार के वैज्ञानिक सलाहकार नियुक्त हुए थे। 2002 में वह सत्तारूढ़ भारतीय जनता पार्टी और भारतीय राष्ट्रीय कांग्रेस दोनों के समर्थन से भारत के बारहवें राष्ट्रपति चुने गए। वे इस पद पर 2007 तक थे। उन्होंने राष्ट्रपति बनने के बाद नौजवानों के बीच विशेष रूप से लोकप्रियता हासिल की थी और शिक्षा में विशेष रुचि ली थी। उन्होंने आर्थिक रूप से उभरते भारत को एक वैज्ञानिक विजन दिया। उनकी चर्चित पुस्तकें हैं 'इग्नाइटेड माइंड्स', 'इंडिया 2020' और 'विंग्स ऑफ फायर : एन ऑटोबॉयोग्राफी'।

वह कहते हैं, 'सच्चे सपने वे नहीं हैं जो नींद में आते हैं, बल्कि वे हैं जो व्यक्ति जागते हुए देखता है।' यह भी कहा, 'आकाश में देखिए, हम अकेले नहीं हैं। सारा ब्रह्मांड हमारे लिए अनुकूल है और जो सामने देखते हैं और मेहनत करते हैं उन्हें प्रतिफल मिलता है।' उन्होंने पूछा, 'मुझे बताइए, यहां का मीडिया इतना नकारात्मक क्यों है? भारत में हम अपनी अच्छाइयों, उपलब्धियों को दर्शाने में इतने शर्मिंदा क्यों होते हैं? हम एक महान राष्ट्र हैं, हमारे पास सफलता की ढेरों गाथाएं हैं, लेकिन हम उन्हें स्वीकार नहीं करते।'

अब्दुल कलाम जिस किसी भी अनुसंधान या काम में लगे, उन्होंने एकचित्त और निष्ठावान हो कर काम किया। वह वैज्ञानिक होने के बावजूद ईश्वर में विश्वास करते थे और कहते थे, 'किसी भी धर्म में धर्म को बनाए रखने और आगे बढ़ाने के लिए दूसरों को मारना नहीं बताया गया है।' उनका विश्वास था कि यदि देश को भ्रष्टाचार मुक्त और सुंदर मन वाले लोगों का देश बनाना है तो तीन लोग ऐसा कर सकते हैं—माता, पिता और गुरु। वह मानते थे, 'दो दशक में विज्ञान के मूल काम हिंदी में आने शुरू हो जाएंगे, तब हम जापानियों की तरह आगे बढ़

सकेंगे।' अब्दुल कलाम आजीवन कृत्रिम सुखों की जगह अपने दायित्वों के प्रति समर्पित रहे और जीवन के अंतिम क्षणों तक शिक्षा और विद्यार्थियों से जुड़े रहे। वे वैज्ञानिक होने के साथ-साथ एक कवि भी थे।

राजेश मिश्र

अधिक जानकारी के लिए :

1. **अग्नि की उड़ान** : ए पी जे अब्दुल कलाम, 1999, 2. **India 2020** : **A Vision for the New Millennium** : A P J Abdul Kalam, 1998, 3. **India** : **My Dream** : A P J Abdul Kalam, 2004, 4. **Eternal Quest** : S Chandra, 2002

एंकरिंग

किसी कार्यक्रम की प्रस्तुति के दौरान कार्यक्रम और दर्शकों/ श्रोताओं के बीच लगातार सूत्र बनाए रखने का कार्य आधुनिक शब्दावली में एंकरिंग (Anchoring) के नाम से जाना जाता है। हिंदी में इसके करीबी अर्थ देने वाले शब्द संचालन, मंच संचालन हैं। 'एंकरिंग' शब्द पिछले पचास-साठ सालों में काफी तेजी से महत्वपूर्ण होकर उभरा है। इसके पीछे प्रमुख कारण है जटिल विन्यास वाले कार्यक्रम का आना और रेडियो व टेलीविजन जैसे दृश्य-श्रव्य माध्यमों की तेजी से बढ़ती हुई लोकप्रियता। पूर्व के समय में दर्शकों और कलाकारों के बीच एंकर की जरूरत ही नहीं रहती थी। उदाहरण के लिए नाटक या गायन-वादन जैसे कार्यक्रमों में एंकरिंग की कोई गुंजाइश नहीं रहती थी क्योंकि वह अपने एकल प्रारूप में ही संपूर्ण इकाई थे। कलाकार स्वयं अपनी प्रस्तुति का आरंभ व समापन किया करता था। हाल के दशकों में जैसे-जैसे कार्यक्रमों के विन्यास पर पाश्चात्य प्रभाव पड़ना आरंभ हुआ, कार्यक्रम और दर्शकों के बीच एक नए सूत्रधार की उत्पत्ति हुई, जिसे एंकर या संचालक/मंच संचालक कहा जाने लगा। इससे पहले जो भी सूत्रधार होते थे वे कार्यक्रम के भीतरी भाग का ही हिस्सा होते थे।

यदि एंकरिंग कला के जन्म के पीछे सभी कारणों की गहराई से पड़ताल की जाए तो इसमें जितना बड़ा योगदान रेडियो और टेलीविजन ने किया, उतना और किसी का नहीं हो सकता। रेडियो जैसे-जैसे नए सिरे से प्रचलन में आता गया, एंकर और एंकरिंग दोनों प्रचलित होते गए। पहले एंकर की भूमिका महज ड्राइवर की होती थी जो अपने श्रोताओं/दर्शकों को एक कार्यक्रम से दूसरे कार्यक्रम तक पहुंचाया करता था। बाद में एंकर कार्यक्रम के भीतरी भाग में भी लगातार उपस्थित रहने लगा। रेडियो और टेलीविजन जैसे-जैसे समृद्ध होते चले गए वैसे-वैसे एंकरिंग और भी रोचक होती चली गई। अलग-अलग एंकर्स की भाषा और शैलियों ने दर्शकों/श्रोताओं पर गहरी छाप छोड़ना शुरू किया। इस तरह एंकर्स भी ख्याति अर्जित करने लगे।

दरअसल, एंकर किसी भी कार्यक्रम की सफलता में अहम भूमिका निभाता है। कार्यक्रम के प्रति श्रोताओं/दर्शकों में तत्काल रुचि पैदा करने का दायित्व एंकर का होता है। इस अर्थ में एंकरिंग एक कला है जिसमें नवीन प्रयोगों के लिए हमेशा अवसर रहते हैं। एंकरिंग आज इतनी अहम कला हो गई है कि इसके लिए पर्याप्त तैयारी करनी होती है। एंकरिंग की पटकथा भी पहले तैयार की जाती है। एंकरिंग सहज, स्वतःस्फूर्त और तात्कालिक दिखते हुए भी पूरी तैयारी से तरह कार्यक्रम के ढांचे में एंकर का बने रहना आवश्यक होता है। वर्तमान समय में एंकरिंग के कई रूप प्रचलन में हैं।

स्टेज एंकरिंग (मंच संचालन) : मंच पर होने वाले विभिन्न प्रकार के कार्यक्रमों जैसे स्टेज शो, कवि सम्मेलन, नृत्य-गायन-वादन के कार्यक्रम, हास्य कार्यक्रम हैं, इन कार्यक्रमों में मंच संचालन इतना अहम कारक होता है कि कई बार कार्यक्रम की सफलता इसी पर निर्भर करती है।

न्यूज एंकरिंग : टेलीविजन पर न्यूज चैनलों में एंकर की बड़ी महत्वपूर्ण भूमिका होती है। अक्सर चैनल अपने एंकर्स से ही पहचाने जाते हैं। समसामयिक मुद्दों पर किसी एंकर की पकड़ जितनी मुखर होती

है वह उतना ही अधिक प्रसिद्ध हो जाता है और संबंधित चैनल भी।

टेलीविजन शो एंकरिंग : टेलीविजन पर आने वाले कई प्रकार के शो और कार्यक्रमों में एंकर दर्शकों को बांधे रखने में अहम साबित होते हैं। वह अपने मोहक अंदाज, रोचक शैली और चुटीले संवादों से दर्शक का ध्यान लगातार अपनी ओर आकर्षित किए रहता हैं। अंत्याक्षरी, क्विज, गेम शो, यात्रा कार्यक्रम, इंटरव्यू शो, फिल्मी गीत और गपशप, कॉमेडी शो, डांस शो, सिंगिंग शो, विभिन्न रियलिटी शो इत्यादि में एंकर एक नया रंग भरने का काम करते हैं।

रेडियो एंकरिंग : रेडियो पर आने वाले कार्यक्रमों का सारा दारोमदार एंकर पर ही निर्भर करता है। अमीन सयानी जैसे कई रेडियो एंकर्स ने अपनी विशिष्ट शैली, आकर्षक आवाज और सरल-रोचक संवादों के जरिए अपार प्रसिद्धि अर्जित की। आजकल रेडियो एंकर्स के लिए आर जे यानी रेडियो जॉकी शब्द अधिक प्रचलन में है। यह शब्द एफ एम रेडियो के आने के साथ प्रचलित हुआ, लेकिन अपने अर्थ में यह शब्द रेडियो एंकरिंग का ही पर्यायवाची है।

घनश्याम कुमार देवांस

अधिक जानकारी के लिए :
1. **एंकर रिपोर्टर :** पुण्य प्रसून वाजपेयी, 2. **The Complete Book of Anchoring and Moorning :** Earl R Hinz, Cornell Maritime

एंटी-क्लाइमेक्स

एंटी-क्लाइमेक्स (Anti-Climax) को अवरोही चरमसीमा कहा जा सकता है। 'चरमसीमा' को साहित्यिक कथाओं में प्रभावशाली अंत के लिए उस पूर्व चरण के रूप में देखा जाता है, जहाँ कथानक के सभी पक्षों का अंतःसंयोजन तनाव या 'कंफ्लिट' के सर्वोच्च बिंदु को छूने लगता है। चरमसीमा की परिणति तनाव, समन्वय अथवा उनकी निरंतरता का बोध पैदा करने वाले 'अंत' के रूप में होती है। पश्चिमी काव्यशास्त्र के अरस्तूवादी रूप में कथानक के तनाव को मुख्यतः करुणा एवं त्रास जैसे भावों के उद्‌बोधन के रूप में देखा जाता रहा है। वहां इसे 'कारुणिक प्रभाव' पैदा करने वाले 'पेथोस' की तरह देखा गया। 'पेथोस' यानी 'कारुणिक अंत'। पहले से मौजूद ईथोस यानी वास्तविक परिदृश्य और उसकी लोगोस यानी बुद्धिगम्य व्याख्या के बीच पैदा होनेवाले अंतर्विरोधों से 'पेथोस' उपजता है।

एंटी-क्लाइमेक्स पेथोस अर्थात कारुणिक अंत के बजाय उसके भावाभासी रूप यानी 'बेथोस' को उपजाने के साथ जुड़ा है। 'बेथोस' का भाव-आभासी चरमसीमा से उपजा अंत वहां होता है, जहाँ वास्तविक हालात की बुद्धिगम्य व्याख्याएं सामान्य बुद्धि के स्तर से नीचे उतरकर हास्यास्पद होने लगती हैं। यह हास्यास्पदता तब उजागर होती है जब लेखक या उसकी कृति सामाजिक दोहरेपन, पाखंड, आडंबर, छल आदि को बेनकाब करने के लिए भावों के बजाय भाव-आभास पैदा करता है।

सामान्य भाषा में अवरोही चरमसीमा वहां होती है, जहाँ घटनाएं या संवाद-कथन आदि समुचित और निर्धारित तर्कसम्मत अंत की ओर बढ़ते हुए भी वहां तक पहुंचाने से चूक जाते हैं। ऐसी स्थिति में कथानक का तनाव समन्वित होने के बजाय खंडित हो जाता है और अनवरतता के रूप में हमारे साथ कुछ भी नहीं चलता सिवाय ऐसी एक बेचैनी, आक्रोश या व्यंग्य भाव के जो कथानक का हिस्सा न होकर बिकला भाव से ज्यादा ताल्लुक रखता है।

भाव-आभासी अंत तक ले जानेवाली अवरोही चरमसीमा की धारणा को सबसे पहले 1727 में एलेक्जेंडर पोप ने अपने निबंध 'पेरी बेथोस' में प्रस्तुत किया था। वे नव-क्लासिकी दौर के कवि-आलोचक थे। आभिजात्य वर्ग के पाखंड और आडंबर का पर्दाफाश करने के लिए उन्होंने यूरोप के उन दिनों के हालात के संदर्भ में, इस अभिव्यक्ति शैली का विकास किया था। एलेक्जेंडर पोप की कृति 'रेप ऑफ द लॉक' इसका अप्रतिम उदाहरण है। इसमें नायिका के 'बालों की एक लट' को काटने (यानी उसका

बलात्कार करने का) आभिजात्यवादी छल सामने आता है जो एक भव्य होमेरिमन महाकाव्यात्मक भाषा को अंततः अवरोही चरमसीमा में लाकर खंडित कर देता है। गंभीर छल आयोजनों की परिणति नायिका के बालों की एक लट काटने के रूप में होती है!

अंग्रेजी में इसके कुछ अन्य उदाहरण हैं : शेक्सपियर का नाटक 'मच एडो अबाउट नथिंग' और क्रिस्टोफर मार्लो का नाटक 'डॉक्टर फाउस्टस'। मार्लो का नायक अपनी आत्मा मैफिस्टोफिलिस या शैतान को बेच देता है, परंतु अंततः में पाई गई सुख-सुविधाओं के बेकार लगने पर धरती की एक भौतिक सुख भरी अंतिम शाम की व्यक्त इच्छा करता है।

हिंदी में इसके कुछ उदाहरण हैं—प्रेमचंद की कहानी 'शतरंज के खिलाड़ी' में नायकों का भव्य सामंतीय शौर्य शतरंज की एक चाल जीतने भर के लिए दोनों के लिए जानलेवा हो जाता है। सूर्यकांत त्रिपाठी निराला की लंबी कविता 'कुकुरमुत्ता' में गीता के कृष्ण के विराट रूप वाला आख्यान 'अवरोही चरमसीमा' की शैली द्वारा व्यंग्य और आक्रोश उपजाने का हेतु बन जाता है।

विनोद शाही

अधिक जानकारी के लिए :
1. **Glossary of Litrary Terms** : M H Abrams

एकध्रुवीय वैश्वीकरण

एकध्रुवीय वैश्वीकरण (Unipolar Globalization) एक राजनीतिक पद है और सोवियत संघ के विघटन के बाद की वैश्विक परिस्थितियों को दर्शाता है जब दुनिया में केवल एक ही महाशक्ति रह गई। वह महाशक्ति है संयुक्त राज्य अमेरिका। उसके साथ पश्चिम यूरोप के कई देश और जापान जैसे विकसित पूंजीवादी देश भी हैं जो विभिन्न सैन्य और आर्थिक गठबंधनों के जरिए अमेरिका के साथ एकजुट हैं। ये सभी देश अमेरिका के नेतृत्व को स्वीकार करते हैं। अपने राष्ट्रीय और क्षेत्रीय हितों के चलते कभी-कभार उनमें टकराव भी दिखाई देता है।

भारतीय परंपरा में 'वसुधैव कुटुंबकम' यानी संपूर्ण विश्व एक परिवार है, की धारणा काफी पुरानी रही है। यह अवधारणा उस दौर में पैदा हुई थी जब दुनिया राष्ट्रों में विभाजित नहीं थी और देशों की सीमाएं घटती-बढ़ती रहती थीं। लोगों के एक क्षेत्र से दूसरे क्षेत्र में जाने और वहाँ बस जाने पर किसी तरह का प्रतिबंध नहीं था। व्यक्ति की पहचान क्षेत्र, भाषा, धर्म आदि के द्वारा होती थी।

आधुनिक राजनीतिक शब्दावली से आए शब्द 'इंटरनेशनलिज्म' के लिए हिंदी में अंतरराष्ट्रीयता का प्रयोग होता है। यह दुनिया के राष्ट्रों के बीच सहसंबंध को व्यक्त करती है। यहां सभी राष्ट्रों की स्वायत्तता और संप्रभुता को स्वीकार करते हुए उनके बीच के मैत्री भाव पर बल दिया गया है। यह भी स्वीकार किया गया है कि सभी राष्ट्रों के नागरिकों में कुछ समान विशेषताएं, समस्याएं और चुनौतियां होती हैं और उनका समाधान पारस्परिक एकता और मिलजुल कर उठाए गए कदमों द्वारा किया जा सकता है। 'दुनिया के मजदूरो एक हो' अंतरराष्ट्रीयता की भावना से उपजा नारा है जो मानता है कि विभिन्न राष्ट्रों के मजदूरों की समस्याएं एक-सी हैं। उनका हल उनकी पारस्परिक एकता के द्वारा ही मुमकिन है। इसी तरह संयुक्त राष्ट्र संघ जैसी संस्थाएं दुनिया के विभिन्न देशों के बीच पारस्परिक आदान-प्रदान और सहयोग के द्वारा मानवता के समक्ष उपस्थित चुनौतियों का समाधान करने में सक्षम हुई हैं।

इन दोनों धारणाओं के विपरीत वैश्वीकरण एक नई धारणा है। इसका संबंध पूंजीवाद के विस्तार से है। पूंजीवाद अपने जन्म से एक एकीकृत विश्व बाजार बनाने की कोशिश करता रहा है। आरंभिक दौर में इसने अपने विस्तार के लिए उपनिवेशवाद का सहारा लिया। यह प्रक्रिया सोलहवीं सदी से उन्नीसवीं सदी तक जारी थी। इस दौरान अमेरिका, ऑस्ट्रेलिया, अफ्रीका और एशिया के अधिकतर हिस्सों पर यूरोप की साम्राज्यवादी शक्तियों ने विशेष रूप से इंग्लैंड ने अपना साम्राज्य स्थापित कर लिया था। इस साम्राज्य

के जरिये उन्हें कच्चा माल, सस्ते मजदूर और वैश्विक बाजार हासिल हुआ था। लेकिन उन्नीसवीं सदी के अंत और बीसवीं सदी के आरंभ में चले मुक्ति संघर्षों ने उपनिवेशवाद के दौर को धीरे-धीरे खत्म करना शुरू किया। इसी दौरान विभिन्न साम्राज्यवादी देशों के बीच दो विश्व युद्ध लड़े गए और सोवियत संघ के रूप में पूंजीवाद को चुनौती देने वाली समाजवादी अवधारणा पर आधारित एक नई राजनीतिक व्यवस्था का सूत्रपात हुआ।

दूसरे विश्व युद्ध की समाप्ति के साथ एक महाशक्ति के रूप में इंग्लैंड कमजोर पड़ चुका था, उसकी जगह संयुक्त राज्य अमेरिका ने ले ली थी। दूसरे विश्वयुद्ध के बाद की स्थितियों में सोवियत संघ और पूर्वी यूरोप के समाजवादी देशों के रूप में एक नए शक्तिशाली शिविर का उदय हुआ। 1949 में चीन में हुई क्रांति ने इस ताकत को और बढ़ाया। इन दोनों शिविरों से अलग औपनिवेशिक दासता से मुक्त हुए भारत जैसे देश थे जिन्होंने इस या उस शिविर में जाने के बजाय निर्गुटता का एक नया मार्ग अपनाया। इस तरह विश्व मोटे तौर पर तीन शिविरों में बंट गया।

1980 के बाद के दशक में पूर्वी यूरोप के देशों में बढ़ते असंतोष और लोकतंत्र की बढ़ती मांग ने समाजवादी शिविर को कमजोर करना शुरू कर दिया। 1990 तक आते-आते सोवियत संघ का विघटन हो गया और रूसी गणराज्य तथा सोवियत संघ से अलग हुए दूसरे गणराज्यों ने समाजवादी मार्ग का त्याग कर पूंजीवादी मार्ग अपना लिया। समाजवादी शिविर के इस बिखराव ने अमेरिकी नेतृत्व वाले शिविर को चुनौतीविहीन बना दिया। चीन की कम्युनिस्ट पार्टी ने भी माओ त्से तुंग की मृत्यु के बाद के दौर में देंग सियाओ पिंग के नेतृत्व में सुधार की प्रक्रिया के तहत पूंजीवादी प्रणाली को धीरे-धीरे अपनाना शुरू कर दिया। साथ ही, तीसरी दुनिया के उन देशों ने, जिन्होंने दोनों शिविरों से स्वतंत्र रहते हुए और अपनी राष्ट्रीय संप्रभुता को बनाए रखते हुए निर्गुटता का रास्ता अपनाया था, नई परिस्थितियों में निर्गुटता की नीति का परित्याग करना शुरू कर दिया। इसी परिप्रेक्ष्य में फूकोयामा ने घोषित किया था कि अब दुनिया में उदार लोकतंत्र ही एकमात्र विकल्प है और हटिंगटन ने पश्चिमी और गैर-पश्चिमी 'सभ्यताओं की टकराहट' का नारा दिया था।

अमेरिका के नेतृत्व में विकसित पूंजीवादी देशों ने वित्तीय बाजारों को एक साथ लाने और उत्पादक पूंजी को पहले से अधिक गतिशील बनाने के लिए ठोस कदम उठाने शुरू कर दिए जिनकी परिणति 1991 का वैश्वीकरण है। पूंजी बाजार पर अमेरिका का वर्चस्व पहले से कायम था। अमेरिकी डॉलर लंबे समय से वैश्विक मुद्रा विनिमय की संचालक शक्ति बना हुआ था। वैश्वीकरण की प्रक्रिया में अंतरराष्ट्रीय वित्तीय संस्थानों जैसे अंतरराष्ट्रीय मुद्रा कोष, विश्व व्यापार संगठन, विश्व बैंक आदि के माध्यम से आर्थिक उदारीकरण की नीतियों को प्रोत्साहित किया जाने लगा और अमेरिका सैन्य, आर्थिक और राजनीतिक तौर पर दुनिया के सर्वशक्तिशाली देश के रूप में सामने आया।

एकध्रुवीय वैश्वीकरण का नतीजा है कि दुनिया के छोटे देश, विशेष रूप से जहाँ तेल के विशाल भंडार हैं, आज पहले की तुलना में ज्यादा असुरक्षित हो गए हैं। विस्तारवादी सैन्य कार्रवाइयों—जैसे अफगानिस्तान, इराक, यूगोस्लाविया, लीबिया, सीरिया आदि में अमेरिका और नाटो देशों की दखलअंदाजी के मामले में चुप्पी है या सिर्फ बयान के स्तर पर विरोध है। इन मामलों में संयुक्त राष्ट्र संघ भी प्रभावहीन साबित हुआ है।

एकध्रुवीय वैश्वीकरण की प्रक्रिया संस्कृति के क्षेत्र में भी देखी जा सकती है। एजाज अहमद के शब्दों में, 'हम एक विश्वव्यापी पूंजीवादी सभ्यता का उदय देख रहे हैं, जिसमें राष्ट्रीय, क्षेत्रीय और स्थानीय संस्कृतियों को उसी एकमात्र सभ्यता के कई रूप भेदों के रूप में पुनर्गठित किया जा रहा है। अपनी आर्थिक और सैन्य शक्ति के कारण अमेरिकी सभ्यता तीसरी दुनिया के बुद्धिजीवियों और संस्कृतिकर्मियों के एक बड़े हिस्से में यह विश्वास पैदा करने में कामयाब होती है कि सांस्कृतिक रूप से वह तीसरी दुनिया के देशों

की तुलना में श्रेष्ठ है। इसलिए संस्कृति के क्षेत्र में उसका अनुकरण वैश्वीकरण की प्रक्रिया को परिपूर्ण बनाता है।' यह प्रक्रिया एक दूसरे स्तर पर भी चलती है जहाँ तीसरी दुनिया के देश वैश्वीकरण की प्रक्रिया में अपनी क्षेत्रीय और स्थानीय सांस्कृतिक पहचानों के नष्ट होने का खतरा महसूस करते हैं।

एकध्रुवीय वैश्वीकरण न अंतर्विरोधों से मुक्त है और न ही चुनौतीहीन। पूंजी और श्रम का अंतर्विरोध, विकसित और विकासशील देशों के बीच का अंतर्विरोध, विकसित देशों के बीच का अंतर्विरोध और खुद अमेरिका का आंतरिक संकट एकध्रुवीय वैश्वीकरण के सामने समस्याएं हैं।

एकध्रुवीय वैश्वीकरण साम्राज्यवाद का ही दूसरा नाम है। यह नव-उपनिवेशीकरण की प्रक्रिया है। इसे विश्व शांति और सौहार्द, विभिन्न राष्ट्रों और राष्ट्रीयताओं के बीच सहभागिता तथा लोकतंत्र, धर्मनिरपेक्षता और समानता पर आधारित राष्ट्र निर्माण के मार्ग की सबसे बड़ी बाधा माना जाता है। वैश्वीकरण का आदर्श रूप यह है कि यह बहुध्रुवीय और क्षैतिज हो।

जवरीमल्ल पारख

अधिक जानकारी के लिए :

1. **The Globalization Decade—A Critical Reader** : Leo Panitch Colin Leys, Alan Zuege, Martijn Konings, 2006, 2. **Globalization and Labour** : Ronaldo Munck, 2002, 3. **Globalization and Development** : Sunanda Sen, 2007, 4. **The Empire Capital** : Alan Meiksins Wood, 2003, 5. **Globalization** : Malini Bhattacharya (Ed), 2004, 6. **On Communalism and Globalization—Offensives of the Far Right** : Aijaz Ahmad, 2002

एकलव्य

निषाद राज हिरण्यनु का पुत्र। वह किशोरावस्था में धनुर्विद्या सीखने के लिए द्रोणाचार्य के पास गया। वह शूद्र जाति का आदिवासी पुत्र था, इसलिए द्रोण ने धनुर्विद्या देने में असमर्थता दिखाई। वे नहीं चाहते थे कि कोई और अर्जुन से श्रेष्ठ धनुर्धर हो। इसके बावजूद एकलव्य श्रद्धा से द्रोणाचार्य की मूर्ति बनाकर उसके सम्मुख ही धनुर्विद्या का अभ्यास करने लगा और निपुण होता गया। एक बार द्रोणाचार्य और उनके कुछ शिष्य जंगल में मृगया के लिए जा रहे थे, तभी वहां भौंक रहे एक कुत्ते के मुंह में एकलव्य के सात बाण इस तरह लगे थे कि कुत्ता न घायल हुआ और न वह भौंक पा रहा था। यह देखकर अर्जुन परेशान हो गया कि कोई उससे भी बड़ा धनुर्धर हो सकता है। अर्जुन की शिकायत पर द्रोणाचार्य ने चालाकी करके एकलव्य से गुरुदक्षिणा के रूप में बाएं हाथ का अंगूठा मांग लिया। एकलव्य सच्चा गुरुभक्त था और उसने अपना अंगूठा काट कर गुरु द्रोण को दे दिया। परिणामतः धनुर्विद्या का उसका ज्ञान बेमतलब हो गया।

यह कथा एकाग्र साधना और एकनिष्ठ गुरुभक्ति के उदाहरण के रूप में महाभारत में है। आगे चलकर इसकी व्याख्या वर्ण-आधारित समाज व्यवस्था में शिक्षा के असमान अधिकार और वर्णवादी गुरु की क्रूरता के रूप में की गई। रामकुमार वर्मा ने पहली बार 'एकलव्य' को नायक बनाकर 'एकलव्य' नामक महाकाव्य लिखा था, जिसमें एकलव्य के उदात्तीकरण की जगह वर्ण व्यवस्था की क्रूरता का पर्दाफाश किया गया था। दिनकर ने भी छल से मांगे गए अंगूठे के दान की भर्त्सना की है। शंकर शेष का नाटक 'एक और द्रोणाचार्य' इस कथा को उठाते हुए आधुनिक युग के द्रोणाचार्यों पर व्यंग्य है।

सूर्यनारायण रणसुभे

अधिक जानकारी के लिए :

Puranik Encyclopedia : Vettam mani, 1975

एचटीटीपी

एचटीटीपी (Hyper Text Transfer Protocol) हाइपर मीडिया सूचना प्रणाली के लिए सहयोग प्रदान करने और वितरण करने के लिए एक अनुप्रयोगात्मक प्रोटोकॉल है। यह वर्ल्ड वाइड

वेब के लिए डाटा संचार का आधार है। हाइपर टेक्स्ट एक संरचनात्मक टेक्स्ट है जो नोड अंतर्विष्ट टेक्स्ट के बीच तार्किक लिंक का उपयोग करता है। हम किसी भी वेब पेज का उपयोग करना चाहते हैं तो http:// संवाद करने के लिए ब्राउजर में मदद करता है। उदाहरण के लिए http://example.com। आधुनिक ब्राउजरों में यूआरएल (Uniform Resource Locator) के सामने http लिखने की आवश्यकता नहीं होती क्योंकि उनमें यह संचार की डिफॉल्ट विधि होती है।

तकनीकी पक्ष : HTTP सेशन नेटवर्क द्वारा अनुरोध प्रतिक्रिया रिक्वेस्ट-रिस्पांस के लेन-देन का एक अनुक्रम है। HTTP क्लाइंट ट्रांसमिशन कंट्रोल प्रोटोकॉल (सीटीसीपी) द्वारा सर्वर संबंध स्थापित करके एक अनुरोध आरंभ करता है। यह कार्य एक पोर्ट की मदद से किया जाता है, जिसे वेबपोर्ट भी कहा जाता है। अमूमन यह पोर्ट 80 होता है या 8080 भी हो सकता है। एक HTTP सर्वर क्लाइंट के अनुरोध संदेश के लिए इंतजार कर रहा होता है। अनुरोध प्राप्त करने पर, सर्वर अनुरोध के हिसाब से एक संदेश वापस भेजता है। लेकिन जानकारी के अभाव में यह एक त्रुटिसंदेश (Error Message) भी हो सकता है।

HTTP (S) प्रयोग : सुरक्षा के लिहाज से HTTP को एडवांस किया गया और HTTPS का प्रयोग हुआ। HTTPS का तात्पर्य हाइपर टेक्स्ट ट्रांसफर प्रोटोकॉल सिक्योर से है जो एक वेब पेज में दी गई जानकारी तक पहुंचाने या भेजने का एक सुरक्षित तरीका है। HTTPS पर भेजने से पहले डेटा को एंक्रिप्टेड फॉर्म में लाया जाता है ताकि गोपनीय जानकारी को सुरक्षित किया जा सके। यह HTTP की तुलना में धीमी गति से काम करता है। HTTPS जानकारी हस्तांतरण करने के लिए पोर्ट 443 का उपयोग करता है।

इसी तरह से अन्य प्रोटोकॉल का उपयोग होता है जो किसी भी नेटवर्क द्वारा सूचना का संचार करते हैं। फाइल ट्रांसफर प्रोटोकॉल (FTP), इंटरनेट प्रोटोकॉल (IP), यूजर डाटाग्राम प्रोटोकॉल (UDP), सिंपल मेल ट्रांसफर प्रोटोकॉल (SMTP) एवं पोस्ट ऑफिस प्रोटोकॉल (POP) प्रमुख हैं, जो अलग-अलग सर्वर से अलग-अलग कार्यों को संपादित करते हैं।

गोविंद सिंह

एजाज अहमद

एक मार्क्सवादी चिंतक के रूप में एजाज अहमद (Aijaz Ahmad) का नाम पहले पहल पश्चिमी ज्ञान जगत में सुर्खियों में तब आया, जब उन्होंने अपनी प्रसिद्ध और विवादत पुस्तक 'इन थ्योरी' (1992) में फ्रेडरिक जेम्सन के 'तृतीय-विश्ववाद के सिद्धांत' को चुनौती दी। उन्होंने अपने चिंतन क्षेत्र का विस्तार करते हुए अपनी साहित्य केंद्रित दृष्टि को संस्कृति, समाजशास्त्र और समसामयिक राजनीति तक फैलाया और उत्तर-औपनिवेशिक परिदृश्य के राजनीति-मर्मज्ञ के रूप में अपना एक सम्मानजनक स्थान बनाया।

भारत में उत्तर प्रदेश के फर्रुखाबाद में भारत-विभाजन से कुछ समय पूर्व पैदा होने के कारण वे 'भारतीय मूल' के हैं, परंतु विभाजन के बाद परिवार के पाकिस्तान चले जाने की वजह से 'पाकिस्तानी' हैं। केनेडा और अमेरिका के विश्वविद्यालयों में अध्ययन और अध्यापन करने के बाद उन्होंने अपने कार्यक्षेत्र के रूप में पुनः भारत को चुना और वे यहीं रहने लगे। उनकी 'इन थ्योरी' के अलावा अन्य प्रमुख किताबें हैं, 'आन कम्यूनिलिज्म एंड ग्लोबलाइजेशन' (2002), 'इराक, अफगानिस्तान एंड द इंपीरियलिज्म ऑफ और टाइम' (2004), 'इन आवर टाइम : एंपायर, पालिटिक्स, कल्चर' (2009)।

प्रमुख सैद्धांतिक स्थापनाएं : मार्क्सवादी चिंतक एजाज़ अहमद ने जहाँ तक संभव हो सका, खुद को मार्क्सवाद के शास्त्रीय रूप से जोड़े रखने का प्रयास किया है। इस लिहाज से वे अपने दौर के अधिकांश

नव-मार्क्सवादी चिंतकों से अलहदा दिखाई देते हैं। मिशेल फूको, ल्यॉतार, जूलिया क्रिस्तेवा, फ्रेडरिक जेम्सन और मार्क्यूज जैसे चिंतकों पर विचार करते हुए उन्हें लगता है कि वे बरास्ते मार्क्सवाद उत्तर-आधुनिकता की ओर चले जाने वाले लोग हैं। उनका उद्देश्य समाजवादी व्यवस्था की संभावनाओं के विकल्प खोजना है। देरिदा को वे इसी कोटि में मानते हैं, पर कार्ल मार्क्स पर लिखी उनकी किताब को मार्क्सवाद के विकास की संभावनाओं का विखंडन करनेवाली मानते हैं। उनके अनुसार अमेरिका और यूरोप में पूंजीवाद और उत्तर-पूंजीवाद के विकल्प के तौर पर अब भी समाजवाद के अलावा अन्य कोई विकल्प नहीं है, यह विकल्प अभी निरस्त नहीं हुआ है।

भूमंडलीकरण के दौर में एजाज अहमद, सर्वहारा के भूमंडलीकृत हो जाने की बात करते हैं, पर मानते हैं कि अब सर्वहारा के पास कोई स्थानसूचक केंद्र नहीं बचा है। उनकी दृष्टि से रूस और चीन के समाजवाद की राह से अलहदा हो जाने के बाद की दुनिया में समाजवादी विकल्प के कमजोर पड़ने से पैदा हुए रिक्त स्थान के कारण ही सांप्रदायिकता का उभार हुआ। वस्तुतः सांप्रदायिकता और भूमंडलीकरण दोनों एक साथ ताकत पकड़ते हैं और सांप्रदायिकता भूमंडलीकरण का नव-साम्राज्यवादी एजेंडा है।

एजाज अहमद भूमंडलीकरण के पहले के दौर में औद्योगिक पूंजीवाद के बड़े अंतर्विरोध के तौर पर साम्राज्यवाद को देखते हैं, जो शक्ल बदल कर भूमंडलीकरण के दौर में नव-साम्राज्यवाद हो जाता है।

साम्राज्यवाद को वह कई मार्क्सवादी चिंतकों से भिन्न मत रखते हुए, 'शेष दुनिया के सभ्यताकरण के माध्यम' के रूप में स्वीकार नहीं करते। उनका विश्लेषण यह है कि साम्राज्यवाद ने उपनिवेशों की 'सभ्य और प्रगतिशील ताकतों के बजाय, वहां की पतनशील और सत्ता-लोलुप ताकतों के साथ अपना गठबंधन किया', जबकि प्रगतिशील ताकतों ने उनके 'पतनशील एवं बर्बर अभियान' का विरोध किया। साम्राज्यवाद-विरोध के लिए 'पश्चिमपरस्तों के 'सभ्यताकरण' वाली दलील को खारिज करने के लिहाज से' वह खुद को एडवर्ड सईद, गायत्री चक्रवर्ती स्पीवाक, रणजीत गुहा और ज्ञानेंद्र पांडेय के साथ एक मंच पर खड़ा पाते हैं; परंतु उनका विश्लेषण इन चिंतकों की प्राच्यवाद या सबाल्टर्नवाद संबंधी धारणाओं को स्वीकार नहीं करता। तृतीय विश्ववाद, प्राच्यवाद के एडवर्ड सईद द्वारा किए गए मूल्यांकन और सबाल्टर्न चिंतन को मार्क्सवाद से उपजी धारणाएं मानते हुए भी, वह इन्हें अंततः 'सर्वहारा की एकता को खंडित' करने में योगदान देनेवाली धारणाओं के रूप में देखते हैं।

तृतीय विश्ववाद को एजाज अहमद पहली और दूसरी दुनिया द्वारा अपना वर्चस्व स्थापित करने वाली धारणा के रूप में देखते हैं। वे कहते हैं कि तीसरी दुनिया दूसरे विश्वयुद्ध की पैदावार है। उपनिवेशों के आजाद होते चले जाने की स्थिति में पश्चिम को इस धारणा की जरूरत पड़ी। यह तीसरी दुनिया को 'एक कोटि' में निबद्ध करने की कोशिश है, हालांकि तीसरी दुनिया एक जटिल एवं विविधता भरी दुनिया है। यह प्रवासियों की शक्ल में पहली और दूसरी दुनिया का भी हिस्सा है। अतः उसे ठीक से 'प्रस्थित'

एजाज अहमद

माननना संभव नहीं है। तीसरी दुनिया को स्वतःअसिद्ध कोटि साबित कर देने का नतीजा अंततः यह होता है कि दूसरे विश्वयुद्ध के बाद गठित 'तृतीय विश्ववाद' की धारणा, भूमंडलीकृत दौर में 'उत्तर-औपनिवेशिक यथार्थ' वाली नई कोटि की शक्ल लेने लगती है।

फ्रेडरिक जेम्सन का तृतीय विश्ववाद की बुनियाद पर खड़ा 'इस दुनिया का बोधमूलक सौंदर्यशास्त्र' भी एजाज अहमद की तीखी आलोचना का शिकार होता है। जेम्सन आजाद हुए उपनिवेशों को लेकर गठित तीसरी दुनिया के साहित्य की व्याख्या के लिए जो सिद्धांत खड़ा करते हैं, वह इस दुनिया के साहित्य को 'राष्ट्रीय रूपक' की तरह देखने का आग्रह करता है। एजाज यहां तीसरी दुनिया के साहित्य के अपने सीधे अध्ययनों को सामने रखते हैं, खास तौर पर उर्दू साहित्य की विवेचनाओं को, और साबित करते हैं कि 'राष्ट्रीय रूपक' वाली धारणा या चेतना इस साहित्य में कहीं नुमायां नहीं होती। तीसरी दुनिया के हर देश की विशिष्टता को सामने रखते हुए वह अपनी विवेचना को इराक और अफगानिस्तान के संदर्भ में भी सामने लाने का प्रयास करते हैं, जिसका आधार वहां की विशिष्ट वर्ग-स्थितियों में है।

विनोद शाही

अधिक जानकारी के लिए :
In Theory : Aijaz Ahmad

एडम स्मिथ
(1723-1790)

एडम स्मिथ (Adam Smith) स्काटिश नीतिवेत्ता, दार्शनिक और राजनीतिक अर्थशास्त्री थे। उन्होंने लैटिन, गणित, इतिहास और लेखन की शिक्षा अर्जित की। 1748 से लॉर्ड केम्स के संरक्षण में एडिनबर्ग में उन्होंने सार्वजनिक व्याख्यान देना शुरू किया। उनके व्याख्यानों में साहित्यिक अलंकारों की भरमार रहती थी। बाद में 'संपन्नता की प्रगति' के आधार पर उन्होंने आर्थिक जीवन का दर्शन प्रतिपादित किया। एडम तब मात्र बीस वर्ष से कुछ ही बड़े थे। 1750 में उनकी मुलाकात दार्शनिक डेविड ह्यूम से हुई। ह्यूम एडम स्मिथ से उम्र में लगभग दस साल बड़े थे। फिर भी दोनों के बीच बौद्धिक और व्यक्तिगत संबंध बना। 1751 में स्मिथ ग्लासगो विश्वविद्यालय में तर्कशास्त्र के प्रोफेसर बने और 1752 में एडिनबर्ग के फिलोसोफिकल सोसायटी के सदस्य चुन लिए गए। 1759 में स्मिथ ने अपनी दो प्रसिद्ध पुस्तकों में से एक 'द थ्योरी ऑफ मॉरल सेंटिमेंट्स' प्रकाशित की। इस पुस्तक में ग्लासगो के व्याख्यान शामिल थे। इसमें एडम स्मिथ ने दिखाया था कि मनुष्य की नैतिकता संवेदना पर निर्भर होती है, यह व्यक्ति और समाज के अन्य सदस्यों के बीच होती है।

स्मिथ ने नैतिक भावना का आधार 'साझी सहानुभूति' को माना। यह साझी सहानुभूति बीसवीं सदी की परानुभूति के सिद्धांत का आधार बनी। एडम ने लिखा है, 'मानव जीवन की परेशानी और दयनीयता दोनों का बड़ा स्रोत एक स्थायी स्थिति से दूसरी स्थिति के बीच के अंतर के अधिमूल्यन से निकला प्रतीत होता है। निर्धनता और समृद्धि के अंतर को लोभ अधिमूल्यायित करता है तथा निजी और आम स्थिति के बीच के अंतर को अभिलाषा अधिमूल्यायित करती है। गुमनामी और विपुल ख्याति के बीच के अंतर को बदगुमानी अधिमूल्यायित करती है। इन असंयत जुनूनों में से किसी एक के प्रभाव में व्यथित अपनी वास्तविक स्थिति में न केवल दयनीय होता है बल्कि वह प्रायः अपनी अतिमूर्खता के बिंदु तक पहुंचने के लिए समाज की शांति को भंग कर देने पर उतारू हो जाता है।'

ऐसा नहीं था कि एडम स्मिथ अपने समकालीनों से कटे हुए थे, बल्कि उन्होंने पूरे यूरोप का भ्रमण किया था और सभी तत्कालीन नेताओं, बुद्धिजीवियों की निकटता हासिल की थी। फिर भी एडम स्मिथ एक वितर्कित व्यक्ति थे। विलियम होगार्थ और जोनाथन स्विफ्ट (दोनों अंग्रेज) ने हमेशा एडम स्मिथ की लेखन पद्धति और शैली की आलोचना की। 1776 में एडम स्मिथ का 'एन इंक्वायरी इन्टू

द नेचर एंड काजेज ऑफ द वेल्थ ऑफ नेशंस' नामक ग्रंथ प्रकाशित हुआ। इसे संक्षेप में 'द वेल्थ ऑफ नेशंस' कहा जाता है। इस पुस्तक को अर्थशास्त्र की प्रथम आधुनिक कृति माना गया है। एडम स्मिथ को आधुनिक अर्थशास्त्र का जनक कहा गया है। इस पुस्तक को सार्वकालिक महान 100 स्कॉटिश पुस्तकों में स्थान दिया गया है। कहा जाता है कि आइरन लेडी के नाम से विख्यात ब्रिटिश प्रधानमंत्री मारग्रेट थैचर इस पुस्तक को हमेशा साथ रखती थीं। एडम स्मिथ ने इस पुस्तक में परंपरागत खुले बाजार की अर्थनीति का आधार रखा था। उनका विश्वास था कि जब कोई व्यक्ति न्याय की शर्त के अंतर्गत स्वहित का पोषण करता है, तो अनजाने में वह समाज की अच्छाई को ही बढ़ावा देता है। खुले बाजार में स्वहित की प्रतियोगिता समग्र रूप में वस्तुओं की कीमत कम रखते हुए समाज के लाभ के लिए ही होती है।

एडम ने व्यावसायिक स्वार्थ की उस टकराऊ प्रकृति के बारे में चेतावनी दी थी, जो एकाधिकार में बदल कर अंततः मूल्यवृद्धि का कारण बनती है। साथ ही व्यवसाय प्रभावित उस राजनीतिक पद्धति के बारे में भी एडम ने सावधान किया था जो उपभोक्ता के खिलाफ व्यवसाय और उद्योग की साजिश को

एडम स्मिथ

प्रश्रय देती है। 'अदृश्य हाथ' तभी काम करता है जब उत्पादन और खपत दोनों खुले बाजार में सक्रिय होते हैं। 'अदृश्य हाथ' की उनकी अवधारणा वैश्वीकरण के युग में नए सिरे से चर्चा में आई।

उदयराज

अधिक जानकारी के लिए :
1. **Adam Smith : A Primer** : Eamonn Butler,
2. **An Enquiry into the Nature and Causes of the Wealth of Nations** : Adam Smith,
3. **The Life of Adam Smith** : Ian Simpson Ross,
4. **Adam Smith and the Wealth of Nation :** F Glahe

एडवर्ड सईद
(1935-2003)

एडवर्ड सईद (Edward Said) पौर्वात्यवादी धारणाओं को विस्तृत पैमाने पर जांचने वाले पहले व्यक्ति थे। उन्होंने अपनी प्रसिद्ध कृति 'ओरियंट लिज्म' (1978) में यह खोल कर रख दिया था कि पूर्व को देखने और जानने की जो दृष्टि है वह वास्तविकता की जगह किस तरह एक औपनिवेशिक निर्मिति है। वे कोलंबिया विश्वविद्यालय में अंग्रेजी और तुलनात्मक साहित्य के प्रोफेसर थे। वह अमेरिका में रहते हुए फिलीस्तीनियों की स्वाधीनता के एक प्रमुख प्रवक्ता थे।

सईद का जन्म यरूसलम में हुआ था। पहले सैनिक और बाद में व्यवसायी बन चुके उनके पिता अमेरिकी नागरिक हो चुके थे। सईद की आरंभिक शिक्षा काहिरा में हुई, बाद में उन्होंने प्रिंस्टन और हार्वर्ड विश्वविद्यालयों में शिक्षा पूरी की। उन्होंने पश्चिमी पद्धति से शिक्षा पाते हुए भी इस्लामी दुनिया को देखने की औपनिवेशिक पश्चिमी दृष्टि की आलोचना की। उनके सांस्कृतिक अध्ययन के क्षेत्र में अमूल्य योगदान का असर पूरे विश्व पर पड़ा और पौर्वात्यवाद आलोचना का एक महत्वपूर्ण उत्तर-औपनिवेशिक विषय बन गया। एडवर्ड सईद की स्थापनाओं से सबाल्टर्नवादी इतिहासकार भी

प्रभावित हुए। उन्होंने साम्राज्यवादी दृष्टि से इतिहास लेखन की परंपराओं को चुनौती दी थी। इससे पश्चिम के एशिया और अफ्रीका से संबंधित चिंतन और सृजनात्मक लेखन को फिर से जांचने की दृष्टि मिली। उन्होंने यूरोपकेंद्रिक चिंतन और इसके प्रभुत्व की अभिजनोन्मुख भूमिका को भी रेखांकित किया था। उनके लेखन ने प्राच्य के देशों के इतिहास को एक नई दृष्टि से देखने का मार्ग खोल दिया।

प्राच्यवाद आम तौर पर पूर्व के देशों को पिछड़ा, निर्बुद्धिपरक और इतिहासविहीन कहता था और हमेशा इन्हें 'अन्य' या 'विपरीत ध्रुव' के रूप में देखता था। यह पश्चिम को सभ्यता की कसौटी बना देता था। एडवर्ड सईद ने तुलनात्मक साहित्य की अनौपनिवेशिक पद्धति का इस्तेमाल किया। उन्होंने सत्ता और ज्ञान के अंतःसंबंधों को जांचा और बताया कि सैकड़ों साल तक प्राच्य के सांस्कृतिक योगदान को नकारा गया है। प्राच्य वस्तुतः पश्चिम का एक मनगढ़ंत मामला है जिसका बुनियादी मकसद अरब और इस्लामी दुनिया पर अपनी श्रेष्ठता स्थापित करना है। उन्होंने पश्चिम के साहित्य से खोज-खोज कर उन स्थलों को दिखाया, जहाँ 'अन्य' के रूप में ढाल कर प्राच्य का अवमूल्यन हुआ है। पश्चिमी बुद्धिजीवियों ने प्राच्यवाद को ईसाइयत बनाम इस्लाम का मामला बना दिया जिसका परवर्ती विकसित रूप 'सभ्यताओं का संघर्ष' है।

एडवर्ड सईद

एडवर्ड सईद की अन्य महत्वपूर्ण कृतियों में 'कल्चर एंड इंपीरियलिज्म' (1993) और 'इस्लाम एंड द वेस्ट' (1993) मुख्य हैं। सईद को अपने विचारों के लिए पश्चिमी बुद्धिजीवियों की कठोर आलोचना झेलनी पड़ी है। कहा गया है कि प्राच्यवाद का एक रूप विलियम जोंस, सेमुअल जानसन, बायरन जैसे लोगों का काम है जो विश्व मानवतावाद की देन है। प्राच्यवाद ने दुनिया में विभिन्न संस्कृतियों के अध्ययन का मार्ग खोला है। इस तरह सईद प्राच्यवाद की उपलब्धियों को नजरअंदाज करते हैं और इस्लामी कट्टरवाद की रूढ़ियों पर पर्दा डालने का काम करते हैं। इन आलोचनाओं के बावजूद सईद के सांस्कृतिक अध्ययन ने पूर्व के देशों को अपने इतिहास और संस्कृति को गैर-यूरोपीय दृष्टि से देखने के लिए प्रेरित किया। हिंदी में रामचंद्र शुक्ल और खासकर रामविलास शर्मा आधुनिक प्रगति का पक्ष लेते हुए भी शुरू से भारत को देखने की यूरोपीय दृष्टि और इसके अंधानुकरण के विरोधी थे।

शंभुनाथ

अधिक जानकारी के लिए :

1. **Edward Said : The Legacy of a Public Intellectual** : Ned Curthoys, Debjani Ganguli (Ed), 2007, 2. **Edward Said and Cultural Decolonization** : Ferial Jaboury Ghazoul, 2007

एडवर्ड सेपिर
(1884-1939)

भाषावैज्ञानिक, समाजशास्त्री और नृतत्वशास्त्री एडवर्ड सेपिर (Edward Sapir) का जन्म 26 जनवरी 1884 को लॉनबर्ग, जर्मनी के पारंपरिक यहूदी परिवार में हुआ था। जब वे पांच वर्ष के थे

एडवर्ड सेपिर

उसी समय उनका परिवार अमेरिका आ कर बस गया था। भाषाविज्ञान में रुचि होने के कारण उन्होंने जर्मन और इंडो-यूरोपियन (भारोपीय) भाषाशास्त्रों का अध्ययन प्रारंभ किया, जो तत्कालीन समय में भाषाविज्ञान का प्रमुख क्षेत्र था। उन्होंने जर्मन में ही अपनी स्नातकोत्तर पढ़ाई जारी रखी और इसी दौरान अमेरिकी नृतत्वशास्त्र के पिता कहे जाने वाले फ्रांज बोज के संपर्क में आए। फ्रांज बोआस ने इनकी उभरती प्रतिभा को पहचाना और उन्हें भाषा वैज्ञानिक नृतत्वशास्त्र के क्षेत्र में कार्य करने के लिए प्रोत्साहित किया। बाद के वर्षों में इन्होंने फ्रांज बोआस के निर्देशन में भाषावैज्ञानिक नृतत्वशास्त्र के क्षेत्र में शोध कार्य किए। 1909 में उन्होंने ओरेगॉन (अमेरिका का उत्तर पश्चिमी तटीय भाग) में बोले जाने वाली 'ताकेल्या' भाषा पर अपना शोध प्रबंध लिखा। कनाडा नेशनल म्यूजियम, ओटावा में नृतत्वशास्त्र विभाग का प्रमुख बनाए जाने के दौरान सेपिर ने विभिन्न अमेरिकी देशज भाषाओं, जैसे चिनूक, याना दक्षिणी पेउत, हुपा, नवाहो, उते आदि का आगमनात्मक अध्ययन और विश्लेषण किया। 1925-1931 तक वे शिकागो विश्वविद्यालय में अध्यापक के रूप में कार्यरत थे। उनकी कुछ महत्वपूर्ण कृतियों में 'टाइम पर्सपेक्टिव इन एबोरिजिनल अमेरिकन कल्चर : ए स्टडी इन मेथड' (1916), 'लैंग्वेज : एन इंट्रोडक्शन टु द स्टडी ऑफ स्पीच' (1921), 'द साइकोलॉजिकल रियलिटी ऑफ द फोनीम' (फ्रेंच भाषा में, 1933) का समावेश किया जाता है।

सेपिर ने किताबों के रूप में कम लेखन किया लेकिन उन्होंने भाषाविज्ञान, संस्कृति, मनोविज्ञान आदि से जुड़े विभिन्न विषयों पर अनेक निबंध लिखे। सेपिर ने जाति-वैज्ञानिक (एथनोलॉजिकल) अध्ययन के संबंध में महत्वपूर्ण सिद्धांतों का प्रतिपादन किया है। अमेरिका के मूल निवासियों (अमेरिकन इंडियन) की संस्कृति में आए बदलाव को समझने के लिए नृतत्वशास्त्रियों को सांस्कृतिक इतिहास की पुनर्रचना करनी पड़ती है। सेपिर ने इस तरह की पुनर्रचना के लिए आवश्यक पद्धतियों का सर्वेक्षण किया है। उन्होंने ऐसे अध्ययन में सांस्कृतिक संबंधों, भौगोलिक वितरणों, सांस्कृतिक स्तरों के साथ-साथ भाषिक व्याकरण और शाब्दिक विश्लेषणों को महत्वपूर्ण माना है।

सेपिर ने 'लैंग्वेज' नामक अपनी पुस्तक में भाषा में बदलाव (Language Drift) पर विचार करते हुए व्याकरण से लेकर भाषाओं के वर्गीकरण की पद्धतियों तक का सोदाहरण (चीनी भाषा से नूतका भाषा तक) विवेचन किया और बताया कि भाषा का नस्ल और संस्कृति के साथ यादृच्छिक संबंध है। उन्होंने भाषा के वस्तुनिष्ठ और मूलभूत तत्वों पर विचार करने पर जोर दिया। भाषावैज्ञानिक होने के बावजूद सांस्कृतिक व्यवहारवाद और व्यक्तित्व के विकास में सेपिर की गहरी रुचि थी। उन्होंने व्यक्तित्व, मौखिक अभिव्यक्ति और सामाजिक व्यवहारों के मध्य संबंध-सूत्र खोजने का कार्य किया। उनका यह एक महत्वपूर्ण विचार था कि भाषा मानव के अनुभवों को आकार देने के साथ-साथ उन्हें नियंत्रित भी करती है। उनके अनुसार, किसी भी भाषा के ऐतिहासिक विकास को समझे बिना संस्कृति को पूर्णतः नहीं जाना जा सकता। सेपिर ने भाषा को परिवर्तनशील बताते हुए कहा कि भाषा के कुछ भाग जल्दी परिवर्तित होते हैं तो कुछ भाग देर से। साथ

ही, भाषा में परिवर्तन से वास्तविकता में भी परिवर्तन हो जाता है। उनके अनुसार, सभी भाषाएं अपने आप में पूर्ण होती हैं, वे बोलने वालों की अभिव्यक्ति के लिए पर्याप्त होती हैं। एक भाषा का दूसरी भाषा के संरचनागत ढांचे से तुलना करना गलत है, क्योंकि सभी भाषाओं की अपनी विशिष्ट और पूर्ण संरचना होती है। सेपिर ने लियोनार्द ब्लूमफील्ड के साथ मिलकर स्वनिमिक सिद्धांत को विकसित करने का कार्य भी किया।

सेपिर के प्रमुख शिष्यों में बेंजामिन ली वोर्फ का नाम प्रमुखता से लिया जाता है। उन्होंने वोर्फ के साथ मिलकर भाषा और संस्कृति की एकरूपता के संबंध में जो सिद्धांत दिया, वह 'सेपिर-वोर्फ हाइपोथीसिस' के नाम से जाना जाता है। उन्होंने भाषाविज्ञान के अध्ययन को संस्कृति और मनोविज्ञान के साथ जोड़कर आनेवाली पीढ़ी के लिए एक नया मार्ग प्रशस्त किया।

प्रफुल्ल कुमार

अधिक जानकारी के लिए :

1. **Language : An Introduction to the Study of Speech :** Edward Sapir, 1921 , 2. **Selected Writings of Edward Sapir in Language, Culture and Personality :** (Ed), David G Mandelbam

एनजीओ संस्कृति

एनजीओ अंग्रेजी के पद 'Non Governmental Organisations' का लघु रूप है जिसे हिंदी में गैर-सरकारी संगठन या स्वैच्छिक संगठन कह सकते हैं। आम तौर पर इन्हें उन निजी संगठनों से अलगाया जाता है जो निजी लाभ या कंपनी कानून के तहत व्यवसाय करने और मुनाफा कमाने के लिए स्थापित किए जाते हैं। एनजीओ का उद्देश्य व्यवसाय करना या मुनाफा कमाना नहीं होता। भारत में ऐसे संगठनों को भी कई अधिनियमों के अंतर्गत पंजीकरण करना होता है और अपनी गतिविधियां कानून के दायरे में रहकर करनी होती हैं। कुछ प्रकार के एनजीओ को सोसाइटीज रजिस्ट्रेशन एक्ट, 1860 के अंतर्गत पंजीकृत कराना होता है। यह केंद्रीय कानून है। इस कानून को प्रायः सभी राज्यों ने अपने राज्य के अंतर्गत ऐसे संगठनों के पंजीकरण के लिए कुछ संशोधनों के साथ स्वीकार किया है। इस अधिनियम के अनुसार कोई भी सात व्यक्ति जो 'मेमोरेंडम ऑफ एसोसिएशन' पर सहमत हों, अपनी संस्था का पंजीकरण करा सकते हैं। इस मेमोरेंडम में संस्था का नाम, उसके उद्देश्य, इसके सदस्यों के नाम, पते और व्यवसाय का पूरा विवरण शामिल होता है। सोसाइटी एक्ट के अलावा कुछ एनजीओ पब्लिक ट्रस्ट के अंतर्गत भी बनाए जा सकते हैं। इनका कोई न कोई कल्याणकारी उद्देश्य होता है। भारत के कुछ राज्यों ने इस उद्देश्य से पब्लिक चेरिटेबल ट्रस्ट एक्ट बनाया है। पब्लिक ट्रस्ट की तरह प्राइवेट ट्रस्ट के लिए भी अधिनियम बना हुआ है जो इंडियन ट्रस्ट एक्ट, 1882 द्वारा संचालित होता है।

बहुत से निगम संस्कृति और कल्याण कार्यों के लिए अलाभकारी कंपनियों की स्थापना करते हैं। ऐसी कंपनियों का पंजीकरण कंपनी अधिनियम, 2013 के सेक्शन 8 के अंतर्गत होता है। सामुदायिक हितों को ध्यान में रखते हुए विभिन्न प्रकार की सहकारी समितियां भी कोआपरेटिव क्रेडिट सोसाइटीज एक्ट, 1904 के अंतर्गत स्थापित की जा सकती हैं। सहकारी समितियों को एक साथ कई राज्यों में कार्य करने की अनुमति प्रदान करने के लिए मल्टी-स्टेट कोआपरेटिव सोसाइटीज एक्ट, 2002 बनाया गया है। ट्रेड यूनियन भी एक तरह के एनजीओ कहे जा सकते हैं। भारतीय कानून के अंतर्गत विदेशी एनजीओ को भी भारत में काम करने की अनुमति प्राप्त होती है। एनजीओ को अपनी गतिविधियां चलाने के लिए धन की आवश्यकता होती है। उन्हें धन देश-विदेश से, विभिन्न सरकारी अनुदानों से, सरकारी-गैरसरकारी संस्थाओं और कंपनियों से तथा सीधे लोगों के अनुदान से प्राप्त होता है। एनजीओ को प्राप्त धन का न सिर्फ पूरा

हिसाब-किताब रखना होता है, वरन देश-विदेश से प्राप्त धन का पूरा ब्यौरा संबंधित कानूनों के अनुसार समय-समय पर सरकार को देना होता है। इन कानूनों का उल्लंघन करने पर उक्त एनजीओ का पंजीकरण रद्द किया जा सकता है और अन्य कानूनी कार्रवाई की जा सकती है।

गैर-सरकारी संगठनों का इतिहास पुराना है, पर वैश्वीकरण के युग में नई आर्थिक नीतियों के कारण सरकार द्वारा जन कल्याणकारी कार्यों से हाथ खींच लेने के बाद एनजीओ की भूमिका बढ़ गई है। भूमंडलीकरण के समर्थक उसके मानवीय चेहरे के लिए चाहते रहे हैं कि पिछड़े मुल्कों के गरीबों को शिक्षा और स्वास्थ्य की बुनियादी सुविधाओं से पूरी तरह वंचित न किया जाए। बहुराष्ट्रीय कंपनियां अपनी आय का एक छोटा हिस्सा एनजीओ के जरिए ही जनशिक्षण और जनसुविधाओं के लिए खर्च करती हैं। इससे कुछ बेरोजगारों को काम मिल जाता है, हालांकि कोई निश्चित सुरक्षा नहीं होती। भारत में एनजीओ ने सूचना का अधिकार, खाद्य सुरक्षा और यौन उत्पीड़न के लिए कठोर कानून बनाने जैसे सफल अभियान चलाए हैं। अभी भी दुनिया में करोड़ों अभाव पीड़ितों, उत्पीड़तों और वंचितों के पास सबसे पहले एनजीओ के लोग ही सेवा के लिए पहुंचते हैं। वे प्राकृतिक आपदाओं के अवसर पर भी आगे आते हैं। समाज में जब क्रांतिकारी बदलाव की संभावना न हो, एनजीओ परिवर्तन की इच्छा रखनेवाले नौजवानों के सामने कम कठिनाई और कम जोखिम के रास्ते पेश करते हैं, जो कुछ की निगाहों में 'क्रांतिकारी संभावनाओं पर सेंधमारी' लगते हैं।

भारत में सक्रिय एनजीओ विभिन्न क्षेत्रों में कार्य करते हैं। इनमें धार्मिक, सामाजिक, शैक्षिक, सांस्कृतिक आदि क्षेत्र शामिल हैं। कई एनजीओ पर्यावरण, स्वास्थ्य, नारी उत्थान, अशिक्षित और अनाथ बच्चों, वृद्ध और विकलांग लोगों, प्राकृतिक या अन्य आपदा के कारण संकटग्रस्त लोगों की मदद के लिए काम करते हैं। इन संगठनों में नौजवान उत्साहपूर्वक पिछड़े और गरीब लोगों से जुड़ते हैं, उनके बीच जागरण से लेकर जनसुविधाएं मुहैया कराने तक कई तरह के काम करते हैं। बहुत-से लड़के-लड़कियों के लिए यह सेवा और रोजगार दोनों है।

कल्याणकारी गतिविधियों के बावजूद एनजीओ को लेकर विवाद चलते रहे हैं। अभी हाल में सरकार ने कई बार विभिन्न एनजीओ को मिलने वाली विदेशी मदद को लेकर कड़े कदम उठाए हैं और 2015 में 42 हजार से अधिक एनजीओ को निगरानी के लिए चयनित किया गया है। इंटेलिजेंस ब्यूरो की रिपोर्ट (2015) के अनुसार बहुत-से एनजीओ को मिलने वाले विदेशी अनुदानों का उपयोग घोषित उद्देश्य से भिन्न कार्यों के लिए किया गया है। कई आलोचकों का मानना है कि सरकार उन सभी एनजीओ को, जो सरकार के कदमों का विरोध करती हैं, कानून के डंडे से नष्ट करना चाहती है। बहरहाल, एनजीओ की व्यापक गतिविधियों के कारण एक समानांतर शक्तिशाली सत्ता समूह बन गया है, ऐसा भी माना जाता है। एनजीओ की गतिविधियों को समझने के लिए उसकी कार्य संस्कृति को समझना आवश्यक है।

एनजीओ की स्थापना के पीछे एक कारण शिक्षित नागरिक समूहों में राजनीतिक संगठनों के प्रति बढ़ता असंतोष रहा है। जब इन समूहों ने देखा कि राजनीतिक दल अपने जनोन्मुख उद्देश्यों से भटककर निहित स्वार्थों की कारगुजारियों के केंद्र बनते जा रहे हैं, तो उन्होंने स्वयं जनता के बीच जाकर काम करने का निश्चय किया। कई में राजनीति मात्र के प्रति वितृष्णा का प्रबल भाव था जो हर तरह की राजनीति की तीखी आलोचना के रूप में सामने आ रहा था। कई एनजीओ अपने उद्देश्यों में काफी हद तक वामपंथी संगठनों के नजदीक होते हुए भी, वामपंथी दलों के कटु आलोचक थे, क्योंकि व्यवहार में उन्हें वामपंथी और दक्षिणपंथी राजनीतिक दलों में अंतर नजर नहीं आता था। यही वजह है कि वामपंथी दलों ने भी इन एनजीओ को प्रायः संदेह की नजर से देखा।

कई गैर-सरकारी संगठनों की स्थापना पूर्व नौकरशाहों, उच्च मध्यवर्ग के शिक्षित लोगों द्वारा की गई थी। ऐसे कई संगठन स्थापना के कुछ सालों बाद

अपनी वित्तीय शक्ति और सत्ता के गलियारों में अपनी पहुंच के कारण बड़े सत्ता केंद्र में रूपांतरित हो गए। उनकी गतिविधियों में लोकतांत्रिक कार्यप्रणाली और पारदर्शिता का अभाव भी देखा गया। इस प्रवृत्ति ने जनता में कुछ एनजीओ के प्रति संदेह पैदा करने में भूमिका निभाई। कुछ एनजीओ छोटे-मोटे राजनीतिक संगठन की तरह प्रतीत होते हैं क्योंकि उनके कार्यों का दायरा सीधे राजनीतिक निर्णयों से टकराता है। मसलन, मेधा पाटकर द्वारा स्थापित 'नर्मदा बचाओ आंदोलन' का उद्देश्य बड़े बांधों के बनाए जाने का विरोध करना और ऐसे बांधों से विस्थापित होने वाले किसानों के हकों के लिए लड़ना रहा है। स्पष्ट ही इस आंदोलन की सीधी टकराहट शक्तिशाली समूहों से होती है जो विकास के नाम पर बांध बनाए जाने का समर्थन करते हैं। 'ग्रीनपीस' आंदोलन को ऐसी साजिश के रूप में देखा जाता है जो तीसरी दुनिया के देशों को पिछड़ा रखना चाहते हैं। इसी तरह कुछ सांप्रदायिकता-विरोधी संगठनों को हमले का निशाना बनाया गया, क्योंकि इस संगठन की सक्रियता ने ही 2002 के गुजरात नरसंहार के दोषियों को सजा दिलवाने में अहम भूमिका निभाई थी। इन उदाहरणों से स्पष्ट होता है कि सभी एनजीओ को साम्राज्यवादी साजिश का परिणाम मानना सही नहीं है। कई एनजीओ राजनीतिक विचारधाराओं का प्रतिनिधित्व करते हैं। ऐसे गैर-सरकारी संगठन भी हमेशा सक्रिय रहे हैं जिनका मकसद आदिवासियों, दलितों और गरीबों के बीच काम करते हुए उन्हें अपने धर्म के प्रभाव में लाना रहा है। निश्चय ही कुछ ऐसे संगठन भी हैं जो अपनी गतिविधियों द्वारा साम्राज्यवादी देशों का हित साधन करते हैं।

तीसरी दुनिया विशेषकर भारत जैसे देशों में गैर-सरकारी संगठनों की भूमिका और गतिविधियों का महत्व और प्रांसगिकता तब तक बनी रहेगी जब तक सरकारें अपनी जनोन्मुख दायित्वों से मुंह मोड़े रहेंगी।

जवरीमल्ल पारख

अधिक जानकारी के लिए :

1. **एनजीओ : एक खतरनाक साम्राज्यवादी कुचक्र** : संपा. विश्वनाथ मिश्र और अरविंद सिंह, 2. **Participatory Rural Appraisal : The Experience of NGOs in South India** : M P Boraian, N Narayan Samy; 2005, 3. **Handbook for NGOs** : Nabhi Publication, 4. **NGOs in India : The Challenges of Women's Empowerment and Accountability** : Patrick Kilby

एनिमेशन

एनिमेशन (Animation) एक ऐसी रचना प्रक्रिया है, जिसमें व्यक्ति या वस्तु की आकृति और गति बदल जाती है, पर यह सिर्फ भ्रम होता है। इसमें स्थिर चित्रों की शृंखला तेजी से बदलती घटनाओं के साथ प्रस्तुत की जाती है। एनिमेशन फिल्मों से पहले फ्लिप बुक थे, जिनमें स्थिर चित्र कम गति से चलते-फिरते नजर आते थे। बीसवीं सदी के आरंभिक दशकों में छोटी एनिमेटेड फिल्में बनने लगी थीं। 1995 की 'ट्वाय स्टोरी' से कंप्यूटर एनिमेटेड फिल्में लोकप्रिय हुईं। आज मनोरंजन उद्योग में इसका अरबों डॉलर का बाजार है। एनिमेशन का इस्तेमाल मनोरंजन उद्योग के अलावा शिक्षा, पुस्तक प्रकाशन, पर्यटन, वेब डिजाइन, फैशन डिजाइन आदि में भी हो रहा है। इसकी विकसित टेक्नोलॉजी उपलब्ध है। कलाओं के अलावा विज्ञापन के क्षेत्र में कंप्यूटर एनिमेशन डिजिटल तकनीक का सफल इस्तेमाल हो रहा है। वीडियो गेम में इसने अद्भुत काम किया है।

कंप्यूटर एनिमेटर को स्क्रिप्ट लेखन, ध्वनि उपयोग और थीम डेवलपमेंट में दक्ष होना होता है। तकनीक में तो निपुणता चाहिए ही, हास्य, कल्पनाशीलता और पर्यवेक्षण क्षमता का होना भी

जरूरी है। कंप्यूटर एनिमेटर में रेखांकन, कैरिकेचरिंग और कला के प्रति पर्याप्त रुझान होना चाहिए। आजकल प्राचीन साहित्य, धार्मिक कथाएं और बच्चों की कथाएं एनिमेटेड फिल्मों के जरिए नए रूप में आ रही हैं और ये लोकप्रिय होती हैं। देश के हर बड़े शहर में एनिमेशन, ग्राफिक डिजाइन और मल्टीमीडिया के तरह-तरह के पाठ्यक्रम हैं, जो रुचि रखने वाले व्यक्तियों को इस तकनीक में निपुण बनाते हैं।

दिनेश कुमार शर्मा

अधिक जानकारी के लिए :
1. **The Art of Animation** : Bob Thomas, 1958, 2. **Animation—Script to Screen** : Shamus Culhane, 1990, 3. **Animation from Pencils to Pixels—Classical Techniques for the Digital Animation** : Jony White, 2006

एनी बेसेंट
(1847-1933)

भारत को अपनी मातृभूमि मानने वाली और भारत की आजादी का स्वप्न देखने वाली अंग्रेज विदुषी एनी वुड बेसेंट (Annie Wood Besant) का जन्म लंदन में 1 अक्टूबर 1847 को हुआ था। एनी के पिता अंग्रेज थे और मां आइरिश। उनका एक छोटा भाई भी था। 1867 में एनी बेसेंट का विवाह पादरी रेवरेंड फ्रेंक बेसेंट से हुआ और उनके दो बच्चे हुए। उनके पति संकुचित विचारों के थे और एनी स्वतंत्र मानसिकता की थीं। फलतः वैवाहिक जीवन में तनाव रहने लगा और 1873 में वे अपने पति से अलग हो गईं। निराशा से बचने के लिए वे लेखन की ओर प्रवृत्त हुईं। शीघ्र ही वह अतिवादी राजनीतिक और 'फ्री थिंकर' आंदोलन के नेता चार्ल्स ब्रेडलाफ के संपर्क में आईं। इस मत के लोग धर्म सिद्धांतों को स्वीकार नहीं करते थे और तर्क पर आधारित वैज्ञानिक विचारों को मानते थे। इस मत के प्रचार के लिए उन्होंने वक्तव्य देना शुरू किया और बहुत शीघ्र ही एक ओजस्वी वक्ता के रूप में प्रसिद्ध हो गईं। उन्होंने उत्पीड़ित और कमजोर लोगों के उत्थान के लिए आवाज उठाना शुरू किया। वह कहतीं, 'लोग खामोश हैं। मैं इस खोमोशी को मुखर करूंगी। मैं गूंगे लोगों की आवाज बनूंगी। मैं बड़े से छोटे की और बलवान से कमजोर की बात करूंगी।' उनके अंदर विश्व को बेहतर बनाने की कामना तीव्रतर होती गई। वह आह्वान करतीं, 'विचारहीन और लापरवाह के कानों में गरीबों की परेशानियों के बारे में बताने का प्रयत्न करो। ...झुग्गी-झोपड़ी में रहने वालों की बस्ती से निकलकर शहर की गलियों तक भयानकता और सौंदर्य में कुछ ही कदमों का फासला है।' उन्होंने मानव जाति के विषमता से भरे जीवन को दिल से महसूस किया। वह अपने आपसे पूछतीं, 'क्या इसका कोई समाधान नहीं है? क्या यह जरूरी है कि हमेशा अमीर और गरीब रहें।'

उनका संबंध प्रसिद्ध लेखक जार्ज बर्नार्ड शॉ से हो गया। वे 1885 में 'फेबियन सोसाइटी' में शामिल हो गईं। फेबियन नेता जनता की उस विचारधारा का प्रचार कर रहे थे जो ब्रिटिश राज्य को बाध्य कर सके कि वह अपने उपनिवेशों के गरीब और असहाय लोगों की बेहतरी के लिए प्रभावशाली कदम उठाए। एनी ने ब्रिटेन में महिलाओं का पहला ट्रेड यूनियन बनाया। वे पूरे इंग्लैंड में प्रसिद्ध हो गईं। उनके प्रयासों से लड़कियों के काम करने की स्थिति और वेतन में सुधार आया। लंदन स्कूल बोर्ड की सदस्य होने के कारण उन्होंने शिक्षा को मुफ्त करने का प्रयास किया।

एक फेबियन विचारक के रूप में वे काफी प्रसिद्ध हो चुकी थीं। अचानक उन्होंने 1889 में थियोसॉफिकल सोसाइटी में सम्मिलित होकर सबको चौंका दिया। लेकिन बर्नार्ड शॉ ने उनका समर्थन किया। कठिन परिश्रम के क्रम को जारी रखते हुए शीघ्र ही एनी थियोसोफी की प्रगतिशील वक्ता और लेखिका बन गईं। 1891 में मैडम ब्लेवेट्स्की की मृत्यु के बाद उन्होंने इसका पूरा नेतृत्व संभाल लिया और इसे एक अंतरराष्ट्रीय संस्था के रूप में स्थापित किया।

1879 से ही थियोसॉफिकल सोसाइटी ने अपनी प्रमुख गतिविधियां इंग्लैंड से हटाकर भारत में स्थानांतरित

कर ली थीं। एनी के मन में वर्षों से भारत के प्रति प्रेम की भावना उमड़ रही थी। धीरे-धीरे उन्होंने अपना भारतीयकरण किया और 1893 में भारत आकर हमेशा के लिए इस भूमि की होकर रह गईं। भारत आकर वे साड़ी पहनने लगीं और पालथी मार कर बैठना सीख लिया। वह खाने के लिए मेज का इस्तेमाल न करके जमीन पर विशिष्ट भारतीय रीति से खाना खाती थीं। उन्होंने संस्कृत भाषा सीखी। भगवद्‌गीता का अनुवाद अंग्रेजी में किया। यह अनुवाद सर्वाधिक बिकने वाली पुस्तकों में से एक है। उन्होंने कई छोटी-छोटी पुस्तिकाएं लिखीं, जिनमें भारतीय संस्कृति की कथाएं हैं। संसार के सभी धर्मों का मूल सत्य एक ही है, इसे स्थापित करने के लिए उन्होंने एक सर्वव्यापी पाठ्य-पुस्तक लिखी।

भारत आने के बाद एनी लगातार 1906 तक बनारस में रहीं। 1898 में बनारस में उन्होंने सेंट्रल हिंदू कॉलेज की स्थापना की। यही बाद में बनारस हिंदू विश्वविद्यालय का आधार बना। 1907 से वे मद्रास में रहने लगीं। भारत के राजनीतिक क्षितिज पर एनी ने 1913 में पहला कदम रखा। राजनीतिक संघर्ष को बढ़ावा देने के लिए उन्होंने एक साप्ताहिक पत्रिका 'कॉमन विल' का संपादन-प्रकाशन शुरू किया। इसकी असाधारण लोकप्रियता से उत्साहित होकर उन्होंने 'न्यू इंडिया' दैनिक निकालना शुरू किया।

दिसंबर, 1917 के कांग्रेस अधिवेशन में एनी को सम्मानित किया गया। इसमें उन्होंने कहा, 'भारत में ब्रिटिश लोगों द्वारा मेरा अपमान हुआ है, लेकिन भारतीय लोगों ने उच्च सम्मान के साथ मेरा अभिषेक किया है। जब मैं खामोश थी और अपना बचाव करने में असमर्थ थी, तब भारतीय लोगों ने मुझे बचाया और नजरबंदी से रिहाई कराने में सफल हुए।' कांग्रेस के कलकत्ता अधिवेशन में उन्हें अध्यक्ष बनाया गया।

एनी बेसेंट

एनी बेसेंट का जीवन सतत भारतीय स्वाधीनता के लिए लगा रहा। वह भारतीय समाज को शिक्षित, समुन्नत देखना चाहती थीं। उनके मन में भारत की गरीबी और मूढ़ता को देखकर एक तड़प थी। एक विदेशी महिला होकर भी उन्होंने भारतभूमि को अपना सब कुछ समर्पित कर दिया। उनकी 'आत्मकथा' पढ़कर उनके विद्रोही स्वरूप का पता चलता है।

एनी बेसेंट के अंतिम शब्द थे, 'यह ऐसा समय है जिसमें से भारत को अवश्य गुजरना है। वर्तमान कठिनाइयों को पार कर उसे अपना अस्तित्व ग्रहण करना है। मेरा काम खत्म हो गया है, लेकिन अन्य इसे पूरा करेंगे।' 20 सितंबर 1933 को एनी बेसेंट का अपने तमिलनाडु के अडयार वाले मकान में देहांत हो गया।

भारत यायावर

एन्साइक्लोपीडिया ब्रिटानिका

एन्साइक्लोपीडिया ब्रिटानिका (Encyclopedia Britannica) 1771 में महज तीन खंडों में पुस्तक साइज के लगभग ढाई हजार पृष्ठों में प्रकाशित हुआ था, जो बड़े साइज के 33 खंडों का रूप ले चुका है। उसके लगभग 35,000 पृष्ठों में मुद्रित लगभग 4 करोड़ शब्दों को हम विविध विषयों की एक हजार से अधिक पुस्तकों का निचोड़ कह सकते हैं। इसकी गणना विश्व के महान संदर्भ ग्रंथों में की जाती है। किसी भी विषय की जानकारी के लिए इसे आधिकारिक एवं विश्वस्तर सूत्र माना जाता है। भले ही आज किसी बात की जानकारी के लिए लोग गूगल और विकीपीडिया का नाम पहले लेते हों, पर जहां तक विश्वसनीयता का प्रश्न है,

ब्रिटानिका में दी गई उसके प्रकाशन काल तक के समय की सूचना को ही अधिक प्रामाणिक माना जाता है। इसके 32 खंडों में दिए गए लगभग 23,000 चित्र इसमें दिए गए हजारों विषयों को समझाने में सहायक हैं। इसके लेखों को लिखवाने में ब्रिटानिका ने 135 देशों के 4,500 से अधिक लेखकों, संपादकों और विद्वानों की सहायता ली है। ब्रिटानिका का यह दावा नहीं है कि इसमें दिए गए लेखों से पाठकों को किसी विषय विशेष के संबंध में पूरी जानकारी हो जाएगी, पर उसका यह दावा अवश्य है कि इसमें दिए गए लेखों से पाठकों को किसी भी विषय के संबंध में आवश्यक जानकारी प्राप्त हो सकती है। उसके बाद कोई पाठक और कुछ या अधिक विस्तार से जानना चाहे तो ब्रिटानिका में उसे उस विषय से संबंधित श्रेष्ठ एवं मान्य ग्रंथों की सूचना भी मिल जाएगी।

ब्रिटानिका की विषय-वस्तु अकारादि क्रम में रखने की योजना मेक्फर्कुहार ने और प्रकाशन योजना एंड्रू बेल ने बनाई थी। इसका पांचवां संस्करण प्रकाशित होने के समय तक दोनों की मृत्यु हो चुकी थी। ब्रिटानिका का कॉपीराइट एक अन्य प्रकाशक कांस्टेबिल को बेच दिया गया जिसने पांचवां संस्करण बीस खंडों में प्रकाशित किया। ब्रिटानिका को जिस संस्करण ने एकाएक दुनिया भर में ख्याति दिलाई और जिसके कारण विद्वतजगत में उसे एक अपरिहार्य संदर्भ ग्रंथ माना जाने लगा, वह था नवां संस्करण जिसका प्रकाशन 1875 से शुरू होकर 1889 में समाप्त हुआ। इस संस्करण में आमूल परिवर्तन एवं लेखों की सामग्री में संशोधन किया गया था। इसे तैयार करने में कई देशों के प्रसिद्धतम एवं मान्य विद्वानों की सहायता ली गई थी। बर्नार्ड शॉ के बारे में कहा जाता है कि उन्होंने इसका नवां संस्करण (वैज्ञानिक लोगों को छोड़) पूरा पढ़ डाला था।

ब्रिटानिका जिस रूप में है और उसे अंतरराष्ट्रीय ख्याति और व्यावसायिक दृष्टि से जो सफलता मिली है, उसका इतिहास केवल 100 वर्ष पुराना है। 1910-11 में प्रकाशित संस्करण के सभी 29 खंड एक साथ प्रकाशित हुए थे। इस संस्करण की बिक्री के लिए ब्रिटेन के कैंब्रिज विश्वविद्यालय के नाम का उपयोग किया गया था। 1929 में प्रकाशित इसके चौदहवें संस्करण से ब्रिटानिका की नीति में धीरे-धीरे परिवर्तन शुरू हुआ। पिछले करीब 150 वर्ष तक ब्रिटानिका पर ब्रिटेन का अधिक प्रभाव था। उसकी सामग्री में भी ब्रिटेन संबंधी लेखों की प्रमुखता थी। पर चौदहवें संस्करण से ब्रिटानिका का एक प्रकार से अमेरिकीकरण हो गया।

1974 में 30 खंडों में ब्रिटानिका का नया संस्करण प्रकाशित हुआ जो अब तक के सभी संस्करणों से भिन्न और निश्चित रूप से पूर्णतः संशोधित नया संस्करण था। कोई भी विश्व कोश चाहे वह जितना भी बड़ा हो, संशोधनों और परिवर्द्धनों से ही विकसित होता है। 2010 में 32 खंडों में पंद्रहवां संस्करण प्रकाशित हुआ, जो अंतिम मुद्रित संस्करण है। इस संस्करण में 4 करोड़ से अधिक शब्दों में चार हजार लेखकों के 40,000 से अधिक लेख हैं, जिनमें 110 नोबल पुरस्कार विजेता और 5 अमेरिकी राष्ट्रपति भी हैं। कुछ अन्य प्रसिद्ध लेखकों में अलबर्ट आइन्स्टीन, मेरी क्यूरी और लिओन ट्राट्स्की के नाम उल्लेखनीय हैं। ब्रिटानिका में 150 से अधिक पृष्ठों में हिंदी भाषा और साहित्य के साथ ही भारतीय साहित्य के संबंध में भी अलग-अलग प्रविष्टियां हैं। कुछ प्रविष्टियां प्रसिद्ध पुस्तकों और लेखकों के नाम पर भी हैं। पिछले कुछ वर्षों से 'ब्रिटानिका बुक ऑफ द इयर' (वार्षिकी) प्रकाशित की जा रही है जिसमें पिछले एक वर्ष में विभिन्न विषयों में नई जानकारी और किसी विषय पर लेख भी दिए जाते हैं। एन्साइक्लोपीडिया ब्रिटानिका अब इंटरनेट पर भी उपलब्ध है।

महेंद्र राजा जैन

एपिक थिएटर

बीसवीं सदी के दूसरे दशक में जर्मनी के नाटककार इरविन पिसकाटर (1893-1960) और बर्तोल्त ब्रेख्त (1898-1956) ने नाटकों को महाकाव्यात्मक रूप प्रदान करने के लिए विशेष प्रयोग किए। उन्होंने यूनानी दार्शनिक अरस्तू की

कविता संबंधी महाकाव्यात्मक अवधारणा से एपिक शब्द लिया और उसकी अंतर्वस्तु की विशेषताओं से एपिक थिएटर (Epic Theatre) विकसित किया। प्राचीन यूनानी महाकाव्यों में होमर रचित 'इलियड' और 'ओडिसी' तथा भारतीय साहित्य में 'रामायण' और 'महाभारत' महाकाव्य के श्रेष्ठ उदाहरण हैं। आक्सफोर्ड इंग्लिश डिक्शनरी में एपिक की परिभाषा में कहा गया है, 'किसी नायक या नायकों के माध्यम से किसी राष्ट्र के इतिहास की विशेषताओं और उसकी उपलब्धियों का सिलसिलेवार वर्णनात्मक रूप है एपिक।' समाज परिवर्तन के हथियार के रूप में थिएटर प्रयोग करने की अवधारणा पिसकाटर और ब्रेख्त ने पेश की थी। पिसकाटर का मत था कि थिएटर महज मनोरंजन का माध्यम नहीं है। अपने समय की सामाजिक–राजनीतिक घटनाओं में सक्रिय हिस्सेदारी पर ही रंगमंच का अस्तित्व निर्भर है। वह अपने नाटकों को रंगमंच पर एपिक स्वरूप तब दे पाए, जब मंच के विभिन्न हिस्सों में नाटक की घटनाओं को प्रस्तुत करने तथा उन घटनाओं पर टीका-टिप्पणी के लिए फिल्म को नाटक का हिस्सा बनाने में सफल हुए।

ब्रेख्त की तरह पिसकाटर भी अभिनय की 'एलिएनेशन' पद्धति में यकीन करते थे। मंच पर अभिनय करते हुए, पात्र के चरित्र से बाहर निकलकर अभिनेता का दर्शकों से सीधा संवाद करने की इस शैली का तात्पर्य था कि दर्शक नाटक की घटनाओं में डूब न जाएं। वरन घटनाओं में अंतर्निहित सवालों को समझें, स्मृति में रखें। थिएटर से बाहर निकलकर, व्यवस्था से उनका जवाब मांगें।

एपिक थिएटर के संदर्भ में रंगमंच के सामाजिक दायित्व की चर्चा करते हुए ब्रेख्त ने लिखा है, 'एपिक थिएटर दर्शक को पर्यवेक्षक में बदल देता है। उसकी प्रतिक्रिया करने की क्षमता को जगाता है। उसे निर्णय लेने को बाध्य करता है। दर्शक नाटक के बाहर खड़ा होकर अध्ययन करता है।' एपिक थिएटर कान्सटैंटिन स्तानिस्लाव्स्की की यथार्थवादी नाट्य शैली की प्रतिक्रिया में उभर कर आया था। ब्रेख्त का मानना था, 'रंगमंच पर यथार्थ का पुनर्सृजन ही यथेष्ट नहीं है। उसकी पहचान करवाना ही काफी नहीं है, उसकी जांच-पड़ताल भी जरूरी है।' ब्रेख्त के नाटकों में एपिक थिएटर के तत्व और प्रयोग 1926 के बाद लिखे नाटकों में हैं। 'द राइज एंड फॉल ऑफ दि सिटी ऑफ महागॉनी', 'दि काकेशियन चाक सर्कल', 'मदर करेज', 'द रेजिस्टेबल राइज ऑफ उर्तुरो ऊई', 'द गुड पर्सन ऑफ सेजुआन', 'लाइफ ऑफ गैलिलियो' आदि में ब्रेख्त के एपिक कथ्य और शिल्प उल्लेखनीय तौर पर उपस्थित हैं।

महेश जायसवाल

अधिक जानकारी के लिए :

1. **Brecht On Theatre : The Development of an Aesthetic :** Bertolt Brecht, 1964, 2. **Collected Plays :** Bertolt Brecht, 1984, 3. **The Political Theatre : A History (1914-1929) :** Ervin Piscator, 4. **The Theatre of Erwin Piscator : Half a Century of Politics in the Theatre :** John willett, 1978

एपिसोड (उपाख्यान)

एपिसोड (Episode) का अर्थ है, कथांश या किसी भी कथा या कथा श्रृंखला का एक भाग। एपिसोड को हिंदी में उपाख्यान या कथांश कहा जा सकता है। लेकिन यह शब्द भी हिंदी भाषी जनसमुदाय में प्रचलित है। एपिसोड शब्द का प्रयोग टेलीविजन धारावाहिक के संदर्भ में किया जाता है। टेलीविजन माध्यम के साथ कथा दिखाने की एक नई विधा की शुरुआत हुई है। यह पत्र-पत्रिकाओं में प्रकाशित होने वाले धारावाहिक कथाओं और चित्रकथाओं से प्रेरित विधा है जो एक निश्चित समय पर सप्ताह के एक या अधिक दिनों पर प्रसारित होने वाली कथा श्रृंखला होती है। मसलन, हिंदी में आरंभ में प्रसारित होने वाले धारावाहिक 'हमलोग', 'बुनियाद', 'रामायण' या 'महाभारत' सप्ताह में एक दिन का था और अब कई धारावाहिक सप्ताह में चार, पांच और छह दिन तक प्रसारित होने लगे हैं। ज्यादातर आधे

घंटा से एक घंटा और कुछ डेढ़-दो घंटे की अवधि के होते हैं। धारावाहिकों के ये प्रतिदिन प्रसारित होने वाले कथांश ही एपिसोड कहलाते हैं जिन्हें हिंदी में उपाख्यान, प्रकरण या प्रसंग कहा जा सकता है।

एपिसोड का संबंध टेलीविजन प्रसारण से है, क्योंकि टेलीविजन ही ऐसा माध्यम है जो आरंभ से रोजाना प्रसारित होता है। पिछले कुछ दशकों से भारत में टेलीविजन प्रसारण सैकड़ों चैनलों के माध्यम से सप्ताह के प्रत्येक दिन और चौबीसों घंटे होने लगा है। टेलीविजन के प्रसारण के साथ ही यह स्पष्ट हो गया था कि इसके माध्यम से भी सिनेमा की तरह कथा दिखाई जा सकती है। लेकिन सिनेमा की तरह भी और सिनेमा से भिन्न रूप में भी। टेलीविजन प्रायः घरों में देखा जाता है। इसलिए यह सुविधाजनक है कि यहां निरंतर चलने वाली कहानी या ऐसा कार्यक्रम रोजाना दिखाया जा सकता है जिनमें लोगों की व्यापक दिलचस्पी हो। एपिसोड ऐसे ही कार्यक्रमों के प्रतिदिन निरंतर प्रसारित होने वाले अंश के लिए प्रयुक्त होता है। एपिसोड का प्रयोग रेडियो पर चलने वाले धारावाहिकों के लिए भी किया जाने लगा है।

भिन्न-भिन्न धारावाहिकों में कथा भिन्न-भिन्न ढंग से चलती है। कई कथानक महीनों और सालों चलते रहते हैं और हर एपिसोड में कथा का निरंतर विकास होता रहता है। जैसे 'हमलोग', 'बुनियाद', 'क्योंकि सास भी कभी बहू थी' या 'बालिका वधू' आदि। कुछ धारावाहिकों में प्रत्येक एपिसोड या कुछ एपिसोडों में कथा बदल जाती है। विशेष रूप से हास्य धारावाहिक जैसे 'यह जो है ज़िंदगी', 'देख भाई देख' या 'तारक मेहता का उलटा चश्मा'। इन धारावाहिकों में प्रायः पात्र नहीं बदलते लेकिन कथा बदलती रहती है। इसी तरह अपराध आधारित जासूसी, रहस्यमय या हॉरर धारावाहिकों में भी कुछ उपाख्यानों के बाद कथा बदल जाती है। मसलन, 'सीआईडी' में मुख्य पात्र वही रहते हैं लेकिन कहानी एक या एकाधिक उपाख्यानों में बदल जाती हैं। कुछ ऐसे धारावाहिक भी होते हैं जिनमें कुछ एपिसोड के बाद पात्र भी बदल जाते हैं और कथानक भी लेकिन धारावाहिक का मूल विचार और विषय नहीं बदलता जिसकी वजह से वे धारावाहिक अपनी पहचान बनाए रख कर लंबे समय तक जारी रहते हैं।

टेलीविजन पर प्रसारित होने वाले सभी धारावाहिक कथा आधारित नहीं होते। मसलन, ज्ञान-विज्ञान या सूचना से संबंधित धारावाहिक भी होते हैं। 'टर्निंगप्वाइंट', 'संविधान', 'सत्यमेव जयते' आदि ऐसे ही धारावाहिक हैं जिनमें धारावाहिक की थीम तो एक रहती है लेकिन विषय कुछ एपिसोड के बाद बदल जाते हैं।

जवरीमल्ल पारख

एफ आर लीविस
(1895-1978)

फ्रैंक रेमंड लीविस (Frank Raymond Leavis) समीक्षक हैं। ये अपने कई पूर्ववर्ती आलोचकों की तरह कवि-समीक्षक नहीं हैं। शुरुआती दौर में टी एस इलियट से प्रभावित होकर उन्होंने अंग्रेजी काव्य पर ध्यान दिया और जॉनसन, मिल्टन, वर्ड्सवर्थ जैसे कवियों पर लिखा। 'न्यू बिअरिंग्स इन इंग्लिश पोएट्री' (1932) में उन्होंने उत्तर-विक्टोरियन कविता पर प्रहार करते हुए इलियट, एजरा पाउंड, हॉपकिंस जैसे कवियों के महत्व के बारे में लिखा है। लीविस उन्नीसवीं शताब्दी में प्रचलित 'काव्यात्मकता' के विचार को खारिज करते हैं। उनके अनुसार, 'काव्यात्मक' पद से विचार और अनुभूति के बीच अलगाव और वास्तविक जगत से संबंध-विच्छेद का बोध होता है। लीविस मानते हैं कि परंपरा के मामले में उनके विचारों को दिशा देने का श्रेय इलियट को जाता है। 'रिवेलुएशन : ट्रेडिशन एंड डेवलपमेंट इन इंग्लिश पोएट्री' (1936) में मूल रूप से इलियट के निर्णयों का समर्थन है। इसमें लीविस अतीत में लौटकर सत्तरहवीं शताब्दी तक की कविताओं का सर्वेक्षण प्रस्तुत करते हैं। उनका कहना है कि सत्तरहवीं शताब्दी का दौर अंग्रेजी

की सांस्कृतिक ऊर्जा के उत्कर्ष का समय है। बाद में वे इलियट के 'ट्रेडिशन एंड इंडिविजुअल टेलेंट' पर आक्षेप करते हुए उसे 'क्लासिक' निबंध मानने से इंकार कर देते हैं। उनके निबंध 'मिस्टर इलियट एंड मिल्टन' (1949) से स्पष्ट है कि बाद में वे इलियट के प्रभाव से मुक्त हो गए थे।

लीविस ने 'न्यू बिअरिंग्स इन इंगलिश पोएट्री' में इलियट की परंपरा विषयक मान्यता का उपयोग करते हुए इलियट की कविता पर ही इसे लागू किया है। 'द वेस्ट लैंड' पर टिप्पणी करते हुए वे लिखते हैं, 'इस कविता के बाह्य विधान में जो एक प्रकार का ऊबड़-खाबड़पन है, उसी में इसका उत्तर खोजा जा सकता है। इस प्रतीयमान ऊबड़-खाबड़पन का उस विद्वत्ता से गहरा संबंध है जिसने कई पाठकों को उद्विग्न किया है। साथ ही विविध साहित्यिक कृतियों से उन्होंने जो प्रचुर परिमाण में जो उद्धरण दिए हैं या विविध अंतःकथाओं की ओर इशारा किया है उसके मूल में भी यही ऊबड़-खाबड़पन है। विविध परंपराएं और संस्कृतियां परस्पर मिल गई हैं और ऐतिहासिक कल्पना अतीत को समसामयिक रूप में पेश करती हैं।'

लीविस लिखते हैं, 'काव्यशास्त्र के सिद्धांत अब भुला दिए गए हैं। कवि को अधिकार है कि वह जो विषय सामग्री महत्वपूर्ण समझे उसका उपयोग करे।' इलियट और लीविस दोनों आर्नल्ड की इस मान्यता का खंडन करते हैं कि महान काव्य की विषयवस्तु उदात्त होनी चाहिए। कोई भी विषय काव्य रचना के लिए अनुपयुक्त नहीं है। महत्व विषय में निहित विशेषता का नहीं, बल्कि उस दवाब का है जो विषयवस्तु को कलाकृति में परिणत कर देता है। इलियट के काव्य 'द वेस्ट लैंड' के बारे में लीविस का कहना है कि इसमें निर्वैयक्तिकता अपनी चरम-सीमा पर पहुंच जाती है। हम शायद यह सोच भी नहीं सकते कि कोई अपने विशिष्ट व्यक्तित्व का इस सीमा तक अतिक्रमण कर चेतना का अधिक पूर्ण प्रक्षेपण कर सकता है।' हालांकि इलियट व्यक्तित्व का रूपांतरण चाहते हैं, अतिक्रमण नहीं।

1940 के दशक में लीविस का झुकाव उपन्यासों के प्रति हो गया। 'द ग्रेट ट्रेडिशन' (1948) में वे अंग्रेजी कथा साहित्य का पुनर्मूल्यांकन करते हुए जेन ऑस्टिन, जॉर्ज इलियट, हेनरी जेम्स, जोसेफ कानरेड को अतीत के महान उपन्यासकार मानते हैं। वे अपने समय में डी एच लॉरेंस को इस परंपरा का उत्तराधिकारी मानते हैं (डी एच लॉरेंस : नॉवेलिस्ट, 1955)। ये सभी लेखक मानवीय बोध को बढ़ावा देते हैं। लीविस ने 'द ग्रेट ट्रेडिशन' में एक प्रतिमान 'परिपक्वता' का बार-बार उपयोग किया है। इसका अर्थ बुद्धिमान होने से है। कला की निर्वैयक्तिकता कलाकार की परिपक्वता पर निर्भर करती है। 'अन्ना केरेनिना एंड अदर एसेज' (1967) और 'डिकेंस : द नॉवलिस्ट' (1970) लीविस की टॉलस्टॉय और डिकेंस के प्रति जगी रुचि का परिणाम है। जेन ऑस्टिन (द ग्रेट ट्रेडिशन) की चर्चा करते हुए लीविस निर्वैयक्तिकता को नैतिक आग्रह के साथ जोड़ देते हैं, 'उनके (जेन ऑस्टिन) उपन्यासों में संयोजन और विकास का सिद्धांत दिखता है। जीवन में उनकी गहरी नैतिक अभिरुचि थी। यह अभिरुचि प्रमुख रूप से कुछ ऐसी समस्याओं में गहन संसक्ति के रूप में व्यक्त

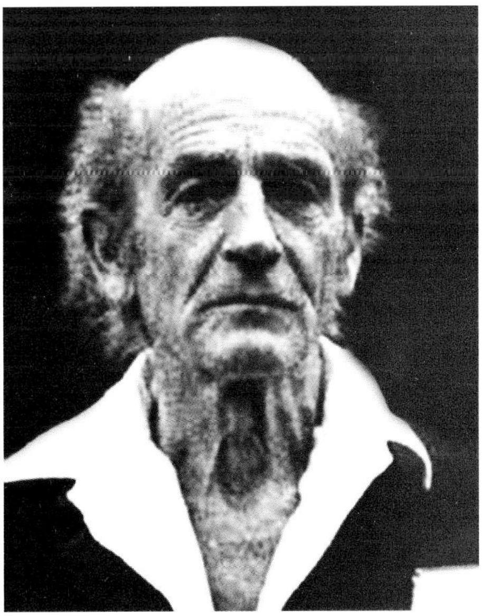

एफ आर लीविस

हुई जो उनके जीवन में भी व्यक्तिगत समस्याओं के रूप में, चाहे-अनचाहे रही हैं। उनमें इतना विवेक और संजीदगी थी कि वे अपनी कला में निखार लाने के साथ-साथ अपने नैतिक तनावों को निर्वैयक्तिक रूप दे सके, इनके विषय में अधिक जागरूक हो सके और यह समझ सके कि जीवन के हित में क्या करना चाहिए। वह गहन नैतिक संसक्ति के बिना एक महान उपन्यासकार नहीं बन सकती थी।'

लीविस का उपन्यास के बारे में कहना है, 'महान उपन्यास का आस्वाद कविता या विस्तारित रूपक (एक्सटेंडेड मेटाफर) के रूप में होना चाहिए।' वे देखते हैं कि लोग जीवन में अपनी नियति का निर्माण जिस रूप में करते हैं, उपन्यासकार की अंतर्दृष्टि उसे कितने सही रूप में पकड़ पाती है। उन्होंने उपन्यास को 'नाटकीय कविता' कहा था। उनका ध्यान चरित्रों का विवेचन और मूल्यांकन करने वाली नैतिक कल्पना की विशेषताओं पर अधिक था। उपन्यास को नीति-कथा, नाटकीय कविता और जीवन की समर्थक विधा मानने के अलावा, लीविस ने इसे 'महान परंपरा' के ऐतिहासिक विकास के रूप में देखने का प्रभावी कार्य किया। लीविस की एक महत्वपूर्ण स्थापना थी कि किसी रचना रूप का उद्भव लेखक के अनुभव के दवाब से होता है। इसलिए अन्विति और संपूर्णता के बिना भी कोई रचना महान हो सकती है। वे पूरे उपन्यास के बदले उपन्यास के अंशों की प्रशंसा करते थे।

लीविस ने इलियट से बहुत कुछ ग्रहण किया। इसका मतलब यह नहीं है कि वे इलियट की छाया भर हैं। उन्होंने कला और नैतिकता के बीच संतुलन रखा है, जो उनकी उपलब्धि है। लीविस अपने शुरुआती लेखन में साहित्य के तकनीकी पक्ष को लेकर चिंतित थे। वे 'न्यू बिअरिंग्स' में कहते हैं, 'समालोचना को हर हालत में साहित्य के तकनीकी पक्ष पर ध्यान केंद्रित करना चाहिए।' उन्होंने बाद की कृतियों में तकनीक को नैतिकता से जोड़ दिया। वे ऐसे लेखकों को आड़े हाथों लेते हैं जो तकनीक को चरम साध्य मान लेते हैं और उसे नैतिक दृष्टि से शक्ति ग्रहण करने वाले जीवन अनुभव से नहीं जोड़ पाते। वे जोर देकर कहते हैं कि महान साहित्य केवल तकनीक की चीज नहीं है, जीवन और नैतिकता से इसका गहरा संबंध है। जो साहित्य जीवन का निषेध करे, जिसका कोई नैतिक उद्देश्य नहीं, वह महान नहीं हो सकता। तकनीकी श्रेष्ठता और नैतिक शक्ति के बीच संतुलन वह चीज है जो लीविस को अन्य आलोचकों से अलग करती है। लीविस ने काव्यालोचन में उस भाषा का विकास किया, जिससे व्यक्ति की भावनाओं का मूल्यांकन, भावनाओं के प्रति उसके रुख की दृष्टि से करना संभव हुआ। लीविस का प्रिय विषय 'अहं' था। उनका ध्यान इस बात पर होता था कि रचनाकार का 'अहं' भावनाओं और शब्द प्रयोग में किस रूप में दखल देता है।

लीविस ने आलोचना की किसी सैद्धांतिकी का निर्माण नहीं किया। उनका मानना था कि आलोचना के उपकरण नहीं होते। वह अपनी पुस्तक 'डिटरमिनेशंस' की भूमिका में लिखते हैं कि व्यावहारिक और सैद्धांतिक आलोचना के बीच किया जाने वाला विभाजन मिथ्या है। वे हमेशा समग्र मूल्यपरक निर्णय के पक्षधर थे।

ब्रजकिशोर झा

अधिक जानकारी के लिए :

1. **पाश्चात्य साहित्य चिंतन** : निर्मला जैन एवं कुसुम बांठिया,
2. **Encyclopedia Britannica**, Vol-7, 1934

एम एस सुब्बुलक्ष्मी
(1916-2004)

मदुरई शण्मुखावादिवु सुब्बुलक्ष्मी भारतरत्न की उपाधि पाने वाली पहली संगीतकार थीं। उन्होंने बचपन से ही अपनी मां से कर्नाटक शास्त्रीय संगीत सीखना शुरू कर दिया था। बाद में नारायण राव व्यास से हिंदुस्तानी शास्त्रीय संगीत सीखा। 10 वर्ष की उम्र में इनके गीत की पहली रिकार्डिंग हुई। इन्हें मद्रास संगीत अकादमी के पहले कार्यक्रम से ही

एम एस सुब्बुलक्ष्मी

प्रसिद्धि मिलने लगी। इन्होंने बहुत जल्दी कर्नाटक शास्त्रीय संगीत के गायकों में अपना महत्वपूर्ण स्थान बना लिया। इन्होंने कई भजनों को स्वरबद्ध किया। कुछ फिल्मों में अभिनय भी किया जिनमें प्रेमचंद के उपन्यास 'सेवासदन' पर बनी तमिल फिल्म 'सेवासदनामिन' मुख्य है। इन्होंने एक फिल्म में कवयित्री 'मीरा' की भूमिका निभाई। इन्होंने न्यूयॉर्क, कनाडा आदि देशों में भी भारतीय शास्त्रीय संगीत एवं संस्कृति को पहुंचाया। 1966 में संयुक्त राष्ट्र की साधारण सभा में इन्होने अपना शास्त्रीय संगीत प्रस्तुत किया था।

एकता गुप्ता

एमनेस्टी इंटरनेशनल

एमनेस्टी इंटरनेशनल (Amnesty International) मानवाधिकारों पर केंद्रित एक अंतरराष्ट्रीय संस्था है। आमतौर पर इसे एमनेस्टी या एआई के नाम से जाना जाता है। यह एक गैर-सरकारी संगठन है और दुनिया के 150 से अधिक देशों में इसके तीस लाख से अधिक सदस्य और समर्थक मौजूद हैं। इसका उद्देश्य विश्व के किसी भी इलाके में होने वाले मानवाधिकारों के हनन को रोकना और जिनके अधिकारों का उल्लंघन किया गया है, उन्हें न्याय दिलाना है।

अंतरराष्ट्रीय मानवाधिकार संगठनों के क्षेत्र में एमनेस्टी अपने लंबे इतिहास और व्यापक मान्यता के कारण जाना जाता है और इसलिए भी कि किस तरह एक संपूर्ण आंदोलन के लिए श्रेष्ठ मानक तय किए जाते हैं। इसकी स्थापना ब्रिटेन में 1961 में एक वकील पीटर बेनेसन द्वारा की गई थी। एमनेस्टी शुरू करने के लिए बेनेसन ने अपने एक मित्र एरिक बेकर के साथ काम किया जिसे अपने संस्मरणों में उन्होंने एक पार्टनर का दर्जा दिया है। लंदन में संपन्न इसकी पहली मीटिंग में सर्वसमावेशिता के लिहाज से बेनेसन ने सुनिश्चित किया कि ब्रिटेन की सभी तीनों प्रमुख राजनीतिक पार्टियों यानी लेबर, कंजरवेटिव और लिबरल पार्टी के संसद सदस्यों का प्रतिनिधित्व हो। 30 सितंबर 1962 को इसका अधिकृत नाम एमनेस्टी इंटरनेशनल रखा गया। इस संस्था ने जुलाई 2011 में अपनी पचासवीं वर्षगांठ मनाई है।

एमनेस्टी मानवाधिकारों के मुद्दों पर बहुउद्देश्यीय प्रचार अभियान चलाकर और शोध कार्य करके पूरे विश्व का ध्यान उन मुद्दों की ओर आकर्षित करने एवं एक विश्व जनमत तैयार करने की कोशिश करता है। ऐसा करके यह संबद्ध सरकारों, संस्थानों या व्यक्तियों पर दबाव बनाता है। एमनेस्टी को 1977 में शोषण के खिलाफ अभियान चलाने के लिए नोबेल शांति पुरस्कार तथा 1978 में मानवाधिकारों के लिए संयुक्त राष्ट्र संघ का पुरस्कार दिया गया था।

1960 के दशक के दौरान एमनेस्टी इंटरनेशनल की वैश्विक उपस्थिति बढ़ी। एक अंतरराष्ट्रीय सचिवालय और अंतरराष्ट्रीय कार्यकारी समिति स्थापित की गई ताकि अनेक देशों के राष्ट्रीय संगठनों (जिन्हें इसकी अपनी भाषा में 'सेक्शन' कहा जाता है) का प्रबंधन किया जा सके। एमनेस्टी ने कैदियों के परिवारों की मदद करके, उनके मुकदमों की सुनवाई के दौरान पर्यवेक्षक भेजकर, सरकारों को अभ्यावेदन देकर, और कैदियों के लिए विदेशों में शरण और रोजगार की व्यवस्था कर के अपनी गतिविधियां और

प्रभाव बढ़ाया। यह प्रभाव अंतरसरकारी संगठनों के भीतर भी बढ़ा और दशक समाप्त होने से पहले एमनेस्टी को संयुक्त राष्ट्र संघ, काउंसिल ऑफ यूरोप और यूनेस्को में सलाहकार के दर्जे से पुरस्कृत किया जा चुका था।

1970 के दशक में निष्पक्ष सुनवाई का समर्थन करते हुए एमनेस्टी ने बिना सुनवाई के अपराधियों को लंबे समय तक कैदी बनाकर रखने का पुरजोर विरोध किया। यह मानवाधिकारों की सार्वभौमिक घोषणा के अनुच्छेद 9 के अनुरूप ही था। इसने मानवाधिकारों की सार्वभौमिक घोषणा के अनुच्छेद 5 के अनुसरण में कैदियों को यंत्रणा देने का विरोध किया। 1969 में इसकी सदस्य संख्या महज पंद्रह हजार थी जो अगले दस सालों में बढ़कर 1979 तक दो लाख हो गई।

1980 के दशक में अनेक सरकारों ने एमनेस्टी इंटरनेशनल की आलोचना की। सोवियत संघ ने उस पर जासूसी करने का आरोप लगाया, मोरक्को सरकार ने कहा कि वह कानून तोड़ने वालों की रक्षक है और अर्जेंटीना की सरकार ने 1983 में इसकी वार्षिक रिपोर्ट पर प्रतिबंध लगा दिया।

1995 में जब एमनेस्टी ने इस बात को प्रचारित करना चाहा कि किस तरह शेल नामक तेल कंपनी नाइजीरिया में पर्यावरण और मानवाधिकारों के लिए काम करने वाले केन सारो वीवा की हत्या में शामिल थी तो इस खबर को रोक दिया गया। समाचारपत्रों और विज्ञापन कंपनियों ने एमनेस्टी के इस विज्ञापन यानी अभियान का प्रकाशन करने से इसलिए मना कर दिया क्योंकि यह और ऐसी तमाम तेल कंपनियां इन समाचार माध्यमों की ग्राहक थीं। शेल का मुख्य तर्क यह था कि वह तो एक ऐसे देश में तेल की खुदाई कर रही थी जहाँ पहले से ही मानवाधिकारों का उल्लंघन हो रहा था। इसलिए शेल का कहना था कि नाइजीरिया में भला किस आधार पर मानवाधिकारों की बात की जा सकती है! एमनेस्टी के प्रमुख सलिल शेट्टी ने शायद इसीलिए यह कहा कि सोशल मीडिया ने वैश्विक नागिरक की संकल्पना में नई ऊर्जा का संचार किया है क्योंकि इससे मानवाधिकारों के हित में ऐसे तथ्यों का प्रचार-प्रसार किया जा सकता है जिन्हें मुख्य धारा के मीडिया में किन्हीं कारणों से जगह नहीं मिल पाती।

सन 2000 के बाद एमनेस्टी का एजेंडा भूमंडलीकरण से उपजी चुनौतियों और अमेरिका पर 11 सितंबर 2001 को हुए आतंकवादी हमले के बाद उत्पन्न प्रतिक्रियाओं की तरफ मुड़ गया। भूमंडलीकरण के मुद्दे ने एमनेस्टी को इस बात की प्रेरणा दी कि वह अपनी अंतरराष्ट्रीय नीतियों में परिवर्तन कर के उसे और अधिक व्यापक बनाए। एमनेस्टी के दायरे में अब आर्थिक, सामाजिक और सांस्कृतिक अधिकारों के व्यापक मुद्दे भी शामिल हो गए जिनसे यह किनारा करता चला आ रहा था। एमनेस्टी ने अनुभव किया कि भूमंडलीकरण के कारण कंपनियां अत्यधिक ताकतवर होती चली गई हैं और राष्ट्र-राज्यों की अनदेखी हो गई है। इस दशक में एमनेस्टी ने अपना ध्यान महिलाओं के विरुद्ध हिंसा पर केंद्रित किया। इसने दुनिया में चल रहे हथियारों के व्यापार पर नियंत्रण और संयुक्त राष्ट्र संघ की अधिक प्रभावशीलता के लिए आवाज उठाई। इक्कीसवीं सदी का पहला दशक खत्म होते-होते एमनेस्टी ने निर्णय लिया कि वह ऐसे गर्भपात का समर्थन करेगा जहाँ गर्भ महिला के बलात्कार या जबरन हिंसा के कारण धारण किया गया है या जहाँ गर्भ के कारण महिला की अपनी ही जान को खतरा है।

मानवाधिकारों के हित में एमनेस्टी हर हाल में फांसी जैसी सख्त सजा का विरोध करता है, चाहे कितना ही बड़ा अपराध क्यों न किया गया हो। एमनेस्टी ने अनेक वैश्विक मुद्दों पर महत्वपूर्ण रिपोर्ट प्रस्तुत की हैं। इसने 2008 में रिपोर्ट जारी की कि इराक में सुरक्षा स्थितियों में सुधार के तमाम दावों के बावजूद मानवाधिकारों की दशा उससे भी कई गुना बदतर हो गई है जो युद्ध प्रारम्भ होने के पहले 2003 में थी। एमनेस्टी को बुश प्रशासन की आलोचना झेलनी पड़ी जब इसने ग्वान्तानामो घाटी में अमेरिका द्वारा किए गए मानवाधिकारों के उल्लंघन पर कड़ी टिप्पणी की। इसी तरह इसने 2009 में युद्ध अपराधों के लिए इजराइल और हमास की आलोचना की क्योंकि इजराइली आक्रमणकारी गतिविधियों के कारण

लगभग डेढ़ हजार निर्दोष फिलिस्तीनी लोग मारे गए थे। इसने श्रीलंका में युद्ध और हिंसा के कारण प्रभावित लोगों को न्याय दिलाने की मांग की। कुल मिलाकर यह मानवता और मानवाधिकारों के हित में काम करता है लेकिन इस संस्था की यह कहकर आलोचना भी की जाती है कि यह पूरी दुनिया को पश्चिमी देशों के चश्मे से देखता है और पूर्वाग्रहों से मुक्त नहीं है।

प्रांजल धर

अधिक जानकारी के लिए :

1. **Diplomacy of Conscience : Amnesty International and Changing Human Rights Norms, Ann Moric Clark, 2001, 2. Keepers of the : Flame :** Stephen Hopgood, 2006, 3. **Amnesty International : The Human Rights Story :** Jonathan Power, 1981, 4. **The Rise and Rise of the Human Rights :** Kirsten Sellars, 2002

एमिल दुर्खीम

(1858-1917)

एमिल दुर्खीम (Emile Durkheim) को समाजशास्त्रीय यथार्थवाद का जन्मदाता माना जाता है। कार्ल मार्क्स तथा मैक्स वेबर के साथ मिल कर वे 'आधुनिक समाज विज्ञान' की पितामह त्रयी का निर्माण करते हैं। उनसे पूर्व समाजशास्त्र को एक विज्ञान का दर्जा प्राप्त नहीं था। यहां तक कि उसे स्वतंत्र ज्ञानानुशासन के रूप में भी नहीं देखा जाता था। समाज से संबद्ध चिंतन को उनके कार्य से पूर्व, दर्शन के ही एक उप-विभाग के रूप में देखा-समझा जाता था। इस नजरिए से देखा जाए तो उनका मूल्यांकन यूरोपीय ज्ञानोदय की परंपरा से निकले युगांतकारी चिंतक के रूप में किया जा सकता है, जिन्होंने समाज संबंधी चिंतनधारा को वैज्ञानिक रूप में विकसित एवं व्यवस्थित कर दिया।

समाज से संबद्ध चिंतन के क्षेत्र में उनसे पूर्व आगस्ट काम्टे और हर्बर्ट स्पेंसर के द्वारा उल्लेखनीय कार्य किया जा चुका था। दर्शन के धरातल पर प्लेटो से लेकर इमेनुअल कांट तक अनेक महत्वपूर्ण लोग थे, जिन्होंने सामाजिक दर्शनों का मौलिक विकास किया था। सामाजिक परिवर्तनों की प्रक्रियाओं में मोंटेस्क्यू, रूसो व वोल्तेयर का प्रभाव भी एमिली दुर्खीम पर दिखाई देता है। तथापि इनमें से किसी भी चिंतन कर्म को विधिवत वैज्ञानिक समाजशास्त्रीय चिंतन के रूप में व्यवस्थित नहीं माना जा सकता। यह कार्य दुर्खीम ने किया। उन्होंने इन चिंतकों के आधिभौतिकीय आग्रहों को दूर किया तथा उन्हें कार्ल मार्क्स व मैक्स वेबर के सह-समांतर यथार्थपरक एवं वस्तुनिष्ठ रूप में सामने रखा। दुर्खीम कार्ल मार्क्स की समाजवादी चिंतनधारा से एक हद तक ही स्वयं को सहमत हुआ पाते थे, तथापि उनके कार्य को मार्क्सवाद के पूरक के रूप में देखा जा सकता है, जिसके तहत वे 'समाज' एवं 'व्यक्ति' के रिश्तों की अधिक विश्वसनीय व्याख्या तक पहुंच सके थे। वे समाजवादी एवं मानवाधिकारवादी लक्ष्यों के लिए खुद को प्रतिबद्ध पाते थे, परंतु मार्क्सवाद से संबद्ध राजनीतिक दलों की सदस्यता को उन्होंने कभी स्वीकार नहीं किया था। जर्मनी के 'मानवाधिकार लीग' के संस्थापक के रूप में उनकी सक्रिय सामाजिक भूमिका इस संदर्भ में एक दृष्टांत है।

चिंतन का विकास : 1893 में एमिल दुर्खीम का शोध प्रबंध 'द डिविजन ऑफ लेबर एंड सोसायटी' प्रकाशित हुआ। इसमें उन्होंने समाजेतिहास के

एमिल दुर्खीम

विकास की अवधारणा पर वैज्ञानिक रूप में विचार किया। इस पुस्तक में प्रस्तुत उनकी कुछ महत्वपूर्ण धारणाएं हैं :

(क) आदिम एवं आधुनिक आधार वाले जटिल श्रम विभाजनों से आदिम समाजों से आधुनिक समाजों में अंतः संक्रमण होता है।

(ख) आदिम समाज छोटे समूहों वाले, आंतरिक साझेपन की चेतना वाले तथा 'सामूहिक चेतना' के आधार पर व्यवहार करने वाले ऐसे समाज होते हैं, जिन्हें 'यांत्रिक समाज' कह सकते हैं। ये समाज दमनकारी होते हैं और कठोर दंड व्यवस्था से काम चलाते हैं।

(ग) आर्थिक आधार वाले जटिल श्रम विभाजन उतने दमनकारी नहीं होते हैं। वे दंड व्यवस्था से अधिक सुधार व्यवस्था से काम चलाते हैं, परंतु विभाजनमूलक होने के कारण उनकी सामूहिक चेतना का स्थान आपसी तनाव एवं संघर्ष ले लेते हैं।

(घ) जटिल श्रम विभाजन वाले समाजों को 'जैविक' व्यवस्था वाले समाज भी कह सकते हैं : जैविक व्यवस्था का अर्थ है, ये समाज 'अपने घटक तत्वों' के समुच्चय मात्र का पर्याय न होकर, अपने आप में आत्म-संचालनात्मक अस्तित्व रखते हैं।

(ङ) मानव समाज आधुनिक औद्योगिक पूंजीवाद से जैविक समाजों के विकसित चरण तक आ गया, दुर्खीम इस व्यवस्था की बुराइयों को 'सामाजिक रुग्णावस्था' के रूप में देखते थे, जबकि कार्ल मार्क्स इन समाजों के अनेक दुष्परिणामों के पीछे 'वर्ग विभाजन' एवं 'वर्ग संघर्ष' देखते थे।

कार्ल मार्क्स से दुर्खीम का बहुत दूर तक विचार साम्य है, परंतु निष्कर्ष के धरातल पर उनमें मूलभूत अंतर है। कार्ल मार्क्स औद्योगिक समाजों के शोषण से उपजने वाले वर्ग संघर्ष को एक नई समाजवादी व्यवस्था के जन्म की संभावना का आधार बनाते हैं, जबकि दुर्खीम ऐसा नहीं करते। वे इस समाज के अंतर्विरोधों का उपचार इसी व्यवस्था के भीतर से खोजते हैं।

1895 में एमिल दुर्खीम की 'द रूल्स ऑफ सोशियोलॉजिकल मेथड' नामक किताब प्रकाशित हुई। इसने पहली दफा समाजशास्त्र को एक अलग ज्ञानानुशासन के रूप में स्वीकार करने पर बल दिया। दुर्खीम ने समाजशास्त्रीय चिंतन को इस पुस्तक में एक 'वैज्ञानिक विधि' के रूप में, दर्शन तथा मनोविज्ञान से स्वतंत्र आधारों एवं निष्कर्षों वाली अध्ययन पद्धति का रूप प्रदान कर दिया। समाज की वैज्ञानिक विधि से संभावित समाजशास्त्रीय अध्ययनों के लिए पुस्तक में प्रस्तुत कुछ महत्वपूर्ण धारणाएं निम्न हैं :

(क) मानव समाजों के अध्ययन के लिए सामाजिक तथ्य आधार होते हैं।

(ख) सामाजिक तथ्य वे तथ्य होते हैं; जिनका पता व्यक्तियों के व्यवहारों से लगता है, परंतु जो एक 'सामाजिक नियम' के रूप में 'व्यक्तियों से स्वतंत्र' रूप में अस्तित्व रखते हैं।

(ग) सामाजिक तथ्य व्यक्तियों के व्यवहारों पर, बाहर से प्रभाव डालने में समर्थ होते हैं। भाषा, नैतिकता एवं विधि-निषेध-मूलक मर्यादाएं सामाजिक तथ्यों के कुछ दृष्टांत हैं।

(घ) सामाजिक तथ्यों का अध्ययन उसी रूप में किया जाना चाहिए, जैसे वैज्ञानिक वस्तुओं का अध्ययन करते हैं।

(ङ) सामाजिक तथ्यों की दो कोटियां होती हैं—एक, सामान्य तथा दो, असामान्य या उपचारमूलक।

(च) आधुनिक समाज सामाजिक तथ्यों को संस्थापित रूप प्रदान करते हैं। अतः सामाजिक तथ्यों के अध्ययन के लिए सामाजिक संस्थाएं उपयोगी आधार हैं।

1897 में एमिल दुर्खीम की 'सुइसाइड' नाम से प्रकाशित पुस्तक को एक विधिवत समाजशास्त्रीय अध्ययन के दृष्टांत के रूप में देखा जाता है। आत्मघात को इससे पूर्व एक मनोवैज्ञानिक या नैतिक समस्या से जुड़ी दार्शनिक व्याख्या के माध्यम से ही समझा-समझाया जाता था। दुर्खीम ने उसे एक

सामाजिक तथ्य के रूप में ग्रहण किया। आत्मघात की समाजशास्त्रीय व्याख्या करते हुए महत्वपूर्ण जो निष्कर्ष प्रस्तुत किए, उनमें से प्रमुख हैं :

(क) आत्मघात केथौलिक धर्मावलंबियों के मुकाबले प्रोटेस्टेंट लोगों में अधिक दिखाई देता है;

(ख) विवाहितों की तुलना में अविवाहित लोग अधिक आत्मघात करते हैं;

(ग) युद्ध काल में सैनिक सामान्य समयों के मुकाबले में कम आत्मघात करते हैं;

(घ) संतान वाले दंपति निस्संतानों की तुलना में कम आत्मघाती होते हैं;

(ङ) अधिकठंडे स्कैंडिनेवियन प्रदेशों में आत्मघात की दर बढ़ जाती है।

आत्मघात के समाजशास्त्रीय कारणों में दुर्खीम सामाजिक आपसदारी एवं संबंद्धता का अभाव, नैतिक मूल्यों का क्षरण एवं प्रयोजनमूलक सामाजिक व्यर्थताबोध जैसी प्रवृत्तियों को देखते हैं। अनेक विद्वानों ने दुर्खीम के इन विचारों की यह कह कर आलोचना की कि वे मनोवैज्ञानिक कारणों को समाजशास्त्रीय एवं सामूहिक परिवेशगत कारणों का रूप जबरन प्रदान करते हैं। इसे वे 'परिवेश-मूलक भ्रांति' का नाम देते हैं।

1912 में दुर्खीम ने 'एलिमेंटरी फॉर्म्स ऑफ रिलिजियस लाइफ' में धर्म को एक सामाजिक तथ्य मानकर उसकी समाजशास्त्रीय व्याख्या की है। इसमें वे धर्म को मनोवैज्ञानिक सुरक्षा प्रदान करने वाला सामाजिक तथ्य मानते हैं। आदिम मनुष्य सामाजिक आपसदारी को सुदृढ़ बनाने एवं सामूहिक चेतना द्वारा समाज को संचालित करने के लिए धर्म को ही आधार बनाते थे। बाहरी पदार्थों को पवित्र वस्तुओं का दर्जा प्रदान कर दिया जाता था। दुर्खीम पवित्र प्रतीकों से संबद्ध कर्मकांडों को सामूहिक सामाजिक चेतना को जन्म देने वाले व्यवहारों की तरह देखते हैं। सामूहिक क्रियाएं सामाजिक समूहों को आपसदारी एवं साझेपन से जोड़े रखने में मदद करती हैं।

आधुनिक समाजों में ईश्वर की जरूरत के लगातार कम होने के तथ्य को भी दुर्खीम समाजशास्त्रीय रूप में देखते हैं। इसके कारण सामूहिक चेतना के बिखराव तक ले जाने वाले श्रम विभाजनों में हैं, परंतु दुर्खीम आधुनिक समाजों में 'व्यक्ति का धर्म' (कल्ट ऑफ द इनडिविजुअल) के उदय की बात करते हैं। वे सामूहिक चेतनामूलक धर्म की जगह व्यक्ति चेतनामूलक धर्म को, धर्म की जगह नई लोकतांत्रिक संस्थाओं के नैतिकतावाद को देखते हैं। उनका मानना है कि इन नई संस्थाओं के पास भी धर्मों जैसे ही नए तरह के 'पवित्र प्रतीक' आ गए हैं। इनका प्रयोजन भी सामाजिक संबद्धता एवं साझेपन को बनाए रखने में मदद करना है।

समाजशास्त्रीय चिंतन : स्वरूप, धारणाएं एवं निष्कर्ष : एमिल दुर्खीम के समाजशास्त्रीय चिंतन के स्वरूप को स्पष्ट करने के लिए कहा जा सकता है कि वे यथार्थवाद के संरचनावादी रूप के अधिक निकट हैं। मार्क्सवाद के समान वे भी चेतना, नैतिकता, धर्म तथा भाषा जैसी वस्तुओं को सामाजिक तथ्यों के आधार पर निर्मित एवं व्याख्यायित होने वाली वस्तुएं मानते हैं। इस तरह से देखा जाए तो उनका संरचनात्मक यथार्थवाद गहरे में हीगल और मार्क्स के समान 'द्वंद्वात्मक' और 'समग्रतावादी' है। वे भौतिक पदार्थ को आधार मानकर प्रस्थान करने वाली वैज्ञानिक पद्धति का अनुसरण करते हैं। इस संदर्भ में समाजशास्त्र को समाज विज्ञान बनाने के लिए वे सामाजिक तथ्यों को भौतिक पदार्थ जैसी वस्तुएं मानने का आग्रह करते हैं। वे इसके आधार के रूप में उन तमाम नियमों, धारणाओं और भाव-संवेदनाओं को देखते हैं जो सामाजिक वस्तुओं के रूप में व्यक्ति के व्यवहारों को प्रभावित करती हैं। दुर्खीम के चिंतन का सार इस प्रकार है :

1. **सामाजिक तथ्य** : सामाजिक तथ्य जितने सामूहिक एवं साझे होते हैं, उतने ही वे व्यक्तियों के भीतर का यथार्थ भी होते हैं। अतः समाजशास्त्र में बाहरी एवं भीतरी यथार्थ के आपसी रिश्तों को अध्ययन किया जाता है।

2. **ज्ञान का समाजशास्त्र** : सामाजिक तथ्यों

में विचार, विश्वास एवं भाव संवेदन शामिल होते हैं। उनका इतिहास उनके कारणों की तर्क व्यवस्था का आधार होता है। इस प्रकार ज्ञान मूलतः समाजशास्त्रीय स्वरूपवाली वस्तु हो जाता है।

3. **तथ्यों की प्रतिनिधित्वपरकता** : सामाजिक तथ्य स्वरूपतः सामूहिक और प्रतिनिधित्वमूलक होते हैं। उनको विशेष या व्यक्तिपरक रूप के बजाय साधारणीकृत रूप में ग्रहण करना चाहिए। विज्ञान जैसा शास्त्र होने के कारण तथ्यों के साधारण रूपों की कोटियां बनाना संभव होता है।

4. **भाषा एक सामाजिक तथ्य है** : दुर्खीम के अनुसार भाषा के प्रचलित रूप समाज में व्यक्तियों के व्यवहारों को संचालित करते हैं। भाषा के शब्द सामूहिक विचारों या धारणाओं का पर्याय होते हैं। भाषा धारणाओं के समुच्चय की तरह परिवर्तन को रोकती एवं यथास्थिति बनाए रखने के लिए लोगों को एक सूत्र में पिरोती है।

5. **श्रम विभाजन सामाजिक परिवर्तन का स्रोत है** : श्रम विभाजन यांत्रिक समाजों को जैविक समाजों में बदलते हैं। अभी पश्चिम जैविक समाज के औद्योगिक पूंजीवादी रूप तक पहुंचा है। अगले विकास चरण की अभी कोई संभावना नजर नहीं आती।

6. **धर्म एवं नैतिकता समाजशास्त्रीय तथ्य हैं** : मानव समाजों में साझेपन, सामूहिकता एवं सहमति पैदा करने लिए कई पवित्र प्रतीकों एवं कर्मकांडों की मदद से सामूहिक चेतना पनपती है। नैतिक नियम सामाजिक व्यवहारों की समयबद्ध जरूरतों से उपजते हैं। लोग भौतिक नियमों को अपने आंतरिक कारणों से उच्चतर लक्ष्यों के लिए मानते हैं। उच्चतर लक्ष्य गहराई में सामान्य समन्वय व विकास में मदद करते हैं।

विनोद शाही

अधिक जानकारी के लिए :
1. **Durkheim and Foucault : Perspective on Education and Punishment :** Mark Sydney Cladis, 1999, 2. **Emile Durkheim : On Morality and Society, Selected Writings :** Robert N Bellah (Ed.) 1973, 3. **Teaching Durkheim :** Terry Godlove (Ed.) 2004

एरिक एरिकसन
(1902-1994)

एक मनोवैज्ञानिक-मनोविश्लेषक के रूप में संस्कृति, समाज, राजनीति, दर्शन और सीधे मनुष्य की अस्मिता पर मौलिक चिंतन करने वाले एरिक होम्बर्गर एरिकसन (Eric Homburger Erikson) का अपनी बाबत यह कहना था कि 'मैं वह हूं जो मेरे बाद बनेगा।'

एरिकसन यहूदी मूल के डेनिश पिता और जर्मन मां की संतान थे। वे अमेरिकी नागरिकता अपनाने और ईसाई स्त्री से विवाह के बाद कैथलिक हो गए थे। होम्बर्गर उपनाम उनके पिता से आया था, जो तीन साल की उम्र में ही उनकी मां से संबंध विच्छेद के बाद कहीं गुम हो गए थे। उनकी तलाश में एरिक ने यूरोप के बहुत-से देशों की यात्राएं करते हुए काफी समय घुमंतू भटकाव में बिताया था। अंततः पिता की ओर से मिल सकने वाली अस्मिता के मोह का त्याग कर के वे खुद अपनी अस्मिता की संतान

एरिक एरिकसन

हो गए थे। उन्होंने होम्बर्गर को अपने नाम से विदा करके अपना उपनाम रखा था–'एरिक-सन' यानी एरिक का पुत्र। इसका अर्थ उनके शब्दों में यह था कि समाज के इस जंगल में हमारे पास अपने होने का कोई भाव नहीं होता, जब तक हमारे पास अपनी अस्मिता का बोध नहीं आता।

एरिक मूलतः एक कलाकार थे, वे सिगमंड फ्रायड की बेटी अन्ना फ्रायड के संपर्क में आने के बाद मनोविज्ञान और मनोविश्लेषण की ओर मुड़ गए थे। उनकी ज्यादा दिलचस्पी बाल-मनोविज्ञान में थी। वे फ्रायड से प्रभावित थे। जर्मनी में फासीवाद के उभार के बाद वे विस्थापित की तरह अमेरिका आ गए थे, जहाँ वे बोस्टन तथा हार्वर्ड जैसे प्रख्यात विश्वविद्यालयों से जुड़े। उन्होंने 'मानववैज्ञानिक' अध्ययन के द्वारा अपने चिंतन को फ्रायड से आगे बढ़ाया। खास तौर पर इस अर्थ में कि वे मनोविज्ञान को 'सामाजिक मनोविज्ञान' के रूप में विकसित करने में कामयाब हुए थे।

अपने चिंतन के सार के रूप में उन्होंने अपने बारे में यह कथा था, 'मैं आपको कुछ भी नया नहीं दे सकता हूं, सिवाय तमाम चीजों को देखने के एक नए दृष्टिकोण के।'

चिंतन का विकास : बाल मनोविज्ञान से अपने चिंतन कर्म का आरंभ करते हुए उन्होंने 1950 में 'चाइल्डहुड एंड सोसाइटी' नाम से जो किताब लिखी थी, उससे स्पष्ट हो गया था कि वे मनोविज्ञान और समाज दोनों को एक साथ देखने और समझने की दिशा का विकास करना चाहते हैं। इतना ही नहीं, वे अपने सामाजिक दृष्टिकोण को राजनीति, संस्कृति और धर्म के सवालों की व्याख्या तक ले गए। 1958 में जब उनकी दूसरी किताब 'यंग मैन लूथर' प्रकाशित हुई, उसे एक राजनेता के जीवन की मनोवैज्ञानिक पड़ताल करने वाली पहली विश्वसनीय पुस्तक के रूप में देखा गया। यह किताब मार्टिन लूथर किंग की अंतरंग दुनिया में ले जाती है। जहाँ वे अपनी अस्मिता को खोजने और पाने के संकट से जूझ रहे थे। यह संकट किसी व्यक्ति के जीवन में जितना गहरा होता है, उसका प्रतिफलन समाज, संस्कृति एवं धर्म के पारंपरिक रूपों के प्रति विद्रोह और रूपांतरण-प्रयासों के रूप में उतना ही व्यापक हो सकता है।

1969 में उन्होंने महात्मा गांधी को आधार बनाकर अपने काम को आगे बढ़ाया। यह किताब 'गांधी'ज ट्रुथ : ऑर द ओरिजिन ऑफ मिलिटेंट नॉन-वायलेंस' शीर्षक से छपी थी। स्पष्ट है कि इस पर गांधी की आत्मकथा 'सत्य के प्रयोग' का असर रहा होगा। फिर भी एरिकसन अपने विश्लेषण को गांधी के जीवन में मौजूद अस्मिता की खोज से जुड़े संकटों तक ले आते हैं। इसमें पिता, अन्य भाइयों तथा पत्नी से उनके रिश्तों के साथ ब्रह्मचर्य की धारणा की भी विवेचना हुई है। अमेरिकी समाज के वाम पक्ष में बढ़ती हिंसा की संस्कृति का विकल्प उन्हें गांधी में नजर आया।

एरिकसन की बड़ी देन मानव जीवन की विविध अवस्थाओं के मनोवैज्ञानिक अंतर्विकास को समझाने के मामले में है। 1959 में 'आइडेंटिटी एंड द लाइफ साइकिल' नाम से उनका ऐतिहासिक महत्व का कार्य प्रकाशित हुआ। इसमें बाल मनोविज्ञान से संबंधित विभिन्न अवस्थाओं पर ज्यादा विस्तार से चर्चा है। 1963 में छपी अपनी किताब 'द चैलेंजेज ऑफ यूथ' जीवन की अगली अवस्थाओं के विकास को रेखांकित करती है। 1977 वाली अपनी किताब 'ट्वायज एंड रीजन' में वे बच्चों के द्वारा खेले जाने वाले खेलों में लौटते हैं और इन खेलो को रचनाशीलता की प्राथमिक अभिव्यक्ति के रूप में देखते हैं। उनकी आखिरी किताब 'द वे ऑफ लुकिंग एट थिंग्स' उनकी तमाम धारणाओं का एक तरह से निचोड़ है। यहां वे मनोविज्ञान और मनोविश्लेषण को आदमी के नजरिए में आने वाली तब्दीलियों के अध्ययन के रूप में देखते हैं।

मानव जीवन चक्र : एरिक एरिकसन सिगमंड फ्रायड की तरह यह स्वीकार करते हैं कि मनुष्य के जीवन के आरंभिक विकास के चरणों में बाकी जीवन की व्याख्या के जरूरी सूत्र छिपे होते हैं। एरिक एरिकसन सामाजिक मनोविज्ञान की ओर अधिक उन्मुख होने के

कारण फ्रायड की तरह 'अचेतन' और 'ईडीपस ग्रंथि' के महत्व को स्वीकार करते हुए भी इनकी व्याख्या सामाजिकीकरण की प्रक्रियाओं के तौर पर करते हैं। नीचे मानव जीवन चक्र की सभी अवस्थाओं से संबद्ध मनोवैज्ञानिक प्रक्रियाओं और उनकी व्याख्या का एक सूचीबद्ध अंकन है :

उम्र	गुण	मनोवैज्ञानिक संकट	इस काल के महत्वपूर्ण संबंध	अस्तित्व से संबंधित सवाल	दृष्टांत
0-2 वर्ष	आशा	आस्था/अनास्था	मां	क्या मैं दुनिया पर यकीन कर सकता हूं?	बच्चे को दूध पिलाना/ न पिलाना
2-4 वर्ष	संकल्प	आत्मनिर्भरता/ शंका और शर्म	माता-पिता	क्या यह करना मुझे शोभा देता है?	शौच प्रशिक्षण
4-5 वर्ष	उद्देश्य	कुछ कर दिखाना/ अपराध बोध	परिवार	क्या मैं अपने आप कुछ कर सकता हूं?	उपकरणों या कला वस्तुओं के इस्तेमाल
5-12 वर्ष	कार्य/ योग्यता	कार्य-दक्षता/ हीनभाव	पड़ोसी	क्या मैं दुनिया में स्कूल में अपनी जगह बना सकता हूं?	स्कूल के खेल
13-19 वर्ष	वफादारी	अस्मिता/ भूमिका की संदेहास्पदता	सहकर्मी नायक	मैं क्या हूं? मैं क्या हो सकता हूं?	सामाजिक संबंध
20-39 वर्ष	प्रेम	आत्मीयता/ अकेलापन	मित्र/ पति-पत्नी	क्या मैं प्रेम कर सकता हूं?	रोमानी संबंध
46-64 वर्ष	देखभाल	रचनाशीलता/ गतिरोध/ यथास्थिति	गृहस्थ/ नौकर	क्या मैं जीवन का महत्व पा सकता हूं?	कार्य क्षेत्र माता-पिता की भूमिका
65–मृत्यु	बुद्धिमत्ता	अहं समायोजन/ हताशा	मानवता	क्या मैंने जो पाया वह पर्याप्त था?	जीवन की स्मृतियां

एरिकसन के यहां शिशु व किशोर वय का अध्ययन ज्यादा गहराई से हुआ है। युवा काल की प्रेम संबंधी दिक्कतों और उनसे पाई जाने वाली परिपक्व अस्मिताओं को एरिकसन ने शिशु-किशोर काल के समय के अंतःविस्तार एवं अंतर्विकास की तरह देखा है। यानी जीवन के किसी चरण पर सामाजिकीकरण और अस्मिता के सम्यक रूप की उपलब्धि में बाधा पड़ती है तो उसके परिणामस्वरूप शेष जीवन चक्र प्रभावित हो सकता है।

अहं और अस्मिता : एरिकसन के सिद्धांत को अनेक विद्वान उनके 'अहं-मनोविज्ञान' या 'अस्मिता संकट के मनोविज्ञान' के रूप में देखते हैं। इस आधार पर उनका कोटि निर्धारण भी सामाजिक-मनोविश्लेषण के तौर पर देखा जाता है। अस्मिता

को एरिकसन ने अहं भाव की परिणति या उपलब्धि के रूप में ग्रहण किया। फ्रायड की तरह उन्होंने अहं को कामवृत्तियों के दमन की प्रक्रिया तक सीमित न रखकर उन संभावनाओं तक पहुंचाया है, जिनका परिणाम अस्मिता की उपलब्धि के तौर पर होता है। अस्मिता का संकट जीवन के गहरे संकट पैदा करता है, जबकि उसकी उपलब्धि जीवन में 'अर्थ' और 'परिपूर्णता' ला सकती है।

विनोद शाही

अधिक जानकारी के लिए :
1. **Identity and the Life Cycle** (vol-1) : Erik H Erikson, 1980, 2. **Erik Erikson : His Life, Work and Significance**, 2000 3. **Dialogue with Erik Erikson** : Richard Isadore Evans, 1969

एरिक फ्रॉम

(1900-1980)

एरिक सेलिग्मन फ्रॉम (Erich Seligmann Fromm) जर्मनी के फ्रेंकफर्त शहर और फ्रेंकफर्त स्कूल से ताल्लुक रखने वाले उल्लेखनीय मनोवैज्ञानिक और मनोविश्लेषक हैं। सिग्मंड फ्रायड, एडलर, जुंग, जैक लाकां, एरिक एरिकसन, केहन होर्नी और जूलिया क्रिस्तेवा की तरह उनका चिंतन साहित्यालोचन तथा अन्य बहुत-से समाजवैज्ञानिक ज्ञानानुशासनों के संदर्भ में उद्धरणीय एवं दिशा प्रवर्तक है।

एरिक फ्रॉम की अकादमिक गतिविधियों का आरंभ कानून विज्ञान से हुआ। इसके बाद उनकी रुचि समाजशास्त्र और दर्शन की ओर बढ़ी, तथापि एक विशेषज्ञ के तौर पर उन्होंने अंततः मनोविज्ञान और मनोविश्लेषण को अपनाया। इसके बावजूद उनका मौलिक चिंतन उनकी व्यावसायिक विशेषज्ञता की सीमाओं का अतिक्रमण करता है। वे लगातार अपने समय के राजनीतिक, सामाजार्थिक और धार्मिक एवं सांस्कृतिक आयामों की व्याख्या-पुनर्व्याख्या करने के लिए परंपरागत मनोविज्ञान की धारणाओं का इस्तेमाल और अंतर्विकास दोनों करते हैं।

एरिक फ्रॉम के मौलिक चिंतन के विकास के संदर्भ में कह सकते हैं कि वे सिग्मंड फ्रायड से आगे बढ़ने का प्रयास करते हैं ताकि उसके आलोक में कार्ल मार्क्स की धारणाओं की मनोवैज्ञानिक-मनोविश्लेषणात्मक पुनर्व्याख्या तक पहुंच सकें। उनके चिंतक व्यक्तित्व के विकास के पीछे एडोल्फ हिटलर के नाजीवाद के उभार की पृष्ठभूमि एक भूमिका निर्माण करती है। वे निरंकुश दमनकारी प्रभुत्ववाद के विरोध में 'स्वतंत्रता' की नई व्याख्या तक पहुंचते हैं।

चिंतन का विकास : दूसरे विश्व युद्ध काल (1937-45) में जर्मनी में नाजीवाद के हालात का विश्लेषण करते हुए एरिक फ्रॉम ने 1941 में अपनी पहली महत्वपूर्ण पुस्तक 'एस्केप फ्रॉम फ्रीडम' प्रकाशित करवाई। उन्हें मनुष्य समाजों में स्वतंत्रता से पलायन करने की वृत्ति का मुख्य आधार राजनीतिक विचारधाराओं एवं संस्थानीकरण के विशेष रूपों में दिखाई देता है। 1947 में उनकी दूसरी किताब

एरिक फ्रॉम

'मैन फार हिमसेल्फ' सामने आई, जो राजसत्ता के बजाय मनुष्य की आंतरिक सत्ता को महत्व देने की मानसिकता का विस्तार करने का प्रयास करती है। 1950 में वे 'सायको-एनेलिसिस एंड रिलीजन' नाम की किताब के साथ आगे आते हैं। नाजीवाद के पराजित हो जाने के बाद के दौर में यूरोप में चर्च की धार्मिक-सांस्कृतिक प्रभुसत्ता मनुष्य की स्वतंत्रता के रास्ते की रुकावट बनी हुई थी। यहां वे ज्यां पाल सार्त्र के चिंतन के करीब दिखाई देते हैं। उनकी मनुष्य की धारणा सार्त्र के मनुष्य के मुकाबले में ज्यादा सृजनधर्मी मालूम पड़ती है।

एरिक फ्रॉम पूर्व के अनेक धर्मों की तारीफ करते हैं। वे मानते हैं कि पूर्वी देशों में अनेक धर्म ऐसे हैं, जो ईश्वर की निरंकुश सत्ता को मनुष्य पर लादने की बजाय मनुष्य के मानवीय सार को ही अंतःतार्किक आधार देना चाहते हैं और उसे दैवी अंतर्फलन की तरह देखते हैं। 1956 में एरिक फ्रॉम की सर्वाधिक लोकप्रिय किताब 'द आर्ट ऑफ लिविंग' सामने आई। इसमें उन्होंने प्रेम की आध्यात्मिक-दार्शनिक व्याख्याओं से अलग उसकी मनोवैज्ञानिक और व्यावहारिक जमीन स्पष्ट की है।

एरिक फ्रॉम का महत्व मनोविज्ञान को सामाजिक दर्शन के रूप में विकसित करने के लिहाज से अतुलनीय है। इस संदर्भ में वे फ्रायड से मार्क्स की ओर मुड़ते नजर आते हैं। कई आलोचकों का विचार है कि वे एक मनोवैज्ञानिक थे, पर उनका झुकाव फ्रायड की तुलना में मार्क्स की ओर अधिक है। इस संदर्भ को विस्तार देने वाली उनकी किताबें हैं : 'द मार्क्सिस्ट कंसेप्ट ऑफ मैन' 1961 तथा 'द रिवोल्यूशन ऑफ होप', 'टूवर्ड्स ह्यूमन टेक्नोलॉजी' 1968। इन किताबों की धारणाओं को उन्होंने 'ह्यूमन नेचर एंड सोशल थ्योरी' 1969 में सिद्धांतबद्ध किया। 1973 में प्रकाशित किताब 'द ऑटोनॉमी ऑफ डिस्ट्रक्टिवनेस' पूंजीवादी समाज की दमन और विनाशकारी प्रवृत्तियों की व्याख्या करती है। 1976 में उन्होंने अपनी महत्वपूर्ण किताब 'टु हैव ऑर टु बी' में पूंजीवादी और मानवीय समाजों के फर्क को रेखांकित किया था।

एरिक फ्रॉम फ्रायड की इस बात से असहमत थे कि इच्छाओं और जरूरतों की अभाव पूर्ति अचेतन के 'लिबिडो' के स्वप्न आदि कार्यकलापों द्वारा होती है। एरिक फ्रॉम लिबिडो की बजाय सामाजिकीकरण को चित्त के अंतःसमन्वय की वास्तविक जमीन मानते हैं। मानव चित्त सामाजिक रिश्तों को जितना आत्मसात कर पाता है, उतनी ही वह अपनी 'इच्छाओं और जरूरतों' के स्तर पर होने वाले अभावों की क्षतिपूर्ति और अंतःसमन्वय कर पाता है।

एरिक फ्रॉम अस्तित्व की व्याख्या अस्तित्व की दशाओं के आधार पर करते हैं। मानवीय अस्तित्व के प्रारूप सामाजिक परंपराओं एवं इनके व्यावहारिक रूपों में मनुष्य के व्यक्तित्व को गठित करने वाली चारित्रिक वृत्तियों की तरह रहते हैं। चारित्रिक अभिवृत्तियां समाजेतिहासगत एवं स्वभावगत होती हैं। मनुष्य अपने चारित्रिक अंतःरूपांतर के संदर्भ में स्वतंत्र है। इस तरह सार्त्र की चुनाव की स्वतंत्रता को एरिक फ्रॉम समाजेतिहास और व्यक्तित्व की जमीन से पकड़ते हैं। उनका नया मनुष्य सार्त्र की तरह परिस्थितिजन्य व्यवहार की उपज न होकर एक सक्रिय एवं सचेत अंतःरूपांतर से बनने वाला मनुष्य हो जाता है।

कार्ल मार्क्स के वाद, प्रतिवाद एवं समन्वय वाले सिद्धांत को एरिक फ्रॉम अपने तरीके से यानी सामाजिक मनोविश्लेषणात्मक तरीके से विकसित करते हैं। वाद एरिक फ्रॉम के लिए पूंजीवादी उत्पादन पद्धति से पैदा होने वाली संग्रह वृत्ति है। प्रतिवाद का अर्थ है इस परिग्रह-वृत्ति से मुक्ति। इसके लिए अंतर्विरोधों और दुष्परिणामों को जानना जरूरी है। स्वतंत्रता की अवधारणा का पहला रूप यहीं प्रकट होता है। एरिक फ्रॉम के लिए स्वतंत्रता दो तरह की है। किन्हीं चीजों 'सी' स्वतंत्रता तथा किन्हीं उद्देश्यों 'के लिए' स्वतंत्रता। स्वतंत्रता का दूसरा रूप तब प्रकट होता है, जब वाद और प्रतिवाद के बाद अगले समन्वयी चरण में अंतर्विरोधों का निषेध हो जाता है। एरिक फ्रॉम के लिए समन्वय एक मनुष्य-केंद्रित धारणा है। इसके सामाजिक या राजनीतिक रूप स्पष्ट

नहीं होते हैं। इसलिए कई आलोचक एरिक फ्रॉम को 'ठोस विकल्प' प्रस्तुत न कर पाने की वजह से खारिज करते हैं।

पूंजीवादी संग्रही वृत्ति से उपजनेवाली इच्छाओं और जरूरतों में क्या ग्राह्य है, क्या अग्राह्य, इसका फैसला उनके प्राकृतिक एवं मानवीय होने के आधार पर किया जा सकता है। अप्राकृतिक रूप में या पतनशील पूंजीवादी उत्पादन पद्धति से ताल्लुक रखने वाले रूपों में इच्छाएं और जरूरतें अनेक नकारात्मक मनो-सामाजिक प्रवृत्तियों एवं संवेगों को जन्म देती हैं। ये इस प्रकार हैं : 1. अवज्ञा एवं आज्ञाकारिता के लिए सहमति, 2. दूसरों के विनाश की प्रवृत्ति, 3. अजनबीपन अथवा रूढ़िवादी जड़ता, 4. व्यक्तिकरण (इनडिविजुएशन), 5. निराशावाद, 6. प्रभुसत्ता या वर्चस्व की प्रवृत्ति। दूसरी ओर, समन्वयी अभिवृत्तियों के तौर पर मनुष्य का जो मूल संवेग आंतरिक जरूरत के रूप में सामने आता है, वह है 'सृजनशीलता'। एरिक फ्रॉम इस आधार पर उत्पादक एवं गैर-उत्पादक अभिवृत्तियों के बीच भेद करते हैं। उपर्युक्त नकारात्मक अभिप्रवृत्तियां 'गैर-उत्पादक' हैं, जबकि मनुष्य के अंतर्विकास के लिए उसका उत्पादक एवं सृजनधर्मी अभिवृत्तियों से जुड़ना जरूरी है। इस अभिवृत्ति को लगातार जीवंत बनाए रखने के लिए प्रयासरत होना पड़ता है। इसी मनोसामाजिकी को एरिक फ्रॉम सामाजिक अचेतन की अवधारणा का आधार बनाते हैं। इसे वे व्यक्ति एवं समाज दोनों में सामूहिक रूप से मौजूद देखते हैं।

समन्वयी सृजनशीलता ही एरिक फ्रॉम के चिंतन में उनकी प्रसिद्ध प्रेम की अवधारणा के रूप में विकसित हुई। वे प्रेम में निम्नलिखित वृत्तियों या मनोसामाजिक-व्यवहारों को देखते हैं : प्रेम (i) दूसरे की चिंता (ii) दूसरे के प्रति दायित्वबोध (iii) मानवीय आकर्षण की विवेकपूर्ण समझ और (iv) दूसरे से प्रेम जो सबसे प्रेम का आधार बनता है। एरिक फ्रॉम परिवारों के तीन रूप मानते हैं : प्रतीकात्मक, आत्मसंकोची तथा मानवीय। परंपरागत सामंतीय एवं बुर्जुआ परिवारों को वे प्रतीकात्मक परिवारों के कर्मवाची रूपों की तरह देखते हैं। पूंजीवादी दौर ने परिवारों को आत्मसंकोची या व्यवस्था अनुगामी बनाया। मानवीय परिवार सृजनधर्मी होते हैं। एरिक फ्रॉम सृजनधर्मिता के लिए जमीन से जुड़ने तथा दूसरों से संबद्ध होने की चेतना को विशेष महत्व देते हैं।

फ्रॉम के कुछ महत्वपूर्ण विचार इस प्रकार हैं :

1. स्वप्न और मिथक दो ऐसे महत्वपूर्ण संप्रेषण हैं, जो अपने आप से अपने आप तक होते हैं।
2. मनुष्य प्रकृति का ऐसा सांयोगिक आख्यान है जो उसी से जन्म लेता है, फिर उसी का अतिक्रमण भी करता है। उसे ऐसे सिद्धांत खोजने पड़ते हैं, ऐसे फैसले लेने पड़ते हैं, जिनके आधार पर वह नैसर्गिक मूल प्रवृत्तियों का विकल्प खोज सके।
3. दूसरों के साथ हमारे रिश्ते कितने भी अस्थायी या नगण्य क्यों न हों, तुच्छ से तुच्छ तरीके का संबंध-बोध भी हमारे अकेले होने से बेहतर है।
4. लालच बेपेंदे के गड्ढे की तरह है। यह मनुष्य को असीम जरूरतों में उलझा कर मार डालता है, पर कभी संतुष्टि तक पहुंचने नहीं देता।
5. मनुष्य एकमात्र ऐसा पशु है, जिसे अपने 'होने' की समस्या सुलझानी पड़ती है, वह इससे पलायन नहीं कर सकता।
6. सेवाभाव और दायित्वबोध प्रेम के संघटक तत्व हैं, पर प्रियजन के प्रति सम्मान और उनके बारे में सम्यक ज्ञान के अभाव में प्रेम प्रभुत्व और अधिकारभाव जैसी पतनशीलता का शिकार हो जाता है।
7. मनुष्य का परम पुरुषार्थ है स्वयं को जन्म देना, ताकि वह हो सके जिसकी संभावना है।
8. जिसका स्वयं पर यकीन होता है, वही दूसरों पर विश्वास कर सकता है।

विनोद शाही

अधिक जानकारी के लिए :

The Lives of Erich Fromm : J Friedman, 1893

एरिक हाब्सबाम
(1917-2012)

ब्रिटिश इतिहासकार एरिक हाब्सबाम (Eric Hobsbawm) की गणना बीसवीं सदी के महानतम बुद्धिजीवियों और इतिहासकारों में होती है। उनकी पहचान वामपंथी विचारों के लिए प्रतिबद्ध इतिहासकार के रूप में है। उन्होंने इतिहास को वैचारिकता और दृष्टिकोण के विकास के माध्यम के रूप में देखा था, साथ ही इतिहास का प्रयोग बर्बरता से मुक्ति के औजार के रूप में भी किया। इतिहास के भीतर उन्होंने तथ्यान्वेषी बुद्धि के साथ नहीं बल्कि नैतिकता अन्वेषी चेतना के साथ प्रवेश किया। वह विभिन्न किस्म वाली उत्तर-आधुनिकतावादी आलोचना के बीच 'एनलाइटनमेंट' (प्रबोधन) के मूल्यों के साथ अंत तक खड़े रहे पर जिस पश्चिमी समाज में प्रबोधन का गहरा प्रभाव था उसी समाज के उत्थान और फिर तेज गिरावट को उन्होंने इतिहास लेखन के माध्यम से दर्ज किया। इस तरह से यह व्यक्त करने में सफल रहे कि प्रबोधन का समर्थन पश्चिमी समाज की बुराइयों और उसके द्वारा प्रायोजित विश्वव्यापी हिंसा का समर्थन करना नहीं होता है। द एज ऑफ रिवोल्यूशन (1962), इंडस्ट्री एंड एंपायर (1969), द एज ऑफ कैपिटल (1975), द एज ऑफ एंपायर (1987), द एज ऑफ एक्सट्रीम्स (1994), हाऊ टु चेंज द वर्ल्ड (2012) इत्यादि उनकी प्रमुख पुस्तकें हैं। इनके अलावा उनकी आत्मकथा 'इंटरेस्टिंग टाइम्स : ए ट्वेंटीथ सेंचुरी लाइफ' (2002) भी काफी चर्चित रही है जिसमें उनके जीवनकाल की निजी तथा राजनीतिक घटनाओं का वर्णन किया गया है।

हाब्सबाम का जन्म मिस्र में हुआ था पर उनका बचपन बर्लिन तथा वियना में बीता। माता-पिता की मृत्यु तथा जर्मनी में हिटलर के उभार के कारण उन्हें लंदन जाकर बसना पड़ा। वहीं पर कैंब्रिज विश्वविद्यालय में उन्होंने इतिहास में पीएचडी की उपाधि प्राप्त की। वह जीवनपर्यंत वामपंथी विचारों के प्रति निष्ठावान रहे और इस कारण उन्हें नौकरी में प्रोन्नति आदि में बाधाओं का सामना करना पड़ा। बर्कबेक, लंदन यूनिवर्सिटी में उन्होंने 1947 में लेक्चरर की नौकरी शुरू की और फिर वहीं प्रोफेसर बने। इसके अलावा किंग्स कॉलेज, कैंब्रिज में कई साल तक वे फेलो भी रहे। देश-विदेश की कई नामी-गिरामी संस्थाओं तथा रिसर्च जर्नलों से उनका जुड़ाव रहा।

हाब्सबाम की एक प्रमुख पुस्तक 'द एज ऑफ एक्सट्रीम्स' को उनकी मान्यताओं को गहराई से समझने के लिए अवश्य पढ़ा जाना चाहिए। हाब्सबाम ने इस किताब में 1914 से 1991 तक यानी पहले महायुद्ध से लेकर सोवियत संघ के विखंडन तक के कालखंड को ऐतिहासिक विश्लेषण के लिए चुना है और इसे 'शॉर्ट ट्वेंटीथ सेंचुरी' यानी लघु बीसवीं सदी के रूप में देखा है। इससे पहले वह अपनी पुस्तकों में फ्रांस की क्रांति (1789) से लेकर पहले विश्वयुद्ध (1914) तक के तीन खंडों के ऐतिहासिक आकलन में 'लांग नाइंटींथ सेंचुरी' के पद का प्रयोग कर चुके थे। इस तरह उनके लिए शताब्दियां केवल समय का आकलन नहीं रही हैं, बल्कि उसे वे किसी वैचारिक प्रत्यय के भीतर रखकर ही उसका विश्लेषण करने की चेष्टा करते रहे हैं। वह इतिहास का प्रयोग अनेक घटनाओं पर अफसोस जताने, कुछ पर सकारात्मक राय देने और ढेरों अन्य पर चिंता व्यक्त करने के लिए करते हैं। लगभग निर्णयात्मक स्वर में मानते हैं कि 1980 के दशक के अंत और 1990 के दशक के आरंभ में संसार काफी बदल गया और एक पूरे युग का अंत हो गया जो पहले महायुद्ध तथा 1917 की अक्टूबर क्रांति के साथ ही आरंभ हुआ था। पर यह बात वह 'इतिहास का अंत' जैसे प्रत्यय को सही सिद्ध करने के लिए नहीं कहते और इतिहास के अंत की अवधारणा को इस आधार पर हास्यास्पद करार देते हैं कि जब तक धरती पर मानव जाति रहेगी, इतिहास का निरंतर विकास होता रहेगा।

हाब्सबाम द्वारा बीसवीं सदी के इतिहास लेखन में उनके वामपंथी पूर्वाग्रहों से ग्रस्त होने के आधार पर उनकी आलोचना की जाती रही है और माना गया है कि हाब्सबाम चूंकि स्वयं इस ऐतिहासिक

कालखंड के प्रत्यक्ष साक्षी थे, इसलिए वह तटस्थ विश्लेषण करने में सक्षम न हो सके। वस्तुतः इस पुस्तक में हाब्सबाम बड़े ध्वंसकारी तरीके से विश्व की वामपंथी सरकारों की आलोचना भी करते हैं। उन्होंने फासीवादी सरकारों की तरह विश्व की कम्युनिस्ट सरकारों को सर्वसत्तावादी (totalitarian) कहने का भले विरोध किया हो पर उनकी दमनकारी नीतियों की खुली भर्त्सना की है। यहां तक कि सोवियत संघ द्वारा पूंजीवाद का केवल विरोध करने नहीं बल्कि पूंजीवाद की रक्षा करने में उसकी प्रच्छन्न भूमिका का भी वह जिक्र करते हैं। वह लिखते हैं–'इस विचित्र सदी की सबसे बड़ी विडंबना यह थी कि जिस अक्टूबर क्रांति का उद्देश्य पूंजीवाद को उखाड़ फेंकना था वह उस पूंजीवाद की युद्ध व शांति दोनों में रक्षा करने लगी। दूसरे विश्वयुद्ध के बाद उसने पूंजीवाद पर स्वयं में सुधार लाने का दबाव पैदा किया और स्वयं को बचाने के लिए प्रोत्साहित किया।'

इसी तरह विकास, सभ्यता तथा वैज्ञानिक आदर्शों पर टिकी पश्चिमी सभ्यताओं के सबसे अंतर्विरोधपूर्ण पहलुओं पर भी वह वैसी ही बारीक निगाह रखते हैं। वह लिखते हैं–'1990 के दशक की हम 1914 की दुनिया से कैसे तुलना कर सकते हैं? 1990 के दशक में पांच या छह अरब लोग धरती पर थे जो पहले महायुद्ध के समय की आबादी का तीन गुना है। और यह इसके बावजूद है कि इस संक्षिप्त सदी के दौरान जितने लोग जनसंहारों में मारे गए या मानवीय निर्णयों के तहत मारे गए, उनकी कुल संख्या इतिहास के सबसे बर्बर कत्लेआमों से ज्यादा ही थी।' हाब्सबाम ने अपनी इस किताब के अंतिम अध्याय को नाम दिया है, 'टुवर्ड्स द मिलेनियम'। इसमें वह सदी के परिवर्तनों को सामने रखते हुए भविष्य की चर्चा करते हैं। इस तरह वे दुनिया में राज्य की भूमिका, बदलती राजनीतिक संस्कृति तथा जनता की गतिविधियों का आकलन करने की चेष्टा करते हुए नजर आते हैं। बड़े साफ शब्दों में वह कहते हैं कि 1970 के दशक से ही अमेरिका द्वारा समर्थित विश्व बैंक तथा अंतरराष्ट्रीय मुद्रा कोष ने किस तरह व्यवस्थित तरीके से ऐसी नीतियों को लागू किया है जिन्होंने निजी उद्योग एवं वैश्विक मुक्त व्यापार को ही लाभ पहुंचाया है। इससे अमेरिका और कुछ यूरोपीय देशों को तो लाभ हुआ है पर संसार के अन्य हिस्से इसका लाभ उठा सकने में अक्षम हैं। इसलिए अगर विश्व स्तर पर निर्णय प्रणाली के किसी अन्य तंत्र को विकसित करना है तो इन नीतियों में बदलाव लाने ही पड़ेंगे। हाब्सबाम ने अपनी किताब में करीब 80 साल के इतिहास को कई अध्यायों में समेटने की चेष्टा की है और बीसवीं सदी की नसों में बहते रक्त में परिवर्तनों, क्रांतिकारी उभारों, प्रति-क्रांतियों, सांस्कृतिक क्रांति तथा मुक्तिकारी आंदोलनों के तत्वों का विश्लेषण करने की चेष्टा की है। संभवतः इसीलिए उन्होंने अपनी पुस्तक को जहाँ पर समाप्त किया है, वहां भी सार्थक परिवर्तन और घनघोर विनाश में किसी एक के चुनाव की मानवता के सामने मौजूद विवशता का उल्लेख किया है। इतिहास से वह केवल पाठ्यपुस्तकीय सबक लेने की नहीं बल्कि उसके द्वारा प्रस्तुत राजनीतिक विकल्पों के प्रति गंभीर होने की बात कहते हैं। इसी तरह, वह

एरिक हाब्सबाम

इतिहास को केवल अकादमिक ज्ञान पैदा करने या पुरातात्विक सामग्री एकत्र करने के माध्यम के रूप में नहीं लेते बल्कि उसके माध्यम से मानवीय विकास और परिवर्तनों के गुणसूत्रों की खोज करने की चेष्टा करते हैं। इस अर्थ में वह हीगेल और बाद में मार्क्स की उस परंपरा के निकट हैं जिसमें इतिहास घटनाओं के तिथिवार संकलन के लिए नहीं, बल्कि मानव सभ्यता के विकासमान चरित्र के मूल नियमों और उसकी वास्तविक दिशा को समझने के लिए एक ज्ञानानुशासन के रूप में उपयोगी समझा जाता है।

वैभव सिंह

अधिक जानकारी के लिए :
1. **इतिहासकार की चिंता :** एरिक हाब्सबाम, 2. **The Power of the Past : Essays for Eric Hobswawm :** P Thane, G Crossick, R Floud (Ed), 1984

एलजीबीटी

एलजीबीटी चार तरह के खास व्यक्तियों के समुदायों को मिलाकर बना एक खास अभिप्राय वाला शब्द है। इन समुदायों को लेस्बियन, गे, बायोसेक्सुअल और ट्रॉन्सजेंडर कहते हैं। इन्हें सम्मिलित रूप से एलजीबीटी समुदाय कहा जाता है। पश्चिमी देशों, खास कर अमेरिका में 1980 के दशक में इसने अपनी एक सामूहिक पहचान बना कर अपने अधिकारों के लिए संघर्ष करना शुरू कर दिया था। यह समुदाय कामुकता के गैर-परंपरागत रूपों से संबद्ध रहा है। इसका संबंध उन सभी समुदायों के एक खास ग्रुप से है जो विपरीत लिंगी कामुकता से अलग हैं। वे अब अपनी पहचान को छिपा कर रखना नहीं चाहते, बल्कि सामाजिक स्वीकृति और अपने ही जेंडर में विवाह को वैधानिक मर्यादा देने की मांग करते हैं।

एलजीबीटी समुदाय के अधिकारों के लिए संघर्ष का एक लंबा इतिहास है। सड़क पर प्रदर्शनों के अलावा मीडिया और कला-साहित्य में भी यह मुद्दा प्रभावशाली ढंग से उभरा है। अमेरिका में यह राजनीतिक सक्रियतावाद का एक हिस्सा रहा है। मेरी बर्नस्टीन ने लिखा है, 'पुरुष और स्त्री लिंगों के प्रभुत्व को इस समुदाय का आंदोलन सांस्कृतिक राह से चुनौती देता है। अब इन समुदायों के अधिकारों और हितों की रक्षा करना एक राजनीतिक लक्ष्य भी हो गया है।' (आइडेंटिटी एंड पॉलिटिक्स)। उनके आंदोलन को सामाजिक मर्यादाओं को चुनौती के रूप में भी देखा जाता है। कहा जाता है कि वे ऐसे अधिकारों की मांग करते हैं जो अप्राकृतिक हैं। लंबे समय से उनकी मांगों को सामाजिक रूप से स्वीकार नहीं करने योग्य ही माना जाता रहा है।

समाज सुधारक जेरेमी बेंथम ने सबसे पहले उनके अधिकारों को 1785 में स्वीकार किया था। 1940 से समलैंगिकता का आंदोलन खास कर डेनमार्क और नीदरलैंड में तीव्र हुआ। यह पश्चिमी देशों में फैलने लगा। 1994 में फिलीपींस में लेस्बियन और गे का पहला मार्च आयोजित हुआ। नीदरलैंड पहला देश है जिसने 2001 में समान लिंगी विवाह को स्वीकृति दी। 2016 में स्वीडेन, कनाडा, दक्षिण अफ्रीका, स्पेन, फ्रांस, न्यूजीलैंड, इंग्लैंड और अमेरिका में भी इसकी स्वीकृति मिल गई। भारत में समलैंगिकता और समान लिंग में विवाह की वैधानिक स्वीकृति नहीं है, पर 'तीसरे लिंग' को 2016 में स्वीकृति मिल गई है। इसके साथ भेदभाव पर रोक लग गई है। इसके अलावा, समलैंगिकता को अपराध न मान कर निजी मामले के रूप में देखने का शशि थरूर का एक प्रस्ताव (2016) विचाराधीन है।

एलजीबीटी आंदोलन का विरोध अनगिनत व्यक्तियों और संगठनों द्वारा नैतिक, धार्मिक और वैयक्तिक आधार पर होता रहा है। भूतपूर्व-समलैंगिकों का अपना एक आंदोलन है। इसमें वे लोग हैं जो समलैंगिकता छोड़ चुके हैं। एलजीबीटी समुदाय कई मायनों में विभाजित है। इस ग्रुप के हर समुदाय की अपनी विशिष्ट समस्याएं हैं, पर उनकी इकट्ठा पहचान भी एक अर्थ रखती आई है और उन्हें सहानुभूति से देखने वाले लोग कम नहीं हैं।

शंभुनाथ

अधिक जानकारी के लिए :
1. **Identity and Politics** : Mary Bernstein, 2002,
2. **Getting Bi : Voices of Bisexuals Around the World** : Robyn Ochs, Sarah Rowley, 2009

एलीट वर्ग

अंग्रेजी शब्द 'एलीट' का अर्थ कुलीन या अभिजात वर्ग है। राजनीतिक और सामाजिक सैद्धांतिकी में 'एलीट वर्ग' (Elite Class) का आशय उस छोटे जनसमूह से होता है, जो सत्ता और संपत्ति पर असमान रूप में अपना नियंत्रण बनाए रखते हुए, जनसाधारण के बीच विशिष्ट हैसियत हासिल कर लेता है। सामान्यतया किसी समाज का वह विशेष वर्गसमूह, जो धनसंपन्न और ताकतवर होता है, 'एलीट' वर्ग कहलाता है।

सी राइट मिल्स के अनुसार, 'एलीट वर्ग राजनेताओं, अर्थशास्त्रियों और नायकों की वह मंडली है, जो समान रुझान वाले मुट्ठी भर किंतु प्रभावशाली लोगों के जटिल समुच्चय के रूप में, ऐसे फैसले लेती है जो राष्ट्रीय महत्व के होते हैं।' (द पॉवर एलीट) जहाँ तक राष्ट्रीय महत्व के मुद्दों का प्रश्न है, उनके बारे में फैसला हमेशा एलीट वर्ग करे, यह जरूरी नहीं है। यह जरूर है कि एलीट वर्ग के सदस्य आपस में एक-दूसरे की उच्च सामाजिक स्थितियों को मान्यता देते हैं। मिल्स आगे कहते हैं, 'ये सदस्य एक-दूसरे के महत्व को स्वीकार करते हैं। एक-दूसरे को समझते हैं। आपस में शादियां रचाते हैं और एक जैसा सोचने और एक जैसा काम करने की प्रवृत्ति रखते हैं। एलीट वर्ग का अस्तित्व एक तयशुदा ढर्रे पर चलता है जिसमें शिक्षा महत्वपूर्ण भूमिका निभाती है। इस वर्ग के युवा सदस्यों की आरंभिक शिक्षा श्रेष्ठतम स्कूलों में होती है जो न केवल हारवर्ड, ऑक्सफोर्ड, येल, प्रिंस्टन इत्यादि एलीट विश्वविद्यालयों के लिए प्रवेश द्वार का काम करते हैं, बल्कि महंगी जीवन-शैलियों का अभ्यस्त भी बनाती है। ऐसी शिक्षा एलीट वर्ग के लोगों को वह परिप्रेक्ष्य और अवसर प्रदान करती है तथा ऐसे संपर्कों के निकट लाती है, जो उन्हें सत्ता के तीन प्रमुख संवर्गों यथा ; राजनीतिक नेतृत्व, सैन्य नेतृत्व और कारपोरेट नेतृत्व के सफल सदस्य के रूप में स्थापित करते हैं।' (वही)।

एलीट वर्ग का प्रसार सत्ता के भीतर तक होता है, लेकिन लोकतंत्र में शासक वर्ग और एलीट वर्ग में अंतर होता है। शासक वर्ग जनता द्वारा चुना जाता है, एलीट वर्ग के निर्माण में जनता की कोई भूमिका नहीं होती। एलीट वर्ग के व्याख्याकार विल्फ्रेदो परेटो का कहना है कि एलीट व्यक्ति में खास मनोवैज्ञानिक गुण होते हैं जिनके आधार पर कुटिलता, छल, ताकत और फैसलाकुन पहलकदमी का इस्तेमाल करते हुए वह सत्ता पर काबिज रहता है। चूंकि एलीटों का गुट छोटा-सा होता है, इसलिए उसे अधिक संगठित और सुसंगत रूप से कार्रवाई करने में आसानी होती है। उसके सदस्य आपस में लगातार संपर्क बनाए रखते हैं जिससे आपसी मतैक्य के आधार पर नीति-निर्माण की प्रक्रिया में बाधा नहीं पड़ती। ऐसी बात नहीं कि एलीट व्यक्ति हमेशा ही अपनी सत्ता बचाने में कामयाब रहते हों। उनकी विफलता का दोष आम तौर पर राजनीतिक कौशल या इच्छा-शक्ति के अभाव पर मढ़ा जाता है। समाज के साथ जीवंत संपर्क रखते हुए नए विचारों को ग्रहण करके अपना पुनःसंस्कार करते रहने वाले एलीट लंबे अरसे तक टिके रहते हैं। जो एलीट ऐसा नहीं करते, उनका वक्त जल्दी पूरा हो जाता है। उनके खिलाफ़ खड़ा हुआ प्रति-एलीट किसी जनसमूह का नेतृत्व करता हुआ उनके हाथ से सत्ता छीन लेता है।

सत्ता के भीतर एलीट वर्ग के व्यापक प्रसार को देखते हुए राजनीतिक और समाजशास्त्री सिद्धांतों में अभिजनवाद या एलीटवाद की अवधारणा प्रचलित हुई। अभिजनवादी सिद्धांत मूलतः इस प्राचीन विश्वास पर आधारित है कि समाज मुट्ठी भर शासकों और बहुसंख्यक शासितों में बंटा होता है। प्लेटो ने शासन करने के लिए ऐसे लोगों की शिनाख्त करने का सुझाव दिया था जिनके पास हुकूमत करने के लिए आवश्यक प्रकृति-प्रदत्त योग्यताएं हों। इतिहास और

राजनीति को समझने का यह एक प्रचलित तरीका है कि उन अभिजनों का अध्ययन किया जाए जिनके पास समाज के विभिन्न क्षेत्रों के संचालन के लिए निर्णय लेने के अधिकार रहे हैं। बीसवीं सदी की शुरुआत में इतालवी समाजशास्त्रियों गेटानो मोस्का और विल्फ्रेदो परेटो के साथ-साथ मोस्का के जर्मन अनुयायी रॉबर्ट मिशेल्स ने लोकतांत्रिक व्यवस्थाओं के विकास के खिलाफ प्रतिक्रिया करते हुए दावा किया कि अभिजनों का शासन मानवीय इतिहास का एक प्रमुख लक्षण है। यह सूत्रीकरण उन्नीसवीं सदी में मार्क्सवाद द्वारा प्रवर्तित और पुष्ट समतामूलक सिद्धांतों के खिलाफ था। हालांकि इन विद्वानों ने आग्रहपूर्वक कहा कि उनका समाज-विज्ञान किसी मूल्य से बंधा हुआ नहीं है, पर इटली में उभरते हुए फासीवाद के प्रति उनकी हमदर्दी किसी से छिपी हुई नहीं थी। परेटो और मिशेल्स तो सीधे-सीधे फासीवाद के समर्थक थे। कुल मिला कर इन तीनों सिद्धांतकारों की कोशिश थी कि संसदीय व्यवस्था केवल उच्च और मध्यवर्ग की भागीदारी तक ही सीमित रहनी चाहिए। वे मजदूरों और किसानों के प्रतिनिधित्व वाली संसद को तिरस्कारपूर्ण दृष्टि से देखते थे।

मार्क्सवादी सिद्धांतकारों और लोकतांत्रिक बहुलतावाद के पैरोकारों ने एलीटवाद या अभिजनवाद को कड़ी चुनौती दी। मार्क्सवादियों ने कहा कि यह सिद्धांत अभिजनों के प्रभुत्व के बुनियादी आधार की शिनाख्त करने में नाकाम रहा है। दूसरी ओर, बहुलतावादियों का तर्क था कि आधुनिक, विकसित और उदारवादी समाजों में सत्ता और प्रभुत्व के लिए विविध हितों के बीच प्रतियोगिता होती है।

प्रियम अंकित

अधिक जानकारी के लिए :

1. **The Sociology of Elites :** Michael Hartman, 2007, 2. **Super Class : The Global Power Elite and the World they are Making :** Devid Rothkopf, 2009

एलोरा

एलोरा या एल्लोरा (मूल नाम वेरुल) औरंगाबाद, महाराष्ट्र से करीब तीस किलोमीटर की दूरी पर स्थित एक पुरातात्विक स्थल है। इसे राष्ट्रकूट वंश के शासकों द्वारा बनवाया गया था। अपनी स्मारक गुफाओं के लिए प्रसिद्ध एलोरा यूनेस्को द्वारा 'विश्व धरोहर स्थल' में शामिल है। एलोरा स्थित पहाड़ी क्षेत्र में लगभग छठी-सातवीं शताब्दी ईसवी से ग्यारहवीं-बारहवीं शताब्दी ईसवी तक की कई सौ गुफाएं हैं, जिनमें से 34 गुफाएं प्रसिद्ध हैं। पूरी दुनिया से पर्यटक इन्हें देखने आते हैं। इनमें गुफा संख्या एक से बारह तक बौद्ध धर्म से संबंधित हैं। तेरह से उन्नीस तक हिंदू धर्म से और तीस से चौंतीस तक जैन धर्म से संबंधित हैं। ये सभी गुफाएं आस-पास बनी हुई हैं और अपने निर्माण काल से ही धार्मिक सौहार्द का प्रतीक रही हैं। जैसे अजंता की गुफाएं चित्रों के लिए विश्व प्रसिद्ध हैं उसी प्रकार एलोरा की गुफाएं मूर्तियों के लिए। दक्षिण और पश्चिमी भारत में पर्वत की खड़ी दीवार को काटकर गुफा मंदिर निर्माण का ऐसा उत्कृष्ट उदाहरण गुप्त काल के उत्तरवर्ती युग में दूसरा नहीं है।

वास्तुनिर्माण की दृष्टि से दशावतार, रामेश्वर, सीता की नहानी और कैलाश किसी आश्चर्य से कम नहीं। कला समीक्षकों के अनुसार, कैलाश के परिवेश में समूचा ताज अपने आंगन समेत रख दिया जा सकता है। इतना ही नहीं, एथेंस का प्रसिद्ध मंदिर 'पार्थेन' भी

इसके आयाम में समा जा सकता है। एलोरा भारतीय पाषाण शिल्प स्थापत्य कला का सार है। वस्तुतः यह प्राचीन भारतीय सभ्यता का जीवंत उदाहरण है। बौद्ध, हिंदू और जैन धर्म को समर्पित एलोरा परिसर न केवल अद्वितीय कलात्मक सृजन और तकनीकी उत्कृष्टता का निदर्शन करता है, बल्कि यह प्राचीन भारत के धैर्यवान चरित्र की व्याख्या भी करता है।

पत्थरों को काटकर बनाई गई ये गुफाएं और मंदिर दुनिया भर में पत्थरों पर नक्काशी का उत्कृष्ट उदाहरण हैं। गुफा सोलह में दुनिया का सबसे विशालकाय स्तूप है, जो भगवान शिव को समर्पित है। कैलाश मंदिर के नाम से जानी जाने वाली इस गुफा को बनाने में लगभग डेढ़ सौ साल लगे। प्राचीन समय की यह बेहतरीन वास्तुकला है। एलोरा की गुफाएं सह्याद्रि पहाड़ी (कोंकणतटीय क्षेत्र और पश्चिमी घाट) क्षेत्र में आती हैं। यह पहाड़ गोदावरी नदी की लहरों से भी इन गुफाओं की रक्षा करता है। इन गुफाओं में लगी बुद्ध की मूर्तियां आज भी जीवंत लगती हैं। ऐसा लगता है कि बुद्ध हमें संदेश दे रहे हैं। सबसे पहले बुद्ध गुफाओं का ही निर्माण हुआ था। इसके बाद पांचवीं से सातवीं शताब्दी के बीच मठ, बहुमंजिला इमारतें और रहने के लिए आवास भी बनाए गए। हिंदू गुफाओं का निर्माण सातवीं शताब्दी के बाद शुरू हुआ। इन गुफाओं को बेहद कलात्मक तरीके से बनाया गया है। इन्हें देखकर लगता है कि कोई अब इन्हें बनाए तो सदियां लग जाएंगी, फिर भी इतनी बेहतरीन कलाकृति बनाना शायद संभव न हो पाए। जैन गुफाएं अन्य गुफाओं से छोटी हैं पर इनकी कलाकृति भी देखते ही बनती हैं। यहां जैन दर्शन और परंपरा को बेहतरीन तरीके से पत्थरों पर उकेरा गया है। ये गुफाएं सादगी का बेहतरीन उदाहरण हैं।

अभिलेख बताते हैं कि इन गुफाओं को देखने के लिए विभिन्न उत्साही यात्रियों के अलावा नियमित रूप से राजसी लोग भी आते रहे। इस क्रम में दसवीं सदी के अरब भूगोलवेत्ता, अल-मसूदी को सर्वप्रथम आगंतुक माना जाता है। 1352 ईसवी में सुल्तान हसन गंगू बहमनी की आगामी यात्रा के अवसर पर गुफाओं तक पहुंचने के रास्तों की मरम्मत की गई। इन गुफाओं को देखने वाले अन्य महत्वपूर्ण नामों में फिरिशता वनॉट (1633-67), निकोलोमनुक्की (1653-1708), चार्ल्स बारेमलेट (1794), सीले (1824) जैसे लोग शामिल हैं। उन्नीसवीं सदी के दौरान इन गुफाओं पर इंदौर के होल्करों ने कब्जा कर लिया था। होल्करों के बाद, इनका नियंत्रण हैदराबाद के निजाम को मिल गया। अब राज्यों के पुनर्गठन और पूर्ववर्ती निजामों के राज्य क्षेत्र को महाराष्ट्र में मिलाने के बाद ये गुफाएं महाराष्ट्र में भारतीय पुरातत्व सर्वेक्षण के अनुरक्षणाधीन है।

जय कौशल

अधिक जानकारी के लिए :
1. **भारतीय स्थापत्य :** श्रीरंगकुमार झा, 2003, 2. **भारत के भवनों की कहानी :** भगवतशरण उपाध्याय, 3. **Unfolding a Mandala : The Buddhist Cave Temples at Ellora :** Geri Hockfield Malandra, 1993

एशियाई निरंकुशता

पश्चिमी सभ्यता में भी निरंकुश राजसत्ता रही है, पर कार्ल मार्क्स ने एशियाई उत्पादन प्रणाली पर चर्चा करते हुए खासकर भारत के संदर्भ में एशियाई निरंकुशता (Asiatic despotism) का मुद्दा उठाया था। उनकी नजर में 'एशियाटिक मोड ऑफ प्रोडक्शन' का मुख्य लक्षण है आत्मनिर्भर ग्राम समुदायों का होना, जिनमें कृषक और दस्तकारों की एकता होती थी और व्यक्तिगत संपत्ति का अभाव था। कृषक और दस्तकार जैसे लोहार, कुम्हार, बढ़ई आदि आपस में जरूरत की चीजें एक-दूसरे से पा जाते थे और उनका नगर से संबंध नहीं था। आत्मनिर्भर ग्राम समुदाय अपने भीतर भाईचारा, परस्पर सहयोग, सच्चाई जैसे उच्च गुणों के साथ स्वतःसंपूर्ण थे, अपरिवर्तनशील थे और सामाजिक स्थिरता के जनक थे। मार्क्स ने यह भी लिखा है कि दिल्ली को अकबर ने दुनिया का सबसे बड़ा और खूबसूरत नगर बना दिया, पर यह धारणा भी दी कि एशियाई नगर का उदय वहां होता है जहाँ व्यापारी नगर को मात्र विलासिता की चीजों को

अपने जाल में फंसाने की जगह के रूप में देखते हैं। राजसत्ता पूंजीवादी हितों को बढ़ावा नहीं देती और निरंकुश होती है।

एशियाई उत्पादन प्रणाली की धारणा को स्पष्ट करते हुए मार्क्स ने बताया कि शुष्क क्षेत्रों में सिंचाई के साधन विकसित करना ग्राम समुदायों के वश की बात न थी। यह सिर्फ राजा ही कर सकता था। इस स्थिति ने एशिया में निरंकुश (डिस्पोटिक) राजसत्ता को एकमात्र सत्य के रूप में प्रतिष्ठित कर दिया। इस प्रकार प्राच्य निरंकुशता आत्मनिर्भर ग्राम समुदाय पर आधारित एशियाई उत्पादन प्रणाली की देन है जो सैकड़ों साल तक एशियाई देशों की विशेषता रही है। एशियाई देशों में भूमि पर सामूहिक स्वामित्व की वजह से सामंतवाद का विकास नहीं हुआ, यहां व्यक्तिगत संपत्ति का अभाव था। मार्क्स ने एशियाई उत्पादन प्रणाली की एक खूबी 'सामाजिक स्थिरता' और दूसरी खूबी 'प्रतिरोधहीनता' मानी। भारत में बेरोकटोक विदेशी आक्रमण हुए, इस देश में प्रतिरोध की शक्ति नहीं थी, क्योंकि आत्मनिर्भर ग्राम समुदायों को उन आक्रमणों से कोई मतलब नहीं था। वे नगरों के निर्माण और तहस-नहस से उदासीन थे। प्राचीन उत्पादन प्रणाली के सामंतवाद में रूपांतरण में व्यक्तिगत भूसंपत्ति मुख्य तत्व है, जो सामाजिक गतिशीलता लाता है। मार्क्स को भारत में व्यक्तिगत भूसंपत्ति और सामंतवाद का अभाव दिखा और एशियाई निरंकुशता (एशियाटिक डिस्पोटिज्म) की प्रधानता मिली।

एशियाई स्थिरता और निरंकुशता की धारणा का निर्माण मुख्य रूप से एडम स्मिथ, मांटेस्क्यू, हेगेल आदि चिंतकों ने एशियाई देशों में 'सभ्यता का मिशन' का उद्देश्य लेकर औपनिवेशिक शासन का तर्क स्थापित करने के लिए किया था। मांटेस्क्यू मानता था कि प्राच्य देशों के धार्मिक विधि-विधान, आचार-विचार अपरिवर्तनीय थे। (द स्पिरिट ऑफ द लॉज)। हेगेल की धारणा थी कि हिंदू जाति सदा से अपरिवर्तनशील थी, वह सदा अंधविश्वासों से ग्रस्त थी। भारत और चीन दोनों देश गतिशून्य थे। इसलिए उन पर पश्चिम के उच्चतर और विकसित विचारवाद की स्थापना की जानी चाहिए, क्योंकि पूर्वी देश सिर्फ तभी स्वतंत्रता का वास्तविक अनुभव कर सकते हैं। (द फिलॉसफी ऑफ हिस्ट्री)। मार्क्स ने उपर्युक्त सोच को ही फुटकल ढंग से सिंचाई की जरूरत, भूमि के निजी स्वामित्व का अभाव, आत्मनिर्भर ग्राम समुदाय में कृषक और दस्तकार की एकता, नगरों के अभाव आदि के संदर्भ में एशियाई उत्पादन प्रणाली के आर्थिक सिद्धांत में ढाल दिया।

वैसे इस संबंध में मार्क्स के विचार बदलते रहे हैं। पहले उनकी धारणा थी, 'इंग्लैंड को भारत में दोहरे मिशन की पूर्ति करनी है—विनाशकारी और पुनर्निर्माणकारी। पुराने एशियाई समाज का विनाश करना और (पूंजीवाद आधारित) पश्चिमी समाज की भौतिक नींव डालना।' (भारत के ब्रिटिश शासन के भावी परिणाम, 1853)। मार्क्स ने न सिर्फ एशियाई उत्पादन प्रणाली से सीधे पूंजीवाद में छलांग की बात की, बल्कि भारतीय समाज की अपरिवर्तनशीलता के यूरोप केंद्रिक सोच के असर में आकर यहां तक कह दिया कि भारत का अपना कोई इतिहास नहीं है। इसका सारा इतिहास उन बाह्य आक्रमणकारियों का इतिहास है, जो भारत के स्थिर और प्रतिरोधहीन समाज पर अपने-अपने साम्राज्य की प्रतिष्ठा करते रहे हैं।

एशियाई निरंकुशता जिन आर्थिक संदर्भों में उपस्थित धारणा है, वह भारत में लागू नहीं होती। फिर भी लंबे समय तक भारतीय बुद्धिजीवियों के बीच इन प्रश्नों पर बहस चली है कि भारत में सामंतवाद था या नहीं, भारत में पहले व्यापारिक पूंजीवाद के तत्व थे या नहीं और क्या अंग्रेजी राज की स्थापना के बाद भारतीय समाज की स्थिरता टूटी, सामंतवाद बना, पूंजीवाद आया और आधुनिकता आई? देखा जा सकता है कि कई मार्क्सवादी और कई आधुनिकतावादी इस बिंदु पर आपस में मिल जाते हैं। दोनों की धारणा है, अंग्रेजी राज स्थापित न होता तो भारत में अंधकार छाया रहता, सामाजिक स्थिरता नहीं टूटती।

मार्क्स को 1853 में जो लगा हो, 1857 से उनके विचार बदलने लगे थे। बेरा जेसूलिच के नाम अपने 1881 के एक पत्र के मसौदे में उन्होंने स्पष्ट

कर दिया, 'वह एशियाई निरंकुशता पर थोपी गई यूरोपीय निरंकुशता थी। सारी दुनिया जानती है कि सामुदायिक भूसंपत्ति का खात्मा अंग्रेजों की खालिस डकैती थी। उससे भारत के देसी लोग आगे नहीं पीछे ठेल दिए गए हैं।' उन्होंने उपनिवेशवाद को उसके सही संदर्भ में देखा, पर भारत के आत्मनिर्भर ग्राम समुदाय के एशियाई तत्वों के विनाश के संदर्भ में देखकर उनका सिर्फ अखरना वस्तुतः विनाश को काफी सीमित कर देता है।

रामविलास शर्मा ने अंग्रेजी राज में उपनिवेशवाद द्वारा हुए विनाश को व्यापक संदर्भ में देखते हुए कहा, 'अंग्रेजों ने यहां सामूहिक संपत्ति वाले कबीलाई ग्राम समाजों का विघटन नहीं किया, उन्होंने यहां के प्रतिक्रियावादी सामंतों से मिलकर उभरते हुए पूंजीवाद का नाश किया।' (भारत में अंग्रेजी राज और मार्क्सवाद)। उनके कथन का अभिप्राय है, अंग्रेज जब आए भारत इंग्लैंड से उन्नत था। वह मानते हैं, 'उत्पादन का पुराना तरीका कायम रहता है, लेकिन बड़े पैमाने पर बिकाऊ माल तैयार होने लगता है। विनिमय का विकास होता है। नए पूंजीवादी संबंध कायम होते हैं और इसके साथ नए सामाजिक और सांस्कृतिक आंदोलन उभर आते हैं।' (वही)। इसमें संदेह नहीं कि प्राचीन भारत में व्यक्तिगत भूसंपत्ति के प्रमाण हैं, व्यापारिक पूंजीवाद का अस्तित्व था, सांस्कृतिक सुधार के लिए भक्ति आंदोलन लंबे समय तक चला और भारत की राजनीतिक संस्थाओं में भिन्नता थी।

भारतीय समाज न स्थिरतावादी था और न प्रतिरोधहीन, पर यह भी स्वीकार करना होगा कि भारत में सामाजिक विकास की गति विषम रही है। इसका अर्थ है, भारत में अंग्रेजी राज से पहले की आर्थिक बुनावट में आत्मनिर्भर ग्राम समुदायों के प्राचीन तत्व, सामंती व्यवस्था और व्यापारिक पूंजीवाद, ये तीनों ही तत्व घटते-बढ़ते अनुपातों में मौजूद थे। निश्चय ही विभिन्न युगों की भारतीय राजसत्ताओं में निरंकुशता के तत्व उसी बड़े पैमाने पर थे, जिस तरह वे पश्चिमी देशों में भी थे। उसके मूल में महज सिंचाई की जरूरत नहीं थी। उसकी जड़ों में धार्मिक विश्वास, लोक की राजसत्ता से उदासीनता जैसी कुछ दूसरी चीजें भी रही हैं। भारत में निरंकुशता हमेशा एक जैसी, इकहरी और सभ्यतागत विकास से निरपेक्ष कभी नहीं रही है। इसे संपूर्ण इतिहास पर थोपा नहीं जा सकता। यह तथ्य खास तौर से उल्लेखनीय है कि भारत में बाहर से आक्रमणकारी आते रहे हैं, पर इस देश में बस जाने के बाद किसी ने भी दूसरे देशों पर व्यापार या उपनिवेश निर्माण के मकसद से आक्रमण नहीं किया। यह देश ब्रिटिश साम्राज्यवाद का प्रतिरोध न कर पाया हो, पर कभी आक्रमणकारी न था।

शंभुनाथ

अधिक जानकारी के लिए :

1. **भारत में अंग्रेजी राज और मार्क्सवाद** : रामविलास शर्मा,
2. **उपनिवेशवाद के बारे में** : कार्ल मार्क्स

एशियाई संस्कृति

संस्कृति के सवालों पर जब भी चर्चा होती है, अक्सर अमेरिका और यूरोपीय देशों की संस्कृतियों के बरअक्स ही एशियाई देशों की संस्कृतियों को समझना होता है। पिछले कुछ दशकों से यह आत्मविश्वास दिखाई पड़ा है कि एशियाई देशों की संस्कृतियां पिछड़ी नहीं हैं। यह आग्रह भी बढ़ा है कि एशियाई संस्कृतियों को नस्लवादी निगाह से नहीं देखा जाना चाहिए जो 'ओरियंटलिज्म' में थी। एशियाई देशों की अपनी उच्च परंपराएं हैं, जिनके विस्तृत अध्ययन की जरूरत है, क्योंकि तभी एशियाई संस्कृतियों की महानता, अंतर्विरोध और उपस्थित चुनौतियों के बारे में विस्तृत जानकारी होगी।

एशिया को पूर्वी, दक्षिणी, दक्षिण-पूर्वी, पश्चिमी, उत्तरी और मध्य एशिया में इस तरह विभाजित करके देखा जाता है कि ये यूरोपीय संघ जैसा कभी नहीं बन सकते, हालांकि यह स्वप्न भी रहा है। इतने अधिक धर्मों वाला महादेश पृथ्वी पर कोई दूसरा नहीं है। कई एशियाई देशों में विभिन्न धर्मावलंबी एक साथ रहते हैं।

एशियाई देश अमेरिका और कई यूरोपीय देशों की तुलना में प्राचीन हैं। इनके अपने लंबे सांस्कृतिक इतिहास हैं। एशिया के कुछ देश यूरोपीय देशों के प्रत्यक्ष उपनिवेशवाद से बचे हुए थे और कुछ उनके निर्मम शिकंजे में थे। एशिया के एक बहुजातीय देश हिंदुस्तान में कई दूसरी जगहों के उपनिवेशवाद-विरोधी संघर्ष की तरह ही लंबा और तुलनात्मक रूप से अधिक प्रेरणादायी संघर्ष चला था। दुनिया के गुलाम देश बीसवीं सदी में 40 से लेकर 60 के दशक के बीच आजाद हुए, हालांकि 1904 में जापान ने रूस जैसे विशाल देश को पराजित करके एशिया के जागरण का संदेश दे दिया था। बीसवीं सदी में एशिया की जनता ने स्वतंत्रता, समानता और शांति के लिए कई आकारों में संघर्ष किया और अपने-अपने देश में इनसे संबंधित राष्ट्रीय मूल्य विकसित किए। निश्चय ही इसी सदी के उत्तरार्ध में एशिया के अधिकांश देशों में न केवल अमेरिका का वर्चस्व बढ़ा, बल्कि कई देशों में उसके सैनिक अड्डे भी बने। एशियाई देशों में जनसंहार जैसी बर्बरता से लेकर सौंदर्य प्रसाधन के लिए 'स्पा' तक ढेरों विचित्रताएं हैं।

अमेरिका का इंडोनेशिया-मलेशिया से लेकर अरब देशों तक हर स्तर पर प्रभाव बढ़ा है। आतंकवाद ने उसी करारे ढंग से विश्व भर में अपने खौफनाक रूप दिखाए हैं। एशिया कहते ही बताया जाता है कि यह आतंकवाद का फार्महाउस है। यहां गंदे और पिछड़े लोगों के देश हैं। यह महादेश एक प्राचीन अजायबघर है।

इधर एशियाई एकता के राजनीतिक-आर्थिक चिह्न नहीं दिखते, जिस तरह यूरोपीय संघ के देशों में हैं। एशिया में 'यूरो' की तरह सामान्य मुद्रा 'एशिय' चलाने की स्थितियां नहीं हैं। एक महान सहिष्णुता की प्रतीक्षा में पूरा एशिया है। दुनिया में धर्मों के प्रभाव के बावजूद विज्ञान की प्रगति तेज गति से जारी है, समाज में विज्ञान के प्रति आदर बढ़ा है। 1992 में पोप जॉन पॉल ने लगभग चार सौ साल पहले चर्च के निर्देश पर गैलिलियो पर हुए जुल्म के लिए माफी मांगी थी। एशियाई समाजों में धार्मिक कट्टरवाद में कमी नहीं आई है, पर इसके खिलाफ संघर्ष की एक महान परंपरा है। इसके कुचले गए आदर्शों में अभी जान है। एशिया मरा नहीं है। इसके देशों में सोच, संस्कृति और आर्थिक संबंध के स्तर पर बदलाव के चिह्न नजर आ रहे हैं।

प्राचीन अंतःसंबंध : एशिया में हिंदू, इस्लाम और बौद्ध धर्मों की प्रधानता रही है। अरब देश, पाकिस्तान, बांग्लादेश, ईरान, इराक, अफगानिस्तान, मलेशिया, इंडोनेशिया आदि मुख्यतः इस्लामी आस्था के देश हैं, हालांकि भारत में मुसलमान कम नहीं हैं। चीन, जापान, म्यांमार, थाईलैंड और श्रीलंका मुख्यतः बौद्ध आस्था के देश हैं। बौद्ध भारत में भी कम नहीं हैं। भारत हिंदू बहुसंख्यकता के बावजूद एशिया का सबसे बड़ा बहुधार्मिक, बहुभाषिक और बहुसांस्कृतिक देश है। भारत की संस्कृति में विविधता है। निःसंदेह उसमें विविधता के साथ मिश्रणशील उदारवाद है, जो प्राचीन समय से अंतर्विरोधों के बावजूद लगातार विकसित होता रहा है और यह आज भी मजबूत है।

रामविलास शर्मा ने पश्चिम एशिया के ऋग्वैदिक संपर्कों पर विचार करते हुए अफ्रीकी-एशियाई सभ्यता की प्रसार भूमि पर रोशनी डाली थी। उन्होंने भाषाविज्ञान, पुरातत्व और संगीत को आधार बनाया था। वे पौर्वात्यवाद को चुनौती देते हुए एशिया के ऐतिहासिक गौरव का ही उद्घाटन नहीं करते, हिंगिस के इस मत को पर्याप्त महत्व देते हैं, 'एक विशाल भूखंड में संस्कृति बहुत हद तक एकरूप थी।' वे भाषावैज्ञानिक बरो के विचार रखते हैं। उनकी दृष्टि में एशिया की भूमि मानव सभ्यता के विकास के संदर्भ में एक खास गरिमा रखती है। उन्होंने भाषा के अलावा लोकसंगीत के आधार पर भी एशियाई एकता पर विचार किया। उनका कहना था, हड़प्पा, सुमेर और मिस्र ये प्राचीन सभ्यता के तीन प्रधान केंद्र हैं और परस्पर संबद्ध हैं। रामविलास शर्मा एशियाई सभ्यता की बात नए सिरे से उठाने वाले पहले व्यक्ति हैं। वे जब ऐसा करते हैं चीन, पश्चिम एशिया, भारत आदि सभी को जोड़कर देखते

हैं और यूरोप से इनके रिश्ते की अब तक की जो यूरोप केंद्रित समझ है, उसे उलट देते हैं।

यह सोचने का विषय है कि एक समय चीन-भारत, ईरान-हिंदुस्तान और दक्षिण एशिया के देशों के बीच सांस्कृतिक संबंध कितना प्रगाढ़ था। इतिहास का पहिया इस तरह घुमा दिया गया कि यह संबंध छिन्न-भिन्न होने लगा। एशियाई संस्कृति की समस्याओं का अलग-अलग देश में अलग-अलग समाधान होने के बावजूद सभी समाजों में संस्कृति के कुछ सामान्य पैटर्न या रूप स्वाभाविक हैं। यह एक वास्तविकता है कि ये संस्कृतियां हमेशा संरक्षणवादी और स्थिर नहीं हैं। ये उन्नत रूप में कई बिंदुओं पर अपनी-अपनी गतिशील विश्वदृष्टि रचती हैं। रोटी, पानी, कपड़ा और घर सभी इंसानों की बुनियादी जरूरतें हैं। इसलिए भिन्नताओं के बावजूद एशिया ही नहीं, दुनिया भर की संस्कृतियों की कुछ सामान्य विशेषताएं संभव हैं।

एक समय हर संस्कृति में एक विश्वदृष्टि की तड़प थी और सामान्य तत्वों की खोज की जाती थी। मेगस्थनीज, फाहियान, ह्वेनसांग, अलबिरूनी आदि अपने-अपने देशों से हिंदुस्तान की यात्रा पर आए थे। उन्होंने भिन्नताओं को सभ्यताओं की टकराहट के रूप में नहीं, सभ्यताओं के संवाद के रूप में देखा था।

सभ्यताओं का संवाद आम जन और इनसे जुड़े संस्कृतिकारों के स्तर पर था, टकराहट धार्मिक और राजनीतिक सत्तालोलुपों के स्तर पर थी। इरफान हबीब का विचार है कि 'मध्य युग' में कुलीनों की संस्कृति के समानांतर आम जनता की एक सर्व स्वीकार्य मिश्रित संस्कृति का प्रादुर्भाव हो चुका था। उनका कहना है, 'नगरों की विकास-प्रक्रिया में ऐसी परिस्थितियां उत्पन्न हुईं, जिनसे एक सम्पन्न व्यवसायी वर्ग का जन्म हुआ और कारीगरों के लिए बड़ी संख्या में रोजगार के अवसर पैदा हुए। एक उच्च किस्म की मिश्रित संस्कृति उभर कर आई।' इससे स्पष्ट होता है कि यह एक नया दौर था, जब धर्म, साहित्य और संस्कृति में आम जनता का वैचारिक हस्तक्षेप शुरू हो जाता है।

साम्राज्यवादी हस्तक्षेप : एशिया की अपनी एक विकासशील संस्कृति है, जो पहले औपनिवेशिक हस्तक्षेप और अब वैश्वीकरण के नकारात्मक प्रभावों की वजह से रूढ़िवाद, कलह और हिंसा में फंसी हुई है। पहले युद्धों में जितने मारे जाते थे उससे अधिक लोग अब दंगों, नरसंहार, राजनीतिक हिंसा, आत्मघाती आतंकवादी हमलों और आर्थिक चक्की में पिसकर मारे जाते हैं या आत्महत्या करते हैं। निश्चय ही किसी दूसरे महादेश से एशिया में आज ये दृश्य ज्यादा हैं। प्राचीन सांस्कृतिक संवाद, इंटरैक्शन और सामंजस्य के सिलसिले की जगह खुदगर्जी, भिन्नता और हिंसा एशियाई संस्कृति की मुख्य खूबियां बन गई हैं। इन एशियाई विडंबनाओं की वजह यह है कि यहां पुराने औपनिवेशिक चिंतन की गहरी जड़ें हैं। इसलिए दूसरों की संस्कृतियों को समझने की जगह सिर्फ फर्क देखने की कोशिशें होती हैं और सांस्कृतिक भिन्नताओं को सम्मान की नजरों से नहीं देखा जाता।

फैज अहमद फैज (1911-1984) पाकिस्तान की संस्कृति पर कट्टरवाद के बढ़ते प्रभाव से चिंतित रहने वाले कवि थे। उन्होंने एशियाई देशों के सांस्कृतिक एकीकरण का सवाल उठाया था, क्योंकि एशियाई संस्कृतियों के बीच फासले तभी घटेंगे, जब पश्चिमी साम्राज्यवादी वर्चस्व को खत्म किया जा सकेगा। भारत प्राचीन काल से एशियाई उदारवाद का गढ़ है। यहां बहुलतावाद है। भारत की तरह पाकिस्तान में भी जातीय और पुराजातीय बहुलता है। फैज अहमद फैज पाकिस्तान की जनजातीय और लोक संस्कृतियों के संदर्भ में कहते हैं, 'उनमें एक मासूम सौंदर्य है, लेकिन तर्कयुक्त बौद्धिकता का अभाव है।' (संस्कृति के प्रश्न : एशियाई परिदृश्य)। वे पाकिस्तान के मुस्लिम समाज के संस्कृति-संबंधी सभी दृष्टिकोणों से रू-ब-रू होते हैं और उनकी पेचीदगी को खोलते हैं।

फैज अहमद फैज मुख्यतः दो बातें कहते हैं, '(क) किसी परंपरा की निरंतरता बनाए रखने का मतलब उसकी यथास्थिति बनाए रखना कभी नहीं है।...(ख) पश्चिम से वैज्ञानिक, तकनीकी, औद्योगिक और वैचारिक ज्ञान हासिल करने का यह मतलब

नहीं है कि हम अपने ऐतिहासिक व्यक्तित्व को अस्वीकारें, उसकी अवहेलना करें।' (वही) इससे स्पष्ट होता है कि परंपराओं और आधुनिकता से रिश्तों को लेकर राष्ट्रीय आत्मपहचान की बेचैनी आज भी एशियाई संस्कृति का एक मुख्य तत्व है। पाकिस्तान में कठमुल्लेपन से बौद्धिक असंतोष है, पर इसे दबाया जा रहा है और कट्टरता का शासन चल रहा है। स्त्रियां घुटन से निकलना चाहती हैं। वे पुरुष-अधीनता का चिह्न बुर्का छोड़कर अब सिर पर सिर्फ स्कार्फ रखने लगी हैं, जो स्वतंत्रता की तरफ बढ़ा कदम है। वे शिक्षा और रोजगार की दिशाओं में साहस से कदम बढ़ा चुकी हैं। उनके मन से मुल्लाओं का खौफ घटा है।

पाकिस्तान सहित पश्चिम एशिया के सभी देशों में मजहब और राजनीति का कठोर रिश्ता है, जो उनकी आत्मपहचान के संघर्ष का हिस्सा हो सकता है, पर इसी के गर्भ में आतंकवाद भी पलता है। एशिया में अमेरिकी हस्तक्षेप के कारण राष्ट्रीय आत्मपहचान के संघर्ष में परिवर्तनवाद कमजोर हुआ और धार्मिक संरक्षणवाद मजबूत हुआ। इसलिए कहा जा रहा है कि एशियाई संस्कृतियों के मध्य जब तक 'पश्चिमी उपस्थितियां' रहेंगी सामाजिक भिन्नतावाद काम करता रहेगा और ये संस्कृतियां नए वैश्विक बदलाव के संदर्भ में अपना पुनराविष्कार नहीं कर पाएंगी।

यह स्वाभाविक है कि सांस्कृतिक पृष्ठभूमि की भिन्नता के कारण एक ही घटना की व्याख्या अलग-अलग तरीके से की जाए। यूरोपीय मध्य युग में मुसलमानों और ईसाइयों के बीच एक भयंकर युद्ध हुआ, जिसे दोनों ही 'पवित्र युद्ध' कहते हैं। पश्चिमी निगाह वाले कहते हैं, ईसाई शहीद थे, मुसलमान धर्मोन्मादी थे। मुस्लिम निगाह वाले कहते हैं, मुस्लिम शहीद थे, ईसाई धर्मोन्मादी थे। अमेरिका में यह विवाद उठा कि बराक ओबामा 'प्रथम काले राष्ट्रपति हैं' या 'राष्ट्रपति हैं, जो संयोगवश काले हैं'। ओबामा ने राष्ट्रपति चुनाव के समय से ही राजनीति का विनस्लीकरण किया था, पर खुद अमेरिकी जनतंत्र नस्लभेद के कीटाणु से मुक्त नहीं हो सका। इस तरह सभ्यता के इतने ऊंचे शिखर पर कोई भी पश्चिमी देश संकीर्णताओं और हिंसा से मुक्त नहीं है। हर संस्कृति में बुद्धिपरक और निर्बुद्धिपरक दोनों तरह की चीजें होती हैं। पश्चिम की संस्कृतियों में सब कुछ 'रैशनल' है और एशिया की संस्कृतियों में सब कुछ इर्रैशनल है, यह एक भ्रम है। वहां अधिकांश लोग आज भी सलीब, स्वर्ग और प्रेत में विश्वास करते हैं। यह देखकर आश्चर्य होगा कि विकसित अमेरिका खुद एक बड़ा धार्मिक देश है। इसलिए एशियाई देशों में निर्बुद्धिपरकताओं का होना धार्मिक और राजनीतिक कारणों से बिल्कुल संभव है। इससे इन देशों की सांस्कृतिक महानता संदिग्ध नहीं हो जाती।

नई करवट : एशिया में स्त्रियों का सशक्तीकरण वैश्वीकरण के दबाव से हो या समावेशी राष्ट्रवाद के दबाव से, इक्कीसवीं सदी की एक बड़ी घटना है। भारत में स्त्रियों के अलावा दलितों और आदिवासियों में भी जागरूकता आई है। यहां ऐसा कोई कट्टरवाद नहीं है, जिसे चुनौती नहीं दी जाती। भारत जैसे देश में ही नहीं, ईरान में भी स्त्री-सशक्तीकरण संभव हो रहा है। ईरान में 1979 में इस्लामिक क्रांति के बाद पहली बार 2009 की नई सरकार में कैबिनेट स्तर की महिला मंत्री बनाने का साहस दिखाया गया। इसका विरोध करते हुए मुल्लाओं ने कहा कि ये महिलाएं कर्तव्य पालन के दौरान पुरुषों और अधीनस्थों के खुले संपर्क में आएंगी, जिससे वे मजहबी जिम्मेदारियां निभा नहीं पाएंगी। दूसरी तरफ, महिला-अधिकार कार्यकर्ताओं की अलग व्याख्या है। ये महिलाएं पुरुषों के सोच की अनुगामिनी हैं, सिर्फ कहने के लिए महिलाएं हैं। ईरान, अफगानिस्तान, पाकिस्तान जैसे देशों में, जहाँ महिलाओं की स्वाधीनता सीमित है, विलंबित सशक्तीकरण की प्रक्रिया शुरू हुई है। निःसंदेह मुस्लिम देशों में स्त्री-सशक्तीकरण मुस्लिम महिलाओं के दीर्घ आंदोलन का फल है। अभी बहुत कुछ यदि राजनीतिक प्रतीकवाद हो, तब भी कहा जाना चाहिए कि एशिया में कट्टरवाद की बर्फ पिघल रही है। एशिया की स्त्रियों में आ रही जागरूकता इस महादेश का सांस्कृतिक नक्शा बदलने में काफी सहायक होगी।

झाओ फुसन (1926-2015) एक जाने-माने चीनी लेखक रहे हैं। उन्होंने चीन के समाजवादी अनुभवों की रोशनी में यह सवाल उठाया, क्या धर्म अपने अनुयायियों को सिर्फ दिग्भ्रमित करता है? झाओ फुसन लिखते हैं, 'यह कहना कि धर्म दिग्भ्रमित नहीं करता, खुद में अंतर्विरोधपूर्ण कथन है। यह कहना कि यह दिग्भ्रमित करता है, जैसी स्थिति पूंजीवादी समाज में है, यह एक अतार्किक बात होगी। फिर क्या स्थिति है? क्या एक ही अफीम अलग-अलग तरह से काम करती है? क्या समाजवादी समाज में दिग्भ्रांतकारी प्रभाव पूंजीवादी समाज के प्रभाव से अलग है? सैद्धांतिक रूप से ये कुछ सवाल अनुत्तरित हैं।' क्या पूंजीवादी समाज में धर्म दिग्भ्रमित नहीं करता?

चीन एशिया का एक खास देश है। माओ-त्से तुंग ने 60 के दशक में 'सांस्कृतिक क्रांति' का नारा दिया था, जिसमें धार्मिक-सामाजिक रूढ़ियां मिटाने के नाम पर जोर-जबर्दस्ती हुई थी। इसके बारे में झाओ फुसन ने लिखा है, 'छठे दशक के आखिरी वर्षों में वामपंथी भूलें हुईं और बाद के 10 वर्षों तक कम्युनिस्ट पार्टी ऑफ चाइना की कार्यशैली उससे बुरी तरह प्रभावित हुई।' चीन में कम्युनिस्ट शासन की धारणा है कि सामंती ताकतें, पूंजीवाद और कई अन्य बुरी प्रवृत्तियां देश की समाजवादी अर्थव्यवस्था और संस्कृति को नुकसान पहुंचाने का अवसर खोजती रहती हैं। लगभग 20 साल पहले बीजिंग में नौजवानों के विद्रोह, 2008 में तिब्बत में बौद्धों के आंदोलन और 2009 में जिनजियांग प्रांत में उइगुर जाति के हजारों लोगों का जातीय भेदभाव के विरुद्ध दंगे पर उतारू हो जाना चीनी यथार्थ की जटिलताओं का उद्घाटन करते हैं। एक शक्तिशाली देश के रूप में चीन अपनी सीमाओं पर तनाव बना कर रखता है और व्यापार युद्ध में शामिल है।

चीन में उस देश की विशाल हान जाति के अलावा 55 अल्पसंख्यक जातियां हैं। हान जाति में कुल आबादी के 93 प्रतिशत लोग हैं, हालांकि उनमें भी विविधता है। चीन में एशियाई समाज और संस्कृति की सभी प्रमुख विशेषताएं हैं। यहां व्यक्ति और समाज का संबंध निभाने की संस्कृति है। वैश्वीकरण के प्रभाव में खुली अर्थव्यवस्था और अमेरिका के प्रति इस देश में बढ़ा आकर्षण यहां की राजनीतिक जटिलता का एक सबूत है। यह सवाल भी है कि चीन एशियाई समाज की श्रेष्ठ विशेषताओं को बचा कर कब तक रख पाएगा।

यह देखकर विस्मयजनक लग सकता है कि चीन में अब ऐसी धारणा पैदा हो रही है कि धार्मिक विचारधाराओं में भी अनेक विशिष्ट सकारात्मक विचार हो सकते हैं। धर्म अपने अनुयायियों को नैतिक मूल्यों का एक ढांचा देता है। समाज में सचमुच के धार्मिक आस्था वाले आस्तिक लोग कई बार नास्तिक लोगों से बेहतर आचरण करते हैं। चीन के स्वतंत्र कम्युनिस्ट चिंतक झाओ फुसन मानते हैं कि जनता के सोच में बहुत से जटिल तत्व होते हैं, जिन्हें समझने की जरूरत है।

मुख्य प्रश्न है एशिया में धर्म एक बार फिर उन्मादी रूप में उभरा है। पश्चिमी एशिया के कई देशों में धार्मिक कट्टरवाद बढ़ा है। भारत में भी धर्म और राजनीति का संबंध घनिष्ठ हुआ है। आज विज्ञान और उच्च टेक्नोलॉजी की पृष्ठभूमि वाले व्यक्ति भी राजनीतिक वजहों से धर्म में विश्वास करते हैं, धार्मिक कर्मकांड में हिस्सा लेते हैं या आभिजात्यवादी आध्यात्मिक गुरुओं के प्रभाव में हैं। धर्म की सज-धज अब अनोखी है, आकर्षणों से भरी है। आधुनिक विकास और शिक्षा के बावजूद काफी लोग मजहबी राजनीति और अंधविश्वासों में फंस जाते हैं, वे संदेह नहीं करते।

एक विकासशील दुनिया में एशियाई देशों की संस्कृतियां कभी स्थिर नहीं रह सकतीं। ये बदल रही हैं। हिटलर ने जो किया, वियतनाम में अमेरिका ने जो किया, बोसनिया में सर्बों ने जो किया या अमेरिका में 9/11 की जो घटना हुई, दुनिया की सभी संस्कृतियों के साथ एशियाई देशों में भी इन पर समान प्रतिक्रियाएं हैं। सभी संस्कृतियों में इन घटनाओं की निंदा हुई है। पिछले सौ सालों में इसी तरह एशियाई देशों में अनगिनत मामलों में लोगों ने आम राय और मानवीय अंतःसंबंध का अनुभव

किया है और यथासंभव एकजुटता दिखाई है। यह तभी संभव हुआ, जब धार्मिक और जातीय अहं से ऊपर उठकर दूसरे समाजों को समझने की कोशिश हुई, सिर्फ फर्क पर नजर नहीं गई। वैश्वीकरण ने भी इस दिशा में एक सकारात्मक दबाव बनाया है।

पिछले तीन दशकों के एशियाई देशों के सांस्कृतिक अध्ययन, जो सांस्कृतिक टुकड़ों के अध्ययन पर आधारित हैं, छिपे राजनीतिक उद्देश्यों से अधिक प्रेरित रहे हैं। इनसे संबद्ध बुद्धिजीवियों को दरअसल ग्राम्शी के 'आर्गेनिक इंटेलेक्चुअल' की पैरोडी कहा जा सकता है। इसलिए जरूरी माना जा रहा है कि टुकड़ों, बहिष्कृतों और लघु परंपराओं को समझते हुए सांस्कृतिक अध्ययन में सामान्यताओं की खोज भी की जाए और साझी चुनौतियां भी रेखांकित की जाएं। एशिया में दुनिया के किसी भी महादेश की तुलना में अधिक विविधता है, अधिक परंपराएं हैं और अधिक महानताएं हैं। एशियाई संस्कृतियों की महानताओं और इनके अंतःसंबंधों को पहचानने के साथ उनके मिथ्या अंतर्विरोधों को भी समझना होगा, अंतर्विरोधों को बढ़ाने की जगह समाधान के उद्देश्य से ऐसा करना होगा।

पश्चिम का औपनिवेशिक अहं आज इस धारणा के रूप में बरकरार है कि एशियाई देशों के पास पश्चिम के सभ्य समाजों को देने के लिए कुछ भी नहीं है। पश्चिम एकदम भिन्न है। यह समझना मुश्किल नहीं है कि एशियाई देशों में विध्वंस के जो दृश्य हैं, इन देशों के शिल्प, सामाजिक आदर्श और संस्कृति के स्तर पर विध्वंस के दृश्य, वे दरअसल औपनिवेशिक परियोजनाएं हैं। पश्चिम ने यहां लूट-मार ही नहीं मचाई है, इन समाजों में सामंतवाद, जातिवाद और धार्मिक कूपमंडूकता को भी बढ़ावा दिया है। यह अब आम तौर पर माना जाता है कि उसने एशियाई देशों की सांस्कृतिक आवाजाही और अखंडता में लगातार बाधा पहुंचाई है। पश्चिम ने एशिया को अपनी भौतिक समृद्धि, तकनीकी विकास और सैन्य ताकत का पिछवाड़ा बना दिया है, जहाँ आज सबसे ज्यादा बारूद फट रही है और खून बह रहा है।

एशियाई सांस्कृतिक विशेषताएं : पश्चिमी और एशियाई संस्कृतियों में फर्क यह है कि पश्चिमी देशों में लोग परिवार, पड़ोसी, जातीयता या बृहत्तर समाज की खुशहाली की जगह अपनी निजी गतिविधियों और निजी एजेंडा में रुचि लेते हैं। पश्चिम की संस्कृतियां व्यक्ति के मूल्य और गरिमा को किसी समूह या समाज से ज्यादा महत्व देती हैं, जबकि एशियाई देशों के लोग परिवार, पड़ोस और समाज को ज्यादा महत्व देते हैं और ज्यादा स्थायी संबंधों में विश्वास करते हैं। यह एक आधुनिक विचलन है कि इन चीजों को पिछड़ापन मानकर 'व्यक्ति के मूल्य' को अलगाव में श्रेष्ठतम घोषित किया गया।

एशियाई संस्कृतियों की यह सामान्य खूबी है कि आदमी अपने को समाज से जोड़कर देखता है। वह अपने को अलग व्यक्ति नहीं मानता। वह अपने परिवार, जाति, जातीयता या किसी बृहत्तर समाज से पहचाना जाता है। एशियाई देशों में संपत्ति पर पारिवारिक स्वामित्व की परंपरा रही है। सामूहिक रूप से काम करने वाले देशों के समाज में यह स्वाभाविक है कि परिवार, समाज, देश या सामूहिक संगठनों के प्रति दायित्व की भावना गहरी होगी। सफलता या असफलता एक सामूहिक मामला होगी। वैश्वीकरण ने कारपोरेट कल्चर में सामूहिकता की जिस भावना को लागू किया है, वह वस्तुतः एशियाई समाज की खूबी है। यह अलग बात है कि इसी वैश्वीकरण ने जीवन में ऐसे व्यक्तिवाद को बढ़ावा दिया है जो लुटेरा, आक्रामक और सब कुछ छिन्न-भिन्न करने वाला है।

एशियाई समाजों के प्रमुख सांस्कृतिक झुकावों पर नजर डालने से कुछ अन्य अनोखी विशेषताओं का ज्ञान होता है। इन समाजों के लोग आमतौर पर भौतिक वस्तुओं, प्रतिष्ठा और ऊंचे पदों के प्रति उदासीन रहे हैं। वस्तुतः ये लोग पारिवारिक जीवन को अच्छा मानते हैं, गुणी जनों की संगत खोजते हैं, वैचारिक बहसें करते हैं, आज की भाषा में अड्डा मारते हैं। ये अपना समय सामान्यतः उतना ही बेचना चाहते हैं, जितने में कुटुंब चले और 'साधु न भूखा जाय'। अब भले इच्छा थोड़ी बढ़ गई हो कि अतिथि न सिर्फ बढ़िया खा-पीकर जाए, बल्कि जिंदगी के

बढ़े जोखिमों की वजह से कुछ बीमा और बैंक बैलेंस भी हो। इससे अधिक जो भी लालसा है, वह बाजार के पूंजीवाद की देन है।

एशियाई देशों में सैकड़ों साल के निरंकुश स्वेच्छाचारी सत्ता के बावजूद इन देशों के लोगों की सांस्कृतिक खूबियां सत्ता के बुनियादी चरित्र से भिन्न रही हैं। आम लोगों का सामाजिक जीवन सत्ता और शास्त्र से बहुत हद तक स्वाधीन रहा है। एशिया के पिछड़े से पिछड़े और हिंसक से हिंसक घोषित किए गए समुदायों को फिर से समझने की जरूरत है कि उनके हक कहां मारे गए हैं और उनकी भावनाएं कहां कुचली गई हैं। एशियाई समाज के लोग अपने बुनियादी स्वभाव से हिंसक नहीं हैं। ये सत्ता और स्पर्धा से सामान्यतः उदासीन रहे हैं। पश्चिम में लोग काम करने के लिए जीते हैं, जबकि एशिया के लोग जीने के लिए काम करते हैं। ये भौतिक संसाधनों पर कब्जे से अधिक ध्यान देते हैं, अपने सादे जीवन पर। ये सामाजिक संबंधों को दृढ़ रखना चाहते हैं और स्वभावतः पुराने ढंग की कारपोरेट भावना से भरे होते हैं।

पश्चिमी व्यक्तियों की नजर में परिवार महत्वहीन है। समुदाय, समाज या देश उनके निजी एजेंडा को पूरा करने के हथियार से अधिक कुछ नहीं है। दूसरे समूहों से उनका संपर्क मतलब से स्थापित होता है और सामयिक होता है। वे दूसरों से प्रेम और सौहार्द स्थापित करने की जगह अमूमन दूरी रखते हैं और स्वार्थों की टकराहट के मौके पर 'दूसरे' को ध्वस्त कर देना चाहते हैं।

एशिया में पश्चिमी शिक्षा व्यक्तिवाद के घोड़े पर बैठकर आई थी। इसलिए प्रेमचंद (1880-1936) ने कहा था, 'पश्चिम ने जो हमें सबसे जहरीला पाठ पढ़ाया है, वह यही खुदगर्जी है। जो सज्जन नए रंग में जितने रंगे हैं, उनमें यह संकीर्णता उतनी ही अधिक है। देहातियों में, मजदूरों में, वैश्यों (छोटे व्यापारियों) में यह प्रवृत्ति उतनी नहीं है जितनी शिक्षित और सभ्य समाज में है।' वह चिढ़कर यहां तक कहते हैं, 'काश, ये यूनिवर्सिटियां न खुली होतीं। काश, आज उनकी ईंट से ईंट बज जाती तो देशद्रोहियों की इतनी बढ़ी संख्या न होती। ये विद्यालय नहीं, गुलाम पैदा करने वाले कारखाने हैं। स्वाधीन भारत ऐसे विद्यालयों की जड़ खोद कर फेंक देगा।' (विविध प्रसंग-2) स्वाधीन भारत के विश्वविद्यालयों और राजनीति की कोशिशें प्रेमचंद की जड़ खोदने की रही हैं, तो वस्तुतः इसी पश्चिमी आकर्षण में। प्रेमचंद जब यह सब देख रहे थे, उनका लक्ष्य शिक्षा का विरोध करना न था, शिक्षा के उद्देश्य को बदलना था। खासकर शिक्षा के निजीकरण के दौर में आज शिक्षा खरीदी-बेची जाने वाली वस्तु बन चुकी है। ऐसे विद्यार्थी जब शिक्षालयों से समाज में प्रवेश करेंगे, वे एक शिक्षित व्यक्ति से अधिक हिंसक व्यापारी होंगे।

रामचंद्र शुक्ल (1884-1941) का भी एक कथन यहां रखना उचित होगा। राष्ट्रीय आंदोलन में पूंजीवाद की व्यापक घुसपैठ से चिंतित होकर उन्होंने कहा था, 'पश्चिम के राष्ट्र अपने को जिससे मुक्त करने की चेष्टा कर रहे हैं, उसी पूंजीवाद की ओर यह एक बढ़ा हुआ कदम है। यह पूंजी बटोरने और समाज में व्यक्तिवादी जीवन-मूल्यों के क्षुद्र अमेरिकी मानदंड स्थापित करने का प्रयास है।' (चिंतामणि-3)। उस जमाने के लेखकों ने व्यक्तिवाद और खुदगर्जी की हवा पहचानी थी, जो आज एक आंधी है।

पश्चिमी देशों में जिस तरह दूसरे देशों पर आधिपत्य स्थापित करने, उन्हें लूट कर अपना घर भरने और अपने जीवन के भौतिक लक्ष्यों को येन-केन-प्रकारेण पूरा करने की प्रवृत्ति देखी जाती है, यह एशियाई संस्कृति की आम खूबी नहीं है। इस महादेश में लालच, भेदभाव और हिंसा के तत्व वस्तुतः आर्थिक पिछड़ेपन के राजनीतिक दुरुपयोग की देन हैं। जाहिर है कि चालाक और संपन्न लोग अपनी स्वार्थ-पूर्ति के लिए धर्म, जातीयता और जाति को पहले भी अपना राजनीतिक हथियार बनाते थे, आज भी बनाते हैं। अन्यथा आम जीवन के हर कोने में 'अंश' और 'संपूर्ण' का महान युग्म किसी न किसी रूप में बसा है, यह उदारवाद का विशिष्ट एशियाई चिह्न है।

पश्चिमी और एशियाई समाजों के सांस्कृतिक झुकावों में उपर्युक्त फर्क दिखाने का यह अर्थ नहीं है

कि दोनों के बीच कोई अनुल्लंघ्य ऊंची दीवार है। ऐसा नहीं है कि पश्चिमी दुनिया पूरी तरह सख्त है और एशियाई दुनिया संवेदनशील और नरम है। सैकड़ों सालों की व्यापारिक आवाजाही, संस्कृतियों के अंतःसंपर्क, युद्ध, उपनिवेशन, पूंजीवादी विकास और सामंजस्य की वजहों से दोनों जगहों पर भारी परिवर्तन आए हैं। उपर्युक्त फर्क दिखाने का यह अर्थ भी नहीं है कि पश्चिमी समाजों में संवेदनशील और नरम रुख नहीं हैं और एशियाई समाजों में बर्बरता और सख्त चीजें नहीं हैं। एशियाई समाजों में मजहब, वर्ण व्यवस्था, लैंगिक अन्याय, जातीय-पुराजातीय और राजनीतिक स्तरों पर ऐसा बहुत कुछ है, जो सख्त है। भारत में दलितों के प्रति ऊंची जातियों का व्यवहार और स्त्री की पर-अधीनता के रोंगटे खड़े कर देने वाले उदाहरण हैं। फिर भी, एशियाई देशों के सामाजिक अंतर्विरोध जितने गहरे हों और उनके बीच कुछ शत्रुतापूर्ण बिंदु भी मौजूद हों, इन समाजों में व्यक्तिवाद के स्थान पर पारिवारिक-सामाजिक संबंधों का महत्व और जातीय अंतर्मिश्रण आम मामला है। यहां पुल मिलते हैं, भले फिलहाल ये भग्नावस्था में हों।

एशिया की सभी संस्कृतियों में परिवार, सामाजिकता, सामूहिक विकास, अंश और संपूर्णता की अंतःक्रीड़ा, श्रम और त्याग की भावना सामान्य खूबियां हैं। पश्चिम की सभी संस्कृतियों में व्यक्तिवाद, विशिष्टता, स्पर्धा और भोगवाद सामान्य खूबियां हैं। पश्चिमी और एशियाई संस्कृतियों की मिलन भूमि है—(1) सामाजिक उत्तरदायित्व के साथ वैयक्तिकता, (2) अखंडता के साथ विशिष्टता, (3) प्रेम के साथ होड़ और (4) त्याग के साथ भोग और (5) सौंदर्य के साथ सादगी। आधुनिक वैश्विक संस्कृति के ये मुख्य आदर्श हैं, जिन्हें वैश्वीकरण विश्व स्तर पर कुचल रहा है। पश्चिमी संस्कृतियों में अमेरिकी संस्कृति ने एक अपूर्व क्लाइमेक्स चुना है। उसने व्यक्तिगत स्वाधीनता को स्वेच्छाचारिता तक, विशिष्टता को एकल महाशक्ति के अंध-राष्ट्रवादी अहं तक, स्पर्धा को निर्मम हिंसा तक, भोगवाद को उग्र-सुखवाद तक और सौंदर्यबोध को अति कृत्रिम दिखावे तक पहुंचा दिया है। इन घटनाओं से यूरोपीय देश भी चिंतित हैं, खुद अमेरिका के जागरूक नागरिक भी अपने देश में पनपते अंध-राष्ट्रवाद से घबराए हुए हैं। यूरोपीय संघ के देश अब खुद यूरोपीय भावना खोकर राष्ट्रवादी बनते जा रहे हैं। ऐसे यूरोपीय नेता नहीं हैं जो यूरोपीय संघ के असंतोष, तनावों और मतभेदों का समाधान दे कर उसे शीत युद्ध के दुःस्वप्नों से बाहर निकाल सकें और एक साझा बाजार से अधिक कुछ दे सकें।

जापान ऐसा एशियाई देश है, जो सामूहिक कर्म में विश्वास करता है। जापानी लोग स्वागत-सत्कार और बातचीत में दूसरों को जितना आदर देते हैं, व्यावसायिक और राजनीतिक मुद्दों पर उतनी ही दृढ़ता दिखाते मिलते हैं। भारत में बड़ों को आदर देने की परंपरा पीढ़ियों से है, यह पश्चिम की संस्कृति से भिन्न मामला है। कोई उम्रदराज व्यक्ति या स्त्री आ जाए, हम सीट से उठ जाते हैं। उपभोक्तावाद जब से बाजार द्वारा नियंत्रित संस्कृति परोस रहा है, ऐसी परंपराएं संकट में पड़ गई हैं। पश्चिम द्वारा प्रेरित बाजार-संस्कृति का इतना प्रचार है कि आम जन अपने मन की बात बोल नहीं पा रहा है। जापानी लेखक मिनोरु सतोमि और सतोमि कुबो का कहना है, 'मौन की अतल गहराइयों में डूब गई जन संस्कृति को उबारना आवश्यक है।' जापान में टीम भावना जबर्दस्त है। यह देश कई युद्धों और हिरोशिमा-नागासाकी के पारमाणविक जनसंहार से गुजर चुका है। इन सबके बावजूद वैश्वीकरण के युग में यह व्यावसायिक स्तर पर पश्चिमी देशों को टक्कर दे रहा है। यह एक समृद्ध देश है, पर यहां सामाजिकता के तार छिन्न-भिन्न नहीं हैं। भारत की तरह जापान में भी उसकी अपनी सांस्कृतिक परंपराओं का बड़ा महत्व है।

दुनिया में यह विश्वास पनपता दिखाई दे रहा है कि आधुनिक तकनीकी और व्यापारिक विकास को मानवीय संबंध, मूल्य और जन संस्कृति के गुणों का शत्रु नहीं होना चाहिए। विकसित देशों में शिखर बैठकें और वार्ताएं होती हैं। सत्ता संपन्न व्यक्तियों के ग्रुप की तरह साधारण लोगों के अनगिनत ग्रुप हैं।

उपर्युक्त जापानी लेखक कहते हैं, 'केवल मानवीय संबंध या संवाद की बात नहीं है। महत्वपूर्ण यह है कि इस संवाद से पैदा क्या होता है, बाहर क्या फैलता और विकसित होता है। ग्रुप, जहाँ संस्कृति का सृजन होता है, महज घुलने-मिलने और तरोताजा होने की पृष्ठभूमि नहीं है। ग्रुप व्यक्ति को उसके निजी हित से ऊपर उठाता है, इसी प्रक्रिया में वह संस्कृति अर्जित करता है। ग्रुप ही संस्कृति-निर्माण का कार्य करता है। वही मनुष्य को मुक्त करता है।' (वही) समाज में व्यक्ति होते हैं और उनके छोटे-बड़े ग्रुप भी होते हैं। यहां ग्रुप का अर्थ गुट नहीं है, गुट बाजी नहीं हैं। वैश्वीकरण को लेकर एक महत्वपूर्ण चिंता यह है कि इसने व्यावसायिक, सामुदायिक और राजनीतिक दायरों के बाहर सामाजिक ग्रुप निर्माण को लगभग मुश्किल कर दिया है। यह अलग बात है कि एशियाई देशों के लोकजीवन में छोटे-छोटे ग्रुपों के माध्यम से गैर-व्यावसायिक और गैर-सरकारी स्तर पर कुछ सार्थक करने का माद्दा खत्म नहीं हुआ है। ये छोटे -छोटे ग्रुप ही हमारे सांस्कृतिक पर्यावरण में जीवनदायी ताजा हवा लाते हैं, जिसमें हमारी सांस हमारी अपनी सांस होती है।

यह भी देखा जा सकता है कि वैश्वीकरण के जमाने में स्वेच्छाचारिता में सामान्यत: कमी नहीं आई है। इसकी जगह यह वस्तुतः विभिन्न छद्मवेशों में ज्यादा उभर आई है। आज भी युद्ध के क्षेत्र एशियाई देश ही हैं। वैश्वीकरण के जहाँ-जहाँ पैर पड़े हैं, वहां-वहां स्वेच्छाचारिता मजबूत हुई है। उसके पैर कहां नहीं पड़े हैं? फिर भी एशियाई संस्कृति के उच्चतर गुणों की वजह से धार्मिक-सामुदायिक कट्टरवाद, लैंगिक अन्याय, पर्यावरण विध्वंस और सामाजिक भेदभाव के अलावा बाजार की तानाशाही के विरुद्ध आम मनुष्य की मुखरता बनी हुई है। एशियाई मुठभेड़ का यही अर्थ है, वैश्वीकरण और इसके द्वारा संपोषित हर किस्म के सामुदायिक कट्टरवाद से एशियाई राष्ट्रों की निरंतर मुठभेड़।

एशियाई संस्कृतियों में आपसी भिन्नता है, पर उनमें कई सामान्य चीजें भी हैं, जिनसे कई बुद्धिजीवी आंखें चुराते हैं। निश्चय ही पश्चिमी महादेशों की संस्कृति से एशियाई संस्कृतियों की अभिन्नता के अनगिनत स्थल हैं। दोनों के बीच सकारात्मक अलगाव के कई बिंदु हैं, जिन्हें पहचानने की जरूरत महसूस की जाती है। एशिया ने निश्चय ही पश्चिम के 'बुरे' के अनुकरण के साथ 'अच्छा' भी बहुत कुछ सीखा है। इसी तरह अपने-अपने देश की कई प्राचीन बुराइयों से निजात पाने की कोशिशें जारी हैं। यह भी देखना होगा कि समाज में कई परंपरागत अच्छाइयां बची हुई हैं। एशियाई समाजों में पश्चिम की 'अच्छाइयां' हों या अपने महादेश की अच्छाइयां हों, उन्हें संकट में पड़ने से बचाने की जरूरत एशियाई देशों के कोने-कोने में महसूस की जा रही है।

शंभुनाथ

अधिक जानकारी के लिए :

1. **संस्कृति के प्रश्न : एशियाई परिदृश्य** : (संपा.) शंभुनाथ, 2010, 2. **World and its Peoples : Eastern and Southern Asia :** Marshall Cavendish, 2007, 3. **Asian Power and Politics : The Cultural Dimensions of Authority** : Lucian Pye, 1985, 4. **Regionalism in South Asia : Negotiating Cooperation, Institutional Structures** : Kishore C Dash, 2008, 5. **Modern South Asia** : Sugata Bose (Ed.), Ayesha Jalal, 2004

एशियाटिक सोसायटी

एशियाई विषयों, विशेषकर संस्कृत और भारत संबंधी अनुसंधान को प्रोत्साहन देने के लिए 15 जनवरी 1784 को भारत में ब्रिटिश शासन की तत्कालीन राजधानी कलकत्ता में 'ब्रिटिश आक्सफोर्ड विश्वविद्यालय' के स्नातक, विधिवेत्ता और संस्कृतज्ञ सर विलियम जोन्स ने सुप्रीम कोर्ट के जज के रूप में भारत आने के बाद, 15 जनवरी 1784 को एशियाटिक सोसायटी कलकत्ता की स्थापना की। एशियाटिक सोसायटी को बंगाल के तत्कालीन गवर्नर जनरल वारेन हेस्टिंग्स का सहयोग और प्रोत्साहन प्राप्त था, पर उसने सोसायटी का अध्यक्ष होने से इंकार कर दिया। 1794 में विलियम जोन्स की मृत्यु

होने तक सोसायटी संस्कृत भाषा के महत्व और प्रचार में लगी हुई थी।

सोसाईटी की स्थापना के समय अंग्रेजी में एशियाटिक की स्पेलिंग Asiatick रखी गई थी। बाद में 1825 में अंग्रेजी अक्षर k हटा कर Asiatic कर दिया गया। 1832 में इसका नाम 'एशियाटिक सोसायटी ऑफ बंगाल' हुआ और 1936 में इसके नाम के शुरू में 'रायल' शब्द जोड़ कर इसका नाम 'रायल एशियाटिक सोसायटी ऑफ बंगाल' हो गया जो इस बात का प्रतीक था कि इसे ब्रिटेन के राजा की मान्यता प्राप्त है। बाद में भारत की स्वतंत्रता के बाद 1 जुलाई 1951 को इसका नाम बदल कर 'एशियाटिक सोसायटी' हुआ। सोसायटी का कार्यालय कलकत्ता में पार्क स्ट्रीट में है।

1784 से 1828 तक केवल यूरोपीय लोग ही सोसायटी का सदस्य बन सकते थे। 1829 में सोसायटी के एक सदस्य एच एच विलसन के प्रस्ताव पर भारतीयों को भी सदस्य बनने की सुविधा प्राप्त हो गई। उस समय द्वारकानाथ टैगोर, शिवचंद्र दास, महाराजा वैद्यनाथ राय, राजा कालीकृष्ण बहादुर और प्रसन्न कुमार टैगोर जैसे लोगों को इसका सदस्य बनने का अवसर मिला था। 12 दिसंबर 1832 को रामकमल सेन इसके स्थानीय सचिव बने और 1885 में राजेंद्र लाल मित्र पहले भारतीय अध्यक्ष बने।

वर्तमान में सोसायटी के पुस्तकालय में विश्व की लगभग सभी प्रमुख भाषाओं की 1,17,000 पुस्तकें और संस्कृत विभाग में 27,000 पुस्तकें और पांडुलिपियां, प्रिंट्स, सिक्के आदि हैं। वहां 79,000 पत्रिकाओं के साथ ही 293 नक्शे, 48,000 पुस्तकों की माइक्रोफिश, 3,87,000 पृष्ठों की माइक्रोफिल्म, 182 पेंटिंग्स, लगभग 3,000 पैंफलेट और 2,150 फोटोग्राफ भी हैं। सबसे पुरानी छपी हुई पुस्तक 1,499 की Juli Firmic की Astronomicorum Libri है। भारत में अठारहवीं और उन्नीसवीं सदी के शुरू में छपी पुस्तकें भी अच्छी-खासी संख्या में हैं। पुस्तकालय में कई दुर्लभ पुस्तकें और 26 लिपियों में 47,000 हस्तलिखित ग्रंथ हैं, जिनमें सचित्र कुरआन, गुलिस्तान और शाहंशाह शाहजहां के दस्तखत वाला पादशाहनामा विशेष रूप से उल्लेखनीय हैं। टीपू सुलतान के शाही पुस्तकालय की कुछ पुस्तकें भी यहां हैं।

सोसायटी का अपना एक म्यूजियम है जिसकी स्थापना 1814 में हुई थी। इसमें कई दुर्लभ सिक्के, हस्तलिखित ग्रंथ, शिल्प और दस्तावेज हैं। यहां संगृहीत जोशुआ रेनाल्ड, थामस डेनियल और पीटर पॉल रूबेन की पेंटिंग्स की गणना म्यूजियम के विशिष्ट संग्रहों में की जाती है।

रायल एशियाटिक सोसायटी ऑफ ग्रेट ब्रिटेन एंड आयरलैंड : इसकी स्थापना संस्कृत के अंग्रेज विद्वान सर हेनरी थामस कोलब्रुक द्वारा ब्रिटेन के एशियाई विषयों के कुछ विद्वानों और उपनिवेशी प्रशासकों के साथ मिल कर 15 मार्च 1823 को की गई थी। उसका उद्देश्य विधिवेत्ता और संस्कृतज्ञ सर विलियम जोन्स द्वारा 1784 में कलकत्ता में स्थापित 'एशियाटिक सोसायटी ऑफ कलकत्ता' की तरह ब्रिटेन में भी वैसी ही एक संस्था स्थापित करना था। इसे 11 अगस्त 1824 को ब्रिटेन के राजा जार्ज चतुर्थ द्वारा एशिया से संबंधित विज्ञान, साहित्य और कला आदि विषयों की खोज और प्रोत्साहन के लिए रायल चार्टर (मान्यता) प्रदान किया गया। सोसायटी एशियाई विषयों की ब्रिटेन की सर्वोच्च संस्था है। एशिया संबंधी विषयों के कई प्रसिद्ध विद्वान समय-समय पर इसके सदस्य रहे हैं जिनमें 'कामसूत्र' और 'सहस्त्र रजनी चरित्र' का अंग्रेजी अनुवाद करने वाले रिचर्ड बर्टन और बांग्ला कवि रवींद्रनाथ टैगोर भी हैं। यह सोसायटी कलकत्ता, बंबई, हांगकांग, जापान, कोरिया, मलेशिया और चीन की इसी प्रकार की सोसायटियों से संबद्ध रही है।

एशिया के इतिहास, भाषाओं, संस्कृति और धर्मों में रुचि रखने वाले लोगों के लिए यह सोसायटी एक ऐसा फोरम है जहाँ लोग मिलजुल कर इन विषयों पर चर्चा करते हैं। समय-समय पर सोसायटी द्वारा विशिष्ट व्यक्तियों के भाषण और सेमिनार भी आयोजित किए जाते हैं। सदस्यों को शोध करने तथा शोध पत्र एवं पुस्तकें प्रकाशित करने की भी सुविधाएं उपलब्ध हैं। सोसायटी द्वारा एक मासिक भाषण माला भी आयोजित की जाती है जिसमें एशिया से संबंधित अपने-अपने विषय के अधिकारी विद्वानों के भाषण होते हैं। सोसायटी के पुस्तकालय में एशिया से संबंधित प्रायः सभी विषयों की पुस्तकें और पत्र-पत्रिकाओं का अच्छा संग्रह है। वहां अरबी, फारसी, पालि, संस्कृत, मलय और जापानी भाषाओं के हस्तलिखित ग्रंथों का अच्छा संग्रह है। कुछ प्रसिद्ध पेंटिंग्स, ड्राइंग और प्रिंट्स यहां हैं जो सोसायटी के फेलोगण द्वारा दान में दिए गए हैं। सोसायटी के फेलो' (विशिष्ट रूप से चुने गए सदस्य) को पुस्तकें घर ले जाने की सुविधा है, पर अन्य लोग-छात्र और शोधकर्ता-पुस्तकालय में ही प्राप्त साम्रगी का उपयोग कर सकते हैं। सोसायटी का अंतरराष्ट्रीय प्रसिद्धि का एक जर्नल 1834 से नियमित रूप से वर्ष में चार बार कैंब्रिज यूनिवर्सिटी प्रेस द्वारा प्रकाशित होता है।

सोसायटी के अब तक के इतिहास से पता चलता है कि सदस्यों की संख्या बहुत सीमित रखी जाती है। इसके सदस्यों में दुनिया भर के बौद्धिकों और राजनीतिक क्षेत्रों के लोगों की प्रमुखता रही है, पर अधिकांशतः एशिया और ब्रिटेन के लोग ही इसके सदस्य रहे हैं। सोसायटी के फेलो एशियाई विषयों के अपने-अपने क्षेत्रों के विशेषज्ञ और जाने-माने विद्वान होते हैं। फेलो को अपने नाम के आगे FRAS लिखने का अधिकार होता है। लंदन में 1824 में जब 'ओरियंटल क्लब ऑफ एशियाटिक सोसायटी' की स्थापना हुई तो उसकी सदस्यता प्राप्त करने के लिए आवेदक का रायल एशियाटिक सोसायटी का सदस्य होना आवश्यक कर दिया गया।

एशियाटिक सोसायटी ऑफ मुंबई : एशियाटिक सोसायटी, बंबई की स्थापना जेम्स मैकिंटोश द्वारा 26 नवंबर 1804 को पहली बार 'लिटरेरी सोसायटी ऑफ इंडिया' की एक सभा में हुई। उस समय इसकी स्थापना का उद्देश्य पौर्वात्य विज्ञान, साहित्य और कलाओं के संबंध में अनुसंधान और प्रोत्साहन था। इसके लिए जेम्स मैकिंटोश को विलियम जोंस से प्रेरणा मिली थी जिन्होंने करीब दो दशक पहले एशियाटिक सोसायटी ऑफ बंगाल की स्थापना की थी। 1826 में 'लिटरेरी सोसायटी ऑफ इंडिया' का विलय लंदन स्थित 'रायल एशियाटिक सोसायटी ऑफ ग्रेट ब्रिटेन एंड आयरलैंड' में हो गया। यह उसकी बंबई स्थित शाखा के रूप में कार्य करने लगी। 1873 में 'ज्योग्राफिकल सोसायटी ऑफ बांबे' और 1896 में 'एंथ्रोपोलाजिकल सोसायटी ऑफ बांबे' का इसमें विलय हो जाने से इन दोनों संस्थाओं के पुस्तकालयों का विपुल संग्रह भी यहां आ गया। 1841 में सोसायटी ने 'जर्नल ऑफ द बांबे ब्रांच ऑफ द रायल एशियाटिक सोसायटी' के नाम से एक पत्रिका का प्रकाशन शुरू किया। इसी वर्ष से भारतीयों को भी सोसायटी का सदस्य बनने का अवसर मिला। 1954 में लंदन की रायल एशियाटिक सोसायटी से अलग होकर इसका नाम 'एशियाटिक सोसायटी ऑफ बांबे' और बाद में 'एशियाटिक सोसायटी ऑफ मुंबई' हुआ।

सोसायटी के सदस्यों में शुरू से ही एशियाई विषयों के जाने-माने विद्वान, प्रशासक, विधिवेत्ता, मिशनरी आदि रहे हैं। इनमें से अधिकांश भारतीय पुनर्जागरण के सक्रिय कार्यकर्ता थे। सोसायटी के दरबार हाल में ऐसे बहुत-से लोगों की मूर्तियां, पेंटिंग्स, चित्र आदि हैं जो अपने-अपने विषय के उल्लेखनीय व्यक्तित्व थे या जिन्होंने सोसायटी के कार्य को आगे बढ़ाने में अनुसंधान कार्य, शोधपत्रों के साथ ही दुर्लभ पुस्तकों, पाडुंलिपियों और पुरावशेषों का दान किया था या आर्थिक सहायता दी थी।

महेंद्र राजा जैन

अधिक जानकारी के लिए :

1. **The Asiatic Society : 1784-2008, An Overview in Time Past and Time Present :** Two Hundred and Twenty Five years of the Asiatic Sociey : R Chakraborty

॥ ऐ ॥

ऐंथोनी गिडेंस
(1938-)

ऐंथोनी गिडेंस (Anthony Giddens) अंग्रेज अर्थशास्त्री थे। उन्होंने अपनी समाजशास्त्रीय मीमांसा प्रस्तुत की है। इंग्लैंड और अमेरिका में अध्यापन कर चुके गिडेंस ने लेवी स्ट्रॉस जैसे संरचनावादियों, इरविंग गॉफमैन जैसे चिंतकों और उत्तर संरचनावादियों से प्रेरणा ग्रहण की है। वे विभिन्न वैचारिक सरणियों का सम्मिश्रण हैं।

ऐंथोनी गिडेंस ने हॉल विश्वविद्यालय से समाजशास्त्र और मनोविज्ञान विषयों के साथ 1959 में स्नातक की उपाधि प्राप्त की। इसके बाद लंदन स्कूल ऑफ इकोनॉमिक्स से स्नातकोत्तर की पढ़ाई की और किंग्स कॉलेज, कैंब्रिज से पीएचडी पूरी की। 1961 में उन्होंने ब्रिटिश समाजशास्त्र की पौधशाला के रूप में विख्यात लिसेस्टर विश्वविद्यालय में अध्यापन कार्य प्रारंभ किया। उनके अध्यापन का विषय था सामाजिक मनोविज्ञान। 1969 में कैंब्रिज विश्वविद्यालय में नियुक्ति मिलने के बाद उन्होंने अर्थशास्त्र संकाय की उप-इकाई के रूप में सामाजिक और राजनीतिविज्ञान समिति की स्थापना की। कई वर्षों तक कैंब्रिज विश्वविद्यालय में किंग्स कॉलेज के फेलो के रूप में कार्य करने के पश्चात उसी विश्वविद्यालय में इन्हें 1987 में प्रोफेसर नियुक्त किया गया। 1997 से 2003 तक गिडेंस लंदन स्कूल ऑफ इकोनॉमिक्स के निदेशक के रूप में रहे। इसी मध्य गिडेंस लोक नीति शोध संस्थान की परामर्शदात्री समिति के सदस्य भी थे। ब्रिटेन के प्रधानमंत्री टॉनी ब्लेयर के एक विशिष्ट परामर्शदाता के रूप में भी गिडेंस ने महत्वपूर्ण भूमिका का निर्वहन किया। राजनीतिक उपागम के रूप में गिडेंस के 'तृतीय पथ' के समाधान को टॉनी ब्लेयर ने मार्गदर्शक राजनीतिक आदर्श के रूप में स्वीकार किया था। 2004 में 'बैरन' की उपाधि से सुशोभित होने के साथ लेबर दल की ओर से गिडेंस हाउस ऑफ लॉर्ड्स का सदस्य बने।

ऐंथोनी गिडेंस

गिडेंस अपने दो सिद्धांतों 'संरचनाकरण का सिद्धांत' (थियरी ऑफ स्ट्रक्चरेशन) और 'आधुनिक समाजों का साकल्यवादी दर्शन' (होलिस्टिक व्यू ऑफ मॉडर्न सोसाइटीज) के प्रतिपादक के रूप में ख्यात हैं। उन्होंने 34 पुस्तकें लिखी हैं, जिन्हें लगभग 29 भाषाओं में प्रकाशित किया जा चुका है। गिडेंस की अकादमिक उपलब्धियों को तीन श्रेणियों में वर्गीकृत किया जा सकता है। प्रथम श्रेणी में उनके उन वैचारिक शोधों व विश्लेषणों को रखा जा सकता है, जिनमें उन्होंने 'समाजशास्त्र क्या है' सदृश प्रश्नों पर नए दृष्टिकोण से मात्र विचार ही नहीं किया बल्कि पूर्व के समाजशास्त्रीय सिद्धांतों पर आलोचनात्मक पुनर्विमर्श करते हुए समाजशास्त्र के स्वरूप के विभिन्न पहलुओं की सैद्धांतिक एवं प्रविधिक रूपरेखा भी प्रस्तुत की। इस काल के उनके प्रमुख प्रकाशन हैं–'कैपिटलिज्म एंड मॉडर्न सोशल थियरी' (1971) तथा 'द क्लास स्ट्रक्चर ऑफ द एडवांस्ड सोसाइटीज' (1973)। दूसरी श्रेणी में गिडेंस के उन

शोधपरक विश्लेषणों को प्रस्तुत किया जा सकता है, जिनमें उन्होंने 'संरचनाकरण' का सिद्धांत प्रस्तुत किया है। गिडेंस का संरचनाकरण का सिद्धांत वस्तुतः संरचना एवं संबंधित अभिकरणों का आद्योपांत विश्लेषण है, जिनमें उन्होंने किसी को भी सर्वोपरि नहीं माना है। इस काल के उनके प्रमुख प्रकाशन हैं—'न्यू रूल्स ऑफ सोशयोलॉजिकल मेथड' (1976), 'सेंट्रल प्राब्लम्स इन सोशल थियरी' (1979), और 'द कांस्टीट्यूशन ऑफ सोसाइटी' (1984)। ऐंथोनी गिडेंस का तृतीय एवं नवीनतम स्तर का शोध कार्य आधुनिकता, वैश्वीकरण और राजनीति से संबंधित विषयों पर केंद्रित है। वर्तमान समय का उनका शोधोन्मुख विश्लेषण प्रमुख रूप से सामाजिक और वैयक्तिक जीवन पर आधुनिकता के प्रभाव से संबंधित है। 'कन्सीक्वेन्सेज ऑफ मॉडर्निटी' (1990), 'माडर्निटी एंड सेल्फ-आइडेंटिटी' (1991), 'द ट्रांसफॉर्मेशन ऑफ इंटीमेसी' (1992),'बियांड लेफ्ट एंड राइट' (1994) और 'द थर्ड वे : रिन्यूवल ऑफ सोशल डेमोक्रेसी' (1998)। ऐंथोनी गिडेंस मात्र सामाजिक सिद्धांतों का सुधार ही नहीं करना चाहते हैं, अपितु उनकी महत्वकांक्षा यह भी है कि वे आधुनिकता के पथ और विकास के प्रति जनसामान्य की जो समझ है उसका भी पुनःपरीक्षण करें।

ऐंथोनी गिडेंस के लेखन का मुख्य लक्ष्य रहा है, विभिन्न प्रसिद्ध लेखकों और पूर्वस्थापित सिद्धांतों का आलोचनात्मक विश्लेषण करना। गिडेंस ने विकासवाद और ऐतिहासिक भौतिकवाद की आलोचनात्क व्याख्या की। अपनी पुस्तक 'कैपिटलिज्म एंड मॉडर्न सोशल थियरी' (1971) में उन्होंने वेबर, दुर्खीम और मार्क्स के विचारों का परीक्षण किया। इन तीनों चिंतकों के विषय में गिडेंस का मत है कि यद्यपि इनके उपागम भिन्न-भिन्न हैं, परंतु तीनों सामाजिक जीवन और पूंजीवाद के अंतःसंबंधों को विश्लेषित करना चाहते थे। गिडेंस संस्थाओं, आधुनिकता और सत्ता की सामाजिक संरचना को स्पष्ट करना चाहते हैं। फलतः उन्होंने समाजशास्त्र की अवधारणा को लेकर कहा कि समाजशास्त्र सामाजिक संस्थाओं का वह अध्ययन है, जो अतीत की दो या तीन शताब्दियों के औद्योगिक रूपांतरण के परिणामस्वरूप अस्तित्व में आया है।

ऐंथोनी गिडेंस ने संरचनाकरण के सिद्धांत की व्याख्या करते हुए विश्लेषित किया है कि सामाजिक यथार्थों की रचना में किसकी भूमिका होती है—व्यक्ति की अथवा सामाजिक शक्तियों की। उनका मत यह है कि यद्यपि मनुष्य अपनी भूमिका के चयन अथवा कृत्यों के संपादन में स्वतंत्र नहीं है और उसके ज्ञान की एक सीमा है, फिर भी मनुष्य ही सामाजिक परिवर्तन का वाहक और सामाजिक संरचना का प्रतिपादक है। गिडेंस का विचार है कि संरचना और क्रिया का अन्योन्याश्रित संबंध सामाजिक सिद्धांत का आधारभूत तत्व है। संरचना और तत्संबंधित अभिकरण यद्यपि दो भिन्न प्रकृति के तत्व और कारण हैं तथापि दोनों अंतःसंबंधित हैं। इस अंतःसंबंध के लिए गिडेंस का संबोधन है—संरचना की द्वयात्मकता। संरचना की द्वयात्मकता से गिडेंस का तात्पर्य यह है कि व्यक्ति और सामाजिक स्थितियों का पृथक-पृथक विश्लेषण उचित नहीं है। क्रियाओं से संरचना की निर्मिति होती है तथा क्रियाओं के प्रभाव से ही संरचनाएं निरंतर रहती हैं एवं परिवर्तित होती हैं। इतना ही नहीं, संरचनाओं की पृष्ठभूमि में ही क्रियाओं को औचित्यपूर्ण सिद्ध किया जा सकता है। गिडेंस के शब्द हैं, 'सामाजिक संरचनाएं मानव अभिकरणों द्वारा निर्मित होती है और साथ ही संरचनाएं इस निर्माण का माध्यम भी हैं।'

समाजशास्त्र में कई ऐसे मुद्दे हैं जिन पर समाजशास्त्रियों में विभाजन है। पहला विवाद यह है कि सामाजिक चेष्टा में व्यक्ति प्रमुख है अथवा समूह या समाज। एक विवाद इस बात पर है कि व्यक्ति कर्ता है अथवा वस्तु है जो अन्य कारकों के प्रभाव में है। गिडेंस ने इन विवादों को समाप्त करने का प्रयास करते हुए उनके बीच का रास्ता निकालने का प्रयास किया है। इस प्रकार उन्होंने वस्तुतः विरुद्धों के बीच एकता स्थापित करने का प्रयास किया है।

संरचनाकरण (स्ट्रक्चरेशन) गिडेंस की एकता स्थापित करने की प्रवृत्ति का द्योतक है। संरचनाकरण

के अनुसार व्यक्तिगत चेष्टा और संरचना एक-दूसरे से अलग, एक-दूसरे की विरोधी चीजें नहीं हैं। व्यक्ति की अपने बल पर कुछ करने की क्षमता को मुक्त चेष्टा कहते हैं। लोग मुक्त चेष्टाओं का उपयोग संरचनाओं के माध्यम से सामाजिक क्रिया करने के लिए करते हैं। इस प्रकार गिडेंस के अनुसार व्यक्ति एक कर्ता है (जो मुक्त चेष्टा करता है) और वह एक वस्तु भी है (जिस पर संरचनाएं प्रभाव डालती हैं)। यह गिडेंस की एकता स्थापित करने की प्रवृत्ति का परिणाम है। संरचनाओं का द्वैत ऐसा ही एक विचार है। इसके अनुसार संरचनाएं केवल सामाजिक चेष्टा के लिए नहीं होतीं, वे व्यक्ति की क्रिया द्वारा पुनर्जीवित भी होती हैं। गिडेंस की एकता स्थापित करने वाली मेधा कहती है कि संरचना केवल सामूहिक न हो कर व्यक्तिगत भी होती है।

गिडेंस के कार्य में भाषाशास्त्र और फ्रायड का मिश्रण देखने को मिलता है। वे चेतना के तीन स्तरों के बारे में बात करते हैं। उन्होंने भाषाशास्त्र और फ्रायड द्वारा निरूपित चेतना के तीन स्तरों अचेतन, अवचेतन और चेतन का मिश्रण प्रस्तुत किया हैं। वे फ्रायड के अचेतन को अपनी विचार शृंखला में जगह देते हैं। इसके बाद गिडेंस कार्यकारी चेतना के बारे में बात करते हैं जो उस चेतना को कहते हैं जिसे हम प्रयोग में तो ला सकते हैं परंतु जिसे हम शब्दों में नहीं उतार सकते। ऐसा हम नृत्य करते समय अनुभव करते हैं। चेतना का तीसरा स्तर गिडेंस के अनुसार वाचिक चेतना का है। वाचिक चेतना वह चेतना है जिसे हम शब्दों में बयान कर सकते हैं। भाषाविज्ञान का फ्रायड की चेतना प्रणाली से मिलन गिडेंस की एकता स्थापित करने की नीति को प्रतिबिंबित करता है। गिडेंस ने 'अंतिम आधुनिकता' के बारे में भी बहुत कुछ लिखा है। उनकी अंतिम आधुनिकता में विश्वास, खतरा और व्यक्तिगत सुरक्षा जैसे तमाम आयाम मुख्य हैं।

उत्तर-आधुनिकतावादी कहते हैं कि आधुनिकता समाप्त हो चुकी है। इसके विपरीत गिडेंस कहते हैं कि हम अंतिम आधुनिकता में जी रहे हैं। आधुनिकता पर उत्तर-आधुनिकतावादियों के और गिडेंस के विचार मेल नहीं खाते हैं।

समाजशास्त्री होने के साथ-साथ गिडेंस प्रशासक और राजनीतिज्ञ भी रहे हैं। उन्होंने 'ओवर टु यू, मिस्टर ब्राउन' नामक किताब लिखी है। हाउस ऑफ लॉर्ड्स का सदस्य होने के साथ-साथ वह पॉलिटी प्रेस के संस्थापक भी रहे हैं। हाल के वर्षों में गिडेंस यूरोपियन यूनियन के समर्थक के रूप में सामने आए। उन्होंने 'टर्ब्युलेंट और माइटी कांटिनेंट नामक पुस्तक लिखी। वे ग्लोबल वार्मिंग के बारे में भी लिख चुके हैं। उनके सरोकार व्यापक भी रहे हैं और गहरे भी।

आनंद, पुनीत कुमार श्रीवास्तव

अधिक जानकारी के लिए :

1. The Contemporary Giddens : Social Theory in a Globalizing Age : G A Christopher, David Jary Bryent, 2001, **2. Social Theories of Modern Societies : Anthony Giddens and his Critics :** John David Held, B Thompson, 1989, **3. Anthony Giddens : An Introduction to Social Theorists :** Lars B Kaspersen, 2000

ऐंद्रजालिकता

ऐंद्रजालिकता (Fantasticalness) साहित्यिक रचनाओं में प्रयुक्त वह उपशैली है, जिसमें अलौकिक, अवास्तविक और असंभव प्रतीत होने वाले तत्वों की प्रस्तुति होती है। पश्चिम के संरचनावादी आलोचक श्वेतान तोदोरोव को ऐंद्रजालिकता की अवधारणा का जनक माना जाता है। तोदोरोव के अनुसार ऐंद्रजालिकता वहां होती है, जहाँ किसी रचना के पात्र और पाठक यथार्थ के बोध संबंधी प्रश्नों से इस तरह दो-चार होते हैं कि उन्हें वास्तविकता को समझने की सरल और एकरेखीय अवधारणाओं को सही मानने में हिचकिचाहट होने लगती है।

अवास्तविक और असंभव के रूप में ऐंद्रजालिकता की उपस्थिति पारंपरिक किस्सों-कहानियों में हमेशा रही है। भूत-प्रेत, देव-दानव,

परियों-फरिश्तों के किस्से और जासूसी, ऐय्यारी एवं जीवन की सनसनीखेज कहानियों के प्रति मनुष्य का लगाव काफी पुराना है। विज्ञान की उन्नति से ऐंद्रजालिकता के प्रति इस लगाव को कोई क्षति नहीं पहुंची है। इसके विपरीत, विद्वानों ने कहा है कि जिन देशों में विज्ञान की जितनी ही प्रगति हुई है, उनमें ऐंद्रजालिकता की उपस्थिति को दर्शाते असंभव और अवास्तविक किस्से-कहानियों की रचना उतनी अधिक हुई है।

तोदोरोव के अनुसार ऐंद्रजालिकता की उपस्थिति को निम्न स्थितियों के मार्फत जाना जा सकता है—पहला, असंभव और अविश्वसनीय दिखने वाले पात्रों को पाठक वास्तविक दुनिया में जीते-जागते लोगों जैसा मानने को बाध्य हो और प्राकृतिक तथा अप्राकृतिक तत्वों के बीच फर्क को स्वीकार करने में हिचकिचाए। दूसरे, यह हिचकिचाहट पात्रों को भी महसूस हो जिससे पाठक और पात्रों के बीच एक अपनापा कायम हो सके। पाठक का मात्र इस किस्म का भरोसा ही ऐंद्रजालिक को रचना की मुख्य प्रेरक शक्ति के रूप में स्थापित करता है। तीसरा, पाठक इसे एक अगंभीर प्रयास मानने के बजाय रचना के प्रति एक निश्चित दृष्टिकोण अपनाने को बाध्य हो और उसे महज कोई अन्योक्ति और कोरी गप मानने से इंकार कर दे।

यह सवाल उठना लाजिम है कि असंभव और अवास्तविक के प्रति इतना आकर्षण क्यों है? क्या असंभव के प्रति आकर्षण सिर्फ इसलिए है कि वह वास्तव में नहीं होता या फिर इसलिए कि कहीं न कहीं यह विश्वास मन में होता है कि जिसे असंभव कहा जा रहा है, जिसके अस्तित्व को हम भले न स्वीकार करें, मगर कहीं न कही उसका अस्तित्व जरूर है। जो भी हो, साहित्य में ऐंद्रजालिकता हमेशा अंधविश्वास नहीं होता, भले ही कभी-कभी वह अंधविश्वास होने का भ्रम पैदा करता हो। वैसे भ्रम, असत्य और मरीचिका ऐंद्रजालिकता के बुनियादी लक्षण होते हैं लेकिन साहित्य में ऐंद्रजालिकता का इस्तेमाल एक शैली के रूप में होता है। यह कभी-कभी यथार्थवाद के आतंक से मुक्ति के लिए या अतिपरिचित यथार्थ जगत की यात्रिक संवेदनाओं को झटका देने के लिए रचनाकार द्वारा प्रयुक्त होता है। पश्चिम में काफ्का की कहानी 'मेटामोर्फोसिस' और हिंदी में मुक्तिबोध की कविता 'अंधेरे में' ऐंद्रजालिकता के प्रयोग के सर्वोत्तम उदाहरण हैं। नामवर सिंह के अनुसार 'मेटामोर्फोसिस' ऐंद्रजालिक कहानी इसलिए है कि वह एक ऐसी दुनिया की कहानी है जिसमें इस दुनिया के कायदे-कानून लागू नहीं होते, अर्थात उसके कायदे-कानून अलग और अपने हैं लेकिन क्या सिर्फ इसी बात से वह दुनिया अवास्तविक है? कहीं ऐसा तो नहीं है कि वह हमारी अतिपरिचित दुनिया से अधिक वास्तविक है? अथवा वास्तविक दुनिया वही है, जो आपाततः 'फैंटास्टिक' मालूम हो रहा है। हो सकता है कि दुनिया के नियमों ने हमारी आंखों पर पर्दा डाल दिया हो और अभ्यासवश अतिपरिचित को ही हम वास्तविक मानकर चल रहे हों। कहीं ऐसा तो नहीं है कि अंतर्दर्शी लेखक ने इस चालू दुनिया के अंदर छुपी उस असली दुनिया को सहसा 'देख' लिया है और पूरे विस्मय के साथ हमारे सामने उसे उद्‌घाटित कर दिया है, जिसे अपरिचय तथा अनभ्यास के कारण हम 'फैंटास्टिक' कह रहे हों? काफ्का और मुक्तिबोध दोनों की रचनाएं इन प्रश्नों पर विचार करने के लिए हमें बार-बार बाध्य करती हैं।

ऐंद्रजालिकता में स्वप्न और जाग्रत अवस्था को परस्पर आरोपित कर पाठक को असमंजस में डाल देना यह सोचने को बाध्य करता है कि वास्तव में स्वप्न क्या है और यथार्थ क्या है। उसे यथार्थ और स्वप्न को परस्पर विरोधी मानने में हिचकिचाहट होने लगती है।

ऐंद्रजालिकता में अतिप्राकृतिक की उपस्थिति होती है। लेकिन सभी अतिप्राकृतिक रचनाएं जैसे डरावनी या भूत-प्रेत की कहानियां ऐंद्रजालिक नहीं होतीं, क्योंकि 'ऐंद्रजालिकता' प्राकृतिक को जितना संदिग्ध बनाती चलती है, उतना ही असमंजस वह भूत-प्रेत और परी-फरिश्ते जैसे अतिप्राकृतिक सत्ताओं के प्रति भी उत्पन्न करती है। इसी कारण

‘ऐंद्रजालिकता’ जादुई यथार्थवाद से भिन्न होती है। जादुई यथार्थवाद में जादू यथार्थ का विश्वसनीय हिस्सा होता है, जबकि ऐंद्रजालिकता यथार्थ को भी अविश्वसनीय के रूप में चित्रित करती है।

प्रियम अंकित

अधिक जानकारी के लिए :
1. The Fantastic : The Structural Approach : Todorov Tznetan, **2. Theorising the Fantastic** : Lucie Armitt, 1996, **3. The Fantastic in Literature :** Eric S Rabkin, **4. Empirical Wonder : Historicising the Fantastic : Riccardo Capoferro**

ऐतरेय महीदास

ऐतरेय महीदास एक वैदिक ऋषि थे। इनका लिखा ग्रंथ ऐतरेय ब्राह्मण है, जो ऋग्वेद का एकमात्र उपलब्ध ब्राह्मण ग्रंथ है। आधुनिक विद्वानों की मान्यता है कि इतरा नामक दासी का पुत्र होने के कारण इनका नाम ऐतरेय हुआ। सायण के अनुसार किसी महर्षि की अनेक पत्नियां थीं, उनमें एक इतरा थी। इससे इनका जन्म हुआ। यज्ञ में पिता के द्वारा अपमानित किए जाने पर स्वयं धरित्री सर्वतोभद्र सिंहासन लिए उपस्थित हुई। उस पर आसीन होने के कारण इनका नाम महीदास पड़ा।

‘ऐतरेय ब्राह्मण’ 1000 ईसा पूर्व या उससे पहले की रचना है। कला, संस्कृति और सौंदर्य के विषय में इसमें जो चिंतन महीदास ने प्रस्तुत किया है, उसे देखते हुए उन्हें विश्व का प्रथम कला चिंतक भी कहा जा सकता है। उनका यह चिंतन वैदिक दर्शन या वैदिक विश्वबोध के मूलाधार पर प्रतिष्ठित है। ऐतरेय महीदास समस्त कलाओं या शिल्प को दो प्रकार का मानते हैं–देव शिल्प और मानुष शिल्प। देव शिल्प की ही अनुकृति मानुष शिल्प हे। इस संसार के नाना पदार्थ देवताओं के शिल्प हैं। उनकी अनुकृति में मनुष्य अपना शिल्प, कला या कविता रचता है–‘एतेषां देव शिल्पानामनुकृतीह शिल्पमधिगम्यते। हस्ती, कंसो वासो हिरण्यम्, अश्वतरी रथः।’ (ऐतरेय ब्राह्मण, 30.1)। देव शिल्प और मानुष शिल्प के रूप में द्विविध शिल्प की उनकी अवधारणा वस्तुतः तकनीकी या रूपंकर कलाओं पर ही नहीं, ललित और प्रदर्शनकारी कलाओं के लिए भी है। अतएव गीत का प्रतिपादन करते हुए गीत के भी दो प्रकार वे बतलाते हैं–देव गीत और मानुष गीत। देव गीत ऋक् है, मानुष गीत गाथा है (ऐत.ब्रा.,7.8)। वे कविता और कला अथवा व्यापक अर्थ में शिल्प के देव और मानुष के रूप में दो प्रकार की काव्य रचना या कला सर्जना की ओर इंगित करते हैं। देव गीत या ऋक् ईश्वर की कृति है, जिसे ऋषि साक्षात्कार में देखता है, मानुष गीत सायास रची हुई कृति है।

जिस तरह वैदिक ऋषि समस्त सृष्टि को परमात्मा के काव्य के रूप में अनुभव करता है, उसी तरह ऐतरेय समस्त सृष्टि को शिल्प के रूप में देखते हैं। काल की गति में शिल्प है, नृत्य में लय व गति है। इसलिए नृत्य भी शिल्प है, दिन आवर्तन और परावर्तन में गति करते हैं। इसलिए ऐतरेय दिन और रात के आने और जाने में नृत्य देखते हैं।

परमात्मा आत्मविस्तृति या अपनी लीला के विस्तार के लिए जगत के रूप में अपना शिल्प रचता है, तो मनुष्य आत्मसंस्कृति के लिए मानुष शिल्प रचता है। ऐतरेय महीदास पहले भारतीय विचारक हैं, जिन्होंने कला या शिल्प की अवधारणाओं से जोड़ कर संस्कृति की अवधारणा प्रस्तुत की है, ‘शिल्प या कलाएं हमारे अंतःकरण का संस्कार करती हैं।’ (6.27)।

ऐतरेय महीदास ने ‘अनुकृति’ शब्द के प्रयोग के साथ अनुकृति की जिस प्रक्रिया की ओर संकेत किया है, उसी का पल्लवन भरत मुनि से आरंभ कर के अभिनवगुप्त आदि भारतीय कला चिंतन या नाट्यशास्त्रीय विचार में करते आए हैं। अनुकरण की जो अवधारणा प्लेटो में थी उसमें कला या काव्य को गर्हित दृष्टि से देखा गया था। प्लेटो की दृष्टि से कला या कविता अनुकृति की भी अनुकृति मात्र है। इसलिए वह सत्य से दो गुना दूर है। यह जगत ही परमात्मा की परिकल्पना की अनुकृति या

नकल है। कला, कविता या नाटक इस नकल की भी नकल है। ऐतरेय महीदास ने अनुकृति की जो अवधारणा प्रस्तुत की, उसमें वह एक सर्जनात्मक क्रिया है। शिल्प की जो विवृत्ति ऐतरेय ने की, उसका अवबोध परंपरा में निरंतर और अव्याहत बना रह गया। इसलिए अभिनवगुप्त तंत्रालोक में कहते हैं कि इस सारे दर्शन और अनुष्ठान का मूल 'ऐतरेय ब्राह्मण' में है।

ऐतरेय महीदास काव्य रचना या कला सर्जना की प्रक्रिया में चेतना के तीन स्तर इंगित करते हैं—सरस्वती, इला तथा भारती। वाक् राष्ट्री या ईश्वरी है। वृत्तिकार षड्गुरुशिष्य ने यहां राष्ट्री का अर्थ ईश्वरी किया है। उपर्युक्त तीनों देवियां प्राणस्वरूपा हैं। इनके द्वारा यजमान त्वष्टा का यजन करता है। वस्तुतः वाक् ही त्वष्टा है। इस संपूर्ण जगत को प्रकाशित करने के कारण इसे त्वष्टा कहा जाता है। ऐतरेय प्रजापति की सृष्टि प्रक्रिया के रूपक के द्वारा कला सर्जना प्रक्रिया की ओर इंगित करते हैं। तदनुसार प्रजापति ने तप किया और तप के द्वारा वाक् की प्राप्ति की। वाक् से उन्होंने समस्त संसार को रचा।

ऐतरेय वाणी को समुद्र के समान बताते हैं, जिस तरह समुद्र कभी क्षीण नहीं होता, उसी तरह वाक् भी कभी क्षीण नहीं होती, 'वाग्वै समुद्रः। न वै वाक् क्षीयते। न समुद्रः क्षीयते।' (23.1, भाग-2)। इस छंदस् या वाक् में रस होता है। छंदस् के रस का प्रतिपादन ऐतरेय ने इतिहास के आख्यान के माध्यम से किया है। छंदस् में जो रस था, वह विगलित होने लगा, जिससे प्रजापति भयभीत हुए कि इस तरह तो छंदस् का रस लोक से अतिक्रांत हो जाएगा। तब उन्होंने छंदस् के उस रस को नारांशंसी तथा गायत्री के द्वारा बांध लिया।

राधावल्लभ त्रिपाठी

अधिक जानकारी के लिए :

1. **ऐतरेय ब्राह्मण : षड्गुरुशिष्यकृत सुखप्रदावृत्ति :** अनंतकृष्ण शास्त्री, 1942-52, 2. **ऐतरेय ब्राह्मण :** सायणभाष्य, 1979

ऐतिहासिक भौतिकवाद

ऐतिहासिक भौतिकवाद मनुष्य के ऐतिहासिक विकास की स्थितियों को समझने के लिए एक मार्क्सवादी सिद्धांत है। इसके मूल में यह है कि मनुष्य की चेतना भौतिक उत्पादन स्थितियों का परिणाम है। दोनों के बीच संबंध द्वंद्वात्मक है। मनुष्य की विकास यात्रा उसकी चेतना और उत्पादन संबंधों के बीच द्वंद्व से संभव हुई है। इस आधार पर कार्ल मार्क्स ने मानव समाज के अब तक के इतिहास को छह चरणों में विभाजित किया है। 1. आदिम साम्यवादी समाज, 2. दासता मूलक समाज, 3. सामंती समाज, 4. पूंजीवादी समाज, 5. समाजवादी संक्रमण काल, 6. साम्यवादी समाज। इनमें से प्रथम पांच स्थितियां ऐसी हैं, जिनके बारे में मनुष्य जाति परिचित है। अंतिम स्थिति वस्तुतः भविष्य की शोषण मुक्त समाज व्यवस्था का स्वप्न है। ऐतिहासिक भौतिकवाद मानता है कि सामाजिक विकास में उत्पादन पद्धति निर्णायक भूमिका निभाती है। उत्पादन पद्धति में श्रम का अत्यधिक महत्व है। श्रम के बिना उत्पादन और मानव जीवन असंभव हो जाएगा। ऐतिहासिक भौतिकवाद सामाजिक विकास के नियमों का अध्ययन श्रमजीवी वर्ग के दृष्टिकोण से करता है। इसकी धारणा है कि यही वर्ग इतिहास का सच्चा निर्माता है। यही सारी भौतिक संपदा का निर्माण करता है। इसलिए उत्पादन के साधनों पर पूंजीपतियों की जगह इसी का अधिकार होना चाहिए, अन्यथा श्रमजीवी वर्ग का हमेशा शोषण होगा। श्रमजीवी वर्ग जब भी अपने अधिकारों की मांग करते हैं, पूंजीपति उनका दमन करते हैं। इसलिए ऐतिहासिक भौतिकवाद की मुख्य स्थापना देते हुए मार्क्स ने घोषणा की, 'मानव समाज का इतिहास वर्ग संघर्ष का इतिहास है।' उसने यह आशा व्यक्त की कि दुनिया में श्रमिक वर्ग के शोषण के अंत के साथ अंततः साम्यवाद की स्थापना होगी। इस तरह ऐतिहासिक भौतिकवाद सामाजिक विकास की विभिन्न मंजिलों की ऐतिहासिक भौतिकवादी दृष्टिकोण से व्याख्या है। इसकी एक प्रमुख मान्यता

यह है कि आर्थिक आधार और अधिरचना के बीच समानांतरता का नहीं, द्वंद्वात्मक संबंध है।

ऐतिहासिक भौतिकवादी दृष्टि से सामाजिक विकास ही नहीं, साहित्य के सौंदर्यशास्त्र और इतिहास को भी देखने के प्रयत्न हुए। प्रगतिवाद के दौर में हिंदी साहित्य को वर्गदृष्टि से समझने के प्रयास हुए थे। रामविलास शर्मा ने परंपरा के मूल्यांकन को जरूरी ठहराते हुए कहा था, 'जो महत्व ऐतिहासिक भौतिकवाद के लिए इतिहास का है, वही आलोचना के लिए साहित्य की परंपरा का है।' मुक्तिबोध भी 'ऐतिहासिक समाजशास्त्रीय' पद का इस्तेमाल करते हैं।

प्रेमशंकर सिंह

ऐतिहासिक शोध

ऐतिहासिक शोध (Historical Research) से तात्पर्य उस शोध से है जिसमें बीती घटनाओं को रिकार्ड किया जाता है, उनका विश्लेषण किया जाता है और उसकी व्याख्या की जाती है। इस प्रकार उससे एक सही सामान्यीकरण प्राप्त किया जाता है। ऐसे सामान्यीकरण से भूत और वर्तमान की क्रियाओं को समझने में सहायता मिलती है। साथ ही इससे प्रत्याशित भविष्य को समझने में मदद मिलती है। अतः कहा जा सकता है कि ऐतिहासिक शोध मूलतः 'क्या था' का वर्णन करता है। यह भी कहा जा सकता है कि ऐतिहासिक शोध में मानव ज्ञान की विविध दिशाओं जैसे साहित्य, संस्कृति, भाषाविज्ञान आदि में होने वाले भूतकालिक कार्यों का वैज्ञानिक पद्धति से अध्ययन होता है, जिससे अतीत को वर्तमान परिप्रेक्ष्य में समझने की सुविधा हो सके। ऐतिहासिक शोध पहले की घटनाओं या तथ्यों का प्रस्तुतीकरण मात्र नहीं है। सामग्री की तर्कसंगत व्याख्या और घटनाओं के आंतरिक अर्थों की खोज भी है।

ऐतिहासिक सामग्री का एक विशिष्ट दृष्टिकोण के समर्थन में उपयोग होता आया है। कार्ल मार्क्स ने इतिहास की सामग्री का उपयोग साम्यवाद के समर्थन में किया है। साहित्य में इतिहास का उपयोग होता है और इसके लिए ऐतिहासिक शोध की जरूरत होती है। प्रसाद के 'स्कंदगुप्त', 'चंद्रगुप्त', 'ध्रुवस्वामिनी' जैसे नाटक ऐतिहासिक शोध के साहित्यिक उपयोग के उदाहरण हैं। यशपाल के उपन्यासों 'झूठा सच', 'दिव्या', 'पार्टी कामरेड' आदि में यही बात है। इस प्रकार के शोध में पहले विचारधारा की स्थापना की जाती है फिर इतिहास के द्वारा उसकी पुष्टि की जाती है। हजारी प्रसाद द्विवेदी की पुस्तक 'बाणभट्ट की आत्मकथा', वृंदावनलाल वर्मा की पुस्तक 'मृगनयनी', खुशवंत सिंह की पुस्तक 'दिल्ली', महाश्वेता देवी की पुस्तक 'झांसी की रानी', के ए नीलकंठ शास्त्री की पुस्तक 'नंद-मौर्य युगीन भारत', शंकर दयाल सिंह की पुस्तक 'बिहार : एक सांस्कृतिक वैभव', रश्मि वाजपेयी की पुस्तक 'कथक प्रसंग' आदि ऐतिहासिक शोध के नमूने हैं।

अतीत का अध्ययन वर्तमान के लिए दृष्टि प्रदान करता है। इतिहास की पृष्ठभूमि में ही वर्तमान का दर्शन समग्र बन सकता है। साहित्य के लिए इस प्रकार का अध्ययन कैसे और क्यों हो—इन दो प्रश्नों से परिचालित होता है।

ऐतिहासिक शोध के चरण इस प्रकार हैं : 1. विषय या समस्या का निर्वाचन, 2. साक्ष्य-संग्रह : पट्टा, परवाना, लोक साहित्य, शिलालेख, सिक्के, अनुश्रुतियां, लोकवार्ता, पत्र, पुस्तकें आदि, 3. सामग्री की प्रामाणिकता का परीक्षण, 4. सामग्री की व्याख्या। साहित्य के अध्ययन में भी ये ही चरण होते हैं। ऐतिहासिक स्रोत के दो प्रकार हैं : (क) मुख्य स्रोत : मुख्य स्रोत वे हैं जिनसे मूल सामग्री संगृहीत की जाती है। इसमें कोई मध्यस्थ नहीं होता है। यह अधिक उपयोगी होता है। (ख) द्वितीयक स्रोत : यह वह स्रोत है जिसमें सामग्री और शोधकर्ता के बीच एक और व्यक्ति/समूह मध्यस्थ होता है। यह मुख्य स्रोत से कम उपयोगी होता है।

अभिषेक अवतंस

अधिक जानकारी के लिए :

A Guide to Historical Method : Gilbert J Garraghan, 1946

ऐपण

समारोहों, त्योहारों और उत्सवों के दौरान महिलाएं फर्श, दीवारों और प्रवेशद्वार पर ऐपण सजाती हैं। इसे अल्पना और रंगोली भी कहते हैं। यह देवी-देवताओं के मंदिर के फर्श पर भी कुछ कर्मकांडों के साथ बनाई जाती है। फुर्तीली उंगलियों और हथेलियों का प्रयोग करके अतीत की घटनाओं, भावों और ज्यामितीय सौंदर्य-आकृतियों को ऐपण के माध्यम से व्यक्त किया जाता है। ऐपण कुमाऊं की विशेष पहचान के रूप में जाने जाते हैं, पर यह कला सर्व भारतीय स्तर पर लोकप्रिय है। ऐपण कई तरह के होते हैं। इनका प्रयोग भी अलग-अलग अवसरों पर अलग-अलग प्रकार से किया जाता है। विवाह, हवन, यज्ञ, छठ कर्म, शिव पूजन, देवी पूजन, लक्ष्मी पूजन आदि के अलावा समस्त मंगल कार्यों में घर की देहली, आंगन और पूजा घर में ऐपण बनाए जाते हैं। किसी भी शुभ कार्य में ऐपण के ऊपर कलश स्थापना आदि कार्य संपन्न कराए जाते हैं। ऐपण को विभिन्न प्रकार की चौकी भी कहा जाता है। गणेश पूजन के लिए स्वस्ति चौकी, मातृपूजा में अष्टदल कमल, देवी पूजा में कलश की चौकी, विवाह के अवसर पर धूलि अर्घ्य चौकी, कन्या चौकी, शिव चौकी आदि तरह-तरह की चौकियां बनाई जाती हैं। बच्चों की शिक्षा शुरू करने के अवसर पर सरस्वती चौकी बनाई जाती है। ऐपण की मुख्य डिजाइनें—चौपड़, चौखाने, चांद-सूरज, फूल-पत्ती तथा इस्तेमाल किए जाने वाले बर्तनों के रूपांकन हैं।

पहले चावल और गेरू पीस कर उनका घोल तैयार कर उस मिश्रण (लेप) से महिलाएं दाहिने हाथ की पिछली तीन उंगलियों से अपने घरों के फर्श और दीवारों पर ऐपण बनाती थीं। आजकल पेस्टल और तैलरंगों का प्रयोग किया जाता है। कहीं-कहीं ऐपण या रंगोली की प्रतियोगिताएं भी होने लगी हैं, हालांकि शहरों में यह कला गुम हो रही है। ऐपण में समबिंदु और विषम रेखाओं को शुभ माना जाता है।

महेंद्र राजा जैन

ऐब्सर्ड ड्रामा

ऐब्सर्ड का अर्थ है—निरर्थक या बेमतलब चीजें या बात। ऐब्सर्डिटी यानी असंगतता। इसका एक अभिप्राय निरुद्देश्य कर्म हो सकता है। यह पराजित मनुष्य का ऐसा विचार है जिसके जेहन में कोई विकल्प नहीं होता। वह स्वप्नहीन यथार्थवादी हो सकता है। मार्टिन एसलिन की एक प्रसिद्ध किताब है–'थिएटर ऑफ द ऐब्सर्ड'। उसमें मूल्यहीनता या नास्तिकता का तर्क है। ऐब्सर्ड उस पात्र का चिंतन है जो वंचित है। वह परिवार और देश प्रेम के अनुभव से वंचित है। वंचनाओं ने उसे व्यथा भार से आक्रांत कर रखा है। ऐसे ही वंचित नायक या अभिनेता की असंगत गतिविधियां ऐब्सर्ड नाटक (Absurd Drama) का विषय हैं। वह विरुद्ध है, पर कारगर नहीं। उसके विरोध से अन्याय की व्यवस्था आहत नहीं होती।

ऐब्सर्ड नाटकों में प्रेक्षकों को अपनी कुंठाओं से मुक्ति नहीं मिलती। ऐब्सर्ड नाटक त्रासदी है और नहीं भी। नहीं इसलिए कि त्रासदी से विरेचन संभव है, ऐब्सर्ड से विरेचन नहीं होता। उलटे प्रेक्षक भयग्रस्त हो जाते हैं, बेचैन हो जाते हैं। वे संशय से घिर जाते हैं। ऐब्सर्ड ड्रामा में वाक्य असंगत और अर्थहीन प्रतीत होते हैं। लेकिन उन पर दार्शनिकता का आवरण चढ़ा

होता है। दरअसल, यह 'ऐंटीथिएटर' का बाइ-प्रोडक्ट है। ऐंटीथिएटर के नाटकों में मृत आत्माओं और भूत-प्रेतों का रहस्यपूर्ण वातावरण दृश्यांकित होता है।

ऐंटीथिएटर के नाटककारों में युगीन आइनेस्को, ज्यां जेने, सैमुअल, बैकेट, सिंपसन, और पिंटर प्रसिद्ध हैं। अमेरिका में एडवर्ड अल्बी, आर्थर कोपट, जैक रिचर्डसन और मर्रे शिरागल ने ऐंटीथिएटर की परंपरा को आगे बढ़ाया। ये अरस्तू की त्रासदी की अवधारणा से असहमत थे।

सैमुअल बैकेट की मान्यता थी–'कमरा ही दुनिया है। कमरे के बाहर नरक है।' बैकेट के थिएटर के पीछे द्वितीय युद्धोत्तर काल की यादें थीं। बैकेट फ्रेंच और अंग्रेजी दोनों भाषाओं में लिखते थे। 'वेटिंग फॉर गोदो' उनकी विख्यात नाट्यकृति है। 'ऑल दैट फाल', 'फ्रॉम ऐन अबेंडेंड वर्क', 'एंड गेम', 'एंड ऐक्ट विदाउट वर्ड्स' जैसी नाट्य कृतियों में भी वैकेट ने ऐब्सर्ड का वातावरण रचा है। लेकिन 'गोदो का इंतजार' ऐब्सर्ड ड्रामा के रूप में अधिक प्रसिद्ध है। 'गोदो का इंतजार' में दो भूखे अवांगार्द अनाप-शनाप बोलते जाते हैं। समय मुट्ठी में बंद रेत की तरह फिसलता जा रहा है। समय का अंत ही मृत्यु है। मृत्यु बोध जिजीविषा के लिए गति प्रेरक है। उन्हें गोदों का इंतजार है। उनके लिए जीवन का अर्थ है–एक अंतहीन इंतजार। नाटक के पात्र वार्तालाप में व्यस्त हैं। मानो वे एक-दूसरे को बोर करने के लिए ही मंच पर अभिनेता बने हैं। वातावरण में बंजरता व्याप्त है। क्या करना है–बिल्कुल अनिश्चित है। वे ऊबे हुए लगते हैं, उदासीन। बैकेट का एक अन्य पात्र अत्याचार और दुख सहन करने को ही अपनी नियति मानता है। उसके गले में दासता की जंजीर लटकी रहती है। लेकिन इसमें एक ऐसा पात्र भी है जो प्रेक्षकों से कहता है–'गोदो आ रहा है'।

हिंदी में ऐब्सर्ड नाटक सबसे पहले भुवनेश्वर ने लिखा। उनके 'तांबे के कीड़े' नामक, नाटक में एनाउसर नाटककार को न्यूरोटिक कहती है–'इस पूरे नाटक में कोई मतलब नहीं है, वह हमें खामखाह भरम में डाल रहा है।'

'ऐब्सर्ड ड्रामा' आधुनिकतावाद और अस्तित्ववाद के मिश्रित विचारों का प्रतिफल है। वह विचारहीनता की दिशा में अग्रसर व्यक्तिवादी विचार है, अगर उसे विचार मानना जरूरी ही हो। भुवनेश्वर की प्रतिभा अराजक और स्वेच्छाचारी न होती तो यथार्थवादी नाट्य लेखन की हिंदी में विशेष प्रगति होती।

'वस्तुतः नाटक में ऐब्सर्ड की अवधारणा ट्रैजेडी की अवधारणा से दुखांतक है, क्योंकि वहां दुख का बोध शेष है। जो महज ऊल-जलूल और मूलतः निरर्थक है। वह दुख-सुख की अवधारणाओं से परे है। वह ध्वंस है–कार्य-कारण-संबंध जो भी परंपरागत, महिमामय या गौरवपूर्ण है उन सबका।' (विजय मोहन सिंह : रंग प्रसंग, जुलाई-दिसंबर, 2002) 'स्ट्राइक' और 'ऊसर' में भी भुवनेश्वर यही करते हैं–कार्य-कारण-संबंध का ध्वंस। ऐब्सर्ड जीवन को अंतहीन ऊसर का पर्याय मानता है।

रेवतीरमण

अधिक जानकारी के लिए :

Theatre of the Absurd : Martin Esslin, 1960

|| ओ ||

ऑटोमेशन

उत्पादन केंद्रों में वस्तुओं के निर्माण एवं प्रक्रियात्मक (प्रोसेसिंग) उद्योगों में प्रयुक्त 'मानव रहित' स्वचालित निर्माण तकनीक को 'ऑटोमेशन' (Automation) या स्वचालन कहते हैं। विज्ञान और तकनीक के क्षेत्र में उत्तरोत्तर विकास ने उद्योगों में पूर्णतः स्वचालित तकनीक के उपयोग की कल्पना को यथार्थ में बदलने में सहायता की है। कच्चे माल के भंडारण से लेकर उत्पादों की डिजाइनिंग, उत्पादन की समूची प्रक्रिया, पैकेजिंग तथा उपभोक्ताओं को पहुंचाने योग्य परिवहन तक में लगनेवाले मानवीय श्रम की सभी क्रियाओं को मशीनों द्वारा स्वचालित प्रणाली से पूरा करना ही इस तकनीक का उद्देश्य है। स्वचालित निर्माण प्रणाली की इस तकनीक का उल्लेख 'मानव श्रम रहित' उत्पादन तकनीक के रूप में किया जाता है। ऐसे उत्पादन केंद्र अपने कार्य-स्थल पर एक नजर में 'मानव रहित' दिखाई देते हैं। पर सच यह है कि इस स्वचालित प्रणाली के पीछे उत्पादन और प्रक्रियागत कार्यों में माहिर उच्च स्तर के डिजाइनर, इंजीनियर, साफ्टवेयर गणितज्ञ, रख-रखाव तकनीशियन आदि की एक पूरी टीम कार्यरत रहती है। वस्तुतः स्वचालित तकनीक पर आधारित कारखानों की संख्या में वृद्धि के साथ, दृश्य से परे, उच्च वैज्ञानिक तथा तकनीकी

दक्षता प्राप्त कामगारों की संख्या में इजाफा होता जाता है। दूसरी ओर, कम दक्षता प्राप्त कामगार वस्तुतः निर्माण प्रक्रिया से बाहर होते जाते हैं। अतः इस स्वचालित विनिर्माण तकनीक को 'मानव रहित' न कहकर, मानव-श्रम बचाने वाली तकनीक कहना उपयुक्त होगा।

सत्तर के दशक की शुरुआत में इस मानव-श्रम बचत विनिर्माण तकनीक का विविध उद्योगों में उपयोग मूलतः दो प्रणालियों के इस्तेमाल पर आधारित था। पहला, प्रबंध सूचना प्रणाली तथा कंप्यूटर आधारित डिजाइन। दूसरा, कंप्यूटर आधारित निर्माण/उत्पादन। बाद के दशकों में, पूर्ण स्वचालित तकनीक के प्रमुख उपयोगकर्ता देशों, जैसे अमेरिका और जापान, ने उपर्युक्त दोनों प्रणालियों के साथ रोबोटिक्स को जोड़कर पूर्ण स्वचालित निर्माण की तकनीक को बेहतर और सफल बनाया। रोबोट के इस्तेमाल ने एक लचीली निर्माण प्रणाली विकसित कर, स्वचालित तकनीक को बेहतर बनाने में निर्णायक भूमिका निभाई। स्वचालित उत्पादन प्रणाली के उच्चतम लक्ष्य को पाने के लिए लचीली निर्माण प्रणाली कई सहायक प्रणालियों का गठन करती है, जैसे अनुसंधान और विकास, डिजाइनिंग और यांत्रिकी, योजना, उपकरण और असबाब, मूल उत्पादन, गुणवत्ता नियंत्रण और भंडारण उप-प्रणालियां।

पूर्ण स्वचालित तकनीक द्वारा उत्पादन के वैश्विक अनुभव बताते हैं कि यंत्र-मानवों (रोबोट) के इस्तेमाल वाली लचीली विनिर्माण प्रणाली द्वारा उद्योगों में मानवीय श्रम के उपयोग को बीस प्रतिशत के स्तर पर लाया जा सकता है और उत्पादन में तीन गुना वृद्धि की जा सकती है। ऑटोमेशन में उत्पादों की गुणवत्ता और विश्वसनीयता बेहतर होती है।

इलेक्ट्रॉनिक्स और यांत्रिकी शब्दों के मेल से बने 'मेकाट्रोनिक्स' में विज्ञान तथा तकनीक का असाधारण विकास भविष्य में अधिकतर औद्योगिक उत्पादन केंद्रों

को न्यूनतम मानव श्रम इस्तेमाल करनेवाले केंद्रों में बदल देगा। कहा जाता है कि भविष्य में दुनिया में मानव के लिए अवकाश के क्षण बढ़ेंगे लेकिन अत्यधिक स्वचालन का परिणाम व्यापक पैमाने पर बेरोजगारी में दिखाई देता है। भारत जैसे देश में जहाँ मानव श्रम बहुत बड़ी संख्या में उपलब्ध है, स्वचालन के कारण बेरोजगारी बढ़ी है।

महेश जायसवाल

अधिक जानकारी के लिए :
1. **Methods in Artificial Inteligence** : N Nelson, 1971, 2. **A Guide to the Automation Body of Knowledge** : Vermon Trevathan, 2006

ऑर्थर शॉपेनहावर

(1788-1860)

ऑर्थर शॉपेनहावर (Arthur Schopenhauer) जर्मनी के एक प्रसिद्ध दार्शनिक और लेखक रहे हैं। वे अपनी कृति 'द वर्ल्ड ऐज विल एंड रिप्रजेंटेशन' (1818) के लिए प्रसिद्ध हुए। उनके क्रुद्ध स्वभाव के पिता अपनी व्यावसायिक योग्यता, आत्मनिर्भरता और व्यक्ति स्वातंत्र्य प्रेमी होने के कारण विख्यात थे। इनकी माता उस समय की मशहूर उपन्यासकार थीं। क्रोध इनमें भी कम न था। शॉपेनहावर लिखते हैं, 'मैंने चरित्र अथवा इच्छाशक्ति पिता से और बुद्धि माता से अर्जित की है।' शॉपेनहावर के दर्शन में महिलाओं के बारे में जो अर्धसत्य आधार बने हैं, उनके बीज माता से उनकी मतभिन्नता में हैं। शॉपेनहावर की स्वच्छंद जीवन शैली से उनकी मां उन्हें असहनीय और बोझ समझती थीं।

शॉपेनहावर के मन में प्रेम और संसार के प्रति एक व्यंग्य भाव था। वे उदास, सनकी और संदेही हो गए थे। वे भय तथा अशुभ खयालों से आक्रांत रहते थे। शॉपेनहावर किसी मित्र के बिना, अनंत अकेले व्यक्ति थे। उन्होंने इसी स्थिति में कहा था कि सभी सत्यों को तीन अवस्थाओं से गुजरना पड़ता है। पहली अवस्था में उपहास, दूसरी में विरोध और तीसरी अवस्था में आत्मसाक्ष्य के रूप में स्वीकृति। एक बार उन्हें नेपोलियन की सेना में भर्ती होने का जुनून सवार हुआ, किंतु बुद्धि ने बचा लिया। वे दर्शन के क्षेत्र में काम करने के लिए लौट आए।

शॉपेनहावर ने प्रश्न उठाया, क्या केवल तर्क संसार के गूढ़ रहस्यों पर से पर्दा उठा सकता है? उन्होंने आशावादी तर्कों का विरोध किया। उनका विश्वास था कि मनुष्य सिर्फ अपनी मौलिक इच्छाओं द्वारा अनुप्राणित होता है। कांट की ही भांति वह भी दृश्यमान संसार को एक प्रदर्शन मानते थे। उन्होंने बताया कि ज्ञानात्मक सक्रियता कार्य-कारण सिद्धांत के अनुरूप घटित होती है, कुछ भी कारण के बिना नहीं है। शॉपेनहावर संकेत देते हैं कि घटनाओं की एक अन्त:प्रकृति होती है जो पर्याप्त कारण के सिद्धांत को छलती है।

शॉपेनहावर ने कहा है कि विश्व में सर्वोपरि है इच्छा, जो प्रकृति की एक गुप्त शक्ति है। प्रत्येक प्रदर्शन इस इच्छा का वस्तुकरण है। यह इच्छा ही अंधी और अचेतन शक्ति है जो सारी प्रकृति में उपस्थित है। शॉपेनहावर मनुष्य के दुखों और कष्टों का कारण इसी इच्छा को मानते हैं और इसके अल्पकालिक निवारण की बात को स्वीकारते हैं।

ऑर्थर शॉपेनहावर

प्राच्य दर्शन को आदर देने वाले पाश्चात्य दार्शनिकों में शॉपेनहावर एक प्रमुख नाम है। वे उपनिषदों से प्रभावित थे। उन्होंने उपनिषदों का लैटिन अनुवाद पढ़ा था जो फ्रांसीसी लेखक एक्वेंतुल-द-पेरान द्वारा दाराशिकोह के फारसी अनुवाद पर आधारित था। शॉपेनहावर ने कहा था कि उपनिषदों में मानव का सर्वोच्च ज्ञान है। उन्होंने भविष्यवाणी की थी कि उपनिषदों का ज्ञान और दर्शन ही पश्चिम का धर्म बन जाएगा। उन्होंने कहा था, मुझे जीवन में उपनिषदों से शांति मिली है। इनसे मुझे मृत्यु के समय भी शांति मिलेगी। शॉपेनहावर ने बौद्ध धर्म से निर्वाण, चरम प्रशांति और जीने की कला का आदर्श ग्रहण किया। वे बुद्ध की शिक्षाओं को मानते थे और अपने को बौद्ध कहते थे। शॉपेनहावर का बौद्ध धर्म के बारे में यहां तक कहना था कि यदि ये शिक्षाएं नहीं होतीं तो उनका दर्शन भी नहीं होता।

शॉपेनहावर के सौंदर्य संबंधी विचारों का आधुनिक साहित्य पर बहुत प्रभाव पड़ा। उन्होंने कलात्मक अंतःप्रज्ञा को प्रतिष्ठित किया। उनकी नास्तिक तत्वमीमांसा को दार्शनिक निराशावाद कहा गया है। उन्होंने आवेग को महत्व देते हुए कहा था कि आवेग मनुष्यों के नैतिक कर्मों को संचालित कर सकता है। यहां तक कि अहं और ईर्ष्या भी मानवता का पथ-प्रदर्शन कर सकते हैं। शॉपेनहावर ने जीवन में सेक्स के महत्व को स्वीकार किया था। इसे एक अलग शक्ति का नाम दिया था। इसे उन्होंने होने की इच्छा और उत्पादन की इच्छा की अंतर्निहित शक्ति के रूप में परिभाषित किया। शॉपेनहावर का प्रभाव जिन लेखकों-चितकों पर पड़ा उनमें फ्रेडरिक नीत्शे, रिचर्ड वागनर, लेव तोल्स्तोय, लुडविग विटगेंस्टाइन, सिगमंड फ्रायड, जोसेफ कैंपबेल, अल्बर्ट आइंस्टीन, कार्ल जुंग, टामस मान, जोर्गे लुईस, बोर्खेस और सैमुएल बेकेट प्रमुख हैं। विवाह के बारे में शॉपेनहावर ने लिखा था, शादी करने का अर्थ है अपने अधिकारों को आधा करना और कर्तव्यों को दोगुना करना। उन्होंने एकाकीपन को महत्व दिया, 'एक आदमी स्वयं तभी तक है जब तक वह अकेला है और यदि वह एकाकीपन से प्रेम नहीं करता है, तब वह आजादी से भी प्रेम नहीं करता, क्योंकि वास्तव में आजाद तभी है जब वह अकेला हो।'

उदयराज

अधिक जानकारी के लिए :

1. **Story of Philosophy** : Will Durant, 2. **Schopenhauer : A Biography** : David Cartwright, 2010

ऑर्नाल्ड जोसेफ टॉयनबी

(1889-1975)

ब्रिटेन के इतिहासकार ऑर्नाल्ड जोसेफ टॉयनबी का जन्म 14 अप्रैल 1889 में हुआ था। उनके पिता का नाम हैरी बाल्पी टॉयनबी था। उनकी मां का नाम सारा एडिथ मार्शल था। उनकी बहन का नाम जैसलीन टॉयनबी था। जैसलीन पुरातत्ववेत्ता और कला इतिहासकार थीं। उनके चाचा ऑर्नाल्ड टॉयनबी उन्नीसवीं सदी के एक प्रमुख अर्थशास्त्री थे।

टॉयनबी की शिक्षा ऑक्सफोर्ड विश्वविद्यालय के बालिओल कॉलेज में हुई। उन्हें विंचेस्टर कॉलेज तथा बालिओल कॉलेज की स्कॉलरशिप मिली थी। 1912-1915 तक वे बालिओल कॉलेज में प्राचीन इतिहास के फेलो रहे तथा वहां उन्होंने शिक्षण किया। 1919-1934 तक वे लंदन विश्वविद्यालय में आधुनिक यूनान तथा बाइजांटाइन इतिहास के प्रोफेसर रहे। इसके बाद वे 1925 से सेवानिवृत्ति तक लंदन विश्वविद्यालय में अंतरराष्ट्रीय इतिहास के रिसर्च प्रोफेसर रहे, साथ ही साथ वे इस अवधि में रॉयल इंस्टीट्यूट ऑफ इंटरनेशनल अफेयर्स के डायरेक्टर ऑफ स्टडी भी रहे। उन्होंने दोनों विश्वयुद्धों में ब्रिटिश सरकार के विदेश ऑफिस में भी काम किया। दोनों विश्वयुद्धों में हुए शांति सम्मेलनों में उन्होंने ब्रिटेन का प्रतिनिधित्व किया। 1918-50 के दौर में वे अंतरराष्ट्रीय मामलों के सर्वाधिक जानकर व्यक्तियों में गिने जाते थे। चालीस-पचास के दशक में सर्वाधिक पढ़े जाने वाले

ऑर्नाल्ड जोसेफ टॉयनबी

और सर्वाधिक चर्चित व्यक्ति रहे। 1947 में टाइम पत्रिका ने उन्हें अपने मुखपृष्ठ पर प्रकाशित कर उन पर विशेषांक निकाला।

टॉयनबी ने ढेरों किताबें लिखीं। इनमें 12 जिल्दों में लिखी उनकी किताब 'ए स्टडी ऑफ हिस्ट्री' सर्वाधिक चर्चित रही। इस किताब ने आधुनिक इतिहास, धर्म तथा अंतरराष्ट्रीय मामलों को प्रभावित किया। यह किताब उन्होंने 1934 के बाद लिखी। अपनी इस किताब में टॉयनबी ने बताया कि इतिहास देशों की नहीं बल्कि सभ्यताओं की प्रगति को परिलक्षित करता है। उन्होंने अपनी बात साबित करने के लिए विश्व इतिहास की 26 सभ्यताओं का तुलनात्मक अध्ययन किया। उनकी वंशावली, विकास और बिखराव का विश्लेषण कर उन्होंने अपनी बात सिद्ध करनी चाही। उनकी परिकल्पना के अनुसार किसी सभ्यता के नष्ट होने का प्रमुख कारण उसका नैतिक और धार्मिक चुनौतियों का सामना न कर पाना होता है, भौतिक और पर्यावरण की चुनौतियां नहीं। उनका मानना था कि इन सभ्यताओं ने सृजनशील अल्पसंखयक, कुलीन नेताओं के नेतृत्व में इन चुनौतियां का सामना किया इसीलिए ये विकसित हुईं।

'ए स्टडी ऑफ हिस्ट्री' किताब बिक्री की दृष्टि से भी बहुत सफल रही। इसके कई संक्षिप्त संस्करण भी निकले। समरवेल ने इसके पहले छह खंडों को एक खंड में संक्षिप्त रूप में प्रस्तुत किया। 1947 में हुए इस संक्षिप्त संस्करण की तीन लाख प्रतियां अमेरिका में ही बिक गईं। कार्ल मार्क्स की 'दास कैपिटल' के बाद शायद इसकी प्रतियां सबसे अधिक बिकीं।

उन्होंने कई किताबें और आलेख लिखे। 'ए स्टडी ऑफ हिस्ट्री' के अलावा उनकी कुछ किताबें हैं 'द वेस्टर्न क्वेश्चन इन ग्रीस एंड टर्की', 'द वर्ल्ड एंड द वेस्ट', 'एक्वेंटेंसेंस' और 'एक्सपीरेंसेस'। उनकी किताबों का विश्व की विभिन्न भाषाओं में अनुवाद हुआ। अपनी शोध सहायिका बेरोनिका टॉयनबी के साथ मिल कर उन्होंने 'सर्वे ऑफ इंटरनेशनल अफेयर्स' का संपादन किया जो ब्रिटेन के अंतरराष्ट्रीय मामलों के विशेषज्ञों का 'बाइबिल' बन गया।

टॉयनबी 1936 में नात्सी लॉ सोसाइटी को संबोधित करने गए। उस समय उन्होंने हिटलर से मुलाकात की। उन्हें हिटलर की गंभीरता पर भरोसा था, अतः उसके कार्यक्रम में सहयोग देने से संबंधित कागजात टॉयनबी ने ब्रिटिश सरकार और ब्रिटेन के विदेश सचिव को दिए। वे रूसी क्रांति से सहमत नहीं थे। उन्हें यह पश्चिमी समाज के लिए खतरा लगता था। लेकिन उन्होंने 1952 में स्वीकार किया कि सोवियत यूनियन पश्चिम की आक्रामकता का शिकार है।

हालांकि टॉयनबी अपनी विद्वत्ता और गहन दार्शनिक विचारों के लिए जाने जाते हैं लेकिन उनकी आलोचना भी होती है। उन पर सामान्यीकरण करने तथा धार्मिकता पर अत्यधिक बल देने का आरोप लगता रहा है। साठ के दशक में सामान्य पाठकों और बौद्धिकों के बीच उनकी लोकप्रियता समाप्त हो गई और अब तो शायद ही कोई उनका अध्ययन करता हो। उन्होंने शीतयुद्ध को धार्मिक प्रतिस्पर्द्धा माना, साम्यवाद को 'आध्यात्मिक शक्ति' मानने के लिए 'लंदन टाइम्स' में उनकी खूब आलोचना हुई।

प्रारंभ में वे फिलिस्तीन में यहूदी राज्य की

वकालत कर रहे थे परंतु 1922 से वे अरब विचारों के साथ हो गए। टॉयनबी के अनुसार, आणविक बम सभ्यता और मानवता के लिए खतरा है। इससे पूरी मानव नस्ल समाप्त हो सकती है। इंग्लैंड के यॉर्क में 22 अक्टूबर 1975 को उनकी मृत्यु हुई।

विजया शर्मा

अधिक जानकारी के लिए :

1. **A Study of History :** Arnald J Toynbee, 1934
2. **Toynbee and History : Critical Essays and Reviews :** M F Asheley Montagu 1956

ओंबुड्समैन यानी जन प्रहरी

ओंबुड्समैन (Ombudsman) शब्द की उत्पत्ति उत्तरी जर्मनी की प्राचीन नॉर्स भाषा से हुई है, जिसका अर्थ है जनता की आवाज उठाने वाला या किसी खास जनसमूह के हितों का प्रहरी। स्कैंडेनेवियाई देशों में संसदीय ओंबुड्समैन की परंपरा रही है। बाद में लोकतांत्रिक व्यवस्थाएं जैसे-जैसे कायम होने लगीं, अन्य क्षेत्रों में भी ओंबुड्समैन नियुक्त होने लगे। बैंकिंग, बीमा, मीडिया जैसे हलकों में जनता के हितों की रक्षा के लिए ऐसे व्यक्ति को जन प्रहरी कहा जा सकता है।

जहां तक मीडिया का संबंध है, स्वीडेन में प्रेस ओंबुड्समैन का काम अखबारों के काम-काज पर नजर रखना होता था कि वे अपनी जिम्मेदारी ठीक से निभा रहे हैं कि नहीं। अपने को जनहित का पैरोकार कहने वाला अखबार, जब खुद किन्हीं के हाथों बिक जाए तो किस पर भरोसा किया जाए! इसलिए प्रेस ओंबुड्समैन यानी पाठक प्रहरी या खबरपाल नामक संस्था का जन्म हुआ। भारत में इसकी शुरुआत बेशक 1990 में टाइम्स ऑफ इंडिया पत्र समूह से हुई। उच्चतम न्यायालय के अवकाशप्राप्त मुख्य न्यायाधीश पी एन भगवती पहले ओंबुड्समैन नियुक्त हुए। न्यायमूर्ति भगवती पाठकों की शिकायतों का निपटारा किया करते थे और महीने में एक बार इसकी रिपोर्ट अखबार के संपादकीय पृष्ठ के सातवें-आठवें कॉलम में प्रकाशित होती थी। लेकिन यह व्यवस्था साल भर ही चल पाई।

दरअसल अति-व्यवसायीकरण के कारण अखबार जैसे-जैसे अपने बुनियादी सरोकारों से दूर हटते गए, समाचार पत्रों पर से पाठकों का भरोसा कम होता गया। इसलिए पाठक प्रहरी की धारणा सामने आई। यानी अखबार के भीतर एक ऐसे व्यक्ति की कल्पना की गई, जो अखबार के खिलाफ पाठकों की शिकायतों को सुन सके, उनका निराकरण कर सके। यानी जो अखबार के संपादक से भी ऊपर हो। वह अखबार का आंतरिक आलोचक होता है। यह व्यवस्था व्यावसायिकता की आंधी के इस दौर में देश भर में अखबार ही नहीं टीवी मीडिया के क्षेत्र में भी यह मांग उठ रही है—टीवी मीडिया में दर्शक प्रहरी की मांग।

गोविंद सिंह

अधिक जानकारी के लिए :

The Organizational Ombudsman : Origins, Roles, and Operations , A Legal Guide, 2010

ओड़िया

भू-प्रकृति : ओड़िया भारत के पूर्वी तट पर स्थित देश का नौवां सबसे बड़ा राज्य है। यह राज्य उड़ीसा के रूप में जाना जाता था। 25 मार्च 2011 को इसका नाम बदलकर ओडिशा कर दिया गया। इस राज्य के उत्तर में झारखंड, उत्तर-पूर्व में पश्चिम बंगाल, दक्षिण एवं दक्षिण-पश्चिम में आंध्र प्रदेश और पश्चिम एवं उत्तर-पश्चिम में छत्तीसगढ़ राज्य और पूर्व में बंगाल की खाड़ी है। यह राज्य 17.78 से 22.73 डिग्री उत्तरी अक्षांश और 81.37 से 87.53 डिग्री पूर्वी देशांतर के बीच स्थित है। ओडिशा का क्षेत्रफल 1,55,707 वर्ग किलोमीटर है। राज्य का तटीय क्षेत्र लगभग 450 किलोमीटर है। आबादी की दृष्टि से यह देश का ग्यारहवां सबसे बड़ा राज्य है। 2011 की जनगणना के समय यहां की आबादी लगभग 4,19,74,218 थी। इनमें पुरुषों की संख्या 2,12,12,136

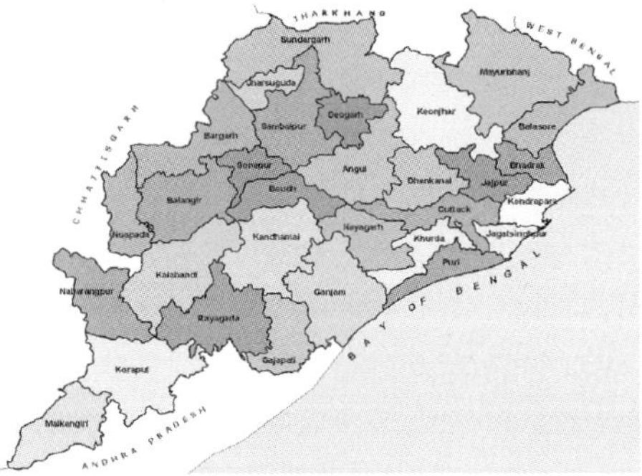

ओड़िया

तथा महिलाओं की संख्या 2,07,62,082 थी। 2011 की जनगणना के अनुसार ओड़िया बोलने वालों की संख्या 3,75,21,324 है।

यह प्रदेश पहले कलिंग के नाम से विख्यात था। इसके अतिरिक्त उत्कल, उड्र, कोशल, तोषल, कंगोद आदि नाम से भी इसका उल्लेख मिलता है। उस समय इसकी सीमाएं गंगा से गोदावरी तक फैली थीं। उस विशाल साम्राज्य का एक हिस्सा आज का ओडिशा प्रदेश है। ब्रिटिश शासनकाल में एक प्रांत के रूप में ओडिशा की स्थापना 1 अप्रैल 1936 को हुई। ओडिशा नामकरण का संबंध ओडवंश के राजा ओड्र के नाम से जोड़ा जाता है। संस्कृत एवं पालि दोनों भाषाओं के साहित्य में ओड्र लोगों का उल्लेख मिलता है। ओडिशा में कुल 30 जिले हैं। ओडिशा की राजधानी भुवनेश्वर है।

ओडिशा की राजभाषा ओडिया है जो राज्य के 81.8 प्रतिशत लोगों द्वारा बोली जाती है। इसके अलावा यहां बांग्ला, हिंदी, तेलुगु, संथाली और अंग्रेजी भी बोली जाती है। ओडिशा में 22.13 प्रतिशत अनुसूचित जाति और 16.53 प्रतिशत अनुसूचित जनजाति के लोग रहते हैं, जिनमें संथाल, बोंडा, मुंडा, ओरांव, कांधा, महाली और कोरा प्रमुख हैं। उनके द्वारा शवर, आभीर, चंडाल, शावर, द्रविड़, उड्र एवं वनचर आदि विभाषाएं भी बोली जाती हैं।

जलवायु एवं पर्यावरण : ओडिशा की जलवायु उष्णकटिबंधीय आर्द्र-शुष्क है। यहां चार ऋतुएं पाई जाती हैं—जनवरी-फरवरी में शीतकाल, मार्च से मई तक पूर्व-मानसून ऋतु, जून से सितंबर तक दक्षिणी-पश्चिमी मानसून तथा अक्टूबर से दिसंबर तक उत्तरी-पूर्वी मानसून ऋतु। स्थानीय तौर पर बसंत, ग्रीष्म, वर्षा, शरद, हेमंत और शिशिर के रूप में ये ऋतुएं विभाजित हैं। ओडिशा का औसत तापमान 20 डिग्री से लेकर 30 डिग्री तक रहता है। गर्मी में तापमान 45 डिग्री तक बढ़ जाता है। वर्षा दक्षिण-पश्चिम मानसून (जून से अक्टूबर) के दौरान होती है। राज्य की औसत वार्षिक वर्षा लगभग 1800 मिमी है, जो पूर्वी घाट में अधिक होती है।

ओडिशा में 48,903 वर्ग किलोमीटर जंगल है। राज्य के तीन चौथाई को घेरे हुए पहाड़ हैं। यहां छह बड़ी नदियां प्रवाहित होती हैं—सुवर्णरेखा, बुद्धबालंगा, बैतरणी, ब्राह्मणी, महानदी तथा ऋषिकुल्या। ओडिशा के झीलों में चिलका एवं अंशुपा प्रमुख हैं। संबलपुर के पास हीराकुड बांध विश्व का सबसे लंबा मिट्टी का बांध है। ये सभी मिलकर ओडिशा की जलवायु और पर्यावरण को निर्मित करते हैं।

इतिहास : ओडिशा का इतिहास काफी प्राचीन है। महाभारत में ओड्रों का उल्लेख है। रामायण के किष्किंधा कांड में भी इसका उल्लेख है। इसके अलावा स्कंद पुराण, ब्रह्मांड पुराण, मार्कंडेय पुराण, कपिल संहिता, कौटिल्य के अर्थशास्त्र में इसका विवरण मिलता है। वैदिक सूत्रकार बौधायन (छठी सदी ईसा पूर्व) ने कलिंग का उल्लेख किया है। बौद्ध ग्रंथ 'अंगुत्तर निकाय' में सोलह राष्ट्रों का वर्णन है जो बुद्ध से पूर्व अस्तित्व में थे। चुल्ल निदेश में कलिंग का नाम महाजनपदों की सूची में है।

ओडिशा में ईसा की तीसरी सदी पूर्व से अनेक राजवंशों ने शासन किया, जिनमें ओड्रवंश, महामेघवाहन वंश, माठर वंश, नल वंश, विग्रह एवं मुदगल वंश, शैलोद्भव वंश, मौमकर वंश, नंदोद्भव वंश, सोमवंश केशरि, गंग वंश गजपति, सूर्य वंश गजपति आदि प्रमुख हैं।

261 ईसा पूर्व में कलिंग पर अशोक का शासन स्थापित हुआ। अशोक की मृत्यु के बाद कलिंग फिर से स्वाधीन हो गया। ईसा पूर्व दूसरी शताब्दी

में खारवेल राजा के अधीन कलिंग एक शक्तिशाली साम्राज्य बन गया। चौथी शताब्दी में समुद्रगुप्त ने ओडिशा पर अधिकार जमा लिया। उसके बाद 610 में ओडिशा पर शशांक नरेश का अधिकार हो गया। शशांक की मृत्यु के बाद हर्षवर्धन ने यहां अपना शासन स्थापित किया।

ओडिशा के इतिहास का सबसे गौरवशाली अध्याय सातवीं शताब्दी में प्रारंभ हुआ जब गंग वंश के शासकों ने अपना शासन प्रारंभ किया। 795 में महाशिवगुप्त यजाति ने यहां का शासन भार संभाला। उसने कलिंग, कनगोडा, उत्कल और कोशल को मिलाकर विशाल साम्राज्य की नींव रखी। गंग वंश के काल में ओडिशा राज्य की बहुत उन्नति हुई। इस राजवंश के शासक राजा नरसिंह देव ने कोणार्क का विश्वविख्यात सूर्य मंदिर बनवाया।

सोलहवीं शताब्दी में ओडिशा पर पांच मुस्लिम शासकों ने शासन किया। 1592 में अकबर ने ओडिशा को अपने अधीन कर लिया। मुगलों के पतन के बाद ओडिशा पर मराठों का शासन रहा। 1803 में यहां ब्रिटिश राज का आधिपत्य स्थापित हुआ।

1903 में उत्कल सम्मिलनी का गठन किया गया, जिसने उड़िया भाषी क्षेत्रों को एकीकृत कर एक राज्य के गठन की मांग की। 1 अप्रैल 1912 को बिहार एवं उड़ीसा राज्य का गठन किया गया। 1 अप्रैल 1936 को बिहार एवं उड़ीसा को अलग-अलग कर स्वतंत्र प्रांत बनाया गया। स्वतंत्रता के बाद ओडिशा तथा इसके आसपास की रियासतों ने भारत सरकार को अपनी सत्ता सौंप दी। रियासतों के विलय संबंधी आदेश 1949 के अंतर्गत उड़ीसा की 27 रियासतों का जनवरी 1949 में ओडिशा राज्य में पूर्ण विलय हो गया।

भाषा एवं बोलियां : ओडिया भाषा अत्यंत प्राचीन भाषा है। पहले इसे उड्र विभाषा के रूप में जाना जाता था। पाणिनि की अष्टाध्यायी (चौथी सदी ईसा पूर्व) में उड्र विभाषा का उल्लेख मिलता है। यह कलिंग जनपद के लोगों की भाषा है। नाट्यशास्त्र में भी इसका वर्णन है।

लिपि : ओडिया भाषा की अपनी स्वतंत्र लिपि है। इसका विकास ब्राह्मी लिपि से माना जाता है। प्राचीनतम लिपि अशोक के धउलि शिलालेख और जऊगढ़ के शिलालेख हैं। ओडिया भाषा पर संस्कृत एवं प्राकृत का प्रभाव है। इसमें संस्कृत की वर्णमाला का अनुसरण किया गया है। दोनों में स्वर एवं व्यंजन एक जैसे हैं, लेकिन ओडिया में ह्रस्व एवं दीर्घ का भेद बहुत कम है। 'श', 'ष' एवं 'स' तीनों का उच्चारण 'स' के रूप में होता है। 'ज' और 'य' दोनों 'ज' के रूप में उच्चरित होते हैं। ऋ का उच्चारण 'रु' होता है। व और ब में कोई अंतर नहीं रहता, सब 'ब' हो जाता है, जैसे—वानर-बानर, वाण-बाण, पवन-पबन, आवा-आबा।

ओडिया में व्यावहारिक तौर पर तीन कारक हैं—कर्ता, कर्म एवं संबंध कारक। वचन दो और लिंग तीन हैं। लेकिन क्लीव लिंग की व्याकरणिक सत्ता नहीं के बराबर है। केवल अप्राणीवाचक बहुवचन संज्ञा को एक वचन में रखकर क्लीव लिंग बनता है। अन्य व्याकरणिक नियम, जैसे संधि, संज्ञा, विशेषण आदि बहुत कुछ संस्कृत पर आधारित हैं।

कटक, पुरी, बालेश्वर ओडिया के प्रमुख क्षेत्र हैं। पड़ोसी प्रभावों के कारण गंजाम, संबलपुर, सुंदरगढ़, क्योंझर, मयूरभंज आदि जिलों की भाषा में विविध शब्दावली, उच्चारण परिवर्तन दिखाई देता है।

ओडिशा के केंद्र में श्रीजगन्नाथ हैं। अतः इस भाषा की शब्दावली में वह प्रभाव युगों से अबाध भाव से चला आया है। बीच में इस्लामी शासन के कारण अरबी, फारसी शब्दावली आ गई। विशेषकर प्रशासन में उसका प्रभाव स्पष्ट है। कुछ समय मराठा शासन था, अतः मराठी शब्द भी इसमें शामिल हो गए हैं। 1803 के बाद अंग्रेजों ने ओडिया भाषा को अनेक रूप में प्रभावित किया। अब केवल प्रशासन ही नहीं, धर्म-प्रचार (मिशनरी) के कारण यहां के जनजीवन में भी यूरोपीय भाषा का प्रभाव बढ़ गया है। ओडिया भाषा ने शब्द ग्रहण में काफी उदारता दिखाई है। हर युग में इसका रंग-रूप बदलता रहा है, जो इसकी जीवंतता की पहचान है।

साहित्य : ओडिशा साहित्य का प्रारंभिक रूप गुफा चित्रों, शिलालेखों, ताम्रपत्रों, भोजपत्रों, ताड़पत्रों आदि में मिलता है। उन्नीसवीं सदी से मुद्रित साहित्य की शुरुआत होती है। शिलालेख साहित्य में अशोक और खारवेल के लेख प्रसिद्ध हैं। पहली, पांचवीं एवं सातवीं सदी के शिलालेखों की भाषा पर संस्कृत का प्रभाव है। बौद्ध धर्म से संबंधित चर्यागीत सातवीं से बारहवीं सदी में लिखे गए हैं। इसकी भाषा ओडिया, बांग्ला एवं असमिया का सम्मिलित रूप है। बारहवीं सदी की 'गोरख संहिता' महत्वपूर्ण ग्रंथ है। तेरहवीं सदी में रचित 'शिशुवेद' गोरखनाथ परंपरा का ग्रंथ है। इसकी एक हस्तलिखित प्रति नागरी प्रचारिणी सभा के संग्रहालय में उपलब्ध है। बाद में ओडिया गद्य का विकास 'रुद्र सुधानिधि' के रूप में हुआ। सोमनाथ व्रतकथा, नागल चौथी व्रत कथा आदि लोककथाओं में इसके लिखित रूप हैं जो लोक में प्रचलित थे।

'बौद्धगान ओ दोहा' की रचना सातवीं से बारहवीं सदी के दौरान हुई। अनेक सिद्धाचार्य ओडिशा के थे। अतः उनकी भाषा में ओडिया का प्राधान्य मिल जाता है।

सिद्धेश्वर दास का विचित्र रामायण प्रथम काव्य ग्रंथ मिलता है । इस दौर में अनेक लघु कृतियां मिली हैं। परंतु सरला दास रचित महाभारत महान काव्य ग्रंथ है, जिसके कारण वे आदि कवि कहलाते हैं। यह एशिया का सबसे बड़ा महाकाव्य ग्रंथ माना जाता है।

श्रीचैतन्य के आगमन से पंद्रहवीं-सोलहवीं सदी में पंचसखा साहित्य में उत्कलीय वैष्णव धारा की प्रमुखता रही है। बलराम दास रचित रामायण और जगन्नाथ दास रचित भागवत संस्कृत ग्रंथों के आधार पर रचित (1491-1520) स्वतंत्र ग्रंथ हैं। भागवत नवाक्षरी छंद में रचित सरल-सहज भाषा में अनूठा काव्य ग्रंथ है। रामचरितमानस की तरह भागवत की जनप्रियता है। लक्ष्मी पुराण संक्षिप्त काव्यग्रंथ है पर घर-घर में इसका पाठ आश्विन के हर वृहस्पतिवार को होता है। नारी के स्वाभिमान और गौरव को लेकर इसमें जगन्नाथ-लक्ष्मी के जरिए बहुत सुंदर प्रसंग रखे गए हैं।

अच्युतानन्द दास (1485) संप्रदाय-सचेतन सिद्ध साधक थे। 'हरिवंश' संस्कृत आधारित लोक भाषा का महत्वपूर्ण काव्य है। यशोवंत दास (1487) योगी-सिद्ध पुरुष थे। अनंत दास (1493) रचित 'शिशु संबोध', 'हेतु उदय भागवत' ग्रंथ हैं। इनमें काय साधना, पिंड-ब्रह्मांड आदि गूढ़ तत्वों पर सरल भाषा में चर्चा है। बाद में चैतन्य दास, कन्हाई खुंटिया, दिवाकर दास, माधव पटनायक, ईश्वर दास, माधवी दासी आदि संत महात्माओं ने ओडिया के भक्ति साहित्य को समृद्ध किया। इसके अलावा अर्जुन दास रचित रामविभाठ और देवदुर्लभ दास रचित 'रहस्य मंजरी' उल्लेखनीय काव्यकृतियां हैं। सतरहवीं सदी के अंत में दनाई दास ने 'गोपीभाषाठ' काव्य ग्रंथ पौराणिक शैली में रचा। इस काल में गीता, संहिता, मल्लिका, चौतीसा, भजन, कोयलिया आदि विभिन्न काव्य शैलियों का भी विकास हुआ। इन काव्यों में रामसीता और राधाकृष्ण प्रेम की ऊष्मता स्पष्ट है।

1650-1880 के बीच ओडिया साहित्य में गतिपरिवर्तन होता है। पुराण शैली से हट कर अब कवि आलंकारिक काव्य शैली की ओर बढ़े। शब्द और अर्थ का मधुर मिलन इस युग का प्रमुख लक्ष्य था। शब्द प्रयोग, चातुरी प्रदर्शन एवं संगीत काव्य के मुख्य आलंबन हो गए।

ओडिशा तब अफगानों के अधीन था। 1592 में मुगलों के अधिकार में गया। हाशिम खां की सूबेदारी में खूब लूट-मार मची। ओडिशा में जितने सूबेदार आए, यही दुहराया गया। श्रीजगन्नाथ मंदिर लूटा गया। राजा रामचंद्र देव को धर्मांतरित होना पड़ा। रजवाड़ों में भोग-विलास का वातावरण भर गया। धनंजय भंज का दरबार विलास का केंद्र था। सांस्कृतिक चेतना मंद पड़ गई थी। ऐसे समय कवि उपेंद्र भंज (1680-1740) का आविर्भाव होता है। उस सामाजिक नैराश्य एवं सांस्कृतिक ह्रास के काल में कुछ कवियों ने विस्मयजनक कृतियों का सृजन किया है। इनका संगीत भी अतुलनीय है। यह युग काव्य युग या रीतियुग कहलाता है। इस युग के सूर्य उपेंद्र भंज ने छांद, बोली, पोई, चौतीसा, चौपदी आदि

मुक्तक रचनाओं का नया युग शुरू किया। उन्होंने राम कथा को लेकर 'वैदेहीश विलास' महाकाव्य की रचना की। 'प्रेम सुधानिधि' और 'लावण्यवती' रीति युग के प्रतिनिधि महाकाव्य हैं। उपेंद्र भंज की ये मूल्याधारित कृतियां उन्हें कवि सम्राट बना देती हैं।

इस युग में अभिमन्यु सामंत सिंहार रचित 'विदग्ध चिंतामणि' और दीनकृष्ण दास रचित 'रसकल्लोल' दोनों आलंकारिक एवं रसपूर्ण काव्य कृतियां हैं। रीति युग के चार स्रष्टाओं ने नई दिशा दी, उनमें प्रमुख हैं—कविसूर्य बलदेव रथ, ब्रजनाथ बड़जेना, गोपाल कृष्ण पटनायक और भक्तचरण। बलदेव रथ के चंपू एवं चौतीसा नई काव्य शैली में हैं। बड़जेना का गद्य 'चतुर विनोद' आनंदोपभोग हेतु रचित है। ब्रजनाथ ने रथयात्रा संबंधी छोटी रचना ब्रजबोली में की है। यह उल्लेखनीय हिंदी कविता ग्रंथ है। रचना संक्षिप्त होने के कारण विशेष प्रचारित नहीं हो पाई।

उन्नीसवीं सदी में भीमा भोई ने सामाजिक अन्याय, धार्मिक अंधविश्वास, जातिवादी विष को समाप्त कर भेदभावहीन समाज एवं एक धर्म का नारा लेकर वनवासी-पर्वतवासी समाज के जीवन को अभिव्यक्ति दी। उन्होंने 'स्तुति चिंतामणि' की रचना की, जिसमें आधुनिक ओडिया की प्रथम पगध्वनि स्पष्ट सुनाई देती है।

ओडिया साहित्य में नए युग का प्रारंभ स्वाधीनता खोने (1803) के बाद होता है। तब ओडिशा पड़ोसी राज्यों बंगाल, बिहार, मध्यप्रांत, आंध्र एवं मद्रास में टुकड़े-टुकड़े में शामिल था। मिशनरी प्रचारक ओडिया भाषा एवं जाति को नीची निगाह से देखते थे। ओडिया को भाषा की मान्यता देने में भी संकोच था। ऐसे समय में गौरवशाली जाति का स्वाभिमान 'ओडिया सम्मिलनी' के माध्यम से जागा। मधुसूदन दास, कृष्णचंद्र गजपति एवं पं. गोपबंधु दास की त्रयी ने राजनीतिक मोर्चा सम्हाला। सर्वप्रथम 'ओडिशा' अलग राज्य की मांग का नारा उठा। ओडिया भाषी राज्य के अस्तित्व (1 अप्रैल 1936) में आने के बाद राजनीतिक स्वतंत्रता का आंदोलन गांधी जी के नेतृत्व में चला। मधुसूदन दास एक महान कानूनविद देशप्रेमी थे। ओडिया साहित्य में आधुनिकता के प्राण-प्रतिष्ठाता राधानाथ राय, फकीर मोहन सेनापति और गंगाधर मेहर की त्रयी को कहा जाता है।

फकीर मोहन सेनापति के चार उपन्यास, बीस-पच्चीस कहानियां महत्वपूर्ण स्थान रखती हैं। राधानाथ राय ने ओडिशा की प्रकृति को मानवी काव्य रूप (चिलिका) देकर अनुपम काव्य रचा। पश्चिमी अंचल में गंगाधर ने मिथकीय काव्य रचना की, प्रकृति चित्रण के नए द्वार (तपस्विनी) भी खोले। उसी तरह आध्यात्मिक एवं तात्विक काव्य रचना के क्षेत्र में मधुसूदन राय ने नए क्षितिज खोले। पंच सखा (पं. गोपबंधु दास, पं. नीलकंठ दास, हरिहर दास, पं. गोदावरीश मिश्र एवं कृपासिंधु मिश्र) ओडिशा में सांस्कृतिक आंदोलन के पुरोधा थे। ये राष्ट्रीय धारा के साहित्यकार थे। उन्हें 'सत्यवादी धारा' के नाम से जाना जाता है। इस समय मुक्ति संग्राम और राष्ट्रीय चेतना की बाढ़ आई हुई थी। राष्ट्रीय एवं सांस्कृतिक चेतना के इस युग में 'बंदीर आत्मकथा' (गोपबंधु दास), कोणार्क (नीलकंठ), कालिजाई (गोदावरीश) आदि काव्य कृतियां प्रमुख हैं।

आधुनिक युग में काव्य के साथ गद्य का भी विकास होने लगा। इसमें गोदावरीश महापात्र का कथा साहित्य एवं गोपबंधु के लेख एवं संपादकीय सामाजिक चेतना से जुड़े हैं। प्रेस आने के कारण पत्रकारिता विकसित हुई। इसमें फकीर मोहन सेनापति, शशि भूषण रथ आदि ने उल्लेखनीय योगदान किया। गद्य की नई विधाओं ने जन्म लिया। नंदकिशोर बल का प्रकृति वर्णन प्रधान उपन्यास इस काल की महत्वपूर्ण उपलब्धि है।

शीघ्र ही ओडिया साहित्य में एक मोड़ आता है। प्रणय और परिणय के साथ रहस्य-चेतना का समावेश होता है। इस धारा में मायाधर मानसिंह, कालिंदी चरण पाणिग्राही तथा उत्तरायण (बैकुंठनाथ पटनायक) ने महत्वपूर्ण योगदान किया है। मानसिंह ने रूप सौंदर्य के साथ रहस्य भावना व्यक्त की।

बैकुंठनाथ पटनायक ने ओडिया कविता में नवचेतना भरी। राधामोहन गड़नायक की सृजनचेतना आगे चल कर प्रगतिशील धारा की ओर मुड़ गई। इसके अलावा सबुज धारा में कुंज बिहारी दास, ज्ञानीन्द्र वर्मा, कृष्णचंद्र त्रिपाठी, निर्मला देवी, भगवान पति, नित्यानंद महापात्र, तथा प्राणकृष्ण सामल आदि अनेक महत्वपूर्ण कवि हैं।

समाज सचेतनता और मानववादी भावधारा के साथ सच्चिदानंद राउतराय (1916-2004) प्रगतिशील लेखक के रूप में सामने आए। इनके अलावा अनंत पटनायक, मनमोहन मिश्र, प्रसन्न पाटशाणी, सदाशिव दास की तेजस्वी कविताएं आईं। विनोद कुमार नायक (1919) की रचना का रूमानी रूप मोहक था। ओडिया गद्य का विकास फकीर मोहन सेनापति की रचनाओं से माना गया है। उनका 'छमाण आठ गुंठ' महत्वपूर्ण उपन्यास है, इसके अतिरिक्त 'लछमा', 'मामू' और 'प्रायश्चित' आदि प्रमुख रचनाएं हैं। उनके बाद 'मुकुर' पत्रिका की उपन्यास माला और आनंदलहरी उपन्यास माला के लेखकों चिंतामणि महांति, गोविंद त्रिपाठी, गोदावरीश महापात्र, कालिंदीचरण पाणिग्राही, कान्हुचरण महांति, हरेकृष्ण महताब, लक्ष्मीधर आदि ने गहन सहयोग कर ओडिया कथा साहित्य को समृद्ध किया। इसके अलावा ओडिया साहित्य प्रचार संघ, भारतीय तपोवन, सबुज साहित्य समिति, ओडिया लेखक सहयोग समिति जैसी संस्थाओं की पृष्ठपोषकता में ओडिया कथाकारों को खूब प्रोत्साहन एवं बल मिला। मलाजनहठ, माटिर मणिषठ, मने मने जैसी महत्वपूर्ण कृतियां प्रकाश में आईं। कथा साहित्य को नवदिगंत की ओर ले जाने में गोपीनाथ महांति और नित्यानंद महापात्र की महत्वपूर्ण भूमिका है। नित्यानंद की 'हिड़ माटी', 'भांगाहाड़', और 'घरडीह' में ग्रामीण जीवन के सामान्य जन का जीवन संघर्ष और उसका शोषण वर्णित है। नित्यानंद ने दलित के दबते जीवन को रेखांकित किया। गोपीनाथ महांति ने भारतीय साहित्य में पहली बार वन-पर्वत के मूक अक्षरहीन, परंतु अपनी परंपरा में समृद्ध आदिवासी को कथानायक 'परजा' (1941) में बनाया। बाद में तो ग्राम जीवन के समूचे जीवन का महाकाव्यात्मक कथानक 'माटी मटाल' और शहरी जीवन के संघर्षरत जीवन को 'दानापानी' में उकेरा। उनके विशाल कथा साहित्य ने भारतीय साहित्य को नई पहचान दी है।

सुरेन्द्र महांति के 'नीलशैल', 'कृष्णाबेणी रे संध्या' तथा 'नीलाद्रि बिजे' उपन्यास सांस्कृतिक पृष्ठभूमि और ऐतिहासिक कथानक को लेकर रचे गए। ओडिया कथा साहित्य के पंचसखा : महापात्र नीलमणि साहु (तामसी राधा), शांतनु आचार्य (नरकिन्नर), चंद्रशेखर रथ (यंत्रारूढ़), कृष्ण प्रसाद मिश्र (सिंहकटि), और वामाचरण मित्र ने सामाजिक- सांस्कृतिक सचेतनता के साथ नई धारा दर्शित की है। मनोज दास का 'निमंत्रण पत्र' मानवीय विकलता की अभिव्यक्ति है। इस काल में लोकप्रिय कथाकार के रूप में गोविंद दास को माना जाता है, जिन्होंने 'अमावस का चंद्रमा' की रचना की। विभूति पटनायक 'बधू निरुपमा' में पारिवारिक जीवन का चित्र प्रस्तुत करते हैं।

स्वतंत्रता के बाद ओडिशा में अनेक परिवर्तन हुए। शिक्षा का विस्तार, आर्थिक स्थिति में परिवर्तन, नए वैज्ञानिक आविष्कार, नव दार्शनिक भावधारा से संपर्क, नए जीवन मूल्य आदि ने कवि मानस को अंतः-बाह्य रूप से खूब मथा। गुरु प्रसाद महांति यहीं से अपनी नई कविता 'काल पुरुष' लेकर सामने आए। उनके समकालीन भानुजी राव नई भावधारा से अनुप्राणित थे। जानकी बल्लभ महांति 'भरद्वाज', वेणुधर राउत (पिंगलार सूर्य), दुर्गामाधव मिश्र, यदुनाथ दास महापात्र, ब्रजनाथ रथ, दुर्गाचरण परिड़ा, नृसिंह कुमार रथ, श्रीनिवास उद्गाता, उमाशंकर पंडा, प्रसन्न कुमार मिश्र, प्रतिभा शतपथी, मनोरमा विश्वाल महापात्र ने अपनी अमिट छाप छोड़ी है। इन्होंने मिथकीय पात्र लेकर जो कविता रची उसमें समकालीन मानव का रूप, चेतना, पीड़ा, सुख-दुःख अधिक है।

इसके बाद पारंपरिक पात्रों, घटनाओं एवं महागाथाओं को मिथक रूप में लेकर काव्य को एक नया रूप दिया गया। इनमें रमाकांत रथ

और सीताकांत महापात्र दोनों प्रमुख हैं। श्रीराधा (रमाकांत) और अष्टपदी (सीताकांत) में भारतीय परंपरा और पाश्चात्य आधुनिकता सम्मिलित हैं। सौभाग्य कुमार मिश्र, जगन्नाथ प्रसाद दास, राजेंद्र प्रसाद पंडा और प्रसन्न मिश्र का लेखन ओडिया की इस धारा में व्यतिक्रम है। हर प्रसाद दास की 'देश' और 'वंश' कविता या सीताकांत की 'भारतवर्ष' कविता एवं प्रतिभा शतपथी की 'शबरी' कविता में नई भावभूमि है।

इसके बाद नारी विमर्श और दलित विमर्श के रूप में नई धारा की ओडिया कविता सशक्त रूप में उभर कर आती है। मनोरमा महापात्र, ब्रह्मोत्री महांति, प्रतिभा शतपथी ने आधुनिक भारतीय नारी के प्रगतिशील रूप का विद्रोही रूप अंकित किया है। आध्यात्मिक चेतना एवं जीवन में आस्था का भाव लेकर मनोरमा विश्वाल महापात्र, रंजिता नायक, विजयिनी दास की कविता भी सामने आई। ओडिया की नई भाषा, नया छंद एवं नया भाव जगत लेकर जो नई पीढ़ी उभरी, उसमें मोनालिसा जेना, सुचेता मिश्र, गायत्रीबाला पंडा, प्रीतिधारा सामल आदि प्रमुख हैं।

ओडिया कविता में स्वाधीनता के बाद जन्मी और अंतिम दो दशकों में सक्रिय पीढ़ी बहुत अधिक क्षुब्ध थी। इस पीढ़ी की कविता का आक्रोश, क्षोभ, विचलन एवं उग्र भाव अकारण नहीं था। देश सेवा, राष्ट्र भक्ति, राष्ट्र सेवा, लोक कल्याण जैसे शब्दों के अर्थ ही नहीं बदले बल्कि क्रांति, प्रगति, विद्रोह आदि के अर्थों से भी कवि परिचित हुए। आशुतोष परिड़ा, हरपरिछा पटनायक, रोहिणी मुखर्जी, प्रकाश महापात्र, अश्विनी मिश्र, हृषिकेश मल्लिक, हुसैन रवि गांधी, रवि सेनापति आदि ने इस ओर पाठकों का ध्यान आकर्षित किया। तीखी भाषा और तेज प्रहार वाले स्वर सरोज बल, सूर्य मिश्र, शशांक चूड़ामणि, रक्षक नायक, मनोज मेहेर, अजय प्रधान, सुनील पृष्टि, श्रीहरि धल, गजानन मिश्र, प्रदीप विश्वाल, मानस रंजन महापात्र, गौतम जेना, अक्षय बेहरा आदि के काव्य में भरपूर है।

भारतीय साहित्य में 'दलित' साहित्य का जो रूप पिछले दिनों उभरा उसमें ओडिया में सुनानी और पीतांबर तराई ने तेज-तर्रार भाषा और आक्रामक ढंग की कविता लिखी है। सदियों के शोषण, दमन और उपेक्षा से उपजा प्रतिवादी स्वर इनके काव्य का मुख्य विषय रहा है।

प्रतिभा राय ने 'याज्ञसेनी', 'महामोह', 'आदिभूमि' और 'मग्नमाटी' में पर्वत-वन से लेकर सागर तट के सामान्य मानव की भावभूमि का मार्मिक चित्रण किया है, जबकि वीणापाणि महांति 'कुंती कुंतला शकुंतला' उपन्यास में नारी अत्याचार का चित्रण करती हैं।

ओडिया कहानी का विकास भी उपन्यास के समांतर होता है। प्रमुख कहानीकारों में भगवती चरण पाणिग्राही, कालिंदी चरण, कृष्ण प्रसाद, गोदावरीश महापात्र, परेश पटनायक, पारमिता शतपथी, गौरहरि दास आदि उल्लेखनीय हैं।

ओडिया नाटक का जन्म संस्कृत नाटकों के अनुवाद के साथ होता है। अश्विनी घोष, कालिचरण पटनायक, मनोरंजन दास, प्राणबंधु कर, रामचंद्र मिश्र से लेकर नवनाट्य आंदोलन के नाटककार रत्नाकर चइनि, रमेश पाणिग्राही, हरिहर मिश्र, विश्वजित दास, विजय कुमार मिश्र और रवींद्रनाथ दास ने उल्लेखनीय नाट्य कृतियों से ओडिया नाटक और रंगमंच को समृद्ध किया है।

निबंध, रम्यरचना एवं अनुसंधानपरक लेखों की दृष्टि से गोपबंधु, राधानाथ रथ, गौरीशंकर राय, हरेकृष्ण महताब, श्रीहर्ष मिश्र, बालकृष्ण कर, जानकी बल्लभ पटनायक आदि की रचनाएं और ओडिया आलोचना की दृष्टि से आर्तबल्लभ महांति, प्रहलाद प्रधान, जानकी बल्लभ महांति, के सी पाणिग्राही, श्रीनिवास मिश्र, गंगाधर बल, पठाणि पटनायक, नरेंद्रनाथ मिश्र, कृष्णचरण साहु, देबी प्रसाद पटनायक, खगेश्वर महापात्र, असित कवि, प्रफुल्ल महांति, शरत चंद्र प्रधान, दाशरथि दास, सुदर्शन आचार्य, बासुदेव साहु, नित्यानंद शतपथी, क्षेत्रवासी नायक, लावण्य नायक, नटवर शतपथी, सुरेंद्र महारणा, संघमित्रा मिश्र, अपन्ना प्रधान, असित महांति आदि की रचनाएं उल्लेखनीय हैं।

ओडिया में अनुवाद की परंपरा भी बहुत प्रारंभिक युग से रही है। संस्कृत ग्रंथों का ओडिया में युगों तक अबाध अनुवाद चलता रहा। महाभारत, भागवत, रामायण आदि के अतिरिक्त अरबी-फारसी की कृतियां भी अनूदित हुईं। आधुनिक युग में अंग्रेजी, बंगला, तेलुगु आदि विभिन्न भारतीय भाषाओं से अनुवाद किए गए। इस क्षेत्र में तारिणी चरण दास, वनमाली दास, अपन्ना प्रधान, राधाकांत मिश्र, शंकरलाल पुरोहित, रवींद्र मिश्र, विजय महांति, अजय कुमार पटनायक, छबील मेहेर, श्रीनिवास उद्‌गाता, रामकुमार अग्रवाल, चंद्रशेखर दास वर्मा, गौरहरि पंडा, ब्रजसुंदर पाढ़ी, श्रीवत्स कर शर्मा, असित महांति, शकुंतला बलियार सिंह, सौदामिनी उद्‌गाता, अर्जुन शतपथी आदि ने काफी काम किया है।

संस्कृति : ओडिशा की एक समृद्ध सांस्कृतिक विरासत है। यहां की संस्कृति का निर्माण तीन धार्मिक परंपराओं हिंदू, बौद्ध एवं जैन के द्वारा हुआ है। इसके साथ आदिवासी संस्कृति भी इसका अभिन्न अंग है। भगवान जगन्नाथ ओडिशा के सामाजिक, सांस्कृतिक और धार्मिक जीवन से गहरे से जुड़े हैं। विभिन्न समय में ओडिशा के लोगों पर ईसाई, इस्लाम आदि का प्रभाव भी पड़ा, परंतु इसकी अपनी सांस्कृतिक-धार्मिक मान्यताएं सदैव प्रभावी रहीं।

ओडिशा ने भारतीय कला एवं वास्तुशिल्प के श्रेष्ठ उदाहरण प्रस्तुत किए हैं। भित्तिचित्रों, पत्थरों एवं लकड़ी पर नक्काशी और ताड़पत्रों पर चित्रकारी के माध्यम से यहां की कलात्मक अभिरुचियां प्राचीनकाल से प्रकट होती रही हैं। हस्तशिल्प के क्षेत्र में चांदी में बेहद महीन जाली की कटाई यहां की अलंकृत शिल्पकला के लिए विख्यात है।

ओडिशा के जनजातीय इलाकों में कई प्रकार के लोकनृत्य प्रचलित हैं, जिनमें घुमरा नृत्य, छऊ नृत्य, महारी नाच और गोतीपुया ओडिया संस्कृति की विशेष धरोहर हैं। मादल एवं बांसुरी का संगीत ओडिशा की पहचान है। ओडिशा का शास्त्रीय नृत्य 'ओडिशी' काफी प्राचीनकाल से विख्यात है। नृत्य के प्रकार, मुद्राएं और भाव-भंगिमाएं बड़े मंदिरों की दीवारों पर, खासकर कोणार्क की उभरी हुई नक्काशी में अंकित हैं। कोणार्क में सूर्य भगवान के रथ के आकार का बना मंदिर मध्यकालीन ओडिया संस्कृति के उत्कृष्ट उदाहरणों में एक है।

ओडिशी संगीत भी काफी प्राचीन है। लोकसंगीत में झूमर, योगी गीता, केंदारा गीता, धुडुकी वाद्य, प्रह्लाद नाटक, पल्ला, संकीर्तन, तमाशा, घोड़ा नाच, डंडा नाच आदि काफी प्रचलित हैं। ओडिशा के संगीत में चित्रपद, ध्रुवपद, पांचाल एवं चित्रकला का अद्‌भुत मेल है। ओडिशा के संगीत की एक खासियत 'पदी' है, जिसमें तेज प्रहार के साथ शब्दों का उच्चारण किया जाता है। संबलपुरी नाच राज्य में काफी प्रचलित है। 'रंगाबाटी' तथा 'एकदा एकदा' पूरे विश्व में प्रसिद्ध हैं।

चित्रकला की दृष्टि से भी ओडिशा काफी आगे है। ताड़ के पत्तों पर की गई चित्रकारी यहां की विशेषता है। नीलगिरि के पत्थर के बर्तन प्रसिद्ध हैं, जिन पर की गई चित्रकारी अनोखी होती है। ओडिशा की साड़ियों पर की गई चित्रकारी, रंगों का अनोखा मेल तथा बुनावट इतनी आकर्षक होती है कि उनकी मांग न केवल देश में बल्कि विश्व में है।

लोकजीवन : ओडिशा के लोग परिश्रमी, कलाप्रेमी और उद्यमी होते हैं। यहां के जनजीवन में सरलता, सहज भक्ति और परोपकारिता के भाव देखे जाते हैं। यहां के पुरुष धोती-कुर्ता, लुंगी, ओडिशा के विशेष वस्त्र पहनते हैं और स्त्रियां ओडिशा में निर्मित विशेष साड़ियां पहनती हैं। इनका भोजन मुख्यतः शाकाहारी है, जिसमें चावल मुख्य है। मुढ़ी सर्वाधिक प्रचलित नाश्ता है। भोजन में मिठाइयों की प्रधानता होती है। रसगुल्ला, छेनापोडा, छेना झीली, पोडा-पीठा प्रमुख है। सबसे प्रसिद्ध ककरा पीठा है, जिसे सूजी और नारियल को मिलाकर बनाया जाता है। मछली विशेष रूप से खाई जाती है। समुद्री जीवों, खासकर झींगा, केकड़ा को मसालेदार बनाकर खाने का यहां विशेष शौक है।

पर्व-त्योहार : ओडिशा के पारंपरिक त्योहार में पुरी की जगन्नाथ रथयात्रा विश्व प्रसिद्ध है। बोइता बंदना

नावों की पूजा का अनोखा त्योहार है। ओडिशा के प्रमुख त्योहारों में दुर्गा पूजा, नवरात्रि, विजयादशमी, कुमार पूर्णिमा, दीपावली, शीतकालीन प्रथमाष्टमी, वसंत पंचमी, महाशिवरात्रि, गणेश चतुर्थी के अतिरिक्त अनेक क्षेत्रीय पर्व-त्योहार भी हैं। तटीय भाग में दोल पूर्णिमा या दोल यात्रा मनाई जाती है। राजा पर्व का संबंध बसु माता अर्थात कृषि से है। इसे कुछ स्थानों पर बसुमाता पूजा भी कहा जाता है, जो चार दिनों तक की जाती है। अन्य पर्वों में बाली यात्रा, गजलक्ष्मी पूजा, नुआखाई, शीतलषष्टी, धानु यात्रा आदि हैं।

दीपावली के अवसर पर बड़ा बडुआ गीत का गायन किया जाता है जिसमें कहा जाता है—'बड़ा बडुआ हो, अंधारा रे आसा, आलुआ रे जा, महाप्रसाद खाई बैसी पहाचा रे गडा गाडु था।' शीतकालीन प्रथमाष्टमी पर एंडुरी पीठा बनाने का विशेष प्रचलन है।

इसके अतिरिक्त भुवनेश्वर का एकाग्र उत्सव, कोणार्क मेला आदि प्रसिद्ध हैं। मयूरभंज एवं सरायकेला में बड़े मेले का आयोजन किया जाता है। इस अवसर पर मुखौटे पहनकर छऊ नृत्य किया जाता है। कटक में बाली यात्रा मेला कार्तिक माह में आयोजित किया जाता है। प्राचीनकाल में नाव से बाली जाने की याद में इसका आयोजन किया जाता है।

सुधार आंदोलन : ओडिशा के जनजीवन को व्यापक स्तर पर प्रभावित करने वाले समाज सुधारकों में फकीर मोहन सेनापति, भीमा भोई, गोपबंधु दास आदि उल्लेखनीय हैं। फकीर मोहन सेनापति ने समाज में नई चेतना और जागरण फैलाने के साथ-साथ उस समय के शोषण, अत्याचार, दमन आदि को उद्घाटित किया। उन्होंने समाज को कुसंस्कारों से मुक्त करने, सड़ी-गली मान्यताओं, जर्जर परंपराओं और अनुपयोगी सिद्धांतों पर कठोर प्रहार किया। ओडिशा के प्रतिभाशाली कोंधा आदिवासी कवि एवं समाज सुधारक थे। वे पुरी के जगन्नाथ मंदिर को अंधविश्वास का स्रोत मानते थे। ओडिशा की आत्मा के परिचायक उनकी यह पंक्ति लोकप्रिय हुई, 'संसार के उद्धार के लिए मुझे नरक में भी रहना पड़े तो मुझे स्वीकार है।'

गोपबंधु दास ओडिशा में नवजागरण के अग्रदूत माने जाते हैं। वे साहित्यकार और समाज सुधारक के साथ-साथ प्रमुख स्वतंत्रता सेनानी भी थे। उन्होंने सत्यवादी स्कूल, पल्ली संगठन, सत्यवादी प्रेस, अनाथालय, विधवाश्रम आदि की स्थापना कर समाज सुधार का उल्लेखनीय कार्य किया था। नारी शिक्षा, दहेज विरोध, अनुन्नत वर्ग के उत्थान, हिंदू-मुस्लिम एकता, समाज-संस्कार, अछूतोद्धार आदि के संबंध में उनके विचारों का ओडिशा समाज पर गहरा प्रभाव पड़ा था।

कृषि एवं उद्योग : ओडिशा की अर्थव्यवस्था में कृषि की महत्वपूर्ण भूमिका है। यहां की लगभग 80 प्रतिशत जनसंख्या कृषि कार्य में लगी हुई है। राज्य के कुल क्षेत्रफल के लगभग 45 प्रतिशत भाग में कृषि होती है, जिसमें सबसे अधिक पैदावार चावल की होती है। अन्य महत्वपूर्ण फसलें हैं तिलहन, दलहन, जूट, गन्ना, नारियल आदि। काजू एवं सब्जियों की खेती भी की जाती है।

ओडिशा में प्रचुर प्राकृतिक संसाधन हैं। इनमें कोयला, लोहा, क्रोमाइट, मैंगनीज, डोलोमाइट, बाक्साइट आदि प्रमुख हैं। जर्मनी के साथ मिलकर राउरकेला इस्पात संयंत्र भारत का प्रथम एकीकृत सरकारी इस्पात संस्थान बना। इसके अतिरिक्त यहां एचएएल, नालको जैसे बड़े कारखाने हैं। यहां इस्पात, अल्युमिनियम, बिजली, शोधनागार, कांच निर्माण, कागज की मिलें, ढलाईघर, रेल कर्मशालाएं आदि भी हैं। राज्य में लघु एवं मध्यम उद्योगों को बढ़ावा दिया जा रहा है। वर्ष 2005-06 में 2255 लघु उद्योग स्थापित किए गए। उर्वरक संयंत्र, रेफ्रिजरेटर निर्माण संयंत्र, सीमेंट, चीनी एवं कागज के कारखाने, मत्स्य पालन, महिला डेयरी परियोजना यहां के प्रमुख उद्योग हैं। इनके अतिरिक्त सूचना प्रौद्योगिकी के क्षेत्र में भी यह राज्य प्रगति कर रहा है। भारत के बड़े सूचना प्रौद्योगिकी संस्थान जैसे टाटा कंसल्टेंसी सर्विसेज, टेक महींद्रा, इंफोसिस, माइंडट्री, विप्रो एवं प्राइसवाट रहाउस कूपर्स की शाखाएं कार्यरत हैं।

शिक्षा एवं स्वास्थ्य संस्थान : वर्ष 2011 की

जनगणना के अनुसार ओडिशा की साक्षरता दर 73 प्रतिशत है, जिसमें पुरुष साक्षरता 82 प्रतिशत तथा महिला साक्षरता 64 प्रतिशत है। ओडिशा में पांच विश्वविद्यालय और अनेक संबद्ध महाविद्यालय हैं। इनमें उत्कल, फकीर मोहन, ब्रह्मपुर, ओडिशा, संबलपुर विश्वविद्यालय प्रमुख हैं। बीजू पटनायक यूनिवर्सिटी ऑफ टेक्नोलॉजी, नेशनल इंस्टीट्यूट ऑफ टेक्नोलोजी, जेवियर इंस्टीट्यूट ऑफ मैनेजमेंट, नेशनल इंस्टीट्यूट ऑफ साइंस एंड टेक्नोलॉजी आदि अनेक प्रकार के प्रौद्योगिकी संस्थान, प्रबंधन संस्थान, अभियांत्रिकी महाविद्यालय आदि भी हैं।

ओडिशा के चिकित्सा महाविद्यालयों एवं चिकित्सा संस्थानों में श्री रामचंद्र भंज मेडिकल कॉलेज, कटक, महाराजा कृष्णचंद्र गजपति देव मेडिकल कॉलेज, ब्रह्मपुर, वीर सुरेंद्र साय मेडिकल कॉलेज, बुर्ला, संबलपुर, अनंत त्रिपाठी आयुर्वेदिक कॉलेज, बलांगीर, सरकारी आयुर्वेदिक कॉलेज, पुरी आदि प्रमुख हैं।

हिंदी का प्रचार-प्रसार : भारत सरकार की राजभाषा नीति के अनुसार ओडिशा अहिंदीभाषी राज्यों की श्रेणी में आता है, तथापि यहां हिंदी का प्रयोग केंद्रीय सरकार के कार्यालयों एवं अन्य सार्वजनिक क्षेत्र के कार्यालयों में नियमानुसार किया जाता है। हिंदी के प्रचार-प्रसार हेतु केंद्रीय सरकार द्वारा काफी कार्य किए गए हैं। इसके अतरिक्त उत्कल प्रांतीय राष्ट्रभाषा प्रचार सभा, कटक; ओड़ीसा राष्ट्रभाषा परिषद, जगन्नाथपुरी; हिंदी शिक्षा समिति, शंकरपुर, कटक; ओड़ीसा प्रदेश हिंदी प्रचार सभा, पारलेखमुडी; पुरुषोत्तमपुर हिंदी प्रचार सभा, पुरुषोत्तमपुर आदि संस्थाओं द्वारा हिंदी के प्रचार-प्रसार एवं प्रशिक्षण के कार्य किए जा रहे हैं।

ओडिशा में अनेक हिंदी भाषी स्कूलों की स्थापना की गई है। इसके साथ ही अनेक निजी एवं सरकारी स्कूलों के पाठ्यक्रम में हिंदी को शामिल किया गया है। कई महाविद्यालयों में हिंदी की पढ़ाई होती है।

ओडिशा में अनेक हिंदी भाषी व्यवसायियों, उद्यमियों एवं नौकरीपेशा लोगों के कारण हिंदी का सहज प्रसार हुआ है और संचार माध्यमों में हिंदी का प्रयोग किया जाता है। विभिन्न स्थानों से हिंदी के समाचारपत्र एवं पत्रिकाएं प्रकाशित होती हैं। यहां संपर्क भाषा के रूप में हिंदी का प्रयोग पूरे राज्य में किया जाता है। पुरी, कोणार्क, भुवनेश्वर जैसे तीर्थस्थानों एवं ऐतिहासिक स्थलों के अतिरिक्त पर्यटन की दृष्टि से प्रसिद्ध स्थानों पर प्रायः हिंदी का प्रयोग होता है।

पर्यटन : ओडिशा पर्यटन की दृष्टि से काफी आकर्षक राज्य है। ओडिशा में कई लोकप्रिय पर्यटन स्थल हैं, जिनमें पुरी, कोणार्क और भुवनेश्वर प्रमुख हैं, जिन्हें पूर्वी भारत का सुनहरा त्रिकोण कहा जाता है। ओडिशा में लगभग 500 किमी समुद्री तट हैं, कुछ समुद्री तट पूरे विश्व में विख्यात हैं। पुरी, चांदीपुर, गोपालपुर, अष्टरंगा, तलसरी, पाटा सोनापुर, पारादीप आदि का समुद्र तट देशी एवं विदेशी पर्यटकों का पसंदीदा स्थान है। पुरी स्थित जगन्नाथ मंदिर, भुवनेश्वर स्थित श्री लिंगराज मंदिर, कोणार्क मंदिर में लाखों लोग प्रति वर्ष दर्शनार्थ जाते हैं। श्री लिंगराज मंदिर तथा कोणार्क मंदिर प्राचीन कला स्थापत्य के अनोखे उदाहरण हैं। श्री लिंगराज मंदिर की ऊंचाई 159 फुट, चौड़ाई 465 फुट और लंबाई 520 फुट है। कोणार्क मंदिर प्रख्यात दर्शनीय स्थलों में है। राज्य के अन्य पर्यटन केंद्र हैं—नंदनकानन, चिलका झील, धौली बौद्ध मंदिर, उदयगिरि-खंडगिरि-ललितगिरि की प्राचीन गुफाएं और बौद्ध भित्तिचित्र, रत्नगिरि, सप्तसज्जा का मनोरम पहाड़ी दृश्य, सिमिलिपाल राष्ट्रीय उद्यान तथा बाघ परियोजना, हीराकुड बांध, दुदुमा जलप्रपात, उषाकोठी वन्य जीव अभयारण्य, गोपानपुर समुद्री तट, हरिशंकर, नृसिंहनाथ, तारातारिणी, तप्तापानी, भितरकणिका, भीमकुंड कपिलाश आदि।

यातायात : ओड़िशा में सड़क, रेलवे, हवाई मार्ग तथा समुद्री मार्ग का अच्छा संजाल है। भुवनेश्वर भारत के बाकी हिस्सों से सड़क, रेल एवं हवाई मार्ग द्वारा अच्छी तरह जुड़ा हुआ है। राजकीय एवं राष्ट्रीय सड़कों का अच्छा संजाल है। 2004-05 तक राज्य में सड़कों की कुल लंबाई 2,37,332 किलोमीटर थी। इसमें राष्ट्रीय राजमार्गों की कुल लंबाई 3,595 किमी,

राजकीय राजमार्गों की कुल लंबाई 5,102 किमी, जिला मुख्य मार्गों की कुल लंबाई 3,189 किमी तथा ग्रामीण सड़कों की कुल लंबाई 27,882 किमी है।

ओडिशा के बड़े शहर देश के विभिन्न अंचलों से रेलमार्ग से जुड़े हुए हैं। मार्च 2004 तक राज्य में 2287 किमी लंबी बड़ी रेल लाइनें तथा 91 किमी छोटी लाइनें थीं।

ओडिशा दिल्ली, कोलकाता, चेन्नई, नागपुर, हैदराबाद आदि शहरों से वायुमार्ग से जुड़ा है। यहां कुल 17 हवाई पट्टियां एवं 16 हेलीपैड हैं। भुवनेश्वर में बीजू पटनायक अंतरराष्ट्रीय एयरपोर्ट है। वर्तमान में गोपालपुर, झारसुगड़ा, बारबिल तथा राउरकेला में एयरपोर्ट हैं। रायाडागा, पारादीप, धरमा, आंगुल एवं कलिंगनगर में एयरपोर्ट के निर्माण की दिशा में प्रयास किए जा रहे हैं।

धरमा, गोपालपुर, पारादीप, सुबर्णरेखा, अस्तरांग, चांदीपुर में स्थित बंदरगाहों से भी काफी यातायात होते हैं।

शंकरलाल पुरोहित

अधिक जानकारी के लिए :

1. उत्कल दर्शन भाग-ख, 2. उत्कल प्रांतीय राष्ट्रभाषा प्रचार सभा, रजत जयंती ग्रंथ, 3. **Outline of the History of Kalinga** : R C Majumdar, 4. **Imaging Odisha** : (Ed) Hermann Kulke, 2013

ओडिसी नृत्य

भारतीय शास्त्रीय नृत्यों में ओडिसी का महत्वपूर्ण स्थान है। इसको पुरातात्विक साक्ष्यों के आधार पर सबसे प्राचीन जीवित शास्त्रीय नृत्यों में एक माना जाता है। यह ओडिशा राज्य का पारंपरिक नृत्य है जिसका जन्म मंदिरों में नृत्य करनेवाली देवदासियों के नृत्य से हुआ। इस नृत्य का उल्लेख शिलालेखों में मिलता है जिसका प्रत्यक्ष प्रमाण ब्रह्मेश्वर मंदिर के शिलालेख हैं। इस नृत्य का उल्लेख कोणार्क में स्थित सूर्य मंदिर के केंद्रीय कक्ष स्थित पट्टिका पर भी मिलता है। वर्ष 1950 में इस पूरे नृत्य रूप को एक नया स्वरूप दिया गया जिसका श्रेय 'अभिनय चंद्रिका' और उड़ीसा के मंदिरों में पाए गए तराशे हुए नृत्य की मुद्राओं को जाता है जिसके आधार पर इस नृत्य को नया रूप दिया गया। इसमें अन्य गुरुओं के साथ-साथ गुरु केलुचरण महापात्र का विशेष योगदान है।

दूसरे भारतीय शास्त्रीय नृत्यों की तरह ओडिसी नृत्य के भी दो पक्ष हैं—नृत्य या गैर-निरूपण नृत्य; जिसमें अंतरिक्ष और समय में शरीर की भंगिमाओं का उपयोग करते हुए सजावटी पैटर्न रचे जाते हैं। इसका दूसरा पक्ष रूप अभिनय है जिसमें सांकेतिक हाव-भाव, मुद्राओं और चेहरे की अभिव्यक्तियों को कथा या विषय को समझाने के लिए उपयोग में लाया जाता है।

त्रिभंग ओडिसी में त्रिभंग पर ध्यान को केंद्रित किया जाता है। त्रिभंग यानी शरीर को तीन भागों में बांटना। इसमें सिर, शरीर और पैरों की मुद्राएं भरतनाट्यम के समान होती हैं। इस नृत्य में भगवान विष्णु के आठवें अवतार यानी कृष्ण की कथा को नृत्य के माध्यम से अभिव्यक्त करने की प्रथा है। यह नृत्य अत्यंत कोमल, काव्यात्मक शास्त्रीय नृत्य है जिसमें उड़ीसा के परिवेश के साथ भगवान जगन्नाथ की महिमा का बखान होता है। यह नृत्य अपनी पूरी संरचना में भगवान कृष्ण के प्रति समर्पित है जिसके छंद जयदेव के 'गीत गोविंद' से लिए गए हैं। इस काव्य में प्रेम और भगवान विष्णु के प्रति जिस समर्पण की भावना है, उसे ओडिसी नृत्य में प्रस्तुत कर पूरे जगत को उनके प्रेम से संचालित दिखाया जाता है। अपनी मनोहारी मुद्राओं, माधुर्य से पूर्ण त्रिभंग और लोकश्रुत परंपरा से प्रेरित होने के कारण यह नृत्य भारतीय शास्त्रीय नृत्यों में महत्वपूर्ण नृत्य माना जाता है।

ज्योतिष जोशी

अधिक जानकारी के लिए :

1. **India's Dances : Their History, Technique and Repertoire :** Reginald Massey, 2004, 2. **Revealing the Art of Natyashastra :** Narayanan Chittoor Namboodiripad

ओणम

ओणम केरल का प्रसिद्ध त्योहार है जो श्रावण (अगस्त) में मनाया जाता है। मलयालम में श्रावण को ओणम कहा जाता है। पूरे दस दिनों तक चलने वाले इस उत्सव का पहला दिन 'ओणम आथम' और आखिरी दिन 'तिरुवोणम' महत्वपूर्ण होता है। यह त्योहार नए धान के स्वागत के रूप में मनाया जाता है। पुराणों में उल्लिखित किंवदंती के अनुसार, विष्णु ने वामन अवतार धारण कर जब राजा बलि से धरती, स्वर्ग, पाताल और खुद उन्हें हासिल कर लिया तो बलि की प्रार्थना पर वर्ष में एक दिन उसे अपने राज्य में आने का वरदान दे दिया। ओणम अपने प्रिय सम्राट के एक दिन के लिए आगमन की खुशी का त्योहार है। पूरे राज्य को सजाया जाता है। स्थान-स्थान पर सांस्कृतिक कार्यक्रम आयोजित होता है। यह त्योहार प्राचीन मिथकीय कथा तक सीमित न रह कर केरल की पूरी संस्कृति की पहचान करा देता है। इस अवसर पर महिलाओं द्वारा 'ओणम पुक्कलम', फूलों की रंगोली बनाई जाती है। इसकी प्रतियोगिता होती है। केले के पत्तों पर 26 तरह के पकवानों के भोग का आयोजन होता है। कथकली, कुम्मट्टिकली, पुलिकली नृत्यों तथा ओणम गानों का आयोजन तथा प्रतियोगिताएं इस त्योहार की खूबियां हैं। इसके अलावा केरल की नदियों और झीलों में सर्पाकार नौकाओं की दौड़ होती है। इसमें विभिन्न धर्मों और जातियों के लोग उल्लास के साथ हिस्सा लेते हैं। इस प्रतियोगिता का आयोजन 'मलयाली डायस्पोरा' द्वारा सिंगापुर में भी किया जाता है। ओणम का प्रारंभ संगम काल में हुआ था। इससे संबंधित अभिलेख कुलसेकरा पेरूमल (800 ईसवी) के समय से मिलते हैं।

ओणम

प्रीति सिंघी

ओलिंपिक खेल

ओलिंपिक खेल (Olympic Games) की शुरुआत 776 ईसा पूर्व में ओलिंपस पर्वत पर हुई थी, जहाँ चार सालों में एक बार ग्रीक जगत के छोटे-छोटे राज्यों के लोग इकट्ठे होकर अपने देवता जीयस की आराधना के साथ खेलों का आयोजन भी करते थे। यह खेल उनकी सामूहिक अस्मिता का प्रतीक था। ओलपिंक खेल सबसे पहले दौड़ प्रतियोगिता से शुरू हुआ था। प्राचीन ओलिंपिक खेल 369 ईसवी तक किसी न किसी रूप में जारी थे। रोमन साम्राज्य के पतन के बाद 1816 में फ्रांस के पियरे द कूबर्तिन ने ओलिंपिक खेलों की बुझी मशाल फिर जला दी। इसे यूरोपीय पुनर्जागरण के एक हिस्से के रूप में देखा जाता है। ओलिंपिक खेल के अवसर पर संसार भर के खिलाड़ियों को इकट्ठा करने का काम शुरू हुआ। इसमें राजा, आम लोग, कवि-कलाकार सभी भाग लेते थे। 1816 में ग्रीक राजा के नेतृत्व में एथेंस में एक खास क्रीड़ांगन बनाया गया, जहाँ धावकों द्वारा ओलिंपस पर्वत से पावन आग लाई गई और ओलिंपिक खेल फिर शुरू हो गए। ग्रीस एक खेल-प्रेमी देश था और खेल उनके लिए देवताओं से आशीर्वाद पाने जैसा मामला था। वहां ओलिंपिक पर्व और ओलिंपिक खेल दोनों साथ-साथ चलते थे। नए युग में चार-चार सालों पर जब यह खेल शुरू हुआ, इसके मकसद हो गए– दुनिया में खेल भावना को बढ़ावा देना, उच्च मन के लिए सबल और स्वस्थ शरीर की प्रेरणा जगाना तथा राष्ट्रों का आपसी विद्वेष कम करना। अंतरराष्ट्रीय ओलिंपिक समिति के अध्यक्ष खेलों की समाप्ति पर विश्व के युवकों से आह्वान करते हैं कि वे

सामंजस्य और सौहार्द को बढ़ावा दें—मनुष्य का शौर्य, एक-दूसरे के प्रति परस्पर सम्मान और मानव कल्याण की अंतःज्योति ओलिंपिक की मशाल की तरह लगातार जलती रहे।

1896 से ओलिंपिक खेल नियमित रूप से होने लगे। बीसवीं सदी में ओलिंपिक खेलों में बदलाव आए। 1916 में प्रथम विश्वयुद्ध तथा 1940-44 में दूसरे विश्वयुद्ध के कारण दो बार ओलिंपिक खेल रद्द कर दिए गए थे। ओलिंपिक खेल पर पहले उपनिवेशवाद का असर साफ दिखता था और कई स्तरों पर भेदभाव होता था। इन पर ग्रेट ब्रिटेन, आस्ट्रेलिया, फ्रांस, अमेरिका और स्विट्जरलैंड का वर्चस्व दिखता रहा है। 1900 से महिला प्रतिभागी भी आने लगीं, पर विश्व के सभी देशों से महिला खिलाड़ी और एथलीट भाग लें, इसके लिए 2012 तक प्रतीक्षा करनी पड़ी। ओलिंपिक खेल 'समर ओलिंपिक' और 'विंटर ओलिंपिक' के रूप में होते हैं। इनमें लगभग 400 प्रतियोगिताएं होती हैं और खिलाड़ियों तथा एथलीट के लिए इसमें जीतना सर्वोच्च सम्मान के रूप में देखा जाता है। ओलिंपिक खेलों के संचालन के लिए अंतरराष्ट्रीय ओलिंपिक समिति (आईओसी) है। जिन शहरों में ओलिंपिक खेल होने होते हैं, उनके नामों की घोषणा आठ साल पहले हो जाती है। 2012 में लंदन मुख्य मेजबान था। 2016 में दक्षिण अमेरिका में पहली बार रियो डि जेनेरो को मेजबान होना है और 2020 में टोक्यो को यह मौका मिलना है। आलोचनाओं और मतभेदों के बावजूद ओलिंपिक खेल ने प्राचीन खेल भावना को बचाकर रखा है।

रामनिवास द्विवेदी

अधिक जानकारी के लिए :
1. **Historical Dictionary of the Olympic Movement** : Ian Buchman, 2001, 2. **The Golden Book of the Olympic Games** : Erich Kamper and Bill Mallon, 1992

ओसवाल्ड स्पेंग्लर

(1880-1930)

29 मई 1880 को जनमे ओसवाल्ड स्पेंग्लर (Oswald Spengler) को इतिहासकार अथवा इतिहास के दार्शनिक के रूप में ख्याति मिली है। दस वर्ष की आयु से ही उन्होंने ग्रीक व लैटिन भाषाओं के अध्ययन के साथ-साथ गणित और विज्ञान का गंभीर अध्ययन प्रारंभ कर दिया। कविता, नाटक और संगीत में भी इनकी गंभीर रुचि थी। लगभग इसी काल से स्पेंग्लर अध्ययन के माध्यम से नीत्शे और गेटे के विचारों से भी परिचित हो रहे थे। 1901 में अपने पिता की मृत्यु के पश्चात व्यक्तिगत विद्यार्थी के रूप में स्पेंग्लर कई विश्वविद्यालयों के संपर्क में आए परंतु उनका व्यक्तिगत अध्ययन प्रायः अनियमित ही था। 1903 में हेराक्लिटस पर उनका शोध प्रबंध अस्वीकृत कर दिया गया। 1904 में उन्हें पीएच.डी. की उपाधि दी गई। 1905 में स्पेंग्लर को घातक स्नायुतंत्र संबंधी व्याधि का सामना करना

ओसवाल्ड स्पेंग्लर

पड़ा। 1908 से 1911 तक एक व्याकरण विद्यालय में स्पेंग्लर ने विज्ञान, जर्मनी का इतिहास और गणित विषयों में अध्यापन कार्य किया। 1911 में वह म्यूनिख चले गए। स्पेंगलर ने बीथोवन का संगीत सुनने तथा मोलियर और शेक्सपियर के ग्रंथों का अध्ययन करते हुए सादगी भरी जिंदगी जी और 1930 में मृत्यु हुई।

इतिहास को सभ्यता की पृष्ठभूमि में विश्लेषित करते हुए स्पेंग्लर का मानना था कि प्रत्येक सभ्यता श्रेष्ठतम अवयव के स्वरूप में स्थापित होती है, परंतु उसकी आयु असीमित नहीं होती। अपनी सुप्रसिद्ध पुस्तक 'द डिक्लाइन ऑफ द वेस्ट' में स्पेंग्लर ने विश्व इतिहास के समस्त प्रमुख पक्षों पर दृष्टिपात करने का सफल उद्यम किया था। प्रथम विश्वयुद्ध के काल में उन्होंने प्रचुर मात्रा में लेखन कार्य किया। अपने लेखन के माध्यम से उन्होंने यूरोप में जर्मन आधिपत्य का सशक्त समर्थन किया। 1919 में स्पेंग्लर ने 'प्रेउसेंटम एंड सोश्योलिज्म' लिखकर उस सत्तावाद और समाजवाद का समर्थन किया, जो राष्ट्रवादी व सावयव स्वरूप के आधार पर अपना आकार प्राप्त करता है। इन आधारों पर एक समय में जोसेफ गोयबेल्स जैसे नाजीवादी स्पेंग्लर को अद्वितीय विद्वान की श्रेणी में रखते थे। परंतु 1933 में स्पेंग्लर को निर्वासित कर दिया गया। इस निर्वासन के प्रमुख कारण थे, यूरोप और जर्मनी के प्रति उनका निराशावादी दृष्टिकोण तथा नाजी विचारों और जातीय सर्वोच्चता को समर्थन न देने का निश्चय। उनकी एक रचना 'द ऑवर ऑफ डिसीजन' ने भी उनके निर्वासन में महत्वपूर्ण भूमिका निभाई थी। दो भागों में लिखी अपनी पुस्तक 'द डिक्लाइन ऑफ द वेस्ट' में स्पेंग्लर ने इतिहास के दर्शन का अध्ययन कर अनेक प्रभावशाली निष्कर्ष प्रस्तुत किए। उन्होंने बताया कि इतिहास के निर्माण का एक सशक्त आधार सभ्यता होती है तथा सभ्यता विकास क्रम के संदर्भों में एक जीवित प्राणी के सदृश होती है। नैसर्गिक अवयवों की भांति प्रत्येक सभ्यता का एक जीवनचक्र होता है। इस चक्र के अंतर्गत सभ्यता का जन्म होता है, तत्पश्चात वह विकास के पथ पर अग्रसर होती हुई, धीरे-धीरे अपने क्षय अथवा समाप्ति की ओर उन्मुख होती है। इस परिप्रेक्ष्य में स्पेंग्लर का यह मत था कि पश्चिमी सभ्यता विकास की उस चरम अवस्था पर पहुंच चुकी है, जहाँ से उसके तिरोभाव अथवा तेज हानि का प्रारंभ होना अवश्यंभावी है।

वस्तुतः स्पेंग्लर इतिहास के दो अनिवार्य तत्वों अर्थात सभ्यता व संस्कृति को जीवित अथवा सजीव अवयव स्वीकारते हुए यह सिद्ध करने का प्रयास करते हैं कि प्रत्येक सभ्यता का अस्तित्व उस प्रभुत्वशाली विचारधारा के प्रभाव से प्राणवान रहता है, जिसे विश्वदृष्टि की संज्ञा दी जा सकती है। स्पेंग्लर का मानना था कि यह प्रभुत्वशाली विचारधारा अर्थात विश्वदृष्टि ही उस सभ्यता अथवा संस्कृति की 'आत्मा' है परंतु उसकी आयु असीमित नहीं होती। विश्व की महान सभ्यताओं में प्रमुख हैं—मिस्र, बेबिलोनिया, चीन, हिंदू और अरबी। उनके अनुसार ये सभी सभ्यताएं एक-दूसरे से पूर्णतः पृथक और असंबद्ध हैं तथा प्रत्येक सभ्यता का जन्म और विकास दूसरी सभ्यता पर किसी भी प्रकार का अवधारणात्मक प्रभाव नहीं डालता है। इसी प्रकार विकास की चरम अवस्था पर पहुंच कर प्रत्येक संस्कृति व सभ्यता दूसरी सभ्यता अथवा संस्कृति से अस्पर्श्य अवस्था में ही तिरोहित हो जाती है।

प्रथम विश्वयुद्ध के वातावरण में स्पेंग्लर के इन विचारों को यद्यपि अपार लोकप्रियता मिली थी तथापि उनकी आलोचना भी अनेक विद्वानों द्वारा की गई। नाजी दल को भी स्पेंग्लर के ये विचार स्वीकार्य नहीं थे। कुछ कमियों के बाद भी अनेक समीक्षकों का मानना है कि स्पेंग्लर ने मानव संस्कृति को समझने की एक नई दृष्टि प्रदान की। सभ्यता की प्रगति पर प्रश्न चिह्न अंकित करने की एक अनोखी शैली का विकास करना स्पेंग्लर की एक महान देन है। निःसंदेह, उन्होंने उस सशक्त आवश्यकता को रेखांकित करने का दृढ़ प्रयास किया जिसके माध्यम से मनुष्य के अंतर्मन की शाश्वत बर्बरता के विशाल और उग्र हाहाकार एवं प्रहार से आधुनिक मानव स्वयं की रक्षा कर सके।

पुनीत कुमार श्रीवास्तव

औचित्य सिद्धांत

औचित्य सिद्धांत संस्कृत आलोचना का अत्यंत व्यापक सिद्धांत है क्योंकि यह काव्य तथा आलोचना के सभी तत्वों जैसे—शब्द, विषय, विचार, युक्ति, रूपों तथा प्रकारों में व्याप्त माना जाता है। इस सिद्धांत के प्रमुख प्रतिपादक आचार्य क्षेमेंद्र हैं जिन्होंने 'औचित्य विचार चर्चा' नामक ग्रंथ लिखकर इसे संस्कृत आलोचना में सिद्धांत की तरह स्थापित किया। क्षेमेंद्र का समय ग्यारहवीं सदी का उत्तरार्ध है। वे कश्मीर के निवासी थे तथा साहित्य शास्त्र या आलोचना के क्षेत्र में इन्होंने अभिनवगुप्त से शिक्षा एवं प्रेरणा ली थी, किंतु धर्म के क्षेत्र में यह शैव मत के अनुयायी थे। बाद में सोमाचार्य द्वारा वैष्णव धर्म में इन्होंने दीक्षा प्राप्त की और वैष्णव मत के अनुयायी बन गए थे। इनकी रचनाओं में 'कविकंठाभरण' की रचना अनंत नामक कश्मीरी राजा के राजकाल में की थी तथा 'दशावतार' की रचना 1066 में अनंत के पुत्र राजा कलश के समय में की थी। 'कविकंठाभरण' कवि शिक्षा से संबंधित है और 'सुवृत्त तिलक' छंदशास्त्र से संबंधित ग्रंथ है।

'औचित्य' शब्द उचित से बना है, जिसका अर्थ उचित का भाव या स्थिति होता है। जैसा हमें मालूम है कि हर एक वस्तु का देश, काल एवं स्थिति होती है। उनके अनुसार, क्या उचित या अनुचित है वह निश्चित होता है जिनका पालन करना जरूरी है। पालन न करने की स्थिति में उचित का भाव भंग होता है। भरतमुनि ने रंगमंच के संदर्भ में पात्र, प्रकृति, वेशभूषा, भाषा आदि के प्रयोग में औचित्य की बात कही थी। अभिनय करते समय वेश आयु के और शारीरिक चेष्टाएं वेश के अनुरूप होनी चाहिए। (नाट्यशास्त्र, 14. 68)। भरतमुनि ने नाट्यशास्त्र में लिखा है कि कोई वस्तु उसके देश या वेश के अनुकूल न हो तो उसकी शोभा बढ़ती नहीं है, ठीक उसी प्रकार जैसे कमर में बांधी जाने वाली करधनी गले में पहनने पर मजाक का कारण बनती है।

भामह ने औचित्य की अप्रत्यक्ष ढंग से संकेत रूप में चर्चा करते हुए लिखा है कि असाधु वस्तु भी किसी आश्रय के सौंदर्य से वैसे ही शोभा पाती है जैसे काजल होता तो काला है पर सुंदर स्त्री की आंखों का अंजन बनकर उसकी सुंदरता बढ़ जाती है। (काव्यालंकार, 1.55)। आनंदवर्धन ने काव्य में औचित्य की महिमा बताई तथा कहा कि अनौचित्य या औचित्य का पालन न करना ही रसभंग का मुख्य कारण है। (ध्वन्यालोक 3.7.14)।

आनंदवर्धन के टीकाकार अभिनवगुप्त ने ध्वनिवादी होने के कारण उन विद्वानों की आलोचना की थी जो ध्वनि सिद्धांत के बिना औचित्य को ही काव्य की आत्मा मानते थे। उनके अनुसार, ध्वनि के बिना औचित्य का सिद्धांत प्रतिष्ठा नहीं प्राप्त करता है। क्षेमेंद्र इन्हीं अभिनवगुप्त के शिष्य थे और स्वाभाविक था कि यदि वे कट्टर ध्वनिवादी न थे तो कम-से-कम ध्वनि सिद्धांत से अच्छे परिचित अवश्य थे तो उन्हें निश्चय ही ध्वनि तथा औचित्य के संबंध की जानकारी रही होगी। इसके बावजूद उन्होंने औचित्य की अलग सिद्धांत के रूप में स्थापना की।

क्षेमेंद्र ने 'औचित्य विचार चर्चा' में कहा कि जो वस्तु जिसके समान हो और जिससे उनका मेल मिले उसे ही औचित्य या उचित का भाव कहते हैं। उनके अनुसार, औचित्य को रस का जीवित भूत कहते हैं। वही इसका प्राण है और काव्य में चमत्कार पैदा करता है। क्षेमेंद्र की मान्यता ठीक भी है क्योंकि अलंकार और गुण औचित्य के अभाव में न तो शोभा प्राप्त करते हैं और न ही रुचिकर लगते हैं। साथ ही औचित्य के अभाव में रस का न तो निर्माण होता है और न ही उसकी अनुभूति संभव होती है।

देखा जाए तो क्षेमेंद्र का मुख्य विषय साहित्य की साहित्यिकता ही था। साहित्य के विधायक या

बनाने वाले तत्व शब्द, उक्ति अलंकार, ध्वनि या गुण कोई भी हो पर अंतिम उद्देश्य तो रस की उत्पत्ति और अनुभव है। पर रस का अनुभव तभी संभव है जब सभी तत्वों में या उनके संयोजन में औचित्य की भावना का परिपालन हो। अतः कोरी साहित्यिकता की चर्चा से काम नहीं चलता। औचित्य भंग की स्थिति में साहित्यिकता न केवल वजन बन जाती है, बल्कि अस्तित्व में ही नहीं आती।

आनंदवर्धन ने औचित्य के भेदों की चर्चा 'ध्वन्यालोक' में की है। अभिनवगुप्त ने ध्वन्यालोकलोचन की वृत्ति में औचित्य को काव्यतत्व की आत्मा कहा और रसध्वनि का प्रमुख सहायक माना है। साथ ही रसध्वनि काव्य को जब वे सर्वश्रेष्ठ मानते हैं तो वह तभी अस्तित्व में आता है जब वह औचित्य से समर्पित तथा पोषित हो। क्षेमेंद्र ने औचित्य के सत्ताईस प्रकार बताए हैं : 1. पद, 2. वाक्य, 3. प्रबंधार्थ अर्थात पूरी रचना में अर्थ, 4. गुण, 5. अलंकार, 6. रस, 7. क्रिया, 8. कारक, 9. लिंग, 10. वचन, 11. विशेषण, 12. उपसर्ग, 13. निपात (निरर्थकता या शब्दबहुलता), 14. काल, 15. देश, 16. कुल, 17. व्रत (रिवाज या प्रथा), 18. तत्व (सत्य), 19. सत्व (शुभवचन), 20. अभिप्राय (उद्देश्य), 21. स्वभाव (प्रकृति), 22. सार-संग्रह (आवश्यक गुण), 23. प्रतिभा (स्वाभाविक योग्यता), 24. अवस्था (स्थिति या दशा), 25. विचार, 26. नाम, 27. आशीर्वाद (शुभवचन)। वास्तव में उपर्युक्त सत्ताईस तत्व औचित्य के क्षेत्र या स्थल हैं। एक प्रकार से ये साहित्यिक रचना रूपी शरीर के अंग हैं जिनमें औचित्य होना जरूरी है। औचित्य के इन प्रकारों को क्षेमेंद्र ने भाषा विषयक, काव्यशास्त्र विषयक, तथा वर्ण्य विषयक औचित्यों के प्रकारों में बांटा है। क्षेमेंद्र ने औचित्य के प्रकारों की अनंतता की बात कही पर कहीं भी उनका विस्तार से उल्लेख नहीं किया है। अब इन औचित्य के मुख्य प्रकारों की संक्षेप में हम चर्चा करेंगे।

पदौचित्य : जब कवि उचित पद के चुनाव में अपनी प्रतिभा का उपयोग करता है तब पदौचित्य स्थापित होता है। उदाहरण के लिए, अंगना, सुंदरी, ललना तथा तन्वी आदि सभी शब्द स्त्री के पर्यायवाची शब्द है किंतु पदौचित्य के हिसाब से उनका उपयोग विशेष प्रकार की स्त्री के लिए ही हो सकता है। अंगना अर्थात सुंदर अंग वाली स्त्री, ललना अर्थात अपनी सुंदरता से अपने समुदाय या समाज को लालित्य देने वाली स्त्री तथा तन्वी का अर्थ विरह से खिन्न तथा कमजोर शरीर वाली स्त्री से होता। अतः किसी भी स्त्री के लिए उसकी पृष्ठभूमि या संदर्भ को जाने बगैर इन शब्दों का पर्याय की तरह प्रयोग पदौचित्य भंग कहा जाएगा।

नामौचित्य : नामौचित्य में पद, वाक्य, गुण, कारक, क्रिया और नामों की सार्थकता तथा उनके उचित प्रयोग पर भार दिया जाता है। नामौचित्य के लिए हम कुछ नाम ले सकते हैं जैसे कृष्ण (अपनी ओर आकर्षित करने वाला), मधुसूदन (मधु राक्षस का हनन करने वाला), कंसारि (कंस का दुश्मन), देवकीनंदन देवकी का पुत्र या यशोदानंदन यशोदा का पुत्र तथा गोपाल (गायों की सेवा करने वाला)। इन सभी नामों का उचित प्रयोग तभी संभव होगा जब उनका सही संदर्भ व स्थिति में उनका प्रयोग कवि या लेखक द्वारा किया जाए।

अलंकारौचित्य : औचित्य के बिना अलंकार सौंदर्य की शोभा का पोषक या वर्धक नहीं होता। अलंकार अपना नाम सार्थक तभी करता है जब उसका उचित स्थान पर प्रयोग हो। ('औचित्य विचार चर्चा', 6, वृत्ति) अलंकार का अलंकारत्व अर्थ तथा रस के पोषण में होता है। अलंकारौचित्य तभी संभव होता है जब वह उसके उचित प्रयोग द्वारा भूषण या शोभन का काम करता है। अन्यथा अलंकार साहित्य में उसी प्रकार भार बनते हैं जैसे औचित्य बिना शरीर के गलत भाग पर गलत प्रकार के ढंग से पहने गए आभूषण शरीर का वजन बढ़ाते हैं बल्कि न केवल उसे कुशोभित करते हैं। वैसे भी अलंकार का औचित्य अलंकार्य अर्थात जिसको अलंकृत किया जाना है उस पर निर्भर करता है। उदाहरण के लिए लाश को आभूषण पहनाना या

फिर संन्यासी के शरीर पर आभूषण अनुचित तथा हास्यास्पद ही लगेंगे।

वृत्तौचित्य : वृत्तौचित्य साहित्य में छंद के उचित प्रयोग में देखा जा सकता है। वृत्तों में लघु (छोटे) तथा गुरु (बड़े) वृत्त या छंद का चुनाव संगीत के तत्व पर निर्भर रहता है। अतः समर्थ कवि अपने विषय के अनुरूप छंद का चुनाव करता है। कुछ विषय या स्थितियां ऐसी होती हैं कि छंद की आवश्यकता ही नहीं होती। ऐसी स्थिति में छंद का प्रयोग अनौचित्यपूर्ण होगा।

रसौचित्य : काव्य की आत्मा रस होता है। किंतु वह सहृदयों के चित्त को अपनी ओर खींचकर तब तक रसानुभूति नहीं करा सकता जब तक उसमें रसौचित्य का अभाव हो।

औचित्य अत्यंत व्यापक तथा लचीला सिद्धांत है। अनुभव अभिव्यक्ति तथा औचित्य के मापदंड कुछ स्थानिक, समय सापेक्ष तो अन्य सार्वभौम तथा अनन्त होते हैं। अतः यह सिद्धांत नए अनुभवों तथा उनकी अभिव्यक्तियों के नए विमर्शों पर भी लागू होता है। कुछ परंपरागत विद्वान नए विमर्शों जैसे स्त्री या दलित विमर्श को काफी समय तक अशास्त्रीय तथा अध्ययन के अयोग्य मानते हैं। अतः उनके इस दृष्टिकोण के अनौचित्य पर विचार भी इस सिद्धांत के अंतर्गत हो सकता है। साहित्य सृजनशीलता के अनुसार मानदंड बदलते रहते हैं तथा भाषा में नई शब्दावली, प्रतीक तथा बिंब व्यवस्था खड़ी होती है। उनके साथ देश, काल तथा वर्ग के संदर्भ में ही न्याय किया जा सकता है।

आज दलित विमर्श में प्रयोग होने वाले शब्द, बिंब तथा वर्णन को अग्राम्य अथवा असंस्कृत नहीं कह सकते। दलित समाज के शोषण तथा उत्पीड़न के कटु अनुभव तथा उनकी अभिव्यक्ति की भाषा के यथार्थ को देखते हुए ये बिंब उनकी अभिव्यक्ति को ओज तथा सार्थकता प्रदान करते हैं। कह सकते हैं कि औचित्य के निर्धारण में देश (स्थल) तथा काल (समय) तथा कुल या वर्ग निर्धारक तत्व होते हैं। यदि किसी कारणवश उनको ध्यान में रखकर औचित्य का निर्वाह 'विमर्श' के विभिन्न अंगों में न किया जाए तो उनके विमर्श की विशिष्टता को नुकसान पहुंचता है। साथ ही नए विमर्श की नई भाषा, बिंब, प्रतीक तथा वर्णन शैली का औचित्य पुराने साहित्यिक मापदंडों से नहीं समझा जाएगा बल्कि उनके लिए नए मापदंडों की जरूरत होगी। आज के संदर्भ में कह सकते हैं कि 'औचित्य सिद्धांत' औचित्य के मापदंडों के औचित्य पर भी विचार करता है। औचित्य विचार की चर्चा किए बगैर लेखक या आलोचक अपने कर्म में सफल नहीं हो सकता।

अवधेश कुमार सिंह

अधिक जानकारी के लिए :

1. **कवि कंठाभरणम् :** क्षेमेंद्र, 1959, 2. **ध्वन्यालोक :** (सं.) नगेंद्र, 1962, 3. **औचित्य विमर्श :** राममूर्ति त्रिपाठी, 4. **काव्यशास्त्र :** भागीरथ मिश्र, 1963

औद्योगिक क्रांति

औद्योगिक क्रांति (Industrial Revolution) एक सार्वभौम घटना है। यह क्रांति कहीं पहले हुई, कहीं देर से पहुंची। पश्चिम की रिनेसाँ जैसी घटनाओं ने इसकी वैचारिक जमीन तैयार की। सामान्यतः माना जाता है कि कृषि युग से औद्योगिक या बृहदस्तरीय मशीन युग में प्रवेश के साथ इस क्रांति का आरंभ होता है। समाज हस्त उद्योगों से मशीनीकृत उत्पादन अवस्था में पहुंचता है। हस्तशिल्प (मिट्टी के बर्तन, घरेलू उद्योग की वस्तुएं, हाथ से बुने कपड़े, खिलौने, दस्तकारी आदि) का स्थान मशीनी माल (लोहा, तांबा, पीतल, इस्पात आदि की वस्तुएं, कोयला एवं तापचालित वस्तुएं, जटिल तकनीक, कपड़े की मिल, कारखाने आदि) ले लेते हैं।

आम धारणा है कि अठारहवीं शताब्दी में इंग्लैंड से औद्योगिक क्रांति की शुरुआत होती है। इसका प्रथम चरण मूलतः 1760 से 1830 तक ब्रिटेन में सीमित रहता है। इसके बाद यूरोप के अन्य भाग फ्रांस, बेल्जियम जैसे देशों तक पहुंचता है। इसी शताब्दी में उत्तरी अमेरिका और जापान में भी इस क्रांति का विस्फोट होता है। कालांतर में इन देशों की औद्योगिक उपलब्धि ब्रिटेन को

पीछे छोड़ देती है। बीसवीं शताब्दी में औद्योगिक क्रांति का ऐतिहासिक विस्तार होता है। सोवियत रूस, पूर्वी यूरोपीय देश और एशिया के दो बड़े राष्ट्रों भारत एवं चीन में भी उद्योगीकरण शुरू होता है। आज इक्कीसवीं शताब्दी में शायद ही कोई ऐसा राष्ट्र-राज्य बचा हो, जहाँ इसका प्रभाव न दिखाई देता हो और जहाँ उद्योगीकरण की प्रक्रिया न चल रही हो।

औद्योगिक क्रांति कई चरणों में हुई है। प्रथम चरण में, वाष्प इंजन के आविष्कार ने इसमें अपना ऐतिहासिक योगदान दिया। 1698 में थॉमस सेवरी ने एक आदिम किस्म के वाष्प इंजन का पेटेंट कराया था, जिसका उपयोग अत्यंत सीमित था। इसके बाद 1712 में थॉमस न्यूकोमेन ने इसे और अधिक विकसित किया। इस क्षेत्र में इतिहास निर्माता का श्रेय जेम्स वाट को दिया जाता है। वाट ने 1763 में वाष्प इंजन में क्रांतिकारी परिवर्तन कर उसकी व्यापारिक एवं औद्योगिक उपयोगिता का विस्तार कर दिया।

वाष्प इंजन का अगला चरण था वाष्प इंजनचालित बोट। 1807 में अमेरिका की हडसन नदी में सफलतापूर्वक वाष्प बोट उतारा गया, जिसके सूत्रधार थे रॉबर्ट फल्टो। जहाँ वाष्प शक्ति ने औद्योगिक क्रांति को आगे बढ़ाया। वहीं कपड़ा मिलों के आगमन ने इसमें नया आयाम जोड़ा। धागा बनाने की मशीन, कोयले से पिघला लोहा जैसे प्रयोगों को 'महान एवं असाधारण', 'अनुमान की क्षमता से बाहर' आदि कहा गया। वाष्प इंजन के परिणामों को देख कर दूरद्रष्टाओं का मत था, 'इन आविष्कारों से क्रांति जन्म ले रही है'। 1738 में लेविस पॉल ने पहली 'स्पिनिंग मशीन' का पेटेंट कराया। 1740 तक लंदन में ऐसी कई मशीनें हो गईं। 1770 में जेम्स हरग्रेवेस ने तंतु उत्पादन मशीन का पेटेंट कराया। इसके बाद सिलसिला चल पड़ा, 1775 और 1813 के बीच इस उद्योग में नए- नए आयाम जुड़ गए। हेंडलूम मशीनों और शुरुआती पावरलूम मशीनों का चलन बढ़ा।

उन्नीसवीं शताब्दी के प्रथम चरण तक ब्रिटेन में करीब एक लाख पावरलूम काम करने लगे थे। इसी के साथ अमेरिका में 1793 में कपास-ओटन की मशीन (कॉटन जिन) का आविष्कार हुआ। इसके जन्मदाता थे इली व्हिटने। आम धारणा है कि औद्योगिक क्रांति का सेहरा किसी एक व्यक्ति के सिर नहीं बांधा जा सकता, बल्कि छोटे-छोटे कारीगरों, दस्तकारों, बढ़इयों, घड़ीसाजों, करघा निर्माताओं और वैज्ञानिक प्रयोगकर्ताओं ने इसे जन्म दिया। फिर भी माना गया है कि पश्चिमी देश ही औद्योगिक क्रांति के सूत्रधार थे।

इसी प्रकार लौह औद्योगिक क्रांति हुई, क्योंकि वाष्प इंजन और वस्त्र उद्योग, दोनों ही लोहे की निरंतर आपूर्ति पर निर्भर थे। अठारहवीं शताब्दी के शुरू में ज्यादातर मशीनों के निर्माण में उम्दा लकड़ी का इस्तेमाल होता था। वन-कटाई होती थी। इसके नकारात्मक प्रभाव सामने आने लगे थे। अंत में लोगों का ध्यान लोहे की तरफ गया। अठारहवीं शताब्दी के आरंभिक वर्षों में कोयले से लोहे को पिघलाने की तकनीक आविष्कृत हो गई। 1750-76 के बीच इस तकनीक के विकास के साथ-साथ विस्तार हुआ और 1856 आते-आते 'सस्ता इस्पात' बाजार में आ गया। उसके बाद यह उद्योग चल पड़ा, बड़ी मात्रा में वाष्प इंजन, औजार और विभिन्न कल-पुर्जे बनने लगे। अमेरिका इसमें पीछे नहीं था।

लौह उद्योग के क्रांतिकारी विकास एवं विस्तार के कारण ही रेल, सड़क और जल परिवहनों का जाल फैला, भारत जैसे उपनिवेशों में भी ये शुरुआतें हुईं। उन्नीसवीं शताब्दी के मध्य में भारत में मुंबई-थाने के बीच रेल पटरी बिछाई गई। उपर्युक्त उद्योगों के अलावा हजारों छोटे-बड़े उद्योग—जहाज निर्माण, रेल पटरी निर्माण, इंजन एवं डिब्बे के निर्माण, शीशा उद्योग, रसायन उद्योग, साबुन उत्पादन, टरबाइन एवं बॉइलर उत्पादन, टकसाल, स्वर्ण-रजत परिष्करण, आभूषण निर्माण, जूट उद्योग, शस्त्र निर्माण आदि अस्तित्व में आए।

पश्चिम के साम्राज्यवादी देशों ब्रिटेन, फ्रांस, इटली, स्पेन, पुर्तगाल, हालैंड, अफ्रीका, एशिया और अमेरिकी महादेशों में अपने-अपने उपनिवेश थे।

इसलिए यूरोप में हुई औद्योगिक क्रांति के कारण इन्हें गुलाम देशों में आयात-निर्यात के बड़े बाजार भी आसानी से मिल गए।

भारत में ईस्ट इंडिया कंपनी का शासन था। इसलिए ब्रिटेन में हुई औद्योगिक क्रांति का प्रभाव औपनिवेशिक भारत पर पड़ना अपरिहार्य था। रेल, सड़कों, पुलों, कपड़ा मिलों, कारखानों, छापाखानों, अखबारों आदि का बड़े पैमाने पर जन्म लेना स्वाभाविक परिघटनाएं थीं। मुंबई, कलकत्ता, चेन्नई, अहमदाबाद, कानपुर, सूरत जैसे नगरों में बहुतस्तरीय उद्योगीकरण हुआ। 1857 के स्वतंत्रता संग्राम से सात वर्ष पहले 1850 में सर्वप्रथम कपड़ा और जूट मिलें अस्तित्व में आईं। 1880 तक इस क्षेत्र में कुछ प्रगति हुई। कुछ मिल-कारखानों के मालिक भारतीय पूंजीपति भी थे। भारत से चीन और जापान को वस्त्र और दूसरी वस्तुएं निर्यात की जाती थीं।

भारत के औद्योगिक विकास पर व्यापक साम्राज्यवादी नियंत्रण था। उस पर दोहरी मार थी। इंग्लैंड में औद्योगिक क्रांति की सुविधाओं के कारण संचार, यातायात, पूंजी और औपनिवेशिक शासन के बल पर विदेशी शासक भारत से सस्ती दर पर कच्चा और परिष्कृत माल इंग्लैंड भेजा करते थे, वहीं ऊँची दरों पर वे अपना औद्योगिक माल भारत पर थोपा करते थे। उन्नीसवीं शताब्दी में भारतीय उद्योग के पितामह दादाभाई नौरोजी ने इस बाबत भारत के प्रति अंग्रेजों की भेदभावपूर्ण नीति की कठोर आलोचना अपने भाषणों एवं लेखों ('भारत की आवश्यकताएं और साधन', 'भारत की गरीबी' आदि) में की थी। इतना ही नहीं, तत्कालीन भारत सचिव जॉर्ज हैमिल्टन ने भी स्वीकार किया, 'यदि यह सिद्ध किया जा सके कि अंग्रेजी शासन काल में भारत भौतिक संपन्नता की दृष्टि से पहले की तुलना में और अधिक पिछड़ गया है, तो इसे मैं आत्मनिंदा मानने को एकदम तैयार हूं और स्वीकार करता हूं कि इस स्थिति में हमें भारत को अपने नियंत्रण में रखने का कोई अधिकार नहीं है।' यह उद्धरण इस बात का सुबूत है कि भारत हस्त उद्योग और कच्चा एवं परिष्कृत माल उत्पादन के मामले में पश्चिम से पिछड़ा नहीं था। औद्योगिक क्रांति की जमीन यहां पहले से मौजूद थी।

चीन और जापान के संबंध में भी यही कहा जाता है। चीन में 1860 में कपास की मिल लगाने की कोशिश की गई थी, जो 1880 में सफल हुई। शंघाई में करीब 250 कारखाने थे। जापान से पराजित होने के बाद चीन में उद्योगीकरण की रफ्तार धीमी पड़ी, लेकिन विजेता पड़ोसी देश जापान में इसकी गति तेज हुई। जापान में उद्योगीकरण के साथ-साथ व्यापारिक एवं वित्तीय सांस्थानिक गतिविधियां भी अस्तित्व में आईं। माना जाता है कि दो विश्व युद्धों के कारण पूर्वी देशों भारत, चीन, जापान आदि में अभूतपूर्व उद्योगीकरण दर्ज हुआ।

औद्योगिक क्रांति के बहुआयामी प्रभाव इतिहास में दर्ज हुए हैं। इसने नई उत्पादन पद्धति एवं नए उत्पादन साधनों को जन्म दिया। उन्नीसवीं शताब्दी के युगद्रष्टा दार्शनिक कार्ल मार्क्स की ऐतिहासिक स्थापना है कि जब नई उत्पादन व्यवस्था अस्तित्व में आती है, तो इसके साथ ही नए उत्पादन संबंधों का जन्म होता है। औद्योगिक क्रांति ने यूरोप की मध्ययुगीन सामंती व्यवस्था का अंत किया। इसके स्थान पर नई पूंजीवादी एवं लोकतांत्रिक व्यवस्था का सूत्रपात हुआ। फ्रांस में क्रांति हुई, राजशाही का अंत हुआ। उपनिवेशित अमेरिका में स्वतंत्रता संग्राम छिड़ा।

भारत में भी नई राजनीतिक चेतना पैदा हुई, जनता आंदोलित हुई। यूरोप में बंधुत्व, समानता, न्याय, स्वतंत्रता, मुक्त अर्थव्यवस्था और साम्यवाद आदि को ले कर विमर्शों का विस्फोट हुआ। रूस में लेनिन के नेतृत्व में साम्यवादी क्रांति हुई, नए राष्ट्र-राज्यों का जन्म हुआ। इन युगांतकारी घटनाओं की पृष्ठभूमि में औद्योगिक क्रांति की प्रत्यक्ष एवं परोक्ष भूमिका मानी जाती है। औद्योगिक क्रांति को 'मौन क्रांति' से भी परिभाषित किया गया है। इतिहासकार टॉयनबी के मत में औद्योगिक क्रांति एक तूफानी भोर की पूर्व शांत संध्या है। एडम स्मिथ ने भी अपनी प्रसिद्ध पुस्तक 'राष्ट्रों की संपत्ति' में वाष्प इंजन और पॉवरलूम जैसे

आविष्कारों को नई व्यवस्था के जनक के रूप में देखा था। सामाजिक चिंतक थॉमस आर माल्थस, अर्थशास्त्री डेविड रिकार्डो ने भी औद्योगिक क्रांति, उद्योगीकरण और उद्योगवाद से संबंधित विभिन्न पहलुओं—शहरीकरण, विस्थापन, श्रमिक वर्ग का उदय, बेरोजगारी, वेतन सीमा, जनसंख्या विस्फोट आदि विषयों पर चिंतन किया था। यह भी सच है कि जहाँ इस क्रांति से मानवता को असीम लाभ पहुंचे हैं, वहीं इसके दुष्परिणाम भी सामने आए हैं। डिकन्स जैसे उन्नीसवीं शताब्दी के कथाकारों की रचनाओं में इसकी गवाही है।

औद्योगिक क्रांति को विश्वविख्यात लेखक एल्विन टॉफलर ने 'दूसरी लहर' से पारिभाषित किया है। यह क्रांति अब तक पांच चरणों से गुजर चुकी है, लेकिन आज भी इसकी यात्रा जारी है। आज यह इलेक्ट्रॉनिक, स्वचालनीकरण, रोबोट, साइबर क्रांति और अंतरिक्ष युग में प्रवेश कर चुकी है। इसका पटाक्षेप कहां होगा, यह कयास का विषय है।

रामशरण जोशी

अधिक जानकारी के लिए :
1. **भारत में आर्थिक राष्ट्रवाद :** विपिन चंद्र, 2. **The Third Wave :** Alvin Toffler, 1980, 3. **Encyclopaedia of Social Science**

औद्यागिक पूंजीवाद

औद्योगिक पूंजीवाद (Industrial Capitalism) पूंजीवाद की वह अवस्था है, जिसमें उद्योग अथवा फैक्ट्रयों में निर्मित वस्तुएं निजी लाभ और प्रसार का माध्यम होती हैं। सामंतवाद के बाद जो पूंजीवाद आया वह वाणिज्य आधारित था, जिसमें वस्तुओं के लेन-देन से निजी मुनाफा कमाया जाता था। ज्यादातर वस्तुएं कृषि आधारित, कपड़ा या धातुओं से बनी होती थीं। यह मांग और पूर्ति की पारस्परिक शक्ति से निर्धारित होने वाली कीमत मुक्त बाजार और निजी संपत्ति से अधिकतम मुनाफा कमाने वाली व्यवस्था है जिसकी सैद्धांतिकी अर्थशास्त्र के जनक कहे जाने वाले एडम स्मिथ (1723-1790) ने अपनी पुस्तक 'वेल्थ ऑफ नेशंस' (1776) में गढ़ी। वाणिज्यिक पूंजीवाद दरअसल औद्योगिक पूंजीवाद में पूंजीवाद के संक्रमण की पूर्व अवस्था था। उसके सभी तत्व पूंजीवाद की इस अवस्था में भी उपस्थित थे मगर तकनीकी और यांत्रिकी के कारण उद्योगों ने केंद्रीय जगह ले ली थी।

उन्नीसवीं सदी के दौर को इसीलिए औद्योगिक क्रांति की संज्ञा दी जाती है क्योंकि उद्योग आधारित वस्त्र उद्योग, लोहा और यंत्रों आदि का न सिर्फ उत्पादन बढ़ा बल्कि इनके कारण कृषि प्रधान अर्थव्यवस्थाओं का स्वरूप ही बदल गया।

मशीनों द्वारा उत्पादन के बल पर औद्योगिक पूंजीवाद तीव्र गति से फैलकर पहले विभिन्न देशों में वस्तुओं अर्थात जिंसों (कमोडिटीज) के ढेर लगा दिए और फिर वस्तुओं के आदान-प्रदान का विस्तृत तानाबाना विकसित किया। पूंजीवाद की यह अवस्था चमत्कार से कम नहीं थी, इसे ही औद्योगिक पूंजीवाद का नाम दिया गया। उन्नीसवीं सदी में इस शब्द को नया अर्थ मिला, जिसमें मनुष्य श्रम पर जोर न देते हुए मशीन के प्रयोग का सहारा लिया गया और इस तरह तेज गति से होने वाले उत्पादन को रेखांकित किया गया। उत्पादन की यह पद्धति अभूतपूर्व और अप्रत्याशित थी। शीघ्र ही इसने पूरे यूरोप को अपने प्रभाव में ले लिया, और वहां के समाजों में गहरे स्तर पर उद्योगीकरण हुआ। महत्वपूर्ण चीज यह थी कि औद्योगिक उत्पादन ने चीजों की मात्रा ही नहीं बढ़ाई, बल्कि शहरों, कस्बों, यहां तक कि गांवों का भी नक्शा बदल दिया। इसमें सशक्त भूमिका पूंजीवादी बाजार की थी जिसने सामाजिक संबंधों का कर्णधार बनते हुए मनुष्य चिंतन, मूल्य व्यवस्था, पारस्परिक संबंधों और प्रशासनिक तथा वैधानिक पद्धतियों को भी अपनी गिरफ्त में ले लिया। कहा जा सकता है कि औद्योगिक पूंजीवाद का निर्णायक चरित्र उत्पादों की संख्या और उत्पादन की मात्रा के साथ-साथ संबंधों में घटित परिवर्तनों से तय होता है।

औद्योगिक पूंजीवाद ने क्रय-विक्रय का नया सिलसिला पैदा करते हुए देश की सीमाओं का अतिक्रमण करते हुए दूसरे देशों और समाजों में भी

अपना जाल फैलाना शुरू किया। यह उत्पादन में होने वाली टक्कर के साथ-साथ नए बाजार ढूंढ़ने और उन पर अपना प्रभुत्व स्थापित करने की टक्कर भी थी। इसमें हिंसा की मात्रा बढ़ने का खतरा भी था, बाजारों से संबंधित प्रतियोगिता समाज व्यवस्थाओं को नियंत्रण में लेने की प्रतियोगिता बन रही थी।

इसके अतिरिक्त जिस प्रवृत्ति ने गंभीर चिंता का वातावरण तैयार किया उसका संबंध औद्योगिक पूंजीवाद द्वारा अपने मूल देशों और समाजों की संरचनाओं में हिंसा और असहनशीलता को वैधानिक रूप देने से था। पूंजीवाद के इस नए रूप ने निर्धन और धनवान वर्गों के बीच की दूरी पहले की बनिस्बत कई गुणा बढ़ा दी थी, और इस दूरी के परिणाम अनेक स्तरों पर देखे जा सकते थे। यदि उन्नीसवीं सदी के अंग्रेजी और फ्रांसीसी साहित्य पर नजर डालें तो पाएंगे कि उसमें सामाजिक तबकों के स्थानापन्न होने पर चिंता है कि लोग अपने गांवों और छोटे शहरों से उखड़कर बड़े शहरों की गुमनामी झेलने को विवश हैं। वहां पर्यावरण के निरंतर नष्ट होने का खतरा चित्रित होता है और बढ़ती बेकारी, बाल-शोषण, नारी-शोषण आदि की समस्याएं ध्यान खींचती हैं। यह औद्योगिक पूंजीवाद का कृष्ण पक्ष है, और उन्नीसवीं सदी तथा बाद के समय में इसे पूरे विश्व के साहित्य लेखन में अभिव्यक्ति मिली है।

साथ ही, औद्योगिक पूंजीवाद का शुक्ल पक्ष भी है, जिसके अंतर्गत नई स्थिति में मनुष्य समाजों को संसाधनों के उपयोग का आधार प्राप्त हुआ है। अब वे अभावों में जीने को बाध्य नहीं हैं, बल्कि समाज की नीतियों को मनुष्यधर्मी रूप देते हुए उन्हें विकसित और संपन्न बनाने में सक्षम हैं। नए सकारात्मक सोच की क्षमता मनुष्य को औद्योगिक पूंजीवाद ने ही दी है। सार्थक चुनौती प्रस्तुत करते हुए नए पूंजीवाद ने मनुष्य की आविष्कार भावना और प्रयोग क्षमता के नए द्वार खोले हैं।

औद्योगिक पूंजीवाद के दौर में बेशक खूब वृद्धि हुई लेकिन इसी के साथ धन और सत्ता का संकेंद्रण बढ़ा। अमीर-गरीब के बीच की खाई और चौड़ी हो गई जिससे मुक्त बाजार और प्रतियोगिता पूंजीवाद की यह अवस्था यूरोप और अमेरिका में लगभग समानांतर ढंग से लक्षित हुई जबकि उपनिवेशवाद का बोझ झेलते हुए अफ्रीकी और एशियाई देश और ज्यादा पिछड़ते गए। वित्तीय पूंजीवाद औद्योगिक पूंजीवाद के बाद की कड़ी थी।

आनंद प्रकाश, ओमा शर्मा

अधिक जानकारी के लिए :

1. **पूंजी का युग (1848-1875) :** एरिक हॉब्सवाम, 2. **पूंजी का उद्भव :** एलेन मिक्सिंस बुड, 3. **A History of Capitalism (1500-2000) :** Michel Beaud

औद्योगिक मनोबल

आधुनिक समय में किसी भी ऊंचे आर्थिक लक्ष्य की सिद्धि के लिए कार्यकर्ताओं के अभिप्रेरण पर अधिक बल दिया जाता है, जिसे औद्योगिक मनोबल (Industrial Moral) कहते हैं। यह एक-एक व्यक्ति नहीं बल्कि किसी उद्योग के सभी व्यक्तियों और कार्यकर्ताओं की सामूहिक मनोवृत्ति को लक्ष्योन्मुख और सशक्त बनाना है। इसे संघर्ष की अनुपस्थिति, कार्य करते समय खुशी के भाव, अंतर्व्यैयक्तिक तालमेल, स्व के गहरे सरोकार, ग्रुप में सामंजस्य, कार्य करने की गहरी मनोवृत्ति और व्यापक लक्ष्य को अपने लक्ष्य के रूप में देखने की भावना के रूप में परिभाषित किया गया है। औद्योगिक मनोबल से कार्यकर्ताओं में 'हम भावना' या 'समूह भावना' मजबूत होती है और कार्य-अभिप्रेरणा में वृद्धि होती है। इससे सामयिक रूप से असफल होने पर भी निराशा पैदा नहीं होती और एक सामूहिक संतुष्टि का प्रत्यक्षीकरण होता है। औद्योगिक मनोबल और पेशागत संतुष्टि को एक नहीं माना जाता।

किसी भी औद्योगिक, व्यापारिक या सेवा क्षेत्र में औद्योगिक मनोबल को ऊंचा रखने के लिए कुछ उपाय बताए गए हैं। इसके लिए किसी विशेषज्ञ को खास जिम्मेदारी दी जाती है, जो औद्योगिक, व्यापारिक या सेवा क्षेत्र में कार्य करने वाले व्यक्तियों से निजी रूप से मिलकर समझता है कि समस्या क्या है। वह मनोबल बढ़ाने के लिए विशेष सभा, चाय पार्टी,

पोस्टर तथा कार्यकर्ताओं के कल्याण संबंधी अन्य व्यवस्थाएं करता है। दूसरा उपाय है, नियोक्ता-कार्यकर्ता के आपसी संवाद का समय-समय पर आयोजन। तीसरा उपाय है, परस्पर मानवीय संबंध मजबूत करने के लिए संवेदनशीलता प्रशिक्षण, खेल और प्रोत्साहन। चौथा उपाय है, कार्यदशाओं में सुधार। कार्यकर्ताओं का मनोबल बना कर रखना लक्ष्य तक पहुंचने के लिए जरूरी माना जाता है।

दिनेश कुमार शर्मा

अधिक जानकारी के लिए :

1. **Building your Team's Morale, Pride and Sprit :** Gena Klann, 2001

औद्योगिक संघर्ष प्रबंधन

औद्योगिक संगठन के कर्मचारियों का प्रबंधकों से उद्योग की नीति और श्रमजीवियों के हितों के संदर्भ में जब मतभेद पैदा होता है, तब शांत न होने पर यह बढ़कर औद्योगिक तनाव का रूप लेता है जो औद्योगिक संघर्ष तक जा सकता है। इस तनाव और संघर्ष में एक पक्ष दूसरे पक्ष के मार्ग में बाधा पैदा करता है, ताकि वह अपने लक्ष्य तक न पहुंच सके। औद्योगिक संघर्ष को विकास में रुकावट माना जाता है और यह भी कहा जाता है कि यह औद्योगिक ढांचे में महत्वपूर्ण परिवर्तन ले आता है। यह प्रबंधक द्वारा लंबे समय तक उपेक्षित बिंदुओं पर उच्चस्तरीय निर्णय के लिए उसे बाध्य करता है। इस अवसर पर संवाद के दौरान कर्मचारी भी आत्मनिरीक्षण करते हैं। औद्योगिक संघर्ष में फायदे होते हैं और बुरे नतीजे भी आते हैं। इसे टालने की कोशिश इसलिए की जाती है कि प्रबंधक और कर्मचारियों दोनों की अभिरुचि संगठनात्मक लक्ष्य से विमुख न हो। इस उद्देश्य से इधर औद्योगिक संघर्ष प्रबंधन (Industrial Conflict Management) एक नए विषय के रूप में सामने आया है।

औद्योगिक संघर्ष के कई कारण हैं। मूल्यवृद्धि के कारण श्रमजीवियों को अपने जीवन की आवश्यकताएं पूरी होती नहीं दिखती हैं और उनके भीतर असंतोष जमा होता रहता है। पदाधिकारियों से संबंध आत्मीय नहीं रह जाते, कार्मिक परिवेश में कड़वाहट रहती है। प्रबंधन अपने आश्वासन पूरे नहीं करता और अविश्वास की सृष्टि होती है। प्रबंधन जब अधिक मुनाफे के लिए कठोरतापूर्वक अधिक कार्य-उन्मुखी हो उठता है और संबंध-उन्मुखता में ह्रास आ जाता है, तब भी औद्योगिक तनाव की जमीन बनती है।

वैश्वीकरण के युग में औद्योगिक संघर्ष की पहले जैसी स्थिति न होने पर भी असंतोष या तनाव की मौजूदगी संभव है। इससे निपटने के लिए संघर्ष-प्रबंधन के नए रूप विकसित हो गए हैं जो आर्थिक-मनोवैज्ञानिक हैं। इसके लिए कार्य-स्थल का परिवेश आधुनिक साज-सज्जा से युक्त बनाया जाता है, जिससे अस्वास्थ्यकर परिवेश में काम करने वाले श्रमिकों के चिड़चिड़े स्वभाव जैसा कुछ घटित होने की संभावना नहीं रह जाती। फिर कुशलता या उत्पादन के अनुसार वेतन की व्यवस्था कर देने से श्रमजीवियों के बीच ही स्पर्धा ज्यादा होती है, इससे प्रबंधन से संघर्ष की मात्रा घट जाती है। इसके अलावा, मनुष्य की तुलना में टेक्नोलॉजी की प्रधानता बढ़ा दी जाती है। अब एक मालिक नहीं होता, शेयर होल्डर होते हैं। इसी तरह श्रमजीवी भी बिखरे होते हैं। उनसे आत्मीय बातचीत, अलग-अलग सलाह और निर्णय में आंशिक भागीदारी बढ़ा दी जाती है। अचानक ऐसा कुछ विशेष प्रोत्साहन दे दिया जाता है, जिसकी उम्मीद श्रमजीवी को नहीं होती। निजीकरण के दौर में ठेके पर रखे गए श्रमजीवी ऐसे भी अब अस्थायी, अधिकारहीन और आवाजहीन होते हैं। उन्हें विभिन्न कोटरों में अलग-अलग बांट कर रखा जाता है और काम से इतना लाद दिया जाता है कि असंतोष या इस पर चर्चा के लिए न समय होता है और न उपयुक्त संगठन। व्यापारिक कंपनियां राजनीतिज्ञों को पीछे से खुश करके राजनीतिक हस्तक्षेप से मुक्ति पा जाती हैं। श्रमजीवियों को संघर्ष से विरत रखने के लिए जहाँ उनसे मधुर संपर्क पर जोर दिया जाने लगा है, वहीं उन्हें प्रेरणादायक ढंग से उनके श्रेष्ठ लक्ष्यों और कर्तव्यों पर केंद्रित रखने की कोशिश होती है। प्रबंधक

और श्रमजीवी दोनों ही कुछ आदान-प्रदान करके लचीला रुख अपनाने में संगठन का हित समझने लगते हैं। विचार विमर्श को ही समाधान का एकमात्र पथ माना जाता है। औद्योगिक संघर्ष प्रबंधन का इधर अद्‌भुत कौशल के रूप में विकास हुआ है। यह औद्योगिक सांगठनिक अंत:संघर्षों पर समझदारीपूर्ण ढंग से काबू पाने की एक विशेष कला है।

दिनेश कुमार शर्मा

अधिक जानकारी के लिए :

1. **Building Trust and Constructive Conflict Management in Organization :** Eds. Patricia Elgoibar, Martin Euwema, Lourdes Munduate, 2006

औपनिवेशिक आधुनिकता

औपनिवेशिक आधुनिकता (Colonial Modernity) उपनिवेशवाद से विकसित हुई है। उपनिवेशवाद का आशय है, 'किसी समृद्ध एवं शक्तिशाली राष्ट्र द्वारा अपने विभिन्न हितों को साधने के लिए किसी निर्बल किंतु प्राकृतिक संसाधनों से परिपूर्ण राष्ट्र के विभिन्न संसाधनों का शक्ति के बल पर उपभोग करना। आर्गंसकी के अनुसार वे सभी क्षेत्र उपनिवेशों के तहत आते हैं जो विदेशी सत्ता द्वारा शासित होते हैं। आधुनिकता शब्द सामान्यत: सामंतवाद से पूंजीवाद के क्रम में विकसित उद्योगीकरण, धर्मनिरपेक्षता व तार्किकता की ओर संकेत करता है। क्रिस बार्कर के अनुसार पूंजीवाद के उदय के साथ-साथ आधुनिकता समाज से जुड़ाव और वैज्ञानिक सोच को भी दर्शाती है। मार्क्सवाद, अस्तित्ववाद और सामाजिक विज्ञान की औपचारिक स्थापनाओं से संबंधित आंदोलनों को आधुनिकतावाद से जोड़कर देखा गया है।

कार्ल मार्क्स के अनुसार आधुनिकता की मूल अवधारणा पूंजीवाद और क्रांतिकारी बुर्जुआजी के उदय के साथ शुरू हुई जिसके कारण उत्पादक शक्तियों और विश्व बाजार का अभूतपूर्व विकास हुआ लेकिन आधुनिकता का मूल स्रोत नई वैज्ञानिक ताकतों से उपजे उद्योगों में निहित माना जाता है। दूसरी ओर मैक्स वेबर के अनुसार आधुनिकता का संबंध तार्किक विश्लेषण और विश्व के प्रति मोह भंग से है।

औपनिवेशिक आधुनिकता को उपनिवेशीकरण के औचित्य के रूप में पेश किया गया। उपनिवेशकों ने उपनिवेशित समाजों को असभ्य, आदिम तथा अज्ञान का क्षेत्र कहा जिसे दूर करने के लिए पश्चिमीकरण या आधुनिकीकरण को अनिवार्य बताया गया। भारत में औपनिवेशिक आधुनिकता की शुरुआत मुगलों के राज के अंत से और ब्रिटिश राज के प्रारंभ से होती है। ब्रिटिशों ने उत्पादन के साधनों को नियंत्रित किया और उद्योगों का जाल फैलाया। लेकिन जाति व्यवस्था के बंधनों को समाप्त करने के कोई गंभीर प्रयास नहीं हुए। उद्योगीकरण के साथ-साथ जाति व्यवस्था के बंधन कुछ शिथिल जरूर होते हैं, लेकिन वे खत्म नहीं होते। जाति व्यवस्था से बाहर आने के प्रयास निम्न जातियों में दिखाई देते हैं और इसी बिंदु से आधुनिकता की शुरुआत मानी गई है। साहित्य, संस्कृति और ज्ञान के परिप्रेक्ष्य में चिंतन की नियामक प्रेरणा औपनिवेशिक आधुनिकता की ज्ञान मीमांसा से तय होती है।

भारत में मैकॉले की शिक्षा पद्धति से औपनिवेशिक आधुनिकता को प्रोत्साहन मिला। इस शिक्षा पद्धति में चरित्र के स्थान पर धन को महत्व दिया गया जिसके कारण धन आधारित जीवन मूल्यों का विकास हुआ तथा सामाजिक और पारिवारिक अनुशासन के स्थान पर सरकारी अनुशासन को ज्यादा महत्व मिला। व्यक्तिवादी और लाभ केंद्रित प्रवृत्तियों ने बाजार के एकाधिकार और अंतहीन लालच को जन्म दिया, जिसकी परिणति युद्ध, पराजय, विजय और नरसंहार में हुई। औपनिवेशिक आधुनिकता में यूरोप और पश्चिम के जीवन मूल्यों को आत्मसात करने के प्रयास दिखाई दिए। ब्रिटिश साम्राज्यवाद की पैठ से जाति और मजहब का औपनिवेशिक आधुनिकता के द्वारा अलग-अलग इस्तेमाल किया गया। जाति और मजहब का राजनीतिकरण और निजीकरण हुआ, पर इसके विरोध के स्वर भी सुनाई दिए।

औपनिवेशिक आधुनिकता देश की वस्तुगत स्थितियों से पैदा नहीं होती बल्कि दूसरे देश से आयातित होती है। औपनिवेशिक आधुनिकता से एक तरफ रेल और परिवहन के अन्य साधनों का व्यापक फैलाव होता है, उद्योगीकरण की गति तेज होती है, देश में बेहतर कानून बनाए जाते हैं लेकिन दूसरी तरफ सोच के संस्कारों में परिवर्तन होता है, वैज्ञानिक सोच का निर्माण होता है और देश कमोबेश मानसिक गुलामी की ओर भी बढ़ता है। सांस्कृतिक हीनता की स्थितियां भी पैदा होती हैं, पाश्चात्य आधार भूमि पर आधुनिकतावादी आंदोलन खड़े होते हैं। भाषा, आचरण, खानपान के स्तरों में औपनिवेशिकता की छाप दिखाई देने लगती है।

भारत हालांकि औपनिवेशिकता से आजाद हो चुका है, लेकिन औपनिवेशिक मानसिकता से आजाद नहीं हुआ। अभी भारत में ब्रिटिश राज के दौरान के कई कानून चलन में हैं। समाज पर पश्चिमी जीवन शैली और संस्कृति ही हावी है। दरअसल औपनिवेशिक आधुनिकता दासता का ही विस्तार है। उपनिवेशवाद के मूल्यों, विचारधाराओं, संस्कृति, आचरणों और व्यवहारों को नए परिप्रेक्ष्य में अपनाना ही औपनिवेशिक आधुनिकता का पर्याय है। औपनिवेशिक आधुनिकता के दमनकारी, तानाशाही, एकांगी, मशीनी और तकनीकी मूल्यों को चुनौती राष्ट्रीय आधुनिकता के दौर में दी गई। भारतीय चिंतकों ने इस पर स्वतंत्रता संग्राम के दौरान तथा उसके बाद गहन विचार किया। महात्मा गांधी की किताब 'हिंद स्वराज' में औपनिवेशिक आधुनिकता और आधुनिकीकरण के प्रतिरोध का गहन चिंतन है।

हरियश राय

अधिक जानकारी के लिए :

1. **सांस्कृतिक अध्ययन : सिद्धांत और अभ्यास** : क्रिस बार्कर, 2005, 2. **'आधुनिकता', समाजशास्त्र का विश्वकोश** (सं.), जॉर्ज रित्जेर ब्लैकवेल, 3. **औपनिवेशिक आधुनिकता के बरअक्स कबीर** : विनोद शाही, 4. **All That is Solid Melts into Air : The Experience of Modernity :** Marshall Berman, 1983

औपनिवेशिक शिक्षा

भारत में उन्नीसवीं सदी से पूर्व शिक्षा व्यवस्था पूर्णतः पारंपरिक थी। औपनिवेशिक काल के शासकों में भारतीय शिक्षा व्यवस्था को लेकर दो विचारधाराएं थीं। एक विचारधारा पारंपरिक शिक्षा व्यवस्था और उसके माध्यम संस्कृत अथवा फारसी को ही जारी रखने के पक्ष में थी। दूसरी विचारधारा अंग्रेजी के माध्यम से नए विषय पढ़ाए जाने के पक्ष में थी। दूसरी विचारधारा का मत था कि भारतवर्ष में प्राचीन काल से प्रचलित विषयों को शिक्षा में स्थान देने की कोई प्रासंगिकता नहीं है। यह नई शिक्षा अंग्रेजी के माध्यम से होनी चाहिए। इस दूसरी विचारधारा का प्रतिनिधि थॉमस बेविंटन मैकॉले था। उसने 1835 के 'मिनिट्स' में अंग्रेजी का जबर्दस्त पक्ष लिया था। इस विचारधारा को तत्कालीन गवर्नर जनरल लॉर्ड विलियम बेंटिक का भी समर्थन प्राप्त था। मैकॉले का मानना था कि अंग्रेजी माध्यम की आधुनिक शिक्षा प्रणाली से जो युवक शिक्षित होंगे वे रंग और चमड़ी से भले भारतीय हों, बुद्धि, रुचि और संस्कार से अंग्रेजी मनोवृत्ति के हो जाएंगे। इस प्रकार यह अंग्रेजी शिक्षित युवा वर्ग अंग्रेजों और अंग्रेजी शासन व्यवस्था का समर्थक होगा।

उन्नीसवीं शताब्दी के भद्रलोक द्वारा भी मैकॉले की आधुनिक शिक्षा व्यवस्था का समर्थन किया जा रहा था। 1857 में मद्रास, कोलकाता और मुंबई में आधुनिक ढंग के विश्वविद्यालयों की स्थापना हुई। शीघ्र ही ये विश्वविद्यालय नौकरियों में भर्ती के एक विशाल केंद्र के रूप में मान्य हो गए। शिक्षा व्यवस्था के इस प्रकार के विकास ने उस समय शिक्षितों की संख्या में उल्लेखनीय वृद्धि की। 1890 तक लगभग 60,000 भारतीय मैट्रिक हुए थे। उनमें से एक तिहाई लोक प्रशासन में प्रविष्ट हुए और एक तिहाई अधिवक्ता बने। 1887 में 21,000 मध्यम श्रेणी के लोकसेवक नियुक्त हुए, जिनमें हिंदू 45 प्रतिशत, मुस्लिम 7 प्रतिशत, भारतीय ईसाई (यूरोपीय पिता और भारतीय माता से उत्पन्न) 19 प्रतिशत तथा यूरोपीय 29 प्रतिशत थे। यहां उल्लेखनीय है कि उच्चतम श्रेणी के 1000 स्थानों पर ब्रिटिशवासी ही नियुक्त थे।

1901 में तत्कालीन भारत में मात्र पांच विश्वविद्यालय और 145 कॉलेज अस्तित्व में थे। इनमें लगभग 18,000 विद्यार्थी अध्ययनरत थे। इन विद्यार्थियों में लगभग सभी पुरुष थे और पाठ्यक्रम पूर्णतः पश्चिमी था। 1922 आते-आते विश्वविद्यालयों की संख्या 14 तथा महाविद्यालयों की संख्या 167 हो चुकी थी। विद्यालयों की संख्या लगभग 46,000 हो गई थी। प्रारंभ में विश्वविद्यालय अध्यापन कार्य नहीं करते थे, वे मात्र परीक्षाएं संचालित करते थे और उपाधियों का वितरण करते थे। बीसवीं सदी से स्थिति बदली।

मद्रास मेडिकल कॉलेज 1835 में खुला था। 1875 से महिलाओं को भी प्रवेश देना प्रारंभ हो गया था, हालांकि 1914 से पहले इसमें हिंदू और मुस्लिम महिलाएं छिटपुट रूप से ही शिक्षा पा सकीं। मुख्यतः यूरोपीय, पारसी और भारतीय ईसाई ही डाक्टर होते थे। 1853 से 1858 के बीच कॉलेजों ने 456 देशी चिकित्सक पैदा किए। 1880 के दशक तक कोलकाता के ग्रांट मेडिकल कॉलेज में तीन सौ से ज्यादा चिकित्सक निकल चुके थे। 1894 में लुधियाना में क्रिश्चियन चिकित्सा महाविद्यालय मात्र महिला विद्यार्थियों के लिए खोला गया। मेयो कॉलेज 1875 में खोला गया था। यह भारत में मुसलमानों के लिए उच्च शिक्षा की व्यवस्था करने वाली प्रथम संस्था थी। 1920 में इसका नाम अलीगढ़ मुस्लिम विश्वविद्यालय कर दिया गया। बीसवीं सदी के तीसरे दशक तक एक हजार भारतीय बतौर सहायक शल्य चिकित्सक नियुक्त हुए। देशी चिकित्सा की औषधियों में भी मलेरिया की बीमारी में कुनैन शामिल हो गया था, जो उस जमाने की एक बड़ी खोज थी।

तथ्य यह है कि उन्नीसवीं शताब्दी में ब्रिटिश शासन व्यवस्था विज्ञान और तकनीकी शिक्षा के विकास पर पर्याप्त ध्यान नहीं दे पाई थी। इस कालखंड में विदेशी शासकों ने मात्र कला और मानविकी विषयों में अध्यापन को अवश्य प्रोत्साहित किया। 1899 तक बंबई विश्वविद्यालय ही विज्ञान में उपाधि प्रदान करता था। 1899 से विज्ञान विषय में स्नातक और स्नातकोत्तर की उपाधि कलकत्ता विश्वविद्यालय द्वारा भी प्रदान जाने लगी। स्पष्ट है कि उन्नीसवीं शताब्दी तक भारत में विज्ञान और तकनीकी शिक्षा अत्यंत पिछड़ी और अविकसित अवस्था में रही थी।

इंजीनियरिंग के विषयों से संबंधित शिक्षा का प्रसार विज्ञान विषयों की तुलना में कुछ ज्यादा था। उन्नीसवीं शताब्दी में भारत में सिविल इंजीनियरिंग से संबंधित चार महाविद्यालय थे। इसमें सबसे पहला महाविद्यालय थॉम्सन कॉलेज (वर्तमान आईआईटी, रुड़की) 1847 में स्थापित हुआ था। दूसरा बंगाल इंजीनियरिंग कॉलेज था, जो वर्तमान में बंगाल अभियांत्रिकी एवं विज्ञान विश्वविद्यालय शिवपुर के नाम से जाना जाता है। अभियांत्रिक शिक्षा के इन संस्थानों की भूमिका यह थी कि वे भारतीय लोक निर्माण विभाग को सिविल अभियंता उपलब्ध कराए। भारत और ब्रिटेन दोनों स्थानों पर अभियांत्रिकी, तकनीकी और विज्ञान संबंधी शिक्षा का प्रबंधन और प्रशासन भारतीय सेना और रॉयल इंजीनियर्स के अधिकारियों द्वारा किया जा रहा था। इंजीनियरिंग के क्षेत्र में औपनिवेशिक शिक्षा का उद्देश्य पुल, सड़क, भवन आदि का निर्माण कर ब्रिटिश प्रशासन को सुविधाएं प्रदान करना था। वे भारतीय डॉक्टरों और इंजीनियरों के साथ घरेलू नौकरों जैसा बर्ताव करते थे। प्रशासकीय अधिकारी ही शिक्षा-प्राप्त कुशल व्यक्तियों के भाग्य निर्माता थे। शिक्षा के क्षेत्र में प्रशासकीय हस्तक्षेप की परंपरा औपनिवेशिक काल की देन है, जबकि पश्चिम का शिक्षा संसार इस अभिशाप से मुक्त रहा है।

1870 में रॉयल इंडियन इंजीनियरिंग कॉलेज (यह कूपर्स हिल कॉलेज के नाम से भी जाना जाता है) खोला गया था। इसका परिणाम यह हुआ कि भारत में विज्ञान और तकनीकी शिक्षा के प्रति जागरूकता और रुचि विकसित हुई। 1909 में जमशेदजी टाटा ने भारतीय विज्ञान संस्थान की स्थापना की। 1930 आते-आते भारत में 10 संस्थान ऐसे थे, जो अभियांत्रिकी पाठ्यक्रम की शिक्षा प्रदान कर रहे थे।

उन्नीसवीं शताब्दी के भारत में औपनिवेशिक शिक्षा व्यवस्था अविकसित अवस्था में थी। शिक्षा व्यवस्था को लेकर ब्रिटिश नीति-नियंताओं का उत्साह उसी सीमा तक था, जहाँ तक वे इसे अपने

प्रशासनिक, राजनीतिक और ढांचागत विकास के लिए आवश्यक मानते थे।

ज्ञानप्रकाश का कहना है कि पश्चिम का विज्ञान 'पाश्चात्य शिक्षा पाए भारतीय एलीट के बीच संवाद का एक व्यवस्थापक रूपक बन गया। पश्चिम की वैज्ञानिक और औद्योगिक प्रगति से प्रभावित-उत्प्रेरित एलीट वर्ग इस देश के धर्मों और समाज का वैज्ञानिक विवेचन करने लगा। विज्ञान की सांस्कृतिक सत्ता और एलीट वर्ग को आधुनिकता एवं प्रगति के संवाह के रूप में मिली स्वीकृति ने उन्नीसवीं सदी के उत्तरार्ध में भारतीय जनमानस पर संयुक्त रूप से अपनी छाप छोड़ी।' (सबाल्टर्न स्टडीज, संपादक : शाहिद अमीन, दीपेश चक्रवर्ती)। औपनिवेशिक आधुनिकता आर्थिक मामलों तक सीमित नहीं थी, बल्कि नई शिक्षा, धार्मिक विश्वास, सामाजिक सुधार, स्वास्थ्य, पारिवारिक जीवन और आम भारतीय आचरण को भी प्रभावित कर रही थी। भारतीयों का इससे संपर्क और टकराहट दोनों तरह का रिश्ता था।

औद्योगिक शिक्षा के प्रश्न पर ई वी हैवेल ने भारतीय कारीगरी की वैज्ञानिक उन्नति पर जोर देते हुए 1901 में बतलाया कि भारत उद्योगीकरण के पश्चिमी मार्ग का अनुसरण नहीं कर सकता और 'अमेरिका में महान औद्योगिक विकास से जुड़ी बुराइयों की संभावनाओं के प्रति उदासीन नहीं रह सकता।' वे कोलकाता के गवर्नमेंट स्कूल ऑफ आर्ट के प्रिंसिपल थे। वे कहते थे कि दोयम दर्जे की पुरानी प्रौद्योगिकी के जरिए भारत का आर्थिक परावलंबन कायम रखने की यह पश्चिमी चाल है। उस जमाने में विज्ञान के संहारक रूपों और उद्योगवाद के विरोध में दुनिया भर में आवाज उठ रही थी। गांधी के 'हिंद स्वराज' में पश्चिमी औपनिवेशिक शिक्षा की आलोचना को इसी परिप्रेक्ष्य में देखने की जरूरत है।

1939 तक भारत यूरोप और अमेरिका से बाहर विश्व के बड़े वैज्ञानिक समुदायों में एक था, पर औपनिवेशिक शासन की उदासीनता और प्रशासकीय हस्तक्षेप की वजह से भारत में शिक्षा, विज्ञान और प्रौद्योगिकी की उन्नति अवरोध की शिकार थी। बुद्धिजीवियों के बीच यह धारणा फैलाई गई कि भारत में वैज्ञानिक शिक्षा और प्रौद्योगिक विकास के मार्ग में बड़ी रुकावट खुद भारतवासियों का इन चीजों के प्रति डर और उपेक्षा का भाव और गांधीवाद रहा है, जो सरासर गलत है। गांधी ने पश्चिमी ढंग की शिक्षा और उद्योगवाद के कारण उस जमाने में फैली सिर्फ पूंजीवादी बुराइयों की आलोचना की थी। उनके विचार हैं, 'दस्तकारी की शिक्षा केवल यांत्रिक रूप से न दी जाए, बल्कि वैधानिक विधि से दी जाए... शिल्प और उद्योग को शिक्षा से भिन्न मानने के बजाय उनको शिक्षा का माध्यम मानता हूं... मेरी 'नई तालीम' धन पर निर्भर नहीं है।.. मेरा सुविचारित मत है कि अंग्रेजी की शिक्षा जिस रूप में हमारे यहां दी गई है, उसने अंग्रेजी पढ़े-लिखे भारतीयों का दुर्बलीकरण किया है, हमें नकलची बना दिया है। ...मशीनों का अपना स्थान है, इनका लोप होने की संभावना नहीं है। पर इस बात की इजाजत नहीं दी जानी चाहिए कि मशीनें अनिवार्य मानव श्रम का स्थान ले लें। ...मुझे जलपोतों और टेलीग्राफ से कोई शिकायत नहीं है। ....मशीने तो रहेंगी, क्योंकि शरीर की तरह ये अपरिहार्य हैं।' (महात्मा गांधी के विचार, आर के प्रभु और यू आर राव) गांधी के उद्योगवाद-विरोध को शिक्षा के आधुनिकीकरण, विज्ञान या मशीनों का विरोध समझना गलत होगा।

पुनीत कुमार श्रीवास्तव

अधिक जानकारी के लिए :

1. **देशज शिक्षा, औपनिवेशिक विरासत और जातीय विकल्प** : आचार्य परमेश, (अनुः अनिल राजिनवाले),
2. **शिक्षा की मुक्ति** : अक्षय कुमार

औरंगजेब
(1618-1707)

मुगल साम्राज्य का अंतिम शक्तिशाली बादशाह औरंगजेब का पूरा नाम अबुल मुजफ्फर मुहिउद्दीन मुहम्मद औरंगजेब आलमगीर था। 40 वर्ष की उम्र में छठे मुगल बादशाह के रूप में 1658 में आगरा में

उसने खुद को बादशाह घोषित किया। एक वर्ष बाद 1659 में गद्दी के दावेदार अन्य भाइयों की हत्या कर वह दिल्ली के सिंहासन पर विधिवत आसीन हुआ। उसने बूढ़े शाहजहां को उम्र भर के लिए किले में कैद कर दिया। उसके पास संगठित सेना, साधन-संपन्न और सुरक्षित साम्राज्य था, लेकिन एक विशाल साम्राज्य को चलाने के लिए शासक का व्यक्तित्व भी महत्वपूर्ण होता है। अकबर और औरंगजेब इसके उदाहरण हैं। एक ने शासन को सुदृढ़ और व्यवस्थित किया तो दूसरे ने उसकी नींव को खोखला और पतन की तरफ अग्रसर किया। अकबर के बाद सबसे लंबे समय तक और सबसे बड़े साम्राज्य खासकर दक्षिण में मुगल साम्राज्य के विस्तार की वजह से वह एक महत्वपूर्ण बादशाह था। इतिहासकार जदुनाथ सरकार ने लिखा है, 'मुगल साम्राज्य ने अजगर की तरह इतना बड़ा इलाका ले लिया कि हजम नहीं कर सका।'

औरंगजेब साहसी, चालाक, शंकालु, मजहबी, कठोर परिश्रमी, विद्वान और कुछ मायनों में उदार भी था। उसने युद्ध करके विद्रोहों को शांत किया तो चालाकी से गद्दी भी हथियाई। शंकावश भाइयों की हत्या और अपने मजहब के अनुसार राज्य को चलाने की कोशिश की तो व्यापार को बढ़ावा देने के लिए उदारता की नीति भी अपनाई। व्यक्तित्व की जटिलता ने उसे मुगल इतिहास का सबसे विवादास्पद सम्राट बना दिया। वह सुन्नी मुसलमान था, इसलिए कुरान के सिद्धांतों के अनुसार राज्य को व्यवस्थित करना चाहता था। शराब, जुआ और वेश्यावृत्ति पर उसने प्रतिबंध लगा दिया था। इस्लाम के आदर्शों के अनुरूप जीवन जी कर वह समाज में एक आदर्श पेश करना चाहता था। लेकिन वह भूल गया कि वह हिंदुस्तान में है। हिंदुओं के मन में उसके प्रति शंका उत्पन्न हुई थी।

औरंगजेब

बादशाह बनने के बाद, खफी खां के अनुसार, औरंगजेब ने 80 प्रकार के विभिन्न करों को समाप्त कर दिया था। इसमें राहदारी और पानदारी भी थे। ये कर सड़क, घाट और राज्य की सीमाओं और खाद्य-पदार्थों पर लागू थे। लगातार युद्ध में शामिल रहने और नशा-जुआ-वेश्यावृत्ति पर प्रतिबंध की वजह से राजकोष खाली रहने लगा था। राजकोष को भरने के लिए उसने हिंदुओं पर जजिया कर और तीर्थयात्रा कर लगाया था। इससे हिंदुओं के बीच वह और शंका का पात्र बना। मंदिरों को तोड़ना, कश्मीर के हिंदुओं को जबरदस्ती मुसलमान बनने पर बाध्य करना और सिक्ख गुरु तेगबहादुर की हत्या की वजह से वह काफी अलोकप्रिय हो गया था।

औरंगजेब के समय में साहित्य-कला का विकास भी ठहर गया था। वह बड़े भवनों और मकबरों को बनवाने के विरुद्ध था। वह अपने को शाही खजाने का संरक्षक मानता था। वह स्वयं टोपियां बनाता था और कुरान की आयतों को लिखकर जो धन प्राप्त होता था, उसी से अपनी जीविका चलाता था। वह अरबी, फारसी और हिंदी भाषा का अच्छा जानकार था। उसके संरक्षण में 'फतवाए आलमगीर' नामक ग्रंथ का संपादन किया गया जो मुस्लिम कानून का एक आधार ग्रंथ माना जाता है। कई शिक्षण-संस्थाओं की स्थापना और संरक्षण कर उसने शिक्षा-प्रचार का काम भी किया। हिंदी में 'औरंगजेब की एक रात' काफी लोकप्रिय एकांकी है।

निशांत

अधिक जानकारी के लिए :

1. **औरंगजेब** : जदुनाथ सरकार, 2. **मध्यकालीन भारत** : सतीश चंद्र, 1990

कंब रामायण

कंब रामायण तमिल साहित्य की सर्वोत्कृष्ट रचना के रूप में विख्यात है। इसके रचयिता कंबन हैं। बारहवीं सदी के इस ग्रंथ में लगभग 10,050 पद हैं, जो छह कांडों में क्रमशः बालकांड, अयोध्याकांड, अरण्यकांड, किष्किंधाकांड, सुंदरकांड और युद्धकांड में विभक्त हैं। उन्होंने उत्तरकांड का प्रसंग नहीं रखा क्योंकि उनकी रामायण राम के राज्याभिषेक पर समाप्त हो जाती है। परंपरा के विरुद्ध रामायण की मुक्ति राजदरबार में न होकर श्रीरंगम के पावन स्थल पर होती है। कंबन ने अपनी रचना को रामावतारम् तथा रामकथा की संज्ञा दी। प्रत्येक कांड पटलों में विभक्त है।

कंबन ने 'कंब रामायण' का कथानक 'वाल्मीकि रामायण' से लिया है, परंतु उन्होंने मूल 'रामायण' का अनुवाद अथवा छायानुवाद न करके, अपनी दृष्टि और मान्यता के अनुसार घटनाओं में सैकड़ों परिवर्तन किए हैं। उन्होंने तमिल संस्कृति, परंपरा तथा रीति-रिवाजों से बहुत कुछ ग्रहण किया। वाल्मीकि के अनुसार सुग्रीव ने बालि की विधवा से विवाह किया था, जबकि कंबन के अनुसार रत्नों तथा सौभाग्य के बिना वह माता जैसी लगती थीं। वाल्मीकि के अनुसार रावण ने सीता का हरण पंचवटी से किया, लेकिन कंबन के अनुसार रावण ने संपूर्ण आश्रम पृथ्वी पर से उठा लिया था। ब्रह्मा के शाप के कारण उसने सीता का स्पर्श नहीं किया। वाल्मीकि के अनुसार, रावण ने सीता को लंका में कैद रखा। कंबन एक बात और जोड़कर कहते हैं कि सीता लंकेश के हृदय में भी कैद थीं। कंबन ने राम तथा सीता के प्रथम प्रेम के उदय का वर्णन किया है जो राम-सीता के प्रथम साक्षात्कार के समय हुआ जब राम विश्वामित्र और लक्ष्मण के साथ मिथिला के मार्ग पर जा रहे थे। कंबन ने रचना में नैतिक मूल्यों का भी ध्यान रखा। कंब रामायण में उल्लेख मिलता है कि मंदोदरी ने रावण की मृत्यु से पहले ही रोते हुए मृत्यु का वरण कर लिया था। यानी वह विधवा नहीं हुई। इसका कारण था, रावण के अनैतिक कार्य से उपजा दुख। इसी प्रकार रामेश्वर में शिव स्थापना के समय पत्नी से वंचित राम का अनुष्ठान पूर्ण करवाने के लिए रावण सीता को ला कर स्वयं उनका पुरोहित बना। पूजन कार्य पूर्ण होने पर वह सीता को वापस ले गया। उनकी कृति वाल्मीकि की कृति से कहीं बृहदाकार है और बीस से भी ज्यादा तमिल छंदों में लिखी गई है, जबकि वाल्मीकि की रामायण अधिकांशतः श्लोकों में है।

कंबन के राजनीतिक विचार भी महत्वपूर्ण हैं। वह दो प्रकार के शासन का वर्णन करते हैं— पहला न्याययुक्त शासन जो सत्कार्यों पर आधारित होता है, दूसरा शक्ति का शासन जिसका आधार दुःसाहस होता है। अयोध्या में न्याययुक्त शासन था जबकि लंका में शक्ति का शासन था। न्याययुक्त शासक अपने मंत्रियों की मंत्रणा मानता है जबकि शक्ति का शासक उनकी उपेक्षा करता है। कंबन के अनुसार एक आदर्श शासक का उद्देश्य सबका हित होना चाहिए।

विविध परिस्थितियों के प्रस्तुतीकरण, घटनाओं के चित्रण, पात्रों के संवाद, प्राकृतिक दृश्यों के उपस्थापन तथा पात्रों की मनोभावनाओं आदि की अभिव्यक्ति में जगह-जगह कवि की मौलिक दृष्टि देखी जा सकती है। तमिल भाषा की संप्रेषणीयता को ध्यान में रखते हुए कंबन ने अनेक नए प्रयोग भी किए। इस दृष्टि से छंद विधान, अलंकार प्रयोग तथा शब्द नियोजन में कंबन ने अनुपम सौंदर्य की सृष्टि की है।

वाल्मीकि ने जहाँ राम के रूप में एक महामानव का चित्र उपस्थित किया, वहीं कंबन ने अपने युगादर्श के अनुरूप आदर्श महामानव के साथ राम को परमात्मा के अवतार के रूप में भी प्रतिष्ठित

किया। कंबन के काव्य में राम एक तमिल नायक, एक उदार दाता और शत्रुओं के निर्मम विनाशक हैं। हिंदी में बिहार राष्ट्रभाषा परिषद, पटना से न वी राजगोपालन द्वारा दो खंडों में कंब रामायण का अनुवाद प्रकाशित हुआ है।

जय कौशल

अधिक जानकारी के लिए :

1. **कंब रामायण** : कंबन (अनु.) न वी राजगोपालन, 1998, 2. **तीन सौ रामायण :** ए के रामानुजन, 3. **Kamba Ramayana** : Kamban (English translation), P S Sundaram, 4. **A Comparative Study of Kamba Ramayanam and Tulsi Ramayan :** Madras University, 1971

कंस

कंस मथुरा के राजा उग्रसेन का ज्येष्ठ पुत्र था। वह मगधराज जरासंध का जामाता था। अपने श्वसुर जरासंध की तरह ही अपनी दुष्ट नीति के कारण उसकी कृष्ण और बलराम से सदा शत्रुता थी। अपने श्वसुर की सहायता और प्रलंब-बक असुरों की राय से उसने अपने पिता को बंदी बना लिया और स्वयं राजा बन बैठा था। वह बड़ा ही क्रूर था। कंस के चाचा की बेटी देवकी का विवाह वसुदेव से हुआ था। विवाह के बाद कंस जब देवकी और वसुदेव का मांगलिक रथ हांक रहा था, कथा है कि तभी आकाशवाणी हुई कि देवकी के आठवें गर्भ से उत्पन्न बालक उसकी हत्या करेगा। कंस ने देवकी के सभी शिशुओं को मार डाला, पर आठवीं संतान को वसुदेव ने बचा लिया। कंस ने कृष्ण को मार डालने का लगातार प्रयत्न किया। धनुर्यज्ञ का स्वांग रचकर उसने कृष्ण और बलराम को अक्रूर से अपने रथ पर मथुरा बुलवाया था, परंतु कंस की अभिलाषा पूरी न हो सकी।

कृष्ण ने कंस को और बलराम ने अन्य आठ भाइयों को मार डाला। इनकी अंत्येष्टि राजा उग्रसेन ने की। सूरदास ने कृष्ण के दुष्टदलन वाले रूप को उभारने के लिए कंस का बार-बार जिक्र किया है, 'मथुरा के निकट चरति हैं गाई/दुष्ट कंस का भय करत मनहि मनहि ज्यों-ज्यों सुनै कृष्ण प्रभुताई।' उन्होंने कंस के आततायी चरित्र का चित्रण किया है। मैथिलीशरण गुप्त ने अपने काव्य 'द्वापर' में कंस के परंपरागत चरित्र के साथ कुछ नई कल्पनाओं का भी मेल किया है, 'द्वापर' का कंस अग्निधर्म का समर्थक है, जिसके अनुसार सब कुछ को जलाकर राख कर देना ही पुरुषार्थ है।

मंजुरानी सिंह

अधिक जानकारी के लिए :

Puranic Encyclopedia : Vattam Mani, 1975

कजरी

कजरी पूर्वी उत्तर प्रदेश और बिहार में गाया जानेवाला लोकगीत का एक प्रकार है। यह बरसात में गाई जाती है। कजरी शब्द की व्युत्पत्ति संस्कृत शब्द 'कज्जली' से है। अर्थ है काजल के रंग की, काली। इसका नाता कजरारी घटाओं से है। इन घटाओं को 'मेघदूत' में भिन्नाञ्जनाभा (अंजन के पिसे चिकने चूर्ण राशि) से व्यंजित किया गया है। ऐसी घटाओं की उमड़तीं-घुमड़ती तमाम आकृतियां विशेष रूप से वर्षाकाल से जुड़ी हैं और कजरी इसी ऋतु का गाना है। भाद्रपद या भादों के कृष्णपक्ष की तृतीया को कज्जली तृतीया कहते हैं। इस दिन मिर्जापुर की विंध्यवासिनी देवी या काली माता की पूजा का विधान है। लगता है, इस पूजा के साथ गीत गाने का चलन रहा होगा, इसी से कजरी लोकगीत का विकास हुआ होगा। मिर्जापुर की कजरी मशहूर है। बनारस में कज्जली तृतीया की रात में चौराहों पर स्त्रियां दल बांध कर कजरी गाती हैं और सबेरे बड़ी-बड़ी गरम-गरम जलेबी खाई जाती हैं। भविष्योत्तर पुराण में कथा है कि एक बार देवसभा में विष्णु के सामने ही महाकाल शिव ने महाकाली को कज्जल सी काली कहकर मजाक किया जिससे अपमानित अनुभव करके

काली ने अपनी देह का काला रंग शस्य (हरी फसल) में छोड़ दिया। वह बाद में हिमालय की पुत्री गौरी के रूप में पैदा हुई। वही शस्य में स्थित हरिकाली देवी हैं जिनका पूजन कज्जली तृतीया को होता है। कजरी का संबंध मुख्यतः सावन-भादों की कजरारी बदरियों और हरियाली धरती से है।

रिमझिम-रिमझिम फुहार या धारासार में झूलों के चढ़ते-उतरते पेंग के साथ गाई जाने वाली कजरी समवेत स्त्री-कंठ से रोमांचित कर देने वाली स्वरलहरी संभव करती है। बाग-बगीचों में, पेड़ों की डालों पर हरियाली के बीचोबीच पड़ने वाले ये झूले, कभी मोटी रस्सियों, तो कभी ताड़ के अटूट रेशेदार पर्णवृंतों से झूलते हुए सुनसान में भी अपनी इयत्ता का आभास कराते रहते हैं, लेकिन इन झूलों पर युवतियों के दो गोल की संगत में बूंदों और टेरने वाली हवा से प्रकंपित कजरी का अनुनाद समूचे परिवेश को गनगना देता है। यहां तक कि गांवों, पल्लियों, खोरों के हर टोले-मोहल्ले से उठतीं किशोरियों और तरुणियों की अलग-अलग टीमों की कजरी की स्वरलहरियां घुमड़ते बादलों की भांति एक-दूसरे को छू लेने की थरथराहट और आतुरता से भरी होती हैं।

वर्षा काल की धरती का मौलिक रंग है हरा, किंतु गहरे रंग को संस्कृत में श्यामलता कहा गया है, जिसे सांवलापन भी माना जाता है। इस ऋतु में चतुर्दिक रोपी गई धान की हल्की पीताभ फसल के नाते धानी रंग की चुनरी, इंद्रधनुष, मोर और मेहंदी की अल्पना मिलकर हरे रंग के इकहरेपन को बहुरंगी बनाते हैं और कजरी मन की अभिलाषाओं, आशंकाओं, मिलन, बिछोह और पारस्परिकता को जीवंत कर देने वाली गायिका बन जाती है। इन गीतों में सामान्य जन भरपूर तो हैं ही, कृष्ण, राधिका, गोपिकाएं, सीता, राम, लक्ष्मण शिव-पार्वती भी पारंपरिक रूप से आलंबन बने और बनाए गए हैं। दिन में उमड़तीं काली घटाओं की उमंग के साथ रात में उन्हीं घटाओं की भयावहता, प्रियतम के दूर होने की कसक, झूलने में विलंब होने पर घर की डांट-फटकार, मेहंदी की डिमांड, सुहाना मौसम, दादुर, मोर, पपीहा, बिजली की चमक और बादलों की गर्जना आदि कजरी के विषय बने हैं। बनारस और मिर्जापुर में कजरी के दंगल होते हैं जिनमें गान वाले दो दलों में आमने-सामने बैठ जाते हैं। एक तरफ से कजरी में सवाल किया जाता है तो दूसरी ओर कजरी में ही जवाब दिया जाता है और यह स्पर्धा रात-रात भर चलती रहती है। कजरी की कई धुनें हैं। भारतेंदु युग के लेखकों ने कजरी की धुन में सामाजिक-राजनीतिक कविताएं भी लिखी हैं। भारतेंदु ने जनपदीय बोली के अतिरिक्त संस्कृत में भी कजरी लिखी है। प्रेमधन ने सौ से अधिक कजलियां लिखीं और अपने कजली संग्रह की भूमिका में कजली का विद्वत्तापूर्ण विवेचन किया है। एक कजली निराला जी ने भी लिखी थी जब जवाहरलाल नेहरू जेल में थे—काले-काले बादल छाए न आए वीर जवाहर लाल! कजरी की धुनों में 'हरि हरि' की आवृत्ति होती है जैसे—हरि हरि सावन की अंधियारी, जुलुम कइ डारी ए हरी! कुछ कजलियों में कलकत्ता, पटना, मोतीझील, साइकिल, मिर्जापुर, कालापानी आदि स्थानीय जाने-पहचाने और नए-नए उपादानों के भी संदर्भ आते हैं—जैसे पिया, मेहंदी लिआदऽ मोतीझील से, जाके साइकील से ना! या जब से गइले बलम कलकतिया, भेजे झूठो न पतिया ना! एक मशहूर कजरी दाताराम नागर के विषय में है जिस पर शिवप्रसाद मिश्र रुद्र ने 'बहती गंगा' में कहानी लिखी है—सब कर नइया जाला कासी हो बिसेसर रामा, हरे रामा, नागर नैया जाला काले पनिया ए हरी!

कहीं-कहीं और कभी-कभी कजरी को सीधे सावन भी बोल दिया जाता है और तब महीना ही गीत का पर्याय बन जाता है। 'पीपली लाइव' फिल्म का लोकप्रिय गीत 'सखी सइयां त खूबै कमात है' दरअसल कजरी की लोकधुन से ही झटका हुआ है—वह भी मिर्जापुरी।

अष्टभुजा शुक्ल

अधिक जानकारी के लिए :

लोकसाहित्य विज्ञान : सत्येंद्र, 1962

कट्टर मार्क्सवाद

कट्टर मार्क्सवाद (Orthodox Marxism) शास्त्रीय मार्क्सवाद से भिन्न मार्क्सवाद का वह संस्करण माना जाता है, जिसका उभार कार्ल मार्क्स की मृत्यु के बाद विविध रूपों में हुआ। इसने 'दूसरे अंतरराष्ट्रीय' से लेकर प्रथम विश्वयुद्ध तक समाजवादी आंदोलन का प्रतिनिधित्व कर आधिकारिक दर्शन के रूप में अपना प्रभुत्व बनाए रखा। कट्टर मार्क्सवाद का लक्ष्य शास्त्रीय मार्क्सवाद की विसंगतियों और संदिग्धताओं को दूर कर मार्क्सवादी व्यवस्था और विचारधारा को सरलीकृत, कूटबद्ध और व्यवस्थाबद्ध करते हुए उसे अधिक व्यावहारिक रूप प्रदान करना था।

कट्टर मार्क्सवाद, द्वंद्वात्मक भौतिकवाद और ऐतिहासिक भौतिकवाद के आधारभूत सिद्धांतों का कट्टरता से पालन करने पर बल देता है। इसकी बुनियादी विशेषता उसकी यह समझ है कि भौतिक विकास अर्थात उत्पादक शक्तियों का विकास ही वह प्रमुख कारक है जिसके चलते सामाजिक संरचना और मनुष्य के सामाजिक संबंधों का विकास होता है। समाज व्यवस्था और सामाजिक संबंधों के कुछ रूप, जैस सामंतवाद, पूंजीवाद इत्यादि उत्पादक शक्तियों के विकास के अंतर्विरोधों से ग्रस्त होकर अंततः कमजोर और निष्प्रभावी हो जाते हैं। उत्पादक शक्तियों के विकास के साथ उनके अंतर्विरोध लगातार गहराते जाते हैं और सामाजिक क्रांति के लिए मार्ग प्रशस्त कर देते हैं। सामाजिक क्रांति समाज व्यवस्था में आमूलचूल परिवर्तन लाने का साधन बनती है और नई अर्थव्यवस्था को जन्म देती है।

कट्टर मार्क्सवाद मार्क्सवाद के परवर्ती संस्करणों, उदाहरण के लिए लेनिनवाद और संशोधनवाद से असहमति रखता है। लेनिन के नेतृत्व में बोल्शेविकों के क्रांति संबंधी विचारों की मुखालफत करते हुए रूढ़िवादी मार्क्सवादियों की यह मान्यता दृढ़ हो चली थी कि समाजवाद के विकास की दृष्टि से रूस एक पिछड़ा हुआ देश है। अतः उसे समाजवाद की स्थापना से पहले विकास के पूंजीवादी या 'बूर्जुआ' चरण से होकर गुजरने की आवश्यकता है। बोल्शेविक यह मानते थे कि रूस में क्रांति के उपरांत सीधे समाजवादी व्यवस्था की स्थापना की जा सकती है। कट्टर मार्क्सवादियों में रोजा लक्जेमबर्ग, हाल ड्रेपर और रूडॉल्फ हिल्फरडिंग के नाम उल्लेखनीय हैं। कट्टर मार्क्सवाद का मामला मुख्यतः क्रांति की पद्धति से संबंधित था। इससे संबंधित मुख्य मान्यताएं इस प्रकार हैं–

(1) इस सिद्धांत पर अत्यधिक बल देना कि समाज का आधारभूत आर्थिक आधार उसकी सांस्कृतिक और राजनीतिक अधिरचना का निर्धारण करता है। अपने सबसे उग्र रूप में यह सिद्धांत आर्थिक निर्धारणवाद अथवा यांत्रिक भौतिकवाद के रूप में जाना जाता है।

(2) यह सुधारों का कट्टर विरोध करता है। रूढ़िवादी मार्क्सवादियों की स्पष्ट मान्यता है कि पूंजीवाद को नीतियों के स्तर पर संशोधित करके सुधारा नहीं जा सकता। पूंजीवादी व्यवस्था में सुधारों की कोशिश उसके संकटों को, उसके अंतर्विरोधों को और तीव्र करेगी जिससे बाजार आधारित अर्थव्यवस्था दिन-ब-दिन निष्प्रभावी और अक्षम होती जाएगी। पूंजीवाद के संकटों और अंतर्विरोधों का एकमात्र निदान समाजवादी अर्थव्यवस्था की स्थापना है।

(3) विभिन्न सामाजिक संरचनाओं में वर्ग विभाजन की केंद्रीय भूमिका होती है। नीति निर्धारण करने वाला और सरकार चलाने वाला तबका शासक वर्ग के हितों से नाभिनालबद्ध होता है।

(4) कट्टर मार्क्सवाद दावा करता है कि मार्क्सवादी पद्धति एक विज्ञान है।

(5) यह मार्क्सवाद को ज्ञान के समकालीन विकास और वर्तमान घटनाओं के संदर्भ में एक व्यवस्थाबद्ध प्रणाली के रूप में स्थापित करने की कोशिश करता है।

(6) यह विचारधारा को छद्म चेतना के रूप में पहचानता है।

(7) यह मानना है कि राजनीतिक संघर्ष का अर्थ है खुले रूप में वर्ग संघर्ष।

(8) पतनशील समाज व्यवस्थाओं में समाजवादी व्यवस्था की स्थापना करने के लिए बड़े स्तर पर मजदूर आंदोलनों को संगठित करना, जनकल्याणकारी, शैक्षणिक एवं सांस्कृतिक संगठनों की और खास तौर से मजदूरों की राजनीतिक पार्टी की स्थापना करना जो सुधारों और हड़तालों दोनों पर जोर दे, लेकिन एक-दूसरे पर निर्भर हुए बगैर दोनों को अलग-अलग माने।

(9) इसकी मान्यता है कि समाजवादी क्रांति हमेशा जनता के बहुमत द्वारा प्राप्त की जाने वाली उपलब्धि है (बोल्शेविकों की 'वैनगार्ड पार्टी' की अवधारणा के विपरीत)।

(10) कट्टर मार्क्सवाद संशोधनवाद का पूरी तरह विरोध करता है।

हालांकि बोल्शेविकों और रूढ़िवादी मार्क्सवादियों के मतभेद काफी हद तक स्पष्ट थे, फिर भी बहुत-से विद्वानों के अनुसार रूस में बोल्शेविकों का मार्क्सवाद भी कट्टर मार्क्सवाद का ही एक रूप था। स्टालिनवाद को भी कट्टर रूढ़िवादी मार्क्सवाद के ही एक अन्य रूप में गिना गया है। विश्व परिदृश्य में जैसे-जैसे विकास होता गया, मार्क्सवाद के कई सिद्धांत अप्रासंगिक होते गए। आर्थिक आधार और धर्म-संस्कृति संबंधी सिद्धांतों को भी कट्टर मार्क्सवाद कहा जाने लगा। सोवियत रूस के विघटन के समय मार्क्सवाद पूरी तरह संशोधनवाद में ढल चुका था और 'खुलापन' (पेरोस्त्राइका) मुद्दा बना था। मार्क्सवाद को वैश्वीकरण के परिदृश्य में बदलने की व्यापक जरूरत महसूस होने लगी थी। विचारधारात्मक कट्टरता को तिलांजलि देने के मार्ग में ऐसा बहुत कुछ घटित हुआ कि मार्क्सवाद का कोई तत्व बचा नहीं रह सका।

प्रियम अंकित

अधिक जानकारी के लिए :
1. **The Algebra of Revolution : The Dialectic and the Classical Marxist Tradition** : John Rees, 1998, 2. **From Marx to Mises: Post Capitalist Society and the Challenge of Economic Calculation :** David Ramsay Steele, 1992

कठपुतली

कठपुतली की परंपरा बहुत पुरानी है। भारत में यह नाच शताब्दियों से चला आ रहा है और देश के अनेक राज्यों में अलग-अलग रूपों में मौजूद है। कठपुतली का संबंध अन्य नृत्यों और कलाओं की तरह शिव से ही जुड़ता है। राजस्थान के पुतुल नृत्यकर्मी शिव की स्तुति करते हैं और उसके बाद नाच आरंभ करते हैं–'बैल चढ़े शिवजी मिलैं, पूरण हो सब काम, खेल कठपुतली करां, ले के हरि का नाम।'

किंवदंती है कि शिव ने पार्वती का मनोरंजन करने के लिए भाट की रचना की और उसे एक पुतुल दे दिया जिससे वह पार्वती को रिझा सके। लेकिन भाट शिव की आराधना में ही लगा रहा और पार्वती को रिझाने में विफल रहा। इस पर शिव ने क्रुद्ध होकर उसे धरती पर जाने का शाप दिया। तब से कठपुतली नाच करने और दिखाने वालों की एक जमात ही बन गई। भारत में मुख्यतः चार प्रकार की कठपुतलियां प्रचलित हैं–

कठपुतली

दस्ताना पुतली : हाथों से संचालित की जाने वाली पुतली दस्ताना पुतली है। इसे तीन अंगुलियों से चलाया जाता है—मध्यमा एवं अंगूठे में पुतली के हाथ होते हैं तो तर्जनी में पुतली की गर्दन। दस्ताना पुतली को बनाने के अलग-अलग रूप हैं और उसे जितना चाहें आकर्षक बनाकर प्रस्तुत कर सकते हैं।। गत्ता, पेपरमेशी, कपड़ा, प्लास्टिक, लकड़ी आदि इस पुतली को बनाने के माध्यम हैं। इसमें सफेद, लाल, पीला एवं काला रंग विशेष रूप से प्रयोग होता है। चेहरे की सुंदरता के लिए सफेद, लाल या पीला तथा आंखों, बालों के लिए काला का प्रयोग होता है। लाल रंग मुंह के उभार के लिए आवश्यक माना जाता है।

छड़ पुतली : इस पुतली में पुतली के हाथ-पांव लंबे होते हैं। इसे भी दस्ताना पुतली की ही तरह निर्मित किया जाता है, पर इसे संचालित करने के लिए दोनों हाथों का प्रयोग आवश्यक है। इसमें एक हाथ पुतली के गले में डालकर अथवा उसकी गर्दन में गोलाकार छड़ लगाकर पुतली को पकड़ा जाता है। दूसरे हाथ से पुतली में लगे दोनों छड़ों को पकड़ा जाता है। छड़ पुतली में भी सिर और वस्त्र होता है जिससे मनचाही भूमिकाएं ली जा सकती हैं।

छाया पुतली : यह पुतली आंध्र प्रदेश की प्राचीन पुतुल कला है। इसे चमड़े से बनाया जाता है जिसमें भैंस, बकरी, हिरण आदि का चमड़ा प्रयुक्त होता है। निर्माण के रूपाकार अपेक्षातया दस्ताना पुतली की तरह होते हैं जिसे चमड़े से मनमाफिक बनाया जाता है। यह छाया पुतली भारत में सातवाहन राजाओं द्वारा संरक्षित रही है जो जावा, सुमात्रा, बाली, चीन और जापान आदि तक गई।

धागा पुतली : यह धागा पुतली राजस्थान की प्रसिद्ध पुतली कला है। यह धागे से संचालित होती है। यह लकड़ी और दूसरी हल्की वस्तुओं से बनाई जाती है। यह सर्वाधिक प्राचीन पुतुल रूप है, जिसे धागा से चलाकर विभिन्न रूपों में प्रस्तुत किया जाता है।

ज्योतिष जोशी

कणाद

दार्शनिक कणाद ईसा पूर्व दूसरी सदी के आसपास के थे। उन्हें वैशेषिक दर्शन के संस्थापक के रूप में माना जाता है। उनका वैशेषिकसूत्र नामक एक ग्रंथ है। उनका विश्वास है सभी जीवधारियों की उत्पत्ति पांच तत्वों से हुई है— जल, अग्नि, पृथ्वी, वायु और गगन। वनस्पतियों में केवल जल तत्व है। कीटों में जल और अग्नि तत्व है। पक्षी जल, अग्नि, पृथ्वी और वायु तत्व से निर्मित है। संपूर्ण सृष्टि में मानव उत्तम है क्योंकि उसके निर्माण में आकाश (ईथर) तत्व का भी योगदान है।

कणाद का वास्तविक नाम कश्यप था। कणाद कण शब्द से बना है। इस संबंध में एक कथा है। कश्यप एक दार्शनिक उल्का के पुत्र थे। बचपन से कश्यप में पर्यवेक्षण की क्षमता थी। वह एक बार प्रयाग गए। उन्होंने हजारों तीर्थयात्रियों को शहर में एकत्रित देखा जो फूल और अन्न बिखेर रहे थे। इनसे प्रयाग की सड़कें भर गई थीं। सभी लोग स्नान और पूजा में व्यस्त थे। कश्यप ने चावल के दानों (कणों) को चुनना शुरू कर दिया, जो सड़क पर बिखरे हुए थे। उन्हें ऐसा करते देख लोगों की छोटी-सी भीड़ इकट्ठी हो गई। एक अच्छे परिवार का दिखने वाला लड़का सड़क पर बिखरे चावल चुन रहा था। उसी रास्ते से मुनि सोम गुजरे। वे निकट गए और यही दृश्य देखा। लोग कुछ न समझते हुए उसके बारे में अपमानजनक शब्द बोल रहे थे। मुनि सोम ने भीड़ को शांत किया और कश्यप से सवाल किया। सवाल से आहत होते हुए कश्यप ने जवाब दिया कि वस्तु चाहे जितनी छोटी क्यों न हो, यह पूरे ब्रह्मांड का हिस्सा है। अकेला दाना मूल्यहीन लग सकता है, किंतु कई सौ दाने एक व्यक्ति की भूख मिटा सकते हैं। बहुत-से अन्नों का जमाव एक परिवार का पेट भर सकता है। इस तरह पूरे संसार की भूख मिट सकती है। अन्न का एक दाना दुनिया के सारे खजानों जैसा ही महत्वपूर्ण है। मुनि इस उत्तर से प्रभावित हुए और कहा कि आगे चलकर

यह लड़का प्रसिद्ध दार्शनिक होगा और आज के बाद यह कणाद के नाम से जाना जाएगा।

कणाद ने वैशेषिकसूत्र प्रस्तुत किया। ये सूत्र विज्ञान और दर्शन से संबंधित हैं। उनका विषय पदार्थ का सिद्धांत है। कणाद ने सबसे पहले बताया कि परमाणु विनष्ट न होने वाले पदार्थ का कण है। उनके अनुसार भौतिक जगत कण या पदार्थ से बना है। पदार्थ को जब तोड़ा जाता है, एक कण ऐसा मिलता है जिसे और नहीं तोड़ा जा सकता है। पदार्थ का यह अविभाज्य कण परमाणु है। कणाद ने बताया कि यह अविभाज्य और विनष्ट न होने वाला कण है। यह मनुष्य का किसी भी ज्ञानेंद्रिय द्वारा महसूस नहीं किया जा सकता। उन्होंने यह भी बताया कि पांच महाभूतों (जल, पृथ्वी, अग्नि, आकाश, वायु) के लिए अलग-अलग प्रकार के परमाणु होते हैं। प्रत्येक परमाणु की अपनी अलग-अलग विशेषता होती है जो उस पदार्थ पर निर्भर करती है, जिसमें परमाणु होते हैं। परमाणुओं की विशिष्टता के कारण कणाद द्वारा प्रस्तुत किए गए सूत्र को वैशेषिकसूत्र कहा गया।

वैशेषिकसूत्र आगे कहता है, एक ही पदार्थ के परमाणु परस्पर मिलकर द्विपरमाणु और त्रिपरमाणु बनाते हैं। कणाद ने यह भी बताया कि परमाणु अलग-अलग तरह से एक-दूसरे से मिलकर रासायनिक परिवर्तन लाते हैं। यह परिवर्तन बाहरी कारकों जैसे ऊष्मा की उपस्थिति में भी होता है। उन्होंने दो उदाहरण दिए। मिट्टी के पात्र का आग या ऊष्मा से काला हो जाना तथा फलों का पकना। यह सिद्धांत अमूर्त और दर्शन मिश्रित था। यह तर्क और विचार पर आधारित था, प्रयोग पर आधारित नहीं था।

कणाद के अनुसार, कोई वस्तु जल में हवा की तुलना में हलकी मालूम पड़ती है क्योंकि जल का अधिक घनत्व वस्तु के भार को संभाल लेता है और हमें उस भार का एक छोटा-सा भाग संभालना पड़ता है जबकि हवा के परमाणुओं का घनत्व बहुत कम होता है और वस्तु के भार का बहुत कम भाग वे संभाल पाते हैं। कणाद ने यह सत्य बता कर आर्किमिडीज के सिद्धांत की पूर्व पीठिका तैयार कर दी थी। आर्किमिडीज का सिद्धांत है, 'जब कोई वस्तु अंशतः या पूर्णतः किसी द्रव में डुबाई जाती है तो उसके भार में कमी आती है और यह कमी उस वस्तु द्वारा हटाए गए द्रव के भार के बराबर होती है।' कणाद के सिद्धांत में सापेक्षतावाद की भी पूर्व झलक मिलती है।

कणाद द्वारा परमाणु के सिद्धांत को दार्शनिक सिद्धांत बनाने का प्रयास अद्वितीय है। परमाणु परिवर्तित नहीं होता, चाहे पदार्थ के रूपों में जितना भी परिवर्तन आए। अतः यह प्रत्येक सजीव और निर्जीव की आत्मा है। इसके आधार पर कहा गया कि आत्मा और परमाणु में विशेष समानता है। परमात्मा और परमाणु से पूरा ब्रह्मांड उत्पन्न हुआ है। आधुनिक विज्ञान इसकी कल्पना 'बिग बैंग' के रूप में करता है।

उदयराज

अधिक जानकारी के लिए :

1. **दर्शन-दिग्दर्शन** : राहुल सांकृत्यायन, 2. **What is Living and What is Dead in Indian Philosophy** : Debi Prasad Chattopadhyaya

कथक

कहा गया है, 'कथा कहे सो कथक कहावे'। कथक नृत्य में कथा कही जाती है। कथक भारतीय शास्त्रीय नृत्य की आठ विधाओं में से एक है। इसका प्रारंभ उत्तर भारत में हुआ था। 'महाभारत' में कथक का उल्लेख मिलता है। आमतौर पर कथक नृत्य पहले मंदिरों में होता था, क्योंकि धार्मिक कथानक तब केंद्र में होते थे। कथक के दो मुख्य घराने हैं : जयपुर घराना और लखनऊ घराना।

कथक वाराणसी और अवध के राजाओं के दरबारों में प्रस्तुत किया जाता था। रायगढ़ घराने का भी जिक्र आता है। पारंपरिक कथक पहले धीमे से शुरू होता है, बाद में तीव्र हो जाता है और रोचक नाटकीयता के साथ समाप्त होता है। कथक के बोल लयात्मक होते हैं–जैसे ता, थई, ता, ता। छोटी अवधि

कथक

का कथक टुकड़ा और बड़ी अवधि का तोड़ा कहा जाता है। लोकप्रिय टुकड़ा है चक्कर वाला टुकड़ा, जिसमें नर्तक या नर्तकी गोल घूमती है। कथक में घुंघरू का इस्तेमाल खास ढंग से होता हे। पहले तो एक-एक पैर में घुंघरू की सौ से लेकर डेढ़ सौ तक घंटियां बांधी जाती थीं। अब भी परंपरा को मानने वाले इतनी ही संख्या में घुंघरू का इस्तेमाल करते हैं। वस्त्र होते हैं लहंगा, घाघरा, चूड़ीदार कमीज या कुर्ता, अंगरखा आदि।

कथक के अंग हैं—तैयारी (ट्रेनिंग), लयकारी (लय और ताल को समझना), खूबसूरती और नजाकत (कलात्मक जानकारी और प्रस्तुतीकरण का तरीका), नृत्त (प्रारंभिक पद संचालन यानी तकनीक), नृत्य (कहां कैसे भाव प्रस्तुत करने हैं, पद ताल आदि) और नाट्य (कथा कहने में नौ रसों में किस रस की अभिव्यक्ति कहां की जानी है)।

कई दर्शक कथक का 'टुकड़ा' पसंद करते हैं क्योंकि इसमें अद्‌भुत तेजी और लयात्मक गतिशीलता होती है। नर्तक के पांव अद्‌भुत ढंग से थिरकते हैं। टुकड़ा कई तरह से प्रस्तुत होता है। जैसे वंदना (गणेश वंदना आदि), ठाट (खड़े रह कर एक खास गतिशीलता में कथ्य बताना), आमद (इसका अर्थ है प्रारंभ), सलामी (दर्शकों का स्वागत), कवित्त (नर्तक या नर्तकी कविता या चौपाई को व्यक्त करती है), पारण (इसमें तबले के बदले पखावज की ध्वनि का इस्तेमाल होता है, जैसे डिग, डिग, डिग डम या तक, धिम आदि), परमेलु (इसमें प्रकृति की ध्वनियों का इस्तेमाल होता है, जैसे मोर या अन्य पक्षियों से मेल खाती आवाज), गत (इसमें दैनिक जीवन के दृश्यों को व्यक्त किया जाता है), लड़ी (इसमें कई कथ्यों को एक के बाद एक प्रस्तुत किया जाता है), तिहाई (इसके बोल लंबे होते हैं), तोड़ा (इस नृत्य का अंत तिहाई से होता है)। कथक में प्रभावशाली ढंग से भावों की अभिव्यक्ति होती है। भजन, गजल और ठुमरी में भी कथक का इस्तेमाल किया जा सकता है।

कथक के क्षेत्र में जयपुर, लखनऊ, रायगढ़ और बनारस घराने प्रसिद्ध हैं। कलाकारों में अच्छन महाराज, शंभू महाराज, दुर्गाप्रसाद, कार्तिकराम सुंदर प्रसाद, गौरीशंकर, बिरजू महाराज, सितारा देवी, रोशनकुमारी, गोपीकृष्ण, हजारी प्रसाद, वेरोनिक अजान, मालविका मित्रा, नलिनी और कमलिनी, उर्मिला नागर, रानीकर्णा, रोहिनी भाटे, दमयंती जोशी, कुमुदिनी लाखिया, राममोहन तथा दुर्गालाल के नाम उल्लेखीय हैं।

विनय बिहारी सिंह

अधिक जानकारी के लिए :

1. **कथक नृत्य परिचय** : हरिश्चंद्र श्रीवास्तव, 2. **Kathak** : Shovana Narayan

कथकली

भारतीय शास्त्रीय नृत्यों में एक कथकली मालाबार, कोचीन और ट्रावणकोर के इर्द-गिर्द प्रचलित नृत्य शैली है। केरल की यह नृत्य शैली सतरहवीं शताब्दी में प्रकाश में आई जब कोट्टारक्कारा

तंपुरान राजा ने रामनाट्टम का आविष्कार किया था। यह शैली उसी रामनाट्टम का विकसित रूप है। इसमें रंगीन वस्त्र-विन्यास में नर्तक गायकों द्वारा गाए जाने वाले कथा-संदर्भों को हस्तमुद्राओं एवं नृत्य-नाट्यों द्वारा प्रस्तुत करते हैं। इसमें कलाकार केवल नृत्याभिनय करते हैं, संवाद नहीं बोलते। इस शैली के गायकगण गाते हैं। नर्तक उन कथाओं पर अभिनय करते हैं। इसमें कथा का विषय भारतीय पुराणों और शास्त्रों से लिया जाता है। इन दिनों इस नृत्य में पश्चिमी कथाओं को भी शामिल कर लिया गया है। कथकली पर तैय्यम, तिरा, मुडियेट्टू, पडयणि जैसे केरल की अनुष्ठान कलाओं तथा कूत्तु, कूडियाट्टम, कृष्णनाट्टम आदि शास्त्रीय कलाओं का प्रभाव भी देखा जा सकता है।

कथकली का मंच जमीन से ऊपर उठा हुआ एक चौकोर तख्त जैसा होता है, जिसे 'रंगवेदी' या 'कलियरंगु' कहते हैं। इस नृत्य की प्रस्तुति रात में की जाती है जिसमें प्रकाश के लिए भद्रदीप (आट्ट विलक्कु) जलाया जाता है। कथकली के आरंभ में कई अनुष्ठान किए जाते हैं। इनमें केलिकोट्टु,

कथकली

अरंगुकेलि, तोडयम, वंदनश्लोक, पुरप्पाड और मंजुतल (मेलप्पदन) शामिल हैं। मंजुतल के साथ नाट्य प्रस्तुति होती है और पदों को पढ़ कर कथा का अभिनय होता है। धनाशि नामक अनुष्ठान के साथ इस नृत्य का समापन किया जाता है।

इस नृत्य शैली में सभी पात्रों की एक ही वेशभूषा होती है। कथा के अनुरूप चरित्रों को बांट कर उनकी वेशभूषा तय की जाती है। चरित्रों के अनुरूप वेशभूषा और श्रृंगार इस शैली की अपनी विशेषता है। चरित्र यानी प्रतिरूप पांच रूपों में रखे जाते हैं– पच्चा (हरा), कत्ति (छुरि), करि (काला), दाढ़ी और मिनुक्कु (मुलायम, मधुर और दर्शनीय)। इस नृत्य का इतिहास केरल के राजाओं के साथ जुड़ा है। वर्तमान में जो कथकली का स्वरूप है, वह प्राचीनतम कथकली का संशोधित रूप है। इसमें यथासुविधा परिवर्तन की हमेशा गुंजाइश रहती है। इसमें हुए परिवर्तनों को 'संप्रदाय' तथा इसके भेद-उपभेद को 'चिट्टकल' कहा जाता है।

आट्टाक्कथा गायक (भागवतर) द्वारा कथकली कथा का गायन होता है जिसके आधार पर नर्तक नृत्य करते हैं। इसमें दो गायक होते हैं। पहला गाता है, दूसरा उसे दोहराता है। पहले गायक को 'पोन्नानि' और दूसरे को 'शिंकिटि' कहते हैं। गायन और नृत्य साथ-साथ चलता है। इसमें पाटि, पुरनिरा जैसे विशेष रागों का प्रयोग होता है।

ज्योतिष जोशी

अधिक जानकारी के लिए :

1. **India's Dances : Their History, Technique and Repratoire :** Reginald Masscy, 2004,
2. **Revealing the Art of Natyashastra :** Narayan Chittor Namboodiripad, 2012

कथा और आख्यायिका

संस्कृत साहित्य की परंपरा में गद्यकाव्य के दो भेद माने गए हैं–कथा और आख्यायिका। दोनों की तुलना आधुनिक उपन्यास विधा से की

जा सकती है। अग्निपुराण, काव्यादर्श, रुद्रट कृत काव्यालंकार, साहित्यदर्पण आदि काव्यशास्त्रीय ग्रंथों में ये भेद प्रतिपादित हैं। कथा की वस्तु काल्पनिक होती है। आख्यायिका में ऐतिहासिक वृत्तांत का निरूपण रहता है। इनमें मुख्य रूप से यही अंतर बताया गया है। आचार्य भामह ने इन दोनों का गद्यकाव्य की पृथक-पृथक विधाओं के रूप में प्रतिपादन किया था। दंडी ने कथा तथा आख्यायिका का लक्षण कर अंत में कहा कि वस्तुतः यह एक ही विधा है, जिसे दो अलग-अलग नाम दे दिए गए हैं। तथापि परवर्ती आचार्यों ने कथा का उदाहरण बाणभट्ट की 'कादंबरी' और आख्यायिका का उदाहरण उन्हीं के 'हर्षचरित' को मानते हुए दोनों के लक्षण और परस्पर अंतर इस प्रकार किए हैं :

1. कथा में विषयवस्तु कविकल्पित होती है, आख्यायिका में ऐतिहासिक।
2. कथा में आरंभिक पद्यों में सज्जनों की प्रशंसा, दुर्जनों की निंदा तथा कवि के वंश का वर्णन रहता है। आख्यायिका में प्राचीन कवियों की प्रशंसा तो आरंभिक पद्यों में रहती है, पर कविवंश वर्णन गद्य में ही रहता है।
3. कथा का सर्ग या उच्छवास आदि में विभाजन नहीं होता, आख्यायिका उच्छवास, निःश्वास या आश्वास आदि में विभाजित रहती है।
4. कथा में एक अवांतर प्रसंग से आरंभ कर मुख्य कथा का उपक्रम किया जाता है। आख्यायिका में कवि अपना परिचय देकर उसके माध्यम से मुख्य कथा का आरंभ करता है। इस प्रकार आख्यायिका का आरंभ आत्मकथात्मक होता है, यद्यपि कवि अपने लिए अन्य पुरुष का ही प्रयोग करता है। भामह के मत से नायक स्वयं अपना चरित वर्णन करे तो भी आख्यायिका कही जाती है।
5. आख्यायिका में वक्त्र तथा अपरवक्त्र छंदों का प्रयोग होता है, कथा में नहीं।
6. कथा संस्कृत के अतिरिक्त प्राकृत या अपभ्रंश में भी रची जा सकती है, आख्यायिका संस्कृत में ही होती है।

संस्कृत में कथात्मक साहित्य की रचना करने वाले साहित्यकारों ने कथा और आख्यायिका दोनों विधाओं के उदाहरण प्रस्तुत किए हैं। सुबंधु की एकमात्र गद्यरचना वासवदत्ता एक कथा है। बाणभट्ट का हर्षचरित आख्यायिका है, जब कि उन्हीं की दूसरी सुविदित गद्यकृति कथा की विधा का उत्कृष्ट उदाहरण है। अन्य कथाओं में धनपाल कृत तिलकमंजरी दसवीं शताब्दी की रचना है। तिलकमंजरी भी कथा है। सतरहवीं शताब्दी के पंडितराज जगन्नाथ की आसफखानविलास आख्यायिका अपूर्ण मिलती है। इसमें भी अत्यंत अलंकृत गद्य में नवाब आसफखान के गुणों का वर्णन है। रंगनाथ दीक्षित ने वि.सं. 1707 (1650 ईसवी) में गुणमंदारमंजरी नामक कथा की रचना की। यह कथा अद्भुत घटनाओं और रहस्य-रोमांच से भरी हुई है। बाणभट्ट की कादंबरी के अनुकरण पर लिखी गई अंतिम उल्लेखनीय रचना विश्वेश्वर पांडेय की मंदारमंजरी कही जा सकती है। विश्वेश्वर पांडेय का समय अठारहवीं शताब्दी का पूर्वार्ध है। श्रीकृष्ण शर्मा ने इसी परंपरा में मंदारमंजरी में कथा की रचना 1926 ईसवी में की।

वासवदत्ता तथा कादंबरी में कथाओं, लोककथाओं तथा लोकतत्व के अनेक अभिप्रायों को ग्रहण किया गया है। हर्षचरित जैसी आख्यायिकाओं में भारतीय इतिहास के अछूते पहलू उजागर हुए हैं। वास्तव में कथा और आख्यायिका, दोनों ही विधाओं के अंतर्गत लिखी गई रचनाएं भारतीय साहित्य की अमूल्य धरोहर हैं।

राधावल्लभ त्रिपाठी

कथानक और कथावस्तु

हिंदी आलोचना और अन्यान्य साहित्य कोशों में कथावस्तु (Plot) को कथानक (Story) का पर्याय माना गया है। परंतु इन दोनों में अर्थ और संदर्भ की दृष्टि से पर्याप्त भेद है।

कथावस्तु का चयन लेखक जीवन के विस्तृत

क्षेत्र से करता है। जीवन विस्तृत और अनवरत है, पर रचनाओं की सीमा होती है। वे कहीं समाप्त होती हैं, उनका प्रभाव भले अनंत हो। इस सीमित प्रक्रिया के भीतर लेखक विस्तृत संसार की विभिन्न क्रियाओं और घटनाओं से कुछ को चुनता है। यह उसकी रुचि और दृष्टिकोण का मसला होता है। इस कथावस्तु के चयन में लेखक की विचारधारा का बहुत महत्व होता है। प्रेमचंद या यशपाल के साहित्य में चयनित घटनाओं की तुलना अगर हम अज्ञेय के साहित्य में चयनित घटनाओं से करें तो कथावस्तु में विचारधारा का जो महत्व है, वह सहज ही स्पष्ट हो जाएगा। अज्ञेय का साहित्य अपने विकास के साथ ज्यादा व्यक्तिवादी होता गया, तो उनके साहित्य में आई घटनाएं भी व्यक्ति के इर्द-गिर्द संदर्भित होती चली गईं। प्रेमचंद का साहित्य राष्ट्रवादी भावुकता से निकल कर धीरे-धीरे व्यापक सामाजिक सरोकारों से जुड़ता जा रहा था तब उनके साहित्य में घटनाएं भी ज्यादा यथार्थवादी और ठोस होती गई थीं।

कथावस्तु के संदर्भ में एक बात और द्रष्टव्य है। बहुत सारे लेखकों की कथावस्तु एक हो सकती है, पर कथानक एक नहीं होता। प्रेमचंद, रेणु की रचनाओं की कथावस्तु किसानी जीवन से संबद्ध है, अतः इनकी कथावस्तु एक ही प्रतीत होती है, जबकि कमलेश्वर, मोहन राकेश, राजेंद्र यादव, निर्मल वर्मा की रचनाओं की कथावस्तु शहरी, शिक्षित स्त्री-पुरुष की समस्याओं से ज्यादा संबंधित है। परंतु इन सभी का कथानक एक नहीं है, क्योंकि विभिन्न लेखकों द्वारा चुनी गई सामग्री जब कार्य-व्यापार, घटनाओं और चरित्रों से निबद्ध होती है तो वह कथानक का निर्माण करती है। अरस्तू ने त्रासदी के छः अनिवार्य अंगों में कथानक को सर्वाधिक महत्वपूर्ण माना है। उनके अनुसार कथानक का अर्थ घटनाओं का अनुक्रम (सीक्वेंस ऑफ ईवेंट्स) है। जीवन का अर्थ है कार्य व्यापार। इस कार्य व्यापार से व्यक्ति प्रभावित होता है, सुख-दुख का अनुभव करता है। इस तरह कार्य व्यापार और कार्य-कारण प्रणाली से संबद्ध होकर कथावस्तु कथानक में विकसित होती है।

कथानक के निर्माण में कथावस्तु की तरह ही विचारधारा या दृष्टिकोण का महत्व है। कथानक में कल्पना और रचनाकार की प्रतिभा की भी विशेष भूमिका होती है। कथावस्तु का निर्माण कल्पना या विशिष्ट प्रतिभा के सहारे नहीं किया जा सकता, परंतु कथानक में कल्पनाशीलता और प्रतिभा का योग होता है। रचनाकार विषय सामग्री जीवन से चुनता है, इसमें कल्पना की गुंजाइश कम रहती है। इसलिए कथावस्तु में विश्वसनीयता और प्रामाणिक जीवन संदर्भ महत्व के तत्व हैं, चाहे इनका चयन जीवन के किसी क्षेत्र से हुआ हो। कथानक में कार्य-कारण का निर्वाह, आनुपातिकता प्रमुख है। कल्पना और प्रतिभा से युक्त रचनाकार घटनाओं के आनुपातिक संयोजन और संतुलन के कारण एक ही कथावस्तु के आधार पर लिखी गई अन्य रचनाओं से अपनी विशिष्ट सृजनात्मकता प्राप्त करते हैं और विशिष्ट कथानक का निर्माण करते हैं।

कथावस्तु का संदर्भ प्राचीन भारतीय काव्यशास्त्र में नाटकों के संदर्भ में मिलता है। वहां जो कथावस्तु है, उसका सीधा संबंध नाटक या काव्य से है। नाटक और काव्य में भी कथा की आंतरिक संरचना होती है, अतः वहां भी कथावस्तु और कथानक मिलता है।

रूपकों के तीन भेदक तत्वों (वस्तु, नेता और रस) में वस्तु या कथावस्तु पहला भेदक तत्व है। प्राचीन काव्यशास्त्र में इतिवृत्त, अधिकारी, अभिनय और कथोपकथन की दृष्टि से वस्तु के कई भेद किए गए हैं। इतिवृत्त की दृष्टि से वस्तु के तीन भेद किए गए हैं—प्रख्यात, उत्पाद्य और मिश्र। अधिकारी अथवा नायक की दृष्टि से दो भेद हैं—आधिकारिक और प्रासंगिक। अभिनेता की दृष्टि से इसके दो भेद किए जाते हैं—वाच्य और सूच्य। कथोपकथन की दृष्टि से तीन भेद किए जा सकते हैं—सर्वश्राव्य, नियतश्राव्य और अश्राव्य।

परंतु प्राचीन संदर्भों में कथावस्तु अथवा कथानक में भेद पर्याप्त स्पष्ट नहीं है। आधुनिक युग में उपन्यास और कहानी के स्रोत, सामाजिक-राजनीतिक घटनाएं, समाचार पत्र, लेख आदि हैं

जो मिलकर कथावस्तु का निर्माण करते हैं। ये अपने आप में उपन्यास या कहानी का निर्माण नहीं करते, परंतु लेखक इन्हीं में से चुनकर अपनी दृष्टि, कल्पनाशीलता और प्रतिभा से कथानक बुनता है।

अमिताभ राय

अधिक जानकारी के लिए :
1. **Glossary of Literary Terms** : M H Abrams, 1957, 2. **Literary Terms and Literary Theory** : J A Cudden, 1977

कथानक रूढ़ि

काव्य में प्रचलित काल्पनिक युक्तियों को कथानक रूढ़ि कहा जाता है। काव्य में घटना प्रवाह को लचीला बनाने और सरसता पैदा करने के उद्देश्य से इनका प्रयोग किया जाता है। किसी इतिहास प्रसिद्ध पात्र को मिथकीय ऊंचाई देने के लिए पुराने कवियों द्वारा कुछ ऐसी युक्तियों का भी प्रयोग हुआ है, जो एकदम अविश्वसनीय और काल्पनिक होती हैं, पर कवि की भावना को व्यक्त करती हैं। उदाहरण के लिए शुक और शुकी संवाद ऐसी ही कथानक रूढ़ि है जिसका प्रयोग पुराणों और काव्यों दोनों में हुआ है। चंदबरदाई कृत 'पृथ्वीराज रासो' में इसका प्रयोग कई बार आया है : 'बहुरि सुकी सुक सौं कहै, अंग अंग दुति देह। /इंछनि इंछ बखानि कै मोहि सुनावहु एह।।'

कई बार कथानक को इच्छित मोड़ देने के लिए मध्यकालीन कवियों को यह प्रयोग करना पड़ा है और कई बाद यह विशुद्ध कवि कल्पना का परिणाम होती है। ऐसी कथानक रूढ़ियों के स्रोत लोककथाओं और पुराण कथाओं में होते हैं और मानव विश्वासों में दीर्घ काल से बने होते हैं। धीरेंद्र वर्मा ने कथानक रूढ़ि को अंग्रेजी के 'मोटिफ' का समानार्थी बताते हुए लिखा है कि प्रत्येक देश के साहित्य में अनुकरण तथा अत्यधिक प्रयोग के कारण कुछ साहित्य संबंधी रूढ़ियां बन जाती हैं और साहित्य में उनका प्रयोग यांत्रिक ढंग से होने लगता है। इन सभी रूढ़ियों के साहित्यिक अभिप्राय होते हैं।

कथानक रूढ़ियों पर सबसे पहले ध्यान आकृष्ट करने का श्रेय हजारी प्रसाद द्विवेदी को है। 'हिंदी साहित्य का आदिकाल' में उन्होंने रासो ग्रंथों की प्रामाणिकता की जांच करते हुए काव्य में कथानक रूढ़ियों की भूमिका का रोचक अध्ययन किया है। उन्होंने संस्कृत, प्राकृत, अपभ्रंश आदि काव्यों का उदाहरण देते हुए हिंदी के मध्यकालीन साहित्य में प्रचलित कथानक रूढ़ियों की भी चर्चा की है। हजारी प्रसाद द्विवेदी ने आदिकाल और भक्तिकाल के उन ग्रंथों, जिनके नायक इतिहास-प्रसिद्ध पुरुष रहे हैं, पर विचार करते हुए अपना स्पष्ट मत दिया है कि उनमें इतिहास के शोध की सामग्री तो मिल सकती है लेकिन इतिहास नहीं। स्वयं उनके शब्दों में, 'भारतीय कवि इतिहास-प्रसिद्ध पात्र को भी निजंधरी कथानकों की ऊंचाई तक ले जाना चाहता है। इस कार्य के लिए वह कुछ ऐसी कथानक रूढ़ियों का प्रयोग करता है जो कथानक को इच्छित ढंग से मोड़ देने के लिए दीर्घ काल से भारतवर्ष की निजंधरी कथाओं में स्वीकृत होते आए हैं, और कुछ ऐसे विश्वासों का आश्रय लेता है जो इस देश के पुराणों में और लोक-कथाओं में दीर्घ काल से चले आ रहे हैं। इन कथानक-रूढ़ियों से काव्य में सरसता आती है और घटना-प्रवाह में लोच आ जाती है।'

कथानक रूढ़ियों का प्रभाव आदिकालीन काव्य पर ही नहीं, भक्तिकाल पर भी पड़ा, खासकर सूफी प्रेमाख्यान काव्य परंपरा पर। द्विवेदी जी ने चंदबरदाई कृत 'पृथ्वीराज रासो' और मलिक मोहम्मद जायसी कृत 'पद्मावत' का उदाहरण देते हुए 21 कथानक रूढ़ियों की चर्चा की है। ऐसी रूढ़ियां ऐतिहासिक और मिथकीय चेतना के मेल से बनती हैं और काव्य की संभावनाओं को उद्घाटित करती हैं। द्विवेदी जी ने कहानी कहने वाला सुग्गा; स्वप्न में प्रिय के दर्शन पा कर, चित्र देख कर या किसी के मुख से सुन कर प्रेमासक्त होना, मुनि का शाप, रूप-परिवर्तन, लिंग-परिवर्तन, परकाया-प्रवेश, आकाशवाणी, नायक का औदार्य, षड्ऋतु और बारहमासा के माध्यम से विरह-वेदना की अभिव्यक्ति, हंस, कपोत आदि के

माध्यम से संदेश भेजना, आखेट के समय रास्ता भूल जाना और किसी सुंदर स्त्री या मूर्ति का दिखाई देना, युद्ध करके सुंदर स्त्री को शत्रु से या मस्त हाथी के आक्रमण से बचाना आदि कथानक रूढ़ियों की चर्चा की है। मध्यकालीन साहित्य के बारे में द्विवेदी जी का स्पष्ट मत था कि इन काव्यों में वर्णित 'कथा की परीक्षा इतिहास की दृष्टि से नहीं, काव्य की दृष्टि से होनी चाहिए' क्योंकि कवियों के लिए इतिहास नहीं, काव्य महत्वपूर्ण है और काव्य के लिए तथ्य नहीं, कल्पना का महत्व है और कल्पना को साकार करने में इन कथानक रूढ़ियों की महत्वपूर्ण भूमिका रही है।

प्रेमशंकर सिंह

अधिक जानकारी के लिए :
हिंदी साहित्य का आदिकाल : हजारी प्रसाद द्विवेदी, 2. **हिंदी साहित्य कोश** : धीरेंद्र वर्मा

कथारस

कथारस दो शब्दों का युग्म है : 'कथा' और 'रस'। वामन शिवराम आप्टे के 'संस्कृत-हिंदी कोश' के अनुसार 'कथा' शब्द की निर्मिति इस प्रकार हुई है : कथ् + अङ् + टाप्। स्पष्ट है, इसमें मूल शब्द है 'कथ्'। इस शब्द के अनेक अर्थ हैं। जैसे— कहना, समाचार देना, वार्तालाप करना, बातें करना, बातचीत करना—'कथयित्वा सुमन्त्रेण सह-रामा' (वाल्मीकि रामायण)। इसके अलावा अन्य अर्थ भी हैं। वे अर्थ 'कहानी' पर लागू नहीं होते। यहां द्रष्टव्य है कि 'कथा' शब्द के कुछ अर्थ 'कहानी' के लिए सर्वथा उपयुक्त हैं। जैसे कहना, वार्तालाप करना आदि। 'कहानी' वस्तुतः कही जाती है। जैसे उर्दू में 'गजल' लिखी नहीं जाती है, कही जाती है। लिखने की प्रक्रिया बाद में शुरू होती है। वास्तविक मुहावरा है : गजल कहना। इसी तरह कहानी लिखी नहीं जाती है, कही जाती है। लिखने की प्रक्रिया बाद में शुरू हुई है। यहां भी वही मुहावरा है : कहानी कहना। मगर वास्तविकता यह है कि अब कहानियां सिर्फ लिखी जाती हैं, वे कही अथवा मौखिक रूप से सुनाई नहीं जातीं। कहीं-कहीं 'कहानी पाठ' अवश्य होता है।

अब 'रस' शब्द को लें। संस्कृत में इस शब्द के दो रूप हैं : 'रस्' और रसः। 'रस्' का अर्थ है—दहाड़ना, हू हू करना, चिल्लाना, चीखना ('करीव वन्यः पुरुष ररास,' रघुवंश)। 'रस' शब्द के कई अर्थ हैं। जैसे : सार, दूध, रस, इक्षुरस, घूँट, चखना, स्वाद। वैशेषिक दर्शन के 24 गुणों में एक है रुचिर। कोई भी काव्य रचना, विशेषकर नाटक (वही)। इन अर्थों को देखते हुए 'रस' का जो तात्पर्य निकलता है, वह 'आनंदबोधक' है। इस प्रकार 'कथारस' का अर्थ हुआ : ऐसी कहानी जो पाठक को आनंदित करे।

पाठक को आनंद देनेवाली कहानी वही हो सकती है, जो भले लिखी गई हो, मगर उसमें कहानी कहने अथवा सुनाने का गुण हो। कहने की शैली में रोचकता और गहराई हो। 'रस' का एक अर्थ 'द्रव' भी है। रस की एक ऐसी बूंद, जो कहीं गिरते ही फैलती चली जाए। तात्पर्य यह है कि कहानी में एक ऐसा द्रव होता है, जो सामने आते ही प्रवहमान हो जाता है। वह पढ़ने या सुनने वाले के हृदय और मस्तिष्क में प्रवाहित होने लगता है। उपर्युक्त विवेचन को इस तरह से समझा जा सकता है। मान लीजिए कि एक गृहिणी भोजन तैयार कर रही है। उसके पास भोजन तैयार करने के लिए पर्याप्त तेल या मसाले आदि नहीं हैं, मगर वह अपने पाक-कौशल के माध्यम से सुस्वादु भोजन तैयार कर देती है। इसके विपरीत एक ऐसी गृहिणी है, जो पर्याप्त तेल-मसालों का उपयोग करके भी निस्स्वाद भोजन तैयार करती है। इसका अर्थ है कि एक छोटी-सी घटना पर भी बड़ी कहानी लिखी जा सकती है।

'कथारस' का तात्पर्य यही है, कम से कम वृत्तांत द्वारा ऐसी कहानी कह दी जाए, जो पाठकों के मन में रच-बस जाए। कथारस का स्रोत जिस तरह कथा की वस्तु है उसी तरह कथा की भाषा भी है।

अब्दुल बिस्मिल्लाह

अधिक जानकारी के लिए :
Reading for Storyness : Parclosure Theory, Empirical Poetics and Culture in Short Story : Susan Lohafer (Ed), 2003

कथावस्तु

संस्कृत काव्यशास्त्रियों ने कथा केऔचित्य के साथ उसके संगठन पर भी बल दिया है। कथावस्तु (Plot) का कुशलतापूर्वक संगठन नाटक का मुख्य उद्देश्य है। इस दृष्टि से हर नाटक या काव्य में एक कथावस्तु होती है। कथा के दो भेद किए गए हैं—(1) आधिकारिक और (2) प्रासंगिक। आधिकारिक कथा का संबंध मुख्य पात्र द्वारा फल प्राप्ति के लिए किए जाने वाले कार्य से है। प्रासंगिक कथाओं का उद्देश्य आधिकारिक कथा को विकसित करने में मदद करना है। इनका संयोजन आधिकारिक कथा के साथ ऐसा होना चाहिए कि कोई प्रासंगिक कथा अनावश्यक न प्रतीत हो। संस्कृत रूपकों के लिए वस्तु, नेता और रस तीनों अनिवार्य माने गए। इनमें वस्तु का संबंध कथावस्तु से है। कथा साहित्य, नाटक या काव्य में रखी जाने वाली घटनाओं का समग्र रूप, योजना या पैटर्न कथावस्तु हैं जो रचना में रीढ़ की हड्डी की तरह होती है। हर कथावस्तु घटनाओं की शृंखला और आकार लेकर बनती और पनपती है। घटनाएं चरित्रों को लेकर इस प्रकार घटती हैं कि वे निरंतर कौतूहल, उत्सुकता और जिज्ञासा पैदा करती रहें। अतीत, वर्तमान और भविष्य में संभावित घटनाओं के साथ, ये सब क्यों घटित हुई या हो रही हैं—इस प्रश्न का सामना किए बिना कथावस्तु का निर्माण नहीं होता। अरस्तू की दृष्टि में कथावस्तु 'ट्रैजेडी की आत्मा' है। कथावस्तु में 'संपूर्णता' अर्थात आदि-मध्य-अंत की मांग की जाती रही है, पर अधिकतर साहित्यिक रचनाओं में कथावस्तु की यह कठोर योजना स्वीकार नहीं की गई। ई एम फार्स्टर ने उदाहरण दिया, 'राजा मर गया और रानी भी मर गई', यह कथा है, पर 'राजा मर गया उसके दुख से रानी भी मर गई', यह कथावस्तु है।

नाटक में संपूर्ण कथानक रंगमंच पर नहीं दिखाया जा सकता। कुछ अभिनय द्वारा दिखाया जाता है और शेष की सूचना दी जाती है। इसके आधार पर कथावस्तु केदो भेद होते हैं—(1) **दृश्य** और (2) **सूच्य।** दृश्य कथावस्तु को अभिनय के जरिए रंगमंच पर दिखाया जाता है, जबकि सूच्य की केवल सूचना दी जाती है। सूच्य कथावस्तु के साधनों को अर्थोपक्षेपक कहा जाता है। इनकी संख्या पांच है—(1) **विष्कंभक :** जिस दृश्य में अमात्य, पुरोहित या कंचुकी यानी मध्यम और निम्न श्रेणी के पात्रों द्वारा प्रारंभ में ही बीती हुई या आने वाली घटनाओं की सूचना दी जाती है, उसे विष्कंभक कहते हैं। (2) **प्रवेशक :** जिस दृश्य में दो अंकों के बीच निम्न श्रेणी के पात्रों द्वारा अनभिनेय कथाभाग की सूचना दी जाती है। (3) **चूलिका :** जब यवनिका के पीछे से उत्तम, मध्यम या निम्न श्रेणी केपात्रों द्वारा सूचना दी जाती है। (4) **अंकमुख या अंकास्य :** जिस दृश्य में एक अंक की समाप्ति पर आनेवाले नए अंक की कथा की सूचना दी जाती है। (5) **अंकावतार :** जहाँ बिना पात्र बदले एक अंक के पात्र बाहर जाते हैं, फिर रंगमंच पर आकर आने वाले अंक की कथा की सूचना देते हैं।

नाटक में फल की प्राप्ति के लिए किया जाने वाला समस्त व्यापार ही कार्य है। यह आदि से अंत तक विद्यमान रहता है। कथा संरचना के लिए परंपरागत दृष्टि से पांच अर्थप्रकृतियां बताई गई हैं—बीज, बिंदु, पताका, प्रकरी और कार्य। कार्य अवस्थाओं का विभाजन भी फल की संभावना, फल प्राप्ति की कठिनाई, फल प्राप्ति की आशा और अंततः प्राप्ति आदि के आधार पर किया गया है। फल या उद्देश्य की ओर बढ़ने वाली कथा या उसके कार्य व्यापार की पांच अवस्थाएं मानी गई हैं—(1) **प्रारंभ** : प्रारंभ में मुख्य फल या उद्देश्य का बोध होता है, उसकेप्रति उत्सुकता पैदा होती है और उसकी प्राप्ति की इच्छा भी जाग्रत हो सकती है।

(2) **प्रयत्न** : उद्देश्य की प्राप्ति के लिए जो उद्योग किया जाता है, उसे प्रयत्न कहते हैं। इसके अंतर्गत फल प्राप्ति के लिए किए जाने वाले संघर्ष व प्रयत्न की सभी दशाएं आती हैं। (3) **प्राप्त्याशा** : जहाँ आशंका और बाधाओं के साथ फल प्राप्ति की आशा बँधती है, वह प्राप्त्याशा की अवस्था है। फल के प्राप्त होने की आशा प्रयत्नों का परिणाम होती है, किंतु यह आशा मात्र है। इसमें निश्चितता का अभाव होता है। (4) **नियताप्ति** : इस अवस्था में फल प्राप्ति का निश्चय हो जाता है, लेकिन कार्य व्यापार अभी चलता रहता है। इस अवस्था में समस्त बाधाएं समाप्त हो जाती हैं। (5) **फलागम :** इस दशा में उद्देश्य की पूर्ति हो जाती है और सभी अभिलषित फल प्राप्त हो जाते हैं। इसी प्रकार पांच संधियों का उल्लेख है–मुख, प्रतिमुख, गर्भ, विमर्श और निर्वहण। यह माना जाने लगा कि कथावस्तु हमेशा सीधी रेखा में नहीं चलती, इसमें उतार-चढ़ाव स्वाभाविक है।

आधुनिकतावादी साहित्य में कथावस्तु की धारणा का अंत हो गया। घटनाओं की आकस्मिकता, रहस्यात्मकता और एकरेखीयता के लिए कोई जगह नहीं रह गई। आदि-मध्य अंत का फार्मूला छोड़ दिया गया। आधुनिकतावाद के सन साठ के बाद के उग्र दौर में 'प्लाट' और 'कैरेक्टर' को अलविदा कह दिया गया। कई साहित्यकारों ने स्वीकार किया है कि उन्होंने लिखना कुछ सोच कर शुरू किया, पर रचना अपने अंतिम रूप में कुछ से कुछ बन गई। फिर भी कई कथाकारों ने ढीली-ढाली, थोड़ी अमूर्त्त और बहुरेखीय ही सही कुछ सार्थक लिखने के लिए विकसनशील कथावस्तु के महत्व को स्वीकार किया है।

अवधेश त्रिपाठी

अधिक जानकारी के लिए :
1. **Glossary of Literary Terms** : M H Abrams, 1957, 2. **Literary Terms and Literary Theory** : J A Cudden, 1977

कनकदास
(1509-1609)

हरिदास परंपरा के प्रमुख नामों में एक कनकदास अपने समय के प्रसिद्ध कन्नड़ भक्त कवि हैं। वे रणक्षेत्र के योद्धा से वैष्णव संत बने। वे अपने कीर्तन और संगीत के लिए जाने जाते हैं। कनकदास शिक्षित और ज्ञानी व्यक्ति थे। उन्होंने काफी भ्रमण भी किया।

हरिदासों के साहित्य का कन्नड़ जनता के जीवन पर व्यापक प्रभाव है। इस परंपरा के कवियों ने अपनी रचनाओं में सामान्य जनता के सुख-दुख, सामाजिक-आर्थिक समस्याओं और अपनी ईश्वरभक्ति का बड़ा जीवंत चित्र खींचा है। कनकदास जाति-पांति के कट्टर विरोधी थे। उन्होंने लोभ, स्वार्थ, परपीड़ा की निंदा की। धार्मिक मतभेदों पर ध्यान न देकर उन्होंने मानव धर्म का समर्थन किया। तीर्थ यात्रा पर बल दिया। कहा जाता है कि उन्हें उडुपि के कृष्ण मंदिर में घुसने नहीं दिया गया, तो वे बाहर ही कीर्तन करते रहे और एक चमत्कार से कृष्ण का दर्शन कर पाए। कनकदास कीर्तनिया थे। उन्होंने टेक, अनु-टेक तथा छंद–इन तीनों से युक्त शास्त्रीय संगीत

कनकदास

की पृष्ठभूमि वाले कीर्तनों की रचना की। इन्हें एक निर्धारित राग एवं ताल में गाया जाता है। कनकदास के लगभग 250 कीर्तन हैं। इनमें तीन भाव हैं—आत्म निवेदन, तत्व निवेदन और उपदेश।

कनकदास ने प्रेम और अध्यात्मपरक पद लिखे। जीवन को चुनौती के रूप में स्वीकार करते हुए इसकी विडंबनाओं को समझने-समझाने के लिए कनकदास ने कबीर की तरह उलटबांसियों की भी रचना की। उनकी प्रमुख कृतियां हैं, 'मोहन-तरंगिणी', 'नल चरित्र', 'रामधान्य चरित्र', 'हरि भक्तिसार' और 'नृसिंहस्तव'। कनकदास कुछ प्रश्न रखते हैं, 'तुम माया में फंसे हो या तुममें माया (ईश्वर) है, तुम शरीर के भीतर हो या शरीर तुम्हारे भीतर है, ज्ञान आंखों से देखने पर होगा या ज्ञान ही चक्षु हैं, चीनी में मिठास है या मिठास में चीनी है या दोनों जीभ पर निर्भर हैं?' फिर वह कहते हैं कि हरि ही वह जीभ है, वह मन है।

कनकदास की कृतियों में पौराणिक कथाएं सांकेतिक हैं। उन्होंने अपने जीवन की बातों, अनुभवों, उतार-चढ़ाव, मान-अपमान आदि का वर्णन संकेतों में ही किया है। कनकदास की लोकप्रियता उनके प्रति कर्नाटक की जनता के लगाव का चिह्न है।

श्रीनिवास शर्मा

अधिक जानकारी के लिए :

1.**कनकदास** : टी एन नागरत्ना, 2. **Mediaal Indian Literature : An Anthology :** K Ayyappa Paniper

कनिष्क

कनिष्क का संबंध कुषाण साम्राज्य से था। कनिष्क के समय में ही कुषाण साम्राज्य अपने चरम पर पहुंचा था। कुषाण साम्राज्य का समय पहली से तीसरी सदी के बीच का माना जाता है। कनिष्क के काल को लेकर इतिहास में मतभेद है। एक अनुमान के अनुसार उसने 78 से 144 ईसवी के बीच तक राज्य किया। कनिष्क के विषय में बौद्ध साहित्य में जानकारी प्राप्त होती है। वह कुषाण वंश का सबसे शक्तिशाली राजा था। उसका विशाल साम्राज्य उजबेकितान, ताजिकिस्तान, अमु दर्या, गांधार, मथुरा, रोहतक, बनारस, गुजरात, साची, कश्मीर तक फैला हुआ था। ऐसा माना जाता है कि पाटलिपुत्र भी उसके साम्राज्य का अंग था। बारामुला के पास आज भी उसका स्तूप खड़ा है।

उसके शासन काल में कश्मीर में तृतीय या चतुर्थ बौद्ध सभा आयोजित हुई थी। इसी काल में बुद्ध की कई प्रतिमाएं निर्मित हुईं। पेशावर का कनिष्क स्तूप इसका उदाहरण है। उसने गांधार कला और मथुरा कला दोनों को प्रोत्साहन दिया। कनिष्क की ताजपोशी के समय से भारत में पहली बार सोने के सिक्कों का चलन हुआ। उसके अधिकांश सिक्कों में एक ओर कनिष्क का अपना चित्र है, दूसरी ओर बुद्ध का चित्र अंकित है। कहीं-कहीं शाक्यमुनि हैं और कहीं मैत्रेयी। उसके सिक्कों पर हिंदू, ईरानी तथा यूनानी देवताओं के चित्र मिलते हैं। कनिष्क के सिक्के एशिया के तारीम बेसिन में भी प्राप्त हुए हैं। कनिष्क के सिक्के पेशावर और ब्रिटेन के संग्रहालयों में रखे हैं। दक्षिण एशिया के थल और जल दोनों मार्गों पर उसका कब्जा था। दोनों से उसका राजस्व आता था। उसका व्यापारिक संबंध रोम तक फैला हुआ था।

पहले वह ईरानी धर्म मानता था। बाद में उसने बौद्ध धर्म को स्वीकार कर लिया। कहा जाता है कि कनिष्क बौद्ध विद्वान अश्वघोष के बहुत निकट था। बाद के वर्षों में अश्वघोष उसके आध्यात्मिक गुरु बन गए।

इस बात के प्रमाण मिलते हैं कि कनिष्क पूर्वी ईरान (आज का हेरात प्रदेश) की भाषा बाक्ट्रिअन का प्रयोग करता था जिसे यूनानी लिपि में लिखा जाता था। इस भाषा का उपयोग वह शायद स्थानीय लोगों से संवाद के लिए प्रयोग करता था। इसकी जानकारी उपलब्ध नहीं है कि प्रारंभ में वह कौन-सी भाषा प्रयोग करता था। शायद वह भी कोई इंडो-यूरोपियन भाषा थी।

विजय शर्मा

अधिक जानकारी के लिए :

भारत का इतिहास : रोमिला थापर

कन्नड़

कन्नड़ कर्नाटक की राजभाषा है, जो द्रविड़ कुल की प्रमुख भाषाओं में एक है। प्राचीनता की दृष्टि से तमिल के बाद कन्नड़ का स्थान है। इसका विकास दो हजार वर्ष पहले ही हुआ था। रामायण, महाभारत आदि प्राचीन ग्रंथों में कर्नाटक, कुंतल, महिषिका आदि प्रदेशों का उल्लेख है। मृच्छकटिकम् में 'कर्नाट' शब्द और तमिल के सिलप्पादिकरम में 'करनाडु' शब्द उपलब्ध है, जो इसकी प्राचीनता का प्रमाण है, परंतु कन्नड़ साहित्य की प्राचीनता को निर्धारित करने का ठोस आधार 450 ईसवी का 'हल्मिडी' शिलालेख है, जिसका निर्माण कदंब के राजा काकुस्थवर्मा ने करवाया था। इसकी भाषा संस्कृत मिश्रित कन्नड़ है।

भू-प्रदेश : कर्नाटक भारत के दक्षिण भाग में स्थित है। इसका क्षेत्रफल 1,91,976 वर्ग किमी है, जो भारत के कुल भौगोलिक क्षेत्र का 5.83 प्रतिशत है। 30 जिलों में विभाजित कर्नाटक भारत का आठवां सबसे बड़ा राज्य है। इसकी सीमाएं पश्चिम में अरब सागर, उत्तर-पश्चिम में गोवा, उत्तर में महाराष्ट्र, पूर्व में आंध्र प्रदेश, दक्षिण-पूर्व में तमिलनाडु एवं दक्षिण में केरल से लगती हैं। कर्नाटक 12.97 डिग्री उत्तरी अक्षांश से 77.50 डिग्री पूर्वी देशांतर के बीच फैला है। इस राज्य का गठन 1 नवंबर 1956 को राज्य पुनर्गठन अधिनियम के अधीन किया गया था। पहले यह मैसूर राज्य कहलाता था। 1973 में इसका नामकरण कर्नाटक किया गया। कर्नाटक शब्द के उद्गम की कई व्याख्याओं में से सर्वाधिक स्वीकृत व्याख्या यह है कि कन्नड़ शब्द करु और नाडु से मिलकर बना है, जिसमें करु का अर्थ काली या ऊंची और नाडु का अर्थ भूमि या प्रदेश है। इस प्रकार कर्नाटक का अर्थ हुआ काली भूमि या ऊंचा प्रदेश।

2011 की जनगणना के अनुसार कर्नाटक की कुल जनसंख्या 6,10,95,297 है, जिसमें पुरुषों की संख्या 3,09,66,657 और स्त्रियों की संख्या 3,01,28,640 है। राजभाषा कन्नड़ के अतिरिक्त यहां कोंकणी, तुलु, कोडव तक्क, उर्दू, तेलुगु, तमिल, मराठी, हिंदी, मलयालम आदि भाषाएं भी बोली जाती हैं। कर्नाटक की राजधानी बंगलुरु है।

कर्नाटक राज्य में विभिन्न बहुभाषाई और धार्मिक जातियां-प्रजातियां बसी हुई हैं। कन्नड़िगों के अलावा, यहां तुलुव, कोडव और कोंकणी जातियां भी रहती हैं। इनके अतिरिक्त अनेक अल्पसंख्यक जैसे तिब्बती बौद्ध तथा अनेक जनजातियां जैसे सोलिग, येरवा, तोडा और सिद्धि समुदाय हैं।

पर्यावरण : कर्नाटक राज्य में तीन प्रधान मंडल हैं : तटीय क्षेत्र करावली, पहाड़ी क्षेत्र मालेनाडु, जिसमें पश्चिमी घाट आते हैं तथा तीसरा बयालुसीमी, जो पठारी क्षेत्र है। राज्य का अधिकांश क्षेत्र बयालुसीमी में आता है और इसका उत्तरी क्षेत्र भारत का सबसे बड़ा शुष्क क्षेत्र है। समुद्र सतह से यहां की ऊंचाई 1,929 मीटर है। कर्नाटक की महत्वपूर्ण नदियों में कावेरी, तुंगभद्रा, कृष्णा, मलयप्रभा और शरावती हैं। राज्य में चार प्रमुख ऋतुएं हैं। जनवरी और फरवरी में शीत ऋतु, मार्च-मई तक ग्रीष्म ऋतु, जून से सितंबर तक वर्षा ऋतु और अक्टूबर से दिसंबर तक मानसूनोत्तर काल। मौसम विज्ञान के आधार पर कर्नाटक को तीन क्षेत्रों में बांटा जा सकता है : तटीय, उत्तरी आंतरिक और दक्षिणी आंतरिक क्षेत्र। इनमें से तटीय क्षेत्र में सर्वाधिक वर्षा लगभग 143 इंच प्रतिवर्ष होती है। यहां सर्वाधिक तापमान 45.6 डिग्री सें. (रायचूर) तथा न्यूनतम तापमान 2.8 डिग्री सें. (बीदर) पाया जाता है। कर्नाटक का सबसे ऊंचा स्थल चिकमंगलूर जिले का मुल्लयनगिरि पर्वत है। जोग प्रपात भारत में सबसे ऊंचा जल प्रपात है। यहां शरावती नदी ऊंचाई से नीचे गिरती है। कर्नाटक का लगभग 38,724 वर्ग किमी क्षेत्र वनों से आच्छादित है।

इतिहास : कर्नाटक का लगभग दो हजार वर्षों का लिखित इतिहास उपलब्ध है। यहां कई बड़े शक्तिशाली साम्राज्यों का शासन रहा है। राज्य में मध्य एवं नव पाषाण युगों के साक्ष्य पाए गए हैं। कर्नाटक पर समय-समय पर नंद वंश, मौर्य वंश, सातवाहन वंश,

कदंब वंश, पश्चिम गंग वंश आदि का शासन रहा। यहां कदंब वंश की स्थापना मयूर शर्मा ने 345 ई. में की और अपनी राजधानी बनवसी में बनाई। पश्चिम गंग वंश की स्थापना कोंगणिवर्मन माधव ने 350 ई. में की, जिसकी राजधानी तालकाड़ में थी। इन राजवंशों के बाद बादामी चालुक्य वंश ने 500 से 735 तक विशाल भूभाग पर शासन किया। 753 से 973 के बीच मलखेड़ के राष्ट्रकूटों ने यहां शासन किया। पश्चिमी चालुक्य वंश ने दक्खिन के बड़े भाग पर शासन किया। पश्चिमी चालुक्यों ने एक अनोखी चालुक्य स्थापत्य शैली विकसित की। इसके साथ ही उन्होंने कन्नड़ साहित्य का भी विकास किया जो आगे चलकर बारहवीं शताब्दी में होयसाल वंश के कला एवं साहित्य का आधार बना। आधुनिक कर्नाटक के विभिन्न भागों पर 990 से 1210 ईसवी के बीच चोल वंश ने अधिकार किया। आरंभ में राजराज चोल-1 ने आधुनिक मैसूर के 'गंगापाड़ी, नोलंबपाड़ी एवं तड़िगैपाड़ी' भाग पर अधिकार किया। उसने दोनूर तक चढ़ाई की और बनवसी सहित रायचूर दोआब के बड़े भाग तथा पश्चिमी चालुक्य की राजधानी मान्यखेत तक हथिया ली। राजाधिराज राजेंद्र चोल-1 (1042-1056) के शासन में दन्नड़, कुल्पाक, कोप्पम, कांपिल्य दुर्ग, पुंडूर, येतिगिरि एवं चालुक्यों की राजधानी कल्याणी भी छीन ली गईं। 1066 में पश्चिमी चालुक्य सोमेश्वर की सेना चोल शासक वीर राजेंद्र से हार गई। 1075 में कुलोतुंग चोल-1 ने कोलार जिले में नांगिली में विक्रमादित्य-6 को हराकर गंगवाड़ी पर अधिकार किया। चोल साम्राज्य से 1116 में गंगवाड़ी को विष्णुवर्धन के नेतृत्व में होयसालों ने छीन लिया।

प्रथम सहस्राब्दी के आरंभ में ही होयसाल वंश का पुनरोद्भव हुआ। इसी समय होयसाल साहित्य पनपा, साथ ही अनुपम कन्नड़ संगीत और होयसाल स्थापत्य शैली के मंदिर आदि बने। होयसाल साम्राज्य ने अपने शासन के विस्तार के तहत आधुनिक आंध्र प्रदेश और तमिलनाडु के छोटे भागों का विलय किया। चौदहवीं शताब्दी के आरंभ में हरिहर और बुक्का राय ने विजयनगर साम्राज्य की स्थापना की एवं वर्तमान बेल्लारी जिले में तुंगभद्रा नदी के तट होसनपट्ट (विजयनगर) में अपनी राजधानी बसाई।

1565 में समस्त दक्षिण भारत सहित कर्नाटक ने एक बड़ा राजनैतिक बदलाव देखा, जिसमें विजयनगर साम्राज्य तालिकोट के युद्ध में हार के बाद इस्लामी सल्तनतों के अधीन हो गया। बीदर के बहमनी सुल्तान की मृत्यु के बाद बीजापुर सल्तनत ने दक्खिन पर अधिकार कर लिया। सतरहवीं शताब्दी के अंत में कर्नाटक मुगल साम्राज्य के अधीन आया।

परवर्ती अवधि में कर्नाटक पर हैदराबाद के निजाम, मराठा, ब्रिटिश एवं अन्य राजवंशों ने शासन किया। दक्षिण में मैसूर राज्य थोड़े समय के लिए स्वतंत्र रहा। कृष्णाराज वोडयार-2 की मृत्यु के बाद हैदर अली ने इस क्षेत्र पर शासन कायम कर लिया। उसकी मृत्यु के बाद उसका पुत्र टीपू सुल्तान गद्दी पर बैठा। अंग्रेजों से हुए युद्ध में टीपू सुल्तान की मृत्यु के बाद 1799 में मैसूर को ब्रिटिश राज्य में मिला लिया गया, किंतु ब्रिटिशों ने वहां का शासन वोडयारों को सौंप दिया। भारत की आजादी के बाद महाराजा जयचमराजेंद्र वोडेयार ने भारत में मैसूर का विलय करने की अनुमति दी। 1950 में मैसूर एक नया राज्य बना। लंबे समय से चल रहे एकीकरण आंदोलन के फलस्वरूप मद्रास, हैदराबाद और बंबई के कन्नड़भाषी क्षेत्रों को 1956 में मैसूर राज्य में शामिल कर लिया। उसके 17 वर्षों के बाद 1973 में मैसूर का नया नामकरण कर्नाटक किया गया।

भाषा एवं बोलियां : कर्नाटक की प्रधान भाषा कन्नड़ है। 2011 की जनगणना के अनुसार कन्नड़ बोलने वालों की संख्या 4,37,06,512 है। इसके साहित्यिक एवं बोलीगत दो रूप मिलते हैं। कन्नड़ लिपि का विकास ब्राह्मी लिपि से माना जाता है। कन्नड़ की कुछ ध्वनिगत विशेषताएं हैं जो अलग-अगल लिपि-चिह्नों के द्वारा प्रकट की जाती हैं, जैसे 'ए' और 'ओ' स्वरों के ह्रस्व रूप। कन्नड़ में शब्द के अंत में 'अ' का पूर्ण उच्चारण किया जाता है। ऋ का

उच्चारण कहीं 'रि' और कहीं 'रु' होता है। श, ष, स तीनों संघर्षी ध्वनियों का उच्चारण स्पष्ट रूप से होता है। अनुस्वार का उच्चारण 'म' के रूप में होता है। संयुक्त व्यंजन को ऊपर-नीचे लिखा जाता है। व्यंजनों में 'ळ' मूर्धन्य ध्वनि विशेष रूप से प्रयुक्त होता है।

कन्नड़ के अतिरिक्त नजनगुडु, रायचूर, मंगलौर, गुलबर्ग, तुमकूर, बेल्लारी, कुर्ग आदि में कन्नड़ की शैलीगत भिन्नता दिखाई पड़ती है। कुर्ग जिले में कुरुबा जाति की दो उपजातियां—जेनु और अने कन्नड़ की उपबोलियां बोलती हैं।

तुलु भाषा मुख्यतः राज्य के तटीय जिलों में बोली जाती है। तुलु लिपि के ह्रास के कारण अब यह कन्नड़ लिपि में ही लिखी जाती है।

कोडगु जिले के निवासी कोडव जाति के लोग कोडव टक्क बोलते हैं। इस भाषा की दो क्षेत्रीय बोलियां हैं—उत्तरी मेंडले टक्क और दक्षिणी किग्गाति टक्क।

कोंकणी मुख्यतः उत्तर कर्नाटक में और उडुपी एवं दक्षिण के कुछ भागों में बोली जाती है। कोडव टक्क और कोंकणी, दोनों में ही कन्नड़ लिपि का प्रयोग किया जाता है।

अपेक्षाकृत कम बोली जाने वाली भाषाओं में बेयरे भाषा एवं कुछ अन्य बोलियां, जैसे संकेती, भाषा आती हैं।

राज्य की सभी भाषाओं को सरकारी एवं अर्ध-सरकारी संस्थाओं का संरक्षण प्राप्त है। कन्नड़ साहित्य परिषद एवं कन्नड़ साहित्य अकादमी कन्नड़ भाषा के उत्थान के लिए एवं कन्नड़ कोंकणी साहित्य अकादमी कोंकणी साहित्य के विकास के लिए कार्यरत है। तुलु साहित्य अकादमी एवं कोडव साहित्य अकादमी अपनी-अपनी भाषाओं के विकास हेतु प्रयत्नशील हैं।

साहित्य : कन्नड़ भाषा का प्राचीन एवं प्रचुर साहित्य है, जिनमें जैन धर्म, वचन, हरिदास साहित्य जैसे विविध रूप एवं आधुनिक कन्नड़ साहित्य उपलब्ध है। हल्मिडी शिलालेख (450 ईसवी) में कन्नड़ भाषा का प्राचीनतम रूप उपलब्ध है। कन्नड़ साहित्य का प्राचीन काल नौवीं शती से बारहवीं शती तक है, जिसे पंप युग या जैन युग और भाषा की दृष्टि से प्राचीन कन्नड़ युग कहा जाता है। कन्नड़ साहित्य की प्रथम उपलब्ध रचना 'कविराज मार्ग' है, जो 800 ईसवी में नृपतुंग के आश्रित कवि श्री विजय द्वारा रचा गया एक लक्षण ग्रंथ है। इसमें पूर्व के कवियों और उनकी कृतियों की भी जानकारी मिलती है। 'कविराज मार्ग' दंडी के 'काव्यादर्श' का कन्नड़ रूपांतर है। अशोक के समय की राजाज्ञाओं व अभिलेखों से ज्ञात होता है कि कन्नड़ लिपि एवं साहित्य पर बौद्ध साहित्य का भी प्रभाव रहा है।

दूसरी गद्य कृति 'वड्डाराधने' है, जिसकी रचना 850 ईसवी में शिवकोटंयाचार्य ने की थी। यह प्राकृत भाषा की 'वड्डकथा' (बृहत आराधना) का कन्नड़ संस्करण है। इसमें सुकुमार स्वामी, सनतकुमार चक्रवर्ती, वृषभसेन आदि 19 जैन ऋषि-मुनियों की आराधना संबंधी कथा संगृहीत है। इस चरित्र प्रधान ग्रंथ में रत्नत्रयों का विवरण है। इसमें उस समय की संस्कृति तथा प्राचीन कन्नड़ भाषा के स्वरूप का परिचय मिलता है। समाधिमरण, संलेखना आदि का विस्तृत वर्णन है।

इस युग के श्रेष्ठ कवि, जो रत्नत्रय कहलाते हैं-पंप, रन्न और पोन्न हैं। पंप की प्रसिद्ध रचना 'विक्रमार्जुन विजय' (पंप महाभारत) है, रन्न कवि की प्रसिद्ध रचना 'साहस भीम विजय' ('गदा युद्ध' नाम से प्रसिद्ध) और पोन्न कवि की रचना 'शांतिनाथ पुराण' है। अन्य कवियों में नागवर्मा ने 'कर्नाटक कादंबरी' रची, जो बाणभट्ट की संस्कृत में रचित 'कादंबरी' का कन्नड़ रूपांतर है। इस युग की काव्य-कृतियों की शैली चंपु थी।

कन्नड़ साहित्य का दूसरा युग है बसव युग या वीरशैव युग, जो बारहवीं शती से पंद्रहवीं शती तक का है। इस युग में बसवेश्वर के नेतृत्व में, जो कल्याण के कलचुरी राजा बिज्जल के महामंत्री थे, सामाजिक, आर्थिक और आध्यात्मिक विचारों का सम्मिलित आंदोलन हुआ, जिसका उद्देश्य श्रमिकों तथा स्त्रियों सहित सबके उद्धार के लिए समता प्रधान समाज का निर्माण करना था और इससे संबंधित

तत्व-विचार की अभिव्यक्ति 'वचन' के रूप में हुई, जिसके रचनाकार एक या दो नहीं, सैकड़ों शरण-शरणियां थीं, जिनमें अल्लमप्रभु, अक्क महादेवी, सिद्धरामेश्वर, चेन्नबसवण्णा आदि का नाम लिया जाता है। इस युग की रचनाएं भक्तिपरक होने पर भी केवल स्तुतिपरक पूजाविधि प्रधान रचनाएं नहीं हैं। वचन रचने के लिए वचनकार को पढ़ा-लिखा या शिक्षित होना भी जरूरी नहीं। वह अपने विचार को बोलचाल की शैली में कह देता है। वचनकार वचनों में पहचान के लिए अपने नाम के बदले अपने इष्टदेव का नाम अंत में 'वचनांकित' के रूप में रखता है जैसे बसवेश्वर 'कूडलसंगमदेव', अक्क महादेवी– 'चेन्नमल्लिकार्जुन', अल्लमप्रभु–'गुहेश्वर'।

वचनों में वचनकार अपनी वृत्ति के अनुभव के आधार पर वैचारिक तथा आध्यात्मिक विचारों को अभिव्यक्ति देते हैं। इसमें न अंधविश्वास है, न ढोंगीपन। इसमें निर्भीकता है, स्वाभिमान है, आत्मविश्वास है। सभी जातियों, जैसे धोबी मडिवाळ माचय्या, कहार डोहार कक्कय्या, मोची चेन्नय्या, झाड़ू लगाने वाली सत्यक्का, चावल बीनने वाले दंपति मारय्या-लक्कम्मा आदि का वचनकार होना एक बड़ी बात है।

'वचन' एक ऐसी सरल गद्यमय शैली है, जिसमें बसवादि सैकड़ों शरण-शरणियों ने अपने लोकानुभव के द्वारा शिवानुभव की अभिव्यक्ति की है। शरण केवल उपदेशक नहीं थे। उनकी कथनी-जैसी करनी थी। जब शरण ब्राह्मण मधुवरस की बेटी का शरण चमार हरळय्या के बेटे से विवाह कराते हैं, तब सनातनी ब्राह्मण भड़क उठते हैं और राजा से शिकायत करके हरळय्या और मधुवरस को मृत्युदंड दिलाते हैं। इससे शरण भड़क उठे। राजा मार डाला गया। बसवेश्वर कूडलसंगम चले गए। राजा के सैनिकों से बचते शरण वचन साहित्य की रक्षा करके शहीद हो गए। उपलब्ध वचनों का दस भागों में संपादन हुआ है और उनमें 25 हजार से अधिक वचनों का संकलन हुआ। अब उसी का संक्षिप्त रूप में 173 शरणों के 2500 वचनों का एम एम कलबुर्गी द्वारा संपादित किया गया और उसका 30 भाषाओं में अनुवाद हो रहा है। अब तक अनूदित नौ भाषाओं में हिंदी, मराठी, संस्कृत, उर्दू, बांग्ला, पंजाबी, अंग्रेजी, तमिल, तेलुगु भी है। निर्गुण विचारधारा प्रधान सामाजिक-धार्मिक-आध्यात्मिक चिंतन को केंद्र में रख कर सर्वहित के लक्ष्य से रचे जाने के कारण यह साहित्य अत्यंत लोकप्रिय है।

कन्नड़ साहित्य का तीसरा युग है कुमार व्यास युग, जो उत्तर-मध्यकाल भी कहलाता है। इस युग में वैष्णव साहित्य प्रचुर मात्रा में लिखा गया। इस युग की प्रमुख रचनाएं प्रधान रूप में षट्पदी छंद में हुई हैं। एक ओर अनेक 'महाभारत' काव्य लिखे गए, तो दूसरी ओर दास साहित्य रचा गया। इस युग में कुमार व्यास (गदगिन नारणप्पा) और लक्ष्मीश ने महाभारत की रचना की तो कुमार वाल्मीकि (तोरवे नरहरि) ने रामायण की। जैन कवियों में रत्नाकरवर्णी ('सांगत्य' शैली के कवि) ने 'भरतेश वैभव' की और वीरशैव कवियों में चामरस ने 'प्रभुलिंगलीले' की रचना की। दास साहित्य के कवियों में व्यासराय के शिष्य पुरंदरदास और कनकदास के कीर्तन अविस्मरणीय हैं। यह कर्नाटक में विजयनगर सम्राट कृष्णदेवराय के वैभव का काल था। सूरदास के गुरु वल्लभाचार्य यहीं से उत्तर गए थे। इसी युग में सर्वज्ञ कवि हुए, जो कबीर के समान निर्भीक समाज सुधारक थे। इन्होंने 'त्रिपदी' शैली में रचनाएं की हैं, जिन्हें लोग कहावतों की तरह याद रखते हैं।

दास भक्ति हरिदास वाङ्मय की देन है। सर्वप्रथम कन्नड़ भाषा में वैष्णव भक्ति रचना करने वाले नरहरितीर्थ को मानते हैं, जो तेरहवीं शती में थे, परंतु यह धारा आगे नहीं बढ़ी। पंद्रहवीं शती में श्रीपादराज जी ने कन्नड़ पदों द्वारा दास साहित्य का प्रारंभ किया। इनके शिष्यों में व्यासराय प्रमुख हैं। कर्नाटक में विशेषकर व्यासकूट और दासकूट भक्ति धारा बही। व्यासकूट के कवि संस्कृत के पंडित होते थे, आचार्य होते थे, मठपति होते थे। दासकूट के भक्त अधिकतर निम्नवर्ग से निकले होते थे। वे कन्नड़ में सामान्य लोगों को ध्यान में रखकर

पद या कीर्तन रच कर गाते थे। वैष्णव भक्ति की उदारता के इस भक्ति आंदोलन ने उत्तर भारत को भी प्रभावित किया।

इस युग के अंत में संची होन्नम्मा नामक एक कवयित्री हुईं, जो मैसूर के राजा चिक्कदेवराय के यहां तांबूलवाहिनी सेविका थी। राजा की परिचारिका का कवयित्री होना और सम्मान पाना अनोखी बात है। यहां से आधुनिक युग के उदय का संकेत मिलता है।

आधुनिक युग का शुभारंभ कन्नड़ में 1820 से होता है। 1823 में केंपु नारायण ने 'मुद्रामंजूषा' नामक गद्य कृति की रचना की थी। इसी काल में बसप्प शास्त्री ने कालिदास के नाटकों का रूपांतर तथा शेक्सपीयर के नाटक 'ओथेलो' का कन्नड़ रूपांतर किया था। 1870 में 'मुद्दण्णा' नाम से प्रसिद्ध नंदळिके लक्ष्मीनारायण हुए, जिन्होंने 'अद्भुत रामायण' जैसी गद्यकृति और 'गोदावरी' जैसे उपन्यास की रचना की।

आधुनिक कन्नड़ काव्य नवोदयपूर्व (1820-1920), नवोदय (1920-1944), प्रगतिशील (1945-1950), नव्य (1950-1970) तथा नव्योत्तर (1970 से आगे) कालों में विभाजित है।

नवोदयपूर्व में पंजे मंगेशराव और गोविंद पै ने नवयुग की घोषणा करते हुए हरिजनोद्धार आदि भावनाओं की अभिव्यक्त की। 1920 में बी एम श्रीकंठय्या जी ने 'इंग्लीश गीतेगळु' शीर्षक से अंग्रेजी कवियों के गीतों का अनुवाद किया, जिनसे रोमांटिक कविता का प्रवेश हुआ। इसी युग में कुवेंपु, द रा बेंद्रे, डी वी गुंडप्पा, मास्ति वेंकटेश अयंगार हुए, जिनकी रचनाएं भाव प्रधान थीं। वे हिंदी की छायावादी कविता के समान लोकप्रिय हुईं।

प्रगतिशील काव्य के अंतर्गत 1945-50 के आसपास समाजवादी विचारधारा से प्रभावित रचनाएं हुईं। नव्यकाव्य (नई कविता) के अंतर्गत गोपालकृष्ण अडिग, वि कृ गोकाक और जी एस शिवरुद्रप्पा की रचनाएं लोकप्रिय हुईं। कथ्य में विचार प्रधानता और शैली में प्रयोगशीलता इस युग की देन है।

आधुनिक कन्नड़ गद्यप्रधान है। इस युग में अ न कृष्णराव, शिवराम कारंत, मास्ति वेंकटेश अयंगार, यू आर अनंतमूर्ति, एस एल भैरप्पा जैसे कहानीकार-उपन्यासकार हुए। इसी प्रकार श्रीरंग, गिरीश कर्नाड, चंद्रशेखर कंबार जैसे नाटककार हुए। कुवेंपु कवि के साथ-साथ कहानीकार, नाटककार और उपन्यासकार भी थे। आजकल दलित साहित्य और व्यवस्था-विरोधी साहित्य लोकप्रियता पा रहा है।

महत्वपूर्ण रचनाकार

पंप : जैन मतावलंबी पंप का समय 941 ईसवी है। इस युगनिर्माता कवि ने 'विक्रमार्जुन विजय' शीर्षक से महाभारत की रचना की है, जो चंपू शैली में है। इसके कथा नायक अर्जुन हैं। द्रौपदी इसमें केवल अर्जुन की पत्नी हैं, सुभद्रा अर्जुन की पट्टमहिषी हैं। इस कृति में द्रौपदी-वस्त्रापहरण प्रसंग नहीं है। कृष्ण का स्थान गौण है और आश्रयदाता अरिकेसरी को ध्यान में रखकर अर्जुन का चरित्र निर्माण किया गया है, परंतु पंप काव्यांत तक अर्जुन से बढ़कर कर्ण के पात्र को मानते हैं और महाभारत को 'कर्ण रसायन' कह देते हैं।

पंप की दूसरी रचना आदिपुराण है, जिसमें आदिजिन के पुत्रों की गाथा है। उनके पुत्रों में ही भरत और बाहुबलि प्रसिद्ध हैं। बाहुबलि ही कैवल्य प्राप्त कर गोम्मटेश्वर बन जाते हैं, जिसकी मूर्ति श्रवणबेळगोल में स्थित है, जो विश्व प्रसिद्ध शिल्प कृति है।

बसवेश्वर : बसवेश्वर बारहवीं शती के शरण तत्व प्रतिपादक तथा महान सुधारक थे। उन्होंने श्रमिकों, स्त्रियों आदि सभी दुखी, शोषित वर्गों के उद्धार के लिए सामाजिक-आर्थिक-आध्यात्मिक भक्तिप्रधान समता-समाज के निर्माण का प्रयत्न किया और अपने विचारों और अनुभवों की सहज-सरल अभिव्यक्ति वचनों के रूप में की। खुद ही हजारों वचनों की रचना की और अपने सैकड़ों अनुयायियों से भी वचन-रचना कराई। पचीस हजार से भी अधिक वचन-रचनाएं प्रकाशित हैं और उनमें से संकलित 2500 वचनों का 30 भाषाओं में अनुवाद कार्य संपन्न हो रहा है। बसवेश्वर ब्राह्मण वंश में जन्म लेकर ब्राह्मण्य से

बाहर आए थे। सुशिक्षित थे, मंत्री थे, गृहस्थ थे और जीवन भर शोषितों के उद्धार का प्रयत्न करते रहे। वे केवल उपदेशक नहीं थे, अपने विचारों को व्यवहार में भी उतारते थे। उनसे प्रेरित होकर चमार हरळय्या के बेटे की शादी ब्राह्मण मंत्री मधुवरस की बेटी से कराई गई। इसके विरोध में सनातनियों का विरोध हुआ। राजा ने हरळय्या और मधुवरस को मृत्यु दंड दिया। इससे जनता भड़क उठी। क्रांति हुई। राजा बिज्जल मारा गया। बसवेश्वर कूडलसंगम में ऐक्य हुए। वचन साहित्य की रक्षा करते शरण भी शहीद हुए। शरणों के विचारों का प्रामाणिक दस्तावेज के रूप में 'वचन' साहित्य है। बसवादि शरणों के तत्वविचार, सुधारपरक, निर्गुण इष्टलिंगोपासना प्रधान, लोक कल्याणकारी विचारों से ओतप्रोत हैं।

कुमारव्यास : कुमारव्यास का मूल नाम नारणप्पा था। उनकी प्रसिद्ध रचना 'कर्नाट भारत कथा मंजरी' है। यह दस पर्वों में है। 'कन्नड़ भारत' या 'गदगिन भारत' नाम से लोकप्रिय यह काव्य 8500 भामिनी षट्पदी छंदों में लिखा गया है। कथा आदि पर्व से गदापर्व तक की है, परंतु उसके बाद तिक्कण्णा नामक कवि ने आठ और पर्व लिख कर काव्य को पूर्ण किया। इसके कथा नायक कृष्ण हैं। द्यूतपर्व, द्रौपदी वस्त्रापहरण प्रसंग और विराट पर्व के चित्रण में कवि ने असाधारण प्रतिभा दिखाई है। भीमकीचक वध प्रसंग विशेष रूप से पठनीय है। दास साहित्य कुमारव्यास युग का महत्वपूर्ण वैष्णव हरिदास साहित्य है। यह भी वचनांदोलन के समान हरिदासों का भक्ति आंदोलन है। रामानुजाचार्य ने ग्यारहवीं शती में निम्नवर्ग के लोगों को भी वैष्णव भक्ति की ओर आकर्षित किया था। उन्होंने जैन राजा बिट्टीदेव को वैष्णव मत में दीक्षित कर 'विष्णुवर्धन' नामकरण किया था। इसी परंपरा में आगे पंद्रहवीं शती में हरिदासों की परंपरा चली। व्यासराय ने कनकदास जैसे शूद्र को भी शिष्य बनाया था। पुरंदरदास और कनकदास दोनों उन्हीं के शिष्य थे, जिन्होंने कृष्ण भक्ति को व्यापकता दी।

कनकदास : कनकदास गढ़रिया मूल के थे, परंतु कनक राजा थे और शासन किया। पढ़े-लिखे थे। भक्त बनने के बाद कीर्तन गाते हुए घूमते थे। उडुपि में इन्हें मंदिर में भगवान के दर्शन करने से रोका गया। उन्होंने जाति, कुल आदि के भेद के विरुद्ध जागृति पैदा की। कनकदास पंडित भी थे, काव्यों की भी रचना की है। उन्होंने हरिभक्ति में जाति भेद से मुक्त होकर समानता की भावना से चलने के शील से युक्त मार्ग प्रशस्त किया।

कर्नाटक में भक्त कवि व्यासकूट और दासकूट दो वर्गों में बंटे हुए थे। व्यासकूट के कवि आचार्य और मठपति होते थे। दासकूट के कवि इतर जातियों के थे। उन्हें दास कहा जाता था। कनकदास दासकूट के कवि थे। वैराग्य धारण करने से पहले वे कनक नायक थे और शासन करते थे। उन्होंने 'नळ चरिते', 'राम धान्य चरिते' और 'हरिभक्तिसार' के अलावा कीर्तनों की रचना की है। 'मोहन तरंगिनी' कनकदास की प्रधान कृति है। 'मोहन तरंगिनी' में कृष्ण-रुक्मिणी, रति-मन्मथ, उषा-अनिरुद्ध का प्रेमकथा-प्रसंग है। यह हरि-हर मैत्री को प्रस्तुत करने वाली कृति है। उषा शिवभक्त बाणासुर की पुत्री है और अनिरुद्ध कृष्ण का पोता है। इनका विवाह हरि-हर मैत्री का प्रतीक है। इसमें अष्टादश वर्णन है। कनकदास ने हरि-हर मैत्री के द्वारा शैव-वैष्णव समन्वय किया और लोकप्रिय कीर्तनकार की प्रसिद्धि पाई।

कुवेंपु : कर्नाटक के राष्ट्रकवि के रूप में प्रख्यात कुवेंपु प्रसिद्ध कन्नड़ कवि एवं लेखक थे, जिन्होंने 'जय भारत जननीय तनुजते' लिखा था, जिसे अब राज्य का राष्ट्रगीत (एंथम) घोषित किया गया है। इन्हें प्रथम कर्नाटक रत्न सम्मान दिया गया था, जो कर्नाटक सरकार द्वारा दिया जाने वाला सर्वोच्च नागरिक सम्मान है। कन्नड़ में इनके द्वारा रचित 'रामायण दर्शनम' काफी लोकप्रिय है। मूल वाल्मीकि कृत रामायण कथा पर आधारित है, पर इसमें कुछ परिवर्तन कर लिया गया है। रावण के पात्र का चित्रण विशिष्ट ढंग से कवि ने किया है। यहां रावण साधक

है। रावण की प्रतिज्ञा थी कि 'राम को जीतकर उसे सीता के लिए भेंट के रूप में दूंगा'। अयोध्या के वर्णन में कवि सच्ची संस्कृति का परिचय कराते हैं। 'श्री रामायण दर्शनम' काव्य एक अद्भुत सिद्धि है। कुवेंपु की दृष्टि में यह केवल काव्य नहीं, एक दर्शन है, जिसके माध्यम से भारतीय संस्कृति के आदर्श को प्रस्तुत किया गया है।

कर्नाटक में हिंदी की कुछ प्रमुख संस्थाएं : कर्नाटक में हिंदी प्रचार आंदोलन का इतिहास स्वतंत्रता आंदोलन के साथ जुड़ा है। दक्षिण भारत हिंदी प्रचार सभा की शाखाएं कर्नाटक में भी खोली गईं। इसकी धारवाड़ शाखा 1935 में खोली गई, जो क्रमशः विकसित होती गई। सभा का स्नातकोत्तर तथा अनुसंधान केंद्र भी है, जहाँ एमए, एमफिल तथा पीएचडी के पाठ्यक्रम चलाए जा रहे हैं। 1936 में सभा की शाखा 'मैसूर रियासत हिंदी प्रचार समिति' नाम से बंगलुरु में खोली गई। 1961 में यह स्वतंत्र संस्था बनी और इसका नाम 'कर्नाटक हिंदी प्रचार समिति' रखा गया। यह समिति राजभाषा विद्वान तक की परीक्षाएं चलाती है और 1985 से हिंदी प्रशिक्षण महाविद्यालय भी। 1994 से बंगलुरु विश्वविद्यालय की ओर से हिंदी में एमए की पढ़ाई हो रही है।

बंगलुरु नगर में 'मैसूर हिंदी प्रचार परिषद' की स्थापना 1943 में हुई, जो 'हिंदी रत्न' तक की परीक्षाएं और 'कन्नड़ रत्न' परीक्षा चलाती है। परिषद का हिंदी प्रशिक्षण महाविद्यालय है।

कर्नाटक महिला हिंदी सेवा समिति की स्थापना बंगलुरु में 1952 में हुई। स्व. मुत्तूबाई माने जी की अध्यक्षता में केवल महिलाओं के लिए यह संस्था खोली गई। यहां भाषा प्रवीण तक की परीक्षाएं चलती हैं। 1980 से महिला हिंदी मासिक 'पत्रिका' नियमित रूप से निकल रही है। समिति का अपना प्रिंटिंग प्रेस तथा प्रकाशन है। समिति ने मास्ति वेंकटेश अयंगार, श्रीमती त्रिवेणी आदि कथाकारों की रचनाएं अनुवाद करवा कर प्रकाशित की हैं।

कर्नाटक में हिंदी रंगमंच : हिंदी रंगकर्म के साथ कर्नाटक का संबंध काफी समय से रहा है। मोहन महर्षि के निर्देशन में श्रीरंग (आद्यरंगाचार्य) का 'केळु जनमेजय' (सुनो जनमेजय) नाटक खेला गया। गिरीश कर्नाड के 'हयवदन' का सत्यदेव दुबे ने हिंदी में निर्देशन किया। बंगलुरु के रंगकर्मी आर नागेश ने 2000 में 'दक्षिणी' नाटक संस्था की स्थापना की। गिरीश कर्नाड के 'तलेदंड' का 'रक्त कल्याण' शीर्षक से और टी एस सीताराम के 'नम्मोळगोब्ब नाजूकय्या' का 'मन ही मन दल्ला नाचे' शीर्षक से हिंदी रूपांतर खेले गए। गिरीश कर्नाड के 'ययाति', एच एस शिवप्रकाश के 'महाचैत्र', कुवेंपु के 'जलगार', चंद्रशेखर कंबार के 'जोकुमार स्वामी' के हिंदी रूपांतरों का मंचन हुआ। साणेहळ्ळी (कर्नाटक) के शिवकुमार कला संघ ने गिरीश कर्नाड के 'रक्त कल्याण', पी लंकेश के 'संक्रांति', शिवाचार्य स्वामी के 'जंगम की ओर' और 'मरण ही महानवमी', और एच एस शिवप्रकाश के 'महाचैत्र' के हिंदी रूपांतरों का मंचन सारे भारत में भ्रमण कर किया गया।

'कमला गोयनका फाउंडेशन' बंगलुरु में कन्नड़-हिंदी सौहार्द हेतु हिंदीतर साहित्यकारों के प्रोत्साहन के लिए पुरस्कार/सम्मान का कार्यक्रम करता है।

बसव समिति द्वारा 'बहुभाषा वचन अनुवाद योजना' : बसव समिति पूर्व उपराष्ट्रपति बी डी जत्ती द्वारा स्थापित संस्था है, जिसका उद्देश्य बसवादि शरणों के तत्वों का प्रसार करना है। समिति विविध भाषाओं में पत्रिकाएं प्रकाशित कर रही है। उनमें कन्नड़, हिंदी और अंग्रेजी भाषा की 'बसवपथ' पत्रिकाएं अधिक लोकप्रिय हैं। आजकल कर्नाटक सरकार के आर्थिक सहयोग से 173 वचनकारों के 2500 वचनों का 30 भाषाओं में अनुवाद इसी योजना के तहत हो रहा है।

सुधार आंदोलन : बारहवीं शताब्दी में जातिवाद और अन्य सामाजिक कुप्रथाओं के विरोध स्वरूप उत्तरी कर्नाटक में वीरशैवधर्म का उदय हुआ। इस आंदोलन के अग्रणी व्यक्तित्वों में बसव, अक्क महादेवी और अल्लम प्रभु थे, जिन्होंने अनुभव मंडप की स्थापना

की, जहां शक्ति विशिष्टाद्वैत का उदय हुआ। यही आगे चलकर लिंगायत मत का आधार बना, जिसके आज कई लाख अनुयायी हैं।

संस्कृति : कर्नाटक में एक समृद्ध सांस्कृतिक विरासत मौजूद है। यहां के विभिन्न शासकों ने विभिन्न धर्मों एवं दर्शनों को बढ़ावा दिया, जिनका साहित्य, वास्तुशिल्प, लोकगीतों, संगीत, चित्रकला आदि पर विशेष प्रभाव पड़ा। कर्नाटक राज्य में विभिन्न बहुभाषाई और धार्मिक जातियां-प्रजातियां बसी हुई हैं। इनके लंबे इतिहास ने राज्य की सांस्कृतिक धरोहर में अमूल्य योगदान दिया है। इन सबके अपने सांस्कृतिक पहलू, रीति-रिवाज, खानपान एवं जीवनशैली है। कर्नाटक के सांस्कृतिक और धार्मिक ढांचे में जैन साहित्य और दर्शन का भी महत्त्वपूर्ण योगदान रहा है।

कर्नाटक की परंपरागत लोक कलाओं में संगीत, नृत्य, नाटक, घुमक्कड़ कथावाचक आदि आते हैं। मालनाड और तटीय क्षेत्र के यक्षगण, शास्त्रीय नृत्य-नाटिकाएं राज्य की प्रधान रंगमंच शैलियों में से एक हैं। यहां की रंगमंच परंपरा अनेक सक्रिय संगठनों जैसे निनासम, रंगशंकर, रंगायन एवं प्रभात कलाविदरु के प्रयासों से जीवंत है। वीरागेस, कमसेल, कोलाट और डोलुकुनिता यहां की प्रचलित नृत्य शैलियां हैं। मैसूर शैली का भरतनाट्यम शिखर पर पहुंचा हुआ है।

कर्नाटक का विश्वस्तरीय शास्त्रीय संगीत में विशिष्ट स्थान है, जहां संगीत की कर्नाटक (कार्नेटिक) और हिंदुस्तानी शैलियां विद्यमान हैं। कर्नाटक संगीत के कई प्रसिद्ध कलाकार, जैसे गंगूबाई हंगल, मल्लिकार्जुन मंसूर, भीमसेन जोशी, बसवराज राजगुरु, सवाई गंधर्व और कई अन्य कर्नाटक राज्य से हैं और इनमें से कुछ को कालिदास सम्मान, पद्म भूषण और पद्म विभूषण भी मिला है। कन्नड़ भगवती शैली आधुनिक कविगण के भावात्मक रस से प्रेरित प्रसिद्ध संगीत शैली है।

मैसूर चित्रकला शैली ने अनेक श्रेष्ठ चित्रकार दिए हैं, जिनमें से सुंदरैया, तंजावुर कोंडव्य, बी वेंकट प्पा और केशवैय्या हैं। राजा रवि वर्मा के बनाए धार्मिक चित्र पूरे भारत और विश्व में आज भी पूजा अर्चना हेतु प्रयोग होते हैं। मैसूर चित्रकला की शिक्षा हेतु चित्रकला परिषत नामक संगठन यहां विशेष रूप से कार्यरत है।

कर्नाटक में महिलाओं की परंपरागत भूषा साड़ी है। कोडगु की महिलाएं एक विशेष प्रकार से साड़ी पहनती हैं, जो शेष कर्नाटक से कुछ भिन्न है। राज्य के पुरुषों का परंपरागत पहनावा धोती है, जिसे यहां पांचे कहते हैं। वैसे शहरी क्षेत्रों में लोग प्रायः कमीज-पतलून तथा सलवार-कमीज पहना करते हैं। राज्य के दक्षिणी क्षेत्र में विशेष शैली की पगड़ी पहनी जाती है, जिसे मैसूरी पेटा कहते हैं और उत्तरी क्षेत्रों में राजस्थानी शैली जैसी पगड़ी पहनी जाती है, जो पगड़ी या पटगा कहलाती है।

चावल और रागी राज्य के प्रधान खाद्य हैं और जोलड रोट्टी, सोरघम उत्तरी कर्नाटक के प्रधान खाद्य हैं। इनके अलावा तटीय क्षेत्रों एवं कोडगु में अपनी विशिष्ट खाद्य शैली है। बिसे बेले भात, जोलड रोट्टी, रागी बड़ा, उपमा, मसाला दोसा और मद्दूर वड़ा कर्नाटक के कुछ प्रसिद्ध खाद्य पदार्थ हैं। मिष्ठान्न में मैसूर पाक, बेलगावी कुंड, गोकक करदंतु और धारवाड़ पेड़ा मशहूर हैं।

पर्व-त्योहार : कर्नाटक में अनेक पर्व-त्योहार मनाए जाते हैं, जिनमें उगादि (कन्नड़ नव वर्ष), मकर संक्रांति, गणेश चतुर्थी, नाग पंचमी, बसव जयंती, दीपावली आदि प्रमुख हैं।

उगादि कर्नाटक का विशेष पर्व है। इसे मार्च महीने में अमावस्या के अगले दिन मनाते हैं। यह नए वर्ष का पर्व है। किसान लोग फसल आने के उपलक्ष्य में खुशी मनाते हैं। इस दिन नीम और गुड़ एक-दूसरे को खिलाकर शुभकामना व्यक्त करते हैं। इसे गुडी पर्व भी कहते हैं।

चैत्र पूर्णिमा (अप्रैल) के दिन बंगलुरु में करग उत्सव मनाया जाता है। इस दिन रात को व्रत रखते हुए पत्नी का मंगलसूत्र पहन कर पुरुष ही द्रौपदी के वेश में 'करग' नामक विशेष प्रकार से घड़े को फूलों से अलंकृत कर देवालयों में जाकर पूजित

होता है। यह आयोजन बंगलुरु में प्राचीन समय से तिगुळ समुदाय के लोगों द्वारा किया जा रहा है। यह उत्सव कर्नाटक की विशिष्ट सांस्कृतिक धार्मिक परंपरा का प्रतीक है।

भाद्रपद मास शुक्ल पक्ष चतुर्थी को गणेश जन्मोत्सव के रूप में मनाया जाता है। इसी तिथि को शिव और पार्वती ने हाथी का सिर जोड़कर अपने पुत्र गणेश को जीवित किया था। यह पर्व उसकी याद में मनाया जाता है। बड़े-बड़े सांस्कृतिक कार्यक्रम आयोजित किए जाते हैं। गणेश के प्रीत्यार्थ मोदक बनाया जाता है और गौरी के प्रीत्यार्थ पूरनपूरी जैसा मीठा खाद्य, जिसे कन्नड़ में 'ओब्बट्ट' कहा जाता है, विशेष रूप से बनाते हैं।

कर्नाटक में 'नाडहब्बा' नवरात्रि उत्सव राज्योत्सव के रूप में मनाया जाता है। यह मैसूर के प्रधान त्योहारों में से एक है। यह मैसूर राजाओं के समय से मनाया जा रहा है। कहा जाता है कि इससे पूर्व सोलहवीं सदी में विजयनगर साम्राज्य में यह बड़ी धूमधाम से मनाया जाता था। यह त्योहार चामुंडेश्वरी द्वारा महिषासुर के मर्दन किए जाने का संकेत भी देता है। मैसूर राजाओं के लिए चामुंडेश्वरी-कुलदेवी हैं। विजय दशमी के पिछले दिन 'आयुध पूजा' होती है। यह राजाओं के शस्त्रास्त्र पूजने की विधि है, परंतु जनता अपनी उपयोगी वस्तुओं की पूजा करती है। यह विशेषकर जनता का त्योहार है।

विजय दशमी के दिन राजमहल से हाथी पर 'अंबारी' (सुवर्ण मंडप), जिसमें पहले राजा बैठते थे, आज चामुंडेश्वरी का चित्र रखा जाता है। उसे 'बन्नीमंटप' तक ले जाया जाता है। वहां रात को पुलिस द्वारा 'टार्च पैरेड' किया जाता है। आज राजा नहीं है, फिर भी राजवैभव का यह उत्सव 'नाड हब्बा' (लोगों का त्योहार) के रूप में मनाया जाता है।

शिक्षा : कर्नाटक शिक्षा की दृष्टि से काफी विकसित राज्य है। यहां की साक्षरता दर 70 प्रतिशत से अधिक है, जिसमें पुरुष साक्षरता दर लगभग 70 प्रतिशत तथा महिला साक्षरता दर 58 प्रतिशत है।

राज्य में भारत के कुछ प्रतिष्ठित शैक्षिक और अनुसंधान संस्थान भी स्थित हैं, जैसे भारतीय विज्ञान संस्थान, भारतीय प्रबंधन संस्थान, राष्ट्रीय प्रौद्योगिकी संस्थान, कर्नाटक और भारतीय राष्ट्रीय विधि विश्वविद्यालय।

मार्च 2006 के आंकड़ों के अनुसार कर्नाटक में 54,529 प्राथमिक विद्यालय और 9,498 माध्यमिक विद्यालय हैं। राज्य के प्रमुख विश्वविद्यालयों में बंगलुरु विश्वविद्यालय, गुलबर्ग विश्वविद्यालय, कर्नाटक विश्वविद्यालय, कुवेंपु विश्वविद्यालय, मंगलौर विश्वविद्यालय तथा मैसूर विश्वविद्यालय शामिल हैं। इनके अलावा एक मानिव विश्वविद्यालय क्राइस्ट विश्वविद्यालय भी है। इन विश्वविद्यालयों से मान्यता प्राप्त 481 स्नातक महाविद्यालय हैं। 1998 में राज्य भर के अभियांत्रिकी महाविद्यालयों को नवगठित बेलगाम स्थित विश्वेश्वरैया प्रौद्योगिकी विश्वविद्यालय के अंतर्गत लाया गया, जबकि चिकित्सा महाविद्यालयों को राजीव गांधी स्वास्थ्य विज्ञान विश्वविद्यालय के अधिकारक्षेत्र में लाया गया था। राज्य में 123 अभियांत्रिकी, 35 चिकित्सा तथा 40 दंतचिकित्सा महाविद्यालय हैं। राज्य में वैदिक एवं संस्कृत शिक्षा हेतु उडुपी, शृंगेरी, गोकर्ण तथा मेलकोट प्रसिद्ध स्थान हैं। इनके अतिरिक्त मेदेनहल्ली-कानिवेनारायणपुरा में विश्वेश्वरैया उन्नत प्रौद्योगिकी संस्थान निर्माणाधीन है।

कृषि एवं उद्योग : कर्नाटक की लगभग 56 प्रतिशत जनसंख्या कृषि और उससे संबंधित गतिविधियों में संलग्न है। राज्य की कुल भूमि के 64.6 प्रतिशत भाग पर खेती होती है। तटीय क्षेत्र में गहन खेती होती है, जहाँ प्रमुख खाद्यान्न चावल और प्रमुख नकदी अन्न गन्ना पैदा किया जाता है। अन्य प्रमुख फसलों में ज्वार, रागी, काजू, इलायची, सुपारी, अंगूर, काफी, रबड़, केला, मूंगफली, कपास, तिलहन आदि शामिल हैं। मलनाड क्षेत्र में सागौन, चंदन, बांस, गोंद, शीशम आदि उपयोगी वृक्ष पैदा होते हैं।

यहां भारत के सार्वजनिक क्षेत्र के अनेक बड़े उद्योग स्थापित किए गए हैं, जैसे हिंदुस्तान एयरोनॉटिक्स लिमिटेड, नेशनल एरोस्पेस लैबोरेटरीज़, भारत हेवी इलेक्ट्रिकल्स लिमिटेड, इंडियन टेलीफोन

इंडस्ट्रीज, भारत अर्थ मूवर्स लिमिटेड, हिंदुस्तान मशीन टूल्स आदि बंगलुरू में स्थित हैं। यहां भारत के कई प्रमुख विज्ञान एवं प्रौद्योगिकी अनुसंधान केंद्र भी हैं, जैसे भारतीय अंतरिक्ष अनुसंधान संगठन, केंद्रीय विद्युत अनुसंधान संस्थान, भारत इलेक्ट्रॉनिक्स लिमिटेड एवं केंद्रीय खाद्य प्रौद्योगिकी अनुसंधान संस्थान। मैंगलोर रिफाइनरी एंड पेट्रोकैमिकल्स लिमिटेड मंगलोर में स्थित एक तेल शोधन केंद्र है।

1980 के दशक से कर्नाटक, विशेषकर बंगलुरु सूचना प्रौद्योगिकी के क्षेत्र में विशेष रूप से उभरा है। वर्ष 2007 में लगभग 2000 आईटी फर्में संचालित हो रही थीं। इनमें से कई के मुख्यालय भी राज्य में ही स्थित हैं, जिनमें दो सबसे बड़ी आईटी कंपनियां इन्फोसिस और विप्रो हैं। नंदी हिल क्षेत्र के 50 वर्ग किमी भाग में आईटी कंपनियों का विस्तार हो रहा है। इन सब कारणों से बंगलुरु को भारत की सिलिकॉन घाटी कहा जाने लगा है।

भारत में कर्नाटक जैव प्रौद्योगिकी के क्षेत्र में भी अग्रणी है। यह भारत के सबसे बड़े जैव आधारित उद्योग समूह का केंद्र है। यहां देश की 158 जैव प्रौद्योगिकी संस्थाएं स्थित हैं। इसी राज्य से भारत के कुल पुष्प उद्योग का 75 प्रतिशत योगदान है। पुष्प उद्योग तेजी से उभरता और फैलता उद्योग है, जिसके द्वारा विश्व भर में सजावटी पौधे और फूलों की आपूर्ति की जाती है।

भारत के 3500 करोड़ के रेशम उद्योग का अधिकांश भाग कर्नाटक राज्य में स्थित है, विशेषकर उत्तरी बंगलुरु क्षेत्रों जैसे मुद्दनहल्ली, कनिवेनारायणपुरा एवं दोड्डबल्लपुर 70 करोड़ रेशम उद्योग का अंश स्थित है। यहां की बंगलौर सिल्क और मैसूर सिल्क विश्वप्रसिद्ध हैं।

पर्यटन : कर्नाटक ऐतिहासिक, प्राकृतिक, भौगोलिक एवं धार्मिक दृष्टि से आकर्षक पर्यटन क्षेत्र है। यहां प्राचीन शिल्पकला से परिपूर्ण मंदिर, नैसर्गिक पर्वतमालाएं, सुनहरे रेतीले एवं शांत सागर तट, अभयारण्य, वास्तुशिल्प के अनोखे नमूने हैं, जो देश एवं विदेश के पर्यटकों को आकर्षित करते हैं। पर्यटन की दृष्टि से कर्नाटक भारत का चौथा सर्वाधिक आकर्षक क्षेत्र है।

ऐतिहासिक दृष्टि से मैसूर, श्रीरंगपट्टण, हंपे, बादामी, पट्टदकल, बिजापुर, बसव, कल्याण, कूडलसंगम आदि अत्यंत महत्वपूर्ण पर्यटन स्थल हैं। पर्यटन की दृष्टि से श्रीरंगपट्टण किला, श्रीरंगनाथ मंदिर, दरिया दौलत आदि स्थल भी प्रसिद्ध हैं। श्रीरंगपट्टण से चौदह मील दूर पर मैसूर शहर है। आकर्षण का केंद्र मैसूर राजमहल पुराने राजवैभव का जीता-जागता प्रतीक है। महाराजा पैलेस इतना आलीशान एवं खूबसूरत है कि उसे विश्व के दस सुंदर महलों में एक माना जाता है।

यहां 752 संरक्षित स्मारक हैं। राज्य में 25 वन्य जीवन अभयारण्य एवं 5 राष्ट्रीय उद्यान हैं। इनमें से बांदीपुर राष्ट्रीय उद्यान, बनेरघाटा राष्ट्रीय उद्यान एवं नागरहोल राष्ट्रीय उद्यान काफी प्रसिद्ध हैं। कर्नाटक के दक्षिणी जिलों में प्रसिद्ध पारिस्थितिकी पर्यटन स्थल हैं जिनमें कुद्रेमुख, मडिकेरी तथा अगुंबे उल्लेखनीय हैं। हंपी में विजयनगर साम्राज्य के अवशेष तथा पत्तदकल में प्राचीन पुरातात्त्विक अवशेष यूनेस्को विश्व धरोहर चुने जा चुके हैं।

प्राकृतिक सौंदर्य की दृष्टि से जोग जल प्रपात, शिवन समुद्र, नागरहोळे, बंडीपुर आदि हैं। शिल्पकला की दृष्टि से बेलूर हळेबीड़ श्रवणबेळगोळ का गोम्मटेश्वर विश्व प्रसिद्ध है। यहां के खूबसूरत सागरतटों में गुरुदेश्वर, गोकर्ण एवं करवर सागरतट प्रमुख हैं। श्रवणबेळगोळ हाल के कुछ वर्षों में कर्नाटक स्वास्थ्य रक्षा पर्यटन के एक सक्रिय केंद्र के रूप में भी उभरा है। यहां देश की प्रायः सभी स्वास्थ्य प्रणालियां और वैकल्पिक चिकित्सा उपलब्ध हैं। राज्य के अस्पतालों में लगभग 8000 स्वास्थ्य संबंधी सैलानी आते हैं।

तुंगभद्रा नदी तट पर हंपे (पंपाक्षेत्र) में विरुपाक्ष मंदिर का स्वर्ण कलश और हंपे का कला वैभव विट्ठल स्वामी मंदिर में दर्शनीय है। वहां के कल्याण मंटप की कला, शिलामूर्तियां, आंगन में पत्थर का बनाया राजरथ मनमोहक है। श्रवणबेळगोळ जैनियों

का अत्यंत पुरातन यात्रा स्थल है। यहां गोम्मटेश्वर की एकाश्म-प्रतिमा जैन धर्मावलंबियों के सर्वप्रिय तीर्थों में से एक है। यहां 13 से अधिक बसदि हैं। श्रवणबेळगोळ में दो छोटे-बड़े पहाड़ों के बीच पुष्कर है। बड़ी चट्टान का नाम इंद्रगिरि है। इस पर गोम्मटेश्वर की शिलामूर्ति प्रशांत गंभीर मुद्रा में स्थित है, जो 57 फुट ऊंचा है। यह गोम्मट बाहुबलि नाम से भी प्रसिद्ध है। यहां के मंत्री चाबुंडराय ने 983 ई. में इस महामूर्ति को बनवाया था।

आदि शंकराचार्य ने श्रृंगेरी को भारत के चार पीठों में से दक्षिण पीठ हेतु चुना था। पहाड़ पर चामुंडी देवी मंदिर है, जो पहाड़ के प्राकृतिक सौंदर्य के बीच भक्तों के लिए आकर्षण का केंद्र है। कृष्णराज सागर (सर एम विश्वेश्वरय्या द्वारा कावेरी नदी पर बनवाया बांध) और वृंदावन बगीचा दर्शनीय स्थल हैं। रात को यहां फौवारे और विद्युत दीप की शोभा दर्शकों को मंत्रमुग्ध कर देती है। केदारेश्वर और होयसळेश्वर मंदिर भी शिल्पकला के उत्तम नमूनों से विश्वाकर्षक है। होयसळेश्वर की नाट् सरस्वती की नाट्य भंगिमा चित्ताकर्षक है।

प्राकृतिक सौंदर्य के स्थलों में जोग जलप्रपात विश्व प्रसिद्ध है। यह कर्नाटक के शिवमोगा के पास है। यहां शरावती नदी 960 फुट से गिरती है, जिसे जोग प्रपात कहते हैं। गिरते समय जल चार भाग में विभाजित होता है, जिन्हें राजा, राणी, रोरर, राकेटनाम दिया गया है। गिरता हुआ जल वर्षाकाल में नयनाभिराम दृश्य उपस्थित करता है।

बेलूर हळबीडु शिल्पकला के रूप में ख्यात कर्नाटक के हासन जिले में यगची नदी तटपर चेन्नकेशव मंदिर की शिल्पकला अद्‌भुत है। चेन्नकेशव मंदिर के नवरंग की बाहरी दीवार पर आठ कतारों में चित्रपट्टी है। हाथी की कतार, फिर मदनिकाओं की भंगिमाएं, रामायण-महाभारत की कथाएं बारीकी से पत्थरों में खुदी गई हैं, जो दर्शकों को मंत्रमुग्ध कर देती हैं।

बीजापुर वास्तुशिल्प, चित्र शिल्प और मूर्तियों के कारण विश्व प्रसिद्ध स्थल हो गया है। आठ मील के घेरे में किले के अंदर शहर बसा है। गोलगुंबज वास्तुशिल्प का अद्‌भुत नमूना है। 200 फुट ऊंचा है और बिना खंभों के सहारे टिका हुआ है।

इब्राहिम रोजा भी अत्यंत भव्य है, जो 400 फुट ऊंची जगह पर निर्मित है। इसके चारों कोने में चार मीनार हैं। भवन की बाहरी दीवार पर कुरान के वाक्य खुदे हुए हैं। बीजापुर में अन्य दर्शनीय स्थलों में सात मंजिल, बारा कमान, आनंद महल, अदालत महल आदि उल्लेखनीय हैं।

यातायात : कर्नाटक सड़क, रेल एवं वायुमार्ग तीनों ही दृष्टियों से काफी उन्नत है। कर्नाटक के राष्ट्रीय उच्चपथ की लंबाई 3,973 किलोमीटर एवं राजकीय राजमार्गों की लंबाई 9,829 किलोमीटर है। अन्य सड़कों की लंबाई लगभग 2,25,000 किलोमीटर है। कर्नाटक का रेल यातायात संजाल लगभग 3,089 किलोमीटर लंबा है। बंगलुरु अंतरराज्यीय शहरों से रेल यातायात द्वारा भली-भांति जुड़ा हुआ है। बंगलुरु, मंगलौर, हुबली, बेलगाम, हंपी एवं बेल्लारी में हवाई अड्डे हैं, जिनमें बंगलुरु एवं मंगलौर अंतरराष्ट्रीय हवाई अड्डे भी हैं। कर्नाटक में 11 जहाजपत्तन हैं, जिनमें मंगलौर पोर्ट सबसे नया है।

टी जी प्रभाशंकर

अधिक जानकारी के लिए :

1. **कन्नड़ की संरचना (उत्तरी कन्नड़-धारवाड़ की बोली) :** आर सी हिरेमठ, 2. **बोलचाल की कन्नड़ :** ब्राइट, 3. **हल्लवकी कन्नड़ :** ए एस आचार्य, 4. **नजनगुडु कन्नड़ :** यू पी उपाध्याय, 5. **रायचूर कन्नड़ :** एम नरसिंहराव, 6. **भारतीय भाषाएं :** कैलाशचंद्र भाटिया

कन्हैयालाल माणिकलाल मुंशी
(1887-1971)

कन्हैयालाल माणिकलाल मुंशी का आधुनिक गुजराती साहित्य में अत्यंत महत्वपूर्ण

स्थान है। इनका जन्म गुजरात के भड़ौंच जिले के एक ब्राह्मण भार्गव परिवार में 30 दिसंबर 1887 को हुआ था। उनकी मृत्यु 8 फरवरी 1971 को हुई। कन्हैयालाल माणिकलाल मुंशी का व्यक्तित्व बहुआयामी था। उन्होंने विधि की पढ़ाई की थी और अधिवक्ता होने के साथ ही वे साहित्यकार, स्वतंत्रता सेनानी, राजनीतिज्ञ, विचारक, शिक्षाविद तथा पर्यावरणविद थे। भारतीय राजनीति में लंबे समय तक उन्होंने कई तरह की भूमिकाएं निभाईं। ये अरविंद घोष के शिष्य थे। ये महाराज सवाई राव गायकवाड़ से प्रभावित थे। अरविंद घोष, गांधी जी, सरदार पटेल और मूलाभाई देसाई के विचारों से इनका व्यक्तित्व निर्मित था।

कन्हैयालाल माणिकलाल मुंशी पेशे से वकील और न्यायाधीश थे। इन्होंने गांधी जी के 'यंग इंडिया' पत्र में सह-संपादक के रूप में कैरियर की शुरुआत की थी। इनका जीवन अत्यंत सक्रिय था। 1904 में इन्होंने भरूच में एक पुस्तकालय बनवाया। स्वतंत्रता संग्राम में इन्होंने अत्यंत सक्रिय भूमिका निभाई। द्वितीय विश्वयुद्ध के दौरान ये एनी बेसेंट के साथ थे। बाद में ये गांधी जी के साथ आ गए। 1930 की दांडी यात्रा तथा 1942 के भारत छोड़ो आंदोलन में इन्होंने भागीदारी निभाई। परिणामस्वरूप कई बार जेल गए। स्वतंत्रता के बाद भी ये सक्रिय थे और कई तरह के राजनीतिक और सांस्कृतिक कार्य करते थे। वे विश्व हिंदू परिषद की स्थापना सभा में सभापति थे। इनका सबसे महत्वपूर्ण योगदान भारतीय विद्या भवन की स्थापना है। आज भारतीय विद्या भवन के 120 केंद्र और 350 संस्थान हैं जिनमें इंजीनियरिंग, सूचना प्रौद्योगिकी, मैनेजमेंट, संचार, पत्रकारिता आदि की पढ़ाई होती है। इन्होंने संविधान के निर्माण में भी योगदान दिया। ये संविधान सभा की सबसे अधिक, कुल ग्यारह समितियों के सदस्य थे। 1948 में इन्होंने सोमनाथ मंदिर का जीर्णोद्धार करवाया। 1952 से 1957 तक उत्तर प्रदेश के राज्यपाल थे। आगे ये केंद्रीय कृषि और खाद्य मंत्री बनाए गए। ये पर्यावरणविद भी थे। 1950 में इन्होंने वन महोत्सव प्रारंभ किया जो आज भी वर्षा ऋतु में देश के अलग-अलग भागों में मनाया जाता है। इन सबके साथ ये लेखन में भी अत्यंत सक्रिय थे।

कन्हैयालाल माणिकलाल मुंशी

1922 में इन्होंने 'गुजरात' मासिक पत्रिका का प्रकाशन शुरू किया। 1956 में उदयपुर में अखिल भारतीय हिंदी साहित्य सम्मेलन के अध्यक्ष बनाए गए। 1959 में इन्होंने 'समर्पण' नाम की मासिक पत्रिका शुरू की। इन्होंने गुजराती, हिंदी और अंग्रेजी में पचास से अधिक पुस्तकों की रचना की। अधिकतर गुजराती में, कुछेक अंग्रेजी में। इनकी रचनाओं में तीन नाटक, दो कथेतर पुस्तकें हैं। इनके द्वारा अंग्रेजी में लिखी पुस्तकों में 'गुजरात एंड इट्स लिटरेचर', 'द इंपीरियल गुजरात', 'आइ फॉलो द महात्मा', 'भगवद्गीता एंड मॉडर्न लाइफ', 'फाउंडेशन ऑफ इंडियन कल्चर' आदि प्रमुख हैं। इन्होंने उपन्यास, लघु कथा, आत्मकथा, नाटक आदि विविध विधाओं में लिखा। गुजराती साहित्य में ये अपने ऐतिहासिक उपन्यासों के लिए विशेष रूप से जाने जाते हैं, जैसे– 'पाटनी प्रभुता', 'गुजरात नो नाथ', 'राजाधिराज',

'जय सोमनाथ', 'कृष्णावतार', 'भगवान परशुराम', 'तपस्विनी', 'पृथ्वी वल्लभ' आदि इनकी उल्लेखनीय कृतियां हैं। इनके उपन्यासों में भारत के अतीत का गौरवबोध, राष्ट्रीयता, सांस्कृतिक चेतना और व्यापक मानवतावाद की अभिव्यक्ति हुई है।

कन्हैयालाल मुंशी के मन में गौरवशाली अतीत और परंपरा के प्रति गहरा आदर था। संस्कारों से पारंपरिक होते हुए भी ये विचारों से प्रगतिगामी थे। ये सामाजिक जड़ता के खिलाफ तथा नवीनता के प्रबल आग्रही थे। भारतीय विद्या भवन के निर्माण के पीछे इनका उद्देश्य यही था 'इस देश का प्राचीन ज्ञान और आधुनिक बौद्धिक आकांक्षाएं मिलकर एक नए साहित्य, नए इतिहास और नई संस्कृति को जन्म दे सकें।' ये गांधी जी की प्रेरणा से हिंदी की सेवा की ओर उन्मुख हुए थे और आजीवन हिंदी के समर्थक रहे। ये हिंदी को समूचे 'भारत की भारती' बनाने के पक्षधर थे।

सुनीता गुप्ता

अधिक जानकारी के लिए :

1. **मुंशी और उनकी प्रतिभा** : सीताराम चतुर्वेदी, 1948, 2. **गुजरात और उसका साहित्य** : पी के शर्मा, 1960, 3. **मुंशी अभिनंदन ग्रंथ** : नागरी प्रचारिणी सभा, काशी

कपिल

कपिल एक वैदिक ऋषि और सांख्य-दर्शन के संस्थापक आचार्य थे। भागवत पुराण के अनुसार, उनके माता और पिता का नाम देवहूति और कर्दम मुनि है। गीता में कृष्ण स्वयं को कपिल मुनि कहते हैं। कपिल भक्तियोग द्वारा मोक्ष पाने की विधियों के शिक्षक के रूप में भी जाने जाते हैं। बौद्ध स्रोत कपिल को एक दक्ष दार्शनिक के रूप में उपस्थित करते हैं। कहा जाता है कि बुद्ध ने अपने जीवन के प्रथम 29 वर्ष उनके पास बिताए थे। बुद्ध के शिष्यों ने 'कपिलवस्तु' नगर का निर्माण किया था। कपिल और बुद्ध में कई समानताएं हैं। योग को दुख दूर करने की एक प्रक्रिया मानना, वैदिक देवताओं को सीमित शक्ति मानना, कर्मकांड को नकारना, ब्राह्मणों द्वारा रचे सिद्धांतों को नकारना कपिल तथा बुद्ध में समान मामले थे।

कृष्ण ने गीता में कपिल का वर्णन इन शब्दों में किया है, 'सभी वृक्षों के बीच मैं बरगद हूं, सभी अर्ध-ईश्वर योगियों के बीच मैं नारद हूं, गंधर्वों में मैं चित्रार्थ हूं और अपने को पूर्ण बनाने वाले जीवों में मैं मुनि कपिल हूं।' कपिल का जीवन काल ईसा पूर्व सातवीं-छठी शताब्दी के बीच रहा होगा। उनका जीवन काल बुद्ध के पूर्व प्रतीत होता है। उन्होंने सांख्य सूत्र की रचना की। इस दर्शन में निरीश्वरवाद की प्रधानता है। माना गया है कि संसार की रचना के लिए ईश्वर का होना आवश्यक नहीं है, संसार के निर्माण का कारण प्रकृति है।

महाभारत में कपिल का वैचारिक पक्ष इस रूप में उपस्थित है, शरीर की सफाई के लिए काम करो। ज्ञान अंतिम और उच्चतम स्थिति है, जिसके लिए कठिन परिश्रम करना पड़ता है। काम करते हुए जब मन के सभी दोष दूर हो जाते हैं और सृष्टि का लालित्य ज्ञान में स्थापित हो जाता है, तब उदारता, क्षमा, गहन-शांति करुणा, सत्य, निष्कपटता, अहिंसा, निरहंकार, विनय, त्याग और संन्यास स्वतः प्राप्त हो जाता है। (शांतिपर्व, महाभारत)।

कपिल ने 'सांख्यिकारिका सूत्र' में अपने मत के समर्थन में कई तर्क दिए हैं—1. असदकारणत्: यदि कार्य अपनी उत्पत्ति के पहले कारण में न हो तो वह असत् होगा। 2. उपादानग्रहणात्, प्रत्येक कार्य अपने उपादान कारण (अवयवों) से जुड़ा होता है। इसी से उसकी उत्पत्ति होती है। 3. सर्वसम्भवभावात्, कार्य की उत्पत्ति से पहले उपादान को कारण में मौजूद मानना पड़ेगा। अन्यथा किसी भी उपादान से कोई भी कार्य हो जाने की संभावना बन जाती है। 4. शक्तस्यशक्यकारणात्, जिस कारण से किसी कार्य को उत्पन्न करने की शक्ति होती है, उस कारण से उसी कार्य की उत्पत्ति होती है। 5. कारणभवात्, कार्य और कारण एक ही वस्तु के दो रूप हैं। कारण कार्य की अव्यक्त अवस्था है और कार्य कारण की प्रकट अवस्था है। कारण का जो स्वभाव है, कार्य का भी

वही स्वभाव है। ये सारे तर्क मिलकर कपिल के सांख्य सिद्धांत को सत्यकार्यवादी साबित करते हैं।

कपिल के नाम से कई मंदिर, तालाब और शहर हैं। कुरुक्षेत्र से 70 किमी दूर कलायत नामक शहर है, जिसका नाम पहले कपिलायत था। वहां कपिल मुनि का मंदिर है, जिसके पीछे तालाब है। इस तालाब में असंख्य भक्त अमावस्या और पूर्णिमा के दिन स्नान करते हैं। बांग्लादेश के खुलना में अब भी कपिल मुनि नामक स्थान है। पश्चिम बंगाल के गंगासागर क्षेत्र में कपिल मुनि का मंदिर है, जहाँ हर वर्ष जनवरी माह में हजारों लोग मकर संक्रांति के अवसर पर पहुंचते हैं।

पौराणिक कथा के अनुसार कपिल मुनि के ही शाप से राजा सगर के साठ हजार पुत्र भस्म हुए थे। मुनि ने बाद में कहा था कि उनकी मुक्ति गंगा के जल से होगी। गंगासागर में कपिल मुनि के पहुंचने पर समुद्र ने समीप आकर उनके चरणों में प्रणाम निवेदित किया था। उसने वचन दिया कि वर्ष में एक दिन मकर संक्रांति के दिन वह यहां से हट जाएगा, ताकि लोग आकर उनका दर्शन करके पुण्य हासिल कर सकें। शंकराचार्य ने सगर-पुत्रों को भस्म करने वाले और सांख्य दर्शन के प्रवर्तक कपिल को अलग-अलग माना। दक्षिण में तिरुपति और तिरुमाला पवित्र शहरों के निकट एक मंदिर है जिसे कपिल तीर्थम् के नाम से जाना जाता है। उत्तरांचल के कई गांवों में कपिल मुनि की स्थानीय देवता की तरह पूजा की जाती है। कपिलवस्तु नगर कपिल के नाम पर बना। विवेकानंद ने कपिल के बारे में कहा है, 'संसार का कोई भी दर्शन ऐसा नहीं है, जो कपिल का ऋणी न हो।'

उदयराज

अधिक जानकारी के लिए :

1. **दर्शन-दिग्दर्शन** : राहुल सांकृत्यायन, 2. **What is Living and What is Dead in Indian Philosophy** : Debi Prasad Chattopadhyaya, 1976

कबीर पंथ

कबीर पंथ का आरंभ कब हुआ, इस बारे में अनिश्चितता है। मान्यता है कि संतों में सर्वप्रथम नानक ने पंथ रचना का सूत्रपात किया और पंथ रचना के लिए कुछ नियमों का निर्धारण भी किया। संभवतः इसी के समानांतर विभिन्न कबीर पंथी शाखाओं का सूत्रपात हुआ होगा।

कबीर पंथ की प्रमुख तीन शाखाएं मानी जातीं हैं–काशीवाली शाखा, भगताही शाखा और छत्तीसगढ़ी शाखा। तीनों शाखाओं के आरंभिक वर्षों से संबद्ध कोई प्रामाणिक सामग्री नहीं मिलती। छत्तीसगढ़ी शाखा के आचार्य धर्मदास के आविर्भाव का समय सतरहवीं शताब्दी का आरंभिक काल माना जाता है। धर्मदास के पहले किसी शिष्य ने पंथ निर्माण की आवश्यकता पर बल नहीं दिया था। उनकी स्थापनाएं और व्याख्याएं पौराणिक किस्म की हैं।

कबीर पंथ की काशीवाली या मूलगादी शाखा के प्रवर्तक सुरतगोपाल कहे जाते हैं। बिशप वेस्टकाट ने कबीरचौरा के गुरुओं की जो तालिका प्रस्तुत की है, उसके मुताबिक सुरतगोपाल के पहले तीन आचार्य हुए थे–श्यामदास, लालदास और हरिदास। 'गुरु माहात्म्य' (1950, मुंबई) के अनुसार, कबीर के बाद पहले आचार्य सुरतगोपाल हैं। पंथ में इसी ग्रंथ को मान्यता प्राप्त है। 'गुरु माहात्म्य' के मुताबिक सुरतगोपाल का समय सोलहवीं शताब्दी का पहला चरण है।

कबीरचौरा मठ काशी मूलगादी के दो भाग हैं–नीरू टीला और कबीरचौरा। कबीरचौरा मठ में वह स्थान भी है, जिसके बारे में मान्यता है कि वहीं बैठ कर अक्सर कबीर सत्संग किया करते थे। वहां

एक खड़ाऊं भी है, जिसके बारे में मान्यता है कि वह कबीर की है। यहां आज भी लोग एकत्रित हो कबीर के विचारों पर चर्चा करते हैं। नीरू टीला से पूरब की ओर एक धर्मशाला है, यहां कबीर संस्कृत महाविद्यालय है। यहां खुदाई में बीजक की हस्तलिखित प्रति भी मिली है। इस मठ ने आजादी की लड़ाई में हिस्सा लिया था। मशहूर क्रांतिकारी दुर्गा भाभी ने ब्रितानी दमन के दौरान यहां गुप्तवास किया था। कबीरचौरा मठ से लगभग दो मील उत्तर-पश्चिम में लहरतारा है। जनश्रुति के अनुसार नीरू-नीमा को लहरतारा तालाब के किनारे ही कबीर मिले थे। कबीर ने जहाँ अंतिम समय बिताया, उस जगह का नाम मगहर है। मगहर गोरखपुर से सोलह किलोमीटर दूर बस्ती जिले में है। मगहर में दो कबीरपंथी मठ हैं—मुस्लिम कबीरपंथी मठ और हिंदू कबीरपंथी मठ।

मुस्लिम कबीरपंथी मठ में कबीर की समाधि पर एक रौजा बनवाया गया है। रौजे के भीतरी भाग में तकरीबन दो हाथ लंबी-चौड़ी कोठरी है। यहां कबीर की समाधि पर पड़े हुए फूल एवं धूपादि की राख संचित करके रखी जाती है, अधिक हो जाने पर उनका निस्तारण ऐसी जगह पर किया जाता है, जहाँ किसी का पैर न पड़े। कबीर की समाधि के बगल में कमाल की समाधि है। मुस्लिम पुजारियों की कोई वंशावली उपलब्ध नहीं है। मठ के अधिकारी को 'गनी करन कबीर' कहते हैं। अधिकारी मांस नहीं खाते। वे कबीर को पीर समझते हैं, अवतारी पुरुष नहीं। उनकी आस्था इस बात में भी नहीं है कि कबीर के निधन के बाद उनके शव की जगह पर फूलों का ढेर मिला था। मुसलमान राजाओं ने इस मठ को बलुआ की जमीन दी थी, जो आज भी मठ के अधीन है। हिंदू कबीरपंथी मठ का जीर्णोद्धार यहां के आचार्य गुरुप्रसाद ने 1898 में कराया था। यहां प्रतिवर्ष मेला लगता है। यह मठ पूरी तरह से कबीरचौरा काशी के नियंत्रण में है।

कबीर बाग, गया (बिहार) कबीरचौरा, काशी से संबंधित है। यहां का पंथ राम रहस महात्मा से शुरू हुआ। उनका जन्म गया के पास टेकारी नामक गांव में 1782 में हुआ था। मान्यता है कि वे वैदिक मत के अनुयायी और संस्कृत के विद्वान थे। 1812 में उन्होंने वैराग्य ग्रहण किया और कबीर पंथ के अनुयायी हो गए। फतुहा मठ के तत्कालीन आचार्य से प्रभावित होकर उन्होंने बीजक का अध्ययन किया। कबीरचौरा मठ के चौदहवें आचार्य गुरुशरण साहब से भी उन्होंने बीजक का ज्ञान हासिल किया था। अपनी रचना 'पंचग्रंथी' में उन्होंने अपने दोनों गुरुओं की चर्चा की है। कबीरचौरा मठ काशी की अन्य शाखाएं बड़ौदा, नाडियाड और अहमदाबाद में हैं।

कबीर पंथ की दूसरी शाखा भगताही शाखा (धनौती) है। इसका प्रधान मठ बिहार के छपरा जिले के धनौती गांव में है। मूलतः पिशौराबाद बुंदेलखंड निवासी भगवान गोसाईं इस शाखा के पहले आचार्य थे जो आरंभ में निंबार्क मत के अनुयायी थे। मान्यता है कि वे कबीर के साथ रहते थे। उन्होंने कबीर की छह सौ साखियों का संग्रह किया था। धनौती में इस शाखा के दो मठ हैं। बड़ी शाखा में प्राचीन 'बीजक' सुरक्षित है। यहां भक्ति भाव की प्रधानता है। यहां रामचरितमानस का भी पाठ होता है। कबीर को अवतार न मानकर पहुंचा हुआ संत माना जाता है। धार्मिक बाह्याचार से इस मठ को परहेज है। बिहार के नौरंग, मानसर, दामोदरपुर (छपरा), तुर्की (मुजफ्फरपुर), शेखावना (बेतिया), तधवा, बड़हरवा, सवैया बैजनाथ (मोतीहारी) आदि स्थानों पर भगताही शाखा के मठ हैं। इसी शाखा का एक अन्य मशहूर केंद्र है—बिदूपुर (मुजफ्फरपुर)। शाखा के प्रवर्तक जागूदास का जन्म 1538 में हुआ था। इस शाखा में हिंदू और मुसलमान में कोई भेदभाव नहीं होता। यहां समाधि-पूजा और आचार्य की आरती की परंपरा है। मठ आर्थिक रूप से सम्पन्न है। पंथ दीक्षा के समय शिखा, सूत्र, कंठी, तिलक तथा गुरु मंत्र लेना अनिवार्य है। नेपाल के तिरपन कबीर पंथी मठों के अलावा इस शाखा की उपशाखाएं दरभंगा, मुजफ्फरपुर, मुंगेर, गया और लखनऊ में हैं।

छत्तीसगढ़ी शाखा के प्रवर्तक धर्मदास हैं। पंथ की मान्यता है कि कबीर ने उन्हें अपना शिष्य बनाया

था। लेकिन मूलगादी शाखा इसे सप्रमाण खारिज करती है। शाखा का इतिहास लगभग चार सौ वर्ष पुराना है। इस मठ में वर्चस्व का संघर्ष होता रहा है। इस शाखा में कबीर को अवतार माना जाता है और अनेक अनुष्ठान शाखा की दिनचर्या में आते हैं। सुरति सनेही ने इस पंथ से अलग होकर अपने पंथ की स्थापना की। इन शाखाओं, उपशाखाओं के अतिरिक्त अन्य अनेक शाखाएं हैं।

निरंजन सहाय

अधिक जानकारी के लिए :

1. **उत्तरी भारत की संत परंपरा** : परशुराम चतुर्वेदी,
2. **कबीरपंथ की भगताही शाखा** : शुकदेव सिंह

कमलादेवी चट्टोपाध्याय

(1903-1988)

कर्नाटक में जन्मी कमलादेवी की भारतीय स्वतंत्रता आंदोलन में अविस्मरणीय भूमिका थी। उन्होंने कई सामाजिक रूढ़ियों को चुनौती देकर स्त्री स्वतंत्रता का इतिहास रचा था। कॉलेज में पढ़ते समय वह सरोजिनी नायडू के छोटे भाई हरिंद्रनाथ चट्टोपाध्याय के संपर्क में आईं। दोनों की कला और थिएटर में रुचि थी। उन्होंने विवाह कर लिया। इस विवाह के लिए उन्हें विरोध झेलना पड़ा था। बाद में मतांतर के कारण दोनों सद्‌भावपूर्ण ढंग से अलग हो गए। कमलादेवी चट्टोपाध्याय ने स्वाधीनता आंदोलन में बढ़-चढ़कर हिस्सा लिया था। वह लंदन से अपनी पढ़ाई छोड़कर लौट आई थीं। 1930 के नमक सत्याग्रह में सात सदस्यीय दल की अगुआई करते हुए उन्होंने मुंबई सागर तट पर नमक बनाया। मुंबई स्टॉक एक्सचेंज में नमक बेचने के कारण उन्हें जेल हुई।

भारत के महिला संगठन को आगे बढ़ाने में उनकी बड़ी भूमिका थी। वह अखिल भारतीय महिला कांग्रेस की अध्यक्ष थीं। सहकारिता आंदोलन और बाजार के अनुरूप हस्तशिल्प के विकास में उनका योगदान था। उन्होंने कन्नड़ की कुछ फिल्मों में अभिनय भी किया। उनकी आत्मकथा है 'इनर रेसेज एंड आउटर स्पेसेज : मेमॉयर' (1988)। उन्हें मेगसेसे पुरस्कार से सम्मानित किया गया था। वे संगीत नाटक अकादमी की फेलो थीं।

कमलादेवी चट्टोपाध्याय

गीता दूबे

कर्ण

कुंती का सबसे बड़ा बेटा कर्ण है जो पांडवों का भाई होकर भी कौरव पक्ष से लड़ता है। वह सूर्यपुत्र है। कुंती प्राप्त वर की परीक्षा करने के उद्देश्य से सूर्य से प्रार्थना करती है और विवाह से पहले ही मां बन जाती है। लोक भय से वह इस पुत्र को एक संदूक में रखकर अश्व नदी में छोड़ देती है। धृतराष्ट्र का सूत अधीरथ निःसंतान था। वह बच्चे को लाकर अपनी पत्नी राधा को देता है। अंग देश के इस सूत दंपति ने कर्ण का पालन-पोषण किया। इसी वजह से कर्ण के लिए 'सूतपुत्र' और 'राधेय' नाम का प्रयोग होता है। कुंती पुत्र होने से उसका नाम 'कौंतेय' भी है। धनुर्विद्या की शिक्षा पूरी करके वह परशुराम के पास अपनी जाति छिपा कर ब्रह्मास्त्र की विद्या सीखने लगा, क्योंकि द्रोणाचार्य उसे सूतपुत्र और अर्जुन का विद्वेषी कह कर यह शिक्षा देने से इंकार कर चुके थे। परशुराम के सामने जब भेद खुल गया कि कर्ण ब्राह्मण नहीं है, उन्होंने भी जाति भेदभाव का परिचय दिया और शाप दिया कि वह समय पर ब्रह्मास्त्र का प्रयोग भूल जाएगा। वह जाति-भेदभाव

का एक बार फिर शिकार हुआ, जब हस्तिनापुर में धनुर्विद्या के प्रदर्शन में पांडवों और कौरव पुत्रों के साथ उसे अवसर नहीं मिल रहा था। दुर्योधन ने तब उसे अंग देश का राजा बना दिया। यहीं से दुर्योधन और कर्ण की मित्रता की शुरुआत होती है।

कर्ण को दानवीर कहा गया है। उसका दिव्य कवच-कुंडल उससे छल करके ब्राह्मण वेशधारी इंद्र द्वारा दान में ले लिया जाता है। इंद्र कर्ण की दानवीरता से प्रसन्न होकर उसे अपना प्रिय अस्त्र एकाध्नि दे गए, जिसका प्रयोग कर्ण को महाभारत युद्ध में घटोत्कच के विरुद्ध करना पड़ा। कर्ण ने भीष्म द्वारा अपमानित होने के बाद घोषित किया था कि वे जब तक जीवित होंगे, वह युद्ध में हिस्सा नहीं लेगा। कुल अठारह दिनों के युद्ध में, आरंभ के दस दिन वह युद्धभूमि में नहीं जाता। वह अपने पास आई कुंती को वचन देता है कि तेरे पांच पुत्र जीवित रहेंगे—एक मरेगा, मैं या अर्जुन। वह दुर्योधन से द्रोह करने के लिए तैयार नहीं होता, क्योंकि उसने दुर्दिन और अपमान की घड़ियों में उसका साथ दिया था। वह अंततः अर्जुन द्वारा मारा जाता है, जब उसका रथ नियतिवश कीचड़ में फंस जाता है। अपने तनाव से भरे चरित्र में कर्ण अनोखा है।

ग्रीक मिथकीय चरित्र एकिलस से कर्ण की काफी समानता है। ट्रोजन के युद्ध की वीर एकिलस के बिना कल्पना नहीं की जा सकती, जबकि एकिलस का भी कर्ण की तरह युद्ध से कोई सीधा संबंध नहीं है। महाभारत में कर्ण का चरित्र साधारण है। इसके उदात्तीकरण की शुरुआत संस्कृत कवि भास के 'कर्णभारम्' नाटक से होती है। इसका मुख्य विषय कवच-कुंडल का दान है। बाद में भट्टनारायण (चौथी से सातवीं शताब्दी) ने भी 'वेणीसंहार' में कर्ण को एक गौण चरित्र के रूप में रखा। फिर भी इस ग्रंथ के कथन 'दैवायतक कुले जन्मः मदायतम् पौरुषम्' से कर्ण के उदात्त व्यक्तित्व का पता चलता है।

बीसवीं सदी में हिंदी काव्य में कर्ण को नए युग की समस्याओं के आलोक में प्रस्तुत किया गया। कृष्णायन (द्वारका प्रसाद मिश्र) में यह चरित्र आदर के साथ उपस्थित है। अंगराज (आनंद कुमार), कर्ण (केदारनाथ मिश्र 'प्रभात'), जयभारत (मैथिलीशरण गुप्त), रश्मिरथी (रामधारी सिंह दिनकर) तथा सूर्यपुत्र (जगदीश चतुर्वेदी) कर्ण चरित पर हिंदी में लिखी प्रमुख कृतियां हैं। दिनकर का खंड काव्य 'रश्मिरथी' विशेष रूप से लोकप्रिय हुआ, क्योंकि यह जाति विरोध की आधुनिक चेतना से लैस है। कर्ण से प्रेरणा ग्रहण कर मराठी में शिवाजी सावंत ने 'मृत्युंजय' लिखा। इस उपन्यास में कर्ण के चरित्र का सर्वाधिक उदात्तीकरण हुआ है। इधर मराठी और हिंदी की कई दलित कविताओं में कर्ण का मिथकीय चरित्र जातिभेद के शिकार के रूप में प्रतीकात्मक स्तर पर आया है।

सूर्यनारायण रणसुभे

अधिक जानकारी के लिए :
Puranic Encyclopedia : Vettam Mani, 1975

कर्नाटक संगीत

कर्नाटक संगीत का संबंध दक्षिण भारत की शास्त्रीय संगीत परंपरा से है। तमिल में कर्नाटक का अर्थ है प्राचीन, पारंपरिक और शुद्ध। मतंग की 'वृहददेशी' में कर्नाटक नाम से एक राग का जिक्र है। माना जाता है कि अलाउद्दीन खिलजी के दक्षिण भारत पर आक्रमण करने के पहले भारत में शास्त्रीय संगीत की एक ही पद्धति प्रचलित थी। पंडित शारंगदेव ने 'संगीत रत्नाकर' की रचना की थी, जिसमें पहली बार भारतीय शास्त्रीय संगीत की दो भिन्न पद्धतियों—उत्तर भारतीय या हिंदुस्तानी संगीत और दक्षिण भारतीय या कर्नाटक संगीत का उल्लेख किया गया है। उत्तर भारत में मुगलों का शासन होने के कारण हिंदुस्तानी संगीत पर अरबी, तुर्की और फारसी धुनों का प्रभाव था, जबकि कर्नाटक संगीत मुगलों के प्रभाव से मुक्त और अपेक्षाकृत भिन्न था।

चौदहवीं से सोलहवीं सदी के बीच कर्नाटक संगीत को लोकप्रिय बनाने में विद्यारण्य, रामामात्य

और पुरंदरदास विट्ठल जैसे संगीतज्ञों की महत्वपूर्ण भूमिका थी। एक अन्य संगीतज्ञ भद्राचल रामदास ने लोकगीतों से प्रेरित होकर कई सरल गीतों की रचना की। इन पर कीर्तन शैली का प्रभाव था। अठारहवीं सदी में दक्षिण भारत में तीन संत कवियों श्यामा शास्त्री, त्यागराज और मुत्थुस्वामी दीक्षितर की तिगड़ी प्रसिद्ध हुई। श्यामा शास्त्री ने तोड़ी, धन्यासी, भैरवी जैसे लोकप्रिय रागों के अलावा मंजी और चिंतामणि जैसे शास्त्रीय रागों में भी संगीत रचना की थी। संत त्यागराज की अधिकतर रचनाएं रामभक्ति परक हैं और तमिल में हैं। 'पंचरत्न' इनकी प्रसिद्ध कृति है। मुत्थुस्वामी दीक्षितर ने कई कृतियों, रागमालिकाओं और रागतालमालिकाओं की रचना की थी। वह कर्नाटक संगीत के उन दुर्लभ संगीतज्ञों में थे, जो एक साथ रागमालिकाओं, रागतालमालिकाओं और तालमालिकाओं को अच्छी तरह से साध सकते हैं। कर्नाटक संगीत के अन्य महत्वपूर्ण गायकों में अरिअकुडी रामानुज आयंगर, के वासुदेवाचार्य, विश्वनाथ अय्यर, वैद्यनाथ भागवतार, एम एस सुब्बालक्ष्मी, एम बालमुरलीकृष्ण, एन कृष्णन, स्वामीनाथ अय्यर का नाम उल्लेखनीय है।

कर्नाटक संगीत मुख्य रूप से राजदरबारों और मंदिरों के जरिए लोकप्रिय हुआ। इसके आश्रयदाताओं में स्वाति तिरुनल का नाम बहुत प्रसिद्ध है। वे स्वयं अच्छे संगीतज्ञ और गायक थे। इन्होंने 'दशावतार रागमालिका' और 'नवरत्न रागमालिका' की रचना की।

कर्नाटक संगीत की अधिकतर रचनाओं में तीन भाग होते हैं–पल्लवि, अनुपल्लवि और चरण। पल्लवि रचना का प्रथम और मुख्य भाग होता है। इसके बाद मध्य भाग अनुपल्लवि और अंतिम भाग चरण कहलाता है। कई रचनाओं में पल्लवि के बाद अनुपल्लवि या चरण नहीं भी होते हैं। कर्नाटक संगीत में सात में से दो स्वरों का उच्चारण हिंदुस्तानी संगीत से अलग है, जैसे 'रे' की जगह 'री' और 'ध' की जगह 'द'। इस तरह कर्नाटक संगीत का सरगम इस प्रकार है–स, री, ग, म, प, द, नि। कर्नाटक संगीत के पितामह माने जाने वाले व्यंकटमुखी ने कर्नाटकी रागों का वर्गीकरण 72 मेलों में किया, जबकि उत्तर भारतीय संगीत में रागवर्गीकरण के हिसाब से केवल दस ठाठ हैं। उत्तर भारतीय संगीत के कई रागों का प्रयोग कर्नाटक संगीत में थोड़े अंतर के साथ होता है। कर्नाटक संगीत में मुख्य रूप से सात ताल हैं, जिनमें से प्रत्येक के पांच प्रकार हैं जिन्हें जतियां कहा जाता है। ये सात ताल हैं : ध्रुव, मत्य, रूपक, झंपा, त्रिपुट, अट्ट और एकताल। इनकी पांच जतियां हैं : तिस्त्रा, चतुरश्र, खंड, मिश्र और संकीर्ण। इन सात तालों की गति के आधार पर पांच और भेद किए जा सकते हैं, जिससे तालों की कुल संख्या 175 तक पहुंच जाती है । इसके अलावा चापु नामक एक ताल लोकसंगीत परंपरा से लिया गया है।

कर्नाटक संगीत में वाद्य यंत्र अपना अलग महत्व रखते हैं। उत्तर भारतीय संगीत में वाद्यों का प्रयोग गायक को संगत देने के लिए होता है, जबकि कर्नाटक संगीत में मुख्य गायन के बाद ताल वाद्यों का स्वतंत्र रूप से वादन होता है। इससे वादक की रचना प्रतिभा और कल्पना शक्ति सामने आती है। कर्नाटक संगीत में मुख्य रूप से मृदंगम, घटम, मंजीरा और मोरसिंग जैसे वाद्यों का प्रयोग होता है । कर्नाटक संगीत पर पुरुष प्रभुत्व और ब्राह्मण वर्चस्व का आरोप लगाया गया है। टी एम कृष्णा ने इस संगीत में नए प्रयोग किए, इसे समझने के लिए शिक्षा केंद्र खोला और नए युग में इसे लोकप्रिय बनाया है।

श्रद्धांजलि सिंह

अधिक जानकारी के लिए :
1. **A Southern Music : The Karnatik Story** : T M Krishna

कर्मकांड और ज्ञान

वेदों में कर्मकांड का महत्व है, जबकि वेदांत में ज्ञान का। प्रश्न उठा है कि क्या वैदिक साहित्य का उत्तरार्ध अपने पूर्वार्ध का विरोधी है। उन्नीसवीं सदी में आर्य समाज ने वेदों को ज्यादा महत्व दिया और ब्रह्म समाज ने वेदांत को, उपनिषदों को।

वेदांत के ज्ञानकांड में कर्मकांड का निषेध है; वैदिक देवताओं के महत्व को किसी न किसी रूप में नकारा गया है। उनकी जगह एक परमात्मा या ब्रह्म को सत्य कहा गया है और आगे चल कर उसकी अनुभूति या उस तक पहुंचने के कई मार्ग बताए गए हैं।

गीता में कृष्ण भौतिक फल की आशा रख कर देवताओं की यज्ञ द्वारा पूजा का विरोध करते हैं। वे फल की आशा में कर्म और निष्काम कर्म में भेद करते हैं। कहते हैं कि कोई भी व्यक्ति क्षण भर के लिए कर्म किए बिना रह नहीं सकता (3.1) लेकिन जो व्यक्ति मन द्वारा इंद्रियों को नियंत्रित रखता है और अनासक्त होकर कर्म करता है, वह अधिक उत्कृष्ट है (3.7)। इसमें पक्षपात (राग), भय और क्रोध से मुक्त होकर कर्म करना ही मुख्य बात है, फल की आशा छोड़ना मुख्य बात नहीं है। फल की आशा छोड़कर कर्म करना न वेदों के जमाने में संभव था और न आधुनिक युग में संभव है। वेदों के जमाने में स्वर्ग-सुख की कल्पना की गई, आज सुख और समृद्धि के दूसरे भौतिक रूप हैं। मुनाफा नहीं होगा तो कोई व्यक्ति व्यापार नहीं करेगा। वेतन नहीं मिलेगा तो कोई शिक्षक विद्यार्थी को पढ़ाएगा नहीं। पैसा ही ताकत है। आमतौर पर बिना किसी मनोकामना के कोई मंदिर-मस्जिद-चर्च नहीं जाता। कर्मकांड में भागीदारी इच्छा, आशा और स्वार्थ भावना के बिना संभव नहीं है। इसी का प्रतिध्रुव है वैराग्य। कर्मकांड और वैराग्यवाद का खंडन करते हुए ज्ञान के नए-नए मार्ग प्राचीन युगों से ही दिखाए जाते रहे हैं। मुख्य रूप से यही कहा जाता रहा है कि लोभ, भय और क्रोध से ऊपर उठो। इसी उद्देश्य से सभी महाकाव्य बने, कई नए धर्म आए, नए संत हुए और नए चिंतक उभरे। इन्होंने इच्छा, कर्म और ज्ञान को जोड़ने के प्रयत्न किए, इनके अंतर्विरोधों को तरह-तरह से मिटाया।

आज पहले की तरह कह देना संभव नहीं है कि जगत मिथ्या है। वेदों ने भी इस जगत को मिथ्या नहीं माना था, उनमें भेदभाव, हिंसा और अतिचार के तत्व जितने हों। वेदों के जमाने की तरह आज भी कर्मकांड की प्रधानता के साथ भेदभाव, हिंसा और अतिचार बढ़ते देखे जा सकते हैं। ईश्वर, परमात्मा या पैगंबर के उपदेश उच्चारण भर होते हैं, ये मन में नहीं घुसते। हर भेदभाव, हिंसा और अतिचार अपना-अपना ज्ञानकांड विकसित कर लेता है, तर्क गढ़ लिए जाते हैं। जितने फर्क-उतने तर्क। कहा जा सकता है कि ऐसे हर युग में सबसे ज्यादा धूमिल ज्ञान होता है या यह मूल्यविमुख अध्यात्म में सीमित हो जाता है। वैश्वीकरण के युग में कर्मकांड का महत्व बढ़ गया है और ज्ञान का अर्थ कौशल में सीमित हो गया है।

शंभुनाथ

कर्मयोग

ईश्वर की प्राप्ति के चार मार्ग प्रसिद्ध हैं—ज्ञान, भक्ति, कर्म और योग। उपनिषदों का जोर ज्ञान पर है; पुराणों का भक्ति पर; पतंजलि ने योगदर्शन के सूत्रों की रचना की। गीता ने सभी मार्गों का समन्वय किया, लेकिन असली जोर कर्मयोग पर दिया। गीता के प्रत्येक अध्याय के अंत में पुस्तिका के अंतर्गत दो शब्द एक साथ आते हैं—ब्रह्मविद्यायां योगशास्त्रे। ब्रह्मविद्यायां यानी ज्ञानमार्ग और योगशास्त्र यानी कर्मयोग। शंकराचार्य ने अपने भाष्य में गीता की ज्ञानमार्गी व्याख्या की; रामानुजाचार्य ने भक्तिमार्गी। किसी प्राचीन आचार्य ने गीता की कर्ममार्गी व्याख्या नहीं की; बीसवीं सदी में यह काम अपने जबर्दस्त पांडित्य और शास्त्राधिकार के साथ तिलक ने किया—'गीता रहस्य' की रचना करके। गीता की शास्त्रीय व्याख्याओं के लंबे इतिहास में आधुनिक विचार की दृष्टि से इस पुस्तक ने युगांतर उपस्थित कर दिया। दिनकर ने लिखा है, 'हमारा मत है कि गीता एक बार तो कृष्ण के मुख से कही गई, किंतु दूसरी बार उसका सच्चा आख्यान लोकमान्य ने किया है।' कुरुक्षेत्र में मोहग्रस्त अर्जुन ने यहां तक कह दिया था कि युद्ध करने से अच्छा है भीख मांग कर जीवन बिताना लेकिन श्रीकृष्ण ने उसे उसकी कमजोरी के लिए फटकारा और कर्तव्य मार्ग पर डट जाने का

आदेश दिया। तिलक की टिप्पणी ध्यान देने योग्य है, 'भगवान श्रीकृष्ण का यह उद्देश्य नहीं था कि अर्जुन संन्यास-दीक्षा लेकर और बैरागी बनकर भीख मांगता फिरे या लंगोटी लगाकर और नीम के पत्ते खाकर मृत्यु पर्यंत हिमालय में योगाभ्यास साधता रहे। कृष्ण का यह भी उद्देश्य नहीं था कि अर्जुन धनुष-बाण को फेंक दे और हाथ में वीणा तथा मृदंग लेकर कुरुक्षेत्र की धर्मभूमि में उपस्थित भारतीय क्षात्र समाज के सामने, भगवन्नाम का उच्चारण करता हुआ, तृहन्नला के समान एक बार और अपना नाच दिखावे।' तिलक ने साफ ही योग और भक्ति पर यहां व्यंग्य किया है, क्योंकि उनका सुचिंतित मत है कि ज्ञान समन्वित कर्मयोग ही गीता का रहस्य या प्रतिपाद्य है।

यद्यपि गीता के तीसरे अध्याय का नाम कर्मयोग है, लेकिन कर्मयोग कमोबेश गीता में यहां-वहां सब जगह मिलता है। कर्मयोग का प्रसिद्ध आदेश दूसरे ही अध्याय में है—कर्मण्येवाधिकारस्ते मा फलेषु कदाचन। मा कर्मफलहेतुर्भूर्मा ते सङ्गोऽस्त्वकर्मणि। इस श्लोक के चारों चरणों को तिलक ने 'कर्मयोग की चतुःसूत्री' कहा है, क्योंकि प्रत्येक चरण एक-दूसरे से मिलकर कर्मयोग के रहस्य का आख्यान करता है। वे चारों चरण या सूत्र क्रमशः इस प्रकार हैं—1.कर्म करने मात्र का तेरा अधिकार है, 2. फल मिलना या न मिलना तेरे बस में नहीं है, 3. इसलिए मेरे कर्म का अमुक फल मिले—यह लालच मन में रख कर काम मत कर, और 4. कर्म न करने का भी आग्रह तू मत कर। फल की इच्छा रखकर कर्म करने वाले हीन कोटि के कर्मी हैं। फल में इच्छा या अनासक्ति न रखना और कर्म में समत्व बुद्धि रखना—ये दोनों चीजें कर्म को योग में बदल देती हैं। सिद्धि और असिद्धि या सफलता और असफलता को एक बराबर समझना समत्व बुद्धि है। निःस्पृहता, निःस्वार्थता, अनासक्ति पूर्ण आत्म त्याग है और कर्मयोग मुक्ति का एक स्वतंत्र मार्ग है। कर्मयोगी चाहे आत्मा या ईश्वर में विश्वास करे या न करे, कोई फर्क नहीं पड़ता; उसका लक्ष्य है निःस्वार्थता की उपलब्धि क्योंकि 'निःस्वार्थता ही ईश्वर है'। और यह लक्ष्य उसे कर्म के ही द्वारा प्राप्त करना होता है (विवेकानंद : कर्मयोग)। स्वामी विवेकानंद कर्मयोग के इस आदर्श का सर्वोच्च नायक भगवान बुद्ध को मानते थे। 'वास्तव में वे ही आदर्श कर्मयोगी हैं; पूर्णरूपेण हेतु शून्य होकर उन्होंने कर्म किया है; और मानव जाति का इतिहास यह दिखाता है कि सारे संसार में उनके सदृश्य श्रेष्ठ महात्मा और कोई पैदा नहीं हुआ।' (कर्मयोग)।

कर्मयोग का एक रहस्य यह भी है कि कर्म जड़ है, वह अपने आप में शुभ या अशुभ, निम्न या उच्च नहीं होता है। उसके पीछे का भाव जैसा होता है वैसा ही कर्म हो जाता है। निष्ठापूर्वक शुद्ध बुद्धि से किया गया सामान्य कर्म भी ध्यान-तपस्या से अधिक पवित्र और आध्यात्मिक दृष्टि से अधिक उच्च हो सकता है। स्वामी विवेकानंद ने महाभारत की उस कथा का दृष्टांत उद्धृत किया है, जिसमें एक संन्यासी को एक गृहिणी और एक कसाई (व्याध) से उपदेश लेना पड़ा। एक गरीब आदमी भूखे अतिथि को अपनी थाल का सत्तू खुशी-खुशी दे देता है, एक राजा बड़ा भारी यज्ञ करता है, लेकिन भाव के कारण सत्तू का दान यज्ञ से श्रेष्ठ है। सत्तू के दान में स्वार्थ का पूर्ण त्याग है; यज्ञ के पीछे ऐश्वर्य का प्रदर्शन है। संन्यास को पूर्ण त्याग के कारण गृहस्थी से श्रेष्ठ माना जाता है, लेकिन स्वामी विवेकानंद के शब्दों में 'एक आदर्श संन्यासी होने की अपेक्षा एक आदर्श गृहस्थ होना कठिन है।' सभी कर्मों का अपना विशिष्ट महत्व है, सभी कर्मी अपने क्षेत्र में महान हैं लेकिन एक का कर्तव्य कभी दूसरे का कर्तव्य नहीं हो सकता। डॉक्टर चंडीपाठ करने लगे और चंडीपाठ करने वाला ऑपरेशन करे तो यह हास्यास्पद होगा, खतरनाक भी। इसीलिए गीता की प्रसिद्ध उक्ति है—स्वधर्मे निधन श्रेयः परधर्मो भयावहः। अपने कर्तव्य कर्म पर बिना भुनभुनाए, खुशी-खुशी, उसे एक अवसर, एक वरदान मानते हुए, कुशलतापूर्वक, निष्ठापूर्वक संपन्न करना कर्मयोग है। ऐसे कर्म से चित्त शुद्धि होती है और शुद्ध चित्त में ज्ञान का प्रकाश होता है—इस प्रकार कर्म भी वहीं पहुंचता है जहाँ ज्ञान।'

गीता में एक रहस्यमय उक्ति है—अकर्म में कर्म और कर्म में अकर्म देखना। इसका अर्थ है अकांत और विश्रांति में भी कर्मशीलता का और कर्म व्यस्तता के बीच भी शांति का अनुभव करना, 'आदर्श पुरुष तो वे हैं जो परम शांति एवं निस्तब्धता के बीच भी तीव्र कर्म का तथा प्रबल कर्मशीलता के बीच भी मरुस्थल की शांति एवं निस्तब्धता का अनुभव करते हैं। उन्होंने संयम का रहस्य जान लिया है—वे अपने ऊपर विजय प्राप्त कर चुके हैं' कर्म-पथ की एक स्वाभाविक दुर्बलता है—कर्तापन का बोध। इससे अहंकार पैदा होता है। गीता का मत है—कर्म प्रकृति के गुणों से होते हैं; तुम कर्म न भी करना चाहो तो प्रकृति तुमसे कराएगी। इसलिए कर्म की कुशलता इसी में है कि अपने कर्तापन को नेपथ्य में डालकर, अहंकारशून्य होकर, फल में अनासक्त होकर, निःस्वार्थ सेवा-भाव से, निष्ठापूर्वक कर्म करते जाओ। जिनकी श्रद्धा ईश्वर में है उन्हें अनासक्त, निरहंकार और निःस्वार्थ भाव को दृढ़ करने का उपाय बतलाया है—जो कुछ करो, सब ईश्वर को अर्पण कर दो (तत् कुरुस्व मदर्पणाम्)।

कर्मयोग का यह आदर्श गीता में अचानक ही प्रकट नहीं हो गया बल्कि इसकी एक बहुत पुरानी परंपरा पहले से चली आ रही थी जो कालांतर में लुप्त हो गई थी, कृष्ण ने उसी का पुनराख्यान किया। कृष्ण ने अर्जुन को बताया—कर्मयोग की शिक्षा मैंने दिवस्वान् (सूर्य) को दी, दिवस्वान ने मनु को, मनु ने इक्ष्वाकु को—इस तरह यह योग राजर्षियों की परंपरा में स्थापित हो गया। राजा जनक इसी परंपरा के सर्वमान्य महापुरुष थे जिनके लिए तुलसीदास ने लिखा है—राखेउ जोग भोग महं गोई। भोग में योग यानी प्रवृत्ति मार्ग, संसार (गृहस्थी) में रह कर कर्म की साधना। इसके उलट निवृत्तिमार्ग, संसार का त्याग कर के संन्यास में रह कर ज्ञान की साधना। अर्जुन अपने कर्तव्य से भागकर निवृत्ति की शरण में जाना चाहता था। लंबे समय से भारतीय मानस पर इस पलायनपरक निवृत्ति की, वैराग्य की बदली छाई हुई थरी। आलस्य, पलायन, कर्तव्य विमुखता को ढकने के लिए ज्ञान-वैराग्य की ऊंची-ऊंची बातें छांटी जाती थीं। देश की जनता को कर्म पथ पर धकेलने के लिए, चुनौतियों के आगे डट जाने को प्रेरित और प्रोत्साहित करने के लिए गीता की कर्मपरक व्याख्या ने मंत्र का-सा असर किया। यहां यह तथ्य स्मरणीय है कि तिलक से भी दो दशक पहले स्वामी विवेकानंद ने अपने व्याख्यानों में और वार्तालापों में गीता के कर्मयोग को बार-बार रेखांकित किया, तिलक ने उसका भरा-पूरा भाष्य प्रस्तुत किया। स्वाधीनता-संग्राम में मोहग्रस्त भारतीय जनता को आत्मत्याग के लिए तत्पर और संघर्ष के लिए उद्यत और उत्साहित करने में गीता के कर्मयोग की बड़ी भूमिका रही है। प्रसाद की 'कामायनी' में श्रद्धा विषादग्रस्त मनु को कर्मशील जीवन के मार्ग में जिस ओज और उत्साह से प्रेरित-प्रोत्साहित करती है उसका स्रोत बहुत कुछ गीता के कर्मयोग में है।

अवधेश प्रधान

अधिक जानकारी के लिए :

1. **श्रीमद्भगवद्गीता रहस्य अथवा कर्मयोगशास्त्र** : बाल गंगाधर तिलक, 2. **कर्मयोग** : विवेकानंद, 3. **गीता-नवनीत** : वासुदेवशरण अग्रवाल

कला

कला (Art) से अभिप्राय कविता, नाटक आदि के अलावा सभी प्रकार की ललित कलाओं, जैसे गीत, संगीत, नृत्य, चित्र, शिल्प कला आदि है। 'कला' का मूल अर्थ है किसी चीज का छोटा भाग, चंद्रमंडल का सोलहवां हिस्सा या राशि के तीसवें भाग का साठवां हिस्सा। 'कल' का अर्थ एक खास तरह की आवाज भी है। कला का अर्थ अंश से संपूर्ण को व्यक्त करना है। दूसरे अर्थ में, कलाकार अपनी कला में संकेत, ध्वनि, सुझाव और व्यंजना का प्रयोग करता है। एक अन्य तरह से 'क' का अर्थ 'सौंदर्य', 'प्रसन्नता', 'आनंद' तथा 'कामदेव' होता है और 'ल' का अर्थ देना होता है अर्थात कला वह है जो सौंदर्य की अभिव्यक्ति के द्वारा आनंद प्रदान

करती है—'कं लाति ददातीति कला'। कह सकते हैं कि कला का कलात्व संपूर्ण की अभिव्यक्ति में नहीं है, बल्कि अंश से संपूर्ण या अनंत का संकेत करने की क्षमता में है। पूर्णमासी का चांद आनंद देता है, वह चांद की विकास लीला की पराकाष्ठा है, पर दूज का चांद कलात्मक है, क्योंकि इसमें पूर्णिमा के चांद की तरह अर्थ की अनंतता की संभावना छिपी है।

भारतीय चिंतन में कला का प्रयोग ललित कला के व्यापक संदर्भ में किया जाता रहा है। भरत मुनि ने 'नाट्यशास्त्र' में ज्ञान, शिल्प विद्या तथा कला में अंतर किया, 'न तज्ज्ञानं न तच्छिल्पं न सा कला।' बाद में अभिनवगुप्त ने इस अंश का विवेचन करते हुए कहा, 'कला गीतवाद्यादिकौ' और कला में गीत, वाद्य आदि शामिल हैं।

क्षेमेंद्र ने कला के बारे में अपने विचार रखते हुए 'शिवसूत्रविमर्शिणी' में उसे व्यापक अर्थ दिया है और कहा है कि जो किसी वस्तु के स्वरूप को सुशोभित या अलंकृत करे वह कला है, 'कलयति स्वरूप आवेशयति वस्तूनि वा।' कालिदास ने ललित विशेषण का कला से पूर्व प्रयोग करते हुए 'रघुवंश' के 'इंदुमती विलाप' प्रसंग में 'ललिते कलाविद्यौ' का प्रयोग किया। उनका आशय गीत और नृत्य रहा होगा। आज ललित कला का प्रयोग अंग्रेजी के 'फाइन आर्ट्स' के पर्याय के रूप में होता है। आज ललित कला का प्रयोग उन सभी कलाओं के लिए होता है, जिनसे सौंदर्यानुभूति होती है और आनंद मिलता है।

ललित कला की चर्चा कला के वर्गीकरण की ओर ले जाती है। कला को ललित कला तथा उपयोगी कला के इन दो रूपों में देखा जाता है। पश्चिम में स्थापत्य, मूर्ति, चित्र, संगीत एवं काव्य कला के रूप में वर्गीकृत किया गया है। हेगेल के अनुसार, ललित कलाओं का मूर्त तथा अमूर्त के आधार पर विभाजन किया जा सकता है। इसी आधार को आगे बढ़ाते हुए 'साहित्यालोचन' में श्यामसुंदर दास ने कलाओं को आंख तथा कान के माध्यम से तृप्ति प्रदान करने वाली कलाओं के रूप में वर्गीकृत किया। उन्होंने पहले प्रकार में वास्तु, मूर्ति तथा चित्र और दूसरे में संगीत तथा काव्य को रखा।

कला शुरू में प्रकृति और ब्रह्म की कला से जुड़ी रहने के बावजूद अंततः मानी गई कि यह वस्तुतः एक मानवीय गुण है जो जीवन की विविधता को समेटते हुए लगातार विकसित होती रहती है। कला के बिना जीवन को अधूरा माना गया है। भर्तृहरि कहते हैं, 'साहित्य संगीत और कला से विहीन व्यक्ति पूंछ और सींग से रहित साक्षात पशु है।' (नीतिशतक)। यह भी सही है कि सिर्फ कला विनोदों में डूबे रह कर कर्तव्य और यथार्थ से दूर रहने को भी भारतीय परंपरा में सही नहीं माना गया। जीवन में कला के अलावा नीति और ऊंचे लक्ष्यों का महत्व है। इसलिए कला, नैतिकता और यथार्थ के अंतःसंबंधों पर हर युग में चर्चा होती रही है। रामधारी सिंह दिनकर का कथन है, 'ऊंची कला कोशिश करने पर भी अपने को नीति और उद्देश्य के संसर्ग से बचा नहीं सकती, क्योंकि नीति और लक्ष्य जीवन के प्रहरी हैं और कला जीवन का अनुसरण किए बिना जी नहीं सकती।' (मिट्टी की ओर)। इससे भिन्न दृष्टिकोण रखते हुए अज्ञेय कला को जीवन की संपूर्णता की ओर जाने का प्रयास मानते हैं। वह कहते हैं, 'यह व्यक्ति की अपने को सिद्ध प्रमाणित करने की चेष्टा है।' (त्रिशंकु)। इन मत-भिन्नताओं के बीच इतना निश्चित होता गया कि कला प्रकृति की पुत्री और ब्रह्म की सृष्टि से भिन्न मानवीय जीवन की ही एक अमूल्य निधि है।

मनुष्य कलाओं के रूप में स्वयं को ही अभिव्यक्त करता आया है। वह दर्शन और धर्म से इस अर्थ में भिन्न है कि इसका मुख्य लक्ष्य आनंद देना है। शिलर ने कहा है कि कला सौंदर्य को जीना है। कला का एक रूप उच्च कला का है जिसकी एक बड़ी वैयक्तिक और सांस्कृतिक आधारशिला होती है और एक दूसरा रूप व्यावसायिक कला है जो सामान्यतः 'समूह कला' का रूप धारण कर विभिन्न कला रूपों का सम्मिश्रण करके जनता का मनोरंजन करती है। आस्कर वाइल्ड ने कला की आंतरिक उच्चता को बचाने के उद्देश्य से ही कहा था,

'कला को कभी लोकप्रिय बनने का प्रयत्न नहीं करना चाहिए।' (द सोल ऑफ मैन अंडर सोशलिज्म)। इसी तरह कला को फैशन की वस्तुओं से भी अलग किया गया, क्योंकि समय बीतने पर फैशन की सुंदर चीजें भी बेढंगी हो जाती हैं जबकि सच्ची कला सदा अपना नया सौंदर्य रचती है। कला का लक्ष्य होता है मानव के 'सेल्फ' का पुनराविष्कार करके सौंदर्यबोध को विस्तृत करना। कोई सच्चा कला प्रेमी संकुचित दृष्टि नहीं रख सकता और वह स्वार्थपूर्ण जिंदगी पसंद नहीं करेगा।

कला के उद्देश्य के संदर्भ में 'कला कला के लिए', 'कला जीवन के लिए', 'कला जीवन से पलायन के लिए', 'कला आत्म-अनुभूति के लिए', 'कला विनोद के लिए' आदि कई जुमलों का प्रयोग किया गया है। अरस्तू ने कहा था कि काव्य तथा सभी ललित कलाओं का उद्देश्य भावनात्मक आनंद और विशुद्ध उदात्त सुख देना है। दूसरी ओर, रवींद्रनाथ टैगोर ने अपने लेख 'व्हाट इज आर्ट' में ज्ञान के दो पक्ष कला और विज्ञान माने और कहा कि कला में व्यक्ति खुद को व्यक्त करता है न कि वस्तु को। वस्तुओं का स्थान सूचना तथा विज्ञान की किताबों में है। उन्होंने आगे कहा कि कला का मुख्य कार्य आदमी की सच्ची दुनिया, सत्य और सौंदर्य की एक जीती-जागती दुनिया का निर्माण करना होता है।

पश्चिम में उन्नीसवीं सदी में कला के दो मुख्य उद्देश्यों की चर्चा हुई। फ्रांस में आस्कर वाइल्ड ने 'कला कला के लिए' सिद्धांत का प्रवर्तन किया। अंग्रेजी साहित्य में 'एप्रीशिएशंस' के लेखक वाल्टर पेटर इसके मुख्य समर्थक बने। कलावादियों का मुख्य तर्क यह है कि जिस प्रकार विज्ञान, गणित, दर्शन आदि का सौंदर्य या कला के मानदंडों से मूल्यांकन नहीं हो सकता, उसी प्रकार कला को सत्य, नीति, विज्ञान या अन्य मानदंडों से नहीं नापा जा सकता है। इस सिद्धांत की प्रतिक्रिया स्वरूप ही 'कला जीवन के लिए' सिद्धांत अस्तित्व में आया। इसके मुख्य प्रवर्तक मैथ्यू आर्नोल्ड थे। उनके अनुसार, साहित्य या कविता जीवन की आलोचना है। अर्थात कला को जीवन से अलग कर मात्र 'स्वांतःसुखाय' या कला के लिए ही मानना अनुचित है। आर्नोल्ड ने कहा कि नैतिक विचारों के खिलाफ विद्रोह की कविता जीवन के प्रति विद्रोह की कविता है। नैतिक विचारों के प्रति उदासीनता की कविता जीवन के प्रति भी उदासीनता की कविता है। उनके अनुसार, 'कविता अंततः जीवन की आलोचना है। एक कवि की महानता जीवन में विचारों के शक्तिशाली एवं सुंदर प्रयोग में निहित होती है।' इसी आधार पर उन्होंने अंग्रेजी मध्य वर्ग की जीवन शैली की आलोचना के लिए कला, साहित्य तथा आलोचना को माध्यम बनाया। जहाँ तक कला से संबंधित दोनों सिद्धांतों में से किसी एक की पूर्णता का सवाल है, उसमें कहा जा सकता है कि दोनों में से कोई सिद्धांत अपने आप में पूर्ण नहीं है, क्योंकि कला कला तो है ही, पर उसका संबंध जीवन से भी है।

अवधेश कुमार सिंह

अधिक जानकारी के लिए :
1. **The Invention of Art : A Cultural History** : Larry Shires, 2003, 2. **Art and Its Objects : An Introduction to Aesthetics** : Richard Wollheim, 1968, 3. **What is Art** : Leo Tolstoy, 1897, 4. **Man and his Symbols** : Carl Jung, 1978

कला और साहित्य का अंतःसंबंध

कलाओं का लक्ष्य जीवन में जो कुछ अर्थपूर्ण और सुंदर है, उसका रचनात्मक उद्‌घाटन, रक्षण और पोषण करना और आनंद देना रहा है। उनका साहित्य से प्राचीन काल से संबंध है। आधुनिकता के आगमन के बाद विशिष्टता के आग्रह से साहित्य और कलाओं के बीच ही नहीं, एक कला और दूसरी कला के बीच भी तलाक की स्थिति आ गई। कलाओं में साहित्य लगातार अनुपस्थित या नगण्य होता गया। इसके अलावा, 'अर्थपूर्ण' और 'लोकप्रिय' के बीच भी जबर्दस्त विभाजन हुआ। इसलिए जीवन में कलाओं के बढ़ते जा रहे स्पेस के जमाने में यह सोचना आवश्यक लग सकता है कि

उपर्युक्त अंत:संबंध पुनः स्थापित हो और विभाजन दूर हो।

वाल्मीकि रामायण में लव-कुश रामायण गाते दिखाई देते हैं, संगीत का संबंध काव्य से था। भरतमुनि के नाट्यशास्त्र में चित्र और नाट्य का संगम मंगलजनक माना गया। अजंता की गुफाओं में एक वैसा ही चित्र है, जैसा कालिदास के 'रघुवंश' के एक प्रसंग में है। 'अभिज्ञान शाकुंतलम्' में दुष्यंत शकुंतला का चित्र बनाते हैं। महाबलिपुरम की चट्टानों पर महाभारत की गाथा है। उन युगों के कलाकारों ने प्राचीन साहित्य और इसके चरित्रों को आदर्श मानकर जो कुछ बनाया, वह 'अर्थपूर्ण' था और 'लोकप्रिय' भी हुआ। उन कला-निर्माणों में आज की तरह क्षणभंगुरता न थी।

एक पौराणिक कथा में कलाओं और काव्य के अंत:संबंध का सुंदर ब्योरा है। एक राजा अपने मंदिर के लिए देवप्रतिमा बनाना चाहता था। उससे एक ऋषि कहते हैं, देवप्रतिमा बनाना चाहते हो तो चित्र बनाना सीखो। चित्र बनाना है, नृत्य सीखो। नृत्य सीखने की इच्छा व्यक्त करने पर कहा जाता है, संगीत सीखो। संगीत सीखने के लिए गायन की शिक्षा प्राप्त करो। गायन सीखना है तो काव्य जरूरी है। कलाओं के अंत:संबंध की यह प्राचीन अवधारणा है। इसका अर्थ है, पहले के जमाने में कला को अर्थवान और लोकग्राह्य बनाने के लिए ऐसे अंत:संबंध की जरूरत महसूस की जाती थी। आज भी महसूस किया जा सकता है कि साहित्य में जिस तरह 'विशेषज्ञता' आत्मघातक है, उसी तरह कला का 'एकांत' आत्मघातक है।

निराला ने 'गीतिका' की भूमिका में लिखा था, 'मैं अपने गीतों की स्वरलिपि करना चाहता था, पर कुछ ऐसी परिस्थिति रही कि सब तरफ अभाव ही अभाव का सामना करना पड़ा। एक हारमोनियम की गुंजाइश भी मेरे लिए नहीं हुई। मेरी सरस्वती संगीत में भी मुक्त रहना चाहती है, सोचकर मैं चुप रह गया।' सवाल यह है कि जो अभाव में नहीं हैं, उनके चुप या निष्क्रिय होने का क्या अर्थ है? हिंदी क्षेत्र में कविता को संगीत, नृत्य, नाट्य, चित्र कलाओं का और कथा साहित्य को सिनेमा का बल नहीं मिला, जो बांग्ला साहित्य को मिला। रवींद्र साहित्य घर-घर तक कलाओं की ताकत से पहुंचा और कलाएं भी साहित्य की अंतर्वस्तु की वजह से अधिक संपन्न हुईं, जबकि प्रसाद की श्रद्धा, दिनकर की उर्वशी, मुक्तिबोध का ब्रह्मराक्षस, नागार्जुन का 'कालिदास सच सच बतलाना' आदि नृत्य के विषय नहीं बन सके। हिंदी में ऐसे सैकड़ों अवहेलित विषय हैं।

सिनेमा के संबंध में साफ कहा जाता है कि यह साहित्य पर क्यों आधारित हो। यह अपना साहित्य खुद तैयार करता है। महान फिल्में महान साहित्य पर नहीं बनतीं। बड़ा फिल्मकार भले साहित्य पर फिल्म न बना रहा हो, पर वह साहित्यिक मनोदशा में फिल्म बना रहा होता है। यह भी दृढ़ता से कहा जाता है, सिनेमा और साहित्य जुदा रहने वाली चीजें हैं। सिनेमा फिल्मकार का होता है। नाटक निर्देशक का होता है। बाजार का भी दबाव है, साहित्य से बचो।

एक आम सोच बना हुआ है कि संगीत, नृत्य, सिनेमा, चित्र आदि कलाओं की स्वायत्तता और स्वतंत्रता ही नहीं, बल्कि उनकी श्रेष्ठता भी साहित्य से मुक्ति पर निर्भर है। उच्च सौंदर्यबोध वाला कलाकार क्यों न सिर्फ अपनी विशिष्ट कला की फिक्र करे। वस्तुतः कलाओं की स्वतंत्रता की अवधारणा का संबंध 'व्यक्ति स्वाधीनता' की आधुनिकतावादी धारणा से है जो कलाओं और साहित्य का रिश्ता बनने नहीं देती।

कभी औपनिवेशिक आधुनिकताओं के बीच स्वतंत्रचेता दिमाग काम करते थे। इसलिए भारतेंदु हरिश्चंद्र, रवि वर्मा और रवींद्रनाथ ठाकुर जैसे व्यक्तियों ने साहित्य और कलाओं के अंत:संबंध के बारे में सोचा था। उन्होंने कलाओं और साहित्य का अंत:संबंध बनाकर रखा था। रवि वर्मा ने रामायण और महाभारत पर आधारित जो सुंदर चित्र बनाए थे, उनकी विषयवस्तु के चयन में नवजागरण की झलक साफ दिखती है। उन्होंने अकेले प्रतिरोध करने वाले साहसी जटायु को अपने एक चित्र में आंका था। सौंदर्य और प्रेम के दृश्य अंकित किए थे। भारतेंदु ने

'जातीय संगीत' की जरूरत बताई थी। आधुनिकता की परस्पर टकराती धारणाओं के बीच कलाओं की विशिष्टता के साथ अखंडता का पक्ष भी महत्वपूर्ण बना हुआ था। रवींद्रनाथ का साहित्य संगीत, नृत्य, नाटक, चित्र आदि में ढला। महादेवी वर्मा कलाप्रेमी थीं। प्राचीन समय की साहित्य और कलाओं की अखंडता तब तक मौजूद थी।

आधुनिकता भले विशिष्टता और पृथकता पर जोर देती थी, उत्तर-आधुनिकता अ-पृथकता चाहती है, एकरूपता भी। अतः अंतःसंबंध टूटा सिर्फ आधुनिकतावादी दौर में। उत्तर-आधुनिक समय की लोकप्रियतावादी कलाओं में देखा जा सकता है कि उनमें भरपूर फ्यूजन है। भिन्न-भिन्न कलाओं की मजेदार मिलावट है। नृत्य में, गान में, सिनेमा में, धारावाहिकों में, लाफ्टर शो में, अखबारों में, टीवी की इनामी प्रतिस्पर्धाओं में, आईपीएल में क्रिकेट के खेल के साथ चीयर लीडर्स की आकर्षक हरकतें मिश्रण ही हैं। इतिहास और लोक धुनों का भी जमकर शोषण हुआ है।

बाजार में निम्न आस्वाद वाली समूह कला और फ्यूजन आर्ट की भारी कीमत है, लेकिन कुलीन आस्वाद वाले शास्त्रीय संगीत, शास्त्रीय नृत्य और पेंटिंग्स की कीमत भी कम नहीं है। हमारे समय के बड़े कलाकार 'कीमतों की दुनिया' में चले गए हैं और आमतौर पर जीवन के अर्थ की खोज में शामिल नहीं हैं। सिनेमा में एक साथ कई कलाएं होती हैं। यह मास आर्ट का अच्छा उदाहरण है। शास्त्रीय या उच्च कलाओं में यदि उनकी विशिष्टता अपने अतिवादी बिंदु पर होती है तो मास आर्ट में कलाओं का अपनी-अपनी विशिष्टता खोना भी अतिवादी बिंदु तक पहुंचाता है। इनका लक्ष्य मनोरंजन करना होता है, जीवन में रस, सौंदर्य और प्राण भरना नहीं। ऐसी मिलावटी कलाएं 'माल' होती हैं, यह कलाओं की मृत्यु है।

क्या कला की कोई अपनी कीमत होती है? कीमत प्रचार से बनाए गए ब्रांड की होती है, कला की नहीं। कोई पेंटिंग एक करोड़ में बिकती है। उसमें एक करोड़ का क्या है? जाहिर है, ब्रांड बिकता है। प्रचारक, समीक्षक, एजेंट और मीडिया के लोग खा-पी कर, उपहार या कमीशन ले कर चित्रकार का ब्रांड तैयार करते हैं। विवाद से ब्रांड का पावर बढ़ता है। दरअसल पेंटिंग नृत्य और गान की ही तरह पब्लिक स्फीयर की चीज नहीं है। बिक जाने के बाद दर्शकों की स्मृति से वह खो जाती है। किसी बड़ी कंपनी के मालिक के घर या दफ्तर की दीवार पर टंग जाने के बाद उसका अर्थ घिस जाता है। आज भी सैकड़ों गायक, संगीतकार, चित्रकार, नर्तक, फिल्मकार, लोक-कलाकार, मूर्तिकार बाजार के हाशिए पर हैं। ये भी काम करते हैं। कला उनका जीवन है। उनसे तीसरे विकल्प की आशा की जा सकती है। हालांकि उनकी दृष्टि बाजार की ओर नहीं है, यह कहना कठिन है। साहित्य में जिस तरह विशेषज्ञता एक सीमा के बाद अवरोधक तत्व बन जाती है, कलाओं में अंतःसंबंध की जगह एकांतता भी अपनी रचनात्मकता खो देती है।

विश्व बाजार व्यवस्था में कलाओं के बीच लोकप्रियतावादी अंतःसंबंध संभव है, तो बौद्धिक मन के ऐसे अनगिनत सहृदय हैं, जिनके लिए कलाओं के बीच उच्च सौंदर्यबोधपरक अंतःसंबंध स्थापित किया जा सकता है। समूह कलाएं तब सह-कलाएं होंगी। यह कार्य चुनौतीपूर्ण माना जा सकता है। पर इसके लिए सामाजिक और दार्शनिक वातावरण बनाया जा सकता है। कलाकारों, साहित्यकारों और फिल्मकारों के कुछ साझा सरोकार हो सकते हैं। कुलीन शास्त्रीय आस्वाद और निम्न पॉप आस्वाद के लोगों से अलग मध्य वर्ग के ऐसे करोड़ों लोग हैं, जो इन दोनों से भिन्न आस्वाद के हैं। इन्हें 'पॉप' भी नहीं चाहिए और ये शुद्ध 'शास्त्रीय' से भी आगे जाना चाहते हैं। ये कला के तीसरे विकल्प के उभार के इंतजार में हैं। यह तब संभव है, जब कुलीन शास्त्रीय आस्वाद और निम्न-पॉप आस्वाद के बीच फंसी कलाओं को उन्मुक्त किया जाएगा। फिलहाल कलाएं बड़ी पूंजी और टेक्नोलॉजी से जितनी संपन्न होती जा रही हैं, उनकी दार्शनिक दरिद्रता उतनी ही बढ़ती जा रही है।

शंभुनाथ

कला चेतना

प्रकृति का अंग होते हुए भी, मनुष्य के जो रचनात्मक उद्यम अन्य जीवों से मनुष्य की विशिष्ट पहचान को निर्धारित करने में सहायक हुए, उन्हीं में से एक का नाम 'कला' है। भारतीय परंपरा में मनुष्य को अन्य प्राणियों से विशिष्ट बनाने वाले तत्व के रूप में 'धर्म' का उल्लेख है (तेषां धर्माधिको विशेषो), साथ ही 'कला' का भी (साहित्य संगीत कला विहीनः साक्षात् पशु पुच्छविषाणहीनः)। इस तरह, कला मनुष्य के जीवन से अविच्छिन्न रूप से जुड़ी चीज है।

मानव जीवन में कला के अस्तित्व के दो प्रमुख आधार माने गए हैं—ऐंद्रिय संवेदन के स्तर पर सौंदर्य चेतना और आत्मिक अभिज्ञान के स्तर पर अपनी अपूर्णता का बोध। ऐंद्रिय स्तर पर मनुष्य को जो कुछ आकर्षित करता है, उसी से उसकी सौंदर्य चेतना का प्रमाण मिलता है। इसकी अभिव्यक्ति 'कला' में होती है। मनुष्य को अपने जैविक अस्तित्व की नश्वरता और अपूर्णता की अनुभूति होती है, तो वह अपने अस्तित्व की सार्थकता निरर्थकता के प्रश्नों से घिर जाता है। उसकी आकांक्षा होती है कि वह किसी ऐसे प्रयास में प्रवृत्त हो, जो उसे अपेक्षया अपूर्णता से पूर्णता की ओर, नश्वरता से अनश्वरता की ओर जाने की अनुभूति दे। इसी आकांक्षा का प्रतिफलन 'कलाओं' में होता है।

मनुष्य की अनुकरण प्रवृत्ति के मूल में उसकी सौंदर्य चेतना ही कार्यरत होती है। मनुष्य को जो कुछ सुंदर लगता है, उसकी अनुकृति में उसे आनंद का अनुभव होता है। पश्चिम में इसी अनुभव के आधार पर 'अनुकरण का सिद्धांत' प्रतिपादित किया गया। अरस्तू ने अपने गुरु प्लेटो द्वारा प्रस्तुत अनुकरण के सिद्धांत को कला के संदर्भ में अपनी सकारात्मक व्याख्या के अधीन लाकर दो महत्वपूर्ण स्थापनाएं कीं : एक, कला प्रकृति का अनुकरण है, अर्थात कलाकृतियों के मूल में ही प्रकृति की भांति एक तरह की सृजन-प्रक्रिया निहित है। दो, प्रकृति की कृतियों में जो अपूर्णता रह जाती है, कलाकृतियों में उस अपूर्णता से किंचित पूर्णता की ओर जाने का अनुभव कराने की प्रवृत्ति होती है। प्रकृति अपनी दृश्यमानता में जहाँ जितना हमें लुभाती है, उतना ही यह बोध भी कराती है कि वह देश काल की सीमाओं में कितनी बंधी है। कला में उसी दृश्यमानता को हम देश-काल की सीमाओं से मुक्त होता हुआ पाते हैं। उदाहरण के लिए, प्रसिद्ध रूसी चित्रकार रोरिक ने जिस हिमालय को प्रत्यक्षतः देखा होगा, निश्चय ही कोई भूगोलवेत्ता उसे जब नक्शे पर दर्शाता है, तो उसके अक्षांश-देशांतर तय रहते हैं, लेकिन रोरिक ने जब हिमालय को अपने चित्रों में उतारा, वह कला दीर्घाओं अथवा संग्रहालयों में किसी भी देश और किसी भी काल के दर्शकों के लिए दृश्यमान होने के अवसर पा गया।

कला का संबंध हमारी सौंदर्यानुभूति से है। सौंदर्यानुभूति आनंदजन्य होती है, इसलिए स्वाभाविक है कि कला भी आनंदजन्य होती है—स्वयं कलाकार के लिए भी और कला के आस्वादकर्ता या भावक के लिए भी।

कला के लिए 'प्रतिभा' का होना अनिवार्य माना गया है। 'प्रतिभा' को 'नवनवोन्मेषशालिनी' या 'नवनिर्माणक्षमा प्रज्ञा' के रूप में परिभाषित किया गया है। नवनिर्माण की क्षमता का श्रेय कलाकार की कल्पना शक्ति को दिया जाता है। कल्पना द्वारा मनुष्य अपनी अनुभूति में नए प्रत्यय जोड़ता है, नए अनुभवों में जीता है। नवता की इस प्रक्रिया में ही आनंद है। कला में इसी आनंद की निष्पत्ति होती है।

प्रायः यह सर्वमान्य तथ्य है कि जगत के सौंदर्यात्मक बोध का एक सबसे महत्वपूर्ण साधन 'कला' है, लेकिन इस साधन को परिभाषित करने के जो प्रत्ययवादी या रहस्यवादी आधार थे ('दैवी प्रतिमा', कला देवियां, 'म्यूजेज', 'आविष्ट क्षण' आदि) वे अब मान्य नहीं रह गए हैं। अब मान्यता यह है कि कला मनुष्य की सामाजिक चेतना और उसकी वैयक्तिक क्रिया-प्रतिक्रिया का ही एक रूप है, वह यथार्थ को कलात्मक अनुशासनों, साथ ही बिंबों में ढालकर कला प्रस्तुत करता है। यथार्थ प्रस्तुति की

विधियों और कलात्मक बिंब चित्रण के साधनों की विशिष्टताओं से ही कला के विशिष्ट रूपों (चित्र, मूर्ति, नृत्य, संगीत आदि) का निर्धारण होता है।

यथार्थ के विषय और रूप कलात्मक प्रतिबिंबन के कार्य को निश्चित करते हैं। यह कार्य है लोगों की सौंदर्यात्मक आवश्यकताओं की ऐसी कृतियों से पूर्ति करना, जो मनुष्य को आनंद प्रदान करें, उसे आत्मिक दृष्टि से समृद्ध बनाएं और साथ ही उसमें ऐसे कलाकार को जगाएं, जो अपने अनुभव-क्षेत्र में सौंदर्य के नियमों के अनुसार सृजन करने में समर्थ हो।

हमारे समय की उपभोक्तावादी प्रवृत्तियां सौंदर्यानुभूति को उपभोग की वस्तु बना रही हैं। कला अपने सार्थकतम रूप में तब होती है, जब वह स्थूल उपभोगपरकता से हमें ऊपर उठाए। आज के संदर्भ में, कला में उदात्तता का यही आशय माना जाना चाहिए। उपभोगपरक प्रवृत्तियों के चलते सौंदर्य को 'उत्तेजना मूल्य' से संबद्ध किया जा रहा है। कला की प्रतिज्ञा है कि वह सौंदर्य को 'संवेदना मूल्य' से जोड़ने में अपनी कृतकार्यता का प्रमाण देगी।

भारतीय चिंतन में कला-चेतना को भावमूलक माना गया है। कला में स्थायी भावों को केंद्र में रखने की प्रवृत्ति भारतीय कला दर्शन में थी। यों मनुष्य मात्र को अपने सामान्य जीवन में भी स्थायी भावों की अनुभूति होती है, परंतु यह अनुभूति व्यक्तिगत स्तर पर होती है। कला चेतना हमारे भावोद्रेक को व्यक्तिगत चेतना से ऊपर उठाकर उसे सार्वभौमिकता प्रदान करती है। इसी प्रक्रिया में जीवन की दुःखमय स्थितियां भी जब कला में चित्रित होती हैं, तो मनुष्य को दुःखात्मकता से उबार कर आनंद का अनुभव कराती हैं। कला चेतना इसी रूप में आनंदानुभूति में पर्यवसित होती है।

राजेंद्र कुमार

अधिक जानकारी के लिए :

1. **Art and Thought :** Dara Arnold and Margret Iverson, 2003, 2. **Theories of Art Today :** Noel Carroll, 2000

कला फिल्म

कला फिल्म (Art Film) का नामकरण अमेरिकी 'आर्ट हाउस' के अनुकरण में हुआ था। 'आर्ट हाउस' (सिनेमा घर) में गंभीर विषयों वाले, बुद्धिपरक और शास्त्रीय फिल्मों का चयनित रूप से प्रदर्शन होता था। विश्वविद्यालयों में मीडिया विषयक अध्ययन के लिए कला फिल्मों के चुनाव की परंपरा बन रही थी। इन अध्ययनों में फिल्म (Film) और मूवीज (Movies) का अंतर किया जाता था। कम खर्च में बननेवाली उन्नत कला और बौद्धिक कथ्यवाली फिल्म को 'फिल्म' और बड़े बजट वाले लोकप्रिय तत्वों और बाजार मुखापेक्षी फिल्म को 'मूवीज' कहा गया। इन अध्ययनों में निर्माण-खर्च को ही किसी फिल्म की श्रेष्ठता का मानक नहीं माना गया। 1964 में बड़े बजट वाली 'द फॉल ऑफ रोमन एंपायर' और 1969 में 'हैलो डॉली' जैसी फिल्में बॉक्स-ऑफिस पर पिट गई थीं जबकि कम बजट में बनी गंभीर विषय वाली फिल्म 'एइट एंड हाफ' ने व्यापारिक सफलता हासिल की थी।

व्यावसायिक और कला फिल्मों के अंतर को सिनेमा हालों को जारी किए गए फिल्मों के 'प्रिंटों' की संख्या के आधार पर भी देखा गया। अमूमन व्यावसायिक फिल्मों की 'प्रिंटों' के मुकाबले कला-फिल्मों की काफी कम प्रिंट बनती थीं। बड़े सिनेमा घरों में कला फिल्मों का प्रदर्शन आर्थिक दृष्टि से सफल नहीं होता था। सत्यजित राय की 'पथेर पांचाली' (1951) के शुरुआती प्रदर्शनों और ऋत्विक घटक की 'कोमल गांधार' (1951) को इन्हीं कारणों से आर्थिक असफलता का मुंह देखना पड़ा था। दूसरी तरफ छोटे सिनेमा घरों में प्रदर्शित मृणाल सेन की 'भुवन शोम' (1969), श्याम बेनेगल की 'अंकुर', कुरोसावा की 'सेवन समुराई' (1954) की आर्थिक सफलता और लोकप्रियता ऐतिहासिक है।

व्यावसायिक और कलात्मक सभी तरह की फिल्मों के संरक्षण के लिए विभिन्न देशों में फिल्म आर्काइव के निर्माण ने विशेषकर कला फिल्मों को

भविष्य के फिल्मकारों के लिए बचाए रखने का बड़ा कार्य किया है। इंग्लैंड का 'नेशनल फिल्म आर्काइव' इस तरह का पहला कदम था। बाद में अमेरिका में 'जॉर्ज ईस्टमैन हाउस', 'द लाइब्रेरी ऑफ कांग्रेस', 'म्यूजियम ऑफ माडर्न आर्ट', मिस्र में 'नेशनल फिल्म आर्काइव' के अलावा जर्मनी, भारत, इटली आदि देशों में ऐसे संग्रहालय निर्मित हुए।

'50 के दशक में फ्रेंच सिनेमा जगत में 'न्यू वेव' आंदोलन ने कला फिल्मों को नई भाषा, नई तकनीक और प्रगतिवादी चरित्र से समृद्ध किया। 'काइए द्यू सिनेमा' पत्रिका के संपादक-फिल्मकार आंद्रे वाजां इस आंदोलन के जनक थे। इटली के न्यू रियलिस्टिक फिल्म आंदोलन का उदाहरण उनके सामने था। 'न्यू वेव' सिनेमा ने कला फिल्म के क्षेत्र में नए निर्देशकों की एक टीम तैयार की।

कला फिल्मों को कथ्य और शिल्प के आधार पर विश्व स्तर की ऊंचाइयों पर ले जाने वाले फिल्मकारों में जो प्रमुख नाम इतिहास में दर्ज हैं, वे हैं–काल ड्रेयर (द पैशन ऑफ जोआन ऑफ आर्क), सेर्जेई आइजेंस्ताइन (बैटलशिप पोटमेकिन), विट्टोरिया डि सिका (बाइसिकिल थीफ), इंगमार बर्गमैन (द सेवंथ सील, वाइल्ड स्ट्रॉबेरीज), फ्रेडरिको फेलिनी (ला स्त्रादा, एइट एंड हाफ), अकीरा कुरोसावा (राशोमान, द सेवेन समुराई), सत्यजित राय (नायक, शतरंज के खिलाड़ी), मृणाल सेन (भुवन शोम), श्याम बेनेगल (अंकुर) एवं अन्य।

'90 के दशक के बाद भूमंडलीकृत दुनिया में 'विचारधाराओं के अंत' और 'सभ्यता की टकराहटों' की गूंज के बीच कला फिल्मों की आवाज मद्धिम हुई है। व्यावसायिक फिल्मों का वृहत्तर बाजार अब यूरोप-अमेरिका की केंद्रीय भूमि से हट कर एशिया-अफ्रीका के देशों में है। इस संकट पर टिप्पणी करते हुए भारतीय फिल्मकार श्याम बेनेगल ने कहा है, 'आज लोकप्रियतावाद हमारा 'धर्म' हो गया है। उसमें बदलाव आना चाहिए। लोग जो चाहते हैं, उसे पूरा करने की जरूरत नहीं है। उन्हें जिस चीज की जरूरत है, वह दी जानी चाहिए।'

महेश जायसवाल

अधिक जानकारी के लिए :

Film Genre : From Iconography to Ideology : Barry Keith Grant, 1977

कलाकृति

कला का शाब्दिक अर्थ सुंदर, कोमल, मधुर या सुखद माना जाता है। इसका तात्पर्य किसी वस्तु का छोटा अंश भी है। शैवागम में यह ललित या कर्तृत्व शक्ति मानी गई है।

कला का अभिज्ञान उसके आनंद में रम जाने में और उसके सौंदर्य दान में है। यह अनुभूति और अभिव्यंजना का साधन है (टॉल्सटॉय)। हीगेल ने इसके तीन विभाजन किए– प्रतीकात्मक, क्लासिक तथा रोमांटिक। इस दृष्टि से इनके अंतर्गत क्रमशः वास्तु, मूर्ति तथा चित्र, संगीत, संगीत काव्य आते हैं। हर्बर्ट रीड कला को रमणीय वस्तु-रूपों के सृजन का प्रयत्न बताते हैं।

दंडी ने बताया है, 'नृत्य गीत प्रभृतयः कलाः कामार्थसंश्रयाः'। आधुनिक मनोविश्लेषक इसे दमित वासनाओं एवं अवचेतन की उदात्त अभिव्यक्ति मानते हैं। कालांतर में यह कौशल का पर्याय होकर कला विलास (क्षेमेंद्र) अथवा चौंसठ भेदरूपा (वात्स्यायन) भी हो गई।

कला को इस तरह अनुकरण, अभिव्यंजना, कौशल, संयोजन, सौंदर्य, कामार्थसंश्रय, दमित वासनाओं का उदात्तीकरण आदि कहा गया। मनुष्य के अपने संस्कारों तथा संस्कृति के रूप में जिन भावों ने महाभाव का मोहन प्राप्त कर लिया, उनकी प्रतिष्ठा कला में हुई। यह ललित, उपयोगी या आभ्यंतरिक होती है। अतः एक छोटे-से वेणुगीत या माला गूँथने से लेकर 'गोदान' जैसे उपन्यास, 'कामायनी' जैसे महाकाव्य, खजुराहो की विराट मूर्तियां अथवा अजंता की गुफाओं तक कला-सृजन के प्रमाण हैं। ये कलाकृतियां हैं जो सामाजिक-ऐतिहासिक यथार्थ हैं या आत्म-अभिव्यक्तियां हैं। ये सौंदर्य का प्रत्यक्षीकरण हैं।

विभिन्न माध्यमों, शैलियों तथा रूपाकार-भावलोक के आधार पर कलाकृतियों का वर्गीकरण होता है। इस प्रकार कला का अर्थ कौशल द्वारा किसी माध्यम से शैली और शोभा से युक्त कलाकृतियां बनाना है। कलाकार द्वारा जब किसी अमूर्त भाव या अनुभूति, भौतिक या अवचेतन पदार्थ को किसी माध्यम में कौशल द्वारा साकार, साक्षात कृत्य में रूपांतरित कर दिया जाता है, तब वह भाव या पदार्थ कलाकृति हो जाता है। कलाकार का माध्यम, इतिहास, देशकाल और समाज उस कला को एक विशिष्ट पहचान देते हैं। इससे 'कृति' एक सांस्कृतिक उत्पाद भी हो जाती है। वह सृजन प्रक्रिया द्वारा ही एक बहुआयामी कलाकृति बनती है। उपकरण तथा उपागम उसे वर्गीकृत करते हैं। इसमें कलाकृति के अलावा आशंसक या सहृदय का भी सहकार होता है। अतः कलाकृति की सृजन-प्रक्रिया के साथ ग्रहीता द्वारा संप्रेषण-ग्रहण भी उसके संयोजक हैं।

रमेश कुंतल मेघ

कलावाद

सृजन के क्षेत्र में कलावाद (Art for Art's Sake) उस सैद्धांतिक आग्रह को कहते हैं, जिसमें कला को साधन नहीं, साध्य माना जाता है। यह ऐसे सौंदर्यशास्त्रीय सिद्धांत का समर्थन करता है, जिसमें किसी नैतिक पक्षधरता या विचारधारात्मक प्रतिबद्धता को स्वीकार करने से एतराज हो। कलावाद उस उपयोगितावादी दृष्टिकोण का विरोध करता है, जिसमें कलाकृति का मूल्यांकन इस आधार पर किया जाता है कि वह सामाजिक अपेक्षाओं के कितना अनुरूप है। कलावाद का सबसे पहले प्रवर्तन अंग्रेजी आलोचक लेसिंग ने 1766 में 'कला के लिए कला' के सिद्धांत के रूप में किया, जो आगे चलकर कला और साहित्य की दुनिया में विवाद का एक बड़ा विषय बना।

प्राचीन भारतीय कला चिंतन में 'कलावाद' जैसे कोई धारणा नहीं है। भारतीय काव्यशास्त्र में काव्य के प्रयोजनों को लेकर गंभीर विचार-विमर्श का चलते रहना इस बात का प्रमाण है कि काव्य को साध्य नहीं, साधन ही अधिक माना जाता था। भले ही 'कवयः निरंकुशयः' या 'कविर्मनीषी परिभू स्वयंभू' जैसी कुछ उक्तियां कवि की स्वतंत्रता और स्वायत्तता को ध्वनित करती रही हों, लेकिन काव्य के प्रयोजनों की चर्चा ('यशसेर्थकृते शिवेतरक्षतये' इत्यादि) से यह संकेत मिलता है कि काव्य की उपयोगिता के प्रश्न से एकदम किनारा करने की प्रवृत्ति भारतीय कला चिंतन में नहीं है।

पश्चिम के प्राचीन काव्यशास्त्रियों (यूनानी दार्शनिक प्लेटो और अरस्तू आदि) के चिंतन से अलबत्ता ऐसा प्रतीत होता है कि जिसे आज हम कलावाद कहते हैं, उसका कोई पूर्वरूप प्लेटो जैसे चिंतक को अपने समय में अवश्य नजर आया होगा, अन्यथा वह सामाजिक-नैतिक दृष्टि से कलाओं के प्रति इतना सशंकित न होता कि उसे आदर्श गणराज्य से कवियों-कलाकारों को बहिष्कृत कर देने का प्रस्ताव करना पड़ता।

कलावाद अपने आधुनिक रूप में तब प्रकट हुआ, जब फ्रांस में 1866 के आसपास 'कला कला के लिए' (ल आर्त पोर ल आर्त) जैसे सिद्धांत की घोषणा की गई। इस सिद्धांत के पक्षधर के रूप में मैक्लीन ह्वीस्लर (1834-1903) की विशेष ख्याति हुई। फ्रांसीसी कवि बॉदलेयर तथा अंग्रेज लेखक आस्कर वाइल्ड ने 'कला कला के लिए' (आर्ट फार आर्ट्'स सेक) के आग्रह का समर्थन किया। कला को किसी भी प्रकार के उपयोगितावाद से जोड़कर देखने या उसे किसी भी प्रकार के उपदेशात्मक प्रयोजन से संबंधित करने के विचार को खारिज करते हुए रैमी द गूर्मा ने यहां तक कह दिया, 'व्यक्ति या समाज के उत्कर्ष के उद्देश्य से कला को स्वीकार करना वैसा ही है, जैसे कि गुलाब की प्रशंसा इसलिए की जाए कि उससे कोई ऐसी औषधि तैयार की जाती है, जो आंखों के लिए उपयोगी है।'

सामाजिक जीवन से कला के पृथक्करण पर आधारित कलावाद के सिद्धांत को तब और हवा मिली, जब यथार्थवाद के विरुद्ध संघर्ष में बूर्जुआ सौंदर्यशास्त्रियों ने कला के आंतरिक 'स्वध्येय' और 'निरपेक्ष स्वरूप' का प्रचार किया। कला के संज्ञानात्मक, विचारधारात्मक तथा सामाजिक महत्व और युग की व्यावहारिक अपेक्षाओं से कला के संबंध की अस्वीकृति ने इस दावे को जन्म दिया कि कलाकार समाज के प्रति किसी भी प्रकार के दायित्व से सर्वथा स्वतंत्र रह सकता है।

आधुनिक काल में कलावाद का संबंध रूपवाद से भी जोड़ा जाता है। 1917 में रूस के पैत्रोग्राद नगर में विक्टर श्लोव्स्की ने रूपवाद (फार्मलिज्म) का अभियान छेड़ा। श्लोव्स्की का मानना था कि उसके समकालीन लेखक तथा आलोचक साहित्य के नैतिक और सामाजिक मूल्यों से इस तरह आक्रांत हो गए थे कि शिल्प-सौंदर्य तथा भाषा के लालित्य की उपेक्षा होने लगी। श्लोव्स्की के अनुसार रचनाकार का प्रधान दायित्व साहित्य की कला तथा भाषा के प्रति ही होना चाहिए। समाज के प्रति उसका दायित्व गौण है। नीतिशास्त्र और समाजशास्त्र के तकाजों से कला के तकाजे का यही अंतर है कि कला में आनंद ही प्रधान तत्व है। इस आनंद की सिद्धि के लिए शिल्पविधि तथा भाषा की शक्तियों की ओर ध्यान देने की आवश्यकता पर बल देना रूपवाद और कलावाद, दोनों को अभीष्ट है। कलावाद की चिंता इस बात को लेकर उतनी नहीं होती कि कला में 'क्या है' जितनी इस बात को लेकर कि कला में जो है, वह 'कैसे है'।

हिंदी में कई लेखकों में कलावादी रुझानों की पहचान की जाती रही है, विशेषकर उनमें, जो 'कला के समय' की अवधारणा को इतिहास के समय की अवधारणा से अलगाने में विश्वास रखते हैं। ऐसे कला-चिंतक मानते हैं कि कलानुभव अपने शुद्ध और स्वायत्त रूप में मूलतः और अंततः किसी सामाजिक परिवर्तन के संस्करण या अनुषंग नहीं होते। इस रूप में कलावाद के तत्व अज्ञेय और निर्मल वर्मा के यहां प्रायः देखे जा सकते हैं।

हमारे समय के कुछ कृतिकार और कला-चिंतक ऐसे हैं, जो अपने को कलावादी कहलाना पसंद नहीं करते, लेकिन कला संबंधी अपने स्वतंत्र विचारों को प्रस्तुत करने में, कलावादी कहे जाने का जोखिम उठाने से संकोच भी नहीं करते। मसलन, अशोक वाजपेयी यह मानते हैं कि कलाओं के सामाजिक आशय और स्रोत होते हैं, किंतु यह मानना उनको उचित नहीं लगता कि कला अपने सामाजिक आशयों तक सीमित रहती है या उन्हीं से प्रेरित, रची और समझी जा सकती है। उनका मत है कि साहित्य और कलाएं ऐतिहासिक-सामाजिक समय के बरअक्स 'अपना समय' खुद रचती हैं, 'कलाएं ऐतिहासिक और सामाजिक समय से परे भी एक दूसरा समय रचती हैं : समानांतर समय, समयांतर प्रतिसमय। अगर हम यह न पहचान सकें और सिर्फ उनकी सामाजिक-ऐतिहासिक नियति पर ही ध्यान केंद्रित किए रहेंगे, तो हम मनुष्य को साहित्य या कलाएं क्यों चाहिए—इस प्रश्न का उत्तर पाने में असमर्थ रहेंगे। ...कलाओं का अपना जनपद होता है, अपना स्वराज।'

राजेंद्र कुमार

अधिक जानकारी के लिए :
1. **चिंतामणि, भाग-2** : रामचंद्र शुक्ल, 2. **सृजन और संदर्भ** : अज्ञेय, 3. **कला का जोखिम** : निर्मल वर्मा, 2001

कलि

कलि शब्द का प्रयोग ऋग्वेद में अश्विनों द्वारा रक्षित व्यक्ति के अर्थ में हुआ है। अथर्ववेद में कलि का प्रयोग गंधर्वों के वर्णन के साथ बहुवचन में हुआ है। विवाद, कलह, बहेड़े के वृक्ष और कलियुग के स्वामी असुर का नाम भी कलि है। कलि एक देवता हैं, जिनके नाम पर चौथे युग का नाम कलियुग पड़ा। विश्व की आयु के संबंध में हिंदू सिद्धांत में समय इस रूप में व्यक्त है—युग, मन्वंतर एवं कल्प।

युग चार हैं—कृत, त्रेता, द्वापर एवं कलि। विश्व की आयु का अंतिम हिस्सा कलियुग है।

'कल्कि पुराण' के प्रथम अध्याय में कलि के जन्म का विवरण देते हुए कहा गया है कि द्वापर के अंत में ब्रह्मा के पृष्ठ भाग से अधर्म की उत्पत्ति हुई। अधर्म और उसकी पत्नी मिथ्या से दंभ नामक पुत्र पैदा हुआ। उसकी अपनी बहन माया से लोभ नामक पुत्र और निकृति नामक पुत्री जनमी। फिर इन दोनों से क्रोध नामक पुत्र उत्पन्न हुआ। उसने अपनी हिंसा नामक बहिन से कलि महाराज को उत्पन्न किया। वह दाहिने हाथ में जिह्वा और वाम हस्त से उपस्थ (शिश्न) पकड़े हुए, अंजन के समान वर्णवाला, काकोदर, कराल मुखवाला और भयानक था। उससे सड़ी दुर्गंध आती थी और वह द्यूत, मद्य, हिंसा, स्त्री तथा सुवर्ण का सेवन करने वाला था। इस विवरण में बुराइयों के रक्त संबंध का उल्लेख एक खास अर्थ रखता है।

पुराणों के अनुसार कलि के दोष से मनुष्यों का शरीर क्षीण होगा। वर्णाश्रम और वेदपथ नष्ट होंगे। धर्म में पाखंड की प्रचुरता होगी और राजाओं में दस्युओं की, वर्णों में शूद्रों की, गांवों में बकरियों की, आश्रमों में गार्हस्थ्य की, बंधुओं में यौन संबंध की, औषधियों में अनुपाय की, वृक्षों में शमी की, मेघों में विद्युत की, घरों में शून्यता की प्रधानता होगी। श्रीहर्ष की कृति 'नैषध चरित' में कलि के दुष्चक्र का अनावरण है—कलि नलदमयंती के सुखी और धर्मानुसार जीवन को उनके राज्य में घुसकर बरबाद कर देना चाहता है, पर अंततः सफल नहीं होता। महावीर प्रसाद द्विवेदी ने इस कृति के संदर्भ में कलि को एक नई पृष्ठभूमि में देखा। प्राचीन वैज्ञानिक चिंतक आर्यभट ने कहा था कि कलियुग के अंत में कल्कि अवतार होगा!

सरोज सिंह

अधिक जानकारी के लिए :
Puranic Encyclopedia : Vettam Mani, 1975

कल्कि
(1855-1954)

कल्कि के नाम से प्रसिद्ध तमिल कथाकार रा कृष्णमूर्ति ने ऐतिहासिक उपन्यास लिखे हैं। उनकी कृतियों 'पार्तिपन कनवु' और 'शिवकामियिन शपदम' ने उन्हें प्रसिद्ध कर दिया। वह देशभक्त थे। उनका मानना था कि इतिहास वर्तमान जीवन का एक ठोस आधार है। उनका लक्ष्य पाठकों को सुरुचिपूर्ण कथा देना ही नहीं, ब्रिटिश पराधीनता, भय और अज्ञान से बाहर निकालना भी था। उन्होंने तमिल प्रदेश के गौरवमय काल खंडों को अपने उपन्यासों का विषय बनाया और राष्ट्रप्रेम जगाने का काम किया। उन्होंने उस युग को कथा में ढाला जो अलवारों और नायनमारों का था। इतिहास को विषय बनाकर उनका लक्ष्य धार्मिक संकीर्णता, जातिभेद और मिथ्या अभिमान पर प्रहार करना था। कल्कि संपूर्ण भारतीय समाज की विसंगतियों को देख रहे थे। उनका लक्ष्य जातीय कुरीतियों को मिटा कर राष्ट्रीय पुनर्निर्माण था। उन्होंने अपने उपन्यासों में स्त्रियों के साहस को दिखाया तथा प्रेम और कर्तव्य के द्वंद्व को भी उभारा।

दिनेश कुमार शर्मा

कल्पना

कल्पना (Imagination) को अप्रत्यक्ष वस्तुओं के संबंध में मनन या चिंतन कहा गया है। इसे मानसिक कौशल भी माना गया है। स्वप्न अवचेतन दशा की प्रयत्नहीन उपज है, पर कल्पना सचेतन मन की सप्रयत्न सृष्टि है। कुछ विद्वान कल्पना को ऐसी स्वतःस्फूर्त सृजनात्मक शक्ति कहते हैं जो मानव मात्र में होती है। कुछ इसे रहस्यवादी ज्ञान का काव्यात्मक रूप मानते हैं। कुछ लोग इसे भौतिक जगत पर कलाकारों का मानसिक प्रक्षेपक मानते हैं। इन विचारों के विश्लेषण से इतना स्पष्ट है कि

कल्पना वह मानसिक शक्ति है जो दृष्ट वस्तु और कार्य व्यापार के साथ अदृष्ट का संबंध खोजती है।

प्लेटो के अनुसार कल्पना का आधार असत्य है। 'रिपब्लिक में' प्लेटो ने मिथ की व्याख्या के अंतर्गत एक तरह से कल्पना का अस्तित्व स्वीकार किया है जो तर्क से परे है। उन्होंने कल्पना के लिए 'फैंटेसिया' शब्द का प्रयोग किया था। आश्चर्य की बात नहीं है कि इसी प्रयोग के कारण अंग्रेजी में 'फैंटेसी' तथा 'इमैजिनेशन' के बीच अंतर कोलरिज से पहले इतने स्पष्ट रूप से स्थापित नहीं हुआ था। अरस्तू ने प्लेटो के अर्थ को आगे बढ़ाते हुए ऐंद्रिक अनुभव, बुद्धि और स्मृति के संदर्भ में कल्पना पर विचार किया था। कल्पना को विचारों में सामंजस्य प्रदान करने वाली शक्ति स्वीकारते हुए उन्होंने बताया था कि कल्पना के बिना कोई धारणा नहीं हो सकती। आगे के विचारकों ने इन मतों के आधार पर कल्पना की नई व्याख्याएं प्रस्तुत कीं। दांते ने 'फैंटेसिया' को अंतर्दृष्टि और अभिव्यक्ति का मूल माना। उनके अनुसार जहाँ 'फैंटेसी' समाप्त होती है, वहीं कल्पना भी समाप्त हो जाती है।

सर्वप्रथम जोसफ एडीशन ने 'प्लेजर्स ऑफ इमैजिनेशन' नामक पुस्तक में कल्पना के काव्यगत मूल्यों की व्याख्या की। उन्होंने रसग्राह्यता से कल्पना का संबंध स्थापित किया। धीरे-धीरे इसका दार्शनिक स्वरूप समाप्त हुआ और काव्यगत अर्थ स्थापित हुआ। स्विस सौंदर्यशास्त्री बिटिंगर ह्यूर्ड ने कल्पना पर विचार किया, जिसे चरम पर सैमुअल टेलर कोलरिज ने पहुंचाया। बिटिंगर ने कल्पना और रूपक का संबंध स्थापित किया था। ह्यूर्ड ने आलोचक के लिए भी कल्पना शक्ति को आवश्यक बताया। उन्होंने कहा कि कल्पना शक्ति के सहारे ही आलोचक किसी रचना के संपूर्ण अंतर्निहित सौंदर्य को देख और परख सकता है और रचनाकार की अनुभूतियों का भोक्ता बनने में समर्थ होता है।

सभी स्वच्छंदतावादी कवियों विलियम ब्लेक, विलियम वर्ड्सवर्थ, फ्रेडिरक शिलर आदि ने कल्पना पर विचार किया है। इन सबने कल्पना को अतींद्रिय मानकर उसकी व्याख्या की। पी बी शेली ने इन सबसे अलग कल्पना को एक विराट नैतिक शक्ति के रूप में देखा और कहा, 'कल्पना की तुलना में बुद्धि वैसी ही है जैसे भावना की तुलना में देह और सार की तुलना में छाया'। कोलरिज ने कल्पना पर सबसे गहराई से विचार किया। उनसे पूर्व कल्पना को प्रकृति का वरदान समझा जाता था। इसे एक दिव्य रहस्यमयी शक्ति माना जाता था। इसलिए इसकी व्याख्या तर्क के आधार पर नहीं होती थी। कोलरिज ने कल्पना पर तर्कसंगत तरीके से विचार किया और कहा कि बेशक यह दिव्य शक्ति हो सकती है, किंतु रहस्यमय नहीं है। इसकी व्याख्या की जा सकती है। कोलरिज ने कल्पना के दो भेद किए : मुख्य और गौण। मुख्य कल्पना आत्मगत कल्पना है। इसे इन्होंने 'इंद्रियगोचर पदार्थों की प्रतीतानुभूति की क्षमता' कहा है। कोलरिज के अनुसार, इंद्रियां जिन विभिन्न वस्तुओं का बोध करती हैं, कल्पना ही उन्हें व्यवस्था में ढालती है। यह अव्यवस्थित बिखरे हुए बिंब को धीरे-धीरे ज्ञान का रूप प्रदान करती है।

विशिष्ट कल्पना विशिष्ट लोगों में पाई जाती है। यह एक आत्मिक ऊर्जा है जिसमें आत्मिक शक्ति के अन्य सभी पहलू प्रत्यक्ष ज्ञानशक्ति, विचारशक्ति, संकल्पशक्ति, मनोवेग आदि समाहित होते हैं। कोलरिज के अनुसार 'कल्पना के द्वारा ही काव्य हृदयग्राही, मर्मस्पर्शी और सजीव बनता है, अतः कल्पना का महत्व अक्षुण्ण है। कल्पना करने की अंतःशक्ति व्यक्ति का सर्वश्रेष्ठ गुण है और उसका समुचित प्रयोग काव्योत्कर्ष के क्षणों की देन है।'

भारतीय साहित्य में 'कल्पना' शब्द बहुत पुराना नहीं है। संस्कृत काव्यशास्त्र में 'कल्पना' शब्द का प्रयोग नहीं हुआ है। काव्य के हेतु के रूप में स्वीकृत प्रतिभा को कल्पना के तुल्य माना जा सकता है। हिंदी साहित्य में कल्पना का प्रयोग अंग्रेजी के 'इमैजिनेशन' शब्द के लिए हुआ है। 'इमैजिनेशन' लैटिन के 'इमेज' शब्द से बना है, जिसका अर्थ है मूर्ति अथवा बिंब। इमैजिनेशन का सामान्य अर्थ हुआ, वह मानसिक क्रिया जो बिंब का निर्माण करे। हिंदी समाज में कल्पना का उतना समादर नहीं रहा है,

जितना पश्चिमी समाजों में रहा है। कल्पना बहुत बार हवाई चीजों का प्रमाण होती है। इस संबंध में थोरो ने कहा है, 'यदि तुमने हवा में किले बनाए हैं तो भी कृतियां नष्ट नहीं होनी चाहिए। किले हवा में ही हों, बस उन किलों के नीचे नींव बना दो।'

हिंदी में कल्पना पर प्रारंभिक लेख बालकृष्ण भट्ट ने लिखा था। उनका लेख 'कल्पना शक्ति' 'हिंदी प्रदीप' (अगस्त 1888) में छपा था। इस निबंध में उन्होंने लिखा, 'मनुष्य की अनेक मानसिक शक्तियों में कल्पना शक्ति भी एक अद्‌भुत शक्ति है। यह कल्पना शक्ति काल्पनिक के हृदयगत भाव अथवा मन को परखने की कसौटी या आदर्श है। शांत या वीर प्रकृति वाले से श्रृंगार रस प्रधान कल्पना कभी न बन पड़ेगी, मतिराम और भूषण कवि इसके उदाहरण हैं।' इसके बाद रामचंद्र शुक्ल ने अंग्रेजी निबंधकार जोसेफ एडिशन के 'एस्सेज ऑन इमैजिनेशन' का हिंदी भावानुवाद किया। यह 1905 में 'नागरी प्रचारिणी पत्रिका' में प्रकाशित हुआ। बाद में आचार्य शुक्ल ने 'कविता क्या है' और 'साधारणीकरण और व्यक्ति वैचित्र्यवाद' आदि में कल्पना पर व्यवस्थित और मौलिक रूप से विचार किया। उनके अनुसार, 'कल्पना काव्य का बोध पक्ष है। कल्पना से आई रूप-व्यापार योजना से कवि या श्रोता को अंतःसाक्षात्कार का बोध होता है।' उन्होंने यह भी कहा, 'काव्य का सारा रूप-विधान इसी (कल्पना) की क्रिया होती है।' कल्पना को अधिक महत्व मिलना शुरू हुआ छायावाद युग से।

स्वाधीनता संग्राम में आई तीव्रताओं ने राष्ट्रीय, सामाजिक और साहित्यिक कल्पनाओं के संसार को व्यापक बना दिया था। महादेवी वर्मा ने लिखा है, 'कल्पना के संबंध में स्मरण रखना उचित है कि वह स्वप्न से अधिक ठोस धरती चाहती है।...प्रत्येक कवि और कलाकार अपने संस्कार, जीवन तथा वातावरण के प्रति इतना सजग, संवेदनशील होता है कि उसकी कल्पना, उसके ज्ञान और अनुभूतियों की चित्रमय व्याख्या बन जाती है।' कवि कल्पना से ही जान जाता है कि सौंदर्य का क्या करना है। छायावादी कवियों के लिए कल्पना उनकी शक्ति, अंतर्दृष्टि, मन का विस्तार और बुद्धि की सर्वोत्तम अवस्था थी।

वास्तव में कल्पना को उसके सोद्देश्य अर्थ में हवाई कल्पना नहीं कह सकते। अपने पूर्व अनुभवों और वर्तमान यथार्थों के आधार पर ही व्यक्ति मन में नई स्थितियों अथवा घटनाओं की रचना करता है। इसके लिए व्यक्तियों की अतृप्त और अपूर्ण इच्छाएं उत्प्रेरक का कार्य करती हैं, किंतु कल्पना वस्तुतः मनुष्य के मानसिक और भौतिक क्षितिज का विस्तार करने के लिए होती है। इस तरह की स्वतःस्फूर्त कल्पना पर उत्तर-आधुनिक-युग में प्रतिबंधों का व्यावसायिक जाल बिछा है।

अमिताभ राय

अधिक जानकारी के लिए :

1. **कल्पना और छायावाद** : केदारनाथ सिंह, 2. **Poetics of Imagining : Modern to Postmodern** : Richerd Karny

कल्पलोक

कल्पलोक (Utopia) वह कल्पित समाज है जो सभी अभीष्ट गुणों पर आधारित आदर्श व्यवस्था का प्रतीक है। यूटोपिया शब्द टॉमस मूर द्वारा लिखी गई पुस्तक 'ऑफ द बेस्ट स्टेट ऑफ अ रिपब्लिक एंड ऑफ द न्यू आइलैंड यूटोपिए' से लिया गया है। इसमें अटलांटिक महासागर के एक काल्पनिक टापू के बिल्कुल आदर्श दिखने वाले सामाजिक, राजनीतिक और कानूनी तंत्र का वर्णन है। टॉमस मूर ने ग्रीक भाषा के 'यूटोपिया' शब्द का इस्तेमाल अपने लैटिन भाषा के ग्रंथ, जिसका उल्लेख ऊपर किया गया है, में किया था। ग्रीक भाषा में इसका अर्थ है 'कोई जगह नहीं'। स्पष्ट है कि इस धारणा का उपयोग एक रूपक के रूप में किया जाता है, यह मान कर कि इस तरह का स्थान, जहाँ एक आदर्श समाज व्यवस्था संभव हो सके, वास्तव में मिलना असंभव है। इस तरह यह स्थान महज एक कल्पना है और इसलिए हिंदी में इसे कल्पलोक कहा गया।

'यूटोपिया' बड़े पैमाने पर प्लेटो के 'रिपब्लिक' पर आधारित है। यह रिपब्लिक का सटीक संस्करण है जिसमें समाज की सुंदरताएं शासन करती हैं (जैसे– समाज में समानता और एक सामान्य शांतिवादी रवैया का होना), यद्यपि जरूरत पड़ने पर इसके नागरिक लड़ने के लिए पूरी तरह से तैयार होते हैं। कल्पलोक ऐसा होता है, जिसमें समाज की बुराइयां जैसे कि गरीबी और दुख पूरी तरह से खत्म हो गए हों। सर्वत्र कानून का पालन होता है, कोई वकील नहीं होता। इसमें सभी धर्मों के प्रति सहिष्णुता को बढ़ावा दिया जाता है। काल्पनिक समाजवादियों ने ऐसे काल्पनिक समाज को यथार्थवादी लक्ष्य के रूप में चुना, जबकि कुछ का मानना है कि टामस मूर का यूटोपिया केवल एक व्यंग्य के स्तर पर कार्य करता है जिसमें एक आदर्श राज्य के बारे में बताने के बजाय उस समय के इंग्लैंड के यथार्थों का खुलासा करने की कोशिश की गई है।

पौराणिक कथाएं बताती हैं कि कोई युग ऐसा था जिसमें आनंद और पूर्णता थी। उस समय प्रकृति और मानव के बीच सहज सामंजस्य था। मनुष्य की जरूरतें कम थीं और उसकी इच्छाएं सीमित थीं। प्रकृति से जो भी मिला था उसमें वह संतुष्ट था। अतः युद्ध या उत्पीड़न की मंशा भी नहीं थी। मनुष्य पवित्र और सरल था और अपने को देवताओं के करीब महसूस करता था। इस तरह के आदर्श सभी संस्कृतियों में विद्यमान हैं और लोगों की मुश्किलों के समय में वे विशेष उत्साह के साथ पुनर्जीवित हो जाते हैं। यह कल्पना की जाती है कि भविष्य में कोई समय ऐसा होगा, कुछ स्थान ऐसे होंगे जहाँ मौत से परे एक परिपूर्ण आनंदित जीवन की संभावना मौजूद हो।

ऐसे मिथक मानव जाति की उम्मीद को अभिव्यक्त करते हैं। ये इस कल्पना को प्रेरित करते हैं कि राज्य, समाज, अर्थशास्त्र, सामाजिक परिस्थितियों और संस्कृति में जो सर्वश्रेष्ठ पूरी तरह खो दिया गया है, वह कुछ साधनों द्वारा प्राप्त किया जा सकता है। एक रास्ता सांसारिक स्वर्ग को खोजना है–शंग्री-ला जैसा कोई स्थान, जिसके बारे में कहा गया है कि वह तिब्बत की पहाड़ियों में कहीं छुपा हुआ है। जेम्स हिल्टन के यूटोपियन उपन्यास 'लॉस्ट होराइजन' (1933) में इसकी सूचना है। पृथ्वी पर इस तरह का स्वर्ग जरूर कहीं होगा, जिसे कोई मनुष्य ढूंढ़ने में सक्षम होगा। यूटोपिया को ढूंढ़ने के वैज्ञानिक दृष्टिकोण में, पॉल रस्किन द्वारा स्थापित वैज्ञानिकों के एक अंतरराष्ट्रीय समूह 'वैश्विक परिदृश्य समूह' ने पर्यावरण की दृष्टि से एक स्थायी और सामाजिक रूप से समान भविष्य के नक्शे का प्रयोग किया। इसका सुझाव है कि एक विश्व नागरिक आंदोलन को राजनीतिक, आर्थिक और कॉरपोरेट संस्थाओं के सहयोग से एक स्थिर विश्व के पक्ष में खड़ा होना चाहिए।

तुलसीदास ने रामचरितमानस में 'राम राज्य' का यूटोपियाई चित्र खींचा था, यह एक आदर्श राज्य का सामाजिक स्वप्न था। गांधी ने इस कल्पलोक को चुना। मार्क्स का 'साम्यवाद' या 'राज्य का विलोप' एक कल्पलोकात्मक धारणा ही थी। प्रेमचंद ने 'प्रेमाश्रम' में कृषकों के राज्य की एक आदर्श व्यवस्था का स्वप्न दिखाया था, जिसमें कृषकों के दरवाजे पर अब हाथी झूमने लगे थे। राहुल सांकृत्यायन ने 'बाईसवीं सदी' में साम्यवादी कल्पलोक रखा। इस तरह की कल्पलोकात्मक भविष्य कल्पनाएं मानवता का पथ प्रदर्शन करती रही हैं।

प्रियम अंकित

अधिक जानकारी के लिए :
1. **Utopia :** Thomas More, 1516, 2. **Existential Utopia : New Perspectives on Utopian Thought :** (Ed.) Patricia Vieira and Michael Marder , 2011, 3. **Utopianism :** Krishn Kumar, 1979

कल्पित समुदाय

कल्पित समुदाय (Imagined Community) की अवधारणा बेनिडिक्ट एंडरसन ने दी है। अपनी प्रसिद्ध पुस्तक 'इमेजिंड कम्यूनिटीज' (1983) में उन्होंने कल्पित समुदाय और वास्तविक समुदाय

में अंतर बताते हुए कहा कि जहाँ वास्तविक समुदाय में सदस्य रोजाना जीवन में व्यावहारिक रूप से एक-दूसरे से मुखातिब होते हैं, वहीं कल्पित समुदाय के सदस्यों के बीच ऐसा वास्तविक और व्यावहारिक संबंध बन पाना नामुमकिन होता है। उदाहरण के लिए राष्ट्र को बेनिडिक्ट एंडरसन एक कल्पित समुदाय के रूप में व्याख्यायित करते हैं। वे मानते हैं कि समुदाय के रूप में राष्ट्र एक ऐसी सामाजिक निर्मिति है जिसके सभी सदस्य अपने को एक-दूसरे से जुड़ा हुआ महसूस करते हैं, लेकिन यह जुड़ाव काल्पनिक होता है, वास्तविक नहीं।

एंडरसन की पुस्तक में कल्पित समुदाय के विचार का विस्तार से विवेचन किया गया है। जनसंचार माध्यम भी अपने श्रोताओं को लक्ष्य कर अथवा नागरिकों को जनता के रूप में साधारणीकृत कर कल्पित समुदाय का निर्माण करते हैं। समस्त कल्पित समुदाय मानव सभ्यता की प्रगति के एक खास मुकाम पर आकार लेते हैं और यह प्राकृतिक न होकर सामाजिक निर्मिति होते हैं।

एंडरसन के अनुसार कल्पित समुदाय का आविर्भाव मुद्रण के क्षेत्र में पूंजीवादी एकाधिकार के कारण संभव हुआ। पश्चिम में औद्योगिक क्रांति के बाद पूंजीवादी उद्यमियों ने अपने प्रचार-प्रसार और लाभ के लिए पुस्तकों को लैटिन जैसी 'मानक' भाषा के स्थान पर क्षेत्रीय भाषाओं में मुद्रित करना शुरू किया जिससे कि वे आम जनता (जिसकी पहुंच मानक भाषाओं तक नहीं हो सकती थी) के बीच लोकप्रिय हो सकें। इस तरह 'मानक' भाषाओं का वर्चस्व टूटा और विभिन्न स्थानीय बोलियों और भाषाओं का प्रयोग करने वाली जनसंख्या के व्यापक हिस्से एक-दूसरे को समझने में सक्षम हुए। इस तरह जनता के बीच 'सामान्य' विमर्शों की स्थापना संभव हुई। एंडरसन ने तर्क दिया है कि यूरोप में आरंभिक राष्ट्र-राज्यों की स्थापना मुद्रण में प्रयुक्त होने वाली इन्हीं 'राष्ट्रीय भाषाओं' के इर्द-गिर्द हुई।

राष्ट्रीय चेतना के उद्भव पर विचार करते हुए एंडरसन ने छापेखाने की महत्वपूर्ण भूमिका पर ध्यान आकृष्ट किया है। अठारहवीं सदी के अंत में पण्य (बिकाऊ माल) के रूप में छापेखाने के विकास का पूर्णतः समकालीन नवीन विचारों वाली पीढ़ी पर व्यापक प्रभाव पड़ा। एंडरसन के अनुसार मुद्रित भाषा ने राष्ट्रीय चेतना को तीन तरीकों से प्रभावित किया।

प्रथमतः इसने यूरोप में लैटिन से थोड़ा नीचे तथा स्थानीय बोलियों से ऊपर भाषा का एक समन्वित क्षेत्र निर्मित किया जिससे व्यापक जन-समुदाय आपस में विचार विनिमय कर सके। फ्रांसीसी, अंग्रेजी या स्पेनी जैसी भिन्न-भिन्न भाषाओं को बोलने वालों में अक्सर एक-दूसरे के वार्तालापों को समझ पाना असंभव-सा हो जाता था। छापेखाने और कागज की उपलब्धता के जरिए लोगों को एक-दूसरे से संपर्क रखने एवं विचार विनिमय में सुविधा हुई। इस प्रकिया में व्यापक तौर पर जनता अपने ही भाषा-भाषी समुदाय से अधिक संपृक्त रूप में जुड़ सकी और इस दौरान उनमें राष्ट्रीय भावना का संचार भी हुआ।

छापेखाने के आविष्कार ने भाषा को स्थिरता प्रदान की जिसने लंबे अंतराल में राष्ट्र के आत्मनिष्ठ विचार को केंद्रीय, परिपक्व बिंब प्रदान करने में सहायता की। मुद्रित भाषा ने पुरानी देशज भाषाओं से भिन्न, एक प्रकार से सत्ता की भाषा को निर्मित किया। कुछ बोलियां अपरिहार्य तौर पर प्रत्येक मुद्रित भाषा के निकटतर थीं जिसने उनके स्थायी स्वरूप पर अपना प्रभाव स्थापित किया।

यह भी महत्वपूर्ण है कि एंडरसन ने कल्पित समुदाय के रूप में राष्ट्र को राजनीतिक सत्ता माना। जैसा कि एंडरसन कहते हैं कि समुदाय के रूप में राष्ट्र कल्पित सत्ता है क्योंकि सबसे छोटे राष्ट्र के लिए भी यह असंभव है कि उसके सभी सदस्य एक-दूसरे से मिल सकें, एक-दूसरे को आमने-सामने जान-पहचान सकें अथवा आपस में बातचीत कर सकें या वास्तव में एक-दूसरे को सुन सकें, फिर भी प्रत्येक सदस्य के मन में सामूहिकता या सामुदायिकता की छवि या विचार लगातार जीवित रहता है। किसी राष्ट्र के सदस्य भले ही अन्य सदस्यों को चेहरे से न पहचानते हों, मगर उन सबके हित कमोबेश समान हो सकते हैं और वे अपने

को एक ही राष्ट्र के हिस्से के रूप में पहचानते हैं। वे पारस्परिकता और गहरी संपृक्ति की मानसिक छवि को अपने मन में सदा बसाए रखते हैं। उदाहरण के लिए व्यक्ति अपने राष्ट्र के अन्य सदस्यों के साथ राष्ट्रीयता की भावना से सराबोर हो उठता है, जब उसका 'कल्पित समुदाय' ओलिंपिक या क्रिकेट विश्व कप जैसी खेल प्रतियोगिता के किसी बृहत्तर आयोजन में शरीक होता है। युद्ध के दौरान राष्ट्रीयता की यह भावना किसी हद को नहीं पहचानती है।

कम शब्दों में कहें तो एंडरसन के अनुसार 'राष्ट्र एक किस्म का समुदाय है क्योंकि वास्तविक शोषण और असमानता की परवाह न करते हुए, राष्ट्र को ऐसी सत्ता के रूप में अवधारित किया जाता है जहाँ भाईचारे और परस्पर सहयोग का गहरा व्यापक भाव सदैव विद्यमान रहता है। अंततः यह भाईचारे और गहरी संपृक्ति का भाव ही है जो पिछली दो शताब्दियों से करोड़ों लोगों को चंद सीमित कल्पनाओं के लिए मर-मिटने को प्रेरित करता है।'

बेनेडिक्ट एंडरसन ने कल्पित समुदाय की अवधारणा इसलिए प्रस्तुत की क्योंकि उनके अनुसार न तो वामपंथियों ने और न ही उदारवादियों ने राष्ट्रवाद को ढंग से परिभाषित किया। अर्नेस्ट गेलनर और एरिक हॉब्सवाम की तरह एंडरसन भी यह स्वीकार करते हैं कि राष्ट्र और राष्ट्रवाद दोनों ही आधुनिकता के उत्पाद हैं और इस तरह राजनीतिक और आर्थिक उद्देश्यों की पूर्ति के लिए उन्हें रचा गया है। फर्क सिर्फ इतना है कि गेलनर और हॉब्सवाम के विपरीत एंडरसन राष्ट्रवाद के विचार के प्रति आक्रामक रवैया नहीं अख्तियार करते और न ही लगातार भूमंडलीकृत होते विश्व में राष्ट्रवाद की प्रासंगिकता से इंकार करते हैं। वे राष्ट्रवाद के यूटोपियाई तत्वों की कद्र करते हैं।

अंत में यह बताना जरूरी है कि कल्पित समुदाय पद को पहली बार भले ही राष्ट्रवाद के संदर्भ में गढ़ा गया हो, मगर आज वह केवल राष्ट्र तक ही सीमित नहीं है। इसका इस्तेमाल समान हितों पर आधारित किसी भी समूह के संदर्भ में किया जा सकता है।

प्रियम अंकित

अधिक जानकारी के लिए :

1.**Imagined Communities** : Benedict Anderson, 1991, 2. **Immigration Dialectic: Imagining Community, Economy, and Nation** : Harald Bauder, 2011, 3. **The Nation and its Fragments** : Partha Chatterjee, 1993

कल्याणकारी राज्य

कल्याणकारी राज्य (Welfare State) की अवधारणा दूसरे महायुद्ध की देन है, हालांकि उन्नीसवीं सदी में 'Police State' के संदर्भ में 'कल्याणकारी राज्य' की चर्चा शुरू हो चुकी थी। 1870 में जर्मनी के बिस्मार्क ने राजकीय समाजवाद के रूप में इस अवधारणा का विकास किया था। प्रथम विश्वयुद्ध के बाद मंदी के दौर में दुनिया के कई देशों ने इस अवधारणा को अपनाया। कल्याणकारी राज्य अपने नागरिकों के आर्थिक और सामाजिक मंगल के लिए कल्याणकारी योजनाएं बनाता है, सभी के विकास के लिए समान अवसर देता है, उनकी सुरक्षा की चिंता करता है और शांति व्यवस्था स्थापित करता है। तुलसी के रामचरितमानस के 'रामराज्य' की अवधारणा में कल्याणकारी राज्य की झलक देखी जा सकती है, हालांकि ऐसे राज्य का वास्तव रूप उस काल में संभव नहीं था। कल्याणकारी राज्य आधुनिक युग में लोकतंत्र, पूंजीवाद और लोक कल्याण की योजनाओं का ही समन्वित रूप है। यह नागरिक के राजनीतिक अधिकारों और जन सुविधाओं की गारंटी देता है। कल्याणकारी राज्य को पूंजीवाद और साम्यवाद के बीच के एक मार्ग के रूप में भी देखा गया। हाल के दशकों में बेरोजगारी भत्ता, खाद्य सुरक्षा, सर्व शिक्षा अभियान, स्त्रियों को लेकर योजनाएं, गरीबी रेखा से नीचे के लोगों के लिए योजनाएं कल्याणकारी राज्य के बने रहने के चिह्न हैं।

भारत में कल्याणकारी राज्य की प्रेरणा 'सर्वे भवन्तु सुखिनः सर्वे सन्तु निरामयाः सर्वे भद्राणि पश्यन्तु मा कश्चिद् दुःख भाग् भवेत' के जरिए

प्राचीन काल से रही है, पर यथार्थ धरातल पर लोगों को स्वेच्छाचारी राज्य या थोड़े-से लोगों के हितों को बढ़ावा देने वाला राज्य ही मिला है।

कुछ विचारकों के अनुसार लोकतांत्रिक राज्य नागरिकों की बुनियादी आवश्यकताओं की पूर्ति के लिए जरूरी है और लोकतंत्र की एक मुख्य शर्त है। राज्य का संसाधनों के अभाव का तर्क देकर अपने कर्तव्यों से विमुख होना सही नहीं है। पंचवर्षीय योजनाओं की शुरुआत ही कल्याणकारी राज्य की बुनियाद को मजबूत करने और नागरिक सुविधाएं बढ़ाने के उद्देश्य से हुई थी। मिश्रित अर्थव्यवस्था का लक्ष्य यही था। 1970 के दशक में 'गरीबी हटाओ' के नारे के साथ एक 'रेडिकल लोकलुभावनवाद' कल्याणकारी राज्य का उग्र सोच लेकर आया। इसका लक्ष्य सामाजिक से ज्यादा राजनीतिक था। इस दशक से पूरा विश्व नई अर्थव्यवस्था की तरफ बढ़ना शुरू कर चुका था। शिक्षा, स्वास्थ्य, पेंशन और जन सुविधाएं बुरी दशा से गुजर रही थीं। वर्ल्ड बैंक, विश्व व्यापार संगठन और अन्य अंतरराष्ट्रीय सरकारी संगठनों ने दबाव बनाना शुरू कर दिया था। इसकी अंतिम परिणति निजीकरण, उदारीकरण और वैश्वीकरण में हुई। कल्याणकारी राज्य का 1947 से 1980 तक का स्वर्ण युग धूमिल होने लगा।

वैश्वीकरण को एक मानवीय चेहरे की जरूरत थी। इसलिए बाजार-आधारित अर्थव्यवस्था में भी कल्याणकारी कार्यक्रमों की जरूरत थी, लेकिन अब राज्य की जगह बहुराष्ट्रीय कंपनियां गैर-सरकारी संगठनों के जरिए जन-कल्याण के काम के लिए आगे आईं। राज्य ने उन अलाभकारी सेवाओं से अपने हाथ खींचने शुरू कर दिए, जिनकी दशा वैसे भी नौकरशाही, भ्रष्टाचार और कामचोरी की वजह से खराब थी।

टिकाऊ विकास की अवधारणा लेकर वैश्वीकरण युग की सरकारें लोकलुभावन नारे देती हैं, जो लोकतंत्र-व्यवस्था में चुनावों की वजह से जरूरी हो जाते हैं, लेकिन वैश्वीकरण और कल्याणकारी राज्य का सह-अस्तित्व कठिन और जटिल है, ऐसा माना जा रहा है। मारियस बुसेमेयर ने कहा है, 'दोनों के बीच अंतर्विरोध और टकराव स्वाभाविक है। इसलिए इनका संबंध स्थिर नहीं है, बल्कि बहुआयामी है। कल्याणकारी राज्य की राजनीति की जगह आर्थिक वैश्वीकरण, उदारीकरण, विदेशी पूंजी निवेश, खुला बाजार आदि ज्यादा बड़ी हकीकतें हैं। इसलिए कल्याणकारी राज्य के कुछ मामलों पर वैश्वीकरण का प्रभाव पड़ना स्वाभाविक है। कल्याणकारी राज्य की निरंतरता के संदर्भ में तीन तरह के विचार सामने आए हैं। पहला क्षतिपूर्ति सिद्धांत है जो वैश्वीकरण और कल्याणकारी राज्य के बीच एक सकारात्मक रिश्ता है। दूसरा है कार्यकुशलता का सिद्धांत जो पहले के ठीक विपरीत है। तीसरा सिद्धांत संशयात्मक है। इसके अनुसार वैश्वीकरण का कल्याणकारी राज्य पर असर बहुत थोड़ा है, क्योंकि स्थानीय राजनीति और संगठन काफी प्रभावशाली हैं।' (ग्लोबलाइजेशन एंड द वेलफेयर स्टेट) विश्व की बाजार-अर्थव्यवस्था में पूंजीवाद के रूपों में भारी विविधता भी एक महत्वपूर्ण तथ्य है जिसके कारण वैश्वीकरण और विषमता के संबंधों को तरह-तरह से परिभाषित किया जाता है। हाल में इस पर विवाद बढ़ा है कि सरकारी नीतियां लोकतांत्रिक दबावों के कारण वैश्वीकरण के मार्ग में किस तरह बाधा पैदा कर रही हैं। इस तरह वैश्वीकरण और कल्याणकारी राज्य का संबंध इधर काफी जटिल हुआ है।

कोई लोकतांत्रिक राज्य अपने नागरिकों के प्रति नैतिक दायित्व से बच नहीं सकता। राज्य की ओर से साधनहीन और कमजोर वर्गों को हर संभव सहायता दी जानी चाहिए। इससे लोगों की कार्यक्षमता बढ़ेगी और जीवन में उल्लास और उत्साह का वातावरण निर्मित होगा। राज्य का काम श्रम बाजार पर नजर रखना भी है, ताकि श्रमजीवियों के हक न छीने जाएं और उनका शोषण न हो। इसलिए जीवन रक्षार्थ आवश्यक वस्तुओं पर सरकारी नियंत्रण आवश्यक है—अन्न, जल, राजमार्ग, शिक्षा, स्वास्थ्य, राष्ट्रीय सुरक्षा से जुड़े प्रश्न राज्य के नियंत्रण में रहते हैं। अपराध और असामाजिक गतिविधियों की रोकथाम

के लिए सरकार ही जिम्मेदार है। इसी तरह न्याय देना ही नहीं, संविधान के मूलभूत सिद्धांतों की रक्षा करना भी राज्य का काम है। ऐसा भी सोचा जाता है कि राज्य द्वारा कुछ जन सेवाओं को अनुत्पादक और बहुराष्ट्रीय कंपनियों को दी जाने वाली असीमित सरकारी सुविधाओं को उत्पादक मानने की नीति पर विचार किया जाना चाहिए।

श्रीनिवास शर्मा

अधिक जानकारी के लिए :
1. **The State of the Nation :** Fali S Nariman,
2. **The New Polities of the welfare state :** Paul Pierson, 1996

कवि

संस्कृत आलोचना में 'कवि' शब्द का अर्थ कविता या काव्य के रचनाकार के रूप में जाना जाता है। वह शब्द 'कु' धातु में अच प्रत्यय 'इ' जोड़कर बनता है। 'कु' का अर्थ है 'व्याप्त होना', जैसे–आकाश। व्यापक होने की वजह से कवि सर्वज्ञ है और द्रष्टा भी। संस्कृत विद्वानों के अनुसार काव्य का मुख्य काम आनंद देना है, पर वह आनंद कैसे देता है? वह आनंद इसलिए देता है, क्योंकि वह एक व्यवस्थित रचना होता है। 'अमरकोश' (2.7.5) में विद्वान, कवि तथा पंडित को पर्याय के रूप में प्रयोग किया गया है। इसी कारण 'रामायण' के रचनाकार वाल्मीकि, 'महाभारत' के वेदव्यास तथा 'नीतिसार' के शुक्राचार्य को कवि कहा गया। साहित्य में कवि वह है, जो अपनी अनुभूति के क्षेत्र में सबको शामिल कर लेता है। वह स्वयंभू है, क्योंकि वह अपनी अनुभूति के लिए किसी का ऋणी नहीं है। काव्य ऐसे ही मनुष्य अर्थात कवि की रचना है। वैदिक साहित्य में कवि के लिए द्रष्टा और ऋषि शब्दों का प्रयोग एक ही अर्थ में किया गया है, जिसका एक ही अर्थ ज्ञानी अथवा सर्वज्ञ के रूप में किया गया है। वेदों के प्रकाशक ब्रह्मा को आदिकवि के रूप में प्रतिष्ठा मिली है। कवि को क्रांतदर्शी भी माना गया है–'कवयः क्रांतदर्शनः'। इसका अर्थ है कि कवि अपनी प्रतिभा से वर्तमान, भूत तथा भविष्य को दिखा देता है और देख भी सकता है।

उत्तर वैदिककाल में कवि का अर्थ संकुचित हो गया और उसे रमणीय शैली वाले विशिष्ट काव्य के रचनाकार के रूप में देखा जाने लगा। आचार्य मम्मट ने कवि को उसकी सृष्टि और सामर्थ्य के आधार पर प्रजापति ब्रह्मा से अधिक महत्वपूर्ण माना। इसके लिए उन्होंने चार कारण दिए– ब्रह्मा की सृष्टि नियतिकृत नियम सहित है। इसके विपरीत कवि की सृष्टि इन बंधनों से मुक्त है। वह अपनी प्रतिभा या कल्पना के सहारे किसी को किसी भी लोक में पहुंचा सकता है। कवि को इसके लिए 'पोएटिक लाइसेंस' समाज ने दिया हुआ है।

एक दूसरे अर्थ में कवि की सृष्टि ब्रह्मा की सृष्टि से भिन्न है, क्योंकि वह 'आह्लादमयी' है, जबकि ब्रह्मा की सृष्टि में सुख एवं दुख का अस्तित्व है, जिससे कोई बच नहीं सकता। कवि की सृष्टि में दुख तो है, किंतु वह दुख वास्तविक न होकर काल्पनिक है, जिसकी अनुभूति के बाद अंत में आह्लाद या आनंद की प्राप्ति होती है। कवि की सृष्टि की तीसरी विशेषता यह है कि ब्रह्मा की सृष्टि कारण पर आधारित है, पर कवि की सृष्टि ऐसे कारण या तंत्र पर निर्भर नहीं है; वह केवल कवि की प्रतिभा पर निर्भर करती है, और किसी वस्तु पर नहीं। कवि की सृष्टि की चौथी विशेषता यह है कि ब्रह्मा की सृष्टि में मधुर (मीठा), लवण (नमकीन), तिक्त (तीखा), कटु (कड़वा), कषाय (कसैला) और अम्ल (खट्टा) छह रस पाए जाते हैं। ये अच्छे लगते हैं, पर सभी सबको प्रिय हों यह जरूरी नहीं। इसके विपरीत कवि की सृष्टि में आठ और इनसे भी अधिक रस होते हैं और सभी को आनंद देते हैं। इस प्रकार से कवि की सृष्टि अधिक रुचिकर और नवरसपूर्ण होती है और ब्रह्मा की सृष्टि से भी श्रेष्ठ होती है।

राजशेखर के अनुसार सारस्वत कवि सर्वश्रेष्ठ होता है, क्योंकि उसमें जन्मजात संस्कार तथा प्रतिभा का प्रभाव होता है। इनके कारण विद्वत तथा लोक समाज दोनों में उसे सम्मान और स्वीकृति मिलती है। इसके विपरीत अन्य कवि एक निश्चित वर्ग या

श्रोता/पाठक तक सीमित होते हैं, पर जिस कवि में शास्त्रकवि (तीन गुण) तथा काव्यकवि (आठ गुण तथा अच्छे ढंग से सुगठित काव्य रचना) की क्षमता हो, उसे महाकवि कहा जाता है। जिस कवि में खंडकाव्य, कथा, महाकाव्य रचना की क्षमता हो, उसे कविराज कहा गया है। इस प्रकार राजशेखर ने गुणों तथा क्षमता के आधार पर कवि के प्रकार बताए हैं।

राजशेखर ने गुणों के आधार पर कवियों के तीन प्रकार बताए हैं : (1) शास्त्रकवि, जिसमें विचार की गंभीरता होती है, (2) काव्यकवि, जिसमें भाषा, कला-कौशल तथा सौंदर्य प्रभाव पैदा करने की क्षमता होती है तथा (3) उभयकवि, जो शास्त्र तथा काव्य दोनों प्रकारों में कुशल होता है। कवियों की उनकी रचना-क्षमता तथा गुणों के आधार पर बताए गए प्रकारों से संस्कृत आलोचना के सूक्ष्म चिंतन का पता चलता है।

अवधेश कुमार सिंह

कवि समय

संस्कृत काव्यशास्त्र में काव्य समय तथा कवि समय दोनों का प्रयोग मिलता है। 'समय' शब्द के कोश ग्रंथों में निम्नलिखित अर्थ बताए गए हैं, शपथ, आचार, सिद्धांत, रूढ़ि परंपरा, संविदा, अनुबंध तथा काल। काव्य समय का प्रयोग आचार्य वामन ने 'काव्यांलकारसूत्रवृत्ति' (5:1) किया है। उन्होंने इसका प्रयोग 'कवि-शिक्षा' के संबंध में किया है, जिसमें इस बात की चर्चा की गई है कि कवि को काव्य रचना में किस प्रकार के दोषों से बचना चाहिए ताकि काव्य दोषरहित बन सके । यह चर्चा काव्य दोष-प्रसंग में की गई है। ध्यान रखने की बात है कि काव्य समय तथा कवि समय एक-दूसरे के पर्याय नहीं हैं। कवि समय से आशय साहित्य की निजता से है जो उसे इतर प्रधानों से विशिष्ट बनाती है। इसका तात्पर्य उन प्रसंगों या प्रयोगों से होता है जो शास्त्र और लोक विरुद्ध होने केबावजूद परंपरा, प्रथा अथवा रूढ़ित हो जाने के कारण दोषपूर्ण नहीं माने जाते। राजशेखर ने लिखा है, 'अशास्त्रीयमलौकिकं च परम्परायातं यमर्थमुपनिबध्नन्ति कवयः स कविसमयः' (काव्यमीमांसा, अध्याय 14) अर्थात कविगण जिस शास्त्रीय व अलौकिक परंपरा प्राप्ति अर्थ को रचना में तब्दील करते हैं, वह कवि समय है। 'काव्यमीमांसा' केअध्याय 14, 15 तथा 16 में इसके लेखक राजशेखर ने इसकी सुव्यवस्थित चर्चा की है। इसका ही परवर्ती आचार्यों ने कुछ जोड़-घटा कर निरूपण किया। इनमें कविराज विश्वनाथ प्रमुख हैं, जिन्होंने इसके लिए 'कवि-समय-ख्यात' संज्ञा का प्रयोग किया।

संस्कृत आचार्यों ने शास्त्र तथा लोक विरुद्ध प्रसंग-प्रयोगों की चर्चा काव्य-दोष के संबंध में की है और इन्हें प्रसिद्धि-विरुद्ध या विद्या-विरुद्ध कहा है। भामह ने अपने ग्रंथ 'काव्यालंकार' में लिखा कि काव्य से ऐसे प्रसंग या कथन दूर रखने चाहिए जो देश, काल, कला, लोक, न्याय या राजनीति, आगम या धर्मशास्त्र के विपरीत हों। बाद में दंडी ने 'काव्यादर्श' (3। 162) में कहा कि जो कवि-कौशल से चमत्कृत हों ऐसे विरोधी कथनों को दोष के स्थान पर गुण मान लेना चाहिए।

राजशेखर ने कवि-समय के प्रकारों की चर्चा करते हुए उन्हें तीन भागों में बांटा—1. भूमि-विषयक कवि समय, 2. स्वर्ग-विषयक कवि समय तथा 3. पाताल-विषयक कवि-समय।

भूमि-विषयक कवि समय : इसकेजातिगत, द्रव्यगत, गुणगत तथा क्रियागत चार प्रकार होते हैं। इनमें से प्रत्येक के तीन प्रकार अर्थात (1) असत का उल्लेख, (2) सत का अनुल्लेख तथा (3) नियम। इस प्रकार भूमि-विषयक कवि समय की संख्या बारह हो जाती है।

1. **असत का उल्लेख** : इसका अर्थ ऐसे प्रसंग या पदार्थ केउल्लेख से होता है जिसके बारे में लोक या शास्त्र में कोई चर्चा न मिलती हो। इसके प्रकारों केउदाहरण निम्नलिखित हैं—

(अ) जातिगत असत का उल्लेख—कामदेव के बाणों को पुष्प कहना जबकि बाण तो चोटपहुंचाते हैं या

फिर समुद्र या नदी में कमल का वर्णन जबकि बहते पानी में कमल नहीं पनपते।

(ब) द्रव्यगत असत का उल्लेख—चांदनी का घड़े में भरना या बताना या फिर अंधेरे में सूई में छेद करने का वर्णन।

(स) गुणागत असत का उल्लेख—पाप या बुराई का काले रंग या पुण्य का सफेद रंग से वर्णन जबकि सब जानते हैं कि पाप या पुण्य के कोई रंग नहीं होते।

(द) क्रियागत असत का उल्लेख—चकोरों का चन्द्रिकापान करना, कमलों का दिन में तथा कुमुद का रात में खिलना।

2. **सत का अनुल्लेख** : इससे तात्पर्य उन प्रसंगों या पदार्थों से होता है जो होते तो हैं पर उनका वर्णन या उल्लेख नहीं किया जाता है। इसके निम्न प्रकार बताए गए हैं—

(अ) जातिगत सत का अनुल्लेख—चंदन के पेड़ पर फूल और फल का वर्णन न करना।

(ब) द्रव्यगत सत का अनुल्लेख—शुक्ल पक्ष में अंधरे का वर्णन न करना।

(स) गुणगत सत का अनुल्लेख—कमल की कलियों केहरे होने कर बाबजूद उनका सफेद रंग से वर्णन किया जाना।

(द) क्रियागत सत का अनुल्लेख—दिन में कमल तथा रात में कुमुद का विकास न बताना जबकि व्यवहार में ऐसा ही होता है।

3. **नियम** : इसका अर्थ पदार्थों के कई प्रसंगों या स्थानों में प्रचलित होने के बावजूद उनका केवल एक स्थान में होना होता है। इसके निम्नलिखित प्रकार हैं—

(अ) जातिगत नियम—मोतियों का केवल तांबे के रंग वाली नदी या मगर का केवल समुद्र से वर्णन करना।

(ब) द्रव्यगत नियम—चन्दन की उत्पत्ति केवल मलय पर्वत पर बताना।

(स) गुणगत नियम—बादलों का रंग केवल काला और फूलों का रंग केवल सफेद बताना।

(द) क्रियागत नियम—कोयल की आवाज का केवल वसंत में उल्लेख करना जबकि वह गर्मी और वर्षा में भी सुनाई देती है।

स्वर्ग-विषयक कवि समय : स्वर्ग-विषयक कवि-समय में अधिकतर ऐसे प्रसंगों का वर्णन शामिल होता है जिनका संबंध मानव जगत से न होकर स्वर्ग जगत से होता है। चंद्रमा का जन्म कभी अत्रि ऋषि के नेत्र और कभी समुद्र से बताना, सूर्य का उदयाचल से निकलना या अस्ताचल में छिपना या पुराणों में बताए बारह सूर्यों को एक ही बता देना आदि।

पाताल विषयक कवि समय : पाताल-विषयक कवि-समय में ऐसे प्रसंग शामिल होते हैं जो पाताल संबंधी प्राणियों या पदार्थों से संबंधित होते हैं। उदाहरण के लिए पाताल निवासी असुर, दानव तथा दैत्य को, या नाग या सर्प को एक ही समझ कर उनका वर्णन करना।

कवि समय की उपर्युक्त चर्चा राजशेखर तथा विश्वनाथ के कवि समय की विशद चर्चा पर आधारित है। कहना न होगा कि संस्कृत काव्यशास्त्र में कवि समय की स्वीकृति के कारणों की भी चर्चा की गई है।

कवि समय में शामिल प्रसंग लोक-विरुद्ध तथा शास्त्र-विरुद्ध होने के बावजूद उनके प्रचलन के कारण समयांतर में उन्हें स्वीकार कर लिया। जिस प्रकार भाषा में व्याकरण आरागत प्रयोग कभी-कभी स्वीकृत होकर उसका अंग बन जाते हैं, उसी प्रकार काव्य या साहित्य सृजन के क्षेत्र में कवि समय के प्रयोग साहित्य में स्थान पा लेते हैं।

अंततः 'काव्य समय' तथा 'कवि समय' में फर्क समझना जरूरी है। दोनों समान लगते हुए भी भिन्न इस अर्थ में हैं कि दोनों होते तो शास्त्र-विरुद्ध या लोक-विरुद्ध हैं पर कवि समय में ऐसे प्रयोग या प्रसंग ग्रहण-योग्य माने जाते हैं जबकि काव्य समय में वे अग्राह्य होते हैं और एक कवि के लिए उनसे बचना श्रेयस्कर माना गया है।

कवि समय का मूल अभिप्राय कवि के स्वातंत्र्य तथा कल्पना से है। कवि अपने मानदंड स्वयं रचता है, वे आगे चल कर कवि समय बन जाते हैं।

अवधेश कुमार सिंह

कवि सम्मेलन

भारत में तमिल का संगम साहित्य कवियों के संगम का पहला प्रामाणिक उदाहरण है। माना जाता है कि 600 ईसा पूर्व से तमिल कवि मिलते रहे हैं और अपनी रचना सुनाते रहे हैं। हिंदी में अष्टछाप के कई कवि ब्रज के मंदिरों में कृष्ण भक्ति के पद गाते थे। मीरा के संबंध में माना जाता है कि संगीतमय कविता गायन के साथ उन्होंने नृत्य का भी संयोग स्थापित किया। रीतिकालीन दरबारी कवि राज दरबार में कविताएं सुनाते थे। मुशायरे की शुरुआत भी राज दरबारों से हुई और खासकर गजल की शुरुआत के साथ हुई। अच्छे शेर का असर ज्यादा पड़ने की वजह से मुशायरे तेजी से लोकप्रिय हुए। कविता मुख्यतः सुनाने की विधा रही है। कवि सम्मेलनों के चलन से पहले छोटी कवि-गोष्ठियां होती थीं जिसमें चुनिंदा कवि या काव्य रसिक एकत्र होते थे और कविता सुनते-सुनाते थे।

भारतेंदु हरिश्चंद्र ने 'कविवचनसुधा' का पहला अंक कविताओं का निकाला था। उन्होंने 'पेनी रीडिंग क्लब' बनाया, जिसमें कवि रचनाएं सुनाते थे। भारतेंदु युग में कवि सम्मेलन की शुरुआत के बाद राजनीतिक सभाओं के साथ कवि सम्मेलन भी जुड़ गया। इस तरह राजसभा या दरबार से बाहर निकलकर कविता नागरिकों से जुड़ी। दिल्ली के लाल किले में कभी मुशायरा और कवि सम्मेलन होता रहा है।

शुरू में कवि सम्मेलनों पर राष्ट्रीय जागरण का असर था। इनका आयोजन साहित्यिक रुचि के लोगों के सहयोग से होता था। माखनलाल चतुर्वेदी, रामनरेश त्रिपाठी, गया प्रसाद शुक्ल सनेही, सोहनलाल द्विवेदी आदि कवि सम्मेलनों में काफी लोकप्रिय थे। छायावादी कवियों में निराला ने कवि सम्मेलनों में व्यापक रूप से भागीदारी की। इसके बाद रामधारी सिंह दिनकर, हरिवंश राय बच्चन, भवानी प्रसाद मिश्र, श्याम नारायण पांडेय, शिवमंगल सिंह सुमन, नागार्जुन आदि का दौर आया। उस समय कवि सम्मेलनों का एक खास आकर्षण था। लोग दूर-दूर से कष्ट उठा कर कविताएं सुनने आते थे। श्रोता रसिक नहीं बल्कि बौद्धिक और संवेदनशील लोग होते थे। नए आधुनिक कवियों में नागार्जुन कवि सम्मेलनों को जीवंत कर देते थे। अज्ञेय ने गंगा में नाव पर कविता पाठ का आयोजन किया था।

कविता पढ़ना भी एक कला है, जिस पर कम कवियों ने ध्यान दिया। मुक्तिबोध, केदारनाथ अग्रवाल, शमशेर आदि कवि सम्मेलनों में कम ही भाग लेते थे। एक दौर था जब कुछ कवि सिर्फ कवि सम्मेलनों और मुशायरों के लिए ही होते थे। गीतकारों ने धीरे-धीरे कवि सम्मेलन के मंचों पर कब्जा कर लिया। नीरज जैसे कवियों का युग आया। कुछ समय तक शायर और गीतकार दोनों साथ मंच पर आते रहे। एक तरफ, आधुनिक कवियों की अमूर्त और सांकेतिक रचनाओं की वजह से कवि सम्मेलन कुछ अति सौंदर्यबोध संपन्न व्यक्तियों और धीरे-धीरे महज कवियों तक सीमित होते गए। दूसरी तरफ, आम नागरिकों के बीच कवि सम्मेलन का एक ही अर्थ बचा रह गया– हास्य कवि सम्मेलन। साहित्य के राजनीतिक मंचों पर कुछ समय तक नाम लेने भर के लिए कवि सम्मेलन होता रहा, पर इसके प्रति रुचि कम होती गई। रेडियो और टीवी पर कवि सम्मेलन बंद हो गया। मनोरंजन उद्योगों के धमाकेदार प्रसार से कवियों का सम्मेलन अब मुख्यतः अंतरंग कविता पाठ या एकल कविता पाठ तक सीमित हो गया है।

कवि सम्मेलन किसी समय समाज में साहित्यिक वातावरण बनाने में महत्वपूर्ण भूमिका निभाते थे और कला-संस्कृति के प्राण होते थे। ये स्थानीय स्तर पर सैकड़ों कवि पैदा कर देते थे, साहित्यिक रुचि के संरक्षक थे ही। हिंदी में कवि सम्मेलनों की परंपरा का कोई प्रामाणिक लेखा-जोखा नहीं है, जबकि सौंदर्याभिरुचि के निर्माण और सामाजिक जागरूकता में इनकी एक बड़ी ऐतिहासिक भूमिका रही है।

शंभुनाथ

कविता

कविता (Poem) साहित्य की प्राचीनतम विधा है। यह भाषा और भावना के सौंदर्य का एक विशिष्ट रूप है। भाषा का वैभव है और हृदय का अनंत। कविता का जन्म लोक काव्य के रूप में हुआ होगा, जीवन की घटनाओं और संदेशों को छंदबद्ध करने से। शुरू में वह सभी के साथ आनंद से मिलकर गाते हुए एक सामूहिक सृजनात्मक निर्माण रही होगी। वेदों, जरथुस्त्र की गाथाओं, गिल्गमेश के सुमेरियाई महाकाव्य, होमर के महाकाव्य आदि से हम कविता का भौतिक अस्तित्व पाते हैं। इसका कथा, नाटकीयता और छंद से पुरातन संबंध है। यह सांगीतिक गुणों की वजह से वस्तुपरक सूचनाओं और बोल-चाल के गद्य से एक अलग विधा के रूप में विकसित हुई। कविता के जरिए ही मानवता का हजारों साल का ज्ञान संरक्षित हुआ। यह मानव स्मृतियों और कल्पनाओं का अजस्र भंडार है। प्राचीन काल से ही यह लोगों की आनंदानुभूति का माध्यम थी। वाल्मीकि के कंठ से क्रौंच वध की प्रतिक्रिया में जिस तरह से कविता फूटी, कहा जा सकता है कि यह प्रतिवाद और अच्छे-बुरे के सामाजिक निर्णय का भी एक सांस्कृतिक रूप थी।

कविता में भाषा का सौंदर्य और सामाजिक चेतना व्यक्त होती रही है, पर यह विधा अपनी लयात्मक संरचना में जितनी प्राचीन है, उतनी ही हर युग में नई-नई होती गई है। फिर भी कुछ बातें हैं जो कविता को दूसरी विधाओं से हमेशा अलग रखती हैं, जैसे भावना और कल्पना से इसका घनिष्ठ संबंध, शब्दों का सांकेतिक और आलंकारिक उपयोग, भाषिक मितव्ययिता, पुनरावर्तन, संगीतात्मकता आदि। पहले इसका तुक, अनुप्रास, वक्रोक्ति, अनुरणन और छंद से गहरा संबंध था, पर आधुनिक युग की कविता में संकेत, प्रतीक, व्यंग्योक्ति, बिंब, एक खास तरह की लय में शब्द चयन, अमूर्तन, अनेकार्थता और अस्पष्टता की प्रधानता हो गई। फिर भी कविता के गठन में ऐसे उपकरण शामिल होते हैं, जिनकी वजह से पाठक को पुनरावर्तन का आनंद मिलता है। पाठक कोई खास कविता बार-बार पढ़ना चाहता है। श्रोता कविता की कुछ खास पंक्तियों पर चमत्कृत होकर वाह-वाह करते हुए कवि से आग्रह करता है कि दुबारा सुनाए। कोई नहीं कहेगा कि कहानी दुबारा सुनाओ। पुनरावर्तन कहानी के लिए घातक हो, पर कविता का जीवित अंग है।

हर बड़े कवि की कविता इसके शिल्प की भी एक नई खोज होती है। देश, संस्कृति और भाषा के अनुसार भी काव्य के रूप में विशिष्टता आती है। ग्रीक कविता के बारे में कहा गया है कि यह संगीत की ब्याहता थी। भारतीय कविता में चित्र सौंदर्य की प्रधानता है, पर 'नाद सौष्ठव के लिए वह संगीत का कुछ सहारा लेती है।' (रामचंद्र शुक्ल)। इसका अर्थ है, कविता संगीत के अधीन नहीं है, हालांकि लोकप्रिय संगीत की दुनिया में कविता संगीत की गुलामी के बिंदु तक पहुंच गई। कविता में चित्र सौंदर्य के साथ नाद सौंदर्य का होना एक बात है और संगीत की गुलामी एक बिल्कुल दूसरी बात है।

हम कविताओं से जानते हैं कि लोग कैसे जीते हैं, असहमति व्यक्त करते हैं, या प्रेम करते हैं। ये सौंदर्य की ऐसी दुनिया में ले जाती हैं, जहाँ मालूम होता है कि दुनिया ऐसे भी देखी जा सकती है और दुनिया कई तरह से देखी जा सकती है। इसलिए हर युग में कविता से प्रेम करने वाले लोग रहे हैं तो शास्त्र और सत्ता से जुड़े ऐसे व्यक्तियों की कमी किसी युग में नहीं रही है, जिन्होंने काव्य पर आपत्ति की और इसे निम्न कोटि की चीज माना।

राजशेखर (नौवीं-दसवीं सदी) कवि होने के साथ-साथ आचार्य भी थे। उन्होंने कविता के विषय में कहा था, 'किसी कवि की रचना उसके घर में धरी रह जाती है, किसी की मित्रों की मंडली तक पहुंचती है, पर किसी-किसी की रचना लोगों की जबान पर चढ़ कर सारी दुनिया में मानों कुतूहली बन कर सैर करती रहती है।' राधावल्लभ त्रिपाठी ने बताया है, 'सारे आचार्यों में अकेले राजशेखर ही हैं जो अपनी

पत्नी (अवंती सुंदरी) का मत बार-बार उद्धृत करते हैं, जैसे आनंदवर्धन और उद्‌भट जैसे आचार्यों की मान्यताएं।'(बहुवचन–9)। काव्य चिंतन में स्त्री के शामिल होने का एक खास अर्थ है। राजशेखर मानते थे कि वस्तु का अपना स्वरूप होता है और कविता उसे जिस रूप में देखती है, वह भी उसी का एक रूप है। वह यह भी कहते थे कि यदि श्रुति प्रमाण है तो कविता भी उसी तरह प्रमाण है। कविता की दुनिया को झूठी, भटकाने वाली और गलीज कहने वालों का जवाब देते हुए उन्होंने कहा कि यदि कविता की दुनिया को झूठ और अश्लील कहा जाता है तो ऐसी चीजें वेद में भी हैं। उन्होंने 'यजुर्वेद' का मंत्र उद्धृत किया, 'योनि ओखली है, शिश्न मूसल है, इन दोनों के मिथुन से प्रजनन होता है' (1.126.7)। यदि यहां अश्लीलता नहीं है तो कविता में अश्लीलता कैसे होगी? प्लेटो ने अपने 'गणतंत्र' से कवि को बाहर रखा था। भारतीय गुरुकुलों में तर्कशास्त्र, वेदत्रयी और कृषि, वाणिज्य आदि विधाएँ–ये तीन विधाएं दी जाती थीं। प्राचीन विद्या में कविता और काव्य मीमांसा के लिए जगह नहीं थी। कविता राजसभाओं या रसिक नागरिकों के बीच की चीज थी। छह वेदांग पढ़ाए जाते थे। राजशेखर ने कहा, अलंकार शास्त्र सातवां वेदांग है। उन्होंने साहस के साथ कहना चाहा कि कविता को वेद की तरह और वेद को कविता की तरह पढ़ना चाहिए। कविता में कुछ भी असत्य नहीं होता। यदि कविता के सत्य को असत्य कहा जाएगा तो वह असत्य वेद, शास्त्र और लोक में भी उतना ही व्याप्त है :

नासत्यं नाम किंचन काव्ये यस्तु स्तुत्येष्वर्थवादः।
स न पर्र कविकर्मणि श्रुतौ च शास्त्रे च लोके च।

रामचंद्र शुक्ल ने लिखा है, 'मनुष्यता को समय-समय पर जगाते रहने के लिए कविता मनुष्य जाति के साथ लगी चली आ रही है और चली चलेगी। जानवरों को इसकी जरूरत नहीं।' (रस-मीमांसा)। उन्होंने कहा, 'प्रच्छन्नता का उद्‌घाटन कवि का काम है।' उनके कहने का आशय है, कविता लोगों की आंखों पर से पर्दा हटाती है। उन्होंने 'कविता क्या है' में लिखा है, 'सांसारिक बंधनों में फंस कर मनुष्य का हृदय कभी-कभी इतना कठोर और कुंठित हो जाता है कि उसकी चेतनता, उसका मानुष भाव कम हो जाता है। न उसे किसी का रूप माधुर्य देखकर उस पर उपकार करने की इच्छा होती है, न उसे किसी दीन–दुखिया की पीड़ा देखकर करुणा आती है, न उसे अपमानसूचक बातें सुनकर क्रोध आता है। ऐसे लोगों से यदि किसी लोमहर्षक अत्याचार की बात कही जाए तो मनुष्य के स्वाभाविक धर्म के अनुसार वे क्रोध या घृणा प्रकट करने के स्थान पर रुखाई के साथ यही कहेंगे, जाने दो, हमसे क्या मतलब, चलो अपना काम देखो। याद रखिए, यह महा भयानक रोग है। इससे मनुष्य जीते जी मृत हो जाता है। कविता इसी मरज की दवा है।' आचार्य शुक्ल की मुख्य स्थापना है, 'कविता से मनुष्य भाव की रक्षा होती है।' यही वजह है कि मनुष्य के जीवन में कविता किसी न किसी रूप में प्राचीन काल से बसी है और अनपढ़ को भी कुछ लोकप्रिय पंक्तियां स्मरण रहती हैं।

एक समय कविता ही चित्र सौंदर्य और बिंबों का स्रोत थी, पर संचार क्रांति के बदले युग में मुक्त बाजार व्यवस्था बिंबों का निर्माण कई शक्तिशाली उपकरणों से कर रही है। उसके बिंबों और संगीतमय शोर से जीवन का कोई कोना नहीं बचा है। इस परिदृश्य में एक विधा के स्तर पर कविता के समक्ष व्यापक चुनौती है। आचार्य शुक्ल ने कहा था, 'ज्यों-ज्यों सभ्यता बढ़ती जाएगी, त्यों-त्यों एक ओर तो काव्य की आवश्यकता बढ़ती जाएगी, दूसरी ओर कवि कर्म कठिन होता जाएगा।' (सभ्यता का आवरण और कविता)। राजेश जोशी कहते हैं, 'कविता जो कि संभवतः मनुष्य की सबसे आदिम और सबसे आधुनिक सृजनात्मक गतिविधि है, उसके भविष्य का प्रश्न मनुष्य के भविष्य से और उसके स्वप्न से भी जुड़ा है।' नए जमाने में कई प्रश्न खड़े हैं, क्या कविता छंद, संगीत और नृत्य के पास लौटे? क्या कविता का श्रवणीय होना जरूरी है, वह सुनी जाने वाली चीज बने? क्या वह

पुनः कथा के पास लौटे? क्या सिर्फ प्रयोग नहीं, परंपराएं भी जरूरी हैं? ये प्रश्न उस युग में उठ रहे हैं, जब एक कवि की कविता का दूसरे कवि की कविता से फर्क करना मुश्किल होता जा रहा है।

शंभुनाथ

अधिक जानकारी के लिए :

1. **चिंतामणि, भाग**-1: रामचंद्र शुक्ल, 2. **The New Princeton Encyclopedia of Poetry and Poetics** : (Ed.) Alex Preminger, Terry Brogam and Frank J Warnke, 3. **The Well Wrought Urn : Studies in the Structure of Poetry** : Cleanth Brooks, 1947, 4. **The Art of Reading Poetry** : Harold Bloom, 2005

कविता और नई टेक्नोलॉजी

कविता के नए युग में अधिक लोगों तक पहुंच और शिक्षण के लिए मुद्रित कविता पुस्तकें काफी नहीं मानी जातीं, बल्कि नई टेक्नोलॉजी के उपकरणों से जुड़ना आवश्यक बताया जा रहा है। विश्व स्तर पर इसके संकेत हैं कि सभ्यता की वृद्धि के साथ कविता को उससे संबंध रखना होगा क्योंकि कवि-कर्म कठिन होते जाने के बावजूद कविता की उपादेयता घटी नहीं है। कविता के नई टेक्नोलॉजी से जुड़ने का अर्थ उसे किसी पुरानी डायरी की जगह मोबाइल में ढोने या फेसबुक-व्हाट्सएप जैसे सोशल साइटों में डाल कर लाइक मांगने तक सीमित नहीं है। देखा गया है कि तुरंत लिख कर उत्साह में तुरंत भेजी गई कोरी कविताओं को सामान्यतः अग्रसरित नहीं किया जाता, वे एक जगह पहुंच कर दब जाती हैं।

कविता को नई टेक्नोलॉजी से जोड़ने का अर्थ है परिष्कृत स्वर में पृष्ठभूमि-संगीत और दृश्यों के साथ उसकी रचना करना। यह उसे सुंदर श्रव्य-दृश्य प्रस्तुति का रूप देना है। यदि ऐसा सुंदरता के साथ हुआ, तो कविता बार-बार अग्रसरित की जाएगी। वह कविता अनंत समय तक दूर तक यात्राएं करेगी। भले कम कविताएं लिखी जाएं पर अब कविता रचने का लक्ष्य पत्र-पत्रिका में छप जाने तक सीमित नहीं हो सकता। किसी भी प्राचीन युग में कविता रचने का अर्थ एक ही जगह सीमित होना न था। प्रायः हर युग में इसका एक प्रदर्शनधर्मी पक्ष मौजूद था। यही वजह है कि आज कवि को आलोचकों की जगह श्रव्य दृश्य माध्यमों की अधिक जरूरत है।

नए माध्यमों के आगमन ने कविता रचने के अर्थ को विस्तार दे दिया है। इसलिए अभी भी जिन हजारों दिलों में कविता के लिए इज्जत है, वहां इसे पहुंचाने की कोशिशें होती हैं। कविता शुरू से एक श्रवणीय चीज रही है। इसका मतलब कविता को तुक और छंद में बांधना नहीं है, पर खुरदरी सही, कोई लय होनी ही चाहिए। अब नई टेक्नोलॉजी का उपयोग करते हुए कविता को पृष्ठभूमि संगीत, सांकेतिक छवियों और चित्रों के साथ रचने की प्रवृत्ति जोर पकड़ रही है। पुनः इसे सुनने और देखने की विधा का रूप दिया जा रहा है। इस तरह कविता एक बहुमाध्यमीय अनुभव बन जाती है।

कविता शिक्षण में भी टेक्नोलॉजी के उपकरणों का इस्तेमाल किया जा रहा है, क्योंकि कविता पढ़ाने-पढ़ने का अर्थ उसके अर्थ जानने तक सीमित नहीं हो सकता। कविता के बारे में अध्यापक का कुछ कहना या विद्यार्थी का जवाब एक रचनात्मक और जीवंत मामला होना चाहिए। कविता की ठोस व्याख्या करना उस कविता की हत्या नहीं तो उसे संकुचित करना जरूर है। यह वस्तुतः पहले यह जानना है कि कवि ने अपने भावों को व्यक्त करने के लिए कैसी भाषा, कैसी लय और कौन-से चित्रों का इस्तेमाल किया है, विषयवस्तु क्या है और इसका भाषा, लय और चित्रों से कैसा रिश्ता है। कविता को ठीक से पढ़ना उसकी तीन-चौथाई अंतरात्मा को जान लेना है क्योंकि अच्छी आवृत्ति भाषा के एक-एक शब्द को समझे, लय को पहचाने और चित्रों से परिचित हुए बिना संभव नहीं है। मल्टीमीडिया के प्रयोगों से कविता के शिक्षण में काफी अंतरंगता और जीवंतता आई है।

शोधों से जानकारी मिली है कि कविता हमारे विभिन्न ऐंद्रिक बोधों को विस्तार देने में सहायक होती है। यह मनुष्यता की उच्च भूमि पर जन्म लेती

है, इसलिए अतिवादी सोचों से मुक्त करती है। यह वह काम करती है जो धर्म, राजनीति और इतिहास द्वारा संभव नहीं है, क्योंकि यह वस्तुतः उनके द्वारा दबाई गई सच्चाइयों का उद्‌घाटन करके मन के क्षितिज को विस्तृत करती है। इसका दूसरा काम बोलने की क्षमता में वृद्धि और भाषिक कुशलता लाना है क्योंकि कविता में भाषा का चरम उत्कर्ष और उसका वैभव होता है। इसमें कम शब्दों में ही काफी महत्वपूर्ण बात होती है जो अपील करती है।

नए मीडिया के रचनात्मक प्रयोग से कविता की शैक्षणिक क्षमता में ही व्यापकता नहीं आती, साहित्य का लोकप्रियकरण भी होता है। टेक्नोलॉजी के नए उपकरण साहित्य को अधिक प्रभावशाली बना देते हैं, इससे व्यक्ति की संलग्नता बढ़ जाती है और साहित्य को फिर एक नए कोण से देखा जाना शुरू हो जाता है। कविता नए मीडिया उपकरणों के जरिए साहित्य को छपे हुए शब्दों की दुनिया से बाहर ले आती है। उसका लोक संपर्क बढ़ता है। रेडियो के आर्काइव में रखे गए पुराने कवियों की बची आवाजें हों या समकालीन कवियों की आवाजें—इनका उपयोग करते हुए कविता की श्रव्य-दृश्यात्मक प्रस्तुतियां कविता के सामाजिक विस्थापन को चुनौती दे सकती हैं। दूसरों द्वारा संगीत-ध्वनिमय आवृत्तियों ने भी कमाल किया है, जैसे नागार्जुन की 'मंत्र' कविता की जुबिन गर्ग द्वारा प्रस्तुति और ऐसी ही कई अन्य प्रस्तुतियां।

शंभुनाथ

कविता और नगर

हिंदी कविता में स्वाधीनता के बाद उसकी भाषिक संरचना, शिल्प, ऊपरी कलेवर और काव्यानुभूति की बनावट में कई तरह के परिवर्तन हुए हैं। उसका एक बहुत बड़ा हिस्सा अपने काव्य बोध और अपने ज्ञानात्मक संवेदन में एक नागर कविता है। समकालीन नागर कविता का नगर-बोध उसे यकायक प्राप्त नहीं हुआ है। इसके पीछे भारत में नगरीकरण का एक प्रदीर्घ इतिहास रहा है। पौराणिक और क्लासिक कविता के नगर विवरणों की स्मृतियां भी उसमें विन्यस्त रही हैं। कविता के केंद्र में आदिकाल से ही नगर एक केंद्रीय स्थल रहा है। अयोध्या, वाराणसी, उज्जयिनी, मथुरा, हस्तिनापुर आदि। अगर अपने अतीत में झांकें तो कहा जा सकता है कि भारतीय क्लासिक कविता में दो ही समाज प्रमुख रहे हैं—नागर समाज और आरण्यक समाज। समकालीन नागर कविता में लोक साहित्य की उन अनुगूंजों को भी सुना जा सकता है, जिनमें औपनिवेशिक दौर में बसाए गए औद्योगिक नगरों में रोजगार के लिए गांवों से होने वाले विस्थापन की विचलित कर देने वाली यादें मौजूद हैं।

नगर-बोध को कठिन और सचेत प्रक्रियाओं से गुजरते हुए अर्जित करना होता है। नगर-भूदृश्य, जीवन में अस्तित्व के संघर्ष और अधिक से अधिक नागरिक अधिकारों को प्राप्त करने के दुर्घर्षों के साथ ही राष्ट्र-राज्य की बदलती हुई संरचनाएं भी उसे निर्धारित करती हैं। इस तरह नगर-बोध और उसकी ज्ञानात्मक संवेदना बदलती भी है और उसका विस्तार भी होता है। गणसंघ प्रणाली में, जैसा रोमिला थापर का मत है, अभिजात होना और वंशानुगत भू-संपत्ति नागरिकता के लिए आवश्यक शर्त थी किंतु धीरे-धीरे इसके मानदंड बदल गए और राज्य जब पूरी तरह प्रतिष्ठित हो गया तो नगर के सभी निवासी नागरिक हो गए। इस तरह नागरता का विस्तार राज्य के उदय और विकसित होने से भी संबद्ध रहा है। इसलिए कहीं न कहीं यह स्वीकार किया जाना चाहिए कि 1947 में स्वराज की स्थापना के बाद भारतीय मनुष्य के नगर-बोध में भी कुछ बुनियादी परिवर्तन हुए हैं। भारतीय मन में हुए इस परिवर्तन को कुछ हद तक समझने का सबसे विश्वसनीय साक्ष्य कविता ही हो सकती है। नगर-बोध एक स्थिर मनोदशा नहीं है। वह नगरों के बनने, बिगड़ने, नष्ट होने और पुनः निर्मित होने की प्रक्रियाओं के बीच बनती, बिगड़ती और बदलती रहती है।

बीसवीं सदी में नगरीकरण के आंकड़ों को देखें तो शहरी जनसंख्या और नगरों की संख्या में भारी

परिवर्तन हुए हैं। 1901 तक जनसंख्या का केवल 11 प्रतिशत हिस्सा शहरी इलाकों का निवासी था, लेकिन 1947 के बाद इस अनुपात में गुणात्मक परिवर्तन हुआ है। 2011 की जनगणना के अनुसार, शहरी इलाकों की जनसंख्या 37 करोड़ 70 लाख मिलियन हो चुकी है और शहरों की संख्या 7,000 से अधिक है। फिर भी इसे अनदेखा नहीं किया जा सकता कि हमारे नगरों की जड़ें कहीं न कहीं अपने देहाती आधार में धंसी हैं और नगरबोध में विस्थापन का दर्द भी कहीं न कहीं मौजूद होता है। औपनिवेशिक दौर में अनेक नगरों के बड़े औद्योगिक केंद्र बनने और स्वाधीनता के बाद अनेक छोटे-बड़े औद्योगिक नगरों के निर्माण के बावजूद आज भी बहुत बड़ी संख्या उन नगरों की है जो मैन्यूफैक्चरिंग गतिविधियों के केंद्र नहीं हैं। राजधानी-नगर हैं या धार्मिक और प्रशासनिक गतिविधियों के केंद्र हैं। कई नगरों का आधार आज भी कारीगरी उत्पादन तक सीमित है या कुछ बड़े व्यापारिक केंद्र हैं।

भारतीय नगर की सामूहिक चेतना (कलेक्टिव कांशसनेस) की निर्मिति में हमारे उत्सवों, त्योहारों और विदग्ध गोष्ठियों की भूमिका रही है। (यहां 'मृच्छकटि कम्' का स्मरण किया जा सकता है, जिसमें मदनोत्सव के बीच ही राजा के विरुद्ध विद्रोह होता है)। लोकतंत्र और औद्योगिकीकरण और प्रतिरोध के आंदोलनों की भी एक बड़ी भूमिका, हमारी सामूहिक चेतना के निर्माण में है, लेकिन भूमंडलीकरण के पहले तक हमारे मंझोले शहरों में जीवन की रफ्तार थोड़ी धीमी थी। फुरसत के क्षण उसमें ज्यादा थे। ऐसे शहरों में अक्सर ऐसे अनेक ठिकाने या कहना चाहिए कि अड्डे रहे हैं जहाँ अड्डेबाजी करना, गप्प गोष्ठियां करना नगर का सामान्य चरित्र था। इनसे बनने वाली सामूहिक चेतना एक स्तर पर सांस्कृतिक चेतना भी है। गप्प गोष्ठियों के सृजनात्मक अवकाश (क्रिएटिव स्पेस) में हर दिन बनते, बदलते किस्सों और मौखिक इतिहास ने जिस नगर-बोध को रचा है वह नगर केंद्रित कविता और आख्यान की जरूरी अंतर्वस्तु हैं। हिंदी कविता में नगरों को उनकी विपरीतताओं और विडंबनाओं में देखने के अलावा कुछ ऐसे दृश्यों को भी देखा जा सकता है जो एक चित्र की तरह रंगीन हैं, सुंदर हैं और आकर्षक भी। नागार्जुन जैसे घुमक्कड़ कवियों की रचनाओं में नगरों के विविध चित्र हैं।

इन्हीं गोष्ठियों में नगरों के प्रादुर्भाव को लेकर अनेक मिथकीय आख्यान रचे गए। इन आख्यानों की ध्वनियों को क्लासिक कविता से लेकर समकालीन कविता तक में सुना जा सकता है। यहां यह जोड़ देना अप्रासंगिक नहीं होगा कि मिथकीय स्मृतियों के साथ ही इतिहास की स्मृतियां भी नगर-केंद्रित कविताओं में आती रही हैं। यहां केदारनाथ सिंह की 'बनारस' और कुंवर नारायण की 'लखनऊ' कविता के साथ ही अनेक कविताओं को याद किया जा सकता है। वाल्टर बेंजामिन कहता है कि कोई चेहरा इतना यथार्थवादी नहीं है जितना कि एक शहर का चेहरा। ('पहल' 69)। उसने देखा कि यहां इच्छाओं और लालसाओं की एक भयावह मरीचिका रची गई है। महानगर में परीकथाओं के भयानक विरोधाभास होते हैं। एक रचनाकार शहर के बारे में अपनी कविता कैसे रचता है, कैसे एक पाठक इससे रिश्ता बनाता है और कैसे उस कविता की व्याख्या उसकी एक खास छवि को हमारे भीतर जगाती है, यही बात महत्वपूर्ण है।

कहा जा सकता है कि नगर निवासियों ने नगरों के इतिहास को इतिहासेतर मिथकों से जोड़कर नगर को मनुष्य की निर्मिति तक सीमित नहीं रहने दिया। मिथकीय स्मृतियों ने उसे समयातीत बना दिया। हिंदी की नागर कविता की शायद यह भी एक विशेषता है कि अक्सर वह अपने आधुनिकता बोध के साथ मिथकीय या इतिहास की स्मृतियों को बड़ी कुशलता से कविता की संरचना में गूंथ देती है। हर कवि का नगर-बोध भी अलग-अलग होता है। केदारनाथ सिंह की कविता 'शहर में रात' की पंक्तियां हैं—'तुम कभी देखना इसे सुलगते क्षण में/ यह अलग-अलग दिखता है हर दर्पण में।' मुक्तिबोध और रघुवीर सहाय, केदारनाथ सिंह और कुंवरनारायण या राजकमल चौधरी और सौमित्र मोहन का नगर-बोध

एक ही नहीं है। कवि के जीवनानुभव और उनसे बनी उसकी अंतर्दृष्टि इस बात को निर्धारित करते हैं कि वह नगर को किस कोण से देख रहा है। इसी में उसकी राजनीतिक दृष्टि भी अंतर्निहित है। प्रसिद्ध फिल्म निर्देशक कुरोसोवा का एक वाक्य है कि आप कैमरा किस कोण पर रखते हैं, यह तकनीकी निर्णय नहीं, एक राजनीतिक निर्णय है।

समकालीन नागर कविता में नगर मात्र एक स्थल या लोकेल भर नहीं है। कवि आलोचक विजय कुमार के इस मंतव्य से मैं एक हद तक सहमत हूं कि आज के कवि के लिए नगर एक सामान्य संदर्भ नहीं, एक टेक्स्ट है। एक पाठ है। वह अनेक मानवीय अमानवीय, सुरक्षा और भय, रोजगार और बेरोजगारी मतलब यह कि अनेक विरोधाभासी स्थितियों और गतिविधियों की लीलाभूमि है। वह एक उभयभावी जगह (एंबीवेलेंट प्लेस) है। वह जितना जाना-पहचाना है उतना ही अनपहचाना भी है। वह बेतरतीब भी है और बहुत व्यवस्थित भी। उसमें सारी सुविधाओं से युक्त गगनचुंबी इमारतें भी हैं और झुग्गियों की गंदी बस्तियां भी। जिनमें जीवन की सामान्य सुविधाएं भी मुहैया नहीं होतीं, लेकिन यहीं से शहर को सस्ता श्रम और सेवाएं प्राप्त होती हैं। कवि इस कुरूप स्थिति को अनदेखा नहीं करता। एक कवि जानता है कि उसकी सृजनात्मक कल्पना इस नगर जीवन से ही आकार ग्रहण करती है। उसकी कविता की अंतर्वस्तु, संवेदनशीलता, विजन और दृश्य विधान इसी स्थानीयता से प्राप्त होते हैं। कविता में नगर एक मेटाफर, एक बिंब, एक चरित्र बन जाता है। वह एक स्थल भर नहीं रहता, उससे भी अधिक वह एक प्रवृत्ति या मनोदशा के रूप में अभिव्यक्त होता है। वह एक भौतिक या भौगोलिक स्पेस से ज्यादा एक स्पेस ऑफ पावर यानी शक्ति-संरचना-स्थल है। आर्थिक, राजनीतिक और सांस्कृतिक शक्ति-संरचना।

स्वाधीनता के बाद से लेकर इक्कीसवीं सदी के पहले दशक तक की कविता के नगर के साथ बनते, बिगड़ते और बदलते संबंधों की पड़ताल करने के लिए यह आवश्यक है कि उस क्रमभंगता पर भी थोड़ा विचार किया जाए जो गांधी के अफ्रीका से लौटने के बाद शुरू हुए एक बड़े विमर्श से पैदा हुआ। गांधी ने गांव को एक विचारधारात्मक मूल्य के रूप में प्रस्तुत किया। गांव के जीवन को और ग्राम समाज को वे आधुनिक पश्चिमी संस्कृति और सभ्यता के विकल्प और उसके क्रिटीक के रूप में प्रस्तुत कर रहे थे। संभवतः उन्नीसवीं सदी के अंत में उन्होंने पहली बार भारतीय गांव को एक राजनीतिक बिंब के रूप में प्रस्तुत किया। उन्होंने भारतीय गांव को ब्रिटिश इंडिया में बनाए गए आधुनिक नगर के प्रतिपक्ष में रखा। उनके लिए ये नगर भारत की वास्तविक विपत्ति के दाग थे।

ब्रिटिश शासक और उनके प्रशासक भी मानते थे कि भारत एक ग्रामीण गणतंत्र है और इसकी अर्थव्यवस्था ग्रामीण अर्थव्यवस्था है। नेहरू, गांधी और ब्रिटिश शासकों के मत से अलग मत रखते थे। ग्रामीण समाज की स्वायत्तता, जातिप्रथा और संयुक्त परिवार की संरचना, इन तीनों में ही उन्हें कुछ भी विशिष्ट नजर नहीं आता था। नेहरू का मत था कि इसमें मनुष्य की स्थिति दूसरे दर्जे की हो जाती है। उनका मानना था कि ग्रामराज व्यवस्था का बहुत पहले ही पतन हो चुका है और उसमें तरह-तरह की बीमारियों ने घर बना लिया है। वे गांव की वर्गीय संरचना के बारे में भी तीखे सवाल उठाते हैं। सामंतों या भूस्वामियों के बारे में उनका मानना था कि यह भौतिक और बौद्धिक रूप से विकृत वर्ग है, जो अपना पूरा जीवन जी चुका है। नेहरू मानते थे कि सामंतवाद मूलतः ब्रिटिश राज के मजबूत होने से जुड़ा हुआ है। पहली बार ब्रिटिश हुकूमत ने ही इसे लागू किया और इसके बहुत विध्वंसक परिणाम सामने आए। इस पूरे विमर्श ने प्रत्यक्ष और परोक्ष रूप से भी हिंदी की नागर कविता के दृष्टिकोण को कई तरह से प्रभावित किया है।

हिंदी की नागर कविता अपने को नागर कविता मानने में हमेशा ही संकोच करती रही है। इसके बरअक्स उर्दू कविता हमेशा से ही नागर कविता रही है। गांव बरअक्स शहर के विवाद का उस पर खास असर लक्षित नहीं होता। उन्नीसवीं सदी की उर्दू

कविता में शहरों के बनने और उजड़ने के कई साक्ष्य मौजूद हैं। यहां तक कि मीर की दिल्ली के उजड़ने पर लिखी गई कविता से उर्दू में शहर-आशोब लिखे जाने की परंपरा शुरू हुई।

हिंदी के बारे में लेकिन इसी तरह नहीं कहा जा सकता। वह कई बार अपने पूरे काव्य व्यवहार में नागर होते हुए भी नगर के प्रति नकारात्मक दिखती है। अज्ञेय की एक बहुत छोटी लेकिन बहुचर्चित कविता है :

सांप तुम सभ्य तो हुए नहीं
नगर में बसना भी तुम्हें नहीं आया
एक बात पूछूं—उत्तर दोगे
तब कैसे सीखा डंसना—विष कहां पाया?

एक दृष्टि यह है लेकिन एक दूसरी दृष्टि भी है। नगर के साथ मुक्तिबोध का जो संभवतः पहले और सबसे मुकम्मल नागर कवि हैं व्यवहार अलग है। उनसे भी अलग एक भंगिमा रघुवीर सहाय की है जो इस अर्थ में ज्यादा आधुनिकता के नजदीक लगती है कि अपनी जातीय स्मृतियों से उसका रिश्ता वैसा सघन नहीं है जैसा मुक्तिबोध का या नई कविता के ही कई अन्य कवियों का हो सकता है। नई कविता के बारे में नामवर सिंह ने लिखा है कि वह अभिव्यक्ति नहीं, निर्मिति मानी जाती है। नगर को भी एक सुविचारित निर्मिति ही माना गया है, जो कि वह है।

नेहरू युग की कविता हो या नेहरू युग से मोहभंग की साठोत्तरी कविता वहां गांव और नगर के द्वैत समाप्त हो चुके थे। वह नगर के प्रति नकारात्मक होकर भी नगर को गांव के बरअक्स रखने का कोई उपक्रम नहीं रचती। वह नकारात्मक हो, विश्लेषणात्मक या आलोचनात्मक लेकिन वह अपने पूरे कलेवर और रचाव में एक नागर कविता है। साठोत्तरी कविता जिसमें कविता के अनेक छोटे-बड़े आंदोलन—अकविता, बीटनिक कविता, भूखी पीढ़ी आदि आधुनिकता और नगर-बोध के नए पाठ तैयार करती है। इसके साथ ही विगत चार-पांच दशक की हिंदी कविता में नगर की अनेक छवियां मौजूद हैं। भूमंडलीकरण और नई प्रौद्योगिकी के बाद नगरों में आ रहे परिवर्तनों को भी कविता में लक्ष्य किया जा सकता है।

राजेश जोशी

कविता की ग्रहणशीलता

संस्कृत में साहित्य को काव्य कहा गया है। 'साहित्य' शब्द देर से प्रचलन में आया। संस्कृत में कविता और पद्य में कोई अंतर न था। इधर 'कविता' शब्द ने पद्य को अपदस्थ कर दिया है। प्रत्येक छंदबद्ध रचना पद्य के नाम से जानी जाती थी। देखते-देखते हिंदी में 'कविता' शब्द ने न केवल पद्य की जगह ले ली, बल्कि उसे हीन अर्थ प्रदान कर दिया। अब पद्य उस कवित्व-शून्य रचना को कहते हैं, जो केवल छंद में बांधकर प्रस्तुत की गई है। मैथिलीशरण गुप्त से उदाहरण लेना हो, तो 'हम कौन थे, क्या हो गए हैं, और क्या होंगे अभी/ आओ, विचारें आज मिलकर ये समस्याएं सभी' निरा पद्य है, जबकि 'चारु चंद्र की चंचल किरणें/ खेल रही हैं जल-थल में/ स्वच्छ चांदनी बिछी हुई है/अवनि और अंबर तल में' एक उत्कृष्ट कवितांश है। इस तरह युग की रुचि के अनुसार कविता की ग्रहणशीलता में परिवर्तन आता गया है और कविता को देखने की दृष्टियां भी बदलती गई हैं।

कविता को ग्रहण करने के मार्ग में सबसे बड़ी समस्या उसके संबंध में खास दृष्टि या रुचि का बन जाना है। ये चीजें ग्रहीता के आस्वाद को कविता के रूप विशेष के प्रति अनुकूलित कर देती हैं। आम तौर पर समझा जाता है कि सिर्फ रचनाकारों की आलोचना में व्यक्त प्रतिक्रिया आत्मनिष्ठ होती है, क्योंकि वे स्वयं जैसी रचना करते हैं सिर्फ उसी के अनुरूप रचना पसंद करते हैं। बाकी किस्म की रचनाओं के प्रति उनका रुख प्रतिकूल होता है। इसका एक उदाहरण मुक्तिबोध द्वारा लिखित 'कामायनी' की आलोचना है। इसमें उन्होंने अपनी कविता की कसौटी पर कृति को चढ़ाकर उसे खारिज कर दिया। आचार्य शुक्ल का लोकमंगल का सिद्धांत तुलसी काव्य के लिए जितना मौजू साबित हुआ,

उतना न विद्यापति, न कबीर, न सूर, न रीति-कवियों और न छायावादी कवियों की कविता के लिए। इसका कारण उनके प्रतिमान की विशिष्टता है। यह तो उनकी रसज्ञता है, जो अनेक स्थलों पर उपर्युक्त कवियों की रक्षा करती है और वे लोकमंगल की दृष्टि से कमजोर पड़ने वाले कवियों की कविता के भी मर्म को ग्रहण कर लेते हैं।

कई बार रचनाकारों को आत्मनिष्ठ समझा जाता है और पाठकों को वस्तुनिष्ठ। यह धारणा सही नहीं है, क्योंकि पाठक की रुचि किसी न किसी खास प्रकार की कविता से निर्धारित होती रही है। रीतिकाव्य के पाठकों ने द्विवेदीयुगीन कविता को पसंद नहीं किया और द्विवेदीयुगीन कविता के पाठकों ने छायावादी कविता को। इसी तरह छायावादी कविता के पाठकों के गले नई कविता नहीं उतरी और उन्होंने शोर मचाया। इतना ही नहीं, पाठकों की रुचि कभी-कभी किसी खास कवि की कविता से अनुकूलित हो जाती है। इस स्थिति में उन्हें दूसरे कवियों की कविताओं की सराहना करने में भारी कठिनाई होती है। बच्चन से लेकर नेपाली तक के ऐसे कई दीवाने पाठक थे, जिन्हें कोई दूसरा कवि रास नहीं आता था।

कविता को ग्रहण करने का सबसे अच्छा तरीका है कि उसके पास खाली दिमाग लेकर जाया जाए। इटली के प्राचीन आलोचक होरेस ने 'ब्लैंक माइंड' की बात कही है। जैसे चलचित्र परदे पर अंधेरे में ही स्पष्ट दिखलाई पड़ते हैं, वैसे ही किसी पूर्व धारणा की तेज रोशनी से कविता को परहेज है। पाठक जितने अधिक कवियों की कविता के आस्वाद से परिचित होते हैं, नई से नई कविता को ग्रहण करने में उन्हें उतनी ही कम कठिनाई होती है। यह ठीक है कि प्रत्येक कवि का और कभी-कभी प्रत्येक कविता का अपना व्याकरण होता है, जिसे समझने में थोड़ी देर हो सकती है और थोड़ा परिश्रम करना पड़ सकता है, लेकिन यदि पाठक का दिमाग खुला हुआ है, तो वह उससे जल्दी मैत्री संबंध कायम कर लेगा।

शमशेर ऐसे कवि थे, जिनकी काव्य मर्मज्ञता विलक्षण थी। उनकी रुचि उनकी अपनी कविता से निर्धारित नहीं थी, बल्कि विपरीत ध्रुव वाली अनेक तरह की कविताओं को सराह सकते थे। उन्होंने एक बार विस्तार से मुझे बतलाया कि वे किशोरावस्था से ही किस प्रकार देश-विदेश की अनेक प्रकार की कविताओं के संपर्क में रहे हैं और उनका रसास्वादन करते रहे हैं। ताज्जुब नहीं कि हिंदी के जिन कवियों को उन्होंने सराहा है, उनमें निराला, केदारनाथ अग्रवाल, नागार्जुन, त्रिलोचन और मुक्तिबोध ही नहीं हैं, बच्चन, अज्ञेय, नरेश मेहता और प्रभाकर माचवे भी हैं। कहने का अभिप्राय यह है कि कविता के सम्मुख हमें बिल्कुल निःशस्त्र और निष्कवच रूप में जाना चाहिए, अपने सारे आग्रहों और दुराग्रहों को छोड़कर न कि उससे दुश्मन की तरह पेश आना चाहिए।

सवाल उठाया जा सकता है कि क्या कविता में सिर्फ स्वीकार ही होता है, अस्वीकार नहीं? और क्या पाठक को हर तरह से कविता का अनुसरण ही करना चाहिए, उसके प्रति विरोध भाव नहीं रखना चाहिए। पाठक के लिए कविता क्या मात्र आस्वादन है, मूल्यांकन नहीं? इस मामले में कहा जा सकता है कि कविता की ग्रहणशीलता का उसके मूल्यांकन से विरोध नहीं है, क्योंकि मूल्यांकन उसकी ग्रहणशीलता में निहित होता है। जो लोग कविता में विचारों को अलग से महत्व देते हैं और इन्हें ही कसौटी के रूप में इस्तेमाल करते हैं, वे ही कविता के विरोध की बात करते हैं। कविता का मूल्यांकन इतनी सरल चीज नहीं है। इसका कारण यह है कि कविता विचार का ही नहीं, सभी संकीर्णताओं का अतिक्रमण है। यदि ऐसा नहीं होता, तो हम विभिन्न विचारों, विचारधाराओं वाली कविता को समान भाव से ग्रहण नहीं कर पाते। मुस्लिम, ईसाई और हिंदू अथवा विभिन्न दार्शनिक विचारधाराओं के कवियों की कविताओं को हम 'सेंसर' करके ग्रहण नहीं करते। इसका यह तात्पर्य नहीं है कि उनसे सहमत हो जाते हैं। काव्यास्वादन एक विलक्षण प्रकार का अनुभव है, जो असहमति और विरोध के बावजूद 'संपूर्ण स्वीकृति' होता है।

मोटे तौर पर कविता दो तरह की होती है : सीधी और तिरछी। यह भेद इतना स्पष्ट है कि अंग्रेजी

के टेलिआर्ड नामक विद्वान ने एक पुस्तक लिख डाली थी–'पोएट्री डायरेक्ट एंड आब्लिक'। इस विद्वान ने कविता के जितने तिरछे रूप की कल्पना की थी, वह उससे भी अधिक तिरछी हो सकती है। कविता में प्रतीकात्मक बिंब ही नहीं होते हैं, फैंटेसी भी होती है। हिंदी में फैंटेसी का भरपूर इस्तेमाल करने वाले मुक्तिबोध हैं। जब उनका पहला कविता-संग्रह 'चांद का मुंह टेढ़ा है' प्रकाशित हुआ, तो सीधी कविता के पक्षधरों ने उसकी आलोचना शुरू की और फैंटेसी को यथार्थ के साक्षात्कार से बच कर निकल जाने का साधन बतलाते हुए उसे साहित्य का प्रतिक्रियावादी रूप बतलाया। सीधी कविता भी महान हो सकती है, इसके प्रमाण प्राचीन और आधुनिक काव्य में हैं। इसका मतलब यह नहीं है कि रचनाशीलता के दबाव में फैंटेसी का रूप ग्रहण करने पर कविता पतनशील हो जाती है। फैंटेसी यथार्थ को छिपाने का नहीं, बल्कि उसे उभारने का एक सशक्त माध्यम है। अतः यह कहना सही नहीं है कि फैंटेसी वाली कविता को ग्रहण करना साधारण पाठक के लिए मुश्किल होता है। हमारा संपूर्ण पौराणिक साहित्य और लोक साहित्य फैंटेसी से भरा हुआ है, तथापि वह सर्वजन संवेद्य है। यह जरूर है कि कल्पनाशीलता के बिना जैसे कविता नहीं रची जा सकती, वैसे ही पाठक द्वारा ग्रहण भी नहीं की जा सकती। जब कल्पना द्वारा पाठक कविता को ग्रहण करना चाहता है और उसके सरल तथा तिरछे बिंबों को ही नहीं पकड़ता है, उनके बीच के सर्जनात्मक अंतराल को भी भरता है, तभी वह कविता की ग्रहणशीलता को संभव बनाता है।

ई एम फॉर्स्टर ने अपनी प्रसिद्ध पुस्तक 'ऐस्पेक्ट्स ऑफ द नॉवेल' में लिखा है कि किसी प्रदर्शनी में प्रवेश के लिए कभी-कभी एक और टिकट लेने को बाध्य हो जाते हैं। उनके कहने का आशय यह है कि साहित्य में प्रवेश के लिए एक टिकट तो चाहिए ही, फैंटेसी में रचे गए साहित्य या तिरछेपन के साथ रचे गए साहित्य को समझने के लिए एक और टिकट भी चाहिए। जो लोग एक टिकट पर ही भीतर चलने वाला दूसरा खेल भी देखना चाहते हैं, उन्हें उसमें प्रवेश नहीं मिलता है।

कविता को कविता के रूप में ही ग्रहण करना उचित है, यानी वह जिस रूपाकृति में रची गई है, उसी में। टीका या भाष्य द्वारा समझने की कोशिश से उसका निरा अर्थ हाथ लगेगा, कविता नहीं, क्योंकि कविता जिन शब्दों में रची जाती है, उन्हीं में और उनके अपने क्रम में ही वह निहित होती है। शब्दों को या उनके क्रम को तोड़ा-फोड़ा गया तो कविता नष्ट हो जाएगी। यह बात अंग्रेजी के प्रसिद्ध कवि कॉलरिज ने ही नहीं कही है, आचार्य शुक्ल ने भी कही है, 'कविता शब्द विधान है।' निश्चय ही अधिक महत्व विद्वानों की व्याख्या का नहीं, पाठकों के अनुभव का है। रामचरितमानस में कविता तुलसीदास की अपनी झंकारमयी शब्दावली और उसके लयात्मक क्रम में है, उसके नीचे छोटे अक्षरों में छपी हुई टीका या भाष्य में नहीं!

नंदकिशोर नवल

कविता कोश

कविता कोश विकी तकनीक पर आधारित वेबसाइट है जो हिंदी और कुछ अन्य भाषाओं में पद्यात्मक साहित्य को संकलित करती है। 5 जुलाई 2006 से चल रही यह वेबसाइट सैकड़ों स्वयंसेवकों के सहयोग से चलती है। ये स्वयंसेवक न सिर्फ इसमें विषय-वस्तु के रूप में सहयोग देते हैं बल्कि आर्थिक सहयोग भी देते हैं। इसके पीछे ललित कुमार नामक साहित्य प्रेमी युवक की परिकल्पना काम कर रही है जिन्हें अनिल जनविजय, अनूप भार्गव, द्विजेंद्र द्विज आदि रचनाकारों का भी सहयोग मिला है। आज देश-विदेश से दर्जनों स्वयंसेवक इस परियोजना से जुड़े हैं। कविता कोश, जिसमें इस समय लगभग 90,000 पन्ने उपलब्ध हैं, इंटरनेट पर हिंदी कविताओं का सबसे बड़ा संसाधन बन गया है। यहां संगृहीत रचनाओं में कविताएं, गीत, गजल, नज्म, नवगीत, बाल कविताएं, लोकगीत, भजन, त्रिवेणी, रुबाई, कवित्त, सवैया, पद, दोहे, कुंडलियां आदि शामिल

हैं। जिन भारतीय भाषाओं और बोलियों में लिखे गए पद्य साहित्य को यहां प्रतिनिधित्व मिला है उनमें हिंदी, उर्दू, अवधी, गुजराती, छत्तीसगढ़ी, ब्रजभाषा, भोजपुरी, मराठी, मैथिली, राजस्थानी, संस्कृत, हरियाणवी, नेपाली, बुंदेली आदि प्रमुख हैं। कुछ प्रदेशों को अलग से स्थान दिया गया है जिनमें उत्तर प्रदेश, छत्तीसगढ़, उत्तराखंड, झारखंड, दिल्ली, पंजाब, बिहार, मध्य प्रदेश, राजस्थान, हरियाणा और हिमाचल प्रदेश शामिल हैं। मॉरीशस के हिंदी काव्य पर यहां एक अलग खंड है। कोई भी कवि अपनी रचनाओं को कविता कोश में शामिल करवाने के लिए आवेदन कर सकता है जिस पर उसका संपादक मंडल विचार करता है। चयनित रचनाकारों की रचनाएं संकलन का हिस्सा बन जाती हैं। कविता कोश की टीम ने एक अन्य परियोजना गद्य कोश का भी विकास किया है।

बालेंदु शर्मा दाधीच

अधिक जानकारी के लिए :
www.kavitakosh.org

कविता पढ़ने की कला

हिंदी में कविता पाठ के बारे में कभी विचार नहीं किया जाता, जिस कारण कविता पाठ अक्सर बल्कि अधिकतर नीरस, उबाऊ और अनाकर्षक होता है। दिनोंदिन उसका श्रोता समाज कम हो रहा है। बमुश्किल कुछ लोग आते हैं जो स्वयं कवि होते हैं या दूसरी विधाओं से जुड़े रचनाकार। कवि के कुछ परिचित भी कभी-कभी आ जाते हैं। कुछ देर के बाद हम पाते हैं कि पीछे की कुर्सियों पर बैठे श्रोता चुपके से बाहर निकल जाते हैं। अगर एक से अधिक कवियों का कविता पाठ हुआ तो अंतिम कवि के पाठ तक उपस्थिति नगण्य हो चुकी होती है। शायद रचनाकारों पर बनने वाले चुटकुलों में सबसे अधिक चुटकुले कवियों के पाठ को लेकर ही बने हैं। हिंदी में कविता पाठ दिनोंदिन बोर होता गया है। क्या यह सिर्फ कविता पाठ के कौशल की कमी का प्रश्न है या कोई कमी हमारी कविता में भी मौजूद है?

बांग्ला भाषा में आवृत्ति की प्रतियोगिताएं स्कूल स्तर से ही आयोजित होना शुरू हो जाती हैं। कविता पाठ का कौशल सीखना वहां सिर्फ कवि के ही जिम्मे नहीं है। यह कविता के पाठकों और श्रोताओं को भी सिखा दिया जाता है। बांग्ला का कोई महत्वपूर्ण कवि खराब कविता पाठ करता है, ऐसा सुनने में नहीं आता। फैज अहमद फैज श्रोताओं की बड़ी संख्या के बीच बहुत अच्छा पाठ नहीं करते थे। लेकिन श्रोताओं की सीमित और आत्मीय उपस्थिति के बीच उनका पाठ मैंने सुना है। उनकी आवाज में एक जादू था जो बांध लेता था। उनमें न अतिनाटकीयता थी न उबाऊ ढीलापन। मराठी, मलयाली और तेलुगु के कई कवियों को बड़े श्रोता समूह के सामने पाठ करते हुए मैंने देखा है। भाषा नहीं समझ में आने के बावजूद उनके पाठ में आवाज के उतार-चढ़ाव और नाटकीय प्रस्तुति लोगों को बांध लेती है।

बनारस के अनेक मित्रों से सुना गया है कि गिंसबर्ग अपनी लंबी कविताओं का सस्वर पाठ करते हुए, उंगलियों के बीच दो चपटे पत्थर के टुकड़े रख कर बजाते थे और नाचते भी थे, यहां तक कि कविता पढ़ते-पढ़ते अपने कपड़े उतार देते थे। यह अतिरिक्त नाटकीयता साठ के दशक की अराजकता और विद्रोह से पैदा हुई थी। यह सूफी कवियों की तरह अपनी कविता में मगन हो कर सुध-बुध खो देने की परंपरा का विस्तार या पुनराविष्कार नहीं था। सच यह है कि खुद अपनी कविता में मगन होकर दूसरों को उसमें बांध लेने की जो कला सूफी कवियों में थी वह आधुनिक कवियों ने लगभग खो दी है। हिंदी में शायद अंतिम कवि नागार्जुन थे जिन्हें भाव-भंगिमाओं के साथ अतिनाटकीय ढंग से कविता पाठ करने में कोई हिचक नहीं थी। कविता पाठ करते हुए नागार्जुन कभी-कभी अचानक नाचने लगते थे। ऐसे समय मैंने हिंदी के कई संभ्रांतों को नाक-भौं सिकोड़ते हुए देखा है। हालांकि कई बार पाठ में बरती गई अतिनाटकीयता जरूर एक किस्म की चिढ़ पैदा करती है, बहुत दूर तक उसका असर नहीं रहता। अतिनाटकीयता और उबाऊ निरुत्साह के बीच ही पाठ की प्रभावशाली

प्रस्तुति संभव है। पाठ की ऐसी प्रविधियों पर एक बार फिर विचार किया जाना चाहिए।

कहा जाता है कि निराला बहुत अच्छा पाठ करते थे। 'राम की शक्ति पूजा' जैसी कठिन और प्रदीर्घ कविता के उनके पाठ का एक उदाहरण की तरह उल्लेख किया जाता है। वे अपने गीतों का सस्वर पाठ कर सकते थे। दिनकर, बच्चन, श्यामनारायण पांडेय, शिवमंगल सिंह, सुमन, भवानी प्रसाद मिश्र, दुष्यंत कुमार जैसे कुछ कवि थे जो बड़े श्रोता समुदाय के बीच काव्य पाठ कर सकते थे और उसे प्रभावित भी कर सकते थे। अज्ञेय, शमशेर या केदारनाथ सिंह सीमित श्रोताओं की संगोष्ठियों में बहुत आत्मीय और प्रभावशाली पाठ करते थे। शमशेर का पाठ सुनना एक अद्‌भुत अनुभव था। उनके पाठ में आप उनके शब्द को ही नहीं, शब्द और शब्द के बीच के अंतराल को भी महसूस कर सकते थे। कविता के नाट्य पाठ या परफार्मेंस के प्रयोग अक्सर सफल रहे हैं। मुक्तिबोध की जटिल समझी जाने वाली कविताओं के नाट्य पाठ के प्रयोग न केवल सफल रहे हैं बल्कि प्रदर्शन के बाद अनेक दर्शक यह कहते हुए मिलते हैं कि हमें तो मुक्तिबोध कठिन कवि लगते थे लेकिन इस परफार्मेंस के बाद मुक्तिबोध समझ में आते हैं।

रघुवीर सहाय ने कविता पाठ की प्रस्तुति के लिए एक संस्था बनाई थी। कई कवियों का नाट्य पाठ किया गया, वह भी पर्याप्त पसंद किया गया था। लेकिन रघुवीर सहाय ने अपने काव्य पाठ के लिए कुछ आग्रह तय कर लिए थे। हो सकता है कि उनके काव्य पाठ को कुछ कवियों द्वारा पसंद किया जाता हो, लेकिन अक्सर श्रोता समुदाय उसे पसंद नहीं कर पाता था। रघुवीर सहाय के काव्य पाठ का अनुकरण करने वालों ने हिंदी कविता के पाठ को बहुत हद तक बोझिल बना दिया।

समस्या सिर्फ पाठ तक सीमित नहीं है। समकालीन हिंदी कविता में कवि मन छीज रहा है। वह निरा भाषाई अभ्यास और बौद्धिक कसरत बनती जा रही है। उसमें जीवनानुभव कम है, विचार ही विचार है। उसकी बौद्धिकता सरस बौद्धिकता नहीं है। उसने अपने बौद्धिक ठूंठपन को अपनी कड़ियल बौद्धिकता मान लिया है। कलावादियों में ऐसे कवि और रचनाकार पहले से मौजूद थे। अब कई वामपंथी कवि भी यह कहते हुए मिल सकते हैं कि कविता सामान्य लोगों के लिए नहीं होती। वह सीमित लोगों के लिए ही लिखी जाती है या लिखी जानी चाहिए। इसलिए पाठ के लिए ही नहीं, पढ़ने के लिए भी कविता को ज्यादा से ज्यादा असुविधाजनक बना देना एक बड़ा काव्य कौशल मान लिया जाता है। माना जाता है कि ऐसे कवि हिंदी कविता के क्षेत्र में नवोन्मेष कर रहे हैं।

हिंदी के कवि की एक दिक्कत और नजर आ सकती है कि वह अकसर अपनी कविताओं में से पाठ किए जाने के लिए उपयुक्त कविताओं और प्रकाशित रूप में पढ़ी जाने के लिए कविताओं में फर्क नहीं कर पाता। वह श्रोताओं के सम्मुख पाठ करने के लिए ऐसी कविताओं का चयन करता है जो पाठ में संप्रेषित ही नहीं होतीं। रघुवीर सहाय जब श्रोताओं के समक्ष पाठ करते थे तो सामान्यतः अपनी 'अधिनायक', 'पानी पानी' या 'आपकी हँसी' जैसी कविताएं नहीं सुनाते थे। हिंदी में एक मुहावरा और कभी-कभी सुनाई दे जाता है कि जो कवि कविता का पाठ अच्छा करते हैं वे अक्सर अच्छे कवि नहीं होते। हो सकता है ऐसी धारणा कवि सम्मेलनों के कवियों के कारण बनी हो। हो सकता है कि कविता पाठ के प्रति उदासीनता मंच की समाप्ति के कारण हो। लेकिन आधुनिक कविता के मंच अब भी कम नहीं हैं। कम श्रोता समुदाय के बीच ही सही लेकिन अब भी अनेक मंचों पर सिर्फ समकालीन कवियों का ही पाठ होता है। अंत में शिंबोर्स्का की कविता 'काव्य पाठ' की कुछ पंक्तियां :

पहली कतार में एक प्यारा-सा बूढ़ा
खर्राटे भर रहा है
उसके सपने में जिंदा हो उठी है उसकी बीवी
इतना ही नहीं वह उसके लिए केक भी बना
रही है
जैसे तब बनाया करती थी...
आग लगा सकती है कविता
लेकिन जरा सँभल कर कहीं केक न जल जाए

तो अब काव्य पाठ शुरू करें
मेरी प्यारी कविता?

इसके बाद सिर्फ यही कि कविता पाठ की एक ऐसी लय और ऐसा ताप होना चाहिए जो केक को जला न दे ।

राजेश जोशी

अधिक जानकारी के लिए :
1. **The Art of Reading Poetry :** Harold Bloom, 2005, 2. **The Art of Poetry :** How to Read a Poem : Shira Wolosky, 2008

कविता लेखन

निराला ने कहा था कि जो लोग यह समझते हैं कि कवि पैदा होता है, बनाया नहीं जाता, वे इसका तात्पर्य नहीं जानते। कोई भी नया कवि कविता के सूक्ष्म अध्ययन, कलाओं में रुचि और भाषा ज्ञान से ही काव्य संस्कार पाता है। कविता लिखने की शुरुआत जीवनानुभूति से होती है, छोटी-छोटी बातों को लयात्मक अंदाज में गुनने-बुनने और साझा करने से कविताओं के सृजन का सिलसिला शुरू होता है। कोई कवि आज तक कक्षा में बैठकर तैयार नहीं हुआ। वह कवि सिर्फ तब बनता है जब कक्षा या छोटी सामाजिक गुफाओं से बाहर निकल आता है और विस्मय से अपने चारों तरफ की दुनिया को देखता है। कविता लेखन मनुष्य को जीवन की स्वाधीनता से जोड़ता है। इसके लिए सबसे पहले व्यक्ति में हिचकिचाहट की जगह गहरी इच्छा होनी चाहिए और जुनून की जरूरत तो हर रचनात्मक काम के लिए होती है। कविता लिखने की चाह हो और चीजों को गहराई से समझ सकने की शक्ति हो तो कविता खुद हमें कलम उठाने पर मजबूर कर देती है।

कविता हमें जीवन की सच्चाइयों से रूबरू कराती है, जीवन जीने का तरीका बतलाती है और जीवन में रंग भर देती है। कविता सोचने का एक तरीका है जिससे हम भिन्न कोण से चीजों को देखने की कोशिश करते हैं। माना गया है कि सत्ता मनुष्य के सोचने का दायरा संकीर्ण करती है, जबकि कविता मन को व्यापक और सीमाहीन बनाती है। कविता को शब्दों में चित्र कहा गया है। उपन्यास यदि शब्दों का सर्वश्रेष्ठ विन्यास है तो कविता सर्वश्रेष्ठ शब्दों का सर्वश्रेष्ठ विन्यास है।

कविता लिखने की कई शैलियां हैं—तुकांत, अतुकांत, गेय, गीत, मुक्त काव्य आदि। कविता लिखना शुरू करने से पहले उसके विषय के बारे में मनन, फिर कल्पना से उसका विस्तार जरूरी है। इसके साथ शब्दों से खेलना शुरू हो जाता है जो ऊंचाइयों तक ले जाता है। कविता लिखना कोई अलौकिक काम नहीं, यह बस अपने अंदर और आसपास के विश्व को देखना भर है। ऐसा कोई विषय नहीं है जिस पर कविता नहीं लिखी जा सकती। निश्चय ही उस विषय को जानना जरूरी है जिस पर कविता लिखने का मन हो। कवि उसके अनुभव से जरूर गुजरा हो। कविता सिर्फ विषय से नहीं लिखी जा सकती। उसके संबंध में कुछ नई उद्भावनाएं, नई चिंताएं और सुंदरता से उसे शब्दों में रखने का कौशल भी जरूरी है।

कीर्केगार्द ने कहा था, 'कवि क्या है? एक ऐसा नाखुश व्यक्ति जिसके मन में व्यथा हो पर उसके ओठ ऐसे रूपवान हों कि जब उसकी आह और चीख निकले तो वे सुनने पर सुंदर संगीत की तरह लगे।' कविता पढ़ते समय सबसे पहले वह आंखों में दिखे, कानों में सुनाई पड़े और फिर हृदय को छू ले।

सबसे बड़ी समस्या यह नहीं है कविता कैसे शुरू की जाए, हालांकि यह सवाल बहुतों के सामने होता है और वे चाह कर भी कविता लिख नहीं पाते। कविता लिखते समय सबसे पहले यह होना चाहिए कि दिमाग में उस खास वस्तु, घटना या अनुभूति का अनोखा चित्र उपस्थित हो, जो उद्वेलित करती हो। लियानर्दो द विंची ने कहा था कि कविता लिखना चित्र बनाना है जो देखा नहीं महसूस किया जाता है। इसलिए एक अच्छी कविता कहीं से भी शुरू की जा सकती है। कविता कुछ-कुछ पंक्तियों के

छोटे-छोटे खंडों में, पैरा में हो तो बेहतर है क्योंकि तभी एक-एक खंड में किसी घटना या अनुभूति का कम शब्दों में कोई चित्र बिजली की तरह कौंध कर सामने आ सकता है। बिना कहीं रुके, बिना कोई विविधता लाए बिना टुकड़ों में चित्रवृत्त के लगातार दो-तीन पृष्ठ तक चलने वाली वर्णनात्मक या बयानपरक कविता उबाऊ हो सकती है। आठ-दस पंक्तियों की कविता भी बहुत असर कर सकती है और लंबी-लंबी कविताएं भी ऐसी हो सकती हैं जिनको पढ़ना और सुनना आफत हो। कविता के लिए जिन शब्दों को चुना जाता है, उन्हें विभिन्न आकार-प्रकार के 'बिल्डिंग ब्लाक' समझना चाहिए। कुछ शब्द बिल्कुल सटीक बैठ जाएंगे, कुछ नहीं। इसका मतलब है, तब तक सही शब्दों का चुनाव करते रहें जब तक कि शब्दों का एक मजबूत ढांचा खड़ा न कर लें। केवल वही शब्द चुनें जो आवश्यक हों, जिनसे कविता के अर्थ की वृद्धि हो। एक जैसी ध्वनि देने वाले शब्दों का प्रयोग मजेदार शब्द-क्रीड़ा हो सकती है। कवि के साथ हमेशा एक नोटबुक, कागज या इलेक्ट्रॉनिक पन्ना होना चाहिए ताकि जब भी कविता लिखने का विचार आए और कुछ सूझे तो गायब होने से पहले उसे लिख डाले। नई सूझी चीजें आलस्यवश खो जाती हैं, इसलिए उन्हें सहेज लेने की जरूरत होती है।

तुकात्मक कविता में पंक्तियों के अंत में जो शब्द होते हैं उनमें एक प्रकार की कर्णप्रिय लय, संगीतमय ध्वनि होती है। अधिकांश तुकात्मक कविताओं में अंतिम शब्द पर जोर पड़ता है। यदि कविता और गीत में भेद करें तो तुक प्रायः गीत में ही होता है। कभी-कभी कविता पंक्ति के बीच में जो शब्द होते हैं उनमें भी तुक होता है। तुक कविता का सौंदर्य बढ़ा सकता है, फिर भी महज तुकबंदी कविता नहीं है। पिछली सदी तक तुक की परंपरा रही है, पर आधुनिक काल में अधिकांश कविताएं अतुकांत होती हैं। इसलिए तुकबंदी में निपुणता के बिना भी अच्छा कवि बना जा सकता है। यद्यपि किसी भी अच्छी कविता में एक प्रकार की लय (रिद्‌म) जरूर होती है जो उसे गद्य से अलग करती है। गद्यात्मक वाक्यों को छोटी-छोटी पंक्तियों में तोड़ कर रख देने से ही कविता नहीं हो जाती। कविताओं में चित्र सौंदर्य की तरह ही थोड़ा नाद सौंदर्य होना भी जरूरी है। यह शब्दों की एक विशेष व्यवस्था की मांग करता है।

कविता लिखते समय भावनाओं को रोकने का प्रयास नहीं करें। जो भी मन में आता है, उसे लिख डालिए, फिर उसमें कांट-छांट, जोड़-विकास, उसका संपादन और सौंदर्यवर्द्धन जरूरी है। कविता लिख चुकने के बाद उसे बार-बार पढ़िए। यदि कविता का कोई भाग ठीक नहीं लग रहा हो, तो उसे हटाकर उसके स्थान पर नए शब्द रखने में आलस्य न हो। पहली बार उठे अधिकांश मनोभाव अर्धनिर्मित मकान जैसे होते हैं जैसे अभी सिर्फ ढलाई हुई हो। उसे सुंदर घर का रूप देना एक लंबे रचनात्मक आत्मसंघर्ष, उदात्तता और मेहनत का काम है। कविता को विचारों के भारी बोझ से बचाना जरूरी है, बल्कि ऐसे प्रतीकों का प्रयोग किया जाना चाहिए जिन्हें इंद्रियों से महसूस किया जा सके। प्रभावशाली कविताओं में ठोस प्रतीकों का उपयोग होता है और हर ब्योरा एक संकेत रखता है।

कविता लिख लेने के बाद दो-चार सप्ताह उसे छोड़ दें। फिर उसे देखकर अंतिम संस्पर्श दें। फिर किसी सहृदय को अपनी कविता सुनानी चाहिए या उसे पढने के लिए दे दीजिए। संभव है कि उसकी राय से आपको कुछ ऐसी अंतर्दृष्टि मिले जिससे आपकी कविता और अच्छी बन जाए।

दुरूह कविता गन को नहीं छूती। दरअसल कविता की दुरूहता दार्शनिकता की देन है या खुद कवि के ही अपने अनुभव की अस्पष्टता का नतीजा। सतही और अप्रचलित शब्दों का प्रयोग रचनात्मक संप्रेषण में बाधक होता है और विशेषण सीमित करते हैं। सार्थक कविता वही है जिसमें कोई नया भाव, गहरा विचार, उदात्त कल्पना और अभिव्यंजना कौशल हो। बिंब, प्रतीक और संकेत जब कविता में सहज रूप से आएं तभी प्रभावोत्पादक होते हैं। कविता जिन लोगों को अपनी निगाह में नहीं रखती वे लोग भी कविता को निगाह के सामने नहीं लाते। इसलिए

हर कवि कविता लिखते समय अपना पाठक चुन लेता है। कविता की लोकप्रियता कम होने का एक कारण यह है कि कई बार कविता इतनी जटिल होती है या कथ्य इतना सपाट और अट पटा कि पाठक समझ नहीं पाता कि क्या विशेष कहा गया है।

अतः जो कुछ कहा जाए प्रभावशाली ढंग से कहा जाना चाहिए। कवि का अनुभव और शब्द-भंडार जितना अधिक होगा और चुनने की क्षमता जितनी विकसित होगी कविता उतनी अच्छी लिखी जाएगी।

कविता छंद में हो या मुक्त छंद में, उसमें सब मूर्त और सब अमूर्त न हो तो ही ठीक है। कार्ल सैंडबर्ग ने कहा है कि कविता लिखना समुद्र की मछलियों का जमीन पर आना है—आकाश में उड़ने की कोशिश करने के लिए। यह कुछ भी अच्छा, महत्वपूर्ण और गौरवपूर्ण कहने का सशक्त और सर्वसुलभ माध्यम है। कवित्व हर व्यक्ति में होता है क्योंकि कविता की अच्छी पंक्तियां दुनिया के हर व्यक्ति को अच्छी लगती हैं। वह ऐसी पंक्तियों को दुबारा और कई-कई बार सुनकर भी ऊबता नहीं है। कविता ने कुछ कवियों को कभी इतना पागल कर रखा था कि वे बस कविता के लिए ही जीते थे। कहा गया है कि हंस जब मर रहे होते हैं, वे गाते हैं, इसी तरह कवि भी। आज स्थिति बदली है। कवि भी थोड़ी देर के लिए कवि होते हैं और कविताएं भी कम पढ़ी-सुनी जाती हैं। फिर भी हर नगर में पांच-दस-बीस लोग बैठकर सुनते-सुनाते हैं। कविता व्यक्ति को सामाजिक बनाती है, वह एक पुल है। कविता लिखी जानी चाहिए, पर एक अच्छा कवि वह है जो अपने को कवि कहता नहीं घूमता।

महेंद्र राजा जैन

अधिक जानकारी के लिए :

1. **अरविंद तुकांत कोश :** अरविंद कुमार, 2. **हिंदी तुकांत कोश :** रमानाथ सहाय, 3. **हिंदी तुकांत कोश :** गिरिजाशंकर अग्रवाल

कव्वाली

कव्वाली शब्द की व्युत्पत्ति अरबी के 'कौल' शब्द से मानी जाती है। 'कौल' शब्द का अर्थ है—कहना, बताना, कथन, प्रवचन आदि। 'कव्वाली' को 'हक्कानी गाना' (जिस गाने में खुदा और रसूल का जिक्र हो) भी कहते हैं। 'कव्वाल' शब्द का एक अर्थ 'बहुत बोलनेवाला' भी है। 'कव्वाली' की महफिल को 'समां' या 'समां की महफिल' भी कहते हैं। इसी से 'समां बंध जाना' या 'समा बांध देना' आदि मुहावरे बने हैं।

कव्वाली के उद्‌भव के संबंध में स्पष्ट रूप से उल्लेख कहीं नहीं मिलता, पर इतना जरूर है कि यह मूलतः ईरान की परंपरा है और वहीं इसका उल्लेखनीय विकास हुआ। वहां आज भी फारसी की कव्वालियां विभिन्न खानकाहों, मजारों तथा आस्तानों पर गाई जाती हैं।

कव्वाली और सूफी परंपरा का अविच्छिन्न संबंध है। भारतीय संदर्भ में कव्वाली विधा की विधिवत शुरुआत प्रसिद्ध चिश्ती संप्रदाय के संत निजामुद्दीन औलिया (मृत्यु 1325) के मुरीद शिष्य अमीर खुसरो के समय से हुई। अमीर खुसरो शायर एवं गायक एक साथ थे। अमीर खुसरो अपने गुरु (पीर/शेख/मुर्शिद) को उनके आदेश पर या उनको खुश करने के लिए स्वयं अपनी तरफ से कव्वाली सुनाते थे। आज भी जिसे अपने को कव्वाल या सूफी गायक के रूप में स्थापित करना होता है, वह अमीर खुसरो के कलाम जरूर गाता है। एक तरह से यह कव्वाली गायकी का अनिवार्य सोपान है। ये कलाम हैं—'छाप-तिलक सब छीन्ही रे', 'जे हाल मिस्कीं मकुन तगाफुल', 'बहुत कठिन है डगर पनघट की' आदि।

सूफियों द्वारा किए जाने वाले विभिन्न क्रियाकलापों में 'समा' ही एक ऐसी क्रिया है जिसका उल्लेख कुरआन में नहीं मिलता। यही कारण है कि 'समा' के पक्ष-विपक्ष में बहसें हुई हैं, चाहे जहांगीर का शासनकाल हो चाहे औरंगजेब का। कुछ सूफी संत इसे कुछ शर्तों (अनुशासनों) के साथ उचित

मानते हैं, जबकि कई सूफी इसके उग्र विरोधी रहे हैं। हज. निजामुद्दीन औलिया 'समा' की महफिलों के प्रेमी थे, जबकि इनके एक शिष्य नसीरुद्दीन महमूद 'समा' के खिलाफ थे और इनके शिष्य गेसू दराज को 'समा' पसंद थी।

महफिलों में कव्वाली सुनते-सुनते लोगों के कपड़े फाड़ने, छाती पीटने, सिर धुनने, नाचने, यहां तक कि बेहोश हो जाने की घटनाएं भी होती रही हैं। उन्माद में झूमने-नाचने और तारीफ करते हुए ताली बजाने इत्यादि की क्रियाओं को 'वज्द तारी होना' या 'हाल आना' कहा जाता है।

भारत, पाकिस्तान, बांग्लादेश तथा अन्य देशों में जो भी कव्वाल हैं, वे सूफियों के प्रचलित लगभग 15 संप्रदायों में से किसी-न-किसी से जुड़े हैं, जिनमें प्रमुख हैं—चिश्ती, तैफूरी, सुहरावर्दी, कादिरी, शत्तारी और नक्शबंदी। इन मुख्य संप्रदायों से जुड़े होने के अलावा कव्वाल जिस सूफी संप्रदाय से जुड़े होते हैं, उसके नाम को अपने नाम से जोड़ लेते हैं, जैसे—साबिरी, वारसी, निजामी आदि।

कव्वाली में गायन के स्तर पर कोई निर्धारित नियम नहीं है। इसमें विभिन्न रागों का मिश्रण किया जाता है। हर प्रकार के लोक संगीत या लोक धुनों का प्रस्तुतीकरण होता है। पूरबी (पूर्वी), दादरा, कहरवा, खयाल, ठुमरी आदि अलग-अलग धुनों और विधाओं को एक ही कव्वाली में इस तरह पिरोया जाता है कि संगीत का एक 'कोलाज' तैयार हो जाता है। श्रोता का मस्तिष्क अचानक एक धुन से दूसरी, और दूसरी से तीसरी, चौथी में चक्कर लगाते-लगाते एक विशेष भावपूर्ण उन्माद का अनुभव करता है। कव्वाली में कलाम और संगीत के उतार-चढ़ाव तथा सारे घुमाव यदृच्छ (at random) होते हैं, जो श्रोता को एक अप्रत्याशित आनंद प्रदान करते रहते हैं।

कव्वाली में कलाम के चयन के संबंध में बड़ी हिदायतें हैं। इसमें केवल ईश्वर का 'जिक्र' अपेक्षित है। समय-समय पर विद्वानों द्वारा कव्वाली के कलाम तथा वाद्ययंत्रों के चयन को लेकर नियम बनाए जाते रहे हैं। हम्द, नात, मन्कबत आदि के अलावा जो इश्किया कलाम कव्वाली में गाए जाते हैं, उनका मुख्य आशय इश्के-हकीकी (आध्यात्मिक प्रेम) ही रहता है, न कि इश्के-मजाजी (सांसारिक या भौतिक प्रेम)।

कव्वाली गायन को शास्त्रीय गायन का दर्जा दिलाने तथा लोगों में लोकप्रियता बनाने में पाकिस्तान के जिन प्रमुख कव्वालों ने विशेष योगदान दिया उनमें प्रमुख हैं—फतेह अली खां, नुसरत फतेह अली खां, अजीज मियां, साबिरी ब्रदर्स, बदर अली खां (बदर मियांदाद कव्वाल), नियाजी बंधु, जावेद बशीर, मुबारक अली खां, मुंशी मियाजुद्दीन, राहत फतेह अली खां, रिजवान-मुअज्जम कव्वाली ग्रुप आदि। हिंदुस्तान में आदिल हुसैन खां, हबीब पेंटर, निजामी बंधु, जफर हुसैन खान बदायूंनी, वडाली बंधु, मुनव्वर मासूम, वारसी ब्रदर्स—रामपुर, गुलाम नबी शेख, राकेश दिलबर आदि प्रमुख हैं। इनके अलावा भारतीय सिनेमा ने भी कव्वाली विधा को लोकप्रिय बनाने में विशेष योगदान दिया है।

दीपक रूहानी

अधिक जानकारी के लिए :

1. **सूफीमत :** अख्तरुल वासे, 2. **सूफीवाद :** एन आर फारूकी, 3. **हिंदी साहित्य का इतिहास :** (संपा.) नगेंद्र, 4. **Nusrat Fateh Ali Khan : A Living Legend :** Ahmad Aqil Rubi, Sajjad Haider Malik

कश्मीरी

भारत के उत्तरी भाग में हिमालय की गोद में बसा जम्मू एवं कश्मीर राज्य 2,22,236 वर्ग किलोमीटर में फैला है। इसके उत्तर में अफगानिस्तान, रूस, चीन, पूर्व में तिब्बत, पश्चिम में पाकिस्तान तथा दक्षिण में पंजाब प्रदेश है। 2011 की जनगणना के अनुसार, कश्मीर की कुल आबादी 1,25,41,302 है, जिसमें 66,40,662 पुरुष एवं 51,37,773 महिलाएं हैं। संपूर्ण कश्मीर तीन भागों में विभक्त है—जम्मू, कश्मीर एवं लद्दाख। राज्य में कुल 22 जिले हैं। जम्मू में कठुवा, जम्मू, सांबा, उधमपुर, रियासी, राजौरी,

कश्मीरी

पुंछ, डोडा, रामबन एवं किश्तवाड़ जिले हैं। कश्मीर में अनंतनाग, कुलगांव, पुलवामा, शुपियां, बड़गांव, श्रीनगर, गांदखल, बांडीपौरा, बारहमूला, कुपवाड़ा जिले हैं तथा लद्दाख में करगिल और लेह जिले हैं। कश्मीर में अनेक घाटियां हैं—जैसे कश्मीर घाटी, तावी घाटी, चेनाब घाटी, पुंछ घाटी, सिंध घाटी एवं लिद्दर घाटी। राज्य की राजधानी छह माह जम्मू तथा गर्मी के छह माह श्रीनगर में रहती है। इस राज्य की प्रमुख भाषाएं उर्दू, कश्मीरी, डोगरी, पहाड़ी, बालती, लद्दाखी, गोजरी, शीना एवं पश्तो हैं। यहां की राजभाषा उर्दू है। कश्मीरी राष्ट्रीय भाषाओं में एक है।

भाषा : कश्मीर की भाषा कश्मीरी है, जो भारत की 22 अनुसूचित भाषाओं में से एक है और जम्मू एवं कश्मीर के संविधान की छठी अनुसूची में शामिल है। 2011 की जनगणना के अनुसार कश्मीर बोलने वालों की संख्या 66,97,587 है। 'कश्मीर' शब्द की व्युत्पत्ति कश्यप ऋषि के नाम से मानी जाती है। यह भी कहा जाता है कि **क...अश्म—ईर** अर्थात क (जल) को अश्म (पत्थरों) से निकालने (ईर) से जो क्षेत्र निवास योग्य बना वह कश्मीर है। कश्मीर को कश्मीरी भाषा में 'कशीर' एवं यहां की भाषा को 'कोशुर' कहते हैं। इस भाषा के लिए 'कश्मीरी' नाम का उल्लेख 'नुह सिपिहर' में मिलता है। यह भारतीय आर्य भाषाओं के दर्दी समूह की भाषा है, जिसका समर्थन जॉर्ज ग्रियर्सन एवं सुनीति कुमार चाटुर्ज्या करते हैं। श्रीकंठ तोषखानी, सिद्धेश्वर वर्मा, जॉर्ज ग्रियर्सन आदि ने कश्मीरी को संस्कृत के बहुत निकट माना है। कश्मीरी भाषा जम्मू एवं कश्मीर के अतिरिक्त पाकिस्तान के कुछ हिस्सों में भी बोली जाती है। 2001 की जनगणना के अनुसार कश्मीरी भाषा बोलने वालों की संख्या लगभग छह लाख है।

लिपि : कश्मीर की अधिष्ठात्री देवी 'शारदा' मानी जाती थीं, जिससे यह 'शारदा देश' या 'शारदा मंडल' भी कहलाता था। इसी कारण एक कश्मीरी लिपि 'शारदा लिपि' है। इसी लिपि में प्रारंभिक कश्मीरी साहित्य लिखा गया था। इस समय कश्मीरी भाषा फारसी लिपि और देवनागरी में लिखी जा रही है।

कश्मीरी भाषा के लिए नागरी लिपि के प्रयोग का प्रथम प्रमाण है—अमरकोश की कश्मीरी टीका, जिसकी पांडुलिपि जॉर्ज बूहलर को बीकानेर से प्राप्त हुई थी। नागरी में कश्मीरी ध्वनियों को व्यक्त करने का प्रयास ईश्वर कौल ने भी किया। उन्होंने पाणिनि के 'अष्टाध्यायी' के ढंग पर कश्मीरी भाषा का प्रथम व्याकरण 1879 में संस्कृत भाषा में लिखा तथा 'कश्मीरी शब्दामृत' नाम से कश्मीरी भाषा के प्रथम शब्दकोश की रचना नागरी लिपि में की। तोषखानी ने भी इसी लिपि के प्रचार-प्रसार में योग दिया। उन्होंने कई कश्मीरी कवियों की रचनाएं नागरी लिपि में प्रकाशित करवाईं। प्रसिद्ध कश्मीरी कवि पं. जिंदा कौल 'मास्टरजी' ने भी इसी संशोधित नागरी लिपि में 'परमानंद सूक्ति सार' शीर्षक से 19वीं शताब्दी के महान कश्मीरी भक्त कवि परमानंद की चुनी हुई काव्य रचनाएं प्रकाशित कीं और स्वयं अपनी काव्य कृति 'स्मरण' (साहित्य अकादेमी पुरस्कार प्राप्त) के लिए भी नागरी लिपि का प्रयोग किया, यद्यपि यह कृति बाद में फारसी लिपि में भी प्रकाशित की गई। कश्मीरी उन कुछेक भाषाओं में है जिनमें नियमित रूप से सभी स्वर वर्णों का प्रयोग किया जाता है।

साहित्यिक विकास : कश्मीरी भाषा का इतिहास लगभग साढ़े सात सौ वर्ष पुराना है। राजा जैन-उल-आब्दीन (1420) का समय भाषा और साहित्य की दृष्टि से उत्कर्ष का युग था। इस काल में कश्मीरी काव्य, नाट्य कला, संगीत कला में खूब उन्नति

हुई। कश्मीरी भाषा को राजकीय प्रश्रय मिला। हालांकि राजाओं ने फारसी भाषा को राजभाषा घोषित किया था और फारसी-अरबी लिपि को प्रश्रय दिया था। संस्कृत एवं फारसी ग्रंथों का कश्मीरी भाषा में अनुवाद हुआ। योधभट्ट ने 'जैन प्रकाश' नामक नाटक लिखा, भट्टावतार ने 'बाणासुर वध', सोम पंडित ने 'जैन चरित', श्री योधभट्ट ने 'सुख-दुख चरित' और राजानथ शितिकंठ ने 'महानच प्रकाश' की रचना की।

कल्हण कृत 'राजतरंगिणी' संस्कृत भाषा में लिखा कश्मीर का इतिहास है। यह आठ तरंगों में लिखा एक ऐतिहासिक काव्य है, जिसमें महाभारत से लेकर 1149 में शासन कर रहे कश्मीर के राजा जयसिंह तक का वर्णन है। विल्हण कृत 'विक्रमांक देव चरित' ऐतिहासिक विषय पर लिखा गया अठारह सर्गों का एक महाकाव्य है। इसमें कल्याण नरेश विक्रमादित्य त्रिभुवनमल के जीवन का काव्यात्मक वर्णन किया गया है। कल्हण के इतिवृत्त को आगे बढ़ाने का काम जोनराज, श्रीवर, प्राज्यभट्ट और शुक आदि ने किया। जोनराज ने भी 'द्वितीय राजतरंगिणी' में कल्हण की परंपरा को आगे बढ़ाने का काम किया। उनके शिष्य श्रीवर ने 'जैनराजतरंगिणी में 1459 से लेकर 1486 तक के काल का इतिहास लिखा। प्राज्यभट्ट और उनके शिष्य शुक ने 'राजा बलिपताका' में अकबर द्वारा कश्मीर को अपने राज्य में सम्मिलित किए जाने के कुछ वर्ष बाद तक के इतिहास का वर्णन किया है। श्रीवर कृत 'कथा कौतुक' फारसी स्रोत पर आधारित महाकाव्य है, जिसकी रचना 1505 में की गई।

कश्मीरी भाषा में आध्यात्मिक भक्तिकाव्य का आरंभ लगभग चौदहवीं शताब्दी से संत कवयित्री लल्लद्दद के 'वारव' अथवा पदों से होता है। इनका समस्त साहित्य आध्यात्मिक स्वर से मुखरित है, पर बाह्याडंबरों का विरोध है। शैव मत तथा त्रिक्दर्शन से प्रभावित लल्लेश्वरी का काव्य सूफी मत के सम्मिश्रण के कारण आध्यात्मिक मिलन की अमर अभिव्यक्ति है। हिंदू-मुसलमान दोनों की प्रिय लल्लेश्वरी ने कबीर की भांति दोनों धर्मों के बाह्याडंबरों को खरी-खोटी सुनाई है।

शेख नूर-उद्द-दीन (नुंदऋषि) (1377-1438) का जन्म ईद के दिन कश्मीर के बिजबिहारा गांव में हुआ था। वे बाल्यकाल से ही आध्यात्मिक विचारों से भरे थे। वे विवाहित थे किंतु संसार के प्रति विरक्त रहने के कारण उन्होंने कैमुह गांव के निकट 'शाहमारटेंग' के स्थान पर गुफा खुदवाई, जहाँ वह तपस्या में लीन रहते थे। हिंदू उन्हें नुंदऋषि कहते हैं और मुस्लिम समुदाय में वह शेख नूरुद्दीन नाम से मशहूर हैं। इनकी दो जियारतें प्रसिद्ध हैं। एक चरार नामक गांव में और दूसरी द्रय गांव में। वे धर्म के बाहरी आडंबरों, जाति-पांति, अहंकार का विरोध करते हैं। वे कहते हैं–'काम, क्रूद्ध, लूब, मोह, अहंकार छुय/दोजुखुय नार छुय दिवान बाचो।'

इस परंपरा में शामबीबी (पंद्रहवीं शती), जुमा या अहिल्या रशीद, बीबद्दद, रूपभवानी (1625), राजरेंच, आशाकुमारी, जवाहरा बानू, किश्नी कुमारी, महमूद जबीं आदि कई कवयित्रियां हुई हैं, जिन्होंने कश्मीरी जीवन एवं साहित्य को प्रभावित किया।

परमानंद उर्फ नंदराम (1791) कश्मीर के अनंतनाग के समीप मट्टन गांव में पैदा हुए। इन्हें काफी प्रसिद्धि मिली थी। लक्ष्मणजी बुलबुल, लछीराम, सहजराम, कशकाक, निदान काक–सब इन्हीं के शिष्य थे। इनकी रहस्यवादी कविताओं पर शंकर वेदांत और प्रत्यभिज्ञा दर्शन का प्रभाव है। इनकी कविताएं मास्टर जिंदा कौलजी ने 'परमानंद सूक्तिसार' नामक पुस्तक में प्रकाशित की है। इनकी साधनात्मक कविताओं में दर्शन के जटिल तत्व मिलते हैं तथा ज्ञान, इंद्रिय निग्रह, वैराग्य, विवेक, भक्ति, समरसता के सिद्धांतों का उल्लेख है। इनकी भाषा में हिंदी और कश्मीरी भाषा का मिश्रण है, जिसे स्वयं परमानंद 'भाखा' नाम देते हैं।

सोहम जप-जप जपौं ओमकार,
प्रणव उपासना करो निशि दिन का
मन का दीवा बाल।

शम्स फकीर (1843) की कविता उच्च कोटि की आध्यात्मिक अनुभूति से परिपूरित है। बाह्याडंबरों और माला फेरने का खंडन, पवित्रता के लिए मन को वश में करना और इच्छाओं को कुचलने का

उल्लेख उनके काव्य में मिलता है। वे जन्म-मरण के चक्र को मिटाकर मुक्तावस्था में विचरण करना चाहते हैं। प्रेम मार्ग पर चलने के लिए 'स्व' को मिटाना आवश्यक मानते हैं। उनकी गजलों में सूफी मत का तसव्वुफ और शैव दर्शन एक होकर बोलते हैं। उनकी दृष्टि में ईश्वर सर्वव्यापक है–'हयात् उल नबीं छु ताबानय, बअह शम्स व रव्वद सिकंदर', अर्थात–उस ईश्वर की कांति हर जगह है। मैं ही शम्स हूं और सिकंदर भी। वे ज्ञान, प्रेम, भवसागर पार करने, अहं ब्रह्मास्मि का उल्लेख करते हैं और साथ ही हठयोग एवं योग साधना की यौगिक शब्दावली का प्रयोग भी करते हैं। धर्म के बाह्याडंबरों, माला फेरने का खंडन करते हुए वे कहते हैं : 'हा जाहिद क्याह छुख च करान,/ राथ दोह गोच तसबिह फिरान,/मोख्तय रावी पोतस रछितजोम।' अर्थात–हे मानव! तू क्या कर रहा है। रात-दिन माला फेरने में व्यस्त है। अंत में सारे मोती खो जाते हैं। अतः तू इन कृत्रिम मोतियों को पकड़े बैठा है। वास्तविक मोती और वास्तविक धर्म तो तुझसे छूट गया।

इनके अलावा कृष्ण राजदान (1850), संत लछकाक, संत रामानंद, महमूद गामी, नगमा साहब, रहमान दर, वहबखार, अहमद बटवारी (1845), शाह कलंदर (1850), असद परे (1862), वाजह महमूद (1834), अहमद राह, मोमन साहब, रहीम साहब, नुंदडार, शुक्रयोश, इब्राहीम शाह, समद मीर, मकबूल शाह, क्रालवारी कई ऐसे नाम गिनाए जा सकते हैं, जिनका उल्लेख मुहम्मद अमीन कामिल द्वारा प्रकाशित 'सूफी शअचिर' (तीसरा भाग) ग्रंथ में मिलता है। इन कश्मीरी सूफी भक्त कवियों ने निर्गुण भक्ति धारा की परंपरा को आगे बढ़ाया।

हब्बा खातून (1555-1605) एवं अरिण्यमाल (1738-1778) कश्मीरी भाषा की दो अन्य कवयित्रियां हैं। ये विरह गीत लिखने के लिए प्रसिद्ध थीं, जो भाव विह्वलता, मार्मिकता से परिपूर्ण हैं।

कश्मीरी भाषा में सबसे पहले कृष्ण भक्ति पर आधारित खंड काव्य श्री भट्ट अवतार का 'बाणासुर कथा' (1484) है। साहब कौल कृत 'श्रीकृष्णावतार' में भी श्रीकृष्ण के दर्शन और उनकी लीलाओं का सुंदर वर्णन मिलता है।

कश्मीरी भाषा में राम काव्य लिखने का पहला श्रेय प्रकाश भट्ट को जाता है जिन्होंने 'प्रकाश रामायण' लिखा। इसके अतिरिक्त उन्होंने 'कृष्णावतार', 'शिवलग्न', 'अकबंदुन' आदि काव्यों की रचना की। शंकर जी ने 'शंकर रामायण' (1870) की रचना की। 'आनंद रामायण' की रचना आनंद राम राजदान ने 1888 में की। विष्णु कौल द्वारा लिखा 'विष्णु प्रताप रामायण' का कथानक वाल्मीकि रामायण पर आधारित है। ताराचंद कृत 'ताराचंद रामायण' एवं नीलकंठ शर्मा कृत 'शर्मा रामायण' भी इस परंपरा की आवश्यक कड़ियां हैं।

कश्मीरी गद्य साहित्य का आरंभ 1821 से माना जाता है, जब बाइबिल के कुछ भाग का अनुवाद कश्मीरी भाषा में हुआ। इसके बाद कुछ नाटक लिखे गए थे। कश्मीरी की पहली कहानी सोमनाथ जुत्शी कृत 'येलिफोल गाश' (1951) मानी जाती है। इसके उपरांत दीनानाथ नादिम की कहानी, 'जवाबी कार्ड' प्रकाशित हुई। 1955 में अख्तर महीउद्दीन की 'सत संगर' छपी। अमीन कामिल, सोफी गुलाम मुहम्मद, ताज बेगम रोंज, ह्रदय कौल भारती, अली मुहम्मद लोन, अवतार कृष्ण रहबर, गुलाम रसूल संतोष, हरिकृष्ण कौल, गुलशन मजीद अनेकानेक कहानीकारों ने इस गद्य विधा के प्रसार में योगदान दिया।

अख्तर मुहीउद्दीन कृत 'यदोद त दग' (1958) प्रथम कश्मीरी उपन्यास है। श्रीकंठ तोषखानी (लीला), अमीन कामिल (गंटि मंज गाश), अली मुहम्मद लोन (असति छि इंसान) के बाद 1972 में गुलाम नबी गौहर के दो उपन्यास 'मुजरिम', और 'म्युल' प्रकाशित हुए। बंसी निर्दोष कृत 'अखदोंर' (1975) और अमर मालमोही कृत 'त्रेश त तरपन' (1976) उल्लेखनीय औपन्यासिक कृतियां हैं।

कश्मीरी का पहला नाटक नंदलाल का कौल 'सतच कहवट' है, जिसका प्रकाशन 1929 में हुआ। इस नाटक को कश्मीरी गद्य साहित्य का आरंभ भी कहा जाता है। कश्मीरी नाट्य साहित्य की भी लंबी परंपरा है।

कश्मीर में हिंदी को सरकारी संरक्षण डोगरा शासन में महाराजा रणवीर सिंह के शासन काल में मिला था। उन्होंने हिंदी को एक सरकारी भाषा के रूप में मान्यता प्रदान की थी। महाराजा रणवीरजी ने 'रणवीर समाचार' नामक पाक्षिक हिंदी समाचार पत्र और विज्ञापन पत्र निकालने का श्रेय प्राप्त किया। उनके उत्तराधिकारी महाराजा प्रतापसिंह ने उर्दू को सरकारी भाषा और फारसी को न्यायालय की भाषा बनाया।

1978 में राजकीय घोषणा करके तत्कालीन मुख्य मंत्री शेख मुहम्मद अब्दुल्लाह ने जम्मू-कश्मीर प्रदेश के स्कूलों में हिंदी शिक्षण अनिवार्य कर दिया था। अंग्रेजी, उर्दू भाषाओं के अतिरिक्त विद्यार्थी के लिए तृतीय भाषा के रूप में हिंदी पढ़ना अनिवार्य था।

'महावीर' (1936) पत्र कश्मीर का प्रथम, साप्ताहिक पत्र माना जाता है। 'चंद्रोदय' (1939) एक अन्य पत्र था। कश्मीर विश्वविद्यालय के हिंदी विभाग द्वारा 'वितस्ता' (1961) पत्रिका का प्रकाशन हरिहरप्रसाद गुप्ता द्वारा आरंभ हुआ था। पुनः 1966 में रमेश कुमार शर्मा ने उसे पुनर्जीवित किया। 1989 में कश्मीर की आंतरिक स्थिति बिगड़ने पर फिर पत्रिका छपना रुक गया, जिसका प्रकाशन पुनः करीब 10 वर्ष बाद जौहरा अफजल द्वारा आरंभ कराया गया। यह पत्रिका निरंतर प्रतिवर्ष प्रकाशित होती है।

कश्मीर में पत्रकारिता का आरंभ 1867 से गाना जाता है, जब 'विद्या विलास' हिंदी और उर्दू दोनों भाषाओं में एक साथ जम्मू से निकलने लगा। कश्मीर की तुलना में जम्मू क्षेत्र में हिंदी पत्रकारिता के लिए अधिक अनुकूल वातावरण था। जम्मू से 'वसुधा' (1932), 'दीपक' (1936), 'भारती', (1940), 'उषा' (1943), 'जम्मू प्रकाश' पत्रिकाएं स्वतंत्रता से पूर्व निकलती थीं। अब 'शीराजा' (जम्मू-कश्मीर कल्चरल अकादमी) का प्रकाशन होता है।

कश्मीर में सतरहवीं शती की प्रसिद्ध रहस्यवादी कवयित्री रूपभवानी कश्मीरी भाषा की कवयित्री थीं। उन्होंने कुछ हिंदी कविताएं भी लिखीं हैं। परमानंद, लक्ष्मण जू बुलबुल, लालचंद जाडू, कृष्ण राजदान, ठाकुरजी मनवटी, हलधर जू कोकरू, विष्णु कौल कश्मीरी भाषा के कवि थे, किंतु इन्होंने कुछ कविताएं हिंदी में भी लिखी हैं। अन्य प्रमुख कवियों में जिंदा कौल, पृथ्वीनाथ मधुप, मोहन निराश, शशि शेखर तोषवानी, रमनलाल शांत, महाराज कृष्ण भरत', महाराज कृष्ण संतोषी, कुलदीप सुंबली 'अग्निशेखर', निदा नवाज, सतीश विमल, आदि हिंदी कवियों के कविता संग्रह काफी लोकप्रिय रहे हैं।

1935 में सत्यवती मलिक ने कथा लेखन की शुरूआत की। हरिकृष्ण कौल की कहानियां चर्चित हुईं। हिंदी की चर्चित कथा-लेखिकाएं—चंद्रकांता और मीरा कांत कश्मीर की बेटियां हैं। चंद्रकांता का 'कथा सतीसर' उपन्यास एवं मीरा कांत का 'एक कोई था कोई नहीं सा' उपन्यास कश्मीर की सभ्यता और संस्कृति पर आधारित हैं। अवतार कृष्ण कौल, निर्मला दर, खेमलता वखलू, ओंमकार कौल, मोहन कृष्ण दर आदि महत्वपूर्ण कथाकार हैं।

कश्मीर के इतिहासकारों, भक्त कवियों, पत्रकारों, गद्य-साहित्यकारों, कवियों और लेखकों ने कश्मीरी सभ्यता, संस्कृति, जीवन के सत्यों, सामाजिक असंतोषों, नैतिक विघटन, कश्मीरी जीवन की व्यथा-निराशा-विसंगतियों को अपने-अपने ढंग से प्रभावशाली तरीके से कहने का प्रयारा किया है। कश्मीर की प्राचीनता तथा कलात्मक सौंदर्य का परिचय 'भुर्जहोम' स्थान के भू-खनन से मिलता है। स्थापत्य कला में 'मार्तंड' और 'अवंतिपुर' के अवशेष प्रमाण हैं। नृत्य, संगीत कला में भी कश्मीर की परंपरा उज्ज्वल रही है। 'हारवन' में प्राप्त कुछ टेराकोटा के अवशेष नर्तकी तथा ढोलक पर थाप देते हुए संगीतकार को चित्रित करते हैं। कल्हण कृत 'राजतरंगिणी' में भी कई बार नृत्य, नाटक, संगीत का उल्लेख मिलता है।

कृषि-उद्योग : कृषि की दृष्टि से कश्मीर बहुत धनी एवं संपन्न है। सेब, अंगूर, खूबानी, आड़ू, आलूबुखारा, चैरी, नाशपाती, स्ट्रॉबेरी, शहतूत, बादाम, अनार, अखरोट आदि यहां के प्रमुख फल हैं। इनका देश और देश के बाहर एक बड़ा बाजार है। पहाड़ी

ढालों को चौरस बनाकर धान, मक्का, कपास, तंबाकू, अलसी, चना, गेहूं, जौ आदि की खेती की जाती है। जल में तैरते खेत बनाकर सब्जियां उत्पन्न की जाती हैं। यहां की प्रसिद्ध सब्जी कमल ककड़ी (नदरू) पानी के भीतर उगाई जाती है। उसमें कमल का सुंदर फूल भी खिलता है। फूल गिर जाने पर उसमें से पंबछ नामक फल भी निकलता है।

कश्मीर के पांपौर क्षेत्र में 'केसर' के फूल की खेती की जाती है। 'केसर' विश्व का सबसे महंगा मसाला माना जाता है। शहतूत के वृक्षों पर रेशम के कीड़े पलते हैं, जिनसे रेशम, शिफान का कपड़ा बनता है। लद्दाख की पहाड़ी ढालों पर पश्मीना उत्पन्न करने वाली भेड़ें पाली जाती हैं। पश्मीना की शालें काफी बारीक एवं नर्म होने के साथ-साथ काफी गर्म होती हैं। कश्मीर के शॉल, दुशाले, पश्मीना, कालीन, कढ़ाई, विश्व भर में पसंद किए जाते हैं। अखरोट के वृक्षों की लकड़ी पर खुदाई, नक्काशी कर सुंदर डिजाइनों वाला फर्नीचर बनता है।

कश्मीर में विभिन्न हस्तकलाओं का बड़ा गौरव रहा है, उनमें काष्ठ-कला, ताम्र कला, 'पेपरमैशी', राजा जैन-उल-आबदीन के शासन काल में अधिक राजाश्रय प्राप्त करने के कारण निखर उठी थी। कश्मीरी कढ़ाई वाला शॉल मुगलकाल में निखर उठा था। आज भी घरेलू कशीदाकारी और कढ़ाई कई कश्मीरी लोगों की जीविका का साधन है। शाल के अलावा सुंदर कालीनें बनती हैं। हस्तकलाओं की कश्मीर के औद्योगिक विकास में बड़ी भूमिका है। कश्मीर में पर्यटक उद्योग एक बड़ा क्षेत्र है, पर यह कई वजहों से बुरी तरह प्रभावित है। 2016 में 'जम्मू और कश्मीर' की सरकार ने अपनी औद्योगिक नीति की घोषणा की है। उसमें इस राज्य में 'इलेक्ट्रॉनिक सिटी' निर्माण करने की योजना भी है। कश्मीर में शांति और आधुनिकीकरण दो बड़ी चुनौतियां हैं।

तीर्थ स्थल : संतों, सूफियों, ऋषियों, देवी-देवताओं की धरती है। जम्मू मंदिरों का शहर कहलाता है। यहां का प्रमुख मंदिर रघुनाथ मंदिर है, जिसमें सभी देवी-देवताओं की प्रतिमाएं हैं। जम्मू क्षेत्र में वैष्णो देवी का प्रसिद्ध तीर्थस्थल है। कश्मीर घाटी में अमरनाथ गुफा एक चमत्कारपूर्ण स्थान है। गुफा इतनी बड़ी है कि एक समय में एक सौ व्यक्ति इसमें समा सकते हैं। गुफा के सामने एक फैला हुआ प्रांगण है जो श्वेत रेत से बना है। इस श्वेत रेत को यात्री बड़ी श्रद्धा से प्रसाद मानकर 'अमरविभूति' की संज्ञा देकर अपने साथ ले जाते हैं। गुफा के भीतर एक पारदर्शी हिमराशि है, जो पानी के जम जाने से बन जाती है। यह जल इस गुफा में से ही रिसता है। इस हिममूर्ति को स्वनिर्मित स्वयंभू लिंग के रूप में श्रद्धा से जून-जुलाई के महीनों में तीर्थयात्री पूजते हैं।

क्षीर-भवानी (तुलमुल) के देवी महाराज्ञी एक लोकप्रिय तीर्थ है। कश्मीर घाटी में अहरबल के निकट 'मंजगाम' ग्राम में, बारामूला में 'शैलजा देवी' और कुपवाड़ा से 3 मील की दूरी पर स्थित 'टिकर' ग्राम में भी महाराज्ञी का ही स्वरूप विद्यमान है। इन स्थानों पर भी शुक्लाष्टमी को महोत्सव आयोजित किया जाता है।

श्रीनगर में हरी पर्वत एक छोटी सी पहाड़ी है, जिस पर सम्राट अकबर ने दुर्ग बनवाया है। इस पहाड़ी पर भगवती सारिका का मंदिर है, जहाँ आषाढ़ शुक्ल नवमी को मेला लगता है। यह पर्वत शिखर कश्मीरी ब्राह्मणों, मुसलमानों एवं सिक्खों के बीच समन्वय का प्रतीक है, क्योंकि इसी पहाड़ी पर दक्षिण की ओर मखदूम साहब की जियारत है, जहाँ मुसलमानों की बड़ी श्रद्धा है। इसी हरी पर्वत के अंचल में 'गुरुद्वारा छटी पादशाही' है, जहाँ सिक्खों का मेला लगता है। श्रीनगर में गुरुद्वारा शरीद बुंग्गा साहब स्थित है, जहाँ सिक्खों के पांचवें गुरु अर्जुनदेव का शहीद दिवस मनाया जाता है। श्रीनगर में ही गुरुनानक देव के पुत्र के नाम पर श्रीचंद चिनार नामक पवित्र स्थल है। घाटी के अन्य जिलों में भी कई गुरुद्वारे हैं।

श्रीनगर के हजरतबल में पैगंबर मुहम्मद साहब की पवित्र जियारत है। यहां पैगंबर साहब के बाल सुरक्षित हैं, जिसके दर्शन उर्स के दिनों में कराए जाते हैं। हर शुक्रवार को मुसलमान लोग सामूहिक रूप में नमाजे-जुमा अदा करते हैं। यहां हर शुक्रवार को एक मेला-सा लगता है।

श्रीनगर से 50 मील दूर 'ऐशमुकाम' में जैनशाह साहब या ज़ैनुद्दीन का अस्थापन है। गुलमर्ग, एक पर्यटन स्थल है। इसके अतिरिक्त कश्मीर में दस्तगीर साहब, नक्शबंदी साहब, सैयद साहब आदि अनेकानेक दरगाहें मिलती हैं। शायद इसी कारण कश्मीर को ऋषि वार अर्थात ऋषियों का निवास स्थान कहा जाता है।

लद्दाख में बौद्धधर्म है, अतः यहां असंख्य बौद्ध तीर्थस्थल हैं। 'हिमिस गोम्पा' (मठ) में महात्मा बुद्ध और उनके शिष्यों के समस्त धर्मग्रंथ उपलब्ध हैं। 'अलची गोंपा', 'रिजोंग गोंपा', 'लामायुरु गोंपा', 'बसगो सेरजांग', 'संकर गोंपा', 'माठो गोंपा' आदि प्रमुख बौद्ध मठ हैं।

पर्व-त्योहार : कश्मीर में हर धर्म एवं जाति के लोग मिलते हैं, फिर भी मोटे तौर पर कश्मीर मुस्लिम बहुल, जम्मू हिंदू बहुल एवं लद्दाख बौद्ध बहुल क्षेत्र है। कश्मीर युगों से विभिन्न संस्कृतियों की संगम स्थली रही है। हिंदू-मुसलमान के धार्मिक स्थल साथ-साथ होने से सभी लोगों के मन में संतों, सूफियों, देवी-देवताओं के प्रति श्रद्धा भाव उत्पन्न होते हैं। ईद, मुहर्रम, रमजान मुसलमानों के पर्व हैं। इसके अतिरिक्त संतों सूफियों की स्मृति में 'उर्स' मनाए जाते हैं। उनकी दरगाहों पर मेला लगता है। कश्मीर के हिंदू-मुसलमानों के कई 'सरनेम' एक जैसे हैं। कार, शाह, पंडित, भट्ट, धर, डार, हंडू, टेंग, मियां आदि ऐसी उपाधियां हैं जो हिंदू-मुसलमान दोनों में मिलती हैं। यहां गौर वर्ण, लंबे, ऊंची नाक, कपिंजल केश तथा नीली आंखों वाले लोग पाए जाते हैं।

पर्यटन : नदी, झील, हिमाच्छादित पर्वत श्रेणियां, गहरी खाइयां, पिघलते हिमखंड, फल-फूल, हस्तकलाएं यहां आकर्षण के केंद्र हैं। अपने अप्रतिम सौंदर्य के कारण ही यह भारत का 'स्विट्जरलैंड' कहलाता है। इस प्रदेश के उत्तर में घने प्राकृतिक वनस्पति वन फैले हैं, जिनमें देवदार, चिनार, चीड़, बतूल, सिंदूर, हनोवर, स्प्रुस, फर और विलो के वृक्ष मिलते हैं। झीलों के किनारे विलों के पेड़ हैं, जिनसे टोकरियां, फर्नीचर, क्रिकेट के बल्ले बनते हैं, जो विश्व भर में लोकप्रिय हैं। रावी, तवी, चिनाव, झेलम, सिंधु आदि कश्मीर की प्रमुख नदियां हैं। वुलर झील, डल झील तथा मानस बल प्रसिद्ध झीलें हैं। अधिकांश पर्वत श्रेणियां बर्फ से ढकी रहती हैं, अतः इस क्षेत्र में ठंड ही रहती है। अक्तूबर के मध्य से यहां तापमान घटने लगता है और अप्रैल तक कड़ाके की सर्दी पड़ती है। शीत ऋतु में कई बार भारी हिमपात होता है। प्रतिवर्ष लाखों पर्यटक कश्मीर घूमने आते हैं। उनके लिए हाउसबोट (पानी में तैरने वाले लकड़ी के घर), शिकारे (किश्तियां), होटल उपलब्ध हैं। झीलों, नदियों में विहार करने के लिए नौकाएं होती हैं। पहाड़ी इलाकों में घूमने के लिए घोड़ों का प्रयोग होता है।

कश्मीर का राष्ट्रीय मार्ग जम्मू से बनिहाल और 'जवाहर लाल नेहरू' सुरंग के द्वारा श्रीनगर शहर से होता हुआ लद्दाख तक जाता है। जवाहर सुरंग दो किलोमीटर लंबी है। इसके अतिरिक्त कटरा तक रेल सेवा भी है। जम्मू, श्रीनगर, लेह (लद्दाख) के लिए वायु सेवा भी उपलब्ध है।

जाहिदा जबीन

अधिक जानकारी के लिए :
1. **Kashmiri Language Linguistics and Culture :** Omkar N Koul, 2000, 2. **Culture and Political History of Kashmir :** P N K Bamzai, 3. **In The Valley of Shadows : A Braveheart Kashmir :** Abhay Narayan Sapru , 4. **Kashmir : Behind the Vale :** M J Akbar

कश्मीरी सूफी कवि

कश्मीर में सूफी काव्य की नींव शेख नूरुद्दीन वली ने डाली थी जिन्हें हिंदू नुंद ऋषि (1376-1438) कहते थे। उनके पहले लल्लेश्वरी (चौदहवीं सदी) हो चुकी थीं, जो शैव थीं। कश्मीर सूफी संतों पर इस्लाम के असर के साथ उपनिषदों के वेदांत, बौद्ध मत और शैवों के प्रत्यभिज्ञा दर्शन का भी असर था। शेख नूरुद्दीन कश्मीर की मुस्लिम ऋषि परंपरा

से प्रभावित थे और उस समय की सांस्कृतिक एकता के एक बड़े सेतु थे। कश्मीरी सूफी संत मुस्लिम थे, पर अपने प्रेम, समावेशिकता और संगीतात्मक काव्य के कारण विशेष रूप से जाने गए।

उन्नीसवीं सदी में कश्मीरी सूफियों की लोकप्रियता विशेष रूप से बढ़ी। उन्हें हिंदू और मुसलमान दोनों आदर से देखते थे। सूफी कवियों का विश्व भर में मुख्य संदेश प्रेम है। कवियों में स्वच्छ क्राल (1857 के आसपास), न्याम साहब (1805-1880), रहमान डार (1900 के आसपास), वाजा महमूद (1845-1925), शम्स फकीर (1843-1904), अहमद बतवारी (1845-1918), समद मीर (1893-1955) और अहद जरगर (1908-1984) प्रमुख हैं जिनसे कश्मीर में सूफी संतों की परंपरा बनती है।

स्वच्छ क्राल कुम्हार थे। उन्होंने 'हम ओस्त' (सोऽहम) की विचारधारा के आधार पर सरल-सरस शब्दों में रहस्यात्मक गीतों की रचना की थी। उनके सूफी काव्य में प्रश्नोत्तर शैली खास तौर से ध्यान खींचती है, **'भीतर क्या है और बाहर क्या?/जो बाहर है वही भीतर है/ आवास तुम्हारा कहां है?/ वहां जो कभी बसता है और कभी वीरान होता है।'** वे मनुष्य और खुदा के संबंध को 'कुछ नहीं' में 'सब कुछ की उपस्थिति' के रूप में देखते हैं। उनके अनुसार, ईश्वरीय सत्ता सृष्टि और प्रकृति में हर जगह है।

न्याम साहब का प्रसिद्ध गीत है 'कम्यू शीश च्योवनस मय', अर्थात–किस शीश से तुमने मदिरा पिलाई। इसकी कुछ पंक्तियां हैं, **'जिसे मैं पुकारूं वह मेरे पास है / किस लिए मैंने साज के सभी तार / छहों तरफ से उसे बंद कर दिया / किंतु साज की आवाज मेरे पास है।'** वह यह भी कहते हैं, 'उसका वही नाम है जो मेरा है।' रहमान डार की कृति 'शबरंग' लोकप्रिय है। उनकी कविता 'मांछतुलर' (मधुमक्खी) में रूपक है–मधु विचार या बुद्धि है, मक्खी सांसारिक कामना है और मधुछत्ता आत्मा है। वाजा महमूद की 'आओ तुम्हें झुलाऊं' लोक परंपरा से जुड़ी है। शम्स फकीर लोकप्रिय रहे हैं। उनकी काव्य पंक्तियां हैं, **'मैंने आंखों की पुतलियों में / भरे हैं मदिरा के प्याले / वह बेपरवाह मेरे बुलाने पर आएगा क्यों?'** सूफी दर्शन में 'कुछ नहीं' या 'शून्य' में ईश्वर की खोज होती है। इन कवियों ने सूफी दर्शन के रहस्यों को विभिन्न प्रतीकों और बिंबों से व्यक्त किया है। अहद जरगर कहते हैं, 'शून्य का मेल हुआ शून्य से / शून्य को देखा मैंने आंखों के सम्मुख।' कश्मीर को सूफी कवियों ने धार्मिक उदारवाद और प्रेम के रस से सींचा था।

दिनेश कुमार शर्मा

अधिक जानकारी के लिए :
कश्मीरी साहित्य का इतिहास : शशिशेखर तोषवानी, 1985

कश्यप

कश्यप का उल्लेख सबसे पहले ऋग्वेद में आता है। इनकी विस्तृत कथा महाभारत और पुराणों में है। शिव पुराण के अनुसार वे ब्रह्मा के मानसपुत्र हैं। वाल्मीकि रामायण के अनुसार ये ब्रह्मा के छह मानसपुत्रों में एक मरीचि के पुत्र हैं। मरीचि ने अपने तपोबल से इन्हें जन्म दिया था। श्रीमद्‌भागवत के अनुसार ये मरीचि और उनकी पत्नी कला के जैविक पुत्र हैं। महाभारत के शांतिपर्व में बताया गया है कि सभी जीवित प्राणी इन चार मूल गोत्रों के हैं–अंगीरस, कश्यप, भृगु और वशिष्ठ। बाकी गोत्र उसके बाद बने। धार्मिक कर्मकांड के समय अगर किसी व्यक्ति के गोत्र का पता नहीं चलता तो उसे कश्यप गोत्र का मानकर काम चला लिया जाता है।

महाभारत, विष्णुपुराण और अग्निपुराण के अनुसार कश्यप की इक्कीस पत्नियां थीं। इनमें से तेरह दक्ष प्रजापति की बेटियां थीं। कश्यप की ये तेरह पत्नियां ही पूरे संसार की जननी हैं। इन्होंने ही संसार के सभी प्राणियों को जन्म दिया। अदिति से देवताओं, दिति से दैत्यों, दनु से दानवों, काष्ठा से घोड़े आदि पशुओं, अरिष्ठा से गंधर्वों, सुरसा से राक्षसों, इला से वनस्पति और पेड़-पौधों, मुनि से अप्सराओं, क्रोधरसा से पिशाचों, ताम्रा से चिरई-चुनमुन, सुरभि से गाय-बैल

आदि चौपायों, सरमा से सरिसृपों और तिमि से जल में रहने वाले जीव-जंतुओं का जन्म हुआ। सृष्टि की उत्पत्ति के विषय में अलग-अलग पुराणों में अलग कहानियां हैं। कश्यप की अन्य दो पत्नियों कद्रू से तक्षक के साथ अन्य नागों और विनीता से अरुण (सूरज के सारथी) तथा गरुड़ (विष्णु के वाहन) का जन्म हुआ।

माना जाता है कि कश्यप की तपस्या से पसीज कर विष्णु ने इनके बेटे के रूप में वामन अवतार लिया। कश्यप और अदिति ने ही द्वापरयुग में वसुदेव और देवकी के रूप में जन्म लिया। कश्यप एक अच्छे वैद्य भी थे। ब्रह्मा ने उन्हें सांप के जहर का उपचार करने की विद्या सिखाई थी।

गीता दूबे

अधिक जानकारी के लिए :
Puranic Encyclopedia : Vettam Mani, 1975

कहन शैली

शास्त्रीय विधान के तहत जहाँ काव्य को प्रधानता मिली है–श्लोकों-छंदों में रख कर और रस-अलंकारों से सजा कर, ग्राम्य भूमि के साधारण लोग अपनी जिंदगियों के खांटी अनुभवों को किस्सों में ढाल कर संजो लेते हैं। लोककथाओं की बहुतायत देखने को मिलती है। वे अपनी कहन शैली में ऐसी घटनाओं को प्रस्तुत करते हैं, जो पहले से चली आ रही बड़ी कथा को पुख्ता और प्रामाणिक बनाने में सहायक होती हैं। कहन शैली ग्रामीण भूमि की है। हलवाहे-चरवाहे भी अपनी कहन में रचनात्मकता का परिचय देते हैं। गांव की बड़ी-बूढ़ियां अपनी जिंदगी के बरअक्स बीते दिनों की छोटी-छोटी कथाएं जोड़ कर आख्यान को असरदार बना देती हैं।

अज्ञेय, निर्मल वर्मा और फणीश्वरनाथ रेणु का समय लगभग एक ही है। कहन के संदर्भ में ये एक-दूसरे से सर्वथा भिन्न हैं। अज्ञेय अपनी कथा को अपने तेवर में आगे-आगे लिए चलते हैं। निर्मल वर्मा अपनी ही ओर से लगभग बिना मिलावट वाली कथा पाठकों के सामने रखते हैं, अपने वृत्तांत की सूरत में। फणीश्वरनाथ रेणु के साथ ऐसा नहीं है। 'तीसरी कसम उर्फ मारे गए गुलफाम' बिना महुआ घटवारिन के पूरी नहीं होती। रेणु की कहन शैली ही उनकी महत्वपूर्ण विशेषता है। इसी विशेषता के कारण रेणु अपने समकालीनों से अलग हैं, प्रेमचंद से भी अलग। ऐसे कुछ अन्य उदाहरण पेश किए जा सकते हैं, जहाँ रचनाकारों ने इस शैली के साथ वृत्तांत रचे हैं।

स्त्रियों के लेखन में कहन शैली ज्यादा आती है, क्योंकि उनका जुड़ाव जीवन के उन पहलुओं से रहता है, जहाँ छोटी-छोटी कथाएं, गीत-कथाएं साक्ष्य प्रस्तुत करती हैं, भले वे किंवदंतियों की तरह प्रचलित हों। इनको कंठस्थ करके रखने वाली औरतें ग्रामीण समाज में लगभग रचनाकार जैसी इज्जत पाया करती हैं।

महिला रचनाकारों में महादेवी वर्मा को लें, उनके यहां संस्मरणों में कुछ ऐसा ही भान होता है। कृष्णा सोबती, जो कथा रचना में अग्रणी हैं, की कहन शैली पाठक को आकर्षित करती है, चाहे वह 'जिंदगीनामा' हो या 'ऐ लड़की।' अपने वृत्तांत को परिपूर्णता देने के लिए 'ऐ लड़की' की अम्मू तमाम नई-पुरानी कहानियों को सीपों से निकालकर मोतियों की तरह पेश करती हैं। 'जिंदगीनामा' में बुल्लेशाह के बहाने, राबिया के हीले कितना कुछ सम्मिलित होता जाता है। रचनाकार जब-जब अपनी कथा को जमीनी हकीकत पर उतारता है, 'कहन' के माहिर लोक कथाकार खुद-ब-खुद जुड़ते जाते हैं, चाहे रचनाकार गद्य में कहे या पद्य में और पाठक का मन भी उनसे अनायास जुड़ जाता है।

मंझारानी की छोटी-सी लोककथा किसी रचना को कैसे समृद्ध कर जाती है और स्त्री-सशक्तीकरण की मिसाल बन जाती है, यह देखने की चीज हैं। राजा पित्थम, कान का कच्चा था। उसने सुना, गर्भवती रानी मंझा के गर्भ से अपशकुनी बालक जन्म लेगा,

जो राजा की जिंदगी पर भारी बैठेगा। राजा ने रानी को जंगलों में निकाल दिया। रानी ने वहां बेटे को जन्म दिया और मान लिया कि यह पुत्र केवल मंझा का है, किसी राजा का नहीं। मंझा संतान की वल्दियत वाली रिवाज को चुनौती देती है।

क्या रचनाकार अपनी कहन शैली के बूते मजबूत रचनाएं दे सकता है? इस सवाल का उत्तर लोग अपनी-अपनी तरह से दे सकते हैं, लेकिन यह सार्वजनिक सत्य है कि विशुद्ध प्रांजल भाषा और अकादमिक शैली पर कहन शैली हर हाल में भारी पड़ती है। यह जिंदगी के दिलचस्प आख्यान रचती है।

सारी लोकोक्तियां और मुहावरे कहन शैली के उत्पादन हैं, क्योंकि ये उस कविता से होड़ लेते हैं, जो कई पृष्ठों की लिखावट को कुछ लाइनों में समेट देती है और दो या एक पंक्ति में पूरी की पूरी अर्थवत्ता को खोल कर रख देती है। बड़ा-सा जीवन दर्शन साधारण बोली–भाषा में कुछ पंक्तियों की काया में उतर आता है।

पिछले कुछ दशकों से कहन शैली की स्वीकृति बढ़ी है। क्या यह फिर-फिर महुआ घटवारिन के पास जाने की चुनौती है? क्या वन-बीहड़ों से आती रानी मंझा की पुरजोर आवाज सुनना लाजिमी नहीं है? क्या दाने (दानव) की बेटी का अनुपम प्रेम प्यार की पराकाष्ठा में चित्रित नहीं हो सकता? बेटी अपने मानुष प्रेमी को दानव पिता की दरिंदगी से बचाने के लिए मक्खी बनाकर अपनी वेणी में छिपा लेती है। यह कहन की जादूगरी है कि अपने प्रवाह में चलती हुई कथा यकायक चमकदार हो उठती है। मनुष्यता के पक्ष में खड़े होना ही तो साहित्य का लक्ष्य है।

मुहावरों में, लोकोक्तियों में और कहावतों में लौटने पर वृत्तांत खुद-ब-खुद लौट आते हैं। पाठकों में, साहित्य की चाहत रखने वालों में। लेखक जिस तरह 'महुआ घटवारिन' की कथा में प्रवेश करके अन्याय और अत्याचार की मुखालफत अपने मन में रचता है, उसी तरह 'पूरनमल' की कथा में मौसी के प्रति अगाध प्रेम में डुबकी लगाने लगता है और चल रही मुख्य कथा को प्रेम से आप्लावित कर देता है। कुछ इसी तरह गांव-जवार में यहां-वहां ऐसे आशु कवियों से भेंट हो जाती है, जिनकी रचनात्मकता किसी कथा या उपन्यास के प्रसंग में जुड़ कर आह्लाद से भर देती है। ऐसे प्रयोग या उपयोग की विधा उन विद्वानों के काम की नहीं है जो दार्शनिक आख्यान रचते हैं, शास्त्रीय विद्वत्ता के साथ पुस्तक का निर्माण करते हैं। संभव है कि वे ऊंचाइयों से बातें करते हों, लेकिन इन्सान उस धरती का वासी है, जिस धरती की मिट्टी के कण-कण में छोटी-छोटी कहानियां हैं और वे आज की रचना के कैनवास पर भी मुकम्मल पहचान बना लेती हैं।

इन कुछ दशकों में देशी-विदेशी रचनाकारों की विशिष्ट शैली बनाने में उनका योगदान अप्रतिम है। खासकर उत्तर-औपनिवेशिक लेखन में राष्ट्रीय जागरण, सामुदायिक विमर्श, आत्म पहचान और असमान विकास के मुद्दों पर स्थानीय प्रतिरोधों के मामले में जो साहित्यिक रूप सर्वाधिक लोकप्रिय हुए, उनमें कहन शैली की प्रधानता है। खासकर उपन्यासकारों ने अपनी लंबी और समृद्ध मौखिक परंपरा से ही अपना सौंदर्यशास्त्र चुना है, क्योंकि उनका अस्तित्व भी उससे जुड़ा है। इसके जरिए पश्चिमी प्रभाव से बचने की चेष्टा भी है। हर स्थान की कहन शैली सांस्कृतिक वजहों से ही नहीं, जेंडर, वर्ग और सामाजिक परिवेश के अनुसार भी विशिष्ट रही है। हजारों साल की कहन शैली साहित्य की जमीन को समृद्ध करती है, जैसे मनुष्य को खड़ा करने का जिम्मा जमीन पर रहता है। कहा भी जाता है, 'जो अपनी जमीन पर खड़े होकर लड़ता है, सच्चा योद्धा होता है!'

मैत्रेयी पुष्पा

अधिक जानकारी के लिए :
Postcolonial Literature : Pramod K Nayar, 2007

कहानी

कहानी अंग्रेजी की 'शॉर्ट स्टोरी' की तर्ज पर हिंदी में प्रचलित विधा है, जो धीरे-धीरे पश्चिमी

भाव से मुक्त होकर भारतीय हवा और मिट्टी में ढल कर निरंतर नया रूप लेती चली गई। शुरू में कहानी की अवधारणा 'उपन्यास' के संदर्भ में स्पष्ट की जाती थी, लेकिन जैसे-जैसे कहानी के अपने व्यक्तित्व का विकास हुआ, वह उपन्यास की छाया से मुक्त होती चली गई।

कहानी के बारे में कहा जाता था कि जो कथा एक बैठक में पढ़ ली जाए वह कहानी है। उपन्यास और कहानी में सिर्फ आकार का अंतर बताया गया। दोनों की पहचान को समझाने के लिए कहा जाता था कि उपन्यास वृक्ष है तो कहानी लता या उपन्यास महाकाव्य है तो कहानी गीतिकाव्य। कहानी को मौखिक परंपरा की चीज भी माना गया। कहानी की अवधारणा का प्रमुख उद्‌गम जीवन के किसी एक घटनांश या भावनांश या अनुभवांश पर संकेंद्रित होना माना जाता रहा है। हजारी प्रसाद द्विवेदी ने लिखा है, 'उपन्यास में जहाँ पूरे जीवन की नाप-जोख होती है वहां कहानी में उसकी सिर्फ एक झांकी मिल जाती है। मानव चरित्र के किसी पहलू पर या घटित किसी एक घटना पर प्रकाश डालने के लिए छोटी कहानी लिखी जाती है।' (साहित्य सहचर)। हिंदी कहानी अब इस मुकाम पर आ गई है कि इस रूपकात्मकता से उसे मुक्त किया जाए और उसकी व्यापक विशेषताओं की पहचान की जाए, क्योंकि कहानी का विकास वस्तुत: विभिन्न जगहों पर इतने विविध रूपों में हुआ है कि इसे किसी एक खास विशेषता से बांधा नहीं जा सकता।

हिंदी में कहानी विधा ने अपना स्वतंत्र विकास किया है और धीरे-धीरे वह अत्यंत लोकप्रिय विधा बनी है। इसके पीछे बड़ा कारण है कि वह खुद ही एक स्वत:संपूर्ण रूप लेती चली गई। इसका एक बड़ा प्रमाण है लंबी कहानी, जो अपने मूल विधागत स्वरूप में कहानी होते हुए भी औपन्यासिकता का स्पर्श करने लगती है। कहानी को जब से उपन्यास की छाया से मुक्त करके समझना शुरू किया गया, लगभग तभी से लंबी कहानी की रचना का सिलसिला हिंदी में शुरू हुआ। कहानी की नई अवधारणा के तहत कहा जा सकता है कि कहानी में जो घटना, भावना या अनुभव आते हैं, वे अपनी इयत्ता में स्वत:संपूर्ण और समूचापन लिए होते हैं। इस अवधारणा के तहत कहानी विधा नव-नवोन्मेषित रूपों में उपस्थित होती रही है।

कहानी के परंपरागत रूप से छह तत्व माने गए हैं—कथावस्तु, चरित्र, देशकाल-वातावरण, संवाद, उद्देश्य और भाषा-शैली। प्रधानता के आधार पर कहानी को कथानक प्रधान, चरित्र प्रधान, वातावरण प्रधान आदि भी कहा जाता था। इसका नतीजा यह हुआ कि कहानी में कथानक, चरित्र या वातावरण देखने के लोग आदी हो गए। फलस्वरूप पाठक भी कहानी को जीवन सत्य, भावबोध या अनुभूति की एक संपूर्ण इकाई के रूप में देखना छोड़ कर एकान्विति की माला जपते रहे। इससे कहानी के कहानीपन की समझ ही विकसित नहीं हो पाई। उपयुक्त धारणा के फलस्वरूप फार्मूले के मुताबिक कहानियां लिखने की प्रवृत्ति को बल मिलता है।

कहानी में सोद्देश्यता पर जोर देने की प्रवृत्ति के विरुद्ध नामवर सिंह सोद्देश्यता की जगह सार्थकता की बात करते हैं। (कहानी नई कहानी : नामवर सिंह)। कुछ लेखकों ने कहानी के मुख्य तीन तत्व बताए : (1) वस्तु (2) दृष्टि और (3) शिल्प। वस्तु के अंतर्गत कथावस्तु, घटना, अंत:संघर्ष, घटनात्मकता से जुड़े अन्य उपायाम; जैसे संयोग, उत्सुकता, आकस्मिकता, जादुई यथार्थ, पात्र एवं चरित्र इत्यादि आ जाते हैं। दृष्टि के अंतर्गत लेखक की विचारधारा, जीवनदृष्टि, प्रतिबद्धता, लेखकीय ईमानदारी, एप्रोच, विजन, उद्देश्य इत्यादि आते हैं। शिल्प के अंतर्गत कहानी का संरचना पक्ष अर्थात भाषा-शैली, प्रस्तुतीकरण, रचना-प्रविधि आदि तत्व आ जाते हैं।

माना गया है, 'कविता में जो स्थान लय का है, वही कहानी में कहानीपन का है।' (कहानी नई कहानी)। कहानी जीवन के एक अनुभव को उठा कर भी बड़ी बात कहती रही है। उस अनुभव में

निहित अंतर्विरोध, द्वंद्व या संकट को पकड़ कर ही कोई कहानी सफल होती है। राजेंद्र यादव ने कहानी के संदर्भ में कहा है, 'कथा जिंदगी का सीधा अनुवाद है, वहां शब्द और उसके पीछे का चित्र अलग खड़ा हो कर नहीं बोलता। वह भाषा में ढल और घुल कर संपूर्ण स्थिति का चित्र और स्वर बनता है।' (कहानी : स्वरूप और संवेदना)। धनंजय वर्मा कहते हैं, 'कहानी के रूप में ढला नया संसार या बाह्य संसार के समानांतर होता है अथवा उसका विरोधी या उससे बेहतर। ...कहानी बाह्य संसार का एकात्मीकृत रूप है। इन्हीं अर्थों में हर लेखक का अपना संसार है, जो दूसरे लेखक के संसार से भिन्न होता है। यही नहीं खुद उसकी दो कहानियां बिल्कुल एक-सी नहीं होतीं। वह हर बार नया संसार बनाता है।' (कहानी की वर्णमाला)। एक अंग्रेजी कहानीकार नील गेमान ने कहा है, 'कहानियां छोटी-छोटी खिड़कियां हैं जिनसे हम दूसरी दुनियाओं, दूसरे लोगों के दिमागों और स्वप्नों में झांकते हैं। यह एक ऐसी यात्रा है जो सृष्टि के दूसरी तरफ ले जाती है पर हम तुरंत डिनर की अपनी टेबुल पर लौट सकते हैं।'

शंभु गुप्त

अधिक जानकारी के लिए :

1. **साहित्य सहचर :** हजारी प्रसाद द्विवेदी, 2. **साहित्य रूप :** राम अवध द्विवेदी, 3. **वाङ्मय विमर्श :** विश्वनाथ प्रसाद मिश्र, 4. **विविध प्रसंग, भाग-3 :** प्रेमचंद, 5. **कहानी की बात :** मार्कंडेय, 6. **एक दुनिया समानांतर :** राजेंद्र यादव, 7. **नई कहानी : संदर्भ और प्रकृति :** देवीशंकर अवस्थी

कहानी लेखन

कार्ल क्रोएवर ने अपनी पुस्तक 'रीटेंलिंग, रीरिडिंग : द फेट ऑफ स्टोरी टेलिंग' में कहा था, 'कहानी कहना यथार्थ को बदलने के लिए मानवता का शायद पहला उपकरण है।' दूसरे शब्दों में, कहानी सृष्टि के समांतर एक प्रति-सृष्टि है। जो दुनिया कहानीकार को मिली होती है, उससे वह संतुष्ट नहीं होता। इसलिए वह एक समांतर दुनिया रचता है—संशोधित, संवर्धित और कई बार प्रतिलोम में भी। बेशक वह दुनिया का अमित्र नहीं, मित्र होता है। तभी बौद्ध जातककथाएं, थेरीगाथा, पंचतंत्र, हितोपदेश, बैताल पंचविंशति, कथासरितसागर, कथा मंजरी, अरैबियन नाइट्स, अलिफ लैला, दास्तान-ए-हमजा, ओल्ड टेस्टामेंट्स के पैरेबुल्स, चीनी, जापानी और देश-देश की कहानियां, स्मृतियों-उपनिषदों-पुराणों की कहानियां, लाखों लोकाख्यान और कथाएं हैं। उसकी एक-एक कोशिका एक-एक दुनिया समेटे हुए है, जिससे मानव समाज के बोध, विवेक, अभिज्ञान, संज्ञान और संस्कार के उपादान बने हैं।

हिंदी कहानी का इतिहास बहुत पुराना नहीं है। फिर भी अपने लगभग सवा सौ सालों के सफर की छोटी अवधि में ही आकाश-पाताल, शाखा-प्रशाखा फैलती हुई इसने विश्व स्तरीयता हासिल कर ली है। इसने जब बीसवीं सदी में कदम रखा था, वहां अतीत की प्रेतच्छायाएं थीं, अनागत की प्रेत बाधाएं। धीरे-धीरे वैश्वीकरण, पुनरुत्थानवाद, सूचना क्रांति, बाजारवाद, उदारवाद, आतंकवाद और विश्वग्राम का खुलता मायावी क्षितिज सामने आया। आज की तारीख में इसमें उत्तर-आधुनिकता, नव-उपनिवेशवाद, बाजारवाद, उपभोक्ता समाज जैसे कुछ और वाद-प्रवाद जुड़ गए हैं।

अब तक के सफर में हिंदी कहानी ने मनुष्य से जुड़े देश काल, नीयत और नियति, जीवटता और जिजीविषा को अपना केंद्र बनाया है। व्यक्ति से समाज तक मौत के इस औंधे आकाश के नीचे उसका सबसे बड़ा शत्रु मनुष्य है, सबसे बड़ा मित्र भी मनुष्य ही है।

कहां से शुरू करें : कहानी के साथ समस्या है, कहां से शुरू करें, कैसे शुरू करें, कहां समापन करें और कैसे...? बीच के मेजर, माइनर डिटेल्स क्या हों, चरित्रों को कैसे खड़े करें, परिवेश को कैसे साधें, संयोजन कैसे हो? इसके साथ भाषा, शिल्प और संवेदना की चुनौतियां हैं। दुविधाएं ही दुविधाएं! हर नई कहानी एक नया इम्तहान है। कभी-कभी कोई चमकदार अंत पहले ही फ्लैश कर जाता है, फिर पीछे लौटते हुए पूरी होती है कथा यात्रा, शेष और

शुरू। कभी बीच से, कभी एक तरीके से, कभी दूसरे तरीके से। कहते हैं रामचरितमानस का जो पहला कांड लिखा गया, वह 'अयोध्याकांड' था, 'बालकांड' नहीं। कभी कुछ पढ़ते, सुनते, गुनते, नाटक या फिल्म देखते या महज बातचीत से ही कोई सूत्र हाथ लग जाता है, कभी महीनों झख मारिये, कुछ भी हासिल नहीं होता।

कृष्णा सोबती ने लिखा है, 'मेरे निकट लिखना और जीना दो नहीं, एक है... क्या अचानक कुछ कौंधा! कुछ दिखा! रोशनी हुई? आलोक? क्या एक आहट? कोई सरसराहट? क्या सचमुच किसी ने खटखटाया? रचना का आगमन क्या है भला! स्मृति कोष से कोई घटना, कोई स्वर, कोई छाया, कोई पात्र! सिर्फ पात्र नहीं, आप भी!'

'कैसे कहें कि कहानी सीप के कीड़े द्वारा मोती रचने जैसा कर्म है, कैसे कहें कि कहानी कुम्हार द्वारा घड़ा या मूर्तियां बनाने जैसा उद्यम है, कैसे कहें कि कहानी किसान द्वारा फसल पैदा करने या गायक द्वारा राग साधने जैसा श्रम है। कितने नदी, नालों, गड़हों, समुद्र या अन्य स्रोतों के जल सा उसके अवयव बादलों की तरह आकार लेते हैं, कभी उड़ जाते हैं, कभी संघनित होकर बूंद-बूंद बरसते हैं, कभी कोहरा, कभी शबनम, कभी रिमझिम तो कभी धार-धार!'

कोई भी सृजन कर्म स्रष्टा की निजी वैयक्तिकता और शेष विश्व और काल के साथ उसकी द्वंद्वात्मकता का प्रतिफलन है। कोई कहानी क्यों लिखता है, सिर्फ वही या वैसी ही क्यों लिखता है, रचना के उपादानों को कहां-कहां से संश्लेषित करता है, तलाश और तराश की वे क्रियाएं किस तरह अंजाम पाती हैं—यह एक नितांत गूढ़ रहस्य है। चेतन से अवचेतन, संस्कार से सरोकार और स्वतःस्फूर्तता से विभिन्न दबावों तक फैली हुई है कहानी लेखन की बहुआयामी क्रिया। शिशु मां के पेट से जन्म लेता है। वह मां का अंश तो है, पर और भी बहुत कुछ है। मां से नाभिनालबद्ध होकर भी शेष विश्व, उसके काल और कालातीतता, दृश्यमान जगत और दृश्यमान असंख्य तत्वों, तंतुओं से वह जुड़ा होता है।

सुना है, प्रेमचंद लिखने से पहले महत्वपूर्ण नुक्तों और चरित्रों के ग्राफ को अंग्रेजी में नोट कर लिया करते थे। लेकिन इतनी तैयारी के बाद भी अंत तक न उनके पात्र वही रह पाते थे, न पूर्व कल्पित घटनाएं ही वैसी रह पाती थीं। बाल्जाक के बारे में कहा जाता है, जब लोग आधी रात को नाटक देख कर लौटते, वे सो कर उठ जाते थे। किचेन में दो-तीन कॉफी के प्याले पीते और रात के सन्नाटे में लिखने बैठ जाते। मस्तिष्क इतना उर्वर था कि विचार सूअरों की तरह बिलबिलाकर आते। इन्हें हांकने के क्रम में कलम ऐसी लिखावट दे जाती कि सुबह खुद ही समझ न पाते कि क्या लिख डाला। हरिवंशराय बच्चन आत्मकथा लिखते समय सुबह से दोपहर तक जो लिखते, अपराह्न में पुनः देखते और उसका ज्यादातर अंश खारिज कर देना पड़ता। हल्का-सा क्रिएटिव टेंशन पैदा करने के निमित्त कुछ लोग दारू, अफीम, जर्दा, सिगरेट या किसी नशे का सेवन करते हैं तो कुछ को कुछ भी नहीं चाहिए। कोई निश्चित फॉर्मूला नहीं होता।

शिशुपन से लेकर आज तक की दुनिया बेशुमार घटनाओं, बेशुमार चरित्रों, बेशुमार जीवन स्थितियों, अतीत की परछाइयों, अनागत की आहटों, धमक तक फैली है। हम जो भी देखते, भोगते और महसूस करते हैं, स्मृति कोशिका में दर्ज हो जाता है। लाख-लाख, कोटि-कोटि गड्ड-मड्ड स्मृतियां, कुछ देर तक बनी रहती हैं। कुछ फीकी पड़ जाती हैं। कुछ चमकीले क्षण, कुछ मुद्राएं-भंगिमाएं, कुछ दंश, कुछ टीसों, कुछ धारदार संवाद, कुछ चित्र, कुछ चरित्र। फिर भी कोई समानधर्मी घटना, फिल्म-नाटक, पुस्तक अंश बातचीत या निपट तनहाइयों के कल्पना-प्रसंगों की उद्दीपना पा कर वे जग जाती हैं और अपने ढंग से सूत्र जोड़ कर आकार लेने लगती हैं। हर वक्त आपके पास लिखने की सहूलियत नहीं होती, सहूलियत हो भी तो आप रचनात्मक मूड में नहीं होते। कभी-कभी कुछ ऐसे अछूते बिंब, शैली, संवाद या स्थितियां सूझ जाती हैं, जो लिखते समय नहीं सूझतीं। दिमाग से कागज पर अंतिम रूप में उतरने तक बहुत कुछ टूटता और जुड़ता रहता है।

शरतचंद्र के बारे में विष्णु प्रभाकर ने बताया था, वे किसी घटना का पहली बार जैसा वर्णन करते, दूसरी बार उसी घटना को दूसरे ढंग से। और यह याद दिलाने पर रुष्ट हो जाते। हममें से बहुतों के साथ यही होता है। विज्ञान की भाषा में कहा जाए तो जगत, काल और पात्र के त्रि-आयाम या जगत, काल, पात्र और लेखक के चतुर्आयाम में कहानी का ग्राफ परवान चढ़ता है। मजे की बात यह है कि चारों स्थिर नहीं हैं। कुछ है जो मरीचिका-सा चिलक-चिलक उठता है, कभी दूर, कभी पास और मन उसे अंजुरी में भर लेना चाहता है। उन्हीं कौंधों का अर्घ्य देने की प्रक्रिया है रचना कर्म। उसे पाते ही आर्कमिडीज की तरह मिल जाता है रचनात्मक संतोष—यूटेका? नहीं, वह तो अतिरेक हो गया। एक दिव्य आनंद की अनुभूति। सृजन मात्र से तमाम सुंदरताओं, खुशबुओं से महमहा उठता है मानस, ब्रह्मानंद सहोदर!

सियारामशरण गुप्त ने कहा था, हर व्यक्ति कवि होता है। उसी तर्ज पर कहा जा सकता है, हर 'श्रोता' या 'नैरेटर' कथाकार होता है। वह सच को जाननेवाला भी हो सकता है। वह भोक्ता होता है और नहीं भी। वह सच से अनभिज्ञ भी हो सकता है। वास्तव में जो घटित हुआ, वह यथातथ्य है, जो आभ्यांतरिक सच है, वह सच्चाई है, यथार्थ है। कहानी 'यथातथ्य' पर नहीं, यथार्थ पर बनती है। किसी घटित घटना को ज्यों का त्यों उतार देने से अंग्रेजी में उसे भले 'स्टोरी' कह लें, साहित्य की 'शॉर्ट स्टोरी' या कहानी उसे 'डिजिटल' की तरह खंड-खंड तोड़ कर पुनर्सृजित करने से ही बनती है। जैसे मिट्टी, पत्थर, काठ या धातु को जस का तस रखने पर मूर्ति नहीं बनती, वह बनती है उसे पुनर्सृजित करने से। लियोनार्दो-द-विंची ने एक प्रस्तर खंड को देखकर कहा था, 'मेरी मोनालिसा यहां सोई हुई है, मगर उस तक पहुंचने के लिए मुझे ढेरों आवरण हटाने पड़ेंगे।' हर लेखक को अपनी-अपनी मोनालिसाओं तक पहुंचने, उनकी मुस्कानों को उकेरने के लिए ढेरों आवरणों का छेदन-भेदन-अवगाहन करना होता है।

कहानी में नहीं हारते वे : घटित या यथातथ्य इतिहास जब लोकमानस में आकार लेता है तो वही नहीं रह जाता, 'लार्जर दैन लाइफ' हो जाता है। मानव मन-मस्तिष्क की वह कौन-सी निगूढ़ ग्रंथि है कि वह अपने नायक-नायिका को, हार चुके हों फिर भी हारने नहीं देती, मर चुके हों फिर भी मरने नहीं देती। अभिमन्यु या कर्ण मिथ हों या सत्य, व्यास की रचित कथा जब जनता की कथा बनती है तो लोक आस्था में एक अलग ही आकार ग्रहण करती है। उपरोक्त दोनों हारे हुए पात्रों को जनता की सहानुभूति प्राप्त है। इसके चलते जनता अपने आराध्य कृष्ण को भी माफ नहीं करती। हर बुनकर वहां अपने रेशे मिलाता है, हर रंगरेज उसे अपने रंग में रंगता है। कहीं फीका लगने लगता है। 'बाल समय रवि भक्ष लियो तब तीनहूं लोक भयो अंधियारो', तुलसी जब बालक हनुमान द्वारा सूर्य को निगल लेने की बात करते हैं तो अतार्किक होकर भी भक्तों को यह कतई अविश्वसनीय नहीं लगता। संत ज्ञानेश्वर की बहन मुक्ता की पंक्तियां हैं, 'मूंगी उड़ाली अकाशी, तूने गीड़ली सूर्यासी।' इसका अर्थ है, चींटी आकाश में उड़ी, उसने सूरज को निगल लिया। यह औदार्य और भी विराट है। चींटी भला उड़ कर सूर्य को निगल जाएगी!

साहित्य का सच एक अलग ही सच है, इतना ज्यादा आत्मीय कि उस घटित सत्य का स्थानापन्न बन जाता है। यहीं आकर साहित्य की ताकत पर गौर करने का मन करता है। विजयदान देथा की कहानी 'दुविधा' में व्यक्ति एक है, पात्र दो हैं। एक वह व्यक्ति, दूसरा उसका भूत। एक असली, एक आभासीय। भूत के साथ जनपक्षधरता है, क्योंकि सही अर्थों में वही मानवीय है। असली व्यक्ति तो सिर्फ व्यापारी है। मूल कहानी यद्यपि 'लोक' से ली गई है, पर उसका कथा-रूप इस श्लेष और सही जनास्था को इतने शानदार ढंग से स्थापित करता है कि लाखों प्रवचन नहीं कर पाते। विज्ञान, दर्शन उसके पास फटक नहीं पाते हैं। मणि कौल और अमोल पालेकर द्वारा इस पर दो-दो बार फिल्म बना चुकने

के बाद जब तीसरी बार मैं एफएम चैनेल के लिए इसे रेडियो नाटक का रूप दे रहा था तो साहित्य की सत्ता के आगे नतमस्तक हो गया।

इसी तरह जो बूंद में है, वह समुद्र में है। जो कण में है, वो कायेनात में है। सूक्ष्मतम कण को आप चाहें तो 'गाड पार्टिकल' कह लें। सही हो कर भी सही नहीं, सही न हो कर भी सही। हमें इस भूलभुलैया से कथा साहित्य ही निकाल सकता है। बोध में समाने के लिए फुटबॉल के खेल की तरह इसे नहीं मापा जा सकता। खेल में बॉल कब कहां जाएगा, उन अनंत संभावनाओं का स्केच बन ही नहीं सकता। इसे सिर्फ बोध में विवर्तित कर छुट्टी पाई जा सकती है। 'न होता मैं तो क्या होता'! एक होने पर भी कोई दो मुहब्बतें एक जैसी नहीं होतीं, न कोई दो शामें, न कोई दो जीवन, फिर जीवन को चित्रित करने वाली दो कहानियाँ भी एक कैसे हो सकती हैं?

वे अर्थ पीछे छूट जाते हैं : एक कथाकार के लिए शब्द ही माध्यम हैं। भाषा की भंगिमा की वह कौन-सी कशिश है, जो एक कथाकार को बाकी दुनिया से जोड़ती है। इसी को साध पाने में रचना का वैभव निहित होता है। यही होती है एक लेखक के लिए अहम चुनौती।

उदय प्रकाश की एक टिप्पणी है, जो उन्होंने कवि केदारनाथ सिंह के बहाने की है, 'रचना की एक अद्वितीय और अलग भाषा होती है। उस भाषा की असंख्य संगतियां, तर्क, संयोजन और संरचनाएं होती हैं और जो रचनाकार इसे सिद्ध करते हैं, वह किसी उदास गिरगिट से बातें कर सकता है, कौए से पौराणिक आख्यान सुनते हुए उसे किसी महाकाव्य में बदल सकता है, गरुड़ से स्वर्ग के रहस्य पूछ सकता है या चित्र को कागज से उठा कर अपनी जेब में रखने की कोशिश कर सकता है। रचनाकार भाषा की सिद्धि के द्वारा उस व्याकरण को हासिल करने का प्रयत्न करता है, जो सार्वभौमिक है। इसलिए रचना की दुनिया में वे अर्थ पीछे छूट जाते हैं जो अन्य दुनियाओं में जन्म लेते हैं। क्योंकि अर्थ भी वे निर्मितियां हैं, जिन्हें वह समाज पैदा करता है, जो ऐतिहासिक दृष्टि से स्वयं भाषा की निर्मिति है।' देखने में निर्दोष और चमत्कारिक-सा लगने वाला यह वक्तव्य निरपेक्ष नहीं है, सापेक्ष है। अलग-अलग वर्गों का साहित्य भी भिन्न-भिन्न होता है। विजन स्पष्ट न हो तो खाई में गिरने का खतरा है।

यह तो रहा कला पक्ष पर सरोकार और विजन? एक साहित्यिक की डायरी में मुक्तिबोध लिखते हैं, 'अपने अनुभव का तुम सिगनिफिकेन्स पहचानो। तुम मात्र एक संवेदनशील माध्यम हो... अपने ही ईमानदार अनुभव संवेदनों को तथा अपने जीवन के स्थायी भावों को प्रॉपर पर्सपेक्टिव में पहचानो।' और हरिशंकर परसाई कहते हैं, 'तो फिर जो जीवन लेखक देखता है, उसमें कहां-कहां खोट है... किस परंपरा को हम कैंसर की तरह पालते हैं, कहां विसंगति, अन्याय, मिथ्याचार, शोषण, पाखंड, दोमुंहापन है—इन्हें देखूं, गहरे जाकर अन्वेषण करूं, उन्हें अर्थ दूं।'

फ्रांस के एक नामी मानवविज्ञानी क्लाड लेवी स्ट्रॉस को मिथकों के विश्लेषण की एक संरचनात्मक पद्धति है 'प्रतिलोम का नियम', यानी मिथ को उलट देना। कई ऐसी समस्याएं होती हैं, जिनका कोई पार ही नहीं है। केवल एक ही हल है, उन्हें उलट देना। बात कुछ ऐसी बुनी जाए कि जब सीधा 'ताना' चले, यानी किस्सों का 'ताना' तो 'आड़ा' (भरनी) कभी नजर से दूर न हो जाए, यानी मतलब का ताना। और जब 'आड़ी' चले तो 'सीधा' हर जगह मौजूद हो। चरित्र अलग-अलग और अपने आप में पूर्ण भी। कथा की बुनावट की यह उपमा विरल है, विशिष्ट भी।

उदात्तता : कहानी कला के वितान और व्याप्ति, सुगंधि और सौष्ठव का चरम है उदात्तीकरण। उदात्तीकरण को ठीक-ठीक पारिभाषित या व्याख्यायित नहीं किया जा सकता। पूरी तरह पारिभाषित हो भी तो भला कैसे? इसकी व्याप्ति जो शब्दातीत है, 'समुझत परइ न जात बखानी!' इसे सिर्फ बोध में आत्मसात किया जा सकता है, बताया नहीं जा सकता। वह भी तब जब लेखक, पाठक एक ही लहरमान पर हों। अभी सुविधा के लिए इसे 'रचना का वैभव' कह कर काम

चलाते हैं। शॉपेन आवर ने कहा था, हर कला की सिद्धि होती है उसका संगीत में निष्पन्न हो जाना। फिर रचना का सौंदर्य कहां छुपा होता है—भाषा में? शिल्प में? रचना के संगीत में? विजन की दीप्ति में? कहां छिपा है? पंखुरी-पंखुरी अलग कर दें, फिर भी एक फूल का सौंदर्य और सुगंध या उससे मिलनेवाला आनंद कोई ढूंढ़ नहीं सकता। वह इन सभी घटकों के समुच्चय से ले कर हमारे मन-मिजाज, संस्कार और सरोकारों तक फैला हुआ होता है। काव्य में स्पेस कम होता है। कथा साहित्य फिल्म, नाटक और संगीत में ज्यादा मन-प्राण-आत्मा में अहरह घुलता हुआ जीवन को दिव्य आलोक, दिव्य सौंदर्य, दिव्य आनंद और कलात्मक-आध्यात्मिक दीप्ति से समृद्ध करता है।

संवाद : कोई बताए अंदाज-ए-गुफ्तगू क्या है : कहानी की दुनिया में संवादों की अपनी चमक और तासीर होती है जो बिजली की कौंध, शमशीर या कटार की चमक बनकर खिलती है और सीने में उतर जाती है। दुनिया की ज्यादातर लड़ाइयां भाषा के बेजा या असंयमित इस्तेमाल से शुरू होती हैं, वे बातचीत से हल भी की जा सकती थीं। अंतर को मंचित कर टपकी हुई बूंद होते हैं संवाद। इनमें बोलने वाले व्यक्ति का पूरा का पूरा व्यक्तित्व प्रतिभासित होता है। उदाहरण के लिए 'भेड़िए' (भुवनेश्वर) में इफ्तिखार के बाद के वे तमाम संवाद, यथा, 'तू मेरा असील का बेटा है, असील का...।'

नाटक और फिल्में कथा साहित्य के ही अवतार और अवदान हैं। 'यू टू ब्रूटस!' जैसे कितने संवाद मुहावरे बन गए। 'मुगल-ए-आजम', 'दिल एक मंदिर', 'आनंद', 'सत्यकाम', 'बाजार', 'शोले', 'दीवार' जैसी फिल्मों के संवाद हमारे सामने हैं। यहां उर्दू के लोकप्रिय शायरों के शेर भी जनता की जबान पर होते हैं। वस्तुतः धीरे-धीरे वे संवाद मुहावरों की शक्ल ले लेते हैं। अपनी क्षिप्रता और संक्षिप्ति के लिहाज से काव्यांश या शेर यहां ज्यादा मौजूं होते हैं। मजा यह है कि कथा-कौशल उन सबको अंगीभूत कर लेता है।

फिल्मों के कुछ अमर संवाद उदाहरण के लिए प्रस्तुत हैं। अकबर (अनारकली से)—'सलीम तुम्हें मरने नहीं देगा और हम तुम्हें जिंदा नहीं रहने देंगे।' सलीम (अकबर से)—'सलीम का दिल हिंदोस्तान का तख्त नहीं कि...' (मुगले आजम), 'ये तुम थे जो कह दिए, ये हम थे जो सुन लिए।' (दिल एक मंदिर), 'आपके पांव देखे, बहुत खूबसूरत हैं, इन्हें जमीन पर मत उतारिएगा, मैले हो जाएंगे।' (पाकीजा), 'कितने आदमी थे? अरे ओ सांभा..,' 'ठाकुर ये हाथ मुझे दे दे, ये हाथ नहीं फांसी का फंदा है' आदि-आदि (शोले), 'मेरे पास मां है' (दीवार) आदि।

इसी प्रकार दूरदर्शन धारावाहिकों में 'महाभारत', 'चाणक्य', 'बुनियाद', 'मिर्जा गालिब' आदि के संवाद या एक पेंटिंग, चंद सेकेंड की विज्ञापन-फिल्में भी अपने आप में एक पूरी कथा समाए रहती हैं। विधाओं की परस्पर आवाजाही का भी यह एक नायाब नमूना है। इसके मूल में होता है, एक मैसेज या आइडिया और उसे खिलाने के लिए सारी प्रविधियां अपनाई जाती हैं। विडंबना यह है कि इसका उपयोग बाजार की गलत-सही शक्तियां अपने लाभ के लिए करती हैं और हम निरुपाय दर्शक बने रह जाते हैं।

मुक्तिबोध जिसे 'ज्ञानात्मक संवेदना' या 'संवेदनात्मक ज्ञान' कहते थे, वह कविता और कथा दोनों के लिए उपयोगी है। दोनों का उत्स प्रायः एक है, फर्क सिर्फ इतना है कि कविता में कहानी पूरी तरह नहीं समा सकती, जबकि कहानी में कविता को सोख लेने की अद्‌भुत क्षमता होती है। कविता ही नहीं, कला की कमोबेश अधिसंख्य विधाओं को।

कविता आत्मसंबोधित या स्वांतः सुखाय हो सकती है, कहानी नहीं। पाठक या श्रोता न मिला तो अरण्य रोदन होकर रह गया उसका प्रयास। कथा आत्मसंलाप हो तो भी वाचक खुद को विभाजित कर लेता है। एक वाचक दूसरा श्रोता। यहां पाठक का अभिप्राय उस व्यक्ति से है, जिसकी वेवलेंथ रचनाकार की वेवलेंथ के समान हो, अन्यथा वह कथा का आस्वाद नहीं ले पाएगा। श्रव्य कथा में

तो 'हुंकारी भरना' एक अनिवार्य अंग है। हुंकारी न भरी जाए तो वाचक कहानी कहना ही बंद कर देगा।

अब कुछ ठेठ पर आवश्यक बातें : पाठकों के कवच को भेद पाना, यानी कहानी के व्यूह में प्रवेश, पहला फाटक तोड़ पाना क्या है? कहते हैं, 'वेल बिगन इज हाफ डन'। ठुस्स कहानियों को कौन पढ़ना चाहेगा! 'उसने कहा था' (चंद्रधर शर्मा गुलेरी) का प्रारंभ एक मॉडल हो सकता है। पर कहानी लेखन में किसी दूसरे के मॉडल से काम नहीं चलता, खुद ही अपना मॉडल गढ़ना पड़ता है। खिलंदड़ी, प्रांजल या निखरा गद्य चाहिए, जिसके खिंचाव में पाठक खुद बहता जाए। दूसरा दायित्व होता है, उस निरंतरता को बरकरार रखना और अंत में अंत। विजयदान देथा के प्रारंभ और अंत दोनों बेजोड़ होते थे। एक तरह से वे कहानी को जी लेते थे, साध लेते थे।

कभी-कभी कहानियां प्रारंभ में साधारण उठान की होती हैं, मगर अंत तक आते-आते भाव विगलित कर देती हैं। एक से एक दिग्गज कथाकार हैं, जिनका समाहार हृदय पर अमिट छाप छोड़ जाता है—मंटो, प्रेमचंद, सुदर्शन, विश्वंभर नाथ शर्मा कौशिक, रेणु, भीष्म साहनी। जिसका अंत भला, उसका सब भला। आज के अनेक कथाकार कहानियां पढ़ कर रोते नजर आते हैं या उनकी कहानियां रुला जाती हैं।

विजन : कहानियों के ग्लैमर की इन्तहा यह थी कि ग्लैमर से युक्त इतर क्षेत्र के व्यक्तित्व भी कथा-लेखन की ओर आकृष्ट होते रहे हैं, मसलन युसूफ खान (दिलीप कुमार), बलराज साहनी, सलिल चौधरी आदि। मेरी नजर इस भीड़ में विजन और सरोकारों की तलाश कर रही है। एक सफल कहानी में अनुभव, विचार (या दर्शन), विचारधारा कथ्य के साथ इस तरह संयुक्त रहते हैं कि पता नहीं चलता। अनाड़ी या नौसिखुए कलमकार धैर्य के अभाव में इस अंतर्विन्यस्तता को साध या बांध नहीं पाते। कहानी लेखक और पाठक के बीच के संवाद-संचार की अभिक्रिया भी होती है। कहने वाले के कई संस्तर हो सकते हैं, सुनने वाले के भी।

प्रेमचंद की 'मंदिर' शीर्षक कथा में सुखिया चमारिन अपने बीमार बेटे की मन्नत पूरी करने उसे मंदिर में ले जाना चाहती है, नहीं जाने दिया जाता। अंत में उससे चांदी का एक कड़ा ले कर कोई प्रसाद-सी चीज दे कर उसे लौटा दिया जाता है। बेटे की तबीयत बिगड़ जाती है। सुखिया अपना बेटा ले कर रात को फिर उसी मंदिर पर आती है। कपाट पर ताले जड़े हैं। पत्थर से मार कर ताले तोड़ती है। इसके बाद पुजारीगण के प्रहार से मां-बेटे दोनों की मृत्यु हो जाती है। मरते-मरते भी उसके इस सवाल का पुजारियों के पास कोई जवाब नहीं है, मेरे छूने से भगवान अपवित्र हो जाते हैं, फिर मुझे बनाते समय उन्हें छूत क्यों न लगी?

महाभारत के युद्ध में बर्बरीक शामिल होने के लिए जा रहा था तो मां ने टोका, 'बेटा तुम किस पक्ष की ओर से लड़ने जा रहे हो?' 'जो हार रहे हों, उनके।' साहित्य मात्र ही वंचितों, शोषितों या हाशिए पर किनारे कर दिए गए सर्वहारा समाज का पक्षधर रहा है। लिखने को, कहने को, करने के पचासों काम हैं। हम किसे प्राथमिकता देते हैं, किसे नहीं, यह एक महत्वपूर्ण प्रश्न है। इस पर प्रसिद्ध रूसी कथाकार गोगोल की एक विश्व प्रसिद्ध उक्ति है : 'वह है अपनी मातृभूमि का सच्चा सपूत जिसने वह नहीं लिखा जो वह लिखना चाहता था, वह भी नहीं जो लोग उससे चाहते थे, बल्कि उसने वह लिखा, जिसकी उसके देश को जरूरत थी।'

इस चयन-प्रतिचयन में अनुभव की एक महत्वपूर्ण भूमिका होती है। उदाहरण के लिए डेढ़ सौ वर्ष पहले भारत से प्रलोभन देकर मजबूरन या जबरन मारीशस, फिजी, सूरीनाम, गायना, त्रिनिदाद, टोबैगो, दक्षिण अफ्रीका आदि विदेशों में गए भारतीयों की पीड़ा पर बांग्ला या अन्य भाषाओं में कोई कहानी नहीं है। यह मुद्दा उनकी चिंता के केंद्र में नहीं है। हिंदी में जिन्होंने लिखा वे थे प्रेमचंद, प्रसाद, पं. तोताराम सनाढ्य। कथा साहित्य के अलावा कविताओं में भोजपुरी में लिखा महेंद्र मिसिर और भिखारी ठाकुर ने। मुख्यतः कलकत्ते के बंदरगाहों से जलपोतों में

भेजे गए इन भारतीयों की पीड़ा या समस्या बांग्ला साहित्य को क्यों नहीं कचोट सकी जबकि इसके लेखक समर्थ थे।

जो समुद्र हमारे देश को तीन तरफ से घेरे हुए है, जल या जीवन का मुख्य स्रोत है, जिसकी करधनी पर करोड़ों जिंदगियां आबाद हैं, जिनके अपने सपने, संघर्ष और जोखिम हैं, वह हिंदी लेखन की चिंता के केंद्र में क्यों नहीं आ सकता। चिंता के केंद्र में न कारखाने रहे, न खदान, न उद्योग-धंधे, विस्थापन न विज्ञान। सांप्रदायिकता तो विजा बना, मगर आतंकवाद न बना। जातिवाद रहा मगर उसकी कारक शक्तियां नहीं रहीं। देशी जमीन से कुछ लेने पर गंवार कहलाने का खतरा था, सो हम विदेशी दर्शन और आइडियाज लेते रहे—मार्क्सवाद से उत्तर-आधुनिकतावाद तक जो हमें 'मॉडर्न' होने का तमगा देता था! कुछ अच्छे काम भी हुए, जनवाद, दलित, नारी लेखन, कुछ भोंडे अनुकरण भी हुए, जैसे रघुवीर सहाय की 'रामदास की हत्या' वाला आइडिया। सबको पता था कि रामदास की आज हत्या होगी, सिर्फ रामदास की नहीं। यह आइडिया रघुवीर सहाय से पहले मार्खेज के 'द डेथ ऑफ ए क्रॉनिकल अनटोल्ड' में आ चुका था। नई पीढ़ी जो हर जगह आधुनिक आइडियाज की टोह में रहती है, चाहे वह फिल्म हो, चाहे कथा साहित्य, इनमें उसका विशेष आकर्षण होता है। गोर्की के उपन्यास 'वे तीन' में एक दृश्य है, चांदनी रात में यात्रा में नायक का काका दूर स्थित एक पेड़ के नीचे बैठकर रोता है, लगता है पेड़ को जंगल से खदेड़ दिया गया है। नायक बिंब! इस ब्रिलिएंट आइडिया को कितनी बार लिया है लोगों ने।

परकाया प्रवेश : लेखक को अपने विषय और पात्रों के बारे में जितनी जानकारी होगी, इससे उसका लेखकीय आत्मविश्वास उतना ही बनेगा। नागार्जुन की एक कविता है, 'कालीदास सच-सच बतलाना...!' 'मेघदूत' में विरही यक्ष रोया था या तुम? जब दलित या नारी मुक्ति के पैरोकार यह कहते हैं कि कोई गैर-दलित या पुरुष उन पर नहीं लिख सकता तो इसका निहितार्थ यह होता है कि दूसरा कोई उस पीड़ा का अनुभव नहीं कर सकता। यह तर्क ध्रुव सत्य इसलिए नहीं है कि ऐसा भी नहीं है कि अनुभूति, संवेदना और अनुभव से इसे जिया ही न जा सके। सारी जिंदगी बिताकर भी लोग उस जीवन को जान या चित्रित नहीं कर पाते, दूसरी ओर एक संवेदनशील व्यक्ति उसको अल्प अवधि में जी लेता है। दरअसल बोध और परसेप्शन की दुनिया ही अलग है।

कोशिश करने पर भी बहुधा एक अतृप्ति लेखक में रहती है कि जैसा चाहता था, वैसा चित्रित नहीं कर पाया। कुछ रंग, कुछ रेशे, कुछ सलवटें, कोई अनाम-सी बू, नामालूम-सी सरसराहट, सरगोशियां, सिसकियां और आहें रचना में आते-आते रह गईं। 'छुप गया कोई रे दूर से पुकार के!' चिहुंक कर जग जाता है लेखक, फिर नींद नहीं आती। करवटें बदलती बीतती है रात। पोर-पोर टूटता है बदन। जिसे लोग 'स्वांतः सुखाय' कहते हैं, वह रचना भी पूरी तरह स्वांतः सुखाय नहीं होती, बहुधा कई तरह के दबावों में लिखी गई होती है।

दबाव में हम सभी होते हैं। पर दबाव के बावजूद एक रचनारत मुहूर्त जीवन का परम सार्थक मुहूर्त होता है। आनंद और तनाव के द्वैध से कक्षविच्युत तारिका-सा जीवन के जंजालों से छिटका हुआ कोई अनुपम मुहूर्त। और हम अनंत लोकों की यात्राओं पर निकल जाते हैं। छोटा-सा क्षणभंगुर जीवन और अनंत लोकों की यात्रा। बूंद में समुद्र समोने की जिद। कैसी सनक या पागलपन है यह, जबकि एक-एक रचना के कई-कई ड्राफ्ट करते, खुरदुरेपन और अनावश्यक से बोझ की झोल झाड़ते, संवादों को धार देते, चरित्रों को गढ़ते-संवारते, प्रवाह को टोन अप करते, मनचाहे फॉर्म को तलाशते महीनों निकल जाते हैं। रचना रख दी जाती है। एक अंतराल के बाद फिर उठाई जाती है—कई-कई बार। दोस्त उपलब्ध हों तो सलाह ली जाती है। कनविंस हुए तो तदनुरूप संशोधन-संवर्धन

करने की कोशिश की जाती है। अपने ही पुट्ठे की कुकुरमाछी को पकड़ने वाले कुत्ते की तरह गोल-गोल घूमते हैं हम। दूर बहती नदी को, जरूरी लगा तो पास ले आते हैं। उसे अनचाहे मोड़ या मरोड़ देते हैं। चरित्रों को ब्रश अप, मोल्ड या पुनर्विन्यस्त करते हैं। किसी सामान्य से डीएनए से उपजी हो या किसी विस्तृत फलक से, रचना अपने उपादान खुद संयोजित करती चलती है। काल्पनिक जगत धीरे-धीरे आत्मीय बनने लगता है, इतना आत्मीय कि हम उसे सीधे-सीधे विजुअलाइज करने लगते हैं, पात्रों के अंदर चरने विचरने लगते हैं—'सो जानत जेहि देहु जनाई/सुमिरत तुमहिं तुमहिं होई जाई।'

इस स्थिति तक पहुंचने में आदि से अंत तक कितना कुछ बदल जाता है। कितनी योजनाएं बनती और रद्द होती हैं। कभी-कभी अंत-अंत तक पूरी की पूरी केंचुल झड़ जाती है। घटनात्मक मन की रचना प्रक्रिया फिर भी नहीं रुकती, कागज पर उतरने के बावजूद। हम धीरे-धीरे मान लेते हैं कि यही सच है, जबकि अतृप्ति का जख्म मस्तक पर धारण किए हमारा बावरा अश्वत्थामा मन जंगल-जंगल भटकता रहता है—वह क्या है जो लिखा गया और वह क्या था, जो लिखने से रह गया!

संजीव

अधिक जानकारी के लिए :
1. **The Art and Craft of Story Telling** : Nancy Lamb, 2. **Story Structure Architect** : Victoria Lynn Schmidt

कहानीपन

'कहानीपन' का तात्पर्य क्या है? 'कहानी' का अर्थ जानना कठिन नहीं है। यह शब्द 'कहना' क्रिया से बना है (संस्कृत के 'कथ' से)। यदि किसी एक घटना अथवा अनेक घटनाओं को कहकर श्रोताओं को बताया जाए तो वह 'कहानी' है। इसके उदाहरण हैं : पंचतंत्र, जातक और कथा सरित्सागर की कहानियां। अरब में तो कहानी कहने वाले के लिए एक शब्द प्रयुक्त होता था : 'रावी', जिसका अर्थ है कथावाचक। 'एक हजार एक रातों की कहानी' (Arabian Nights) और 'किस्स-ए-दरवेश' जैसी कहानियां इसके उदाहरण हैं। हिंदी में 'कहानी लिखने' की परंपरा इसी 'कहानी कहने' की परंपरा से विकसित हुई। एक समय ऐसा भी आया, जब कहानी लिखने की विधा हो गई। इस तरह कहानीपन का पहला लक्षण है, इसमें पाठक एक बड़ा लक्ष्य हो।

कहानी में कहानीपन हो, इसकी मांग स्वाभाविक है। युग के अनुसार कहानी की शैली बदलती है, पर आम तौर पर माना जाता है कि कहानीपन का प्रमुख लक्षण 'वर्णन की रोचकता' है। उसमें उत्सुकता और जिज्ञासा जगाने की क्षमता होनी चाहिए। कहानीपन कोई इकहरा गुण नहीं है। यह कई गुणों का समुच्चय है। उदाहरण स्वरूप उसमें एक उच्चतर किस्म का मनोरंजन, नवीनता, दृश्यपरकता, भावात्मक बिंदु, जिज्ञासा, कोई अनोखी घटना और पाठक को अपील करने की क्षमता होनी चाहिए। ये सारी चीजें या इनमें से चार-पांच तत्व भी हों तो माना जा सकता है कि किसी कहानी में कहानीपन है। बाजार ने कहानी की धारणा को बहुत प्रभावित किया है और किसी कहानी में चाहे जितनी बड़ी अंतर्दृष्टि या जितना बड़ा यथार्थवाद हो, कहानीपन को महत्वपूर्ण बना दिया है। उसके लिए अब इस तरह का प्रश्न महत्वपूर्ण है, क्या होता यदि ऐसा घटता!

फिर भी 'कहानीपन' की सबसे बड़ी विशेषता यह है कि कहानी पाठक को इस तरह याद रह जाए कि वह दूसरों को उसे सुना सके। भले कहानीकार अपनी कहानी न सुना सके। जाहिर है कि पाठक उस पढ़ी हुई कहानी को कहानीकार के शब्दों में नहीं, बल्कि अपने शब्दों में सुनाएगा और ऐसे मानो वह कहानी उसने ही गढ़ी हो। यह तभी संभव होगा, जब कहानी में 'कहनशीलता' के पर्याप्त गुण होंगे।

अब्दुल बिस्मिल्लाह

अधिक जानकारी के लिए :
The Art and Craft of Story Telling : Nancy Lamb

कहावत

अंग्रेजी में एक कहावत है, बुद्धिमान लोग कहावतें गढ़ते हैं और मूर्ख लोग उन्हें दुहराते हैं। 'ऑक्सफोर्ड डिक्शनरी ऑफ इंग्लिश प्रोवर्ब्स' के प्रथम संस्करण के अनुसार, सामान्य या प्रचलित ज्ञान का सारांश ही कहावत (Proverb) है। ऑक्सफोर्ड इंग्लिश डिक्शनरी में कहावत का अर्थ गली-गली का ज्ञान, दैनिक अनुभव की कथाएं और बोलचाल की भाषा में संक्षिप्त, सारगर्भित और जोरदार कथन बतलाया गया है। वेब्सटर्स न्यू इंटरनेशनल डिक्शनरी में कहावत का अर्थ मुहावरा या कहावत बन चुका सूक्तिपूर्ण कथन है। सर्वेंटेस ने कहावतों को लंबे अनुभव से प्राप्त छोटे-छोटे वाक्य कहा है। प्रायः सभी भाषाओं में कहावतें सैकड़ों-हजारों वर्षों से चली आ रही हैं।

कहावतें तब से हैं, जब लिपि नहीं थी। अतः ज्ञान एवं अनुभूतियां कथा के माध्यम से संचारित होती रहीं। समाज में उनकी स्वीकृति या अस्वीकृति वस्तुतः रीति-रिवाज, आचार-विचार, नैतिकता और शिक्षा के विकास पर निर्भर रही है। अठारहवीं सदी के बाद, कहावतों को निम्नवर्गीय कथन माना जाने लगा, जो केवल अपढ़ लोग ही कह सकते थे। इसके बावजूद आज भी दैनिक जीवन में पुरानी कहावतें सुनने और पढ़ने को मिलती हैं। फ्रांसिस बेकन के अनुसार, किसी राष्ट्र की प्रतिभा, आत्मा और वाग्वैदग्ध्य का पता उसकी कहावतों से ही चलता है। 'स्कॉटिश प्रोवर्ब्स' के संपादक जेम्स केली के अनुसार, कहावतें किसी एक देश, जाति या समाज की बपौती नहीं हैं। कहावतों की मुख्य विशेषता यही है कि उनमें गिनती के कुछ शब्दों में सामान्य अनुभवों का निचोड़ रख दिया जाता है। कहावतें, मुहावरे, लोकोक्तियां और लोकोक्तिवत प्रयुक्त पदबंध प्रायः सभी भाषाओं में अभिव्यक्ति के प्राण होते हैं। हिंदी भाषा को कहावतें सुंदर और कलापूर्ण बनाती हैं तो विचारों को स्पष्ट और हृदयंगम कराने के लिए मुहावरों, कहावतों को ठीक समय और ठीक स्थान पर प्रयोग करने में निपुण होना भी आवश्यक माना जाता है।

वैज्ञानिकों के मौसम संबंधी अनुमान अक्सर गलत हो जाते हैं। लेकिन ग्रामीणों की धारणा रही है कि घाघ की कहावतें प्रायः सत्य होती हैं। घाघ ने सुकाल, अकाल, वर्षा, पैदावार, जोत, बुवाई आदि के संबंध में सैकड़ों कहावतें लिखी हैं। सुकाल के संबंध में एक कहावत है–'शुक्रवार की बादरी रही सनीचर छाय, तो यों भाखे भड्डरी, बिन बरसे न जाए', अर्थात यदि शुक्रवार के बादल शनिवार को छाए रह जाएं, तो भड्डरी कहते हैं कि वह बादल बिना पानी बरसे नहीं जाएगा। घाघ, भड्डरी और अनगिनत कवियों की कई कहावतें आज भी सत्य उतरती हैं। देहात में ये कहावतें किसानों को कंठस्थ होती हैं।

कहावत और मुहावरे के बीच अंतर है। कहावत का संबंध लोक जीवन में घटी किसी घटना से हुआ करता है, जिसे कालांतर में वैसे ही प्रसंग आने पर उदाहरण के रूप में कहा जाता है। कहावतें किसी के भी द्वारा कही गई होती हैं। कहावत अपने आपमें एक पूर्ण उक्ति है, जबकि मुहावरे का उपयोग किसी वाक्य के भीतर ही किया जा सकता है, लेकिन कालक्रम से कई कहावतें मुहावरे के रूप में तथा कई मुहावरे कहावतों के रूप में प्रचलित हो गए। कहावतों में थोड़े शब्दों में बहुत कुछ कह दिया जाता है और भाषा में प्रांजलता, प्रवाहमयता, सजीवता के साथ कलात्मकता का प्रवेश हो जाता है। कहावतों का आधार घटनाएं, परिस्थितियां और दृष्टांत होते हैं।

कहावतों को निम्न प्रकार से विभाजित किया जा सकता है–प्रकृति संबंधी कहावतें, नीति एवं उपदेशात्मक कहावतें, भाग्य संबंधी कहावतें, शकुन-अपशकुन संबंधी कहावतें, सामाजिक व्यवहार संबंधी कहावतें, स्थान संबंधी कहावतें, इतिहास संबंधी कहावतें, पशु-पक्षी संबंधी कहावतें और जाति संबंधी कहावतें। सभी कहावतों में लोक साहित्य की तरह लोक मानस जुड़ा रहता है। वास्तव में देखा जाए तो

किसी प्रदेश की सभ्यता, संस्कृति एवं साहित्य को समझने के लिए वहां की कहावतों से जनमानस की हलचल का पता लगाया जा सकता है।

कहावतों के कुछ उदाहरण हैं—नाच न जाने आंगन टेढ़ा (काम करना नहीं आना और बहाने बनाना), दूध का जला छांछ को भी फूंक-फूंक कर पीता है (एक बुरा अनुभव उसके अंदेशे मात्र से सावधान कर देता है), ऊंट के मुंह में जीरा (आवश्यकता अधिक और पूर्ति कम), अंधों में काना राजा (कम योग्य लोगों में थोड़ी योग्यता वाला भी श्रेष्ठता पाता है), अपनी गरज बावली, यानी स्वार्थी मनुष्य दूसरों की चिंता नहीं करता है (सांसदों द्वारा महामंदी के दौर में भी अपना वेतन बढ़ाने को लोगों ने कहा—अपनी गरज बावली।) आठ कनौजिया-नौ चूल्हे (यानी मेल न रहना), आंख एक नहीं और कजरौटा दस-दस (यानी व्यर्थ का आडंबर)। एक मछली सारे तालाब को गंदा कर देती है (एक बुरा व्यक्ति सारे कुटुंब, समाज या साथियों को बुरा बना देता है)। काठ की हाँडी एक बार ही चढ़ती है (छल-कपट से एक बार तो काम बन जाता है, पर हमेशा नहीं)। आगे कुआं पीछे खाई (सब ओर विपत्ति), आ बैल मुझे मार (जान-बूझ कर आपत्ति मोल लेना) आदि।

महेंद्र राजा जैन

अधिक जानकारी के लिए :
1. **हिंदी मुहावरे और लोकोक्ति कोश** : बदरीनाथ कपूर, 2. **लोकोक्ति कोश** : हरिवंश राय शर्मा, 3. **Simple Forms : An Encyclopedia of simple Tot-Types in Lore and literature :** Walter A Koch, 1994, 4. **A Glossary of Literature Terms :** M H Abrams, 2005

कांगड़ा कलम

भारत में विकसित छोटे चित्रों की तीन शैलियां मान्य हैं—मुगल दरबार में विकसित मुगल शैली, राजस्थान के रजवाड़ों द्वारा पोषित राजस्थानी या राजपूत शैली तथा हिमालय घाटी के विभिन्न सूबों की पहाड़ी शैली। कांगड़ा कलम पहाड़ी शैली की एक महत्वपूर्ण उप-शैली है जो अठारहवीं शताब्दी में हिमाचल प्रदेश की कांगड़ा की घाटी और उसके आसपास विकसित हुई।

कांगड़ा शैली के अभ्युदय पर विचार करते हुए भारतीय कला के जानकार डब्ल्यू जी आर्चर ने लिखा है, 'अठारहवीं शताब्दी में पहाड़ी चित्र-कला के विकास में गुलेर राज्य ने महत्वपूर्ण भूमिका निभाई। इसने न सिर्फ एक स्थानीय कला को बेहद मोहक एवं नाजुक कला के रूप में विकसित किया बल्कि 1780 में इसे कांगड़ा ले जाया गया जहां यह स्वयं कांगड़ा शैली में रूपांतरित हो गई। गुलेर पहाड़ी कला के अड़तीस छोटे-छोटे केंद्रों में महज एक केंद्र भर नहीं है बल्कि यह पहाड़ी कला की महानतम शैली का जन्मदाता और पालक है।'

कांगड़ा शैली का जन्म गुलेर में महाराजा गोवर्धन चंद के शासनकाल में 1730 से 1760 के बीच हुआ था, लेकिन इसका विकास महाराजा संसार चंद (1765-1823) के समय कांगड़ा में हुआ। संसार चंद के दरबार में चित्रकार बड़ी संख्या में थे। गुलेर से आने वालों में नैनसुख, उसके पुत्र गौहरू तथा नैनसुख के भाई मानक और उसके पुत्र खुसाल का नाम इतिहास में दर्ज है। इसके अतिरिक्त गुरसहाय, चैतू, रामदयाल, अतरा, किरू तथा सामलोटी गांव के कई चित्रकारों का नाम कांगड़ा शैली के चित्रों पर देखा जा सकता है। वैसे कांगड़ा शैली के आविष्कार का श्रेय प्रायः चित्रकार नैनसुख एवं उसके भाई मानक को दिया जाता है ।

प्रकृति और मनुष्य के साहचर्य का गीतात्मक लय कांगड़ा और कांगड़ा कला दोनों की विशेषता है। कांगड़ा कला के विशेषज्ञ महेंद्र सिंह रंधावा लिखते हैं, 'कांगड़ा की घाटी अपनी सुंदरता के लिए विख्यात है। इस घाटी में हमें कांगड़ा की अति सुंदर कला के नमूने भी मिलते हैं, जिनमें प्रेम की भावनाओं को रंगों और रेखाओं के अत्यंत कोमल सम्मिश्रण ने अमर कर दिया है।' कांगड़ा कलम में रेखाएं महत्वपूर्ण हैं या रंग—यह बहस का मुद्दा

रहा है। कांगड़ा कलम को अनिवार्यतः 'रूपरेखा की कला' घोषित करते हुए आनंद कुमारस्वामी ने लिखा है, 'यह सच है कि इसमें प्रयुक्त रंग कोमल एवं मोहक हैं, विशेषकर 'गोधूलि-वेला' जैसे चर्चित चित्र में लेकिन इस कला के जो भी आत्यंतिक तत्व हैं वे सभी रेखा प्रदत्त ही कहे जाएंगे।'

कांगड़ा कलम का प्रिय विषय कृष्ण लीला और भागवत पुराण है। गीत गोविंद, बिहारी सतसई, केशव की रसिकप्रिया, हमीर हठ, रागमाला, अष्ट नायिका, नल-दमयंती जैसे विषय भी चित्रित किए गए हैं जो कला में विषयानुरूप पर्यावरण रच पाने के कौशल की दृष्टि से महत्वपूर्ण माने जाते हैं। कांगड़ा कलम के चित्रकारों ने अजंता कला की गुनगुनाती हुई रेखाओं और अपने क्षेत्र के प्राकृतिक रंगों से जिस निष्कलुष संसार की रचना की है, वह भारतीय कला के इतिहास में अद्वितीय हैं।

रमण सिन्हा

अधिक जानकारी के लिए :

1. **कांगड़ा** : महेंद्र सिंह रंधावा, 1984, 2. **Indian Painting in the Punjab Hill** : W G Archer, 1952, 3. **Introduction to Indian Art** : Anand Kumarswami, Munshi Manoharlal, 1969

कांगड़ी

कांगड़ी बोली मूलतः पूर्व कांगड़ा जिला तथा उसके आस-पास के पड़ोसी क्षेत्रों की बोली है, जिसमें अब हिमाचल प्रदेश के वर्तमान कांगड़ा, हमीरपुर, ऊना जिले शामिल हैं। कांगड़ी बोलने वालों की संख्या लगभग साढ़े पंद्रह लाख है। कांगड़ी बोली लगभग तीन ओर से पहाड़ी भाषी क्षेत्र से घिरी है और एक ओर पंजाबी भाषी क्षेत्र पड़ते हैं। यह बोली हिमाचल की सभी बोलियों में सर्वोपरि है। यह प्रायः हिमाचल के सभी क्षेत्रों में समझी जाती है। यह बोलने तथा सुनने में अत्यंत मधुर तथा सरल है। इसमें संज्ञाओं के विकारी रूप पंजाबी की अपेक्षा भीतरी पहाड़ी के अधिक निकट हैं। पालमपुरी, नूरपुरी, शिवालकी तथा कंडी इसकी मुख्य उप-बोलियां हैं। इन बोलियों पर भाषाविज्ञान की दृष्टि से श्यामलाल डोगरी ने महत्वपूर्ण कार्य किया है। भटियाली पर इसका पर्याप्त प्रभाव है। इसके पारंपरिक साहित्य के संग्रह तथा प्रकाशन की दिशा में एम एस रंधावा तथा इन पंक्तियों के लेखक के कार्य उल्लेखनीय माने जाते हैं। इसमें काव्य, कहानी, एकांकी, निबंध आदि की दिशा में काफी कार्य हुए हैं।

ग्रियर्सन कांगड़ी को पंजाबी का एक रूप मानते हैं, जो पड़ोसी भाषा डोगरी और पहाड़ी का मिश्रण है। इस पर कश्मीरी का भी प्रभाव है। वास्तव में ग्रियर्सन पंजाबी भाषा की दो बोलियां मानते हैं– 1. भाषा का सामान्य बोलचाल का रूप और 2. डोगरा या डोगरी। इनमें से डोगरी अपने विभिन्न रूपों में जम्मू रियासत के उप-पहाड़ी क्षेत्र और विशेषकर कांगड़ा जिले के मुख्यालय मंडल में बोली जाती है। उन्होंने डोगरी भाषा की तीन उप-बोलियां मानी हैं—कंडियाली, कांगड़ी और भटियाली। कांगड़ी बोली कांगड़ा जिला और तहसीलों के मुख्यालयों की प्रमुख भाषा है। उनके अनुसार पंजाबी की दो बोलियां हैं, जिनमें से एक डोगरी है। डोगरी बोली की तीन उप-बोलियां हैं, जिनमें से एक कांगड़ी है। कांगड़ी

मुख्यतः जिला और मंडल-तहसील के मुख्यालयों में बोली जाती है।

श्रीराम शर्मा

काजी नजरुल इस्लाम
(1899-1976)

काजी नजरुल इस्लाम बांग्ला के कवि, संगीतज्ञ और दार्शनिक थे। उनका जन्म पश्चिम बंगाल के बर्दवान जिले के चुरुलिया गांव में एक दरिद्र मुस्लिम परिवार में हुआ था। पिता की मृत्यु के बाद मां ने चुरुलिया में ही उनके पढ़ने का प्रबंध किया। उनकी प्राथमिक शिक्षा मजहबी शिक्षा के रूप में हुई। वह एक सच्चे मुसलमान थे और अवसर मिलने पर बांग्ला रामायण, महाभारत और अन्य हिंदू-कृतियों का पाठ भी करते थे। उन्होंने किशोरावस्था से ही विभिन्न थिएटर दलों के साथ काम किया। उसी दौरान उन्होंने कविता, नाटक, संगीत और साहित्य का ज्ञान प्राप्त किया। उनका मन लोकगीत, लोकधुनों, लोक संगीत में रमता था।

नजरुल बांग्ला भाषा के अन्यतम कवि और साहित्यकार थे। उनकी कविताएं और गीत देशप्रेम से ओतप्रोत हैं। उनकी कविताओं में विद्रोह का स्वर प्रखर है, इसी कारण उनको विद्रोही कवि कहा जाता है। उनकी कविताएं मनुष्य पर मनुष्य के अत्याचार और सामाजिक शोषण के विरुद्ध प्रतिवाद हैं।

नजरुल ने स्वाधीनता संग्राम में भाग लिया। 1917 में नजरुल ने पढ़ाई छोड़ दी और उबल कंपनी में शामिल हो गए। उन्हें कराची भेज दिया गया, जहाँ उनके गीतों ने सैनिकों को रिझाया। इसी समय उन्होंने हाफिज की रुबाइयों का अनुवाद करना शुरू किया जो 1930 में समाप्त हुआ। नजरुल ने अपनी पहली कहानी 'घुमक्कड़ की आत्मकथा' लिखी जो 1919 में 'सौगात' पत्र में छपी। 1920 में वह बंगाल वापस आ गए। इस समय भारत में गांधी के सत्याग्रह की लहर चल रही थी। इससे प्रभावित होकर नजरुल के मन में विद्रोह की भावना जग गई। 1920 में नजरुल क्रांतिकारी वारींद्र कुमार घोष और अविनाश भट्टाचार्य के संपर्क में आए। 1921 में उन्होंने गांधी पर कई कविताएं लिखीं।

नजरुल ने जीविका के लिए पत्रकारिता का मार्ग चुना। वह 'मुस्लिम भारत', 'सौगात', 'उपासना' और 'भारती' जैसे पत्रों में लिखने लगे। भारतीय कम्युनिस्ट पार्टी के मुजफ्फर अहमद के साथ मिल कर 'नवयुग' पत्र निकाला। दोनों में मित्रता थी। मुजफ्फर अहमद ने नजरुल की सबसे अच्छी जीवनी लिखी है। उनकी 'विद्रोही' कविता के संदर्भ में मीठे मजाक से कहा है, 'नजरुल तलवार से दाढ़ी बनाते थे।' उन्होंने इसका उल्लेख भी किया है कि उन्होंने कुछ हास्यपरक कविताएं तब लिखीं, जब उनकी बेटी छोटी उम्र में मरी थी। शोक को भूलने के लिए उन्होंने कठिनाई का रास्ता चुना था। उनकी रचनाएं पत्र-पत्रिकाओं में धारावाहिक रूप में छपती थीं।

नजरुल का विद्रोही रूप बांग्ला गीतों को एक अलग पहचान देता है। उनका मन एक क्रांतिकारी देशभक्त का था। उनके गीतों में राजनीतिक चेतना है। ऐसी कविताएं 'पूर्वेर हवा' में संकलित हैं। नजरुल ने 'भांगार गान' लिखा, जिसकी मूल संवेदना जेल के लौह दरवाजों को तोड़ डालने से जुड़ी है। इसे राष्ट्रीय आंदोलन का पहला महान गीत कहा गया जिसे जनता ने गाया। उन्होंने राष्ट्रभक्ति में कहा था, 'कारागार के लौह कपाट

काजी नजरुल इस्लाम

तोड़ दो।' उन्होंने उन सारी जंजीरों को तोड़ने की बात कही, जिससे देश जकड़ा हुआ था। उनकी 'मानुष' शीर्षक कविता है, **'गाता हूं साम्य का गान/ मनुष्य से अधिक कुछ भी नहीं है महान/ देश-काल और व्यक्ति का भेद नहीं/ धर्म और जाति में भी अभेद/ सभी देशों, सभी कालों में घर-घर में रहते हैं सिर्फ मनुष्य/हे पुजारी, द्वार खोल दो/भूख का ईश्वर खड़ा है द्वार पर/ करने दो उसकी आराधना।'** बिजली पत्रिका में छपी इनकी 'विद्रोही' कविता इतनी प्रसिद्ध हुई कि उन्हें 'विद्रोही' ही कहा जाने लगा। वे गांधी के सत्याग्रह और अहिंसा के प्रशंसक थे।

उनके प्रेम गीतों का संग्रह है 'दोलोनचंपा' (1923) और 'छायानट' (1924)। उनके लेखों का संग्रह है 'युगवाणी' (1922) और कहानी संग्रह है 'व्यथारदान' (1922)। 1922 में नजरुल ने 'धूमकेतु' पत्र का प्रकाशन किया जिसे रवींद्रनाथ ठाकुर और शरतचंद्र चटर्जी ने सराहा था। इस पत्रिका का उद्देश्य था–हिंदू-मुस्लिम एकता स्थापित करना और हर मामले में स्वतंत्रता का पक्ष लेना। नज़रुल के विचारों में फ्रांसीसी क्रांति के नारे–स्वाधीनता, बंधुत्व और समता की गूंज सुनाई देती है और साम्यवाद की भी। उन्हें जेल भी जाना पड़ा और वहां भी वे कविताएं लिखते रहे। नजरुल का गीत 'तरुण प्रांतेर, तरुण दल, चल रे, चल रे, चल' जन मानस के मन पर अंकित हो गया। नजरुल की संगीत प्रतिभा का लाभ फिल्म निर्माताओं ने उठाया। उनकी कविताएं और गीत पसंद किए जाते रहे हैं। 1972 में बांग्लादेश के आमंत्रण पर वह सपरिवार ढाका चले गए। वहां वे बांग्लादेश के राष्ट्रीय कवि के रूप में स्थापित हुए। नजरुल ने लगभग 3000 गीतों की रचना की और रवींद्रनाथ की तरह अधिकांश गीतों को उन्होंने खुद ही स्वर प्रदान किया। उनके गीतों को 'नजरुल संगीत' कहा जाता है। नजरुल अपने जीवन के उत्तर काल में मतिशून्य हो गए थे।

धर्मेंद्र राय

कात्यायन

संस्कृत व्याकरण की परंपरा में पाणिनि, कात्यायन तथा पतंजलि मुनित्रय के नाम से जाने जाते हैं। कुछ विद्वानों के मत से कात्यायन दक्षिण भारत में हुए। इनका समय 300 ईसा पूर्व के लगभग माना गया है। वे वररुचि के नाम से भी जाने जाते हैं। बृहत्कथा या उसके रूपांतरों में प्रतिपादित कथाओं में इन्हें राजा नंद का मंत्री बताया गया है। अपने वार्तिकों में इन्होंने संस्कृत भाषा के विविध क्षेत्रीय रूपों का उल्लेख किया है।

कात्यायन ने पाणिनि की अष्टाध्यायी के सूत्रों पर वार्तिक लिखे थे, और पतंजलि ने उन पर भाष्य लिखा, जिसे महाभाष्य के नाम से जाना जाता है। कात्यायन का वार्तिक ग्रंथ लुप्त हो गया, केवल पतंजलि ने अपने भाष्य में उनके जितने वार्तिक उद्धृत किए, उनके आधार पर ही कात्यायन कृत वार्तिक का परिचय मिलता है।

वार्तिक का लक्षण वैयाकरणों की परंपरा में इस प्रकार किया गया है, 'उक्तानुक्तादुरुक्ताचिन्ताकृत्त्वं वार्तिकत्वम्', अर्थात जिसमें कही गई, न कही गई व गलत कही गई बात पर विचार किया जाए वह वार्तिक है। कात्यायन ने पाणिनि से जो छूट गया था, उसका अपने वार्तिकों में समावेश किया तथा पाणिनि के नियमों में संशोधन भी किया। इसका एक उदाहरण उनके द्वारा दी गई वाक्य की परिभाषा से जाना जा सकता है। पाणिनि ने पद का तो लक्षण किया है, पर वाक्य का लक्षण नहीं किया। कात्यायन ने वाक्य का लक्षण अपने वार्तिक के द्वारा यह दिया 'एकतिङ् वाक्यम्' अर्थात जिसमें (कम से कम) एक क्रियापद हो ऐसा पदसमूह वाक्य है। कीलहार्न ने पतंजलि के द्वारा उद्धृत और विवेचित कात्यायन के 4276 वार्तिकों की क्रमबद्ध सूची निर्मित कर कात्यायन के ग्रंथ को पुनःसंरचित करने का प्रयास किया है।

कात्यायन या वररुचि एक महाकवि के रूप में भी मान्य रहे हैं। उनके महाकाव्य का उल्लेख महाभाष्यकार पतंजलि ने 'वाररुचं काव्यम्' के

नाम से किया है। वररुचि के नाम से अथवा इनके अन्य अभिधान वार्तिककार के नाम से अनेक पद्य सुभाषित-संग्रहों में प्राप्त होते हैं। विद्वानों का अनुमान है कि वररुचि के द्वारा विरचित महाकाव्य का नाम 'स्वर्गारोहण' था।

राधावल्लभ त्रिपाठी

अधिक जानकारी के लिए :
व्याकरण शास्त्र का इतिहास : युधिष्ठिर मीमांसक

कादंबरी

कादंबरी कथा के रचयिता बाणभट्ट हैं, जो राजा हर्षवर्धन (606-647) के समकालीन थे। बाण की तीन रचनाएं उपलब्ध हैं—हर्षचरित आख्यायिका, कादंबरी कथा (गद्यकाव्य) तथा चंडीशतक स्तोत्रकाव्य। इनके अतिरिक्त सुभाषित संग्रहों में इनके रचे अनेक मुक्तक उद्धृत हैं । मुकुट ताडितक नामक रूपक का प्रणेता भी बाण को माना गया है।

कादंबरी कथा विधा का गद्यकाव्य है। बाण इसे पूरा नहीं कर पाए, इसे उनके पुत्र ने पूर्ण किया। पुत्र का नाम कहीं पुलिंदभट्ट मिलता है, तो कहीं भूषण। दो कवियों की रचना होने से यह पूर्वार्ध और उत्तरार्ध में विभक्त की गई है। पूर्वार्ध बाण की रचना है, उत्तरार्ध उनके पुत्र की। बाण के पुत्र ने अधूरी कथा आरंभ करते हुए यह तो लिखा है कि मेरे पिता के अकस्मात निधन हो जाने से यह महान कथाप्रबंध अधूरा रह गया, मैं इसको पूरा करने का प्रयास कर रहा हूं ; पर उन्होंने स्वयं अपना नाम तक कहीं प्रकट नहीं किया। महाकवि धनपाल के अनुसार बाण के इस पुत्र का नाम पुलिंध्र है।

कादंबरी की कथा में नायक चंद्रापीड तथा उसके सहायक वैशंपायन के तीन-तीन जन्मों की कहानियां हैं। प्रारंभ में राजा शूद्रक का विस्तार से वर्णन है। एक बार शूद्रक की राजसभा में एक चांडाल कन्या एक बोलने वाले तोते को लेकर आती है। तोते का नाम है वैशंपायन। राजा के आग्रह पर वैशंपायन अपनी कथा सुनाता है। इस कथा के भीतर भी जाबालि ऋषि वैशंपायन के पूर्वजन्म की कथा सुनाते हैं। जाबालि की सुनाई गई कथा में नायक चंद्रापीड है। चंद्रापीड की कथा के साथ अविभाज्य रूप से महाश्वेता और पुंडरीक की करुण प्रणय गाथा जुड़ी हुई है, जिसे स्वयं महाश्वेता चंद्रापीड को सुनाती है। महाश्वेता चंद्रापीड को अपनी सखी गंधर्व राजकुमारी कादंबरी से मिलवाती है। नायिका कादंबरी से उसका प्रेम होता है। इसी समय चंद्रापीड को उज्जयिनी वापस लौटना पड़ता है। इसकी तांबूलकरंकवाहिनी पत्रलेखा बाद में उज्जयिनी आकर कादंबरी का संदेश उसे देती है। यहीं पर बाण द्वारा विरचित कादंबरी का पूर्वभाग समाप्त हो जाता है। उत्तरभाग में चंद्रापीड कादंबरी से मिलने के लिए जाता है। वह महाश्वेता से मिलता है। महाश्वेता से उसे अपने मित्र वैशंपायन की दुखद आकस्मिक विपत्ति का पता चलता है। वैशंपायन महाश्वेता पर मुग्ध होकर उसके प्रेम में बावला हो गया था। महाश्वेता उसके प्रणय प्रस्ताव से खिन्न होकर उसे शाप दे बैठी, जिससे वह तोता बन गया। मित्र की विपत्ति सुनकर चंद्रापीड का प्राणांत हो जाता है। पर उसका शरीर मृत्यु के बाद भी विकार-रहित बना रहता है। कादंबरी अपने प्रिय के निधन पर विलाप करती है। तारापीड और देवी विलासवती पुत्र की मृत्यु का समाचार पाकर अत्यंत दुखी होते हैं। जाबालि की सुनाई गई कथा यहीं समाप्त हो जाती है।

इसके पश्चात वैशंपायन नामक तोता अपनी कथा जारी रखता है। इस कथा में पुंडरीक का मित्र कपिंजल अपने मित्र को खोजता हुआ जाबालि के आश्रम में आता है। एक दिन तोता जाबालि के आश्रम से उड़ जाता है और एक चांडाल के हाथों में पड़ जाता है। चांडाल उसे अपनी लाडली बेटी को दे देता है। यही चांडालकन्या उसे लेकर शूद्रक की राजसभा में आती है। कथा के समापन में चांडालकन्या भी अपना वास्तविक परिचय देते हुए बताती है कि वह पुंडरीक की माता लक्ष्मी है तथा पुंडरीक ही इसके पहले के जन्म का वैशंपायन तथा इस जन्म का शुक

है। शूद्रक उस जन्म में चंद्रापीड ही था। चंद्रापीड भी उसके पहले जन्म में चंद्रमा था, जिसे कामदाह से दग्ध पुंडरीक ने धरती पर अतवरित होने का शाप दिया था। यह सब वृत्तांत जान कर लक्ष्मी के जाने पर शूद्रक तथा वैशंपायन शुक अपना देह छोड़ देते हैं और चंद्रापीड का अविनाशी शरीर सजीव हो उठता है। आकाश से पुंडरीक भी आ उतरता है और अंत में सबका मिलन हो जाता है।

कादंबरी की यह कथा मूलतः बृहत्कथा या लोककथाओं की परंपरा से प्रेरित है। एक कथा के भीतर अन्य कथा तथा उसके भीतर तीसरी कथा इस प्रकार की कथागुंफन शैली का प्रयोग बृहत्कथा तथा उसकी परंपरा में प्रचुरता से हुआ है। कादंबरीकार ने भी यह शैली अपनाई है। बोलने वाला तोता, त्रिकालदर्शी महर्षि जाबालि के द्वारा भूत, भविष्य व वर्तमान की घटनाओं का प्रत्यक्षदृष्ट के समान वर्णन, मर्त्यलोक से परे हिमालय के दिव्य वातावरण में अप्सराओं और गंधर्वों के बीच दिव्य प्रेम, शाप से जन्मांतर की प्राप्ति, अन्य जन्म में भी पूर्वजन्म का स्मरण आदि प्रसंगों में लोककथाओं के अभिप्राय गुंथे हुए हैं।

बाणभट्ट के कथानिरूपण की शैली में समय थम जाता है, हम अपने समय से उठकर एक अन्य दिक्काल में पहुंच जाते हैं, जहाँ समय की अपनी गति है। कादंबरी की कथादृष्टि का मार्मिक विवेचन करते हुए महाकवि रवींद्रनाथ ठाकुर ने इसकी तुलना एक विलंबित में प्रस्तुत किए जाते वाद्यवृंद (कंसर्ट) से की है। वे कहते हैं–'संस्कृत कवियों में चित्र खींचने में बाण की बराबरी करने वाला दूसरा कवि नहीं है। सारा कादंबरी काव्य एक चित्रशाला है। साधारणतः घटना का वर्णन करके किस्से कहे जाते हैं। परंतु बाणभट्ट ने उत्तरोत्तर चित्र सजा कर किस्सा कहा है।' (प्राचीन साहित्य, पृष्ठ 67)

कादंबरी की कथा की विशेषता यह है कि उसमें बाण ने अपने जीवन के मार्मिक अनुभवों को कल्पना और यथार्थ के अद्भुत समन्वय के साथ गूंथ दिया है। वैशंपायन तोते का अपने पिता के स्नेह का अनुभव बड़ा कारुणिक है। उसकी असहाय निरीह दशा, जिजीविषा, उत्कट पिपासा और भटकाव में बाण ने एक बार फिर अपनी आपबीती को करुणा और विषाद की गहरी छाया में रच दिया है। सातवीं शताब्दी की रचना होकर भी उनकी कादंबरी मनुष्य की महागाथा को इस रूप में प्रस्तुत करती है कि वह आज के उपन्यास का भी आस्वाद देती है। बाण उपन्यास विधा के अग्रदूत कहे जा सकते हैं। मराठी में तो कादंबरी शब्द व्यक्तिवाचक या ग्रंथविशेष की संज्ञा के स्थान पर उपन्यास के अर्थ में जातिवाचक संज्ञा के रूप में रूढ़ हो गया, जिसके पीछे कादंबरी का औपन्यासिक कलेवर ही कारण है।

बाण की रीति पांचाली मानी गई है, जिसमें वैदर्भी तथा गौडी दोनों रीतियों की विशेषताएं समाहित हो जाती हैं। कहीं तो बाण कई-कई पृष्ठों में चलने वाले एक वाक्य में अगणित विशेषणों तथा लंबे समासबंधों के द्वारा वर्ण्यविषय के एक-एक पक्ष को साकार कर देते हैं, तो कहीं भावतरंगों या विचारकणों को व्यक्त करने के लिए दो-तीन पदों वाले अत्यंत छोटे-छोटे वाक्यों के द्वारा अर्थ को हृदय में उतारते जाते हैं। उनका गद्य उत्कलिकाप्राय के रूप में तो अद्वितीय है ही, कहीं वह चूर्णक बन जाता है तो कहीं मुक्तक। चांडालकन्या, विंध्याटवी आदि के वर्णनों में बाण का एक-एक वाक्य ही कई-कई पृष्ठों में जा कर समाप्त होता है। दूसरी ओर अनेक स्थलों पर बाण के वाक्यों का विन्यास वार्तालाप की शैली में है। इसका सुंदर उदाहरण कादंबरी में शुकनासोपदेश तथा पुंडरीक को प्रबोध देते हुए कपिंजल के कथनों में हैं। उपमा, श्लेष, रूपक, परिसंख्या तथा विरोध जैसे अलंकारों की लड़ी गूंथने में बाण निपुण हैं। वर्ण्य विषय के असंख्य पक्षों को वे उपमाओं, रूपकों या उत्प्रेक्षाओं की लंबी लड़ियां बना-बनाकर समेट लेते हैं या परिसंख्या अथवा विरोध से उसे नवीन विन्यास देते हैं। अपने वर्णनों में बाण विराट परिदृश्य को अंकित करते हैं। वे वर्ण्य विषय की सूक्ष्म से सूक्ष्म विशेषताओं को साकार करते हैं। संसार के विषय में उनका ज्ञान अगाध है। वनों, वनस्पतियों, नगरों, प्रासादों, वेशभूषा, अलंकार, लोकाचारों आदि

के विषय में वे इतनी सूचनाओं और जानकारियों का अंबार लगा देते हैं कि उनके विश्वकोशात्मक ज्ञान पर विस्मय से स्तब्ध रह जाना पड़ता है।

बाण के विषय में कहा गया है कि संसार की कोई वस्तु न होगी, जिसको उन्होंने अपने वर्णनों का विषय न बनाया हो–'बाणोच्छिष्टं जगत सर्वम्' अर्थात बाण ने सारे संसार को उच्छिष्ट बना दिया है। वस्तुतः उनके वर्णनों में चांडालकन्या, विंध्याटवी, शबरसैन्य, जाबालितपोवन, महाश्वेता तथा कादंबरी के वर्णन विश्व साहित्य के श्रेष्ठ वर्णनों में परिगणनीय हैं। बाण अपनी उपमाओं और उत्प्रेक्षाओं से इतिहास, पुराण, आख्यान, तीर्थ आदि का विस्तृत फलक उपस्थित कर देते हैं। चांडालकन्या को उन्होंने अनुपम सौंदर्य से मंडित कर साकार कर दिया है। उपमानों और उत्प्रेक्षाओं से संसार के सारे सौंदर्य का कामनीय चित्र वे खड़ा करते हैं, 'वह कन्या अपने सांवले रंग के कारण राक्षसों के द्वारा गृहीत अमृत का अपहरण करने के लिए मायावी मोहिनी रूप धरने वाले भगवान विष्णु की तरह लगती थी, श्यामता के कारण वह इंद्रनील (नीलम) मणि से बनी चलती-फिरती पुतली-सी प्रतीत होती थी, घुटनों तक लटकने वाले नीले कंचुक से आच्छादित शरीर वाली वह माथे पर लाल रेशमी अंशुक (दुपट्टे) घूंघट रचाए हुए थी, तो नीलकमल से भरी धरती की तरह लगती थी, जिस पर सांझ के समय की धूप पड़ रही हो। एक कान में वह हाथी दांत का बना झुमका पहने हुए थी, जिसकी कांति से उसका कपोल धवल हो गया था, जिससे वह उस रात की तरह लगती थी जिसका मुख (पहला प्रहर) उदय होते चंद्रमा की किरणों से प्रकाशित हो रहा हो।' इत्यादि।

महाश्वेता का वर्णन तथा उसकी आपबीती बाण के साहित्य में सबसे सुंदर, मार्मिक और सौंदर्यमय प्रसंग है। महाश्वेतावृत्तांत के नाम से यह अपने आप में एक उपन्यास की तरह पढ़ा और पढ़ाया जाता रहा है। अपने नवयौवन के अनुभव का वर्णन करती हुई महाश्वेता कहती है–'धीरे-धीरे मेरे देह में नवयौवन आया जैसे वसंत में चैत का महीना आता है, चैत के महीने में नई कोंपलें आती हैं, कोंपलों के बीच फूल आते हैं, फूलों पर भौंरे आते हैं और भौंरों में मद आता है।'

चरित्र चित्रण में सूक्ष्म मनोवैज्ञानिक दृष्टि तथा भावों और संवेगों की गहराइयां बाणभट्ट की विशेषता है। वे प्रेम की अंतरंग अनुभूतियों के कुशल चितेरे हैं। महाश्वेता और कादंबरी का अपने प्रिय के अवसान पर विलाप हृदयद्रावक है, तो जरद्रविडधार्मिक का वर्णन शिष्ट हास्य की सरस पुष्टि करता है।

बाण शब्द, स्पर्श, रूप, रस और गंध का बहुवर्णी बहुआयामी संसार विविध विच्छित्तियों के साथ जीता-जागता हमारे सामने उपस्थित कर देते हैं। कई प्रकार की ध्वनियां, कई प्रकार के वर्णों की विच्छित्तियां उनकी गद्यरचना में सहज रूप में प्रस्तुत होती हैं। मनुष्यों की विभिन्न चेष्टाएं, भावभंगिमाएं और जगत के नाना कार्यव्यापार इनमें एकसाथ सम्मिश्रित हो जाते हैं। उनके वर्णनों को पढ़ते हुए विराट का स्पंदन हम अनुभव करते हैं। सृष्टि निरंतर लयमय गति करती रहती है। जगत की गतिमयता में मनुष्य की स्थिति और मनुष्य के साथ जंगम संसार का प्रत्यय बाण की रचना में निरंतर बना हुआ है।

बाण के सौंदर्यबोध में रंगों की निराली छटा का संसार उकेरा गया है। रवींद्रनाथ ठाकुर ने बाण के विषय में सत्य ही कहा है, 'इस प्रकार वर्ण सौंदर्य के विकास की क्षमता संस्कृत का दूसरा कोई कवि नहीं दिखा सका।' (प्राचीन साहित्य)। केवल रंग ही नहीं, एक समय में घट रही तरह-तरह की ध्वनियों, नाना प्रकार के कोलाहलों का वर्णन करते हुए बाण हमें अपने शब्दों से वे सारी ध्वनियां और कोलाहल एक साथ सुनवा देते हैं। इसी प्रकार वे एक समय में असंख्य लोगों द्वारा की जा रही भांति-भांति की चेष्टाओं का वर्णन भी इसी कौशल के साथ करते हैं। राजा शूद्रक की सभा के विसर्जन के समय होने वाली ध्वनियों और विभिन्न प्रकार की चेष्टाओं के चित्रण में उस समय के वातावरण का सूक्ष्म और सटीक अध्ययन कवि ने किया है। इसी प्रसंग में बाण भगदड़ और विभिन्न स्वरों का सूक्ष्म चित्र खींचते हैं।

भारतीय कथा साहित्य पर बाण ने अमिट छाप छोड़ी है। कादंबरी की अनुकृति पर अनेक रचनाएं लिखी गईं। हजारीप्रसाद द्विवेदी ने अपने उपन्यास 'बाणभट्ट की आत्मकथा' में घटना प्रसंगों का आधार बाणभट्ट के हर्षचरित से लिया, पर वर्णनों में सबसे ज्यादा 'कादंबरी' से उन्होंने वाक्यावलियां, पदावलियां और परिकल्पनाएं ग्रहण कीं।

राधावल्लभ त्रिपाठी

काम

काम को चार पुरुषार्थों में एक माना गया है और धर्म तथा काम में संबंध देखा गया है। दुनिया के प्राचीन साहित्य में तरह-तरह से बताया गया है कि मनुष्य ने अकेलेपन का अनुभव किया। इसलिए उसने अपने शरीर को तोड़ कर दो कर लिया, जिनमें एक स्त्री थी और दूसरा पुरुष। इसी से सृष्टि का विकास हुआ। इच्छा और काम को एक समझने की परंपरा है, 'न वै कामानामतिरिक्तमस्ति' अर्थात कामनाओं के अतिरिक्त कुछ नहीं है (शतपथ ब्राह्मण, 8.7.2.19)। मनुष्य जो कुछ करता है, कामना की वजह से करता है। काम का एक संबंध सृष्टि के विकास से है, दूसरा संबंध यौनिक आनंद से है और तीसरा संबंध जब धर्म से इसकी टकराहट होती है, ध्वंस से है। काम की अनियंत्रित अवस्था में ज्ञान आच्छादित हो जाता है, टकराहटों का जन्म होता है और यश का नाश होता है। प्राचीन महाकाव्यों 'रामायण' और 'महाभारत' की कथा का मूल उद्देश्य अपने-अपने युग के लोगों को अनियंत्रित काम के बुरे नतीजों से सावधान करना था। रावण या दुर्योधन-दुःशासन वस्तुतः अनियंत्रित काम से पीड़ित थे और सैकड़ों साल तक यही आम सामाजिक दशा रही है। आज भी यौन अराजकता, यहां तक कि यौन उत्पीड़न और हिंसा आम घटनाएं हैं।

काम को मनुष्य की एक प्राकृतिक भूख माना जाता है। यह विवेकशून्य कर देने वाले प्रचंड भावावेग के अलावा प्रेम और सौंदर्यबोध का स्रोत है। यह जीवन की सुंदरताओं का प्रधान निर्माता है। कालिदास ने कहा है, 'हाथी जब कमलिनी को देख लेता है, तो उसे जल में घड़ियाल नहीं दिखता' (मालविकाग्निमित्र)। आधुनिक युग में प्रसाद ने कहा, 'काम मंगल से मंडित श्रेय/सर्ग, इच्छा का है परिणाम/तिरस्कृत कर उसको तुम भूल/बनाते हो असफल भवधाम' (कामायनी)। भारतीय परंपरा में एक तरफ ऋषि-मुनियों से लेकर देवताओं और राजाओं तक अराजक काम सुख के अनगिनत उदाहरण हैं तो दूसरी तरफ वैराग्य और संन्यास की बातें हैं। दोनों अतिवाद मौजूद हैं। धर्म और साहित्य में काम भावना से ओतप्रोत इंद्रियों से विरक्त होने की बातें हैं, क्योंकि ये आध्यात्मिक मार्ग में बाधाएं हैं। भारवि कहते हैं, 'काम भोगों से श्रद्धा करो तो वे ठगते हैं, प्रेम रखो तो नुकसान पहुंचाते हैं और बचना चाहो तो छूटते नहीं। वे शत्रु हैं' (किरातार्जुनीय)। काम को तृष्णा, मोह, लोभ, क्रोध, अभिमान, शोक और समग्रतः अज्ञान से जोड़ा गया। खासकर स्त्री के संदर्भ में यौन पवित्रता, अक्षतयोनि जैसी कठोर धारणाएं जन्मीं जिन्हें अंध-राष्ट्रवाद ने भी सींचा। दूसरी तरफ, खजुराहो और कोणार्क के प्राचीन मंदिरों, कामसूत्र जैसे ग्रंथ और खुद साहित्य में ऐसा बहुत कुछ है जो वैराग्य को बुरा कहता है, जीवन की प्रवृत्तिपरकता पर जोर देता है और काम की यथार्थताओं को स्वीकारता है। काम के प्रति निराशावादी और आशावादी दोनों तरह के दृष्टिकोण भारतीय संस्कृति का अंग हैं।

काम नौजवानों पर कैसा असर डालता है, इसे प्राचीन ग्रंथों में कामातुरता और विरह की दस दशाओं में बताया गया है। ये अनुराग उत्पन्न होने से शुरू करके इस प्रकार हैं—अनुराग, प्रिय से मिलने की इच्छा, नींद न आना, शारीरिक दुर्बलता, किसी काम में मन न लगना, आलस्य, किसी भी अन्य विषय से विरक्ति, सामान्य लज्जा का त्याग, उन्माद, मूर्च्छा और मृत्यु। प्रेम में असफलता से अनियंत्रित अवसाद के कारण आत्महत्याएं बढ़ी हैं, जबकि जीवन से ऊपर कुछ नहीं है। स्वेच्छाचारिता और इच्छाहीनता के बीच ही कहीं कामनाओं का संसार

होना चाहिए जिसका प्रथम नागरिक सृष्टि के आरंभ से कामदेव हैं।

शंभुनाथ

काम का अधिकार

वैसे हर व्यक्ति को रोजगार या काम करने का कानूनी अधिकार है, क्योंकि यह जीवन की एक मूलभूत आवश्यकता है, जिससे किसी को वंचित नहीं किया जा सकता, लेकिन 'काम का अधिकार' से आशय कुछ और है। इसका अर्थ है ऐसी व्यवस्था, जिसमें किसी भी बेकार व्यक्ति को काम या रोजगार मिलने की गारंटी हो।

'काम का अधिकार' एक नया विचार है। इस शब्द का पहली बार प्रयोग फ्रांस के समाजवादी नेता लुई ब्लांक ने किया था। उन दिनों फ्रांस गहरे आर्थिक संकट में था, जिसके परिणामस्वरूप आगे चल कर फ्रांसीसी क्रांति हुई। इस अवधारणा की अगली ठोस मंजिल थी—मानव अधिकारों का सार्वभौम घोषणा पत्र (संयुक्त राष्ट्र, 1948)। इस घोषणा पत्र का अनुच्छेद 23.1 कहता है : 'हर आदमी को काम करने, अपनी पसंद का रोजगार चुनने, काम की उचित और अनुकूल स्थितियों तथा बेरोजगारी से सुरक्षा का अधिकार होगा।' 1966 में 'आर्थिक, सामाजिक तथा सांस्कृतिक अधिकारों पर अंतरराष्ट्रीय संधि' हुई, जिसके भाग-3, अनुच्छेद 6 के अनुसार, 'इस संधि की सभी पक्ष-सरकारें काम के अधिकार को मान्यता प्रदान करती हैं, जिसमें यह निहित है कि प्रत्येक व्यक्ति को ऐसे काम के द्वारा अपनी जीविका कमाने का अधिकार होगा जिसे उसने अपनी इच्छा से चुना या स्वीकार किया हो, और सरकारें इस अधिकार की रक्षा करने के लिए समुचित कदम उठाएंगी।'

समाजवादी व्यवस्था में काम के अधिकार की व्यवस्थागत गारंटी होती है, क्योंकि उत्पादन के सभी साधनों पर समाज का नियंत्रण होता है, लेकिन हर आदमी को उसकी इच्छानुसार काम मिलेगा, यह सुनिश्चित नहीं किया जा सकता। पूंजीवादी व्यवस्था, जिसमें उत्पादन के साधनों पर व्यक्तियों या उनके निगमित समूहों का नियंत्रण होता है, यह जिम्मेदारी स्वीकार नहीं करती कि कोई भी आदमी काम से वंचित न रहे। अर्थशास्त्रियों की मान्यता है कि बाजार-आधारित अर्थव्यवस्था में पूर्ण रोजगार की कोई गुंजाइश नहीं है, क्योंकि यह अर्थव्यवस्था केंद्रीय या सामूहिक रूप से नियोजित नहीं होती। सभी उद्यमी विभिन्न स्तरों पर अपने-अपने ढंग से नियोजन कर रहे होते हैं। फलस्वरूप श्रम का बाजार भी स्थिर नहीं रह सकता, वह चढ़ता-उतरता रहता है। ऐसी स्थिति में यह कैसे सुनिश्चित किया जा सकता है कि समाज में हर आदमी को, वह जब चाहे उसे उसकी मर्जी का काम करने का अवसर दिया जाए?

आर्थिक दृष्टि से विकसित देशों में बेरोजगारी की दर सामान्यतः दस प्रतिशत से नीचे रहती है। चूंकि बाजार सभी को काम देने का जिम्मा नहीं उठाता, इसलिए यह काम सरकार करती है। जिन व्यक्तियों को वह काम नहीं दे पाती, उन्हें वह सामाजिक सुरक्षा देती है। इसकी राशि अक्सर शालीन जीवन जीने के लिए पर्याप्त नहीं होती, पर इतनी अवश्य होती है कि किसी परिवार की न्यूनतम आवश्यकताएं पूरी हो सकें। इस तरह, वहां काम का अधिकार नहीं है, पर सामाजिक सुरक्षा या सहायता का अधिकार है। यह सुविधा पाने वालों में सेवानिवृत्त तथा विकलांग लोग सब से ज्यादा होते हैं। सामाजिक सुरक्षा पर संयुक्त राज्य अमेरिका में 1937 में 53,236 व्यक्तियों पर 12 लाख 78 हजार डॉलर खर्च किया गया था। यह राशि 2008 में 50,89,244 व्यक्तियों पर 615 खरब 34 अरब 44 करोड़ डॉलर हो गई।

वास्तविक समस्या अविकसित या विकासशील देशों की है, जहाँ अधूरे उद्योगीकरण तथा परंपरागत खेती के कारण बेरोजगारों की संख्या बहुत ज्यादा है। प्रच्छन्न और अर्ध बेरोजगारी के कारण रोजगार बैंकों से प्राप्त आंकड़ों से बेरोजगारी के सही आंकड़े नहीं मिल पाते। ऐसे देशों में काम के अधिकार की ओर ध्यान देना बहुत जरूरी है।

जिन विकासशील देशों में इस दिशा में कुछ किया गया है, उनमें भारत भी एक है। भारत में ग्रामीण क्षेत्रों के अकुशल श्रमिकों के लिए महात्मा गांधी राष्ट्रीय ग्रामीण रोजगार गारंटी अधिनियम (मनरेगा), 1905 संसद में पारित किया गया था। इस योजना के तहत गांवों में रहने वाले सभी स्त्री-पुरुषों को साल में कम से कम सौ दिनों के लिए रोजगार की गारंटी दी गई है। जिन्हें काम नहीं दे पाते, उन्हें भत्ता दिया जाता है, हालांकि अधिकांश गांवों में इस प्रावधान पर अमल नहीं किया जाता। विभिन्न सरकारी और गैरसरकारी रिपोर्टों के अनुसार मनरेगा से गांवों की हालत सुधरी है और रोजगार के लिए शहरों की ओर पलायन, कुछ हद तक, थमा है। सरकार इस रोजगार गारंटी कार्यक्रम को ग्रामीण क्षेत्रों में अर्धकुशल और कुशल मजदूरों तक ले जाने की योजना बना रही है। इसी तरह शहरी गरीबों के लिए भी मनरेगा जैसा कार्यक्रम बनाने का प्रस्ताव है। देश के कुछ राज्य बेकारी भत्ता दे रहे हैं, जिसकी राशि एक हजार रु. महीने के आसपास होती है। वैश्वीकरण के युग में इस तरह की योजनाओं में उतार-चढ़ाव आता रहता है और भ्रष्टाचार की वजह से फायदा सभी गरीबों तक नहीं पहुंचता।

भारतीय संविधान के भाग चार में नीति-निर्देशक तत्वों का प्रावधान किया गया है जिन्हें लागू करने के लिए राज्य बाध्य नहीं है, पर संविधान निर्माताओं ने कहा है कि...'फिर भी इनमें अधिकथित तत्त्व देश के शासन में मूलभूत हैं और विधि बनाने में इन तत्वों को लागू करना राज्य का कर्तव्य होगा।' (अनुच्छेद 37)। अनुच्छेद 39 (क) निर्देश देता है कि 'राज्य अपनी नीति का, विशिष्टतया, इस प्रकार संचालन करेगा कि सुनिश्चित रूप से–(क) पुरुष और स्त्री सभी नागरिकों को समान रूप से जीविका के पर्याप्त साधन प्राप्त करने का अधिकार हो।' फिलहाल यह सपना ही है, लेकिन उम्मीद की जाती है कि आने वाले दिनों में काम या रोजगार के अधिकार को अधिकाधिक मान्यता मिलती जाएगी।

राजकिशोर

कामताप्रसाद गुरु
(1875-1947)

कामताप्रसाद गुरु की ख्याति एक भाषावैज्ञानिक एवं वैयाकरण के रूप में है। उनका जन्म एवं शिक्षा-दीक्षा मध्य प्रदेश के सागर जिले में हुई थी। मैट्रिकुलेशन की परीक्षा उत्तीर्ण करने के बाद उन्होंने जबलपुर में शिक्षक के रूप में नौकरी प्रारंभ की। परंतु पत्रकारिता एवं सृजनात्मक लेखन में रुचि रखने के कारण वे इलाहाबाद से प्रकाशित होने वाली पत्रिका 'बालसखा' के संपादक बन गए। बाद में कुछ समय के लिए उन्होंने प्रख्यात 'सरस्वती' पत्रिका का भी संपादन किया। उन्होंने बहुत कम उम्र से ही विभिन्न पत्र-पत्रिकाओं में लिखना प्रारंभ किया था। प्रारंभ में उनकी कुछ कविताएं ब्रजभाषा में प्रकाशित हुईं। बाद में वे खड़ी बोली में लिखने लगे। उनकी अनेक कविताएं एवं आलेख सरस्वती में प्रकाशित हुए। वे हिंदी के अतिरिक्त संस्कृत, अंग्रेजी, मराठी, बांग्ला, उर्दू, उड़िया आदि भाषाओं का अच्छा ज्ञान रखते थे।

कामताप्रसाद गुरु की सर्वाधिक महत्वपूर्ण एवं यशस्वी कृति 'हिंदी व्याकरण' है। इसका प्रकाशन नागरी प्रचारिणी सभा, काशी से 1920 में हुआ। इसे हिंदी भाषा का प्रथम एवं सबसे बड़ा और प्रामाणिक व्याकरण माना जाता है। यह व्याकरण महावीरप्रसाद द्विवेदी के हिंदी भाषा संबंधी आदर्शों के अनुरूप है। यह अंग्रेजी व्याकरण लेखन पद्धति पर आधारित है। किंतु संस्कृत का विद्वान होने के कारण उन्होंने इस व्याकरण में हिंदी की संरचना की व्याख्या करने के लिए संस्कृत के व्याकरणिक पदों का प्रयोग किया। दरअसल, उन्होंने पश्चिमी एवं भारतीय दोनों ही पद्धतियों को सम्मिलित कर इस व्याकरण की रचना की। इसमें मुख्यतः आधुनिक हिंदी भाषा को केंद्र में रखा गया है और नियमों की व्याख्या हेतु आधुनिक साहित्य से उदाहरण दिए गए हैं। यही कारण है कि यह व्याकरण आज भी प्रामाणिक माना जाता है, यद्यपि हिंदी भाषा में व्यापक परिवर्तन हो चुके हैं।

कामताप्रसाद गुरु

इस व्याकरण में मुख्य तीन विभाग हैं–वर्ण-विचार, शब्द-साधन और वाक्य-विन्यास। उनकी इस पुस्तक में हिंदी शब्द समूह का छह वर्गों में विभाजन है–तत्सम, तद्भव, अर्धतत्सम, देशज, अनुकरणवाचक तथा विदेशी। विदेशी शब्दों के विवेचन में उन्होंने अरबी, फारसी, अंग्रेजी आदि के अलावा बांग्ला, मराठी आदि को भी शामिल किया है।

गुरु जी ने हिंदी भाषा में कुल 46 ध्वनियां मानी हैं। इन ध्वनियों में 11 स्वर, 33 व्यंजन और अनुस्वार तथा विसर्ग शामिल हैं। ऋ और लृ को उन्होंने संस्कृत का स्वर माना है। व्यंजनों में ड़ और ढ़ की गणना नहीं है। गुरु जी ने अंग्रेजी व्याकरण के आधार पर प्रयोग की दृष्टि से हिंदी शब्दों के आठ भेद माने हैं–संज्ञा, क्रिया, विशेषण, क्रियाविशेषण, सर्वनाम, संबंधसूचक, समुच्चबोधक और विस्मयादिबोधक। पर इस व्याकरण की खासियत यह है कि इसमें सर्वनाम और विशेषण को संज्ञा से भिन्न कोटि का शब्द प्रमाणित किया गया है। इसके लिंग-विवेचन में मौलिकता का अभाव है। इस पुस्तक में उन्होंने पूर्ववर्ती वैयाकरणों की प्रस्तुत सामग्री को व्यवस्थित किया है। विशेषण की रूप-रचना को लेकर गुरु जी ने लिखा है कि हिंदी में आकारांत विशेषणों को छोड़ दूसरे विशेषणों में कोई विकार नहीं होता; परंतु सब विशेषणों का प्रयोग संज्ञाओं के समान होता है; इसलिए यह कह सकते हैं कि विशेषणों में परीक्षा रूप से लिंग, वचन और कारक होते हैं। उन्होंने क्रिया के रूपांतर के संबंध में मत दिया है कि क्रिया में वाच्य, काल, अर्थ, पुरुष, लिंग और वचन के कारण विकार होता है।

इसके पूर्व गुरु जी ने व्याकरण संबंधी और भी कई पुस्तकों की रचना की। उनकी व्याकरण संबंधी पहली पुस्तक 'भाषा वाक्य पृथक्करण' (बनारस, 1900) है। उन दिनों वे रायपुर के नार्मल विद्यालय में शिक्षक थे। इस पुस्तक में साधारण वाक्यों के पृथक्करण का विवेचन है। इसमें गुरु जी ने वाक्य के सात रूप, दो भाग और तीन प्रकार माने हैं। गुरु जी की दूसरी पुस्तक 'हिंदी बालबोध व्याकरण' (बनारस) है। पर उनकी यह पुस्तक ख्यात नहीं है। उनकी व्याकरण से संबंधित तीसरी पुस्तक 'सहज हिंदी रचना' (लखनऊ, 1911) है। इसकी रचना पांचवीं और छठी कक्षाओं के विद्यार्थियों के लिए की गई थी। उस समय गुरु जी ट्रेनिंग कॉलेज, जबलपुर में अध्यापक थे।

'हिंदी व्याकरण' की रचना के बाद गुरु जी ने उसी के आधार पर अन्य कई छात्रोपयोगी व्याकरणों की रचना की है; मिसाल के तौर पर 'प्रथम हिंदी व्याकरण' (1922), संक्षिप्त हिंदी व्याकरण' (1923), 'सरल हिंदी रचना भाग-एक तथा भाग-दो' (1927 एवं 1928) आदि। कामताप्रसाद गुरु हिंदी व्याकरण के आधिकारिक विद्वान थे।

व्याकरण विषयक पुस्तकों के अतिरिक्त कामताप्रसाद गुरु ने साहित्य की अन्य विधाओं में भी विपुल लेखन किया है। उन्होंने नाटक, उपन्यास और ब्रजभाषा एवं खड़ीबोली हिंदी में काव्य ग्रंथ लिखे। उनके द्वारा रचित चार उपन्यास हैं–'सत्य', 'प्रेम', 'पार्वती' तथा 'यशोदा, जो मिथकों एवं ऐतिहासिक

विषयों पर आधारित हैं। इसके अतिरिक्त 'विनय पचासा' और 'भामासुर बध' नामक दो काव्य ब्रजभाषा में लिखे एवं 'पद्य पुष्पावलि' खड़ी बोली में लिखा। उन्होंने 'सुदर्शन' नामक एक पौराणिक नाटक की भी रचना की।

कामताप्रसाद गुरु के साहित्यिक अवदान को रेखांकित करते हुए भारत सरकार के डाक विभाग ने 1977 में एक डाक टिकट जारी किया था, जिस पर उनकी छवि दी गई है।

राजेंद्र प्रसाद सिंह

कामदेव

कामदेव सौंदर्य और प्रेम के देवता हैं। काम का मूल अर्थ कामना है। वैदिक विचार परंपरा में सृष्टि की उत्पत्ति कामना या काम से मानी गई है। नासदीय सूक्त (ऋग्वेद, 10.129) में कहा गया है कि सृष्टि के पहले जब न सत था न असत, परम पुरुष के जन्म के साथ काम उत्पन्न हुआ। यह मन का पहला विकार था। असीम या निराकार के भीतर से सीमित साकार को रचने की इच्छा काम है। कामदेव इसी का अधिष्ठाता है। इसे सर्वव्यापी काम को परमपुरुष से एकरूप भी माना गया। बृहदारण्यक उपनिषद् (6.45) में कहा गया है, 'काममय एवायं पुरुषः।'

काम को चार पुरुषार्थों में से एक माना गया। समस्त कलाओं का मूल इसी को माना गया। नाट्यशास्त्र में भरतमुनि कहते हैं कि नाट्य में प्रस्तुत की जाने वाली सभी विधाओं की उत्पत्ति काम से होती है। (नाट्यशास्त्र, 22.95)। उपनिषदों में कामगायत्री तथा महाभारत (अश्वमेधपर्व 13.12-18) में कामगीता में काम का इसी मूल तत्त्व के रूप में निरूपण किया गया है।

देवता के रूप में काम के स्वरूप का सर्वप्रथम स्पष्ट संकेत अथर्ववेद (8.1.2) में मिलता है। वहां काम को सपत्नहनन (शत्रुओं को समाप्त करने वाला), हविष् तथा आज्य (घी) से तर्पणीय कहा गया है :

पत्नहननमृषभं घृतेन कामं शिक्षामि हविषाज्येन।
नीचैः सपत्नान् मम पादय त्वमिष्टुतो महता वीर्येण।।

यहां कामदेव इंद्र और अग्नि के समान प्रतापी देवता है। वह शत्रुओं को भस्म कर देता है। वह सूर्य, चंद्रमा, वायु, अग्नि आदि से अधिक समर्थ और सर्वव्यापी है (अथर्व. 9.1.2.24-25)। वाक कविवाणी काम की पुत्री कही गई है (वही, 9.1.2.5)। कामदेव का संबंध अथर्ववेद में स्त्री और पुरुष के पारस्परिक आकर्षण से भी स्थापित है। काम अपने बाण या शल्य से युवक या युवती को बांध देता है। उसका बाण रमण की अभिलाषा के फल वाला, मनस्ताप के पर्ण वाला, भोग संकल्प के तने वाला है (अथर्व. 3.25.2) :

आधीपर्णा कामशलयाभिषु सङ्कल्प-कुल्मलाम्।
तां सुसन्नतां कृत्वा कामो विध्यतु त्वा हृदि।।

काम के बाण से बिंध कर स्त्री प्रणय कलह को त्याग कर अनुकूल, मृदुभाषी और एकनिष्ठ प्रेम करने वाली बन जाती है (वही, 3.5.25.2-4)।

पौराणिक देवशास्त्र में कामदेव चिरयुवा, परम सुंदर और इंद्र के सहयोगी देवता के रूप में वर्णित है। रति उसकी पत्नी और वसंत उसका मित्र है। मदन, मकरकेतु, रागवृंत, अनंग, कंदर्प, मन्मथ, मनसिज, रतिपति, पुष्पधन्वा, पुष्पेषु, पंचबाण, पंचायुध, पंचसायक आदि उसके अन्य नाम हैं। उसकी ध्वजा पर मीन (मछली) का चिह्न है। अतः उसे मीनकेतु तथा मकरध्वज भी कहा जाता है। वह फूलों का धनुष हाथ में लिए रहता है, तथा पांच फूल उसके बाण कहे गए हैं—अरविंद (लाल कमल), अशोक, आम की मंजरी, नवमल्लिका तथा नीलोत्पल (नीलकमल)।

तारकासुर के वध के लिए देवताओं को एक सेनानी की आवश्यकता थी, जो शंकर से ही जन्म ले सकता था। शंकर समाधि में लीन थे। इंद्र ने उनके समाधि भंग के लिए कामदेव को भेजा। कामदेव उन पर अपना बाण छोड़ने को था, तभी शिव ने

उसे देखा और उनके तीसरे नेत्र से निकली ज्योति में जल कर वह राख हो गया। रति विलाप करने लगी, तब शिव ने उसे वर दिया कि तुम्हारा पति अशरीरी (अनंग) होकर सब के मन में निवास करेगा। यह कथा शिवपुराण, पद्मपुराण आदि में प्रतिपादित है। इसी को महाकवि कालिदास ने अपने 'कुमारसंभव' महाकाव्य में कल्पना से संवार कर प्रस्तुत किया है। तुलसीदास ने रामचरितमानस में भी इस कथा का निरूपण किया है। कामदेव ने कृष्ण के पुत्र प्रद्युम्न तथा पोते अनिरुद्ध के रूप में अवतार लिया, यह भी इस कथा में वर्णित है। कवि जगन्नाथ ने संस्कृत में अपने रतिमन्मथ नाटक में कामदेव के रति के साथ प्रेम और विवाह की कथा को रोचक नाटकीय रूप दिया है।

नागार्जुन ने कामदेव के मिथकीय चरित्र पर 'भस्मांकुर' खंड काव्य की रचना की। कामदेव के मिथकीय चारित्रिक विकास से स्पष्ट होता है कि अगम्यागमन के युग से सेक्स के प्रति मनुष्य की धारणा में कैसे विकास हुआ। काम को एक स्वाभाविक प्रवृत्ति माना गया और काम के नैतिक स्वरूप पर आधुनिक युग में काफी चिंतन हुआ।

राधावल्लभ त्रिपाठी

कामधेनु

समुद्र मंथन से निकले 14 रत्नों में एक रत्न कामधेनु गाय थी। यह देवताओं को मिली। कामधेनु एक ऐसी दैवी गाय है जो सभी कामनाओं को पूर्ण करने की क्षमता रखती है। यह देवताओं और ऋषियों की प्रिय रही है। धरती पर कामधेनु का अवतार नंदिनी थी, जो वशिष्ठ के पास थी, जिसे पाने की हर कोशिश विश्वामित्र ने की, लेकिन प्राप्त नहीं कर पाए थे।

कामधेनु का एक नाम सुरभि है। कामधेनु का निवास स्वर्ग, पृथ्वी और नरक से ऊपर 'गोलोक' भी कहा गया है। एक कथा के अनुसार, कृष्ण सुरभि गाय का दूध पी रहे थे और पात्र गिर गया। यह दूध सौ योजन तक फैल गया, जिससे क्षीरसागर बना। (देवी भागवत)। कामधेनु गाय का जगह-जगह जिक्र है। गाय के दूध की महत्ता बताने के लिए ही दुधारू गाय को कामधेनु माना जाने लगा। इसे मनोवांछित फल देने वाली ममतामयी भी बताया गया।

संजय जायसवाल

अधिक जानकारी के लिए :
1. **हिंदू धर्मकोश** : चंद्रबली पांडेय, 1978, 2. **Puranic Encyclopedia :** Vettam Mani, 1975

कामसूत्र

वात्स्यायन के पहले कामशास्त्र की परंपरा वेदों से चली आ रही थी, उपनिषदों ने निगूढ़ दार्शनिक चिंतन के साथ जीवन में काम के महत्व का प्रतिपादन किया था। वात्स्यायन भी अपने से पहले की कामशास्त्र की परंपरा की प्राचीनता से परिचित हैं। नासदीय सूक्त (ऋग्वेद, 10.129) में कहा गया है कि सृष्टि में सबसे पहले काम उत्पन्न हुआ, जो मन का पहला विकार था। वैदिक साहित्य में काम को लेकर किया गया विमर्श भारतीय कामशास्त्र तथा वात्स्यायन के कामसूत्र का मूलाधार है। ऋग्वेद (10.86.16-17) के इंद्रइंद्राणीविषयक प्रसंग तथा अपालासूक्त (8.91.4) में कामशास्त्र के विकास के स्पष्ट संकेत हैं। साथ ही भारतीय कामशास्त्र की एक उदात्त वैचारिक आधारभूमि ऋग्वेद के सृष्टि विषयक विमर्श में है। वात्स्यायन ने अपने से पहले हो चुके कामशास्त्र के जिन आचार्यों व ग्रंथकारों की नामावली अपने कामसूत्र के आरंभ में दी है, उनमें तीसरे क्रम पर उद्दालक के पुत्र श्वेतकेतु हैं, जो एक वैदिक ऋषि हैं।

वात्स्यायन ने प्रजापति को कामशास्त्र का प्रवर्तक बताया है। प्रजापति के पश्चात महादेव शिव के अनुचर आचार्य नंदी ने कामशास्त्र पर एक हजार अध्यायों में स्वतंत्र ग्रंथ का निर्माण किया। वात्स्यायन कहते हैं कि उद्दालक के पुत्र श्वेतकेतु ने इस ग्रंथ

का पांच सौ अध्यायों में संक्षिप्त रूप प्रस्तुत किया था—तदेव तु पञ्चभिरध्यायशतैरोद्दालकिः श्वेतकेतुः सञ्चिक्षेप (का.सू., 1.1.9)।

बृहदारण्यक उपनिषद् (4.4.4) में उद्दालक को कामविद्या या सृष्टिविद्या का प्रवर्तक कहा गया है तथा उनके और उनके गुरु प्रवहण जैवलि के द्वारा प्रतिपादित कामविद्या को उद्धृत भी किया गया है। यह कामविद्या सृष्टिविषयक वैदिक चिंतन तथा ऋग्वेद और अथर्ववेद के कतिपय सूक्तों में चित्रित पुरुष और स्त्री के यौन संबंधों के निरूपण का विकास है। उद्दालक ने रूपक के द्वारा याज्ञिक क्रिया के साथ संभोग क्रिया की समाकारिता स्थापित की है। परम तत्व अपने आनंद के लिए अगणित रूपों में अपना विस्तार करता है। यही सृष्टि प्रक्रिया है। इस सृष्टि प्रक्रिया की अनुकृति या पुनर्निर्मिति अपूर्व या आनंद की प्राप्ति के ही लिए याज्ञिक प्रक्रिया में की जाती है। उद्दालक के अनुसार याज्ञिक प्रक्रिया की अनुकृति या पुनर्निर्मिति अपूर्व या आनंद की प्राप्ति के लिए स्त्री की उस उपासना में की जाती है, जिसे आधुनिक दृष्टि से मैथुन या संभोग समझा जाता है। इस कामविद्या में पुरुष की यौनिकता सुख के संधान या आनंद के लिए है, प्रजनन उसकी अनिवार्य शर्त नहीं है। वात्स्यायन ने इस कामविद्या का विकास करते हुए स्त्री के यौनानंद को भी इसमें स्थान और महत्व प्रदान किया।

विषयवस्तु : वात्स्यायनविरचित कामसूत्र में सात अधिकरण (खंड) हैं, जिनके शीर्षक तथा विषय इस प्रकार हैं—साधारणाधिकरणम (विषयप्रवेश), साम्प्रयोगिकाधिकरणम (सांप्रयोगिक), कन्यासम्प्रयुक्तकाधिकरणम (कन्या से संबंध बनाना), भार्याधिकारिकाधिकरणम (पत्नी व गृहिणी का जीवन तथा दायित्व), पारदारिकाधिकरणम (परस्त्री से संबंध), वैशिकम (वेश्याओं का शास्त्र) और औपनिषदिकाधिकरणम (गूढ़ बातें)। इन सात अधिकरणों के केवल दूसरे अधिकरण में ही चुंबन, आलिंगन आदि संभोग के पूर्व और पश्चात करणीय कृत्यों का निरूपण है। शेष अधिकरणों में पुरुषार्थ, कला, नागरिक की जीवन शैली, पत्नी के कर्तव्य, परस्त्रीगमन, वैशिक (वेश्याओं का जीवन), अंतःपुर आदि विषय प्रतिपादित हैं। वात्स्यायन का काम से आशय जीवन के सर्वांगीण रूप से सुंदर बनाने वाली जीवन पद्धति से है। वे जीवन के वैविध्य और समग्रता में सौंदर्य देखते हैं। प्रेम और स्त्री-पुरुष के दैहिक संसर्ग में यह वैविध्य और समग्रता होनी चाहिए। इसीलिए वे कहते हैं कि प्रेम भी वैचित्र्य (सौंदर्य और विविधता) की मांग करता है। वैचित्र्य के द्वारा अनुराग को पनपाया जा सकता है।

वात्स्यायन अपने से पहले की कई शताब्दियों की कामशास्त्र विषयक चिंतन की परंपरा को संजो कर एक व्यवस्थित और समग्र रूप देने वाले पहले शास्त्रकार थे। इस ग्रंथ के अंत में कहा गया है कि वात्स्यायन ने इस ग्रंथ की रचना ब्रह्मचर्य को साध कर परम समाधि में स्थित रह कर की। आशय यही है कि वात्स्यायन ने इस ग्रंथ की तैयारी के लिए देश में प्रचलित कामविषयक विचारों व व्यवहारों का प्रत्यक्ष अवलोकन और अध्ययन किया होगा तथा इस विषय पर रचे गए पहले के ग्रंथों का अनुशीलन भी।

वात्स्यायन में एक समग्र दृष्टि पुरुषार्थों के समन्वय से बनती है। अर्थ, काम और धर्म—ये जीवन के पुरुषार्थ हैं। ये जीवन के तीन स्तरों पर हासिल होते हैं—आधिभौतिक, आधिदैविक तथा आध्यात्मिक। तीनों पुरुषार्थ परस्पर अन्तर्निर्भर हैं, ये जीवन में सत्य, सुंदर और शिव को मूर्त करते हैं। व्यक्ति का जीवन, समाज का जीवन और राष्ट्र का जीवन ये भी उसी तरह परस्पर अनुषक्त हैं।

अपने ग्रंथ के पहले सूत्र में उन्होंने कहा है—'धर्मार्थकामेभ्यो नमः' धर्म, अर्थ और काम को नमन है। वात्स्यायन ने अगले सूत्र में सूचित किया है कि इनकी पूर्वपूर्वतर श्रेष्ठता बताना उन्हें अभीष्ट है। धर्म अर्थ से तथा अर्थ काम से अधिक श्रेष्ठ है।

वात्स्यायन के पूरे ग्रंथ में देवमंडल, देवीकरण, सांप्रदायिक अर्थ में धर्म व धार्मिक कर्मकांड के लिए जगह ही नहीं है। वे एक सेक्युलर शास्त्रकार हैं।

स्पष्ट है कि उनकी दृष्टि में जीवन और जीवन की प्रवृत्तिमूलकता सर्वोपरि है, इसलिए जीवन के इन तीन पुरुषार्थों–धर्म, अर्थ और काम की वरेण्यता को स्वीकारने के साथ उन्होंने शास्त्र आरंभ किया है। काम का संबंध एषणा या प्रवृत्ति से है, निवृत्ति से वह संबद्ध नहीं हो सकता। इसलिए तीन पुरुषार्थों को ही वात्स्यायन ने नमन किया है।

धर्म (कानून, मर्यादाएं तथा नीति), अर्थ (प्रबंधन व भौतिक साधन) और काम एक-दूसरे के पूरक हैं, एक-दूसरे के सापेक्ष भी हैं। एक के बिना दूसरा नहीं हो सकता। इनके समन्वय से जीवन में गरिमा, पूर्णता और सौंदर्य आते हैं। वात्स्यायन इसी गरिमा, परिपूर्णता और सौंदर्य के पक्षधर हैं। काम के दो रूप वात्स्यायन ने निरूपित किए हैं–एक व्यापक स्वरूप है, दूसरा सीमित। आत्मा से संयुक्त मन के अधिष्ठान में पांच ज्ञानेंद्रियों की संसार के विषयों में अनुकूल प्रवृत्ति काम है। इस दृष्टि से हमारे जीवन के हर कर्म में काम रमा हुआ है। सीमित अर्थ में काम दैहिक संसर्ग से होने वाली फलवती आभिमानिक प्रीति है। (का.सू.,1.2.11-12)

वात्स्यायन यह भी कहते हैं कि जिस तरह शरीर को चलाने के लिए भोजन आवश्यक है, इसी तरह काम भी, और यह काम अर्थ तथा धर्म का फल है–शरीरस्थितिहेतुत्वादाहारसधर्माणो हि कामाः। फलभूताश्च धर्मार्थयोः। (वही, 1.2.37)

वात्स्यायन बार बार चेतावनी देते हैं कि काम को धर्म और अर्थ के मार्ग में विघ्न नहीं बनने देना चाहिए (का.सू., 1.2.1-4, 1.2.2-29)। वे जीवन की पुरुषार्थत्रय की समन्वित साधना को रेखांकित करते हैं–

एवमर्थं च कामं च धर्मं चोपाचरन्नरः।
इहामुत्र च निःशल्यमत्यन्तं सुखमश्नुते।।
किं स्यात् परत्रेत्याशंका कार्ये यस्मिन्न जायते।
न चार्थघ्नं सुखं चेति शिष्टास्तत्र व्यवस्थिताः।।
त्रिवर्गसाधकं यत् स्याद् द्वयोरेकस्य वा पुनः।
कार्यं तदपि कुर्वीत न त्वेकार्थं द्विबाधकम।।

(का.सू., 2.39-41)

(इस प्रकार अर्थ और काम तथा धर्म का आचरण करता हुआ मनुष्य इस लोक में तथा परलोक में निर्विघ्न सुख पाता है। शिष्ट जन उसी कार्य को करणीय मानते हैं जिसमें परलोक में क्या होगा ऐसी आशंका न हो, जो अर्थ की क्षति न करे, तथा सुखकर भी हो। जो कार्य तीनों पुरुषार्थों का साधक हो, उसे तो करना ही चाहिए, पर जो दो या किसी एक पुरुषार्थ की भी सिद्धि कराए, उसे भी (आवश्यकता के अनुसार) करना चाहिए, जो कार्य एक पुरुषार्थ की सिद्धि कराएगा, उससे अन्य पुरुषार्थ की क्षति होगी–यह नहीं समझना चाहिए।)

काम का मूल अर्थ संकल्प है। अपने बृहत्तर अर्थ में संकल्प जीवन को परिपूर्ण बनाने के लिए है। अपने सीमित अर्थ में भी काम को इसी बृहत्तर अभिप्राय से संवलित होना चाहिए। काम जीवन का उत्स और उत्सव है, यौन संसर्ग उसका एक बहुत सीमित पक्ष है। काम को स्वीकारना जीवन का इसकी समग्रता में अंगीकार है। काम का एक संकुचित या हेय अर्थ कुंठित वासना है। (का.सू., 5.5.36-37)। अतः समाजविमुख काम काम न हो कर विकार है। वात्स्यायन इसकी गणना मनुष्य के शत्रुओं में करते हैं। प्रत्येक मनुष्य की सामाजिक जिम्मेदारियां होती हैं। वात्स्यायन ने इन्हें गणधर्म कहा है। (1.3.2-18)।

जिस तरह तीनों पुरुषार्थ एक-दूसरे से जुड़े हैं, और एक के बिना दूसरे की प्राप्ति संभव नहीं है, उसी तरह व्यक्ति और समाज भी परस्पर अनुषक्त हैं। समाजबाह्य और समाजविमुख कोई प्रेम या कोई कामसंबंध उचित नहीं हो सकता। इसलिए वात्स्यायन नागरिक को समाज के दायित्वों के परिप्रेक्ष्य में उसकी दिनचर्या का उपदेश देते हैं, यही बात वैशिक के अंतर्गत गणिकाओं को दिए गए उनके उपदेश में भी है। वे गणधर्म या व्यक्ति की समूह के प्रति जिम्मेदारी की बात करते हैं। इसी सामाजिक परिप्रेक्ष्य में वात्स्यायन के सौंदर्यशास्त्र पर विचार किया जाना चाहिए। इसमें उत्सव हैं। देवयात्रा या घटा में नागरिक की सहभागिता है, यात्रा, उद्यानगमन, व विभिन्न

आयोजन हैं। कलासमस्याएं हैं, विदग्धगोष्ठियां हैं, कविता और कला पर विमर्श है।

काम जीवन को सुंदर और परिपूर्ण बनाता है। यह परिपूर्णता और सौंदर्य कला के द्वारा आता है। वात्स्यायन ने 64 कलाओं का विवेचन किया है। कविता, नृत्य, संगीत, चित्र आदि कलाओं में उदात्त और मनोहारी रूप में काम ही व्यक्त होता है, उसी प्रकार मनुष्य की प्रतिभा का रचनात्मक उन्मेष काम का एक रूप है, स्त्री संसर्ग से दैहिक तृप्ति इसका दूसरा रूप है, और गणधर्म तीसरा रूप, जिसका निरूपण वात्स्यायन ने विविध उत्सवों और सामाजिक कृत्यों के द्वारा किया है। घटा, गोष्ठी तथा समाज सामाजिक स्तर पर काम की अभिव्यक्ति हैं।

वात्स्यायन के प्रस्थान में काम का संबंध भी सत्य, सौंदर्य और शिवत्व से है। अगम्याप्रकरण में वे किन-किन स्त्रियों से काम संबंध वर्जित है यह प्रतिपादित करते हैं। पारदारिक प्रकरण में वात्स्यायन ने राजाओं, मंत्रियों आदि के लिए स्पष्ट निर्देश दिया है कि वे भूल कर भी पारदारिक के प्रपंच में न पड़ें। पारदारिक के योग तो असंख्य हैं, राजा व सामंत उनका प्रयोग भी करते रहे हैं। पर लोकहित की इच्छा रखने वाला राजा इनका प्रयोग न करे। उसे तो काम, क्रोध, मद, लोभ, मोह और मत्सर इन छह शत्रुओं पर विजय प्राप्त करना है, तभी वह धरती पर विजय पा सकेगा।

मनु जैसे धर्मशास्त्रकारों के मतों के विपरीत गांधर्व को वे विवाह की सर्वश्रेष्ठ विधि मानते हैं। मनुस्मृति में तो गांधर्व विवाह को राक्षस विवाह से भी निचला दर्जा दिया गया है। वात्स्यायन की दृष्टि में प्रेम सर्वोपरि है। इसलिए गांधर्व (प्रेमविवाह) को उन्होंने सर्वोतम माना है।

वात्स्यायन ने नारी मन को जितनी सहानुभूति से परखा है, वह केवल कालिदास, बाण, भवभूति जैसे इने-गिने कवियों में ही मिलती है। वात्स्यायन स्त्री और पुरुष में परस्पर विश्वास, प्रेम और सौहार्द को परम काम्य मानते हैं। स्त्री-पुरुष के बीच सख्य या बांधव भाव के संबंध को भी वात्स्यायन, कालिदास, बाण और भवभूति ने जिस तरह समझा है, वह हमारी शास्त्र परंपरा और काव्य परंपरा दोनों में अन्यत्र दुर्लभ है। स्त्री-पुरुष के बीच निर्विकार सौहार्द के संबंध को वात्स्यायन ने योषिन्मैत्री नाम दिया है।

उनके विवाह के निरूपण में धर्मशास्त्र के दृष्टिकोण से इसीलिए भेद है। जो कन्या से अनुरक्त हो उसी वर को वरीयता दी जानी चाहिए।

गुणसाम्येऽभियोक्तृणामेको वरयिता वरः।
तत्राभियोक्तरि श्रैष्ठ्यमनुरागात्मको हि सः।।

(वही, 3.4.55)

कई गुणशाली लोग एक लड़की के लिए दावेदार हों, तो जो उसे मन से चाहता है, वही दूल्हा होना चाहिए। जो अनुराग के साथ अपनी दावेदारी पेश करे, वही श्रेष्ठ है।

इसलिए वात्स्यायन कहते हैं कि भले ही धर्मशास्त्र की दृष्टि से गांधर्व विवाह का स्थान नीचे हो, सुखकारक, क्लेशरहित और अनुरागात्मक होने के कारण सारे विवाहों में गांधर्व को प्रवर माना जाना चाहिए।

कामसूत्र की लोकप्रियता और इस विषय का एकमात्र शास्त्रग्रंथ होने के कारण उसमें अपने स्वार्थ के अनुसार विधान जोड़ने की मंशा से मूल ग्रंथ में प्रक्षेप जुड़ गए होंगे। सातवां अधिकरण वात्स्यायन की मूल योजना का अंग नहीं लगता। इसमें आयुर्वेद के अजीबोगरीब कामवर्धक नुस्खे तथा विचित्र विधियां हैं, जो पुरुषों की अतृप्त कामनाओं की कुंठाजन्य परिणतियां हैं। इसलिए यशोधर जैसे प्रामाणिक टीकाकार ने इस अधिकरण की टीका नहीं की है।

राधावल्लभ त्रिपाठी

कामुकता

कामुकता (Sexuality) का संबंध यौन प्रवृत्तियों से है, जिनसे समागम की इच्छा जनमती है। कामुकता पर भारतीय चिंतन का लगभग दो हजार साल का इतिहास है, जबकि पश्चिम में

ऐसे चिंतन का कोई इतिहास नहीं है। वात्स्यायन ने कामसूत्र में इसके व्यापक अर्थ की ओर संकेत करते हुए कहा है, 'चुंबन, आलिंगन आदि के साथ गाल, स्तन, नितंब आदि विशेष अंगों के स्पर्श से जो फलवती प्रतीति होती है अर्थात आनंद मिलता है, वह काम है।' फलवती प्रतीति में पूर्ण समागम शामिल है। भारतीय परंपरा में मैथुन को सृष्टि का परम तत्व, 'ब्रह्मज्ञान' और योग का साधन तक कहा गया। इस चिंतन का असर ब्रह्मज्ञानी, बौद्धों, सिद्धों, योगियों से लेकर आधुनिक आध्यात्मिक गुरुओं और कलाकारों तक दिखाई देता है।

सेक्स के लिए सामान्यतः कौशल ज्ञान की जरूरत नहीं होती, पशु-पक्षियों में भी कामुकता की प्रवृत्तियां सामान्य रूप से होती हैं। वात्स्यायन ने सेक्स को एक व्यापक अर्थ 'काम' के अर्थ में लिया और 'कामसूत्र' लिखा। उन्होंने कहा कि निपुण व्यक्ति से काम कला का ज्ञान पाना चाहिए। उनका यह भी मानना था कि काम से आनंद लेना चाहिए, पर दोषों से बचने की जरूरत है। वात्स्यायन की एक चिंता समाज को एक नैतिक व्यवस्था में बांधने की भी थी। उनका मत था कि पुरुषों के साथ स्त्रियों को भी कामशास्त्र की शिक्षा दी जानी चाहिए, बल्कि उनके जमाने में स्त्रियों को इसका ज्यादा ज्ञान होता था। कामसूत्र में मैथुन-आनंद के अलावा वैवाहिक जीवन को बचाने पर भी जोर है और अवैध संबंधों की निंदा है।

कामुकता को मानव जीवन का एक मुख्य तत्व माना गया है, जिसका संबंध यौनिक इच्छा, अंतरंगता और विविध रूप में तृप्तिदायक आनंद से है। इसका स्वरूप मनुष्य की प्रकृति और वातावरण पर निर्भर करता रहा है। ऋग्वेद में प्रेम और यौनेच्छाओं की कई अभिव्यक्तियां हैं, जिनका चरम आदिम रूप यम-यमी, जो सहोदर थे, के यौनिक संवाद में है। अश्वघोष ने 'बुद्धचरित' में अर्धनग्न सुंदर स्त्रियों के साथ सिद्धार्थ के रति दृश्यों का सुंदर वर्णन किया है। किसी भी धर्म में आम लोगों के लिए सेक्स का निषेध नहीं है, कुछ नियम जरूर हैं। हम पाते हैं कि कला-साहित्य और मंदिरों में इरोटिक बिंब प्रचुर संख्या में हैं, जो वैयक्तिक और भौतिक जीवन की स्वीकृति के चिह्न हैं। इसमें संदेह नहीं कि अराजक कामुकता की प्रचंड ताकत की ओर भी इशारे किए गए हैं—'कामभोगों से कभी तृप्ति नहीं होती, जैसे सुलगती आग को आहुतियों से तृप्ति नहीं होती, जैसे-जैसे काम सुखों की प्रवृत्ति बढ़ती है, विषय भोगों की इच्छा बलवती होती जाती हैं, (अश्वघोष, सौंदरनंद)।

भारतीय परंपरा में कामुकता पर चिंतन रतिक्रिया के स्तर पर हुआ, पर एक कला-सांस्कृतिक रूप में ज्यादा हुआ। पश्चिम में जब इस पर चिंतन आया तो यह मुख्यतः शिशु कामुकता, स्वप्न, अचेतन आदि के मनोवैज्ञानिक रूप में था। कामसूत्र का एक लक्ष्य समाज में यौन प्रवृत्तियों को लेकर बनी रूढ़ियों, वर्जनाओं और ऊलजलूल बातों का खंडन करना था। कोणार्क, खजुराहो आदि जगहों के मंदिरों की कामुक मूर्तियां भी लोक शिक्षण का काम करती थीं। इस तरह शास्त्र और कला दोनों स्तर पर कामुकता पर भारतीय चिंतन बहु-उद्देश्यीय रहा है। इसकी दीर्घ परंपरा रही है, भले बाद में सेक्स को लेकर भय, वर्जना, पवित्रतावादी सोच, विकृति और यौन उत्पीड़न की स्थितियां पैदा होती गईं। कालिदास के काव्य 'कुमार संभव' में शिव और पार्वती की रति क्रीड़ा का ऐसा इरोटिक वर्णन है कि इसके लिए कवि को सामाजिक कोपभाजन होना पड़ा था। कहा जाता है कि उन्हें यह कृति अधूरी छोड़ देनी पड़ी। उन्हें शाप दिया गया कि वे कोढ़ी हो जाएंगे। कालिदास को वर्षा ऋतु में शिव के लिए तपस्यारत पार्वती की सुंदरता ऐसी लगी : 'पार्वती के सिर पर बरसात का जल पड़ता था। यह पल भर उनकी पलकों पर टिकता, वहां से ढुलक कर होठों पर जा पड़ता, वहां से कठोर स्तनों पर गिर कर बूंद-बूंद छितरा जाता और तब जाकर पेट की सलवटों से होता हुआ नाभि में पहुंचता था', यह सौंदर्य किसी साबुन के विज्ञापन में झरने के नीचे नहाती अधनंगी सुंदर मॉडल में नहीं मिलेगा। शिव के लिए पार्वती की तपस्या काम और पारिवारिक

जीवन की पुकार थी। पार्वती से शिव के संभोग का कालिदास द्वारा वर्णन सिर्फ यौनिक तृप्ति का आनंद प्रदर्शित करने के लिए नहीं था : 'जब शिव पार्वती को कस कर छाती से लगाते, पार्वती भी उन्हें दोनों हाथ से कस लेतीं। जब वे चुंबन के लिए बढ़ते, पार्वती भी अपना मुंह नहीं हटातीं और जब शिव उनकी मेखला पकड़कर खींचते, वे आधे मन से ही उनका हाथ रोकतीं। थोड़े ही दिनों में दोनों घुल-मिल गए और एक-दूसरे को आदर से देखने लगे।' यह ऐसी कामुकता है जो महज दैहिक तृप्ति नहीं, एक दूसरे के प्रति प्रेम और आदर की ओर ले जाती है। उपर्युक्त यौनिक वर्णन में अश्लीलता नहीं है। इससे यह भी प्रगट होता है कि कामुकता कभी अपने आप में संपूर्ण नहीं है। एक अर्थपूर्ण कामुकता हमेशा प्रेम, स्त्री के प्रति आदरभाव और उच्च नैतिकता की ओर ले जाती है, जो चीजें आज के कामुक परिदृश्य में नदारद हैं। कालिदास ने कहा है, 'हाथी जब कमलिनी को देख लेता है, तब उसे मगरमच्छ दिखाई नहीं देता!' (मालविकाग्निमित्र)। बौद्ध धर्म में काम भावना का एक समय इतना जबर्दस्त विरोध था कि संघ में स्त्री के प्रवेश पर प्रतिबंध था।

कालिदास के अलावा माघ और बाणभट्ट भी कामुकता को लेकर हिचक नहीं रखते थे और न उनके सामने अश्लीलता कोई समस्या थी। माघ स्त्रियों का बिंब रखते हैं, 'इन नारियों के शरीर को सौंदर्य ने, इस सौंदर्य को पूर्ण नवयौवन के संयोग ने और नवयौवन को कामुकता ने बहुत समृद्ध कर दिया है, फिर प्रियतम के साथ संगम के कारण उस पर छाए मद से उनका सौंदर्य और भी बढ़ गया है।' (शिशुपाल वध)। बाणभट्ट स्पष्ट करते हैं, 'इस त्रिभुवन में कोई ऐसा प्राणी नहीं है, जो कामदेव के बाण से बिद्ध नहीं हुआ है या नहीं होता है या नहीं होगा।' (कादंबरी)।

प्राचीन साहित्य में कामुकता को वर्जित क्षेत्र नहीं माना गया। ऐसे बिंबों में स्त्री पूरे स्वाभिमान, देहयष्टि की संपूर्ण कला और अपनी इच्छाओं के साथ उपस्थित होती है। हालांकि संस्कृत साहित्य में ऐसी किसी प्राचीन कवयित्री-स्त्री नाटककार का नाम सामने नहीं आता जिसने खुद कामुकता के संबंध में कुछ कहा हो या कोई इरोटिक चित्र खींचा हो। स्त्री विषय है, वह सैकड़ों साल तक सिर्फ दृश्य बन कर रही है।

भक्ति आंदोलन और नव-मर्यादावाद के दौर में कामुकता को माया या मिथ्या चेतना माना गया था। उसका आदर्शीकरण हुआ। उपनिवेशवाद के दौर में पश्चिमीकरण के विरोध का एक रूप यौन प्रवृत्तियों पर नियंत्रण और उनका दमन था। यौन दमन की प्रवृत्तियों का आम जनमानस पर असर यह पड़ा कि यौन इच्छाओं के बारे में कुछ सुनने और बोलने में संकोच बढ़ गया, कामुक दृश्य देख कर आंख बंद रखने के संस्कार जम गए। सेक्स पर बात करने वाली युवती निर्लज्ज मानी गई। हालांकि इसी दौर में रईस, सामंत, जमींदार और उच्च वर्ण के संपन्न या ताकतवर व्यक्तियों के लिए अनगिनत पत्नियां या रखैल रखना प्रतिष्ठा की बात थी। उनका भोग-विलास निर्बाध था। इस अति-कामुकता से ही धर्म और काम के बीच विरोध बढ़ा, जिसकी परिणति यौन कुंठाओं में हुई। वेश्यालय बढ़े। कभी गोपनीय ढंग से और कभी बलात यौन तृप्ति प्राप्त की जाने लगी।

उर्दू शायरी और छायावादी कविताओं में कामुकता प्रेम की भावात्मक पीड़ा के रूप में व्यक्त हुई। अशरीरी प्रेम की धारणा सामने आई। इसका यह अर्थ नहीं है कि कवि यौनाकर्षण से दूर थे। वे सिर्फ तत्युगीन नैतिक मर्यादावाद के दबाव में यौनाकर्षण को सौंदर्याकर्षण के स्तर पर ही व्यक्त कर पा रहे थे। नैतिकता के सवाल पर पश्चिम में लंबी बहसें चली हैं और यौन स्वतंत्रता का मुद्दा भी उभरा है। दूसरी ओर समाज में यौन वर्जनाएं भी बनी रही हैं।

इसके बावजूद निराला ने रूढ़ियां और वर्जनाएं तोड़कर अपनी एक कविता 'स्फटिक शिला' में नहाती हुई सीता के सौंदर्य का वर्णन करते हुए लिखा है, 'उठे पुष्ट स्तन दुष्ट मन को मरोड़ कर/आयत दृगों

का मुंह खुला छोड़ कर/आंखें फटी-सी उन स्तनों को देखती रह गईं।' इसी तरह पंत ने नूतन मन से लिखा, 'वह नमित दृष्टि से देख उरोजों के युग घट/हँसती खल खल अबला चंचल।' स्त्री के ऐसे इरोटिक बिंबों के बावजूद वह अभी अबला ही समझी जा रही थी। आधुनिकीकरण ने जब कामुकता के क्षेत्र में सतरंगे विस्फोटों की झड़ी लगा दी, स्त्री ने अपने बल को आंशिक तौर पर पहचाना।

आज के मीडिया ने कामुकता को आत्मीय क्षणों की निजी अनुभूति को बड़े पैमाने पर सार्वजनिक दृश्य में बदल दिया है। यह मनुष्य की यौन प्रवृत्तियों को एक भिन्न भूमि पर ले जाना है, जहाँ कामुकता की स्वायत्तता समाप्त होती है। वह एक बाजार-निर्मित वस्तु में ढल जाती है। कामुकता की मंजिल सिर्फ कामुकता होती है और वह पाशविक तृप्ति तक सीमित होती है। मीडिया नौजवानों में ऐसी ही कृत्रिम यौनिक इच्छाओं का निर्माण करता है, खासकर फिल्म, यू ट्यूब, फेसबुक और समाचार पत्रों में ऐसे सेक्स-दृश्य आम हैं। ये बच्चों के लिए भी उपलब्ध हैं। बच्चे 12-13 की अवस्था में ही परिपक्व हो जा रहे हैं और उनकी उच्छृंखल यौनिक हरकतें बढ़ गई हैं। मीडिया सदियों से छाई पुरुष कामुकता के समानांतर अब स्त्री कामुकता को खुल कर दर्शाता है, जिससे लड़कियों की हिचक निश्चय ही पहले से टूटी है। गौर करने की चीज है कि मीडिया के कार्यक्रमों में एकागामी कामुकता और विवाहेतर शारीरिक संबंध का प्रचार ज्यादा है। संगीत, नृत्य और विभिन्न किस्म की नाट कीयताओं के साथ कामुकता अब एक सामूहिक जश्न है। यह एक निर्भीक मौज-मस्ती की चीज है। इसने समाज के कामुकता संबंधी रुखों में व्यापक परिवर्तन ला दिया है, जिससे प्रेम का अर्थ भी बदल रहा है। अब बुद्धिवादी और शालीन दिखने की जगह सेक्सी दिखना ज्यादा जरूरी हो उठा है। आमतौर पर कामुकता संबंधी व्यवहार सामाजिक स्थितियों पर निर्भर करते हैं, किंतु समाज पर बने मीडिया के दबावों के कारण अब मीडिया कामुकता की अंतर्वस्तु के निर्धारण में समाज से भी बड़ी भूमिका निभा रहा है। बड़े-बुजुर्गों को चिंता होती है कि मीडिया नौजवानों पर बुरा असर डाल रहा है, पर ऐसी स्थिति है कि खुद नौजवान ऐसा नहीं सोचते।

शंभुनाथ

अधिक जानकारी के लिए :

1. Sexual Citizenship : The Material Construction of Sexualities : David T Evans, 1993, **2. Eroticism :** George Bataille, 2001, **3. Uses of the Erotic :** Audre Lorde, 1978

कामोद्दीपक

कविता में कामोद्दीपक (Erotic) बिंब मनुष्य की नैसर्गिक मुक्ति की इच्छा का ही रूपक है। एक देह अपने अधूरे होने से मुक्त होना चाहती है। यह मुक्ति पूरे होने के लिए दूसरी विपरीत लिंगधारी देह का संसर्ग चाहती है। इस प्रक्रिया में दैहिक पूर्णता को पाने की इच्छा ही केंद्रीय है। यह मात्र संयोग नहीं है कि कामोद्दीपक बिंब के साथ-साथ अक्सर मृत्युबोध भी कविता में दिखाई देता है। कामोद्दीपक कविता में देह की अदैहिक उपस्थिति भी हो सकती है और दैहिक भी। वहां एक नग्न (नेकेड) देह की स्मृति न्यूड (निर्वस्त्र) देह के रूप में आती है। बाजार की गति और दिशा इससे एकदम उलटी होती है। वह एक निर्वस्त्र को नग्न में बदल देता है। इस तरह मांसलता आक्रामकता में बदल जाती है। इरोटिक या कामोद्दीपक रूपक पोर्नोग्राफिक रूपक बन जाता है। बाजार देह को रचने वाली भाषा में कल्पना के सारे खेल और उसके भाव पक्ष को अवमूल्यित कर देता है। इस तरह एक बहुत सुंदर काव्यात्मक रूपक एक बाजारू माल में तब्दील होकर चौपट हो जाता है।

हिंदी की कामोद्दीपक कविता के संदर्भ में अक्सर रीतिकाल की ही कविता पर विचार किया जाता है लेकिन ऐसे बिंब और रूपक हिंदी की आदिकालीन कविता, भक्तिकालीन कविता,

रीतिमुक्त कविता से लेकर समकालीन कविता तक तलाशे जा सकते हैं। निराला की 'जूही की कली' या प्रसाद की 'कामायनी' के कामोद्दीपक बिंबों को भी यहां याद किया जा सकता है। आलोचना का आधार कामोद्दीपक बिंब के साथ कवि के व्यवहार को होना चाहिए। कविता में आदर्शवादी नैतिकता के आधार पर कामोद्दीपक बिंब या प्रवृत्ति का निषेध या विरोध वस्तुतः भारतीय काव्य परंपरा का गुण नहीं हैं।

शमेशर बहादुर सिंह की कविता की पंक्तियाँ हैं :

तुम मेरी पहली प्रेमिका हो
जो आईने की तरह साफ
बदन के माध्यम से ही बात करती हो।

देह की भाषा को यहां किसी और भाषा की दरकार नहीं है। वह अपने आप में सब कुछ को अभिव्यक्त करने के लिए समर्थ है। वह नैसर्गिक है। एक दिलचस्प पौराणिक कथा का उल्लेख हजारी प्रसाद द्विवेदी ने किया है कि कामदेव जब शिव के शाप से भस्म हो गया तो उसकी स्त्री रति ने कठिन तपस्या से शिव को संतुष्ट किया और यह वर प्राप्त किया कि काम अमूर्त भाव से ही प्राणियों में संचरित होगा और द्वापर में श्रीकृष्ण के पुत्र प्रद्युम्न के रूप में मूर्तरूप ग्रहण करेगा। इसके बाद से काम के मूर्त और अमूर्त दोनों रूपों का वर्णन होने लगा।

शायद यही कारण है कि कृष्ण काव्य में अधिक कामोद्दीपक बिंब हैं। कृष्ण को ही पूर्णावतार कहा गया है। मुक्ति की यह प्रक्रिया अपने साथ-साथ कविता की भाषा और शिल्प को ही नहीं, अपने रूपक को भी अधिक मुक्त और कभी-कभी उन्मुक्त बना देती है। वह विष्णु के मर्यादा पुरुषोत्तम वाले रूपक को गोपियों के साथ रास रचाते एक उन्मुक्त पूर्णावतार में बदल देती है। संभवतः इसीलिए कृष्ण भक्ति काव्य जाति, वर्ण और संप्रदाय के कठघरों से बाहर आ जाता है। वहां निम्न वर्गों से आए कवि भी हैं, स्त्री कवि भी और मुसलमान कवि भी। इस तरह दमित समाज और अन्य समाज कृष्ण काव्य में अपने को मुक्त करता है। नैसर्गिक मुक्ति का रूपक थोड़ा व्यापक होकर सामाजिक मुक्ति के राग से जुड़ जाता है।

बंद समाजों से आए रचनाकार भी कई बार अपनी अंतःबाधाओं से मुक्ति के लिए कामोद्दीपक बिंबों या रूपकों की ओर जाते हैं। यह आंतरिक बाध्यता अक्सर बहुत स्वाभाविक होकर प्रकट होती है। सहज गुण की तरह। अल्पसंख्यक समुदाय, दमित समुदाय या विस्थापन में अपना सब कुछ खो चुके समुदायों के रचनाकारों में कामोद्दीपकता के प्रति प्रायः कम अंतःबाधा होती है। लोक साहित्य में कई ऐसे पद और उसकी परंपराएं मिल जाती हैं जो कई बार आक्रामक रूप से भी कामोद्दीपक होती हैं। होरी, फाग और जाशियाड़ों में इसे देखा जा सकता है। शादी-ब्याह में बारात चले जाने के बाद लड़के वालों के घर में बची स्त्रियों के गानों और नाट्य में भी इसी तरह के कामोद्दीपक प्रसंगों की भरमार देखी जा सकती है। विक्षोभ और एक किस्म का विद्रोह भी इसमें है। वर्चस्वशाली वर्ग और पुरुष-सत्तात्मक समाज इस स्पेस को सामान्य जन और स्त्रियों के लिए बनाए रखता है। जिससे उनके विक्षोभ और विद्रोह को रिचुअल या कर्मकांड में बदला जा सके। यह स्पेस उनमें मुक्ति की चेतना को बनाने या बचाए रखने की नीयत से नहीं बनाया गया है। वह इसलिए बनाया या बचाया जाता रहा है कि उनके विक्षोभ का मुक्ति की चेतना में रूपांतरण होने से पहले ही क्षरण हो जाए। बद्रीनारायण का भी मत है कि इरोटिक नाट्य व्यवहार के इस स्पेस को इसलिए बनाए रखा गया है कि इस सीमित स्पेस से बाहर आकर वे वर्चस्वशाली जेंडरों या वर्गों के अधीन आकर बिना किसी हुज्जत के वापस अपने दैनंदिन जीवन में लौट आएं।

कविता में या साहित्य में कामोद्दीपकता या इरोटिसिज्म संक्रमण काल और अनिश्चितताओं से भरे समय का विमर्श है। भर्तृहरि के शतकों की रचना के काल को डी डी कोसांबी ने संक्रमण का काल कहा है। सत्ता और वैराग्य के बीच दोलन की

जो स्थिति भर्तृहरि की है, वह उनकी मानसिकता के संक्रमण को भी इंगित करती है। रीतिकाल की स्थिति भी संक्रमण की ही स्थिति है। द्विवेदी जी ने लिखा है कि सतरहवीं शताब्दी तक आते-आते वर्ण-व्यवस्था खत्म हो गई और जातियों का विकास होने लगा था। जातियां अलग-अलग रूपों में संगठित होने लगी थीं। आर्थिक दृष्टि से समाज सीधे-सीधे दो श्रेणियों में विभक्त हो गया। एक उत्पादक वर्ग जिसमें किसान, कारीगर आदि थे और दूसरा भोक्ता वर्ग जिसमें राजा, रईस, नवाब आदि थे। मुगल काल के अंतिम दौर में जब व्यवस्था निष्प्राण होने लगी, इसे बचाने और बनाए रखने के लिए एक ढांचा बनाया गया—रीतिकाल इस बाहरी ढांचे का प्रकाश है।

एक हद तक यह सही होते हुए भी कि रीतिकाल का कवि दरबार पर आश्रित था और भोक्ता वर्ग के मनोरंजन के लिए ही सरस राग रति रंग रच रहा था, लेकिन क्या उसमें उसकी अपनी मुक्ति की आकांक्षा भी अंतर्निहित नहीं थी? घनानंद ही नहीं, रीतिकाल के कवि भी कई बार रीति की सीमाओं का अतिक्रमण करते हैं। संभवतः केशव ने ही कहा है कि कहत सबे रति में मुकुति।

मुक्ति का यह रूपक ऐसे संक्रमण के समयों में रचना में केंद्रीयता और एक हद तक अनिवार्यता प्राप्त कर लेता है, जब समाज में मुक्ति का विचार और उसके व्यापक राजनीतिक-सामाजिक आंदोलन शक्तिशाली नहीं होते हैं, प्रतिरोध की शक्तियां जब बिखरी होती हैं या उनका क्षरण हो जाता है। इसे रीतिकाल के संदर्भ में भी समझा जा सकता है और अकविता आंदोलन के संदर्भ में भी। समाजवादी समाजों में भी जहाँ राजनीतिक क्रांतियां हुईं, वहां भी जब कुछ रचनाकारों ने घुटन महसूस की और वे उस व्यवस्था से विद्रोह करके बाहर आए तो रचना में मुक्ति के लिए उन्होंने सबसे पहले इस नैसर्गिक मुक्ति के रूपक को ही चुना। कभी-कभी इस रूपक के बरअक्स राजनीतिक मुक्ति का विद्रूप भी ऐसी रचनाओं में देखा जा सकता है। इस तरह नैसर्गिक मुक्ति का रूपक कई बार एक राजनीतिक रूपक भी होता है, बल्कि बहुत हद तक वह एक खास राजनीति का उत्पाद भी।

बाजार कामोद्दीपक रूपक से उसकी नैसर्गिकता और मुक्ति को छीनकर उसे आक्रामक और ग्लैमरस बनाकर बिकाऊ माल में तब्दील कर देता है।

राजेश जोशी

कारक

कारक शब्द का अर्थ है करने वाला। क्रिया के निष्पादक को कारक कहते हैं। पतंजलि के अनुसार क्रिया का निष्पादन कारक कहलाता है—करोति इति कारकम्। कारकों की संख्या अन्य व्याकरणिक कोटियों की तरह एक समान नहीं है। विभिन्न भाषाओं में कारक की संख्या अलग-अलग है। अंग्रेजी में केवल दो कारक हैं। लैटिन और जर्मन में पांच, प्राचीन स्लाविक में छह, संस्कृत में छह और ग्रीक में सात हैं। हिंदी में आठ कारक हैं। कर्ता, कर्म, करण, संप्रदान, अपादान, संबंध, अधिकरण और संबोधन। संस्कृत में संबंध कारक नहीं है, जैसे—राजः पुरुषः आगच्छति (राजा का पुरुष आता है)। इसमें राजा का संबंध पुरुष से है, क्रिया से नहीं है। कुछ प्राचीन आचार्यों के अनुसार संप्रदान और अपादान कारक क्रिया से सीधा संबंध नहीं रखते। अतः इनकी भी कोई स्वतंत्र सत्ता नहीं है। उन्होंने कारक की संख्या 'कृ' धातु के अनुसार केवल चार मानी है—कर्ता, कर्म, करण और अधिकरण। किशोरी दास वाजपेयी ने इसके साथ संप्रदान और अपादान को जोड़कर छह कारक माने हैं। वे संबंध और संबोधन को पृथक कारक नहीं मानते। कामताप्रसाद गुरु ने ये सभी आठ कारक स्वीकार किए हैं। हिंदी में विभक्ति के साथ आठ कारक इस प्रकार हैं—कर्ता (ने), कर्म (को), करण (से), संप्रदान (के लिए), अपादान (से), संबंध

(का, के, की), अधिकरण (में, पर) और संबोधन (हे, अहो)। इन आठों कारकों की स्वतंत्र सत्ता है।

वर्षा मिश्र

अधिक जानकारी के लिए :

1. **हिंदी व्याकरण :** कामताप्रसाद गुरु, 2. **हिंदी शब्दानुशासन :** किशोरीदास वाजपेयी, 3. **आधुनिक हिंदी व्याकरण और रचना :** वासुदेवनंदन प्रसाद

कारपोरेट मीडिया

कारपोरेट मीडिया बहुराष्ट्रीय पूंजी की ताकतों द्वारा संचालित मीडिया है जिसके लक्ष्य हैं : शेयरधारकों के लिए मुनाफा कमाना, रेटिंग के आधार पर कार्यक्रम तय करना, उपभोक्ता संस्कृति का प्रचार, जनरुचि प्रबंधन और सत्ता के प्रति कम आलोचनात्मक रुख। कारपोरेट मीडिया विज्ञापनों को विचारों से ज्यादा महत्व देता है। इसका लक्ष्य बाजार अर्थव्यवस्था के हितों का पोषण है। राबर्ट मैकेचेस्नी ने लिखा है, 'आज मीडिया व्यवस्था और पत्रकारिता का वस्तुतः अंत हो गया है। अच्छी पत्रकारिता खराब व्यापार है और खराब पत्रकारिता अच्छा, बहुत अच्छा व्यापार।' राबर्ट मैकेचेस्नी, नोआम चोम्स्की, एडवर्ड हर्मन आदि का मत है कि जब इस तरह का मीडिया मुख्य धारा में प्रभुत्व बना लेता है तो इसका बहुराष्ट्रीय निगमों द्वारा दुरुपयोग भी होने लगता है। यह अंतरराष्ट्रीय प्रोपेगंडा का हिस्सा बन जाता है। कुछ राष्ट्रीय चैनेल भी कारपोरेट मीडिया से जुड़े रहते हैं और बड़े निगमों के हितों की पूर्ति करते हैं।

2012 में कारपोरेट मीडिया उभरती हुई अर्थव्यवस्था के रूप में भारत की प्रगति का जम कर प्रचार करने लगा था और अंबानी-टाटा को भारत के पूंजीवाद के बादशाह के रूप में दिखा रहा था। समाचार पत्र-पत्रिकाएं, टेलीविजन चैनल आदि निजी हाथों में होते हुए भी व्यावसायिक निगमों के हितों के प्रति समर्पित देखे जाते हैं। कारपोरेट मीडिया का मुख्य लक्ष्य बड़े व्यावसायिक निगमों के हितों के अनुकूल समाचार और अन्य कार्यक्रम रखना होता है। भारत में एनडीटीवी, सीएनएन-आइबीएसएन, टाइम्स ग्रुप, स्टार टीवी आदि विदेशी अर्थ योगदान पर ही निर्भर माने जाते हैं। भारत में एक आंकड़े के अनुसार 70,000 समाचार पत्र और 1,600 सेट लाइट चैनेल हैं।

कारपोरेट मीडिया केंद्रीकरण को प्रोत्साहन देता है और अपने ढांचे में लोकतंत्र का दिखावा करते हुए अभिव्यक्ति की स्वाधीनता को सीमित करता है। इसकी सफलता की मुख्य वजह सूचना और संचार की नई तकनीक का विकास और झुंड संस्कृति के मनोरंजक तत्वों का सूचना में रूपांतरण है। संस्कृति, इतिहास और राजनीति का विकृतीकरण इसकी एक बड़ी खूबी है। कारपोरेट मीडिया द्वारा परोसा गया सत्य ही जीवन का सच बन कर उपस्थित होता है, उसके सामने यथार्थ टिक नहीं पाता। यह ग्लोबल संस्कृति के प्रचार के साथ स्थानीय अस्मिता की नशीली राजनीति को भी प्रोत्साहन देता है।

कारपोरेट मीडिया का लोगों पर प्रभाव बढ़ता गया है। इसका असर स्थानीय मीडिया पर भी पड़ा है। इसका लोकतंत्र की जगह मजा-मनोरंजन तथा अंतरराष्ट्रीय राजनीतिक प्रोपेगंडा से गहरा संबंध है। उसे इसका अहसास है कि मुनाफा कमाना पाठकों-दर्शकों को बांधे रखने पर निर्भर है। कारपोरेट मीडिया वही देता है जो जनता मांगती है न कि वह जिसकी जनता को जरूरत है। यह सांसदों और सेलेब्रिटी के बयानों को जनता के यथार्थों से ज्यादा महत्व देता है। कारपोरेट मीडिया से जुड़े संपादक और पत्रकार उसकी नीतियों का चुपचाप पालन करते हैं, वे स्वतंत्र नहीं होते। सब कुछ एक व्यापक प्रबंधन का हिस्सा होता है। लोकतंत्र के चौथे खंभे के रूप में प्रेस की कल्पना की गई थी। कारपोरेट मीडिया जनता की उपेक्षा तो नहीं कर पाता, पर वह लोकतंत्र पर व्यापार का वर्चस्व स्थापित करने में सफल हो जाता है। वह ऐसी खबरों को दबाता है जिससे व्यापार की क्षति हो या शांति भंग होने की संभावना हो। इसके बावजूद उसकी दिलचस्पी अपराध खबरों में ज्यादा होती है ताकि लोग उनका चटखारा लेकर आनंद ले सकें।

उसका लक्ष्य जनता को सचेत करना नहीं होता। ऐसा मीडिया निराधार राजनीतिक आरोपों-प्रत्यारोपों, सनसनीखेज वृत्तांतों और ग्रामीण-कस्बाई खबरों की जगह उच्च एलीट समाज की घटनाओं में ज्यादा रुचि लेता है।

कारपोरेट मीडिया ही मीडिया साम्राज्यवाद को बढ़ावा देता है। उपग्रह से संचालित मीडिया-चैनलों का लक्ष्य बहुराष्ट्रीय कंपनियों के लिए बाजार बनाना, उपभोक्ता तैयार करना, आरोपित मनोरंजनों द्वारा 'अवकाश के समय' पर कब्जा करना, कामुकता को बढ़ावा देना आदि है। उसका लक्ष्य लोगों को सच्चा आनंद देना नहीं होता। यह संस्कृति उद्योग में एक ऐसा मोड़ ला देता है, जब हिंसा, यौन-उत्पीड़न, अपराध चेतना, अमेरिकी जीवन शैली, मिथ्या आरोप-प्रत्यारोप, नाटकीय राजनीतिक टकराव, सत्ता की अंधभक्ति, कानून की अवमानना, मेहनत करने वालों की उपेक्षा, फूहड़ हास्य, धार्मिक कुप्रथाओं, अंधविश्वासों और कामुकता को न सिर्फ वैधता मिलने लगती है, बल्कि समाज में इन्हीं चीजों का ज्यादा प्रसार होता है। कारपोरेट मीडिया स्त्रियों और पिछड़े लोगों का मखौल उड़ाता है। यह धन-संपत्ति के आधार पर सामाजिक प्रतिष्ठा, ईर्ष्या और स्पर्धा को ही जीवन मूल्य बना देता है। संपन्न सेलेब्रिटी, शक्तिमान राजनेता और अपराधी ही आम लोगों के लिए अनुकरणीय हो जाते हैं। कारपोरेट मीडिया अप्रत्यक्ष तौर पर सांप्रदायिक, जातिवाद और क्षेत्रीयतावाद राजनीति को बढ़ावा देता है और स्त्री को महज सेक्स-बिंब और उपभोक्ता वस्तु बना देता है। उसके पास कोई आचार संहिता नहीं होती।

कारपोरेट मीडिया के लक्ष्य नव-औपनिवेशिक राजनीति से जुड़े हैं। यह पश्चिमी मूल्यों को स्वदेशी बनाने और फैलाने में योग देता है। इसकी नजर में मनोरंजन, उपभोग और मुनाफे से बढ़ कर कुछ नहीं है। इसका लक्ष्य जनहित के व्यापक मुद्दों को दबा कर निजीकरण और नव-उदारीकरण का औचित्य स्थापित करना होता है। यह प्रतिरोध को विभाजित करने के काम में भी अग्रणी भूमिका निभाता है ताकि शक्तिशाली देश कमजोर देशों में हर स्तर पर प्रभाव विस्तार कर सकें।

मधु सिंह

अधिक जानकारी के लिए :

1. **Communication Revolution : Critical Juncture and Future of Media** : Robert Mc Chesney, 2007, 2. **Rich Media, Poor Democracy : Communication Politics in Dubious Times** : Robert Mc Chesney, 2015

कारपोरेट लोकोपकार

वैश्वीकरण के जमाने में प्राचीन युग का दान कारपोरेट संस्कृति में लोकोपकार कहा जाता है। इसे कारपोरेट सोशल रिस्पांसबिलिटी (CSR) कहते हैं। वैश्वीकरण से पहले भी बड़ी कंपनियां अपने उपभोक्ताओं, बिचौलियों, कर्मचारियों या शेयरधारकों का विश्वास जीतने के लिए लोकसेवा के कार्य करती थीं। यह एक तरह से विज्ञापन भी होता था। 2014-15 में 1,858 भारतीय कंपनियों का सर्वेक्षण करके जानकारी हासिल की गई कि इन कंपनियों ने इस वर्ष 8,352 करोड़ रुपए खर्च किए थे। इनमें से अच्छी कंपनियों ने 50 लाख से ज्यादा खर्च नहीं किए थे।

लोकोपकार की धारणा में प्राप्तकर्ता की गरिमा बनी होती है। वे भी बेहिचक इसका फायदा उठाते हैं जो निम्न मध्यवर्गों के लोग हैं, गरीब तो उठाते ही हैं। खासकर चिकित्सा, शिक्षा और खाद्य सुरक्षा के क्षेत्र में बहुराष्ट्रीय कंपनियां अपने मुनाफे का एक निश्चित प्रतिशत तय कर लेती हैं, जो लोकोपकार में खर्च होता है। हाल में मार्क जुकेरबर्ग ने फेसबुक के 99 प्रतिशत शेयर दान खाते में डाल दिए ताकि आलोचना का निशाना बनने की जगह उसकी विश्व में दानवीर की छवि बने। उन्होंने यह दान चैरिटी केंद्रों को न देकर एक 'लिमिटेड लायबिलिटि कंपनी' बनाकर इसको दिया। इस पद्धति से दाता की छवि बनने के अलावा आयकर बचता है, दान की राशि आगे और मुनाफा कमाने के लिए दूसरी कंपनी को

दी जा सकती है, यहां तक कि विभिन्न देशों की राजनीतिक पार्टियों के फंड में धनराशि देकर सरकारें बदली जा सकती हैं, व्यवसाय के नए सुयोग निकल सकते हैं और पूरा संचालन अपने हाथ में ही रखना संभव होता है। कारपोरेट लोकोपकार के तरीकों के ऐसे कई उदाहरण हैं।

वैश्वीकरण की सफलता के लिए बढ़ती विषमता के दौर में लोकोपकार को मानवीय चेहरा निर्मित करने का एक बड़ा औजार माना गया है। इसकी पद्धतियों और लक्ष्यों में विविधता है। लोकोपकार पहले की तरह ब्राह्मणों को दिए जाने वाले दान या धर्मार्थ कर्म जैसा मामला नहीं है। इसे बहुराष्ट्रीय कंपनियों के भारी मुनाफे के एक हिस्से से सामाजिक परिवर्तन के औजार के रूप में देखा जाता है। क्रांतिकारी विफल हो गए। सरकारें नाकामयाब रहीं। कारपोरेट समूह सोचते हैं कि अब यह उनका नैतिक दायित्व है कि वे गरीबों में भरोसा पैदा करें और धीरे-धीरे उन्हें विकास की सीढ़ी तक ले आएं। 2006 में 'द इकोनोमिस्ट' ने एक रिपोर्ट के आधार पर पूरे मामले को 'लोकोपकारी पूंजीवाद' (फिलेंथ्राफी कैपिटलिज्म) कहा था। इसका लक्ष्य अधिक मुनाफे के लिए लोकोपकारी होना है। यह लाभकारी लोकोपकार है, जिसमें खोना कुछ नहीं पड़ता। दरअसल व्यापार जगत के नेता सिर्फ निवेशकर्ता के रूप में दिखने वाली अपनी छवि लोकोपकार के रास्ते से ही तोड़ सकते हैं। भारत के नगरों में किसी जमाने में विभिन्न धार्मिक समुदायों के व्यापारियों द्वारा अस्पताल, स्कूल, धर्मशाला, पुस्तकालय, अनाथालय आदि बड़े पैमाने पर खोले गए थे। चैरिटेबल ट्रस्ट बनते थे। राकफेलर फाउंडेशन ने दुनिया के कई देशों में सेवा का जाल बिछा रखा था। कभी ऐसे भी व्यवसायी सज्जन थे, जो चुपचाप संस्थाओं को दान देते थे और नाम नहीं आने देते थे। कहा गया है, दान ऐसा होना चाहिए कि दायां हाथ दे तो बाएं हाथ को भी पता न चले। अब लोकोपकार के साथ अखबारों में तस्वीर या चीख-चीख कर अपना प्रचार जरूरी हो चुका है क्योंकि भीतर से जितनी भी लूट मचाई जा रही हो, दाता की तस्वीर बननी चाहिए। पर चिंताजनक है कि धन के साथ लोकोपकार का भी अब केंद्रीकरण होता जा रहा है।

कारपोरेट समूह द्वारा लोकोपकार को इतना महत्व देने की दो वजहें हैं। एक, वे नंगी विषमता को एक शाश्वत सत्य के रूप में स्थापित करना चाहते हैं। दूसरे, वे बताना चाहते हैं कि गरीबी अभाव की देन है न कि असमानता, शोषण और लूट की। इस तरह वैश्वीकरण, कारपोरेट पूंजीवाद और आर्थिक सुधारों को समाज में सहजता से स्वीकार्य बनाते हुए अभावजनित गरीबी को संबोधित करने का एक ही रास्ता है–कारपोरेट लोकोपकार और मुक्त बाजार व्यवस्था। वह धारणा बनती है कि देर-सबेर सभी की कटोरी में अचानक कुछ गिरेगा। कम कीमत में बेहतर सामान और सेवाएं सुलभ होंगी। अतः खुल कर स्पर्धाएं होने दो। पूंजीवाद का आक्रमण अब अपनी लोकोपकारी भावमूर्ति के साथ है। ब्रिटेन ने एक कानून बनाया है कि उन्हीं कंपनियों को सरकारी ठेके या काम मिलेंगे जिन्होंने (CSR) के तहत ज्यादा काम किए हैं।

दुनिया में लोकोपकारी पूंजीवाद का सबसे बड़ा उदाहरण 'बिल एंड मेलिंदा गेट्स फाउंडेशन' है जिसकी 2015 में धर्मार्थ राशि 42.3 बिलियन डॉलर रही है। यह चिकित्सा के मामले में विश्व स्वास्थ्य संगठन का अकेले सबसे बड़ा दानकर्ता है। अमेरिकी सरकार स्वास्थ्य पर जितना खर्च करती है, उससे भी अधिक यह फाउंडेशन खर्च करता है। ऐसे सेवा कार्यों पर शोध करने वालों का निष्कर्ष है कि इनमें पारदर्शिता का अभाव होता है। सबकुछ फाउंडेशन की मर्जी पर है, कुछ देना या न देना। जबकि सरकारें शिक्षा या चिकिस्ता की जो सुविधाएं देती रही हैं, उन पर जनता का अधिकार रहता है।

देश के नागरिक को सामाजिक सुरक्षा का अधिकार है, जबकि कारपोरेट लोकोपकार दयालुता है। सरकार जब सामाजिक सुरक्षा या सेवाओं से पीछे हट जाती है तो वहां कारपोरेट लोकोपकार निजी उद्यमियों के पौ बारह कर देता है। शिक्षा और चिकित्सा के क्षेत्र में निजी पूंजी की सक्रियता बढ़ जाती है। लोकोपकार

मुनाफे के अवसर बनाता है, मुफ्त में कुछ नहीं दिया जाता। उल्लेखनीय है कि कारपोरेट लोकोपकार काले धन को सादा करने का एक बड़ा जरिया है। लोकोपकार के नैतिक दायित्वों का हवाला देते हुए ही बहुराष्ट्रीय कंपनियां कर में छूट की मांग करती हैं ताकि वे अधिक से अधिक जन सेवा कर सकें। निःसंदेह कारपोरेट लोकोपकार से अफ्रीका में हजारों लोगों की जान बची है, भारत सहित एशिया में लोगों को शौचालय मिले हैं, विद्यार्थियों को कंप्यूटर मिला है और खाद्य सुरक्षा संभव हुई है। लेकिन दुनिया में कारपोरेट लोकोपकार औद्योगिक घरानों के लिए ही ज्यादा फायदेमंद साबित हुआ है।

शंभुनाथ

अधिक जानकारी के लिए :

1. **The Philanthropic Revolution** : Jeremy Beer, 2015, 2. **Philanthrocapitalism : How the Rich Can Save the World** : Mathew Bishop and Michael Green, 2008

कारिका

कारिका संस्कृत शास्त्रीय परंपरा में ग्रंथ रचना की एक शैली है। इसके बारे में कहा गया है, 'सूत्रार्थ प्रदर्शिनी कारिका।' कृ धातु से ण्वुल प्रत्यय के संयोजन से बनने वाले इस शब्द का अभिप्राय ऐसे थोड़े-से अक्षरों वाले श्लोक से है जो अपनी सरल एवं सहज पद्यात्मक शैली में व्यापक अर्थ लिए रहता है। कारिका शब्द से अभिप्राय है 'एक श्लोक अथवा टीका या कोई प्रकरण जो अपनी प्रकृति में व्याख्यात्मक हो'। कारिकाएं पद्य रूप में उपलब्ध हैं, परंतु कुछ अपवाद भी देखे गए हैं। संस्कृत साहित्य के गूढ़ ग्रंथों और दर्शन ग्रंथों में कारिकाओं का प्रयोग परिलक्षित होता है।

कला तथा रंगमंच का अति प्राचीन ग्रंथ 'नाट्यशास्त्र' तथा सांख्यदर्शन का प्रतिपादक ग्रंथ 'सांख्यकारिका' कारिका शैली में लिखे गए हैं। कारिका लेखन की समृद्ध परंपरा में नागार्जुन के 'मूलमध्यकारिका' तथा 'प्रतीत्यसमुत्पादहृदयकारिका' और षड्-दर्शन की एक प्रमुख शाखा, कपिल मुनि द्वारा प्रतिपादित सांख्यदर्शन के सांख्य सूत्रों पर लिखी ईश्वरकृष्ण की कारिका प्रमुख है।

कश्मीरी शैव दर्शन, त्रिक दर्शन पर भी कारिका ग्रंथ लिखने की परंपरा है। प्रत्यभिज्ञादर्शन क्रम में 'स्पंद-कारिका' भी महत्वपूर्ण ग्रंथ है। इन कारिकाओं के बारे में कहा जाता है कि वे मूल रूप से वसुगुप्तनाथ को प्राप्त हुईं। बाद में उन्हें अपनी व्याख्या सहित क्षेमराज ने 'स्पंदकारिका' के रूप में प्रस्तुत किया। जयदेव सिंह द्वारा इनका अंग्रेजी अनुवाद उपलब्ध है। कल्लट द्वारा रचित 'स्पंदकारिकानिर्णय' एक और कारिका ग्रंथ है जिस पर क्षेमराज ने टीका लिखी थी। इसी प्रकार उत्पलदेव द्वारा विरचित 'ईश्वरप्रत्यभिज्ञा कारिकाविमर्शिनी' भी उल्लेखनीय है जिस पर अभिनवगुप्त की टीका महत्वपूर्ण व्याख्या ग्रंथ है। शिक्षा ग्रंथों के अनुक्रम में व्याडि कृत 'जटापटलकारिका' भी उल्लेखनीय है जिसमें स्वरपरिवर्तन, उच्चारण एवं संधि आदि विषयों पर विचार किया गया है।

ऐसा प्रतीत होता है कि भारतीय दर्शन में कारिका लेखन की परंपरा के मूल में ज्ञान को सरल और सहज पद्यबद्ध करने की सहजात इच्छा रही है। ध्वनिशास्त्र पर भी कारिका लिखे जाने के संकेत मिलते हैं। कुछ विद्वानों का मानना है कि सुमात्रा के महाराज सुवर्णपीड़ के पास हस्तलिखित प्रति थी, जिसमें 'ध्वनिकारिका' के नाम से कारिकाओं का संग्रह था। इसकी प्रथम 20 कारिकाओं में अर्थशक्ति और व्यंजना शक्ति पर विचार किया गया था, परंतु भारत में उपलब्ध 'ध्वनिकारिका' में ये बीस कारिकाएं उपलब्ध नहीं हैं। संभवतः इन पर बौद्ध दर्शन का अधिक प्रभाव होने से इन्हें भारतीय संस्करण में स्थान नहीं मिल पाया होगा। टीकावत रची गई स्वामी हरिहरानंदाचार्य की योग सूत्रों पर योगकारिका तथा गौड़पाद कारिकाएं भी मूल दार्शनिक विषय को कोमल बुद्धि शिष्यों के लिए ग्राह्य बनाती हैं। तिब्बती साहित्य में भी कारिका लेखन की सशक्त परंपरा रही है। दलाई

लामा के जीवन दर्शन पर ग्लेन म्युलिन की पुस्तक में यह अंकित है कि दोहे के साथ-साथ संस्कृत की तर्ज पर नागार्जुन, आर्यदेव, चंद्रकीर्ति, संग, वासुबंधु, शांतिदेव आदि प्रख्यात बौद्ध आचार्यों ने कारिका शैली में व्याख्याएं लिखी हैं। नागार्जुन की 'सुर्रेल्लिका' और 'रत्नावली' में यह स्पष्ट दिखाई देता है।

बौद्ध साहित्य में कारिका लेखन संबंधी एक रोचक प्रसंग है। बौद्ध विचारक वसुबंधु ने अपने दैनिक व्याख्यानों के आधार पर अभिधर्मकोश की रचना की। इसके बाद उन्होंने स्वयं ही उस पर पहले 'कारिका' लिखी और बाद में भाष्य। बौद्ध धर्म के अंतर्गत एक साधना पथ से दूसरे में परिवर्तन के कारण संघभद्र नामक एक अन्य बौद्ध विद्वान ने उनकी कारिका पर एक और व्याख्या ग्रंथ लिखा जिसे 'अभिधर्मसमयप्रदीपिका' कहा गया। उन्होंने अपने ग्रंथ में यह स्पष्ट किया है कि उन्होंने अपने गुरु की कारिकाओं को ही अंतिम माना है परंतु वे सत्य की रक्षा करना चाहते थे (गुरु के अन्य शाखा में दीक्षित होने के कारण)। अतः उन्होंने एक और 'प्रतिपक्षी' भाष्य की सर्जना की है। प्रतीत होता है कि अपने मत की वैचारिक परंपरा और कृति की रक्षा करने के लिए अपने ही मत के ग्रंथों पर भाष्य अथवा कारिका लिखने की प्रवृत्तियां प्रचलित थीं।

काव्यशास्त्र के अनेक मूल ग्रंथ कारिका शैली में रचे गए, जैसे भामह का 'काव्यालंकार', दंडी का 'काव्यादर्श', आनंदवर्धन का 'ध्वन्यालोक', रुद्रट का 'काव्यालंकार', मम्मट का 'काव्यप्रकाश' आदि।

जगदीश शर्मा

कार्टून

सोलहवीं सदी में दीवारों पर कोई चित्र बनाने से पहले काठकोयले से या कागज पर पेंसिल से एक प्रारूप बनाया जाता था। इसे इटैलियन भाषा में 'कार्टोन' कहते थे। लंदन की 'पंच' पत्रिका में 1843 में छपे जान लीन के व्यंग्य चित्र को पहली

कार्टून

बार कार्टून (Cartoon) कहा गया, हालांकि इससे पहले भी हाथ से बड़े-बड़े व्यंग्य चित्र प्रदर्शनार्थ बनाए जाते थे। व्यंग्य चित्र का अर्थ है किसी व्यक्ति के मुंह की विरूपित और हास्यपरक आकृति। कार्टून ऐसा व्यंग्यचित्र है जो किसी पार्टी, सत्ताधारी व्यक्ति या सरकारी वक्तव्य का विश्लेषण इस तरह करता है कि पाठक को मजा आए। रिनेसां काल में सामाजिक बुराइयों को लेकर सर्वत्र ही व्यंग्य चित्र बने थे जिनमें शासक, धर्माचार्य या सामाजिक कुप्रथा पर आक्रमण किया जाता था। हिंदी पत्रिकाओं में 'मतवाला' (प्रथम प्रकाशन 1923) में शुरू से कार्टून छपते थे। यह मुख्यतः सामाजिक और राजनीतिक दुर्व्यवस्था पर प्रहार करने वाली एक व्यंग्य पत्रिका थी। इसने पारसी थिएटर की भी जमकर रगड़ाई की।

भारत में 1850 में छपे 'दिल्ली स्केच' में सर्वप्रथम कार्टून छपे। इसकी शुरुआत एक अंग्रेज ने ही की थी। 1859 में दिल्ली से ही एक अन्य कार्टून पत्र 'इंडियन पंच' छपना शुरू हुआ। इसके बाद से ही कार्टून समाचार पत्रों का एक विशिष्ट अंग हो गया। 'हिंदी प्रदीप','ब्राह्मण' और 'भारतमित्र' में भी कार्टून छपने लगे। उर्दू भाषा में 'अवध पंच' भी

एक कार्टून पत्रिका थी। शंकर, अबू इब्राहिम, आर के लक्ष्मण जैसे कार्टूनकारों को अखिल भारतीय प्रसिद्धि मिली। आज बिना कार्टून के किसी समाचार पत्र की कल्पना करना मुश्किल है।

महेश जायसवाल

अधिक जानकारी के लिए :
The Best of Punch Cartoon : Welasek Helen, 2009. 2. **The Best of Laxman,** 1990

कार्तिकेय

कार्तिकेय देवताओं के सेनापति और शिव-पार्वती के पुत्र थे। कार्तिकेय का जन्म असुरों का नाश करने के लिए हुआ था। महाभारत में इन्हें स्कंद (दानवों का स्कंदन करने वाला), षाण्मातुर (छह ऋषिपत्नियों के गर्भ से उत्पन्न), विशाख (अनेक शाखाओं यानी हाथों वाला), स्वाहेय (अग्निपत्नी स्वाहा का पुत्र) भी कहा गया है।

कार्तिकेय के जन्म के संबंध में कई कथाएं प्रचलित हैं। ब्रह्मांड पुराण के अनुसार एक बार इंद्र ने अग्नि के द्वारा शिव और पार्वती के एकांत को भंग करने का प्रयास किया। इस कारण शिव के वीर्य का कुछ भाग पृथ्वी पर गिर पड़ा। इससे पार्वती क्रुद्ध हुईं

कार्तिकेय

और अग्नि को शिव का वीर्य धारण करने के लिए विवश किया। अग्नि अधिक समय तक उसे धारण न कर सका और उसने वीर्य गंगा को दे दिया। गंगा ने भी कुछ समय तक धारण करने के बाद शिव वीर्य को भूमि पर छोड़ दिया। इस तरह 'स्कन्न' वीर्य से कुछ समय बाद स्कंद अर्थात कार्तिकेय का जन्म हुआ। (ब्रह्मांड पुराण, 3.10.22-60, वायु पुराण, 11.20-49)

महाभारत के अनुसार एक बार अग्नि सप्तर्षियों की पत्नियों पर आसक्त हुआ। अग्निपत्नी स्वाहा को जब यह बात पता चली तब उसने माया का विस्तार करते हुए ऋषि पत्नियों का रूप धारण कर लिया। केवल वशिष्ठ की पत्नी अरुंधति की तपस्या के प्रभाववश स्वाहा उसका रूप धारण न कर सकी। इस तरह स्वाहा ने छह बार ऋषि पत्नियों का रूप धारण कर अग्नि के साथ संभोग किया और हर बार उसके वीर्य को एक कंचनकुंड में जमा किया। कुछ समय बाद इसी कुंड से अमावस्या के दिन कार्तिकेय का जन्म हुआ। कहते हैं छह ऋषिपत्नियों के गर्भ का अंश होने के कारण कार्तिकेय के छह मुख थे। (महाभारत, वनपर्व 220.9-12)। कार्तिकेय के जन्म के बाद देवताओं ने उन्हें विभिन्न अस्त्र प्रदान किए थे। तारकासुर के अलावा इन्होंने त्रिपाद, हदोदर, बाणासुर आदि राक्षसों का वध किया था। (महाभारत, शांतिपर्व, 45,65-81)

श्रद्धांजलि सिंह

कार्पस भाषाविज्ञान

भाषाविज्ञान में कार्पस किसी लिखित या उच्चरित पाठ के संकलन को कहते हैं, जो इलेक्ट्रॉनिक उपकरणों द्वारा बड़े पैमाने पर तैयार किया जाता है। कार्पस भाषाविज्ञान में कार्पोरा (कार्पस का एकवचन) ही मुख्य डाटाबेस है। विभिन्न तरह के शब्दों के कार्पस का विश्लेषण और उनकी प्रोसेसिंग कंप्यूटेशनल भाषाविज्ञान का विषय है।

कंप्यूटर के प्रादुर्भाव के बाद भाषावैज्ञानिक अनुसंधान में एक मूलभूत परिवर्तन आया है, जिसका एक प्रमाण कार्पस निर्माण है। 1960 में अंग्रेजी भाषा का पहला कार्पस हेनरी कुसरो और नेल्सन फ्रांसिस द्वारा बनाया गया था। यह किसी एक भाषा में बनता है, हालांकि बहुभाषिक कार्पस बनाने के प्रयोग भी हुए हैं। कार्पस का उपयोग 'उच्चरित' या 'लिखित' के मशीन अनुवाद में होता है।

कार्पोस की व्याख्या का एक उदाहरण 'पार्ट ऑफ स्पीच टैगिंग' है। इस प्रक्रिया में शब्दों को उनकी प्रकृति, परिभाषा और संदर्भ के आधार पर अनुरूप पदवर्ग में व्यावहारिक चिह्नों द्वारा रखा जाता है। इससे निकटवर्ती शब्दों के बारे में जानकारी मिलती है। टैगिंग की प्रक्रिया में सबसे बड़ी समस्या शब्द के अर्थ का संदिग्ध होना है, क्योंकि बोलचाल में मनुष्य किसी शब्द का अर्थ अपनी सामान्य बुद्धि से समझ लेता है और उस शब्द के दूसरे अर्थों को छोड़ देता है। टैगिंग के समय मुख्य समस्या शब्द के अर्थ को लेकर पैदा होती है। जैसे 'की' शब्द 'शकीला की किताब' में है और 'उसने मारपीट की' में भी है। दोनों के अर्थ भिन्न हैं। हर भाषा में ही शब्द के अर्थ संदर्भ के आधार पर ही समझे जा सकते हैं। दरअसल वाक्य के आधार पर ही समझा जा सकता है कि कोई शब्द किस व्याकरणिक कोटि को प्रदर्शित कर रहा है। भाषा में मिलने वाली संदिग्धताओं से ही मशीनी अनुवाद में अड़चनें आती हैं।

फिर भी नए युग में कार्पस भाषाविज्ञान की लोकप्रियता बढ़ रही है। यह अनुप्रयुक्त भाषाविज्ञान के क्षेत्र में उपयोगी सिद्ध हुआ है। इसके आधार पर शब्दकोशों का निर्माण हुआ है। भाषा शिक्षण में भी इसकी उपयोगिता है। कार्पस के लिए एक बड़े डेटाबेस की जरूरत होती है। हिंदी में कार्पस संबंधी कुछ कार्य भारतीय भाषा संस्थान, मैसूर के सहयोग से केंद्रीय हिंदी संस्थान, आगरा में हुए हैं।

दिनेश कुमार शर्मा

कार्यालयी अनुवाद

कार्यालयी अनुवाद के लिए 'प्रशासनिक अनुवाद' शब्द भी प्रयुक्त किया जाता है। भारत सरकार द्वारा संघ के शासकीय प्रयोजनों के लिए बनाए गए राजभाषा नियम, 1976 में केंद्र सरकार के अंतर्गत मुख्य रूप से (क) केंद्र सरकार का कोई कार्यालय, विभाग या मंत्रालय, (ख) केंद्र सरकार द्वारा नियुक्त आयोग, समितियां और प्राधिकरण का कोई कार्यालय और (ग) केंद्र सरकार के स्वामित्व में या इसके नियंत्रण के अधीन किसी निगम या कंपनी के कार्यालय केंद्र सरकार के कार्यालय में शामिल हैं। इसी तरह, राज्य सरकारों के कार्यालय की परिभाषा के अंतर्गत राज्य सरकारों के उपर्युक्त स्वरूप वाले कार्यालय आते हैं। इनमें जिस प्रकार के साहित्य का इस्तेमाल किया जाता है वह 'कार्यालयी' साहित्य कहलाता है। कार्यालयी अनुवाद का संबंध इसी साहित्य के अनुवाद से है।

प्रशासनिक भाषा की प्रधान शर्तें हैं— संक्षिप्तता, बोधगम्यता, एकार्थता, असंदिग्धता और वस्तुपरकता। इसलिए कार्यालयी अनुवाद में स्पष्टता होती है। कार्यालयी भाषा औपचारिक होती है। इसका एक अन्य गुण है निर्वैयक्तिकता। जो कुछ भी कहा जाता है, वह निर्वैयक्तिक होता है। जैसे, 'पत्र भेजा जा रहा है।' कार्यालय में व्यक्ति प्रशासन का अंग होता है, इसलिए कार्यालय के सभी पत्रादि प्रशासन की ओर से लिखे जाते हैं। यही कारण है कि प्रशासनिक भाषा में कर्मवाच्य की प्रधानता रहती है। जैसे, 'मुझे निर्देश हुआ है कि मैं आपको सूचित करूं' आदि।

प्रशासनिक व्यवस्था में आज्ञार्थक या सुझावपरक वाक्यों का अधिक प्रयोग होता है। जैसे, 'मंत्रालय का अनुमोदन प्राप्त करें।', 'इस पत्र को शीघ्र जारी करें।' औपचारिकता के कारण, प्रशासन की भाषा में शिष्टाचार होता है। कार्यालयी साहित्य का एक बंधा-बंधाया ढांचा है। इसमें सुनिश्चित लेखन पद्धति का उपयोग किया जाता है। जैसे, 'फाइल को लौट

ाने में हुई देरी के लिए खेद है।' कार्यालयी भाषा में प्रशासनिक अभिव्यक्तियों को व्यवहार में लाया जाता है जो प्रशासनिक कार्यवाही को व्यक्त करने के लिए सुनिश्चित वाक्यों तथा वाक्यांशों के रूप में होती है, जैसे Acceptable proposal–'स्वीकार्य प्रस्ताव', For Approval–'अनुमोदनार्थ' आदि।

कार्यालयी साहित्य में कभी नियमों की बात होती है तो कभी फार्मों, प्रपत्रों, संहिताओं, विधि अथवा अधिनियमों आदि की, और कभी सांविधानिक रूप भी सामने आते हैं। वहां फाइलों पर लिखी जाने वाली टिप्पणियों की भाषा होती है, प्रारूपों की भाषा होती है, ज्ञापनों, परिपत्रों, अधिसूचनाओं और विज्ञप्तियों की भाषा होती है। इन सभी के लिए कुछ विशेष शब्द रूढ़ हो जाते हैं जो निरंतर उसी क्षेत्र के प्रयोग में आते हैं। इसके लिए 'पारिभाषिक शब्दावली' की जरूरत होती है, जैसे 'अधिकारी', 'आयोग', 'कर्मचारी', 'ग्रेच्युटी', 'तदर्थ', 'पदस्थ', 'पेंशन', 'निलंबन', 'प्रपत्र', 'मंजूरी', 'सरकार', 'सहकारी' आदि। यह शब्दावली राजभाषा को विभिन्न स्रोतों से मिली है। इसलिए प्रशासनिक भाषा में अरबी-फारसी, अंग्रेजी, देशज, संकर शब्दों का प्रयोग भी प्रचुर मात्रा में मिलता है। इसके अलावा, इसमें विभागीय नामों, पदनामों और पारिभाषिक शब्दों की संक्षिप्तियों का बड़े पैमाने पर प्रयोग होता है, जैसे B.D.O. (Block Development Officer), L.P.C. (Last Pay Certificate) आदि।

कार्यालयी अनुवाद की आवश्यकता : संशोधित राजभाषा अधिनियम, 1967 के अनुसार कार्यालयों के कामकाज के लिए द्विभाषिक स्थिति अपनाई गई है। हिंदी को राजभाषा के रूप में स्वीकार कर कुछ कार्यों के लिए उसका प्रयोग (विशेष रूप से धारा 3.3 के अनुपालन में) जरूरी किया गया है। इसके साथ ही अंग्रेजी को सरकारी कामकाज में उन सभी प्रयोजनों के लिए चलते रहने की अनुमति दी गई है, जिन प्रयोजनों से संविधान लागू होने के पहले से चल रही थी। इस प्रकार केंद्रीय सरकार में एक दीर्घकालिक द्विभाषिकता की व्यवस्था शुरू हुई। इस कारण संसद और सरकारी कार्यालय आदि में अंग्रेजी से हिंदी प्रशासनिक और विधिक अनुवाद की आवश्यकता बढ़ गई। भारत सरकार के विधि मंत्रालय के विधायी विभाग का राजभाषा (विधायी) खंड, गृह मंत्रालय के राजभाषा विभाग का केंद्रीय अनुवाद ब्यूरो आदि अनुवाद के क्षेत्र में उपयोगी एवं मानक कार्य कर रहे हैं।

प्रशासनिक कामकाज विभिन्न प्रकार के कागजात की सहायता से निपटाया जाता है। इनमें से कुछ स्थायी प्रकृति के होते हैं और कुछ अस्थायी। इस दृष्टि से भारत सरकार के अनुवाद कार्य को दो भागों में विभाजित किया जा सकता है : (1) स्थायी महत्व की सामग्री, जैसे नियमावली, रजिस्टर, फार्म, कार्यविधि से संबंधित संहिताएं आदि और (2) भाषाई महत्व की सामग्री, जैसे संकल्प, सामान्य आदेश, अधिसूचनाएं, प्रेस विज्ञप्तियां, प्रशासनिक रिपोर्ट, करार, निविदा, संविदा, अनुज्ञप्तियां आदि जो राजभाषा अधिनियम 3 (3) के अंतर्गत आती हैं।

स्थायी महत्व की सामग्री को भी दो भागों में बांटा जा सकता है–(क) सांविधिक सामग्री, जिसमें अधिनियम, अध्यादेश, विधेयक (बिल), सांविधिक नियमावलियां तथा उनके अधीन तैयार किए गए फार्म आदि शामिल हैं। इनका अनुवाद विधि मंत्रालय के विधायी विभाग का राजभाषा खंड करता है। (ख) गैर-सांविधिक स्थायी सामग्री का अनुवाद कार्य केंद्रीय अनुवाद ब्यूरो द्वारा किया जाता है। केंद्र सरकार के स्वामित्व अथवा नियंत्रण में संचालित उपक्रमों, निगमों आदि को भी अपनी असांविधिक सामग्री के अनुवाद के लिए विभिन्न मंत्रालयों-विभागों आदि की भांति केंद्रीकृत अनुवाद सुविधाएं उपलब्ध हैं। लेकिन उन्हें अपनी सांविधिक सामग्री के अनुवाद के लिए विधाई विभाग के राजभाषा खंड की सेवाएं उपलब्ध नहीं होतीं।

विविध मंत्रालयों, विभागों और उनके अधीनस्थ कार्यालयों के तात्कालिक महत्व के दैनंदिन कार्य के अनुवाद की जिम्मेदारी एक स्थान पर केंद्रित न करके उन्हीं मंत्रालयों/विभागों और अधीनस्थ कार्यालयों को सौंपी गई है। इस तरह सभी मंत्रालयों एवं कार्यालयों

में 'हिंदी कक्ष', 'राजभाषा कक्ष' 'अनुवाद एकक' आदि की व्यवस्था है।

कार्यालयी अनुवादक से अपेक्षाएं : कार्यालयी अनुवादक को सरल भाषा-प्रयोग के साथ-साथ विविध रूढ़िबद्ध रूपों का निर्वाह करना होता है। ऐसा नहीं करने पर अनुवाद की भाव-भंगिमा खराब हो जाती है, जैसे 'failing which' का रूढ़िबद्ध अनुवाद 'ऐसा न करने पर' है। यदि कोई अनुवादक इसका अनुवाद 'में असफल रहने पर' करता है तो गलत है। कार्यालयी अनुवाद में उचित शब्द-चयन और सटीक पर्याय-चयन की विशेष महत्ता होती है। उदाहरण के लिए, 'Order', 'Direction', 'Instruction', 'Ordinance' और 'Command' शब्दों को लिया जा सकता है। ये पांचों शब्द साधारण बोलचाल की भाषा में एक-से लगते हैं, लेकिन जब इनका प्रशाासनिक अनुवाद किया जाता है तो ये पांचों शब्द प्रयोजन-विशेष के लिए प्रयुक्त होते हैं। इसलिए इनका अनुवाद क्रमशः 'आदेश', 'निर्देश', 'अनुदेश', 'अध्यादेश' और 'समादेश' किया जाएगा।

अनुवादक को यह भी ध्यान रखना होता है कि यदि प्रसंग विशेष में कोई पर्याय ठीक नहीं बैठता है तो उसका प्रयोग नहीं किया जाए। प्रसंग विशेष में एक शब्द के भिन्न पर्याय हो सकते हैं, जैसे अंग्रेजी का शब्द Section है। मंत्रालय के एक भाग के रूप में इसका अर्थ 'अनुभाग' होगा, किसी नियम के निर्धारित खंड के रूप में 'धारा' होगा और रेलवे वर्ग के रूप में 'सेक्शन' ही रहेगा। अतः प्रशासनिक अनुवाद में पर्याय की सटीकता अनिवार्य है।

अनुवादक को वाक्य विन्यास के प्रति सजगता बरतनी होती है। अंग्रेजी में लिखे कार्यालयी साहित्य का हिंदी अनुवाद करते समय ज्यों-का-त्यों शब्दांतरित न करके हिंदी की प्रकृति के अनुसार वाक्य-रचना करनी चाहिए। आवश्यकता पड़ने पर अंग्रेजी के एक वाक्य के लिए हिंदी में एक से अधिक वाक्य बनाए जा सकते हैं।

कार्यालयी अनुवाद और पारिभाषिक शब्दावली : हिंदी को राजभाषा के रूप में अपनाने के बाद सरकारी कामकाज हिंदी में करने के लिए अंग्रेजी के रूढ़ तथा निरंतर प्रयोग में आने वाले शब्दों के बदले हिंदी के शब्दों की जरूरत को पूरा करने के लिए भारत सरकार के 'वैज्ञानिक तथा तकनीकी शब्दावली आयोग' ने नए प्रशासनिक और पारिभाषिक शब्दों का निर्माण किया है। इसके लिए नव शब्द निर्माण, अंगीकरण, अनुकूलन और अनुवाद को माध्यम बनाया गया। उपसर्ग लगाकर 'अभिकर्ता', 'उपसचिव', 'अधिकरण', 'परिपत्र' और 'संविधि' आदि शब्द बने तो प्रत्यय लगाकर 'सचिवालय', 'विधिक', 'प्रशासनिक', 'निदेशालय' जैसे शब्दों का निर्माण हुआ। इसी तरह अंग्रेजी के 'बस', 'मशीन', 'परमिट', 'लाइसेंस', 'फॉर्म', 'स्कूल' जैसे शब्दों का प्रयोग ज्यों-का-त्यों होने लगा। यहां तक कि इनमें 'मशीनीकरण', 'लाइसेंसशुदा', 'स्कूली', 'टिकटार्थी' जैसे संकर शब्दों का भी निर्माण हुआ, जो सरकारी कामकाज में बराबर प्रयोग में आ रहे हैं। इसके अलावा, अनुवाद के जरिए 'cold war' के लिए 'शीत युद्ध', 'black money' के लिए 'काला धन' जैसे शब्द भी निर्मित किए गए। अनुवादकों को आयोग द्वारा निर्धारित शब्दावली का ही प्रयोग करना चाहिए, क्योंकि उच्चतम न्यायालय के निर्णय के अनुसार यह अनिवार्य है।

वस्तुतः कार्यालयी अनुवाद समय की जरूरत है। यह स्थिति तब तक बनी रहेगी जब तक द्विभाषिकता की स्थिति है।

पूरनचंद टंडन

कार्ल गुन्नार मिर्डल
(1898-1987)

कार्ल गुन्नार मिर्डल (Carl Gunnar Myrdal) का जन्म 6 दिसंबर 1898 को स्वीडन के एक कृषक परिवार में हुआ था। उन्होंने स्टॉकहोम विश्वविद्यालय से कानून में स्नातक उपाधि प्राप्त की, अर्थशास्त्र का अध्ययन किया और 1927 में पीएच डी की डिग्री ली। आगे के अध्ययन के लिए

कार्ल गुन्नार मिर्डल

वह अमेरिका गए। कुछ वर्षों बाद वह अमेरिका से वापस स्वीडन आ गए। 1982 में उनके जीवन भर के शोध कार्यों के लिए नोबेल पुरस्कार दिया गया।

गुन्नार मिर्डल के लेखों से यूरोप, उत्तरी अमेरिका और एशिया पर सकारात्मक प्रभाव पड़े हैं। उन्होंने समृद्धि और पिछड़ेपन को देखते हुए क्षेत्रीय विकास के अर्थशास्त्र पर जोर दिया, ताकि उद्योगीकरण में तेजी आए। वह गांधी के दर्शन से प्रभावित थे। मिर्डल अंतरअनुशासनात्मक कार्य सफलता से संपन्न करने वाले अकादमिक विद्वान थे। उन्होंने जननांकीय और समाजशास्त्रीय विषयों पर पर्याप्त लिखा है।

उनकी दो पुस्तकें अधिक लोकप्रिय हुईं—'एन अमेरिकन डिलेमा' (1944) और 'एशियन ड्रामा' (1968)। 1938 में कार्नेगी कारपोरेशन से मिर्डल को एक बड़ा अनुदान अमेरिका में अश्वेत जनों की स्थिति का अध्ययन करने के लिए दिया गया था। उनके निर्देशन में यह कार्य 1938-1943 के बीच संपन्न हुआ था। इस कार्य के परिणामस्वरूप ही 1944 में मिर्डल की प्रसिद्ध पुस्तक 'एन अमेरिकन डिलेमा: द नीग्रो प्राब्लम एंड माडर्न डेमोक्रेसी' प्रकाशित हुई। इस पुस्तक में अमेरिका के अश्वेतों की सामाजिक समस्याओं पर खोज करते हुए मिर्डल ने न केवल सामाजिक, जनसंख्या-संबंधी तथा संस्थानिक अवस्थाओं का विश्लेषण किया, बल्कि यह भी बताया कि अमेरिका में हब्शियों की निम्न दशा का कारण नस्लभेद है। उनमें कोई जैविकीय निम्नता नहीं है। मिर्डल ने यह भी बताया कि नस्लीय भेदभाव अमेरिका में पुलिस और न्यायालयों द्वारा कठोरता से लागू किया जाता है, जो अमेरिका के आदर्श 'सभी नागरिकों को समान न्याय' के विपरीत है। मिर्डल यह भी कहते थे कि स्त्रियों की स्थिति भी बहुत कुछ नीग्रो के समान है। वे अमेरिकी व्यवस्था की विसंगतियों के कटु आलोचक थे। मिर्डल को विश्वास था कि हब्शियों की समस्याओं का हल राजनीतिक प्रक्रिया से ही संभव है।

मिर्डल की एक अन्य महत्वपूर्ण पुस्तक 'एशियन ड्रामा : एन इंक्वायरी इन टू द पावर्टी ऑफ नेशंस' का प्रकाशन तीन खंडों में 1968 में हुआ। मिर्डल इस पुस्तक में स्पष्ट रूप से कहते हैं कि सामाजिक असमानता का आर्थिक असमानता से घनिष्ठ संबंध है और अर्धविकसित देशों की विकास संबंधी समस्याओं के लिए गांधीवादी अर्थशास्त्र बहुत उपयुक्त है। उनके अनुसार, अर्थशास्त्र का मूल उद्देश्य समतामूलक समाज की स्थापना करना है। लोककल्याण संबंधी सैद्धांतिक सुझाव उद्देश्यों को नियत किए बिना व्यर्थ हैं। अतः आवश्यकता है कि मूल्यबोध पर आधारित निर्णयों को आर्थिक विश्लेषण का अंग बनाया जाए।

प्रारंभ में मिर्डल को यह विश्वास था कि तथ्य-संबंधी ज्ञान में मूल्य-संबंधी निर्णयों को जोड़कर सामाजिक समस्याओं को सुलझाना सरल है, किंतु समय बीतने के साथ मिर्डल ने अनुभव किया कि केवल अवलोकन पर्याप्त नहीं है। इसके साथ सैद्धांतिक ढांचे की आवश्यकता होती है। इसका अर्थ है सदैव ही मूल्य-संबंधी निर्णयों का सहारा लेना है। उनकी दो अन्य पुस्तकें हैं—'एन इंटरनेशनल इकोनॉमी' और 'इकोनामिक थ्योरी एंड अंडरडेवलप्ड रीजंस'। इनका प्रकाशन क्रमशः 1956 तथा 1957 में हुआ था। ये पुस्तकें दो मूल

मान्यताओं पर आधारित थीं—अवसर की समानता और लोकतंत्र की प्रगति।

अमित भूषण

अधिक जानकारी के लिए :
Gunnar Myrdal : An Intellectual Biography : William J Barber

कार्ल गुस्ताव युंग
(1875-1961)

कार्ल गुस्ताव युंग (Carl Gustav Jung) आधुनिक मनोविज्ञान और मनोविश्लेषण के सैद्धांतिक रूप को विकसित करनेवाले तीसरे विद्वान के रूप में जाने जाते हैं। उन्होंने सिगमंड फ्रायड और एडलर के बाद इस क्षेत्र का अप्रतिम विकास किया। कुछ सर्वेक्षणों के अनुसार वे अपने ज्ञान क्षेत्र के सर्वाधिक उद्धृत व्यक्ति हैं। इसका कारण यह है कि उनके कार्य का महत्व मनोविज्ञान और मनोविश्लेषण के क्षेत्र तक सीमित नहीं है, अपितु वह मिथकशास्त्र, धर्म, संस्कृति, राजनीति, कला, साहित्य और फिल्मों की दुनिया तक फैलता चला गया है। इतना व्यापक प्रभाव किसी अन्य मनोविश्लेषक का दिखाई नहीं देता। उन्होंने मनोविज्ञान और मनोविश्लेषण की सैद्धांतिकी को इतनी ऊंचाई पर ले जाकर खड़ा कर दिया कि उनके बाद मनोविज्ञान की सैद्धांतिकी केवल खास क्षेत्रों की 'विशेषज्ञता' वाली

कार्ल गुस्ताव युंग

धारणाओं तक सीमित हो गई। वह अब मनोविश्लेषण के विशुद्ध सैद्धांतिक आधार के बजाय अधिकतर चिकित्सामूलक शोध कार्यों पर आधारित हो गई। फिर भी सीमित रूप में जिन्होंने इस शास्त्रीय सैद्धांतिकी वाले क्षेत्र को युंग के बाद भी आगे बढ़ाने में योगदान दिया है, उनमें मुख्य हैं : एरिक एरिक्सन, एरिक फ्रॉम, जैक लांका और जूलिया क्रिस्तेवा। इन उत्तर-सिद्धांतकारों की सीमित भूमिका को यहां उपर्युक्त क्रमानुसार 'विचारधारात्मक', 'व्यक्तित्वमूलक', 'भाषावैज्ञानिक' और 'स्त्रीवादी संस्कृति' के शीर्षकों के तहत पहचाना जा सकता है।

युंग ने अपने कार्य को 'समन्वयात्मक' कहा है जो दोनों महत्वपूर्ण पूर्ववाही—फ्रायड और एडलर के परस्पर विरोधी अध्ययनों को एकीकृत करता है। युंग के अनुसार 'व्यक्तित्व' दो तरह का होता है—बहिर्मुखी और अंतर्मुखी। युंग फ्रायड को बहिर्मुखी और एडलर को 'अंतर्मुखी' मानते हैं। उनके अध्ययनों-विश्लेषणों को भी वे इन्हीं दोनों कोटियों में विभाजित करते हैं। इसलिए इनमें गहरा अंतर्विरोध पाते हैं। फ्रायड के विमर्श के केंद्र में है—'अहं का नियोजन' जो अचेतन की वृत्तियों को आत्मपोषण के लिए अभिव्यक्त करता है और इसी प्रयोजन से 'आत्म-विरुद्ध वृत्तियों' का दमन करता है। यह बहिर्मुखी व्यक्तित्व की पद्धति है। दूसरी ओर, एडलर के विमर्श के केंद्र में है—अचेतन की वृत्तियां। इनकी सम्यक अभिव्यक्ति न होने से हीन भाव जैसी ग्रंथियां पैदा हो जाती हैं। अतः एडलर ऐसे समायोजनों की बात करते हैं जिनसे आत्मदमन द्वारा पैदा क्षति की पूर्ति हो सके। ऐसा करते हुए वे अंततः आध्यात्मिक समायोजन या आंतरिक पूर्णता तक चले जाते हैं। विमर्श का यह रूप 'अंतर्मुखी' व्यक्तित्व का सुबूत है।

सी जी युंग का विमर्श वस्तुतः फ्रायड और एडलर के उपर्युक्त दोनों परस्पर विरोधी मार्गों का समन्वयन करने का प्रयास करता है। इसके लिए वे निजात्मन (इनडिविजुएशन) की प्रक्रिया को केंद्र में लाने की बात करते हैं। बहिर्मुखी और अंतर्मुखी व्यक्तित्व वाले लोगों में निजात्मन प्रक्रिया अलग-अलग तरह की होती है। वह बहिर्मुखी व अंतर्मुखी

होने के कारण निजमूलक होती है, परंतु वह दूसरे पक्ष को समाहित करके अपनी तरह की अभिव्यक्ति देने से ही आत्मबल, संतुलन या पूर्णता पाती है। यानी बहिर्मुखी को अपनी बहिर्मुखता की रक्षा करते हुए भी थोड़ा-बहुत अंतर्मुखता के साथ सह-अस्तित्व की स्थिति में जीना सीखना पड़ता है। तभी उसे मनोवैज्ञानिक स्वात्म भाव की उपलब्धि हो सकती है।

सी जी युंग के विमर्श की छाया, एनिमा, एनिमस तथा आत्मा की धारणाएं एक तरह की जमीन का काम करती है। इस जमीन पर उनके विमर्श का शेष भवन खड़ा होता है। जैसे, छाया की धारणा को अहं के प्रक्षेपण की धारणा से अलहदा कर ही समझा जा सकता है। छाया की धारणा उनकी 'एल्केमी' संबंधी अंतर्दृष्टियों तक भी ले जाती है। एनिमा और एनिमस को समझने के प्रयास में हम उनकी मिथक संबंधी धारणाओं तक पहुंचते हैं। एक तरह से, यहां वे फ्रायड के 'इडिपस' और 'इलेक्ट्रा' वाले मिथक संसार से प्रस्थान लेते हुए दूर तक आगे निकल जाते हैं। आत्मा की धारणा तक पहुंचने के लिए हमें उनकी सुप्रसिद्ध सामूहिक अचेतन वाली धारणा से होकर गुजरना पड़ता है। इसके साथ वे धर्म की मनोवैज्ञानिक व्याख्याओं के क्षेत्र में प्रवेश करते हैं। यहां नीचे इन धारणाओं पर संक्षेप में विचार किया जा रहा है :

आत्मबोध का मनोवैज्ञानिक 'निजात्मन' की ओर आगे बढ़ने के लिए युंग पहला कदम यह उठाने की बात करते हैं कि मनुष्य अपनी छाया को स्वीकार करना सीखे। बहिर्मुखी अहंकेंद्रित व्यवहार-पद्धति इसके उलट यह काम करती है कि वह दुनिया को अपने अहं के प्रक्षेपणों के रूप में देखती एवं पहचानती है। ये प्रक्षेपण सामाजिक-सांस्कृतिक धारणाओं से मेल खाने वाले व्यवहारों की तरह सामने आते हैं। इसका अर्थ है, हम सामाजिक और सांस्कृतिक रूप में खुद को जिन रूपों में दिखाते हैं, हमारी असलियत उनसे कुछ अलग होती है। इससे हम दो तरह के व्यक्तित्वों को एक साथ जीने वाले व्यक्ति हो जाते हैं।

(एक) भद्र व्यक्तित्व या पर्सोना : यह सामाजिक एवं सांस्कृतिक मूल्यों एवं धारणाओं से मेल खाने वाला प्रक्षेपणमूलक व्यक्तित्व होता है।

(दो) छायामूलक व्यक्तित्व : यह हमारे सकारात्मक व्यक्तित्व की नकारात्मक छाया की तरह हमेशा हमारे साथ रहता है।

'छाया' वह व्यक्तित्व है जो हमेशा दमित स्थिति में नहीं होता। हम ऐसी बातों को मौका मिलते ही जीने लगते हैं, जिन्हें खुलेआम जीना मुमकिन नहीं होता। इससे हमारे अंदर नैतिक द्वंद्व एवं तनाव पैदा होते हैं, पर अपनी छाया को स्वीकार किए बिना 'निजात्म बोध' को पाना संभव नहीं होता।

तुलना के रूप में कबीर जैसे निर्गुनियों को देखा जा सकता है। वह कहते हैं, 'बुरा जो खोजन मैं चला... मुझसे बुरा न कोय'। यह छाया व्यक्तित्व के स्वीकार का सटीक उदाहरण है। निर्मल वर्मा की कहानी 'डेढ़ इंच ऊपर' की पत्नी का व्यक्तित्व 'प्रक्षेपण' और 'छाया' में विभाजित है। पति उसके प्रक्षेपित व्यक्तित्व के साथ जीता है, पर उसकी हत्या हो जाने के बाद वह उसके छाया-व्यक्तित्व के साथ जीने लगता है।

एनिमा एवं एनिमस की चर्चा साहित्य में बहुत अधिक हुई है। युंग के मुताबिक बच्चा जब बड़ा होता है, वह धीरे-धीरे अपने पुरुष या स्त्री व्यक्तित्व को पाता है, पर समग्रतः कभी नहीं पाता। उसे जो व्यक्तित्व अपने माता-पिता से संबद्ध और फिर उनसे अलहदा होते हुए मिलता है, उसमें स्त्री एवं पुरुष दोनों के व्यक्तित्व ही अंशतः अभिव्यक्ति पाते हैं और अंशतः दमित होते हैं। विषमलिंगी व्यक्तित्व दमित रूप में एनिमा की तरह तथा समलिंगी व्यक्तित्व दमित रूप में एनिमस की तरह हमारे भीतर रहता है। ये व्यक्तित्व जब किसी अन्य को अपनी 'छवि के अनुकूल' पाते हैं तो प्रेम घटित होता है। यानी प्रेम, दमित स्त्री का पुरुष व्यक्तित्व का अन्य में प्रक्षेपण होता है। इस तरह हम प्रेम अन्य से कर रहे होते हैं, पर पाते खुद को हैं–यानी अपने दमित व्यक्तित्व को।

'आत्मा' की धारणा को युंग अहं के पार जाने की स्थिति से जोड़ते हैं। वे इसे आदिम रूप

में सभी को वंशानुगत रूप में उपलब्ध होने वाले सामूहिक अचेतन की वह दशा मानते हैं, जो चेतनता प्राप्त करने के पहले या बाद में संभव होती है। युंग चेतनता को सीमित मानते हैं। उसके किसी न किसी रूप में विलय के बिना आत्मोपलब्धि संभव नहीं है।

युंग के 1937 में भारत आगमन के दौरान उनकी भेंट रमण महर्षि से हुई थी। इस संदर्भ में युंग का एक कथन है, 'पूर्वी धर्मों का उद्देश्य वही है, जो पश्चिमी रहस्यवाद का है। दोनों का उद्देश्य है—अहं में केंद्रित होने के बजाय आत्मभाव (सेल्फ) में प्रवेश और मनुष्य से ईश्वर में विस्थापन। इसका मतलब है कि अहं का आत्म में विलय हो जाता है और मनुष्य का ईश्वर में। यह स्पष्टहै कि महर्षि रमण का किसी न किसी रूप में आत्म में विलय हो गया है या उन्होंने जीवन भर अपने अहं के शमन के लिए संघर्ष किया है।'

सी जी युंग की ईसाई धर्म एवं नाजीवादी हिटलर के बारे में व्यक्त अनेक धारणाएं काफी विवाद उत्पन्न करती रही हैं। धर्म की मनोवैज्ञानिक प्रक्रिया के रूप में व्याख्या आस्तिक विश्वासों एवं रूढ़ियों के आड़े आई। पर इससे भी ज्यादा विवाद युंग की हिटलर के पक्ष में प्रतीत होने वाली व्याख्याओं ने पैदा किया, हालांकि वे इसे निष्पक्ष एवं वैज्ञानिक कह कर हिटलर के पक्ष में न होने की दलील देते रहे।

युंग के कुछ उद्धरण : 1. आत्मा के गहनतम और अंतरंग रूप मंदिर में खुलने वाले संकरे गुप्त द्वार की तरह होते हैं। स्वप्न उस आदिम ब्रह्म रात्रि में ले जाते हैं जो सचेतन अहं के जन्म लेने से पूर्व वर्तमान थी और जो सचेतन अहं की पहुंच के पार मौजूद आत्म भाव की तरह होती है। 2. सचेतनता पाने का मुख्य स्रोत भाव हैं जिनके बिना भीतरी अंधकार प्रकाश में रूपांतर नहीं हो सकता। 3. बुद्धि से समझा गया सत्य आधा होता है, अतः उसे अपने असामर्थ्य को स्वीकार कर लेना चाहिए। हम जितना बुद्धि से समझते हैं, उतना भावों से भी।

विनोद शाही

अधिक जानकारी के लिए :

1. **Modern Man in Search of a Soul :** Carl Gustav Jung, 1933, 2. **The Psychologyof Unconscious :** Carl Gustav Jung, 1943, 3. **Man and His Symbols :** Carl Gustav Jung, 1964

कार्ल मार्क्स

(1818-1883)

दुनिया के मजदूरों के सबसे बड़े दार्शनिक और क्रांतिकारी नेता कार्ल मार्क्स (Carl Marx) का जन्म 5 मई को त्रिएर नगर में हुआ, जो परसिया केराइन प्रदेश में था। पिता पेशे से वकील थे, जन्म से यहूदी थे लेकिन बाद में प्रोटेस्टेंट धर्म स्वीकार कर लिया था। त्रिएर नगर में प्रारंभिक शिक्षा जिम्नेजियम यानी विशिष्ट पाठशाला में हुई। जिम्नेजियम में ही उन्होंने पेशे के चुनाव पर विचार करते हुए एक लेख लिखा था, जिससे आगामी जीवन की उनकी गतिविधियों का अनुमान होता है। त्रिएर स्थित जिम्नेजियम से उत्तीर्ण होने के बाद पहले बॉन, फिर बर्लिन विश्वविद्यालय से उच्च शिक्षा ली। इन विश्वविद्यालयों में उन्होंने कानून, इतिहास और दर्शन का अध्ययन किया। बर्लिन विश्वविद्यालय में उन्होंने मशहूर ग्रीक दार्शनिक एपीक्यूरस के दर्शन पर शोध निबंध प्रस्तुत किया था।

कार्ल मार्क्स

बर्लिन में रहते हुए वे उस समय के सबसे प्रभावशाली दार्शनिक हेगेल की बौद्धिक विरासत की क्रांतिकारी व्याख्या करने वाले युवा हेगेलपंथियों के साथी थे जो हेगेल के दर्शन से अनीश्वरवादी और भौतिकवादी नतीजे निकालने की कोशिश करते थे। उनकी इच्छा प्रोफेसर बनने की थी, लेकिन उनके एक साथी लुडविग फायरबाख को पहले तो विश्वविद्यालय में अध्यापन से वंचित किया गया, फिर दोबारा आने से रोक दिया गया। दूसरे साथी ब्रूनो बावेर से अध्यापन का अधिकार छीन लिया गया। ऐसी स्थिति में मार्क्स को अध्यापक बनने की उम्मीद छोड़नी पड़ी। फायरबाख ने 'ईसाई धर्म का सार' शीर्षक किताब में धर्म की भौतिकवादी व्याख्या की थी। उनके प्रभाव में मार्क्स भी भौतिकवादी हो गए। इसी समय राइन प्रदेश के कुछ उद्यमियों ने कोलोन से एक अखबार 'राइनिख जाइटुंग' निकालने की योजना बनाई। मार्क्स उसके मुख्य संपादक बनकर कोलोन आ गए। उनके लेखन की क्रांतिकारी धार के चलते अखबार पर सरकारी सेंसरशिप लगी, उसके बाद बंद करने की योजना बनी। इसी काम के दौरान उन्हें राजनीतिक अर्थशास्त्र से अपने अपरिचय और उसके महत्व का पता चला।

इसी दौरान उन्होंने बचपन की अपनी मित्र जेनी से शादी की, जो परसिया के एक अमीर घराने की थीं। जेनी के साथ घरेलू सहयोगिनी हेलेन देमुथ आईं, जो जीवन भर मार्क्स परिवार के साथ रहीं और अंत में उन्हीं के साथ दफनाई गईं। शादी के बाद मार्क्स एक क्रांतिकारी पत्रिका के प्रकाशन के सिलसिले में पेरिस चले गए। पत्रिका का एक ही अंक निकल सका, लेकिन उसके लेखों से मार्क्स के तेवर का अंदाजा होता है। मार्क्स के पेरिस प्रवास केदौरान ही एंगेल्स कुछ दिनों के लिए वहां आए और हमेशा के लिए मार्क्स के घनिष्ठ मित्र बन गए। इस मित्रता के चलते दोनों की गतिविधियों में तूफानी तेजी आई। नतीजा निकला कि परसियाई सरकार के आग्रह पर उन्हें पेरिस से निर्वासित कर दिया गया और वे बेल्जियम की राजधानी ब्रसेल्स चले गए। 1847 में दोनों ही गुप्त संगठन 'कम्युनिस्ट लीग' में शामिल हुए और उसकी दूसरी कांग्रेस में उन्हें लीग का घोषणापत्र लिखने की जिम्मेदारी मिली। 1848 में प्रकाशित इसी दस्तावेज को हम 'कम्युनिस्ट घोषणापत्र' के नाम से जानते हैं । संयोग से फरवरी 1848 में क्रांति भड़क उठी और मार्क्स को फिर निर्वासित कर दिया गया। वे पेरिस आ गए और वहां से कोलोन चले आए तथा 'न्यू राइनिख जाइटुंग' के प्रधान संपादक का काम संभाला। जर्मनी में उन पर मुकदमा चला कर उन्हें निर्वासित कर दिया गया। पहले वे पेरिस गए लेकिन वहां से भी क्रांतिकारी प्रदर्शनों के बाद उन्हें निर्वासित कर दिया गया। 1849 में उन्होंने लंदन को आखिरी ठिकाना बनाया और देहांत तक वहीं रहे।

1849 में लंदन आने के बाद 'कम्युनिस्ट लीग' का मुख्यालय भी लंदन आ गया। लंदन में रहते हुए मार्क्स मजदूर वर्ग को संगठित करने के काम में जुट गए। लंदन के कुछ साल उन्हें और उनके परिवार को बेहद गरीबी में गुजारने पड़े। उनकी आय का मुख्य साधन उनके सहयोगी मित्र एंगेल्स थे, जो अपने पारिवारिक व्यवसाय से कुछ पैसा जुटाकर मार्क्स की मदद करते थे। उसके बाद मार्क्स और एंगेल्स दोनों ने विश्व भर में फैले छह अलग-अलग समाचारपत्रों के लिए लेखन आरंभ किया। ये अखबार इंग्लैंड, परसिया, अमेरिका, आस्ट्रिया और दक्षिण अफ्रीका से प्रकाशित होते थे। मार्क्स की पत्रकारिता का अधिकांश न्यूयार्क डेली ट्रिब्यून के लिए होता था। 'न्यूयार्क डेली ट्रिब्यून' के लिए वे 1852 से 1863 तक लिखते रहे, लेकिन जब अखबार की संपादकीय नीति प्रगतिशील न रही तो मार्क्स ने ट्रिब्यून से नाता तोड़ दिया। 1848 की फ्रांसीसी क्रांति पर उन्होंने 1851-52 के दौरान 'लुई नेपोलियन की अठारहवीं ब्रूमेर' नामक पुस्तक लिखी। इस पुस्तक में उन्होंने ऐतिहासिक भौतिकवाद, वर्ग संघर्ष और सर्वहारा की तानाशाही सिद्धांतों की परिकल्पना का विकास किया।

1864 में मार्क्स अंतरराष्ट्रीय श्रमिक संघ (जिसे प्रथम इंटरनेशनल के नाम से जाना जाता है)

के साथ जुड़ गए। वे इसकी स्थापना के समय से ही इसकी जनरल कौंसिल के सदस्य चुने गए थे। वहां उनका संघर्ष अराजकतावादी मिखाइल बाकुनिन (1814-1876) से हुआ जिसमें वे विजयी रहे। प्रथम इंटरनेशनल के दौरान सर्वाधिक महत्वपूर्ण घटना 1871 में पेरिस कम्यून थी। पेरिस कम्यून के दौरान पेरिस के नागरिकों ने अपनी सरकार के विरुद्ध विद्रोह कर दिया था और दो महीने तक शहर पर विद्रोहियों का कब्जा रहा। इस विद्रोह पर उन्होंने 'फ्रांस में गृह युद्ध' नामक पुस्तिका लिखी।

मजदूरों द्वारा किए गए विद्रोहों और आंदोलनों के लगातार नाकामयाब रहने के कारण मार्क्स को प्रेरित किया कि वे पूंजीवाद को अच्छी तरह समझें। इसलिए उन्होंने ब्रिटिश संग्रहालय के अध्ययन कक्ष में अपना अधिक समय गुजारना शुरू कर दिया। अर्थशास्त्र से संबंधित उनका व्यापक और गहन अध्ययन पहले 'ए कंट्रीब्यूशन टु दि क्रेटिक ऑफ पोलिटिकल इकोनॉमी' के रूप में सामने आया, जो तीन खंडों में प्रकाशित 'दास केपिटल' की पूर्व पीठिका थी। इसी महान काम ने अधिशेष मूल्य (सरप्लस वेल्यू) का वह सिद्धांत प्रस्तुत किया जिसने पूंजीवाद लूट और मजदूर वर्ग के शोषण को समझने की दृष्टिप्रदान की। 1867 में दास केपिटल का प्रथम खंड प्रकाशित हुआ। दूसरे और तीसरे खंड पर वे जीवन पर्यंत काम करते रहे और उसका प्रकाशन उनकी मृत्यु के बाद एंगेल्स द्वारा किया गया।

मार्क्स और जेनी (वॉन वेस्टकालेन) के कुल सात बच्चे हुए लेकिन लंदन की आर्थिक तंगहाली भरी जिंदगी के कारण तीन बच्चे ही युवावस्था तक पहुंच पाए। ये तीनों लड़कियां थीं जिनके नाम उनकी माता के नाम पर रखे गए थे। मार्क्स की पत्नी जेनी का देहांत दिसंबर 1881 को हुआ और 14 मार्च 1883 को स्वयं मार्क्स का लंदन में देहांत हो गया। उस समय उनकी आयु लगभग 65 वर्ष थी।

गोपाल प्रधान

अधिक जानकारी के लिए :

1. **कार्ल मार्क्स** : राहुल सांकृत्यायन, 2. **कार्ल मार्क्स–समाजवाद का मसीहा** : प्रकाश कांत, 3. **Carl Marx : A Biography :** David Mclenon, Hampshire, 4. **How to Change the World : Tales of Marx :** Eric Hobsbawm

काल

क्रिया की निष्पत्ति का सूचक काल कहलाता है। क्रिया की निष्पत्ति के आधार पर काल का निर्धारण किया जाता है। इस आधार पर काल के तीन भेद किए गए हैं–1. वर्तमान, 2. भूत और 3. भविष्य। जैसे–मोहन खाता है (वर्तमान काल), मोहन ने खा लिया था (भूत काल) तथा मोहन खा लेगा (भविष्य काल)। आगे चलकर क्रिया के पूर्ण होने या अपूर्ण होने तथा भाव और अर्थ के आधार पर कई प्रकार हैं। संस्कृत में दस लकार थे जिसमें से छह काल सूचक और चार भाव सूचक थे। भारोपीय परिवार में काल क्रिया की महत्वपूर्ण कोटि है परंतु सार्वभौमिक नहीं। कार्य के निश्चय, आज्ञा के अनुसार तथा संभावना और कार्य की पूर्णता-अपूर्णता के आधार पर हिंदी में कालों के 16 प्रकार हैं जो इस प्रकार हैं–

भूत

1. भूत सामान्य निश्चयार्थ
2. भूत सामान्य संभावनार्थ
3. भूत अपूर्ण निश्चयार्थ
4. भूत अपूर्ण संभावनार्थ
5. भूत पूर्ण निश्चयार्थ
6. भूत पूर्ण संभावनार्थ

वर्तमान

1. वर्तमान संभावनार्थ
2. वर्तमान आज्ञार्थ
3. वर्तमान अपूर्ण निश्चयार्थ
4. वर्तमान अपूर्ण संभावनार्थ
5. वर्तमान पूर्ण निश्चयार्थ
6. वर्तमान पूर्ण संभावनार्थ

भविष्य

1. भविष्य निश्चयार्थ
2. भविष्य आज्ञार्थ
3. भविष्य अपूर्ण निश्चयार्थ
4. ———
5. भविष्य पूर्ण निश्चयार्थ
6. ———

इस तरह हिंदी में भूतकाल के छह भेद, वर्तमान काल के छह भेद तथा भविष्य काल के चार भेद हैं। काल का नियमबद्ध विभाजन होने पर भी आधुनिक भाषाओं में भ्रम तथा अस्पष्टता की स्थिति उत्पन्न हो ही जाती है। हिंदी भाषा के कुछ वाक्यों में काल भेद का भ्रम उत्पन्न होता है। जैसे–'सूरज पूरब में निकलता है। वह प्रतिदिन सड़क पर टहलता है।' ये दोनों वाक्य भूत, वर्तमान तथा भविष्य तीनों कालों को दर्शाते हैं। 'कल मैं बंबई जा रहा हूं', संरचना की दृष्टि से तो वर्तमान कालिक है परंतु अर्थ की दृष्टि से यह भविष्य काल का सूचक है। हिंदी भाषा में उक्ति और कार्य तथा काल के बीच निकटता का संबंध दर्शाना कठिन है जैसे 'मैंने अपना कार्य कर लिया' भूतकाल का सूचक है परंतु 'मैंने अपना कार्य कर लिया है' पूर्ण वर्तमान काल का है। इसके अलावा क्रिया में विभिन्न विभक्तियों को जोड़कर काल के विभिन्न भेदों को दिखाया जा सकता है। क्रिया में विभिन्न प्रत्ययों को जोड़कर काल की अभिव्यक्ति की जाती है। पूर्ववर्ती भाषाओं में कृत प्रत्यय के संयोग से निर्मित भूतकाल की क्रिया में पुरुष भेद नहीं था। इसके द्वारा सभी प्रकार के अतीत कथनों को व्यक्त किया जा सकता था। अतः इसी कारण प्राकृत, अपभ्रंश, हिंदी आदि में भूतकाल के लिए कृत प्रत्यय का प्रयोग किया जाता है।

वर्षा मिश्र

अधिक जानकारी के लिए :

1. **हिंदी व्याकरण :** कामता प्रसाद गुरु, 2. **हिंदी शब्दानुशासन :** किशोरीदास वाजपेयी, 3. **आधुनिक हिंदी व्याकरण और रचना :** वासुदेव नंदन प्रसाद, 4. **व्यावहारिक हिंदी व्याकरण** : हरदेव बाहरी

काल दर्शन

प्राचीन काल से दिन-रात, प्रहर, पक्ष, मास, ऋतु परिवर्तन, वर्ष, संक्रांति, संवत्सर आदि की धारणाएं रही हैं। अथर्ववेद में काल और सूर्य को अभिन्न माना गया है। काल के नियम और उसकी अविच्छिन्न उपस्थिति के बोध ने ही मानव जीवन के नियमों और कर्तव्यों की सृष्टि की। काल को जीव जगत का सृष्टिकर्ता और संहारकर्ता माना गया। काल को आदि पिता और आदित्य का भी जनक माना गया। ऋग्वेद और अथर्ववेद में काल को लेकर जो दार्शनिक चिंतनधारा है वह ब्राह्मण, आरण्यक और उपनिषद ग्रंथों में भी मौजूद है। कहा गया है कि कृषक जाड़े, गर्मी और बरसात में काम करते हैं। शतपथ ब्राह्मण में समय और जीवन परस्पर जुड़े बताए गए हैं। इन ग्रंथों के बाद याज्ञवल्क्य के चिंतन में संवत्सर और ब्रह्म की अभिन्नता स्पष्ट की गई है। इसी क्रम में सृष्टि, प्रलय और दृश्यमान जगत की धारणा बनी। काल दर्शन से ही सत, त्रेता, द्वापर और कलि इन चार युगों की धारणा आई। चरक संहिता में इन धारणाओं का विकास करते हुए बताया गया कि काल मानव जगत का उत्पत्ति-स्थल है और इसी में व्याधियों की भी उत्पत्ति होती है। ठीक समय में ठीक भोजन लेने का आधार काल ही है।

काल दर्शन से अवतारवाद और पुनर्जन्मवाद की धारणाएं अस्तित्व में आईं। दोनों ही वैदिक युग के बाद की कल्पनाएं हैं। माना गया कि काल ही सब कुछ है। यहां तक कहा गया है कि काल खुद काल को निगल जाता है, काल संहारकर्ता है। कहा जाता है, सब समय का फेर है, सबसे पहले, बौद्ध दर्शन ने काल के जन्म-मृत्यु के चक्र की जगह 'निर्वाण' की धारणा दी और काल दर्शन में एक प्रस्थान ला दिया, हालांकि यह पुनर्जन्मवाद से बच नहीं सका। उस पर चार्वाक दर्शन का असर पड़ा होगा, जिसमें मृत्यु के बाद आत्मा के अस्तित्व का खंडन है। उसके अनुसार मृत्यु के बाद कुछ शेष नहीं रहता, जीवन ही सब कुछ है।

हजारों साल से काल पर ऐसे प्रश्नों पर दार्शनिक चिंतन होता आया है—काल वस्तुतः कहां है? क्या जब कुछ भी बदल नहीं रहा था, तब काल था? काल का मनुष्य के सोच से क्या संबंध है, देश और समाज से क्या संबंध है? क्या हमारे 'बिग बैंग' के पहले काल था? क्या समय के प्रवाह का रूपकात्मक विश्लेषण संभव है? क्या काल मानव मस्तिष्क पर निर्भर है? क्या कालातीतता संभव है? प्लेटो, स्पिनोजा से लेकर हीगेल तक प्राचीन भारत की काल संबंधी धारणाओं से भिन्न यह कहा गया कि काल कुछ होता ही नहीं है। यह सिर्फ परिवर्तन का मापक भार है और घटना से निरपेक्ष चीज नहीं है। आइंस्टीन के सापेक्षता के सिद्धांत से पहले सोचा जा रहा था, घटनाएं घटती हैं। वे कुछ समय तक बनी रहती हैं, उनके समानांतर कई अन्य घटनाएं होती हैं और जब दो घटनाएं होती हैं तो प्रश्न उठता है पहले कौन-सी सामने आई। आइंस्टीन ने सापेक्षता के सिद्धांत के संदर्भ में बताया कि काल घटना या वस्तु की गति पर निर्भर करता है। दिक की तरह काल भी स्थायी नहीं है और न यह जरूरी है कि सभी के लिए काल प्रवाह समान हो। इससे स्पष्ट हुआ कि दिक की तरह काल का भी बदलना संभव है। यह बात सामने आई कि दिक और काल को सापेक्षता में ही समझा जा सकता है।

भारतीय परंपरा में काल पुनरावर्ती है, चक्राकार है। उसमें आवर्तनशील अतीत को महत्वपूर्ण माना गया है। पश्चिम में सामान्यतः काल को रेखीय माना गया है। भारत में इतिहास की दार्शनिक धारणा इस लिए नहीं थी कि अतीत बीतता या मिटता नहीं था। वह परंपराओं के भीतर हमेशा यात्रा में होता था। उन्नीसवीं सदी से भारतीय चिंतन पर पश्चिम का प्रभाव पड़ना शुरू हुआ और इतिहास लिखा जाने लगा। अभी यह लिखा ही जा रहा था कि खुद पश्चिम में जल्दी ही इतिहास से, इसके सर्वसत्तावादी रूप से असंतोष सामने आ गया और वर्तमान की धारणा केंद्रीय हो गई। काल दर्शन के इन परिवर्तनों का जीवन पर व्यापक असर पड़ा।

टी एस इलियट ने एक कविता में लिखा, 'अतीतकाल और भविष्यकाल चेतना को थोड़ा अवकाश देते हैं। चेतन होने का अर्थ काल में जीना नहीं है।' (फोर क्वार्टेट्स)। इसका यह अर्थ नहीं है कि इलियट वर्तमान को महत्ता देकर काल को नकार देते हैं, 'लेकिन काल में ही रोज गार्डेन का क्षण, ठिठुरते गिरजाघर की धूमिल वेला का क्षण स्मरण किया जा सकता है—अतीत और भविष्य को गूंथे हुए। काल के द्वारा ही काल को जीता जा सकता है।' (वही)। अज्ञेय इस संदर्भ में कहते हैं, 'काल पर विजय यदि संभव है तो स्मरण के द्वारा नहीं है (आकांक्षा के द्वारा भी नहीं है), वह अत्यंत वर्तमान में एक आत्मचेतन अस्ति के द्वारा ही संभव है।' (सृजन और संदर्भ)। यह काल दर्शन में अस्तित्ववादी हस्तक्षेप है, जहां क्षण की अनुभूति को प्रधान बनाने का एक अर्थ मानव और व्यक्ति को महत्व देना है। काल जो कुछ है, व्यक्ति के सोच का मामला है। इसके बाहर काल का अस्तित्व नहीं है। यह मार्क्सवादी चिंतन के 'ऐतिहासिक निर्धारणवाद' से एकदम उलट स्थिति है।

अज्ञेय प्रश्न खड़ा करते हैं, 'केवल क्षण, अत्यंत वर्तमान है क्या? यदि काल स्रोत अनिवार्यतया अतीत का अनुप्रवाही अथवा भविष्य का प्रतिप्रवाही है, यदि हमारी काल चेतना अनिवार्यतया अभिमुख या प्रतिमुख है, यदि वह अनिवार्यतया स्मरण, अतीत या प्रतीक्षा (भविष्य) पर आधारित है तो उसे केवल वर्तमान का बोध कैसे हो? उनके अनुसार वर्तमान वह क्षण है जहां स्मृत काल और प्रतीक्षित काल का आत्यंतिक संक्रमण होता है : वह क्षण जो न स्मृति है, न प्रतीक्षा और न कामना। यदि ऐसा क्षण कोई पा ले, तो उसकी कोई छाया नहीं होगी, उसकी काल चेतना काल मुक्त हो जाएगी। वह शुद्ध वर्तमान, अपनी शुद्ध सत्ता में जी पाएगा।' अज्ञेय स्वीकार करते हैं कि यह एक काल्पनिक स्थिति है, पर इससे वर्तमान में जीने को प्रमुखता देने की अवधारणा स्पष्ट होती है। नए आधुनिक युग में वर्तमानता को हर चीज से ज्यादा महत्व दिया गया। इसका विकृत रूप वैश्वीकरण के युग में सामने आया, जब अतीत और भविष्य पूरी तरह व्यापार की वस्तुएं बन गईं

और वर्तमान अपनी वास्तविक सत्ता के बोध को कुचल कर महज उपभोग की जगह बन गया।

जर्मन चिंतक वाल्टर बेंजामिन कहते हैं, 'जिसकी पीठ भविष्य की तरफ है और चेहरा अतीत की ओर मुड़ा है, ढहते हुए खंडहरों का ढूह उसके पैरों के पास जमा हो जाता है।' इस पर टिप्पणी करते हुए निर्मल वर्मा का असमंजस देखा जा सकता है, 'अतीत की ओर उन्मुख होकर भविष्य की ओर घिसटते जाना यह कैसी विचित्र और अभिशप्त नियति है। जिस अतीत में मनुष्य कभी जीता था, वहां अब सिर्फ खंडहरों का ढूह दिखाई देता है और जिस भविष्य की ओर धकेला जा रहा है, वहां उसकी पीठ है, जिसे वह देख नहीं सकता। इन दोनों के बीच यदि वह अपने पैर जमा कर तनिक छोटी-सी ठौर बना सके तभी यह संभव हो सकता है कि वह मनुष्य के तौर पर अपनी स्थिति के बारे में कुछ सोच सके।' (हीरानंद शास्त्री व्याख्यानमाला, भाग 2)। निर्मल वर्मा वर्तमान को महत्ता देते हुए मानव विवेक की भूमिका की ओर संकेत करते हैं, 'झंझावत के बीच यह वह पड़ाव है, जहाँ विचार और स्मरण करने की जगह बचती है, जिसके घेरे में ही दर्शन, चिंतन या सृजन संभव हो पाता है। हर आने वाली पीढ़ी अतीत और भविष्य के बीच इस संकरी जगह में अपने पदचिह्न छोड़ जाती है, जो परंपरा का ही दूसरा नाम है। यह वह जगह है, जहाँ मनुष्य काल प्रवाह के बीच अपने होने का प्रमाण और पहचान दोनों ही अंकित करता है।' निर्मल वर्मा को इतिहासबोध एक भूल-भुलैये की तरह दिखता है। 'परंपरा में वर्तमानता का बोध' ही मनुष्य के अस्तित्व और अस्मिता के लिए उन्हें ज्यादा उपयुक्त लगता है।

उत्तर-आधुनिक युग इतिहास और उपर्युक्त ढंग के आधुनिक काल चिंतन दोनों को बोझ मानता है, क्योंकि अब उपभोक्ता वस्तुएं ही दिक-काल हैं।

शंभुनाथ

अधिक जानकारी के लिए :
संवत्सर : अज्ञेय

कालनेमि

कालनेमि एक मिथकीय और पौराणिक असुर चरित्र है जिसका भागवत पुराण और पद्म पुराण में उल्लेख है। सतयुग में यही कालनेमि हिरण्यकश्यप के पुत्र के रूप में पैदा हुआ। त्रेता युग में इसने रावण के मामा के रूप में जन्म लिया। द्वापर में यही कंस बना। इस संबंध में एक कथा यह भी है कि उग्रसेन की भार्या पवनरेखा के साथ इसने छल से संभोग किया जिससे द्वापर में कंस का जन्म हुआ, जो बाद में कृष्ण के द्वारा मारा गया। इस तरह से कालनेमि के अनेक तरह के उल्लेख मिलते हैं। यह विरोचन का पुत्र माना जाता है जिसने देवासुर संग्राम में भी भाग लिया और विष्णु के हाथों से मारा गया। इन कथाओं में सबसे ज्यादा लोकप्रचलित कथा तुलसीकृत रामचरितमानस की है जिसमें लक्ष्मण की मूर्च्छा को दूर करने के लिए सुखेन वैद्य के संजीवनी औषधि लेने के लिए हनुमान द्रोणाचल पर्वत पर जाते हैं। बात दरअसल यह थी कि यदि हनुमान सुबह होने से पहले रात्रि में ही औषधि ले आएंगे तो लक्ष्मण के प्राण बच सकते हैं। इसीलिए रावण ने कालनेमि से हनुमान का रास्ता रोकने और विलंब करने का आदेश दिया। कालनेमि ने रावण को बहुत समझाया कि जिसने तुम्हारे होते हुए तुम्हारा नगर जला दिया, कौन है जो उसका रास्ता रोक सकता है? जो स्वयं काल का भक्षण करने वाला है उस राम को कौन मार सकता है, इसलिए उसकी शरण में जाने में ही तुम्हारा कल्याण है। रावण महा अहंकारी था। उसे अपने सिवाय और कोई वीर-विद्वान नजर नहीं आता था। उसने कालनेमि को धमकाया कि यदि मेरा आदेश नहीं मानोगे तो तुम्हारी मृत्यु निश्चित है।

कालनेमि ने रामदूत के हाथों मरना ज्यादा श्रेयस्कर मानकर हनुमान का रास्ता रोकने का निश्चय किया। रास्ते में पड़ने वाले गंधमादन पर्वत पर उसने एक कुटिया, सरोवर और बाग बनाकर साधु का वेश बनाया। हनुमान ने प्यास बुझाने और अपनी थकावट दूर करने के लिए वहां ठहरना उचित समझा। साधु का आश्रम है, कोई हानि भी नहीं—यह सोचकर वे

कालनेमि के पास जा पहुंचे। कालनेमि को सब कुछ पहले से पता था। उसने हनुमान को बातों में लगाया कि देखो, मैं यहीं से अपनी दिव्य दृष्टि से देख रहा हूं कि इस समय राम और रावण में घनघोर युद्ध हो रहा है। मैं भविष्यवाणी करता हूं कि इस युद्ध में राम ही विजयी होंगे। हनुमान उसके धोखे में आ गए, किंतु प्यास बुझाने के लिए जब पास के सरोवर में गए तो मकड़ी बनी एक अप्सरा ने हनुमान के पैर पकड़ लिए और बतलाया कि यह कोई साधु नहीं, वरन रावण का भेजा हुआ एक मायावी कपटी राक्षस है जो तुम्हारे काम में विलंब करा रहा है। हनुमान को जब यह मालूम हुआ तो उन्होंने उसे तुरंत मारकर अपने उद्देश्य को पूरा किया। तुलसीदास ने अपनी कथा योजना में कालनेमि के असुर भाव को बदल कर उसे एक राम भक्त राक्षस बना दिया है जो मन से राम की तरफ है किंतु परिस्थितिवश रावण की तरफ।

जीवन सिंह

काला का सौंदर्यशास्त्र

काला के सौंदर्यशास्त्र या अश्वेत सौंदर्यशास्त्र (Black Aesthetic) और काला आंदोलन को 1920-30 के हार्लेम रिनेसां के बाद दूसरा अश्वेत नवजागरण माना जाता है। यह मोटे तौर पर 1965 से 1976 के बीच का दौर था जब अश्वेत नस्लीय स्वाभिमान, अफ्रीकी विरासत को लेकर गौरवबोध और काले लोगों के जीवन और संस्कृति की विद्रोही अभिव्यक्ति सामने आई। इसमें गोरे उपनिवेशवाद और वर्चस्व के प्रति विरोध प्रतिबिंबित हुआ। अश्वेत सौंदर्यशास्त्र का साहित्य, रंगमंच, नृत्य, ललित कलाओं के साथ संगीत पर भी काफी प्रभाव था। यह 'नीग्रो' की परंपरागत हीन पहचान से 'ब्लैक' अस्मिता की उद्घोषणा है। यह काले वर्ण में सुंदरता देखना है। उनका कालापन, उनके अफ्रीकी ढंग का केश-विन्यास, अफ्रीकी वेश-भूषा, उग्र वैचारिक रुख, उनका मौखिक साहित्य, लोक संगीत आदि काला सौंदर्यशास्त्र को व्यक्त करने के साधन हैं। इस धारा ने नस्लवाद पर काफी व्यंग्यात्मक प्रहार किए। इन विद्रोहियों ने अपने नामों से अंग्रेजी चिह्न हटाकर अरबी-अफ्रीकी ध्वनियों वाले नाम रख लिए थे। प्रसिद्ध मुक्केबाज कैसियस क्ले ने अपना नाम मुहम्मद अली रखा था। काला सौंदर्यशास्त्र को कुछ आलोचकों ने मतांधता कहा और आरोप लगाया कि यह पहचान की राजनीति से प्रेरित और पालेमिकल ज्यादा है।

अफ्रीकी-अमेरिकी संस्कृति के अलावा अंधकारपूर्ण महादेश माने जाने वाले अफ्रीका में काला सौंदर्यशास्त्र एक महत्वपूर्ण सांस्कृतिक घटना है, भले इसमें सहमति और असहमति के कई बिंदु हों। नीग्रे ब्लूज, निकोलस ग्यूलेने, लियोपोल्ड सेंगोर, राल्फ एलिसन, जेम्स बाल्डविन, चिनुआ अचेबे, जेम्स न्यूती, क्लैरेंस मेजर, वोल शोयिंका, अमिरी बराका आदि ऐसे कई लेखक-कलाकार हैं जिन्होंने काला के सौंदर्यशास्त्र का बहुआयामी विकास किया। यह सौंदर्यशास्त्र अश्वेत सांस्कृतिक राष्ट्रवाद भी अपने साथ ले आया। रॉन करेंगा ने अफ्रीकी सौंदर्यशास्त्र को कार्यात्मक, सामूहिक और प्रतिबद्धतापरक बताया है। काला सौंदर्यशास्त्र को सुगठित करने में गोरे नस्लवाद की बड़ी भूमिका रही है। एक अमेरिकी राष्ट्रपति टामस जैफर्सन ने कहा था, 'काले लोग चाहे वे मूल रूप से अलग नस्ल के हों अथवा समय और परिस्थितियों ने उन्हें अलग नस्ल का बनाया हो, शरीर और दिमाग दोनों मामलों में गोरों के मुकाबले हीन होते हैं।' (भाषा, संस्कृति और राष्ट्रीय अस्मिता, न्युगी वा थ्योंगो)। इस दृष्टि का काले लोगों ने विरोध किया। यही वजह है कि काला सौंदर्यशास्त्र 'ब्लैक पावर' का आध्यात्मिक सहोदर बनकर उभरा।

कई काले लेखकों ने अंग्रेजी में अपना साहित्य लिखा था और इसके लिए उन्होंने 'अंग्रेजी की अकाट्य स्थिति का भाग्य निर्धारित तर्क' दिया था। न्यूगी वा थ्योंगो ने काला सौंदर्यशास्त्र के चिंतन को नई दिशा देते हुए पूछा, 'हम यह पूछ सकते हैं कि एक अफ्रीकी लेखक को अथवा किसी भी लेखक को अपनी मातृभाषा से तत्व ग्रहण करके दूसरी भाषा को समृद्ध करने के लिए इतना परेशान होने की क्या

आवश्यकता है?' (वही)। उपनिवेशवाद ने तोपों के जोर से शरीर पर फतह हासिल करने के बाद अपनी अंग्रेजी शिक्षा के जरिए आत्मा पर अधिकार किया था। इसलिए काला सौंदर्यशास्त्र में मातृभाषा को संस्कृति का मूल्यवाहक माना गया, क्योंकि यह खुद से साक्षात्कार का अवसर देती है।

डेविड ड्योप ने महसूस किया, 'ऐसे अफ्रीका में जो उत्पीड़न से मुक्त होगा, उसका कोई भी लेखक अपनी फिर से खोजी गई मातृभाषा के अलावा अन्य किसी दूसरी भाषा में अपनी और अपनी जनता की भावनाएं व्यक्त नहीं करेगा।' अफ्रीकी विशेषण से जो तिरस्कार और भय का अनुभव करते हैं उनसे चिनुआ अचेबे ने कहा कि वे मातृभूमि से अपनी जिम्मेदारियों को तोड़कर 'एक लंबी छलांग लगा कर विश्व मानव बन जाएं!' (वही)। गौर करने की चीज है कि उपनिवेशकों ने सारी बुरी चीजों के नाम में ब्लैक लगा कर रखा—ब्लैकमेल, ब्लैक मार्केटिंग, ब्लैक मनी आदि। यह अश्वेत विरोधी मानसिकता की उपज है।

'ब्लैक एस्थेटिक्स' का आंदोलन समाप्त हो गया हो, पर उसकी अंतर्धाराएं कभी नहीं मरीं बल्कि वे देश और काल की दीवारें तोड़ कर वैश्विक और बहुआयामी हुईं। एक खूबी यह है कि काला सौंदर्यशास्त्र को कभी मजहब से जोड़कर नहीं देखा गया और न इसका पथ अंध-राष्ट्रवाद था। यह भी एक महत्वपूर्ण वैचारिक बिंदु है, 'वस्तुतः उदारतावाद वैचारिक संघर्ष से इनकार करता है और एक सिद्धांतहीन शांति के पक्ष में खड़ा होता है।' (वही)। काला सौंदर्यशास्त्र की नई विकास यात्रा में खासकर अफ्रीका में लिखित साहित्य के साथ उस मौखिक साहित्य को कलात्मक सृजन की नई भूमि पर उद्‌घाटित किया गया जिससे साम्राज्यवादी शिक्षा पद्धति ने काले लोगों को विच्छिन्न कर दिया था।

काला के सौंदर्यशास्त्र या अश्वेत सौंदर्यशास्त्र की बुनियादी खूबी है कि यह अभिजात विषयों की अपेक्षा आम लोक जीवन से जुड़ा होता है जो वस्तुतः कम सौंदर्य भरा और कम सांकेतिक नहीं है। यह केंद्रीकरण के विरुद्ध विविधतापूर्ण होता है। अश्वेत लोगों की पीड़ा, वंचना और संघर्ष इसके मुख्य आधार हैं। अश्वेत साहित्य मुख्यतः मौखिक साहित्य-रूप है। इसमें कविता के साथ संगीत और नृत्य भी जुड़े हुए हैं। इसलिए काला का सौंदर्यशास्त्र साहित्य और कलाओं के सम्मिलित फलक पर उद्‌घाटित होता है। यह अश्वेत लोगों के रोजमर्रा के जीवन का हिस्सा है, इसलिए शास्त्रीय सौंदर्यशास्त्र से भिन्न है जो एकरूपता लिए हुए होता है। काला के सौंदर्यशास्त्र में वर्जित शब्द, शिल्पगत खुरदरापन और मुखरता कुछ अधिक संभव है। इसका उच्च तबकों की सुरुचि पर चोट करना भी स्वाभाविक है। काले लोग मानने लगे हैं कि एक स्वतंत्र अश्वेतशास्त्र के बिना काले लोगों का कोई भविष्य नहीं है और इस सौंर्दयशास्त्र का विकास दुनिया के सौंदर्यबोध को व्यापक बनाएगा और सभ्यता अधिक विकसित होगी।

मलयालम कवि अय्यप्पा पणिकर ने अफ्रीकी नृत्यों, भारतीय आदिवासी कलाओं आदि के संदर्भ में लिखा है, 'ये पश्चिमी कलाकारों द्वारा तरह-तरह की शैलियों और रूपों में संशोधन करके अपना लिए गए। इनकी उन्मुक्त अभिव्यक्ति और संस्कृति पर तथाकथित मुख्यधारा का नियंत्रण होता गया। हर देश में सांस्कृतिक उपनिवेशवाद के कई स्तर होते हैं। गांव के लोग आदिवासियों को अपना उपनिवेश बनाते हैं और खुद वे शहर वालों के उपनिवेश बने रहते हैं।' (अश्वेत सौंदर्यशास्त्र)। अश्वेतों में भी आम लोग और एलीट के स्तर बने। पणिकर ने अश्वेत और दलित साहित्य में समानता बताते हुए अश्वेत सौंदर्यशास्त्र की उपनिवेशवाद-विरोधी चेतना को विशेष रूप से रेखांकित किया है।

न्यूगी वा थ्योंगो काले साहित्य को आलोचनात्मकता और प्रतिबद्धता दोनों की सम्मिलित अंतर्दृष्टि से देखते हैं, 'हमें मौखिक, अफ्रीकी अथवा किसी दूसरे देश के साहित्य की आलोचना वस्तुतः संघर्ष कर रही जनता के दृष्टिकोण को ध्यान में रख कर करनी होगी। हमें कला के किसी भी उत्पाद में यह ढूंढना होगा कि वह कौन-सी चीज है जो सकारात्मक, क्रांतिकारी और मानवतावादी है...।' (भाषा, संस्कृति और राष्ट्रीय

अस्मिता)। अश्वेत साहित्य के नए रूप में एक भिन्न सौंदर्यशास्त्र की चेतना है जो मतांधता से दूर है। इसकी धारणा है कि प्रत्येक स्तर पर अफ्रीकी प्रतिभा की पूर्ण मुक्ति से परे काली शक्ति (ब्लैक पावर) का अस्तित्व असंभव है। अपने अनोखे और भिन्न सौंदर्यशास्त्र के कारण ही अश्वेत साहित्य उपनिवेशवाद और स्थानीय कट्टरवाद से आक्रांत एशियाई साहित्य की तुलना में विश्व भर में एक बड़ी पहचान बना पाया।

शंभुनाथ

अधिक जानकारी के लिए :

1. **भाषा, संस्कृति और राष्ट्रीय अस्मिता** : न्युगी वा थ्योंगो, 1999, 2. **The Autobiography of LeRoi Jones** : Amiri Baraka, 1984, 1997, 3. **Avant-garde Performance and Limits of Criticism** : Mike Sell, 2005

काला की सुंदरता

पश्चिम में काले मेघ शीत की वजह से उदासी लाते हैं, जबकि भारत में ये सदियों से प्रसन्नता की लहर पैदा करते रहे हैं। कृष्ण को घनश्याम कहा गया है। सूरदास ने जब लिखा था, 'बूझत श्याम कौन तू गोरी', उन्होंने सांवले कृष्ण को सुंदर माना था। दक्षिण भारत में कृष्ण एकदम काला रंग धारण करते हैं, जिस तरह उत्तर भारत में देवी काली बिल्कुल काली हैं। राम भी सांवले बताए गए हैं। शिव भी कालभैरव के रूप में काले हैं, शिवलिंग का रंग काला है। काला रंग उर्वरता से जुड़ा है। इसे पूर्व में अच्छी दृष्टि से देखा जाता है। लक्ष्मी, गौरी, सीता, राधा, दुर्गा आदि गोरी हैं। स्त्रियों के गोरे रंग में ही सौंदर्य देखा जाता रहा है, जो शक्ति का प्रतीक है। लेकिन द्रौपदी सांवली थी। उसकी जैसी तेजस्वी और बुद्धिमान स्त्री प्राचीन भारतीय साहित्य में कोई और नहीं है। पूर्व में काला और गोरा दोनों एक-दूसरे के बिना अधूरे हैं। साहित्य में सर्वत्र वर्णित काले की सुंदरता से यह स्पष्ट है। ब्लैक इज ब्यूटीफुल।

न्यूगी वा थ्योंगो ने अंग्रेजी भाषा के एक खास पहलू की ओर इशारा करते हुए लिखा है, 'दुनिया में जितनी भी भाषाएं हैं उनमें अंग्रेजी सबसे नस्लवादी भाषा है। आपको ढेर सारे ऐसे शब्द, मसलन ब्लैक मार्केट, ब्लैक मेल, ब्लैक लिस्ट आदि मिल जाएंगे जिनसे मूल्य के स्तर पर कालेपन की नकारात्मक परिभाषा सामने आती है।' (भाषा, संस्कृति और राष्ट्रीय अस्मिता)। ईसाई धर्म में देवदूत गोरे हैं, शैतान काले हैं। औपनिवेशिक काल में काला रंग आपराधिकता से जुड़ा घोषित किया जाता रहा है। भारतीय संस्कृति की तरह पश्चिम में काला सुंदर और उदात्त वर्ण नहीं है, वहां काले-गोरे का सामंजस्य नहीं है। यहां तक कि बाजार की नजर में भी काला या सांवला रंग एक बुराई की तरह है। खासकर कोस्मेटिक्स के बाजार में गोरे रंग को ही सुंदरता और सफलता का एकमात्र प्रतीक बनाकर उपस्थित किया जाता है।

शंभुनाथ

काला चांद फकीर

काला चांद फकीर का जन्म ढाका में उन्नीसवीं सदी के पूर्वार्ध में हुआ था। उनका असली नाम था कृष्णचंद्र बंद्योपाध्याय। वह अविभाजित बंगाल के समाज सुधारक, शिक्षा प्रेमी और कालाचंदी मत के प्रवर्तक थे। वह चैतन्य महाप्रभु के भक्त थे। वैष्णव संप्रदाय के शाकाहारी होने के कारण बंगाली वैष्णवों में मछली आहार की परंपरा नहीं थी। इसे शुरू करने में उनका प्रमुख योगदान है। उन्होंने जो पंथ चलाया, उसे 'कालाचंदी मत' कहते हैं। इसमें प्रमुख स्थान गरीबों एवं दलितों का है। काला चांद ने धर्मग्रंथों के उदाहरण से समझाया कि धर्म में छुआछूत नहीं है। उन्होंने नगर संकीर्तन अर्थात प्रभातफेरी की परंपरा डाली। जाति-पांति एवं छुआछूत के खिलाफ 'पंक्ति भोजन' अर्थात एक साथ बैठ कर खाने की परंपरा स्थापित की। इसे बाद में कई जमींदारों ने भी अपना लिया।

काला चांद फकीर का दूसरा पक्ष है शिक्षा का प्रसार। उन्होंने कहा, 'दीक्षा मंत्र नहीं शिक्षा मंत्र' की जरूरत है। उनके प्रयासों से अविभाजित बंगाल में शिक्षा, विशेषकर स्त्री शिक्षा का आंदोलन शुरू हुआ। उन्होंने अपने घर पर लड़कियों का एक स्कूल खोला, जो आज कॉलेज है। काला चांद ने मुसलमानों, दलितों एवं बाउल गायकों (सहजिया संप्रदाय) तीनों के पारस्परिक संपर्क को मजबूत करना चाहा। नतीजतन, वह फकीर माने गए। उनकी यह राय थी कि सभी धर्मों से मानव धर्म ऊपर है।

काला चांद ने लंबी यात्राएं कीं और शिक्षा को दलितों की मुक्ति का मार्ग बताया। बंगाल के एक दलित संप्रदाय के मतुआ धर्म के प्रमुख हरिचंद-गुरचंद ने इनकी शिक्षाओं को बाद के वर्षों में आगे बढ़ाया। इस संप्रदाय के लोगों को नमो शूद्र, अर्थात चांडाल भी कहा जाता था। 1912 की जनगणना में मतुआ धर्म के अनुयायियों को ऑस्ट्रेलियन पादरी मीड के प्रयासों से ठाकुर माना गया। आज पश्चिम बंगाल में लाखों लोग मतुआ हैं। इनमें शिक्षित लोगों की संख्या अधिक है। काला चांद फकीर की समाधि बांग्लादेश में है। उनका एक मठ पश्चिम बंगाल के नवद्वीप में है, जिसका नाम 'चिंतामणि कुंज' है।

जितेंद्र जितांशु

कालिदास

महाकवि कालिदास संस्कृत के ही नहीं, वरन समूचे भारतीय साहित्य के सुमेरु हैं। कालिदास के बारे में तरह-तरह की किंवदंतियां प्रचलित हैं, जैसे यह कि वे विक्रमादित्य के दरबार में नौ रत्नों में से एक थे। वे बचपन से मूर्ख थे लेकिन पंडितों ने छलपूर्वक विक्रमादित्य की विदुषी पुत्री विद्योत्तमा से उनका विवाह करा दिया था, विवाह की पहली ही रात को विद्योत्तमा ने उनका भारी तिरस्कार किया जिससे अत्यंत दुखी होकर उन्होंने काली की आराधना की और काली ने प्रसन्न होकर उन्हें काव्य प्रतिभा का वरदान दिया। इसी से उनका नाम कालिदास हुआ। एक अन्य किंवदंती के अनुसार वे सिंहल (लंका) के राजा कुमार दास के मित्र थे। कोई विद्वान बंगाल को उनकी जन्मभूमि मानता है तो कोई विदर्भ को, कोई विदिशा को तो कोई कश्मीर या गढ़वाल को। उन्होंने मेघदूत में उज्जयिनी (उज्जैन) का चित्रण बड़े लगाव से किया है इसलिए अधिकांश विद्वानों ने उनका संबंध वहां से जोड़ा है। इसी को ध्यान में रखकर उज्जैन में कालिदास अकादमी की स्थापना की गई है, जहाँ प्रत्येक वर्ष कार्तिक शुक्ल पक्ष की एकादशी को सेमिनार और अन्य सांस्कृतिक कार्यक्रम आयोजित किए जाते हैं।

कालिदास के रचनाकाल को लेकर विद्वानों में मतभेद हैं लेकिन मोटे तौर पर यह कहा जा सकता है कि वे 150 ईसा पूर्व के बाद (क्योंकि उन्होंने इसी काल के राजा अग्निमित्र को अपने एक नाटक का नायक बनाया है) और 600 ईसवी के पहले (क्योंकि छठी सदी के महाकवि बाण ने उनका उल्लेख किया है) हुए थे। ए बी कीथ जैसे विद्वान उन्हें गुप्त सम्राट चंद्रगुप्त (द्वितीय) का समकालीन (400 ईसवी) मानते हैं तो दूसरे विद्वान उन्हें विक्रम संवत का प्रवर्तन करने वाले विक्रमादित्य का समकालीन (पहली शती ईसा पूर्व)।

कालिदास की कुल सात रचनाएं प्रसिद्ध हैं—दो महाकाव्य (कुमार संभव और रघुवंश), दो खंडकाव्य या गीत काव्य (मेघदूत और ऋतुसंहार) और तीन नाटक (अभिज्ञान शाकुंतल, विक्रमोर्वशीय और मालविकाग्निमित्र)। कालिदास के काव्य में प्रकृति और मनुष्य, पुर और जनपद, राज्य और तपोवन, सौंदर्य और मंगल, भोग और त्याग, रूप का आकर्षण और तपस्या की धीर शांति आदि का पूर्ण सामंजस्य उनकी उत्कृष्ट कला के साथ उपस्थित हैं। उनकी भाषा सरलता और कमनीयता में बेजोड़ है। हिमालय, विंध्याचल, गंगा, नर्मदा, विदिशा और उज्जयिनी, पर्वतों-नदियों-वनों-गुफाओं से लेकर जुते खेतों वाले ग्रामांचलों तक का उन्होंने गहरे लगाव से वर्णन किया है। बाह्य प्रकृति की प्रत्येक ऋतुभंगिमा से लेकर मानव प्रकृति की प्रत्येक संवेदना तक उनकी

पहुंच है। जर्मनी के महाकवि गेटे ने कालिदास की शकुंतला के बारे में कहा था कि तरुणाई का फूल और प्रौढ़ावस्था का फल, मर्त्य और स्वर्ग दोनों अगर कोई एक ही जगह पाना चाहें तो शकुंतला में उसे पाया जा सकता है। रवींद्रनाथ टैगोर ने इसकी व्याख्या करते हुए कहा था कि शकुंतला के आरंभ के तरुण सौंदर्य ने मंगलमय चरम परिणति को प्राप्त होकर मर्त्य को स्वर्ग से मिला दिया है। 'टेम्पेस्ट' से उसकी तुलना करते हुए टैगोर ने कहा था, 'शकुंतला के समान प्रशांत, गंभीर, संयत, संपूर्ण नाटक शेक्सपीयर के नाटकों में एक भी नहीं।' कुमार संभव में कालिदास ने वैराग्य पर अनुराग की विजय दिखलाई है। जीवन के प्रति उनका दृष्टिकोण स्वस्थ और स्वीकारात्मक है। संस्कृत में गीता के बाद सबसे अधिक टीकाएं मेघदूत पर मिलती हैं। विश्व की लगभग सभी भाषाओं में इसका अनुवाद हुआ है। हिंदी में राजा लक्ष्मण सिंह, राय देवी प्रसाद 'पूर्ण', रामचरित उपाध्याय, केशव प्रसाद मिश्र, नागार्जुन, राधावल्लभ त्रिपाठी आदि ने इसका काव्यानुवाद किया है।

हिंदी में कालिदास की अनेक कृतियों के अनुवाद के अलावा उनकी प्रेरणा लेकर अनेक मौलिक रचनाएं लिखी जाती रही हैं, जैसे—'आषाढ़ का एक दिन' (मोहन राकेश), 'आठवां सर्ग' और 'काटना शमी का वृक्ष पद्म पंखुड़ी की धार से' (सुरेंद्र वर्मा), 'पुनर्नवा' (हजारी प्रसाद द्विवेदी), 'कालिदास' (जानकी बल्लभ शास्त्री) आदि। महावीर प्रसाद द्विवेदी, चंद्रबली पांडेय, रामचंद्र शुक्ल, हजारी प्रसाद द्विवेदी, रामविलास शर्मा, भगवतशरण उपाध्याय, वासुदेव शरण अग्रवाल आदि ने कालिदास के जीवन और साहित्य की विशद चर्चा और समालोचना की है। कालिदास के जीवन और अभिज्ञान शाकुंतल को आधार बनाकर हिंदी, कन्नड़ और तमिल आदि में कई फिल्में बनी हैं।

अवधेश प्रधान

अधिक जानकारी के लिए :
1. **कालिदास की निरंकुशता :** महावीर प्रसाद द्विवेदी, 2. **कालिदास :** चंद्रबली पांडेय, 3. **कालिदास की लालित्य योजना :** हजारी प्रसाद द्विवेदी, 4. **कालिदास कालीन भारत :** भगवतशरण उपाध्याय, 5. **मेघदूत :** वासुदेव शरण अग्रवाल, 6. **संस्कृत कवि दर्शन :** भोलाशंकर व्यास

कालिय नाग

कालिय नाग विषधर सर्पराज है जो गरुड़ से युद्ध में पराजित होने के बाद यमुना में एक कुंड बनाकर निवास करता था। कहा जाता है कि उसके विष की गर्मी से यमुना का जल खौलता रहता था। यहां तक कि यमुना पर से उड़ने वाले पक्षी भी उसकी गर्मी से झुलस जाते थे। कई व्यक्ति उस जल का पान करके मारे जा चुके थे।

श्रीमद्‌भागवत के अनुसार, 'भगवान का अवतार दुष्ट दमन हेतु होता है। इसलिए भयंकर विष से यमुना को दूषित करते हुए उस सर्प को देखकर कृष्ण कमर का फेंटा कस कर कदंब के वृक्ष पर चढ़ गए और वहां से ताल ठोंककर विषैले जल में कूद गए। कृष्ण यमुना की जलराशि में भुजाओं की टक्कर मार-मार कर खेलने लगे। उससे उत्पन्न शब्द को न सहते हुए अपमानित कालिय नाग ने कृष्ण को मर्मस्थलों पर डस कर अपने शरीर से जकड़ लिया। (10.16.9)। सांप के शरीर से बंधना कृष्ण की लीला थी। (10.16.23)। वासुदेव कृष्ण ने अपने शरीर को फुला कर मोटा कर नागपाश से मुक्ति पाई। सर्प के सिरों को दबाकर कृष्ण उनपर सवार हो गए और कलापूर्ण नृत्य करने लगे। कालिय नाग के सात सिर थे। अद्‌भुत तांडव नृत्य से कृष्ण ने कालिय नाग के सभी सिरों को रौंद डाला।

संपूर्ण विश्व को अपने उदर में समाए कृष्ण के शरीर के बोझ से कालिय नाग के शरीर की सभी गांठें टूट गईं। एड़ियों की चोट से छत्राकार फण छिन्न-भिन्न हो गए। पति की यह दुर्दशा देखकर अस्त-व्यस्त केशराशि, वस्त्र और आभूषण वाली उसकी व्याकुल पत्नियां कृष्ण की शरण

में आ गई। बाल लीला के इस उदाहरण से नदी प्रदूषण को लेकर पौराणिक ढांचे में एक गहरी चिंता व्यक्त हुई है।

सदाशिव कुमार द्विवेदी

काली

काली दस महाविद्याओं में प्रथम हैं और काले वर्ण की हैं। शाक्त लोग आदि शक्ति के रूप में काली की आराधना करते रहे हैं। इन्हें केंद्र में रखकर गुह्य तांत्रिक साधना की परंपरा रही है। कालिकापुराण के अनुसार, इनके चार हाथ हैं। दाहिने हाथों में खड्ग और नरमुंड हैं, बाएं हाथों में वरद की मुद्रा और पाश है। नरमुंडों की माला भयंकर रूप वाली निर्वस्त्र काली का आभूषण है। मत्स्यपुराण के अनुसार अंधकासुर के रक्तपान के लिए भगवान शिव ने अपनी जिन मानसपुत्री शक्तियों की सृष्टि की थी, उनमें एक काली हैं। इन्हें श्यामा, गिरिजा एवं पार्वती भी कहा गया।

शंभु और निशुंभ के साथ युद्ध में पराजित होने के बाद देवता स्वर्ग से निष्कासित हो गए थे। उन्होंने आद्यशक्ति की पूजा की। उसी समय कौषिकी देवी से दुर्गा के अलावा एक अन्य शक्ति भी आविर्भूत हुई, जिसे कालिका या काली कहा गया। मार्कंडेय पुराण में उपर्युक्त कथा है। इसकी एक कथा के अनुसार वह रक्तबीज को मिटा देती हैं जो जमीन पर गिरे अपने रक्त से पुनः पैदा हो जाता था। चंड और मुंड का वध करने के कारण इनका एक नाम चामुंडा है। राक्षसों के विरुद्ध संग्राम में काली और चंडिका (कौषिकी) जैसी देवियां असुरों को पराजित करती हैं, जो एक अनोखी कल्पना है।

वैदिक युग के चुनौतीविहीन ऐश्वर्य के बाद देवताओं की बार-बार पराजय और स्वर्ग से उनके बार-बार निष्कासन से उनकी महत्ता लगातार गिरती हुई दिखती है। विष्णु के अवतारों द्वारा बार-बार उन वैदिक देवताओं की रक्षा से विष्णु धारा की महिमा लगातार बढ़ती दिखती है। इसके समानांतर शाक्त धारा में भी देवियों के रूप में शक्ति की समानांतर अवधारणाएं बनीं—आद्यशक्ति काली और दुर्गा के रूप में। काली भी राक्षसों से देवताओं की रक्षा के लिए विष्णु के अवतारों के समानांतर ही संग्राम में उतरी दिखती हैं। यह स्त्री की महिमा की प्रतिष्ठा है।

देवी काली एक भयंकर बिंब है। यह अपने वैदिक रूप में मृत्यु से जुड़ी देवी रही है। ऋग्वेद में रात्रि सूक्त है। जैमिनी ब्राह्मण में 'दीर्घ जिह्वी' का उल्लेख है। महाभारत में अश्वत्थामा युद्ध के आखिरी दिन पांडव पुत्रों की हत्या करता है, उससे बदला, विध्वंस और मृत्यु की देवी का एक बिंब सामने आता है। तमिल के संगम साहित्य में कोर्रवी देवी का उल्लेख है जो युद्ध और मृत्यु से जुड़ी है। कश्मीर के शैव ग्रंथ में काली के गले में पचास मुंडों की माला का बिंब है। काली की आराधना से बलि प्रथा जुड़ी रही है। रात भर जाग कर जुआ खेलने की परंपरा है। काली अपनी भयंकरता में भी दुष्टों के विनाश और सामाजिक उथल-पुथल का एक अनोखा दृश्य रचती हैं और वस्तुतः अपने भयंकर रूप से निर्भय करती हैं। बाघ का खाल इनका वस्त्र है, शव इनका वाहन है। इनकी जीभ रक्तपान किए हुए है।

काली के उद्भव और रहस्य के संबंध में विदेशी विद्वानों के अलावा शाक्त मतावलंबियों ने भी खोज की है। बंगाल में काली की विशेष रूप से आराधना होती रही है, यह एक शाक्त क्षेत्र रहा है। ग्रीक मिथक शास्त्र में भी शक्ति, सुरक्षा, युद्ध की देवी बोलेना है। उसकी आराधना में भी रक्त का महत्व है। यूरोप के जिप्सी रक्त की देवी की पूजा लंबे समय तक करते रहे हैं। फिनलैंड में कालामा नाम की एक काले रंग की देवी है जो कब्रगाहों में शवों का भक्षण करती है। मध्यपूर्व में रक्त से जुड़ी देवी रही हैं। भारत में काली की कथा मार्कंडेय पुराण, स्कंद पुराण से होते हुए हजार साल पहले के तांत्रिक साहित्य में आई और यहां इस देवी ने एक स्वतंत्र रूप धारण किया। 'अद्भुत रामायण' में रावण दशानन का वध करते हैं तो सीता काली का रूप धारण कर सौ सिर वाले एक राक्षस का वध

करती है। अंग्रेजों ने लक्षित किया था कि डकैत काली की पूजा करते हैं।

वस्तुतः वैष्णव परंपरा से एक तरफ लक्ष्मी प्रतिष्ठित हुईं जिन्हें 'श्री' (लैटिन समानता 'सेरेस') भी कहा जाता है। वे समृद्धि और मंगल की देवी हैं। दूसरी तरफ शैव-शाक्त परंपरा से काली प्रतिष्ठित हुईं जो युद्ध, रक्त-अर्पण और विजय की देवी है। हिंदू धर्म में काली पूजा और दीवाली के दिन भिन्न धाराओं की दोनों देवियों एक-दूसरे के निकट आ जाती हैं।

विवेकानंद के गुरु रामकृष्ण परमहंस काली के उपासक थे। स्वाधीनता संग्राम के दौर में बंकिम ने काली को 'भारतमाता' के रूप में देखा। निराला ने इस पर नए संदर्भ में एक कविता लिखी, 'एक बार बस और नाच तू श्यामा/सामान सभी तैयार/कितने ही हैं असुर, चाहिए कितने तुझको हार।' नए युग में भी बुराइयों के रूप में असुर हैं और होंगे।

संजय जायसवाल

अधिक जानकारी के लिए :
1. **The Golden Bough :** James George Frazer, 2. **Indian Mother-Goddess :** Sukumari Bhattacharji, 3. **The Language of the Goddess :** Marija Gimbutas, 1989

कावालम नारायण पणिक्कर
(1928-2016)

प्रसिद्ध रंगकर्मी कावालम नारायण पणिक्कर का जन्म केरल के आलप्पुषा जिले के कावालम गांव में हुआ था। वे नाटककार, निर्देशक, अभिनेता, नाट्यशिक्षक, कवि एवं गीतकार एक साथ हैं। नारायण पणिक्कर ने अपने नाटकों में केरल की सोंधी गंध सुरक्षित रखी। उन्हें केरल के बाहर देश-विदेश में केरलीय नाटक एवं रंगमंच को प्रतिष्ठित करने का श्रेय जाता है। संस्कृत का ज्ञान, ललित कलाओं में रुचि, केरल की मिट्टी, आबोहवा और केरलीय क्लासिक-लोक कलाओं से गहन संबंध, केरल संगीत नाटक अकादमी के सचिव होने के अनुभव आदि ने उनके नाट्य प्रयोगों को प्रभावशाली बनाने में मुख्य भूमिका निभाई है। कूत्त, कूडियाट्टम, कृष्णनाट्टम, कथकली, सोपानसंगीत, मोहिनीयाट्टम जैसी क्लासिक कलाओं के अलावा तेय्यम जैसी अनुष्ठान कलाओं से वे परिचित थे। वाद्य में वे बपचन से प्रवीण थे। उनका विश्व रंगमंच से परिचय था। विदेशों में अपने नाटकों के मंचन से प्राप्त अनुभव ने उनकी नाट्य प्रतिभा को और विकसित किया था।

अपने नाटकों के विषय के बारे में 'नाटक चर्चा' नामक पुस्तक में उन्होंने लिखा है कि अपने नाटक की प्रायः सारी बातें बचपन में मैंने अपने गांव कावालम से ग्रहण की थीं। चारों ओर फैले खेतों में कटई-कटनी और धान कूटने के दौरान जो गीत एवं ताल होते थे ये सब मेरे नाटककार को रूपायित करने में मुख्य भूमिका निभाते रहे हैं। यह तालबोध उनके 'तनत्' रंग अन्वेषण की नींव है। तनत् शब्द का प्रयोग सबसे पहले सी एन श्रीकंठन नायर ने किया था। उन्हीं के शब्द हैं, 'हमारी रंग परंपराओं में जड़ें जमाकर, उनके सभी सकारात्मक पहलुओं को समेट कर एक आधुनिक रंग पद्धति कावालम के प्रयोगों में रूपायित हुई है, यह सराहनीय बात है।' अय्यप्प पणिक्कर ने कहा है कि कावालम का तालबोध ही उनकी विजय का आधार है।

1968 में कावालम का नाट्यक्षेत्र में आगमन हुआ था। उस समय केरल के रंगमंच पर पश्चिमी यथार्थवादी रंगमंच का वर्चस्व था, यहां तक कि वह रंगमंच का पर्याय बन चुका था। कावालम

कावालम नारायण पणिक्कर

इसका विरोध करना चाहते थे। उन्होंने केरल के निजी रंगमंच का अन्वेषण शुरू किया, जो आज भी जारी है। इसके लिए वे प्रयोग करते थे। वे संस्कृत नाटकों का अनुवाद कर उससे केरल के क्लासिक एवं लोककलाओं तथा प्रदर्शन कलाओं को मिलाने का प्रयास करते थे। उनके मत से प्रत्येक देश की कला में उस देश की परंपरा एवं संस्कृति को समेट ना चाहिए तब वह कला सुदृढ़ होगी।

कावालम के अनुसार केरल के दो रंग संप्रदाय हैं—क्लासिक और लोक कला, इन दोनों संप्रदायों पर चलती कई रंग शैलियां हैं। इन्हें आत्मसात कर समकालीन विषयों और मुद्दों को कैसे मंच पर प्रस्तुत कर सकते हैं, यही उनके आगे की चुनौती थी। यहीं से तनत् का अन्वेषण आरंभ होता है।

कावालम की दृष्टि में, 'अभिनय की वर्णमाला है शरीर और शरीर के अंग।' वे अभिनेता के लिए नाट्य शिक्षण आवश्यक मानते हैं। प्रस्तुति अभिनेता की वाचिक एवं सात्विक अभिनय रीतियों के सम्यक सन्निवेशन से पूर्ण होती है। इसके लिए कावालम नारायण पणिक्कर रंगमंच के केंद्र में अभिनेता को रखकर अपने अन्वेषण जारी रखते हैं।

कावालम नारायण पणिक्कर केरल के रूप-भाव-गंध से संपृक्त एक मौलिक रंगमंच यानी 'तनत्' रंगमंच तथा उसकी प्रस्तुति को अपने जीवन का लक्ष्य मानते रंगकर्मी हैं। वे चालीस-पैंतालीस सालों तक इससे संबद्ध रहे। नाटक को पठनीय साहित्य से अलग अस्तित्व देने का प्रयास उन्होंने अपने प्रयोगों के द्वारा किया है। उनके अनुसार नाटक अध्ययन की वस्तु से परे दृश्य से जुड़ी क्रियाबद्ध कला है। मंच पर प्रस्तुति के द्वारा वह पूर्ण होती है। ऐसे में नाटक का लिखित रूप नाटक के लिए अनिवार्य कई वस्तुओं में सबसे प्रथम है। सामाजिक जीवन की समस्याओं को प्रस्तुत करते समय भी उनके नाटक संयम बरतते हैं। प्रयोगों की विविधता के कारण संप्रेषण दुष्कर न हो जाए, उन्होंने यह भी हमेशा ध्यान में रखा।

उनकी प्रमुख कृतियां हैं : साक्षी, तिरुवाषित्तान, दैवत्तार, अवनवन कटम्पा, ओट्टयान, तेय्यतेय्यम, कलीवेषम (नाटक), तिरनोट्टम, प्रेमरश्मि, भूतम्, जाबाला सत्यकामन, चीनपरवकल (नृत्य नाट्य), कुम्मट्टी, चक्कीचंकरन, विष्णुमाया, वच्चुमाट्टम्, कुञ्ञी चिरकुकल (बालनाटक), कावालम की कविताएं (कविता)। अनूदित नाट्य रचनाएं हैं—ऊरुभंगम्, कर्णभारम्, दूतवाक्यम्, मध्यमव्यायोगम्, दूतघटोलकचम् (भास), भगवदज्जुकम् (बोधायन), मत्तविलासम् (महेंद्र विक्रम), विक्रमोर्वशीयम्, मेघदूतम् (कालिदास)। इनके अलावा विलियम शेक्सपियर और सार्त्र के कुछ नाट कों का अनुवाद भी उन्होंने किया है।

पी रवि

अधिक जानकारी के लिए :
1. Theater of Roots : Redirecting the Modern Indian Stage : B Erin Mee, 2008, **2. The Use of Folk Philosophy in Kavalam Narayan Panikkar's Poetic Theatre of Transformation :** B Erin, 1995

काव्य

काव्य क्या है? इसके जवाब से पहले यह देख लेना जरूरी है कि आज काव्य का अर्थ कविता है। संस्कृत आलोचना में यह साहित्य के अर्थ में लिया जाता था। काव्य को परिभाषित करने वालों में भामह प्रमुख हैं। भामह ने शब्द और अर्थ के सहित या हित के साथ योग को काव्य कहा था। शब्द और अर्थ एक-दूसरे पर आश्रित हैं। शब्द के बगैर अर्थ संभव नहीं है। अर्थ के बगैर शब्द सिर्फ आवाज है। भामह की इस परिभाषा में प्रयुक्त 'सहित' शब्द ही बाद में साहित्य का आधार बना। सहित शब्द के बारे में यह जोड़ना जरूरी है कि इसका एक अर्थ 'सहभाव' है। सहभाव का अर्थ है 'द्वयोः सहितयोः भावः' अर्थात दो साथ-साथ या दोनों एक साथ। आगे-पीछे नहीं बल्कि संतुलन के साथ। साहित्य का अर्थ है सहित (स+हित) अर्थात हित या उद्देश्य के साथ या उद्देश्य को ध्यान में रखकर की गई रचना या विमर्श। राजशेखर ने शब्द और अर्थ के सहभाव से युक्त विद्या को साहित्य विद्या का नाम दिया है।

राजशेखर ने काव्यशास्त्र के लिए साहित्य विद्या का प्रयोग कर नया शब्द दिया। बाद में जा कर साहित्य शब्द काव्य के स्थान पर प्रचलित हो गया। साहित्य शब्द के साथ विद्या को जोड़कर साहित्य में ज्ञान के तत्व को स्वीकारा गया। भामह, कुंतक तथा राजशेखर की परिभाषाओं से स्पष्ट है कि राजशेखर से पहले काव्य का अर्थ सब प्रकार की रचनाशीलता के लिए किया जाता था, किंतु साहित्य शब्द का काव्य के लिए प्रयोग राजशेखर ने किया और विद्या रूप में साहित्य को पांचवीं विद्या कहा। काव्य का प्रयोग आज सिर्फ पद्य साहित्य के लिए किया जाता है, जबकि साहित्य एक व्यापक अवधारणा है। इसमें भाषा में सभी प्रकार की अभिव्यक्तियां शामिल हैं। आज साहित्य का प्रयोग निम्नलिखित अर्थों में होता है :

1. शास्त्रीय अर्थ में साहित्य शब्द और अर्थ का सहभाव है।

2. साहित्य का प्रयोग हित के साथ या हितकारक रचना के अर्थ में होता है।

3. ज्ञान प्राप्ति के संचित कोष को साहित्य कहा जाता है।

4. अंग्रेजी के शब्द 'लिटरेचर' शब्द के पर्याय के रूप में इसका प्रयोग किया जाता है।

5. साहित्य का उपयोग वाङ्मय के अर्थ में भी किया जाता है तथा अंग्रेजी शब्द 'डिस्कोर्स' या विमर्श के अर्थ में भी प्रयोग होता है।

हित से जुड़े होने का कारण साहित्य एक व्यापक तथा समावेशी अवधारणा है क्योंकि वह भाषा, भंगिमाओं और विधाओं के बंधनों से मुक्त है। साहित्य को विमर्श भी कहा जाता है। भाषा संज्ञा के स्थान पर जब क्रिया बन जाती है, वह विमर्श का रूप धारण करती है। भाषा की यह गति मौखिक, लिखित, मुद्रित, भाव भंगिमाओं या सभी रूपों के मिश्रण में हो सकती है।

संस्कृत के काव्यशास्त्री आज होते तो वे शायद काव्य की जगह साहित्य, विमर्श या अपने समय के प्रचलित शब्द वाङ्मय का प्रयोग करते। उसमें लिखित तथा मौखिक भाषा के अन्य सभी रूप शामिल होते। संस्कृत के आचार्यों ने अपने समय की साहित्य रचना को ध्यान में रखते हुए काव्य के अलग-अलग प्रकार से भेद किए हैं। भामह ने 'काव्यालंकार' में काव्य के निम्नलिखित भेद किए हैं :

1. सर्गबद्ध : कई सर्गों या भागों से बनी रचना जैसे महाकाव्य

2. नाटक : ऐसी काव्य रचनाएं जिनका मंचन किया जा सकता है

3. आख्यायिका : गद्य आख्यान जो प्रथम पुरुष में वर्णित होते हैं

4. कथा : तृतीय पुरुष में कथित आख्यान जिसमें नायक हो

5. अनिबद्ध : असंबद्ध रचनाएं जैसे विविध विषयों पर लिखी गाथाएं

विविध आधार पर काव्य के निम्नलिखित प्रमुख भेद किए गए हैं : भाषा के आधार पर काव्य को संस्कृत, प्राकृत तथा अपभ्रंश में बांटा गया है। रूप के आधार पर दृश्यकाव्य अर्थात जिसका मंच पर अभिनय हो सके तथा श्रव्यकाव्य अर्थात अभिनय न हो पर जिसे पढ़ा-सुना जा सके। दृश्यकाव्य के दो भेद किए गए जिन्हें रूपक तथा उपरूपक कहा गया। रूपक के दस तथा उपरूपक के अठारह तक भेद किए गए।

श्रव्यकाव्य के पद्य (छंद में बद्ध), गद्य (छंद बगैर) तथा चंपू (गद्य तथा पद्य मिश्रित), ये तीन भेद किए गए। पद्य काव्य के मुक्तक (एक दूसरे से निरपेक्ष या मुक्त पद्य), युग्मक (दूसरे से जुड़ा अर्थात दो पद्यों में पूर्ति), संदांतिक या विशेषक (तीन पद्यों में काव्य पूर्ति), कलापक (चार पद्यों में वाक्यपूर्ति), कुलक (पांच या अधिक पद्यों में वाक्य पूर्ति), महाकाव्य (सर्गबद्ध काव्य), काव्य (एक कथा का निरूपक या एकार्थ-काव्य), खंड काव्य (कथा के एक अंश का निरूपक), काव्य कोश (परस्पर निरपेक्ष पद्य खंडों का समूह) तथा व्रज्या (वर्णमाला के क्रम के अनुसार व्यवस्थित कोशकाव्य आदि) भेद किए गए हैं।

गद्य काव्य के भेदों में मुक्तक (समासहीन गद्य), वृत्तगंधि (पद्य के अंशों से युक्त गद्य),

उत्कलिका-प्राय (दीर्घ समास युक्त) तथा चूर्णक (लघु समास युक्त) आदि प्रमुख भेद किए गए हैं। कथावस्तु के आधार पर गद्य काव्य को कथा तथा आख्यिका भेद किए गए। कथा के उदाहरण के रूप में वाणभट्ट की 'कादंबरी' तथा आख्यिका के उदाहरण के रूप में 'हर्षचरित' को लिया जाता है, हालांकि दोनों में बहुत अंतर नहीं है।

काव्य के भेद प्राचीन समय में उपलब्ध काव्य कृतियों के आधार पर किए गए थे। काव्यसृजन में आए बदलाव के आधार पर भेदों के प्रकार भी बदले। पुराने आधार पर किए गए भेद समकालीन साहित्य में नहीं मिलते। इसलिए उन्हें समझने में मुश्किल होती है। फिर भी तुलनात्मक अध्ययन पद्धति से विधा अध्ययन (विभिन्न साहित्य रूपों या विधाओं के विकास एवं भेदों का तुलनात्मक अध्ययन) द्वारा पश्चिमी तथा भारतीय विशेषकर संस्कृत काव्य की अवधारणा को समझा जा सकता है।

काव्य शब्द और अर्थ के सहभाव से सहृदयों या पाठकों को आनंदित करता है। फिर भी देखा जा सकता है कि नए युग में काव्य के अर्थ को इन वजहों से विस्तार देने की जरूरत आ पड़ी : (1) सामाजिक परिवर्तन और विकास के कारण रागात्मक संबंधों में बदलाव, (2) नए और विविध ज्ञान के उदय का भाव जगत पर पड़ा असर, अर्थात ज्ञान प्रसार के साथ भाव प्रसार और (3) शिल्प के विकास के कारण संप्रेषण के नए रूपों की अनिवार्यता। यही वजह है कि काव्य का अर्थ न सिर्फ पुराने दायरे से निकल कर बाहर आया, बल्कि कविता क्या है, इसकी अनगिनत परिभाषाएं होने लगीं। ये परिभाषाएं सामाजिक और साहित्यिक दोनों संदर्भों में सामने आईं। कविता के रूप भी पूर्व निर्धारित रूपों खासकर महाकाव्य, खंड काव्य, मुक्तक आदि से भिन्न हो गए, बात एंटी-पोयट्री तक गई। फिर भी कविता में शब्द और अर्थ दोनों की विशिष्ट सह-उपस्थिति, आनंद के तत्व, चित्त के विस्तार, बोधगम्यता, काव्य दोष, परंपरा और प्रतिभा के संबंध आदि विषयों पर परंपरागत चिंतन को छोड़ा नहीं गया, भले इसे नई भाषा में नए ढंग से कहा गया। कुछ चीजें अधिक स्पष्टता से सामने आईं और कुछ नई चीजें जुड़ीं।

कई किस्म के बंधनों, सामंती के साथ-साथ औपनिवेशिक बंधनों के युग में रामचंद्र शुक्ल ने लिखा, 'हृदय की मुक्ति की साधना के लिए मनुष्य की वाणी जो विधान करती आई है, उसे कविता कहते हैं।' (चिंतामणि–1)। वह कविता में चित्र-सौंदर्य और नाद-सौंदर्य दोनों की जरूरत प्रतिपादित करते हैं। वह काव्य संबंधी चिंतन की प्राचीन परंपरा का आधुनिकीकरण करते हैं, 'कवि हमारे सामने असौंदर्य, अमंगल, अत्याचार, क्लेश इत्यादि भी रखता है, रोष, हाहाकार और ध्वंस का दृश्य भी लाता है। पर सारे भाव, सारे रूप और सारे व्यापार भीतर-भीतर आनंद कला के विकास में ही योग देते पाए जाते हैं।' (वही)। काव्य की विषय वस्तुओं में विविधता और विकास का काव्य की अवधारणा पर असर पड़ता गया।

काव्य के संरचनागत (स्ट्रक्चरल) पहलुओं से अधिक इसके प्रकार्यात्मक (फंक्शनल) पहलुओं पर जोर देते हुए आचार्य शुक्ल ने लिखा था, 'कविता ही मनुष्य के हृदय को स्वार्थ संबंधों के संकुचित मंडल से ऊपर उठाकर लोकसामान्य भूमि पर ले जाती है, जहाँ जाति की नाना गतियों के मार्मिक स्वरूप का साक्षात्कार और शुद्ध अनुभूतियों का संचार होता है। ...इस अनुभूति योग के अभ्यास से हमारे मनोविकारों का परिष्कार और शेष सृष्टि के साथ हमारे रचनात्मक संबंध की रक्षा और निर्वाह होता है।' कविता के बारे में यहां जो कुछ कहा गया है, वह पूरे साहित्य के बारे में कहा जा सकता है। साहित्य ही मनुष्य के भावजगत की रक्षा और उसका प्रसार करता है, इसी में इसकी महत्ता है।

रामचंद्र शुक्ल की तरह ही अज्ञेय ने भी काव्य पर काफी चिंतन किया, हालांकि ये दो ऐतिहासिक जगहों पर खड़े हैं। अज्ञेय काव्य प्रतिभा को एक नए कोण से देखते हुए इसे 'आभ्यंतर तनाव की स्थिति' कहते हैं। वह जैसे कुंतक को ही आगे बढ़ाते हैं, 'कलाकार का मन एक भंडार है जिसमें अनेक

प्रकार की अनुभूतियां, शब्द, विचार, चित्र इकट्ठे होते रहते हैं, उस क्षण की प्रतीक्षा में जबकि कवि-प्रतिभा के ताप से एक नया रसायन, एक चमत्कारिक योग नहीं उत्पन्न हो जाता।' (त्रिशंकु)। अज्ञेय के काव्य चिंतन में 'शब्द' फिर प्रधान हो उठते हैं, 'अर्थ की साधारणता' को भी जगह मिलती है, पर वह आधुनिक युग में व्यक्ति को प्रधानता देने के लिए एक तीसरी चीज रखते हैं। 'अनुभव की अद्वितीयता'। वह प्रतिभा और परिश्रम (अभ्यास) के सवाल पर साफ कह देते हैं कि छोटा कवि 'जहाँ परिश्रम आवश्यक है, वहां वह प्रतिभा पर निर्भर करता है और जहाँ प्रतिभा का क्षेत्र है, वहां अभ्यासपूर्वक तीव्रता लाना चाहता है।' (वही)। वह यह भी कहते हैं, 'काव्य केवल सफल प्रयोग का नाम है।' (हिंदी साहित्य : आधुनिक परिदृश्य)।

अज्ञेय 'कविर्मनीषी' की धारणा को आगे बढ़ाते हुए आज के कवि के बौद्धिक हो जाने को अनिवार्य मानते हैं, पर संवेदन या भाव प्रणवता में कमी आने देना नहीं चाहते। यह भी प्राचीन काव्यशास्त्रीय परंपरा का आधुनिकीकरण है, 'संप्रेषण की चुनौती स्वीकार किए बिना जो आगे बढ़ता है, वह कला का क्षेत्र नहीं है।' (लिखि कागद कोरे)। यह एक दूरदर्शी सोच इसलिए माना जाएगा कि संचार क्रांति ने उपर्युक्त चुनौती को जिस तरह व्यापक कर दिया है, काव्य को नवोन्मेष के लिए संवेदन के साथ-साथ संप्रेषण के क्षेत्र में भी नई तैयारियों से गुजरना होगा और उसका घिसा-पिटा रूप नहीं चलेगा।

अवधेश कुमार सिंह

अधिक जानकारी के लिए :

1. **काव्यशास्त्र :** भगीरथ मिश्र, 2. **चिंतामणि-**1 **:** रामचंद्र शुक्ल, 3. **त्रिशंकु :** अज्ञेय, 2010, 4. **हिंदी साहित्य : आधुनिक परिदृश्य :** अज्ञेय, 1967

काव्य की आत्मा

काव्य की आत्मा क्या है, इस बारे में कविता के सिद्धांतकारों के अलग-अलग मत हैं। यह एक तरह से काव्य पर चली प्राचीन सैद्धांतिक बहस का खुलापन है, जो आज भी आकर्षित करता है। संस्कृत में काव्य को दृश्य और श्रव्य में विभक्त किया गया है। दृश्य काव्य के संदर्भ में उल्लेखनीय है कि इसकी आत्मा पर कभी विवाद नहीं हुआ। लगभग सभी आचार्य स्वीकार करते हैं कि नाट्य का इतिवृत्त उसका शरीर है, रस उसकी आत्मा है। श्रव्य काव्य के बारे में विवाद अवश्य है। दरअसल, श्रव्य काव्य कई प्रकार का होता है—मुक्तक, प्रबंध, प्रकीर्ण आदि। सवाल है कि इन सब में साझा तत्व कौन-सा है, जिसके चलते इन सबको काव्य माना जाता है। वह कौन-सा तत्व है, जिसके अभाव में कोई शब्दार्थ काव्य नहीं हो पाता? काव्य के स्वरूप पर बात करते हुए कहा गया कि विशिष्ट शब्दार्थ काव्य है। इसके बाद 'विशिष्ट' की व्याख्या करने के प्रयास हुए। विशिष्टता को शब्दार्थ में निहित निर्वैयक्तिक चारुता के रूप में व्याख्यायित किया गया। निर्वैयक्तिक चारुता, अलंकार और रीति सिद्धांत के निर्माताओं के लिए 'सौंदर्य' है। ध्वनि सिद्धांत वाले भी इसे मान्यता देते हैं। सारतः 'विशिष्ट शब्दार्थ', 'निर्वैयक्तिक चारुता' या 'सौंदर्य' के काव्य के सारतत्व होने के संबंध में उतना विवाद नहीं है, जितना उसके स्वरूप को ले कर है। काव्य जब अनुभव का विषय बनता है, अनुभव करने वाले के संस्कार और रुचियां अपनी भूमिका निभाने लगते हैं। काव्य की आत्मा या उसके सारतत्व के बारे में मतभेद मूलतः अनुभूति के स्वरूप के बारे में मतभेद है।

काव्य की आत्मा संबंधी मतभेदों को मोटे तौर पर दो श्रेणियों में बांटा जा सकता है—(1) काव्य की निर्मिति संबंधी विचार और (2) काव्य के आस्वाद संबंधी विचार। काव्य की निर्मिति संबंधी विचारों में मुख्य हैं—(क) अलंकार सिद्धांत, (ख) रीति सिद्धांत, (ग) वक्रोक्ति सिद्धांत। काव्य के ग्रहण संबंधी विचारों में मुख्य हैं—(क) रस सिद्धांत और (ख) ध्वनि सिद्धांत। इसके अलावा, औचित्य और चमत्कार को भी काव्य की आत्मा कहा गया है। राममूर्ति त्रिपाठी इन दोनों को काव्य की आत्मा से संबंधित विवाद से

अलग रखने का प्रस्ताव देते हैं, 'इन पक्षों को यदि परस्पर प्रतिस्पर्द्धी पक्ष माना जाए तो औचित्य और चमत्कार को इस घेरे से बाहर करना होगा। कारण यह है कि औचित्य सर्वोपकारक है और चमत्कार सबका साध्य। अतः जो सभी का साधन और साध्य हो, प्रतिस्पर्द्धी कैसे कहा जाएगा? प्रतिस्पर्द्धी न होने पर उनके बीच परिगणन असंगत है।'

रीति : रीतिवादी आचार्य रीति को काव्य की आत्मा मानते हैं और इसे 'विशिष्ट पद रचना' के रूप में व्याख्यायित करते हैं। रीति सिद्धांत के प्रवर्तक आचार्य वामन 'विशिष्टा पदरचना रीतिः' कह कर 'काव्यालंकार सूत्रवृत्ति' ग्रंथ में रीति का वर्णन करते हैं।

ध्वनि : ध्वनिवादी आचार्यों ने अलंकारवादी और रीतिवादी तर्कों का प्रत्याख्यान करते हुए प्रश्न उठाया कि 'अलंकार' और 'गुण' तो शरीर के धर्म हैं, उन्हें आत्मा कैसे माना जा सकता है? अलंकार और रीति सिद्धांतों में सौंदर्य को काव्य के शरीर में देखा गया है, जो उचित नहीं जान पड़ता। सौंदर्य का संबंध शरीर से नहीं, बल्कि शरीर में मौजूद चेतन सत्ता से है।

काव्य का शरीर है शब्द और अर्थ। लेकिन काव्य में जो अर्थ विद्यमान होता है, उसे प्रतीयमान अर्थ कहते हैं। यह प्रतीयमान अर्थ ही चारुता का स्रोत और काव्य की आत्मा है। यह जब काव्य में सर्वव्याप्त होता है, उसे ध्वनि कहते हैं। ध्वनि आचार्यों ने ध्वनि को काव्य की आत्मा घोषित किया है।

रस : रस सिद्धांत के आचार्यों ने ध्वनिवादियों का खंडन करते हुए तर्क दिया कि प्रतीयमान अर्थ वस्तु, अलंकार, रस और फिर इनके भी भेदों-उपभेदों में विभाजित होता है, जबकि आत्मा अखंड होती है। ऐसे में प्रतीयमान अर्थ या ध्वनि को काव्य की आत्मा नहीं माना जा सकता। उन्होंने प्रस्तावित किया कि रस एक और अखंड है। इसलिए रस काव्य की आत्मा है। ध्वनि सिद्धांतकार आनंदवर्धन भी ध्वनि काव्य में रसमयता की महत्ता स्वीकार करते हैं, 'रसादिमय एकस्मिन् कविः स्यादवधनवान'। (ध्वन्यालोक, 4.5)। आचार्य कुंतक ने रसवत अलंकार को 'सब अलंकारों का जीवित' कह रस की श्रेष्ठता की बात की। (वक्रोक्ति जीवित, 3.14) और उसे काव्य का केंद्रीय तत्व माना।

वक्रोक्ति : वक्रोक्ति सिद्धांत के आचार्यों ने रस सिद्धांत पर प्रश्न खड़ा किया कि काव्य की आत्मा की अभिव्यक्ति काव्य के शरीर में होनी चाहिए। लेकिन रस की स्थिति काव्य में नहीं होती। रस की स्थिति आस्वाद करने वाले व्यक्ति यानी सहृदय में मानी गई है। इस हालात में उसे काव्य की आत्मा कैसे माना जा सकता है। दूसरे, 'कनक-कनक ते सौ गुनी मादकता अधिकाय' को काव्य माना जाता है, पर इसमें कौन-सा रस है? वक्रोक्तिवादियों का तर्क यह है कि अव्याप्ति के चलते रस को काव्य की आत्मा नहीं माना जा सकता। वे प्रस्तावित करते हैं कि शब्दार्थ की वक्रता को ही काव्य के सौंदर्य का स्रोत या उसकी आत्मा मानना उचित होगा। जिस शब्दार्थ में बाँकपन होगा, वह काव्य होगा। उसमें बाँकपन के कारण सौंदर्य होगा।

औचित्य : औचित्यवादियों ने तर्क दिया कि अलंकार, गुण, प्रतीयमान अर्थ और वक्रता के बावजूद यदि उन्हें औचित्यपूर्ण ढंग से नियोजित नहीं किया गया तो काव्य में कोई सौंदर्य नहीं हो सकता। औचित्य ऐसी चीज है जिसकी जरूरत सबको है, यानी औचित्य ही काव्य की आत्मा या उसकी चारुता का स्रोत है। औचित्यवादी आचार्य क्षेमेंद्र ने स्थिर किया 'औचित्यं रससिद्धस्य स्थिरं काव्यस्य जीवितम्' अर्थात औचित्य ही रससिद्ध काव्य का जीवन तत्व स्थिर करता है।

चमत्कार : चमत्कारवादियों ने कहा कि किसी भी तत्व के संयोजन में औचित्य का ध्यान रखा गया है या नहीं, इसका पता कैसे चलेगा? उन्होंने कहा इसका पता काव्य द्वारा उत्पन्न चमत्कार से ही चल सकता है। उन्होंने तर्क दिया कि यदि औचित्य भी चमत्कार का मुखापेक्षी है तो उसे ही काव्य का सारतत्व, उसकी चारुता का स्रोत या उसकी

आत्मा क्यों न मान लिया जाए? चमत्कार की चर्चा विश्वनाथ ने 'साहित्यदर्पण' (3.6) तथा पंडितराज जगन्नाथ ने 'रसगंगाधर' के प्रथम आनन में की है। विश्वेश्वर कविचंद्र ने 'चमत्कार चंद्रिका' ग्रंथ में चमत्कार निरूपण तथा काव्य में उसकी केंद्रीयता पर विस्तार से चर्चा की है।

गणेश त्र्यंबक देशपांडे ने अपनी पुस्तक 'भारतीय साहित्शास्त्र' में तर्क दिया है कि काव्य की आत्मा से संबंधित विभिन्न सिद्धांतों की खोज विदेशी एजेंडे का नतीजा है। यह उन लोगों की खोज है, जो भारत के हर क्षेत्र में खंडरूपता देखना चाहते हैं। वे मानते हैं कि भारतीय आचार्यों में काव्य की आत्मा के संबंध में मतभेद है ही नहीं। सभी विद्वान काव्य की आत्मा के रूप में रस को स्वीकार करते हैं। वे वामन, भामह, कुंतक आदि आचार्यों द्वारा की गई रस चर्चा से उदाहरण प्रस्तुत करते हैं। देशपांडे इन तमाम विद्वानों की रस चर्चा को स्वीकार कर लेते हैं, लेकिन उनकी नजर उन आचार्यों द्वारा रीति, ध्वनि, वक्रोक्ति आदि को काव्य की आत्मा बताने वाली घोषणाओं की ओर नहीं जा पाती।

अवधेश त्रिपाठी

अधिक जानकारी के लिए

1. **भारतीय काव्य विमर्श** : राममूर्ति त्रिपाठी, 2. **भारतीय साहित्यशास्त्र** : गणेश त्र्यंबक देशपांडे, 3. **नई कविता का आत्मसंघर्ष** : गजानन माधव मुक्तिबोध, 1964

काव्य गुण

काव्य या साहित्य अपनी ओर कैसे और क्यों खींचता है? प्राचीन संस्कृत आचार्यों ने इसके कई जवाब दिए हैं। साहित्य चमत्कार पैदा करने की, रस पैदा करने की, मन को आह्लादित करने की योग्यता या इसे उदात्त स्थिति में ले जाने की क्षमता के कारण अपनी ओर ध्यान खींचता है। कहा जा सकता है, काव्य गुणों के सद्भाव के कारण ऐसा होता है। सद्भाव का अर्थ है 'योग्य स्थिति'। गुण का अर्थ है वह 'विशेष क्षमता' जिसके कारण किसी वस्तु, व्यक्ति, घटना या विमर्श के प्रति सद्भाव उत्पन्न होता है। काव्य में गुण का महत्वपूर्ण स्थान है क्योंकि काव्य शरीर का निर्माण शब्द और अर्थ के हाड़-मांस से होता है। उसकी आत्मा रस है और रस के धर्म गुण हैं। काव्य में रस की स्थिति उसमें निहित गुणों से ही उत्पन्न होती है और इन गुणों के कारण ही रस की अनुभूति होती है।

भरत मुनि से गुणों की चर्चा शुरू हो जाती है। वे दोष के विपरीत को गुण मानते हैं। गुण के लक्षणों को दोष के साथ देखना एक नकारात्मक दृष्टिकोण है। इसमें दोनों की निजी सत्ता नहीं होती। सुंदरता और कुरूपता की या श्लील और अश्लील की अलग-अलग सत्ता है। दंडी ने दोष को काव्य की विपत्ति तथा गुण को संपत्ति का विधायक तत्व माना। (काव्यादर्श, 3.214)। वामन ने काव्य में शोभा उत्पन्न करने वाले धर्म को गुण कहा। (काव्य-सूत्रवृत्ति, 3.11)। दंडी ने काव्य में अलंकार को परिभाषित करते हुए यही लक्षण बताया। (काव्यादर्श, 1.10)। दंडी ने जिसे अलंकार माना वामन ने उसे गुण का नाम दिया। वामन ने आगे चल कर माना कि गुण रीति पर आधारित है। इससे अर्थ निकलता है कि गुणों के समावेश का नाम रीति है।

गुणों की संख्या को ले कर विभिन्न आचार्यों के भिन्न मत रहे हैं। भरत ने गुणों की संख्या दस बताई है—श्लेष, प्रसाद, समता, समाधि, माधुर्य, ओज, सुकुमारता, अर्थशक्ति, उदारता तथा कांति। (नाट्यशास्त्र, 17.69)। वामन ने इससे सहमति जताई। आनंदवर्धन ने रस के आश्रित धर्म को गुण माना और गुणों की संख्या घटाकर माधुर्य, ओज और प्रसाद तक सीमित कर गुण संबंधी चिंतन को स्पष्टता प्रदान की। मम्मट भी गुणों को रस के आश्रित मानते थे। विश्वनाथ का मत ऐसा ही था। हम कह सकते हैं कि गुण के विचारकों के दो मुख्य वर्ग हैं : (1) एक वर्ग जिसमें वामन तथा दंडी शामिल हैं जो गुण को शब्दार्थ का गुण मानते हैं तथा (2) दूसरे आचार्य वे हैं जो गुणों की स्वतंत्र सत्ता को नहीं मानते बल्कि उन्हें रस पर आश्रित मानते हैं। इस वर्ग में आनंदवर्धन,

मम्मट तथा विश्वनाथ हैं। पंडितराज जगन्नाथ थोड़ा अलग मत रखते हैं, वे रस को काव्य की आत्मा मानते हैं और गुण को शब्दार्थ का धर्म, पर उसे रस शून्य मानते हैं। भोजराज ने भी गुणों की संख्या में अपना योगदान किया। देखा जाए तो भरत से लेकर भोज तक ने जो गुण गिनाए वे सब आनंदवर्धन द्वारा बताए तीन मुख्य गुणों अर्थात माधुर्य, ओज तथा प्रसाद के अंतर्गत आ जाते हैं।

उपर्युक्त तीनों गुणों की चर्चा से पहले कहना जरूरी है कि गुणों का संबंध चित्तवृत्ति से है। कभी-कभी गुण को चित्तवृत्ति का पर्याय मान लिया जाता है। रस के अनुभव की दशा में सहृदय या सामाजिक की तीन प्रकार की दशा होती है—(1) चित्तद्रुति अर्थात चित्त की आर्द्रता या आह्लाद की स्थिति, (2) चित्तदीप्ति अर्थात चित्त की विस्तृति या उज्ज्वलता की स्थिति तथा (3) चित्त व्याप्ति अर्थात चित्त की व्यापकता की स्थिति। इन चित्तवृत्तियों के आधार पर तीनों गुणों को समझा जा सकता है।

माधुर्य : माधुर्य गुण चित्तद्रुति से संबंधित है। यह ऐसा आनंद है जिसमें अंतःकरण द्रवित हो जाता है। भरत काव्य का माधुर्य गुण श्रुति मधुरता में देखते हैं। दंडी के अनुसार रसमयता में यह गुण है। वामन के अनुसार समास रहित उक्ति की विचित्रता से यह गुण पैदा होता है। ध्वनि सिद्धांतवादी आचार्य माधुर्य गुण को सहृदय के मन को पिघलाने वाला या हिलाने वाला बताते हैं। मम्मट के अनुसार इस गुण में हृदय को भाव विभोर करने की क्षमता होती है। इसमें समास का प्रयोग बहुत कम या बिल्कुल नहीं होता है। यदि समास का प्रयोग किया भी जाता है तो छोटे-छोटे समासों का प्रयोग किया जाता है। इस गुण का प्रयोग श्रृंगार, शांत तथा करुण रस की रचनाओं में पाया जाता है।

ओज : चित्त के विस्तृत रूप दीप्ति को ओज कहा गया है। (साहित्यदर्पण, 8.4)। यह चित्तदीप्ति से संबंधित है और अपने नाम के अनुसार ओज गुण से श्रोता या पाठक के मन में उत्साह, आवेश तथा वीरता का प्रभाव पैदा होता है। इसमें लंबे समास तथा संयुक्त अक्षरों का प्रयोग होता है तथा ओज गुण उत्पन्न करने वाले वर्णों जैसे—'ट', 'ठ', 'ड', 'ढ', 'श' तथा 'ष' का अधिक प्रयोग होता है। वीर, रौद्र तथा वीभत्स रस में इसका प्रयोग अधिक देखा जाता है।

प्रसाद : प्रसाद का अर्थ प्रसन्नता या खिलना है। प्रसाद का संबंध चित्त व्याप्ति से है। प्रसाद गुण ऐसी रचनाओं में मिलता है जिन्हें सुन-पढ़कर वह रचना तुरंत समझ में आ जाती है और चित्त में व्याप्त होकर मन में रच-बस जाती है। सूखी घास में जिस प्रकार आग फैल जाती है, उसी प्रकार प्रसाद गुण युक्त रचना सहृदय के चित्त में व्याप्त हो जाती है। सरलता, सुबोधता, अर्थ की स्पष्टता और ग्राह्यता इसके मुख्य गुण होते हैं।

आधुनिक युग : आधुनिक युग में अनुभूतियों और काव्यास्वाद में भारी विविधता की वजह से काव्य गुण को माधुर्य, ओज और प्रसाद गुणों तक सीमित रखना संभव नहीं रह गया, हालांकि मन को द्रवित करना, उक्ति की विचित्रता से आनंद पैदा करना, उत्साह की सृष्टि करना, प्रसन्नता पैदा करना, अर्थ की ग्राह्यता जैसे गुण हर युग के साहित्य में होते हैं। माधुर्य की जगह तनाव या बेचैनी, ओज की जगह विखंडन, द्वंद्व या आत्मसचेतनता, प्रसाद की जगह मानव संवेदना का प्रसार या कई बार स्पष्टता की जगह अस्पष्टता और अनेकार्थता को भी काव्य के आधुनिक गुणों में गिना जाता है। कविता या साहित्य प्रमुख रूप से इसलिए आज हमें खींचता है कि यह सौंदर्यात्मक आनंद देता है और आचार्य शुक्ल के शब्दों में 'हम संसार के सुख, दुख, आनंद, क्लेश आदि का यथार्थ रूप से अनुभव करने में अभ्यस्त होते हैं, जिससे हृदय की स्तब्धता हटती है और मनुष्यता आती है।' (कविता क्या है, दूसरा प्रारूप)।

अवधेश कुमार सिंह

अधिक जानकारी के लिए :

1. **संस्कृत काव्यशास्त्र का इतिहास :** पी वी काणे,
2. **काव्यशास्त्र :** भगीरथ मिश्र

काव्य दोष

काव्य के दोषों की संस्कृत में व्यापक चर्चा की गई है। भामह ने सदोष रचना को साक्षात मृत्यु माना है। (काव्यालंकार, 1.11-12)। दंडी ने 'काव्यादर्श' में कहा है, 'काव्य में अत्यंत अल्प दोष की भी उपेक्षा नहीं करनी चाहिए, क्योंकि मनोहर शरीर भी श्वेत कुष्ठ के एक छोटे चिह्न से श्रीहीन हो जाता है।' (1.7)। काव्य की आत्मा रस है। अतः रस की तुरंत, लगातार, सभी को, तथा सब जगह सुलभ अनुभूति हो तो साहित्य अपने उद्देश्य में सफल माना जाता है। इसमें कहीं भी त्रुटि या रुकावट हो तो दोष उत्पन्न होता है। इसलिए आनंदवर्धन ने रस के अपकर्ष पर ध्यान दिया। दोष के द्वारा अपकर्ष की तीन स्थितियां होती हैं : जब रस की प्रतीति देर से हो; कहीं भी रस की प्रतीति न हो; या रस के प्रतीयमान होने पर उसका अपकर्ष हो।

भामह ने 'काव्यालंकार' के चौथे परिच्छेद में निम्नलिखित दोषों का उल्लेख किया है : (1) अर्थहीनता (2) विरोधी अर्थ (3) अनावश्यक शब्दों की पुनरुक्ति (4) संशय (5) क्रम का त्याग (6) व्याकरण-विरुद्ध (7) गलत (8) छंदहीन (9) विसंधिक अर्थात संहित की असफलता 10 देश या क्षेत्र संबंधी किसी तथ्य के विरोध में कुछ होना (11) कला के विरुद्ध कोई बात (12) लोक विरोधी अर्थात लोकमानस के विरोध में कथन (13) न्याय विरोधी अर्थात अर्थ, कामशास्त्र तथा जन अनुभव के विपरीत कोई कथन (14) आगम विरोधी अर्थात धर्मशास्त्रीय नियमों के विरुद्ध कथन। भामह ने पांचवें परिच्छेद में निम्नलिखित प्रमुख दोषों की चर्चा की है : 1. हेतु विरोधी : ऐसे तर्क जो काव्य के साधन या प्रमाण के विरोध में हों। 2. सिद्धांत विरोधी : अपने खुद के ही संप्रदाय या सिद्धांत के विरोध में तर्क 3. सर्व-आगम-विरोधी : सभी आगमों या ज्ञानों के प्रमाणों के विरुद्ध तर्क।

दोष मुख्यतः तीन प्रकार के होते हैं : (1) शब्द दोष, (2) अर्थ दोष तथा (3) रस दोष।

शब्द दोष : यह दोष शब्द, पद, पद्यांश तथा वाक्य में पाया जाता है। आचार्यों ने शब्ददोष के प्रकारों की सूक्ष्म तथा लंबी चर्चा की है। यहां तक कि वाक्य दोष दस प्रकार बताए गए हैं : (1) श्रुतिकटु दोष या कानों को सुनने में कठोर लगने वाले शब्दों का प्रयोग, (2) च्युतसंस्कृति दोष या व्याकरण-असम्मत शब्द प्रयोग, (3) व्याकरण-सम्मत किंतु अप्रचलित शब्दों का प्रयोग, (4) निहितार्थ की अस्पष्टता, (5) अनुचित अर्थ, (6) निरर्थकता, (7) अवाचकता, (8) अश्लीलता, (9) ग्राम्यता तथा (10) संदिग्धता।

अर्थ दोष : अर्थ की सिद्धि में यदि कुछ रुकावट आती है तो अर्थ दोष पैदा होता है। अतः उनका निवारण करना चाहिए। कवि को निम्नलिखित अर्थ दोषों से साहित्य को मुक्त रखना चाहिए : (1) कष्टार्थ : जब अर्थ समझने में कष्ट हो, (2) व्याहत : अर्थों में परस्पर विरोध हो, (3) पुनरुक्त : एक ही बात का दोबारा कथन, (4) ग्राम्य : अर्थ जब सभ्य तथा शिष्ट न हो, (5) संदिग्ध : अर्थ संशयपूर्ण हो, (6) प्रसिद्ध विरुद्ध : प्रसिद्ध या प्रचलित बात के विरुद्ध अर्थ हो, (7) विद्या विरुद्ध : ज्ञान विद्याओं में कही गई बातों के विरुद्ध हो, (8) अनवीकृत : अर्थ में नवीनता न हो, (9) साकांक्ष : अर्थ के अपूर्ण होने की स्थिति, (10) अश्लील : अश्लील अर्थ की उत्पत्ति।

रस दोष : सहृदय प्रेक्षक, दर्शक या पाठक को ही रस का आस्वाद होता है। इसलिए 'सवासनानां सभ्यानां' सहृदय का गुण है। दरअसल गुण और दोष की अलग-अलग चर्चा संभव नहीं है। भरत के साथ ही इन पर चर्चा शुरू हो गई थी। भामह ने 'काव्यालंकार' के तीसरे परिच्छेद में अभिव्यक्ति या रूप के सामान्य दोषों की चर्चा की थी। कुछ हद तक दंडी और बाद में उद्भट्ट ने इन्हें साहित्यिकता के निर्धारण का मूल तत्व बताया। दंडी ने एक तात्विक बात कही कि दोष स्थिर नहीं होते हैं, बल्कि लेखक की काव्यकला की शक्ति से गुण में बदल जाते हैं, जैसे काजल होता काला है पर जब वह आंख में लगता है तो आंख के गुण में वृद्धि करता ही है, खुद भी ऊंची जगह पाता है।

वामन 'काव्यालंकार सूत्र' में साहित्य के आदर्श गुणों तथा दोषों की चर्चा करते हैं, किंतु उनके दोष केवल अलंकार के संदर्भ तक सीमित रहते हैं। रस साहित्य की आत्मा है पर रस की निष्पत्ति अर्थ के द्वारा होती है और अर्थ शब्द के माध्यम से उत्पन्न होता है, अतः दोष शब्द, अर्थ तथा रस के स्तर पर पाया जाता है। रस मंजिल होती है, शब्द और अर्थ उस तक पहुंचाने वाले वाहन। अतः शब्द तथा अर्थ के दोषों को रस दोष से कम आंका गया है।

भरत ने दोषों तथा गुणों की चर्चा को नया आयाम संसार के एक सत्य को उद्‌घाटित करके किया कि संसार में कोई पदार्थ गुणहीन या दोषहीन नहीं है। काव्य संसार भी पूर्णतः गुणहीन या दोषहीन नहीं है। आधुनिक युग में शब्द के अंदर से लावण्य पैदा करने को अच्छा माना गया, 'काव्यत्व ओढ़ाने' या महज उक्ति वैचित्र्य या कविता में राजनीतिक नारेबाजी को अच्छा नहीं माना गया।

अवधेश कुमार सिंह

अधिक जानकारी के लिए :

1. **काव्यदोषों का उद्‌भव तथा विकास :** शंभुदत्त झा, 1976,
2. **काव्यशास्त्र :** भगीरथ मिश्र

काव्य नाटक

काव्य नाटक एक पद्यबद्ध साहित्य रूप है जिसमें काव्य और नाटक का संतुलित समन्वय होता है। इलियट ने लिखा है कि काव्य नाटककार कोई ऐसा व्यक्ति नहीं है जो इन दोनों कलाओं में कुशल है और इन दोनों को कौशल के साथ जोड़ देता है। वह कोई ऐसा लेखक नहीं है जो अपने नाटक को काव्यात्मक भाषा और छंदों से सजा देता है। उसका काम 'नाटककार' और 'कवि' दोनों के कामों से अलग है, क्योंकि उसका 'पैटर्न' अधिक जटिल और बहुआयामी है। सच्चा काव्य नाटक अपने सर्वोत्कृष्ट रूप में सामान्य नाटक के सभी नियमों का पालन करता है, लेकिन उन सबको अच्छी तरह से बुनकर एक अधिक समृद्ध संरचना बना देता है।

काव्य नाटक में काव्य और नाटक के विभिन्न तत्वों का अलग-अलग अस्तित्व नहीं रह जाता, सब मिलकर एक हो जाते हैं। काव्यात्मकता नाटक के कथानक, चरित्र, संवाद, भाषा और दृश्य योजना में से किसी एक में नहीं होती, इन सभी के समन्वित और समग्र रूप में होती है। काव्य तत्व और नाटक के तत्व काव्य नाटक में आ कर एक ऐसे स्वरूप का रचनात्मक विधान करते हैं जिसमें नाटकीय स्थितियों के बीच में भी मानव जीवन का राग तत्व बड़ी स्पष्टता के साथ उभर आता है। काव्य नाटक में मनुष्य का आंतरिक और बाहरी जीवन दोनों एक साथ ही लयपूर्ण और अलंकृत भाषा में उभरता है।

काव्य नाटक मनुष्य के अंतर्जगत को अपना लक्ष्य बनाकर मार्मिकता की सृष्टि करता है। इसमें जीवन का विस्तार न होकर, उसकी गहराई होती है। सुसंगठन, संश्लिष्टता और सारगर्भिता काव्य नाटक की विशेषताएं हैं। इसमें विशृंखलता नहीं होती। यह ऐसा गद्य नाटक नहीं है, जो छंदोबद्ध कर दिया गया हो, बल्कि छंदोबद्ध होना काव्य नाटक का स्वभाव है। इसमें जीवन की वास्तविकताओं को उच्च रागात्मक

धर्मवीर भारती

धरातल पर प्रदर्शित किया जाता है। इसलिए इसमें बाह्य भौतिक परिवेश की अपेक्षा व्यक्ति के आंतरिक जीवन का अधिक महत्व होता है।

इलियट ने कहा है, 'काव्य नाटक में भावनाओं-अनुभूतियों का अंकन प्रधान होता है। इसलिए इसकी भाषा गद्य के सामान्य स्तर से ऊपर उठ कर छंदोबद्ध हो जाती है। जीवन की जिस तीव्र स्थिति की कल्पना काव्य नाटक में की जाती है, उसकी स्वाभाविक अभिव्यक्ति लयपूर्ण भाषा में ही हो सकती है। जीवन की तीव्र स्थिति और छंदोबद्ध भाषा में सामंजस्य बना रहता है, विषय वस्तु और रूप विधान मिलकर एकाकार हो जाते हैं। इनका सामूहिक प्रभाव श्रोता पर इस प्रकार पड़ता है कि माध्यम की ओर उसका ध्यान ही नहीं जाता।' (पोएट्री एंड ड्रामा)। काव्य नाटक की भाषा व्यावहारिक जीवन की सतही भाषा नहीं होती। यह काव्यात्मक, संश्लिष्ट और तीव्र आवेगों से परिपूर्ण होती है। यह अधिक से अधिक की अभिव्यक्ति कम से कम शब्दों में करती है। काव्य नाटक बिना किसी भूमिका का नाटक है, अनावश्यक तत्वों से मुक्ति का नाटक है, कथात्मक गतिशीलता का नाटक है, समय की बचत का नाटक है। काव्य नाटक जीवन का शब्दानुवाद नहीं, भावानुवाद है। जयशंकर प्रसाद का 'करुणालय', धर्मवीर भारती का 'अंधा युग', दुष्यंत कुमार का 'एक कंठ विषपायी' काव्य नाटक के उदाहरण हैं।

ब्रजकिशोर झा

काव्य प्रकाश

काव्यलक्षण की एक महत्वपूर्ण आलोचनात्मक कृति 'काव्यप्रकाश' को भारतीय काव्यशास्त्र में आकर-ग्रंथ के रूप में स्वीकृत किया गया है। बारहवीं शताब्दी में मम्मट द्वारा रचित 'काव्यप्रकाश' की रचना योजनाबद्ध और सुव्यवस्थित है। प्रमाण हैं कि इसकी अनेक टीकाओं के बाद भी इस पर टीकाओं और व्याख्याओं का क्रम अनवरत चलता रहा है। 'काव्यप्रकाश' को प्राप्त प्रतिष्ठा के कारण ध्वनिशास्त्र के रचनाकार आनंदवर्धन का ध्वनि सिद्धांत चूड़ांत तथा अंतिम रूप से स्थापित हो पाया।

काव्यभेद के औचित्य का प्रश्न करते हुए मम्मट इन्हें अर्थांतररसक्रमित वाच्य तथा अत्यंततिरस्कृतवाच्य के अंतर्गत वर्गीकृत करते हैं। वे भरत, भट्टलोलट, शंकुक, भट्टनायक, अभिनवगुप्त आदि के मतों को प्रस्तुत करते हैं। काव्य भेद का चतुर्थ उल्लास एक महत्वपूर्ण खंड है क्योंकि इसी उल्लास में रस निरूपण, भाव आदि का भेद-प्रभेद सहित विवरण दिया गया है। गुणीभूत व्यंग्य का निरूपण करते हुए अगूढ़, रसो-रस, वाच्य सिद्ध, क्लिष्ट, संदिग्धप्रधान, तुल्य प्रधान, काकू आक्षिप्त, असुंदरम के अंतर्गत आचार्य मम्मट भाव शांति, भाव संधि, भावोदय, शबलता भाव, अणुरणनरूप आदि का उल्लेख करते हैं।

उन्होंने दोष लक्षण बताते हुए पद दोष के अंतर्गत सोलह दोषों का उल्लेख किया है। उन्होंने दोषों को 'उचितता' का अभाव बताया है। वाक्यदोषों के अंतर्गत 22 दोष बतलाए गए हैं जिनमें न्यूनपद, अधिकपद, कथितपद आदि सम्मिलित हैं। अर्थदोषों में कुल 23 दोष सलक्षण वर्णित किए गए हैं। इसके अलावा अपवाद और रसदोष गिनाए गए हैं जिनमें 10 दोष उल्लिखित हैं। काव्यत्व के एक महत्वपूर्ण पक्ष गुणों में मम्मट ने माधुर्य, ओज और प्रसाद के अंतर्गत आने वाले प्रभेदों—श्लेष, समाधि, उदारता, प्रसाद, माधुर्य, साम्य, कांति आदि को सोदाहरण विवेचित किया है।

काव्य तत्वों में अलंकारों का महत्व स्वयंसिद्ध है। शब्दालंकारों की चर्चा और परिचय के साथ तीन वृत्तियों—वैदर्भी, गौडी एवं पांचाली के साथ-साथ श्लेष के आठ भेदों को भी बताया गया है। अर्थालंकारों की विशद विवेचना दशम उल्लास में की गई है। इसमें उपमा के भेद, उत्प्रेक्षा, रूपक आदि के क्रम में इकसठ अर्थालंकार वर्णित किए गए हैं। अलंकार शास्त्र के ज्ञान के बिना काव्य नैपुण्य असंभव है, वाक्य दोष दृष्टि भी विकसित नहीं होती। मम्मट कहते हैं कि शब्द और अर्थ तो काव्य का शरीर है, अलंकार ही

उसके शरीर, रस और गुणों का उत्कर्ष करते हैं।

भारतीय साहित्यिक आलोचना के चार मुख्य आयामों—काव्यात्मकता, नाटकशास्त्र, काव्य तत्व और छंद-अलंकार की दृष्टि से 'काव्यप्रकाश' एक संपूर्ण काव्यशास्त्रीय कृति है। यह साहित्यशास्त्र और सौंदर्यशास्त्र की सांगोपांग विवेचना प्रस्तुत करती है। भारतीय शास्त्रीय परंपरा ने सदैव सहोदर और श्रेष्ठ कृतियों से अपने को समृद्ध किया है। आचार्य मम्मट ने भी अपनी इस कृति में अपने पूर्वजों और समकालीन साहित्य के मर्मज्ञ अनुरागियों को उद्धृत किया है।

जगदीश शर्मा

अधिक जानकारी के लिए :

1. **संस्कृत काव्यशास्त्र का इतिहास :** सुशील कुमार डे, 1988,
2. **मम्मटाचार्यकृत काव्यप्रकाश :** रामसागर त्रिपाठी, 1982,
3. **The Kavyaprakash or A Treatise on Sanskriti Rhetorics, with Explanatory and Illustrative Notes by Mahesh Chandra Nyayaratna :** William and Norgate

काव्य प्रयोजन

काव्य का महत्व सर्वविदित है। पर इसका महत्व क्यों और किसमें है? इस प्रश्न का उत्तर है, काव्य या साहित्य का महत्व उसके प्रयोजन या उद्देश्य में निहित है। काव्य प्रयोजन का अर्थ है काव्य की रचना क्यों की जाती है, इसकी मूल प्रेरणा क्या है। संस्कृत साहित्य में किसी भी विषय के अध्ययन के चार भाग बताए गए हैं : प्रयोजन, आधिकारिता, संबंध और विषयवस्तु। इस अनुबंध चतुष्टय में प्रयोजन सबसे अधिक महत्वपूर्ण है, क्योंकि प्रयोजन के बिना कोई चीज स्वीकार नहीं की जाती, 'यावत प्रयोजन नोक्तं तावत् तत्केन गृह्यते।' 'अग्निपुराण' के अनुसार, काव्य के प्रयोजन में पुरुषार्थ चतुष्टय के मोक्ष को छोड़कर अन्य तीन धर्म, अर्थ तथा काम तीन पुरुषार्थ शामिल होते हैं।

भरत ने नाट्यशास्त्र में कहा है कि नाट्य का उद्देश्य मात्र मनोरंजन ही नहीं, बल्कि धर्म, यश, आयु, कल्याण, बुद्धिवर्धन तथा लोकोपदेश होता है, 'धर्म्य यशस्यमायुष्यं हितं बुद्धि वर्धनम्। लोकोपदेशजननं नाट्यमेतत भविष्यति।' (नाट्यशास्त्र)। भरत के नाट्य प्रयोजन ही काव्य प्रयोजन के रूप में चर्चित हो गए। काव्य या साहित्य से पता चलता है कि धर्म अर्थात धारण करने योग्य क्या है? इसके ज्ञान से प्रसिद्धि मिलती है। कलाओं का जीवन पर प्रभाव होता है, अतः कलाकार तथा रसिक दोनों की स्वास्थ्य वृद्धि होती है। वस्तुतः साहित्य मूल्यों की स्थापना कर अनुकरणीय कार्य में प्रवृत्त कर कल्याण की ओर ले जाता है तथा लोगों को उपदेश देता है।

भर्तृहरि ने काव्य में रस सिद्ध करने वाले कवीश्वर तथा परासिद्ध करने वाले कवीश्वर कविराज या वैद्यराज का यशगान किया है, क्योंकि उनके यशरूपी शरीर में वृद्धावस्था और मृत्यु का भय नहीं। भामह के अनुसार, साहित्य कीर्ति अर्थात यश तथा प्रीति अर्थात आनंद पैदा करता है। इससे धर्म, अर्थ, काम तथा मोक्ष का ज्ञान मिलता है तथा कलाओं में निपुणता हासिल होती है। वामन के अनुसार प्रीति अर्थात आनंद तथा कीर्ति काव्य के दो प्रयोजन हैं। उन्होंने आनंदानुभूति को काव्य का दृष्ट प्रयोजन तथा कीर्ति को अदृष्टप्रयोजन माना, 'काव्यं सद्दृष्टादृष्टार्थ प्रीति-कीर्ति-हेतुत्वात्।' (काव्यालंकार सूत्रवृत्ति, 1.1.5)। रुद्रट ने यश, धनप्राप्ति, विपत्तिनाश, अलौकिक आनंद, आप्त कामना तथा धर्म, अर्थ, काम, मोक्ष की प्राप्ति को काव्य प्रयोजन माना और इनमें यश को प्रमुख स्थान दिया।

आनंदवर्धन ने हृदयाह्लाद को मुख्य प्रयोजन माना तो अभिनवगुप्त ने प्रीति को। अभिनवगुप्त की प्रीति में रसानुभूति शामिल है। वक्रोक्ति के संस्थापक कुंतक ने पुरुषार्थ चतुष्टय को काव्य का प्रयोजन माना और जोड़ा कि यह सहृदयों को आनंद देता है, व्यवहार का साधक होता है तथा अलौकिक आनंद उत्पन्न करता है। (वक्रोक्तिजीवितम्, 1.4-5) विश्वनाथ कविराज साहित्य का प्रयोजन पुरुषार्थ चतुष्टय से धर्म, अर्थ तथा मोक्ष को मानते हैं। पंडितराज जगन्नाथ के अनुसार यश, लोकोत्तर आनंद, गुरु, राजा और देवताओं की प्रसन्नता काव्य के प्रयोजन होते हैं।

मम्मट ने साहित्य के प्रयोजन पर विशद विचार किया। उन्होंने उसके दो प्रयोजन–मुख्य तथा गौण माने। मुख्य प्रयोजन है : 'सद्यः परनिवृत्ति', अर्थात काव्यपाठ या श्रवण के बाद तुरंत मिलने वाला अत्यधिक आनंद। इसे 'सकल प्रयोजन मौलिभूत' अर्थात सभी प्रयोजनों का मूल तत्व कहा गया। इसके अलावा गौण प्रयोजन होते हैं, जैसे–यश, अर्थ व्यवहार, ज्ञान, विघ्ननाश, आनंद तथा कांतासम्मत उपदेश आदि। इनमें से पहले तीन को मम्मट ने कविनिष्ठ तथा बाद के तीन को पाठकनिष्ठ माना। कांतासम्मत उपदेश काव्य या साहित्य का एक महत्वपूर्ण प्रयोजन है, क्योंकि इसके बिना साहित्य, साहित्य नहीं रहता।

साहित्य अत्यधिक आनंद देता है। यह यश, धन, धर्म प्राप्ति का साधन होता है तथा विघ्न का विनाश करता है तभी लोग उसे पढ़ते-सुनते हैं। उपदेश पूरी दुनिया देती है, धर्म संबंधी कल्याणकारी बातें सब ग्रंथों में लिखी होती हैं, पर उन्हें कितने लोग पढ़ते हैं? सूखा नीरस उपदेश हितकारी होने के बावजूद लोगों को भाता नहीं है। साहित्य आनंद पहले है और ज्ञान बाद में। यह ज्ञान को आनंद में लपेटकर वैसे ही पेश करता है, जिस प्रकार कांता अपनी मधुर वाणी से अपनी ओर खींचती है और फिर उपदेश या कहने योग्य हितकारी बात कहती है। वह चीज को भावना के साथ सुंदर ढंग से पेश करती है, फिर शिक्षा देती है। मम्मट ने इस श्लोक में काव्य-प्रयोजन का वर्णन किया है :

काव्यं यशसेऽर्थकृते व्यवहारविदे शिवेतरक्षतये।
सद्यः परनिवृतये कांतासम्मिततयोपदेशयुजे।।

काव्य यश तथा अर्थ लाभ प्रदान करता है, व्यवहारविद बनाता है, कल्याणकारी होता है, क्योंकि अनिष्ट निवारक अर्थात रोग का नाश करने वाला होता है। कहा जा सकता है कि आनंद तथा उपदेश का सुयोग ही साहित्य का प्रयोजन होता है। इसमें कहीं बाधा या त्रुटि आती है, तो दोष के कारण आती है। अतः दोष निवारण साहित्य सृजक तथा मर्मज्ञ आलोचक दोनों के लिए जरूरी होता है।

हमारे देश के अनेक संस्कृत कवियों और हिंदी संत कवियों ने जो साहित्य सृजन किया उसके पीछे उनकी यश लिप्सा कभी नहीं थी। तुलसी, सूर, कबीर आदि द्वारा अपने कुल, जाति, जन्म आदि के बारे में अपनी ओर से किसी तरह का कोई उल्लेख न करना यशाकांक्षा के प्रति उनकी उदासीनता को प्रमाणित करता है। इसी तरह जहाँ तक अर्थाकांक्षा का सवाल है, संत कवियों पर यह भी लागू नहीं होता। जग जाहिर है कि फतेहपुर सीकरी में बादशाह अकबर द्वारा बुलाए जाने पर कुंभनदास ने कहा था, 'संतन को कहा सीकरी सों काम/आवत जात पनहियाँ टूटी बिसरि गयो हरि नाम।' अमंगल निवारण, व्यावहारिक ज्ञान, रसानुभूति और कांतासम्मित उपदेश से भला कैसे इनकार किया जा सकता है?

शास्त्रों में उपदेश की तीन शैलियां बताई गई हैं। पहली प्रभुसम्मित, दूसरी सुहृदसम्मित और तीसरी कांतासम्मित। इसमें कांतासम्मित में प्रधानता शब्दार्थ की न होकर रस की होती है। पत्नी अपने पति को अनर्थ से बचाने के लिए अपने हृदय की समस्त मधुरिमा उड़ेल कर अपने कथन को रससिक्त बनाती है, जिससे मानव हृदय उस ओर सहज ही प्रवृत्त हो जाता है। निर्विवाद रूप से साहित्य का यह एक अनिवार्य प्रयोजन है। राजा जय शाह को बिहारी अपने वाक चातुर्य से ही सन्मार्ग पर लाने में सफल हुए थे। उनका मशहूर दोहा इसका सबूत है, 'नहिं पराग नहिं मधुर मधु नहिं विकास एहि काल/अली कली ही सों बध्यो आगे कौन हवाल।'

काव्य का प्रयोजन आत्मसाक्षात्कार और आत्मप्रसार को भी माना गया है। हिंदी के सबसे बड़े कवि तुलसी कहते हैं कि 'स्वांतः सुखाय तुलसी रघुनाथ गाथा' यानी, रामचरितमानस की रचना उन्होंने स्वांतः सुखाय की है तो दूसरी ओर एक दूसरा उद्देश्य घोषित करते हैं, 'कीरति भणिति भूति भलि सोई, सुरसरि सम सबकहं हित होई।' कविता वही श्रेष्ठ है जो गंगा की तरह सबका कल्याण करने वाली हो। रामचरितमानस में कलि वर्णन है और रामराज्य का भी वर्णन है। कलि वर्णन तत्कालीन समाज का यथार्थ

है और रामराज्य उनका आदर्श। इसी तरह सूर की गोपिकाएं नागर और ग्राम्य समाज का भेद बताते हुए मथुरा और गोकुल की तुलना करती हुई ग्रामीण समाज की सहज जीवन शैली के बरअक्स मथुरा के शहरी जीवन की कूटनीति और छलनीति को रेखांकित करती हैं और कहती हैं, **'वह मथुरा काजर की कोठरि जे आवहिं ते कारे।'** कबीर पत्थर पूजने वालों और पाप धोने के लिए गंगा नहाने वालों का उपहास करते हैं। यह कवि या लेखक के सामाजिक दायित्व की ओर संकेत करता है। आलोचकों ने भक्ति आंदोलन को लोक जागरण का काव्य कहकर उसकी सामाजिक प्रयोजनीयता रेखांकित की है।

हिंदी रीतिकालीन आचार्यों ने संस्कृत के काव्य-प्रयोजनों का ही अनुसरण किया। कुलपति मिश्र ने कहा :

जस संपत्ति आनंद अति दुखिन डारै खोय।
होत कविता ते चतुरई जगत राम बस होय।।

अर्थात यश प्राप्ति, धन, संपत्ति लाभ, आनंद प्राप्ति तथा व्यवहार ज्ञान ही काव्य के प्रयोजन हैं। इसी तरह देव ने काव्य प्रयोजन के बारे में लिखा :

ऊंच नीच अरु कर्म, बस चलो जात संसार।
रहत भव्य भगवंत जस भव्य काव्य सुखसार।।

उनके अनुसार, यश और भव्य आनंद ही काव्य का सार या प्रयोजन है। एक प्रकार से वे वामन तथा अभिनवगुप्त के प्रयोजन विषयक विचारों का समर्थन करते हैं।

एक अन्य रीति आचार्य सोमनाथ ने काव्य प्रयोजन का प्रतिपादन करते हुए कहा :

कीरति वित्त विनोद अइ अति मंगल को देति।
करै भलो उपदेश नित वह कवित्त चित्त चेति।।

उनके बाद एक प्रकार से मम्मट के विचारों की पुनरोक्ति करते हुए सोमनाथ कीर्ति, धन, विनोद, अनिष्ट नाश और उपदेश को काव्य प्रयोजन मानते हैं। देखा जाए तो रीतिकालीन आचार्य संस्कृत आचार्यों के प्रयोजन विषयक विचारों का अनुवाद कर रहे थे।

साहित्य के प्रयोजन को लेकर भारतीय और पाश्चात्य सिद्धांतकार प्राचीन काल से ही अपने विचार व्यक्त करते रहे हैं। प्लेटो से लेकर अरस्तू, लांजाइनस, होरेस, रेने वेलेक आदि ने साहित्य के नैतिक उद्देश्यों पर बल दिया। आदर्श राज्य की स्थापना का स्वप्न देखने वाले प्लेटो ने लोक मंगल को, काव्य को, काव्य का चरम लक्ष्य स्वीकार किया था और उसके अभाव में होमर की काव्य कला की भर्त्सना की थी। अठारहवीं सदी के जर्मन विद्वान शिलर और उसके बाद के रोमांटिक काव्यांदोलन से जुड़े ए सी ब्रेडले, कॉलरिज, शेली, कीट्स, टेनिसन, वड्र्सवर्थ आदि ने साहित्य के आनंदवादी दृष्टिकोण पर बल दिया। इसके बाद रस्किन, टालस्टॉय, वाल्टर पेटर, मैथ्यू आर्नाल्ड, आई ए रिचर्ड्स आदि ने साहित्य के सामाजिक और नैतिक मूल्यों के पक्ष में अपने मत प्रकट किए।

रामचंद्र शुक्ल का एक निबंध है 'कविता क्या है'। इसमें उनकी स्थापना है 'कविता ही मनुष्य के हृदय को स्वार्थ संबंधों के संकुचित मंडल से ऊपर उठाकर लोक सामान्य भावभूमि पर ले जाती है।' कविता के अनुशीलन और उसके अभ्यास से हृदय का बंधन खुलता है। इससे मनुष्यता की उच्च भूमि प्राप्त होती है, शुक्ल जी के साहित्य में 'लोक' शब्द बार-बार आता है और वे मानते हैं कि कविता का प्रमुख उद्देश्य लोकरंजन नहीं, लोक मंगल ही है। रामचंद्र शुक्ल ने केवल रूप, रंग के सौंदर्य की नहीं 'कर्म सौंदर्य' की भी चर्चा की है और कहा है कि 'दशवदन निधनकारी राम के क्रोध के सौंदर्य पर कौन मोहित न होगा?' प्रेमचंद ने सौंदर्य के नए मानदंडों की चर्चा करते हुए कहा है कि अब सौंदर्य किसी सुंदर युवती के लिपिस्टिक लगे होंठों में ही नहीं, बल्कि अपने बच्चे को खेत के मेंड़ पर सुलाकर खेतों में काम करने वाली स्त्री के पपड़ियों पड़े होंठों और उलझे हुए बालों में है।

अपनी बात को स्पष्ट करते हुए प्रेमचंद अपने 'साहित्य के उद्देश्य' भाषण में साहित्य के प्रयोजन नए संदर्भों में सामने आते हैं, 'हम साहित्य को केवल मनोरंजन और विलासिता की वस्तु नहीं समझते।

हमारी कसौटी पर वही साहित्य खरा उतरेगा, जिसमें उच्च चिंतन हो, स्वाधीनता का भाव हो, सौंदर्य का सार हो, सृजन की आत्मा हो, जीवन की सच्चाइयों का प्रकाश हो, जो हममें गति, संघर्ष और बेचैनी पैदा करे, सुलाए नहीं, क्योंकि अब ज्यादा सोना मृत्यु का लक्षण है।'

अवधेश कुमार सिंह, अमरनाथ

अधिक जानकारी के लिए :

1. **चिंतामणि भाग** 1 **और** 2 : रामचंद्र शुक्ल, 2. **भारतीय साहित्यशास्त्र :** बलदेव उपाध्याय, 3. **भारतीय काव्यशास्त्र** : भगीरथ मिश्र, 4. **प्रगतिशील साहित्य का मानदंड** : रांगेय राघव, 5. **नई कविता का आत्मसंघर्ष** : गजानन माधव मुक्तिबोध, 1964, 6. **हिंदी साहित्य का आधुनिक परिदृश्य** : अज्ञेय, 1967

काव्य बिंब

बिंब को अंग्रेजी के 'इमेज' का समतुल्य माना जाता है। संस्कृत काव्यशास्त्र में बिंब शब्द का प्रयोग हुआ है, लेकिन वह मूलतः अमूर्त भाव का वाचक है। उसके मूर्तीकरण को प्रतिबिंब कहा गया है। यह बिंब-प्रतिबिंब, वस्तुतः उपमेय और उपमान को द्योतित करने के लिए है। यह बिंब-विधान उपमान अर्थात प्रतिबिंबन में देखा जा सकता है, लेकिन यह काव्य-बिंब (Poetic Image) नहीं है, जिसे आधुनिक आलोचकों ने एक काव्य प्रतिमान की तरह प्रतिपादित किया है।

बिंब को किसी वस्तु के ऐंद्रिक संवेदन की प्रतिकृति कहा जा सकता है। कविता की आलोचना में जब बिंब शब्द का प्रयोग होता है तो उसका वास्तविक तात्पर्य किसी ऐंद्रिक प्रत्यक्ष वर्णन से नहीं, बल्कि उसके माध्यम से भावानुभूति से है। इसलिए सेसिल डे लीविस ने बिंब को परिभाषित करते हुए उसे भावगर्भित शब्द चित्र कहा है। बिंब शब्द के प्रयोग से सामान्यतः ऐसा भी समझा जा सकता है कि उसका संबंध किसी चाक्षुष दृश्य से है। बिंब दरअसल केवल चाक्षुष ही नहीं, किसी भी ऐंद्रिक संवेदन से उद्भूत हो सकता है। इसलिए चाक्षुष के साथ-साथ श्रवण, स्पर्श, गंध और स्वाद के अनुभव के भावात्मक शब्दचित्र भी काव्य बिंब की श्रेणी में आते हैं। दूसरे शब्दों में, बिंबों का आधार हमारी कोई भी ज्ञानेंद्रिय हो सकती है, लेकिन उसे वास्तविक अर्थ में काव्य बिंब तभी माना जा सकता है, जब उस ऐंद्रिक संवेदन की स्मृति और भावानुभूति अपनी अभिव्यक्ति में एकमेक हो जाए।

मनोविज्ञान में स्वप्न बिंब और आद्य बिंब की चर्चा भी आती है। उनका अभिव्यक्त रूप किसी न किसी ऐंद्रिक अनुभव के आधार पर ही निर्मित होता है। कुछ लोग धारणा को भी प्रज्ञात्मक बिंब (इंटेलेक्चुअल इमेज) की तरह समझने का आग्रह करते हैं, किंतु उसे बिंब नहीं कहा जा सकता। धारणाएं बौद्धिक प्रक्रिया से उत्पन्न होती हैं, जबकि बिंब संवेदनात्मक प्रक्रिया से। क्रोचे इसे अंतःप्रज्ञात्मक–इंट्यूटिव–अनुभूति की अभिव्यंजना के रूप में लेते हैं। उनके अनुसार यह 'लिरिकल' इंट्यूशन ही शुद्ध इंट्यूशन है जो बिंबों में पर्यवसित हो जाता है। इन बिंबों से व्यंजित भावात्मक मनन ही वास्तविक कविता है।

काव्य बिंब को एक काव्य प्रतिमान के स्तर पर प्रतिष्ठित करने का श्रेय एजरा पाउंड को है। उनकी दृष्टि में कविता को भी गद्य के समान ही ठोस या मूर्त होना चाहिए, जिसमें उस तरह का धुंधलापन या अस्पष्टता न रहे, जो सामान्यतः रोमांटिक कविता में होता है। चीनी लिपि की चित्रात्मकता से प्रभावित पाउंड यह मानते हैं कि कविता में प्रत्येक शब्द लयात्मक निर्मिति और बिंबात्मक उपकरणों का कसा हुआ सटीक प्रयोग होना चाहिए, क्योंकि कोई भी शिथिलता कविता के मर्म को आहत कर सकती है। उनकी मान्यता है कि जिसे हम शिल्प या रूप कहते हैं, वस्तुतः वही उसका अर्थ भी है। इसलिए प्रत्येक काव्य बिंब एक तरह का 'इडिओग्रैम' अर्थात भावचित्र है। इसका तात्पर्य यह है कि वही रूप है और अंतर्वस्तु भी। काव्य बिंब की निर्मिति भौतिक बिंबों के माध्यम से अभौतिक संबंधों को व्यंजित करने के उद्देश्य से होती है, 'द यूज ऑफ मेटीरियल इमेजेज टु सजेस्ट इम्मेटिरियल रिलेशंस'। इसलिए

एजरा पाउंड के अनुसार काव्य बिंब व्यक्ति निरपेक्ष अमूर्त सत्य का मूर्त अनुभव रूप है।

हिंदी काव्य के संदर्भ में यह स्मरण करना प्रसंगांतर नहीं होगा कि कवि केदारनाथ सिंह ने 'तीसरा सप्तक' के अपने वक्तव्य में कविता में सर्वाधिक महत्व बिंब विधान को देते हुए मानव चेतना के विकास के इतिहास का अध्ययन काव्य-बिंबों के आधार पर किए जा सकने की संभावना को स्वीकार किया है। उनके अनुसार, 'एक आधुनिक कवि की श्रेष्ठता की परीक्षा उसके द्वारा आविष्कृत बिंबों के आधार पर ही की जा सकती है। उसकी विशिष्टता और उसकी आधुनिकता सबसे अधिक उसके बिंबों में ही व्यक्त होती है।'

नंदकिशोर आचार्य

अधिक जानकारी के लिए :

1. **हिंदी कविता में बिंबविधान :** केदारनाथ सिंह

काव्य भाषा

काव्य का माध्यम भाषा है और भाषा क्योंकि सामान्य व्यावहारिक संप्रेषण का माध्यम भी है, अतः यह सवाल उठना स्वाभाविक है कि सामान्य व्यवहार की भाषा और काव्य भाषा में अंतर है या नहीं। काव्य में हम उन्हीं शब्दों का प्रयोग करते हैं, जिनका प्रयोग सामान्य भाषा में होता है। इसलिए पूर्वी और पश्चिमी दोनों साहित्यशास्त्रियों में इन दोनों के स्वरूप और स्वभाव को लेकर पर्याप्त विचार हुआ है। भट्टतौत ने साधारण भाषा को तर्काधारित चैतन्य का विषय माना है, जबकि काव्य भाषा को विशिष्ट प्रत्यक्ष चैतन्य का। यह एक प्रातिभ साक्षात्कार द्वारा संभव होता है। विद्यानिवास मिश्र ने अपने ग्रंथ 'रीतिविज्ञान' में स्पष्ट किया है, काव्य भाषा सामान्य भाषा से उद्भूत होती है और इन दोनों में स्वरूप का नहीं उद्देश्य का अंतर है।

इसी बात को स्पष्ट करते हुए एल डोलजेल अपने ग्रंथ 'प्राग स्टडीज इन मैथेमेटिकल लिंग्विस्टिक्स' में बताते हैं कि सामान्य भाषा में संकेत और संकेतित के स्थिर संबंधों में किसी प्रकार का विचलन नहीं होता, जबकि काव्य भाषा में शब्द और अर्थ के स्थिर संबंधों में सर्जनात्मक विचलन संभव है। इसे यों भी कहा जा सकता है कि काव्य भाषा सामान्य भाषा के शब्दों का प्रयोग करते हुए भी उनके सामान्य अर्थ से इतर अर्थ की खोज करती है। इसलिए यहां संकेत स्वयं ही संकेतित का रूप ग्रहण कर लेता है। काव्य इसलिए रचना है क्योंकि वह शब्द में पूर्व निर्धारित अर्थ से इतर अर्थ का अन्वेषण करता है। अभिनवगुप्त 'अभिनव भारती' में काव्य का प्रयोजन किसी पूर्वसिद्ध बात को दुहराना नहीं, बल्कि नए सत्य की शोध मानते हैं। यह भाषा में नए अर्थ की व्यंजना के माध्यम से ही संभव है। सामान्य भाषा में कमल, चंद्र, झील आदि का अर्थ वही है जो शब्द सीधे कह रहे हैं, लेकिन काव्य भाषा में इन्हीं शब्दों से कुछ और अर्थ व्यंजित होने लगता है जो इनके अभिधात्मक वाच्यार्थ से भिन्न होता है।

उल्लेखनीय है कि काव्य भाषा में प्रयुक्त वाच्येतर अर्थ अधिक पुनराव की वजह से धीरे-धीरे सामान्य भाषा का अंग बन जाता है, तब काव्य भाषा फिर उसे नया संस्कार देती है। इसे यों भी कहा जा सकता है कि काव्य भाषा अतिप्रयुक्त होकर सामान्य भाषा बन जाती है और उससे किसी नए अर्थ की व्यंजना संभव करने के लिए कवि को उसे फिर ताजा करना होता है, किसी नए संदर्भ या नए विन्यास में रखकर। इसे अन्यथाकरण भी कहा जा सकता है अर्थात जो जैसा है, उसे कुछ और बना देना। इसी से चमत्कार की सृष्टि होती है; लेकिन यहां चमत्कार का प्रयोजन सामान्य अर्थों में चौंकाना या विस्मित करना नहीं है, बल्कि उसके माध्यम से नए अर्थ की ओर ध्यान आकर्षित करना है।

किसी न किसी प्रकार के सर्जनात्मक विचलन के बिना स्थूल या रूढ़िबद्ध वाच्येतर अर्थ से नए अर्थ की ओर ध्यान आकर्षित करना संभव नहीं है। कह सकते हैं कि इस विचलन के बिना नए अर्थ की सृष्टि संभव नहीं है। इसलिए यह विचलन केवल चमत्कार नहीं, बल्कि शब्द के सृजनात्मक अन्वेषण

की प्रक्रिया हो जाता है। इस विचलन में संप्रेषणीयता की समस्या उभर सकती है। ऐसा तभी होता है, जब विचलन या चमत्कार ही प्रयोजन हो जाए। इसलिए सही काव्य भाषा वह है जो रूढ़ आशयों और मनमाने विचलनों या अतिरेक से बचते हुए विचलन को भी किसी बृहत्तर सांस्कृतिक परिप्रेक्ष्य में विन्यस्त कर सके। ब्रेश्ट ने अपनी एक कविता में कहा है, 'जिस शब्द में दुराव न हो वह शब्द मूर्खों की भाषा में ही स्थान पा सकता है।' इस कथन की व्याख्या करते हुए विद्यानिवास मिश्र की यह बात काव्यभाषा के संबंध में आज भी विचारणीय है, 'सामान्य शब्द भी काव्य भाषा में जाकर अठपहल बना दिए जाते हैं।' विशेष शब्द का अठपहल रूप चिर अभ्यस्त है, इसलिए उसका आकर्षण समाप्त है, पर सामान्य शब्द में पहल की कोर मारने की संभावना अभी शेष है। उसी का संभल-संभल कर उपयोग काव्य भाषा के लिए अवलंब होता है।

नंदकिशोर आचार्य

अधिक जानकारी के लिए :

1. **भाषा और संवेदना** : रामस्वरूप चतुर्वेदी, 1964

काव्य मीमांसा

संस्कृत काव्यशास्त्र में राजशेखर की 'काव्यमीमांसा' को साहित्यालोचना केसंग्रह ग्रंथ केरूप ख्याति मिली है। नौवीं सदी के अंतिम दो दशकों और दसवीं सदी के प्रथमार्ध के आसपास रहे राजशेखर के रचनाकर्म से पता चलता है कि वे कन्नौज के राजा महेंद्रपाल के उपाध्याय थे और बाद में उनके उत्तराधिकारी पुत्र महिपाल का संरक्षण मिला। उनके पूर्वज महाराष्ट्र में रहते आए थे। राजशेखर का विवाह अवंतिसुंदरी से हुआ, जो चाहयान (चौहान) वंश की राजकुमारी थीं तथा स्वयं विदुषी थीं। उनके लिखे ग्रंथों में चार नाटक 'कर्पूरमंजरी', 'विद्धशालभंजिका', 'बालरामायण', और 'बालभारत' शामिल हैं। गुजरात के काव्यशास्त्री हेमचंद्र ने 'काव्यानुशासन' में राजशेखर के अन्य काव्यग्रंथ 'हरिविलास' का उल्लेख किया है। 'काव्यमीमांसा' उनका अंतिम ग्रंथ माना जाता है। यह ग्रंथ उनकी एक महत्वाकांक्षी परियोजना का भाग था, जो कि अठारह अधिकरणों में पूरा होना था, पर उसका केवल प्रथम अधिकरण मिलता है जिसमें अठारह अध्याय हैं।

'काव्यमीमांसा', 'कामसूत्र' तथा 'अर्थशास्त्र' की परंपरा में सूत्र-रचित ग्रंथ है। इसके पहले अध्याय 'शास्त्रसंग्रह' में ग्रंथ की विषय-सूची तथा विषय-वस्तु की चर्चा की गई है। 'शास्त्रनिर्देश' नामक दूसरे अध्याय में काव्यशास्त्र या आलोचना का अन्य शास्त्रों के अनुक्रम में उसका स्थान और स्थिति, इस पर चर्चा की गई है। तीसरे अध्याय 'काव्यपुरुषोत्पत्ति' में काव्य की उत्पत्ति की गाथा-मिथकीय-प्रतीकात्मक कथा की चर्चा है। इसमें काव्य-विद्या की उत्पत्ति को वाग्देवी सरस्वती के पुत्र काव्य-पुरुष की कथा के माध्यम से वर्णित किया गया है। इस प्रक्रिया में उन्होंने वृत्ति (चेष्टा-विन्यास-क्रम), प्रवृत्ति (वेश-विन्यास-क्रम), और रीति (वचन-विन्यास-क्रम) के रूप में शारीरिक क्रिया की चर्चा की है। 'पद-वाक्य-विवेक' नामक चौथे अध्याय में एक अच्छे कवि के मुख्य गुणों की चर्चा है। राजशेखर के अनुसार काव्य-शक्ति काव्य रचना का प्रमुख कारण होती है जिसके प्रभाव के परिणामस्वरूप प्रतिभा और व्युत्पत्ति के द्वारा श्रेष्ठ काव्य संभव होता है।

पांचवें अध्याय 'व्युत्पत्ति काव्यपाकश्च' के प्रारंभ में राजशेखर ने व्युत्पत्ति को वांछनीय तथा अवांछनीय के बीच अंतर करने की क्षमता के रूप में परिभाषित किया है। फिर कवियों के लिए प्रतिभा और व्युत्पत्ति का महत्व बताते हुए कवियों को शास्त्रकवि, काव्यकवि और उभयकवि के तीन प्रकारों में विभाजित किया है। बाद में उन्होंने काव्य-कवि के आठ उप-प्रकारों का चर्चा कि है। इसके अलावा गुण, अलंकार, रीति तथा उक्ति से युक्त शब्द एवं अर्थ के सुयोग को उन्होंने वाक्य-पाक कहा है और कवियों के लिए नौ प्रकार के पाकों का उल्लेख किया है।

'पद-वाक्य-विवेक' नामक छठे अध्याय में

वृत्ति, वाक्य और उसके प्रकारों, एवं काव्य की चर्चा की गई है।

सातवें अध्याय 'वाक्य-भेद' में काव्य रचना में प्रयोग के लिए उपयुक्त भाषा की चर्चा की है जो कि विभिन्न जातियों और उपजातियों द्वारा प्रयोग की जाती है। तत्पश्चात राजशेखर ने 'काकु' ('इंटोनेशन') की परिभाषा और प्रकारों को उदाहरणों के साथ बताया है।

आठवें अध्याय 'काव्यार्थयोनयः' में राजशेखर ने काव्य में अर्थ के स्त्रोतों का उल्लेख किया है जिनकी कुल संख्या सोलह है। हर प्रकार के लिए उन्होंने उदाहरण भी दिए हैं।

नौवें अध्याय 'अर्थव्याप्ति' में अर्थ का विवरण दिया गया है जो कि दिव्य, दिव्यमानुष, मानुष, पातालीय, मर्त्य-पातालीय, दिव्य-पातालीय और दिव्य-मर्त्य-पातालीय प्रकार के हो सकते हैं। राजशेखर ने काव्य-सत्य तथा शास्त्र-सत्य की भी चर्चा की है।

दसवें अध्याय 'कविचर्या' तथा 'राजाचर्या' अर्थात एक कवि तथा राजा के नित्यकर्म और कर्तव्यों के साथ कवियों के लिए अनिवार्य चौंसठ विद्याओं और उप-विद्याओं पर विचार किया है। इसमें ध्यान रखने की महत्वपूर्ण बात यह है कि ऐसा करते हुए राजशेखर ने अपनी विद्वान, कवि, आलोचक पत्नी अवंतिसुंदरी को याद किया है और जोड़ा है कि महिलाएं भी पुरुषों के बराबर अच्छा कवि हो सकती हैं और दोनों के बीच कोई विभेद नहीं होना चाहिए। राजाओं के लिए शास्त्रार्थ तथा श्रेष्ठ कवियों के लिए सभागार या कक्ष बनाने हेतु सूचनाएं भी दी गई हैं।

ग्यारहवें अध्याय 'शब्दाहरण' में राजशेखर ने किसी अन्य रचना के शब्दों और विचारों के प्रयोगों को उदाहरण के साथ बताया है।

'अर्थाहरणम' नामक बारहवें अध्याय में पूर्व विषय को आगे बढ़ाते हुए काव्यामीमांसाकार ने प्राचीन कवियों के विचार और अर्थ पर विचार किया है और यह भी बताया है कि आधुनिक कवि उनका किस प्रकार अनुकूलन कर सकते हैं।

तेरहवें अध्याय 'अर्थहरणेष्वालेख्यप्रख्यादिभेदाः' में अर्थाहरण विषय को आगे बढ़ाते हुए आलेख्य प्रख्य, तुल्यादेहितुल्य और परपुरप्रवेशसदृश की चर्चा करते हुए उनके उप-प्रकारों को बताया है।

'कवि-समय' नामक चौदहवें अध्याय में कवि के द्वारा अनुसरण करने योग्य काव्य में प्रयुक्त प्रथाओं, रूढ़ियों और उनके प्रकारों की चर्चा की गई है।

'गुण-समय-स्थापना' नामक पंद्रहवें अध्याय में पूर्व अध्याय के विषय को आगे बढ़ाते हुए उसके गुण के संबध में चर्चा की गई है।

पूर्ववर्ती अध्यायों विशेषकर चौदहवें अध्याय में भूलोक में प्रचलित कवि-समय का चित्रण किया है। 'स्वर्ग्य-पातालीय-कवि-रहस्य-स्थापना' शीर्षक वाले सोलहवें अध्याय में मीमांसक ने स्वर्ग तथा पाताल लोक से संबंधित कवि-समय की बात की है। विभाजन के बावजूद भी विविधता के बावजूद एक्य उसी तरह देखा जा सकता है जिस प्रकार पुराणों में वर्णित बारह सूर्यों को एक माना जाता है।

सतरहवें अध्याय 'देश-विभाग' में भौगोलिक क्षेत्रों और उसके विभागों की चर्चा की है। 'काल-विभाग' नामक अठारहवें अध्याय में काल-विभाजन बताया गया है।

'काव्यमीमांसा' से राजशेखर की आलोचक प्रतिभा की व्यापकता तथा गहराई का पता चलता है। अपने समय की संपूर्ण साहित्य परंपरा को उसकी समग्रता में समेटना, फिर उसका अलग-अलग कोटियों में विभाजन, उनकी परिभाषा और उदाहरण के साथ व्याख्या करना एक असाधारण कार्य था जिससे संस्कृत काव्यशास्त्र परंपरा में इस ग्रंथ तथा उसके ग्रंथकार को अद्वितीय स्थान प्रदान किया गया है।

राजशेखर ने अनेक मौलिक स्थापनाएं कीं। उन्होंने साहित्य के स्वतः प्रामाण्य को स्थापित करते हुए अश्लीलता, अनैतिकता व अयथार्थ के प्रश्नों पर गंभीर विमर्श किया। उन्होंने साहित्य को पांचवीं विधा, अलंकार शास्त्र को सप्तम वेदांग के रूप में स्थापित करते हुए उन समस्त विधाओं को सारभूत निरूपित किया। काव्य सर्जना प्रक्रिया

तथा काव्य परंपराओं में अंतः संवाद पर उनका विवेचन महत्वपूर्ण है।

अवधेश कुमार सिंह

अधिक जानकारी के लिए :

1. **काव्यमीमांसा (अनुवाद) :** देवेंद्र नाथ शुक्ल, 2. **राजशेखर :** प्रभुनाथ द्विवेदी

काव्य लक्षण

काव्य की विशेषताएं जिन्हें देखते ही पहचाना जाए कि यह काव्य है, काव्य लक्षण कहे जाते हैं। प्राचीन भारतीय काव्य का दुनिया की संस्कृति में एक ऊंचा स्थान है। उस लंबे काल में काव्य संबंधी चिंतन भी हुआ। इससे प्राचीन काव्यशास्त्रियों के सिद्धांत-आधार पर कई संप्रदाय बन गए जो रस संप्रदाय (भरतमुनि, भट्टलोलट, शंकुक, भट्टनायक, अभिनवगुप्त), अलंकार संप्रदाय (भामह, उद्भट, रुद्रट), रीति संप्रदाय (दंडी, वामन), वक्रोक्ति संप्रदाय (कुंतक) और ध्वनि संप्रदाय (भामह) के रूप में जाने जाते हैं। इन संप्रदायों के आचार्यों ने काव्य की परिभाषा देते हुए अपने-अपने सिद्धांत के अनुसार काव्य के लक्षण बताए, ताकि काव्यात्मक अभिव्यक्तियों को अन्य तरह की अभिव्यक्तियों से अलग किया जा सके। उन्होंने अपने मतभेदों को प्रदर्शित करते हुए अपने सिद्धांत की व्याख्या की है, जो काव्यशास्त्रीय चिंतन की विविधता की ओर संकेत करता है।

भरत के मतानुसार भाव, विभाव, अनुभाव और संचारी भावों के संयोग से रस की निष्पत्ति होना ही काव्य का मुख्य लक्षण है– 'विभावानुभाव व्याभिचारि संयोगाद् रसनिष्पत्तिः' (नाट्यशास्त्र, 6.32)। आम तौर पर माना जाता है कि कहीं रस हो या नहीं हो, कवि की वाणी में रस होना चाहिए। भरत के अनुसार रस ब्रह्मानंद सहोदर है और इससे व्यक्ति को आनंद मिलता है। रामचंद्र शुक्ल तक भरत के रस सिद्धांत का प्रभाव बना हुआ है, 'जिस प्रकार आत्मा की मुक्तावस्था ज्ञानदशा कहलाती है, उसी प्रकार हृदय की मुक्तावस्था रसदशा कहलाती है।' (रस-मीसांसा)।

अलंकार सिद्धांत का रस के बाद स्थान आता है। भामह ने काव्य की परिभाषा देते हुए बताया, 'शब्दार्थौ सहितं काव्यं', अर्थात शब्द और अर्थ मिलकर काव्य कहलाते हैं। आगे उन्होंने विस्तार दिया, 'इसके दो भेद हैं गद्य और पद्य।' भामह की दृष्टि में अच्छे काव्य की रचना धर्म, अर्थ, काम और मोक्ष में प्रवीणता, कलाओं में प्रवीणता, आनंद और यश प्रदान करती है। रुद्रट ने काव्य का लक्षण बताते हुए कहा, 'ननु शब्दार्थौ काव्यम', अर्थात शब्द और अर्थ का समन्वय काव्य है। इन्होंने काव्य में अलंकार के महत्व को पहचाना।

दंडी ने काव्य की परिभाषा प्रस्तुत करते हुए कहा है, 'शरीरं तावदिष्टार्थ व्यवच्छिन्ना पदावली।' अर्थात इष्ट अथवा मनोरम अर्थ से समन्वित पदावली ही काव्य है। इस संप्रदाय के वामन ने अलंकार से ही काव्य की उपादेयता मानी। उन्होंने बताया, 'रीतिरात्मा काव्यस्य'। अर्थात काव्य की आत्मा रीति है। उन्होंने आगे कहा, 'विशिष्ट पद रचना ही रीति कहलाती है।' उन्होंने काव्य की परिभाषा इस प्रकार दी, 'काव्यशब्दोज्यं गुणालंकार संस्कृतय शब्दार्थो वर्तते।' अर्थात गुण और अलंकार से परिष्कृत शब्दार्थ ही काव्य है।

वक्रोक्ति संप्रदाय के प्रमुख आचार्य कुंतक हैं। उनका मत है कि शास्त्र कड़वी औषधि की तरह अविद्या का नाश करती है, जबकि काव्य आनंददायक होते हुए अज्ञान रोग का नाश करता है। इन्होंने 'वक्रोक्ति जीवित' में काव्य की परिभाषा देते हुए लिखा है, 'शब्दार्थौ सहितौ वक्रकविव्यापारशालिनी। बंधे व्यवस्थितौ काव्यं तद्विदाह्लादकारिणि।' अर्थात भंगिमामय कविकर्म से युक्त, काव्य मर्मज्ञों को अपनी संरचना से आह्लादित करने वाले व्यवस्थित शब्द और अर्थ का संयोजन ही काव्य है। काव्य में उस विवक्षित अर्थ का बोध होता है, जो सहृदय को आनंद देता है।

भामह की परंपरा का विकास ध्वनि सिद्धांत

के प्रवक्ता आनंदवर्द्धन द्वारा हुआ। वह लिखते हैं, 'सहृदय हृदयाह्लादि शब्दार्थमयत्वमेव काव्य लक्षणम्।' अर्थात सहृदयों को आह्लादित करने वाली शब्दार्थमयता ही काव्य का लक्षण है। काव्य की शब्दार्थमयता में ध्वनि का होना ही मुख्य बात है।

कुछ अन्य आचार्यों ने भी काव्य के लक्षण अपने-अपने ढंग से बताए हैं। मम्मट के अनुसार, 'दोषों से रहित, गुणों से युक्त और कहीं-कहीं अलंकार से युक्त शब्द और अर्थ काव्य है।' वह लोक और शास्त्र दोनों के ज्ञान को काव्य की निपुणता के लिए जरूरी मानते हैं, 'लोक-शास्त्र-काव्याद्यवेक्षणात्।' बाणभट्ट का मानना है, 'काव्य में नवीन विषय हों, ग्राम्यदोष का अभाव हो, स्वाभाविक सुंदर वर्णन हो, सरल श्लेष हों, रस की प्रतीति हो और कोई गंभीर अनुभव हो, पर किसी एक काव्य में ये सभी चीजें एक साथ दुर्लभ हैं।' (सुभाषितावलि, वल्लभदेव कृत)। राजशेखर कहते हैं, 'गुणों और अलंकारों से युक्त वाक्य का नाम काव्य है।' दो अन्य परिभाषाएं प्रसिद्ध हैं, 'वाक्यं रसात्मकं काव्यं' (विश्वनाथ) और 'रमणीयार्थ प्रतिपादकः शब्दः काव्यम्' (पंडितराज जगन्नाथ)। कवियों के काव्य का आनंद अलग तरह का होता है। काव्य शब्द और अर्थ के विशेष सामंजस्य से बनता है। यह चित्त को प्रसन्न करता है। कविता करने के लिए एकाग्रता चाहिए। काव्य मधु से जड़ वृक्ष भी हरे-भरे हो जाते हैं। उन्हीं का यश चिरस्थायी है जिन्होंने काव्य रचना की। काव्य पाठ से समुद्र मंथन की तरह एक के बाद एक उत्तम रत्न की प्राप्ति होती है। ऐसी कई अन्य बातें भारतीय काव्य चिंतन में मिलती हैं।

बिरेश कुमार

काव्य विवेक

काव्य भावों और अनुभूतियों के रसात्मक संप्रेषण की प्रक्रिया है, लेकिन यह संप्रेषण एक कृति या निर्मिति के माध्यम से संभव होता है। भावों या अनुभूतियों के एक भाषिक कृति में रूपांतरण के लिए जिस प्रक्रिया से गुजरना पड़ता है, उसके अपने कुछ नियम हैं, जिन्हें जानना प्रत्येक रचनाकार के लिए वांछनीय ही नहीं, अनिवार्य माना गया है। दूसरे शब्दों में, काव्य रचना में यदि उन नियमों का ध्यान नहीं रखा जाता है तो कृति दोषपूर्ण मानी जाती है क्योंकि वह उन दोषों के कारण प्रभावी अभिव्यक्ति और संप्रेषण में विफल रहती है। इसलिए काव्य रचना की प्रक्रिया, उसके उपादानों-अनुषंगों और उन्हें सुगठित तथा सौष्ठवपूर्ण कृति में संयोजित करने अर्थात काव्य रचना के गुण-दोषों का ज्ञान ही काव्य विवेक कहलाता है।

इसलिए काव्य विवेक का तात्पर्य है भाषा की विभिन्न शक्तियों, अर्थ ध्वनियों, उसमें निहित लय अथवा छंद का काव्योचित प्रयोग करने की क्षमता तथा अलंकार आदि का प्रयोग करने की ऐसी क्षमता जो मूल भाव या अनुभूति को अधिक प्रभावी बना सके। इसलिए इन सबके प्रयोग में अत्यधिक सावधानी बरतने की आवश्यकता होती है। इसमें असावधानी हो जाने पर कृति न ठीक तरह से अन्वेषणात्मक हो सकती है और न वह समुचित संवेदनात्मक संप्रेषण में सफल हो पाती है। सुमित्रानंदन पंत इसे भाषा और भाव की मैत्री कहते हैं।

उदाहरणार्थ, यदि किसी काव्य रचना या उसके किसी खंड में किसी कोमल भाव अथवा स्थिति का वर्णन किया जाना है तो उसके लिए उस भाव या स्थिति के अनुरूप शब्दों, अलंकारों और लय संरचना का उपयोग किया जाना अपेक्षित होता है। कोई उपमा अथवा बिंब अपने आप में सुंदर हो सकता है, लेकिन यदि वह वांछित भाव के अनुरूप नहीं हो तो उसका प्रयोग काव्य-दोष माना जाएगा क्योंकि वह वांछित भाव की अभिव्यक्ति और संप्रेषण में बाधा पैदा करेगा। किसी स्त्री का व्यक्तित्व तेजोमय हो सकता है, लेकिन यदि किसी प्रणय स्थिति का चित्रण करते हुए उसके मुख की उपमा मध्याह्न के प्रखर सूर्य से की जाए तो वह उस कोमल स्थिति के विपरीत होने के कारण अलंकार का दोषपूर्ण प्रयोग कहा जाएगा। काव्य का सौंदर्य सांकेतिकता में निहित होता है, लेकिन यदि संकेतक

वांछित मनःस्थिति की विपरीत दिशा की ओर संकेत करता हो तो उस संकेत को काव्य विवेक की दृष्टि से दोषपूर्ण प्रयोग ही कहा जाएगा।

कालिदास जब 'रघुवंशम्' में स्वयंवर का वर्णन करते हैं तो वह हाथ में माला लेकर सभा में परिक्रमा करती राजकुमारी के सौंदर्य की उपमा दीपक की लौ से देते हैं, जिसके आगे बढ़ते ही पीछे अंधेरा हो जाता है। संकेत यह है कि सभा में बैठे प्रत्याशियों के सम्मुख जब राजकुमारी आती है तो उनके मुखमंडल आशा से दीप्त हो उठते हैं और उसके आगे बढ़ते ही निराशा से कालिमामय हो जाते हैं। यह उपमा का ऐसा प्रयोग है, जिसे काव्य विवेक की दृष्टि से उत्कृष्ट या उदाहरणीय कहा जा सकता है, क्योंकि यह प्रयोग बिना शब्दों के अपव्यय के मूल स्थिति और उसमें अंतर्निहित भाव की अत्यंत प्रभावी अभिव्यक्ति और संप्रेषण करने में पूर्ण सफल होता है।

हमारे यहां काव्य के अंतर्गत केवल कविता ही नहीं, कथा, नाटक आदि अन्य साहित्यिक विधाओं की भी गणना की जाती है। बाणभट्ट जैसे गद्य लेखक को भी कवि कहा गया है और नाटक तो दृश्य काव्य माना ही गया है। अतः कथा या नाटक में भी उस विधा की विशेषता के अनुसार विवेक की आवश्यकता होती है। यदि नाटक में वर्णित स्थितियों, पात्रों और संवादों में अभिनेयता का अभाव हो तो उसे संवाद लेखन या वर्णन कहा जा सकता है, पर नाटक नहीं। इसी तरह ऐसे दृश्यों का अंकन भी नाट्योचित नहीं माना जा सकता, जिन्हें मंच पर दिखाया जाना संभव नहीं है।

उपन्यास या कहानी में ध्यान रखा जाना आवश्यक होता है कि कथा अपने केंद्रीय प्रवाह से विचलित न हो जाए। एक कृति में कई स्थितियां या पात्र हो सकते हैं, लेकिन लेखक को लगातार यह ध्यान रखना होता है कि वे कृति के केंद्रीय मंतव्य को उजागर करने में समर्थ हों। ऐसा न होने पर कथा बिखरने लगती है और वांछित प्रभाव नहीं छोड़ पाती।

इसलिए काव्य विवेक का तात्पर्य है किसी कृति की रचना में उससे संबंधित सभी उपादानों-अनुषंगों का केंद्रीय भाव के अनुरूप प्रयोग। उल्लेखनीय है कि काव्य विवेक की क्षमता या काव्य के गुण-दोषों को पहचानने का ज्ञान पाठक, श्रोता और दर्शक में भी होना आवश्यक है क्योंकि इसके बिना वह कृति में अंतर्निहित संकेतों और उनकी रसात्मक व्यंजना को ग्रहण करने में पूरी तरह सफल नहीं हो सकता।

नंदकिशोर आचार्य

अधिक जानकारी के लिए :

1. **चिंतामणि भाग** 1 **और** 2 : रामचंद्र शुक्ल, 2. **नई कविता का आत्मसंघर्ष** : गजानन माधव मुक्तिबोध, 3. **सृजन और संदर्भ (संकलन)** : अज्ञेय

काव्य हेतु

भारतीय साहित्य चिंतन की परंपरा में कवि को प्रजापति ब्रह्मा अर्थात सृष्टि के सृजनहार की प्रतिष्ठा दी गई है। 'अग्निपुराण' के रचनाकार ने कहा है–

अपारे काव्य संसारे कविरेकः प्रजापतिः।
यथास्मै रोचते विश्वं तथेदं परिवर्तते।।

अर्थात इस अपार काव्य संसार में कवि ही प्रजापति है। वह अपनी रुचि के अनुसार संसार की रचना करता है। कवि संसार की रचना तो करता है पर उसके साधन क्या हैं? इस प्रश्न का उत्तर काव्य या साहित्य के हेतु की चर्चा में दिया गया।

संस्कृत आलोचना में हेतु का अर्थ साधन है। यह माना गया कि काव्य का हेतु या साधन प्रतिभा है। प्रतिभा का अर्थ है कारण के अभाव में कार्य अर्थात काव्य में भावों का खुद-ब-खुद प्रकट हो जाना। यह भी माना गया कि प्रतिभा नैसर्गिक और जन्मजात होती है। उसे श्रम से अर्जित नहीं किया जा सकता। प्रतिभा की आवश्यकता कवि तथा आलोचक दोनों को होती है। प्रतिभा के दो प्रकार बताए गए हैं : कारयित्री प्रतिभा तथा भावयित्री प्रतिभा। मोटे तौर पर कहा जाए तो पहली प्रतिभा के बिना कोई कवि नहीं हो सकता तथा दूसरी के बिना आलोचक होना असंभव है। संस्कृत काव्यशास्त्र के इतिहास में

क्षेमेंद्र तथा राजशेखर जैसी प्रतिभाएं थीं। वे कवि और आलोचक दोनों थे। इससे सिद्ध होता है कि कारयित्री तथा भावयित्री दोनों प्रतिभाएं एक साथ एक ही लेखक में हो सकती हैं।

कारयित्री प्रतिभा अनुभव को शब्द तथा अन्य युक्तिओं के द्वारा व्यक्त करने की क्षमता है। राजशेखर ने कारयित्री प्रतिभा के तीन प्रकार बताए हैं : (1) सहज या जो जन्म के साथ हो, (2) आधार्य या वह योग्यता जो शास्त्र और काव्य के ज्ञान से पैदा हुई है तथा (3) औपदेशिकी अर्थात जिसे प्रशिक्षण से सीखा गया हो। प्रतिभा की महत्ता काव्य को शास्त्र से भिन्न कर देती है। भामह का मत है कि गुरु के उपदेश से शास्त्र सीखा जा सकता है, पर काव्य रचना केवल प्रतिभावान कर सकते हैं। (काव्यालंकार, 1.6)

प्रतिभा ही ऋषि को कवि बनाती है। क्रौंच वध की घटना से पहले वाल्मीकि महर्षि थे, पर कवि नहीं थे। उनसे पहले भी कई ऋषि रहे होंगे पर वे कवि न थे। प्रश्न उठता है, फिर वाल्मीकि को आदिकवि क्यों कहा गया? इसका कारण है कि प्रतिभा के दो पक्ष होते हैं—दर्शन तथा वर्णन। उनसे पहले के ऋषि द्रष्टा थे पर स्रष्टा नहीं थे। वे दर्शन कर सकते थे पर वर्णन नहीं। वर्णन के बगैर कोई ऋषि कवि नहीं हो सकता। भट्टतौत ने प्रतिभा को नए-नए अर्थों का उन्मेष करने वाला तत्व बताया है, 'प्रज्ञा नव नवोन्मेषशालिनी प्रतिभामता'। उन्होंने शास्त्र तथा लोक के क्षेत्र में स्वीकृति के आधार पर और स्पष्ट किया और कहा कि शास्त्र के अनुसार तत्व के दर्शन मात्र से कोई कवि कहा जा सकता है। पर लोक में कवि का पद तब प्राप्त होता है जब दर्शन और वर्णन दोनों की क्षमता हो। भट्टतौत 'दर्शनात वर्णनाच्य' (दर्शन तथा वर्णन) कहकर काव्य की शास्त्र से ऊपर श्रेष्ठता भी स्थापित करते हैं।

आचार्यों के अनुसार, प्रतिभा नैसर्गिक होती है, पर उसका प्रकटीकरण कैसे होता है? प्रतिभा का प्रमाण काव्य है। उदात्त काव्य कवि की प्रतिभा का उत्कर्ष है। 'कवि प्रतिभा प्रौढिरेव प्राधन्ये नावतिष्ठते' (कुंतक)। प्रतिभा जन्मजात होती है तो इसका अर्थ है कि प्रतिभा जन्म से पूर्व संस्कार रूप में पहले ही उपस्थित होती है और उसका उचित समय पर आविर्भाव होता है। दंडी प्रतिभा को पूर्ववासना के गुणों से संबंधित मानते हैं तो वामन जन्मांतर संस्कार के रूप में देखते हैं। अभिनवगुप्त भी इस मत से सहमति प्रकट करते हुए प्रतिभा को पूर्व संस्कार मानते हैं।

काव्य के हेतु के रूप में प्रतिभा के बारे में आचार्यों ने विचार करते हुए उसका विस्तार किया है। भामह ने प्रतिभा के बगैर काव्य रचना को असंभव माना, पर दंडी ने कहा कि केवल नैसर्गिक प्रतिभा काफी नहीं है। उसके साथ निर्मल शास्त्र तथा अमंद अभ्यास भी उतना ही जरूरी है। अर्थात जो भामह कहते हैं कि गुरु के उपदेश से केवल शास्त्र ही सीखा जा सकता है, उसमें दंडी सुधार करते हैं और कहते हैं कि यदि प्रयत्न किया जाए तो सरस्वती की कृपा हो सकती है और काव्य की रचना की जा सकती है। यहां प्रतिभा को जन्मजात न कहकर प्रयत्न सिद्ध भी माना गया है।

वामन ने प्रतिभा के स्थान पर प्रतिमान शब्द का प्रयोग कर उसे कवित्व का बीज माना। उसके साथ काव्य की परंपरा से परिचय, उद्यम, काव्य मर्मज्ञों की संगत, शास्त्रज्ञान, एकाग्रता को भी प्रतिभा के सहायक के रूप में देखा। रुद्रट ने प्रतिभा के स्थान पर 'शक्ति' शब्द का प्रयोग किया और उसके साथ व्युत्पत्ति तथा अभ्यास को आवश्यक साधन माना। रुद्रट के अनुसार शक्ति का अर्थ है मन के विविध अर्थों का अनायास स्फुरण। इसे ही प्रतिभा कहा जा सकता है, किंतु मम्मट शक्ति को प्रतिभा नहीं मानते। पंडित जगन्नाथ ने शक्ति को प्रतिभा का कारण माना और प्रतिभा को काव्य का कारण माना। रचना के अनुकूल शब्द तथा अर्थ का प्रयोग करने की क्षमता प्रतिभा कही जाती है (रस गंगाधर, प्रथम आनन)। व्युत्पत्ति का अर्थ छंदशास्त्र, व्याकरणशास्त्र, कलाशास्त्र, लोकमर्यादा संबंधी पद और पदार्थ का ज्ञान है। कवि के पास काव्य सृजन की प्रतिभा तथा व्युत्पत्ति के साथ अभ्यास जरूरी है। राजशेखर ने 'काव्यमीमांसा' में मंगल नाम के आचार्य के हवाले

से कहा है कि वे अभ्यास को काव्य का प्रमुख साधन (हेतु) मानते थे।

काव्य सृजन से कवि को जो अमर कीर्ति मिलती है, वह देव मंदिर के निर्माण से भी नहीं मिलती। राजशेखर ने कहा, व्यास इसके प्रमाण हैं (1.22)। आनंदवर्धन के मत में प्रतिभा तथा शास्त्रों का ज्ञान (व्युत्पत्ति) काव्य के साधन हैं, पर प्रतिभा अपरिहार्य है। व्युत्पत्ति के अभाव में काव्य में दोष आ सकते हैं पर प्रतिभा से वे दोष दूर किए जा सकते हैं। राजशेखर ने श्यामदेव नाम के अलंकारवादी के मत को प्रस्तुत करते हुए लिखा कि उन्होंने कवि कर्म में समाधि को सबसे श्रेयस्कर हेतु, साधन माना। मम्मट शक्ति, निपुणता तथा अभ्यास को काव्य रचना का हेतु मानते हैं। शक्ति अर्थात प्रतिभा निपुणता अर्थात काव्यशास्त्र तथा अन्य विधाओं के ज्ञानार्जन से मिली निपुणता जिसे कई आचार्यों ने व्युत्पत्ति नाम दिया तथा अभ्यास अर्थात व्यवहार में निरंतर प्रयोग।

इस प्रकार कुल मिलाकर काव्य सृजन के निम्नलिखित स्रोत, कारण या साधन माने गए : 1. प्रतिभा 2. व्युत्पत्ति 3. अभ्यास 4. समाधि। चौथा स्रोत समाधि जोड़ा गया। समाधि का अर्थ है मन के ध्यान से अर्जित चेतना की उच्च अवस्था। राजशेखर प्रतिभा या सृजन शक्ति को काव्य का साधन मानते हैं। समाधि तथा अभ्यास को सृजन शक्ति के उद्भासक के रूप में देखते हैं।

संस्कृत आचार्यों के मतों पर ध्यान दें तो पता चलता है कि सभी प्रतिभा या सृजन शक्ति को साहित्य का साधन, बीज तथा हेतु मानते हैं। प्रतिभा जन्मजात है, इस मत को स्वीकार करना मुश्किल लग सकता है, क्योंकि अभ्यास या प्रशिक्षण से कविता की ही जा सकती है। यह जरूरी है कि सिर्फ प्रशिक्षण से श्रेष्ठ कवि या राजशेखर का 'सारस्वत कवि' या 'महाकवि' नहीं बना जा सकता। दंडी ने जरूर माना है कि व्युत्पत्ति या शास्त्रज्ञान तथा अभ्यास से भी काव्य या साहित्य रचना हो सकती है। फिर भी उत्कृष्ट साहित्य रचना के लिए सृजन शक्ति अपरिहार्य है। नैसर्गिक या जन्म से ही प्रकट हुई दुर्लभ प्रतिभा से विहीन लोगों को दंडी हिम्मत देते हुए कहते हैं कि जो प्रतिभाहीन है वे क्या करें? दंडी कहते हैं कि यदि वाणी की उपासना की जाए और ज्ञान अर्जित कर अभ्यास किया जाए तो प्रतिभा दुर्बल होने पर भी सरस्वती कुछ कृपा अवश्य करती है। संस्कृत आलोचना में हुई काव्य हेतु की चर्चा आज भी साहित्य के हेतु या साधन की समझ के लिए साहित्यकार तथा आलोचक दोनों के लिए प्रासंगिक हो सकती है।

अवधेश कुमार सिंह

अधिक जानकारी के लिए :
1. **संस्कृत काव्यशास्त्र का इतिहास** : पी वी काणे, 2. **बृहद भारतीय तथा पाश्चात्य काव्यशास्त्र** : सत्यदेव चौधरी

काव्य पुरुष

राजशेखर ने एक दृष्टांत कथा में काव्यपुरुष की चर्चा की है। इस कथा के अनुसार 'काव्यमीमांसा' के आदि आचार्य श्रीकंठ अर्थात भगवान शिव थे। इनके 64 शिष्य थे। ये 64 शिष्य विद्या और कलाओं के प्रतीक हैं। ब्रह्मलोक में आमंत्रण पाकर सरस्वती आती हैं। इसका तात्पर्य है, ब्रह्मलोक का काम ज्ञान की देवी के बिना नहीं चलता। कथा के अनुसार, काव्यपुरुष इसी सरस्वती की कोख से पैदा हुआ। उसने पैदा होते ही अपनी माता की वंदना करते हुए कहा, 'वाणी के विवर्त रूप में प्रकट जो वाङ्मय है वही मेरा स्वरूप है।' काव्यपुरुष की छंदमय वाणी लौकिक भाषा में प्रकट हुई देख मां सरस्वती आनंदित हो गईं। उन्होंने कहा, 'बेटा! तेरा शरीर शब्द और अर्थ का युग्म है। संस्कृत तेरा मुंह है, प्राकृत दो भुजाएं हैं अपभ्रंश तेरी जांघ है तथा पैशाची भाषा तुम्हारे दोनों पैर हैं। इन सबका मिश्रण वक्षस्थल है। तू सम भी है और प्रसन्न भी। मधुर, उदार और ओजस्वी भी। तेरी वाणी सूक्तरूपी है, आत्मा रस है और तेरे रोंगटे छंद हैं। प्रश्नोत्तर तेरी वाक्केलि और अनुप्रास, उपमा आदि तेरे अलंकरण हैं।' ऐसा कह सरस्वती नवजात काव्यपुरुष को लीला करने की आज्ञा देकर उसे पेड़ों की छांव में सुलाकर

आकाश गंगा में नहाने चली गईं। काव्य क्या है, इसकी मिथकीय धारणा काव्यपुरुष की कल्पना में है।

राजशेखर ने अपनी दृष्टांत कथा में काव्यपुरुष के साथ साहित्य विद्या की भी कल्पना की और विविध दिशाओं में उनके भारत भ्रमण का उल्लेख किया। विभिन्न स्थानों पर दोनों के अलग-अलग वेश गति और वाणी के अनुसरण से विभिन्न प्रवृत्तियां, वृत्तियां और रीतियां पैदा हुईं, जैसे औड्रमागधी, भारती, गौड़ी, पांचालमध्यमा, आरभटी, सात्वती, आवंती, कैषिकी, दक्षिणात्य, वैदर्भी आदि। विविध क्षेत्रों के लोगों के व्यवहार के अनुसार, राजशेखर ने वेशविन्यास को प्रवृत्ति, विलासविन्यास को वृत्ति और वचनविन्यासक्रम को रीति कहा। वेशविन्यास को वस्त्रविधान, विलासविन्यास को गीत, संगीत तथा ललितकला विधान और वचनविन्यास को भाषा तथा साहित्य शैली कहा जा सकता है। बाद में उन्होंने रीति के तीन भाग किए जिन्हें विदर्भी, गौड़ी तथा पांचाली तीन नाम दिए।

राजशेखर ने अपनी प्रतिभा से काव्यपुरुष के रूपक के द्वारा संपूर्ण भारत की साहित्यिक यात्रा को स्थानीय विशिष्टता के साथ अखंड रूप में उपस्थित कर दिया। उन्होंने भारतवर्ष के तीन मुख्य क्षेत्रों– पांचाल या उदीच्य (उत्तर-पश्चिमी), गौड़ीय या प्राच्य (पूर्वी क्षेत्र) और दक्षिणात्य (दक्षिण भारत) का विभाजन रीति के दृष्टिकोण से सांस्कृतिक समता के आधार पर किया, जो अभूतपूर्व है। उन्होंने काव्यपुरुष को 'स्वयंभूव' कहकर काव्य की सार्वभौमिकता स्थापित कर दी और भाषा भेद का पर्दा हटा दिया।

उपर्युक्त दृष्टांत कथा में काव्य या समस्त वाङ्मय विमर्श की उत्पत्ति और उसके विकास को प्रतीकात्मक ढंग से व्यक्त किया गया है। इस कथा में काव्यमीमांसा के आदि आचार्य शिव हैं, जो समस्त सृष्टि के कल्याण और स्वरूप विलय के प्रतीक हैं। उनके अंदर सभी सृजन के विलीन हो जाने के बाद ब्रह्मा के द्वारा पुनःसृजन तथा विष्णु के द्वारा संरक्षण होता है। सृजन, संरक्षण और विलय की ऊर्जा काव्य सृजन का भी आधार है। सरस्वती वाग्देवी हैं। अतः स्वाभाविक है कि उनसे वाणी पुत्र कवि पैदा हो और कवि से काव्य का सृजन हो। काव्यपुरुष को लौकिक अर्थ में लेना ठीक है, क्योंकि इससे काव्य से पूर्व के वाङ्मय अर्थात वेद से काव्य को अलग रूप में देखने की दृष्टि मिलती है, यद्यपि वेदों की रचना छंदों में हुई है।

काव्य लौकिक, अनुभव-आश्रित तथा सिद्ध विद्या है। यह श्रुति और स्मृति से भिन्न है। राजशेखर ने साहित्यविद्या का प्रयोग काव्यशास्त्र या आलोचना के लिए किया है। काव्यपुरुष और साहित्यविद्या इन दोनों का अलग-अलग प्रदेशों में भ्रमण राजशेखर की कल्पनाशीलता तथा व्यापक सांस्कृतिक अनुभव के समावेशी चरित्र की ओर इंगित करता है। दोनों अपनी यात्रा के अंत में हिमालय के सुंदर आवास क्षेत्र में रहने लगे, जिसे राजशेखर ने 'कविमानस' नाम दिया। यह काव्य तथा साहित्य विद्या की प्राप्ति के उच्च स्थान का प्रतीक है। दोनों मांओं सरस्वती और पार्वती ने इस नवदंपति के लिए एक नए अमर लोक का निर्माण किया, जिसका नाम रखा था 'कविलोक'। दूसरे अर्थ में कहें, वे रहते मर्त्यलोक में थे, परंतु उनका काव्यशरीर दिव्य और अमर्त्य था। राजशेखर की इस मिथकीय कथा के अनुसार, कविमानस में पूरे विश्व के अनुभव सुख-दुख, आशा-निराशा, भय आदि शामिल होते हैं। इस प्रकार सीमित आवास क्षेत्र के बावजूद कविमानस असीम होता है। कविकर्म से कवि को अमरता मिलती है, जैसा कि 'काव्यालंकार' के पहले परिच्छेद में भामह ने कहा है कि कवि की शरीर से मृत्यु हो जाती है, पर अपने काव्य या साहित्य के रूप में वह जिंदा रहता है।

अवधेश कुमार सिंह

काव्यशास्त्र बनाम आलोचना

काव्य के अध्ययन के लिए जिस विद्या या व्यवस्थित अध्ययन की आवश्यकता होती है, उसे काव्यशास्त्र कहते हैं। दूसरे शब्दों में काव्य के व्यवस्थित अध्ययन का नाम काव्यशास्त्र है। पश्चिम में ग्रीक चिंतकों ने 'पोएटिक्स' या काव्यशास्त्र का

विकास किया। अरस्तू के प्रसिद्ध ग्रंथ 'पोएटिक्स' को पश्चिम के काव्यशास्त्र या आलोचना चिंतन की आधारशिला माना जाता है। ग्रीक समाज में 'पोएटिक्स' के साथ साहित्य की शैली या रीति के अध्ययन को 'स्टाइलिस्टिक्स' (शैली विज्ञान) नाम से जाना गया है तथा गद्य-पद्य के भेद के आधार पर उसे शोभन प्रदान करने वाली युक्तियों (डिवाइसिज़) के अध्ययन को अलंकारशास्त्र (रैटरिक) कहा गया। संस्कृत में काव्यशास्त्र शब्द के प्रयोग के साथ लक्षणशास्त्र तथा अलंकारशास्त्र शब्दों का भी प्रयोग किया गया था। वाल्मीकि रामायण में काव्यशास्त्र के लिए क्रियाकलाप शब्द का प्रयोग किया गया है। वात्सायन ने 'कामसूत्र' में चौंसठ कलाओं में काव्यक्रियाकल्प को भी शामिल किया है। बाद में काव्यशास्त्र और अलंकारशास्त्र का समानार्थी के रूप में प्रयोग होने लगा। भामह, उद्भट, वामन, रुद्रट ने अपने ग्रंथों का नाम अलंकार पर रखा जो अलंकारशास्त्र के परिचायक बन गए। राजशेखर ने 'काव्यमीमांसा' में इसे साहित्यविद्या तथा भोजराज ने काव्यशास्त्र (सरस्वतीकंठाभरण, 2.139) कहा है।

काव्य की आलोचना होने के कारण काव्यालोचना शब्द को भी उपयुक्त माना गया। काव्य की जगह साहित्य शब्द का प्रयोग होने के बाद साहित्यालोचना, आलोचना, समालोचना शब्दों का प्रयोग शुरू हुआ। आज काव्यशास्त्र की जगह विवेचन, मीमांसा, समीक्षा, समालोचना तथा आलोचना का प्रयोग लगभग समानार्थी के रूप में होता है। भारतीय भाषाओं ने, जैसे गुजराती में विवेचन तथा हिंदी में आलोचना तथा मराठी में समीक्षा शब्द स्वीकार कर लिया है।

सामान्य अर्थ में आज आलोचना शब्द का अर्थ किसी के दोष निकालना या बुराई करना माना जाता है जबकि साहित्य के क्षेत्र में आलोचना का सही अर्थ किसी वस्तु या रचना की सम्यक व्याख्या, अनुशीलन तथा मूल्यांकन होता है। कहा गया है, 'आ समन्तात लोचनम् अवलोकनम इति आलोचनम्'। आलोचना शब्द (आ+लोच+स्युट (अन) = आलोचन) के मूल 'लोच/लुच' का संबंध देखने से है– 'लुच्यते अनेन इतिह लोचनम्'। देखने में अच्छे-बुरे सबका देखना शामिल होता है, बल्कि देखने का देखना भी इस प्रक्रिया में शामिल होता है। कुछ विद्वानों ने आलोचना में एकतरफा देखने या मूल्यांकन के खतरों को दूर करने के लिए आलोचना में 'सम' उपसर्ग का प्रयोग किया, ताकि समालोचना से उचित, निष्पक्ष, सम्यक विवेचन तथा मूल्यांकन का अर्थ निकले।

समीक्षा का प्रयोग भी आलोचना के पर्याय के रूप में होता है। समीक्षा का मूल अर्थ (सम = सम्यक, ईक्ष = देखना) सम्यक रूप से देखना है। इसमें गुण-दोष विवेचन का भाव शामिल है। इस अर्थ में किसी रचना की अंतर्व्याख्या तथा अवांतर अर्थों का विच्छेद किया जाता है। 'अंतर्भिष्य अवांतरार्थ विच्छेदष्च समीक्षा'। मीमांसा शब्द का आलोचना के लिए प्रयोग किया जाता है, किंतु आलोचना की आलोचना को मीमांसा कहते हैं, जिसके लिए अंग्रेजी में 'मेटाक्रिटिसिज्म' शब्द का प्रयोग होता है। रामचंद्र शुक्ल ने बीसवीं सदी के शुरुआती काल में साहित्य की आलोचना तथा सैद्धांतिक आलोचना के लिए क्रमशः समालोचना तथा काव्यमीमांसा शब्दों का उपयोग किया था। हिंदी में आलोचना के लिए कई शब्दों के प्रयोग से कभी-कभी भ्रांति पैदा होती है, किंतु आज आलोचना शब्द स्वीकृति तथा प्रचलित है जिसमें किसी साहित्य या किसी अन्य कला के गुणों, मूल्यों तथा अंतःसंबंधों का सम्यक विश्लेषण, विवेचन और मूल्यांकन किया जाता है।

अंग्रेजी में आलोचना के लिए 'क्रिटिसिज्म' शब्द का प्रयोग किया जाता है जिसका मूल 'क्रिटिकोज' या निर्णय या मूल्यांकन होता है। किसी कृति की समझ, विश्लेषण, विवेचन और मूल्यांकन आलोचना के चरण हैं। आलोचना के लिए साहित्यिक आलोचना तथा साहित्यिक सिद्धांत का प्रयोग भी किया गया। दोनों में फर्क यह है कि साहित्यिक आलोचना का ध्यान साहित्यिक कृतियों की आलोचना पर रहता है जबकि साहित्यिक सिद्धांत का ध्यान 'साहित्य में साहित्यिक क्या है?' या 'काव्य का काव्यत्व किसमें है

या क्या है?' पर होता है। 'कला की कलात्मकता' या 'साहित्य की साहित्यिकता' के बारे में सवाल कर उनके सक्षम जवाब देने के कारण विक्टर श्क्लोवस्की को पश्चिम का पहला साहित्यिक सिद्धांतकार माना गया।

अवधेश कुमार सिंह

अधिक जानकारी के लिए :

1. **साहित्यालोचन** : श्यामसुंदर दास, 1954, 2. **काव्यार्थ चिंतन** : जी.एस.शिवरुद्रप्पा, 2007, 3. **साहित्य के सिद्धांत** : रेने वेलेक, आस्टिन वारेन

काव्यानंद

काव्यानंद कविता रचने, सुनने, पढ़ने या दृश्यात्मक रूप में देखने से पैदा होने वाला आनंद है। इसके बारे में अरस्तू ने कहा था कि यह 'चेतना में परिवर्तन' से आता है। नगेंद्र ने कहा है, 'काव्य का प्रयोजन क्या है?' मेरा उत्तर है आनंद। शास्त्र में आनंद के प्रतिस्पर्धी अनेक प्रयोजनों की कल्पना की गई है। इनमें समष्टि के धरातल पर लोक कल्याण और व्यष्टि के धरातल पर 'चेतना का परिष्कार' मुख्य हैं।' (आस्था के चरण)। आनंद, लोक कल्याण और चेतना का परिष्कार प्रतिस्पर्धी नहीं हैं, क्योंकि जो कल्याणकारी नहीं होगा उससे आनंद कैसे प्राप्त होगा और सच्चा काव्यानंद उसे ही कहा जा सकता है जो चेतना का परिष्कार करे। कविता लोक कल्याण की योजना बना कर नहीं लिखी जाती और न इसे परिवर्तन का हथियार माना गया। कविता पढ़कर जो आनंद मिलता है वह मानवीय संवेदना, सौंदर्यबोध और मूल्य चेतना में विस्तार लाता है। रामचंद्र शुक्ल ने कहा था, 'लोक की पीड़ा, बाधा, अन्याय, अत्याचार के बीच दबी हुई आनंद ज्योति भीषण शक्ति में प्रकट होकर अपना मार्ग निकालती है।' (चिंतामणि, भाग-1)। इस तरह कविता लोक की पीड़ा में छिपी आनंद-ज्योति का अन्वेषण है।

काव्यानंद बहुत-सी अर्थवान चीजों के जीवन में क्षय की क्षतिपूर्ति है। यह प्रकृति से टूटा लगाव फिर स्थापित कर देता है। यह संवेदना में साझेदारी का ऐसा आनंद है जो हमारे अस्तित्व को हमारी चेतना से जोड़ देता है। यह कविता का ही आनंद है जो तमाम सामाजिक संबंधों और अंतर्बाह्य विकास को देखने की एक नई दृष्टि देता है। वह आनंद वेदनामय हो सकता है, जैसे निराला की 'सरोज स्मृति' पढ़कर होता है और आत्मसंघर्ष भरा भी, उन्हीं की 'राम की शक्ति पूजा' पढ़कर और व्यंग्यपूर्ण भी उनकी 'कुकुरमुत्ता' पढ़कर। काव्यानंद कई रंगों वाले इंद्रधनुष की तरह है।

शंभुनाथ

काव्यानुभूति

काव्यशास्त्र में 'काव्यानुभूति' का प्रयोग अनेक अर्थों में किया गया है। यह गहरी, सूक्ष्म, जटिल और बहुस्तरीय प्रक्रिया है। इसी गहराई और जटिलता को ध्यान में रखते हुए विजय देव नारायण साही ने 'शमशेर की काव्यानुभूति की बनावट' जैसा महत्वपूर्ण निबंध लिखा था।

अनुभूति को अनुभव के साधारण अर्थ में भी ग्रहण किया जाता है और रोजमर्रा के अनुभव से भिन्न अर्थ में भी। रेमंड विलियम्स ने अनुभव को दो अर्थों में परिभाषित किया है। एक अर्थ में अनुभव अतीत की घटनाओं से प्राप्त ज्ञान है जिसे सचेत पर्यवेक्षण द्वारा प्राप्त किया जाता है या चिंतन-मनन द्वारा। दूसरे अर्थ में, अनुभव एक खास तरह की चेतना है जो 'बुद्धि' और 'ज्ञान' से जुड़ी है। इस संदर्भ में अनुभूति सामान्य अनुभव से एक सूक्ष्मतर रूप है। यह मूलतः व्यक्ति के महान ऐंद्रिक बोध से जुड़ा मामला है, विशेषकर काव्य के प्रसंग में। यह व्यक्ति के सामान्य अनुभव की तुलना में निजी भावना, कल्पना और उसकी स्मृति से अधिक संबंधित है। काव्यानुभूति की बनावट में भावना, कल्पना और स्मृति इन तीनों की अहम भूमिका होती है। मुक्तिबोध अनुभूति को अनुभव के अर्थ में भी प्रयुक्त करते हैं और उसे काव्यानुभूति या सौंदर्यानुभूति से अलगाने के लिए जीवन से जोड़कर जीवनानुभूति पद का प्रयोग करते

हैं। काव्य और कला से होने वाले अनुभव के लिए वे सौंदर्यानुभूति और कलात्मक अनुभव आदि पदों का भी प्रयोग करते हैं।

समकालीन आलोचना में काव्यानुभूति शब्द का प्रयोग कविता के विश्लेषण और व्याख्या में किया जाता है, हालांकि उसकी जटिलता और गहराई तक जाने का श्रम बहुत कम लोग करते हैं। लेकिन काव्यानुभूति के संरचनात्मक वैशिष्ट्य को उजागर करने के लिए यह आवश्यक है।

कोई अनुभूति अपनी सूक्ष्मता, गहराई और व्यापकता के बावजूद कविता की संरचना में बदलती है, तो वह शब्दों के विशिष्ट संयोजन से जुड़ जाती है, जिसे कविता कहा जाता है। काव्य में शब्दों का यह विशिष्ट संयोजन पूर्व निर्धारित नहीं होता। उसकी एक परंपरा अवश्य होती है, जिससे अनुभूति को संस्कार मिलता है, पर ऐसी अनुभूति से रचनाकार का सर्जनात्मक रिश्ता होता है। हर काव्यानुभूति पहले आत्मानुभूति होती है। उसकी अभिव्यक्ति की सृजनात्मक विकलता ही शब्दों के सुविचारित संयोजन का रूप लेती है। शब्द जब कविता की अनुभूत्यात्मक प्रक्रिया से गुजरते हैं, तभी वे काव्यानुभूति की संरचना पा सकते हैं। यही कारण है कि कविता आत्म-प्रकाशन ही नहीं बल्कि कला भी है। कवि सतर्कता के साथ कुछ इस तरह रचता है कि सदियों से और करोड़ों लोगों द्वारा व्यवहृत किए जाने वाले शब्द उसकी अपनी आत्मानुभूति को धारण कर सकें।

वास्तव में, शब्दों से हम कहते ही नहीं, जानते भी हैं। काव्यात्मक अभिव्यक्ति के लिए ही नहीं, अनुभूति के लिए भी शब्दों की आवश्यकता पड़ती है। कवि एक सचेत रचनाकार है। इसलिए काव्यानुभूति अतिरिक्त संवेदनशीलता और सचेतनता ली हुई होती है। वह अनुभवों के दैनिक यथार्थ का यथातथ्य वर्णन भर नहीं होती। इसलिए अगर कवि की काव्यानुभूति को समझना हो, तो उसे कवि के अपने समय के विशिष्ट संदर्भ में नवअर्जित अपने अनुभव के रूप में समझा जा सकता है।

सिर्फ कवि की दृष्टि से काव्यानुभूति का विश्लेषण नहीं होता। एक पाठक उस काव्यानुभूति को अपने भीतर किस तरह ग्रहण करता है, यह भी महत्वपूर्ण है। यह जरूरी नहीं है कि पाठक का अनुभव कवि की अनुभूति का प्रतिरूप हो। दूसरी तरफ कविता पढ़ने के श्रम से विरत होकर जो पाठक सतही पाठ करेगा, वह कवि की आत्मानुभूति की गहराई तक नहीं पहुंच सकता। इसलिए पाठक की काव्यानुभूति के लिए जरूरी है कि काव्य संरचना उसकी आत्मानुभूति का हिस्सा बने।

प्रभात त्रिपाठी

अधिक जानकारी के लिए :
1. **मुक्तिबोध रचनावली** (खंड 5) : (सं.) नेमिचंद्र जैन, 2. **अज्ञेय और आधुनिक रचना की समस्या :** रामस्वरूप चतुर्वेदी, 3. **कीवर्ड्स :** रेमंड विलियम्स

काव्यानुवाद

अनुवाद विभिन्न भाषाओं के बीच चलने वाले सांस्कृतिक आदान-प्रदान का अत्यधिक महत्वपूर्ण माध्यम है। उसका क्षेत्र बहुत विस्तृत है। लेकिन देश-विदेश में प्रमुखता साहित्य के अनुवाद को ही दी जाती है। इसका कारण यह है कि साहित्य में सार्वभौमिकता और सार्वकालिकता का जो तत्व पाया जाता है, वह ज्ञान के अन्य विषयों में नहीं। फ्रांसीसी उपन्यासकार बाल्जाक और फ्लावेयर के प्रसिद्ध उपन्यासों का अनुवाद हिंदी में मिल जाएगा, लेकिन फ्रांसीसी विचारक रूसो की प्रसिद्ध पुस्तक 'सोशल कंट्रैक्ट' का अनुवाद शायद ही मिले। दूसरी तरफ, अनुवाद के क्षेत्र में सबसे बड़ी चुनौती कविता की तरफ से आती है।

कविता के अनुवाद को लेकर तीन प्रकार की कठिनाइयां सामने आती हैं। पहली कठिनाई छंद और लय से संबंधित है। संसार की अधिकांश कविताएं छंद और लय से युक्त हैं। इस छंद और लय को एक भाषा से दूसरी भाषा में नहीं लाया जा सकता, क्योंकि प्रत्येक भाषा का अपना छंद और अपनी लय होती है। यही कारण है कि कभी-कभी एक भाषा की

कविता को दूसरी भाषा के छंद और लय में बांधा जाता है तो स्थिति हास्यास्पद हो जाती है। कविता के अनुवाद की दूसरी कठिनाई उसकी भाषा से संबंधित है। कविता अपनी भाषा से अत्यधिक संपृक्त होती है, जिससे अलग होकर वह कविता बनी नहीं रह सकती। हर भाषा का अपना संगीत होता है। कविता भाषा में निहित अर्थ पर जितना निर्भर होती है, उससे जरा भी कम उसके संगीत पर नहीं। जब हिंदी क्षेत्र की बोलियों के संगीत को हिंदी में नहीं लाया जा सकता, फिर यह कैसे संभव है कि देशी-विदेशी भाषाओं के संगीत को इसमें लाया जाएगा?

तीसरी कठिनाई परिवेश से संबंधित है। यह परिवेश बाहरी भी है और भीतरी भी। कविता में अनेक प्रकार के पेड़-पौधों का वर्णन होता है। एक क्षेत्र के पेड़-पौधे दूसरे क्षेत्र में भी हों, यह जरूरी नहीं है। यदि उन्हें उसी नाम से दूसरी भाषा की कविता में ला दिया गया, तो एक अपरिचित वातावरण की सृष्टि होगी, जिससे उस कविता से पाठकों को आत्मीयता स्थापित करने में दिक्कत होगी। यह बात पेड़-पौधों के अलावा ढेर सारी परिवेशगत चीजों के लिए सच है।

दुनिया में शुरू से ही कविता को परिभाषित करने की चेष्टा चलती रही है। कुछ विद्वानों ने कविता में शब्द पर जोर दिया है और कुछ ने अर्थ पर। कुछ हैं, जो कविता को शब्द और अर्थ के मेल में देखते हैं। इस प्रसंग में फ्रांसीसी कवि मलार्मे की याद आना स्वाभाविक है। उन्होंने कविता के अनुवाद संबंधी कठिनाइयों को ध्यान में रख कर ही कहा कि कविता वह है, जिसका अनुवाद न हो सके। उस रचना का अनुवाद आसान है, जिसमें शब्द और अर्थ एक-दूसरे से भिन्न होते हैं। इस अवस्था में आसानी से एक भाषा के अर्थ को दूसरी भाषा का लिबास पहना दिया जाता है। कविता में अर्थ शब्द से अपृथक होता है, इसलिए अर्थ को शब्द से अलग नहीं किया जा सकता। यदि कोशिश की गई, तो हाथ सिर्फ कविता का निष्प्राण अर्थ लगेगा।

मलार्मे ने कहा था कि गद्य में जहाँ अर्थ साध्य होता है और शब्द मात्र साधन, वहां कविता में शब्द साधन तो होते ही हैं, साध्य भी होते हैं। स्वभावतः कविता के अर्थ को उसके शब्दों से अलग करना एक असंभव कार्य होता है। यदि वह संभव हुआ, तो इसका मतलब यह होगा कि वह कविता नहीं, गद्य है। इस व्याख्या के आलोक में मलार्मे द्वारा दी गई कविता की परिभाषा का अर्थ स्पष्ट हो जाता है। मलार्मे की घोषणा के बावजूद संसार में कविता का अनुवाद किया जाता रहा है। यह क्लासिक और रोमांटिक कविता के संबंध में ही नहीं, आधुनिक कविता के संबंध में भी सच है, जिसमें शब्द और अर्थ की एकता लगातार दृढ़ होती गई। क्या इसका कारण यह है कि एक भाषा के श्रेष्ठ काव्यात्मक लेखन को बिल्कुल ही न जानने से बेहतर है, उसे थोड़ा-बहुत जान लेना? इस तर्क का भी मूल्य है। यदि यह न होता तो संसार की विभिन्न भाषाओं में अनुवादों के आधार पर अनुवाद न किए जाते और न कराए जाते।

कविता के तीन प्रकार के अनुवाद प्रसिद्ध हैं—अक्षरानुवाद, भावानुवाद और छायानुवाद। कविता का अक्षरानुवाद संभव नहीं है, क्योंकि भाषाओं के मुहावरे अलग होते हैं। इस कारण लाख कोशिश करने पर भी उन्हें हू-ब-हू एक से दूसरी भाषा में नहीं लाया जा सकता। लिहाजा कविता का भावानुवाद ही वांछनीय है, यानी कविता के शब्दों को ठीक-ठीक दूसरी भाषा में लाने का लोभ छोड़ दिया जाए और उसके भाव को यथासंभव दूसरी भाषा में रूपांतरित किया जाए। छायानुवाद में अनुवादक को इससे भी अधिक छूट रहती है। वह मूल कविता के भाव के विपरीत नहीं जाता, सिर्फ उसकी छाया से सरोकार रखता है। ऐसे अनुवाद कार्य संसार के बड़े से बड़े कवियों ने किए हैं, जिससे उसमें पर्याप्त सफलता भी मिली है।

रामचंद्र शुक्ल ने कहा है कि तुलसीदास बहुत अच्छे अनुवादक भी थे। 'रामचरितमानस' में उत्कृष्ट अनुवाद के नमूने जगह-जगह हैं। उदाहरण ही देना हो, तो 'यदा यदा हि धर्मस्य ग्लानिर्भवति भारत' वाले गीता के प्रसिद्ध श्लोक का 'जब-जब होहिं

धरम कै हानी' वाला अनुवाद देखा जा सकता है। मराठी में संत ज्ञानेश्वर ने संपूर्ण गीता का अनुवाद प्रस्तुत किया, जो 'ज्ञानेश्वरी' के नाम से जाना जाता है और मूल ग्रंथ की तरह ही समादृत है। अंग्रेजी में फिट्जजेराल्ड द्वारा किया गया उमर खय्याम की रुबाइयों का अनुवाद प्रसिद्ध है और उसी के बल पर फिट्जजेराल्ड को श्रेष्ठ कवि की मान्यता प्राप्त है। ये सारे अनुवाद भावानुवाद हैं, जिनमें अनुवादक ने शब्दों का अनुसरण नहीं किया है और उन्हें घटाने-बढ़ाने में ही नहीं, बदलने में भी पूरी आजादी ली है।

चंद अपवादों को छोड़ दें, तो काव्यानुवाद की सबसे उपयुक्त पद्धति यह है कि छंद का लोभ छोड़ दिया जाए और अनुवाद में गद्य का सहारा लिया जाए। इसका सबसे बढ़िया उदाहरण रवींद्रनाथ टैगोर की अंग्रेजी 'गीतांजलि' है। इसमें उन्होंने अपने चुने हुए बांग्ला गीतों का स्वयं अंग्रेजी गद्य में अनुवाद किया, जिसमें बांग्ला गीतों का छंद संगीत तो नहीं आ सका है, लेकिन एक नया संगीत पैदा हो गया है, जो किसी हद तक उसकी क्षतिपूर्ति करता है। अपने इस अनुवाद के कारण ही रवींद्रनाथ नोबेल पुरस्कार से सम्मानित किए गए और उनकी कविता सारी दुनिया में फैल गई। हिंदी में 'गीतांजलि' के एक से एक रद्दी अनुवाद हैं। उनके रद्दी होने का कारण यह है कि अनुवादकों ने छंद का लोभ नहीं छोड़ा है, जिसका नतीजा है 'लिखत सुधाकर लिखि गा राहू'।

काव्यानुवाद का एक प्रकार वह भी है, जिसमें कवि मूल को भाषांतरित नहीं करता, बल्कि उसका आधार लेकर एक नई सृष्टि कर देता है। दिनकर ने अपनी पुस्तक 'सीपी और शंख' में विदेशी कविताओं का जो अनुवाद किया है, वह कुछ ऐसा ही है। ताज्जुब नहीं कि इस अनुवाद को विदेशों में अनुवाद की जगह मूल सृष्टि माना गया, जिसके बाद स्वयं दिनकर भी उसे अपनी मौलिक रचना मानने लगे थे। जब हम लोर्का की पंक्ति 'द सी स्माइल्स ऐट डिस्टेंस' का दिनकर कृत यह अनुवाद देखते हैं कि 'बहुत दूर पर अट्टहास कर सागर हँसता है' तो महसूस करते हैं कि उसके पीछे से कोमल स्वर में लोर्का नहीं, ओजपूर्ण स्वर में दिनकर बोल रहे हैं। उनके अनुवाद के मौलिक हो जाने का यही रहस्य है। निश्चय ही यह अनुवाद नहीं, पुनर्सृजन है। एक महत्वपूर्ण बात यह है कि काव्यानुवाद शुद्ध कर्तव्य भाव से नहीं किया जा सकता। उसके लिए जरूरी है कि अनुवादक अंत:प्रेरणा से उसी प्रकार तरंगित हो, जिस प्रकार कवि अपनी मूल कविता की रचना करते समय होता है।

नंदकिशोर नवल

अधिक जानकारी के लिए :
Performing without a Stage : The Art of Literary Translation : Robert Wechsler

काव्यालंकार

संस्कृत काव्यशास्त्र के इतिहास में भरत के 'नाट्यशास्त्र' के बाद 'काव्यालंकार' दूसरा प्रमुख ग्रंथ उपलब्ध होता है। इसके लेखक भामह कश्मीर निवासी थे। उन्हें लंबे समय तक रीति संप्रदाय के आचार्य दंडी का उत्तरवर्ती माना जाता रहा है पर 'काव्यालंकार' में व्यक्त विचारों और ऐतिहासिक प्रमाणों के आधार पर सिद्ध हो चुका है कि वे दंडी के पूर्ववर्ती थे। उनका समय छठी तथा सातवीं सदी के बीच माना जाता है।

'काव्यालंकार' में कुल 398 श्लोक हैं। यह ग्रंथ छह परिच्छेदों में बंटा है। इसके प्रथम परिच्छेद में काव्य, काव्य की परिभाषा, उसके हेतु या साधन, प्रयोजन, लक्षण तथा भेद के साथ रीति की चर्चा है। दूसरे और तीसरे परिच्छेद में अलंकारों का और चौथे में दोषों का वर्णन है। भामह ने दस दोषों के उदाहरण भी दिए हैं। पांचवें परिच्छेद में न्याय विरोधी दोष का तथा छठे परिच्छेद में शब्दशुद्धियों का विवेचन है। इस ग्रंथ में भामह ने जिन सिद्धांतों की स्थापना की है उनमें प्रमुख हैं : (अ) काव्य की परिभाषा : 'शब्दार्थो सहितो काव्यं', (ब) माधुर्य, ओज तथा प्रसाद की गुणत्रयी में भरत द्वारा वर्णित दस गुणों का अंतर्भाव, (स) वक्रोक्ति की समस्त

अलंकारों के प्राण के रूप में स्थापना, (द) दसविध दोषों का विवेचन, (य) रीति के स्थान पर काव्य गुणों की प्रतिष्ठा।

'काव्यालंकार' में भामह का मुख्य उद्देश्य काव्य के सभी पक्षों पर एक सैद्धांतिक ग्रंथ लिखना था ताकि इस विषय का आलोचनात्मक अध्ययन हो सके और कवि इसे काव्य रचना की व्यावहारिक मार्गदर्शिका के रूप में प्रयोग कर सकें। इसमें उनके चिंतन की स्पष्टता और सूत्रात्मकता का सुयोग है। भरत का 'नाट्यशास्त्र' शास्त्र कहे जाने के बावजूद विवरणात्मक है, इसलिए 'काव्यालंकार' को संस्कृत काव्यशास्त्र का प्रथम शास्त्रीय ग्रंथ माना जाता है।

अवधेश कुमार सिंह

अधिक जानकारी के लिए :
काव्यार्थ चिंतन : जी एस शिवरुद्रप्पा, 2007

काशी प्रसाद जायसवाल
(1881-1937)

काशी प्रसाद जायसवाल अंतरराष्ट्रीय ख्याति के एक ऐसे इतिहासकार थे जिनकी प्रशंसा रवींद्रनाथ ठाकुर से लेकर जवाहरलाल नेहरू तक ने की थी। उन्होंने राहुल सांकृत्यायन को प्राचीन हिंदी से संबंधित शोध कार्यों के लिए प्रोत्साहित किया था। रामधारी सिंह दिनकर उनसे प्रभावित थे। काशी प्रसाद जायसवाल का मुख्य ग्रंथ 'हिंदू पालिटी' है, जिसमें उन्होंने प्राचीन भारतीय गणतंत्र के चिह्नों को ऐतिहासिक साक्ष्यों के आधार पर उद्‌घाटित किया है। उनका इरादा पाश्चात्य विद्वानों की भारत संबंधी भ्रांतिपूर्ण औपनिवेशिक धारणाओं का खंडन करना था। वे देवकीनंदन खत्री, बालमुकुंद गुप्त और पद्म सिंह शर्मा के प्रशंसक थे। इतिहासकार होते हुए भी उन्हें हिंदी भाषा और साहित्य से प्रेम था। वह इतिहास लेखन के लिए साहित्यिक साक्ष्यों को भी महत्वपूर्ण मानते थे।

काशी प्रसाद जायसवाल

इतिहास लेखन को वैज्ञानिक दृष्टि से जोड़ने में काशी प्रसाद जायसवाल की महत्वपूर्ण भूमिका थी। उनकी प्रमुख कृतियां हैं : 'हिंदी पालिटी', 'भारत का इतिहास' (205 से 305 ईसवी तक), 'भारतीय साम्राज्य का इतिहास', 'नेपाल का वंशानुगत इतिहास', 'मैथिली हस्तलिपियों का विवरण' आदि। उनकी इंग्लैंड यात्रा का वृत्तांत 'सरस्वती' पत्रिका में छपा था।

संजय जायसवाल

किंवदंती

वामन शिवराम आप्टे के 'संस्कृत हिंदी शब्दकोश' में 'किंवदंती' का अर्थ है— जनश्रुति, अफवाह। किंवदंती के ये अर्थ आख्यान के संदर्भ में उसके अभिलक्षण मात्र हैं। किंवदंती का व्युत्पत्तिगत अर्थ है किम् (कुछ) और वद् (कहना), कुछ कहना। यह 'कुछ कहना' धीरे-धीरे लोक प्रचलित दृष्टांतों में बदल गया। इनमें जनश्रुति, अफवाह सब कुछ होता है, यह सब आख्यान में चमत्कारिक तत्वों की अभिवृद्धि के लिए होता है। संस्कृत, पालि, प्राकृत में किंवदंती शब्द का प्रयोग

बहुत कम हुआ है। 'उत्तररामचरित' जैसे एकाध ग्रंथ के 'मत्संबंधात् कश्मलाकिंवदंती' को छोड़ दें, तो किंवदंती शब्द का प्रयोग नहीं मिलता है।

किंवदंती का संबंध शिष्ट साहित्य की अपेक्षा लोक साहित्य और लोक विश्वासों से अधिक है। निजंधरी कथाओं के पात्र ऐतिहासिक होते हैं, परंतु किंवदंतियों के संदर्भ में यह आत्यंतिक नहीं है। किंवदंती लोक भावनाओं पर आरूढ़ ऐसे विश्वास हैं, जो ऐतिहासिक दृष्टि से अप्रमाणित हों। वे कथा विश्वास, जो ऐतिहासिक दृष्टि से परिवर्तित, अस्त-व्यस्त और असंबद्ध होकर भी जन-जीवन में बचे रह जाते हैं, किंवदंती हैं। भारत में वाचिक परंपरा ही लंबे समय तक थी, इसलिए ऐतिहासिक घटनाएं, तथ्य आदि दस्तावेजीकृत नहीं हो पाते थे। फिर भी वे लोक में पीढ़ी-दर-पीढ़ी मौजूद रहते थे। उन घटनाओं और तथ्यों में जन मान्यताओं, भावनाओं का मिश्रण भी होता रहता था। अतः ऐतिहासिक घटनाएं कई पीढ़ियों तक मौखिक परंपरा में थोड़ी-थोड़ी परिवर्तित होते रहने के कारण विकृत हो जाती थीं। विद्वान और इतिहासकार इन परिवर्तित और विकृत तथ्यों को इतिहास की मुख्य सरणि में कभी शामिल नहीं कर पाते। ऐसी अस्वीकृत घटनाएं किंवदंती के रूप में लोकजीवन और साहित्य में मिलती हैं।

किंवदंती का संबंध लोक साहित्य और लोक विश्वासों से है परंतु यह न लोक साहित्य है और न ही लोकोक्ति। यह लोक विश्वासों के मिथकीकरण का परिणाम भी नहीं है। चूंकि लोक साहित्य, लोकोक्ति अथवा किंवदंती की आधारभूत सामग्री एक ही है, अतः इन सबके आधार जनजीवन, उसके विश्वासों, परंपराओं और रीति-नीति में हैं। इनके वृत्त का ऊपरी सिरा आपस में जुड़ा हुआ प्रतीत होता है। किंवदंती की खूबी है कि यह किसी ऐतिहासिक घटना से जुड़ी होती है। किंवदंतियों के उदाहरण लोग बार-बार अपने जीवन में देते हैं। किंवदंती है कि लक्ष्मीबाई ने अपनी पीठ पर बच्चे को लाद कर घोड़े पर चढ़ कर तलवार लेकर अंग्रेजों से घनघोर युद्ध किया।

अमिताभ राय

किशोरीदास वाजपेयी
(1898-1981)

किशोरीदास वाजपेयी की गणना हिंदी के प्रसिद्ध व्याकरणाचार्यों में होती है। हिंदी खड़ी बोली के व्याकरण के निर्माण में पूर्ववर्ती व्याकरणाचार्यों द्वारा निर्धारित नियमों और मान्यताओं का यथासंभव उपयोग करके इसके मानक स्वरूप को वैज्ञानिकता प्रदान करने का काम किशोरीदास वाजपेयी ने किया है। उन्होंने हिंदी को परिष्कृत रूप प्रदान करने में अत्यंत महत्वपूर्ण भूमिका निभाई है। उन्होंने हिंदी व्याकरण को सुव्यवस्थित किया ही, नए मानदंड भी स्थापित किए। वे सोलन (हिमाचल प्रदेश) में अध्यापक थे। सही अर्थ में हिंदी का व्याकरण बनाने वालों में किशोरीदास वाजपेयी का नाम विशिष्ट है।

व्याकरण संबंधी उनकी पहली पुस्तक 'ब्रजभाषा का व्याकरण' है जो हिमालय एजेंसी, कनखल से

किशोरीदास वाजपेयी

1943 में प्रकाशित हुई थी। इस पुस्तक की भूमिका में उन्होंने खड़ी हिंदी के रूप एवं प्रकृति के संबंध में भी अनेक स्थापनाएं दी हैं। उन्होंने पहली बार हिंदी के प्रचलित व्याकरणों में पाए जाने वाले दोषों का निरूपण किया। वाजपेयी जी की दूसरी पुस्तक 'अच्छी हिंदी का नमूना' है, जो जनवाणी प्रकाशन, कलकत्ता से 1948 में प्रकाशित हुई। इसकी रचना रामचंद्र वर्मा की 'अच्छी हिंदी' के दोषों की ओर संकेत करने के उद्देश्य से हुई थी। इसमें व्याकरण-संबंधी अनेक भ्रांत धारणाओं का निरसन हुआ है। 'राष्ट्रभाषा का प्रथम व्याकरण' (1949) की रचना उन्होंने अहिंदी भाषियों को दृष्टि में रख कर की। इस पुस्तक के बाद हिंदी व्याकरण की पुस्तकें संस्कृत और अंग्रेजी के आधार पर नहीं, बल्कि हिंदी के आधार पर लिखी जाने लगीं। इस पुस्तक के बाद 'हिंदी निरुक्त' (1949) प्रकाशित हुआ। इसमें हिंदी शब्दों की व्युत्पत्ति है, जो अत्यंत रोचक ढंग से प्रस्तुत है।

'हिंदी शब्दानुशासन' वाजपेयी जी की सर्वाधिक महत्वपूर्ण कृति है। यह ग्रंथ 1958 में प्रकाशित हुआ। यह तीन खंडों में है–पूर्व पीठिका, पूर्वार्ध और उत्तरार्ध। अंत में परिशिष्ट है, जिसमें हिंदी की कुछ बोलियों के अलावा पंजाबी आदि का सामान्य परिचय है। 'पूर्व पीठिका' 75 पृष्ठों की है। इसमें कई मौलिक स्थापनाएं हैं, जैसे हिंदी प्राकृत परंपरा की भाषा है और इसका अपना विपुल शब्द भंडार है। इस पुस्तक में वर्ण या ध्वनि विषयक विवेचन मुख्य रूप से संस्कृत व्याकरण के आधार पर है। वाजपेयी जी ने हिंदी के व्यंजनों की चर्चा की है किंतु ड़, ढ़ का कहीं उल्लेख नहीं किया गया है। संधि प्रसंग में उन्होंने पहले हिंदी के संधि नियमों की और बाद में संस्कृत संधि की चर्चा की है। उन्होंने हिंदी की विभक्तियों को 'विशिष्ट' और 'संश्लिष्ट' दो वर्गों में विभक्त किया है। शब्दों के मुख्य वर्गों के प्रसंग में वाजपेयी जी ने यास्क की भांति चार वर्ग माने हैं–नाम, आख्यात, उपसर्ग और निपात। समास की चर्चा वाजपेयी जी ने अत्यंत संक्षेप में की है।

'हिंदी शब्दानुशासन' अनेक दृष्टियों से मौलिक तथा महत्वपूर्ण पुस्तक है। 'हिंदी शब्दानुशासन' के बाद 'हिंदी शब्द मीमांसा' (1958) प्रकाशित हुई। 1959 में 'भारतीय भाषा विज्ञान' का प्रकाशन हुआ। 1968 में प्रकाशित उनका 'हिंदी की वर्तनी तथा शब्द-विश्लेषण' अपने विषय की हिंदी में संभवतः पहली पुस्तक है।

किशोरीदास वाजपेयी का शब्दों की व्युत्पत्ति बताने का ढंग अत्यंत रोचक है। नेत्र और नयन की व्युत्पत्ति का उदाहरण द्रष्टव्य है : संस्कृत में 'नी' धातु से 'नेत्र' बना और इसी से 'नयन' भी बना। अर्थ भी दोनों का एक ही है–'आंख'। व्युत्पत्ति भी एक है–अर्थात जो (आगे) ले चले, वह 'नेत्र' और वही 'नयन'। 'नेता' भी इसी धातु से बना है। परंतु इसका प्रयोग 'आंख' के लिए नहीं, एक विशेष प्रकार की आँख रखने वाले व्यक्ति के लिए होता है। 'नेत्र' में 'त' के साथ 'र' का संयोग कुछ कर्कशता पैदा कर देता है। 'नयन' में मृदुता है। 'नयन' जैसे कोमल शब्दों का प्रयोग वीरों के ज्वलंत नेत्रों के लिए नहीं होगा–वहां 'नेत्र' होगा। इसके विपरीत कामिनी के लिए 'मृगनयनी' जैसे मधुर शब्द का प्रयोग होगा। किशोरीदास वाजपेयी की भाषा-शैली रोचक थी। वे कठिन से कठिन शब्दों के अर्थ, मीमांसा और व्युत्पत्ति ललित निबंध की शैली में प्रस्तुत करते थे। भाषाविज्ञान की इतनी रोचक शैली शायद ही किसी भाषावैज्ञानिक की हो। हिंदी भाषा को व्याकरणिक दृष्टि से व्यवस्थित करने में किशोरीदास वाजपेयी की विशिष्ट भूमिका है।

राजेंद्र प्रसाद सिंह

कीर्केगार्द
(1813-1855)

सोरेन कीर्केगार्द (Soren Kierkegaard) आस्थावादी अस्तित्ववाद के जनक के रूप में जाने जाते हैं। उन्होंने उपन्यास, ईसाई धर्मशास्त्र पर विवेचना, व्यंग्य, साहित्यिक समीक्षाएं, हास्य,

कीर्केगार्द

मनोविज्ञान और 'अप्रत्यक्ष संचार' की द्वंद्वात्मक पद्धति आदि विषयों पर विपुल लेखन किया। कीर्केगार्द को अस्तित्ववाद के जनक के अलावा हीगेलवाद के कटु आलोचक के रूप में भी जाना जाता है। कीर्केगार्द प्लेटो, जी ई लेसिंग, हीगेल, कांट, पॉल मार्टिन मूलर से प्रभावित रहे हैं। 'क्रिश्चियन डिस्कोर्स', 'द कांसेप्ट ऑफ एंक्जाइटी', 'फियर एंड ट्रेंबलिंग', 'ईदर/आर' और 'वर्क्स ऑफ लव' उनकी महत्वपूर्ण रचनाएं हैं।

कीर्केगार्द हीगेल के दर्शन से कई जगहों पर सहमत नहीं हैं। उनका कहना है कि ईश्वर और उसकी रचना में कुछ भेद होना चाहिए। अनंत और सांत एक नहीं हो सकते। हीगेल ने ईश्वरवाद से प्रारंभ किया लेकिन सभी ईसाई विचारों का रूपांतरण करते हुए अंत में उन्होंने ईश्वरवाद को छोड़ दिया। कीर्केगार्द के अनुसार, हीगेल का यह प्रयास ईसाइयत की जड़ खोदने के समान था। कीर्केगार्द ने उनका खंडन करते हुए कहा कि सत्य के वास्तविक स्वरूप को आत्मनिष्ठ चिंतन पद्धति से ही जाना जा सकता है। उन्होंने सत्य को परिभाषित कर दिया, 'सत्य आत्मनिष्ठता है'। कीर्केगार्द के अनुसार, 'सत्य आंतरिक अनुभव की वस्तु है। सत्य बुद्धि को नहीं बल्कि मुझे संतुष्ट करे।' अभी तक मान्यता थी कि सत्य के स्वरूप निर्धारण में हमें अपनी भावना या विश्वास पर भरोसा नहीं करना चाहिए। सत्य वही था जो दूसरों की बुद्धि को भी ग्राह्य हो। ऐसी धारणाओं का विरोध करते हुए कीर्केगार्द ने कहा कि 'दूसरे लोग', 'समाज', 'समुदाय' या 'मानवता' को सत्य का निर्णायक मानना निराधार है।

कीर्केगार्द बुद्धिवाद के साथ ही तत्वमीमांसा का भी विरोध करते हैं। उनके अनुसार, मनुष्य का अस्तित्व सर्वप्रथम है। मनुष्य का समस्त चिंतन उसके अस्तित्व पर निर्भर है। हर मनुष्य अपने अस्तित्व को स्वयं अनुभव करता है। इसके लिए किसी बाह्य प्रमाण की आवश्यकता नहीं है। कीर्केगार्द ने अपने प्रमुख ग्रंथ 'पोस्ट-स्क्रिप्ट' में इस विषय पर विस्तृत विवेचन किया है। उनका कहना है कि नैतिक पथ पर चलने के लिए अपना चिंतन अंतर्मुखी करना होगा। उन्होंने अस्तित्व की तीन अवस्थितियों की कल्पना की—सौंदर्यात्मक, नैतिक और धार्मिक। यह आवश्यक नहीं है कि एक विकल्प के साथ दूसरा न रह सके। कोई व्यक्ति जो संवेदनशील है, किसी क्षण में नैतिक हो सकता है तथा किसी क्षण में धार्मिक भी। सौंदर्यात्मक अवस्थिति स्वकेंद्रित होती है। नैतिक स्थिति में व्यक्ति 'स्व' से उठकर दूसरों से जुड़ने के लिए तैयार होता है। कीर्केगार्द के अनुसार, इस स्थिति से भी निराशा मिलती है। 'स्व' से उठकर 'पर' से जुड़ने पर क्षणिक सुख मिलता है लेकिन इसमें 'स्व' और 'पर' से जुड़ी प्रवृत्तियों के कारण तनाव उत्पन्न हो जाता है। निराशा के कारण यह स्थिति 'धार्मिकता' के स्तर में बदलने लगती है। कीर्केगार्द का धार्मिकता का यह स्तर परंपरागत धार्मिकता से अलग है। यहां किसी धार्मिक संस्था के आदेश महत्वपूर्ण नहीं हैं। यह व्यक्ति की आंतरिक अनुभूति हैं। कीर्केगार्द के अनुसार, यह सघन आस्था का स्तर है। इस स्तर पर परिवर्तन की प्रक्रिया को कीर्केगार्द नैतिकता से सोद्देश्य ऊपर उठने की प्रक्रिया कहते हैं, जहाँ सभी नैतिक आदेश नगण्य हो जाते हैं और व्यक्ति की आस्था के अनुरूप सभी निर्णय होते हैं।

यही धार्मिकता का स्तर है। कीर्केगार्द अपनी पुस्तक 'ईदर/आर' में कहते हैं कि दोनों सुख एक साथ प्राप्त नहीं हो सकते। बाह्य सांसारिक सुखों में उलझाव से आंतरिक असीम आनंद की प्राप्ति नहीं हो सकती। दोनों में से एक ही प्रयोजन की सिद्धि हो सकती है। मानव की यह दुविधापूर्ण स्थिति कष्टप्रद होती है। वह न सांसारिक सुखों को त्यागना चाहता है और न ही परमानंद की आशा छोड़ना चाहता है। इस स्थिति में बहुत भय पैदा होता है और सिहरन होने लगती है। मनुष्य इस तरह जब निराशा से ग्रस्त होता है, वह अपनी सीमाओं और निर्बलताओं का अनुभव कर श्रद्धा में अस्तित्वपरक उत्प्लवन करता है।

मनुष्य विश्वास करने लगता है कि कोई ईश्वरीय सत्ता उसकी सहायता करेगी और अंतर्विरोध से उत्पन्न विषाद से उसे बचा लेगी। कीर्केगार्द के अनुसार, ईश्वर व्यक्ति के अंतर्मन में निहित रहता है जो उसको प्रेरणा देता है। ईश्वर का तार्किक रूप से खंडन या मंडन नहीं किया जा सकता है। ईश्वर का स्वरूप प्रेम के समान है। प्रेम उसी के लिए है, जिसके हृदय में प्रेम की भावना जाग्रत होती है। इसी तरह ईश्वर उसी के लिए है जो आत्मनिष्ठ होकर अपने अंतर्मन में प्रेरणा का अनुभव करता है। ईश्वर का अस्तित्व प्रमाणों से नहीं, भक्ति से सिद्ध किया जाता है। कीर्केगार्द कहते हैं, 'ईश्वर कोई अन्य पुरुष नहीं है, वह तो धार्मिक चेतना में विद्यमान रहता है, यही धार्मिक चेतना का गूढ़ रहस्य है।' कीर्केगार्द ईसाई धर्म में विश्वास करते हैं, लेकिन वे धर्म में व्याप्त दिखावटी बाह्य चीजों का विरोध करते हैं। उन्होंने अपनी पुस्तक 'ईसाइयत पर आक्रमण' में लिखा है कि ईसाई धर्म में ईसाई संप्रदाय, चर्च, संस्था आदि के महत्वपूर्ण होने से वास्तविक ईसाई धर्म छिप गया है। धार्मिकता का अर्थ है व्यक्ति सहज रूप में अपने अंतःस्थल में आस्था जगा सके। ऊपर से थोपे गए नियम, चर्च और पादरी के आदेश को कीर्केगार्द स्वीकार नहीं करते।

पुनीत शुक्ल

कुंअर सिंह
(1777-1858)

कुंअर सिंह 1857 के विद्रोह में सबसे जुझारू और सफल सेनानायक कहे जा सकते हैं। 2007 में मनाई गई डेढ़ सौवीं वर्षगांठ के दौरान जितना शोध हुआ उसमें एक बात सबसे महत्वपूर्ण थी कि लोक साहित्य और मौखिक इतिहास के क्षेत्र में 1857 की स्मृतियां सबसे अधिक कुंवर सिंह को लेकर दर्ज हैं। कुंअर सिंह का जन्म बिहार के भोजपुर जिले के जगदीशपुर गांव में 1777 में हुआ था। उनके पिता साहबजादा सिंह प्रसिद्ध शासक भोज के वंशज माने जाते हैं। उनके परिवार के दूसरे जागीरदार भी आजादी की लड़ाई में शामिल हुए थे। इससे साबित होता है कि सारे क्षेत्र में कंपनी के राज के विरुद्ध असंतोष व्याप्त था और शासक हों या शासित कुछ कर गुजरने को लालायित थे। कुंअर सिंह उत्तर प्रदेश और बिहार की सीमाओं पर स्थित एक छोटी-सी रियासत के मालिक थे। ईस्ट इंडिया कंपनी के शोषक चरित्र के नाते देसी रियासतें अच्छी तरह फूल-फल नहीं पाती थीं। उन्हें प्रायः कर्ज लेकर अपना खर्चा चलाना पड़ता था।

कुँअर सिंह

कुँअर सिंह भी अपनी नेकनीयती के बावजूद अपनी रियासत ठीक तरीके से नहीं चला पा रहे थे। इसी समय उन्हें सूचना मिली कि उत्तर भारत के कई दूसरे रियासतों में भारी असंतोष है। वे काफी बूढ़े हो चले थे। पर उनमें साहस और पहल की कमी नहीं थी। मई 1857 में मेरठ में विद्रोह के समय कुँअर सिंह ने भी मुक्ति संग्राम का बिगुल बजा दिया। उनके आह्वान पर उनके क्षेत्र ही नहीं, आस-पास के हजारों किसानों ने तलवार उठा ली और कुंअर सिंह की फौज आरा से आजमगढ़ तक अंग्रेज सैनिकों का संहार करती हुई बढ़ती चली गई। कुंअर सिंह ने कई युद्धों में अंग्रेजों को पराजित किया। उनकी कोशिश थी कि वे झांसी की रानी और नाना साहब की फौजों से मिलकर एक संयुक्त कमान बना लें।

1857 के विद्रोह में उनकी जीतें वास्तव में जन विद्रोह की सबसे महत्वपूर्ण जीतें थीं। उनकी हार इस बात का सबूत है कि 1857 के विद्रोही सुनियोजित और संगठित प्रयास नहीं कर सके थे। कुंअर सिंह ने दानापुर स्थित सिपाहियों से मिलकर आरा नगर पर कब्जा कर लिया था और अपने पूरे क्षेत्र की स्वतंत्रता की घोषणा कर दी थी। कई युद्ध हुए पर भोजपुर बहुत दिनों तक स्वतंत्र बना हुआ था। उन्होंने बनारस, बलिया, गाजीपुर, गोरखपुर के साथ बांदा और रीवा तक धावा मारा। पर सारे क्रांतिकारी एकजुट नहीं हो सके थे। अंत में आरा और जगदीशपुर पर भी अंग्रेजों का कब्जा हो गया। फिर भी 23 अप्रैल 1858 को जगदीशपुर के पास अंतिम लड़ाई में उन्होंने ईस्ट इंडिया कंपनी के भाड़े के सैनिकों को खदेड़ दिया। पर तीन दिन बाद ही 80 साल के इस असाधारण स्वतंत्रता सेनानी ने लड़ते-लड़ते जान गंवा दी।

लाल बहादुर वर्मा

अधिक जानकारी के लिए :

1. 1857, **नवजागरण और भारतीय भाषाएं** : शंभुनाथ, 2008, 2. **भारत में अंग्रेजी राज और मार्क्सवाद** : रामविलास शर्मा, 1982

कुंठा

व्यक्ति की किसी इच्छापूर्ति के मार्ग में बाधाएं आती हैं और उसे असफलता का सामना करना पड़ता है तो उससे मिले कष्ट, उलझन और क्रोध से कुंठा पैदा होती है। यह बाधा आंतरिक हो सकती है, जैसे अपनी कोई विचारधारा या अक्षमता और यह बाहरी भी हो सकती है। व्यक्ति को जब अपनी प्राकृतिक इच्छाएं पूरी न कर पाने के कारण उनका दमन करना पड़ता है, तब भी कुंठा पैदा होती है। अहं को ठेस पहुंचने से कुंठा पैदा होती है। किसी साथी से प्रतिस्पर्धा में पिछड़ जाने, प्रेम में असफल होने, परिवार में अपनी कमजोरियों के कारण बुजुर्गों से बार-बार डांट खाने, इच्छा के अनुरूप नौकरी न मिलने, प्रसिद्धि में पिछड़ जाने आदि कारणों से मन में कुंठा पैदा होती है। व्यक्ति तब अपने को निकम्मा समझने लगता है, जिसकी तिसकी निंदा करता रहता है या बदले की भावना से भरा रहता है।

यौन अतृप्ति से पैदा हुई कुंठाओं के कारण व्यक्ति अकेलापन ज्यादा पसंद करता है, अप्राकृतिक उपायों को चुनता है, अपना एक काल्पनिक संसार बना लेता है, अश्लील तस्वीरें देखता है और दूसरों को भेजता है। वह कई बार आत्म उत्पीड़न तो कई बार अवसर पाकर यौन उत्पीड़न भी कर बैठता है। एक वर्जनाओं और दमन से भरे सामाजिक माहौल में व्यक्ति के कुंठित होने के ज्यादा अवसर होते हैं। सदैव मिली असफलता और निराशा की स्थितियों के बावजूद व्यक्ति अपने वातावरण से समायोजन करने की कोशिश करता है और अपनी कुंठाओं पर विजय पा लेता है। कुंठाओं का निराकरण उन्हें टालने से नहीं उनसे जूझने से ही संभव है।

शंभुनाथ

कुंतक

(दसवीं सदी)

आनंदवर्धन (900) और अभिनवगुप्त (975-1025) के बीच कुंतक (950-1000) आते हैं। राजशेखर (900), भट्टनायक (900-950) भी कुंतक के पहले आते हैं। कुंतक कश्मीरी आचार्य हैं, 'वक्रोक्ति जीवित' ग्रंथ के कारण उन्हें प्रसिद्धि मिली। इसमें उन्होंने वक्रोक्ति को 'वैदग्ध्यभंगीभणिति' कहा है, जिसका मतलब है सर्वसाधारण द्वारा प्रयुक्त वाक्यों से कुछ विलक्षण कहने का ढंग। इसकी मूल कल्पना भामह की है पर इसे व्यापक साहित्यिक महत्व प्रदान करने का श्रेय कुंतक को है।

अपने ग्रंथ के आरंभ में कुंतक ने शिव की स्तुति में जो श्लोक रखा है, वह महत्वपूर्ण है, 'जगत त्रितय वैचित्र्य चित्रकर्म विधायिनः/शिवं शक्ति परिस्पंदमात्रोपकरणम नुमः'। अर्थात शिव जगत रूपों का निर्माण करने वाले अलबेले रचनाकार हैं जो अपनी शक्ति के परिस्पंद से ऐसा करते हैं। यहां शिव उपकरण बन जाते हैं। इस तरह रचनाकार का अपने आप को उपकरण बना लेने में ही वक्रता की सिद्धि है। यह कवि की वक्रता ही है जो उसे सामान्य जन से अलग करती है। कविता की यही लोकोत्तर उपलब्धि है। ऐसा होने पर कविता चारों पुरुषार्थों से बढ़कर हो जाती है और शब्दार्थ के वैशिष्ट्य का पता भी चलता है। कुंतक के यहां शब्द और अर्थ में कोई भी एक-दूसरे से रत्ती भर कम नहीं होता। उनमें परस्पर साहचर्य, स्पर्धाधिरोह और अन्योन्याश्रय का संबंध बना रहता है। यह परस्पर स्पृहणीयता महत्वपूर्ण होती है।

कुंतक शैव थे। उन्होंने अपने ग्रंथ में आनंदवर्धन और भवभूति के साथ राजशेखर का भी जिक्र किया है। उन्होंने शैव दर्शन की शक्ति तथा परिस्पंद की अवधारणाओं के सहारे वक्रोक्ति सिद्धांत की आधार भूमि तैयार की थी। उनके अनुसार रचनाकार के लिए 'परिस्पंद' आवश्यक है जिसमें वह स्वयं को शिव की तरह उपकरण बना लेता है। कुंतक कविता में संरचना तथा संकेत दोनों को महत्व देते हैं। उनके अनुसार वक्रता निरूपण है (संरचना) और स्पंद उसकी परिणति (मर्म)। यह 'स्पंद' ही वह तत्व है जो किसी को महत्वपूर्ण कवि बनाता है। इसमें एक कवि अपने को तिरोहित कर महान काव्य की रचना करता है। कुंतक 'कवि प्रतिभा' पर जोर देते हैं और कहते हैं कि किसी कथन का घुमावदार होना ही वक्रता नहीं है। यह काव्य की 'समग्रता' है जिसमें एक उदात्त मनोभाव की व्यंजना अंतर्निहित है।

कुंतक ने ध्वनि को वक्रोक्ति के अंतर्गत समाहित करने की चेष्टा की है, पर इसमें उन्हें बहुत सफलता नहीं मिली। उन्होंने व्यंजना को विचित्र अभिधा कहा, साथ ही 'रस' की उपेक्षा न करते हुए उसे भी 'वक्रोक्ति' का अंग मान लिया। इस तरह वक्रोक्ति खास ढंग से कही गई उक्ति या चमत्कार के रूप में ही मान्य हुई।

श्रीप्रकाश शुक्ल

अधिक जानकारी के लिए :

1. **संस्कृत काव्यशास्त्र का इतिहास** : पी वी काणे

कुंती

महाभारत की कुंती एक अनोखा चरित्र है। वह कुंतीभोज के महलों में बड़ी हो रही थी तो वहां मां के न होने का अभाव उसे खलता था। वह किशोरावस्था में दुर्वासा ऋषि को सौंप दी गई। वह अतीव सुंदरी थी। वह कुतूहलवश दुर्वासा के वरदान को परख कर देखना चाहती थी कि क्या यह सच होगा? वह मंत्रोच्चार से सूर्य को आमंत्रित करती है। सूर्य आ जाता है। वह फुसला और धमका कर विवाह योग्य कुंती के साथ यौन संबंध स्थापित करना चाहता है। साथ ही उसके अक्षत कौमार्य को क्षति न पहुंचने देने का वचन भी देता है। सूर्य की शक्ति के भय से जहाँ कुंती एक ओर विरोध करती है वहीं यह मांग भी करती है कि इस मिलन से जो संतान पैदा हो वह पिता सूर्य के समान तेजस्वी हो। कुंती सूर्य से अपने यौन संपर्क के समय दो वरदान प्राप्त करती है। अक्षत कौमार्य का वरदान और पुत्र के लिए विशेष गुण और शक्ति। कुंती के भीतर एक पश्चात्ताप हम तब पाते हैं, जब कुरुक्षेत्र का

युद्ध समाप्त होने पर वह कर्ण के जन्म की बात को स्वीकार करती है।

कुंती स्वयंवर में आकर्षक पांडु का चयन करती है। वह दुखित होती है, जब उसे पता चलता है कि भीष्म ने माद्री से भी पांडु का विवाह करा दिया है। पांडु जब वन में तपस्या के लिए जाते हैं, तब कुंती खुशी-खुशी अपने नपुंसक पति के साथ जाने की इच्छा प्रकट करती है। वन में पहुंचकर वह स्वयं को बहुत भयानक स्थिति में पाती है, जब उसका प्रिय पति उसे बाध्य करता है कि वह दूसरे पुरुषों से संसर्ग कर उसे एक के बाद एक पुत्र दे। पहली बार कुंती यह कहकर मना कर देती है, 'मैं विचारों में भी पर पुरुष का संसर्ग नहीं कर सकती।' (आदिपर्व)। वह पति के संकेतों पर नहीं उठती-बैठती, उसमें स्वाभिमान है। वह अपने मंत्र का रहस्य उजागर करती है, तब पांडु उसके सामने नत हो जाते हैं। उसके पास वरदान था कि वह अपनी शक्ति से किसी भी देवता को अपनी शायिका पर आमंत्रित कर सकती है।

महाभारत में एक लघु और सारगर्भित संवाद है। कुंती का जब धर्मराज से सामना होता है वह मुस्कराते हैं,'कुंती, मैं तुम्हें क्या दे सकता हूं?' वह मुस्कुराई, 'एक बेटा'। (वही) कुंती धर्मराज के द्वारा युधिष्ठिर को, वायु के द्वारा भीमसेन को और इंद्र के द्वारा अर्जुन को जन्म देती है। पांडु ने पुत्र उत्पन्न करने के लिए जब उससे फिर आग्रह किया, तब कह दिया, यह नियम-विरुद्ध और अनुचित है। बाद में पांडु के निवेदन पर वह पुत्र प्राप्ति में माद्री की सहायता करती है, तब अश्विनी कुमारों से नकुल-सहदेव का जन्म होता है। वह अपनी कामुकता को नियंत्रित करती है और सेवा भाव अपनाती है।

कुंती के चरित्र की विशालता इसमें है कि उसने पांच पुत्रों को विपरीत और विकट परिस्थितियों में पाला, अपने परिवार और हितैषियों का वियोग सह कर भी। सत्यवती के प्रिय प्रपौत्र विदुर जो दासी के गर्भ से जन्मे थे, कुंती के परम हितैषी बन गए थे। वन में कुंती ने अपनी अपराजेय इच्छाशक्ति का परिचय दिया था, 'हाय, मैं कुंती! पांच पुत्रों की माता और मैं पानी के लिए प्यासी अपने पांच पुत्रों के बीच बैठी हूं।' वह भीम को स्वीकृति देती है कि हिडिंबा से विवाह करे। उसमें इतनी निष्ठुरता भी है कि लाक्षागृह में जल जाने के लिए एक उसने निषाद स्त्री को उसके नशे में धुत पुत्रों समेत भीम के द्वारा रखवा दिया था, ताकि वे जल जाएं और पांडवों के जल जाने का प्रचार हो। कुंती की परिपक्वता और दूरदर्शिता और जीवन को बारीकी से समझ पाने की दृष्टि तथा अनुभवों से सीख लेकर परिवार तथा समाज दोनों के हित में निर्णय लेने की क्षमता उसे विलक्षण व्यक्तित्व बनाती है। उसका पूरा जीवन विपरीत स्थितियों और दुश्मनों के संसार में अपनी राह बनाने में बीत गया।

कुंती जानती थी कि स्वयंवर में अर्जुन द्वारा वरण की गई द्रौपदी ही है, जो इन भाइयों को एक साथ जोड़े रखेगी। अलग-अलग पत्नियां होतीं तो वे अलग-अलग दिशा में व्यस्त रखतीं। यही वजह है कि स्वयंवर से घर लौटे पांडवों को उसने आशीर्वाद दिया, 'जो भी लाए हो आपस में बांट लो।' महाभारत की पंक्तियां हैं, 'तुम्हारा आसव एक हो, तुम्हारा भोजन भी एक-सा हो। मैं तुम्हें एक बंधन में एक साथ बा ाती हूं, संगठित और एकत्रित यज्ञ की पवित्र अग्नि के चारों ओर, जैसे कि रथ के एक पहिए की कड़ियां मध्यचक्र से जुड़ी होती हैं।' (3.30.6)। कुंती स्त्रीत्व की पूर्णता का प्रतीक है। वह पुरुष की दासता में जीवन नहीं बिताती और द्रौपदी को भी स्वतंत्र व्यक्तित्व की प्रेरणा देती है। कुंती अवांछित पुरुष से संबंध स्थापित नहीं करने का साहस रखती है। वह माद्री, अंबिका, गांधारी जैसी स्त्रियों के विपरीत है, जिनकी वस्तुतः अपनी कोई इच्छा और पसंद नहीं है। वह पुरुष पर निर्भर न होकर स्वतंत्र सोच वाली स्त्री है।

मनीषा कुलश्रेष्ठ

अधिक जानकारी के लिए :

1. **Pauranic Encyclopedia** : Vettam Mani, 1975

कुंदकुंद

आचार्य कुंदकुंद दक्षिण भारतीय दिगंबर परंपरा के जैनाचार्य थे, जिनका भारतीय श्रमण परंपरा और श्रुतधर आचार्यों में महत्वपूर्ण स्थान है।

इनकी गणना ऐसे आचार्य के रूप में की जाती है, जिनकी परंपरा कुंदकुंद आम्नाय के नाम से प्रसिद्ध हुई। उन्होंने विपुल मात्रा में साहित्य की रचना की थी। समयसार, नियमसार, पंचास्तिकायसार, प्रवचनसार, अष्टपाहुड़, वारसाणुवेक्खा (द्वादशानुप्रेक्षा), भक्तिसंग्रह आदि आचार्य कुंदकुंद की महत्वपूर्ण कृतियां हैं। वे जैनागम के रहस्य के ज्ञाता थे। जैन श्रमण परंपरा में आवश्यक मूल गुण और उत्तर गुणों का पालन करने वाले, अनशनादि बारह प्रकार के अंतर्बाह्य तपों का अनुष्ठान करने वाले कुंदकुंद मूलसंघ के आदि प्रवर्तक माने जाते हैं। उन्होंने अपने प्रवचनसार में जैन श्रमणों के मूलगुण इस प्रकार बताए हैं– पांच महाव्रत, पांच समितियां, पांच इंद्रिय निरोध, केशलोच, आचेलक्य (दिगंबर स्वरूप), अस्नान, क्षितिशयन, अदंतधावन, स्थिति भोजन और एकासन जैसी आवश्यक क्रियाओं का पालन। मुक्तिमार्ग को व्यवस्थित करने की दृष्टि से उन्होंने द्वितीय श्रुतस्कंध परमागम की रचना की थी। कुंदकुंदान्वय उन्हीं से

कुंदकुंद

संबंधित है। वे श्रमण मुनियों की परंपरा में अग्रणी थे। जैन धर्म के किसी भी कार्य के प्रारंभ में मंगल रूप में इनका स्तवन किया जाता है, जिसमें कहा गया है–

मंगलं भगवान वीरो मंगलं गौतमो गणी।
मंगलं कुंदकुंदाद्यो जैनधर्मोस्तु मंगलम्।

उनके जीवन के संबंध में अधिकतर विद्वानों का मानना है कि उनका जन्म दक्षिण भारत के कर्नाटक राज्य के पेदथनाडु जिले के कौंडकुंदपुर नामक गांव में हुआ था। इसी आधार पर वे कुंदकुंद नाम से विख्यात हुए। उनके समय को लेकर विवाद है। कुछ दिगंबर विद्वान उन्हें ईसा पूर्व प्रथम शताब्दी का मानते हैं, रतनचंद और हार्नले उन्हें 100 ईसा पूर्व से 100 ईसवी के बीच मानते हैं और कुछ अन्य विद्वान उन्हें विक्रम की सातवीं या आठवीं शती का मानते हैं।

कुंदकुंद ने अणुप्रेक्षाओं या भावनाओं को केंद्रित कर बारस्साणुवेक्खा (द्वादशाणुप्रेक्षा) ग्रंथ में 12 भावनाओं का उल्लेख किया है : 1. अनित्य भावना, 2. अशरण भावना, 3. एकत्व भावना, 4. अन्यत्व भावना, 5. संसार भावना, 6. लोक भावना, 7. अशुचि भावना, 8. आस्रव भावना, 9. संवर भावना, 10. निर्जरा भावना, 11. धर्म भावना और 12. बोधि दुर्लभ भावना। अनेक आचार्यों ने इन भावनाओं को आधार बनाकर संस्कृत, प्राकृत, अपभ्रंश, पुरानी हिंदी आदि में अनेक ग्रंथ लिखे हैं।

आचार्य कुंदकुंद ने आठ भक्तियों की रचना की है–1. थोस्सामि दंडक (अर्हत भक्ति), 2. सिद्ध भक्ति, 3. आचार्य भक्ति, 4. पंचगुरु भक्ति, 5. श्रुत भक्ति, 6. योगी भक्ति, 7. चारित्र भक्ति और 8. निर्वाण भक्ति। कुंदकुंद 44 वर्ष की अवस्था में आचार्य बने और 51 वर्ष 10 महीने तक वह पद संभाला।

अवधेश प्रसाद सिंह

कुंभ

कुंभ का शाब्दिक अर्थ जलभाँड है। इसकी विशिष्टता का अनुमान इसी से लगता है कि चाक पर हर प्रकार का बर्तन बनाने वालों को

कुंभकार कहा जाता है। एक जलोद्भिद् पौधे को छोटी-छोटी कुंभाकृतियों में जल संचित करने के नाते ही 'जलकुंभी' हो जाना पड़ा। पौराणिक मान्यता के अनुसार, अगस्त्य मुनि का उद्भव कुंभ या घटसे हुआ था और उन्होंने कभी सारे समुद्र का जल पी कर आत्मसात कर लिया था। यह मिथक वास्तव में परिमित की अपरिमितता और अपरिमित के परिसीमन का रूपक है। भारतीय दर्शन से लेकर संस्कृत काव्यशास्त्र तक में घट को बहुधा उदाहृत किया गया है। जल और कुंभ की इसी अन्योन्यता के कारण कबीर ने 'जल में कुंभ, कुंभ में जल है' का पद रचा।

एक विशेषीकृत अर्थ में कुंभ एक तीर्थ है। तुलसीदास ने लिखा था, 'माघ मकरगत रवि जब होई / तीरथपतिहि आव सब कोई/ देव दनुज किन्नर नर श्रेणी / सादर सज्जहि सकल त्रिवेणी।' इससे पता चलता है कि पुराने समय में भी कुंभ का कितना महत्व था। इसकी आवृत्ति प्रायः बारह वर्षों पर होती है। ज्योतिष में ग्यारहवीं राशि 'कुंभ' हो तो चंद्रमा और सूर्य के एक साथ ही इस राशि में स्थित होने की दशा को कुंभ या 'घट' कहा गया है। वृहस्पति के शुभ से प्रभावित होने पर चंद्रमा कुंभ स्नान का मूलाधार बनता है। कहा जाता है कि राशि विशेष में सूर्य, चंद्र और वृहस्पति के स्थित होने पर अमृत कुंभ रूपी चंद्र पृथ्वी के चार स्थानों (प्रयाग, हरिद्वार, उज्जैन और नासिक) पर अमृत बरसाता है। नासिक और उज्जैन के कुंभ को 'सिंहस्थ' भी कहा जाता है। वृहस्पति सिंह राशि में प्रवेश करते हैं, इसलिए इस स्थान का महत्व है।

पौराणिक कथाओं के अनुसार, समुद्र मंथन और अमृत कलश का रूपक महर्षि कश्यप की तेरह पत्नियों में से दिति, अदिति एवं कद्रू विनता के देव-दानवों एवं गरुड़-सर्पों जैसे प्रतिस्पर्धी पुत्रों के बीच अमृत पाने के लिए द्वंद्व और वर्चस्व-भावना से जुड़ा है। समुद्र मंथन के अंत में अमृत कुंभ लेकर देव-चिकित्सक धनवंतरि प्रकट हुए। उन पर असुर झपटे तो असुरों से बचाकर इंद्रपुत्र जयंत ने त्रिलोकों में बारह बार विश्राम किया। बारह दिनों तक असुरों द्वारा पीछा किए जाने से बारह स्थानों पर अमृत की कुछ बूंदें छलक गईं जिनमें से भूलोक के चार स्थानों —गंगा, यमुना और सरस्वती के त्रिवेणी तट पर बसे प्रयाग, शिप्रा के तट पर बसे उज्जैन, गंगा के तट पर बसे हरिद्वार और गोदावरी के तट पर बसे नासिक को यह सौभाग्य प्राप्त हुआ। ध्यातव्य है कि समुद्र से निकलकर नदियों और सुरासुरों के द्वंद्व से निकलकर मनुष्यों के बीच पहुंचा अमृत कुंभ मेले के रूप में तीर्थयात्रियों को पुण्यभागी और 'मृत्योर्माऽमृतंगमय' के बोध से भर देता है। इस पुण्य काल में बारह वर्षों पर कुंभ और छह वर्षों के अंतराल पर आयोजित होने वाले अर्धकुंभ के स्वतःस्फूर्त अपार जनसमावेश में अनेक धार्मिक विश्वासों, संप्रदायों, मतानुयायियों के बीच वैयक्तिक सत्ता का तिरोभाव और विश्वात्म की प्रतीति होने लगती है। कुंभ के इन मेलों में पहुंचकर व्यक्ति विकाररहित, मृत्यु से निर्भय, समदर्शी और अमरत्व का वाहक बन जाता है। उपर्युक्त चार स्थानों के अलावा वृंदावन और सुदूर दक्षिण के कुंभकोणम में भी कुंभ मेले का आयोजन होता है।

कहा जाता है कि 1857 के विद्रोह के समय प्रदाग के पंडों ने भी क्षोभ प्रदर्शित किया था, क्योंकि 1806 में ईस्ट इंडिया कंपनी ने तीर्थयात्रियों पर कर लगा दिया था। पूरे माघ महीने पर हर व्यक्ति को एक रुपया कर देना पड़ता था। भारतेंदु हरिश्चंद्र ने माघ मेला का जिक्र किया था। इलाहाबाद में 1953 के महाकुंभ मेले में भगदड़ से बहुत लोग मारे गए थे। कवि त्रिलोचन ने उस पर 25 सॉनेट लिखे जो उनके 'अरघान' शीर्षक कविता संग्रह में संकलित हैं। निर्मल वर्मा ने कुंभ को विषय बना कर एक निबंध लिखा है।

अष्टभुजा शुक्ल

कुचीपुडी

कुचीपुडी भारतीय शास्त्रीय नृत्य है जो दक्षिण भारत में लोकप्रिय है। इसका प्रारंभ आंध्र प्रदेश के कृष्णा जिले से हुआ था। प्राचीन काल में इसे आंध्र की एक विख्यात संन्यासिनी तीर्थ नारायणयती ने अपने शिष्य सिद्धेंद्र योगी के साथ शुरू किया था।

कुचीपुडी एक नृत्य नाटक है। तीर्थ नारायणयती ने पहला नृत्य-नाटक लिखा 'कृष्ण लीला तरंगिणी'। आमतौर पर ईश्वर की महिमा का प्रचार करने वाले लोगों को तमिलनाडु में भगवान के गीत गाने वाले 'भगवतुलु' कहा जाता है। वे मुख्य रूप से कृष्ण से जुड़ी कथाओं के प्रचार-प्रसार के लिए गीत, नृत्य और संगीत का सहारा लेते थे। भक्ति आंदोलन के साथ ही कुचीपुडी नृत्य नाटक सातवीं से दसवीं सदी तक पूर्वी और उत्तर भारत की तरफ फैला। 1678 में कुचीपुडी गांव के आसपास की बहुत-सी जमीन ब्राह्मणों को दान में मिली ताकि वे इस रोचक नृत्य-नाटक को विकसित कर सकें।

कुचीपुडी में मंच पर प्रत्येक पात्र आकर गीत और नृत्य के माध्यम से पहले अपना परिचय देता है, तब नाटक शुरू होता है। इसमें मृदंग, वायलिन, बांसुरी और तंबूरा जैसे वाद्य यंत्रों का प्रयोग होता है। इसका मुख्य आधार कर्नाटक संगीत है। विशेष तथ्य यह है कि इस नृत्य में वर्णन और संगीत दोनों का अद्‌भुत मिश्रण होता है। नर्तक और नर्तकी लयात्मक रूप से धीमे या तेज थिरकते हुए आवश्यकता के अनुसार चेहरे की भाव-भंगिमा से कथ्य को मूर्त रूप देने की कोशिश करते हैं। गायक का गीत और नृत्य की भंगिमा एकरस हो जाते हैं। वस्त्र आमतौर पर सिल्क की साड़ी और ब्लाउज होता है। गहने, आल्ता, सिंदूर, कुमकुम, बिंदी, आईलाइनर, आई शैडो आदि मेकअप के आवश्यक सामान हैं। कई बार पुरुष नर्तक आकर्षक किनारे वाली रंगीन धोती पहन कर कुचीपुडी प्रस्तुत करते हैं। लेकिन वे भी गहने, गहरे काजल और चटख मेकअप धारण करते हैं।

कुचीपुडी के प्रसिद्ध गुरुओं में लक्ष्मीनारायण शास्त्री थे। उनके बाद वेमपति चिन्ना सत्यम, सी आर आचार्यालु और नटराज रामकृष्ण का नाम प्रमुखता से लिया जाता है। राजा और राधा रेड्डी को इसके लिए 1984 में पद्मश्री सम्मान मिल चुका है। कौशल्या रेड्डी, यामिनी रेड्डी और भावना रेड्डी भी कुचीपुडी के प्रमुख कलाकारों में गिने जाते हैं।

विनय बिहारी सिंह

अधिक जानकारी के लिए :
कुचीपुडी : सुनील कोठारी, अविनाश पसरीचा, 2001

कुटियाट्टम्

कुटियाट्टम् केरल की सदियों पुरानी रंग-नृत्य शैली है, जिसका प्रचार-प्रसार मंदिरों के माध्यम से हुआ। कुटियाट्टम् का अर्थ है, मिल-जुल कर नृत्य और अभिनय करना। इसमें स्त्री और पुरुष दोनों भाग लेते हैं। कुटियाट्टम् के संपूर्ण संस्कार संस्कृत नाटकों के हैं। इसकी परंपरा में विशुद्ध पाठ शैलियां और शास्त्रीय संगीत के राग दोनों का उपयोग किया जाता है।

कुटियाट्टम् के चरित्रों को चाक्यार (कलाकार)

तथा नांग्यार (स्त्री पात्र) जैसी संज्ञाएं दी गई हैं। सूत्रधार और विदूषक भी कुटियाट्टम् के विशेष पात्र हैं। इसमें मूक अभिनय, मुख-मुद्राओं, नेत्रप्रक्षेप की क्रियाओं के द्वारा भाव स्पष्ट किए जाते हैं। पदों के सस्वर पाठ के साथ ही हस्तमुद्राओं का प्रचलन है। इसमें केवल विदूषक को बोलने की स्वतंत्रता है। वह पदों के अर्थ का स्पष्टीकरण दर्शकों के सम्मुख सरल भाषा में करता रहता है। मंदिर में जहाँ कुटियाट्टम् का अभिनय होता रहा है, मंच के लिए कुत्तंबलम् तैयार किया जाता है। इसकी सज्जा आकर्षक होती है। एक बड़ा दीपक जलाकर प्रकाश का प्रबंध किया जाता है। मंच के पीछे दो मिषाव वाद्य रखे जाते हैं। वहीं से ताल देने का काम नांग्यार स्त्रियां करती हैं।

कुछ मंदिरों में रंगमंच की भीतरी छतों पर पौराणिक दृश्य अंकित किए गए हैं। रंगमंच को देवस्थान की ओर उन्मुख रख कर व्यवस्था की जाती है। मंच को केले, नारियल पत्तों तथा फूलों से अलंकृत किया जाता है। दीपक के पास ही धान रख दिया जाता है। यहीं से अनुष्ठान की शुरुआत होती है। एक नांब्यार नेपथ्य से पवित्र जल ला कर मंच पर छिड़कता है, साथ ही नांदी पाठ या मांगलिक स्रोत का पाठ करता है। इसके बाद संगीत के सुर-ताल पर सूत्रधार नाचते हुए प्रवेश करता है और पदों का सस्वर पाठ करता है।

कुटियाट्टम् की विशेषता यह है कि पूरे नाटक का मंचन एक दिन में न होकर कई रातों में पूरा होता है। कुटियाट्टम् शैली के प्रमुख नाटक हैं—हर्ष का 'नागनंद', धनंजय का 'आश्चर्यचूड़ामणि' आदि। कुटियाट्टम् में पूरे नाटक का प्रदर्शन न करके उसके चुने हुए किसी एक अंक का प्रदर्शन विस्तार में किया जाता है। इस एक अंक का प्रदर्शन पांच से लेकर इकतालीस रातों तक चल सकता है।

संगीता गुंदेचा

अधिक जानकारी के लिए :
1. **An Introduction to Kutiyattam** : Kunjunni Raja, 2. **Natyakalpadrumam** : Mani Madhav Chakiar

कुतुबुद्दीन ऐबक
(1150-1210)

कुतुबुद्दीन ऐबक तुर्किस्तान में जन्मा था और बचपन में ही बेच दिया गया था। वह एक गुलाम के रूप में गोरी के सैनिक अभियानों में था, पर अपनी प्रतिभा के बल पर दिल्ली का सुल्तान और गुलाम वंश का संस्थापक बन गया। ऐबक को उसकी उदारता एवं दानी वृत्ति के कारण 'लाखबख्श' (लाखों का दानी) कहा गया। इतिहासकार मिनहाज ने उसकी दानशीलता के कारण उसे 'हातिम द्वितीय' कहा। ऐबक की स्थापत्य में दिलचस्पी थी। उसके दरबार में विद्वान हसन निजामी एवं फख्र-ए-मुदब्बिर को संरक्षण प्राप्त था। हसन निजामी ने 'ताज-उल-मासिर' की रचना की थी। ऐबक ने दिल्ली में 'कुव्वत-उल-इस्लाम' तथा अजमेर में 'ढाई दिन का झोपड़ा' नामक मस्जिदों का निर्माण करवाया। उसने कुतुबमीनार शेख ख्वाजा

कुतुबुद्दीन ऐबक

कुतुबुद्दीन बख्तियार काकी की स्मृति में बनाने का काम शुरू कराया, जो बाद में पूरा हुआ। उसके ही नाम पर कुतुबमीनार है। कुतुबुद्दीन ऐबक के बाद उसका गुलाम इल्तुतमिश गद्दी पर बैठा।

राजेश मिश्र

अधिक जानकारी के लिए :
1. **दिल्ली सल्तनत, भाग-1** : मोहम्मद हबीब एवं खालिक अहमद निजामी, 1978, 2. **दिल्ली सल्तनत** : आशीर्वादी लाल श्रीवास्तव, 1992

कुत्सित समाजशास्त्र

पांचवें दशक के अंतिम वर्षों में हिंदी के प्रगतिशील लेखकों के बीच साहित्य और संस्कृति से जुड़े कुछ महत्वपूर्ण प्रश्नों पर गंभीर बहसें चली थीं। उन साहित्यिक बहसों में 'कुत्सित समाजशास्त्र' शब्द चर्चा में आया था। यह बहस आगे चलकर काफी कटु हो गई। इस कटुता को नजरअंदाज कर दिया जाए तो कहना गलत न होगा कि प्रगतिशील आंदोलन का वह गौरव काल था। सर्वप्रथम शिवदान सिंह चौहान ने अपने लेख 'साहित्य की परख' में कुत्सित समाजशास्त्रीयता शब्द का प्रयोग उन मार्क्सवादी आलोचकों के लिए किया था, जो अपने लेखन और चिंतन में कला-सौंदर्य की तुलना में समाज के यथार्थवादी चित्रण को ज्यादा महत्व देते थे।

प्रगतिशील आंदोलन साहित्य और समाज को एक नए मानवतावाद की जमीन पर ले जाने का सांस्कृतिक अभियान था। इस अभियान में यथार्थवादी साहित्य सृजन के साथ प्रगतिवादी आलोचना सिद्धांत का निर्माण हो रहा था। सामाजिक यथार्थ का उद्घाटन और जनवादी मूल्यों की स्थापना इस आलोचना सिद्धांत का मुख्य लक्ष्य था।

कुछ प्रगतिवादी लेखक भाववाद और कलावाद का विरोध करते हुए क्रांतिकारिता की झोंक में प्रगतिवादी आलोचना को समाजशास्त्रीयता की सीमा तक ले गए। साहित्य के समाजशास्त्रीय अध्ययन की निश्चत ही एक उपयोगिता है, जहाँ साहित्य और समाज के रचनात्मक संबंधों की पड़ताल होती है, किंतु कुछ प्रगतिवादी इसके भी आगे चले गए। उनकी आलोचना-दृष्टि रचना में केवल सामाजिक यथार्थ और वर्ग संघर्ष की तलाश करने लगी। आलोचना में यही 'कुत्सित समाजशास्त्रीयता' है और ऐसी आलोचना 'कुत्सित समाजशास्त्र' है। शिवदान सिंह चौहान ने लिखा है कि साहित्य और कला के मूल्यांकन के लिए जितनी व्यक्तिवादी और कलावादी दृष्टि हानिकारक है, 'कुत्सित समाजशास्त्रीयता' भी उतनी ही हानिकारक है।

'कुत्सित समाजशास्त्र' संबंधी विवाद का एक दूसरा पहलू है। उस दौर में रामविलास शर्मा, शिवदान सिंह चौहान, रांगेय राघव और अमृत राय आदि लेखकों के बीच घनघोर बहस चल रही थी। उस बहस में आपसी मतभेद भी उभरकर सामने आए थे और प्रगतिशील लेखक संघ अंतर्विरोधों का शिकार हुआ था। इस बहस ने 1950–53 के बीच उग्र विवाद का रूप धारण कर लिया था। एक लेखक द्वारा दूसरे पर 'संकीर्णतावादी' या 'विसर्जनवादी' होने का आरोप लगाया जा रहा था। शिवदान सिंह चौहान का कहना था कि विवाद की शुरुआत उनके लेख 'साहित्य की परख' से हुई थी, जिसमें उन्होंने प्रगतिवादी समीक्षा की सीमाओं की ओर संकेत किया था। विवाद के केंद्र में मुख्य रूप से रामविलास शर्मा की आलोचना थी। रामविलास जी ने राहुल सांकृत्यायन और रांगेय राघव की रचनाओं और स्थापनाओं का विरोध किया था। वे राहुल जी को सुसंगत, वैज्ञानिक भौतिकवादी नहीं मानते और रांगेय राघव के संबंध में कहते थे कि उन पर अंग्रेजों द्वारा लिखे इतिहासों का प्रभाव है। शिवदान सिंह चौहान ऐसी आलोचना को मार्क्सवादी आलोचना नहीं मानते थे। ऐसी आलोचना को उन्होंने कुत्सित समाजशास्त्रीय आलोचना कहा। इसका जवाब देते हुए रामविलास शर्मा ने स्पष्ट किया, 'समाज और साहित्य के संबंध को सही तौर पर पेश न करना (यानी यांत्रिक ढंग से पेश करना) साहित्य के लिए गलत उद्देश्य पेश करना, गलत सामाजिक पृष्ठभूमि में साहित्यकारों का मूल्यांकन

करना यह सब कुत्सित समाजशास्त्र की विशेषता है।' (मार्क्सवाद और प्रगतिशील साहित्य)। उनकी आपत्ति कुछ प्रगतिवादियों द्वारा परंपरा के गलत या यांत्रिक ढंग से मूल्यांकन पर थी।

मृत्युंजय सिंह

अधिक जानकारी के लिए :

1. **साहित्य की समस्याएं** : शिवदान सिंह चौहान, 2. **मार्क्सवाद और प्रगतिशील साहित्य** : रामविलास शर्मा

कुपोषण

मैकडोनल्ड कल्चर से जुड़े बच्चों को लेकर चिंता की जाती है कि इनका मोटापा बढ़ रहा है। इसी देश में हर साल पांच साल की उम्र तक के 21 लाख बच्चे भरपेट खाना नसीब नहीं होने से मर जाते हैं। भारत में 11 प्रतिशत लोग जरूरत से ज्यादा केलोरी लेते हैं, जबकि 42.5 प्रतिशत बच्चे कुपोषण के शिकार हैं। संयुक्त राष्ट्र की रिपोर्ट के अनुसार कुपोषण के शिकार 30 प्रतिशत बच्चे सिर्फ भारत में हैं। बच्चों में लड़कों की तुलना में लड़कियां ज्यादा कुपोषण की शिकार हैं। अमरकांत की कहानी 'दोपहर का भोजन' में है, मां अपने पांच लड़कों और पति को थोड़ा-थोड़ा खिलाकर खुद कुछ नहीं पाती। मांएं आम घरों में कुपोषण का भयंकर शिकार होती हैं। बच्चियों, किशोरियों और स्त्रियों के कुपोषण का शिकार होने की एक वजह सामाजिक-सांस्कृतिक है। 2015 के भूख सूचकांक के अनुसार भारत सड़सठवें पायदान पर है। दक्षिण एशिया में, इस मामले में उससे सिर्फ पाकिस्तान और अफगानिस्तान पीछे हैं। कुपोषण से धीरे-धीरे मृत्यु को भुखमरी में नहीं गिना जाता। यह दावा भी किया जाता है कि देश में खाद्य का अभाव नहीं है। अनाज गोदामों में सड़ते हुए दिखाए जाते हैं। फिर भी भारत में कुपोषण बड़े पैमाने पर मौजूद है, यह विभिन्न आंकड़ों से स्पष्ट है।

कुपोषण का अर्थ कम पोषक तत्त्वों वाला खाना मिलना है, 'खाना नहीं मिलना' है। जिन बच्चों को बचपन से ही अस्वास्थ्यकर या कम पोषण वाला खाना मिलता है, वे ही बड़े होकर कुपोषित युवा, कुपोषित स्त्रियां या कुपोषित मांएं बनती हैं। उन्हें प्रोटीन, कैल्शियम और विटामिन कम मात्रा में मिलते हैं। आयरन की कमी उनके जीवन का हिस्सा बन जाती है। उन्हें कमजोरी, रुग्णता और थकान में भी काम करना पड़ता है। भारत में 57 प्रतिशत बच्चे सामान्य से कम वजन के पैदा होते हैं। कुपोषित मांओं को दूध कम होता है। भारत में आंगनबाड़ी स्कूल, मिड-डे-मील, टीकाकरण आदि कार्यक्रमों के द्वारा कुपोषण से लड़ने की व्यापक तैयारी है। बाल विकास योजना के तहत छह साल तक की उम्र के आठ करोड़ बच्चे आते हैं। यह बच्चों को लेकर दुनिया की सबसे बड़ी योजना है। यूनिसेफ का कहना है कि भारत यदि कुपोषण खत्म कर लेता है तो इससे सकल घरेलू उत्पाद में तीन प्रतिशत की वृद्धि हो सकती है। कुपोषण देश में विषमता का भयंकर रूप है।

मनीषा साव

कुबेर

कुबेर धन के स्वामी यक्षराज हैं। उन्हें श्वेत वर्ण, तुंदिल, बेडौल शरीर, बाहर निकले अष्टदंत और तीन पैरों वाला कहा गया है। वह कैलास क्षेत्र

की अलकापुरी में रहते हैं। उन्होंने महावन में तपस्या कर ब्रह्मा से वरदान पाया था कि वे अमर रहेंगे और उत्तर दिशा के दिक्पाल एवं धनाधिपति होंगे। ऋषि और सिद्धि उनकी शक्तियां हैं। ब्रह्मा ने उन्हें देवतातुल्य सम्मान दिया और पुष्पक विमान प्रदान किया, किंतु उनके रहने के लिए निश्चित स्थान तय नहीं हो सका। एक पुरा कथा के अनुसार, विश्वकर्मा द्वारा त्रिकुट शिखर पर स्थित लंकापुरी में कुबेर का निवास स्थान स्थिर किया गया, पर कुबेर का सौतेला भाई रावण लंका पर एकाधिकार चाहता था। इसलिए कुबेर ने अपने पिता से आदेश पा कर लंका का परित्याग कर कैलास में डेरा जमाया। रामायण की एक कथा के अनुसार, एक बार कुबेर हिमालय में पार्वती को बाईं कनखी से देखते हैं। इसका नतीजा होता है, उनकी दाईं आंख जलने लगती है, बाईं आंख कलुषित होकर पीली पड़ जाती है। इससे उनका धनपति, रत्नगर्भ, गुह्यकेशर, दिक्पाल धनद के अलावा एक नाम 'एकाक्षीपिंगल' भी है। कथाओं में एक ही कैलास पर धनहीन शिव और धनपति कुबेर दोनों की कल्पना की गई है। अंततः दोनों के बीच बंधुत्व दिखता है। रावण शिव का उपासक था, पर वह कुबेर को पराजित कर स्वर्ण भंडार के साथ जय चिह्न के रूप में ब्रह्मा से प्राप्त उसका पुष्पक विमान ले लेता है।

प्राचीन ग्रीक मिथकशास्त्र में भी प्लूटो के नाम से संपत्तियों के स्वामी की कल्पना है। पृथ्वी पर जितना कोष है, सबके अधिपति कुबेर हैं। उनकी कृपा से ही मनुष्य को भूगर्भ निधि प्राप्त होती है। किसी के अचानक धन पाने पर कहा जाता है कि उसे कुबेर का खजाना मिल गया। कालिदास के 'मेघदूत' में धनपति कुबेर की चर्चा है। उसके शाप के कारण प्रेमी यक्ष को यक्षी से बहुत दूर जाकर रामगिरि पर्वत पर वास करना पड़ा। इससे पता चलता है कि धन और प्रेम में शत्रुता होती है। कुबेर का कुरूप चेहरा इसकी ओर भी संकेत करता दिखता है कि जहाँ धन है वहां सौंदर्य नहीं है। कालिदास अलकापुरी के सौंदर्य का गहरे मन से वर्णन करते हैं। नागार्जुन ने 'बादल को घिरते देखा है' कविता में कुबेर को 'डिमिस्टिफाइ' किया है, 'कहां गया धनपति कुबेर वह/ कहां गई उसकी वह अलका।'

सुमिता गुप्ता

कुब्जा

यह एक पौराणिक स्त्री चरित्र है जिसका उल्लेख श्रीमद्भागवत के दसवें स्कंध में हुआ है। यह मथुरा में निवास करने वाली एक दासी है जो कुबड़ी यानी तीन जगह से वक्र होने के कारण कुब्जा कहलाती थी। चाचा अक्रूर कृष्ण और बलराम को कंस के बुलावे पर छलपूर्वक मथुरा लेकर आते हैं। यहीं राजमार्ग पर कृष्ण ने एक युवती को देखा जिसका मुख तो सुंदर था लेकिन शरीर कुबड़ा था। वह अपने हाथ में चंदन का पात्र लिए कंस के महल की ओर जा रही थी। कृष्ण ने चंदन लगाने को कहा, तब उसने बतलाया कि वह कंस की दासी है और उसके यहां चंदन, अंगराग लगाने का काम करती है। वह कृष्ण-बलराम के सौंदर्य पर मोहित हो गई। कृष्ण ने उसकी भावना को समझ कर उसके कुबड़े शरीर को सीधा कर दिया। इस प्रक्रिया में वह पूरी तरह से एक सुंदरी युवती में बदल गई। उसके मन में कृष्ण मिलन की कामना जाग गई। उसने कृष्ण से अपने घर चलने का आग्रह किया, किंतु कृष्ण ने कहा कि पहले वे अपना काम पूरा करेंगे।

सूरदास ने इस प्रेम संदर्भ को भ्रमरगीत के प्रसंग में उस समय उठाया, जब उद्धव गोपियों को निर्गुण का संदेश देने आते हैं। गोपियां कृष्ण के राजसी ठाठ-बाट पर व्यंग्य करती हुई कहती हैं कि हमको उनकी कुब्जा जैसी पटरानी को देखने की बड़ी इच्छा है, 'हमको हौंस बहुत देखन की संग लिए कुब्जा पटरानी।' वे निर्गुण पर इस तरह के व्यंग्य करती हैं, 'हमकों जोग, भोग कुबिजा कौं ऐसी समझ तुम्हार। तुम हरि पढ़े चातुरी विद्या, निपट कपट चट सार।' गोपिकाएं व्यंग्य से कहती हैं, ऊधो हम गंवार लोग हैं, तुम्हारी चतुराई

समझ में नहीं आती। मैथिलीशरण गुप्त के 'द्वापर' में एक सर्ग कुब्जा पर केंद्रित है।

जीवन सिंह

कुमायूंनी

उत्तराखंड के कुमायूं मंडल के अल्मोड़ा, उधम सिंह नगर, चंपावत, नैनीताल, पिथौरागढ़, चमोली, उत्तरकाशी और बागेश्वर जिलों में कुमायूंनी बोली जाती है। कुमायूंनी का संबंध कुर्मांचल से है। ग्रियर्सन ने कुमायूंनी को केंद्रीय पहाड़ी बोलियों के अंतर्गत माना है। त्रिलोचन पांडेय के अनुसार, कुमायूंनी बोलने वाले लोगों का क्षेत्र लगभग 4000 वर्गमील में फैला है। 2001 की जनगणना के अनुसार, इसके बोलने वालों की संख्या 2,003,783 है।

ग्रियर्सन ने कुमायूंनी के मूल रूप का संबंध खस भाषा समूह से जोड़ा है। उदयनारायण तिवारी इसे शौरसेनी प्रसूत मानते हैं। सुनीति कुमार चटर्जी इसकी उत्पत्ति खस अथवा दरदी भाषा से मानते हैं। धीरेंद्र वर्मा पहाड़ी बोलियों का संबंध शौरसेनी से मानते हैं। कुमायूंनी खस भाषा समूह के अतिरिक्त राजस्थानी, मराठी, गुजराती आदि भाषाओं से प्रभावित है। कुमायूंनी की उपबोलियां तथा स्थानीय रूप कई हैं, जिनमें खसपरजिया, कुमैयां, फल्दाकोटिया, चोगरखिया, गंगोला, दानपुरिया, सीराली, अस्कोटी, जोहारी, भोटिआ आदि प्रमुख हैं।

कुमायूंनी में 'आ' ध्वनि विशेष रूप से ह्रस्व और दीर्घ दोनों रूपों में प्रचलित है। इसमें ह्रस्व 'ए' तथा दीर्घ 'ए' का भी अंतर है। कुमायूंनी में घोष महाप्राण के स्थान पर घोष अल्पप्राण ध्वनियों का भी प्रचलन है, जैसे 'साधना' के लिए 'सादण' आदि। कुमायूंनी में प्रचलित हिंदी के कुछ शब्दों के उच्चारण में अक्षरों का लोप भी हो जाता है जैसे 'कहां' से 'कां' आदि। कुमायूंनी में 'आ' पांच प्रकार का है—ह्रस्व, दीर्घ, अयोण, प्लुत और लकारीय। इसमें 'उ' का उच्चारण भी अनेक प्रकार का है। इसकी बोली गंगोई में इसकी छः प्रकार की ध्वनि है। इसके 'इ' के उच्चारण में मुख जितना खुलता है, 'ए' के उच्चारण में उससे लगभग दुगुना खुलता है। कुमायूंनी में 'ऋ' का प्रयोग 'रि' के रूप में होता है। इसका 'घ' व्यंजन कभी-कभी 'ग' में बदल जाता है। ऐसे ही इसका 'छ' और 'झ' व्यंजन कभी-कभी क्रमशः 'स' और 'ज' में बदल जाता है। कुमायूंनी में शब्दों के अंत में आने वाले 'न' के स्थान पर प्रायः 'ण' के उच्चारण करने की प्रवृत्ति पाई जाती है। इसकी 'न' ध्वनि कई स्थानों पर 'ल' में परिवर्तित हो जाती है। कुमायूंनी का 'त्र' उच्चारण में 'तर' की तरह होता है। इसका 'ज्ञ' का प्रयोग 'ग्यं' की भांति होता है।

इसके पुल्लिंग शब्द एकवचन खड़ी बोली की तरह आकारांत न होकर, राजस्थानी और ब्रजभाषा की तरह ओकारांत होते हैं। इसमें संबंध को, का, की के अतिरिक्त से के लिए 'थें' भी राजस्थानी से आया है। 'ने' के स्थान पर 'ले' और 'को' के स्थान पर 'कणि' इस बोली की अपनी विशेषता है। क्रियारूपों में 'न' वर्तमान का, 'ओ', 'आ', 'ई' भूतकाल का और 'ल' भविष्यत काल का द्योतक है। इसकी सहायक क्रिया 'छ' होती है। इसी से भूतकालिक 'छियो' (था) आदि रूप भी बनते हैं।

कुमायूंनी में आधुनिक काल का समृद्ध लोकसाहित्य है, पर पुराना साहित्य नहीं के बराबर है। यहां के पुराने साहित्यकारों में गुमानी पंत, कृष्णदत्त पांडे, शिवदत्त सत्ती आदि प्रधान हैं। कुमायूंनी के प्रथम कवि गुमानी पंत को खड़ी बोली हिंदी का भी प्रथम कवि कहा जा सकता है। गुमानी का समय भारतेंदु हरिश्चंद्र से पहले का है। उन्होंने सबसे पहले मनखी में कविताएं कीं। यों तो वे संस्कृत के विद्वान थे और उनकी प्रायः कृतियां संस्कृत में हैं।

ध्यातव्य है कि कुर्मांचल हिंदी का प्राचीन नाम 'मनखी' है और गुमानी कवि की कुछ महत्वपूर्ण कविताएं मनखी में हैं। प्रसिद्ध कुमायूंनी कवि शिवदत्त सत्ती ने बुद्धि प्रवेश नाम की रचना हिंदी कविता में लिखी। आधुनिक काल में हीराबल्लभ शर्मा, चिंतामणि पालीवाल, पूर्णानंद भट्ट तथा कुतुबचंद

भारती का नाम कुमायूंनी तथा हिंदी रचनाकार के रूप में उल्लेखनीय हैं।

कुमायूंनी शब्दावली में सैकड़ों शब्द अनुकृति-मूलक हैं। इसमें संस्कृत, प्राकृत एवं अपभ्रंश शब्दावली के अतिरिक्त अनेक प्रांतीय भाषाओं के शब्द काफी प्रचलित हैं। फारसी, अरबी, अंग्रेजी, फ्रेंच आदि भाषाओं के शब्द कुछ तत्सम तथा कुछ तद्भव रूप में मिलते हैं। गढ़वाली, नेपाली, तिब्बती आदि भाषाओं के भी पर्याप्त शब्द कुमायूंनी में प्राप्त होते हैं। कुमायूंनी में कई अनार्य शब्दों के प्रचलन से ऐसा अनुमान है कि वहां खस जाति से पहले संभवत: मुंडा अथवा द्रविड़ जाति के लोग रहे हों। ऐसे शब्दों में खुट (पांव), रव्वर (शिर), ढेपू (रुपए), डंङर (पशु), डाड़ (रुलाई) जैसे अनेक शब्द प्रचलित हैं।

कुमायूंनी शब्दकोश पर महत्वपूर्ण कार्य नारायणदत्त पालीवाल ने किया है। उनका 'कुमायूंनी हिंदी शब्दकोश' लगभग सवा चार सौ पृष्ठों का है। कुमायूं के इतिहास पर बद्रीदत्त पांडे ने काम किया है तथा उसके लोक साहित्य पर त्रिलोचन पांडे ने शोध किया है। कुर्मांचल की लोककथाओं का संकलन-संपादन शैलेश मटियानी, जीवनचंद्र पंत और नारायणदत्त पालीवाल ने किया है। केशवदत्त रूबाली ने 'कुमायूंनी व्युत्पत्ति कोश' का संपादन किया है। श्री चंद्रलाल वर्मा ने इसकी कहावतों का अध्ययन किया है। उनकी पुस्तक 'कुमायूंनी भाषा की कहावतें' दो भागों में प्रकाशित है।

भाषागत उदाहरण : कुमायूंनी : अँखौ बै आंसू आनी घुना बै नि आन। ज्याड़जू बोलि जै के मारनी कमरै टोड़नी। हिंदी : आंखों से आंसू आते हैं, घुटनों से नहीं। जेठ जी बोली नहीं मारते, कमर ही तोड़ देते हैं।

राजेंद्र प्रसाद सिंह

अधिक जानकारी के लिए :

1. **भारत के प्राचीन भाषा परिवार और हिंदी** : रामविलास शर्मा, 2. **हिंदी भाषा का इतिहास** : केशवदत्त रूबाली, 3. **हिंदी की उपभाषाएं और बोलियां** : रामचंद्र मिश्र

कुमार गंधर्व
(1924-1992)

कुमार गंधर्व का वास्तविक नाम शिवपुत्र सिद्धरामैया कोमकली था। वे दस वर्ष की आयु से ही संगीत समारोहों में गाने लगे थे। उनकी आवाज नैसर्गिक थी, रेशम की तरह गुंथी हुई। उनके लिए तानपूरा महज एक वाद्ययंत्र नहीं, उनका जीवन था। उन्होंने 1947 में भानुमति कांस से विवाह किया, जो खुद एक गायिका थीं। वह देवास के एक स्कूल में पढ़ा कर घर चलाती थीं। गंधर्व अपनी अस्वस्थता के दौर में देवास में जहाँ स्वास्थ्य लाभ कर रहे थे, वह जगह शहर के लगभग बाहर थी। वहां हाट लगा करता था। घर के बिस्तर पर पड़े-पड़े उन्होंने महिलाओं से मालवा के खांटी लोकगीत सुने। शास्त्रीय गायन में उनका नाम पहले से था लेकिन स्वास्थ्य लाभ के दौरान मालवी लोकगीतों ने उनके गायन में एक नई बात पैदा की। 1952 के बाद जब वे ठीक होकर गाने लगे तो पुराने कुमार गंधर्व नहीं रह गए थे।

कुमार गंधर्व के गायन में मालवा की मिट्टी की खुशबू है। एक दिन मामा मजुमदार के घर पर संगीत की एक छोटी सी महफिल में उन्होंने अचानक

कुमार गंधर्व

कहा, 'अब मुझे गाना आ गया।' कुमार गंधर्व अपने गायन में छोटे-छोटे और सशक्त टुकड़ों और तानों के प्रयोग के लिए जाने जाते थे। कैंसर से जूझने के कारण उनकी गायकी पर असर पड़ा था। कुछ का मानना है कि वे लोक संगीत तथा भजन के सर्वोत्तम गायक थे तो कुछ कहते हैं कि उनकी बेहतरीन रचनाएं उनके द्वारा रचित राग हैं, जिन्हें वे छह से भी अधिक प्रकार की लय और तानों को मिश्रित कर प्रस्तुत करते रहे हैं। उन्होंने निर्गुण भजन तथा लोक गीतों में अपना कौशल दिखाया। उनमें अलग-अलग रागों को मिश्रित कर, कभी धीमी तो कभी तीव्र तानों का प्रयोग कर वह एक अद्‌भुत सुंदरता ले आते थे। वह लय में बदलाव से 'कहन' में फर्क ला देते थे। उनका कहना था, 'आलाप तान लेते हुए एक बाज की तरह 'सम' पर पहुंचना चाहिए न कि कबूतर की तरह।' लोक संगीत को शास्त्रीय से भी अधिक गरिमामय बनाने वाले कुमार गंधर्व ने कबीर को विलक्षण अंदाज में गाया है।

अभिज्ञात

कुमार सुरेश सिंह
(1935-2006)

बिहार में मुंगेर जिले के नयागांव में जन्मे कुमार सुरेश सिंह ने भारतीय नृशास्त्र के क्षेत्र में काफी काम किया, पर उनकी कीर्ति को अक्षुण्ण रखने के लिए एंथ्रोपोलाजिकल सोसायटी ऑफ इंडिया द्वारा 1985 में शुरू किया गया 43 खण्डों का 'पीपुल ऑफ इंडिया' ही पर्याप्त कहा जा सकता है। उपर्युक्त संस्था के डायरेक्टर जनरल के रूप में कुमार सुरेश सिंह द्वारा शुरू किया गया यह काम उनकी एकनिष्ठता और अध्यवसाय का प्रतीक है। बिहार की जनजातियों, विशेषकर बिरसा मुंडा पर उन्होंने विस्तार से लिखा है। उनका मानना था कि इतिहास और नृशास्त्र को एक-दूसरे से अलग नहीं किया जा सकता। उनका संबंध एम एन श्रीनिवास, एन के बोस और डब्ल्यू जी आर्चर जैसे नृशास्त्रियों से था।

'पीपुल ऑफ इंडिया' प्रोजेक्ट के पहले खंड (1992) की भूमिका में उन्होंने लिखा है कि 1980 से 1985 के बीच एंथ्रोपोलाजिकल सोसायटी ऑफ इंडिया द्वारा जो सांस्कृतिक नीति अपनाई गई, उससे नृशास्त्रीय शोध के क्षेत्र में नई पृष्ठभूमि तैयार हुई। पहले इसका संबंध केवल जनजातीय अध्ययन से था, अब उसका क्षेत्र पूरे भारत का मानव समाज हो गया। इससे इस धारणा की पुष्टि हुई कि भारत सामाजिक एवं सांस्कृतिक दृष्टि से जटिल एवं नानाविध क्षेत्र है, पर इस विविधता में भी एक अंतर्निहित संबंध है और यही संबंध 'भारतीय' शब्द की परिभाषा है। उनका यह काम उन्हें ग्रियर्सन और आर्चर जैसे श्रेष्ठ विद्वानों की श्रेणी में ला खड़ा करता है। 1958 में आईएएस के लिए चुनाव होने के बाद 2006 में मृत्यु होने तक वे इसी लक्ष्य पर पूरी निष्ठा के साथ अडिग रहे। वे अच्छी तरह जानते थे कि वे कौन थे। सबसे पहली बात तो

कुमार सुरेश सिंह

यही थी कि वे जो कुछ कर रहे थे उसमें उनकी निष्ठा थी। उनका मानना था कि उसका राष्ट्र और उसके लोगों के लिए महत्व था। स्कालर प्रशासक के रूप में वे वास्तव में चरम निष्ठा के व्यक्ति थे और इसी कारण एक इतिहासज्ञ, नृशास्त्री और एक सरकारी अफसर के रूप में उन्हें वह आदर और प्रसिद्धि मिली जिसके वे पात्र थे। वह निश्चित ही दुर्लभ संयोजन था।

उन्होंने 1967 में बिहार में आए अकाल के समय पलामू के जिलाधीश के रूप में महत्वपूर्ण राहत कार्य किया था। उस अकाल और राहत कार्यों के संबंध में उन्होंने 'द इंडियन फेमिन, 1967' में विस्तार से लिखा है। कुमार सुरेश सिंह को कई महत्वपूर्ण फेलोशिप मिले और उन्होंने जनजातियों के जीवन पर गंभीर अनुसंधान कार्य किए। वे रांची विश्वविद्यालय के कुलपति भी बने। 'पीपुल ऑफ इंडिया' को तैयार करने में कुमार सुरेश सिंह को लगभग सात साल लगे थे। इस काम में अनेक विद्वानों ने सहयोग किया था। भारत में 4694 समुदायों का पता लगा। संभवतः दुनिया में कहीं भी इतने अधिक समुदाय नहीं हैं और न इतने भाषा-भाषी हैं। इससे पता चलता है कि भारत में 35 समुदाय ऐसे हैं जो हिंदू धर्म और इस्लाम दोनों को मानते हैं, 116 समाज हिंदू और ईसाई दोनों हैं, 16 समाज हिंदू, इस्लाम और सिक्ख तीनों हैं। 94 समाज ऐसे हैं जो ईसाइयत के साथ ही जनजातीय धर्म भी मानते हैं।

महाश्वेता देवी ने माना है कि उनका 'अरेण्येर अधिकार' उपन्यास कुमार सुरेश सिंह के क्रांतिकारी बिरसा मुंडा के संबंध में लिखे गए 'डस्ट स्टार्म एंड द हैंगिंग मिस्ट : ए स्टडी ऑफ बिरसा मुंडा एंड हिज मूवमेंट इन छोटा नागपुर', 1874-1901 से प्रेरित था। इसीलिए उन्होंने इसे कुमार सुरेश सिंह को समर्पित किया था। उनकी सरलता का पता केवल इस बात से चलता है कि वे जनसाधारण के बीच उनके ही समान हो जाते थे। आईएएस अफसर होने के बावजूद अन्य लोगों के समान क्यू में खड़े रहते थे। उन्होंने विशिष्ट व्यवहार की न कभी आशा की और न उसे स्वीकार किया।

महेंद्र राजा जैन

कुमारजीव
(344-413)

कुमारजीव संस्कृत, पालि और चीनी भाषाओं के जानकार, बौद्ध धर्म के प्रसिद्ध प्रचारक और भारत-चीन के सांस्कृतिक संबंध के महान उदाहरण रहे हैं। उनके पिता कुमारायन एक कश्मीरी ब्राह्मण थे जो बौद्ध होकर चीन में धर्म प्रचार के लिए गए थे। उनकी मां कूछा की राजकुमारी थी। कुमारजीव का जीवन कूछा, कश्मीर, काश्गर, ल्यांगचओ और छांग आन (शियान, चीन) में बीता। उस जमाने में सिल्क रूट युद्ध और व्यापार के लिए ही नहीं, धार्मिक ज्ञान प्राप्त करने के लिए भी आने-जाने का एक मार्ग था, हालांकि कठिन मार्ग था।

कुमारजीव

कुमारजीव महायान शाखा के थे। वे वेदों के भी जानकार थे। उनके विद्वत्तापूर्ण जीवन की कथा अजीबोगरीब है। उनकी विद्वत्ता की खबरें चीन तक पहुंच चुकी थीं। उस समय भारतीय ज्ञान के प्रति उत्सुकता सभी एशियाई देशों में थी। चीन में कुमारजीव को बुलाया जा रहा था, पर कूछा के शासक ने विरोध किया क्योंकि वे एक विद्वान को खोना नहीं चाहते थे। इसके बाद चीन के शासक ने एक बड़ी सेना भेजी ताकि वह इस विद्वान को गिरफ्तार करके लाए। इस बीच चीन में उथल-पुथल हुई, कुमारजीव कैद में ल्यांगचओ में 17 साल रहे, फिर पुराने शासक वंश के लौटने पर वह आदर के साथ चीन पहुंचे।

कुमारजीव ने 'लोटससूत्र', 'सुखावतीव्यूहसूत्र', 'विमलकीर्तिनिंदेषासूत्र' आदि का चीनी भाषा में अनुवाद किया। उनके अनुवादों से बौद्ध धर्म का प्रचार जापान और कोरिया तक हुआ। जापानी राजकुमार शोतुकु तैशि कुमारजीव से इतना प्रभावित हुआ कि उसने जो संविधान बनाया, वह संभवतः एशिया का पहला संविधान रहा होगा। वह बौद्ध शिक्षाओं 'बहुजन हिताय-बहुजन सुखाय' और 'पंचशील' पर आधारित था। आज जापान में एक सूचना के अनुसार 65,000 बौद्ध मंदिर हैं। चीन में उस जमाने में भारतीय ज्ञान के प्रति इतनी अधिक उत्सुकता थी कि चीनी शासकों ने चंपा (वियतनाम) से 1,300 संस्कृत पांडुलिपियां प्राप्त करने के लिए सेना भेजी थी। आज जब भारत-चीन संबंधों में एक मोड़ आया है, दोनों देशों को कुमारजीव एक बड़े सेतु की तरह दिखते हैं। चीन के किजिल (ग्जिनजियांग) में उनकी एक सुंदर मूर्ति स्थापित है। 'कुमारजीव' शीर्षक से रचित कुंवरनारायण के काव्य (2015) की पंक्तियां हैं—'बीतता है कुमारजीव का समय/चिंतन मनन में/चीनी और संस्कृत भाषाओं के/गहन अध्ययन में/कुमारजीव कक्ष की दीवारों को ग्रंथों से ढक देता है/दीवारों को मानो पंख लग जाते/वे उड़ने लगतीं देश-विदेश/काल-त्रिकाल में/एक कारागार में भी संभव है/प्रतिदिन एक नया जीवन।'

शंभुनाथ

अधिक जानकारी के लिए :
कुमारजीव : कुंवर नारायण

कुमारन आशान
(1873-1924)

एन कुमारन आशान (N Kumaran Ashan) मलयालाम के नवजागरण युग के कवि-त्रयों में प्रथम और सर्वमान्य हैं। कवि त्रय हैं—कुमारन आशान, वल्लतोल नारायण मेनन और उल्लूर एस परमेश्वर। इनका युग काल्पनिक कविता का युग कहा जाता है जिसे स्वच्छंदतावाद कहते हैं। कुमारन अशान ने केरल के सामाजिक और सांस्कृतिक नवोत्थान के लिए रचनात्मक और सामाजिक प्रयास किया था। उन्हें महाकवि की उपाधि मद्रास विश्वविद्यालय ने 1922 में प्रदान की थी। वे केरलीय परिसर के प्रसिद्ध दार्शनिक और समाज सुधारक श्रीनारायण गुरु के शिष्य थे। एक पिछड़े ईषवा समुदाय में, तिरुवनंतपुरम के निकट चिरयिनकीजु गांव में उनका जन्म हुआ था। उन्हें बचपन में ही कथकली और कर्नाटक संगीत में प्रशिक्षण मिला। साथ में गणित और संस्कृत भी

कुमारन आशान

सीखी। 1917 में उन्होंने समाज सुधारक भानुमति अम्मा से विवाह किया। वे आजीवन साहित्य और समाज सुधार के काम में लगे रहे।

केरल नवजागरण के अग्रदूत श्रीनारायण गुरु से बचपन में हुए संपर्क की वजह से कुमारन में दर्शन, साहित्य, समाज सुधार की रुचियां पैदा हुईं। नारायण गुरु ने तर्क देकर सभी जातियों के बीच मातृत्व के सिद्धांत का प्रतिपादन किया था और कूपमंडूकता पर प्रहार किया था। उन्होंने कुमारन को 1895 में बेंगलूर के संस्कृत कॉलेज में भेजकर संस्कृत सिखाई। 1903 में केरल में एसएनडीपी योगम की स्थापना हुई जिसका लक्ष्य पिछड़े समुदायों का समग्र सुधार था। कुमारन आशान योगम के प्रथम सचिव थे। उन्होंने 1904 में 'विवेकोदयम' नाम से योगम का मुखपत्र शुरू किया।

'सुब्रह्मण्यशतकम्' और 'शंकरशतकम्' कुमारन आशान की आरंभिक आध्यात्मिक कविताएं हैं। उनके खंडकाव्य 'वीणापूवु' (1907) ने उन्हें ख्याति की ऊंचाई तक पहुंचाया जिससे कल्पनाशील मलयाली कविता का द्वार खुला। वह मानवीय संवेदना, जीवन दर्शन, प्रवृत्तियों और शैली में नई भूमि पर आ खड़ी हुई। आशान के अन्य खंडकाव्यों में 'नलिनी' (1911), 'लीला' (1914), 'करुणा' (1923), 'चंडालभिक्षुकी' (1922) आदि लोकप्रिय हुए। 'श्रीबुद्धचरितम्' 1915 में आया जो एडविन आर्नाल्ड की रचना 'लाइट ऑफ एशिया' का रूपांतर गाना जाता है। 'विचित्रविजयम' के अलावा उनकी कई कृतियां हैं, जिन्होंने मलयालम भाषा को समृद्ध किया है।

आशान के काव्य का मूल विषय प्रेम है। 'वीणापूवु' में वे लौकिक जीवन की निस्सारता को रेखांकित करते हैं और आध्यात्मिक संतुष्टि के लिए मानवीय प्रेम का आह्वान करते हैं। 'नलिनी' में वे प्रेम को देह के परे बताते हैं। 'लीला' लोकाचारों के परे प्रेम का उद्घाटन है तो 'प्ररोदनम्' मित्र प्रेम की दास्तान है। आशान की कृतियों में विख्यात 'चिंताविष्ट सीता' सीता के जीवन के संघर्षों को प्रस्तुत करती है। इसमें सीता अपने अपमान के जख्मों को महसूस करती है। यह स्त्री के लिए नया द्वार खोलने वाली रचना है। 'चंडाल भिक्षुकी' में जातिपांति के परे मानव प्रेम की कथा है निम्न जाति की एक स्त्री मातंगी से एक प्यासा बौद्ध भिक्षु पानी मांगता है तब मातंगी पूछती है, 'मुश्किल में क्या आप जाति भी भूल गए?' इस कविता में बुद्ध कहते हैं, 'बीते समय की हर गलती/ मूर्खों के लिए/ आज भी शास्त्रसम्मत होती है।' 'करुणा' में उपेक्षित वेश्या के प्रति ममता है। 'दुरवस्था' ब्राह्मण कन्या और एक निम्न जाति के पुलया युवा के बीच प्रेम से जुड़े संघर्ष को व्यक्त करता है। कुमारन आशान एक मानवतावादी कवि के रूप में सामने आते हैं। वे एक जगह कहते हैं, 'अखिल विश्व में प्रेम सत्य है/ प्रेम ही शाश्वत सत्य है।'

आशान प्रेम के साथ करुणा, मानवीयता और मित्रता को विषय बनाते हैं। वे प्रेमहीन जीवन को मृत्यु कहते हैं। प्रेम की ऐसी कविताएं आज भी केरल के युवाओं की जुबान पर तैरती हैं। मलयाली आलोचक जोसफ मुंडश्शेरी ने आशान को 'क्रांति का शुकतारा' कहा है। उन्होंने मलयालम की भाषा छटा में निखार ला दी थी और समाज में जागरण की ज्योति फैलाई थी। उनका कहना था, 'हमारे समाज के कई इलाकों में जाति केंद्रित उलझन बढ़ रही है। उन्हें शांत किया जाना चाहिए। समाज के समृद्ध भविष्य के लिए सहज स्वीकार्य कानून की ताकत से समाज में मिलजुल कर रहने की भावना दृढ़ की जानी चाहिए। छोटी-मोटी समस्याओं से उबरकर समाज को एकता के साथ रहना है।' (विवेकोदयम्, 1904)।

प्रमिला के पी

कुमारिल भट्ट

(सातवीं सदी)

कुमारिल भट्ट दार्शनिक पंडित एवं वेदों के भाष्यकार के रूप में विख्यात हैं। इनके जीवन काल को लेकर विद्वानों में मतभेद है। पाश्चात्य

कुमारिल भट्ट

विद्वानों के अनुसार, इनका समय 600 से 650 के मध्य है। कुछ विद्वान मानते हैं कि ये शंकराचार्य के समकालीन थे। यही मत अधिक समीचीन है क्योंकि 'शंकरद्विग्विजय' में शंकराचार्य और कुमारिल भट्ट के मिलन का जिक्र है। शंकराचार्य ने इनसे ज्ञान की कई बातें अर्जित की हैं। शंकर ने वैदिक धर्म के विकास के लिए इनसे कई उपदेश ग्रहण किए थे और अपना कार्य संपन्न करने के लिए कुमारिल भट्ट से सहायता मांगी थी।

कुमारिल भट्ट ने शंकराचार्य को सलाह दी, 'आप माहिष्मती नगरी में मंडन मिश्र के पास जा कर और शास्त्रार्थ कर उनको अपना शिष्य बनाइए। उनसे आपको धर्मोद्धार करने में सहायता मिलेगी।' कुमारिल भट्ट ने कई मीमांसा ग्रंथों की रचना की। उनकी श्रेष्ठ रचनाओं में श्लोकवर्तिका, तंत्रवर्तिका, मीमांसावर्तिका आदि हैं। 'श्लोकवर्तिका' शवर स्वामी के भाष्य पर लिखी टीका है।

कुमारिल भट्ट 'भट्टमत' के प्रवर्तक माने जाते हैं जो मीमांसा दर्शन के अंतर्गत आने वाले तीन विशिष्ट मतों में एक है। कहा जाता है कि कुमारिल भट्ट ने बौद्ध सिद्धांतों का खंडन कर हिंदू धर्म को स्वीकार किया और वैदिक धर्म के उद्धार का प्रयास किया। कुमारिल भट्ट ने अपने युक्तिपूर्ण तर्कों से बौद्ध ग्रंथों को अव्यावहारिक और अप्रामाणिक सिद्ध किया। बौद्धों ने कुमारिल के साथ शास्त्रार्थ कर वैदिक देवताओं पर चरित्र दोष लगाया था। कुमारिल ने अपने तर्कपूर्ण विचारों से उनके चिंतन को खंडित किया।

बौद्धों ने कहा, 'ब्रह्मा ने निज कन्यागमन किया था और देवराज इंद्र ने गुरु-पत्नी-गमन'। कुमारिल ने उत्तर दिया, 'तुम लोग इसका अर्थ नहीं समझते। प्रजापालन करने वाले सूर्य को प्रजापति कहते हैं। ब्रह्मा सूर्य का नामांतर है। इसका प्रमाण शास्त्रों में विद्यमान है। अरुणोदय के समय उषा की उत्पत्ति होती है, इस कारण उषा को सूर्य की स्त्री बतलाया गया है। उषा के साथ सूर्य का तेज संयुक्त होता है, इसी घटना को लेकर स्त्री-पुरुष की कल्पना की गई है।' इंद्र के गुरु-पत्नी-गमन के संबंध में कुमारिल ने कहा है कि तेजोमय सविता को ही ऐश्वर्ययुक्त होने के कारण इंद्र कहते हैं। अहल्या का अर्थ है रात्रि क्योंकि वह 'अहनि' अर्थात दिन में, 'लीयते' अर्थात नष्ट होती है। उसी अहल्या या रात्रि को सूर्य या इंद्र जीर्ण करते हैं, अतएव उनका नाम अहल्याजार प्रसिद्ध हुआ।

कुमारिल भट्ट ने वेदों की पांडित्यपूर्ण व्याख्या लिखी। मंडन मिश्र को इनका प्रसिद्ध शिष्य माना जाता है। कुमारिल भट्ट की मृत्यु के संबंध में श्रुति है कि अपने बौद्ध गुरुओं को शास्त्रार्थ में परास्त करने की ग्लानि से उन्होंने प्रतिष्ठानपुर (वर्तमान झांसी) जा कर अपने शरीर को भस्म किया था।

सुधा बी

अधिक जानकारी के लिए :

संस्कृत काव्यशास्त्र का इतिहास : पी वी काणे

कुरमाली

कुरमाली आर्य परिवार की भाषा है। इसकी उत्पत्ति मागधी अपभ्रंश से हुई है। इसकी भाषिक संरचना और उच्चारण पर बांग्ला तथा उड़िया का प्रभाव है। कुरमाली को कुछ विद्वानों ने नागपुरी की विभाषाओं में परिगणित किया है, पर कुछ भाषा वैज्ञानिकों ने कुरमाली को मगही की बोलियों में स्थान दिया है। इसके अन्य नाम कुड़माली, कुड़ुमाली (यह उच्चारण मयूरभंज में प्रचलित है), कुड़माली ठार (कुरमाली ढंग की बोली), खट्टा (इस नाम का प्रयोग मानभूमि के उत्तर-पश्चिम में होता है), खट्टाही आदि हैं। कुरमाली का विस्तार भारत के तीन राज्यों में है। झारखंड के सिल्ली क्षेत्र (रांची जिला), पूर्वी सिंहभूमि और सरायकेला में तो कुरमाली बोली ही जाती है, इसके अतिरिक्त यह पश्चिम बंगाल के पुरुलिया, मिदनापुर, बांकुड़ा और मालदा में भी बोली जाती है। उड़ीसा के मयूरभंज और क्योंझर जिलों में भी इसका प्रचलन है। विस्तृत भू-भाग की भाषा होने के कारण इसके कई प्रभेद हो गए हैं। 1997 की रिपोर्ट के अनुसार, इसे बोलने वालों की संख्या 3,10,000 है।

विद्वानों ने माना है कि इसका नामकरण कुर्मी जाति के नाम पर हुआ है। जी ए ग्रियर्सन ने कुर्मी समुदाय द्वारा बोली जाने वाली कुरमाली को 'कुड़माली ठार' कहा है। उन्होंने इसके एक प्रभेद को 'खट्टा' भी बताया है। झारखंड की भाषाओं में संभवतः आर्य परिवार की यह पहली भाषा है जिसका नामकरण कुर्मी जाति के नाम पर हुआ है।

कन्नड़ की भी एक बोली 'कुरूमवारी' है। यह बोली कन्नड़ का एक रूप है जो तमिल से प्रभावित है। कुरूमवारी भाषा नीलगिरि पर्वत पर कुरूब लोगों द्वारा बोली जाती है। कुरूमवारी बोलने वाले लोग द्रविड़ हैं और झारखंड की जिस कुर्मी जाति के आधार पर इस भाषा का नाम पड़ा है, वह भी द्रविड़ है। द्रविड़ लोग दक्षिण से ही रोहतास हो कर झारखंड आए थे। ऐसे में संभावना बनती है कि कुरूमवारी तथा कुरमाली के बीच कोई संबंध हो। जैसा कि कहा गया है, कुरमाली का एक सिरा पश्चिम बंगाल को छूता है तो दूसरा सिरा उड़ीसा को। इसके परिणामस्वरूप कुछ भाषावैज्ञानिकों ने इसे कभी बांग्ला की बोली माना तो कभी उड़िया की बोली।

कुरमाली में हिंदी के स्वर अ, आ, इ, ई, उ तथा ऊ यथावत हैं, किंतु ऐ तथा औ का उच्चारण 'अइ' तथा 'अउ' के रूप में होता है। उच्चारण की यह रीति पूर्वी हिंदी की बोलियों में भी है। कुरमाली का 'अं' उच्चारण में आनुनासिक 'अँ' हो जाता है। भोजपुरी तथा अन्य पूर्वी बोलियों की भांति कुरमाली में 'ण' का 'न' हो जाता है। इसी तरह कुरमाली का 'श' और 'ष' का उच्चारण 'स' की तरह होता है। खोरठा की भांति इसमें भी शब्द के आरंभ में 'य' और 'व' ध्वनियां नहीं मिलती हैं। 'य' का 'ज' तथा 'व' का 'ब' जरूर हो जाता है। पर खोरठा से इसका अंतर यह है कि इसमें शब्दों के मध्य और अंत में स्थित 'य' तथा 'व' ध्वनियां यथावत होती हैं। कुरमाली में संयुक्ताक्षर नहीं हैं। संयुक्ताक्षरों का उच्चारण पृथक-पृथक किया जाता है यथा परभु, आछा आदि। शब्दों के 'अकार' प्रायः 'आकार' के रूप में उच्चरित होते हैं, यथा गागरा (गगरा), पाहाड़ (पहाड़) आदि। संख्याओं में 'ह' का लोप हो जाता है, यथा गारो (ग्यारह), बारो (बारह), तेरो (तेरह), आठारो (अठारह) आदि।

कई भाषावैज्ञानिकों ने कुरमाली में चार लिंगों की उपस्थिति बताई है। इसमें सूर्य और चांद जैसी प्राकृतिक वस्तुएं स्त्रीलिंग मानी गई हैं। झारखंड की आदिवासी भाषाओं, विशेषकर संताली आदि के समान इसमें आदरसूचक कोई सर्वनाम नहीं है। कुरमाली में दो वचनों का विधान है। इसमें एकवचन से बहुवचन कुछ प्रत्ययों को जोड़ कर बनाया जाता है जिनमें से कई प्रत्यय खोरठा में भी लगते हैं। रा, गिला, गिलि, गिलिन, गुलि, सभ आदि बहुवचन बनाने के प्रत्यय हैं। विशेषण के दो रूप मिलते हैं—लघु और गुरु। इसमें विशेषणों को स्त्रीलिंग रूप देने के लिए प्रत्यय लगाए जाते हैं। जिनमें इ, आहि, इन आदि प्रमुख हैं, यथा लेका-लेकी, लउठाहा-लउठाहि

आदि। कुरमाली में पुल्लिंग और स्त्रीलिंग के लिए क्रिया के एकवचन तथा बहुवचन में भिन्न-भिन्न रूप मिलते हैं। इसकी क्रियाएं काल, वचन और पुरुष के अनुसार भिन्न-भिन्न होती हैं।

कुरमाली का शब्द-भंडार समृद्ध है। इसमें सर्वाधिक शब्द आर्यमूल की भाषाओं के हैं। इसके अतिरिक्त मुंडारी, संथाली, हो जैसी आस्ट्रिक कुल की भाषाओं ने भी इसके शब्द भंडार को समृद्ध किया है। द्रविड़ कुल की कुडुख जैसी भाषाओं के शब्द भी कुरमाली में पर्याप्त पाए जाते हैं। विदेशी भाषाओं में अंग्रेजी, अरबी, फारसी आदि के शब्द इसमें शामिल हैं। बांग्ला, उड़िया और असमिया के शब्दों की भी कुरमाली में पर्याप्त संख्या है। पर इसके कुछ अपने मौलिक शब्द भी हैं जो इसकी अस्मिता से जुड़े हुए हैं। जैसे, रीढ़ को 'बिसी' तथा सिर के पिछले हिस्से को 'तुतका' कहा जाता है। कुरमाली का लोक साहित्य भी अत्यंत समृद्ध है। इसके संस्कार गीतों में इसकी सांस्कृतिक विशिष्टता समाई हुई है।

उदाहरण : कुरमाली : राम जाइसाहे। सीता जाइसआहि। चांद डुबलि। हिंदी : राम जा रहा है। सीता जा रही है। चांद डूबता है।

राजेंद्र प्रसाद सिंह

अधिक जानकारी के लिए :
1. **भारत के प्राचीन भाषा परिवार और हिंदी** : रामविलास शर्मा, 2. **हिंदी भाषा का इतिहास** : केशवदत्त रूवाली, 3. **हिंदी की उपभाषाएं और बोलियां** : रामचंद्र मिश्र

कुर्रतुल ऐन हैदर
(1926-2007)

अलीगढ़ में जन्मी उर्दू कथाकार कुर्रतुल ऐन हैदर ने आरंभिक शिक्षा लखनऊ से पाई थी। फिर उन्होंने लंदन से उच्च शिक्षा ली। भारत-पाक विभाजन के समय अपने भाई-बहन और रिश्तेदारों के साथ वह भी पाकिस्तान चली गईं। वे पाकिस्तान ज्यादा समय नहीं रुकीं और लंदन चली गईं जहाँ

कुर्रतुल ऐन हैदर

बीबीसी से जुड़ गईं। 1956 में जब वे भारत आईं तो उन्होंने अंततः भारत में ही बस जाने का निर्णय किया। वे लंदन से आ कर मुंबई में बस गईं। उन्होंने विवाह नहीं किया। उन्होंने अपना सामाजिक जीवन एक पत्रकार के रूप में शुरू किया था, पर आगे चल कर उर्दू की एक महत्वपूर्ण कथाकार बन कर उभरीं। उन्होंने जामिया इस्लामिया विश्वविद्यालय और अलीगढ़ मुस्लिम विश्वविद्यालय में विजिटिंग प्रोफेसर के रूप में काम किया। 1959 में उनका उपन्यास 'आग का दरिया' छपा जिससे उनको विशेष प्रसिद्धि मिली। इसमें लखनऊ के जीवन और तहजीब का वर्णन है। यह कृति विभाजन की भूल और पीड़ा का एक मार्मिक दस्तावेज है। उनका उपन्यास 'आखिरे शब के हमसफर' भी महत्वपूर्ण है जिस पर उन्हें साहित्य अकादेमी और ज्ञानपीठ पुरस्कार मिला। उनकी कृति 'अगले जनम मोहे बिटिया न कीज्यौ' में उनकी अपनी दास्तान भी है।

कुर्रतुल ऐन हैदर ऐनी आपा के नाम से जानी जाती थीं। उन्होंने हिंदुओं और मुसलमानों की साझी संस्कृति के संबंध में लिखा है, 'मिलीजुली संस्कृति किसी अखबार की सुर्खी नहीं कि दूसरे ही दिन मिटा दी जाए। यह तो दुनिया के इतिहास का वह शीर्षक है जो अपनी जगह सुरक्षित है और दूसरी संस्कृतियों को अपनी ओर खींचता है।' वे कट्टरवाद के खिलाफ थीं। अमृता प्रीतम और इस्मत चुगताई के साथ कुर्रतुल

ऐन हैदर का नाम आदर से लिया जाता है। इन्होंने स्त्रियों की स्वाधीनता और उन्हें मानवीय नजरिए से देखने के लिए विशेष रूप से आवाज उठाई थी।

सुनीता गुप्ता

कुलपति

(सतरहवीं-अठारहवीं सदी)

कुलपति के द्रोण पर्व, युक्ति तरंगिणी, नख शिख, संग्राम सार और रस रहस्य ग्रंथ उपलब्ध हैं। 'रस रहस्य' विशुद्ध काव्यशास्त्रीय गंथ है। इसका रचना काल 1700 है। इसका प्रमुख उद्देश्य संस्कृत काव्यशास्त्र को हिंदी में पाठकों के लिए सरल एवं सुगम बनाना था। आरंभिक पद्यों में कृष्ण की वंदना है। इसमें काव्य लक्षण, काव्य प्रयोजन, काव्य-कारण, काव्य पुरुष रूपक एवं काव्य-भेदों की चर्चा है। दूसरे प्रकरण में शब्दार्थ-निर्णय, तीसरे और चौथे में ध्वनि और गुणीभूत-व्यंग्य का निरूपण है, पांचवें-छठे में गुण और दोष एवं अंतिम प्रकरण में शब्दालंकार और अर्थालंकार पर प्रकाश डाला गया है।

कुलपति से पूर्व किसी भी हिंदी आचार्य ने काव्य हेतुओं का स्पष्ट रूप से निरूपण नहीं किया। उनके अनुसार काव्य का हेतु कवि की शक्ति या प्रतिभा है। कुलपति ने 'शब्दार्थ-निरूपण' को रस, दोष, गुण और अलंकार से पूर्व स्थान दिया है। शब्द और अर्थ के तीन प्रकार हैं, 'वाचक, लक्षक व्यंग को शब्द तीन विधि सोई।/ वाच्च लक्ष्य अरु व्यंग पुनि अर्थ तीन विधि होई।' (रस-रहस्य 2.3)।

कुलपति ने रस-रहस्य के तीसरे वृत्तांत में ध्वनि-निरूपण किया है जिसका आधार-ग्रंथ काव्य प्रकाश है। उन्होंने ध्वनि-प्रधान काव्य का निरूपण किया है, ध्वनि काव्य-पुरुष जीव है। शब्दार्थ देह के समान है। माधुर्य आदि गुण, अनुप्रासोमादि अलंकार और श्रुतिकटु आदि दोष काव्य-पुरुष के क्रमशः गुण, भूषण और दूषण हैं। ध्वनि-रूप जीव की सिद्धि के लिए देह आदि साधनों का उपयोग किया जाता है। इन्होंने ध्वनि-भेदों की संख्या मम्मट सम्मत 18 तक गिनाई है। (रस-रहस्य, 1.34, 35)। कवि ने व्यंग्य-रूप जीव के साधनों की गणना करते हुए इसे काव्य का प्रमुख तत्व माना है। इससे उनकी ध्वनिवादी प्रवृत्ति स्पष्ट रूप से दिखाई देती है। 'ध्वनि-निरूपण' के तीसरे प्रकरण में इन्होंने रस, भाव आदि का निरूपण किया है। इस प्रकरण की विशेषता है रस-संबंधी सामग्री को सुबोध ढंग से प्रस्तुत करना। कुलपति प्रथम आचार्य हैं जिन्होंने केशव सम्मत भाव के लक्षण की उपेक्षा करके उसे शास्त्रीय मोड़ दिया है। इसी प्रकार शांत रस की ग्राह्यता अथवा अग्राह्यता के प्रश्न को कुलपति ने सर्वप्रथम न केवल प्रस्तुत किया बल्कि अपनी मौलिक धारणा भी निर्धारित की। (हिंदी रीति परंपरा के प्रमुख आचार्य, सत्यदेव चौधरी)। कुलपति गुण के संबंध में मम्मट जैसे ध्वनिवादी आचार्यों से सहमत हैं। उन्होंने गुणों की संख्या तीन मानी है और गुण को काव्य का एक आवश्यक अंग माना है। साथ ही माधुर्य गुण की सर्वोत्कृष्टता के द्वारा श्रृंगार रस की सर्वोत्कृष्टता भी घोषित की है। उन्होंने मम्मट द्वारा निरूपित वृत्तियों एवं अलंकारों को हिंदी में प्रस्तुत किया।

किरण सिंह

कुल्लुई

कुल्लुई बोली का क्षेत्र कुल्लू जिला है। यह सवा दो लाख से अधिक लोगों की बोली है। ग्रियर्सन ने पश्चिमी पहाड़ी बोलियों में कुल्लुई तथा क्योंथली (बघाटी) को विशिष्ट स्थान दिया था। कुल्लू का लोकवार्ता साहित्य अत्यंत समृद्ध तथा पौराणिक आधारभूमि से संबद्ध है। बाहरी सिराजी में क्योंथली के शौधोची रूप के कुछ गुण शामिल हैं, परंतु इसमें इतनी ही विशेषताएं भीतरी सिराजी की भी हैं। इस दृष्टि से भीतरी सिराजी कुल्लुई और महासुई के बीच सेतु का काम करती है, परंतु यह कुल्लुई के अधिक निकट है। ग्रियर्सन ने कुल्लुई के अंतर्गत

कुल्लुई विशेष, सैंजी और भीतरी सिराजी ये तीन उपबोलियां गिनाई हैं, परंतु इनमें सैंजी को अलग नहीं कहा जा सकता। भीतरी सिराजी तथा बाहरी सिराजी में काफी समानता है। विशिष्ट कुल्लुई का क्षेत्र कुल्लू तहसील तक सीमित नहीं है। कुल्लू तहसील की पश्चिमी सीमा सारी जोत है। सारी जोत के दूसरी ओर कांगड़ा जिले का बंघाल क्षेत्र है। बंघाल के दो भाग हैं—छोटा बंघाल और बड़ा बंघाल। छोटे बंघाल का पूर्वी भाग, जिसमें कोठी कोहड़ और सुआड़ पड़ते हैं, कुल्लुई क्षेत्र के अंतर्गत हैं। इस तरह सारी जोत के ठीक दूसरी ओर कोहड़ सुआड़ की बोली सभी दृष्टि से कुल्लुई है।

कुल्लुई बोली के उत्तर में लाहुल और स्पीति के क्षेत्र हैं, जहाँ की भाषा तिब्बती भोटी अर्थात तिब्बती प्रधान है। पूर्व में महासुई, दक्षिण में मंडियाली तथा पश्चिम में कांगड़ी बोली के क्षेत्र पड़ते हैं। ग्रियर्सन कुल्लुई और क्योंथली बघाटी को विशिष्ट पहाड़ी कहते हैं। वे कुल्लुई या कुल्वी में उन सब विशेषताओं का समावेश मानते हैं जो (पश्चिमी) पहाड़ी को अन्य पड़ोसी भाषाओं से अलग करने के आधार हैं। समस्त पहाड़ी क्षेत्र में जो तालव्य च-वर्ग को वर्त्स्य च-वर्ग में बदलने की प्रवृत्ति है वह कुल्लू में विशेष रूप से उभर कर आई है। यहां केवल च-वर्गीय उच्चारणों में प्रवृत्त न रह कर दोनों अलग-अलग स्वतंत्र ध्वनि-समूह बन गए हैं। इसी तरह दंत्य 'ल' और मूर्धन्य 'ल' की स्वतंत्र ध्वनियां, 'ए' और 'ऐ' के साथ-साथ ह्रस्व 'ए' तथा 'ओ' और 'औ' के अतिरिक्त 'ओ' ध्वनियां, जो पहाड़ की सभी बोलियों की विशेषताएं हैं, कुल्लुई में स्पष्ट रूप से परिलक्षित होती हैं। इसी प्रकार सर्वनाम के संबंध में पहाड़ी भाषा की विशिष्टताएं, विशेषतः अन्य पुरुष के लिए स्त्रीलिंग और पुल्लिंग के अलग-अलग प्रत्यय कुल्लुई में नितांत स्पष्ट हैं।

उदाहरण : एकी माण्हु रे दूई बेटे थी। तिन्हा मोंझा-न होछे बेटे आपणे बाबा-बे बोलू 'एई बाबुआ, माल-मता री जो बोंड मूंबे पूजा सा, सो मूंबे दे।' तेबे तेइए तिन्हा-बे बोंडी धीबी।

श्रीराम शर्मा

कूटभाषा

कूट या कोड भाषा (Code Language) भाषा का ऐसा कृत्रिम या गढ़ा हुआ रूप है जिसका उपयोग एक सीमित समूह द्वारा अपने सीमित और अक्सर गोपनीय संवाद-संप्रेषण के लिए किया जाता है। कोड भाषा का उपयोग करने वाले इन सीमित समूहों में मुख्य रूप से फौज, पुलिस, जासूस, उच्च राजनीतिज्ञ, ब्यूरोक्रैट, डिप्लोमेट, व्यापारी, बिचौलिए, अपराधी गैंग (चोर, डकैत, लुटेरे, फिरौतीबाज, सुपारीबाज, रंगबाज, माफिया), उग्रवादी और आतंकवादी शामिल हैं। इसके अलावा भ्रष्टाचार की कमाई करने वाले लोगों के भी अपने कुछ खास कोड होते हैं लेकिन उनका प्रयोग इतना सीमित होता है कि इसे कूटभाषा के एक खास रजिस्टर के तौर पर दर्ज करना उपयुक्त नहीं है।

संदेश के अंकन और आदान-प्रदान के विभिन्न तरीकों की तरह ही कूट या कोड भी एक प्रकार का संकेत है। यह संकेत भाषाई भी हो सकता है और उससे अलग भी (जैसे, पशु-पक्षियों की बोली, लाइट के रंग या उसके जलने-बुझने के पैटर्न, मोर्स कोड आदि)। इस लिहाज से कूटभाषा भाषाई संकेत प्रणाली पर आधारित होती है लेकिन सामान्य भाषा या प्राकृतिक भाषा से यह कुछ मायनों में अलग और विशिष्ट होती है।

सामान्य तौर पर कहा जा सकता है कि कूटभाषा में कूट तत्व उसकी शब्दावली में और भाषा तत्व उसकी व्याकरणिक संरचना में निहित होता है। कूट शब्दावली अपने प्रयोग क्षेत्र (डोमेन) द्वारा निर्धारित और सीमित होती है और व्याकरणिक संरचना संदर्भित भाषा के प्रयोक्ता समाज द्वारा। यानी कूटभाषा के व्याकरणिक सांचे प्रायः भाषा संरचना के अनुरूप रहते हैं लेकिन उसके शब्द भाषा की आम शब्दावली से पूरी तरह अलग होते हैं या वे आम भाषा के होने के बावजूद अलग अर्थों में प्रयुक्त होते हैं।

एक उदाहरण के माध्यम से यह स्पष्ट किया जा सकता है। पोखरण में परमाणु परीक्षण के बाद तत्कालीन

सरकार को कूटभाषा में यह संदेश भेजा गया, 'भगवान बुद्ध मुस्कुराए'। इसका अंतर्निहित कूट अर्थ है : 'कार्य (परमाणु परीक्षण) सफल हुआ'। यहां पहले अर्थ को जो सामान्य शब्दकोश सम्मत है, अवरुद्ध करके दूसरा अर्थ जो कूट अर्थ है, आरोपित किया गया है।

कूटभाषा की संरचना के सामान्य रूप से ये तीन घटक तत्व हैं : 1. कलनविधि (एल्गोरिथ्म) वह प्रविधि है, जिसका इस्तेमाल मूल संदेश (सामान्य पाठ) के कूट लेखन के लिए किया जाता है। 2. उस एल्गोरिथ्म के साथ इस्तेमाल की जाने वाली एक कुंजी होती है, जो सामान्य पाठ को संकेतों में बदलने और संकेतों को पुनः सामान्य पाठ में बदलने का कार्य करती है। 3. एक समयावधि तय रहती है जिसके दौरान यह कुंजी मान्य होती है।

कूटभाषा की कुछ प्रमुख पाठपरक और संदेशपरक विशेषताएं इस प्रकार हैं–(1) अर्थपरक विशिष्टता–कूटभाषा में इस्तेमाल किए जाने वाले शब्द सामान्य भाषा के होते हैं लेकिन उनका अर्थ असामान्य और विशिष्ट होता है। (2) संदर्भजन्यता–कूटभाषा अपने संदर्भ विशेष में ही अपेक्षित अर्थ को स्थापित एवं स्थानांतरित करती है। शब्द और अर्थ का यह कूट संदर्भ सरलता से बोधगम्य हो सकता है और जटिल भी हो सकता है। (3) अस्पष्टता–कूटभाषा की पाठ संरचना अर्थ की दृष्टि से अस्पष्ट होती है। (4) यादृच्छिकता–शब्दों के अर्थ निर्धारण में यादृच्छिकता का पैमाना सामान्य भाषा की तुलना में अधिक सीमित और अवरुद्ध होता है। (5) तीव्र गतिशीलता और परिवर्तनशीलता–कूटभाषा अपने सीमित डोमेन में या सीमित प्रेषक–गृहीता व्यक्ति/वर्ग के बीच तेजी से संचरित होती है। उसके प्रतीक और संदेश में तेजी से बदलाव होता है। समय और परिस्थिति के अनुसार कूटभाषा में पुराने शब्दार्थ और कूट-प्रणालियां बदलना कूटभाषा के बने रहने की अनिवार्य अपेक्षा होती है। (6) पाठ एवं संदेशनिष्ठ गोपनीयता–कूटभाषा के पाठ और संदेश में गोपनीयता का स्थायी गुण होता है। (7) अप्रत्यक्ष संचार और संप्रेषणीयता–कुछ मामलों को छोड़कर कूटभाषा का संचार और संप्रेषण अधिकतर अप्रत्यक्ष रूप में होता है। जब और जहाँ यह थोड़ा-बहुत प्रत्यक्ष होता है, वहां यह अधिक अस्पष्ट और तेज गति-संपन्न होता है।

कूटभाषा का प्रयोग क्षेत्र भाषा समाज में प्रत्यक्षतः सीमित रूप से होता है लेकिन अप्रत्यक्ष रूप से यह समाज में परत-दर-परत फैला रहता है। कूटभाषा अपने भाषा समुदाय के विभिन्न समूहों और उपसमूहों (कार्य क्षेत्रों) में प्रत्यक्ष या अप्रत्यक्ष तौर पर इस्तेमाल की जाती है। कहीं व्यापारिक लेन-देन में अपना हित-लाभ सुरक्षित रखने के लिए इसका परिपूरक तौर पर इस्तेमाल किया जाता है। दुकानदार ग्राहक से आम भाषा में बातचीत करते हैं, पर अपने सहयोगी, स्टाफ और साथी व्यापारियों से दूसरी (अस्पष्ट) भाषा में। जासूसी संस्थाएं, फौज और पुलिस अपनी गतिविधियों की गोपनीयता बनाए रखने के लिए आम भाषा से हट कर अपने संदेशों को विभिन्न तरीकों से कूटबद्ध करते हैं। सुरक्षा एजेंसियों के वायरलेस संदेशों में अक्सर कमांड अल्फा, ब्रवो, चार्ली, डेल्टा, टाइगर, ड्रैगन आदि शब्द सुनने को मिलते हैं। आम आदमी इन शब्दों को समझ नहीं पाता है जबकि संबंधित विभाग इससे बखूबी वाकिफ रहते है। ऐसे कूट शब्दों के जरिए सुरक्षित रूप में सूचनाओं का आदान-प्रदान हो जाता है।

मध्यस्थ, दलाल या बिचौलिए भी अपने धंधे में कूटभाषा का प्रयोग करते हैं। सट्टा बाजार की कूटभाषा जिस तेजी से अपने शब्द और अर्थ बदलती है उसे डोमेन के बाहर समझना और सिद्ध कर पाना शासन की एजेंसियों के लिए हमेशा चुनौती भरा रहा है। इसी तरह सब्जी मंडी से लेकर पशु हाट तक और काला बाजार से चोर बाजार तक भाषिक या अभाषिक कूटों के जरिए लोग अपना काम बनाते और ग्राहकों की जेबों से ज्यादा से ज्यादा पैसा निकालते रहे हैं। कूटभाषाओं का फैलाव अब धीरे-धीरे लगभग हर व्यवसाय में हो गया है। चाहे जमीन की सौदेबाजी हो, रियल एस्टेट का कारोबार या सर्राफा व्यवसाय हो, सूद की मंडियां या शेयर बाजार की गतिविधियां

हों, बिचौलियों और कूटभाषाओं का होना अब एक स्वीकृत तथ्य है।

कोड या कूटभाषा हर कालखंड, हर देश और समाज में मौजूद रही है, लेकिन राज्य की संस्थाओं (फौज, पुलिस, जासूस आदि) द्वारा आजकल इस्तेमाल की जाने वाली कूटभाषाओं के ऐतिहासिक विकास की शुरुआत विश्व युद्धों की पृष्ठभूमि में हुई। इस क्रम में सबसे पहले 1927 में अंतरराष्ट्रीय दूरसंचार संगठन (आईटीयू) द्वारा ग्रहण किए गए स्पेलिंग अल्फाबेट का नाम आता है। इनमें 1932 में अनेक बदलाव किए गए। इसके बाद यही स्पेलिंग अल्फाबेट 1950 में इंटरनेशनल रेडियो टेलिफोनी स्पेलिंग अल्फाबेट का आधार बने जिसे बाद में दुनिया भर में नाटो फोनिटिक अल्फाबेट, आईसीएओ फोनिटिक या आईसीएओ स्पेलिंग अल्फाबेट के नाम से भी जाना गया। इन संस्थाओं के अलावा, कूट का इस्तेमाल इंटरनेशनल मिटाइम ऑर्गनाइजेशन (आईएमओ), अमेरिकन फेडरल एविएशन (एफएए), एलाइंस फॉर टेलिकम्युनिकेशंस इंडस्ट्री सॉल्यूशंस (एटीआईएस), अमेरिकन रेडियो रिले लीग (एआरआरएल) द्वारा भी किया गया।

1956 से पहले फौजी कूटभाषाओं के विकास में तीन नाम मुख्य हैं—(1) रॉयल नेवी द्वारा इस्तेमाल की जाने वाली पश्चिम सीमांत अपभाषा (वेस्टर्न फ्रंट स्लैंग) या सिग्नलीज (पहले विश्वयुद्ध (1914-1918 के दौरान), (2) रॉयल फोनिटिक अल्फाबेट (1924-1442 और 1943-1956 के दौरान) और (3) यूएस फोनिटिक अल्फाबेट (1941-1956 के दौरान)।

कूटभाषाओं के विकास के संदर्भ में कोड टॉकर्स को जानना जरूरी है। कोड टॉकर्स बीसवीं सदी के दौरान के वे सैन्य कार्मिक थे जो युद्ध के दौरान गोपनीय संदेशों के आदान-प्रदान के लिए अस्पष्ट भाषा (ओं) का इस्तेमाल करते थे। इसका इस्तेमाल विश्व युद्धों में तैनात किए गए संयुक्त राज्य अमेरिका के उन सैनिकों के लिए किया जाता है जो अमेरिका की स्थानीय भाषाओं के अपने ज्ञान का इस्तेमाल कूट संदेशों को भेजने के आधार के रूप में किया करते थे। इन सैनिकों की संख्या लगभग चार-पांच सौ थी। इनका प्राथमिक काम था, गोपनीय सैन्य संदेशों को भेजना। कोड टॉकर्स समूह के प्रयासों ने कूटभाषाओं की रचना पद्धति और इनके संचार संप्रेषण की प्रणाली में स्थानीय भाषाओं के तत्वों का इस्तेमाल करने की नई युक्तियां सामने लाने का काम किया।

इंटरनेट और मोबाइल फोन आने के बाद कूटभाषाओं का प्रयोग पहले की तुलना में अधिक व्यापक हुआ। इनकी संरचनापरक और संप्रेषणात्मक जटिलताएं बढ़ीं। पुराने तौर-तरीके बदल गए। यह पहले की तुलना में अधिक चुस्त, तीव्र, और स्मार्ट हो गया।

उपर्युक्त तथ्यों को देखने के बाद में लग सकता है कि कूटभाषा का अस्तित्व अंधेरे कमरों और बंद गलियों तक सीमित है या इसका इस्तेमाल स्वार्थ सिद्धि, हित लाभ, षड्यंत्र, दुरभिसंधि, ब्लैकमेल और उत्पीड़न जैसे नकारात्मक कामों को अंजाम देने के लिए होता है। लेकिन इस प्रकार का विश्लेषण अधूरा और एकांगी होगा।

कूट प्रयोग का एक स्वस्थ, सर्जनात्मक और लोकरंजक पक्ष भी है, जो विभिन्न रूपों और आयामों के साथ साहित्य में मिलता है। जैसे : कबीर की उलटबासियां, सूर के दृष्टकूट पद, रीतिकालीन कवियों द्वारा रचित विशिष्ट श्रृंगारिक रचनाएं आदि। इस परंपरा में 'चार बांस चौबीस गज अंगुल अष्ट प्रमाण' (चंद बरदाई) भी कूटभाषा का एक रूप है। 'नहिं पराग नहिं मधुर मध' (बिहारी) जैसे द्विपक्षीय संप्रेषण के संकेतात्मक कूट दोहे हैं जिनकी ऐतिहासिक भूमिका किसी से छिपी नहीं है।

कूटभाषा एक कृत्रिम भाषा है लेकिन यह भी भाषा की परिधि में काम करती है। इसकी अपनी खास बनावट-बुनावट, प्रणाली और प्रक्रिया है जिसका अध्ययन समाज की कई ग्रंथियों के भेद खोल सकता है और भाषाई संप्रेषण की अनेक समस्याओं को हल करने के रास्ते सुझा सकता है।

अनुपम श्रीवास्तव

अधिक जानकारी के लिए :

1. **Code Talkers and Warriors:** Tom Holm, 2007, 2. **Kryptoseller : Kryptology and its History** : Fred Weirude

कृत्तिवास रामायण

कृत्तिवास रामायण की रचना पंद्रहवीं शती के बांग्ला के आदि कवि कृत्तिवास ओझा ने की थी। यह संस्कृत के अतिरिक्त अन्य उत्तर-भारतीय भाषाओं की पहली 'रामायण' है। यह ग्रंथ मूल 'रामायण' का शब्दानुवाद नहीं है। इसमें मध्यकालीन बांग्ला समाज और संस्कृति का चित्रण भी है। तुलसीदास के 'रामचरितमानस' के रचना काल से लगभग सौ वर्ष पूर्व 'कृत्तिवास रामायण' की रचना हुई थी। संत कृत्तिवास छंद, व्याकरण, ज्योतिष, धर्म और नीतिशास्त्र के प्रकांड पंडित थे और राम नाम में उनकी परम आस्था थी। 'कृत्तिवास रामायण' भी वाल्मीकि रामायण की तरह सात कांडों में विभाजित है। यह सरल पयार छंदों में पांचाली गान के रूप में लिखा गया है। कह सकते हैं कि 'कृत्तिवास रामायण' बंगभाषा-भाषियों का कंठहार है।

आशुतोष मुखर्जी के अनुसार, 'कृत्तिवास बंगाली जाति के बड़ो करिया गियाछेन'। इसका कथानक वाल्मीकीय रामायण के अनुरूप है, फिर भी अनेक जगहों पर पौराणिक ग्रंथों का पर्याप्त समावेश है, जिनमें 'योगाघार वंदना', 'शिवरामेर युद्ध' और 'रुक्मांगदेर एकादशी' प्रमुख हैं। गोस्वामी तुलसीदास के मानस की तुलना में आख्यानों का इतना अधिक उपयोग कृत्तिवास की अपनी विशेषता है। रामचरितमानसकार ने शिव-पार्वती के संवाद के रूप में कथारंभ किया है तो 'कृत्तिवास रामायण' में इक्ष्वाकु कुल के राजाओं का परिचय देते हुए कथा की शुरुआत की गई है। तुलसीदास के राम परमब्रह्म हैं, वे 'विधि हरि संभु नचावन हारे' हैं, जबकि कृत्तिवास के राम मुख्यतः विष्णु के अवतार हैं।

वस्तुतः बंगाल में तब पांचाली गायकों का प्रचार खूब था। स्वयं कृत्तिवास रामायण भी राम-पांचाली कहलाती थी। इसकी वर्णन शैली भी पांचाली साहित्य जैसी है। जगह-जगह भोजन, वनस्पतियों, वस्त्रों और वाद्यों की लंबी तालिकाएं दी गई हैं। जिस तरह हिंदी भाषी क्षेत्र में आल्हा का प्रचार है, उसी प्रकार कृत्तिवास रामायण में भी अनेक स्थलों पर युद्ध के लिए जाते वीरों के साथ विभिन्न वाद्य-यंत्रों एवं अस्त्र-शस्त्र का वर्णन किया गया है। इसे लंका कांड में देखा जा सकता है–'एक लक्ष दगड़, दुइ लक्ष करताल/दुइ सहस्र घंटा बाजे/मृदंग विशाल/ढेमचा खेमचा बाजे दुइ लक्ष ढोल/ तिन लक्ष पखाओज बिस्तर मादल।'

कृत्तिवास का वर्णन साधारण नर-नारी के सुख-दुख का सहज वर्णन है। भाव-प्रकाशन पर न ब्रह्म तत्व हावी है, न मर्यादा हावी है। तुलसी के यहां भावात्मक संघर्ष अधिक है। इसी तरह, कृत्तिवासी रामायण में श्रृंगार के संयोग पक्ष का वर्णन उतना नहीं है, जितनी सुंदर अभिव्यक्ति वियोग पक्ष की है। तुलसी के यहां दोनों पक्ष अच्छे बन पड़े हैं। कृत्तिवास ने सीता के रूप-वर्णन में बहुत रुचि दिखाई है, जबकि तुलसी के यहां राम के वर्णन में सर्वाधिक रुचि है। इसी प्रकार कृत्तिवास रामायाण में वात्सल्य के वियोग पक्ष पर अधिक ध्यान दिया गया है तो तुलसी के यहां वात्सल्य के दोनों रूप देखे जा सकते हैं। रामचरितमानस की तुलना में कृत्तिवास रामायण में हास्य ज्यादा है, यद्यपि तुलसी के हास्य में शिष्टता है और कृत्तिवास के यहां विदूषकता है। इसमें तरुण वेश्याओं द्वारा ऋषि-शृंग को बुद्धू बनाने में हास्य का उपयोग है। उनके हनुमान में भी कहीं-कहीं मसखरापन दिखता है।

तुलसी की रामायण मूल-रूप में बहुत कुछ सुरक्षित है, लेकिन 'कृत्तिवास रामायण' में काफी परिवर्तन हुए। जिस तरह जगनिक का आल्हा काव्य लोक गायकों की जीभों पर घिसते-घिसते तथा नए-नए प्रसंगों को समाविष्ट करते हुए आज जिस रूप में उपलब्ध है वह मूल से बहुत भिन्न है, वैसी ही स्थिति 'कृत्तिवास रामायण' की है। कलाकारों ने 'कृत्तिवास रामायण' का गान करते समय भावावेश में आकर बहुत कुछ अपनी ओर से भी जोड़ा और तोड़ा-मरोड़ा है तथा अन्य प्रसिद्ध रामकथा-लेखकों की कृतियों के अंश भी उसमें सम्मिलित कर लिए हैं। यही कारण है कि इसके विभिन्न पाठ-भेद हैं।

हिंदी में भुवन वाणी ट्रस्ट, लखनऊ द्वारा 'कृत्तिवास रामायण' का अनुवाद एवं प्रकाशन किया

गया था। हिंदी साहित्य के प्रसिद्ध कवि सूर्यकांत त्रिपाठी निराला की चर्चित रचना 'राम की शक्तिपूजा' कृत्तिवास रामायण से प्रेरित मानी जाती है।

जय कौशल

अधिक जानकारी के लिए :

1. **निराला की साहित्य-साधना (भाग-2) :** रामविलास शर्मा, 1972, 2. **कृत्तिवासी बंगला रामायण और रामचरितमानस का तुलनात्मक अध्ययन :** रमानाथ त्रिपाठी, 3. **कृत्तिवास रामायण (हिंदी अनुवाद) :** योगेश्वर त्रिपाठी, प्रबोध कुमार मजुमदार, नवारुण वर्मा, 4. **मध्यकालीन भारतीय समाज एवं संस्कृति :** फणींद्रनाथ ओझा, 5. **तीन सौ रामायण :** ए के रामानुजन

कृषकों के मानवाधिकार

दुनिया की प्रायः 80 फीसद आबादी गांवों में निवास करती है। इस आबादी का अधिकांश कृषि कार्य से जुड़ा है। ग्रामीण इलाकों में काम करने वाले दूसरे लोग भी इस आबादी में शामिल हैं। कृषक और कृषि कार्य से जुड़े लोग ही पूरे विश्व को भोजन मुहैया कराते हैं। कृषक ही असल में खाद्य सुरक्षा की कुंजी है, पर ये लोग ही भुखमरी, गरीबी और दमन के ज्यादा शिकार रहे हैं।

जलवायु परिवर्तन और प्राकृतिक संसाधनों की कमी की मार कृषकों पर सबसे अधिक है। जलवायु परिवर्तन के खिलाफ संघर्ष में भी इनकी अहम भूमिका है। यही नहीं जैविक वैविध्य को बचाने तथा उसे संरक्षण प्रदान करने में भी कृषकों की महती भूमिका से इनकार नहीं किया जा सकता। दुनिया को चलाने में इतनी बड़ी भूमिका निभाने वाले कृषकों के अधिकारों का लगातार

उल्लंघन होता रहा है। उन्हें कई स्तरों पर भेदभावपूर्ण व्यवहार का सामना करना पड़ता है। आए दिन किसान खेती छोड़ जीवन यापन के दूसरे तरीके अपना रहा है। खेती से उसे लागत मूल्य की भी आमदनी नहीं हो पाती। उत्पादन संसाधनों की कमी उसे लगातार परेशान किए रहती है। यही नहीं दुनिया के तमाम देशों में किसान लगातार बेदखली का शिकार हो रहा है और कई बार विरोध जताने पर मार डाला जाता है। ऐसे में कृषकों की स्थिति बद से बदतर होती गई है। इस भयावह परिस्थिति से निपटने के लिए कृषकों के मानवाधिकार की बात पूरी दुनिया में उठने लगी। कई संगठन और आयोग अब कृषकों के मानवाधिकार की बात कर रहे हैं।

कृषकों के अधिकारों की चर्चा के क्रम में यह बात उठती रही है कि जमीन पर उनकी मिल्कियत को मान्यता मिलनी चाहिए। उन्हें सूचना और तकनीक के अधिकार से लैस होना चाहिए। साथ ही किसी उत्पाद का बाजार भाव तय करने का अधिकार भी उन्हीं को होना चाहिए। मौजूदा अंतरराष्ट्रीय कानून के मुताबिक अब यह जरूरी हो गया है कि कृषकों और ग्रामीण इलाकों में काम करने वाले अन्य लोगों के अधिकारों को अमली जामा पहनाया जाए। अंतरराष्ट्रीय मानवाधिकार कानून के निर्देशात्मक फाँक को भरा जाए और कृषकों के अधिकारों के नए मानदंड विकसित किए जाएं। सितंबर 2012 में मानवाधिकार आयोग ने बोलिविया, क्यूबा, इक्युआडोर और दक्षिण अफ्रीका के एक संयुक्त प्रस्ताव को पारित किया। इस प्रस्ताव में कृषकों और ग्रामीण इलाकों में काम करने वाले अन्य लोगों के अधिकारों की घोषणा की गई। मानवाधिकार आयोग का यह निर्णय सीईटीआईएम, ला विया कैंमपेसिना और एफआईएएन इंटरनेशनल के लंबे संयुक्त प्रयास का नतीजा था। यह घोषणा वैश्विक स्तर पर लंबे समय के लिए कृषकों के अधिकारों तथा ग्रामीण इलाकों में काम करने वाले अन्य लोगों के जीवन स्तर की बेहतरी को सुनिश्चित करने में सक्षम थी। कृषकों के साथ पारदर्शी और सामंजस्यपूर्ण व्यवहार से ही यह संभव था। विभिन्न अंतरराष्ट्रीय संस्थाओं

और देशों के संयुक्त प्रयास से अंतरशासकीय समझौते हुए जिनके तहत किसानों और ग्रामीण इलाकों में काम करने वाले अन्य लोगों के प्रतिनिधि विभिन्न सभाओं में भाग ले सकते हैं, आवाज उठा सकते हैं और अपने प्रस्ताव रख सकते हैं।

भारत के संदर्भ में कृषकों के बुनियादी अधिकार खतरे में रहे हैं। पिछले कई सालों में किसानों की आत्महत्या की असंख्य खबरें आई हैं। भारत ने 20वीं शताब्दी के आखिरी दशक की शुरुआत में उदारीकरण की नीति अपनाई। उस समय से भारत में खेती वैश्विक बाजार की शक्तियों से काफी प्रभावित हुई है। नकदी फसल की खेती का तरीका विशेष तौर पर बदल गया। अधिकांश किसानों के पास नकदी फसल उगाने की जरूरी तकनीकी जानकारी नहीं होती है। खेती में खर्चे बढ़े हैं, पर आमदनी कम हुई है। बहुराष्ट्रीय कंपनियों ने धड़ल्ले से किसानों के मानवाधिकारों का उल्लंघन किया है। इन्हीं कंपनियों के कारण कृषि संकट उत्पन्न हुआ है। महंगे बीज और रसायनों पर निर्भरता बढ़ी है। बीटी कॉट न आधारित कपास और अन्य महंगी नकदी फसलों की खेती के कारण किसान कर्ज के जाल में फंसता गया है। 1990 के बाद से किसानों की आत्महत्या के जो मामले सामने आए, उनमें 80 प्रतिशत से अधिक मामले बीटी कॉटन बेल्ट के हैं। इसलिए बीटी कॉटन बीज को आत्महत्या का बीज माना जाता है।

भारत सरकार के अद्यतन आंकड़ों के मुताबिक 2004 के बाद प्रतिदिन औसतन 47 किसानों ने आत्महत्या की। यानी भारत में हर 30 मिनट पर एक किसान आत्महत्या करता है। भारत सरकार ने किसान-आत्महत्या की इस समस्या से निपटने के लिए आर्थिक राहत देने की नीति अपनाई पर सरकार द्वारा इस समस्या के समाधान के लिए अभी तक पर्याप्त ढांचागत बदलाव नहीं हुए हैं। अतः यह समाधान दूरगामी साबित नहीं हुआ। सरकार ने मुआवजे के लिए यह शर्त रखी कि किसान के पास मालिकाना हक वाली जमीन हो, आत्महत्या के समय किसान पर कर्ज का भारी बोझ हो और इस बात के भी सबूत हों कि कर्ज के कारण ही उसने आत्महत्या की है। उपर्युक्त तीनों कारणों के बावजूद आत्महत्या करने वाले कई किसानों के परिवारों को मुआवजे से वंचित होना पड़ा। महाराष्ट्र के कलावती बंदारकर का मामला काफी मशहूर हुआ। 2007 में कलावती के पति ने आत्महत्या कर ली। एक बड़े परिवार को चलाने का बोझ कलावती पर आ गया। दूसरों के खेतों में काम करने के अलावा उसका परिवार नौ एकड़ जमीन पर खेती करता है। महाराष्ट्र सरकार ने उसके पति की मृत्यु के बाद उसे मुआवजा इसलिए नहीं दिया कि जिस नौ एकड़ जमीन पर वह परिवार खेती करता है, वह उसका अपना नहीं है बल्कि पट्टे (लीज) पर लिया हुआ है।

किसान की वर्तमान परिभाषा के अनुसार सरकार ऐसे लोगों को किसान मानने से इनकार करती है जिनके पास अपनी जमीन नहीं है अथवा जमीन की मिल्कियत नहीं है। ऐसे में भारत जैसे देश में जहाँ जातिगत और लैंगिक भेदभाव आज भी मौजूद हैं, उसके काफी घातक परिणाम हो सकते हैं। भारत जैसे पितृसत्तात्मक समाज में आज भी महिलाओं को जमीन का मालिक स्वीकार करने में भेदभाव किया जाता है। भारत में तकनीकी तौर पर मिल्कियत से वंचित लोगों की एक बड़ी तादाद है। महिला, दलित और आदिवासी इसके जीवंत उदाहरण हैं। भारत सरकार द्वारा ढांचागत परिवर्तन के बजाय मुआवजे द्वारा समस्या समाधान की नीति से यह समस्या और बढ़ सकती है। दूसरे यह कि किसानों की आत्महत्या की संख्या को कम दिखाने में सहूलियत होगी क्योंकि किसान की मौजूदा आधिकारिक परिभाषा के खांचे में अधिकांश किसान फिट नहीं बैठते। यह परिभाषा किसान-आत्महत्या की सामाजिक र्थिक सच्चाई को छुपाने में कारगर हथियार साबित हुई भी है। मानवाधिकार की विभिन्न संस्थाओं ने विभिन्न रिपोर्टों में भारत सरकार से यह अपील की है कि अंतरराष्ट्रीय मानवाधिकार संधियों का हस्ताक्षरी होने के कारण इस मामले में जांच, रोकथाम और समाधान के लिए वह समुचित कदम उठाए जाए और कानूनन तथा

व्यावहारिक दोनों स्तरों पर कृषकों के अधिकारों की सुरक्षा सुनिश्चित करे।

संजय राय

कृषक संघर्ष विमर्श

भारत के राष्ट्रीय जागरण, आधुनिकीकरण और शहरी विकास के दौर में कृषकों की समस्या कभी प्रबुद्ध बुद्धिजीवियों ने उठाई और कभी खुद कृषक अपनी लड़ाई लेकर सामने आए। अंग्रेजी राज में अविभाजित बंगाल के रंगपुर जिले में भारत का पहला कृषक विद्रोह (1782) हुआ था। उस समय से लेकर राष्ट्रीय विद्रोह (1857), नील विद्रोह (1858), चंपारन के संघर्ष (1917), बारदोली संघर्ष (1928), तेलंगना संघर्ष (1948) से होते हुए नक्सलबाड़ी आंदोलन (1967) तक कई संघर्ष घटित हुए जो किसानों के असंतोष के चिह्न थे। उन संघर्षों से कृषकों की आकांक्षाओं और वैचारिक उथल-पुथल का बोध होता है। आज भी नागरिक संगठनों के सहयोग से दिल्ली की सड़कों और प्रदेश की राजधानियों में किसान अपनी समस्याओं को लेकर जुलूसों में आते हैं, धरने पर बैठते हैं और अपनी बात तरह-तरह से कहना चाहते हैं। भारत भर के किसान संगठित होकर कभी आवाज नहीं उठा सके, फिर भी लगभग ढाई सौ सालों के अपने हिंसक या शांतिपूर्ण संघर्षों के भीतर से उन्होंने यही कहना चाहा है कि उनका दमन न हो, वे राष्ट्र निर्माण के हाशिए पर न रखे जाएं और दया के पात्र न समझे जाएं।

कबीर ने कृषकों के यातनापूर्ण जीवन का पहला उद्वेलित करने वाला चित्र खींचा था, धर्म से गिरे हुए भूस्वामी के कारिंदे बड़े चालाक हैं। गांव का ठाकुर हमारे खेत की कठोर पैमाइश करता है। कायस्थ गलत हिसाब बनाता है। दीवान बुरा है, जरा नहीं सुनता। उसके सेवक हमें बांधते हैं और पिटाई करते हैं, 'सब मिलि मोकौ मारे हो राम।' वे वेदना से भरकर कह उठते हैं, 'अब न बसूं इहि गांव गुसाईं।' (कबीर ग्रंथावली, पद 222)। तुलसी भी किसानों की छवि उपस्थित करते हुए कहना नहीं भूलते, 'कलि बारहिं बार दुकाल पड़ै। बिन अन्न दुखी सब लोग मरै।' (रामचरितमानस, उत्तरकांड)। अंग्रेजों द्वारा भारत भूमि पर अपनी इजारेदारी कायम कर जमींदारी और रैयतबाड़ी प्रथा लागू करने से किसानों का शोषण और उन पर अत्याचार बढ़ा। शहर की ओर उनका भागना तेज हुआ।

रंगपुर मामले में 24 मार्च 1783 की 'प्रासिडिंग्स ऑफ कमिटि ऑफ रेवेन्यू' में एक कृषक का बयान दर्ज है, 'हम रैयतदार उजड़ गए हैं। हमारे घरों में कुछ नहीं बचा है। हमारे अन्न, पशु और दूसरी चीजें बिक गई हैं। हमें अपनी औरतों और बच्चों तक को बेचना पड़ा, लेकिन इतना काफी न था। हमारे गांवों में तहसीलदारों को भेजा जाता था। वे हमें पेड़ों से बांधकर छड़ी से पीटते थे और कभी-कभी मूंछें नोंच लेते थे।' यह औपनिवेशिक आधुनिक शासन की बर्बरता का नमूना ही नहीं था, यह एक कृषक की आवाज भी थी। निश्चय ही अंग्रेजों के जमाने के कृषक संघ बिखरे थे। मध्यवर्गीय बुद्धिजीवियों की शुरू में उनसे सहानुभूति भर थी।

आज भारत को कृषि प्रधान देश नहीं कहा जाता है। सभी बुद्धिजीवी पूरी तरह शहरी जड़ों वाले हैं। राष्ट्रीय जागरण के दौर के लेखकों और राजनीतिज्ञों की नजर में भारत की आवाज का अर्थ भारत के कृषकों की आवाज था। राममोहन राय ने चिंता व्यक्त की थी, 'कृषकों की दशा में कोई भी सुधार नहीं हो रहा है' जबकि भूस्वामियों की स्थिति 'अधिक सुधरी है' और 'मैंने निर्धन लोगों को बहुधा केवल चावल और नमक पर निर्वाह करते देखा है।' (बांग्ला नवजागरण, सुशोभन सरकार)। भारतेंदु हरिश्चंद्र ने लिखा, 'कपड़ा बनाने वाले, सूत निकालने वाले, खेती करने वाले आदि सब भीख मांगते हैं और वे जो निरुद्यम हैं उनको तो अन्न की भ्रांति है।' (कविवचनसुधा, मार्च 1874)। उन्होंने जातीय संगीत की छोटी-छोटी पुस्तकें बनाने की बात कही, ताकि वे गांव-गांव में साधारण लोगों में प्रचारित की जाएं, 'यह सब लोग जानते हैं कि जो बात साधारण लोगों

में फैलेगी उसी का प्रचार सार्वदेशिक होगा।' (जातीय संगीत, भारतेंदु ग्रंथावली)। किसान को अलग रखकर सार्वदेशिक चिंता का कोई अर्थ न था।

महाराष्ट्र के ज्योतिबा फुले ने एक किताब लिखी थी–'किसान का कोड़ा' (1883)। वह कहते हैं, 'जिनकी मेहनत पर सरकारी फौजी लवाजमा, बारूद-गोला, गोरे कर्मचारियों की हद से ज्यादा ऐयाशी और काले कर्मचारियों का हद से ज्यादा वेतन, पेंशन और दान-दक्षिणा मिलती है, उन किसानों को क्या पान-बीड़ी का सम्मान भी नहीं मिलना चाहिए? भैया, जो सभी देशवासियों के सुख के आधार हैं, उनके इतने बुरे हाल हैं!' उनकी किसानों को लेकर चिंता साम्राज्यवाद-विरोधी भावना से जुड़ी है, जो गौर करने लायक है।

महावीर प्रसाद द्विवेदी ने सवाल उठाया था, 'हर साल जो यह कांग्रेस होती है, उसने आज तक किसानों पर अपनी कितनी भक्ति प्रकट की है? उसके लिए कांग्रेस में कितने प्रस्ताव ऐसे हैं जिनसे किसानों को लाभ पहुंचने की संभावना है? ...कांग्रेस के जो प्रतिनिधि विलायत की हवा खा रहे हैं, वे इन लोगों की कौन-सी शिकायतें सुनाने के इरादे से वहां गए हैं?' (देश की बात, 1914)। औपनिवेशिक आधुनिकता से आक्रांत राजनेता किसानों को लेकर चिंतित नहीं थे, पर उसी दौर में अपने देश के आम लोगों के जीवन, उनकी सांस्कृतिक परंपराओं से लगाव रखने वाले राष्ट्रीय नेता, लेखक और सामाजिक चिंतकों को किसानों की समस्याओं से ही नहीं, इनसे जुड़े दस्तकारों के उजड़ने से भी पीड़ा का बोध होता था। महावीर प्रसाद द्विवेदी ने 'संपत्तिशास्त्र' में सिर्फ हिंदी प्रदेश के ही किसानों के बारे में नहीं लिखा, 'कर्ज की मात्रा बढ़ती जाती है और एक दिन घर-द्वार, बैल-बधिया नीलाम हो जाते हैं। खेती ही प्रधान व्यवसाय ठहरी।...यदि किसी साल पानी न बरसा तो भयंकर दुर्भिक्ष पड़ता है और लाखों लोग मृत्यु के मुंह में चले जाते हैं। बंबई और मद्रास में हर साल हजारों काश्तकारों की जमीन नीलाम होती है। बताइए, इन लोगों के बाल-बच्चों की क्या दशा होती होगी?' उस जमाने में बंबई का अर्थ महाराष्ट्र-गुजरात और मद्रास का अर्थ दक्षिण भारत था, जहाँ किसान इक्कीसवीं सदी में भी कर्ज में डूबे होने के कारण सबसे ज्यादा आत्महत्या करते हैं।

देश भर के कृषक ऊंची लगान, बेदखली, ऋण, बंधुआ मजदूरी आदि के शिकंजों से जकड़े थे। अंग्रेजी राज के कृषकों में जो असंतोष फूटा, वह मुख्यतः विदेशी मालिकों, जमींदारों और सूदखोरों से था। उपनिवेशवाद सीधे निशाना न होते हुए उन बुरी स्थितियों से नाराजगी थी, जो उपनिवेशवाद की वजह से पैदा हुई थीं। किसानों का असंतोष देर-देर से अलग-अलग जगहों पर बिना आपस में रिश्ते के फूटा, पर वे अपने अधिकारों को समझने लगे थे। वे राष्ट्रीय आंदोलनों को आशा भरी नजरों से देखते थे। उनके बीच सामाजिक गतिशीलता भी पैदा हो रही थी, क्योंकि वे शहरों के संपर्क में आ रहे थे।

गांधी के नेतृत्व में 1919 के पहले राष्ट्रीय सत्याग्रह ने किसानों को व्यापक रूप से जगाया, जगह-जगह किसान सभाएं बनने लगीं। जमींदारी शोषण का विरोध होने लगा। इस दौर में विजय सिंह पथिक राजस्थान में बिजौलिया किसान सत्याग्रह का प्रतिनिधित्व करते हैं। 1920 में अवध किसान सभा अस्तित्व में आई, जिसने बेगारी प्रथा के साथ-साथ अन्य अन्यायों के खिलाफ आवाज उठाई। बाबा रामचंद्र ने कृषक मुद्दों के अलावा 'स्वराज' की बात की। राष्ट्रीय आंदोलन से कृषक विमर्श का रिश्ता था और उसकी अपनी विशिष्टता भी थी। हिंदी क्षेत्र में कृषक आंदोलन उसी समय उभार पर आया, जब पहला राष्ट्रीय सत्याग्रह भी जोरों पर था। 1926-28 के वल्लभ भाई पटेल के नेतृत्व में बारदोली के किसान संघर्ष ने न सिर्फ दूसरे राष्ट्रीय सत्याग्रह के लिए उत्प्रेरणा का काम किया, बल्कि स्त्रियां भी सामने आईं। गांधी चंपारन की ही तरह बारदोली के भी किसानों के बगल में खड़े हुए। 1928 में बंबई में रेल मजदूरों की हड़ताल हुई। कई बुद्धिजीवी अपनी राष्ट्रीय भावना के कारण अधिक आय के पेशे त्यागकर स्वाधीनता आंदोलन से जुड़े। 1929 में बिहार प्रांतीय किसान सभा की स्थापना हुई। ऐसी कई घटनाओं

ने 1929-31 में पूर्ण स्वतंत्रता के लिए आंदोलन की व्यापक जमीन बनाई। नमक सत्याग्रह (1930) को किसानों ने आशा से देखा और उसे समर्थन दिया। दूसरे दौर के सत्याग्रह में किसानों ने गांधी के निर्देशों की परवाह नहीं करते हुए कई जगहों पर लगानबंदी की घोषणा की। यह राष्ट्रीय आंदोलन की व्यापकता का चिह्न था। 1919-22 के असहयोग आंदोलन, 1929-31 के सत्याग्रह और 1942 के भारत छोड़ो आंदोलन के विभिन्न दौरों में कृषक संघर्ष से राष्ट्रीय आंदोलन का रिश्ता बना हुआ था। इससे राष्ट्रीय आंदोलन और कृषक चेतना दोनों में व्यापकता आई, अन्यथा कई कृषक संघर्ष अलगाव में 'जंगल की आग' की तरह एक जगह सीमित होकर रह गए थे।

1932 तक राष्ट्रीय आंदोलन धीमा पड़ गया था। आर्थिक मंदी की मार किसानों पर बढ़ जाने के बाद किसानों पर अत्याचार बढ़ गए थे। 1936 में सहजानंद सरस्वती ने जिस किसान सभा की स्थापना की, उसमें कम्युनिस्टों की भी भूमिका थी। एक राजनीतिक धारा मानती थी कि किसानों के वर्ग हितों की रक्षा कांग्रेस जैसी राष्ट्रीय संस्था से नहीं हो सकती। फिर भी कांग्रेस से उनके टकराव का अर्थ राष्ट्रीय आंदोलन से उनका टकराव नहीं था। सहजानंद सरस्वती ने स्पष्ट किया है, 'जब तक राष्ट्रीय स्वतंत्रता का युद्ध जारी है, तिरंगा झंडा तो रहेगा ही। इसलिए किसान सभा ने उसका स्वागत करके राष्ट्रीय अवसरों पर उसी की प्रधानता पर जोर दिया है।' (किसान आंदोलन, क्यों और क्या)। सहजानंद ने किसानों और आदिवासियों के संबंध को दृढ़ करने के उद्देश्य से लिखा कि यह भ्रामक है कि ये लोग जंगलों से बहुत प्यार करते हैं और जमीन से नहीं। इनके लिए जमीन और जंगल दोनों से लगाव जीवन से उठकर आता है। (झारखंड के किसान)। उनके कृषक विमर्श को 'ओंकार से हुंकार की यात्रा' कहा गया है, अर्थात उन्होंने रूढ़िवाद-विरोध के बावजूद कृषकों के धार्मिक विश्वासों से ज्यादा छेड़छाड़ नहीं की। बंगाल में 1926 से शुरू हुए कृषक सम्मेलनों और संघर्षों के भीतर से वामपंथी आंदोलनों ने कृषकों की चेतना को विस्तृत किया, पर स्वतंत्रता के लगभग 60 वर्ष बाद बंगाल में नंदीग्राम और सिंगुर की घटनाओं से उनकी विडंबनाएं भी सामने आईं।

राष्ट्रीय आंदोलन और कृषक संघर्ष के अंत:संबंधों को समझने को लेकर कई वैचारिक उलझनें रही हैं। कृषक आंदोलन के विश्लेषकों का एक दल इसका राष्ट्रीय आंदोलन से संबंध देखने के पक्ष में नहीं है राष्ट्रवादी नेताओं पर कृषकों की उपेक्षा करने का आरोप लगता है, जिस तरह वैश्वीकरण के युग में वामपंथियों पर सरकार में रहने के दौरान उद्योगों के लिए कृषकों की जमीन लेने का आरोप लगता है।

सबाल्टर्नवादियों ने कृषकों के कुछ संघर्षों के पृथक-पृथक इतिहास में जा कर इनको राष्ट्रीय विक्षोभ के अंग की जगह स्वायत्त विद्रोह के रूप में देखा है जबकि कृषकों के लिए समस्या सिर्फ जमींदार और महाजन ही नहीं थे, उपनिवेशवाद भी था। इसलिए प्रेमचंद ने लिखा, 'भारत के किसान इतने तबाह क्यों हैं? इसलिए कि जब से अंग्रेजी शासन शुरू हुआ, यानी आज के डेढ़ सौ वर्ष पहले से विदेशी हुकूमत ने सदैव किसानों के हितों की उपेक्षा की और जमींदारों के हितों का समर्थन किया।' (विविध प्रसंग, 2)। उपनिवेशवाद और ताल्लुकेदारों-जमींदारों के हित परस्पर जुड़े थे। इसलिए प्रेमचंद कृषकों की समस्या को अलगाव में न देखकर उपनिवेशवाद और पूंजीवाद के बृहत्तर संदर्भ में देखते थे, 'पूंजीपतियों के हाथों में किसानों और मजूरों की किस्मत रहेगी और (अंग्रेज) सरकार ऊपरी मन से नियंत्रण का स्वांग भर कर कोई उपकार नहीं कर सकती। ...इस व्यवसाय युग की यही महिमा है। यहां व्यक्ति का कोई मूल्य नहीं है। यहां जो कुछ है धन है और मशीन है। वही देहातों की तबाही, वही घरेलू व्यवसायों का सर्वनाश।' (वही)। अंग्रेजी राज से वैश्वीकरण तक किसानों के आत्मसम्मान, आर्थिक वृद्धि और छोटे व्यवसायियों की सुरक्षा के मुद्दों पर सरकारों की तरफ से दिखावा ही अधिक किया जाता रहा है। इसलिए राज्य सत्ता के संपूर्ण चरित्र को ध्यान में रखे बिना कोई भी कृषक संघर्ष विमर्श अधूरा माना जा सकता है।

रामचंद्र शुक्ल ने कहना चाहा था कि ईस्ट इंडिया कंपनी के रूप में घृणित व्यापारोन्माद ने भारत में जब से कदम रखा, इसने समाज को व्यापारिक और अव्यापारिक श्रेणियों, शहरी श्रमजीवी और किसान में बांट दिया। उनका कहना था, 'इन चीजों का वास्तविक उद्देश्य ग्रामीण आबादी को अधिक कमजोर-दीन किसानों में इस प्रकार बदल देना है कि उनमें से किसी के पास सामाजिक गौरव और प्रतिष्ठा का कोई अवसर शेष न रह जाए।' (असहयोग और अव्यापारिक श्रेणियां, 1922)। प्रेमचंद और रामचंद्र शुक्ल के अलावा निराला भी ऐसे ही लेखक थे, जिन्होंने किसानों की समस्या पर ध्यान केंद्रित किया था। ये तीनों लेखक राष्ट्रीय आंदोलन के वर्गाधारों की आलोचना करते हुए भी साम्राज्यवाद विरोधी आंदोलन और कृषक संघर्ष को लड़ाकर नहीं देखते थे।

गांधी प्रेम, अहिंसा और सत्याग्रह के रास्ते से कृषकों का हक दिलाना चाहते थे, वह हिंसा के पक्ष में नहीं थे। राजनीतिक दासता और अंधविश्वासों से जकड़े भारत के कृषक इतने संगठित नहीं थे कि लड़कर अपने अधिकार ले लें। इसलिए चंपारन सत्याग्रह का आदर्श उपस्थित करते हुए भी गांधी जमींदारों से हिंसक संघर्ष के रास्ते पर कृषकों को ले जाना नहीं चाहते। कृषकों के बारे में उनके विचारों में एक विकास लक्षित किया जा सकता है, 'गरीबों को यह एहसास दिलाया जाए कि वे जमींदारों के सहभागीदार हैं, उनके इशारे पर बेगार करने वाले और हर ऐसे-वैसे मौके पर उन्हें तरह-तरह की भेंट-पूजा देने वाले नहीं।' (1929)। 'दरअसल जमीन को जोतने वाला ही फसल का मालिक है। यदि ये लोग बुद्धिमानी के साथ संगठित हो जाएं तो वे अदम्य शक्ति का मालिक हो सकते हैं। मैं वर्ग संघर्ष को आवश्यक नहीं मानता।... मैं एक स्वतंत्र कृषक शक्ति का अभिलाषी हूं। मैं इतने वर्षों से कृषक के साथ तादात्म्य स्थापित करने का प्रयास करता आ रहा हूं, पर अभी तक सफल नहीं हो सका हूं।' (1942)।... किसान या खेतिहर, वह चाहे भूमिहीन श्रमिक हो या काश्तकार हो, पहले नंबर पर आता है। वह सही अर्थों में धरतीपुत्र है—धरती सचमुच उसकी है अथवा उसकी होनी चाहिए, अन्यत्र रहने वाले जमींदार की नहीं।' (1944)। राष्ट्रीय जागरण में किसान प्रश्न मौजूद है। गांधी की 'जमीन जोतने वाले की' एक शक्तिशाली आवाज थी, जिससे कृषकों में अपने हकों को लेकर जागरूकता आई, जमींदारों की ताकत घटी और आजाद भारत भूमि सुधार और हरित क्रांति के रास्ते पर बढ़ा।

उन्नीसवीं सदी के किसान संघर्ष ही विकसित हो कर राष्ट्रीय आंदोलन बने, भले नेतृत्व शहरी शिक्षित वर्गों के हाथों में था। शहरों की औपनिवेशिक आधुनिकता के आकर्षण में कुछ शिक्षित लोग साम्राज्यवाद की सुरक्षा पंक्ति बना चुके थे, पर कुछ शिक्षित व्यक्ति साम्राज्यवाद विरोधी थे। ऐसे विद्रोहियों और आंदोलनकारियों को जन समर्थन उन कृषकों से ही मिला था, जिनमें अंग्रेजों से मुक्ति की आकांक्षा पैदा हो चुकी थी, भले कई मामलों में उनके विचार परंपरागत हों। उनके बीच साम्राज्यवादी उत्पीड़न से मुक्ति के गीत रचे जा रहे थे। 1896 के अकाल पर बालकृष्ण भट्ट के 'हिंदी प्रदीप' में छपी कविता से उदाहरण है, 'संवत उनइस सौ तिरपन मां पड़ा हिंद में महा अकाल/ घर-घर फाके होने लगे दर-दर प्रानी फिरैं बेहाल/...कोई बेटवा-बिटिया बेचै अब तो भूख सही नहिं जाय/ बहुत लोग देत हैं फांसी अरु मलिका से चहै खिताब।' अंग्रेज लोगों को फांसी दे रहे हैं, जबकि जमींदार खिताबों के पीछे पागल हैं। ऐसे कई लोकगीत बने, जो गांवों में गाए जाते थे।

सबाल्टर्न इतिहास की नींव रखने वाले रणजीत गुहा कृषक संघर्षों को अलगाव में देखते हुए अपने मूल्यांकन में अंग्रेजों से मुक्ति-संदर्भ को धूमिल करते हैं। वे कहना चाहते हैं कि इन कृषक संघर्षों का संबंध न राष्ट्रीय आंदोलन के पूर्व रूपों से है और न वामपंथी आंदोलन से है। रामविलास शर्मा गुहा की आलोचना करते हुए प्रति-स्थापना देते हैं, 'किसान अकेला लड़े तो ठीक, भले अकेले लड़ने में वह मारा जाए, लेकिन अगर शहर के लोग उसकी मदद के लिए आ जाएं, अगर वे राष्ट्रवादी और समाजवादी विचारधारा के हों तो किसान विद्रोह की चेतना अशुद्ध हो जाती है। ...आम तौर से जहाँ भी वे (सबाल्टर्नवादी इतिहासकार) किसान

विद्रोहों पर लिखते हैं, वहां वे राष्ट्रीय भावना को उनसे अलग रखने का प्रयत्न करते हैं, मानो राष्ट्रीयता पर पूंजीपतियों और मध्यवर्ग का इजारा हो और किसानों को राष्ट्रीयता से कुछ लेना-देना न हो।' (भारतीय संस्कृति : हिंदी प्रदेश)।

वैश्वीकरण ने हितों की भयानक विपरीतताएं पैदा कर दीं। फलतः कृषक संघर्ष बिखरी हालत में रह गए। यह देखकर रामविलास शर्मा कहते हैं कि 'साम्राज्यवाद से अंतर्विरोध अभी छोटे-छोटे संघर्षों में फूट रहा है। ये छोटे-छोटे संघर्ष कब मिलकर एक बहुत बड़े संघर्ष का रूप लेंगे, यह कहना कठिन है।' (वही)। नए युग में यह ज्यादा नजर आता है कि देश भर के सभी राज्यों से कृषकों को संगठित करने का कोई राष्ट्रीय प्रयास अस्तित्व में नहीं है, कृषक छोटे-छोटे राजनीतिक दलों में बंटे हुए हैं।

पश्चिमी देशों और भारत के किसानों के जीवन में जमीन-आसमान का फर्क है। एक सूचना के अनुसार, पश्चिमी देशों में कृषकों को मिलने वाली सब्सिडी भारत के कृषकों को मिली सब्सिडी से कई गुना अधिक है। भारतीय कृषक न सिर्फ अक्षम और असुरक्षित हैं, बल्कि ये नई महाजनी सभ्यता के खौफनाक जाल में भी फंसे हैं। ये गरीबी, अशिक्षा, अवमानना और भारी शोषण के शिकार हैं, पर स्त्रियों-दलितों की तरह बोल नहीं पा रहे हैं। इन्हें न बाजार अवसर दे रहा है और न लोकतंत्र।

अमर्त्य सेन, ज्यां द्रेज, पी साईनाथ आदि ने भारतीय गांवों में घूमकर कृषक के कष्टों को देखा है। भूमि सुधार और हरित क्रांति से लेकर अब कृषि क्षेत्रों को मुक्त बाजार के हाथ में छोड़ने की आर्थिक प्रक्रिया ने भारत के कई हिस्सों को आत्महत्याओं के इलाके में बदल दिया है। 1997 से 2014 तक मुख्य रूप से आंध्र प्रदेश, महाराष्ट्र, कर्नाटक, मध्य प्रदेश आदि के किसानों ने हजारों की संख्या में आत्महत्या की है। विकसित कृषि क्षेत्रों में कर्ज के दबाव से ज्यादा आत्महत्याएं हुई हैं। ऊंची आय, ऊंचे खतरे। कृषि पर आर्थिक सुधारों का बुरा असर दिखा है। खेती के बहुराष्ट्रीय कंपनीकरण को मुक्ति का रास्ता बताया जा रहा है। सरकारें कृषि क्षेत्र में कंपनियों के निवेश का मार्ग प्रशस्त कर चुकी हैं, जिससे लाखों लोगों ने आजीविका गंवाई है। खेती ठेके पर हो रही है। कृषक बेदखल हुए हैं और खेती से पलायन हो रहा है। बड़े शहरों के दरवाजे भी अब प्रायः बंद हैं। हाई ब्रीड खेती हो रही है। नगदी फसल का ज्यादा आग्रह है। ई-चौपाल बने हैं, जो लुभावने हैं।

साधारण कृषक भाग्य और उठते-गिरते बाजार के भरोसे हैं। राष्ट्र अब बस इसलिए है कि उनके पेट में कुछ डाल दे। कृषक देश की हलचलों से अपरिचित, अपने हकों से अनजान और किंकर्त्तव्यविमूढ़ हैं। उन्हें सिर्फ मनोरंजन उद्योग के नायकों को घुमा-घुमाकर दिखाया जा रहा है। कहीं कुछ गांव गोद लिए जाते हैं, कहीं कोई योजना आ जाती है पर सामान्यतः कृषक विवश होते हैं। कृषि को निगलने के लिए बहुराष्ट्रीय कंपनियां अब गांवों के दरवाजे पर हैं और हिंसा भी उतने ही बड़े पैमाने पर है। उद्योगों, शहरीकरण और व्यावसायिक हब के लिए कृषकों की जमीन चाहिए। सेज बन गए हैं। अब बड़े-बड़े फार्म हाउस हैं। अंग्रेजीदां फार्मर हैं। महानगरों में फार्मर बाजार है। आम कृषक अभावों, अंधविश्वासों और आपसी झगड़ों से आज भी तबाह हैं। कृषक ही कृषक को, गरीब ही गरीब को मार रहे हैं। पैदावार की गिरती कीमत, बीच के दलालों का राज और नए कर्ज जाल में किसान फिर काफी फंस चुके हैं। उनकी शिक्षा और स्वास्थ्य सुविधाओं की दशा देखी जाए तो रोना आए। ऊपर से उन पर बार-बार आर्थिक मंदी की पड़ती मार है।

कृषक हाशिए के सबसे लाचार लोग हैं। चुनाव के समय कभी कर्ज माफी, कभी समर्थन मूल्य में वृद्धि, कभी एक राजनीतिक उपहार तो कभी कोई दूसरा—नई बोतल में पुरानी शराब, यही सब चलता है। हाइटेक देश के गरीब और किंकर्त्तव्यविमूढ़ कृषकों को लेकर आज भी कोई उच्च संकल्प, राष्ट्रीय सोच और हलचल नहीं है। कभी कृषकों द्वारा रास्ता जाम, कभी दिल्ली चलो या कहीं हिंसा का कर्मकांड। आज भी कृषक अपनी शक्ति से अनजान छोटे-छोटे सामुदायिक झुंड बनाकर

रखे गए हैं। कोई ठोस विमर्श और राजनीतिक प्रयास कहीं नहीं है। कोई नई कड़कती आवाज नहीं है। वे भीतर से जाति, धर्म और स्थानीयता में विभाजित हैं। सवाल उठता है, क्या कृषक भूल गए हैं कि कभी उन्होंने अनगिनत विद्रोह किए थे एवं राष्ट्रीय सूत्र से बंधे थे?

शंभुनाथ

अधिक जानकारी के लिए :

1. **स्वाधीनता संग्राम : बदलते परिप्रेक्ष्य** : रामविलास शर्मा, 1992, 2. **भारतीय राष्ट्रवाद की सामाजिक पृष्ठभूमि** : ए आर देसाई, 3. **किसान विद्रोह, कांग्रेस और अंग्रेजी राज** : कपिल कुमार, 4. **स्वामी सहजानंद सरस्वती रचनावली :** राघवशरण शर्मा, 5. **आधुनिक भारत** : सुमित सरकार, 2004, 6. **मेरा जीवन संघर्ष** : सहजानंद सरस्वती, 7. **Elementary Aspects of Peasent Insurgency in Colonial India** : Ranjit Guha, 1983

कृषि क्रांतियां

दुग्ध उत्पादन के लिए जिस तरह श्वेत क्रांति की बात की जाती रही है, कृषि के संदर्भ में हरित क्रांति का परचम लहराया गया था। भारत में किसानों की दशा सुधारने के लिए कृषि के स्वरूप को बदलना जरूरी माना गया। एक आंकड़े के अनुसार माना जा रहा है कि 2030 तक भारत को 350 मिलियन टन खाद्यान्न उत्पादन की जरूरत होगी।

भारत में कृषि क्रांति की शुरुआत 1966-67 में शुरू हुई थी। 1965 में भारत के पूर्व-प्रधानमंत्री लालबहादुर शास्त्री ने अमेरिका से अनुरोध करके गेहूं की मैक्सिकन प्रजातियां मंगाई थीं। उस समय से कृषि के आधुनिकीकरण की प्रक्रिया शुरू हो गई। 2013-14 में भारत का कुल खाद्यान्न उत्पादन 265.04 मिलियन टन तक पहुंच गया जो जरूरतों को काफी पूरा करता है।

कृषि क्रांति का एक रूप है 'पीली क्रांति' जिसका संबंध तिलहनी फसल के संदर्भ में आत्मनिर्भरता से है। 1986 में तिलहन प्रौद्योगिकी मिशन की स्थापना हुई थी। वर्तमान में तिलहन का उत्पादन करीब 30.20 मिलियन टन है। 'गुलाबी क्रांति' का जिक्र प्याज उत्पादन के संदर्भ में होता है। मत्स्य उत्पादन के क्षेत्र में झींगा का उत्पादन बढ़ाने के लिए भी गुलाबी क्रांति शब्द का प्रयोग किया जाता है। लाल क्रांति का संबंध टमाटर और मांस से है। 'नीली क्रांति' का संबंध मत्स्य उत्पादन से है। 'गोल क्रांति' आलू के योजनाबद्ध उत्पादन को बढ़ावा देने के लिए है। 1970 से 2014-15 में आलू उत्पादन में दस गुणा वृद्धि हुई। खेतों में रासायनिक उर्वरकों के प्रयोग को बढ़ावा देने के लिए 'धूसर क्रांति' (ग्रे रिव्योल्यूशन) की परिकल्पना की गई। मुर्गी पालन को बढ़ावा देने के लिए 'सिल्वर क्रांति' और सेब-आम जैसी बागवानी फसलों के लिए 'सुनहरी क्रांति' की योजना बनी। इन सभी को मिला कर 2000 में एक नई राष्ट्रीय कृषि नीति बनी और सभी रंगों को समन्वित कर 'इंद्रधनुषी क्रांति' की परिकल्पना की गई।

कृषि क्रांतियों को सफल करने के लिए कृषि की दशाओं में सुधार और किसानों को बड़े व्यापारियों की चालाकियों से बचाना जरूरी है। आम किसानों के लिए कृषि नुकसान का सौदा बन गई है। विकास की ऊंचाइयां छूने पर भी इसकी दशा खराब है। इन पर सूखा और बाढ़ की मार आज भी जारी है। कर्ज कम नहीं सताता। 2014-15 और 2015-16 में बहुत से कृषक सूखे के शिकार हुए और उनका जीवन संकट ग्रस्त हुआ। कई ने आत्महत्या कर ली। 21वीं सदी में कृषि को घाटे के सौदे से लाभकारी व्यवसाय में बदलने के लिए तरह-तरह के उपाय किए गए हैं पर छोटे किसानों तक फायदा कम पहुंचता है। कृषकों के लिए सिंचाई योजना, फसल बीमा योजना, समर्थन मूल्य, स्वास्थ्य कार्ड, स्वच्छता आदि कार्यक्रमों में विस्तार लाया गया है। दूसरी तरफ जैविक खेती पर जोर दिया जा रहा है जो एक अभिजातवर्गीय मामला है। कृषि क्रांतियों की सार्थकता कृषि व्यवसाय की दशाओं में व्यापक सुधार, उत्पादन की मात्रा के साथ गुणवत्ता में वृद्धि और अपने अधिकारों के लिए खुद कृषकों के अपने व्यापक जागरण से संभव है।

दिनेश कुमार शर्मा

अधिक जानकारी के लिए :
1. **Agricultural Diversification : Problems and Perspectives :** A k Sharma, Seema Wahab,
2. **Agricultural Economics : An Indian Perspective :** R K Lekhi, Joginder Singh

कृष्ण

कृष्ण वैष्णव परंपरा के सबसे लोकप्रिय देवता हैं। इनकी भक्ति का विस्तार ब्रज क्षेत्र में सीमित न रहकर दक्षिण भारत और महाराष्ट्र-गुजरात तक, उत्तर-पूर्व में मणिपुर तक और विदेशी कृष्णोपासकों के जरिए देश की सीमाओं के पार तक हुआ। कृष्ण महाभारत युद्ध में गीता का उपदेश देते हुए एक महत्वपूर्ण भूमिका निभाते हैं। वासुदेव और विश्वरूप योगीश्वर कृष्ण से रसिक गोपाल तक की यात्रा में कृष्ण की अनगिनत रूपों में कल्पना की गई : वह घुटरुन चलते, माखन खाते, झूला झूलते, क्रीड़ाएं करते, गोचारण करते, सिर पर मोरपंख से शोभित होकर आकर्षक मुद्रा में बांसुरी बजाते, गोपिकाओं के साथ रासलीला करते, राधा-कृष्ण की युगल मूर्ति में प्रेम का अनोखा रूप प्रदर्शित करते और प्रेम, आनंद, शक्ति के अनगिनत रूपों में देखे गए। उनके बिंबों में मानव जीवन के ही कौतुक, प्रेम और खुशियां हैं।

कृष्ण

कृष्ण को महाराष्ट्र में विथोबा, राजस्थान में श्रीनाथ, उड़ीसा में जगन्नाथ, केरल में पार्थसारथी और ब्रज क्षेत्र में वृंदावन बिहारी लाल, गिरधारी, गोपाल आदि नामों से याद किया जाता है। वह रंग से श्याम और कहीं बिल्कुल काले हैं, जैसे भारत में काला ही सुंदर है। वह अकेले हैं जो अपने देवरूप में बिना किसी हथियार के हैं, उनके हाथ में बांसुरी है!

महाभारत में कृष्ण को विष्णु के अवतार रूप में देखा गया है। वह इस महाकाव्य की कथाओं के केंद्र बिंदु हैं। उनकी उत्पत्ति विवादित है। आर जी भंडारकर का मत है कि ऋग्वेद (1.22.164) में जिस चरवाहे का जिक्र है, वह यही कृष्ण रहे होंगे। छांदोग्य उपनिषद (छठी सदी ईसा पूर्व) में वासुदेव कृष्ण का उल्लेख है, जो देवकी के पुत्र और घोर अंगीरस के शिष्य बताए गए हैं। पाणिनि वासुदेव का उल्लेख करते हैं, इनके साथ कौरव और अर्जुन का भी। मेगस्थनीज ने अपने यात्रा वृत्तांत 'इंडिका' में ग्रीक देवता हेराकल्स के समतुल्य कृष्ण को देखा है। वह यदुवंशियों के एक कबीले का भी उल्लेख करते हैं, जो कृष्ण की आराधना करते थे। बौद्ध जातक कथाओं में वह कान्हा के रूप में देखे गए। कौटिल्य के अर्थशास्त्र (तीसरी सदी ईसा पूर्व) में परमात्मा के रूप में वासुदेव का उल्लेख है। पतंजलि के महाभाष्य (100 ईसा पूर्व) में वासुदेव कृष्ण हैं जो कंस का वध करते हैं। भास का नाटक 'बाल चरितम' है जो कृष्ण के बाल चरित्र पर है।

कृष्ण के बाल जीवन और चमत्कारों के संबंध में जो कथाएं प्रचलित हुईं, वे सर्वप्रथम विष्णु पुराण और भागवत पुराण में आईं। कृष्ण के माता-पिता देवकी और वसुदेव हैं। उनके मामा कंस ने अपने पिता उग्रसेन के साथ इन दोनों को भी कैदखाने में डाल दिया था। उसे भय था कि उसकी बहन देवकी की आठवीं संतान उसे मार डालेगी। काले बादलों के गर्जन और भारी बरसात के बीच देवकी के आठवें पुत्र का जन्म हुआ।

वसुदेव चुपके से उसे गोकुल में नंद और यशोदा के घर पहुंचा देते हैं। संयोग से उनकी दो और संतानें बची थीं बलराम और सुभद्रा। ऐसी कथा है कि सातवें पुत्र बलराम को वसुदेव की पहली पत्नी रोहिणी के गर्भ में स्थानांतरित कर दिया गया था जबकि सुभद्रा का जन्म कृष्ण के बाद रोहिणी से हुआ।

नंद वृंदावन में गोपालकों के प्रधान थे। कृष्ण के बाल जीवन की क्रीड़ाओं की कथा इसी खास ब्रजभूमि से जुड़ी है। कवि जयदेव कृष्ण को वासुदेव से रसभोगी गोपाल में बदलते हुए सर्वप्रथम उनके लीला रूप का वर्णन करते हैं, 'पुनि स्वच्छंद ब्रज-बधूजन परिरंभित प्रत्यंगालिंगित / मूर्तिमंत श्रृंगार मुग्ध हरि कर वसंत क्रीड़ा रहे।' (गीत गोविंद, कपिला वात्स्यायन)। कृष्ण की लीला संसार के दुखों को मिटा कर लोगों को आनंद से सराबोर करने के लिए है। वह बचपन में पूतना राक्षसी का वध करते हैं जो आया बनकर आई थी और तूफान के राक्षस तृणावर्त का भी। दोनों कंस द्वारा भेजे गए थे। माखन चोरी, माता यशोदा के प्रेम और फटकार, बाल सखाओं के साथ गोचारण, वंशीवादन और गोपिकाओं से ठिठोली करते हैं। विद्यापति गोपिकाओं के साथ क्रीड़ा का यह रूप प्रस्तुत करते हैं, 'छाड़ कान्ह मोर आंचर रे फाटत नव सारी। अपजस होएत जगत भरि रे हम एकसर नारी।' वे जयदेव की परंपरा का विकास करते हैं।

कृष्ण ने कई चमत्कार किए। खेलते समय कालिया नाग का वध आदि उनकी बाल लीलाओं के प्रमुख प्रसंग हैं। वह इंद्र के प्रकोप से भयंकर बरसात और बाढ़ के समय सुरक्षा के लिए सभी ब्रजवासियों को गोवर्धन पहाड़ की कंदराओं में ले जाते हैं, जिसके संबंध में कहा जाता है कि कृष्ण ने कानी अंगुली पर पहाड़ उठा लिया था। सूरदास अपने काव्य में कृष्ण का ईश्वरीय रूप वापस लाते हैं, 'गोकुल प्रगट भए हरि आइ/अमर उधारन, असुर संहारन, अंतरजामी त्रिभुवन राइ।' फिर भी उनके काव्य में बाल लीला की ही प्रधानता है। यह अनुपम है, 'जसोदा हरि पालने झुलावै / हलरावै, दुलराइ मल्हावै, जोइ-सोइ कछु गावै।'

कृष्ण की ऐसी कई चमत्कारपूर्ण घटनाएं हैं जिनके जरिए ईश्वरीय सुरक्षा के रूप में उनकी महत्ता निर्मित की गई है। द्रौपदी के चीरहरण के समय वह उसके सम्मान की रक्षा करते हैं। इन घटनाओं से 'अच्छाई' और 'बुराई' का संघर्ष जुड़ा है। वह मथुरा लौटकर कंस का वध करते हैं और कंस के पिता उग्रसेन को राजगद्दी पर पुनःप्रतिष्ठित करते हैं। वह बाद में द्वारका (गुजरात) चले जाते हैं। मथुरा-वृंदावन के रसिक जीवन और द्वारका के राजजीवन को केंद्र में रखकर गोपिकाओं के विरह की अनगिनत काव्यात्मक और कलात्मक प्रस्तुतियां हुई हैं। बाद में कृष्ण की अर्जुन और पांडवों से मित्रता होती है और वह महाभारत के केंद्र में आ जाते हैं। महाभारत युद्ध के बाद भ्रमवश एक शिकारी जरा के बाण से उनकी मृत्यु होती है।

वस्तुतः लोकचित्त में वह कृष्ण प्रतिष्ठित नहीं हो सके जो युद्धरथ पर अर्जुन के साथ थे। जनता ने उस कृष्ण को अपनाया जो प्रेम की पगडंडियों पर राधा के साथ थे। लोकमन में माखन खाते हुए कृष्ण की सौंदर्य से भरी बाल छवियां या राधा-कृष्ण का अनोखा प्रेम ही ज्यादा बसा रहा है। कृष्ण के बचपन की क्रीड़ाओं और चमत्कारों की कथाओं का इतना असर पड़ा कि दूसरे धार्मिक संप्रदायों में भी उनके आराध्य रूप में बाल लीला का प्रसंग जुड़ गया। तुलसीदास तक ने 'कृष्ण गीतावली' लिखी, 'कृष्ण की खूबी है कि वे सदा अच्छे लगते हैं और मन में समाए रहते हैं।' (पद 3)।

भक्ति साहित्य में राम भक्ति धारा के कवियों की तुलना में कृष्ण भक्त कवि ज्यादा हुए। लोकमन को 'धनुष' की तुलना में 'बांसुरी' ने ज्यादा मोहा। सूर लिखते हैं, 'जब हरि मुरली अधर धरत। थिर चर, चर थिर, पवन थकित रहैं, जमुना जल न बहत।' यह संगीत का खेल है।

महाराष्ट्र की वारकरी परंपरा में ज्ञानेश्वर, नामदेव, एकनाथ और तुकाराम हुए जिन्होंने विथोबा की उपासना प्रचलित की। दक्षिण में श्री संप्रदाय बना। माध्वाचार्य (1199-1276), निंबार्क (1162), वल्लभाचार्य (1479) जैसे दार्शनिक हुए जिन्होंने कृष्णोपासना को नई गति दी। इनका कहना था,

भक्ति प्रेम मिश्रित धर्म है। कर्नाटक में पुरंदरदास और कनकदास हुए। उन्होंने कृष्ण को उडुपि के रूप में देखा। चैतन्य सरीखे गौड़ीय वैष्णवों ने राधा-कृष्ण के प्रेम और गहन अनुराग को केंद्र में ला दिया।

वल्लभाचार्य का हिंदी के कृष्ण भक्त कवियों पर ज्यादा प्रभाव पड़ा था। उन्होंने रामानुज के विशिष्ट अद्वैतवाद को शुद्ध अद्वैत में विकसित किया। अर्थात संसार में रहने वाले मनुष्यों को जीव रूप में वास्तविक मानते हुए भी ईश्वर से उनका अद्वैत स्थापित किया। जीव शुद्ध अवस्था में जब माया और प्रलोभनों से जकड़ा नहीं होता, वह तब ईश्वर का ही अंश होता है। ऐसे सभी दर्शनों ने आध्यात्मिक ढांचे में मनुष्यता के गुणों की ओर बढ़ने की प्रेरणा दी। 'गीता' में ऐसे गुण बताए गए हैं : आत्मसंयम, ईमानदारी, सहिष्णुता, निर्भयता, ज्ञान-विज्ञान और शास्त्रों का अध्ययन, तप, निर्भयता, दानशीलता, अहिंसा, शांति, अक्रोध, त्याग, दूसरों के दोष ढूंढ़ने से विरक्ति, प्राणियों पर दया, प्रलोभनों से मुक्ति, मृदुता, सच्चाई, विद्वेषहीनता आदि। दुर्गुण बताए गए हैं : पाखंड, घमंड, क्रोध, कठोरता और अज्ञान। ये गुण दैवी और आसुरी स्वभाव के रूप में वर्णित हैं, किसी खास वर्ण व्यवस्था के संदर्भ में नहीं। छांदोग्य उपनिषद में माना गया है कि देव और असुर का जन्म एक ही प्रजापति से हुआ है। यदि असुर प्रकृति है, देवता संस्कृति की ओर बढ़ते कदम हैं। कृष्ण 'गीता' में जिन गुणों और दुर्गुणों की चर्चा करते हैं, वे उस प्राचीन काल की उदात्त भारतीय अंतर्दृष्टि के आलोक में बने हैं, भले समाज में आसुरी या अमानवीय दशाएं प्रबल हों। कृष्ण के जरिए वस्तुतः प्राचीन भारतीय दर्शन ही अपने युग की सीमा में एक मार्ग दिखाता है, कृष्ण निमित्त हैं।

कृष्ण गीता में अर्जुन से कहते हैं, 'यदि कहीं कुछ भी गरिमामय, सुंदर और जीवन की सृजनात्मक शक्तियों से युक्त है, समझ लो कि वह मेरा ही तेज है।' (10.41) कृष्ण खुद अपने बारे में जो कह रहे हैं, इसके अलावा वे क्या हैं? मनुष्य जीवन के काव्यमय क्षण का अर्थ ही है अपने सीमित, रूखे और अलस मन का अतिक्रमण करना। कृष्ण वही कहते हैं, जो भारत के ज्ञान संपन्न लोग प्राचीन समय में सोचते थे। कंस और कृष्ण मानव मन की ही घटनाएं हैं। कृष्ण के कैदखाने में जन्म का अर्थ हिंसा, रूढ़िवाद और बंद जीवन से मुक्त होकर प्रेम और सौंदर्य की अनंत अनुभूति के अलावा और क्या है?

कृष्ण पर जो भी चिंतन-मनन हुआ है, उसका सार आत्मज्ञान है। यह भारतीय आत्मज्ञान का ही एक रूप है। भौतिक प्रलोभनों और हिंसाओं में फंसे रहने की वजह से लोग आत्मज्ञान अर्जित या सर्जित नहीं कर पाते। रामानुजाचार्य ने अपनी व्याख्या में अपने स्तर से एक मार्ग निकाला कि भक्ति के बिना आत्मज्ञान नहीं हो सकता। इसके लिए जरूरी है कि मनुष्य में विश्वास हो कि वह प्रेम से सब पर विजय पा सकता है। इसके लिए उन्होंने सामाजिक भेदभाव से मुक्ति का महान संदेश देकर वर्ण व्यवस्था को भीतर से चुनौती दी।

वस्तुतः वासुदेव कृष्ण को भक्ति की परंपराओं से जुड़कर ही लोकप्रियता हासिल हुई। एक तरफ राम मर्यादा और व्यवस्था के प्रतीक बने, दूसरी तरफ कृष्ण प्रेम और स्वच्छंदता के। क्लासिकल और रोमांटिक का, शास्त्र और लोक का, वैराग्य और अनुराग का द्वंद्व इस बिंदु पर दिखता है। कृष्ण राधा के बिना अधूरे माने जाने लगे, जो एक परंपरागत भारतीय समाज की अद्भुत घटना है। आलवारों ने सातवीं सदी में वैष्णव परंपरा में कृष्ण भक्ति के पद गाए थे। उनकी परंपरा में अंडाल हुईं। जयदेव के गीत 'गीत गोविंद' ने कृष्ण को साहित्य की सौंदर्यभूमि पर भी ला दिया। विद्यापति, सूरदास आदि वैष्णव कवियों द्वारा लोकभाषा में रचे गीतों ने कृष्ण के ईश्वरीय रूप को आम लोगों के बीच लोकप्रिय बनाया। इसका असर मूर्तिकला, काव्य, मंदिर, नृत्य-संगीत हर स्तर पर पड़ा। आम भारतीय चित्त रूखेपन से निकलकर रस विभोर हुआ, सौंदर्यबोध को एक नई दुनिया मिली।

भारत के शास्त्रीय नृत्य ओडिसी और मणिपुरी मुख्यतः कृष्ण कथा पर आधारित हैं। केरल में कथकलि नृत्य में भी कृष्ण कथा का अवलंब लिया जाता है। असम में शंकरदेव ने कृष्ण भक्ति के पद

लिखे। कृष्ण को केंद्र में रखकर भक्ति, साहित्य, कला और लोक आस्था के अनगिनत रूप व्यक्त हुए। यहां तक कि गुजरात के स्वामीनारायण संप्रदाय के स्वामीनारायण भी जो खुद भगवान के रूप में देखे जाने लगे, कृष्ण भक्त थे। इन सभी का केंद्रीय स्वर यही है कि यह सृष्टि वस्तुतः रागमय है, इसे हिंसक द्वंद्व की जगह न बनाओ।

ब्रजभूमि में कृष्ण के 5,000 से ऊपर मंदिर हैं। वे इन मंदिरों में अपनी परंपरागत छवि में हैं, अर्थात राधा के साथ बांसुरी बजाते हुए और पृष्ठभूमि में गौ है। दक्षिण में कृष्ण के मंदिर कम नहीं हैं। कई में उनकी अलग ढंग की मूर्तियां हैं। केरल के अलप्पुझा जिले के कृष्ण मंदिर में पार्थसारथी की उपासना होती है, महाभारत युद्ध के रथ पर बैठे अर्जुन के सारथी के रूप में छवि की। कन्नूर जिले के कृष्ण मंदिर में राक्षसी वृत्ति के कंस का वध करते हुए वह भयंकर मुद्रा में हैं। बेंगलुरु के नवनीत कृष्ण मंदिर में हाथ में गोलाकार मक्खन लिए हुए बाल कृष्ण हैं, हाथ का मक्खन आत्मज्ञान का चिह्न बताया जाता है। आंध्रप्रदेश के गुंटुर जिले में तेरहवीं सदी के कृष्ण देवराय के समय का मंदिर है। इसमें चरवाहा कृष्ण हैं, जो गाय चराते हैं। उड़ीसा के पुरी में तीनों भाई-बहन एक साथ हैं—बलभद्र, सुभद्रा और कृष्ण। दक्षिण भारत के मंदिरों में कृष्ण नीले की जगह काले हैं और मुख स्थानीय चेहरे के अनुरूप हैं।

राममनोहर लोहिया ने कहा था, 'हे भारतमाता हमें शिव का मष्तिष्क दो, कृष्ण का हृदय दो तथा राम का कर्म और वचन दो। हमें असीम मस्तिष्क और हृदय के साथ-साथ जीवन की मर्यादा से रचो।' (राम, कृष्ण और शिव)। कृष्ण कुरुक्षेत्र से ज्यादा मथुरा-वृंदावन से पहचाने गए हैं। अयोध्या प्रसाद सिंह हरिऔध ने 'प्रियप्रवास' में इंद्र की अतिवृष्टि से ब्रजवासियों को बचाने के लिए कृष्ण द्वारा कानी अंगुली पर गोवर्धन धारण करने की चमत्कारिक घटना को युगानुरूप 'रैशनलाइज' कर दिया। उन्होंने बताया, कैसे कृष्ण ने अपनी सूझ-बूझ से अति वृष्टि से बचा कर सभी ब्रजवासियों को गोवर्धन की पर्वत कंदराओं के ऊंचे स्थानों पर ले गए और 'सकल लोग लगे कहने उसे / रख लिया उंगली पर श्याम ने।' कृष्ण की कथाएं आसमान से नहीं उतरी हैं, लोक आकांक्षाओं से जन्मी हैं। धर्मवीर भारती की 'कनुप्रिया' में राधा कृष्ण से सवाल करती है, 'बिना मेरे कोई भी अर्थ कैसे निकल पाता / तुम्हारे इतिहास का?' इतिहास हमेशा युद्धों का होता है या प्रेम का, कोई तीसरा इतिहास अब तक नहीं लिखा गया।

शंभुनाथ

अधिक जानकारी के लिए :

1. **राम, कृष्ण और शिव :** राममनोहर लोहिया, **2. Krishna : The Beautiful Legend of God :** Edwin F Bryant, 2004, **3. Alternative Krishna : Regional and Vernacular Variations on a Hindu Deity :** Guy L Beck, 2005

कृष्ण भक्त मुसलमान कवि

हिंदी की कृष्ण भक्ति धारा में कई मुसलमान कवि हुए, जिन्होंने सांस्कृतिक समन्वय का संदेश दिया। उन्हें राधा-कृष्ण के प्रेम ने ज्यादा आकर्षित किया। रहीम सुन्नी मुसलमान थे। वह ब्रजभाषा और भारतीय संस्कृति में इतने रचे-बसे थे

रसखान

कि उन्हें अपने काव्य में गंगा, राम या कृष्ण किसी का नाम लेने से गुरेज नहीं था। उन्होंने मुख्यतः नीति के दोहे लिखे, पर कुछ छंदों में कृष्ण का भी वर्णन किया, 'छवि भावत मोहन लाल की/ काछन काछे कलित मुरलि करि पीत पिछौरी साल की।' या 'अब रहीम चित तैं न टरति हैं सकल स्याम की बानि।'

रसखान एक पठान सरदार थे, पर कहा जाता है कि कृष्ण भक्ति में डूब कर वैष्णव हो गए और वृंदावन आ गए। उनकी प्रसिद्ध पंक्ति है, 'मानुस हों तो वही रसखान बसौं मिलि गोकुल गोप गुवारिन।' या 'या लकुटी अरु कामरिया पै राज तिहूं पुर को तजि डारौं।' इसमें उनकी गहरी भक्ति का परिचय मिलता है। रसखान ने शृंगारपरक पद भी लिखे हैं।

कुछ अन्य अल्पपरिचित मुसलमान भक्त कवि हैं, जैसे—मुबारक, महबूब, कारे खां, ताज खान, दरिया खान, सूरत बहार आदि। कारे खां कृष्ण से एक व्यापक दृष्टि पा कर कहते हैं, 'हिंदू के हैं नाथ तौ हमारा कुछ दावा नहीं/ जग के हौ नाथ तौ हमारी सुधि लीजिए।' ताज खान यहां तक कहती हैं, 'नंद के कुमार कुरबान तेरी सूरत पै/ हैं तो मुग़लानी हिंदुआनी ह्वै रहूंगी मैं।' इस परंपरा में नजीर अकबराबादी की उदारता और समावेशिकता कम अद्‌भुत नहीं है। उनकी कृष्ण पर कविता है :

जब मुरलीधर ने मुरली को अधर धरी
क्या-क्या परेम मीत इसमें धुन भरी।
लय इसमें राधे-राधे की हृदय भरी खरी
लहराई धुन जो उसकी इधर और उधर जरी।
सब सुनने वाले कह उठे जै हरी हरी
ऐसी बजाई किशन कन्हैया ने बाँसुरी।।

हिंदी कवियों में तुलसी ने एक जगह कहा है, 'मांग के खाइबो मसीत में सोइबो'। वह मस्जिद में सोने की बात करते हैं। उनके 'रामचरितमानस' में मजूरी, मसकरी, जिनिस, बजारू जैसे फारसी के शब्द हैं, मसीद, साहिब, जमाली (जमायत) जैसे अरबी के शब्द हैं। वे सामंजस्यवादी थे। नरहरि जैसे कवियों ने मुस्लिम बादशाहों की प्रशंसा की है, पर हिंदू कवियों में न कोई सूफी हुआ और न ही किसी ने खुदा को अपनी कविता का विषय बनाया। भारतेंदु जरूर राधाकृष्ण का उपासक होने के बावजूद पैगंबर साहब की जीवनी लिखते हैं और 'कुरान' का अनुवाद शुरू करते हैं। भक्ति आंदोलन ने सांस्कृतिक समन्वय के लक्ष्य को आगे बढ़ाया था। उस अधूरे कार्य को नवजागरण ने गति दी।

शिवनाथ पांडेय

अधिक जानकारी के लिए :

1. **हिंदी साहित्य का इतिहास** : रामचंद्र शुक्ल, 2. **हिंदी साहित्य का अतीत :** विश्वनाथ प्रसाद मिश्र, 3. **हिंदी साहित्य का इतिहास** : विजयेंद्र स्नातक

कृष्ण भक्ति काव्यधारा

भक्ति आंदोलन में कृष्ण भक्ति काव्य परंपरा ने शास्त्रगत और लोकगत रूढ़ियों के विरुद्ध लोक-संस्कृति तथा लोक-जीवन के पक्ष में उपस्थित होकर जड़ सामंती रूढ़ियों के प्रतिकार में महत्वपूर्ण भूमिका निभाई। कृष्ण भक्ति के रूप में विघटनशील सामंतवाद के युग की नवोन्मेषमयी चेतना ने काव्य के साथ-साथ मूर्तिकला, चित्रकला, स्थापत्य, नृत्य तथा संगीत आदि अन्य कलाओं में भी अभिव्यक्ति पाई। यह कबीर आदि संतों के खंडनात्मक स्वर की अनिवार्य परिणति थी जिसने भक्ति आंदोलन में वह आत्मविश्वास भरा जिसके बल पर कृष्ण के उन्मुक्त रचना संसार का सृजन संभव हो सका। चौदहवीं से सोलहवीं शताब्दी के बीच विविध जनभाषाओं में कृष्ण काव्य की परंपरा चल पड़ी। हिंदी प्रदेश में पुष्टिमार्ग, निंबार्क, राधावल्लभी तथा सखी आदि संप्रदायों ने कृष्ण भक्ति के प्रसार में योगदान दिया। इसमें सबसे महत्वपूर्ण वल्लभाचार्य द्वारा संपोषित पुष्टिमार्ग रहा जिसने कई उच्चकोटिके कृष्ण भक्त कवियों को जन्म दिया। सूरदास इन्हीं के शिष्य थे।

हिंदी प्रदेश में कृष्ण भक्ति को दार्शनिक आधार देने वालों में वल्लभाचार्य का नाम सबसे ऊपर

सूरदास

है। वल्लभाचार्य ने पुष्टिमार्गीय भक्ति की परंपरा स्थापित की, जिसके अंतर्गत कृष्ण को सर्वोच्च तथा सच्चिदानंद-स्वरूप स्वीकार करते हुए उनके अनुग्रह को महत्व दिया गया। वल्लभाचार्य ने पूरे देश में घूम-घूमकर अपने मत का प्रचार किया और कृष्ण की जन्मभूमि ब्रजप्रदेश में अपने शिष्य पूरनमल खत्री की मदद से गोवर्धन पर्वत पर श्रीनाथजी का विशाल मंदिर बनवाया और वहां भजन-कीर्तन की परंपरा प्रारंभ की। उन्होंने अपने शिष्यों को श्रीमद्भागवत के दसवें स्कंध के आधार पर कृष्ण के लीलागान का निर्देश दिया। उनकी मृत्यु के पश्चात उनके पुत्र गोस्वामी विट्ठलनाथ ने उनके चार शिष्यों कुंभनदास, सूरदास, परमानंद दास और कृष्णदास तथा अपने चार शिष्यों गोविंददास, नंददास, छीतस्वामी और चतुर्भुजदास को लेकर 'अष्टछाप' की स्थापना की। ये आठों कवि कृष्ण के आठ सखा माने गए तथा इनका कार्य अष्टयाम सेवा तथा भजन-कीर्तन करना था।

हिंदी में कृष्ण भक्ति काव्य परंपरा के प्रवर्तन का श्रेय सूरदास को है। सूरदास ने कृष्ण के माधुर्य पक्ष को अपनी कविता का आधार बनाया। इस रूप में वे संस्कृत के जयदेव, बंगाल के चैतन्य महाप्रभु तथा लोकभाषा के विद्यापति की परंपरा में आते हैं। सूरदास अष्टछाप के अग्रणी कवि थे। वल्लभाचार्य से प्रेरित होकर इन्होंने दैन्य भाव की भक्ति को छोड़कर भागवत के आधार पर कृष्ण लीला का गान प्रारंभ किया। सूरदास ने अपनी मौलिक उद्भावना के जरिए कृष्ण कथा में अपूर्व माधुर्य तथा रस का संचार कर इसे सर्वथा नवीन रूप प्रदान किया। सूरदास की भाषा पर ब्रजप्रदेश के लोकजीवन में प्रचलित कृष्ण कथा तथा जनभाषा के रूप में ब्रजभाषा के माधुर्य का प्रभाव माना जा सकता है।

सूरदास के गीतों की पृष्ठभूमि में उस युग के पुरंदर दास, स्वामी हरिदास, तानसेन, बैजू बावरा आदि संगीतकारों की परंपरा को भी विस्मृत नहीं किया जा सकता। सूरदास के काव्य में वर्णित गीत, संगीत, वाद्य तथा नृत्य पर ब्रज के लोकगीतों का स्पष्ट प्रभाव परिलक्षित होता है। 'सूरसागर' में मुक्त प्रतीत होने वाले पद एक निश्चित क्रम में संयोजित होते हुए कृष्ण से संबंधित घटनाओं को कथा के रूप में संयोजित करते हैं। इस प्रकार वे गीतिकाव्य में प्रबंधात्मकता का सुंदर उदाहरण प्रस्तुत करते हैं। सूरदास का हृदय कृष्ण के बाल तथा श्रृंगारी रूप पर अधिक रमा है। सूरदास की काव्य प्रतिभा को देखते हुए आचार्य शुक्ल को घोषित करना पड़ा कि आगे के कवियों की वात्सल्य और श्रृंगार की रचनाएं सूर की जूठन प्रतीत होती हैं। आचार्य रामचंद्र शुक्ल ने सूरदास में लोकसंग्रह के अभाव को उनकी बड़ी सीमा माना है।

मैनेजर पांडेय सूरदास की रचनाओं में अंतर्निहित कृषक तथा चरवाहा संस्कृति के यथार्थ की ओर संकेत करते हुए सूर की रचनाधर्मिता के सामाजिक-सांस्कृतिक महत्व की ओर ध्यान आकृष्ट करते हैं। सूरदास अपने समय का पुनर्सृजन करते हैं और उनके समय का यथार्थ उनकी पूरी रचना प्रक्रिया का अंग बनकर उपस्थित होता है। उनके द्वारा प्रयुक्त अलंकार, बिंब विधान, प्रतीक योजना, रूपक में इसका साक्षात्कार किया जा सकता है।

जिस अंकुठ भाव से उन्होंने स्त्री-पुरुष संबंधों का राग रचा है उसे तत्कालीन समय की सामंती रूढ़ियों के प्रतिकार के रूप में देखा जाना चाहिए। यही नहीं, वे अपने समय के वैचारिक मतभेदों से भी टकराते हैं। सगुण, निर्गुण, योग और भक्ति संबंधी विवादों की सुंदर योजना उनकी कविता में आई है जहाँ कभी तर्क और कभी वाग्विदग्धता के साथ वे अपना पक्ष भी रखते हैं।

सूरदास के बाद अष्टछाप के कवियों में नंददास सबसे अधिक प्रतिभाशाली हैं जिनकी 'रासपंचाध्यायी' और 'भंवर गीत' विशेष रूप से उल्लेखनीय हैं। शब्दों के सुष्ठु प्रयोग के कारण उन्हें 'जड़िया' कवि कहा गया है। अष्टछाप के कवियों ने न केवल ब्रजभाषा काव्य को वरन संगीत को भी संबद्ध किया। उसकी गूंज अब तक सुनाई देती है। मीरा और रसखान दो ऐसे कवि हैं जो किसी संप्रदाय में आबद्ध नहीं हैं पर जिनके योगदान का उल्लेख यहां अनिवार्य है। रसखान मुसलमान थे पर कृष्ण भक्ति के प्रति उनकी तन्मयता तथा उसकी अभिव्यक्ति उन्हें इस परंपरा का एक महत्वपूर्ण कवि बना देती है। मीरा स्त्री रचनाकार हैं और भक्ति आंदोलन के स्त्री पक्ष को सामने लाती हैं। कृष्ण के माध्यम से वे अपने समय की राजसी, सामाजिक तथा सामंती रूढ़ियों से खुलकर टकराती हैं। उनकी कविता में मध्यकाल की आत्मविश्वास अर्जित करती स्त्री को देखा जा सकता है।

कृष्ण भक्ति काव्य परंपरा को पल्लवित करने वाले अन्य संप्रदायों में निंबार्क, राधावल्लभी, सखी, चैतन्यमत आदि संप्रदाय उल्लेखनीय हैं जिनमें श्री भट्ट, हितहरिवंश, दामोदरदास, स्वामी हरिदास, जगन्नाथ गोस्वामी, सूरदास, मदनमोहन, गदाधर भट्ट आदि जैसे कवि हुए। इन सभी संप्रदायों में कमोबेश किसी न किसी रूप में राधा-कृष्ण की युगल उपासना पर बल दिया गया। धीरे-धीरे कृष्ण भक्ति राधा-कृष्ण के जीवन के गिने-चुने प्रसंगों तक सीमित होकर रह गई। राधा-कृष्ण का यही श्रृंगारी रूप आगे चलकर रीतिकाल की कविता का आधार बना जिसमें भक्ति तत्व एक छद्म में परिणत होकर रह गया।

मध्यकाल की स्त्री रचनाकारों में भी कृष्ण भक्ति की लंबी परंपरा दिखलाई पड़ती है। इनमें प्रतापकुंवरि बाई, जुगलप्रिया, बाघेली विष्णु प्रसाद कुंवरि आदि राजघरानों की स्त्रियों के साथ गंगाबाई, चंद्रकला बाई आदि जैसी अन्य अभिजात वर्ग की स्त्री रचनाकार और ताज जैसी मुसलमान स्त्री रचनाकार भी आती हैं। इन स्त्री रचनाकारों की भक्ति का स्वरूप बिल्कुल भिन्न है। कृष्ण उनके ऐसे आराध्य हैं जो उनके स्वामी ही नहीं, सखा भी बन सकते हैं और जिनके साथ वे रो सकती हैं और आनंद भी मना सकती हैं। इन स्त्री रचनाकारों की कृष्ण भक्तिपरक रचनाओं में उनके जीवन के आनंद-उल्लास के क्षणों की अभिव्यंजना हुई है।

कृष्ण भक्ति की यह धारा आधुनिक काल तक चलती है। आधुनिक काल में उसके सर्वश्रेष्ठ कवि तीन हैं—भारतेंदु, रत्नाकर और सत्यनारायण 'कविरत्न'। द्विवेदी युग में अयोध्या सिंह उपाध्याय 'हरिऔध', मैथिलीशरण गुप्त आदि ने इस परंपरा को एक नया मोड़ दिया। कृष्ण काव्य में भक्ति और श्रृंगार के साथ समाज कल्याण का तत्व भी आ जुड़ा। पौराणिक मध्यकालीन बोध के स्थान पर आधुनिक भाव-बोध प्रतिष्ठित हुआ जिसमें भावुकता कम, बौद्धिकता अधिक है।

कृष्ण भक्ति काव्य परंपरा ने सामंती जकड़नों में आबद्ध जनमानस के जीवन में राग और चेतना का संचार किया। यह भक्ति आंदोलन की सर्जनात्मक ऊर्जा को सामने लाता है जिसने एक तरफ मीरा की उत्कट आत्माभिव्यक्ति को संभव बनाया और दूसरी तरफ जीवनगत उल्लास को अभिव्यक्ति भी दी। इसमें सामंती जड़ता के विघटनशील युग में जातीय सांस्कृतिक चेतना की अपेक्षाकृत सूक्ष्मतर अभिव्यक्ति हुई। शुक्ल जी ने अपने 'इतिहास' में बहुत सही लिखा है, 'ये कृष्ण भक्त कवि हमारे साहित्य में प्रेममाधुर्य का जो सुधा-स्रोत बहा गए हैं उसके प्रभाव से हमारे काव्य क्षेत्र में सरसता और प्रफुल्लता बराबर बनी रहेगी। दुखवाद की छाया आ कर भी टिकने न पाएगी। इन भक्तों का हमारे साहित्य पर बड़ा भारी उपकार है।'

सुनीता गुप्ता

अधिक जानकारी के लिए :
1. **हिंदी साहित्य का इतिहास** : रामचंद्र शुक्ल,
2. **हिंदी साहित्य : उद्भव और विकास** : हजारी प्रसाद द्विवेदी,
3. **हिंदी साहित्य का इतिहास** : (सं.) नगेंद्र

कृष्णदेवराय
(1471-1529)

कृष्णदेवराय दक्षिण भारतीय शासकों में सबसे नामी और विजयनगर राज्य के शक्तिशाली राजा थे। ऐतिहासिक सूचना के अनुसार उनका शासनकाल 1509 से 1529 तक है। वे तुलुवा राजवंश के राजा नरसनायका और उनकी पत्नी नगलदेवी के पुत्र थे, जिन्होंने बड़े भाई वीर नरसिंह की मृत्यु के बाद 21 वर्ष की उम्र में राजगद्दी संभाली थी। वे तुलुवा राजवंश के तीसरे राजा थे। कृष्णदेवराय पराक्रमी योद्धा, लोकप्रिय शासक तथा उदार कला-उपासक थे। बताया जाता है कि उनके शासनकाल में विजयनगर राज्य सांस्कृतिक एवं भौतिक दृष्टि से सबसे अधिक संपन्न एवं समृद्ध रहा है। उन्होंने सभी धर्मों के साथ आदर और समभाव का बर्ताव किया। उनके समकालीन सभी मुसलमान और ईसाई लेखकों ने इस बात का जिक्र किया है। पुर्तगाली यात्री दुरेट बर्बोसा ने लिखा है कि उनके समय में धार्मिक विघट न या जातीय असहिष्णुता नहीं के बराबर थी। सभी तरह के लोग विजयनगर में समान रूप से आते-जाते और सहजीवन जीते थे।

राजा कृष्णदेवराय को वैष्णवानुयायी माना जाता है। वे तिरुपति के वेंकटेश्वर के भक्त थे। राज्याधिकार मिलने के तुरंत बाद उन्होंने अपने राज्य के विस्तार हेतु बीजापुर, गुलबर्गा, उदयगिरी, कोंडविडु आदि कई समीपवर्ती राज्यों के सुल्तानों व राजाओं को परास्त किया और राज्य की भीतरी फूटों, आतंकों और विरोधों को भी पूरी तरह संभालकर अपनी राजशक्ति और कार्यक्षमता का पूरा परिचय दिया। वे पहलवान भी थे और अपनी सेना का नेतृत्व करते हुए अपने सैनिकों की उचित देखभाल करते थे। शिवसमुद्र, श्रीरंगपट्टणम् आदि को भी परास्त करके उन्होंने अपने राज्य का विस्तार किया था। उड़ीसा के राजा गजपति प्रतापरुद्रन को परास्त कर उन्होंने उदयगिरि पर भी राज किया। 1510 में उन्होंने बीजापुर के राजाओं को हराकर गोवा जीतने के लिए पुर्तगालियों की सहायता की थी, जिसके बदले में पुर्तगालियों से उनके राज्य में विदेशी व्यापार को बढ़ाने में मदद मिली।

1520 में विजयनगर पहुंचे पुर्तगाल यात्री डोमिंगो पयस तथा फेरानो नूनिस के अनुसार राजा कृष्णदेवराय से सभी लोग डरते थे फिर भी वे ही उस समय भारत के सबसे अच्छे, दयालु और सुखी शासक थे। वे राज्य के दूरदराज के इलाकों तक के लोगों की शिकायतें सुनते थे और उनका शीघ्र निवारण करते थे। इसके लिए उनकी एक खास प्रशासनिक मंडली थी। यह मंडली लोगों के लिए खेतीबाड़ी, सिंचाई आदि की विविध आयामी सुविधाएं भी उपलब्ध कराती थी। पुर्तगाली यात्री दुरेट बर्बोसा के अनुसार उनके समय में विविध देशों, जातियों, भाषाओं के लोग व्यापार के लिए विजयनगर में आते जाते थे। उनसे मिली सूचना के अनुसार उस समय में आभूषण, मोती तथा रेशम का व्यापार विजयनगर के बाजार में खूब चलता था।

राजा कृष्णदेवराय विविध भाषाओं के मर्मज्ञ थे। वे संस्कृत, कन्नड़ और तेलुगु भाषाओं के जानकार थे। उनकी वीरता एवं कलामर्मज्ञता के कारण वे कन्नड़ राज्यरमण, मृदुरायरगंध, अर्थात तीन राजाओं के राजा, आंध्रभोज तथा अभिनव भोज जैसे नामों से भी जाने जाते थे। राजा कृष्णदेवराय की रचनाएं हैं— अमुक्तमाल्यम्, संस्कृत नाटक जांबवती कल्याणम्, उषापरिणयम् आदि। उनके दरबार में आठ नामी लोगों की विद्वानसभा सज्जित थी, जो अष्टदिग्गज के नाम से जाने जाते थे। इनमें प्रमुख थे, अल्लशनि पेददना जिन्हें आंध्र का कविपितामह बताया जाता है। उनकी 'मनुचरितम्' ऐतिहासिक रचना है। दूसरे कवि, नंदि तिम्मना की रचना 'पारिजातपहरनामु' भी महत्वपूर्ण है। तेनाली रामकृष्णा यानी तेनालीरामन भी इन्हीं में

शामिल व्यक्तित्व थे, जिन्होंने पूरे दक्षिण भारत में अपना नाम प्रतिष्ठित कर रखा था। कुमार धुर्जटी और रामराज भूषणा भी अष्ट दिग्गजों में शामिल नामी विद्वान थे। दक्षिण भारत के नामी गणितज्ञ नीलकंठ सोमयाजी विजयनगर के निवासी थे। राजा कृष्णदेवराय विविध भाषाओं, जैसे संस्कृत, तमिल, तेलुगु, कन्नड़ के सभी कवियों का आदर करते थे।

राजा कृष्णदेवराय ने कन्नड़ कवि तिम्मना से आग्रह किया था कि वे कुमार व्यास द्वारा लिखित मगर अपूर्ण पड़े कन्नड़ महाभारत की रचना पूरी करें। राजा ने तेलुगु कवि पेददना का उनके तेलुगु और संस्कृत ज्ञान के लिए सम्मान किया था। मध्यकालीन भक्त संत कवियों में वल्लभाचार्य और चैतन्य महाप्रभु उनके दरबार में उपस्थित हुए थे। बताया जाता है कि वल्लभाचार्य के आगमन से खुश होकर राजा ने उन पर कनकवर्षा की थी। मध्वा संत व्यासतीर्थ, कृष्णदेवराय के राजगुरु थे।

प्रमिला के पी

अधिक जानकारी के लिए :

1. **Indian History** : Krishna Reddy, 2011, 2. **A History of South India: From Prehistoric Times to the Fall of Vijayanagar** : K A Nielkanth Shastri, R Champaklakshmi, 1997, 3. **Currents in Indian History, Art, and Archeology** : Udaya Prakash Arora, A K Sinhat, 1999

केंद्र और हाशिया

केंद्र और हाशिया विकसित और पिछड़े अथवा विकासशील समाजों की अवधारणाओं की व्याख्या करने के लिए 1960-70 के दशकों के दौरान बनी 'निर्भरता' की विभिन्न सैद्धांतिकियों के बीज शब्द हैं। ऐसी अलग-अलग सैद्धांतिकियां इस बात को लेकर एकमत थीं कि पश्चिमी यूरोप और उत्तरी अमेरिका के पूंजीवादी विकास ने इन उपमहाद्वीपों को विश्व बाजार के केंद्र में स्थापित कर दिया है जबकि शेष दुनिया, अर्थात–दक्षिण अमेरिका, एशिया तथा अफ्रीका के गरीब देश हाशिए का हिस्सा हैं। केंद्र और परिधि मॉडल परस्परनिर्भरता के सिद्धांत पर आधारित है। परस्परनिर्भरता-सैद्धांतिकियां मानती हैं कि दुनिया की व्यवस्था में पूंजीवाद की एक भौगोलिक संरचना है जिसमें केंद्र और परिधि मॉडल न केवल वैश्विक स्तर पर उपयोगी है बल्कि स्थानीय दृष्टि कोण से भी उपयोगी है। इसलिए विश्व-संरचना के केंद्र और हाशिए में क्षेत्रीय संरचनाओं के केंद्र और हाशिए भी शामिल हैं। इस तरह केंद्र और हाशिया रूपक हैं जो विकसित अथवा महानगरीय 'केंद्र' और कम विकसित 'हाशिए' के संरचनात्मक संबंध को व्याख्यायित करते हैं।

समाजविज्ञान में अल्प आर्थिक विकास या केंद्र-हाशिया मॉडल के निर्भरता सिद्धांतों को मार्क्सवादी संदर्भ में देखते हुए इन्हें दुनिया के उत्पादन और वितरण संबंधों के विश्लेषण के लिए उपयोग में लाया जाता है। अल्प विकास का अर्थ पिछड़ी परंपरागत अर्थव्यवस्था मात्र नहीं है। इसकी संकल्पना की जड़ें साम्राज्यवाद के सिद्धांत में हैं। केंद्र-हाशिया मॉडल के अनुसार कुछ जगहों पर अल्प विकास परंपरा का परिणाम नहीं है, बल्कि यह पूंजीवाद के विकास और दुनिया भर में इसकी निरंतर पुनरावृत्ति के लिए जरूरी है। ऐसे देशों में अर्थव्यवस्था बाजार की शक्तियों द्वारा निर्धारित होती है, पूंजी का सुव्यवस्थित उच्च संयोजन होता है तथा वेतन की दर अपेक्षाकृत ऊंची होती है। दूसरी ओर, हाशिए के देशों की अर्ध-पूंजीवादी अर्थव्यवस्था में श्रम शक्ति की पुनरुत्पादन लागत को आर्थिक सहायता (सब्सिडी) द्वारा संतुलित किया जाता है। हाशिए की अर्थव्यवस्था में उत्पादन और वितरण ज्यादातर बाजारेतर शक्तियों, जैसे भाईचारे या संरक्षक-ग्राहक संबंधों द्वारा तय होता है।

केंद्र-हाशिया मॉडल मानता है कि विश्व अर्थव्यवस्था की विशेषता आर्थिक केंद्रों के बीच वे संरचनात्मक संबंध हैं जिनके आधार पर सैन्य शक्ति तथा राजनीतिक और व्यापारिक शक्ति का प्रयोग करके हाशिए के देशों के आर्थिक अधिशेष

का दोहन किया जा सकता है। इसमें एक बड़ा घटक केंद्र और हाशिए के देशों के लोगों के बीच वेतन दरों की जबर्दस्त असमानता है। इस प्रक्रिया में विकसित देश अपने उत्पादन केंद्र अल्प-विकसित क्षेत्रों में स्थापित करके मुनाफा कमाते हैं। केंद्र और हाशिया मॉडल के प्रस्तावकों द्वारा कहा जाता है कि अविकसित अथवा अल्प-विकसित क्षेत्रों में उद्यम स्थापित करके पूंजीवाद पुराने ढर्रेदार पिछड़े समाजों का विकास करता है। वे संरचनात्मक संबंधों की इस असलियत पर पर्दा डालते हैं कि पूंजीवाद का विकास गैर-समृद्ध, गैर-पूंजीवादी अर्थव्यवस्थाओं की कीमत पर यानी उनके निरंतर अविकसित बने रहने से होता है। बहुराष्ट्रीय निगमों के जरिए अल्प-विकसित देशों में पूंजी निवेश और रोजगार सृजन इन देशों के थोड़े से लोगों को संपन्न बनाता है किंतु बड़ी तादाद में आबादी मानवीय, पर्यावरणीय और पारिस्थितिक विध्वंस का शिकार हो जाती है क्योंकि इन देशों का विकास और इनकी अर्थव्यवस्था विदेशी बाजारों और बड़े व्यापारिक समझातों के अधीन होती है। इस तरह गरीब देशों की हाशिए की स्थिति इस बात का परिणाम है कि उन्हें दुनिया की अर्थव्यवस्था के संघटन में कहां, किस कोण से और कैसे शामिल किया गया है। दरअसल उन्हें विश्व अर्थव्यवस्था में संपन्न देशों की अर्थव्यवस्थाओं को भलीभांति चलाए रखने का साधन बना दिया जाता है जिसके चलते वे विकरित देशों की सतत निर्भरता में तने रहते हैं।

भूमंडलीकरण और मुक्त बाजार व्यवस्था का संपूर्ण तंत्र केंद्र के समाजों के काबू में रहता है। हाशिए के समाजों के प्राकृतिक संसाधनों और श्रम शक्ति का उपयोग कर वे लाभ कमाते हैं और उन्हें बौद्धिक, तकनीकी और आर्थिक रूप से अपने अधीन बनाए रख कर नव उपनिवेशवाद को कायम किए रहते हैं। यह बौद्धिक-आर्थिक वर्चस्व सांस्कृतिक उपनिवेशवाद को बढ़ावा देता है और हाशिए के समाज अपनी सहज जीवन पद्धति से सदा के लिए कटते जाते हैं।

रीतारानी पालीवाल

अधिक जानकारी के लिए :

1. Margins of Philosophy : Jacque Derrida,
2. Encyclopedia of Postmodernism : Victor E Taylor, Chovles E Winquist

केलुचरण महापात्र
(1926-2004)

भारतीय शास्त्रीय नृत्य के शिखर पुरुष केलुचरण महापात्र ओडिसी नृत्य के प्रतिपादक थे। उन्होंने बीसवीं शताब्दी में शास्त्रीय नृत्य को पुनर्जीवित करने का कार्य किया था। वह ओड़िसा के पहले व्यक्तित्व थे जिन्हें पद्मविभूषण सम्मान से नवाजा गया था। वह नृत्य में अपने शरीर के प्रत्येक अंग के सुंदर विन्यास तथा चमत्कारपूर्ण मुद्राओं और भंगिमाओं से सभी का मन मोह लेते थे। उनके बारे में कहा गया है कि वे अदाकारी का महासागर पार कर जाते थे।

केलुचरण महापात्र ने नृत्य के बारे में कहा है, 'वास्तविक नृत्य अविभाजित अस्तित्व की भावनाओं

केलुचरण महापात्र

को व्यक्त करता है, जिसके कारण दर्शक महसूस कर सकता है कि वह अपने से किसी पृथक चीज का अनुभव नहीं कर रहा है।' ओडिसी नृत्य के संबंध में उनका कहना है, 'ओडिसी एक नृत्य रूप भर नहीं है जो लोगों का केवल मनोरंजन करे, बल्कि यह लोगों को प्रेरित और विकसित करता है। मैं वास्तव में नृत्य नहीं करता बल्कि करुणा में प्रार्थना करता हूं। दर्शक कहते हैं, रूप ही नृत्य कर रहा है।'

धर्मेंद्र राय

केशवचंद्र सेन
(1838-1884)

केशवचंद्र सेन को ब्राह्म समाज के एक प्रमुख धार्मिक समाज सुधारक और समन्वयवादी के रूप में याद किया जाता है। उन्होंने देवेंद्रनाथ ठाकुर के अंतर्ज्ञान और ईसाई प्रेरणाओं का समन्वय करके ब्राह्म समाज को एक नया रूप दिया था। वे अच्छी अंग्रेजी बोलते थे। लेकिन गुजरात से आए दयानंद सरस्वती को सलाह दी थी कि वे 'सत्यार्थ प्रकाश' की रचना हिंदी में करें।

केशवचंद्र सेन के समय ब्राह्म समाज विभाजित हो चुका था। उन्होंने ईसाइयत की तरफ झुके 'भारतवर्षीय ब्राह्म समाज' की स्थापना की तो देवेंद्रनाथ टैगोर ने 'आदि ब्राह्म समाज' बना लिया। फिर भी दोनों के उद्देश्यों में समानता थी। वे समाज सुधार के लिए समान रूप से प्रतिबद्ध थे। केशवचंद्र सेन ने ब्राह्म समाज को नया रूप देते हुए इसमें उद्‌बोधन, आराधना, ध्यान, प्रार्थना, शांति पाठ और उपदेश का समावेश किया और इसे सर्वांग पूर्ण बना दिया। इस वजह से बंगाल के बाहर भी इसका प्रभाव फैला। 1870 में केशवचंद्र सेन ने इंग्लैंड की यात्रा की थी। वे पश्चिम और पूर्व का समन्वय करना चाहते थे और 'नव विधान' के जनक थे। वे सभी धर्मग्रंथों में आध्यात्मिक एकता का तत्व लक्षित करते थे। इसलिए उनके रुझान विपरीतमुखी दिखते हुए भी मूलतः सामंजस्यवादी थे। कई कट्टरवादी ब्राह्म समाजियों को उनका 'नव विधान' नहीं जंचा। खास कर बाल विवाह का विरोधी होते हुए भी जब उन्होंने अपनी अल्पवयस्क कन्या का विवाह कूचविहार के राजा से कर दिया तो मतभेद चरम पर पहुंच गया। उनका उपर्युक्त निर्णय समाज सुधारकों की कथनी और करनी में भेद का उदाहरण बना। फलस्वरूप शिवनाथ शास्त्री के नेतृत्व में 1878 में 'साधारण ब्रह्म समाज' की स्थापना हुई जिसने आगे चलकर शिक्षा के विकास में व्यापक योगदान किया। उनके प्रयास से कोलकाता में कई कालेजों की स्थापना की गई।

केशवचंद्र सेन

केशवचंद्र सेन आध्यात्मिक प्रवृत्ति के व्यक्तित्व थे। खुद ब्राह्म समाज का घोषित उद्देश्य था, 'विभिन्न धर्मों में संगति स्थापित करना'। केशवचंद्र सेन ने ब्राह्म समाज के मंदिर में चैतन्य की भक्ति का प्रवेश कराया। उन्होंने 1864 में मद्रास में 'वेद समाज' की स्थापना की, यह बाद में धरालु नायडु द्वारा ब्राह्म समाज बन गया। केशवचंद्र की दृष्टि से, मूर्ति पूजा ईश्वरीय गुणों की आराधना से भिन्न चीज नहीं है। वे काली के ध्यान में खोए रामकृष्ण परमहंस के पास समाधि का ज्ञान पाने के लिए जाते थे। अपनी मृत्यु से एक सप्ताह पहले एक नए काली मंदिर का

उद्घाटन करने के लिए गए थे। रामकृष्ण परमहंस ने जब अंतिम सांसें लीं, उनकी मृत्यु शय्या के निकट देवेंद्रनाथ टैगोर और केशवचंद्र सेन दोनों बैठे थे। केशवचंद्र सेन कहते थे, 'ईसा मेरी इच्छाशक्ति है, सुकरात मेरा मस्तिष्क है, चैतन्य मेरा हृदय है और हिंदू ऋषि मेरी आत्मा है, मानवप्रेमी हावर्ड मेरा दायां हाथ है।' वे परस्पर विरोधी जान पड़ रहे धार्मिक रुझानों को एकता के सूत्र में पिरोना चाहते थे। यही वजह है कि केशवचंद्र को ब्राह्मो अपना, रामकृष्ण परमहंस के अनुयायी अपना और उनके हिंदी प्रेम की वजह से हिंदी जनता बिना आपस में झगड़े अपना मानते रहे हैं।

केशवचंद्र सेन ने 'स्वाधीनता' शीर्षक अपने एक लेख में कहा है, 'पराधीनता इस पृथ्वी के लिए जहर है।... स्वाधीनता से ही गुरुतर कार्य संपन्न हुए हैं। हमें पराधीनता की जंजीर से शरीर और मन को नहीं बांधना है। दासता स्वीकार नहीं करनी है। किसी खास पुस्तक का दास नहीं बनना है। किसी एक संप्रदाय का ही होकर उसका यशगान नहीं करना है। एक तरफ जैसे ये संकल्प हैं, दूसरी तरफ भी कुछ संकल्प हैं। अहंकार नहीं करना होगा। स्वेच्छाचारी नहीं बनना होगा। ईश्वर के समीप जो व्रत लिया, उसे पूरा करना होगा। दरअसल संसार में स्वाधीनता के भाव का जितना ही विकास हुआ जातिभेद, सांस्कृतिक पतन जैसे तत्वों को मिटाने का प्रयास उतना ही तीव्र हुआ। जैसे ही दिखा कि भ्रमों और कुसंस्कारों ने उपद्रव मचा रखा है, स्वाधीनता ने तुरंत अपना शस्त्र निकाला है।' उस जमाने के लोग क्या थे, यह आज के वातावरण को देख कर समझा नहीं जा सकता।

पूजा गुप्ता

अधिक जानकारी के लिए :
1. **Life of Keshav Chandra Sen :** Mary Lant Carpenter, 1907, 2. **History of Brahmo Samaj :** Shivnath Shastri, 3. **A Comparative Study of Religions :** Y Masih , 2000

केशवराव बलीराम हेडगेवार

(1889-1940)

केशवराव बलीराम हेडगेवार के बारे में उनके जीवनीकार बाबासाहब आप्टे ने लिखा है, 'भारत में हिंदू धर्म, हिंदू संस्कृति और हिंदू राष्ट्र की रक्षा के लिए 1925 में विजयादशमी के दिन केशवराव बलीराम हेडगेवार ने राष्ट्रीय स्वयंसेवक संघ की स्थापना की।' यह एक सांस्कृतिक संगठन था। इसने राजनीति में सीधे भाग नहीं लिया, पर भारत में हिंदू राष्ट्र की स्थापना का लक्ष्य इसके उद्देश्यों में हमेशा शामिल रहा है।

हेडगेवार का जन्म नागपुर के एक गरीब तेलुगु ब्राह्मण परिवार में हुआ था। वे राष्ट्रीय आंदोलन के प्रभाव में थे। 'वंदेमातरम' का नारा लगाने के कारण उन्हें एक बार स्कूल से निकाल दिया गया था। 1910 में हिंदू महासभा के राष्ट्रीय अध्यक्ष बी एस मुंजे की सहायता से वे मेडिकल की पढ़ाई के लिए कलकत्ता गए। बंगाल में वे अनुशीलन समिति से जुड़े और राष्ट्रीय आंदोलन के कई नेताओं के संपर्क में आए। नेशनल मेडिकल कॉलेज से डॉक्टरी की परीक्षा पास कर 1915 में वे नागपुर लौट गए।

केशवराव बलीराम हेडगेवार

नागपुर में कांग्रेस के नेतृत्व में वे असहयोग आंदोलन से जुड़े। इस दौरान कांग्रेस में गरम दल के नेता बाल गंगाधर तिलक तथा हिंदू राष्ट्रवादी विचारधारा के प्रमुख प्रचारक बी डी सावरकर का उन पर पर्याप्त प्रभाव पड़ा। सत्याग्रह आंदोलन में हिस्सा लेने के कारण 1925 में उन्हें एक साल के कारावास की सजा हुई। कारावास से लौटने के बाद उन्हें गांधी की अहिंसा की नीति का औचित्य नहीं दिखा और युवाओं के लिए एक अनुशासनबद्ध संगठन की जरूरत महसूस हुई। 1923 में केरल के मालाबार में मोपला मुसलमानों के हिंदू जमींदारों के खिलाफ विद्रोह ने कुछ हिंदुओं के मन में अशांति पैदा कर दी थी। यह सब देखकर कांग्रेस के धर्मनिरपेक्ष भारतीय राष्ट्रवाद की विचारधारा के विरुद्ध हिंदू राष्ट्रवादी विचारधारा के प्रचार और मुस्लिम आक्रमणों से हिंदुओं की रक्षा के लिए केशवराव हेडगेवार ने 'राष्ट्रीय स्वयंसेवक संघ' की स्थापना की। उनका एक लक्ष्य 'मुस्लिम तुष्टीकरण' की नीति पर चलने वाली कांग्रेस का विरोध करना था। शारीरिक-बौद्धिक प्रशिक्षण द्वारा राष्ट्रभक्ति की भावना पैदा कर हिंदू जनजीवन के सभी क्षेत्रों में राष्ट्रीय स्वयंसेवक संघ के प्रभाव को बढ़ाना था। स्वयंसेवकों की पोशाक थी–सफेद कमीज, खाकी निकर, काली टोपी, लंबे मोजे और जूते। संघ में भर्ती आसानी से नहीं होती थी। नौजवानों को कई परीक्षाओं से गुजरना पड़ता था।

हेडगेवार के जीवनीकार सी पी निशिकर ने लिखा है, 'संघ बनाने के बाद डॉक्टर साहब अपने भाषणों में केवल हिंदू संगठन पर ही बोलते थे। ब्रिटिश सरकार के खिलाफ किसी भी प्रत्यक्ष टिप्पणी से वे बचते थे या चुप रहते थे।' संघ की शाखाएं नागपुर इलाके के बाहर भी स्थापित होने लगीं। हेडगेवार संघ को एक पितृ कुल के रूप में देखते थे और नौजवानों के शिक्षा, संस्कार, व्यायाम और अनुशासन पर जोर देते थे। निश्चित तिथियों पर 'बौद्धिक शिक्षा' का भी आयोजन होता था, ताकि वैचारिक प्रशिक्षण दिया जाए। हेडगेवार अपनी नीतियों के तहत संघ की गतिविधियों को तेज करने के साथ कांग्रेस से भी जुड़े थे। उन्होंने 1928 के कलकत्ता कांग्रेस अधिवेशन में हिस्सा लिया था। कांग्रेस के लाहौर अधिवेशन में लिए गए प्रस्ताव के अनुसार गांधी जी ने 26 जनवरी 1930 को देश भर में स्वाधीनता दिवस मनाने का निर्णय लिया। हेडगेवार ने 'संघ' की सभी शाखाओं को यह निर्देश दिया कि इस अवसर पर तिरंगा झंडे के बजाय भगवा झंडा फहराया जाए, जो शिवाजी का झंडा था। इस समय तक तिरंगा झंडा राष्ट्रीय ध्वज के रूप में स्वीकृत हो चुका था। एक और घटना का उल्लेख करते हुए सी पी निशिकर ने लिखा है, 'महात्मा गांधी ने ब्रिटिश सरकार के खिलाफ सत्याग्रह का आह्वान किया। नमक सत्याग्रह के लिए उन्होंने दांडी की यात्रा शुरू की। हेडगेवार ने सभी शाखाओं को सूचना दी कि संघ इस सत्याग्रह में भाग नहीं लेगा, मगर व्यक्तिगत स्तर पर भाग लेने में कोई रोक नहीं है। अर्थात, इस तरह संघ का कोई जिम्मेदार सदस्य इस आंदोलन में हिस्सा नहीं लेगा।'

मुस्लिम लीग के समानांतर ही राष्ट्रीय स्वयंसेवक संघ का प्रभाव विद्यार्थियों और शिक्षकों के बीच बढ़ता गया। विश्वविद्यालयों में शाखाएं लगती थीं। हेडगेवार की माधवराव सदाशिवराव गोलवलकर से मुलाकात काशी विश्वविद्यालय में हुई, जहाँ वे जीवविज्ञान के प्रोफेसर थे। इस तरह हेडगेवार और गोलवलकर दोनों ही विज्ञान की उच्च शिक्षा प्राप्त करने के साथ हिंदुत्ववादी धाराओं से जुड़े थे। 1934 में उन्होंने के वाई शास्त्री द्वारा आयोजित मुसोलिनी से संबंधित सेमिनार की अध्यक्षता की थी।

महेश जायसवाल

अधिक जानकारी के लिए :

1. **परमपूजनीय डाक्टर हेडगेवार** : (संपा.) बाबा साहब आप्टे, 1943, 2. **केशव : संघ निर्माता** : चंद्रशेखर परमानंद निशिकर (1979), 3. **Militant Hinduism in Indian Politics : A Study of the R S S :** J A Kurran Jr. 1951

केसरी सिंह बारहठ

(1872-1941)

केसरी सिंह बारहठ राजस्थान के प्रसिद्ध क्रांतिकारी कवि तथा स्वतंत्रता सेनानी थे। उनका जन्म राजस्थान की शाहपुरा रियासत के देवपुरा ग्राम में 21 नवंबर 1872 को हुआ था। ये राजस्थान के प्रसिद्ध चारण परिवार में जन्मे थे। उनका पुत्र प्रताप सिंह बारहठ भी क्रांतिकारी था। बचपन में ही माता के गुजर जाने के बाद केसरी सिंह का लालन-पालन उनकी दादी मां ने किया। उन्होंने बाँग्ला, मराठी, गुजराती आदि भाषाओं के साथ इतिहास, दर्शन, मनोविज्ञान, खगोलशास्त्र, ज्योतिष का अध्ययन कर विद्वत्ता हासिल की। डिंगल-पिंगल भाषा में काव्य सृजन उनके संस्कारों में शामिल था, साथ ही बनारस से पंडित बुलाकर उन्हें संस्कृत भाषा की भी शिक्षा दिलवाई गई थी। उन्होंने 'मैजिनी की जीवनी' मराठी पुस्तक का हिंदी अनुवाद किया था।

केसरी सिंह ने राजस्थान में अशिक्षा दूर करने के लिए कई योजनाएं बनाईं। उन्होंने कोलकाता नेशनल कॉलेज की तरह 1904 में अजमेर में क्षत्रिय कॉलेज स्थापित करने की योजना बनाई थी। वे राजस्थान के होनहार विद्यार्थियों को सस्ती तकनीकी शिक्षा के लिए 1907-08 में जापान भेजना चाहते थे। शिक्षा के माध्यम से केसरी सिंह ने 1911-12 में 'क्षत्रिय जाति की सेवा में अपील' निकाली। उन्होंने वैज्ञानिक खोज का कार्य भी आरंभ किया। 1903 में वायसराय लार्ड कर्जन द्वारा आहूत दिल्ली दरबार में शामिल होने से उदयपुर के महाराणा फतह सिंह को रोकने के लिए उन्होंने 'चेतावनी रा चुंगटिया' नाम से सौरठे लिखे, जो अंग्रेजों के विरुद्ध उनकी भावना की स्पष्ट अभिव्यक्ति थी।

केसरी सिंह बारहठ

केसरी सिंह पर ब्रिटिश सरकार ने प्यारेलाल नाम के एक साधु की हत्या, अंग्रेज हुकूमत के खिलाफ बगावत और केंद्रीय सरकार का तख्ता पलटने और ब्रिटिश सैनिकों की स्वामिभक्ति खंडित करने के षड्यंत्र का संगीन आरोप लगाकर मुकदमा चलाया। इस मुकदमे में केसरी सिंह को 20 वर्ष की सख्त उम्रकैद की सजा सुनाई गई और उन्हें राजस्थान से दूर बिहार के हजारीबाग केंद्रीय जेल भेज दिया गया। हजारीबाग जेल से किसी तरह छूटने के बाद अप्रैल 1920 में केसरी सिंह ने 'राजस्थान महासभा' के गठन का सुझाव दिया था। 1920-21 में जमनालाल बजाज के आह्वान पर केसरी सिंह सपरिवार वर्धा चले गए। वर्धा में उनके नाम से 'राजस्थान केसरी' साप्ताहिक शुरू किया गया, जिसके संपादक विजय सिंह पथिक थे। वर्धा में ही केसरी सिंह का महात्मा गांधी से घनिष्ठ संपर्क हुआ। देश की स्वतंत्रता के लिए अपना सब कुछ होम कर देने वाले क्रांतिकारी कवि केसरी सिंह ने 14 अगस्त 1941 को अंतिम सांस ली।

ममता पांडेय

केसू-झांझी

शारदीय नवरात्र से पहले अमावस को ही दीवार पर गोबर से लीप पोतकर झांझी बनाई जाती है। इस आकृति को कौड़ियों से सजाया जाता है।

केसू-झांझी

झांझी देवी वस्तुतः पार्वती का ही स्वरूप हैं। ब्रज में लोक मान्यता है कि पार्वती अपने पीहर से दस दिन के लिए ससुराल शंकर जी के यहां आई थीं। उन्होंने स्वयं ही सासरा (ससुराल) मांगा था ताकि पार्वती वहां की छोरियों (लड़कियों) को रहना-करना अर्थात व्यवहार सिखा दें। अमावस की संध्या को ही झांझी की स्थापना कर जल, अक्षत, रोली, दीप आदि से पूजा की जाती है और बूरे (शक्कर) या किसी मिठाई का भोग लगाया जाता है। झांझी लेकर कुंआरी लड़कियों का एक समूह गीत गाता हुआ गांव में घर-घर जाता है। घरों से उन्हें कटोरा भर अनाज दिया जाता है जिसे कोई लड़की अपनी झोली में एकत्रित करती रहती है। गांव-कस्बों में ऐसे कई किशोरी-समूह दिया-बत्ती के बाद के समय झांझी गाते हुए चलते हैं।

झांझी के समानांतर गांव-कस्बे के किशोरों का समूह केसू (अथवा टेसू) बनाकर टोली में घर-घर मांगने जाता है। मिट्टी के एक बड़े दिए को सरकंडों के बीच कच्ची मिट्टी से स्थापित कर सुखा लिया जाता है। केसू में भी मुखाकृति बनाकर इसे कौड़ियों से सजाते हैं। किशोरों की टोली भी दिया लेकर घरों में केसू के गीत गाती है। झांझी और केसू पार्वती और शिव के स्वरूप माने जाते हैं। ब्रज अंचल में नवरात्रि में चलने वाली केसू-झांझी की समूह-गीत परंपरा दशहरे के दिन विराम ले लेती है। केसू-झांझी की यह परंपरा अब विलुप्ति की ओर है। झांझी और केसू में गाए जाने वाले गीत किशोर-किशोरियों की आशु-रचनाओं के अद्‌भुत उदाहरण हैं। इनमें पौराणिक और लोक इतिवृत्त भी पिरोए रहते हैं। माना जाता है कि आसमान झांझी का सिर है। तारे बिखरे हुए बाल हैं। ऐसी भी उपमाएं हैं कि सूरज झांझी के माथे की बिंदिया, चांद नाक का कांटा और बादल रस भरे होंठ हैं। चारों दिशाओं में झांझी के हाथ और पाताल में पैर हैं। झांझी को भोग लगाने का एक गीत है, 'झांझी-झांझी जैं ले/कहा मांगै घी बूरौ/कहां ते लाऊं घी बूरौ/बनिया कें ते घी बूरौ/झांझी मांगें तेल, कहां ते लाऊं तेल/तेली के ते तेल/झांझी मांगे गहनों, कहां ते लाऊं गहनों/सुनार के ते गहनों/झांझी मांगे चूड़ी, कहाँ ते लाऊं चूड़ी/मनिहार के ते चूड़ी।'

इससे मिलता-जुलता लोक पर्व बुंदेलखंड में प्रचलित है। आश्विन माह के कृष्ण पक्ष की प्रतिपदा से शुरू होने वाला नौ दिन का यह त्योहार 'नौरता' कहलाता है, जिसमें कुँआरी लड़कियां मां गौरी की प्रतिमा सजा कर पूजा करती हैं और सुआटा खेलती हैं।

राजाराम भादू

अधिक जानकारी के लिए :
बुंदेली लोक संस्कृति : पवन अग्रवाल

कैकेयी

कैकेयी कैकेय देश के राजा अश्वपति की कन्या थीं। वह अयोध्या के राजा दशरथ की तीसरी पत्नी थीं। भरत और शत्रुघ्न की माता। रामायण की कथा के अनुसार उसने दशरथ से दो वरदान मांगे थे– भरत के लिए सिंहासन और राम के लिए वनवास। रामायण के अयोध्याकांड के अनुसार, राजा दशरथ देव-दानवों के युद्ध में देवताओं की सहायता करने गए हुए थे, उनके साथ कैकेयी भी थीं। युद्ध के दौरान रथ के पहिए की कील निकल गई। कैकेयी ने वहां अपनी अंगुली लगाकर राजा को बचाया। इससे खुश होकर राजा दशरथ ने उन्हें दो वर मांगने को कहा। कैकेयी ने तब कहा था कि अभी नहीं, समय आने पर मांगूंगी। दशरथ राजी हो गए। राम के राज्याभिषेक के समय मंथरा दासी के उकसाने पर कैकेयी ने उपर्युक्त दो वरदान मांगे। इसके कारण उनको लोक निंदा का सामना करना पड़ा। इसकी वजह से समाज में सौतेली

मां को लेकर सामान्यतः अच्छी धारणा नहीं बन पाई और कैकेयी की निंदा होती रही।

वाल्मीकि रामायण और तुलसी के रामचरितमानस के तरीके से अलग हटकर मैथिलीशरण गुप्त ने सदियों से उपेक्षित कैकेयी के चरित्र को अपने महाकाव्य 'साकेत' में एक मोड़ दिया। उन्होंने कैकेयी को एक पुत्र-वत्सल माता के रूप में चित्रित किया और उनका अनुताप भी दिखाया। 'साकेत' में राम भी कैकेयी के संबंध में कहते हैं, 'धन्य धन्य वह एक लाल की माई जिसने जना भरत सम भाई'। केदारनाथ मिश्र 'प्रभात' ने कैकेयी पर एक प्रबंध काव्य लिखा। यह सौतेली माता को देखने की सामाजिक दृष्टि में आए बदलाव का चिह्न है।

संजय जायसवाल

कैरियर मार्गदर्शन

नवयुवाओं के सामने एक बड़ा प्रश्न उनका कैरियर या भविष्य का होता है। इसकी सबसे ज्यादा चिंता माता-पिता को होती है, हालांकि वे यह कहते भी सुने जा सकते हैं, 'मेरे बच्चों को खुद ही अपना कैरियर चुनना और बनाना है।' इसके विपरीत, कुछ माता-पिता बच्चों के रुझानों की परवाह न कर खुद कठोरतापूर्वक उनका कैरियर निर्धारित कर देते हैं। नवयुवाओं को अपने माता-पिता, शिक्षालय, सामाजिक वातावरण और दोस्तों के संग तनावों और प्रेरणाओं दोनों का सामना करना पड़ता है, खासकर जब आर्थिक अनिश्चितताएं बढ़ गई हों। कोई बच्चा अपना कैरियर खुद चुने और कोई विकल्प चुनने के लिए कहीं से उस पर दबाव बने, ये दो भिन्न बातें हैं।

कैरियर चुनने के लिए प्रेरित करने में पहली बड़ी भूमिका माता-पिता की है। हाल के अनुसंधानों से उजागर हुआ है कि बच्चे से सुरक्षादायक लगाव का बंधन उसके सामाजिक, भावनात्मक और बौद्धिक विकास में एक बड़ी भूमिका निभाता है। यह उसमें निरंतर सीखने, स्वास्थ्य पर ध्यान देने, दूसरों की भी चिंता करने और दूसरों के विश्वास को बनाए रखने की प्रवृत्ति पैदा करता है। इस सुरक्षादायक लगाव की जरूरत शिशु अवस्था से होती है। माता-पिता की झुंझलाहट, चिल्लाहट, बात-बात पर गुस्सा, अपने आपको या बच्चे को कोसना या उसकी भावनाओं को न समझकर उस पर कठोर नियंत्रण, मारना-पीटना, घर का तनावपूर्ण परिवेश बच्चे के समग्र विकास को प्रभावित करता है और ऐसा पूरा वातावरण बच्चों के मन में संक्रमित होकर उसके कैरियर चुनने और बनाने की क्षमता को क्षतिग्रस्त करता है।

एक कैरियर के सफलतापूर्वक चुनाव से ही जीवन बनता है। कोई मिलने पर पहला सवाल यही करता है, क्या करते हो? कैरियर के चुनाव का संबंध अपने सामाजिक जीवन की भावी रूपरेखा तैयार करना भी है। इसलिए नवयुवाओं के सामने कैरियर के नए से नए और उभरते हुए विकल्पों को सामने रखना चाहिए, पर कुछ खास विकल्पों को न चुनने की उनकी स्वतंत्रता की रक्षा करते हुए। कई बार बच्चों की पसंद के कैरियर को मान लेना पड़ता है, भले इससे लगे कि इसका नतीजा अच्छा नहीं होगा। कई बार थोड़ा आगे जाते ही असफलता मिलती है, पर असफलताओं को सफलता की सीढ़ी कहा गया है। इस मामले में दो चीजें काफी मायने रखती हैं—मेहनत और धैर्य। एकाकीपन में कुछ करने की जगह दूसरों से सघन संपर्क भी व्यक्तिगत और कैरियरगत सफलता के लिए मायने रखता है। यह भी ध्यान में रखना जरूरी है कि नकारात्मक सोच रखने से हमेशा बेहतर है अपने पिछड़ने का आलोचनात्मक

कैरियर मार्गदर्शन

विश्लेषण करते रहना। कोशिश करना कि बड़े और कुशल लोगों की संगत मिले, क्योंकि उनसे बहुत कुछ सीखा जा सकता है।

कैरियर बनाने के लिए हमेशा यह सोचना जरूरी है कि एक नया जीवन मुझे पुकार रहा है। पहले कैरियर के लिए बहुत थोड़े विकल्प थे, पर वैश्वीकरण-युग की जरूरतों ने विकल्पों में उछाल ला दी है। कैरियर के लिए कुछ परंपरागत रूप अनुपयोगी, कम दूर तक ले जाने वाले या अनाकर्षक हो गए हैं। आज रोजगार के बाजार में नई-नई विशेषज्ञताओं का आगमन हुआ है और स्पर्धा तेज है। कुछ विशेषज्ञताओं के बीच पुरानी दीवारें टूटी हैं, बहुत से क्षेत्रों का ज्ञान एकसाथ जरूरी हो गया है। नवयुवाओं के सामने कोई कैरियर चुनने के साथ उद्देश्य चुनना भी जरूरी है। वे उद्देश्य को चुनकर उसके अनुसार अपने ज्ञान और कौशल में वृद्धि कर सकते हैं और इन्हें लगातार नया बनाते रह सकते हैं। खास कर वर्तमान युग में ज्ञान और कौशल दोनों जरूरी हैं।

कई बार एक तरह के कैरियर को छोड़ कर एकदम भिन्न ढंग के कैरियर को चुनना पड़ता है। युवा अपनी रुचि में परिवर्तन देखते हैं। वे पिछले पेशे में व्यक्तित्व के विकास की संभावना ज्यादा नहीं पाते या उसमें असफल हो जाते हैं। ऐसे में मोह या किसी अफसोस की जगह बुद्धि और रुचि का साथ देना जरूरी होता है। नए पेशे में ज्यादा सफलता संभव है, क्योंकि जीवन का प्रयोगों से भरा होना मानवीय क्षमता का चिह्न है। कोई भी पेशा चुना जाए, जीवन की आंतरिक ऊर्जा और उत्प्रेरणा बनी रहनी चाहिए और बुरे दिनों को पार करने का हौसला भी। कई बार जीवन के वे क्षण ज्यादा अच्छे होते हैं जो असुविधाओं और बाधाओं से भरे होते हैं, क्योंकि वे क्षण ही जीवन में नया मोड़ लाते हैं और व्यक्ति भिन्न राह चुनते हैं। यदि कहीं किसी के वास्तविक महत्व को समझा न जा रहा हो, यही समय नई शुरुआत करने का होता है। अपने स्वप्नों को लेकर कुंठित होने से बेहतर है, रास्ता बदल लिया जाए।

संजय जायसवाल

अधिक जानकारी के लिए :

1. **Career Guidance on Communities** : Rie Thomson, 2. **New Directions : Successful Strategies for Career** : James G Ward 3. **Changing Minds** : Howard Gardner

कैलास-मानसरोवर

शिव का सर्वोच्च अधिवास कैलास पर्वत है जो हिमालय के शिखरों में से एक है। मानसरोवर कैलास के पाद देश में फैली एक विशाल झील है जिसे ब्रह्म के मन से निकला सरोवर माना जाता है। मिथकीय कथा यह है कि ब्रह्मा के एक मानसपुत्र के पास उस दुर्गम में आराधना के लिए जल न था तो उन्होंने उस तपस्वी पुत्र के लिए वहां जल उत्पन्न किया जिसका परिणाम मानसरोवर है। यह भी कहा गया है कि हंस के बिना मानसरोवर भी अरम्य है। शिवपुराण के अनुसार वर्षा से परेशान पार्वती ने शिव से कहीं घर बसाने का प्रस्ताव किया तो शिव ने कैलास पर्वत को चुना जिसके ऊपर बादल पहुंच ही नहीं पाते बल्कि नीचे ही रहते हैं।

शैवागमियों के लिए कैलास-मानसरोवर प्रायः कर्मकांडरहित, सबसे पवित्र तीर्थ है। माना जाता है कि सर्वाधिक दुर्गम तीर्थ-यात्राओं में से एक सुमेरु, श्रीपर्वत, अवलोकितेश्वर, मंदराचल आदि हिमाच्छादित पर्वत श्रेणियों के बीच कैलास के शिवलिंग के दर्शन सौभाग्यशालियों को ही प्राप्त होते हैं। बौद्ध तिब्बतियों के लिए कैलास-मानसरोवर एकमात्र मुक्तिदायक तीर्थ है। तिब्बती समाज में

कैलास-मानसरोवर यात्रा

मान्यता है कि जब मानसरोवर का जल, जिसमें ब्रह्ममुहूर्त्त में देवता एवं तारे स्नान करते हैं, पार्श्व में स्थित राक्षस-ताल की ओर बहता है तो वह वर्ष तिब्बतियों के लिए शुभंकर होता है। तिब्बती समाज में बहुसमादृत गुरु पद्मसंभव ने इसी कैलास-मानसरोवर पर मंत्रबिद्ध और सुदीर्घ साधना की थी। धरती के उत्तुंग पर कैलास धरती वासियों के लिए स्वर्गोपम परलोक है जहाँ लोक कल्याण के लिए समुद्र मंथन से निकले जहर का पान करने वाले शिव का निवास है।

कैलास और मानसरोवर तिब्बत के पश्चिमी भाग में समुद्र तल से क्रमशः 15,100 फुट और 15,060 फुट ऊंचाई पर स्थित हैं। सिंधु, सतलज, ब्रह्मपुत्र, कर्नाली और घाघरा नदियों के उद्गम उनके पास हैं। हिंदू, बौद्ध, जैन और स्थानीय धर्मों के अनुयायी शताब्दियों से इनकी तीर्थयात्रा करते आ रहे हैं। अनेक तीर्थयात्री परिक्रमा भी करते हैं—कुछ घड़ी की सूई की तरह, कुछ घड़ी की सूई की उलटी दिशा में। कुछ घोड़े, खच्चर, याक जैसी सवारी पर, कुछ पैदल और कुछ दंड-परिक्रमा (लेट-लेट कर)। कैलास का परिक्रमा पथ 52 किमी है, मानसरोवर का 88 किमी। 1951 से 1980 के बीच तिब्बत में विदेशियों की यात्रा निषिद्ध कर दी गई थी। 1980 के बाद से कैलास-मानसरोवर की यात्रा भारतीय तीर्थयात्रा का अंग हो गई है, साथ ही भारत और चीन के बीच मैत्रीपूर्ण संबंध का एक आयाम खुल गया।

भारत से पश्चिमी तिब्बत में प्रवेश के दस द्वार हैं : (1) टनकपुर व अलमोड़ा से यात्रा शुरू कर आसकोट और गर्वियांग के रास्ते लिपू लेख दर्रा (सतह से ऊंचाई लगभग 17 हजार फीट), (2) अलमोड़ा से खेला होकर दरमा दर्रा (सतह से ऊंचाई 18,510 फुट), (3) अलमोड़ा से मिलाम होकर उल्टाधूरा दर्रा (17,950 फुट), (4) जोशीमठ से नीती दर्रा (16,600 फुट), यहां से आसमान साफ होने पर कैलास दिखाई देता है, (5) जोशीमठ से नीती ग्राम होकर दामजाम नीती दर्रा (16,350 फुट), (6) जोशीमठ से होटी नीती दर्रा (16,390 फुट), (7) हरिद्वार से बदरीनारायण होकर माना दर्रा (17,890 फुट), (8) गंगोत्री के रास्ते पर मुखुवा होकर जेलूखासा दर्रा (17,490 फुट), (9) शिमला से सिपकी दर्रा (15,400 फुट) पार करके शिरिंग्ला दर्रा (16,400 फुट), फिर गारटोक (15,100 फुट) पार करके तीर्थपुरी होकर कैलास, (10) कश्मीर-श्रीनगर होकर जोजिला दर्रा (11,578 फुट) और लद्दाख (11,530 फुट), फिर टास लांग्ला दर्रा (17,500 फुट) पार करके गारट ोक, फिर कैलास।

आजकल भारत सरकार के विदेश मंत्रालय को आवेदन करने पर वहां की स्वीकृति, निर्देश और व्यवस्था के अंतर्गत तीर्थयात्रियों के समूह लॉयजन ऑफिसर के नेतृत्व में कैलास-मानसरोवर की यात्रा करते हैं। दिल्ली से बस द्वारा हलद्वानी-कौसानी, बागेश्वर, धासूला होते हुए तावाघाट तक, इसके बाद की यात्रा पैदल या व्यवस्था और शक्ति के अनुसार कभी खच्चर, कांडी आदि के द्वारा करनी पड़ती है। लिपूलेख के बाद तीर्थयात्रियों की सारी व्यवस्था (बस, ट्रक, निवास आदि) चीनी सरकार के द्वारा होती है और पूर्वनिश्चित योजना के अनुसार कैलास-मानसरोवर का दर्शन आदि सात-आठ दिन के भीतर पूरा करा दिया जाता है। 2015 से भारत-चीन ने एक अन्य रास्ते का अनुमोदन किया है। जहाज द्वारा दिल्ली से बागडोगरा, फिर सिक्किम के रास्ते से चारपहिया वाहन द्वारा तिब्बत प्रवेश और कैलास-मानसरोवर गाना। पहले अलमोड़ा से वहां तक जाने और लौटने में दो महीने लग जाते थे। प्रकृति के कोमल और कठोर रूपों का भव्य दर्शन इस तरह अपेक्षाकृत अधिक समय लेता था लेकिन कदम-कदम पर खतरे बहुत थे। विशेष रूप से तिब्बत में जंगली कुत्तों और 'जामर' कहे जाने वाले डकैतों का भारी खतरा था।

राहुल सांकृत्यायन ने 1929 से 1938 के बीच कई बार तिब्बत की यात्रा की, ल्हासा तक गए, बौद्ध धर्म-दर्शन के प्राचीन ग्रंथों की खोज में अंगोर, शलू, नरथड़, साम्या आदि मठों में जा कर रहे लेकिन कैलास-मानसरोवर उनका गंतव्य कभी नहीं था।

भूवैज्ञानिकों का अनुमान है कि लाखों वर्ष पहले समूचा तिब्बत समुद्र के गर्भ में था। किसी समय भारी ज्वालामुखी के विस्फोट में पर्वत श्रेणियों सहित तिब्बत का पठार बना। सूर्य और चंद्रमा की रश्मियों की छाया में समूचा हिमालय क्षेत्र का स्वच्छ नील आकाश, उसके स्वच्छ पारदर्शी जल-स्रोत, हरी-भरी वन-भूमि और बादल असंख्य प्रकार के रंगों की छटाएं बिखेरते हैं, लेकिन कैलास-मानसरोवर तो रंग-सृष्टि की पराकाष्ठा है जिसे रूसी चित्रकार निकोलाई रोटिक ने अपने चित्र शिल्प में अमर कर दिया है। कैलास का शिखर कभी स्फटिक के विराटस्तंभ जैसा दिखता है, कभी उसका आधा हिस्सा सूरज की रोशनी में सोने का और आधा हिस्सा बर्फ में ढका होने से चांदी का ऐसे दिखता है जैसे साक्षात अर्धनारीश्वर—आधा कर्पूरगौर शिव और आधा सुवर्णकांति पार्वती! उसके पाद देश में मानसरोवर का जल इतना स्वच्छ है कि शीतकाल में जब पूरी झील जम जाती है तो ऊपर बर्फ की सतह के नीचे के पानी में तैरती मछलियां तक दिखाई देती हैं।

मानसरोवर को लेकर कुछ प्राचीन काव्य रूढ़ियां हैं, जैसे वहां हंस कमल के फूलों के बीच तैरते रहते हैं और मोती चुगते हैं। यात्रियों ने आंखों से देखकर स्पष्ट कर दिया कि वहां कमल नहीं होते हैं। हंस या हंस जैसे पक्षी जरूर रहते हैं, लेकिन मोती चुगने वाली बात कवि-कल्पना मात्र है। कालिदास के मेघदूत में 'शिव के राशिभूत अट्टहास' स्वरूप कैलास के अनेक बिंब अंकित हैं।

तुलसीदास ने कैलास-मानसरोवर देखा हो या नहीं, लेकिन उनके कवि मानस पर मानसरोवर की छाप इतनी गहरी है कि उन्होंने अपनी रामकथा को 'मानस' में का रूपक बना दिया। 'मानस' शब्द में मन और मानसरोवर—इन दोनों ही अर्थों की संभावना है। निराला ने 'कैलास में शरत' शीर्षक एक स्वप्न-कविता लिखी जिसमें वे मन ही मन मां शारदा, स्वामी विवेकानंद आदि तमाम संन्यासी और गृहस्थ भक्तों के साथ कैलास की यात्रा करते हैं। जयशंकर प्रसाद ने 'कामायनी' का समापन कैलास-मानसरोवर की इस पृष्ठभूमि में किया है, 'वह चंद्रकिरीट रजत नग/स्पंदित सा पुरुष पुरातन/देखता मानसी गौरी/लहरों का कोमल नर्तन।'

अष्टभुजा शुक्ल, अवधेश प्रधान

अधिक जानकारी के लिए :

1. **महातीर्थ के अंतिम यात्री** : बिमल दे, 2. **कैलास ओ मानसरोवर (बांग्ला)** : अपूर्वानंद, 3. **Of The Holly Kailash and Mansarovar** : Swami Pranavananda, 4. **The Complete Guide to Tibet's Mount Kailash** : John Snailins, 5. **Exploration in Tibet** : Swami Pranavananda

कैवल्य

कैवल्य का शाब्दिक अर्थ है—पूर्ण पृथकता। दर्शन में इसका अभिप्राय है प्रकृति से आत्मा का पार्थक्य। मुक्ति या मोक्ष के लिए योग दर्शन में कैवल्य की अवधारणा सूत्रबद्ध की गई है। पतंजलि योगसूत्र के 'कैवल्य पाद' में इसकी परिभाषा इस प्रकार है—'पुरुषार्थशून्यानां गुणानां प्रतिप्रसवः कैवल्यं स्वरूपप्रतिष्ठा वा चितिशक्तेरिति' अर्थात जब तीनों गुणों (सत-रज-तम) से पुरुष (आत्मा) का कोई प्रयोजन नहीं रह जाता तब प्रतिलोम क्रम से गुणों का लय हो जाता है, इस प्रकार त्रिगुणात्मिका प्रकृति से पुरुष का पृथक हो जाना ही कैवल्य है। यह भी कहा जा सकता है कि चिति (चित्त शक्ति) या द्रष्टा का अपने स्वरूप में प्रतिष्ठित हो जाना कैवल्य है। योगाभ्यास के द्वारा जब मन में विवेक की शक्ति आती है, दृष्टि के आगे से आवरण हट जाता है तब वस्तु के यथार्थ स्वरूप का अनुभव होता है। तब यह स्पष्ट हो जाता है कि त्रिगुणमयी प्रकृति के सारे दृश्य साक्षीस्वरूप पुरुष के लिए हैं। तब विवेक प्रवण चित्त को कैवल्य की प्राप्ति होती है (कैवल्यपाद, 25)। कैवल्य की उपलब्धि में 'कल्याणमयी धात्री प्रकृति' की भूमिका स्पष्ट करते हुए विवेकानंद लिखते हैं, '...उसने मानो आत्मविस्मृत जीवात्मा का हाथ

पकड़कर उसे धीरे-धीरे संसार के समस्त भोगों का अनुभव कराया, अपनी समस्त अभिव्यक्ति दिखाई, सारे विकार दिखाए और इस प्रकार वह उसे विभिन्न शरीरों में से ले जाते हुए क्रमशः उच्च से उच्चतर अवस्था में उठाती गई। अंत में आत्मा ने अपनी खोई हुई महिमा फिर से प्राप्त कर ली, अपना स्वरूप फिर से उसके मानस में उदित हो गया।' (विवेकानंद साहित्य, प्रथम खंड)।

पतंजलि ने योगसूत्र के विभूतिपाद में (सूत्र 23-25) कैवल्य को परिभाषित करते हुए बताया है कि आत्मा अविद्या के कारण प्रकृति के साथ संयुक्त हो जाती है; अविद्या के दूर होते ही प्रकृति के साथ पुरुष के संयोग का लोप हो जाता है, यही द्रष्टा की कैवल्य पद में प्रतिष्ठा है। अविद्या को दूर करने का उपाय है निरंतर विवेक का अभ्यास (विभूति : सूत्र 26)। कैवल्य पद पर पहुंचने के लिए प्रकृति के बंधन से छुटकारा आवश्यक है।

अवधेश प्रधान

अधिक जानकारी के लिए :

भारतीय दर्शन और मुक्तिमीमांसा : किशोरी दास गोस्वामी, 1998

कैसिनो संस्कृति

कैसिनो (Casino) जुआघर को कहते हैं। संयुक्त राज्य अमेरिका के कई राज्यों में जुआघरों को सरकार द्वारा मान्यता प्राप्त है। वहां बड़े-बड़े जुआघर चलाए जाते हैं। आमतौर पर जुआ खेलना अनैतिक कार्य समझा जाता रहा है। उसे ऐसी बुरी लत के रूप में देखा जाता है जिसके कारण

मनुष्य जल्दी से जल्दी अमीर बनने की लालसा में अपना सब कुछ गंवा बैठता है। महाभारत में पांडव अपना राज्य और धन ही नहीं गंवा बैठते, अपनी पत्नी और अपनी स्वतंत्रता भी गंवा बैठते हैं। ऐसे जुआघर, जिन्हें केसिनो कहा जाता है, कई देशों में स्वयं सरकारों की अनुमति से चलाए जा रहे हैं। सरकार इन जुआघरों से कर के रूप में भारी रकम वसूलती है, उसी तरह जिस तरह वह सिगरेट और शराब पर वसूलती है। सरकारों द्वारा वैध ठहराए जाने के कारण ही केसिनो को प्रोत्साहन मिलता रहा है।

बिना श्रम के जल्दी अमीर बनने के ऐसे कई रूप हैं, जिन्हें जुआ नहीं माना जाता, लेकिन उन्हें जुए से भिन्न भी नहीं कहा जाता। लॉटरी, घोड़ों की रेस, सट्टा लगाना, शेयर मार्केट का उतार-चढ़ाव, वायदा बाजार, इस श्रेणी में गिने जाते हैं, क्योंकि यहां भी लगाए गए पैसे से कई गुना लाभ की उम्मीद रहती है। दूसरी ओर, पैसे लगाने वाले के पूरे पैसे या पैसे का एक हिस्सा डूब जाने का खतरा बना रहता है, क्योंकि जुए में व्यक्ति पूरी तरह संयोग पर निर्भर रहता है, जिसे वह भाग्य समझता है। पूंजीवादी व्यवस्था प्रत्यक्ष और अप्रत्यक्ष रूप से जुआ खेलने की इस प्रवृत्ति को प्रोत्साहित करती है। जल्दी से जल्दी बिना श्रम के अमीर बनने की लालची प्रवृत्ति ही वस्तुतः केसिनो संस्कृति है। यहां व्यक्ति सामाजिक नैतिकता और दायित्व भूलकर पूर्णतः स्वार्थप्रेरित होकर धन के पीछे भागता है, यह जानते हुए भी कि इस कोशिश में जो कुछ उसके पास है, उसे वह गंवा सकता है। जुए का पूरा अर्थशास्त्र यह है कि वह दस लोगों के जेब से पैसा निकाल एक की जेब में डाल देता है। कैसिनो पूंजीवाद का ही एक विकृत रूप है।

कैसिनो संस्कृति औद्योगिक पूंजीवाद में 70 के दशक के बाद आए बदलावों तथा इनके समाज और संस्कृति पर पड़े प्रभाव को दर्शाता है। हेनरी जिरॉक्स अपनी किताब 'आथोरिटेरियन पॉलिटिक्स इन द एज ऑफ कैसिनो कैपिटलिज्म' में लिखते हैं, 'सोशल

डार्विनिज्म से कहीं अधिक आगे यह व्यवस्था अमीरों को फायदा पहुंचाओ, गरीबों को दंड दो' के सिद्धांत पर चलती है। यह सामाजिक समझौते, कल्याणकारी राज्य या नैतिक और सामाजिक दायित्व के किसी भी बचे हुए निशान पर खुला हमला है। धर्म और बाजार के नेतृत्व में राजनीति युद्ध का विस्तार बन जाती है। स्वार्थ और लालच दूसरों की भलाई से कहीं अधिक जरूरी बन जाते हैं, निरंकुश व्यवस्था और सैन्य आक्रामकता के सामने तर्क बौने हो जाते हैं। हर संदेह या विरोध को शैतान के काम की तरह देखा जाता है।

औद्योगिक पूंजीवाद में मुनाफे की घटती दर ने ही कैसिनो पूंजीवाद को जगह दी जो अपने मूल में वायदा बाजार या सट्टेबाजी पर आधारित है। इसका नतीजा यह हुआ कि जहाँ उत्पादन में विकास रुक गया या फिर स्थिर हो गया, वहीं सट्टेबाजी पर आधारित अर्थव्यवस्था लगातार पनपती गई। कैसिनो संस्कृति गरीबों और निम्न मध्यवर्ग के लोगों में इन तरीकों से जल्द अमीर बनने का स्वप्न जगाती है। ऐसे में संस्कृति के स्तर पर पूरा जोर गैर-बराबरी को न केवल सही ठहराने बल्कि इसके खिलाफ विरोध की किसी भी संभावना को जड़ में ही कुचलने पर रहता है। इसका सीधा असर कल्याणकारी राज्य तथा नागरिकों के प्रति इसकी जिम्मेदारी के क्षरण के रूप में सामने आया।

कैसिनो संस्कृति लोगों के 'अवकाश के समय' को भी ऐसे साधनों में फंसाए रखती है जिससे किसी भी आलोचनात्मक चेतना का विकास बेहद मुश्किल हो जाता है, मानवीय चेतना भी नहीं बचती। यह लोगों को दिग्भ्रमित करने, एक-दूसरे के विरुद्ध खड़ा करने और लोभ-लालच की अंधी गलियों में भटकाने का काम करती है।

सुनंद

अधिक जानकारी के लिए :

1. **Gambling in America : Costs and Benefits** : Earl L Grinols, 2. **Roll the Bones : The History of Gambling** : David G Sehwartz, 3. **Zombie Politics and Culture in the Age of Casino Capitalism** : Henry A Giroux

कॉन्स्टान्टिन स्तानिस्लावस्की (1863-1938)

कॉन्स्टान्टिन स्तानिस्लावस्की (Constantin Stanislavaski) को विश्व में रंगकर्मी के रूप में ही नहीं, रंगमंच के महान सिद्धांतकार, विशेष रूप से अभिनय कर्म के सिद्धांतकार के रूप में जाना जाता है। कॉन्स्टान्टिन स्तानिस्लावस्की का मूल नाम कॉन्स्टान्टिन सेर्गेईविच एलेक्सेयेई था। स्तानिस्लावस्की नाम उन्होंने 1884 में धारण किया था ताकि उनकी नाटक संबंधी गतिविधियां परिवार से छिपी रहें। उनका जन्म 17 जनवरी 1863 को रूस के मास्को शहर के एक संपन्न, बूर्जुआ परिवार में हुआ था। इस परिवार की फैक्टरियों में सेना के यूनिफॉर्म और सोने-चांदी के मेडल बनते थे। रूसी समाज में उन दिनों उच्च वर्ग के लोगों के लिए नाटक करना निषिद्ध था, यह निम्न वर्ग के लोगों का काम माना जाता था। अतः पैंतीस साल की उम्र तक पारिवारिक दबाव के कारण स्तानिस्लावस्की केवल शौकिया तौर पर अभिनय और निर्देशन करते रहे। 1917 की रूस की क्रांति तक वे अपनी पारिवारिक संपत्ति का उपयोग अपने प्रयोगात्मक नाटकों तथा निर्देशन के लिए किया करते थे। 1887-88 में 'सोसाइटी फॉर आर्ट

कॉन्स्टान्टिन स्तानिस्लावस्की

एंड लिटरेचर' की स्थापना उन्होंने अपनी पारिवारिक संपत्ति से की। सोसाइटी के स्कूल का उद्देश्य नाटक कला, परिधान, मेकअप, ड्रामा, रूसी साहित्य, तलवारबाजी और नृत्य सिखाना था। सोसाइटी का विधिवत उद्‌घाटन चेखव की उपस्थिति में 3 नवंबर 1888 को हुआ था। सोसाइटी के झंडे तले उन्होंने निर्देशन की शुरुआत की तथा मोलियर, पुश्किन एवं ओस्ट्रोवस्की के नाटकों का मंचन किया।

स्तानिस्लावस्की अभिनेता और नाट्य-निर्देशक थे। उनके लिए नाटक एक गंभीर कर्म था। यह अनुशासन, समर्पण और समग्रता का पर्याय था। उन्होंने 'प्रैक्सिस' का सैद्धांतिकीकरण किया। उनके लिए 'प्रैक्सिस' का अर्थ था अभ्यास का उपयोग जांच के रूप में करना और सृजनात्मक विकास के उत्प्रेरक के रूप में सिद्धांत का प्रयोग करना। इन्हीं कारणों से उन्हें आधुनिक युग का महान रंगकर्मी माना जाता है। सोवियत रूस में समाजवादी यथार्थवाद के विकास के लिए उनका काम महत्वपूर्ण था। उनके काम पर आधुनिकतावाद और उस समय के प्रकृतिवाद तथा प्रतीकवाद का प्रभाव था। उन पर रूसी रूपवाद और पाव्लो के व्यवहार मनोविज्ञान तथा पुश्किन, गोगोल एवं टॉल्सटॉय के सौंदर्यशास्त्र का असर भी था।

स्तानिस्लावस्की ने काफी लेखन किया। उनकी रचनाओं में 'एन एक्टर्स प्रिपेयर्स', 'एन एक्टर्स वर्क ऑन ए रोल', 'बिल्डिंग ए करेक्टर' तथा आत्मकथा 'माई लाइफ इन आर्ट' प्रमुख हैं। वे अभिनय को जीने में रुचि रखते थे। वे चरित्र के साथ प्रयोग करते और वास्तविक जीवन में चरित्र को जीते। कभी पियक्कड़ के रूप में रेलवे स्टेशन पर जाते, कभी खुद को छिपा कर जिप्सी ज्योतिष के रूप में लोगों को उनका भविष्य बताते। नाटक के अन्य लोगों से भी वे ऐसे प्रयोग करवाते। इन प्रयोगों के बाद ही वे नाटक मंचित करते। उन्होंने दिग्गजों से स्वर प्रशिक्षण और संगीत शिक्षा ली। चलते और स्थिर बैठते हुए कैसे लयात्मक रहा जाए, इसके प्रयोग उन्होंने किए। जब वे अपने 'सिस्टम' का प्रशिक्षण देते तो अभिनेताओं से इसका अभ्यास करवाते।

स्तानिस्लावस्की के 'सिस्टम' का मतलब था अभिनेता के प्रशिक्षण का एक नियमबद्ध तरीका। वे कठिन प्रशिक्षण में विश्वास करते थे। ध्यान केंद्रित करना, स्वर, शारीरिक कुशलताएं, संवेदनाओं, स्मृति, निरीक्षण-अवलोकन और नाट्य विश्लेषण के विभिन्न क्षेत्रों पर इसमें ध्यान दिया जाता था। वे अपने अभिनेताओं से कहते कि वे अपना निजी तरीका विकसित करें। साथ ही वह कहते कि परंपरा को तोड़ते चलो। उनका मानना था कि स्टेज पर जो सत्य होता है वह वास्तविक जीवन के सत्य से भिन्न होता है, लेकिन 'सिनिक ट्रुथ' स्टेज पर हासिल किया जा सकता है। अभिनय विश्वसनीय होना चाहिए, ऐसा कि दर्शक को वह सत्य लगे। अभिनेताओं के लिए उनका प्रसिद्ध कथन है, 'जब आप किसी अच्छे व्यक्ति की भूमिका निभाएं तो यह पता लगाने की कोशिश कीजिए कि उसमें क्या बुराई है और जब आप बुरे आदमी की भूमिका निभाएं तो पता लगाइए कि उसमें कौन-सी अच्छाई है।'

5 जुलाई 1889 को स्तानिस्लावस्की ने मारिया लिलिना से विवाह किया। दोनों ने एक साथ 'इंटरव्यू एंड लव' में अभिनय किया था। स्तानिस्लावस्की लियो टॉल्सटॉय के 'द फ्रुट्स ऑफ एन्लाइटेन्मेंट' (1891) को अपना पहला पूरा और स्वतंत्र निर्देशन मानते थे। 18 घंटे के लंबे ऐतिहासिक विचार विमर्श के बाद वाल्दिमिर नेमिरोविच-डैनचेन्को के साथ मिलकर स्तानिस्लावस्की ने 22 जून 1897 को 'मास्को पब्लिक अस्सेसिबल थियेटर' की नींव रखी जो आगे चलकर 'मास्को आर्ट थियेटर' के नाम से प्रसिद्ध हुआ। यह एक प्राइवेट लिमिटेड कंपनी थी जिसके कई साझेदार थे। इस कंपनी ने 'द मर्चेंट ऑफ वेनिस', 'एंटिगोनी', 'मैन एबव द लॉ', 'द ट्यूटर' जैसे नाटक किए। इसने चेखव के तकरीबन सारे नाटक मंचित किए। इस कंपनी की विशेषता इसके रिहर्सल में थी। पहले प्रदर्शन के लिए दो महीने तक रिहर्सल चला। इन अभ्यासों के दौरान स्तानिस्लावस्की की सेवोलोड मेयेरहोल्ड से जिंदगी भर की दोस्ती हो गई। ऐसी दोस्ती कि

स्तानिस्लावस्की ने उन्हें अपने थियेटर की पूरी विरासत सौंप दी।

स्तानिस्लावस्की को 1936 में 'पीपुल्स आर्टिस्ट ऑफ द यूएसएसआर', 1937 में 'ऑर्डर ऑफ़ लेनिन' तथा 1938 में 'ऑर्डर ऑफ द रेड बैनर ऑफ़ लेबर' सम्मान मिला। 7 अगस्त 1938 को मास्को में उनकी मृत्यु हुई।

विजय शर्मा

अधिक जानकारी के लिए :

1. **भूमिका की संरचना** : स्तानिस्लावस्की, 2. **Stanislavaski-His life and Art** : Jean Benedetli, 1990, 3. **An Actor Prepares** : Konstantin Stanislavaski, 4. **An Actors Handbook** : Konstantin Stanislavaski, 1963

कॉपीराइट

कॉपीराइट (Copyright) द्वारा कृतिकार को उसकी कृति पर एक निश्चित अवधि के लिए प्रकाशन, वितरण, विक्रय आदि सहित पुनरुत्पादन, संक्षेपण, रूपांतरण, अनुवाद आदि के अधिकार दिए जाते हैं। कानूनी तौर पर मूल कृति के लिए कृतिकार को जितने अधिकार प्राप्त हैं, वे सारे अधिकार अनूदित कृति के लिए अनुवादक को प्राप्त हैं।

1436 में जर्मनी में मुद्रण मशीन का आविष्कार हुआ और मुद्रित पुस्तकों के प्रति समाज का आकर्षण बढ़ गया। पर धर्म सत्ता और सरकार को पल-पल शंका रहती थी कि पुस्तक में ईसाई धर्म और सरकार के प्रतिकूल कुछ मुद्रित न हो जाए। लिहाजा मुद्रण से पूर्व राजाज्ञा अनिवार्य कर दी गई। पुस्तकों के मुद्रण का अर्थ उनकी मूल प्रति की प्रतिलिपियां तैयार करना है। कृति की प्रतिलिपि तैयार होने देने का हक नैतिक रूप से मूल लेखक का होना चाहिए। यह अधिकार लेखक का ही होगा कि वह अपनी कृति की प्रतिलिपि तैयार करने/कराने की स्वीकृति किसी को दे या न दे। लेखक के इसी अधिकार को कॉपीराइट या प्रतिलिप्याधिकार कहा गया।

मुद्रणकला के प्रचार से पूर्व किसी कृति से किसी तरह का आर्थिक लाभ कोई दूसरा नहीं उठा सकता था। इस कारण कॉपीराइट की बात पहले नहीं उठी। उसी कारण दुनिया में कॉपीराइट का इतिहास पुराना नहीं है। वस्तुतः कॉपीराइट का उद्देश्य रचनाकार या रचनाकार द्वारा अधिकृत व्यक्ति/संस्था के प्रकाशन आदि के अधिकार की रक्षा करना है, ताकि कोई अन्य व्यक्ति या संस्था उस कृति का प्रकाशन, विक्रय कर आर्थिक या कोई अन्य लाभ न उठा ले। सर्वप्रथम 1709 में एक अधिनियम द्वारा यह अधिकार कृतिकार को दिया गया था। यह सुरक्षा एक निर्धारित अवधि तक के लिए होती है। इंग्लैंड में 1662 में चार्ल्स द्वितीय ने किताबों के अनियंत्रित प्रतिलिपीकरण पर पार्लियामेंट के कानून द्वारा प्रतिबंद लगा दिया। फिर 1710 में 'बिट्रिश स्टैट्यूट ऑफ एन' के द्वारा कलाकार को उसका कॉपीराइट दिया गया। उसे पहला वास्तविक कॉपीराइट अधिनियम माना जाता है। 1790 के कॉपीराइट अधिनियम ने कॉपीराइट को वैधानिक रूप प्रदान किया। जर्मनी में कॉपीराइट नियम उन्नीसवीं सदी में अपेक्षाकृत देरी से, पास हुआ। उसके बाद लातिन अमेरिका, अर्जेंटीना की राजधानी ब्यूनस आयर्स में कॉपीराइट कंवेन्शन हुआ। संयुक्त राष्ट्र अमेरिका में 1952 में वैश्विक कॉपीराइट कंवेन्शन का मसौदा तैयार किया गया जिसे रूस आदि सभी देशों ने स्वीकार किया। 2002 में इस संधि में और नियंत्रण लगाए गए।

अनुवादक को भी कॉपीराइट के वे सभी अधिकार प्राप्त हैं, जो मूल लेखक को प्राप्त हैं। फर्क सिर्फ इतना है कि अनुवादक का कॉपीराइट उस खास भाषा में हुए अनुवाद तक सीमित है जिसमें अनुवाद हुआ है। उस अनुवाद के प्रकाशन, वितरण, बिक्री, प्रसारण के सारे अधिकार अनुवादक के पास होते हैं। जिस तरह किसी अनुवादक के कॉपीराइट का सम्मान करना किसी समाज और शासन का नैतिक दायित्व है, उसी प्रकार अनुवादक का भी यह दायित्व बनता है कि वह मूल लेखक और उसकी कृति के

प्रकाशक के कॉपीराइट के सम्मान-संरक्षण के लिए नैतिक विवेक का परिचय दे। उसे कृति के अनुवाद से पहले उस कृति के प्रतिलिप्याधिकारी की सहमति लेनी पड़ती है। प्रकाशक को अनुवादक के साथ मूल रचनाकार को भी बातचीत से तय मानदेय देना पड़ता है या कुछ शर्तें तय की जा सकती हैं। लेखक की मृत्यु के बाद साठ वर्ष तक कॉपीराइट लेखक या उसके वैधानिक उत्तराधिकारी के पास होता है। भारत में यह अवधि 70 साल है। लेखक की मृत्यु के बाद प्रकाशित किसी कृति का कॉपीराइट भी साठ साल तक उत्तराधिकारी के पास होता है। इस अवधि के बीत जाने के बाद कृति कॉपीराइट युक्त हो जाती है। उसके पुनःप्रकाशन, अनुवाद, रूपांतरण, आत्मसातीकरण, संक्षेपण, विधांतरण आदि उद्यमों से जुड़े सभी व्यक्ति कॉपीराइट के दायरे से बाहर आ जाते हैं। इसके बावजूद वे अपनी नैतिकता से बंधे होते हैं। यह नैतिकता अनुवादक, प्रकाशक और अन्य सभी प्रयोक्ताओं के लिए समान रूप से प्रभावकारी होती है।

इंटेलेक्चुअल प्रोपर्टी राइट्स (बौद्धिक संपत्ति अधिकार) की तरह कॉपीराइट वैधानिक क्षेत्र का विषय है। एक बार कॉपीराइट की अवधि पूरी हो जाने के बाद कोई भी कृति जनसुलभ हो जाती है। अमेरिका में 1923 से पूर्व प्रकाशित पुस्तकों को कॉपीराइट से मुक्त करा दिया गया है। कॉपीराइट से मुक्ति का अर्थ प्रकाशक, अनुवादक एवं अन्य प्रयोक्ताओं की स्वेच्छाचारिता नहीं है। किसी कृति के मूल स्वरूप को विरूपित करना, पाठक और समुदाय के अनिष्ट में उसका उपयोग करना, किसी भी तरकीब से कृति को उसके मौलिक उद्देश्य से भटकाना अथवा उसकी अभद्र प्रस्तुति गलत आचरण है। किसी कृति का दुरुपयोग, विरूपण, उद्देश्य से भटकाव, श्रेय-हरण अनैतिक है।

देवशंकर नवीन

अधिक जानकारी के लिए :

1. **प्रतिलिप्याधिकार अधिनियम**, 1957, 2. **Intellectual Property Rights** : M K Bhandari, 3. **Copyright Litigation Handbook** : Raymond J Dowd, 4. **Copyright in Historical Perspective** : Lyman Ray Patterson, 1968

कॉपीराइट अधिनियम

लेखकों और प्रकाशकों के हितों की रक्षा के लिए कॉपीराइट अधिनियम 1957 बनाया गया। लेखक एवं प्रकाशक की पूर्वानुमति के बिना किसी भी कृति का कोई भी अंश या खंड प्रकाशित करना, लेखक की रचना को अपनी रचना बनाकर प्रकाशित करना, किसी लेखक की रचना को बिना उसकी अनुमति के रंगमंच पर प्रस्तुत करना कानून का उल्लंघन है।

कॉपीराइट अधिनियम की धारा-14 में कॉपीराइट के कार्य को विस्तार से स्पष्ट किया गया है। इस धारा के अनुसार किसी साहित्यिक, नाट्य या संगीतात्मक कृति या किसी की रचना के संबंध में ये चीजें मना हैं—1. कृति को सारांश रूप में पुनरुत्पादित करना, 2. कृति को प्रकाशित करना, 3. कृति को सार्वजनिक रूप से प्रस्तुत करना, 4. कृति का भाषांतर उत्पादित, पुनरुत्पादित, प्रस्तुत या प्रकाशित करना, 5. कृति को प्रसारण द्वारा संसूचित करना अथवा उसके सार को लाउड स्पीकर या ऐसे ही किसी अन्य उपकरण द्वारा सार्वजनिक रूप से संसूचित करना, 6. कृति का की रूपांतरण करना और 7. कृति के भाषांतर या रूपांतरण के संबंध में वह सब करना जो खंड 1 से 4 तक विनिर्दिष्ट है।

किन स्थितियों में अधिनियम का उल्लंघन नहीं होता : अधिनियम की धारा-62 के अनुसार, समाचार पत्रों के संपादकों तथा पत्रकारों को विशेष रूप से सचेत रहना चाहिए कि समाचारों पर कॉपीराइट लागू नहीं होता। समाचारों के प्रस्तुतीकरण की शैली तथा शब्द चयन की मौलिकता द्वारा स्वतः ही कानून की गिरफ्त से बचा जा सकता है। नेताओं आदि के सार्वजनिक भाषण पर भी यह कानून लागू नहीं

होता। समाचार पत्रों में प्रकाशित लेखादि तथा चित्रों पर यह कानून लागू हो सकता है।

सामाजिक, आर्थिक, राजनीतिक तथा धार्मिक विषयों पर किसी लेख का किसी समाचार पत्र या पत्रिका या अन्य सामयिकी में पुनःप्रकाशन कॉपीराइट का उल्लंघन नहीं होगा, जब तक कि लेख के रचयिता ने ऐसे पुनरुत्पादन का अधिकार अपने लिए अभिव्यक्त रूप से आरक्षित न कर लिया हो। समीक्षा या पुस्तक समीक्षा करते समय अपने कथन की पुष्टि में दिए गए उद्धरणों पर यह कानून लागू नहीं होता। निबंध आदि लिखते समय यदि किसी कृति के उद्धरणों की आवश्यकता पड़ती है तो उसके स्रोत, पुस्तक व लेखक के नाम आदि का उल्लेख कर देना चाहिए। इस कानून के तहत किसी विधान मंडल या सदन के सचिवालय द्वारा तैयार की गई किसी सूचना या कृति का पुनः प्रकाशन, भले वह विधानमंडल के सदस्यों के उपभोग के लिए हो, कॉपीराइट का उल्लंघन नहीं माना जाता।

कॉपीराइट की अवधि : किसी भी कृति में कॉपीराइट रचयिता के जीवनकाल तथा उसकी मृत्यु के कैलेंडर वर्ष से 50 वर्ष तक अस्तित्व में रहता है। कैलेंडर वर्ष से तात्पर्य जनवरी के प्रथम दिन से आरंभ होने वाला वर्ष है।

अपराध की सजा : इस अधिनियम द्वारा प्रदत्त किसी अधिकार का अथवा कृति में निहित कॉपीराइट का जानबूझकर उल्लंघन करने पर एक वर्ष तक के कारावास या जुर्माना या दोनों सजाएं दी जा सकती हैं। इस अधिनियम में कॉपीराइट कार्यालय और बोर्ड, कॉपीराइट का स्वामित्व एवं स्वामी के अधिकार, कॉपीराइट के पंजीकरण आदि से संबद्ध पक्षों से संबद्ध नियम भी निर्धारित किए गए हैं।

संशोधित कॉपीराइट अधिनियम, 1984 : कॉपीराइट अधिनियम, 1984 कुछ विशेष संशोधनों के साथ लागू हुआ है। नए संशोधित कॉपीराइट अधिनियम की धारा-19ए के अनुसार, कोई विवाद यदि कॉपीराइटके हस्तांतरण के संबंध में उत्पन्न हो, तो कॉपीराइट बोर्ड किसी पक्ष द्वारा शिकायत प्राप्त होने पर आवश्यकतानुसार जांच पड़ताल करने के बाद, उचित समझे तो ऐसा आदेश दे सकता है, जिसमें कॉपीराइट के स्वत्वाधिकारी को हस्तांतरण प्रलेख भंग करने की अनुमति देने का आदेश भी शामिल है।

दिनेश कुमार शर्मा

कॉमनवेल्थ साहित्य

कॉमनवेल्थ साहित्य की अवधारणा ब्रिटिश साम्राज्य काल में जनमी 'कॉमनवेल्थ' की राजनीतिक कोटि से आई। 1884 में ऑस्ट्रेलिया की अपनी यात्रा के दौरान लॉर्ड रोजबरी ने ब्रिटिश साम्राज्य के बदलते रूप को समझा था और आजादी की मांग कर रहे या आजाद हो चुके देशों के लिए 'कॉमनवेल्थ ऑफ नेशंस' की संज्ञा ईजाद की थी। इसका प्रस्ताव 1917 में जॉन स्मट्स ने पेश किया था, पर इसे औपचारिक मान्यता 1921 में 'एंग्लो-आइरिश ट्रीटी' से मिली जब इसका प्रयोग 'ब्रिटिश एंपायर' के स्थान पर किया गया। आइरिश स्वतंत्र राज्य की पार्लियामेंट के सदस्यों को इस नए नाम से शपथ दिलाई गई थी। बाद में सिमटते हुए ब्रिटिश साम्राज्य के पूर्व-उपनिवेशित देशों के समूह के लिए कॉमनवेल्थ राष्ट्रसमूह का प्रयोग किया गया। 1931 में बने कॉमनवेल्थ संघ में ब्रिटिश राज के प्रति भक्ति तथा वफादारी प्रकट करने वाले स्वशासित देशों में ऑस्ट्रेलिया, कनाडा, दक्षिण अफ्रीका और न्यूजीलैंड शामिल थे। 1949 में इसमें कुछ और देश जुड़े। दक्षिण अफ्रीका ने 1961 में इसे छोड़ दिया, पर 1994 में इसकी सदस्यता फिर स्वीकार कर ली। आज इस कॉमनवेल्थ संघ में अफ्रीका, एशिया, उत्तरी तथा दक्षिणी अमेरिका तथा प्रशांत सागर के भारत सहित 53 देश सदस्य हैं। कॉमनवेल्थ साहित्य इस राजनीतिक कोटि का उप-उत्पाद है। ब्रिटिश लोगों

की भाषा अंग्रेजी है। अतः कॉमनवेल्थ साहित्य राष्ट्रमंडल के लेखकों के अंग्रेजी लेखन तक सीमित है। ब्रिटेन के आइरिश या संयुक्त राष्ट्र अमेरिका के गैर-श्वेतों द्वारा अंग्रेजी लेखन के लिए भी इसका प्रयोग किया जाता है। आज इसके लिए 'पोस्ट कोलोनियल लिटरेचर' (उत्तर-उपनिवेशवादी साहित्य) तथा 'न्यू लिटरेचर इन इंग्लिश' (अंग्रेजी में नया साहित्य) जैसी संज्ञाओं का प्रयोग भी किया जाता है।

कॉमनवेल्थ उन पूर्व-उपनिवेशित समाजों का समूह था, जिसकी मूल भाषा अंग्रेजी न थी। अतः काफी समय तक उनके अंग्रेजी लेखन को 'पृथ्वी की महानतम भाषा' अंग्रेजी के 'दूषितकरण' तथा 'अंग्रेजी में छोटे लोगों का लेखन' भी कहा गया। उपनिवेश-गर्व के उस दौर में इतना जरूर स्वीकार किया गया कि इसमें रचनात्मक संभावनाएं हैं। उदाहरण के लिए मलेशियाई अंग्रेजी को 'रंगीन, पर अपंग उपभाषा' माना गया, जिसमें श्वेत ब्रिटिश डॉमीनियन की विविध प्रकार की संवेदनाएं, प्रजातियां, राष्ट्रीयताएं, धर्म तथा संस्कृतियां शामिल थीं। इसमें द्विभाषी कनाडा (अंग्रजी तथा फ्रेंच), अंग्रेजी संस्कृति की आखिरी चौकी अर्थात ऑस्ट्रेलिया तथा अंग्रेजी साम्राज्य की दूध की डेयरी माने जाने वाले न्यूजीलैंड के अलावा एशिया, अफ्रीका, प्रशांत महासागर तथा कैरिबियन द्वीपों के अश्वेत समाजों के अंग्रेजी लेखक शामिल थे। उपनिवेशित होने के कारण अंग्रेजी प्रशासनिक तथा शैक्षणिक संस्थाओं से इन समाजों के संबंधों का अपना इतिहास था। सभी संबंधों में अंग्रेजी भाषा से संबंध सबसे प्रगाढ़ था, क्योंकि उसका असर जीवन के अनेक क्षेत्रों में दिखाई देता रहा है।

एक बड़ा विरोधाभास यह था कि अंग्रेजी में लिखने के बावजूद कॉमनवेल्थ साहित्य के लेखक अपनी अस्मिता बनाए रखना चाहते रहे हैं। न्यूजीलैंड की लेखिका कैथरीन मैंसफील्ड ने कहा था कि मैं कहीं भी रहूं, पर जब मैं लिखती हूं मेरी हड्डियों में न्यूजीलैंड बसता है। इसके साथ यह भी मानना पड़ेगा कि अंग्रेजी में लिखने वाले पूर्व-उपनिवेशित देशों के लेखकों के निवास स्थल ने कॉमनवेल्थ साहित्य लेखन पर ज्यादा प्रभाव नहीं डाला है, जबकि कॉमनवेल्थ साहित्य चर्चा में निवास स्थल की भूमिका पर काफी समय तक चर्चा हुई थी। पैट्रिक व्हाइट इंग्लैंड में रहकर अपने ऑस्ट्रेलियाई अनुभव के बारे में लिखते थे। आर के नारायन मालगुडी से, राजाराव फ्रांस से तथा मुल्कराज आनंद ने दो पाउंड प्रतिदिन पर लंदन में रहकर 'कुली' तथा 'अनटचेबुल' उपन्यास लिखे। जी वी देसानी, कमला मार्कंडेय, वी एस नायपॉल, जॉर्ज लैमिंग, विल्सन हैरिस आदि लेखकों ने इंग्लैंड से दूर अंग्रेजी में अपने व्यक्तिगत तथा सांस्कृतिक अनुभवों के बारे में लिखा।

कॉमनवेल्थ साहित्य मुख्यतः दो प्रकार के अनुभवों की उपज है। घर या मातृभूमि से निष्कासन या त्याग तथा सांस्कृतिक आक्रमण की चेतना। शारीरिक रूप से एक विश्व में होने तथा मानसिक रूप से दूसरी दुनिया में होने की पीड़ा ने इन साहित्यकारों की रचनाशीलता को प्रभावित किया। केनेडियन विद्वान आर टी रॉबर्टसन ने एक लोक प्रचलित गीत की पंक्ति में इस दुविधा को व्यक्त किया, 'बस यदि एक रात के लिए मुझे फाख्ते के पर मिल जाते तो मैं अपने देश उड़ जाता।' भारतीय उपमहाद्वीप के कुछ साहित्यकारों की तरह कई लेखकों ने नए प्रकार के द्वंद्व को महसूस किया है, जैसे आर पार्थसारथी सरीखे लेखक अपने तमिल अतीत तथा अंग्रेजी वर्तमान के बीच बंटे दिखाई देते हैं। वे अंग्रेजी में लिखते हैं, पर लिखना अपनी भाषा में भी चाहते थे। अक्सर अंग्रेजी में सुगमता और अंग्रेजी की प्रतिष्ठा के कारण ऐसे कई लेखकों ने अंग्रेजी में ही लिखा।

हम आज जिसे कॉमनवेल्थ साहित्य के नाम से जानते हैं, अकादमिक जगत में उसकी पहचान बनाने में कई विद्वानों ने अपना योगदान किया है। इनमें ए एन जेफर्स का नाम अग्रगण्य है। उन्होंने यूनिवर्सिटी ऑफ लीड्स के 'स्कूल ऑफ इंग्लिश' में कॉमनवेल्थ देशों में अंग्रेजी साहित्य से जुड़े अध्यापकों को इकट्ठा किया और उन देशों के अंग्रेजी साहित्य और अंग्रेजी में अनूदित साहित्यिक कृतियों का संग्रह किया। उनके

लेखकों, अध्यापकों तथा शोधार्थियों को बुलाकर इस साहित्य की ओर उनका ध्यान खींचा। इस प्रकार कॉमनवेल्थ साहित्य पाठ्यक्रम की शुरुआत हुई, जिसे बाद में कॉमनवेल्थ के सदस्य देशों में मान्यता मिली तथा उनके विश्वविद्यालय के अंग्रेजी विभागों में भी कॉमनवेल्थ साहित्य पढ़ाया जाना शुरू हुआ। इसे दक्षिण अफ्रीकी मूल के आर्थर रेवन्सक्राफ्ट के संपादन से छपे 'द जर्नल ऑफ कॉमनवेल्थ लिटरेचर' से भी खूब प्रोत्साहन मिला। विलियम वॉल्श की किताबों 'कॉमनवेल्थ लिटरेचर', 'रीडिंग्स इन कॉमनवेल्थ लिटरेचर', एम सी ब्रेडब्रूक की 'लिटरेचर इन एक्शन' तथा जेराल्ड मूर की किताब 'द चोजन टंग' ने अपना विशेष योगदान किया। जॉन स्पेंसर, आर्थर कॉवले आदि ने भी अपना योगदान किया। ऑक्सफोर्ड यूनिवर्सिटी प्रेस, हाइनमैन प्रेस, तथा चैट्टो विंडस जैसे प्रकाशकों ने कॉमनवेल्थ साहित्य विषयक प्रकाशनों के माध्यम से इसे गंभीरता प्रदान की। भारत के सी डी नरसिम्मैया तथा मीनाक्षी मुखर्जी ने इसकी स्थापना, विकास तथा अध्ययन में महत्वपूर्ण भूमिका निभाई।

अंग्रेजी साहित्य के 'अकादमिक साम्राज्यवाद' के आरोप के सामने कॉमनवेल्थ साहित्य द्वारा लेखकों ने विकसित यूरोप तक पूर्व-उपनिवेशित देशों के अंग्रेजी साहित्य द्वारा इन देशों के मिथकों, दंत-कथाओं, विश्वासों एवं रीति-रिवाजों को पहुंचाया। अफ्रीका के चिनुआ अचेबी, बोले सोयिंका, न्गूगी वा थियोंगो, भारत के आर के नारायन, राजाराव, देसानी, कमला मार्कंडेय तथा सलमान रुश्दी, रोहिंटन मिस्त्री (भारत/कनाडा), बेन ओकेरी (नाइजीरिया), टिमोथी मो (हांगकांग), माइकेल ओंदातजी (श्रीलंका), वेस्ट इंडीज के लैमिंग हैरिस, ब्रेथवेइट आदि तथा वी एस नायपाल (ट्रिनिडाड) और ऑस्ट्रेलियाई तथा न्यूजीलैंड के लेखकों ने अपना योगदान किया।

कॉमनवेल्थ साहित्य पूर्व उपनिवेशक समाज की संस्कृति के सामने अंग्रेजी में प्रति-संस्कृति की संरचना का माध्यम भी बना। यदि राजाराव के उपन्यास अपने आध्यात्मिक केंद्रों की तलाश में मनुष्य के ब्रह्मांड में घरहीन होने के भाव को देखते हैं तो पैट्रिक व्हाइट अपने प्रतिकूल भू-प्रदेश में मन के प्रदेश की खोज करते पाए जाते हैं। ए डी होप की कविता में ऐसे ही मन-प्रदेश को तलाशने की कोशिश है, 'लेकिन कुछ मेरे जैसे भी हैं, जो खुशी से/घर की ओर आते हैं—आधुनिक विचार के हरे-भरे जंगलों से/मानव मन के अरबी रेगिस्तान को पाने के लिए/इस आशा में कि शायद अभी भी पैगंबर रेगिस्तान से आते हैं।'

कॉमनवेल्थ साहित्य पश्चिम तथा पूर्व के बीच एक ही भाषा अर्थात अंग्रेजी में लिखित साहित्य द्वारा निर्मित संगम था, जिसे बहुस्तरीय विरासत कहा गया। पिछले कुछ दशकों से ब्रिटेन के राजनीतिक प्रभाव में ह्रास के कारण कॉमनवेल्थ संघ की प्रतिष्ठा में आई कमी ने कॉमनवेल्थ साहित्य के प्रभाव क्षेत्र को सीमित किया। आज कॉमनवेल्थ साहित्य के लेखक कई सारी अस्मिताएं एक साथ जी रहे हैं, जैसे सलमान रुश्दी की रचनाओं की चर्चा कॉमनवेल्थ साहित्य के अलावा भारतीय अंग्रेजी साहित्य, भारतीय प्रवासी साहित्य, उत्तर-औपनिवेशिक साहित्य, थर्ड वर्ल्ड लिटरेचर और न्यू लिटरेचर के अंतर्गत भी की जाती है।

अमिताभ घोष जैसे कॉमनवेल्थ साहित्य लेखक कॉमनवेल्थ साहित्य को छलावा तथा एकपक्षीय मानते हैं, क्योंकि इसमें कॉमनवेल्थ राष्ट्रसमूह देशों के अंग्रेजी लेखन को ही शामिल किया जाता है। सच यह है कि जब तक कॉमनवेल्थ की सभी भाषाओं के साहित्य को इसमें शामिल नहीं किया जाता, तब तक यह अवधारणा ही अधूरी है। सलमान रुश्दी ने यह सवाल कर इस बहस को नया आयाम दिया, 'क्या कॉमनवेल्थ साहित्य का कोई अस्तित्व है?' उन्होंने इसे एक विचित्र प्रकार की भुतहा कोटि माना, क्योंकि इस स्कूल के कई साहित्यकार ही यह स्वीकार करने से मना करते हैं कि कॉमनवेल्थ साहित्य जैसी कोई चीज है। उपनिवेशित मानसिकता से मुक्ति के संघर्ष के कारण यह दुविधा बढ़ी है और उत्तर-उपनिवेशी साहित्य की राजनीतिक रूप से अधिक उपयुक्त तथा प्रासंगिक कोटि ने कॉमनवेल्थ साहित्य की अवधारणा को ढंक लिया है।

अवधेश कुमार सिंह

अधिक जानकारी के लिए :
1. The Commonwealth Pen : An Introduction to the leterature of the British Commonwealth : A L Mcleod, 1961, **2. English Post Coloniality : Literatures from around the World :** Radhika Mohanram, Gita Rajan, 1996

कॉमिक राहत

कथा-आख्यान में समाहित कोई विनोदपूर्ण वाकया, कोई खास हास्य चरित्र या कथा-संवाद जो कथा-आख्यान के गांभीर्य को विचलित करते हुए राहत प्रदान करे, कॉमिक राहत (Comic Relief) है। यह गंभीर अथवा त्रासद कथा-आख्यानकों को अधिक सहनीय बना देती है। फिल्म 'आनंद' में कैंसर के कारण आसन्न मृत्यु की तरफ बढ़ते जिंदादिल नायक राजेश खन्ना की त्रासदी के बीच निर्देशक हृषीकेश मुखर्जी ने असित सेन और जॉनी वाकर जैसे चरित्रों के माध्यम से दर्शकों को कॉमिक राहत दिलाई थी। 'शोले' की मुख्य कथा प्रतिरोध और हिंसा के आस-पास रची गई थी लेकिन वहां असरानी (जेलर), जगदीप और कुछ हद तक हेमा मालिनी और अमिताभ बच्चन के चरित्रों से कॉमिक राहत किसी आवश्यक तत्व की तरह शामिल है। अकीरो कुरोसोवा की फिल्म 'द सेवेन समुराई' में कॉमिक रिलीफ खास तौर से दिखता है।

गंभीर साहित्यिक रचना में भी ऐसे प्रसंग आते हैं जो कॉमिक राहत प्रदान करते हैं। 'गोदान' में होली के अवसर पर नौजवानों का प्रहसन ऐसा ही प्रसंग है। लेकिन हिंदी कथा साहित्य में कॉमिक राहत का प्रयोग कम दिखता है। हिंदी में गंभीर और व्यंग्य रचनाओं की अपनी अलग-अलग और स्वायत्त दुनियाएं हैं। यह प्रवृत्ति यूनान के क्लासिक साहित्य में भी दिखती है। पश्चिम में नवजागरण के बाद गंभीरता और विनोद वृत्ति की एक साथ उपस्थिति दिखी। हिंदी में भारतेंदु हरिश्चंद्र और नागार्जुन के साहित्य में क्लासिकीय गंभीरता और कॉमिक राहत दोनों का मेल दिखता है।

ओमा शर्मा

कॉमेडी

सामान्यतया कॉमेडी (Comedy) वह साहित्य है जिसमें सामग्री को इस तरह चुना और संयोजित किया जाता है कि वह पाठक को हंसा कर उसका मन बहला सके। कॉमेडी में पात्र और उनकी मुसीबतें गहरी चिंता का विषय बनने के बजाय पाठक को आनंदित और रोमांचित करते हैं क्योंकि वह अच्छी तरह समझता है कि कोई भयानक आपदा घटित होने वाली नहीं है और जो कुछ भी घटित होगा, वह पात्रों के लिए अंत में सुखद ही होगा। इसलिए हिंदी में इसे सुखांत कहा जाता है।

कॉमेडी पद का इस्तेमाल ज्यादातर स्टेज पर खेले जाने वाले सुखांत नाटकों के लिए होता है या फिर उन फिल्मों के लिए जो हास्य-व्यंग्य से भरपूर होती हैं। फिर भी यह बात गौर करने लायक है कि कॉमेडी के तत्व केवल नाटकों और चलचित्रों तक ही सीमित नहीं हैं, बल्कि उनकी व्याप्ति कहानी, कविता इत्यादि साहित्य की अन्य विधाओं में भी है।

ट्रैजडी और कॉमेडी के बीच फर्क करते हुए अरस्तू ने कहा था कि त्रासदी के पात्र यथार्थ जीवन की तुलना में उदात्त होते हैं और कॉमेडी के चरित्र क्षुद्र होते हैं। उनकी क्षुद्रता का विवरण हास-परिहास को जन्म देता है। पश्चिम में दोनों का फर्क अक्सर इस सामान्य कथन में व्यंजित होता है—कॉमेडी का अंत चर्च में (क्योंकि नायक-नायिका का मिलन और उनका विवाह होता है) और ट्रैजडी का अंत चर्चयार्ड यानी कब्रिस्तान में (क्योंकि नायक और नायिका मृत्यु को प्राप्त होते हैं) होता है। पश्चिम में कॉमेडी लिखने की परंपरा ग्रीक साहित्य से देखी जा सकती है। शेक्सपियर ने त्रासदी लिखने के साथ-साथ कॉमेडी भी लिखी है जिनमें 'कॉमेडी ऑफ एरर्स' खास तौर पर प्रसिद्ध है। नाट्यविधा के रूप में कॉमेडी के निम्न प्रकार गिनाए जाते हैं—

रूमानी कॉमेडी : यह प्रेम-प्रसंग पर आधारित होती है, जिसमें एक खूबसूरत नायिका होती है जो सामान्यतया अपने से कम सामाजिक प्रतिष्ठा रखने वाले नायक

से प्रेम करती है। नायक-नायिका का यह प्रेम सीधे और सरल रास्तों पर न चलकर तमाम मुसीबतें झेलता हुआ आगे बढ़ता है। अंत में सारी मुसीबतों पर जीत हासिल करके नायक-नायिका का मिलन हो जाता है और वे सुखमय जीवन व्यतीत करने लगते हैं।

व्यंग्यात्मक कॉमेडी : यह राजनीतिक नीतियों और दार्शनिक विचारों की विसंगतियों का मखौल उड़ाती है, या फिर स्थापित सामाजिक मानदंडों से चिपके रहने वालों या फिर रीति-रिवाजों और मूल्यों से विचलन करने वालों पर करारा व्यंग्य कर उन पर प्रहार करती है। ईसा पूर्व में यूनानी नाटककार एरिस्टोफेनीज व्यंग्यात्मक कॉमेडी रचने में माहिर था। उसने अपने नाटकों में अपने युग की राजनीतिक, दार्शनिक और साहित्यिक गतिविधियों को अपने व्यंग्य का निशाना बनाया। शेक्सपियर के समकालीन नाटककार बेन जॉनसन ने बुद्धिमान, चतुर किंतु स्वभाव से नीच और अधम घोटालेबाजों के लालच को, साथ ही इन घोटालेबाजों का शिकार बनने वाले लोगों की बेवकूफियों को अपने व्यंग्य का निशाना बनाया।

ब्लैक कॉमेडी (क्रूर हास्य) : ब्लैक कॉमेडी साहित्य में क्रूर हास्य द्वारा समाज की विडंबनाओं का चित्रण है। अक्सर जिन विषयों को निषेध योग्य माना जाता है, उन्हें हल्का कर हास्य के माध्यम से प्रस्तुत किया जाता है। जीवन में जिन बातों पर हम हताश-परेशान होते हैं, रोते हैं, ब्लैक कॉमेडी में इन्हीं बातों और परिस्थितियों पर हंसते हैं।

आचार कॉमेडी : इसका मूल ग्रीक नाटककार मेनेंडर की नई कॉमेडी में खोजा जा सकता है, जो अन्य ग्रीक नाटककार एरिस्टोफेनीज की पुरानी कॉमेडी से भिन्न थी। प्लाउतुस और तेरेंस जैसे रोमन नाटककारों ने तीसरी और दूसरी शताब्दी ईसा पूर्व में इसका विकास किया। इन नाटककारों ने युवा प्रेमियों के उतार-चढ़ाव-युक्त कारनामों को अपने नाटकों का विषय बनाया। इस कॉमेडी को सबसे ज्यादा ऊंचाई प्राप्त हुई रेस्टोरेशन युग की कॉमेडी में। रेस्टोरेशन युग के आचार-नाटकों पर फ्रेंच लेखक मोलिए के नाटकों का अत्यधिक प्रभाव पड़ा। समाज के नफीस और प्रतिष्ठित वर्ग की हरकतों का हाजिरजवाबी और वाकपटुता से युक्त व्यंग्यात्मक संवादों द्वारा मजाक उड़ाया गया। रेस्टोरेशन युग के आचार कॉमेडी नाटकों के विरुद्ध अठारहवीं शताब्दी में मध्यवर्गीय प्रतिक्रिया के फलस्वरूप 'भावुक कॉमेडी' का विकास हुआ। लेकिन अठारहवीं शताब्दी के उत्तरार्ध में ऑलिवर गोल्डस्मिथ और रिचर्ड शेरिडन ने रेस्टोरेशन युग की जीवंत वाकपटुता को कॉमेडी में पुनः स्थापित किया और इसका ध्यान रखा कि रेस्टोरेशन आचारकॉमेडी की अशिष्टताएं दुबारा कॉमेडी में प्रवेश न कर सकें। उन्नीसवीं और बीसवीं शताब्दी में भी कॉमेडी का यह प्रकार काफी प्रचलित था और यह आज भी लोकप्रिय है।

स्वांग : कॉमेडी का वह रूप है जो दर्शकों को बोल-चाल के मुहावरे में सरलता से हंसाने और उनका मनोरंजन करने के लिए प्रयुक्त होता है।

उच्चस्तरीय और निम्नस्तरीय कॉमेडी के बीच फर्क किया जाता है। उच्चस्तरीय कॉमेडी दर्शकों में 'बौद्धिक' किस्म का हास-परिहास उत्पन्न करती है। ऐसी कॉमेडी में दर्शक अपनी निस्संगता को बनाए रखते हैं और वर्णित घटनाक्रम के प्रति तटस्थता को बरकरार रखते हुए भावनात्मक रूप में उससे अप्रभावित रहते हैं। निम्नस्तरीय कॉमेडी में कोई बौद्धिक अपील नहीं होती, लेकिन वह चुटकलों, द्विअर्थी संवादों और विदूषक की हास्यास्पद भाव-भंगिमाओं द्वारा दर्शकों को हंसाती है।

साहित्य में हास्य-व्यंग्य के तत्व केवल नाटक में ही नहीं होते, कहानी, उपन्यास और कविता में भी होते हैं। यहां तक कि निबंधों में भी हास्य-व्यंग्य का प्रयोग किया जाता है। फिल्मों में तो कॉमेडी का इस्तेमाल प्रायः आवश्यक तत्व की तरह होता है। पहले हिंदी फिल्मों में हास्य कलाकारों की उपस्थिति अनिवार्य होती थी और उनके माध्यम से मूलकथा के साथ-साथ हास्य प्रसंग भी चलते थे। लेकिन कई ऐसी फिल्में भी बनती रही हैं जो पूरी तरह कॉमेडी फिल्म

कही जा सकती हैं। अंगूर, चुपके-चुपके, चलती का नाम गाड़ी आदि हिंदी की लोकप्रिय कॉमेडी फिल्में हैं।

प्रियम अंकित

अधिक जानकारी के लिए :
1. **Comedy : A Very Short Introduction** : Methew Bewis, 2. **Comedy and Cultural Critique in American Film** : Ryan Bishop, 3. **Humour : A Very Short Introduction** : Noel Carroll

कोंकणी

कोंकणी गोवा की राजभाषा है तथा भारतीय संविधान की आठवीं अनुसूची में शामिल 22 भाषाओं में एक है। यह गोवा के अतिरिक्त कर्नाटक, महाराष्ट्र और केरल के कुछ हिस्सों में तथा दादरा एवं नगर हवेली एवं दमन एवं दीयू के भी कुछ अंचलों में बोली जाती है। कोंकणी भारतीय आर्यभाषा समूह की भाषा है। 2011 की जनगणना के अनुसार कोंकणी बोलने वालों की संख्या 22,56,502 है। इसके विभिन्न नाम मिलते हैं, जैसे कनारिम, कोंकानीम, गोमंतकी, ब्रामना और गोवानी। स्थानीय लोगों द्वारा इसे आमची भाषा अर्थात अपनी भाषा भी कहा जाता है। शिक्षित मराठी लोग इसे गोमंतकी कहते हैं। पोर्तुगीज लोग इसे लिंग्वा कनारीम और कैथोलिक मिशनरियां इसे लिंग्वा ब्रहमना कहते थे। इस समय गोवा के अंत्रुज बोली में लिखी जाने वाली कोंकणी को ही मानक कोंकणी भाषा के रूप में स्वीकृति मिली है।

कोंकणी भाषा की लिपि : कोंकणी भाषा पांच लिपियों में लिखी जाती है—देवनागरी, रोमन, कन्नड़, मलयालम एवं अरबी। गोवा एवं महाराष्ट्र

कोंकणी नृत्य

में देवनागरी अधिकारिक लिपि है, अतः अधिकांश कोंकणी लोग देवनागरी लिपि में कोंकणी लिखते हैं। देवनागरी लिपि में लिखी जाने वाली कोंकणी ही राजभाषा है। प्रारंभ का कोंकणी साहित्य ईसाई धर्म से संबंधित था और वह रोमन लिपि में ही लिखा गया था। कर्नाटक में कुछ अग्रणी संस्थाओं ने मांग रखी कि कर्नाटक में कन्नड़ लिपि में कोंकणी को स्कूलों में पढ़ाया जाए। कर्नाटक सरकार ने छठवीं से दसवीं कक्षा तक अन्य भाषा के रूप में कोंकणी को पढ़ने की अनुमति प्रदान की है, जिसकी लिपि कन्नड़ या देवनागरी हो सकती है। कर्नाटक के भटकल तालुका के मुस्लिम संप्रदाय के लोग अरबी लिपि में कोकणी लिखते हैं।

भू-प्रदेश : भारत के पश्चिमी तटीय क्षेत्र को मोटे तौर पर कोंकण प्रदेश माना जाता है, जिसमें गोवा राज्य के अतिरिक्त उत्तर में दमणगंगा नदी और दक्षिण में काली नदी के बीच के क्षेत्र, महाराष्ट्र के कोंकण प्रभाग, कर्नाटक के उत्तरी भाग, उडुपि एवं दक्षिणी भाग, केरल के कसरगोड, कोच्चि, अलापुझा, त्रिवेंद्रम एवं कोट्टयम के क्षेत्र शामिल हैं। कोंकण शब्द की उत्पत्ति के संबंध में कई मत हैं। एक मान्यता है कि इस क्षेत्र में रहने वाली कुकन्ना या कुकणी जनजाति से कोंकण शब्द बना है। स्कंदपुराण के सह्याद्रिखंड में उल्लेख है कि परशुराम ने तीर मारकर समुद्र से धरती को छीना था। इस प्रकार प्राप्त की गई धरती कोंकण कहलाई, जिसका अर्थ है धरती का टुकड़ा या धरती का कोना।

उप-बोलियां : ऐतिहासिक घटनाओं एवं सांस्कृतिक जुड़ाव के आधार पर एन जी कालेकर ने कोंकणी को मोटे तौर पर तीन उपबोलियों में विभाजित किया है। उत्तरी कोंकणी, जो महाराष्ट्र के सिंधुदुर्ग जिले में बोली जाती है, जिसे मालवानी कहते हैं। केंद्रीय कोंकणी, जो गोवा एवं उत्तरी कर्नाटक में बोली जाती है। दक्षिणी कोंकणी, जो मैंगलोर एवं उडुपि में बोली जाती है। गोवानी कोंकणी गोवा राज्य में और उसके बाहर भी प्रमुखता से बोली जाने वाली

कोंकणी है, जिसमें कई उपबोलियों का समाहार है, जैसे मैंगलोर कोंकणी, चितपावनी, मालवानी, कारवारी, अंत्रुज, बरदेशकारी, साक्सती आदि। इन उपबोलियों के अतिरिक्त सामवेदी, काकोदी, कोली एवं अग्री बोलियां एक दूसरे से काफी मिलती-जुलती हैं। वदवाली या फुगदी कोंकणी, कनाड़ा कोंकणी भी इसकी उप बोलियों में शामिल हैं।

भाषागत विशेषताएं : कोंकणी भाषा में 16 मूल स्वर, इतने ही दीर्घ स्वर, 5 अर्ध-स्वर, 36 व्यंजन, 3 सिबिलैंट, 1 स्पीरेट और अनेक डिथोंग्स हैं। अन्य भारतीय आर्य भाषाओं की तरह इसमें ह्रस्व एवं दीर्घ स्वर होते हैं और दीर्घ स्वर के साथ वर्ण बलाघात सहित होते हैं। विभिन्न प्रकार की नासिक ध्वनियां कोंकणी भाषा की खास विशेषता है।

कोंकणी व्याकरण मोटे तौर पर संस्कृत की संरचना के अनुरूप और अन्य भारतीय आर्यभाषाओं के समान है। तथापि भारतीय भाषाओं के आठ कारकों की तुलना में कोंकणी में संप्रदान कारक, अपादन कारक तथा अधिकरण कारक पूरी तरह समाप्त हो चुके हैं। लगभग सभी क्रियाएं, क्रियाविशेषण, विशेषण एवं अव्यय या तो तत्सम हैं या तद्‌भव हैं।

कोंकणी की तालव्य एवं वर्त्स्य ध्वनियां स्पर्श संघर्षी होती हैं। स्पर्श-संघर्षी उच्चारणरहित होते हैं और अनुनादी ध्वनियां उच्चरित होती हैं। महाप्राण एवं संघर्षी ध्वनियों के बाद आनेवाले आरंभिक स्वर वर्ण ह्रस्व हो जाते हैं। कोंकणी में तीन लिंग होते हैं। नपुंसक लिंग का प्रयोग कोंकणी में अनोखा है। कोंकणी में अनुस्वार का बहुत महत्व है। विसर्ग समाप्त हो चुका है। कोंकणी में कर्मवाच्य नहीं है और सकर्मक क्रियाएं ही भूतकालिक रूप में कर्मवाच्य के समान हो जाती हैं। कोंकणी व्याकरण पर द्रविड़ भाषाओं का प्रभाव दिखाई देता है।

कोंकणी के शब्द अनेक स्रोतों से आए हैं, जैसे संस्कृत, प्राकृत, मराठी, कन्नड़ आदि। इसमें तत्सम, तद्‌भव, देशज एवं विदेशज शब्द भी हैं। अन्य स्रोतों में अरबी, फारसी, तुर्की, पोर्तुगीजी शब्द शामिल हैं।

इतिहास : तेरहवीं शताब्दी के पूर्व तक इस भाषा के लिए कोंकणी शब्द का उल्लेख नहीं मिलता है। इसका प्रथम बार उल्लेख मराठी संत कवि नामदेव (1270-1350) के अभंग 263 में है। पुर्तगालियों के शासन के दौरान ईसाई पादरियों ने गोवा की स्थानीय बोली में अपने धर्मग्रंथ रचे। लेकिन इस भाषा का कोई विशिष्ट नाम रूढ़ नहीं था। पुर्तगालियों को जैसा समझ में आया वैसा ही नाम दिया। 1553 के जेसुइट पादरियों के आलेखों में उसे कानारी नाम दिया गया है। सत्रहवीं सदी में पादरी स्टीफेंस ने पुर्तगाली भाषा में कोंकणी का व्याकरण तैयार किया, जिसे कानारी भाषा का व्याकरण कहा। हालांकि उसका कन्नड़ से कोई संबंध नहीं है। संभवतः समुद्र के किनारे की भाषा होने के कारण उसे कानारी कहा गया है।

टॉम पीरिश नामक यात्री ने 1515 में लिखी गई अपनी पुस्तक सूम ऑरिएंताल में गोवा की बोली को कोंकोनी कहा है। 1658 में जेसुइट पादरी मिगलेद आल्मैद ने भी गोमंतकी के लिए कोंकणी शब्द का इस्तेमाल किया है। 1622 में जेसुइट पादरी फादर थॉमस स्टीफेंस द्वारा लिखी गई 'दौत्रीन क्रिश्तां' कोंकणी की प्रथम पुस्तक मानी जाती है। इसके पूर्व स्थानीय धर्मांतरित लोगों द्वारा इस भाषा का कोश तैयार किया गया था और ईसाई धर्म के कुछ ग्रंथ इस भाषा में लिखे गए थे। आधुनिक खोजों से पता चला है कि कृष्णदास शमा ने 25 अप्रैल 1526 को रामायण, महाभारत, कृष्णचरित आदि काव्यशैली में लिखे थे जिनकी भाषा कोंकणी थी। लेकिन उसकी लिपि के संबंध में कोई ठोस जानकारी नहीं है। उनकी पांडुलिपि तो नहीं मिली है, किंतु उनका लिप्यंतरण रोमन लिपि में है, जिसकी प्रति पुर्तगाल के ब्रगा में मिली है। कृष्णदास शमा के समकालीन लेखकों ने भी धार्मिक कथाएं कोंकणी में लिखीं। अश्वमेध, रघुनाथ वंश की कथा आदि इसके उदाहरण हैं। 1560 में पुर्तगालियों द्वारा गोवा

पर धर्माधिकरण की स्थापना के समय कोंकणी में उपलब्ध सारी पुस्तकों को जला दिया गया था और संभव है कि कोंकणी साहित्य उस धार्मिक आक्रमण के कारण समाप्त हो गया हो।

मोसिंज्योर सेबास्यांव रोदोल्फ दाल्गाद (1855-1922) नाम के धर्मप्रचारक ने 'कोंकणी-पोर्तुगीज' और 'पोर्तुगीज-कोंकणी' नामक दो शब्दकोशों की रचना की थी।

साहित्य : वामन रघुनाथ वर्दे वालौलिकार (1877-1946) को कोंकणी भाषा एवं साहित्य का जनक तथा युगपुरुष माना जाता है। उन्हें शेणाय गोयमबाब के रूप में याद किया जाता है। उन्होंने कोंकणी भाषी लोगों को संगठित करने एवं कोंकणी भाषा को कोंकण क्षेत्र की भाषा के रूप में अपनाए जाने के लिए सबसे महत्वपूर्ण कार्य किया था और हिंदू, ईसाई आदि सभी धर्म एवं संप्रदाय के लोगों को इस आंदोलन से जोड़ा था। उन्होंने स्वयं अनेक साहित्यिक कृतियों की रचना की। उन्होंने गोवा एवं उसके आसपास के राज्यों का इतिहास संशोधित किया तथा गोमंतोपनिषद नामक ग्रंथ के दो खंडों की रचना कर हिंदू, ईसाई, मुस्लिम आदि धर्मों के मूल तत्वों के आधार पर मानवीय मूल्यों की प्रतिष्ठा की। उनकी मृत्यु तिथि 9 अप्रैल को विश्व कोंकणी दिवस के रूप में मनाई जाती है।

माधव मंजुनाथ शानभाग ने कोंकण प्रदेश की यात्रा करके कोंकणी समुदाय को आपस में जोड़ने का प्रयास किया और 'एक भाषा, एक लिपि तथा एक साहित्य' का नारा दिया। उन्होंने 1939 में प्रथम अखिल भारतीय कोंकणी परिषद की स्थापना की। पांडु पुट्टी कोलांबकार ने कारवार में कोंकणी भाषा के उत्थान के लिए उल्लेखनीय कार्य किया।

भारत की आजादी और 1961 में गोवा को संघराज्य क्षेत्र के रूप में भारत संघ में शामिल किए जाने के बाद गोवा में एक स्वतंत्र भाषा के रूप में कोंकणी को अपनाने का आंदोलन प्रारंभ हुआ। 1967 में गोवा के स्वतंत्र राज्य बनने के बाद अंग्रेजी, हिंदी एवं मराठी वहां राजभाषा के रूप में व्यवहार की जाती रही और कोंकणी को हाशिये पर रखा गया। कोंकणी को मराठी की उपबोली के रूप में माना जाए या उसे स्वतंत्र भाषा के रूप में मान्यता दी जाए, इसके लिए साहित्य अकादमी द्वारा सुनीति कुमार चटर्जी की अध्यक्षता में एक समिति का गठन किया गया। 26 फरवरी 1975 को समिति ने निर्णय दिया कि कोंकणी एक स्वतंत्र भाषा है, जो भारोपीय भाषा परिवार से संबद्ध है।

कोंकणी को राजभाषा का दर्जा देने के लिए 1986 में एक बड़ा आंदोलन प्रारंभ किया गया। अंततः 4 फरवरी 1987 को गोवा विधानसभा ने राजभाषा बिल पारित किया और कोंकणी को गोवा की राजभाषा के रूप में स्वीकृत किया। इसे 20 अगस्त 1992 को भारतीय संविधान की आठवीं अनुसूची में भारत की राजभाषा के रूप में शामिल किया गया।

कोंकणी में बा. भ. बोरकर और मनोहर राय सरदेसाय ने देशभक्ति से परिपूर्ण कविताएं रचीं। सरदेसाय को लोक कवि कहा जाता है। कोंकणी के अन्य कवियों में विनायक गोवेंकर का काव्य-संग्रह 'अंतगणित', सुफला रुद्राजी गायतोंडे का काव्य-संग्रह 'आम्रपाली', विल्फी रेबिंबस का काव्य-संग्रह 'कवित', अमेय विश्राम नायक का काव्य-संग्रह 'मोग डॉट कॉम', ए. शिवदास का काव्य-संग्रह 'सार्थ-दुख्खार्थ', अन्वेषा अरुणा सिंगवाल का काव्य-संग्रह 'सुलूस', शीतल सालगांवकर का काव्य संग्रह 'जायां पुडो', श्रीनिशा एकनाथ नायक का काव्य-संग्रह 'पिंपला पानां', थॉमस डिसौझा का काव्य-संग्रह 'जाग' उल्लेखनीय हैं। इसके अतिरिक्त कई काव्य-संग्रह प्रकाशित हुए हैं, जिन्हें पुरस्कारों से सम्मानित किया गया है। इनमें मॅलवीन रॉड्रिग्ज के काव्य-संग्रह 'प्रकृतीचो पास' के लिए वर्ष 2011 में प्रदत्त साहित्य अकादमी पुरस्कार तथा परेश एन कामत के काव्य-संग्रह 'शुभांकर' के लिए मुंबई में प्रदत्त कला अकादमी का साहित्य पुरस्कार शामिल है।

कोंकणी भाषा में 'क्रिस्तांव घराबो' नामक उपन्यास प्रकाशित हो चुका है। ए शिवदास कोंकणी कहानीकार के रूप में ख्यात हैं। 'भांगर साल' उनका

कथासंग्रह है। उन्होंने नाटक एवं बाल साहित्य भी लिखे हैं। कोंकणी कथा साहित्य में विन्सी क्वाड्रोस, प्रकाश पर्येकर आदि भी उल्लेखनीय हैं।

बेनिसियो वितोरीन पेरैरा का 'दुडवांचो मोग' उल्लेखनीय नाटक है। बोलंतूर कृष्ण प्रेम, बंटवाल ने पौराणिक चरित्रों पर आधारित नाटक लिखे हैं। मीना काकोंडकार का 'शब्दसूर' एवं अनुपमा कुडचडकार का 'बरे जिणेची कला' नामक निबंध संग्रह प्रकाशित हुआ है। दिलीप बोरकार की 'क्रिशम' नामक यात्रा संस्मरण कश्मीर की यात्रा पर आधारित है। उन्होंने साहित्य की अन्य विधाओं पर भी लेखन किया है।

कोंकणी में अन्य भारतीय भाषाओं के साहित्य का अनुवाद भी काफी हुआ है। माणिकराव गावणेकार ने संस्कृत के भर्तृहरि के श्रृंगारशतक, नीतिशतक और वैराग्य शतक का अनुवाद कोंकणी में किया है।

एस बी कुलकर्णी की मूल मराठी पुस्तक 'कोंकणी प्रकृति और परंपरा' का अनुवाद श्रीनिवास कामत ने अंग्रेजी में 'कोंकणी लैंग्वेज : नेचर एंड ट्रेडिशन' नाम से किया है।

1940 के आसपास प्रखर राष्ट्रवादी पत्रकार गोविंद पुंडलीक हेगड़े देसाय ने 'भारत' नामक कोंकणी पत्रिका का प्रकाशन किया, जिसकी लिपि रोमी थी। स्वतंत्रता सेनानी जुलियांव मिनेझिस ने गोमंतक नामक साप्ताहिक का प्रकाशन किया, जिसमें राष्ट्रवाद और गोवा मुक्ति के विचारों की प्रधानता होती थी। त्रिश्तांव ब्रागांज कुन्हा ने रोमी लिपि में 'आझाद गोमंतक' नामक पत्रिका का प्रकाशन किया, जिसमें जनजागरण के नए विचारों को प्रकट किया जाता था। बा.भ. बोरकर ने 'प्रजेचो आवाज' नामक अर्धमासिक पत्रिका देवनागरी लिपि में निकाली, जिसमें स्वतंत्रता संग्राम से संबंधित रचनाएं होती थीं। 1953 में रवींद्र केलेकर ने 'मीर्ग' नामक अर्धमासिक पत्रिका निकाली, जिसमें मुक्ति संग्राम को वाणी दी गई थी। माधवी सरदेशाय के संपादन में 'जाग', दिलीप बोरकार के संपादन में 'बिंब' नामक मासिक पत्रिका और तुकराम शेट के संपादन में 'कोंकण टाइम्स' तथा गोकुलदास प्रभु के संपादन में 'ऋतु' नामक त्रैमासिक पत्रिका का प्रकाशन हो रहा है। इसके अतिरिक्त 'कुलागार', 'जैत', 'शोध', 'उर्बा', 'बारदेश', 'चवथ', 'युवांकुर' आदि कुछ नियमित-अनियमित पत्रिकाएं भी कोंकणी में प्रकाशित हो रही हैं। कोंकणी में समाचार पत्र 'सुनापरांत' पणजी से प्रकाशित होता है।

मुंबई में 1939 में स्थापित 'कोंकण दैज यात्रा' सबसे पुरानी संस्था है जिसने कोंकणी के विकास के लिए प्रयास प्रारंभ किया। अखिल भारतीय कोंकणी परिषद के तीसरे अधिवेशन के दौरान कोंकणी भाषा मंडल की स्थापना 1942 में मुंबई में की गई थी। गोवा सरकार द्वारा कोंकणी भाषा, साहित्य, संस्कृति तथा शिक्षा के विकास के लिए 1984 में गोवा कोंकणी अकादमी की स्थापना की गई। कोंकणी भाषा के विकास के लिए पणजी में स्थित 'थॉमस स्टीफेन कोंकणी केंद्र' नामक एक अनुसंधान संस्थान विशेष रूप से कार्य कर रहा है। 'अखिल भारतीय कोंकणी परिषद' की स्थापना 1939 में की गई थी। इसने कोंकणी के विकास के लिए सभी वर्गों के लोगों को सम्मिलित कर उल्लेखनीय कार्य किया। विश्व कोंकणी परिषद की स्थापना 11 सितंबर 2005 को की गई। मंड शोभन एक अग्रणी संस्था है जो कोंकणी भाषा एवं संस्कृति के संरक्षण, विकास, प्रचार-प्रसार और समृद्धि के लिए कार्य कर रही है। इसके अतिरिक्त मैंगलोर स्थित विश्व कोंकणी केंद्र, कोंकणी त्रिवेणी कला संगम, कोंकणी सेवा केंद्र, गोवा कोंकणी अकादमी, इंस्टीट्यूट मिनेझिस ब्रागांझा, कोंकणी भाषा और संस्कृति प्रतिष्ठान, विश्व कोंकणी विद्यार्थी निधि, दलगाडो कोंकणी अकादमी आदि संस्थाएं भी कोंकणी भाषा एवं साहित्य के विकास में योगदान कर रही हैं।

1961 में गोवा की मुक्ति के बाद कोंकणी भाषा एक सशक्त भाषा बनकर भारतीय भाषाओं के साथ नए विचार एवं नए प्रवाह को प्रकट कर रही है और इसका साहित्य निरंतर समृद्ध हो रहा है।

वर्तमान में कोंकणी और हिंदी के बीच आदान-प्रदान बड़े पैमाने पर हो रहा है। कोंकणी द्वारा हिंदी सीखने के लिए वाचन-पुस्तिका बनाई

गई है। 'कोंकणी-हिंदी स्वयं शिक्षक' का कार्य हुआ है। भारतीय भाषा पर्याय कोश कुल 22 भाषाओं में प्रकाशित हो रहा है, जिसमें सभी भाषाओं के पर्याय देवनागरी लिपि में दिए गए हैं। वैज्ञानिक तथा तकनीकी शब्दावली आयोग द्वारा कोंकणी में प्रशासनिक शब्दावली का निर्माण किया गया है।

अवधेश प्रसाद सिंह

कोणार्क

ओडिशा की राजधानी भुवनेश्वर से 65 कि.मी. और जगन्नाथ पुरी से 35 कि.मी. दूर उत्तर-पूर्व समुद्र-तट पर चंद्रभागा नदी के किनारे स्थित यह विश्व प्रसिद्ध सूर्य मंदिर है। इसका निर्माण तेरहवीं सदी में राजा नरसिंह देव प्रथम (1238-1264) ने 1243 में तुगाम खां के विरुद्ध युद्ध में अपनी विजय के स्मारक के रूप में कराया था। इसके निर्माण में 12 हजार स्थपतियों ने 16 वर्षों तक लगातार श्रम किया था। आईने अकबरी के अनुसार इसके निर्माण में उड़ीसा राज्य की 12 वर्षों की समूची आय लगी थी।

इस मंदिर की परिकल्पना और रचना एक विशाल सूर्यरथ के रूप में की गई है जिसमें 24 पहिये लगे हैं और जिसे सात घोड़े खींच रहे हैं। मंदिर का मुंह पूर्व दिशा में है, मंदिर के गर्भगृह के आगे उससे लगा हुआ जगमोहन (मंडप) और नाट मंडप है और तीनों एक ही सीध में हैं। पूर्व की ओर से जाने पर

कोणार्क

सबसे पहले नाट मंडप पड़ता है जो विविध अलंकरणों और मूर्तियों से सुसज्जित ऊंची जगह पर बना है। उसकी चारों दिशाओं में चढ़ने के लिए पक्की सीढ़ियां हैं। पूर्व दिशा की सीढ़ियों के दोनों ओर गजशार्दूलों की अत्यंत प्रभावशाली मूर्तियां बनी हैं। नाट मंडप का शिखर नष्ट हो चुका है। जगमोहन (मंडप) के शिखर से उसका अनुमान किया जा सकता है। नाट मंडप से उतरकर जगमोहन (मंडप) की ओर बढ़िए तो दिखता है कि मंदिर का गर्भगृह और मंडप एक ही जगती पर अवस्थित हैं और आपस में जुड़े हैं। जगती के निचले भाग में हाथियों की दृश्यावली अंकित है, उसके ऊपर अनेक देवी-देवताओं, किन्नरों, गंधर्वों, नागों, विद्याधरों और अप्सराओं के अलावा अनेक कामासक्त मुद्राओं में नायकों-नायिकाओं का अंकन है। जगती की रचना रथ की भांति की गई है। उसमें विशाल आकार के 24 पहिए लगे हैं। जगती के अगले भाग में सीढ़ियां हैं जिनके एक ओर चार और दूसरी ओर तीन दौड़ते घोड़े बने हैं। रथ, चक्र और घोड़ों के अंग-प्रत्यंग अत्यंत सूक्ष्म अलंकरणों से विभूषित हैं। गर्भगृह के भीतर बने देवकोष्ठों में सूर्य की आभामयी मूर्तियां प्रतिष्ठित हैं।

कपिल संहिता, ब्रह्मपुराण, भविष्यपुराण, सांब पुराण, बराहपुराण आदि के अनुसार यह स्थान एक पवित्र तीर्थ है। पुराणों में उल्लिखित एक कथा के अनुसार श्रीकृष्ण ने जांबवती से उत्पन्न अपने पुत्र सांब को एक बार कोढ़ी हो जाने का शाप दे दिया। सांब ने फिर उन्हीं के परामर्श से यहां मैत्रेय वन में आकर सूर्य की आराधना की। सूर्य ने उन्हें स्वप्न में दर्शन दिया। दूसरे दिन रथ सप्तमी को चंद्रभागा में स्नान करते समय उन्हें कमल पत्र पर एक सूर्य की मूर्ति मिली जिसे लाकर उन्होंने विधिपूर्वक उसकी प्रतिष्ठा की। पुराणों में इस सूर्यमूर्ति को कोणार्क अथवा कोणादित्य कहा गया है। आज भी रथ सप्तमी को लोग वहां स्नान और सूर्य की पूजा करने आते हैं। कोणार्क का मंदिर अपनी विशालता, निर्माण-सौष्ठव, वास्तु और मूर्तिकला के सुंदर समन्वय में भारतीय स्थापत्य की एक महान उपलब्धि है।

ईसा की सातवीं शताब्दी से ही भुवनेश्वर और पुरी के मंदिरों की जो स्थापत्य कला निखरनी शुरू हुई, वह तेरहवीं शताब्दी के कोणार्क में अपनी चरमावस्था को पहुंच गई। कला के इतिहासकारों को एक बात अक्सर हैरान करती है कि मध्यकालीन उड़ीसा के तमाम मंदिरों में कोणार्क सबसे अंत में बना लेकिन कोई मंदिर इस तरह खंडित और भग्नावस्था में नहीं है जैसा कोणार्क। कुछ लोग मानते हैं कि इसका ध्वंस भूकंप के कारण हुआ। उड़ीसा में इसके ध्वंस को लेकर एक किंवदंती प्रचलित है जिसे लेकर उड़िया में गोपबंधु दास ने एक खंडकाव्य (धर्मपद) और कार्तिक घोष ने नाटक की रचना की है।

जगदीशचंद्र माथुर ने इस पर 'कोणार्क' शीर्षक प्रसिद्ध नाटक की रचना की है जिसके केंद्र में है कला के प्रति समर्पित शिल्पी की कला-विरोधी राज्य के विरुद्ध विद्रोह की भावना। सुमित्रानंदन पंत के शब्दों में, 'आज के राजनीतिक-आर्थिक संघर्ष के जर्जर युग में कोणार्क के जरिए कला और संस्कृति अपनी चिरंतन उपेक्षा का विद्रोहपूर्ण संदेश मनुष्य के पास पहुंचा रही है।'

ओडिशी नृत्य को समकालीन संसार में प्रतिष्ठित करने में कोणार्क के शिल्प की एक भूमिका रही है। उड़ीसा की सरकार द्वारा प्रतिवर्ष इस मंदिर के परिसर में राष्ट्रीय नृत्य महोत्सव का आयोजन नृत्यविधा से कोणार्क के अंत:संबंध को पुनः रेखांकित करना है।

अवधेश प्रधान

अधिक जानकारी के लिए :
The Sun Temple of Konark : Anil Dey, 1993

कोरस

प्राचीन ग्रीस में देवताओं के उत्सव के समय मुखौटा पहनकर कर गाने वालों के दल को कोरस (Choras) कहते थे। अरस्तू को लगा था कि डिथीरैंबिक के उत्सव गीत से ही ट्रेजडी का प्रादुर्भाव हुआ था। बाद में धारावाहिक समूह गीत की जगह प्रश्नोत्तर के जरिए कथा आगे बढ़ने लगी। संगीत दल के साथ गायक समूह नाट्य मंच के स्थापत्य का हिस्सा बन गया था। नाटक में भूमिका 'प्रोलोग' प्रस्तुत करने के बाद ही समूह गायन शुरू हो जाता था। फिर अभिनेता और समूह गायक बारी-बारी से आते थे, उपकथाएं जुड़ती जाती थीं और नाटक का अंत कविता (एपिलोग) से होता था। कोरस को ग्रीक नाटक के एक अभिन्न हिस्से के रूप में देखा गया। इसे नाटक में गति लाने के एक सक्रिय उपादान के रूप में देखा जाता था। यह अभिनेता और दर्शक के बीच सेतु था जो नाटक के कथ्य का भी संप्रेषण करता था।

प्राचीन मूर्तियों और कलश चित्रों के आधार पर पता चलता है कि कोरस में सभी साथ नाचते-गाते थे। कोरस में स्त्रियां भी भाग लेती थीं। इस्किलस का 'सप्लायेंट्स' और सोफॉक्लीज का 'वीमेन ऑफ ट्रैकीस' इसके उदाहरण हैं। कोरस गीतों की लयमयता और कल्पनाशीलता इन्हें विशिष्ट बना देती थी। एगाथॉन पहला ग्रीक नाटककार था, जिसने ऐसे समूह गीतों का प्रयोग किया।

एथेंस में गणतंत्र के चिह्न के रूप में कोरस ऐसी समस्याएं दर्शकों के सामने रखता था, जिन पर उनकी प्रतिक्रिया जाननी होती थी। नाटकों की गीतमयता इन्हें अधिक प्रभावशाली बना देती थी। ग्रीक ट्रेजडी (प्रमथ्युज अनबाउंड, अंटीगोने आदि) की प्राचीन परंपरा का उपयोग आधुनिक युग में भी हुआ। खासकर काव्य नाटक के मंचन के समय कोरस का प्रयोग किया गया। अंग्रेजी में टी एस इलियट के 'मर्डर इन द कैथड्रल' में कोरस है। भारतेंदु हरिश्चंद्र की 'चंद्रावली नाटिका' और प्रसाद के नाटक 'स्कंदगुप्त' में समूह गायन है। लेकिन हिंदी में कोरस की भूमिका लौटी मुख्यतः हबीब तनवीर के नाटकों के साथ। इनमें लोक गायकों का उपयोग किया गया। यह कोरस की लोकप्रियता ही है कि बिना नाटक के भी किसी भी तरह के समूह गायन को 'कोरस' कहा जाने लगा।

संजय जायसवाल

कोरियोग्राफी

कोरियोग्राफी (Choreography) एक कौशल है, जिससे नृत्य की छवियों की रूपरेखा तैयार की जाती है। इसका शाब्दिक अर्थ नृत्य लेखन है। भावानुसार शारीरिक भंगिमाओं, अंग संचालन, विभिन्न कदमों में सामंजस्य, यहां तक कि पोशाक के रंग-डिजाइन, रूपसज्जा आदि का भी कलात्मक विन्यास तैयार करना कोरियोग्राफी है। यह काम सुविज्ञ नृत्य प्रशिक्षक करते हैं। रूपाकारों के निर्माण के अलावा कोरियोग्राफी का एक दूसरा महत्वपूर्ण हिस्सा छंद की प्रतिष्ठा है।

भारतीय नृत्य और नृत्य रूप निर्माण (कोरियोग्राफी) की परंपरा अति प्राचीन है। शिव का नटराज रूप नृत्य से संबंधित है। भरत के 'नाट्यशास्त्र' में नृत्य रूपों का परिचय न होते हुए भी अनगिनत देह भंगिमाओं, भावानुरूप हस्तमुद्राओं सहित विभिन्न मुद्राओं और कदमों का विस्तार से वर्णन है। 'अभिनव दर्पण' में नर्तक के दस गुणों की चर्चा है, जिनमें तत्परता, कोमलता, बुद्धि, कला से लगन, गुरु के प्रति श्रद्धा, संतुलित देहयष्टि, तेज अंग संचालन की क्षमता, आँखों से विभिन्न भाव संप्रेषित करने का अभ्यास आदि मुख्य हैं। आधुनिक युग में नृत्य के देशी-विदेशी अनगिनत रूप हैं और इनके प्रशिक्षकों की अपनी-अपनी विशेषज्ञता है।

सरोज खान

दृश्यमान प्रकृति की हलचल ही नहीं, सभ्यता के विभिन्न चिह्नों से भी आज की कोरियोग्राफी प्रेरणा लेती है। आज के नृत्यों की कोरियोग्राफी में विभिन्न नई-पुरानी परंपराओं, शास्त्रीय नृत्य रूप, आधुनिक शैली, कथापरक बैले, लोक-क्रीड़ाओं, विविध सामूहिक अभ्यासों, योग, व्यायाम, जिमनास्टिक और अन्य जीवन दृश्यों से नए ढंग के नृत्य रूप अविष्कृत हो रहे हैं। फिल्मों के अलावा टीवी पर नृत्य स्पर्धाएं बढ़ जाने के कारण कोरियोग्राफी एक बड़ी व्यावसायिक कला हो गई है। हर स्तर के डांस स्कूल खुल गए हैं, जो नए-नए नृत्य रूप निर्माण करते हैं।

आधुनिक कोरियोग्राफी में सरोज खान, वैभवी मर्चेंट, प्रभु देवा, गीता कपूर, ॠजुता बैद्य, फराह खान, गणेश आचार्य, अहमद खान, टेरेंश लीविस, रेमो डिसूजा आदि प्रमुख हैं। फिल्मों और स्पर्धाओं में जो नृत्य होते हैं, उन्हें कोई न कोई कोरियोग्राफर या नृत्य निर्देशक ही तैयार करता है।

महेश जायसवाल

अधिक जानकारी के लिए :

1. **नाट्यशास्त्र :** आचार्य भरत, 2. **The Intimate Act of Choreography :** L A Blom and Tarin Chaplin, 1989, 3. **Choreography: A Basic Approach using Improvisation :** S C Minton, 1997

कोलाज

कोलाज (Collage) विपरीत चीजों के संयोजन की कला है। यह कागज, अखबार के टुकड़े, कपड़े, फोटोग्राफ और ऐसी ही अन्य वस्तुओं को एक-दूसरे पर चिपका कर बनाया जाता है। 1912 में पिकासो ने एक चित्र बनाया था–'स्टिल लाइफ विद चेयर कैनिंग'। इस चित्र की खूबी थी कि इस चित्र में कुर्सी की बेंत रंग-कूँची से उकेरने की जगह उसने बेंत का नक्शा छपे तैलवस्त्र के एक टुकड़े को कैनवास पर चिपका दिया था। यह पहला चित्र था, जिसमें रंगों के अलावा बाहर की

कोलाज

दुनिया की कोई चीज थी। इसके बाद चित्रकला की दुनिया में कोलाज के रूप में एक नया रूप देखने को मिला।

बीसवीं सदी के शुरुआती दशकों में पिकासो, ब्राक, ज्युआँ ग्रि आदि ने क्यूबिज्म का कला आंदोलन छेड़ रखा था। इसका लक्ष्य था वस्तुओं का विश्लेषण करना, उनके टुकड़े करना और अमूर्त रूप में उन्हें इकट्ठा कर यथार्थपरक उद्देश्य से पुनः प्रस्तुत करना। इसका असर चित्र, मूर्ति कला, स्थापत्य, साहित्य, संगीत सभी क्षेत्रों पर पड़ा था। इसी प्रक्रिया में कोलाज चित्रकला का एक आकर्षक अंग बना। पिकासो और ब्राक के चित्रों में फर्क यह है कि एक ने छपे तैल वस्त्र का इस्तेमाल किया, दूसरे ने वाल पेपर का। उनका लक्ष्य था चित्रकला को बाहर के यथार्थ से सीधे जोड़ना। यह एक अर्थ में परंपरागत तैलचित्र से विद्रोह भी था। यह चित्र को रंग-कूंची और कैनवास के संसार से बाहर निकालना था। कोलाज इतना लोकप्रिय हुआ कि इसे 'संयोजन की कला' भी कहा जाने लगा। यह कला देश-देशांतर में लोकप्रिय हो उठी। भारतीय चित्रकला के क्षेत्र में विकास भट्टाचार्य, सतीश गुजराल, रवीन मंडल तथा कई अन्य चित्रकारों ने कोलाज बनाए। कोलाज बच्चों में भी लोकप्रिय है।

महेश जायसवाल

अधिक जानकारी के लिए :
Creative Collage Techniques : Nita Leland, Williams Virginia Lee

कोशकारिता

भाषा के आविष्कार को हम संप्रेषण के क्षेत्र में और सूचना प्रौद्योगिकी की ओर मानव का पहला और क्रांतिकारी चरण कह सकते हैं। भाषा न होती तो मनुष्य आज भी प्रस्तर युग में होता। निःसंदेह शब्दों से बनी भाषा मनुष्य की सबसे बड़ी उपलब्धि है। यह प्रगति का साधन और ज्ञान-विज्ञान का भंडार है। भाषा एक निरंतर विकासशील और परिवर्तनशील प्रक्रिया है। भाषा ने ही मनुष्य को गूढ़ दार्शनिक विचारों की क्षमता प्रदान की।

सूचना प्रौद्योगिकी की पहली जैव मशीन और स्मृति चिप : संस्कृत संसार की सबसे प्राचीन भाषाओं में से एक है। इस भाषा में दार्शनिक ग्रंथ वेदों की रचना हुई। आरंभ में वेद मौखिक थे। वेदों के एक-एक शब्द के सही उच्चारण और हर शब्द का सही अर्थ पीढ़ी-दर-पीढ़ी सुरक्षित रखने के लिए एक नितांत अनोखी प्रणाली विकसित की गई। समाज का एक पूरा वर्ग इस महाउद्यम के लिए मनोनीत कर दिया गया। इस स्मृति चिप को सूचना प्रौद्योगिकी की पहली जैव मशीन कहना अनुचित न होगा। तभी से शब्दों के संकलन और कोश निर्माण (Lexicography) की आवश्यकता का महत्व सर्वमान्य हो गया था।

संसार के पहले कोश निघंटु की रचना वैदिक काल में हुई। इस थिसारस में अठारह सौ वैदिक शब्दों को विषय क्रम से संकलित किया गया था। इसकी रचना का श्रेय प्रजापति कश्यप को दिया जाता है। महर्षि यास्क ने निरुक्त में निघंटु तथा अन्य वैदिक शब्दों की विशद व्याख्या की। यह संसार का पहला शब्दार्थ कोश और तत्कालीन समाज का विश्वकोश यानी ऐनसाइक्लोपीडिया है।

लिपि का अन्वेषण : लिपि का अन्वेषण भाषाओं के विकास का अगला युगांतरकारी चरण था। मिस्र की धर्म लिपियां तथा चीन और जापान की चित्र लिपियां प्रतीकों पर आधारित थीं। उनसे आगे बढ़कर यूरोप और मध्य एशिया की ग्रीक, सिरिलिक, रोमन और

हिब्रू लिपियाँ अक्षरों पर आधारित थीं। उन्हीं की तरह, लेकिन दाहिने से बाएं लिखी जाने वाली अक्षर लिपि खरोष्ठी का प्रादुर्भाव गांधार में हुआ था। कुछ विद्वानों के अनुसार, अरबी, फारसी और उर्दू लिपियां इसी से निकली हैं। इन सभी अक्षर लिपियों में प्रत्येक वर्ण किसी ध्वनि का प्रतीक है, लेकिन कई स्वरों और व्यंजनों का उच्चारण परिवर्तनशील है, जैसे रोमन के 'सी' या 'जी' अक्षरों के उच्चारण परिवर्तनशील हैं। यही नहीं, इनकी वर्णमालाओं में वर्णों का कोई पारस्परिक सुनिश्चित वैज्ञानिक क्रम नहीं है।

ब्राह्मी लिपि का प्रादुर्भाव भारत की एक और महान देन था। इसमें हर वर्ण का उच्चारण सुनिश्चित था। पाणिनि ने ब्राह्मी लिपि के सभी स्वरों 'अआइईउऊऋॠऌॡएऐओऔअंअः' और व्यंजनों को 'कवर्ग, चवर्ग आदि कचतटप' वर्गों में और उनके बाद के 'यरलव' और 'शषसह' क्रम से संकलित कर वर्णमाला को वाचा तंत्र में उच्चारणानुसार सुनिश्चित आधार प्रदान किया। इससे निकली देवनागरी आदि लिपियां भारतीय लिपि परिवार की तिब्बती से थाई तक सर्वाधिक वैज्ञानिक लिपियों में गिनी जाती हैं।

अमरकोश की रचना : लिपि काल में बने कोशों में शिरोमणि ग्रंथ के तौर पर आया अमरसिंह कृत 'नामलिंगानुशासन' या त्रिकांड। अपनी विलक्षणता के कारण आरंभ से ही यह थिसारस अपने रचयिता के नाम पर अमरकोश कहा जाता है। ठीक वैसे ही जैसे आजकल अंग्रेजी का थिसारस अपने तमाम संस्करणों और प्रकारांतरों के बावजूद रोजेट्स थिसारस कहा जाता है। उस काल में हस्तलिखित प्रतिलिपियां आसानी से नहीं मिलती थीं। इसलिए सभी छात्रों को ग्रंथ कंठस्थ करने होते थे। स्मरण में सुविधा के लिए ऐसे सभी कोश छंदबद्ध थे। किसी श्लोक का एक पद या शब्द याद आते ही तत्संबंधी पूरा प्रकरण जबान पर आ जाता था। इस तरह याददाश्त ही अनुक्रम खंड का काम करती थी।

अमरकोश में 8000 शब्दों को 1502 श्लोकों में पद्यबद्ध किया गया है। ये श्लोक तीन कांडों में विभाजित हैं, जिनमें कुल मिलाकर 25 वर्ग हैं। इनमें से चार वर्ग मानव समाज से संबंधित हैं और उनका क्रम ब्राह्मण, क्षत्रिय, वैश्य और शूद्र वर्णों के क्रम से रखा गया है। हर विषय अपने से संबद्ध या विपरीत विषय की ओर ले जाता है।

अमरकोश की शैली से प्रभावित होकर ही फारसी में द्विभाषी कोश (फारसी-हिंदी) 'खालिकबारी' की रचना हुई। इसे पहले अमीर खुसरो की रचना माना जाता था, पर अब मतभेद है। यह संसार का पहला द्विभाषी थिसारस है। इसमें हिंदी के साथ-साथ अरबी-फारसी के शब्द समूह विषय क्रम से आते हैं।

मुद्रण तकनीक का आविर्भाव : लिपि के अन्वेषण के बाद संप्रेषण में सबसे बड़ी क्रांति जर्मनी में जोहानिस गुटेनबर्ग द्वारा हुई। 1450 में मुद्रण तकनीक का आरंभ हुआ। तब और आजकल भी कई छापेखानों में छपने वाली सामग्री नीचे एक सपाट धरातल पर रखी जाती थी, उस पर स्याही लगा कर ऊपर कागज रखा जाता था। एक सपाट फलक को ऊपर से नीचे लाकर कागज पर छाप डाली जाती थी। यह काम दाब या प्रेस से होता था, इसलिए इस का नाम प्रिंटिंग 'प्रेस' पड़ा। हिंदी में भी छाप डालने के कारण यह छापाखाना कहलाता रहा है।

अब किताबें आसानी से मिलने लगीं। जानकारी का संप्रेषण एक साथ कई कदम आगे बढ़ गया। तब से अब तक छापेखाने में होने वाले सुधारों के साथ विविध विषयों पर तरह-तरह की किताबें आम आदमी तक पहुंचना और भी आसान होता गया। पहली किताबें धार्मिक थीं, जैसे बाइबिल। बाद में कुछ दंतकथाएं और रहस्य कथाएं छपनी शुरू हुईं। साहित्य का नंबर बाद में आया। धीरे-धीरे कोश छपने लगे। इंग्लैंड में 1755 में सैमुअल जानसन का पहला इंग्लिश कोश 'ए डिक्शनरी ऑफ द इंग्लिश लैंग्वेज' छपा। 1828 में इससे कहीं आगे बढ़कर और बड़ा नोहा वैब्स्टर का 'ऐन अमेरिकन डिक्शनरी ऑफ द इंग्लिश लैंग्वेज' छपा।

शब्द कल्पद्रुम तथा अन्य कोश : भारत में आरंभ में छपी पुस्तकें बाइबिल के अनुवाद थे। बात न यहां रुक सकती थी, न रुक पाई। भारतीय अस्मिता ने शीघ्र ही अपनी संस्कृति को छापेखाने तक लाना शुरू कर दिया। भारतीय साहित्य लोगों तक पहुंचाया जाने लगा। इस प्रक्रिया में कोश भी बने। कुछ महत्वपूर्ण मुद्रित भारतीय (संस्कृत तथा हिंदी और इंग्लिश) कोश इस प्रकार हैं :

शब्द कल्पद्रुम (संस्कृत कोश, आठ खंड), राधाकांत देव। पहला भाग 1822–आठवां और अंतिम भाग 1856, संस्कृत-इंग्लिश डिक्शनरी, मोनिअर विलियम्स, 1872, प्रैक्टिकल संस्कृत-इंग्लिश डिक्शनरी, वामन शिवराम आप्टे, 1889, संस्कृत-हिंदी कोश, वामन शिवराम आप्टे, हिंदी शब्द सागर (ग्यारह खंड), श्याम सुंदर दास, काशी नागरी प्रचारिणी सभा, 1928, बृहत् हिंदी कोश, ज्ञानमंडल, वाराणसी, पहला संस्करण, 1954-55, उर्दू-हिंदी शब्द कोश, मुहम्मद मुस्तफा खाँ 'मद्दाह', हिंदी समिति, सूचना विभाग, उत्तर प्रदेश, हिंदी विश्वकोश 8, कमलापति त्रिपाठी तथा सुधाकर पांडेय, काशी नागरी प्रचारिणी सभा, आक्सफोर्ड इंग्लिश-हिंदी डिक्शनरी, रघुवीर, ऑक्सफोर्ड हिंदी-इंग्लिश डिक्शनरी, आर एस मैकग्रेकर, मानविकी और वैज्ञानिक शब्दावली आयोग के तकनीकी शब्दकोश, अंग्रेजी-हिंदी कोश, फादर कामिल बुल्के, इंग्लिश-हिंदी कोश, डॉक्टर हरदेव बाहरी, मीनाक्षी हिंदी-अंगरेजी कोश, ब्रजमोहन-बद्रीनाथ कपूर।

प्रिंट मीडिया की सीमा : एक बड़ी समस्या छपाई की होती है। पहले कार्ड टाइपिस्टों को दिए जाते हैं। कई कार्ड खो भी सकते हैं, उनका क्रम बिगड़ सकता है। टाइपिस्ट बीच-बीच में से कई शब्द गलत टाइप कर सकते हैं। कई शब्द और पंक्तियां टाइप करना भूल सकते हैं और कई पंक्तियाँ दोबारा टाइप हो जाती हैं।

मेरे सामने भी समांतर कोश निर्माण के समय कुछ समस्याएं आई थीं—टाइप किए दो लाख साठ हजार शब्दों को पढ़ना, उनकी गलतियां ठीक कराना, दोबारा टाइप कराना, हर बार नई गलतियां होने की संभावना, टाइप शीटों का छापेखाने में कंपोजिंग के लिए जाना, बार-बार उनकी प्रूफ रीडिंग कराना, सैकड़ों पेजों का कंपोज्ड मैटर प्रेस में रखा जाना, छपाई के लिए मशीन पर जाने से पहले कई बार पेजों का टूट जाना, उनका फिर से कंपोज करवाना, हर शीर्षक और उपशीर्षक की एकोत्तर संख्या मैनुअली लिखते समय सही क्रम का अनुपालन हो पाना आदि पुराने प्रिंट मीडिया की समस्याएं जटिल थीं।

अनुक्रम बनाने की समस्या और भी जटिल थी। पूरा संदर्भ खंड छप जाने के बाद उसके एक-एक शब्द को अकारादि क्रम से लिखने और उनका शीर्षक तथा उपशीर्षक संख्या सहित लिखना, अनुक्रम बनाने वाले सब संख्याएं सही लिखेंगे भी या नहीं, फिर प्रेस में कंपोजिंग में कितनी ज्यादा गलतियां होंगी, कौन कब तक जांचेगा। ये सब समस्याएं कोश निर्माण में सामने आई थीं।

सूचना प्रौद्योगिकी और कोशकारिता का मेरा अनुभव : इन सभी समस्याओं का एकमात्र हल है कंप्यूटर, यानी सूचना प्रौद्योगिकी। कंप्यूटर को हिंदी में संगणक कहा जाता है। गणना करने की यह मशीन कोई भाषा नहीं, केवल दो संख्याएं जानती हैं—1 और 01—हर डेटा, चाहे वह बैंक का खाता हो, सरकारी रिकॉर्ड हो, किताब हो या चित्र हो या फिल्म या फिर ध्वनि हो, कंप्यूटर बस इन दो संख्याओं से बनी शृंखला मात्र हैं। 1992 में कंप्यूटिंग कुल छह-सात बिट तक सीमित थी। कुछ महीनों में वह आठ बिट तक चली गई। आजकल की सोलह, बत्तीस, चौंसठ और एक सौ अट्ठाईस बिट वाली कंप्यूटिंग प्रचलन में है।

सूचना प्रौद्योगिकी से तात्पर्य है कंप्यूटर हार्डवेयर एवं सॉफ्टवेअर के अनुप्रयोग से आंकड़ों का संकलन, प्रबंधन, संपादन, सुरक्षण, परिवर्तन, पुनर्प्राप्ति और मैनिपुलेशन द्वारा वांछित रूप में आउटपुट अथवा उसके द्वारा प्रदत्त आदेशों के द्वारा कार्रवाई या फिर दूर संचार माध्यमों (जैसे ईमेल, इंटरनेट आदि) से विश्व

स्तर पर सूचना का आदान-प्रदान। 1973 से 93 तक जितने शब्द हमने संकलित किए और डेटा में डलवाए थे, लगभग उतने ही मैंने सन 1994 से 96 तक डाल लिए। यह था तकनीक का कमाल। अब हमारे पास 5,50,000 शब्दों वाला डाटाबेस था। आदेश देने पर कंप्यूटर ने डाटा में से चयनित 1,68,000 शब्दों का आउटपुट कर समांतर कोश के संदर्भ खंड और अनुक्रम खंड तैयार कर दिए। कुल मिला कर अठारह सौ पेज। 24-25 सितंबर 1996 को दोनों खंडों के प्रिंटआउट नेशनल बुक ट्रस्ट के हवाले किए गए थे।

अरविंद कुमार

अधिक जानकारी के लिए :

1. **Modern Lexicography : An Introduction**: Henric Bejoint, 2000, 2. **Teaching and Researching Lexicography** : R R K Hartman, 2003

कोशविज्ञान : भारतीय परंपरा

कोशविज्ञान (Lexicology) का संबंध शब्द और शब्द-समूहों के अध्ययन से है। यह अध्ययन दो धरातलों पर होता है—सैद्धांतिक और व्यावहारिक। कोशविज्ञान सैद्धांतिक धरातल पर शब्द का अध्ययन एक स्वतंत्र इकाई के रूप में करता है। यह शब्द-संपदा की संरचना और बुनावट का विवेचन करता है। यह भाषाविज्ञान की अनुप्रयुक्त शाखा है। कोशनिर्माण प्रक्रिया (Lexicography) कोशविज्ञान का व्यावहारिक संदर्भ है। कोशविज्ञान शब्दार्थ विज्ञान के सिद्धांतों के अनुप्रयोग का क्षेत्र है, जो शब्द-निर्माण के ढांचे को बनाने में व्यावहारिक सिद्धांत प्रस्तुत करता है। दूसरे शब्दों में, यह दृष्टि प्रदान करता है कि विभिन्न प्रकार के शब्दकोश कैसे बनाए जाएं। अतः कोशविज्ञान का व्यावहारिक या अनुप्रयुक्त पक्ष कोशनिर्माण प्रक्रिया अथवा कोशकला (Lexicography) है, जिसमें शब्दकोश के निर्माण की पद्धति का अनुप्रयोग होता है।

प्राचीन काल में भारतीय विद्वानों ने कोश-निर्माण के लिए भाषाई अंतर्दृष्टि की आवश्यकता महसूस की थी। इस प्रयास में 'निघंटु' को भारत का सर्वप्रथम कोश माना जाता है। निघंटु में वैदिक शब्दों का संकलन है जिसकी व्याख्या यास्क ने 700 ईसा पूर्व 'निरुक्त' नाम से की थी। इसमें शब्द की धातु, अर्थ और उसका प्रयोग बताया गया। इसके बाद उत्पलिनी कोश, त्रिकांड, रत्नकोश, शब्दार्णव आदि कई कोशों का निर्माण हुआ। पांचवीं शताब्दी में 'अमरकोश' की रचना हुई थी। इसे लौकिक संस्कृत का प्रथम कोश माना जाता है। यह कोश इतना महत्वपूर्ण माना गया कि इस पर सत्तर से अधिक टीकाएं लिखी गईं। अंग्रेजी के प्रसिद्ध थिसारस के रचयिता राजेट ने अपने कोश के निर्माण में अमरकोश का आभार माना है। अमरकोश में वर्णानुक्रमता का पहली बार प्रयास हुआ है। संज्ञा शब्दों के लिंग संकेत भी मिलते हैं। शब्दों के विभिन्न अर्थ देने की भी कोशिश दिखाई देती है।

अमरकोश के बाद जिन कोशों की रचना हुई वे पर्यायों या समध्वन्यात्मक शब्दों की कोशगत विशेषताओं पर आधारित थे। चिकित्सा, ज्योतिष और गणित के भी कई तकनीकी कोशों का निर्माण हुआ। पालि में महाव्युत्पत्ति कोश और अभिधानप्पदीपिका कोशों की रचना हुई। ये वैदिक तथा लौकिक संस्कृत के कोशों से अलग तो थे ही, इनमें मुहावरों का भी अध्ययन हुआ था। प्राकृत में 'पाइअ लच्छी नाममाला' (प्राकृत लक्ष्मी नाममाला) एक पर्याय कोश है। अपभ्रंश में हेमचंद्र के 'देशी नाममाला' कोश में प्रायः प्राकृत के शब्द मिलते हैं। हिंदी कोशों के निर्माण का प्रारंभ वैष्णव हिंदी कवि नंददास की 'मानमंजरी नाममाला' (1561 ई.) से माना जाता है, जो अमरकोश के आधार पर पर्यायवाची या संबद्ध शब्दों का संकलन है। इसी प्रकार भारतीय नाममाला, प्रकाश नाममाला, नाम रत्नाकर कोश, नाम प्रकाश, अमर प्रकाश, अमरकोश भाषा, नामरामायण आदि कोश भी उल्लेखनीय स्थान रखते हैं। तेरहवीं-चौदहवीं शताब्दी में रचित 'खालिकबारी' को सबसे पुराना और प्रथम द्विभाषी कोश माना जाता है। इसमें फारसी शब्दों के हिंदी पर्याय दिए गए हैं। कहीं-कहीं अरबी और

तुर्की शब्द भी हैं। इसके बाद मिर्जा खान द्वारा रचित 'लुगतए हिंदी' (1675), अब्दुल हंसवी कृत 'ग्रेएबुल लुगत' (लगभग 1688), तजल्ली द्वारा लिखित 'अलखुदाई' आदि कोशों की रचना हुई, जिनमें हिंदी शब्दों की व्याख्या अरबी-फारसी में की गई है।

पश्चिमी विद्वान : अठारहवीं शताब्दी में यूरोपीय विद्वानों ने व्यवस्थित और उपयोगी कोशों की रचना की। इनमें अधिकतर अंग्रेजी-हिंदी कोश हैं। फर्ग्यूसन (1773), किर्क पैट्रिक (1785), हैरिस (1790) और गिलक्राइस्ट (1798) ने द्विभाषी कोशों का निर्माण किया, जिनमें अंग्रेजी-हिंदुस्तानी शब्दावली का संकलन है। इसी शताब्दी में तुरोनेसिस (1704) और केटेलर (1743) ने लैटिन-हिंदुस्तानी कोश तैयार किया था। इस प्रकार हिंदी के द्विभाषी कोशों की व्यवस्थित और वैज्ञानिक परंपरा अठारहवीं शताब्दी में प्रारंभ हो गई थी।

उन्नीसवीं शताब्दी में बहुत-से कोशों का निर्माण हुआ जिनमें विदेशी विद्वानों का योगदान उल्लेखनीय है। 1808 में टेलर और हंटर के 'ए डिक्शनरी ऑफ हिंदुस्तानी एंड इंग्लिश' कोश का निर्माण हुआ। वस्तुतः टेलर ने इस कोश का निर्माण निजी प्रयोग के लिए किया था। बाद में उन्होंने विलियम हंटर के सहयोग से फोर्ट विलियम कालेज, कोलकाता के हिंदी विद्वानों के साथ परामर्श कर इसे प्रकाशित कराया। कोश निर्माण के क्षेत्र में रावेक (1811), थॉमसन (1846-1895), ब्राइस (1847-1880), कोरबेस (1848-1862), हैजेलग्रोव (1865), फालन (1880), क्रेवेन (1888) आदि अनेक यूरोपीय विद्वानों का विशेष योगदान रहा है। शेक्सपियर का 'डिक्शनरी ऑफ हिंदुस्तानी एंड इंग्लिश' (1817, 1820, 1834) वैज्ञानिक है, इसमें सत्तर हजार प्रविष्टियां हैं। प्लाट्स के 'ए डिक्शनरी ऑफ उर्दू, क्लासिकल हिंदी एंड इंग्लिश' (1884) का प्रविष्टि संख्या, व्युत्पत्ति और वर्तनी की दृष्टि से महत्वपूर्ण स्थान है। इस कोश में बोलचाल की शब्दावली का अधिक प्रयोग है। इनके अतिरिक्त 'हिंदी-फ्रेंच कोश' (तासी, 1849) और 'हिंदी-पुर्तगाली कोश' (होमाम, 1874) का प्रकाशन हुआ। ऐडम (1829), थॉमस (1838), ग्रांट्स (1859), ग्रिब (1865) आदि के कोश आज भी उपलब्ध हैं। हूपर और कटवारीलाल का 'ग्रीक-हिंदी कोश' बाइबिल के नए विधान पर आधारित है।

हिंदी कोश : हिंदी के शुरुआत के एकभाषी कोश अमरकोश पर आधारित थे। यह परंपरा अठारहवीं शताब्दी के अंत तक जारी रही। उन्नीसवीं शताब्दी में यूरोपीय विद्वान भारतीय भाषाओं में रुचि लेने लगे। उन्होंने यूरोपीय कोश पद्धति के आधार पर व्याकरण, शब्दकोश और शब्दावलियों का संकलन तथा निर्माण किया। इसी प्रयास में एक ईसाई पादरी टी ऐडदम ने 'हिंदवी भाषा कोश' नामक प्रथम कोश 1829 में प्रकाशित किया। इस कोश में अकारादि क्रम से बीस हजार प्रविष्टियां हैं। इसमें प्रत्येक शब्द की व्याकरणिक सूचनाओं के साथ-साथ पद और मुहावरे भी हैं। यह कोश लगभग 80 वर्षों तक भारतीय कोशकारों का प्रेरणास्रोत और मॉडल रहा है। इस कोश के आधार पर हिंदी कोश (1856), शब्दकोश (1873), ए डिक्शनरी ऑफ हिंदी लैंग्वेज (1875), कोश रत्नाकर (1876), मंगल कोश (1877), देव कोश (1883), कैसर कोश (1885), मधुसूदन निघंटु (1887), विवेक कोश (1892), भाषा कोश (1898), गौरी नागरी कोश (1901), हिंदी शब्द पारिजात (1914) आदि शब्दकोशों का निर्माण हुआ। इन कोशों में कोश-निर्माण के सिद्धांतों का पालन नहीं किया गया था। इनमें संस्कृत के तत्सम शब्द, स्थानीय बोलियों के शब्द, विदेशी शब्द और संकर शब्द मिलते हैं। इन कोशों के शब्दों में निश्चित क्रम का अभाव था और अर्थ की व्यवस्था के लिए कोई निश्चित पद्धति भी नहीं अपनाई गई थी।

हिंदी शब्दसागर (1922-29) का प्रकाशन हिंदी कोश निर्माण प्रक्रिया के विकास का प्रारंभ है। इस वैज्ञानिक तथा व्यवस्थित कोश का निर्माण श्यामसुंदर दास, रामचंद्र शुक्ल, रामचंद्र वर्मा, बालकृष्ण भट्ट, भगवानदीन, अमर सिंह और जगमोहन वर्मा के संपादक मंडल के अंतर्गत चार खंडों में किया गया था।

बाद में इस कोश का परिवर्द्धित संस्करण 1965-76 में ग्यारह खंडों में आया। कोशविज्ञान की दृष्टि से यह कोश शब्द चयन, अर्थ विवेचन, व्युत्पत्तिपरक अंतर्दृष्टि और प्रयोग निर्धारण में महत्वपूर्ण है। यह बृहत कोश है जिसमें लगभग एक लाख प्रविष्टियां हैं। लेकिन इसमें संस्कृत शब्दों के प्रति अधिक रुचि मिलती है जिसके कारण अनेक अप्रचलित शब्द मिलते हैं। अतः इसमें अरबी-फारसी के शब्दों को उपयुक्त स्थान नहीं मिला। अर्थों का वैज्ञानिक अनुक्रम भी नहीं है।

'हिंदी शब्दसागर' के बाद रामचंद्र वर्मा के संपादन में 'संक्षिप्त शब्दसागर, (1933) का संस्करण प्रकाशित हुआ। इसी पर आधारित करुणापति त्रिपाठी के संपादन में 'लघुतर हिंदी शब्दसागर' (1964) का प्रकाशन हुआ। इनके अतिरिक्त 'हिंदी शब्द संग्रह' (1920) और 'शब्द कल्पद्रुम' (1925) कोश भी उल्लेखनीय हैं। 'हिंदी शब्दसागर' के आधार पर भाषा शब्दकोश (1936), अभिनव हिंदी कोश (1947), नालंदा हिंदी कोश (1949), भार्गव आदर्श हिंदी शब्दकोश (1950), राष्ट्रभाषा कोश (1951), हिंदी राष्ट्रभाषा कोश (1952), भारतीय हिंदी कोश (1956), हिंदी शब्दकोश (1957), अशोक हिंदी कोश (1958) आदि का प्रकाशन हुआ। इनमें से कुछ कोश संक्षिप्त रूप में थे और इनका निर्माण छात्रों के लिए हुआ था। कालिका प्रसाद के संपादन में बृहत हिंदी कोश (1952) एक प्रामाणिक कोश माना जाता है, जिसमें कुछ कमियों के बावजूद चयन, अर्थ-विवेचन और व्युत्पत्ति का प्रतिपादन अच्छा हुआ है। रामचंद्र वर्मा के संपादन में 'मानक हिंदी कोश' के पांच खंडों का प्रकाशन 1962-65 के दौरान हुआ।

बीसवीं शताब्दी में अधिकतर कोश प्रादेशिक भाषाओं से अंग्रेजी में और अंग्रेजी से प्रादेशिक भाषाओं में प्रकाशित हुए। हिंदी के संपर्क भाषा होने के कारण हिंदी और अंग्रेजी के द्विभाषी कोशों का निर्माण होना स्वाभाविक था। चैपमैन की 'इंग्लिश-हिंदुस्तानी पाकेट वोकेबलरी' (1904, 1908), जी. रैकिंग की 'इंग्लिश-हिंदुस्तानी डिक्शनरी' (1905), डी फिलाट की 'इंग्लिश-हिंदी डिक्शनरी' (1917), सुखसंपत राय भंडारी कृत 'ट्वेंटियथ सेंचुरी इंग्लिश हिंदी डिक्शनरी' (1949), उस्मानिया विश्वविद्यालय द्वारा रचित 'संक्षिप्त अंग्रेजी-हिंदी कोश' (1953), रामचंद्र पाठक की 'भार्गव इंग्लिश हिंदी डिक्शनरी' (1958), हरदेव बाहरी की 'ए कंप्रिहेंसिव इंग्लिश-हिंदी डिक्शनरी' (1960), कामिल बुल्के कृत 'अंगरेजी-हिंदी कोश' (1968), एस के वर्मा और रमानाथ सहाय के 'ऑक्सफोर्ड प्रोग्रेसिव इंग्लिश-हिंदी डिक्शनरी' (1977), सुरेश अवस्थी और इंदुजा अवस्थी की 'चैंबर्स इंग्लिश-हिंदी डिक्शनरी' (1981) आदि कई कोश उल्लेखनीय हैं। इन कोशों में कामिल बुल्के के कोश का विशिष्ट स्थान है। इसमें शब्दों के न केवल प्रचलित और विविध प्रयोग दिए गए हैं बल्कि अंग्रेजी शब्दों के अर्थों का चयन संदर्भ और स्थिति के अनुसार किया गया है। हरदेव बाहरी के कोश में अंग्रेजी शब्दों के हिंदी पर्यायों का गुच्छ मिलता है, जिससे प्रयोक्ता को संदर्भपरक अर्थ ढूंढ़ने में कठिनाई होती है। वर्मा और सहाय तथा अवस्थी द्वय के कोश क्रमशः अंग्रेजी ऑक्सफोर्ड तथा चैंबर्स डिक्शनरियों के हिंदी रूपांतरण हैं।

आज हिंदी कोश निर्माण का विकास हो रहा है। एकभाषी और द्विभाषी कोशों के अतिरिक्त प्रादेशिक भाषाओं और खासकर हिंदी के अनेक कोश उपलब्ध हैं। ऑनलाइन एकभाषी और द्विभाषी कोशों का विकास भी हो रहा है। तकनीकी तथा पारिभाषिक कोश, त्रिभाषी कोश, विश्वकोश आदि अनेक प्रकार के कोशों का निर्माण हुआ है। समांतर हिंदी कोश (अरविंद कुमार और कुसुम कुमार) तथा अंग्रेजी-हिंदी पदबंध कोश (कृष्ण कुमार गोस्वामी) आदि के माध्यम से कोश की नई विधाओं का विकास हुआ है।

कृष्ण कुमार गोस्वामी

अधिक जानकारी के लिए :

1. **कोशविज्ञान** : भोलानाथ तिवारी, 2. **An Introduction to Lexicography** : Ram Adhar Singh, CIIL, 1982; 3. **Manual of Lexicography** : Ladislav Zgusta, 1971

कौटिल्य अर्थशास्त्र

अर्थशास्त्र की प्राचीन परंपरा : अर्थशास्त्र पर विचार रामायण, महाभारत तथा पुराणों में किया गया है। इस शास्त्र पर स्वतंत्र ग्रंथ लिखने वाले आचार्यों में बृहस्पति, उशना और नारद के नाम गिनाए जाते रहे हैं। नारद का दूसरा नाम पिशुन है। पिशुन के अर्थशास्त्र के अनेक वचन रामायण तथा महाभारत में मिलते हैं। महाभारत में ही भारद्वाज के राजशास्त्र का भी उल्लेख मिलता है। भारद्वाज बृहस्पति के पुत्र कहे गए हैं। इनके पदार्थवादी दर्शन का विस्तृत प्रतिपादन महाभारत में किया गया है। ये भारद्वाज ही महाभारत में कणिकनीति के नाम से प्रतिपादित राजशास्त्र के भी आचार्य हैं।

वाल्मीकि रामायण में चित्रकूट में राम भरत से जो कुशल प्रश्न करते हैं, उनमें प्रशासन एवं प्रबंधन के बारे में प्राचीन भारतीय चिंतन परंपरा की झलक मिलती है। राम के प्रश्न प्रश्नों से ज्यादा ऐसी टिप्पणियां हैं, जिनमें रामायणकालीन अर्थशास्त्र का निचोड़ भरा है। यह पूरा प्रसंग ईसापूर्व की पहली सहस्राब्दी में अर्थशास्त्र के विकास का एक खाका भी प्रस्तुत करता है। महाभारत अर्थशास्त्र अथवा राज्यप्रबंधन के सिद्धांतों एवं तद्विषयक चिंतन का एक महाकोश है। इसमें राजधर्म नामक जिस शास्त्र का विशद निरूपण हुआ है, कौटिल्य में आ कर वही अर्थशास्त्र बन जाता है। रामायण और महाभारत में राम और भीष्म के द्वारा प्रतिपादित अर्थशास्त्रों से कौटिल्य के अर्थशास्त्र का अनोखापन लोक को वरीयता देने के साथ ही आन्वीक्षिकी (तर्कपूर्वक परीक्षण) पर बल देने के कारण है। राम आन्वीक्षिकी का विरोध करते हैं, भीष्म भी उसकी अपेक्षा धर्मशास्त्रों को अधिक वरीयता देते हैं। आन्वीक्षिकी भारतीय दर्शन का सबसे पुराना प्रस्थान है, जिसमें ईश्वर अथवा सृष्टि को रचने वाली किसी सर्वात्मक सत्ता के लिए स्थान नहीं है। कौटिल्य के अनुसार, आन्वीक्षिकी में तीन दर्शन आते हैं—सांख्य, योग और लोकायत। अपने ग्रंथ के आरंभ में ही कौटिल्य आन्वीक्षिकी की प्रशंसा करते हुए कहते हैं, 'आन्वीक्षिकी किसी भी प्रस्ताव के बलाबल की हेतुओं के आधार पर अन्वीक्षा करते हुए लोक का उपकार करती है, विपत्ति और अभ्युदय में मनुष्य की बुद्धि को व्यवस्थित रखती है, प्रज्ञा वाक्यों से उसे विशारद बनाती है। वास्तव में आन्वीक्षिकी सारी विद्याओं का दीपक है, सारे शास्त्रों की खान है तथा सारे कार्यों के लिए उपाय है।' स्पष्ट है कि कौटिल्य धर्म या संप्रदाय विशेष में आस्था के बजाय तर्क और प्रमाणों का उपयोग लोकोपकार के लिए करने में विश्वास रखते हैं। इस तरह रामायण और महाभारत में निरूपित अर्थशास्त्र धर्मशास्त्र का पासंग बन कर विकसित हुए, कौटिल्य का अर्थशास्त्र आन्वीक्षिकी के आधार पर विकसित हुआ। कौटिल्य ने इस शास्त्र को धर्मशास्त्र के सामने एक स्वायत्त अनुशासन के रूप में स्थापित किया।

कौटिल्य

अर्थशास्त्र का कर्तृत्व : अर्थशास्त्र के कर्तृत्व को लेकर आधुनिक विद्वानों में दो संप्रदाय हैं। एक इस ग्रंथ का प्रणेता चंद्रगुप्त मौर्य के समकालीन चाणक्य विष्णुगुप्त को मानता है और इसी चाणक्य विष्णुगुप्त का दूसरा नाम कौटिल्य मानता है। दूसरा संप्रदाय अर्थशास्त्र को एक परवर्ती ग्रंथ मानता है।

अर्थशास्त्र के अंतिम श्लोक में कहा गया है, 'जिसने शास्त्र और शस्त्र तथा नंदराजा या नंदराजाओं के द्वारा अधिकृत धरती—इन तीनों का अमर्ष के साथ उद्धार किया, उसी ने इस शास्त्र का निर्माण किया है।' इस श्लोक में कौटिल्य शस्त्र, शास्त्र और धरती—इन तीनों को साहसपूर्वक ऊपर उठाने की बात कह रहे हैं। राज्य के विषय में पहले के जितने शास्त्र हैं, उनसे उनकी असहमति है। धरती को पालन करने के लिए जितने तरीके अपनाए जाते रहे हैं, वे भी उन्हें स्वीकार्य नहीं हैं। आगे कहा गया है, 'अर्थशास्त्र के क्षेत्र में भाष्यकारों के बीच बहुत असहमतियों या मतभेदों को देखते हुए स्वयं विष्णुगुप्त ने इस ग्रंथ के सूत्रों एवं भाष्य का प्रणयन किया।' अर्थशास्त्र की जयमंगला टीका के प्रणेता के अनुसार, कौटिल्य चाणक्य का गोत्रनाम है और विष्णुगुप्त भी चाणक्य का ही दूसरा नाम है।

संभवतः कौटिल्य ने अर्थशास्त्र के अतिरिक्त अन्य ग्रंथ भी अलग-अलग विषयों पर लिखे थे। 'अर्थशास्त्र' के एक टीकाकार भट्टस्वामी ने अपनी टीका प्रतिपदपंचिका में उनके रचे धातुकौटिलीय नामक ग्रंथ का संकेत दिया है, जो धातुशास्त्र का ग्रंथ रहा होगा। वराहमिहिर ने अपनी 'बृहत्संहिता' में आचार्य चाणक्य के ज्योतिष संबंधी ग्रंथ से एक अंश उद्धृत किया है, जिससे लगता है कि चाणक्य या कौटिल्य ने ज्योतिष पर भी कोई ग्रंथ लिखा होगा। 'चाणक्य राजनीति' नाम से लोकप्रिय उक्तियों का एक संकलन तो चाणक्य का लिखा माना जाता रहा है, पर वह बाद में बनाया गया संकलन सिद्ध हुआ। संस्कृत की पारंपरिक उक्तियों में पक्षिल स्वामी, मल्लनाग, वात्स्यायन, चाणक्य, विष्णुगुप्त या विष्णुशर्मा तथा कौटिल्य, ये एक ही व्यक्ति के नाम बताए जाते रहे हैं। पंचतंत्र और उसके कथित रचयिता विष्णुशर्मा से अर्थशास्त्र के प्रणेता का भेद या अभेद अनुसंधान का विषय है।

अर्थशास्त्र की विषय वस्तु : अर्थशास्त्र एक विश्वकोशात्मक ग्रंथ है, जिसके पंद्रह अधिकरणों या खंडों के अंतर्गत 150 अध्यायों में 180 प्रकरणों पर विचार किया गया है। विशद और प्रांजल गद्य में किए गए विवेचन के अलावा इसमें 380 कारिकाएं, सूत्रात्मक उक्तियां और अनेक श्लोक अलग से हैं।

टीकाकारों ने अर्थशास्त्र ग्रंथ के तीन खंड माने हैं—तंत्र, आवाप तथा परिशेष। तंत्र के अंतर्गत अपने राज्य के योगक्षेम की पद्धतियां निरूपित हैं, आवाप में शत्रु राज्यों से संबंध का निरूपण है।

अर्थशास्त्र के पंद्रह अधिकरणों या खंडों में विद्याओं की संख्या एवं उनकी आवश्यकता, शिक्षा प्रणाली, अर्थशास्त्र तथा शिक्षा का उद्देश्य, इंद्रियजय, अमात्यों, मंत्रियों एवं पुरोहितों की संख्या, योग्यता आदि, गूढ़पुरुष (चर), मंत्रणा, दूत भेजना, राजकुमारों का भरण-पोषण, निर्वासित राजकुमारों का आचरण, अंतःपुर की रक्षा, राजा की दिनचर्या आदि विषयों पर पहले अधिकरण के 18 अध्यायों में विचार किया गया है। दूसरे अधिकरण में 38 अध्यायों में जनपदनिवेश, भूमिच्छिद्र (खेती के अयोग्य जमीन) का विधान, दुर्गविधान एवं दुर्गनिवेश, सन्निधाता (भंडार का अधिकारी), समाहर्ता (कोश का अधिकारी), अक्षपटलाधिकारी, सुवर्णाध्यक्ष, कोष्ठागाराध्यक्ष, पण्याध्यक्ष, कुप्याध्यक्ष, आयुधागाराध्यक्ष, तुलामानाधिकारी, शुल्काध्यक्ष, सूत्राध्यक्ष (कपास से बनने वाली वस्तुओं का अधीक्षक), सीताध्यक्ष (कृषि का अधीक्षक), सुराध्यक्ष, सूनाध्यक्ष (कसाईखाने का अधीक्षक), गणिकाध्यक्ष, नौकाध्यक्ष, गवाध्यक्ष (दूध देने वाले पशुओं का अधीक्षक), अश्वाध्यक्ष, हस्त्यध्यक्ष, रथाध्यक्ष, पत्त्यध्यक्ष (सेना का अधीक्षक), सेनापति, मुद्राध्यक्ष, विवीताध्यक्ष (चरागाह का अधीक्षक) आदि अधिकारियों के दायित्व बताए गए हैं। तीसरे अधिकरण में व्यवहार या न्यायालयों की स्थापना, विवाद, विवाह, दायविभाग, वास्तुशास्त्र, गिरवी, कर्ज की व्यवस्थाएं एवं कानून, दासों की व्यवस्था, क्रय-विक्रय के विधान, वाक्पारुष्य (गाली-गलौज के लिए दंड), द्यूत के नियम तथा अन्य विविध विषय हैं। चतुर्थ अधिकरण का विषय कंटकशोधन है। इस ग्रंथ में शिल्पियों, चरों आदि की सुरक्षा, सद्यःमृत व्यक्ति

की पहचान आदि विषय 13 अध्यायों में विवेचित हैं। पांचवें अधिकरण के सात अध्यायों में दंडविधान, कोश की रक्षा, भृत्यों का भरण, अनुजीवियों के साथ राजा का व्यवहार आदि विषय सात अध्यायों में विचारित हैं। छठे अधिकरण में प्रकृति एवं सातवें में षाड्गुण्य का विशेष विचार है। आठवें अधिकरण के आठ अध्यायों में प्रजा, सेना एवं मित्रों पर पड़ने वाली विपत्तियों पर विचार है। नवें तथा दसवें अधिकरणों के कुल पच्चीस अध्यायों में सेना के प्रयाण तथा युद्ध के समय होने वाली व्यवस्थाओं का निरूपण है। ग्यारहवें में भेदनीति और बारहवें में दूतप्रयोग, तेरहवें में दुर्ग पर कब्जा, चौदहवें में परघात एवं पंद्रहवें में तंत्रयुक्तियों (शास्त्र की संरचना के घटकों) का विवरण है।

टीकाएं : अर्थशास्त्र की प्राचीन टीकाओं में प्रतिपदचंद्रिका (भट्टस्वामी, बारहवीं शताब्दी), नयचंद्रिका (महामहोपाध्याय माधवमिश्र), जयमंगला, चाणक्यटीका, नीतिनिर्णीति (योग्घम अथवा मुग्धविलास), भाषाकौटिलीयम् उल्लेखनीय हैं।

भाषाकौटिलीयम् को छोड़ कर ये सब टीकाएं संस्कृत में हैं। भाषाकौटिलीयम् मलयालम भाषा में है। यह टीका संभवतः बारहवीं शताब्दी में लिखी गई। इस टीका से एकदम स्पष्ट हो जाता है कि देश के सारे भागों में, विशेष रूप में केरल में अर्थशास्त्र के पठन-पाठन की जीवंत परंपरा थी और जिस तरह आज यह ग्रंथ पंक्ति-पंक्ति, शब्द-शब्द में दुरूह हो गया है, मध्यकाल तक वैसा न था।

बीसवीं शताब्दी में अर्थशास्त्र पर सबसे विशद संस्कृत टीका लिखी गई। टीकाकार थे आधुनिक काल के संस्कृत के सबसे प्रकांड पंडितों में एक टी गणपति शास्त्री। काशी की परंपरा में अर्थशास्त्र का स्वाध्याय और अभ्यास महामहोपाध्याय राजेश्वर शास्त्री द्राविड ने किया। अर्थशास्त्र पर वैदिकसिद्धांतसंरक्षिणी तथा जयमङ्गलाक्रोडपत्रम्—उनकी ये दो टीकाएं हैं।

कौटिल्य की परंपरा : कौटिल्य ने अपने से पहले के अर्थशास्त्र के कम से कम दस आचार्यों या उनके संप्रदायों का उल्लेख किया है, जो ये हैं—मानव (मनु का संप्रदाय), बार्हस्पत्य (बृहस्पति का संप्रदाय), औशनस (उशना या शुक्राचार्य का संप्रदाय), भारद्वाज या द्रोणाचार्य, विशालाक्ष, पराशर, पिशुन (नारद), कौणपदंत (भीष्म), वातव्याधि (उद्भव) तथा बाहुदंतीपुत्र (इंद्र)।

अर्थशास्त्र के पहले सूत्र 'ओम् नमः शुक्रबृहस्पतिभ्याम्' में कौटिल्य शुक्राचार्य और बृहस्पति को नमन करते हैं। अर्थशास्त्र की परंपरा में शुक्राचार्य और बृहस्पति—ये दो अलग-अलग आचार्य कौटिल्य के संज्ञान में हैं। बृहस्पति चार्वाक या लोकायत दर्शन के प्रवर्तक माने गए हैं। इनके राज्यप्रबंध विषयक मतों का उल्लेख महाभारत में भीष्म ने अपने राज्यधर्मोपदेश में किया है।

प्रथम अधिकरण के विद्यासमुद्देश के अंतर्गत बृहस्पति का मत बताया गया है। बृहस्पति के अनुयायी दो ही विद्याएं मानते हैं—वार्ता (कृषि तथा पशुपालन) और दंडनीति। वे त्रयी (तीनों वेद तथा उनसे संबद्ध शास्त्र) को विद्या के अंतर्गत नहीं गिनते। त्रयी तो संवरण (मुखौटा) मात्र है। स्पष्ट ही चार्वाक दर्शन के प्रवर्तक बृहस्पति नास्तिक हैं, और कौटिल्य उनके मत का आदर करते हैं। शुक्राचार्य केवल दंडनीति को ही विद्या मानते हैं। वह आ जाए, तो बाकी सारी विद्याएं आ जाती हैं। कौटिल्य बृहस्पति और उशना या शुक्राचार्य के मतों को विशेष आदर देते हैं, उनके लोक यात्रा केंद्रित प्रस्थान को स्वीकार करते हैं, पर वे उनसे सर्वत्र सहमत नहीं हैं। अपने ग्रंथ के आरंभ में ही कौटिल्य दो या केवल एक ही विद्या मानने वाले बृहस्पति तथा शुक्र के मत को अस्वीकार करते हैं। वे चार विद्याएं मानते हैं—आन्वीक्षिकी, त्रयी, वार्ता तथा दंडनीति।

अर्थशास्त्र की कौटिल्य दृष्टि : कौटिल्य के संदर्भ में अर्थ का आशय मात्र संपत्ति नहीं है, और अर्थशास्त्र संपत्ति का शास्त्र नहीं है। अर्थ का आशय कौटिल्य की दृष्टि में संपूर्ण व्यवहार जगत है। मनुष्यों की वृत्ति (व्यवहार) अर्थ है। इस भौतिक जगत में मनुष्य की प्रवृत्तियों का शास्त्र अर्थशास्त्र है। अर्थ का मतलब है मनुष्य सहित सारी पृथ्वी। इस पृथ्वी पर जो कुछ

होना चाहिए, उसका संवर्धन करना और उसे हासिल करना सिखाने वाला शास्त्र अर्थशास्त्र है।

कौटिल्य कठोर दंडविधान लागू करने का पक्ष लेने वाले आचार्यों का मत उद्धृत करके कहते हैं कि कठोर दंड उचित नहीं है। पर अपराधी को मृदुदंड या मामूली दंड देने से भी राजा का क्षय होता है। उचित दंड दिया जाना चाहिए। दंडविधान का उद्देश्य मत्स्यन्याय (समाज में शक्तिशाली के द्वारा निर्बल को दबाना) को दूर करना है। दंडनीति का उद्देश्य प्रजा की रक्षा ही होना चाहिए। दंड का मूल विनय है, विनय का मूल विद्या और विद्या और विनय दोनों का मूल हेतु इंद्रियजय है। इसको विस्तार से स्पष्ट करते हुए कौटिल्य कहते हैं कि यह संपूर्ण अर्थशास्त्र इंद्रियों पर विजय का शास्त्र है (खंड 1, पृ. 37)। कौटिल्य का इंद्रियजय का अर्थशास्त्र आज के भोगवादी अर्थशास्त्र का प्रतिवाद है। वह शासनकर्ता राजा के आचरण को नहीं, राजर्षि के आचरण को मानक के रूप में सामने रखता है। राजर्षिवृत्त शीर्षक से कौटिल्य ने इस आदर्श राजा पर पूरा एक प्रकरण अपने अर्थशास्त्र में रखा है, पर इसका अर्थ यह नहीं कि राजा सुख का उपभोग न करे। वे यह भी कहते हैं राजा सुख न छोड़े, क्योंकि धर्म, अर्थ और काम ये तीनों एक-दूसरे से जुड़े हैं। इनमें से एक को छोड़ देने से बाकी दो पीड़ित होते हैं।

राजा को निरंकुश होने से रोकने के लिए कौटिल्य शास्त्र का अंकुश प्रस्तावित करते हैं। अंधा या अनपढ़ राजा तथा अधीती हो कर भटके हुए राजा में कौन ज्यादा ठीक है इस सवाल पर अन्य आचार्यों के मतों का उल्लेख करते हुए कौटिल्य कहते हैं कि अनपढ़ को तो समझाया जा सकता है, पर जो शास्त्र पढ़ कर शास्त्र से विचलित हो गया या बहक गया है वह निरंकुश हो जाता है, उसे रोकना कठिन होता है। कौटिल्य की स्वप्नदृष्टि देश तथा चक्रवर्ती क्षेत्र की उनकी अवधारणा में प्रतिफलित हुई है। यह धरती ही देश है, इसमें हिमालय से लगा कर समुद्र तक का भाग चक्रवर्ती क्षेत्र है।

कौटिल्य एकतंत्रीय प्रणाली के पक्षधर नहीं हैं। वे प्रजा का हित करने वाली प्रणाली के पक्षधर हैं। उनके समय में जो गणतंत्र थे, उनकी विफलताओं को देखते हुए कौटिल्य ने एक ऐसी शासन प्रणाली की परिकल्पना की, जो उस समय राज्य के उन्नयन के लिए और बाहर से हो रहे हमलावरों को नाकाम करने के लिए अपेक्षित थी। इसमें अमात्य परिषद के द्वारा राजा को और राजा के द्वारा अमात्यपरिषद को निरंकुश हो जाने से रोकने के लिए व्यवस्थाएं हैं। कौटिल्य ने इसके लिए मर्यादा स्थापन की दृष्टि रखी है।

लोकोपकार का शास्त्र : कौटिल्य कहते हैं कि राजा कार्यार्थियों से खुल कर मिले, ये उसके दरवाजे पर ही खड़े न रह जाएं। यदि राजा प्रजा के लोगों के लिए सुलभ नहीं रहेगा, तो कार्य और अकार्य में विपर्यास होगा। उससे प्रजा में विद्रोह हो सकता है या राज्य शत्रु के अधीन जा सकता है। इसलिए राजा देव कार्य, पितृ कार्य, संन्यासियों, पुरोहितों के कार्य, पशुओं के काम, पुण्यसंबंधी काम, बच्चे, बूढ़े, बीमार, विपत्ति में पड़े लोगों, तथा अनाथ एवं स्त्रियों के कामों का विशेष ध्यान रखे। इस प्रसंग के निष्कर्ष में कौटिल्य कहते हैं कि राजा का अपना कोई सुख नहीं होता, उसका सुख तो प्रजा के सुख में है, उसका हित भी प्रजाहित में है, उसका अपना कोई प्रिय भी नहीं होता, जो प्रजा को प्रिय है, वहीं उसका भी प्रिय है।

प्रजासुखे सुखं राज्ञः प्रजानां च हिते हितम्।
नात्मप्रियं हितं राज्ञः प्रजानां तु प्रियं हितम्।

कौटिल्य के विशाल ग्रंथ में प्रतिपादित अनेक व्यवस्थाएं इस प्रजासुख और प्रजाहित के लिए निर्मित कार्यावली की रूपरेखा प्रस्तुत करती हैं। उन्होंने राजा को निर्देश दिया है कि सौ से पांच सौ तक घर वाले गांव, जिनमें शूद्र जन खेती करें, कोस या दो-दो कोस की दूरी पर राजा इस तरह बसाए कि वे एक-दूसरे की रक्षा कर सकें। गांवों की सीमाएं सुरक्षित रहें, इसके लिए इनको बसाते समय नदी, पहाड़, जंगल, बांध आदि की स्थिति का ध्यान रखना चाहिए तथा सिंचाई के लिए सेतु बनाना चाहिए (2.19)। सेतु दो तरह के बनाए जाने का निर्देश कौटिल्य देते हैं—सहोदक एवं आहार्योदक। सहोदक सेतु वह है जिसमें नदी का प्रवाह बांधा जाए, आहार्योदक वह जिसमें पानी किसी स्रोत से लाया जाए।

इनके साथ प्रजाजनों को प्रोत्साहित करे कि वे स्वयं सेतु बनवाएं, वृक्ष लगवाएं; यदि उन्होंने उस पर व्यय किया है, तो राजा उसमें अपना अंशदान करे।

यहां फिर वे अनाथ बच्चों, बूढ़ों और बीमार लोगों के पोषण की व्यवस्था करने का निर्देश देते हैं। यदि स्त्री अनाथ है और गर्भवती है तो उसका पोषण राजा करेगा, उसकी संतानों का भी। वे अपने परिवार की व्यवस्था किए बिना संन्यास लेने वाले के लिए कठोर दंड की व्यवस्था करते हैं। राजा को चाहिए कि दंड, विष्टि (बेगार) एवं कर (टैक्स) के कारण कृषि की क्षति होने से रोके, इसी तरह पशुधन की भी वह रक्षा करे। प्रजाहितपरक व्यवस्थाओं में विशेष महत्वपूर्ण है चरागाह बनाने की व्यवस्था। जो जमीन खेती के योग्य न हो तथा जिसमें चोर आदि का डर हो, वहां चरागाह विकसित करने का निर्देश देते हैं। निर्जल प्रदेशों में कुएं खुदवाने, बांध, प्याऊ आदि की व्यवस्था करने का भी। भूमिच्छिद्रविधान नाम के विशद प्रकरण में राजा के विहार के लिए मृगवन भी बनाने का निर्देश है। कौटिल्य स्त्रियों को रोजगार देने की हिमायती हैं। महिलाओं को जो कामधंधे दिए जा सकते हैं, उनकी व्यवस्था के लिए वे आग्रह भी करते हैं। अध्यक्ष प्रचार के दूसरे अधिकरण के तेईसवें अध्याय में कौटिल्य कहते हैं—सूत्राध्यक्ष सूत्र, वर्म (पेड़ों की छाल), वस्त्र तथा रस्सी के सामान की खरीदफरोख्त तो पुरुषों के द्वारा कराए, पर ऊन, वल्कल, कपास, रूई, सन, रेशम—इनकी बुनाई, सिलाई आदि के कामों में विधवाओं, विकलांग महिलाओं, लड़कियों, संन्यासिनियों एवं दंड का प्रतिकार करने वाली स्त्रियों को लगाया जाए। गणिकाओं की माताओं, बूढ़ी दासियों तथा उपस्थान (सेवाकार्य) से निवृत्त हुई देवदासियों से भी ये काम कराएं जा सकते हैं। कताई आदि के लिए शासन की ओर से सूत्रशाला चलाई जानी चाहिए, यह भी इस प्रकरण से स्पष्ट होता है।

आगे कौटिल्य यह भी कहते हैं कि इस तरह की महिलाएं एवं कन्याएं अपनी रोजी-रोटी स्वयं चलाती हैं, उनसे प्रेम और सम्मान के साथ काम कराए जाएं। रात को कताई आदि का काम करके भोर होते ही ऐसी महिलाएं काता हुआ सूत आदि लेकर सूत्रशाला में पहुंचें, तो उनको उनका मेहनताना ठीक से दे देना चाहिए, यह भी कौटिल्य कहते हैं। इस समय कामगार स्त्री के साथ यदि कोई पुरुष इधर-उधर की बातें करें, तो उसे उत्तम साहस (अपराधी को दिया जाने वाला सबसे कठोर) दंड दिया जाए, उस स्त्री का वेतन देने में देर करने वाले या काम न करने पर भी उससे उत्कोच लेकर वेतन देने वाले अधिकारी को मध्यम साहस दंड देना चाहिए। इसके मुकाबले वेतन लेकर भी काम न करने वाली स्त्री के लिए दंड कठोर है—मध्यमा और अंगूठे का कर्तन।

सूत्राध्यक्ष को चाहिए कि वे चर्मकारों और रस्सी बंटने वालों से अच्छे संबंध रखें, उनसे घुलमिल कर रहें। सीताध्यक्ष को कृषितंत्र, शुल्ब तथा वृक्षायुर्वेद का विशेषज्ञ होना चाहिए।

सूत्राध्यक्ष (कसाईखानों के अधीक्षक) के लिए कौटिल्य का सबसे पहला निर्देश यह है कि वह अभयारण्यों में बसे पशुओं, पक्षियों एवं मछलियों को पकड़ने, मारने या उनकी हिंसा करने वालों को कड़ा दंड दे। उन्होंने अवध्य पक्षियों की लंबी सूची दी है तथा वे अवध्य प्राणियों का भी उल्लेख करते हैं।

गणिकाध्यक्ष का काम गणिकाओं से शुल्क वसूल करना ही नहीं, गणिका के साथ जबरदस्ती या मारपीट करने वाले पुरुष को दंड देने का भी है।

पति के लंबे प्रवास पर चले जाने पर स्त्री अन्य से संबंध कर सकती है, अविवाहित देवर को प्राथमिकता है। वैवाहिक संबंधों में मोक्ष (तलाक) की व्यवस्था कौटिल्य करते हैं। नीच काम करने वाले, लंबे समय के लिए प्रवास पर चले गए, राजद्रोही, हत्यारे या नपुंसक पति को स्त्री छोड़ सकती है। पति-पत्नी में एक दूसरे से न बनती हो, तो धर्मविवाहेतर विवाहों में मोक्ष या तलाक हो सकता है। अपकार करने वाली स्त्री से उसका पति मोक्ष ले सकता है, पर स्त्री के लिए इन व्यवस्थाओं में छूट कम है।

छोटे पशुओं को डंडे आदि से मार कर कष्ट पहुंचाने वाले को एक पण या दो पण तक के दंड की व्यवस्था कौटिल्य देते हैं। ऐसी मार से पशु के खून निकल आए, तो दंड दुगुना कर देते हैं। गाय,

भैंस आदि बड़े पशुओं को डंडे आदि से मार कर कष्ट पहुंचाने वाले को इससे भी दूने दंड की व्यवस्था देते हैं और साथ ही इन पशुओं के इलाज के व्यय की भरपाई भी अपराधी से कराए जाने का निर्देश देते हैं।

नगर के उपवन में फूल तथा फल वाले और छायादार पेड़ों के पत्ते तोड़ने पर अलग-अलग दंड दिए जाने की व्यवस्था है। चोरों के साथ कोई निरपराध और सज्जन व्यक्ति गलती से धर लिया जाए, तो उसकी पहचान के तरीके कौटिल्य जिस तरह बताते हैं। लगता है उन्हें इस बात की बहुत फिक्र है कि उनके दंडविधान के नियम असहायों, कमजोरों और भोले-भाले लोगों पर ही उलटे गाज न गिराएं। वे उन स्थितियों का भी विश्लेषण करते हैं, जिनमें कोई मासूम आदमी चोरों के साथ या चोरी के अपराध में गलती से धर लिए जाने पर चोर न होते हुए भी डर के कारण घबराहट में 'मैंने चोरी की है' ऐसा कबूल लेता है (खंड 2)। सश्रम कारावास का विधान कौटिल्य बताते हैं, पर गर्भिणी से या सद्यःप्रसूता स्त्री से एक महीने तक कारागार में श्रम न कराए जाने का नियम भी बनाते हैं। वे पुरुष कैदियों की तुलना में महिला कैदियों से आधा काम कराने की व्यवस्था भी देते हैं। (वही)।

राजतंत्र में व्याप्त भ्रष्टाचार की अच्छी मीमांसा कौटिल्य ने की है, 'जैसे जीभ के अगले हिस्से पर रखे शहद या विष का स्वाद लिए बिना नहीं रहा जा सकता, उसी तरह राजा के अधिकारी हराम की कमाई न छुए रह हो नहीं सकता। जिस तरह पानी में तैरती मछलियों के बारे में यह नहीं कहा जा सकता कि वे कब, कैसे, कितना जल पी जाती हैं, उसी तरह राज के कर्मचारियों के बारे में भी जानना असंभव ही है कि वे कब, किससे, कितना धन वसूल कर लेंगे। पर राजा को बराबर प्रयास करते रहना चाहिए कि उसके कर्मचारी घूस आदि के द्वारा अनुचित रूप से धन वसूल करने से विरत रहें। वे ऐसा करते हुए अति करने लगें, तो उन्हें काम से हटा दे, उनके काम बदल दे, जो धन उन्होंने गलत ढंग से कमाया है, उसे उनसे उगलवा ले। (2.9)।

कौटिल्य वर्णव्यवस्था के प्रबल पक्षधर हैं। उनकी अर्थव्यवस्था भी ऊंच-नीच के भेदभाव पर टिके समाज के लिए है। पुरोहित और मंत्री से लगा कर दिहाड़ी पर काम करने वाले मजदूरों तक के जो वेतन उन्होंने बताए हैं, उससे यह बात अच्छी तरह समझी जा सकती है कि सबसे निचले वर्ग के लोगों का वेतन सबसे ऊपर वाले से हजार गुना कम है।

कौटिल्य की दृष्टि विवाह के रिश्ते को पवित्र बनाए रखने पर है। स्त्री मनमर्जी से बाहर घूमती रहे, तो छह पण का दंड, रोकने पर भी बाहर जाती रहे, तो बारह पण। किसी पड़ोसी के घर चली जाए, तो छह पण, वह वहीं जाकर पड़ी रह जाए, तो चौबीस पण। पति के लिए भी किसी पर स्त्री को घर ले आने पर कठोर दंड है, पर स्त्री स्वयं चली आए तो पति निरपराध माना जाएगा। पति की रजामंदी के बिना स्त्री का अपने सगे-संबंधियों के यहां चले जाना भी दंडनीय है, पर उसके मायके में कोई विपत्ति आ पड़े, सगों में से कोई बीमार हो जाए, बच्चा होने वाला हो तो मायके जाने पर कोई पाबंदी नहीं है।

वैवाहिक संबंधों में नैतिकता एवं मान-मर्यादा पर कौटिल्य के यहां बहुत जोर है। इस मामले में उनके द्वारा बनाए गए विधान शरीयत के कानूनों की तरह कठोर हैं। बुआ, मौसी, मामी, गुरुपत्नी, बहू, बेटी, बहिन—इनके साथ अनुचित कर्म करने वाले पुरुष का लिंग काट कर वध करने का नियम वे बनाते हैं और जिस स्त्री के साथ ऐसे पुरुष के संबंध बने, वह भी उस पुरुष को चाहती हो, तो उसे भी यही दंड दिया जाए। दास परिचारक आदि से संबंध होने पर या श्वपाकी (चांडाली) या श्वपाक से संबंध होने पर भी पुरुष और स्त्री दोनों के लिए इसी तरह के दंड की व्यवस्था है। पति यदि व्यभिचारिणी स्त्री को क्षमा कर दे, तो राजा दोनों को छोड़ दे, अन्यथा स्त्री के तो नाक और कान कटवा दिए जाएं और उसके प्रेमी को प्राणदंड दिया जाए। यदि राजा के सिपाही या चौकीदार स्त्री के जार (यार) को यह तो चोरी करने के लिए घुसा था—कह कर बचाने का प्रयास करते हुए पकड़ कर ले जाएं, तो उनके लिए पांच सौ पण का दंड होगा, यदि वे जार से रिश्वत लेकर ऐसा करते हुए पकड़े जाएं, तो उससे दूना (वही, खंड 2, 4.12,

पृ. 175)। शत्रुओं या आटविकों (दस्युओं) के द्वारा अपहरण की गई, नदी में बाढ़ वगैरह में बह गई या अकाल में रिश्तेदारों के द्वारा छोड़ दी गई स्त्री को कोई आदमी बचा लेता है और आसरा देता है, ऐसी स्थिति में दोनों में बातचीत हो जाती है, तो कौटिल्य यहां दोनों को संबंध बनाने के लिए छूट देते हैं। वह स्त्री यदि अपने संकटहारक से ऊंची जाति की हो और उसके बंधुजन या पति उसे लेने के लिए आ जाएं, तो उसे उसके ऊपर किया गया खर्च ले कर उनको सौंप दे। यदि वह स्त्री निचली जाति की है, पर इस संकटहारक के साथ अब नहीं रहना चाहती, तब उसे उसके बंधुजनों को सौंप दे।

मजदूर पगार ले ले और काम न करे, तो बारह पण दंड, पर बीमार या विपत्तिग्रस्त होने पर छूट है (खंड 2), साथ ही जब यह करार हो जाए कि मैं तुम से ही काम कराऊंगा और मैं तुम्हारे ही लिए काम करूंगा, तो काम न कराने वाला मालिक और काम न करने वाला मजदूर दोनों के लिए बराबर सजा है। कौटिल्य यहां 'काम नहीं तो वेतन नहीं' के सिद्धांत का कठोरता से समर्थन करते हैं। वाक्पारुष्य (कठोर वचन कहना) एक अपराध है। (खंड 2)।

अपराध विज्ञान और शवपरीक्षा के प्रकरण भी अर्थशास्त्र में हैं। इन पर कौटिल्य का विवेचन आज के विज्ञान की तुलना में बहुत पिछड़ा लग सकता है।

कौटिल्य निर्मम एवं एकाधिकारवादी सत्ता तथा कठोर दंडनीति के हिमायती नहीं हैं। स्त्रियों, अशक्त जनों तथा मासूम प्राणियों पर अत्याचार करने वालों के लिए चाणक्य के अनेक विधान कठोर हैं, उन विधानों के गठन में कौटिल्य की करुणा झलकती है।

कौटिल्य के दंडविधान के प्रसंग में गौर करने की एक बात है—अदंड्य को दंड देने वाले राजा के लिए भी दंड की व्यवस्था। राजा के लिए दंड उसके द्वारा दिए गए नाजायज दंड से तीस गुना होगा। कौटिल्य कहते हैं कि यह दंड वरुण के लिए पानी में डाले और उसके बाद बचा दंड ब्राह्मणों पर छोड़ दे (खंड 2)। कौटिल्य की दृष्टि में यह निरंकुश सत्ता को काबू में रखने की रणनीति है, जिसमें धर्माधिकरण (कचहरी) राजा पर व्यवहार (मुकदमा) चलाने के लिए अधिकृत हो जाती है।

राधावल्लभ त्रिपाठी

अधिक जानकारी के लिए :
1. **अर्थशास्त्र** : श्रीमूल टीका सहित तीन भाग : टी गणपति शास्त्री (संपा.), 1984, **2. Economic in Arthashastra : Raj Kumar Sen, Ratan Lal Basu, 2006**

कौमार्य

प्रायः सभी सभ्यताओं में स्त्री के कौमार्य (Virginity) पर बहुत जोर दिया गया है। यह पितृसत्तात्मक व्यवस्था का अनिवार्य चिह्न है। हिंदी में एक शब्द है—अक्षतयोनि अर्थात पति केकारण योनि की क्षति नहीं होती, पर विवाह-पूर्व संभोग से वह क्षत हो जाती है। स्पष्टतः यह स्त्री की यौनिकता (सेक्सुअलिटी) पर प्रतिबंध लगाने का एक तरीका है, जिसे पुरुषों पर लागू नहीं किया जाता। पुरुष की शारीरिक बनावट के कारण यह संभव भी नहीं है। इसलिए अक्षतलिंग शब्द नहीं बन पाया। स्त्री की शारीरिक बनावट में कौमार्य की परीक्षा करने का एक प्रचलित तरीका है। उसके योनि-मुख पर एक पतली-सी झिल्ली होती है, जो संभोग से या कई संभोगों से फट जाती है। जरूरी नहीं कि यह संभोग के कारण ही फटे। खेल-कूद और उछलने-दौड़ने से भी यह झिल्ली फट जाती है। कई बार थोड़ा-सा खून भी निकलता है। इसलिए कोई स्त्री अगर 'अक्षतयोनि' साबित नहीं होती, तो इसका एकमात्र अर्थ यह नहीं है कि उसे संभोग का पूर्व अनुभव है।

भारत से बाहर भी सुहागरात केबाद यह देखने की प्रथा है कि बिस्तर पर खून के दाग हैं या नहीं। दाग दिखाई देने पर मान लिया जाता है कि इसकेपहले स्त्री को संभोग का अनुभव नहीं था। समाज द्वारा कौमार्य को स्त्री के चरित्र की पहचान बना देने का सबसे बड़ा नुकसान यह हुआ है कि स्त्रियां भी अपने कौमार्य को अपनी सबसे बड़ी पूंजी मान बैठती हैं।

अनातोले फ्रांस का कहना है, 'सभी यौनिक विचलनों में कौमार्य सबसे विचित्र है।' स्त्रीवादी विमर्श में कौमार्य की इस स्त्री-विरोधी धारणा का गंभीर विरोध किया गया है, क्योंकि यह स्त्रीत्व के स्वाभाविक विकास में बाधा डालती है। विवाह-पूर्व सेक्स को अनैतिक और गरिमाहीन करार देने से स्त्री की यौनिकता अवरुद्ध और अवमानित रहती है। इसका यह नतीजा हो सकता है कि सेक्स क्रिया के साथ ग्लानि जुड़ी रहे, मानो स्त्री का स्वत्व-हरण हो रहा हो। यह ग्लानि स्त्री को सेक्स का निष्क्रिय साझेदार बना सकती है, जिसके नतीजे दूरगामी होते हैं।

राजकिशोर

अधिक जानकारी के लिए :

1. **Memoirs of a Geisha :** Arthur Golden : 1997,
2. **Pushing the Limits** : Katie McGarry, 2012

कौरवी

कुरु प्रदेश में बोली जाने वाली बोली को 'कौरवी' कहा गया है। कौरवी का विकास शौरसेनी भाषा के उत्तरी रूप से हुआ है। दिल्ली-मेरठ के आसपास की लोकभाषा को कौरवी कहा गया है। कौरवी नामकरण राहुल सांकृत्यायन ने किया था। कौरवी की मुख्य उपबोलियों में पश्चिमी कौरवी, पूर्वी कौरवी, पहाड़ताली तथा बिजनौरी प्रमुख हैं। कौरवी का शुद्ध रूप 'बिजनौरी' को माना जाता है। संभवतः इसी के लिए लल्लूलाल और सदल मिश्र ने खड़ी बोली शब्द का प्रयोग 1803 ई. में किया था। इसका क्षेत्र देहरादून का मैदानी भाग, सहारनपुर, मुजफ्फरनगर, मेरठ, बागपत, जोतिबा फुले नगर, हरिद्वार, दिल्ली, गाजियाबाद, बिजनौर, रामपुर और मुरादाबाद तक है। अन्य कई स्थानों पर इस पर प्रायः निकटवर्ती भाषाओं का प्रभाव है।

कौरवी बोली का संबंध उस भाषा-कुल से है जो कृदंत प्रधान हैं। कौरवी का णत्व-विधान विचित्र है। कौरवी 'ण'- प्रिय बोलियों में है। णत्व-विधान की भांति इसका द्वित्व-विधान भी रेखांकित करने लायक है। रोट्टी, बेट्टा, जुत्ता, काक्का, खोट्टा आदि इसके द्वित्व-विधान के उदाहरण हैं। कौरवी की एक प्रवृत्ति महाप्राणीकरण की है और इसमें कई नवीन महाप्राण ध्वनियां विकसित हो गई हैं, यथा न्ह, म्ह, ल्ह आदि। महाप्राणीकरण के अतिरिक्त इसमें अल्पप्राणीकरण की भी प्रवृत्ति है, यथा घूंघट-घूंगट, भूख-भूक आदि। कौरवी में स्वर की ध्वनियां मुख्यतः विवृत हैं। इसमें संवृतता के लक्षण नहीं के बराबर हैं।

परसर्ग का प्रयोग कौरवी में सामान्यतया हिंदी की भांति है, पर कभी-कभी बदल भी जाता है। कौरवी आकारांत प्रधान है। इसके संज्ञा शब्दों के रूप प्रायः वही हैं जो साहित्यिक हिंदी में हैं। कौरवी के क्रियारूप भी हिंदी के समान हैं। किंतु 'है' का उच्चारण 'हे' और विकल्प से 'है' के स्थान पर 'सै' का प्रयोग भी होता है। हरियाणवी और पंजाबी की तरह कौरवी में स्त्री प्रत्यय 'इन' के स्थान पर 'अन' है। इसके कर्ता में नै, णै, नैं परसर्ग लगते हैं। इसके कर्म-संप्रदान में कूं, नूं, ने परसर्ग जुड़ते हैं। करण-अपादान के लिए इसमें से, सू, सै, तें परसर्गों का प्रचलन है। इसका संबंध कारक परसर्ग हिंदी की भांति का, के, की है। अधिकरण में मैं, पै, प, पर परसर्गों का प्रयोग होता है। इसमें भूतकालिक कृदंत 'अ' न हो कर 'या' है। भविष्य में 'ग' रूप ही है किंतु उच्चारण द्वित्व हो जाता है।

कौरवी का लोक साहित्य अत्यंत समृद्ध है। इसमें लोक गीत, लोक गाथा, लोक नाट्य, लोककथा एवं प्रकीर्ण साहित्य प्रचुर मात्रा में मिलते हैं। कौरवी के गीतों में छठी के गीत, विवाह संबंधी गीत, देवी-देवताओं के गीत, त्योहार गीत, जोगियों के गीत, ऋतु गीत, श्रम गीत, बाल गीत आदि प्रमुख हैं। कौरवी गाथाएं कई प्रकार की हैं—पौराणिक गाथाएं, वीर गाथाएं, प्रेम गाथाएं आदि। कौरवी के लोक नाट्यों में नौटंकी, स्वांग, भगत, खोड़िया, राम लीला तथा रास लीला प्रमुख हैं। कौरवी की लोक कथाओं के विविध रूप हैं—धार्मिक कथाएं, ऐतिहासिक कथाएं,

अलौकिक कथाएं, सामाजिक कथाएं, नीति कथाएं, पशु-पक्षी संबंधी कथाएं आदि। कौरवी के प्रकीर्ण साहित्य में पहेलियां, कहावतें तथा लोकोक्तियां शामिल हैं। इसकी कहावतें अनेक प्रकार की हैं—जाति संबंधी, नारी संबंधी, ऐतिहासिक, भाग्य संबंधी, खान-पान संबंधी आदि। कौरवी में पहेलियों का पर्याप्त प्रचलन है। कुछ पहेलियां शरीर संबंधी हैं तो कुछ जीव-संबंधी। इनमें दैनिक व्यवहार संबंधी पहेलियां काफी महत्वपूर्ण हैं।

कौरवी के लोक गीतों, लोक कथाओं एवं जनश्रुतियों में कई लोक पात्र वर्णित हैं। इनका इतिहास लोक मानस ने लोक साहित्य में रचा है। उन लोक पात्रों में अमर सिंह राठौड़, कारक, खिदर (जल-देवता), गूगा पीर, चामड़ (पशु-देवता), ढोल कुवर (ढोला की लोक गाथा चिकाड़े पर गाई जाती है), तमीजन (मेरठ की प्रसिद्ध गणिका), धूला (अमर शहीद धूला भंगी), मरवन-सरवन (लोक गीत की लजीली और उछाह भरी मुग्धा नायिका), रामप्यारी (मध्य काल की एक गूजर वीरांगना) आदि प्रमुख हैं।

कौरवी के लोक गीतों तथा लोक कथाओं पर राहुल सांकृत्यायन ने 'आदि हिंदी के गीत तथा कहानियां' नामक ग्रंथ लिखा। सत्या गुप्त ने कौरवी लोक साहित्य पर गंभीर काम किया है। सीता देवी तथा दमयंती देवी की 'धूलधूसरित मणियां' नामक ग्रंथ में अनेक कौरवी लोक गीत संकलित हैं। कृष्णचंद्र शर्मा, हरद्वारीलाल शर्मा और चंद्रपाल सिंह ने कौरवी शब्दकोश का निर्माण किया है।

उदाहरण—कौरवी : राम सू बूझियो के के उन्ने तमकू रपया दे दिया। मन्ने तन्ने एक बात बताणी रह गी। हिंदी : राम से पूछिए कि क्या उसने तुमको रुपया दे दिया। मुझे तुमको एक बात बतानी रह गई।

राजेंद्र प्रसाद सिंह

अधिक जानकारी के लिए :

1. **भारत के प्राचीन भाषा परिवार और हिंदी** : रामविलास शर्मा, 2. **हिंदी भाषा का इतिहास** : केशवदत्त रुबाली, **हिंदी की उपभाषाएं और बोलियां** : रामचंद्र मिश्र

कौल मार्ग

गोरखनाथ के गुरु मत्स्येंद्रनाथ को कौल मार्ग या कौल ज्ञान से जुड़ा माना गया है। यह सिद्धों के बीच भी प्रचलित था। कुलशास्त्र और कौल ज्ञान समानार्थी हैं। इनका संबंध बौद्ध तांत्रिकों से भी है। कौल लोगों के मत से कुल का अर्थ शक्ति है और अकुल का अर्थ शिव है। शिव का कोई कुल-गोत्र नहीं है, इसलिए वह अकुल हैं। शक्ति कुल-गोत्र वाली हैं, पर शिव की प्रिया हैं। इस तरह कुल और अकुल की समरसता ही कौल मार्ग है। 'कौलोपनिषद' से इस मत के साधकों के एक तरफ रूढ़िविरोधी स्वर का पता चलता है, दूसरी तरफ, बौद्ध अनात्मवाद से मतभेद का भी बोध होता है। इनकी साधना के एक प्रसंग से पता चलता है कि कुल सेवा से ही सिद्धि मिलती है। दूसरी तरफ, पांच ध्यानी बुद्धों से पांच कुलों की उत्पत्ति हुई थी। माना गया है कि तांत्रिक डोंबी हेरुक (777) का इस कुलशास्त्र से संबंध था। वे सिद्ध-कौल मार्ग के साधक थे।

दंतकथाओं के अनुसार, बौद्ध परंपरा का कुलशास्त्र पूर्ण ब्रह्मचर्य पर आधारित था, शक्ति की देवी प्रतिद्वंद्वी थी और इस मार्ग में वर्जित थी। दंतकथाओं से ही ज्ञात होता है कि मत्स्येंद्रनाथ अपना यह मत छोड़ कर कदलीदेश की स्त्रियों की माया में फंस गए थे। ये कदली स्त्रियां योगिनियां थीं, जो 'गोरक्ष विजय' ग्रंथ से स्पष्ट है। हजारी प्रसाद द्विवेदी ने इस संबंध में अनुसंधान करके लिखा है कि 'कौलज्ञान निर्णय' से पुष्टि होती है कि जिस साधनामार्गपरक शास्त्र की चर्चा इस ग्रंथ में है, वह शास्त्र कामरूप योगिनियों के घर-घर में विद्यमान था। मत्स्येंद्रनाथ उसी कामरूपी स्त्रियों के घर से अनायास लब्ध शास्त्र का सार संकलन कर रहे थे। उनके शिष्य गोरखनाथ ने उनको योगिनियों के मायाजाल से बचाया।

कौल ज्ञान को सिद्धिपरक विद्या माना गया है। इसमें बौद्ध सिद्धों की कई बातें हैं जैसे 1. सहज पर जोर देना, 2. बाह्याचार का विरोध, 3. कुलक्षेत्र और पीठों

की चर्चा आदि। 'पंचपवित्र' पारिभाषिक शब्द से इसके बौद्ध साधना से संबंध का पता चलता है। मत्स्येंद्रनाथ के कौल मार्ग में बौद्ध और ब्राह्मण दोनों परंपराओं के तत्व घुले-मिले हैं। इसमें 'शिव' और बौद्ध 'पंचपवित्र' दोनों हैं, हालांकि ये निर्गुण चिह्नों के रूप में हैं।

सुनीता गुप्ता

अधिक जानकारी के लिए :
नाथ संप्रदाय : हजारी प्रसाद द्विवेदी

क्यूबिज्म

क्यूबिज्म (Cubism) को हिंदी में घनवाद कहा जाता है। यह बीसवीं सदी के आरंभिक वर्षों में यूरोप में कला के क्षेत्र में उभरा एक अवांगार्द आंदोलन था, जिसने समूची यूरोपीय चित्रकला और शिल्पकला को क्रांतिकारी मोड़ दिया था। साथ ही इसने साहित्य, संगीत और वास्तुकला के क्षेत्र में नए आंदोलनों को संभव बनाया था। आरंभ में इस पद का इस्तेमाल 1910 के दशक में पेरिस में निर्मित भांति-भांति की नवीन कलाकृतियों के लिए किया गया। इसके बाद 1920 के दशक में इस पद का इस्तेमाल प्रचुरता से किया गया।

जॉर्ज ब्राक और पाब्लो पिकासो इस आंदोलन के अगुआ थे और इन्हें ज्यां मेत्जिंगर, अल्बेर ग्लीजे, राबर्त दिलौने, ऑरी ले फौकॉनिए, फर्नांद लेगेर और जुआन ग्रिस जैसे कलाकारों का साथ मिला। क्यूबिज्म के आविर्भाव पर सर्वाधिक प्रभाव पॉल सेजान का पड़ा, खास तौर से उनकी अंतिम रचनाओं का, जो वस्तुओं के त्रिआयामी रूप के चित्रण के लिए जानी जाती हैं।

क्यूबिस्ट कलाकृति में वस्तु का विश्लेषण करके, उसमें तोड़-फोड़ करके, उसे उसके अमूर्त रूप में पुनःसगठित किया जाता है। वस्तु का किसी एक खास दृष्टि से चित्रण करने के बजाय चित्रकार बहुतेरे दृष्टिकोणों से विषय का बृहत्तर संदर्भों में चित्रण करता है।

कला के क्षेत्र में क्यूबिज्म का असर बहुत

व्यापक रहा। वह बड़ी तेजी से पूरी दुनिया में फैल गया और इस क्रम में कमोबेश विकसित भी होता रहा। थोड़े शब्दों में कहें तो क्यूबिज्म कला के क्षेत्र में एक नई विकास प्रक्रिया के आरंभ का द्योतक था, जिसने भिन्न किस्म की नानाविध कलाकृतियों को जन्म दिया। वह भविष्य में जन्म लेने वाले विभिन्न कला आंदोलनों के आगाज का सूचक था।

फ्रांस में ऑर्फिज्म और अमूर्त कला तथा कालांतर में शुद्ध कला क्यूबिज्म की ही शाखा के रूप में उपजे। अन्य देशों में भविष्यवाद, दादावाद, सुप्रमेटिज्म, कॉस्ट्रक्टिविज्म और दे स्तज्ल जैसी प्रवृत्तियां क्यूबिज्म की प्रतिक्रिया स्वरूप ही उपजीं। अतीत और वर्तमान का संयोजन, विभिन्न दृष्टिकोणों से किसी विषय का एक ही समय में चित्रण, जिसे बहुकोणीय परिदृश्य या बहुलतावादी चित्रण या युगपत चित्रण भी कहते हैं, —ये क्यूबिज्म की ऐसी विशेषताएं हैं जिन्होंने आरंभिक भविष्यवादी रचनाओं को बड़ी गहराई से प्रभावित किया। अलग-अलग तत्वों से शिल्प को गढ़ने की जो विशेषता पिकासो की थी, उसने कॉस्ट्रक्टिविज्म पर व्यापक असर डाला। ज्यामितीय रूपों का सरलीकरण करते हुए उनके फलकों को प्रस्तुत करना या फिर आधुनिक

जीवन शैली को मशीनीकरण से जोड़कर दिखाने की चेष्टा, ये क्यूबिज्म की अन्य विशेषताएं हैं जो दूसरे कला आंदोलनों को प्रभावित करती रही हैं।

जॉन बर्जर का कहना है कि क्यूबिज्म के महत्व को कम करके आंकना नामुमकिन है।

प्रियम अंकित

अधिक जानकारी के लिए :
1. **Cubism** : Anne Gantefϋhrer-Trier, 2004,
2. **Cubism and 20th Century Art** : Robert Rosenblum, 2001

क्रांति

क्रांति (Revolution) का अर्थ है यथास्थिति में हस्तक्षेप, मौलिक एवं गुणात्मक रूप से परिणामोन्मुख विकल्प का सृजन और स्थापित व्यवस्था का एक नितांत भिन्न व्यवस्था द्वारा प्रतिस्थापन। क्रांति एक वैश्विक और सर्वकालिक प्रक्रिया रही है। आज भी यह विचित्र रूपों एवं संस्करणों में जारी है। उदाहरण के लिए, कृषि क्रांति, सूचना क्रांति, प्रौद्योगिक क्रांति, संचार क्रांति, बाजार क्रांति, उपभोक्ता क्रांति आदि। अतीत में इसके निम्न रूप रहे हैं–विज्ञान क्रांति (आविष्कार), विचार क्रांति (रिनेसां एवं ज्ञानोदय), धार्मिक क्रांति, औद्योगिक क्रांति, पूंजीवादी एवं लोकतांत्रिक क्रांति, राज्य क्रांति, समाजवादी क्रांति, संवैधानिक क्रांति आदि। सारतत्व यह है कि जो परिघटना स्थापित व्यवस्थाओं, संस्थाओं, मान्यताओं एवं आस्थाओं, स्थापित जीवन शैलियों से संबंध विच्छेद कर नई दृष्टि, नए मूल्यों और नए मार्ग से साक्षात्कार कराती हो, उसे क्रांति का सूत्रधार कहा जा सकता है।

क्रांति एक बहुआयामी परिघटना है। इतिहास में इसे विशेष परिप्रेक्ष्य एवं संदर्भ में देखा-समझा जाता है। अर्थात इसका सीधा संबंध सामाजिक, आर्थिक और राजनीतिक परिवर्तन से है। यह ऐसा परिवर्तन है, जो सतही नहीं, बल्कि आमूलचूल और नई संभावनाओं से भरपूर होता है। क्रांति कोई सहज, स्वाभाविक और निष्कंटक प्रक्रिया नहीं है, बल्कि इसमें प्रतिरोध, विद्रोह, अज्ञात संकट, खतरे, हिंसा, प्रयोगधर्मिता, सृजन आदि की शक्तियां अंतर्निहित होती हैं। संक्षेप में क्रांति कोई दावत नहीं है, हस्तक्षेप और विध्वंस के साथ-साथ नवनिर्माण भी है। जरूरी नहीं कि यह हिंसक हो, यह अहिंसक भी हो सकती है। आंदोलनात्मक एवं संवैधानिक क्रांतियां प्रायः अहिंसक रही हैं।

जॉन मिल्टन, हेगेल, मार्क्स, लेनिन, ट्रॉटस्की, माओ त्से तुंग, चेगुवेरा जैसे विद्वानों और क्रांतिकारियों ने क्रांति की परिभाषा विभिन्न ढंग से की है। इससे मनुष्य की गरिमा एवं ऊर्जा विकसित होती है, नए आयाम जुड़ते हैं, नए क्षितिज उद्घाटित होते हैं। यह उपर्युक्त सभी क्रांतिकारियों के चिंतन का सारतत्व है।

क्रांति का विस्फोट तब होता है, जब समकालीन आर्थिक-राजनीतिक व्यवस्था समय की चुनौतियों और जन-आकांक्षाओं को समझने एवं उन्हें पूरा करने में 'अक्षम' सिद्ध होती है। सत्तारूढ़ वर्ग समाज पर बलात अपना शासन जमाए रखना चाहता है। रूस में सर्वहारा क्रांति के जनक लेनिन के अनुसार जब उच्च वर्ग या शासक वर्ग अपनी शासन व्यवस्था को बनाए रखने तथा निम्न वर्ग उसे अपना समर्थन देने में असमर्थ होते हैं, तो क्रांति की पृष्ठभूमि तैयार होने लगती है। दूसरे शब्दों में 'यथास्थितिवाद' का विरोध क्रांति का संकेत है। क्रांति में असंतोष, विद्रोह, हिंसा-प्रतिहिंसा और अहिंसा के माध्यम से राजसत्ताएं अपदस्थ की जाती हैं। नई विचारधारा एवं लक्ष्यों के आधार पर नई व्यवस्था एवं शासन प्रणाली स्थापित की जाती है।

ध्यान देने योग्य बात यह है कि व्यवस्था परिवर्तन और सत्ता परिवर्तन दो भिन्न बातें हैं। प्रायः सत्ता या सरकार परिवर्तन को क्रांति समझ लिया जाता है, जबकि यह अर्धसत्य है। क्रांति में स्थापित राजसत्ता या सरकार के अंत के साथ-साथ एक यथास्थितिवादी सांस्कृतिक और आर्थिक व्यवस्था का भी अंत हो जाता है। क्रांति एक व्यापक परिधि में बहुअर्थी शब्द है। इसमें सत्ता-प्रतिष्ठान का विनाश

एक महत्वपूर्ण कार्रवाई है, लेकिन यह अंतिम बात नहीं है। इसे इस प्रकार समझा जा सकता है कि लोकतंत्र में प्रायः सरकारें बदलती रहती हैं, लेकिन व्यवस्था एवं राज्य का चरित्र यथावत रहता है।

सामंतवाद के विभिन्न युगों में राजा, सम्राट या बादशाह की मृत्यु के बाद उसकी संतान राजगद्दी का उत्तराधिकारी बनती है अर्थात पैतृक व्यवस्था रहती है। इसके विपरीत, क्रांति में पैतृक व्यवस्था के लिए कोई स्थान नहीं है। कोई क्रांति व्यापक मध्य वर्ग और किसान, श्रमिक, निम्न वर्ग, बुद्धिजीवी एवं संस्कृतिकर्मी, पेशेवर लोगों के जन समर्थन और कई बार विद्रोही सेना, पुलिस तथा समाज की अन्य मिलिटेंट शक्तियों के समर्थन से की जाती है। यह कई बार स्वतःस्फूर्त होती है और कई बार संगठित एवं योजनाबद्ध। इसकी रणनीति एवं उद्देश्य सीमित हो सकते हैं और दीर्घ एवं दूरगामी भी। क्रांति में अराजक तत्व भी रहते हैं और निश्चित विचारधारा से प्रेरित नेतृत्व एवं कैडर भी होते हैं। क्रांतियां असफल भी हुई हैं और सफल भी होती रही हैं। राज्य के चरित्र और समाज व्यवस्था में आधारभूत परिवर्तन को सफल क्रांति का द्योतक माना जाता है।

सामान्य विद्रोह, सैनिक विद्रोह, अल्पतंत्रीय विद्रोह, गुटीय बगावत, क्षेत्रीय एवं स्थानीय असंतोष, व्यक्तिवादी प्रतिरोध, अराजकतावादी विद्रोह जैसी घटनाएं क्रांति की श्रेणी में नहीं आतीं। क्रांति की श्रेणी में उन्हीं घटनाओं को रखा जाता है, जिनके कारण नई समाज व्यवस्थाएं और शासन प्रणालियां अस्तित्व में आईं, जनता और राजसत्ता के संबंध बदले, प्रजा का जनता में रूपांतरण हुआ, नीति निर्णय की प्रक्रिया में व्यापक जन-सहभागिता शुरू हुई, उत्पादन और संपत्ति संबंधों में गुणात्मक फर्क आया और मानव सभ्यता के इतिहास में नए अध्याय जुड़े।

इतिहास में विभिन्न कालों में हुई कई प्रकार की क्रांतियां दर्ज हैं। पुरातत्ववेत्ताओं के मत में कृषि युग से पहले 'नव प्रस्तर युग क्रांति' हुई। इसके बाद कृषि युग से औद्योगिक युग में प्रवेश को 'औद्योगिक क्रांति' कहा गया, विज्ञान के क्षेत्र में 'डार्विनयी क्रांति', 'कॉपरनिसी क्रांति', 'गैलीलियो क्रांति' हुई और 'प्रयोग तथा आविष्कार क्रांति' का युग (सतरहवीं-अठारहवीं शताब्दी) शुरू हुआ। समाज चिंतकों का कहना है कि एशिया, अफ्रीका और यूरोप के विभिन्न हिस्सों में (भारत, रोम, यूनान, मिस्र, चीन आदि) राजवंशीय क्रांतियां, ईसा पूर्व से ले कर मध्य काल के आरंभिक वर्षों तक छोटे-बड़े रूपों में होती रही हैं। मध्य काल में पुनर्जागरण (रिनेसां), पोप की सत्ता के विरुद्ध विद्रोह, धार्मिक सुधार, इंग्लैंड में राजशाही के विरुद्ध संसदीय नेता ऑलिवर क्रामबेल के नेतृत्व में विद्रोह एवं संसदीय सत्ता की वर्चस्व क्रांति जैसी घटनाओं का भी क्रांतिकारी महत्व माना जाता है।

समाजवैज्ञानिकों की दृष्टि में राजसत्ताओं के पतन और उत्थान के लिए की गई क्रांतियों को निम्न प्रमुख श्रेणियों में विभाजित किया जा सकता है—1. संवैधानिक, 2. साम्राज्यवाद एवं उपनिवेशवाद-विरोधी, 3. फासीवादी-नाजीवादी क्रांति, 4. तानाशाही-विरोधी क्रांति, 5. साम्यवादी क्रांति, 6. राजशाही-विरोधी क्रांति, 7. धार्मिक क्रांति, 8. अल्पतंत्रवादी लोकतंत्र-विरोधी सैनिक क्रांति और 9. रंगभेद-नस्लभेद-विरोधी क्रांति।

क्रांति की उपर्युक्त श्रेणियों की पृष्ठभूमि में निम्न ऐतिहासिक क्रांतियों को चिह्नित किया गया है : अमेरिकी क्रांति (1776), फ्रांसीसी क्रांति (1789 एवं 1848), विभिन्न लातिन अमेरिकी क्रांतियां (1808-1828), ईरानी क्रांतियां (1905 एवं 1979), चीनी गणतांत्रिक एवं साम्यवादी क्रांतियां (1911 एवं 1949), रूसी साम्यवादी क्रांति (1917), तुर्की क्रांति (1919), फासीवादी एवं नाजीवादी क्रांतियां (इटली 1921 और जर्मनी 1933), भारतीय स्वतंत्रता प्राप्ति (1947), क्यूबा साम्यवादी क्रांति (1959), वियतनामी क्रांति (1954), अल्जीरियाई क्रांति (1962), मौजांबिक और अंगोला की क्रांतियां (1974), फिलीपीन क्रांति (1976), दक्षिण अफ्रीका की रंग एवं नस्लभेद विरोधी क्रांति (1994), नेपाल की राजशाही-विरोधी क्रांति (2008) और अरब-वसंत क्रांतियां (ट्यूनीशिया, मिस्र, लीबिया, सीरिया आदि 2010-12)।

क्रांतियों के लंबे इतिहास में लातिन अमेरिका का विशेष स्थान रहा है, क्योंकि इसके छोटे-बड़े देश क्रांतियों से कम-अधिक प्रभावित रहे हैं। विद्वानों में दक्षिण अमेरिकी देशों की क्रांतियों को लेकर मतभेद है। प्रायः माना जाता है कि ये क्रांतियां नहीं थीं, बल्कि यूरोपीय साम्राज्यवादी देशों (स्पेन, फ्रांस, ब्रिटेन आदि) की दासता से मुक्ति के लिए चलाए गए अभिजातवर्गीय विद्रोह थे। कुछ मतभेदों के बावजूद मैक्सिको क्रांति (1910) को क्रांति के एक उदाहरण के रूप में देखा जाता है। लातिनी अमेरिकी देशों की अन्य क्रांतियों में ग्वाटेमाला, चिली, बोलीविया, बेनेजुएला जैसे देशों की घटनाएं भी शामिल हैं। इन देशों में जन क्रांतियों और उत्तरी अमेरिका-समर्थित प्रति-क्रांतियों के दौर चलते रहते हैं। निर्वाचित लोकतांत्रिक सरकारों का बलात अंत और सैन्य-अधिनायकवादी सत्ताओं की स्थापना यहां एक सामान्य घटनाचक्र है। कास्त्रो और चेग्वेरा के नेतृत्व में हुई क्यूबाई साम्यवादी क्रांति (1959) जरूर अपवाद सिद्ध हुई है।

इतिहास में प्रति-क्रांति भी होती है। इसका सीधा अर्थ है स्थापित क्रांति की व्यवस्था को समाप्त करने के लिए क्रांति विरोधी शक्तियों द्वारा संगठित कार्रवाई। क्रांति समर्थकों और प्रति-क्रांति समर्थकों के बीच संघर्ष होता है। यदि प्रति-क्रांति की शक्तियां विजयी हो जाती हैं, तो जाहिर है वे क्रांति द्वारा स्थापित व्यवस्था को समाप्त कर देती हैं। आमतौर पर प्रति-क्रांतिकारी शक्तियों को प्रतिगामी, रूढ़िवादी, सैन्यवादी और समुद्रपारीय दलालवादी (कंप्रेडोर) माना जाता है। राजनीतिक भाषा में प्रति क्रांति अपने चरित्र, व्यवहार और लक्ष्यों में 'दक्षिणपंथी' होती है, जबकि मूल क्रांति प्रगतिशील, जनवादी, श्रमिक-किसान समर्थक एवं वामपंथी होती है। क्रांति और प्रति-क्रांति दोनों में मध्यवर्ग, पूंजीपति वर्ग, मझोले पूंजीपति वर्ग (बूर्जुआ) और सेना की भूमिका भी होती रही है। जहाँ तक प्रतिक्रांति का प्रश्न है, इसका सबसे बड़ा उदाहरण 1973 में चिली की समाजवादी आलंदे-सरकार के खिलाफ सैनिक विद्रोह को माना जाता है। अमेरिका की बहुराष्ट्रीय कंपनियों द्वारा समर्थित चिली सेना ने अपने ही देश की निर्वाचित सरकार का तख्ता पलट दिया था, जिसमें हजारों राजनीतिककर्मी और बुद्धिजीवी मारे गए थे। इससे पहले 1954 में ग्वाटेमाला में भी अमेरिका ने अपनी गुप्तचर एजेंसी सीआईए के माध्यम से वहां की विधिवत निर्वाचित प्रगतिशील जाकोबो आर्बेंज की सरकार का पटाक्षेप कर दिया था और वर्षों तक उस सैनिक तानाशाही के राज में हिंसा का दौर बना रहा। निकारागुआ में इसी प्रकार की प्रति-क्रांति हुई जिसके कारण करीब एक दशक तक देश में गृहयुद्ध चलता रहा। इस गृहयुद्ध में लगभग 30,000 नागरिक मारे गए, वहां 1990 में शांति स्थापित हुई।

विश्व में क्रांति और प्रति-क्रांति की संभावनाएं सदैव रहती हैं, लेकिन इनके स्वरूप और माध्यम बदलते रहते हैं। इक्कीसवीं सदी भी इस परिघटना से मुक्त नहीं है। नेपाल और कतिपय इस्लामी राष्ट्रों में हुए मिश्रित (हिंसक एवं अहिंसक) अर्ध-क्रांतिकारी परिवर्तन इसके उदाहरण हैं।

रामशरण जोशी

अधिक जानकारी के लिए :

1. **The International Encyclopedia of Revolution and Protest :** Immanul Ness & Others, 2009, 2. **Towards an Anthropology of Political Revolutions** : B Jorn Thomassen, 2012

क्रांतिकारी राष्ट्रीय साहित्य

क्रांतिकारी राष्ट्रीय साहित्य से अभिप्राय उस साहित्य से है, जो उपनिवेशवाद-विरोधी क्रांतिकारी आंदोलनों के संदर्भ में लिखा गया। 1757 में ब्रिटिश ईस्ट इंडिया कंपनी द्वारा बंगाल और भारत के दूसरे हिस्सों पर कब्जे के बाद बहुत-से क्रांतिकारी आंदोलन हुए, जिनमें 1799 में टीपू सुल्तान द्वारा वेल्लोर संघर्ष के दौरान दी गई शहादत भी शामिल है। 1857 में भारत के अंतिम मुगल सम्राट बहादुरशाह जफर के नेतृत्व में लड़ा गया प्रथम स्वतंत्रता संग्राम

माखनलाल चतुर्वेदी

एक बड़ा क्रांतिकारी आंदोलन था। उसकेबाद 1897 में महाराष्ट्र से शुरू होकर बंगाल केजरिए पूरे भारत में विभिन्न क्रांतिकारी आंदोलन हुए, जिनमें सबसे ज्यादा प्रसिद्धि भगत सिंह और उनके साथियों को मिली।

इन आंदोलनों में बंगाल में युगांतर और अनुशीलन द्वारा 1905 के बाद शुरू हुए आंदोलन, जिनसे खुदीराम बोस प्रसिद्ध हुए। 1915 का अमेरिका और पंजाब में लड़ा गया 'गदर आंदोलन' महत्वपूर्ण था। 1923 से उत्तर प्रदेश में बिस्मिल-अशफाक का क्रांतिकारी आंदोलन शुरू हुआ, जो बाद में भगत सिंह-चंद्रशेखर आजाद के नेतृत्व में 1928 में हिंदुस्तानी समाजवादी प्रजातंत्र सेना में बदला। 1932 का सूर्यसेन के नेतृत्व में लडा गया चटगांव क्रांतिकारी आंदोलन, 1942 का भारत छोड़ो आंदोलन आदि शामिल हैं। सुभाषचंद्र बोस केनेतृत्व में आजाद हिंद फौज की 1943-44 की लड़ाई और 1946 का नौसैनिक विद्रोह स्वतंत्रता-पूर्व के अंतिम क्रांतिकारी आंदोलन थे। इन सभी क्रांतिकारी आंदोलनों पर भारत की प्रायः सभी भाषाओं में साहित्य रचा गया है।

1857 से पहले की राजस्थानी कविता और 1857 के दौर में लिखी गई कविताओं का एक संग्रह 'गोरा हट जा' शीर्षक से नारायण सिंह भाट्टी ने व्याख्या सहित प्रकाशित किया था, जिसमें 53 कविताएं हैं। इन कवियों में बांकीदास और सूरजमल मीसण प्रमुख हैं, जिनका जीवन काल 1857 से पूर्व का है। भगत सिंह के साथी भगवान दास माहौर ने '1857 के स्वाधीनता संग्राम का हिंदी साहित्य पर प्रभाव' शीर्षक अपने शोध प्रबंध में भारतेंदु कृत 'भारत दुर्दशा' नाटक को क्रांतिकारी साहित्य की श्रेणी में रखा था। वे इसे कॉलेज मंच पर खेलते भी थे। उसमें भगत सिंह ने अभिनय किया था। माहौर ने 1870 में 1857 पर रचित रचना 'झांसी की राइसो' खोज निकाली, जो दतिया के कवि कल्याण सिंह कुडरा रचित है।

1914 में अमेरिका से गदर पार्टी द्वारा प्रकाशित पत्रिका 'गदर दी गूंज' के कुछ हिंदी अंक निकले थे, जिनमें 1857 और बाद के क्रांतिकारी आंदोलनों पर कविताएं छपी थीं। पंजाबी में इसका बृहद संकलन पंजाबी विश्वविद्यालय, पटियाला द्वारा प्रकाशित है। 1857 के संग्राम में सबसे ज्यादा साहित्य रानी लक्ष्मीबाई यानी झांसी की रानी पर लिखा गया है। वृंदावनलाल वर्मा का उपन्यास ही नहीं और भी बहुत सारी रचनाएं झांसी की रानी पर रची गईं, जिनमें महाश्वेता देवी का बांग्ला उपन्यास 'झांसीर रानी' भी शामिल है। सुभद्रा कुमारी चौहान की 'खूब लड़ी मर्दानी' अत्यधिक प्रसिद्ध हुई। झांसी के ही कवि मदनमोहन द्विवेदी मदनेश कृत 'बाई लक्ष्मी रासो' को भी माहौर ने महत्वपूर्ण रचना माना है।

कानपुर के क्रांतिकारी कवि सुदर्शन चक्र की 'झांसी की रानी' रचना जब्त कर ली गई थी। ऋषभचरण जैन का 1857 पर प्रकाशित उपन्यास 'गदर' (1932) छपते ही प्रतिबंधित हो गया था। अमृतलाल नागर ने विष्णु भट्ट की मराठी कृति का अनुवाद ही नहीं किया, खुद भी 'गदर के फूल' लिखा। मेवालाल गुप्त ने 'अजीजनबाई' नाटक लिखा। 'चांद' के फांसी अंक और 'हिंदू पंच' केबलिदान अंक में 1857 के महाविद्रोह पर विशेष सामग्री प्रकाशित की गई।

1857 केबाद अगर किसी क्रांतिकारी आंदोलन और व्यक्तित्व ने साहित्यकारों का ध्यान सबसे ज्यादा आकर्षित किया तो वे भगत सिंह और उनके साथी हैं। इससे पहले काकोरी कांड में शहीद हुए रामप्रसाद बिस्मिल और अशफाकुल्ला खाँ स्वयं अच्छे कवि थे।

बिस्मिल का एक उपन्यास 'बोल्शेविकों की करतूत' शीर्षक से है। भगत सिंह पर मृणालिनी जोशी ने मराठी में एक बड़ा उपन्यास 'इनकलाब' रचा जो हिंदी में 2005 में प्रकाशित हुआ। मराठी में संभवत: 1970 के आस-पास यह प्रकाशित हुआ था। हिंदी में मृदुला गर्ग का उपन्यास 'अनित्य' 2004 में छपा।

फणीश्वरनाथ रेणु के विश्व प्रसिद्ध उपन्यास 'मैला आंचल' में भगत सिंह के सिलसिले में प्रचलित लोकगीत शामिल है। लाल बहादुर सिंह चौहान ने चंद्रशेखर आजाद पर उपन्यास रचा तो रूप सिंह चंदेल ने युवा गदर क्रांतिकारी और भगत सिंह के आदर्श कर्तार सिंह सराभा पर। भगत सिंह पर हिंदी और पंजाबी दोनों में खूब नाटक और कविताएं लिखी गईं। भगत सिंह लेखकों के बीच इतने लोकप्रिय रहे हैं कि तमिल, मराठी तक में उन पर काव्य संग्रह मिलते हैं। हिंदी में पीयूष मिश्र का नाटक 'गगन दमामा बाज्यो' लोकप्रिय हुआ। इस पर 'लीजेंड ऑफ भगत सिंह' फिल्म भी बनी। भगत सिंह पर सागर सरहदी और चरणदास सिद्धू के नाटक हिंदी-पंजाबी दोनों में लोकप्रिय हुए।

क्रांतिकारियों पर सबसे अधिक काव्य रचना श्रीकृष्ण सरल की मिलती है, जिन्होंने भगत सिंह और चंद्रशेखर आजाद दोनों पर महाकाव्य रचे और 'क्रांतिगंगा' शीर्षक से एक महाकाय काव्य ग्रंथ भी रचा। इसमें भारत का क्रांतिकारी आंदोलन चित्रित है। भगत सिंह पर पंजाबी, हिंदी और उर्दू में लोक काव्य की रचना भी खूब हुई। भगत सिंह पर प्रतिबंधित कविताओं का संकलन 'फांसी लाहौर की' नेशनल बुक ट्रस्ट ने प्रकाशित किया।

हीराप्रसाद ठाकुर ने बिहार से 'वीर भगत' शीर्षक से महाकाव्य रचा, शांतिस्वरूप कुसुम ने 'अमर शहीद भगत सिंह और क्रांतिद्रष्टा भगत सिंह' शीर्षक से दो काव्य संकलन प्रकाशित किए। अमरकांत का बृहदाकार उपन्यास 'इन्हीं हथियारों से' 1942 के क्रांतिकारी आंदोलन को चित्रित करता है। यशपाल के उपन्यास 'देशद्रोही' और 'मेरी तेरी उसकी बात' में भी इस आंदोलन की चर्चा है। यशपाल का उपन्यास 'दादा कामरेड' भी क्रांतिकारी चंद्रशेखर आजाद के व्यक्तित्व को परोक्ष रूप में प्रस्तुत करता है।

प्रेमचंद, यशपाल, पांडेय बेचन शर्मा उग्र आदि की कहानियों में क्रांतिकारियों के जीवन के चित्र हैं। राकेश कुमार सिंह ने आदिवासियों के क्रांतिकारी संघर्षों पर 'पठार में कोहरा' और 'जो इतिहास में नहीं है' उपन्यास रचे हैं, तो मेवा राम ने 'रजिया सुल्तान' में उस क्रांतिकारी स्त्री का चित्र प्रस्तुत किया है। कमलाकांत त्रिपाठी ने 'बेदखल' उपन्यास में 1857 के संघर्ष को पुनर्जीवित किया।

हिंदी की जो पत्र-पत्रिकाएं ब्रिटिश शासन में प्रतिबंधित हुईं, उनमें क्रांतिकारी साहित्य ही अधिक प्रकाशित होता था। चांद, भविष्य, क्रांति, स्वदेश, हिंदू पंच, विप्लव, अभ्युदय आदि अनेक पत्रिकाएं 1900 से 1945 के बीच प्रतिबंधित की गईं। आम तौर पर साहित्य–इतिहास लेखन में क्रांतिकारी विशेषत: प्रतिबंधित साहित्य को भुला दिया जाता है। बलभद्र प्रसाद गुप्त द्वारा संपादित 1930 में प्रतिबंधित कविता संकलन 'खून के छींटे', अभिराम शर्मा-प्रणयेश शर्मा कृत (1932 में प्रतिबंधित) 'मुक्त संगीत,' प्रह्लाद पांडेय 'शशि' कृत 1942 में प्रतिबंधित 'विद्रोहिनी' और 'तूफान' काव्य संकलन का नामोल्लेख भी जरूरी है। 1943 में ब्रजेंद्रनाथ गौड़ का उपन्यास 'पेरौल' प्रतिबंधित हुआ। ऋषभचरण जैन कृत 'हड़ताल' 1931 में, मुनीश्वरदत्त अवस्थी कृत 'बागी की बेटी' 1932 में तथा पांडेय बेचन शर्मा उग्र कृत 'क्रांतिकारी कहानियां' 1939 में प्रतिबंधित हुए। इनके अतिरिक्त यशपाल कृत 'दोस्त', लीलावती कृत 'मजदूरिन', चतुरसेन शास्त्री कृत 'फंदा' व विशंभरनाथ शर्मा कौशिक कृत 'फांसी' कहानियां भी प्रतिबंध का शिकार बनीं। प्रेमचंद की शुरुआत ही उनके कहानी संग्रह 'सोजे-वतन' पर प्रतिबंध से हुई थी!

चमनलाल

अधिक जानकारी के लिए :

1. 1857 **के स्वाधीनता संग्राम का हिंदी साहित्य पर प्रभाव :** भगवानदास माहौर, 2008, 2. **प्रतिबंधित हिंदी साहित्य (दो**

भाग) : रुस्तम राय, 1999, 3. **शब्द प्रतिबंध :** संतोष भदौरिया, 2006, 4. **'फांसी लाहौर की' (काव्य)** : गुरदेव सिंह सिद्धू (सं.), 2006

क्रांतिकारी संस्कृति चिंतन

यहां क्रांतिकारियों से अभिप्राय 1947 से पहले उपनिवेशवाद-विरोधी स्वतंत्रता संग्राम से जुड़े भारतीय क्रांतिकारियों से है। 1900 तक क्रांतिकारियों में ज्यादा बौद्धिक सक्रियता नहीं थी, यद्यपि बहादुरशाह जफर अच्छे शायर थे। उन क्रांतिकारियों में भारत या हिंदुस्तान, जैसा कि देश उस समय जाना जाता था, मुल्क को एक सामासिक संस्कृति के रूप में देखने की दृष्टि थी, जिसे गंगा-जमुनी तहजीब कहा जाता है। हिंदुस्तान के जो दो प्रमुख समुदाय हिंदू और मुसलमान हैं उनके बीच सद्भाव इस संस्कृति का प्राणबिंदु था। क्रांतिकारियों ने इस तहजीब को मजबूत बनाया।

1857 का गदर और बाद में भगत सिंह-चंद्रशेखर आजाद द्वारा निर्देशित क्रांतिकारी आंदोलन, जिसमें बाद के चटगांव, भारत छोड़ो आंदोलन, नौसैनिक विद्रोह और नेताजी सुभाषचंद्र बोस की आजाद हिंद फौज भी शामिल थी, एक सुस्पष्ट सांस्कृतिक चिंतन से प्रेरित था। क्रांतिकारियों में सबसे अधिक लेखन भगत सिंह का मिलता है, बाद में उन्हीं के साथियों—शिव वर्मा, यशपाल आदि का। इनके लेखन से क्रांतिकारियों के संस्कृति चिंतन के कुछ रूप उभर कर आते हैं।

भगत सिंह और उनके साथियों ने धार्मिक उन्माद और इससे जुड़ी फिरकापरस्ती को स्वतंत्रता संग्राम का सबसे बड़ा रोड़ा समझा था। भगत सिंह के कई लेख इस समस्या को संबोधित हैं—'सांप्रदायिक दंगे और उनका इलाज', 'धर्म और हमारा स्वतंत्रता संग्राम', 'मैं नास्तिक क्यों हूं' आदि। भगत सिंह ने जून 1928 में कहा था, 'यदि हम सांप्रदायिक दंगों की जड़ों की खोज करें, हमें आर्थिक वजहें मिलेंगी। प्रेस का एक हिस्सा और कुछ फिरकापरस्त नेता भी इनके पीछे होते हैं।' वे सांप्रदायिक समस्या के मूल में धर्म को देखते हैं और धर्म से मुक्ति में ही सांप्रदायिकता की समस्या का हल देखते हैं। वे राजनीति को धर्म से अलग रखने के संदर्भ में कहते हैं, '1914-15 के शहीदों ने धर्म को राजनीति से अलग रखा था। उनके विचार से धर्म व्यक्तियों का निजी मामला है, दूसरों को इसमें राजनीति नहीं घुसाना चाहिए।'

सांडर्स की हत्या के बाद लाल स्याही से लिखा एक पोस्टर लाहौर की दीवारों पर साटा गया था, 'हम मनुष्य जीवन को पवित्र समझते हैं और मानते हैं कि हर आदमी के पास आजादी और शांति के साथ जीने के लिए एक उज्ज्वल भविष्य होना चाहिए। हमें दुख है कि हमें एक आदमी का खून बहाना पड़ा, लेकिन सबके लिए आजादी पाने के रास्ते में कभी-कभी यह रक्तपात टालना मुश्किल हो जाता है।' आतंकवादियों द्वारा सैकड़ों नागरिकों, बच्चों, स्त्रियों की निर्मम हत्या के वर्तमान दौर में क्रांतिकारी बम-गोलियों के मामले में कितने मानवीय थे, यह समझ में आ सकता है। वे भारतीय समाज में फैले छुआछूत को मिटाने के लिए दलित समाज को विद्रोह कर अपने अधिकार छीनने का आह्वान करते हैं। उनके साथी, विशेषतः सुखदेव, विजय कुमार सिन्हा, भगवतीचरण वोहरा आदि जबरदस्त पढ़ाकू थे। उन्होंने दुनिया का महान साहित्य पढ़ रखा था। भगत सिंह क्रांतिकारी रामसरन दास के काव्य संकलन 'स्वप्नलोक' की भूमिका में साहित्य के ऊंचे मानदंडों पर इसका मूल्यांकन करते हैं।

क्रांतिकारी स्त्री-पुरुष संबंध या प्रेम जैसे नाजुक विषय पर चर्चा से कतराते नहीं थे। भगत सिंह और सुखदेव में प्यार और आत्महत्या पर खूब बहस होती थी। भगत सिंह स्पष्ट रूप से जीवन में प्यार के महत्व पर जोर देते थे और आत्महत्या की सख्त मुखालफत करते थे। यशपाल इससे भी आगे बढ़ कर यौन संबंधों तक पर खुल कर चर्चा करते हैं और स्त्री-पुरुष में यौन आकर्षण को स्वाभाविक मानते हैं। उन्होंने अपने उपन्यास 'दादा कामरेड' में

क्रांतिकारियों के इस सोच का कथात्मक चित्रण किया है। सुखदेव अपने ताया चिंतरम थापर को एक पत्र में व्यक्तित्व की स्वतंत्रता और मुक्त चिंतन पर बल देते हैं। अधिकतर क्रांतिकारी भारतीय भाषाओं के समर्थक रहे हैं और विज्ञान और उच्चतम स्तर तक की शिक्षा भारतीय भाषाओं में दिए जाने के पक्ष में रहे हैं।

शिव वर्मा ने साहित्य-संस्कृति पर प्रचुर लेखन किया है। उन्होंने कई पुस्तकों की भूमिकाएं लिखी हैं। वे कविता को सामाजिक प्रक्रिया मानते हुए साहित्य पर लेनिन केविचारों से सहमति प्रकट करते हैं। शिव वर्मा ने 'नया पथ' केकई अंकों का 1953 से अकेले संपादन किया था और बहुत से संपादकीय साहित्य और संस्कृति पर लिखे थे। साहित्य में यथार्थवादी धारा का समर्थन करते हुए वे होली आदि त्योहारों को लोक संस्कृति का अंग मानते थे। होली को वे किसान पर्व घोषित करते हैं।

क्रांतिकारी लोग साहित्य केसाथ-साथ फिल्मों के भी जबरदस्त शौकीन थे। वे अच्छी क्लासिक फिल्में देखने के लिए भूखे तक रह लेते थे। भगत सिंह ने 'अंकल टॉम्'स केबिन' जैसी फिल्में देखीं थीं। विजय कुमार सिन्हा के बारे में प्रसिद्ध था कि वे पकड़े ही सिनेमा हाल से जाएंगे और वही हुआ भी। उनकी इच्छा अपने हीरो भगत सिंह पर फिल्म बनाने की थी, जो अधूरी रह गई। 1954 में भगत सिंह पर बनी एक खराब फिल्म का उन्होंने भगत सिंह के भाइयों के साथ मिल कर कड़ा विरोध किया था।

भगत सिंह और उनके साथियों का सांस्कृतिक चिंतन वैज्ञानिक और तार्किक विचारों से भरपूर था। वे पुरातन रूढ़ियों के नाश के पक्षधर और नए सांस्कृतिक मूल्यों के निर्माण के समर्थक थे। भगत सिंह के लिए आजादी का मतलब सिर्फ अंग्रेजी राज से छुटकारा पाना न था, 'सभी समुदायों के लोग भाईचारे के साथ रहें और मानसिक गुलामी से मुक्त हो जाएं।'

चमनलाल

अधिक जानकारी के लिए :

1. **शहीद भगत सिंह—दस्तावेजों के आईने में** : चमन लाल (सं.), 2. **मेरे भाई सुखदेव** : मथुरादास थापर, 3. **सिंहावलोकन** : यशपाल, 4. **A Revolutionary's Quest for Sacrifice :** Bijay Kumar Sinha

क्रिया

जिस शब्द से किसी काम का करना या होना समझा जाता है उसे क्रिया कहते हैं, जैसे पढ़ना, खाना, पीना, जाना इत्यादि। क्रिया का होना या न होना वस्तुतः क्रिया के फल का प्रभाव किस पर पड़ रहा है, क्रिया की पूर्णता या अपूर्णता और क्रिया की निरंतरता पर निर्भर करता है। (क) कर्म के होने या न होने के आधार पर क्रिया के दो भेद हैं : 1. सकर्मक और 2. अकर्मक। जिस क्रिया में कर्म है, उसे सकर्मक क्रिया कहते हैं। सकर्मक क्रिया तब बनती है, जब क्रिया का प्रभाव कर्म पर पड़ता हो। जैसे 'श्याम आम खाता है।' श्याम के खाने का असर 'आम' पर, अर्थात कर्म पर पड़ता है अतः खाना क्रिया सकर्मक है। अकर्मक क्रिया उसे कहते हैं जिसमें कर्म नहीं होता और क्रिया का प्रभाव कर्ता पर पड़ता है। जैसे 'मोहन सोता है।' इसमें 'सोना' क्रिया अकर्मक है, क्योंकि 'सोना' क्रिया का असर सिर्फ कर्त्ता अर्थात मोहन पर पड़ रहा है, किसी कर्म पर नहीं।

वाच्य का अर्थ है कथन। क्रिया के उस रूपांतर को वाच्य कहते हैं जिससे वाच्य में प्रयुक्त कर्ता, कर्म के भाव की स्थिति का बोध होता है। हिंदी में कर्ता, कर्म और भाव की प्रमुखता के आधार पर तीन वाच्य हैं—कर्तृवाच्य, कर्मवाच्य और भाववाच्य। जिस वाक्य में कर्ता की प्रधानता हो उसे कर्तृवाच्य कहते है, इसमें वाक्य की क्रिया के लिंग, वचन और पुरुष कर्ता के लिंग, वचन और पुरुष के अनुसार होते हैं। जैसे राम घर जाता है, सीता पुस्तक पढ़ती है। जिस वाक्य में कर्म की प्रधानता हो, उसे कर्मवाच्य कहते हैं। इसमें वाक्य की क्रिया के लिंग, वचन और पुरुष कर्म के लिंग, वचन और पुरुष के अनुसार होते हैं।

जैसे मोहन द्वारा मिठाई खरीदी गई। जिस वाक्य में भाव या क्रिया व्यापार की प्रधानता हो, उसे भाववाच्य कहते हैं। जैसे मुझसे यह काम नहीं होगा, मुझसे चला नहीं जाता, रहीम से पढ़ा नहीं जाता। हिंदी में भाववाच्य में क्रिया का प्रयोग पुंल्लिग, एक वचन और अन्य पुरुष में ही किया जाता है।

सकर्मक क्रिया के दो वाच्य हैं—कर्तृवाच्य और कर्मवाच्य जबकि अकर्मक क्रिया के दो वाच्य हैं कर्तृवाच्य और भाववाच्य। जैसे श्यामा उपन्यास लिखती है, श्यामा से उपन्यास लिखा जाता है। वह सोता है, उसके द्वारा सोया जाता है। कर्ता मानकर कर्म को कर्तृवाच्य मान लिया गया तथा इसमें क्रिया कर्मवाच्य के समान रहती है और कर्ता कर्तृवाच्य के समान होता है। जैसे भात पकता है, लकड़ी कटती है। ग्रीक क्रिया के ज्यादातर रूपों में कर्मवाच्य तथा भाववाच्य में अंतर नहीं माना गया है। कर्तृ और भाव वाच्य की अपेक्षा कर्मवाच्य का विकास परवर्ती माना गया है।

अकर्मक क्रिया—'सांप रेंगता है।', 'रेलगाड़ी चलती है।' कर्तृवाच्य—'बच्चा खेलता है।' कर्मवाच्य—'छात्रों द्वारा नाटक प्रस्तुत किया जाता है।' भाववाच्य—'लड़कियों ने पुस्तकों को पढ़ा।'

1. कर्तृवाच्य से कर्मवाच्य—'श्यामा उपन्यास लिखती है। श्यामा से उपन्यास लिखा जाता है।' (सकर्मक क्रिया)

2. कर्तृवाच्य से भाववाच्य—'पक्षी नहीं उड़ते। पक्षियों से उड़ा नहीं जाता।' (अकर्मक क्रिया)

किसी विशेष अर्थ को प्रकट करने के लिए जब दो या दो से अधिक क्रियाएं मिलकर किसी एक पूर्ण क्रिया का निर्माण करती हैं तो उसे संयुक्त क्रिया कहते हैं, जैसे हँस पड़ना, लिख लेना, छोड़ देना आदि। हिंदी में संयुक्त क्रियाएं भाषा को अधिक मुहावरेदार और अर्थ को अधिक व्यंजक बनाने के काम आती हैं और कई बार तो एक ही वाक्य में चार-पांच क्रियाएं तक गुंथी रहती हैं, जैसे वह पिछले बीस बरसों से इसी तरह गाते-बजाते आ रहे हैं, पड़ोसियों से मिलते-जुलते रहा करो, खर्च है कि बढ़ता ही जा रहा है, पेड़ इधर को ही झुकता चला आ रहा है आदि।

वर्षा मिश्र

अधिक जानकारी के लिए :

1. **हिंदी व्याकरण :** कामता प्रसाद गुरु, 2. **हिंदी शब्दानुशासन :** किशोरी दास वाजपेयी, 3. **आधुनिक हिंदी व्याकरण और रचना :** वासुदेव नंदन प्रसाद

क्रिसमस

25 दिसंबर को ईसा मसीह के जन्मदिन को क्रिसमस पर्व के रूप में मनाया जाता है, जो 1 जनवरी तक चलता है। यूरोपीय देश ही नहीं, दुनिया भर के उन सभी देशों में जहाँ ईसाई हैं वे चमकीले रंगों की रोशनी और कागज के सितारों से घर, सड़क, गिरजे जगमगा देते हैं। रात भर उत्सव चलता है। ईसा के जन्मदिन की खुशी में नाच-गाने, प्रार्थना, खाना-पीना और हर्षोल्लास से कुछ खास सड़कों पर उमड़ी भीड़ क्रिसमस की उमंग की पहचान हैं।

ग्रीस में 25 दिसंबर को सूर्य-उत्सव 'हेलिया' मनाया जाता था। ठंड से कांपते यूरोप में सूर्य के उत्तरायण होने की सूचना अपने आप में मजे की बात थी। अब दिन बड़े होने जा रहे थे। इसलिए क्रिसमस को 'बड़ा दिन' भी कहा जाने लगा। क्रिसमस आश्वासन है कि कठिनतम समय का अंत होने जा रहा है। कुछ विवरणों से ज्ञात होता है

क्रिसमस

कि सातवीं शताब्दी तक जेरुसलम के चर्च ने 25 दिसंबर को ईसा का जन्मदिन नहीं माना था। जिसे क्रिसमस ट्री कहा जाता है, उसके स्रोत के संबंध में भी कई कथाएं हैं, क्योंकि गर्म इलाके पेलेंस्ट इन में ऐसा पेड़ कभी पैदा नहीं हो सकता था। ठंडे मुल्कों की तरफ ईसाई धर्म के प्रचार के बाद 'पाइन वृक्ष' क्रिसमस के उत्सव से जुड़ा। यह क्रिसमस ट्री सोलहवीं सदी में पहले जर्मनी में लोकप्रिय हुआ। 1830 में रानी विक्टोरिया के जर्मन पति इसे लंदन के विंडसर पैलेस में ले आए। इसी समय से इंग्लैंड और बाद में उपनिवेशों में इसका प्रचलन हुआ। क्रिसमस के अवसर पर शुभकामनाओं का आदान-प्रदान, मोमबत्ती जलाना, प्रार्थना गान करना, नृत्य, केक-पुडिंग खाना आदि आयोजन विभिन्न ग्रीक और रोमन परंपराओं से आए हैं।

क्रिसमस से जुड़ा एक नाम है लंबी सफेद दाढ़ी और लाल कैप पहना अति वृद्ध सांता क्लाज। उनकी पीठ पर उपहार का थैला होता है। उनके बारे में कथा है कि वे चौथी सदी के एक दयावान बिशप थे। इनका नाम निकोलस था। ये उनकी चुपचाप सहायता करते थे जिनको सहायता की जरूरत थी पर वे बोलते नहीं थे। कथा है कि एक बार सांता क्लाज ने एक गरीब के घर चिमनी से कुछ स्वर्णमुद्राएं गिरा दीं जो एक मोजे के भीतर से उस घर के आदमी को मिलीं। उसने अपनी बेटियों का विवाह किया। सांता क्लाज के बारे में यह भी कहा जाता है कि वे उत्तरी ध्रुव के बर्फ के पहाड़ों से आते हैं और बच्चों को उपहार देते हैं। इसलिए बच्चों के लिए खिलौने-चॉकलेट एक दिन पहले रात को मोजे में रख दिए जाते हैं और 25 दिसंबर की शुरुआत उपहारों से होती है। इस वजह से क्रिसमस सैकड़ों करोड़ डॉलर के व्यवसाय से भी जुड़ा है। अनगिनत गीतों में सांता क्लाज की महिमा है। उनके कारण जिंगल बेल्स पूरी दुनिया में लोकप्रिय हैं।

सुनीता गुप्ता

क्रिस्टोफर कॉडवेल
(1907-1937)

मार्क्सवादी लेखक, चिंतक और कवि क्रिस्टोफर कॉडवेल (Christopher Cauldwell) का वास्तविक नाम क्रिस्टोफर सेंट जान स्प्रिंग था। उन्होंने एक ऐसी वैज्ञानिक दृष्टि हासिल की, जिसके माध्यम से उन्होंने हर बौद्धिक समस्या को सामाजिक विकास की प्रक्रिया में देखा और हर समस्या का तर्कसंगत वैज्ञानिक कारण खोजा। कॉडवेल ने कविता, भौतिकशास्त्र और दर्शनशास्त्र का विवेचन मार्क्सवादी नजरिए से किया। अंग्रेजी साहित्य के आलोचक जॉन स्ट्राची ने लिखा है, 'कॉडवेल की दिलचस्पी ज्ञान के हर क्षेत्र में थी, उड्डयन विज्ञान से लेकर कविता, जासूसी कहानियां, क्वांटम मैकेनिक्स, दर्शनशास्त्र, प्रेम, मनोविश्लेषण तक—ऐसे हर क्षेत्र में जिसमें युवाओं को कुछ कहना होता है।' कॉडवेल शब्द और कर्म की एकता में यकीन रखते थे।

सांस्कृतिक संकट पर आधारित टी एस इलियट की कविता 'द वेस्टलैंड' के विमर्श के दौरान कॉडवेल

क्रिस्टोफर कॉडवेल

ने सांस्कृतिक संकट के बारे में लिखा, 'हम सब के बीच कोई शैतान घुस गया है या संकट का कोई कार्य-कारण संबंध होगा, जिसकी चपेट में अर्थशास्त्र, विज्ञान और कला आदि आ गए हैं। इस संकट की पहचान कार्य-कारण संबंध तलाशने से ही संभव है।' उनका यह भी मानना था, 'पूंजीपति वर्ग ने अपनी गौण भ्रांतियों यानी ईश्वर और धर्म, अध्यात्म की भ्रांतियों से खुद को मुक्त किया है, पर आधारभूत भ्रांतियों की उसकी जकड़बंदी बरकरार है।' उन्होंने मार्क्सवाद की आधारभूमि में अपना सोच विकसित किया। उन्हें ज्ञान हासिल करने की असीम आकांक्षा थी। कॉडवेल लंदन में कम्युनिस्ट पार्टी ऑफ ग्रेट ब्रिटेन के सदस्य बने। उन्हें मैड्रियाड, स्पेन में दिसंबर 1936 को फासिस्टों के खिलाफ लड़ने के लिए भेजा गया। वहां उन्होंने मशीनगन चलाने की ट्रेनिंग हासिल की। बाद में उन्हें मशीनगन प्रशिक्षक बना दिया गया। कॉडवेल को युद्ध पर भेजने के बाद उनके भाई थियोडोर ने कम्युनिस्ट पार्टी के महासचिव को उनकी प्रकाशित होने वाली किताब 'इल्यूजन एंड रियलिटी' के प्रूफ दिखाकर उन्हें मोर्चे से वापस बुलाने का अनुरोध किया। कॉडवेल को युद्ध से वापस बुलाने का तार भेजा गया, लेकिन यह तार कॉडवेल की मृत्यु के बाद ही स्पेन पहुंचा।

कॉडवेल की प्रमुख किताबें हैं : 'इल्युजन एंड रियलिटी' (1937), 'स्टडीज इन ए डाइंग कल्चर' (1938), 'फरदर स्टडीज इन ए डांइग कल्चर' (1949) और 'द क्राइसिस ऑफ फिजिक्स' (1969)। कॉडवेल ने जासूसी उपन्यास भी लिखे। इसके अलावा 'सीन्स एंड एक्शंसस' (1986) तथा 'डेथ एट 8.30' उनके दो कहानी संकलन हैं। उनके दो उपन्यास 'किंग्स ऑफ हैवन्स' एवं 'दिस माई हैंड' नाम से प्रकाशित हुए। कॉडवेल के लेखन में बूर्जुआ संस्कृति के संकट को प्रमुखता से रेखांकित किया गया है।

कॉडवेल ने सामाजिक ज्ञान और विज्ञान को परस्पर मिला दिया। आम तौर पर ऐसी समझ एक परिपक्व वैज्ञानिक में भी दिखाई नहीं देती। कॉडवेल ने पूंजीवादी स्वतंत्रता की अवधारणा के अंतर्विरोधों को सामने लाते हुए तर्कपूर्ण ढंग से प्रतिपादित किया कि शोषक-शासक वर्ग की स्वतंत्रता शोषित वर्ग की पराधीनता पर आधारित है। कॉडवेल ने पूंजीपति वर्ग की स्वतंत्रता की अवधारणा के विकास को, शेक्सपियर के नाटकों की चेतना को, गैलीलियो और न्यूटन के सिद्धांतों को, देकार्त के दर्शनशास्त्र को और ऐसी बहुत-सी चीजों को एक-दूसरे से जोड़ कर देखा। उनके अनुसार पूंजीवादी दर्शन व्यवहार में नहीं लाए जा सकते। कॉडवेल के दार्शनिक चिंतन से प्रभावित होकर अंग्रेजी विदुषी हेलीना शीहान ने 'मार्क्सिज्म एंड द फिलॉसफी ऑफ साइंस' में लिखा, 'कॉडवेल की कोई भी किताब हो, वह चाहे साइंस के बारे में हो या कला के बारे में, वह किताब दोनों विषयों पर बात करती है। उनका विज्ञान का दर्शन सौंदर्यशास्त्र में मौजूद है और सौंदर्यशास्त्र विज्ञान में। उनकी विश्वदृष्टि सबको जोड़ते हुए धागे की तरह मौजूद है।' कॉडवेल ने 'लेफ्ट रिव्यू' पत्रिका में आलोचनात्मक लेख और राजनीतिक व्यंग्य नियमित रूप से लिखे। उन्होंने 'ब्रिटिश मलाया' अखबार का संपादन किया था और अपने भाई के साथ पब्लिशिंग कंपनी भी चलाई थी। वह मार्क्सवादी आलोचना के प्रेरणास्रोत के रूप में पूरी दुनिया में जाने गए।

हरियश राय

अधिक जानकारी के लिए :
Marxism and Philosophy of Science : Heleenq Sheehan, 1985

क्रूर हास्य

क्रूर हास्य पर आधारित रचनाओं को अंग्रेजी में 'Black Comdedy' कहा जाता है। अक्सर जिन विषयों को निषेध योग्य माना जाता है, उन्हें हलका कर हास्य के माध्यम से इसमें प्रस्तुत किया जाता है। जीवन में जिन बातों और परिस्थितियों पर हम हताश-परेशान होते हैं, रोते हैं, ब्लैक कॉमेडी में इन्हीं बातों-परिस्थितियों पर हम हँसते हैं। चूंकि ब्लैक कॉमेडी की विषय-वस्तु निषेध से जुड़ी होती है, अतः यह विवादास्पद होती है।

यह विधा असल में बहुत पुरानी है। इसे नाम हाल में मिला है। सिग्मंड फ्रायड ने इसी विषय पर 'गैलोज ह्यूमर' नाम से एक लेख लिखा था। ब्लैक कॉमेडी में हताशा-निराशा की स्थिति में भी व्यक्ति कुछ मजेदार, हास्य योग्य कह जाता है, जिसे पढ़कर पाठक हंसे-मुस्कुराए बिना नहीं रह पाता है। फ्रायड अपने लेख में एक उदाहरण देता है—एक आदमी भोर में फांसी पर लटकाए जाने को ले जाया जा रहा था, उस समय वह आदमी कहता है, 'दिन की शुरुआत पक्के तौर पर अच्छी हो रही है।' इसे यहूदी हास्य भी कहा जाता रहा है। इसका मूल किसानों के विद्रोह में था। भयंकर परिस्थितियों में मजाक कर पाना ब्लैक कॉमेडी सृजित करता है।

इस शब्द का प्रणेता फ्रांसीसी सुररियलिस्ट सिद्धांतकार फ्रांस के एंड्रे ब्रेटन को माना जाता है। उसने 1935 में हास्य-व्यंग्य और कॉमेडी का मिश्रण कर इस शब्द ब्लैक कॉमेडी का सर्वप्रथम प्रयोग किया। यहां विरूपता और संशय पर व्यंग्य से हास्य उत्पन्न होता है। इसमें शिकार व्यक्ति/पात्र/परिस्थिति का मखौल उड़ाया जाता है, उसके दुख को हास्य के रूप में प्रस्तुत किया जाता है, परंतु विषय की गंभीरता बनी रहती है। दर्शक इसे देख कर हंसता है, लेकिन साथ-ही-साथ असुविधा भी अनुभव करता है। कई बार मृत्यु इसका विषय होती है। इसके अलावा इस विधा की विषय-वस्तु के रूप में हत्या, आत्महत्या, निराशा-हताशा, युद्ध, धर्म, बर्बरता, नशाखोरी, लाइलाज बीमारी, घरेलू अत्याचार, यौन अत्याचार, पागलपन, शारीरिक अक्षमता, अहंकार, नस्लवाद, भ्रष्टाचार, अपराध आदि को भी शामिल किया जाता रहा है।

एंड्रे ब्रेटन ने इस शब्द का अपनी पुस्तक 'एंथॉलॉजी ऑफ ब्लैक ह्यूमर' के लिए प्रयोग किया था। इसमें उसने जोनाथन स्विफ्ट को ब्लैक ह्यूमर का जनक करार दिया था। उसने इसके लिए खास तौर पर जोनाथन स्विफ्ट के 'डॉयरेक्शन्स टू सर्वेंट्स', 'ए मोडेस्ट प्रपोजल' तथा 'ए मेडीटेशन अपॉन ए ब्रूम-स्टिक' से उदाहरण लिए थे। इस किताब में उसने स्विफ्ट के अलावा 45 अन्य लेखकों से सामग्री एकत्र की थी।

ब्रूस जे फ्राइडमैन इस शब्द को अपनी किताब 'ब्लैक ह्यूमर' द्वारा अमेरिका में लेकर आया। उसने इसके उदाहरण के तौर पर ब्लादीमीर नाबोकोव तथा नेथानियल वेस्ट के काम को लिया। इस किताब के 1965 पेपरबैक संस्करण में इन दोनों लेखकों के अलावा एडवर्ड अल्बी, जोसेफ हेलर, जॉन बार्थ के साथ-साथ ब्रूस जे फाइडमैन ने खुद को भी शामिल किया था। यह अमेरिका के ब्लैक ह्यूमर का पहला संकलन था। इसने ब्लैक कॉमेडी को साहित्य की एक विधा के रूप में स्थापित कर दिया। आज रोआल्ड डाल, जॉन बार्थ, थॉमस पाइनचोन, वारेन जेवोन, फिलिप रॉथ को इस विधा के प्रसिद्ध लेखकों में शामिल किया जाता है। इन रचनाकारों ने उपन्यास, कहानी, कविता, नाटक, गीतों आदि में भयंकर घटनाओं को हास्य की चाशनी के साथ प्रस्तुत किया है। यहां नस्ल या जाति का मुद्दा नहीं होता है, यह मात्र जीवन की कुरूपताओं और विसंगतियों पर करारी चोट होती है।

हिंदी साहित्य में भी ब्लैक कॉमेडी प्रचुर मात्रा में मिलती है। श्रीलाल शुक्ल का 'राग दरबारी' इसका एक बेहतरीन उदाहरण है। इसमें जीवन की विडंबनाओं पर करारा व्यंग्य है। हरिशंकर परसाई के व्यंग्य लेखन में भी इसके उदाहरण मिल जाते हैं। जरा-सी असावधानी से ब्लैक कॉमेडी भोंडी और अश्लील और गंदी विधा में सरक जाती है।

जब फिल्मों का दौर आया, तो परदे पर भी ब्लैक कॉमेडी दिखने लगी। टीवी के प्रचलन के साथ यह टीवी कार्यक्रमों में भी नजर आने लगी। 1964 में स्टेनली कुब्रिक की फिल्म 'डॉक्टर स्ट्रेंजलव' को ब्लैक कॉमेडी फिल्म का दर्जा दिया जाता है। फिल्म का विषय परमाणु युद्ध और पृथ्वी पर जीवन की समाप्ति से जुड़ा हुआ है। होलोकास्ट पर बनी फिल्म 'लाइफ इस ब्यूटीफुल' इज तरह का एक और उदाहरण है। चार्ली चैपलिन की फिल्में, खास तौर पर 'मॉडर्न टाइम्स' ब्लैक ह्यूमर का सशक्त उदाहरण है। हिंदी

फिल्मों में 'जाने भी दो यारो', और 'पिपली लाइव' ब्लैक कॉमेडी की श्रेणी की फिल्में कही जा सकती हैं।

विजय शर्मा

अधिक जानकारी के लिए :
1. **राग दरबारी** : श्रीलाल शुक्ल, 2. **Dark Humour :** Harold Bloom

क्रूरता के विरुद्ध अधिकार

क्रूरता के बहुत-से रूप अब सभ्यता के अंग नहीं रहे, लेकिन उसके नए-नए रूप सामने आ रहे हैं। जयशंकर प्रसाद की रचना 'कामायनी' में जब मनु गर्भवती श्रद्धा को अकेली छोड़ कर चल देता है, पशु बलि के कारण पहले से ही दुखी श्रद्धा कहती है : 'रुक जा, सुन ले ओ निर्मोही'। निर्मोही का अर्थ मोहहीन नहीं, बल्कि निष्ठुर है। निष्ठुरता के कारण व्यक्ति दूसरों की पीड़ा का अनुभव नहीं कर पाता या उसका आनंद लेता है। यह निष्ठुरता ही क्रूरता का मुख्य तत्व है। सिगमंड फ्रायड ने इसे आक्रामकता कहा है और बताया है कि यह हमारे जीवन में कितने स्थूल और सूक्ष्म रूपों में फैली हुई है। अंग्रेजी उपन्यासकार जॉर्ज इलियट के अनुसार, किसी भी अन्य पाप की तरह क्रूरता को अपने बाहर से किसी कारण की जरूरत नहीं पड़ती, इसे सिर्फ मौका चाहिए। क्रौंच वध की कल्पना बताती है कि संस्कृत में कविता की शुरुआत ही क्रूरता के विरुद्ध संवेदनशीलता से हुई थी।

क्रूरता का एक राजनीतिक पक्ष भी है। एडोल्फ हिटलर ने यहूदियों और फासीवाद–विरोधियों के साथ जैसे लोमहर्षक अत्याचार किए थे, उससे पूरी दुनिया हिल गई थी। आज क्रूरता से मुक्त रहना एक मानव अधिकार (Right Against Cruelty) है। 1948 में संयुक्त राष्ट्र संघ द्वारा स्वीकृत 'मानव अधिकारों का सार्वभौम घोषणापत्र' का अनुच्छेद 5 कहता है : किसी को भी क्रूर, अमानवीय अथवा गरिमा का हनन करने वाली सजा नहीं दी जाएगी, न उसके साथ ऐसा व्यवहार होगा। इसके पहले, अनुच्छेद 3 में कहा गया है कि प्रत्येक व्यक्ति को जीवन, स्वतंत्रता और सुरक्षा का अधिकार है। 10 दिसंबर 1984 को संयुक्त राष्ट्र की महासभा द्वारा अत्याचार तथा क्रूर, अमानवीय अथवा गरिमा का हनन करने वाले अन्य व्यवहारों के विरुद्ध सदस्य-राष्ट्रों के बीच एक विस्तृत संधि हुई। इस संधि पत्र में 32 अनुच्छेद हैं, जिनमें राज्यों को यह जिम्मेदारी दी गई है कि क्रूरता को रोकने के वे कौन-कौन-से उपाय करेंगे।

1984 की अंतरराष्ट्रीय संधि में क्रूरता की परिभाषा के मुख्य अंग हैं : 1. बहुत अधिक शारीरिक पीड़ा या कष्ट देना, 2. इस इरादे से कि उससे कुछ सूचनाएं हासिल की जा सकें और पीड़ा देने वाला सरकारी अधिकारी हो या उसकी अनुमति से या जानकारी में पीड़ा दी जा रही हो। स्पष्ट है कि यह परिभाषा सरकारों द्वारा किए गए अत्याचारों को रोकने के लिए निर्धारित की गई है। अनुच्छेद 2 कहता है कि प्रत्येक सदस्य-राज्य अपने अधिकार क्षेत्र में अत्याचार के कृत्यों को रोकने के लिए कानून बनाएगा, न्यायिक व्यवस्था करेगा तथा अन्य कदम उठाएगा।

जाहिर है, यह संधि मुख्यतः सरकारों द्वारा की जाने वाली क्रूरता पर फोकस करती है, लेकिन क्रूरता केवल राज्य द्वारा ही नहीं की जाती न ही उसका शिकार सिर्फ मनुष्य होते हैं। भारतीय समाज में जाति प्रथा और अस्पृश्यता के रूप में क्रूरता लंबे समय से मौजूद रही है। यद्यपि भारतीय संविधान में अस्पृश्यता को समाप्त घोषित कर दिया गया था, फिर भी यह अतीत की वस्तु नहीं बनी है। पुलिस हिरासत में, दंगों के दौरान तथा घरेलू संबंधों में क्रूरता के अनेक रूप दिखाई देते हैं। कुछ अन्य उदाहरण हैं, दहेज को ले कर की जाने वाली क्रूरता या हिंसा, घरेलू हिंसा, जिसमें स्त्रियों की मानसिक प्रताड़ना शामिल है और पशुओं के साथ की जाने वाली हिंसा भी। यौन जीवन में क्रूरता एक ऐसी सच्चाई है जिसे अक्सर छिपाया जाता है या उसकी चर्चा नहीं की जाती। स्त्रीवादी विचारकों के अनुसार, पत्नी या किसी भी स्त्री की इच्छा के विरुद्ध उसके साथ यौन क्रिया उसके साथ क्रूरता है। इसी आधार पर माना जाता है कि वैवाहिक जीवन में भी बलात्कार

संभव है। बच्चों के साथ क्रूरता अभी भी मौजूद है। कुछ विचारकों का यहां तक कहना है कि दुनिया के कुछ हिस्सों में व्यापक गरीबी होना भी क्रूरता है।

आधुनिक समय में पशुओं के प्रति क्रूरता को खास तौर पर दर्ज किया गया है और इसके विरुद्ध अभियान छेड़ा गया है। पशुओं के साथ क्रूरता कई तरह से की जाती है, जैसे मनोरंजन के लिए उन्हें पीटना या तरह-तरह से सताना, भोजन के लिए उनकी हत्या करना, वैज्ञानिक प्रयोगशालाओं में उन्हें कष्ट पहुँचाने वाले प्रयोग करना, शैंपू, कंडीशनर आदि बनाने की प्रक्रिया में उन्हें भयंकर तकलीफ देना, जिससे उनकी जान भी जा सकती है, पशु उत्पादन कारखानों में उन्हें अत्यंत असुविधाजनक स्थितियों में रखना, पशुओं के चमड़े से जूते, बैग, पर्स इत्यादि बनाना, पाले गए पशुओं का ध्यान न रखना या उन्हें निराश्रय कर देना, इत्यादि। इस विषय पर मतभेद है कि भोजन के लिए पशु हत्या अनैतिक है या नहीं। पशु अधिकारवादियों का कहना है कि ऐसा किया भी जाता है तो इस तरह नहीं किया जाना चाहिए जिससे पशुओं को यंत्रणा हो। अनेक देशों में पशुओं के साथ क्रूर व्यवहारों को रोकने के लिए कानून बनाए गए हैं, पर इन पर सख्ती से अमल नहीं होता।

दुनिया की अन्य भाषाओं की तरह हिंदी साहित्य में भी क्रूरता का पर्याप्त संज्ञान लिया गया है। प्रेमचंद ने सामाजिक क्रूरता के विभिन्न प्रकारों को अपने उपन्यासों और कहानियों का विषय बनाया है। यशपाल ने भारत विभाजन के दौरान खासकर स्त्रियों के साथ क्रूरता का विदग्ध चित्रण किया है। भीष्म साहनी ने 'चीफ की दावत' में वृद्ध मां के प्रति क्रूरता का चित्रण किया है। घर के बुजुर्गों की उपेक्षा अनेक रचनाओं का विषय है। दलित साहित्य सामाजिक क्रूरता के विरुद्ध एक लंबी चीख है। इसी तरह, स्त्रियों द्वारा लिखे जा रहे साहित्य में क्रूरता के सूक्ष्म प्रकारों का मनोवैज्ञानिक अध्ययन दिखाई पड़ता है। पितृसत्ता और परिवार की क्रूरताएं अपनी जगह हैं—अक्सर प्रेम भी क्रूरता में परिणत हो जाता है। कई ऐसी कहानियां हैं, जैसे प्रेमचंद की 'दो बैलों की कथा', जिनमें पशुओं के साथ की जाने वाली क्रूरताओं को चित्रित किया गया है।

राजकिशोर

अधिक जानकारी के लिए :
Convention against Torture and other Cruel, Inhuman or Degrading Treatment or Punishment–Charter of U.N, 1984

क्रोचे का अभिव्यंजनावाद

बेनेडिटो क्रोचे (Benedetto Croce) को अभिव्यंजनावाद (Expressionism) का प्रवर्तक माना जाता है। क्रोचे (1866-1952) दार्शनिक और सौंदर्यशास्त्री थे लेकिन उन्होंने इतिहास, तर्कशास्त्र आदि विषयों पर भी लेखन किया था। उनकी 1902 में प्रकाशित प्रख्यात पुस्तक 'एस्टेथिक ऐज द साइंस ऑफ एक्सप्रेशन एंड जनरल लिंग्विस्टिक' है जो Aesthetica के नाम से भी जानी जाती है। इसमें सौंदर्यशास्त्र-संबंधी प्रश्नों पर गहन विचार किया गया है। 1920 में सौंदर्यशास्त्र संबंधी उनके निबंधों का संग्रह 'न्यू एस्सेज ऑन एस्थेटिक्स' नाम से प्रकाशित हुआ।

क्रोचे के अभिव्यंजनावाद का संबंध सिर्फ साहित्य से नहीं बल्कि संगीत आदि विभिन्न कलाओं से भी है। वे वस्तुजगत और उससे संबंधित स्थितियों को महत्व नहीं देते। उनके अनुसार सत्य का संबंध सिर्फ चेतना से है। उनका मानना था कि कला के लिए वस्तुपरक स्थितियों का कोई महत्व नहीं है। कला का इनसे कोई संबंध नहीं है। आर्थिक, सामाजिक, नैतिक आदि वस्तुपरक स्थितियां कला के लिए न सिर्फ उपयोगी हैं बल्कि कला के संदर्भ में उन पर विचार करना भी अनावश्यक है। क्रोचे मार्क्सवाद के विपरीत कला के संदर्भ में वर्ग, जाति आदि को भी महत्वपूर्ण नहीं मानते। उनकी दृष्टि में कला के संदर्भ में सिर्फ चेतना का महत्व है।

क्रोचे ने चेतना की क्रियाओं को दो भागों में विभाजित किया। एक, ज्ञानपरक क्रियाएं और दूसरी व्यावहारिक क्रियाएं। ज्ञानपरक क्रियाओं को भी वे दो

उपभागों में विभाजित करते हैं। पहली सहजानुभूति अभिव्यंजना और दूसरी अवधारणाकरण यानी तर्क आधारित ज्ञान। इसी तरह व्यावहारिक क्रियाओं को भी उन्होंने दो उपभागों में विभाजित किया है—आर्थिक क्रियाएं और नैतिक क्रियाएं। कला के संदर्भ में क्रोचे सिर्फ सहज अनुभूति की अभिव्यंजना को महत्व देते हैं। उनके अनुसार, कलाकार अपनी चेतना या मानस में जो कुछ सहज रूप से अनुभव करता है वही कला है। यही धारणा अभिव्यंजनावाद का मुख्य आधार है।

क्रोचे का अभिव्यंजना संबंधी सिद्धांत सहजानुभूति से उत्पन्न अभिव्यंजना पर आधारित है। क्रोचे का मानना है कि सहज अनुभूति (इंट्यूशन) से मनुष्य को यथार्थ का ज्ञान होता है। उनका यह भी कहना है कि सहज अनुभूति से अभिव्यक्ति को अलगाना नामुमकिन है। रचनाकार में दोनों एक ही साथ उत्पन्न होते हैं क्योंकि वे दो नहीं बल्कि एक ही हैं। सहजानुभूति उस अनुभूति को कहते हैं जो बिना प्रयत्न के मनुष्य सहज रूप से अनुभव करे। इसे संवेदना और चेतना के परस्पर संबंधों के आधार पर समझा जा सकता है। मनुष्य वस्तुजगत को इंद्रियों के माध्यम से अनुभव करता है। लेकिन उसका यह अनुभव तब तक निष्क्रिय रहता है जब तक चेतना के द्वारा उसे उसका बोध नहीं हो जाता। मनुष्य की कल्पनाशीलता उसकी चेतना को सक्रिय करती है और उसे संवेदनाओं की पहचान होने लगती है। यह बोध ही सहजानुभूति है। सहजानुभूति अनुभूति ही है। उसमें बौद्धिकता या तार्किकता की कोई भूमिका नहीं होती। क्रोचे का यह भी मानना है कि सहजानुभूति का उत्पन्न होना ही अभिव्यंजना है। दोनों अभिन्न हैं। इसका अर्थ यह भी है कि यदि सहजानुभूति अभिव्यंजना है तो उसकी बाह्य अभिव्यक्ति या बाह्य जगत में उसकी अभिव्यक्ति न आवश्यक है और न ही अनिवार्य है। कला सृजन की प्रक्रिया इसी स्तर पर पूर्ण हो जाती है। दूसरे शब्दों में क्रोचे के अनुसार सहजानुभूति की अभिव्यंजना ही कला है।

चूंकि सहजानुभूति की अभिव्यंजना मन में संपन्न होती है इसलिए उसका मानसिक बिंब ही कला है। इसे वह 'सहजानुभूति अभिव्यंजना' कहते हैं और यही कलाकृति है। लेकिन कलाकार जब अपनी मानसिक अभिव्यंजना को शब्दों, रंगों, रेखाओं आदि के माध्यम से अभिव्यक्ति प्रदान करता है और उसे साहित्य, चित्र, संगीत, मूर्ति आदि विभिन्न कला रूपों में अभिव्यक्त करता है तो यह एक अतिरिक्त क्रिया है। इस प्रकार क्रोचे अभिव्यंजना और उसकी बाह्य अभिव्यक्ति को अलग-अलग मानते हैं। उनके अनुसार कला की रचना तो अभिव्यंजना के स्तर पर ही हो चुकी होती है।

क्रोचे के अभिव्यंजना संबंधी सिद्धांत को चार चरणों में विभाजित करके समझा जा सकता है। पहला चरण अभिव्यंजना से पूर्व की स्थिति है जिसमें व्यक्ति में संवेदना सक्रिय रहती है जो अमूर्त होती है, लेकिन चेतना निष्क्रिय रहती है। इसलिए उसकी अनुभूति सहजानुभूति में परिवर्तित नहीं होती। दूसरे चरण में कल्पना शक्ति के माध्यम से चेतना सक्रिय होती है और उसके सक्रिय होने से व्यक्ति को सहजानुभूति का बोध होता है। सहजानुभूति का यह बोध ही अभिव्यंजना है। अभिव्यंजना से उत्पन्न आनंद तीसरा चरण है। इसी को जब व्यक्ति कला के विभिन्न रूपों यानी साहित्य, चित्र, संगीत आदि के माध्यम से अभिव्यक्ति प्रदान करता है तो यह चौथा चरण है। कला की पूर्ण अभिव्यक्ति दूसरे चरण में संपन्न हो जाती है। क्रोचे चौथे चरण में होने वाली अभिव्यक्ति को अनिवार्य नहीं मानते।

क्रोचे का मानना था कि कला या सौंदर्य के सृजन के लिए किसी तरह के प्रयत्न की जरूरत नहीं होती और न ही कला की रचना सोच-विचार कर की जा सकती है। कलाकार में सहज रूप से अपने अंदर प्रेरणा का अनुभव होता है और स्वतः ही उसके मन में बिंबों का निर्माण होने लगता है। इस दृष्टि से देखने पर उसके मानस में निर्मित होने वाली रचना की विषयवस्तु और संरचना में उसकी अपनी कोई भूमिका नहीं होती। इस दृष्टि से स्पष्ट है कि इस मानसिक अभिव्यक्ति के संदर्भ में न तो विषयवस्तु, न संरचना और न ही उसके उद्देश्य का कोई महत्व होता है। दरअसल, इस मानसिक अभिव्यंजना में उसकी खोज

करना भी व्यर्थ है। इसका तात्पर्य यह भी है कि इस मानसिक रचना को नैतिक-अनैतिक, श्रेष्ठ या हेय अथवा उपयोगी-अनुपयोगी के अर्थ में ग्रहण करना निरर्थक है। निष्कर्षतः कह सकते हैं कि इस मानसिक अभिव्यंजना की आलोचना करना भी व्यर्थ है।

क्रोचे की अभिव्यंजना मानस में ही निर्मित होती है। इसलिए एक स्तर पर वे सभी व्यक्ति कलाकार हैं जिनमें सहजानुभूति उत्पन्न होती है। कलाकार की सहजानुभूति और साधारण व्यक्ति की सहजानुभूति में कोई अंतर नहीं होता। क्रोचे के शब्दों में, 'कलाकार की सहजानुभूति और साधारण व्यक्ति की सहजानुभूति में गहनता का अंतर नहीं होता। उनमें अंतर गहनता का नहीं वरन व्यापकता का होता है।' क्रोचे के अनुसार, सहजानुभूति या अभिव्यंजना वस्तुतः विचार, बौद्धिक ज्ञान या विज्ञान का पहला चरण है। अभिव्यंजना बिना विचार के भी हो सकती है, लेकिन विचार बिना अभिव्यंजना के नहीं हो सकता। इसका प्रमाण यह है कि कविता गद्य से पहले उत्पन्न हुई। क्रोचे के अनुसार कविता मानवजाति की मातृभाषा है। उनका मानना है कि अभिव्यंजना सदैव सौंदर्यपरक होती है। यदि अभिव्यंजना सौंदर्यपरक नहीं है, तो वह अपूर्ण अभिव्यंजना है। इसी संदर्भ में उनका यह भी कहना है कि सौंदर्य के स्तर नहीं होते। कम सुंदर या ज्यादा सुंदर जैसा कुछ नहीं होता। क्रोचे कलाकार से अपेक्षा करते हैं कि उसमें इच्छा शक्ति, कला सृजन के लिए आवश्यक विभिन्न माध्यमों का ज्ञान, कलात्मक चिंतन और कल्पना शक्ति हो।

क्रोचे के अभिव्यंजनावाद पर हिंदी में सबसे पहले रामचंद्र शुक्ल ने विचार किया था। उन्होंने अभिव्यंजनावाद को भारतीय काव्यशास्त्र के वक्रोक्तिवाद का विलायती उत्थान कहा था और इसके बहाने 'कला के लिए कला' का विरोध किया था। (देखिए 'वक्रोक्ति सिद्धांत')।

यह सही है कि अभिव्यंजनावाद तथा वक्रोक्ति दोनों ही अभिव्यंजना को ही कला मानते हैं लेकिन एक के यहां यह मानसिक अभिव्यंजना है और दूसरे के यहां बाह्य अभिव्यक्ति है जिसका उद्देश्य चमत्कार उत्पन्न करना है। कुंतक का वक्रोक्ति सिद्धांत काव्य में अनुभूति को और हृदय की गंभीर वृत्तियों को महत्व नहीं देता जबकि क्रोचे के सिद्धांत के केंद्र में अनुभूति है। दरअसल, क्रोचे सहजानुभूति को महत्वपूर्ण मानते हुए भी काव्य के वस्तुपक्ष को पूरी तरह अस्वीकार करते हैं। यानी उनकी दृष्टि में कला में वस्तुजगत यानी यथार्थ, विचार, विवेक आदि का कोई महत्व नहीं है और न ही उनकी कोई भूमिका है। इस अर्थ में क्रोचे का सिद्धांत कलावादी सिद्धांत है। यह और बात है कि वे कला की बाह्य अभिव्यक्ति को महत्व नहीं देते।

जवरीमल्ल पारख

अधिक जानकारी के लिए :

1. **पाश्चात्य साहित्य चिंतन** : निर्मला जैन एवं कुसुम बांठिया, 2. **काव्य में अभिव्यंजनावाद** : लक्ष्मीनारायण सुधांशु, 3. **पाश्चात्य काव्यशास्त्र** : देवेंद्रनाथ शर्मा, 4. **पाश्चात्य काव्यशास्त्र** : भगीरथ मिश्र

क्रोध प्रबंधन

वाल्मीकि ने कहा है, 'क्रोध में मनुष्य समझ नहीं पाता कि क्या कहना चाहिए और क्या नहीं। सज्जन व्यक्ति जगे हुए क्रोध को अपनी बुद्धि से वैसे ही शांत कर लेते हैं जैसे सुलगती आग जल से बुझा दी जाती है।' (रामायण, सुंदरकांड, 55.3-5)। क्रोध के बारे में कहा गया है कि यह अज्ञान से जन्मता है और अहंकार से बढ़ता है। क्रोध से स्मृति का क्षय होता है और भेदभाव पैदा होता है। यदि दीर्घकाल तक बना रह गया तो क्रोध वैर में बदल जाता है। इसलिए वैर को क्रोध का अचार या मुरब्बा कहा गया है। यह लोभ की तरह ही पतन का द्वार है।

किसी को दुख पहुंचाने वाले अन्यायी पर क्रोध न आने को अच्छा नहीं माना जाता। क्रोध के मूल में यदि लोक कल्याण की भावना है तो यह एक सद्‌गुण है। इसी तरह अधिकारों के लिए लड़ना अच्छा माना जाता है। रामचंद्र शुक्ल ने क्रोध के बारे में कहा है, 'सामाजिक जीवन में क्रोध की जरूरत कई बार पड़ती है। यदि क्रोध न हो तो

मनुष्य दूसरों द्वारा पहुंचाए जाने वाले कष्टों की चिर निवृत्ति का उपाय ही नहीं कर सके।... वाल्मीकि मुनि के करुण क्रोध का सौंदर्य एक महाकाव्य का सौंदर्य हुआ।' (चिंतामणि-1)। बाली के संदर्भ में राम के क्रोध का, धनुष-भंग के संदर्भ में परशुराम के क्रोध का, द्रौपदी के संदर्भ में कृष्ण के क्रोध का, सती के आत्मदाह पर शिव के क्रोध का या अन्याय जब भी होता है, देवताओं और देवियों के क्रोध के उदाहरण हैं। शिशुपाल के संदर्भ में कृष्ण की सहिष्णुता का भी उदाहरण है, उन्होंने सौ गलतियां माफ कर दीं। इस तरह क्रोध के संबंध में सकारात्मक धारणाएं भी हैं।

कई बार क्रोध का लक्ष्य किसी का घमंड चूर करना होता है। कोई क्रोध में अपना सिर पटकने लगता है या अपना नुकसान कर बैठता है। परिवार या दफ्तर या सामान्य बातचीत में छोटी-छोटी बात पर कुछ को क्रोध आ जाता है। इससे संबंध बिगड़ते हैं। क्रोध के साथ बदले की भावना जुड़ जाती है, जो हिंसा की तरफ ढकेलती है। इसका अर्थ है, क्रोध के पीछे हमेशा लोक कल्याण की भावना नहीं होती। यदि यह स्वभाव बन गया तो दिमाग को कुतर कर खा जाता है। क्रोध से संबंध खराब होते हैं। ये परिवार के मामले में हों, व्यापारिक-राजनीतिक संबंध हों या क्रोध संबंधियों और मित्रों पर हो। गुस्से से दूसरा बदल जाता हो, ऐसा भी नहीं है। व्यक्ति क्रोध में घर, मित्र, जीविका तक छोड़ देता है। इससे जीवन में उदासी और तनाव बढ़ता है, यदि वह संपूर्ण जीवन पर छा जाता है।

क्रोध कुछ कारणों से आता है, जैसे किसी निराशा में, अचानक कोई भावनात्मक अवरोध आने करने पर, अपमानित महसूस करने पर, अपनी सत्ताहीनता या दुर्बलता पर या विस्थापन के बोध से। अरस्तू ने कहा है कि कोई भी गुस्सा कर सकता है, लेकिन सही आदमी पर, सही मात्रा में, सही समय पर, सही उद्देश्य से और सही तरीके से गुस्सा करना आसान नहीं है। क्रोध हमेशा बुरा नहीं है, पर यदि किसी व्यक्ति को बात-बात पर क्रोध आता है तो यह एक मानसिक दुर्बलता है। इसके लिए क्रोध प्रबंधन (Anger Management) की जरूरत बताई जाती है। इस कार्यक्रम में सबसे पहले उन स्थितियों का आकलन करना सिखाया जाता है जो व्यक्ति को क्रोध में डालती हैं। यदि व्यक्ति स्थितियों को भांपने में कुशल हो जाता है तो वह न सिर्फ अनावश्यक गुस्सा करने से बल्कि पीड़ादायक अंतर्द्वंद्वों से भी अपने को बचा ले जाता है। दूसरे, आराम (रिलैक्स होने) की मनःस्थिति में रहने के गुर जानने होते हैं और इनका अभ्यास करना होता है। इनमें मुख्य रूप से सांस लेना-छोड़ना, ध्यान दूसरी तरफ ले जाना, कुछ लिखना शुरू कर देना, संगीत सुनना, अच्छी तस्वीरें या फिल्में देखना होता है। गुस्से की आशंका से भौतिक रूप से उस जगह से सरक जाना एक रास्ता है। तीसरे, इस पर सोचना होता है कि भविष्य में संभावित क्रोध पर कैसे नियंत्रण रखा जा सकता है। अपने ऐसे भावों को निर्माणात्मक कार्यों की तरफ मोड़ा जा सकता है, क्योंकि इसी से व्यक्तित्व बनता है। क्रोध की नकारात्मक स्थितियों का सामना बुद्धिमत्ता और कौशल से ही करना संभव है। यह सोचना होगा कि क्रोध से जितना अधिक दूसरों का नुकसान होता है, उससे अधिक अपना नुकसान होता है।

शंभुनाथ

क्रौंच वध

क्रौंच वध की कथा का संबंध महाकवि वाल्मीकि से है। यह कथा वाल्मीकि रामायण के बालखंड के द्वितीय सर्ग में विस्तार से कही गई है। मुनिश्रेष्ठ वाल्मीकि के पूछने पर नारद ने उन्हें राम की कथा संक्षेप में सुनाई। उनके चले जाने के दो घड़ी बाद वाल्मीकि गंगा के निकट तमसा के तट पर गए। वह शिष्य से वल्कल वस्त्र ले कर स्नान की इच्छा से वन की शोभा देखते हुए जा रहे थे। उनके पास ही क्रौंच पक्षियों का एक जोड़ा मधुर बोली बोलता

हुआ दिखाई दिया। उसी समय पाप निश्चय और वैर भाव से भरे एक निषाद ने उन प्यारे पक्षियों के जोड़े में से नर पक्षी को वाण से मार डाला।

घायल पक्षी खून से लथपथ हो कर जमीन पर गिर पड़ा और पंख फड़फड़ा कर तड़पने लगा। अपने पति को निहत देख कर उसकी भार्या क्रौंची करुण स्वर में चीत्कार करने लगी। वह नर पक्षी सदा उसके संग-संग विचरता था। उसका मस्तक तांबे के समान लाल था और उस समय काम भावना से मतवाला हो उठा था, तभी क्रौंची को उससे बिछुड़ जाना पड़ा। इस प्रकार निषाद द्वारा निर्दयतापूर्वक मार गिराए गए उस पक्षी को देख कर वाल्मीकि का मन करुणा से भर गया। 'यह घोर अधर्म है', ऐसा अनुभव कर विलाप करती हुई क्रौंची को देखते हुए उन्होंने निषाद से कहा—'मा निषाद प्रतिष्ठां त्वमगमः शाश्वती समाः यत् क्रौंचमिथुनादेकं अवधीः काममोहितम्।' अर्थात ऐ निषाद ! तुझे कभी प्रतिष्ठा या शांति न मिले, क्योंकि तूने क्रौंच के जोड़े में से एक काम मोहित नर क्रौंच की बिना किसी अपराध के हत्या कर डाली।

वाल्मीकि को अपने इस स्वतःस्फूर्त कथन पर आश्चर्य हुआ, शोक विगलित मेरे मुख से जो वाक्य फूटा है वह चार चरणों में आबद्ध है। इसके प्रत्येक चरण में बराबर-बराबर यानी आठ-आठ अक्षर हैं तथा इसे वीणा के लय पर गाया भी जा सकता है। इसलिए इसे श्लोक ही होना चाहिए, कुछ अन्य नहीं। बाद में ब्रह्मा ने उन्हें आश्वस्त किया कि यह वाक्य श्लोक ही है और उन्हें नारद से सुनी हुई कथा के आधार पर राम के चरित को श्लोकबद्ध करने को कहा। ब्रह्मा ने भविष्यवाणी की कि धरती पर जब तक पहाड़ और नदियां रहेंगी तब तक लोक में तुम्हारी श्लोकबद्ध रामायणी कथा का प्रचार होता रहेगा।

वाल्मीकि के शिष्यों ने आपस में विचार किया और कहा—वस्तुतः यह तो गुरुदेव के हृदय का शोक था जो मुख से उच्चरित हो कर श्लोक बन गया, 'सोऽनु व्याहरणाद् भूमः शोकः श्लोकत्व मागतः।' आगे चल कर कालिदास ने भी 'रघुवंश' में सीता निर्वासन के प्रसंग में न केवल इस घटना की ओर संकेत किया बल्कि हूबहू इस टुकड़े को भी दुहरा दिया, 'निषाद द्विद्धाण्डज-दर्शनोत्थः श्लोकत्व मापद्यत यस्य शोकः।'

वाल्मीकि ने इसी प्रेरणा के फलस्वरूप रामायण की रचना की थी। रामायण को आदिकाव्य कहा गया और वाल्मीकि को आदि कवि। उनके मुंह से सहसा जो वाक्य फूटा, वह अनुष्टुप छंद में निबद्ध है। इसलिए वाल्मीकि को इस छंद का आविष्कर्ता माना जाता है। वस्तुतः यह छंद उपनिषदों में भी है, लेकिन 'लौकिक संस्कृत में व्यवहृत होने वाले सम अक्षर से युक्त अनुष्टुप का प्रथम प्रयोग वाल्मीकि ने किया जिसमें लघु-गुरु का निवेश नियमबद्ध था।' (बलदेव उपाध्याय)।

क्रौंच वध की यह कथा छंद के चिरंतन महत्व को व्यक्त करती है। एक घटना के रूप में वह अतीत के साथ व्यतीत हो गई, लेकिन कवि की व्यथा छंदोबद्ध होकर कालातीत हो गई। रवींद्रनाथ के शब्दों में, 'हाय रे, आज भी वही व्याघ भांति-भांति के अस्त्र हाथ में ले कर भांति-भांति की वीभत्सताओं में अनेक देशों में अनेक आकारों में घूमता फिर रहा है, लेकिन आदि कवि का वह शाप शाश्वत काल के कंठ में ध्वनित है। इस शाश्वत काल की बात को व्यक्त करने के लिए ही तो छंद है।' (रवींद्रनाथ टैगोर, छंद का अर्थ)।

खगेंद्र ठाकुर

क्लाइमेक्स-एंटीक्लाइमेक्स

क्लाइमेक्स और एंटीक्लाइमेक्स (Climax & Anticlimax) रचनात्मक उपकरण हैं जिनका उपयोग खास कर कथा में होता है। सफलता या उम्मीद की स्थितियों में अचानक किसी बड़ी निराशा या क्षति को दर्शाने के लिए एंटीक्लाइमेक्स का उपयोग किया जाता है। क्लाइमेक्स तब आता है जब घटनाएं चरमबिंदु पर पहुंचती हैं। दोनों को साहित्यिक अलंकार माना गया

है। प्रसाद की 'कामायनी' में एंटीक्लाइमेक्स है, जब मनु आधुनिक राज्य सारस्वत प्रदेश का निर्माण कर लेने के बाद अचानक जनता के विद्रोह करने से घायल हो जाते हैं। क्लाइमेक्स वहां है,जहाँ श्रद्धा अपने पुत्र मानव को लेकर घायल मनु और इड़ा के पास पहुंचती है। क्लाइमेक्स कथा का चरमबिंदु होता है। 'गोदान' में एंटीक्लाइमेक्स गोबर का होरी के साथ दुर्व्यवहार है, जबकि इस उपन्यास का चरमबिंदु शहर की ओर जाने वाली सड़क बनाते हुए किसान से मजदूर बन चुके होरी की मौत है। निराला की 'राम की शक्तिपूजा' में एंटीक्लाइमेक्स देवी की आराधना के वक्त कमल के एक फूल का हठात कम पड़ जाना और राम का निराशा में डूबना है, 'धिक जीवन जो पाता ही आया है विरोध/ धिक साधन जिसके लिए सदा ही किया शोध/ जानकी! हाय उद्धार प्रिया का न हो सका।' इस कविता का क्लाइमेक्स वहां है जहाँ राम स्मृति का संबल पाकर बाण से अपना 'राजीव नयन' फूल के रूप में देवी को अर्पित करने के लिए तत्पर हो उठते हैं।

शंभुनाथ

क्लासिकल साहित्य

साहित्य या कला में क्लासिकल होने का अर्थ है वह शैली या कृति अपने आप में एक 'क्लास' या श्रेणी हो जाए। यूरोप में 'पुनर्जागरण' या 'रेनेसाँ' के दौर में प्राचीन ग्रीको-रोमन साहित्य और कलाकृतियों के प्रति आकर्षण की वजह से क्लासिकल साहित्य (Classical Literature) पद प्रचलन में आया। माना गया कि ग्रीक कृतियां अपनी निर्मिति में वह आदर्श रूप प्रस्तुत करती हैं, जिसके लक्षणों का अनुकरण भावी कला कर्म का आधार बन सकता है। सादगी, संयम और सानुपातिकता क्लासिकल के लक्षण माने गए। हेगेल ने रचनात्मकता की उपर्युक्त तीन प्रवृत्तियों का जिक्र करते हुए प्रतीकवाद में रूप और चेतना का असामंजस्य देखा था तथा क्लासिकल कृतियों में रूप और चेतना का पूर्ण सामंजस्य। रोमांटिक साहित्य में चेतना या भाव की प्रमुखता रहती है, उसमें व्यक्तित्व की विशिष्टता परिलक्षित होती है। इलियट आधुनिक होते हुए भी जब अपने को साहित्य में 'क्लासिस्ट' कहते हैं तो उसका कारण यह है कि वह व्यक्तित्व के प्रकाशन के बजाय व्यक्तित्व से पलायन को महत्व देते हैं और निर्वैयक्तिकता का आग्रह करते हैं। क्रोचे की मान्यता है कि जहाँ काल्पनिक प्रतिमान आकार-प्रधान है वहां क्लासिक रूप होता है, जहाँ भाव-प्रधान है, वहां रोमांटिक बन जाता है।

किसी भी युग की उन रचनाओं को क्लासिकल माना जा सकता है, जिनमें किसी रचना शैली की कुछ लाक्षणिकताएं अपने ऐसे उत्कृष्ट रूपों में अभिव्यक्त हो गई होती हैं, जिन्हें भविष्य में आदर्श के रूप में स्वीकृति मिल जाती हैं। उदाहरणार्थ, हिंदी काव्य में छायावाद एक रोमांटिक काव्य प्रवृत्ति है, लेकिन इस प्रवृत्ति की लाक्षणिकताएं जयशंकर 'प्रसाद' या निराला की कृतियों में अपने आदर्श रूप में अभिव्यक्ति पाती हैं। इसलिए इन कृतियों को 'छायावादी प्रवृत्ति की क्लासिक कृतियां' कहा जा सकता है।

पश्चिमी आलोचना में चाहे ग्रीक रचनात्मकता क्लासिकल की संज्ञा से विभूषित की गई हो, अन्य समाजों में क्लासिकल की अवधारणा ग्रीक आदर्श से भिन्न हो सकती है। क्लासिकल की अवधारणा संस्कृति-सापेक्ष भी हो सकती है क्योंकि कोई संस्कृति जिन जीवन मूल्यों और कला मूल्यों को स्वीकार करती है, उन्हीं के आधार पर क्लासिकल की उसकी अपनी अवधारणा निर्मित और विकसित होती है। हेगेल जिस प्राच्य कला और साहित्य को 'सिंबॉलिक' या 'प्रतीकात्मक' कह कर उसमें रूप और चेतना के सामंजस्य का अभाव पाते हैं तथा उन्हें भद्दी कहते हैं, भारतीय कला दृष्टि में वही प्रतीकात्मकता उसकी आत्मा है। 'रामायण', और 'महाभारत' भारतीय साहित्य में जहाँ क्लासिकल की हैसियत रखते हैं, हेगेल की धारणा के अनुसार उनमें

एकत्व या सावयविकता का अभाव देखा जा सकता है। इसी कारण हेगेल के तर्कणापरक बुद्धिवादी दर्शन के लिए भारतीय प्रतीकात्मक कल्पना जहाँ रूप और चेतना के सामरस्य को निबाहने की असमर्थता है, कुमारस्वामी जैसे कला मर्मज्ञ इसी प्रतीकात्मकता में सनातन अर्थ का प्रकाशन मानते हैं। सौंदर्य को इंद्रियगोचर विषयों तक सीमित मानने वाली सौंदर्य दृष्टि और अभौतिक रूप को भी स्वीकार करने वाली सौंदर्य दृष्टि में अंतर होना स्वाभाविक है। इसलिए क्लासिकल की उनकी अवधारणा में फर्क तर्कसंगत है। इसलिए चेतना और रूप के सामरस्य को क्लासिकल का लक्षण मानना जरूर संगत है, लेकिन रूप को हमेशा भौतिक या स्थूल मानना कई संदर्भों में जरूरी नहीं है, क्योंकि रूप की निर्मिति मूलतः इस पर निर्भर करती है कि स्वयं चेतना में रूप का बोध किस प्रकार का है। यह एक हद तक संस्कृति-सापेक्ष मामला है।

नंदकिशोर आचार्य

अधिक जानकारी के लिए :

1. **A Companion to the Classical Tradition** : Grag W Kallendore, 2. **Classism in Literature** : Rene Wellek, 3. **Classics : A Short Introduction** : Mary Beard and John Henderson

क्लॉड लेवी स्त्रॉस

(1908-2009)

क्लॉड लेवी स्त्रॉस (Claude Levi Strauss) आधुनिक मानव विज्ञान के संस्थापक के रूप में विख्यात रहे हैं। आधुनिक मानवविज्ञान को वर्तमान ऊंचाई तक ले आने वाले उनके पूर्ववर्ती एवं सहयोगी के रूप में फ्रांज बोआज (1858-1942) के अलावा जॉर्ज जेम्स फ्रेजर (1854-1941) का नाम भी सम्मानपूर्वक लिया जाता है। इन तीन विद्वानों के द्वारा जो कार्य किया गया, उसके परिणामस्वरूप आधुनिक मानवविज्ञान के भीतर से एक विशिष्ट ज्ञानानुशासन की धारा प्रकट और स्थापित हो जाती है। उसका नाम है 'संरचनात्मक मानवविज्ञान'। इस विशिष्ट ज्ञानानुशासन की स्थापनाओं ने आधुनिक ज्ञान-विज्ञान के विकास में अतुलनीय योगदान दिया, हालांकि इसके समांतर मानवविज्ञान की एक अन्य शाखा 'प्रयोजनमूलक मानव-विज्ञान' के रूप में भी कार्य करती रही है। इस शाखा में मोलिनोव्स्की के कार्य को उल्लेखनीय माना जाता है। लेवी स्त्रॉस ने अपने कार्य से साबित कर दिया कि मोलिनोव्स्की की प्रयोजनमूलक दृष्टि 'समसामयिक आयाम' को अधिक छूने वाली होने के कारण अधूरी थी। उन्होंने इस ज्ञानानुशासन को अपनी 'कालक्रमिक' धारणाओं से संबद्ध कर न केवल इतिहास की गहराई प्रदान की, अपितु उसे अधिक वैज्ञानिक और बहुस्पर्शी भी बना दिया।

पूर्ववर्ती परिदृश्य : क्लॉड लेवी स्त्रॉस यहूदी बेल्जियन थे। वह पेरिस आ कर बस गए थे, परंतु विश्व युद्ध काल में जर्मन फासीवाद का शिकार होने के कारण उन्हें भी अन्य विद्वानों के साथ विस्थापित हो कर न्यूयॉर्क को अपने अध्ययन का केंद्र बनाना पड़ा। इस दौरान वे मूलनिवासी विज्ञान (एथनिस्ट स्टडीज) के क्षेत्र में सक्रिय अपनी पत्नी के साथ ब्राजील की साओ पाओलो यूनिवर्सिटी

क्लॉड लेवी स्त्रॉस

से संबद्ध हुए। वे मूलतः एक समाजवैज्ञानिक एवं दार्शनिक थे, परंतु अपनी पत्नी के साथ इस दौर में उन्होंने दक्षिणी और उत्तर अमेरिका के अनेक कबीलों का 'क्षेत्र अध्ययन' किया। इससे उनकी रुचि मानवविज्ञान में हो गई।

मानवविज्ञान के क्षेत्र में उन दिनों अमेरिका में फ्रांज बोआज के सांस्कृतिक सापेक्षतावादी अध्ययन विशेष चर्चा में थे। इस संदर्भ में उनकी उल्लेखनीय पुस्तक 'द प्रिमिटिव मैन' भी प्रकाशित हो चुकी थी। लेवी स्त्रॉस और बोआज में उन दिनों मैत्री संबंध थे, परंतु स्त्रॉस 'सांस्कृतिक सापेक्षतावाद' को 'जटिल वस्तुस्थिति का सरलीकरण' मानते थे। उन्हीं के एक अन्य सहयोगी जॉर्ज जेम्स फ्रेजर भी बोआज की तरह तुलनात्मक मिथकों तथा धर्मों पर अपनी धारणाएं अपनी किताब 'द गोल्डन वो' में प्रस्तुत कर चुके थे। स्त्रॉस इनसे एक हद तक प्रभावित होने के बावजूद यथार्थ की दुरूह जटिलताओं के स्पष्टीकरण के लिए इन्हें अपर्याप्त मानते थे।

फ्रेजर की तुलनात्मक पद्धति तथा बोआज की सापेक्षतावादी पद्धति के मुकाबले स्त्रॉस ने अपनी संरचनावादी पद्धति प्रस्तुत की। इसे उन्होंने मानवविज्ञान और आधुनिक भाषाविज्ञान के समन्वय के द्वारा विकसित किया। फर्दीनाद द सास्यूर के आधुनिक भाषाविज्ञान को उन दिनों न्यूयॉर्क में ही आ बसे रोमन याकोब्सन आगे बढ़ा रहे थे। लेवी स्त्रॉस ने याकोब्सन के दोहरे विभाजन एवं विरोध (बायनरी डिवीजन एंड अपोजीशन) को मानववैज्ञानिक विश्लेषण का आधार बनाया।

स्त्रॉस से पूर्व बोआज और फ्रेजर के द्वारा मानवविज्ञान के क्षेत्र में स्वीकृत डार्विनवादी विकासमूलक पद्धति को एक हद तक चुनौती दी जा चुकी थी। स्त्रॉस ने इस चुनौती को वैज्ञानिक पुष्टि प्रदान कर एक क्रांतिकारी धारणागत परिवर्तन प्रस्तुत किया। इस तरह मनोवैज्ञानिक विकास की धारणा अब 'जीववैज्ञानिक विकास की धारणा' न रह कर, 'सांस्कृतिक विकास की सभ्यतामूलक धारणा' में बदल गई। स्त्रॉस एक समाजवैज्ञानिक दार्शनिक थे जिसके कारण उनका संरचनात्मक मानवविज्ञान डार्विनवादी कम और फ्रायडवादी अधिक था। फ्रायड के द्वारा कबीलों के रीति-रिवाजों और विधि-निषेधों पर जो कार्य किया गया था, उसे स्त्रॉस ने समाजशास्त्रीय एवं सांस्कृतिक व्याख्याएं प्रदान कीं। इस तरह वे फ्रायड के मनोविश्लेषणवादी दमनवादी अमूर्तीकरण के बजाय ठोस सामाजिक रिश्तों एवं व्यवहारों के यथार्थ को और बेहतर तरीके से समझने लगे।

स्त्रॉस ने अपने पूर्ववर्ती दार्शनिकों रूसो एवं कांट से असहमति व्यक्त की थी और कहा था कि वे विचारों के सार्वभौम स्रोत की बात करने की वजह से अमूर्त्त बने रह जाते हैं। स्त्रॉस ने इसके बजाय विचारों के जीवंत प्रयोजनमूलक रूपों पर जोर दिया, परंतु वे निरे प्रयोजनवादी न हो कर इसे इतिहास-क्रमिक रूप में ग्रहण करते हैं। सार्त्र से भी स्त्रॉस असहमत थे। 'व्यक्ति की स्वतंत्रता' को वे न 'व्यवस्था के नियमों के भीतर से उपलब्ध होने वाली वस्तु' मानते थे, न व्यवस्था अतिक्रमी चेतना द्वारा उपलब्ध होने लायक। इस आधार पर वह कार्ल मार्क्स पर भी टिप्पणी करते हैं कि व्यवस्था का रूपांतर प्रकृति के आवश्यक रूपांतर से जुड़ा होता है, जो अनिवार्यतः निषेध के निषेध से व्याख्यायित होने वाला सरलीकृत समीकरण नहीं होता। कार्ल मार्क्स एवं ज्याँ पाल सार्त्र से उनके चिंतन में असहमतियां नजर आती हैं, परंतु सीमोन द बुआ उनकी प्रशंसा करती हैं, क्योंकि उनके द्वारा किए गए कबीलों के अध्ययनों के निष्कर्ष स्त्रियों के यथार्थ को और बेहतर तरीके से समझने में मदद करते हैं। उनके चिंतन की सीमाओं को मिशेल फूको और जॉक देरिदा जैसे चिंतकों के द्वारा स्पष्ट किया गया।

मनोसंरचनाओं की सार्वभौमिकता का सिद्धांत : लेवी स्त्रॉस ने मिथकों का विश्वस्तरीय तुलनात्मक अध्ययन करते हुए पाया कि पूरी मानवजाति की मिथकीय आधार वाली मनोसंरचनाओं में भौगोलिक अंतर से बहुत ज्यादा फर्क नहीं पड़ता। मिथकों को

प्रागैतिहासिक समाज के अज्ञात इतिहास को जानने-समझने के लिए कुंजियों की तरह इस्तेमाल में लाया जा सकता है। इससे पता चलता है कि मानवजाति की सामाजिक व्यवस्थाओं और मनोसंरचनाओं के विकास क्रम में भौगोलिक दूरियों से केवल प्रयोजनमूलक फर्क पड़ता है, न कि गुणवत्तामूलक तात्विक अंतर।

हीगेल और मार्क्स जैसे दार्शनिक जिस तरह का संरचनावाद खड़ा कर रहे थे, उसमें वे पदार्थ के साथ चेतना के रिश्तों की व्याख्या 'वाद के निषेध' के वाद, प्रतिवाद के भी निषेध से उपजे समन्वयों के रूप में कर रहे थे। यानी पदार्थ और मनुष्य के रिश्तों में जब उत्पादन की पद्धतियों से फर्क पड़ता है, तो वे चेतना के पूर्वरूप (वाद) का निषेध करती हैं। इससे नए अंतर्विरोध पैदा होते हैं, जिनके निषेधमूलक समन्वय से नई चेतना संरचित होती है। मनोसंरचनाओं की सार्वभौमिकता के स्त्रॉस के सिद्धांत में पदार्थ और चेतना का यह रिश्ता यथार्थ के सरलीकरण जैसा हो जाता है। वे उत्पादन पद्धतियों के बदल जाने भर से मानव जाति की मनोसंरचनाओं के भी बदल जाने की बात को अपने 'मिथकीय इतिहास' की व्याख्याओं के द्वारा पुष्ट होता नहीं देख पाते। वे गुणात्मक तब्दीली को ज्यादा बड़े पैमाने की सार्वभौम तब्दीली की तरह देखते हैं जिसका आधार मनुष्य के संबंधों और उसके सभ्यतामूलक खान-पान, पहनावे आदि व्यवहारों की समग्रता में होता है।

आदिम मनुष्य के 'असभ्य' होने की पश्चिमी धारणा को चुनौती और पश्चिम के एकल-संस्कृतिवाद का प्रतिवाद : उत्पक्रमपद्धतिमूलक विकास को सभ्यता के विकास का मूलाधार न मान कर स्त्रॉस ने विकास की समग्रतामूलक व्याख्या करने और उसे समझने पर बल दिया। मिथकों तथा कबीलों के अध्ययनों से उन्होंने पश्चिमी चित्त में इस बद्धमूल धारणा को बदल डाला कि आदिम मनुष्य असभ्य और बुद्धि-विवेकहीन होता है। बस वे अलग तरह की दिखने वाली सामाजिक व्यवस्था के तहत जीने वाले लोग होते हैं, जो 'गहरे में किसी भी सभ्य समाज की व्यवस्था की तरह ही उदात्त व जटिल व्यवस्था' होती है।

स्त्रॉस की उपर्युक्त धारणा और उससे उपजा सोच पश्चिमी समाज के चित्त परिवर्तन के लिए क्रांतिकारी परिणाम लाने वाला साबित हुआ। इसने पश्चिम में इस चिंता को सक्रिय सामाजिक कर्म में बदलने में मदद की कि आखिर क्यों वर्तमान उत्तरआधुनिक समय में अधिकांश कबीले विलुप्त होने के कगार पर हैं और क्यों पश्चिम पूरी दुनिया को अपनी एकल संस्कृति के शिकंजे में बांध कर विविधताओं को नष्ट करने के करीब आ गया है।

भाषा मानव विवेक का एक रूप है जिसके मूल तर्क अज्ञात हैं : स्त्रॉस एक समाज वैज्ञानिक के रूप में बोआज और फ्रेजर के मानवविज्ञान और रोमन याकोब्सन के भाषाविज्ञान से जुड़े थे। इस आपसदारी से वे भाषा के समाजविज्ञान का ऐसा रूप विकसित कर सके, जो कबीलों की समाज व्यवस्था और उनके मिथकों को समझने में हमारी मदद करता है।

कबीलों की समाज व्यवस्था को उन्होंने उनके रक्त संबंधों के तंत्र यानी 'किनशिप' के पीछे मौजूद तर्कों तथा नियमों के रूप में व्याख्यायित किया और पाया कि 'मानव जाति की सभी सामाजिक व्यवस्थाएं मूलतः भाषिक-व्यवस्थाएं हैं।' समाज के द्वारा इस्तेमाल में आने वाली भाषा की समस्याएं यह खबर देती हैं कि उस समाज की व्यवस्था किस रूप में संरक्षित है। भाषा में कर्ता की प्रमुखता, उसके पितृसत्तात्मक या मातृसत्तात्मक रूप और कर्त्ता के कर्म और क्रियाओं पर नियंत्रण के रूप मूलतः सामाजिक व्यवस्था की संरचना से उद्भूत होते हैं और उसकी अभिव्यक्ति करते हैं।

समाजों के अध्ययन का अंतर्विरोध यह है कि हमें उनकी व्यवस्था का पता होता है, पर उनके प्रयोजनों का नहीं। ये समाज जो भाषा बोलते हैं, उससे उनके प्रयोजनों का पता चलता है, जबकि प्रयोजनों को जन्म देने वाली 'व्यवस्था' पीछे छिपी रहती है

और बहुधा अज्ञात भी बनी रहती है। इस प्रकार समाज और भाषा के व्यवस्थागत एवं प्रयोजनमूलक रिश्तों की द्वंद्वात्मकता के द्वारा हम समाज के बारे में व्याख्यात्मक समझ तक पहुंच सकते हैं।

सामाजिक व्यवस्था में 'किनशिप' के नियम वस्तुतः इतिहास और समसामयिकता के रिश्तों से निर्धारित होते हैं। इसे सास्यूर के कालक्रमिक और समक्रमिक संबंधों की धारणा का प्रभाव माना जा सकता है। उदाहरण के लिए, पिता और माता एवं मामा और चाचा से बच्चों के रिश्तों के समीकरण कालक्रम से आते हैं, जो समसमय में भाई-बहन, पति-पत्नी या कजिन संबंधों के समीकरणों का आधार हो जाते हैं।

भाषा के दो में विभाजित हो कर विरोधमूलक संबंध को आधार बनाने की प्रक्रिया का संबंध अर्थ-ग्रहण से है। हर अर्थ विरोधी अर्थ की समांतरता या पृष्ठभूमि में मुखर होता है। कबीलों और मिथकों की व्यवस्था के अध्ययन के लिए स्त्रॉस ने निम्न अंतर्विभाजकों पर ज्यादा ध्यान दिया है : (क) मातृसत्ता-पितृसत्ता (ख) काला-गोरा (ग) जीवन-मृत्यु (घ) मांसाहार-शाकाहार (ङ) पशु-मनुष्य (च) कच्चा-पका खाद्य। समाज व्यवस्थाओं के कुछ बुनियादी रूपों को भी स्त्रॉस ने स्पष्ट किया है। वे इन्हें दो मूल रूपों में विभाजित करते हैं : (क) सरल समाज (ख) जटिल समाज, परंतु तीसरे 'मिश्र समाज' की चर्चा भी करते हैं। जहाँ स्त्री के विवाह के नियम तय हों, वह सरल समाज है। जहाँ बस यह तय हो कि कहां-कहां विवाह नहीं हो सकता और शेष सब विवाह के लिए खुले हों, वह जटिल समाज होता है।

प्रकाशित किताबों के क्रम में स्त्रॉस ने पहले आदिम समाजों के संरचनात्मक मानवविज्ञान को आधार बनाया, फिर वे मिथकों के अध्ययन की ओर मुड़े, जिन्हें उन्होंने चार बृहदाकार खंडों में प्रकाशित करवाया। अपने जीवन के आखिरी दौर में वे 'नकाबों' पर अपनी महत्वपूर्ण पुस्तक 'द वे ऑफ द मास्क्स' के साथ सामने आए।

विनोद शाही

अधिक जानकारी के लिए :

1. **The Elementry Stuctures of Kinship :** Claude Levi Strauss, 1973, 2. **The Raw and the Cocked, Volume-1** : **Mythologies :** Loude Levi Strauss, 1964, 3. **The Savage Mind :** Claude Levi Strauss

क्षणवाद

काल-चिंतन में क्षण की अवधारणा को लेकर काफी विचार-विमर्श होता रहा है। बौद्ध दर्शन में माना गया है कि प्रत्येक वस्तु प्रतिक्षण बदलती रहती है। यह अनित्यता है, जिसका अर्थ है एक भौतिक तत्व का बिल्कुल नाश और दूसरे का बिल्कुल नया उत्पादन। इसे दीपक की लौ का उदाहरण देकर समझाया गया है कि हर लौ नई होती है, भले वही लगे। क्षण की यह अवधारणा शाश्वतता को चुनौती देती है। आगे चलकर इसका विकास भौतिकवाद और वर्तमान को स्वीकार करने की दृष्टि के रूप में हुआ, भले जीवन के क्षणभंगुर होने की घोषणा बार-बार की गई हो। 'स्कंदगुप्त' में प्रसाद ने लिखा है, 'मनुष्य की अदृष्ट लिपि वैसी ही है, जैसी अग्नि रेखाओं से कृष्णमेघ में बिजली की वर्णमाला एक क्षण में प्रज्वलित, दूसरे क्षण में विलीन होने वाली।' प्रसाद के निकट क्षणवाद एक तरह से नियतिवाद है, जो 'कामायनी' के मनु का पीछा करता है। आधुनिक युग की कलाओं और साहित्य में क्षणवाद व्यक्ति की अनुभूतियों की प्रधानता के रूप में आया है या वस्तुओं की अपनी सत्ता के साथ उपस्थिति के रूप में। इस प्रकार क्षणवाद अतीत और भविष्य में बस जाने की जगह वर्तमानता का रूपकात्मक संकेत बन जाता है, जिसकी एक तरफ 'व्यक्ति' है और दूसरी तरफ 'वस्तु' है।

क्षणवाद एक तरफ प्राचीन शाश्वतता को चुनौती है, दूसरी तरफ मार्क्सीय ऐतिहासिक निर्धारणवाद को भी। यह वर्तमान का नाटकीय उन्मेष है। एम फ्राइड ने 'आर्ट एंड आब्जेक्टहुड' (1967) में कहा है, 'वर्तमानता से जुड़ी कलाओं में हर क्षण अपने में एक परिपूर्ण इकाई

है।' हर क्षण नई होती दुनिया और हर क्षण उसकी नई होती चीजें, आधुनिक रचनाकारों का एक महत्वपूर्ण सरोकार रही हैं। क्षण की अनुभूति आत्मानुभूति है, यह वर्तमानता की महत्ता है। क्षणवाद की यथार्थवादियों ने आलोचना की, क्योंकि उनकी दृष्टि में कोई क्षण इतिहास से बाहर नहीं होता।

अस्तित्ववादी दर्शन अनुभूति पर बल देता है तथा इससे विलग किसी सारतत्व का निषेध करता है। इसलिए यहां क्षण के आत्यंतिक महत्व को स्वीकार किया गया है। साहित्यिक अस्तित्ववाद में मृत्यु के क्षण को चरम अनुभूति की अवस्था मानते हुए, ऐसे क्षण के अनुभव में ही व्यक्ति सत्ता की प्रामाणिकता देखी गई है। लेकिन आस्थावादी ईसाई अस्तित्ववादियों में मृत्यु को नहीं, प्रेम की अनुभूति को केंद्रीय महत्व दिया गया। काल यास्पर्स जीवन की प्रामाणिकता 'प्रेम के क्षण' में खोजते हैं। यह प्रेम कोई निर्वैयक्तिक अवधारणा नहीं है। अनुभूतिगत होने के कारण उसमें अन्य की उपस्थिति और उससे प्रेम का बोध अनिवार्य है। अज्ञेय जैसे रचनाकारों के संदर्भ में जब क्षण की अनुभूति की बात की जाती है तो उसे यास्पर्स और बूबर जैसे अस्तित्ववादियों के विचारों की रोशनी में देखे जाने की जरूरत है। 'अपने-अपने अजनबी' जैसे उपन्यास में मृत्यु के क्षण और प्रेम के क्षण को जैसे आमने-सामने कर दिया गया है। इसमें लेखक का झुकाव प्रेम के क्षण की ओर है।

अनुभूति के क्षण पर अज्ञेय के विचार है, 'मैंने अनुभूति के क्षण की चर्चा की है तो क्षणवादी नाम से कोसा जाने लगा हूं।... मैंने क्षण पर जो बल दिया है, वह अनुभूति के प्रति सच्चाई के संदर्भ में ही, यानी रचना प्रक्रिया के संदर्भ में। भोक्ता से दृष्टा होने का परिवर्तन महत्वपूर्ण क्षण है। वही सृष्टा होने की पहली शर्त है। ऐसा ही क्षण साहित्य का असल 'वर्तमान' है, जो भोक्ता है और पहचानता नहीं कि मैं भोग रहा हूं, वह अभी केवल गृहीता है। संप्रेषण न वह है न हो सकता है। दूसरी ओर, जब वह पूरी तरह अनुभूति को पहचान लेता है, आप्त कर लेता है, तब वह उससे अलग हो चुका होता है, यानी तब वह अनुभूति उसका वर्तमान नहीं, अतीत अनुभव होती है। सच्चा वर्तमान ऐसा क्षण है, जिसके साथ न तो स्मृति का आभास है और न प्रत्याशा या अपेक्षा का, क्योंकि एक अतीत का लक्षण है और दूसरा भविष्य का। दोनों प्रकार की छायाओं से मुक्त असंपृक्त क्षण ही वर्तमान है। गणित के बिंदुओं की तरह इसका आयाम नहीं होता है, केवल साहित्य होता है। कवि का काम इसी क्षण को पकड़ना या कि ऐसे क्षणों की श्रृंखला को पकड़ते चलना है। वास्तव में यह कम नहीं, लेकिन यथासंभव इसके निकटतर आते रहना 'है' और 'था' के अंतराल को कम से कमतर करते चलना, कवि का इष्ट है। '(अज्ञेय ग्रंथावली-12)'। उनकी कविता पंक्तियां हैं :

एक क्षण : क्षण में प्रवहमान
व्याप्त संपूर्णता
इससे कदापि बड़ा नहीं था महाअंबुधि जो
पिया था अगस्त्य ने
एक क्षण होने का
अस्तित्व का अजस्त्र अद्वितीय क्षण
होने के सत्य का
सत्य के साक्षात का
सापेक्षता के क्षण का
आज हम आचमन करते हैं।

हिंदी साहित्य के संदर्भ में जब क्षण का जिक्र आता है, इसे यूरोपीय अस्तित्ववाद के प्रभाव की तरह देखने की प्रवृत्ति आम है। इस प्रभाव को निंदात्मक अर्थों में 'क्षणवाद' कह कर व्यंग्य किया जाता रहा है। अज्ञेय को इसका प्रस्तोता ठहराया जाता रहा है। इसमें संदेह नहीं कि अज्ञेय और अन्य कई लेखकों की रचनाओं में क्षण की अनुभूति को केंद्रीयता स्पष्ट है, लेकिन इसका संबंध अस्तित्ववाद से नहीं है।

अज्ञेय काल की अखंडता और चक्रीय सनातनता को स्वीकार करते हुए अनुभूति के क्षण की स्वायत्तता की बात करते हैं। वह यह मानते हैं, 'कलाकार का सत्य रागात्मक संबंध पर आश्रित है, अर्थात मानवीय संघर्षों और अनुभूतियों के संदर्भ में ही सार्थक है'। उनके शब्दों में, 'क्षण का आग्रह क्षणिकता का आग्रह

नहीं है, अनुभूति की प्राथमिकता का आग्रह है,' क्योंकि 'क्षण के दर्शन में आग्रह यह है कि जीवनानुभूति नाम की निजी और आत्यंतिक चीज को दूसरी सब चीजों की अपेक्षा में रखना पूर्वापर को उलटना है...अनुभूति आत्यंतिक है, इतर सब कुछ केवल संदर्भ।' इसे क्षण के आग्रह के बजाय अनुभूति की केंद्रीयता का आग्रह भी कहा जा सकता है।

नंदकिशोर आचार्य

अधिक जानकारी के लिए :

1. **सृजन और संदर्भ :** अज्ञेय , 2. **A Future of Presentism :** Gaig Bourne, 2006, 3. Presentism and Consciousness : N Mckinna, 2003

क्षमावाणी

जैन धर्म में पर्युषण पर्व के दौरान अंतिम दिन संवत्सरी मनाई जाती है। उस दिन साधु-साध्वियों के अतिरिक्त श्रावक समाज भी अपनी भूलों के लिए हर प्राणी से क्षमा मांगता है और औरों की भूलों को क्षमा करता है। इसे क्षमावाणी कहते हैं। क्षमापना, क्षमायाचना और खमतखामणा– ये सभी शब्द क्षमावाणी के पर्याय हैं। खमतखामणा का सीधा-सा अर्थ है–क्षमा मांगना और क्षमा देना।

संवत्सरी के दिन सर्वप्रथम प्रतिक्रमण किया जाता है। उसके बाद ज्ञात-अज्ञात भूलों के लिए परस्पर क्षमा का आदान-प्रदान किया जाता है। यह एक तरह से ग्रंथि-मोचन का उपक्रम है, जो आत्मा को स्वच्छ, निर्मल और निःशल्य बनाने के लिए किया जाता है। इसके लिए व्यक्ति में सहिष्णुता की भावना का होना आवश्यक है, क्योंकि क्षमा धर्म की साधना करने वाला व्यक्ति सहिष्णु होता है। सहनशील व्यक्ति दूसरों की भूल को न अधिक महत्व देता है और न उसकी गांठ बांधकर रखता है और न किसी के साथ दुर्व्यवहार करता है। यदि प्रमादवश कभी कुछ घटित हो जाए तो वह उसे तत्काल माफ कर देता है।

जैन मान्यता के अनुसार इस दिन प्रत्येक व्यक्ति को संसार के छोटे-बड़े हर प्राणी से अत्यंत ऋजुता व मृदुता के साथ खमतखामणा करनी चाहिए ताकि आत्मा में किसी प्रकार का कोई शल्य या कालुष्य शेष न रह जाए। यदि किसी व्यक्ति के साथ किसी प्रकार का कोई अनुचित व्यवहार हुआ हो, कोई दुर्भावनात्मक प्रवृत्ति हुई हो तो उससे व्यक्तिशः नम्रतापूर्वक खमतखामणा कर उस अध्याय को समाप्त कर देना चाहिए। यद्यपि यह कार्य कठिन है, तथापि यह अत्यंत आवश्यक है, क्योंकि इसके अभाव में व्यक्ति को शांति और आनंद की उपलब्धि नहीं हो सकती। इस दिन सारा वैर-विरोध भुलाकर मैत्री की धार बहानी चाहिए। इस अवसर पर व्यक्ति आत्म-चिंतन करता है और पिछले वर्ष के दौरन होने वाली भूलों की आलोचना और भविष्य के लिए शुभ संकल्प भी करता है।

अवधेश प्रसाद सिंह

क्षेमेंद्र

कश्मीर निवासी आचार्य क्षेमेंद्र का समय 1063 से 1090 ईसवी के बीच का है, जब राजा अनंत और उनके पुत्र कलश की सत्ता थी। ये सिंधु के पौत्र तथा प्रकाशेंद्र के पुत्र तथा अभिनवगुप्त के शिष्य थे। इनके लिखे गए ग्रंथों की संख्या लगभग 32 है जिनमें काव्यशास्त्र से संबंधित ग्रंथ 'औचित्य विचार चर्चा' और 'कवि कंठाभरण' महत्वपूर्ण हैं। इनके समय में कश्मीर का वातावरण अशांत था। इसलिए उसके सुधार के लिए इन्होंने काव्यशास्त्र की परंपरा में पहले से उपस्थित 'औचित्य' को पर्याप्त महत्व के साथ रेखांकित किया। इनका मुख्य लक्ष्य था तत्कालीन सामाजिक बुराइयों का निराकरण करना। औचित्य से कदापि च्युत न होने के कारण ही भगवान का नाम 'अच्युत' पड़ा, जिससे सिद्ध होता है कि औचित्य एक भागवत गुण है। यह लोक से भी पुष्ट है। औचित्य के विवेचन के कारण क्षेमेंद्र का महत्व है। इसके 27 भेद करके

इन्होंने 'उचित' की अद्‌भुत व्याख्या की। इनके यहां कला में सौंदर्य या नहीं, यह उतना महत्वपूर्ण नहीं है जितना यह कि कला में सौंदर्य आता कहां से है। अर्थात काव्य में गुण, रीति, अलंकार और रस का समावेश देखना ही आवश्यक नहीं है बल्कि यह देखना भी आवश्यक है कि इनका समावेश किस ढंग से हुआ है। इस ढंग विशेष की तरफ ध्यान आकृष्ट कर क्षेमेंद्र ने प्रतिपाद्य वस्तु से ध्यान हटा कर प्रतिपादन करने वाले कवि की ओर ध्यान दिलाया है जिसका आशय यह है कि कला के सौंदर्य का रहस्य कवि हृदय में छिपा रहता है।

क्षेमेंद्र ने 'औचित्य विचार चर्चा' में औचित्य को काव्य सौंदर्य का मूल मान कर जीवन तथा समाज की भांति ही काव्य में भी औचित्य को महत्व दिया। औचित्य पर चर्चा करते हुए इन्होंने दर्शन, काव्यशास्त्र, व्याकरण के साथ कवि-व्यक्तित्व को भी महत्व दिया है। इन्होंने रस को काव्य की आत्मा कहा है तथा औचित्य को इसका जीवित स्वीकार किया है। इन्होंने इस बात पर भी जोर दिया है कि रस से कविता संपन्न होती है और औचित्य से उसे स्थायी जीवन मिलता है क्योंकि जिस तरह अनुचित वेशभूषा, संवाद, मंच सज्जा से दृश्य काव्य में रसोन्मीलन नहीं होता, वैसे ही श्रव्य काव्य में भी अनुचित पद-प्रयोग से श्रोताओं में आनंद का उद्‌भव नहीं होता। उसका प्रभाव भी क्षणिक होता है। इन्होंने लिखा, 'अलंकारास्त्वलंकारा गुणा एव गुणा सदा/औचित्यं रस सिद्धस्य स्थिरं काव्यस्य जीवितम्'।

श्रीप्रकाश शुक्ल

अधिक जानकारी के लिए :

संस्कृत काव्यशास्त्र का इतिहास : पी वी काणे

॥ख॥

खंड काव्य

खंड काव्य को 'खंडप्रबंध' भी कहते हैं। इसमें मानव जीवन के किसी एक मार्मिक पक्ष की अनुभूति होती है। लघु आकार के कारण इसे लघु काव्य भी कहा जाता है। खंड काव्य के 'खंड' शब्द का यह अर्थ नहीं है कि काव्य बिखरा होता है अथवा वह किसी महाकाव्य का एक खंड होता है। 'खंडकाव्यं भवेत्काव्यस्यैकदेशानुसारि च' (विश्वनाथ, साहित्य दर्पण, 6.329), अर्थात महाकाव्य के एक देश या विषय का अनुसरण करनेवाला काव्य खंड काव्य है। इस तरह खंड काव्य ऐसा पद्यबद्ध काव्य है, जिसके कथानक में एकान्विति होती है, कथा में एकदेशीयता होती है। कथा में एक विषय के कारण इसका आकार लघु होता है। इसमें गीति के लक्षण भी आ जाते हैं। गीति की भावप्रवणता और तीव्र अनुभूति इसमें जितनी अधिक होती है, इसका प्रभाव उतना अधिक होता है। इस तरह इसमें कथा का विकास भाव विकास पर आधारित होता है। इसके कथा विन्यास में नाटकीयता होती है। इसमें प्रलंबित क्षणों की अनुभूति होती है। महाकाव्य जीवन की समग्र अभिव्यक्ति है, खंड काव्य प्रलंबित क्षण की अनुभूति के साथ जीवन के एक ही पक्ष को लेकर चलता है। गद्य में जो अंतर उपन्यास और कहानी में है, वही अंतर महाकाव्य और खंड काव्य में है। एक का क्षेत्र बड़ा होते हुए पूर्ण है, तो दूसरा छोटा होकर भी अपने में पूर्ण है। खंड काव्य में कवि की अनुभूति महाकाव्य की तरह किसी विश्व दृष्टि के शिखर पर नहीं पहुंच पाती, इसके बावजूद इसकी अनुभूति पूर्ण होती है।

खंड काव्य में उतनी ही सामग्री होती है, जितनी एक जीवन खंड से मिल सकती है। सामान्य रूप से खंड काव्य में छंदों की विविधता नहीं होती, संपूर्ण काव्य एक ही छंद में रचा जाता है। खंड काव्य में कथा सूत्र का होना आवश्यक है। महाकाव्य की तरह कथा का ख्यात या इतिहास प्रसिद्ध होना अनिवार्य नहीं है। इसका उद्देश्य अपनी कथा द्वारा कोई महान संदेश देना नहीं होता, पर कोई संदेश देना जरूर होता है। कवि को कथानक के प्रणयन में स्वतंत्रता होती है। वह अपनी कथा का निर्माता और पात्रों का विधाता होता है। कथानक पौराणिक, ऐतिहासिक, कल्पित, प्रतीकात्मक अथवा जन प्रचलित–किसी भी प्रकार का हो सकता है। इस तरह कल्पना का जितना विविध और स्वतंत्र क्षेत्र खंड-काव्यकार को मिलता है, उतना महाकाव्यकार को नहीं। प्राचीन खंड काव्यों के उदाहरण हैं–खुमानरासो, बीसलदेवरासो और आल्हा। आधुनिक खंड काव्य हैं– मैथिलीशरण गुप्त का 'जयद्रथवध', सूर्यकांत त्रिपाठी 'निराला' का 'तुलसीदास', कुंवरनारायण का 'आत्मजयी', धर्मवीर भारती का 'कनुप्रिया', नागार्जुन का 'भस्मांकुर' आदि। जिस तरह महाकाव्य लिखे जाने बंद हो गए, धीरे-धीरे खंडकाव्य की परंपरा भी खो-सी गई। इसका स्थान लंबी कविताओं ने ले लिया।

ब्रजकिशोर झा

खजुराहो

खजुराहो एक धरोहर है और मध्य प्रदेश का अंतरराष्ट्रीय पर्यटन स्थल भी है। इसके मंदिरों का निर्माण एक हजार वर्ष पूर्व चंदेल राजाओं ने किया था। इसके निर्माण का समय ईसवी 950 से लेकर 1050 तक है। खजुराहो के मंदिर अपने स्थापत्य के लिए विख्यात हैं ही, बाह्य दीवारों पर उत्कीर्ण मैथुन मुद्राओं और मैथुनरत प्रतिमाओं के लिए भी आकर्षण के केंद्र हैं। इनमें कला और संस्कृति का अनोखा सम्मिश्रण है और लौकिकता का गौरवपूर्ण गान है। खजुराहो मंदिर जीवन, प्रेम और आनंदोल्लास का जीवंत प्रतीक हैं। यहां मंदिरों की लंबी श्रृंखला थी,

जिनकी संख्या कभी 85 थी। वर्तमान में खजुराहो में मात्र 22 मंदिर सुरक्षित हैं। इसके पश्चिमी समूह के मंदिर, पूर्वी समूह के दो मंदिर और दक्षिणी समूह के मंदिर खास हैं, इन्हीं में कंदरिया महादेव, चौंसठ योगिनी, चित्रगुप्त, लक्ष्मण और मातंगेश्वर मंदिर हैं। लक्ष्मण मंदिर में कृष्ण, विष्णु, और शिव हैं। वराह और नृसिंह हैं। पूर्वी समूह में पार्श्वनाथ, घंटाई, आदिनाथ आदि के मंदिर हैं और दक्षिणी समूह में दूल्हादेव शिव मंदिर और चतुर्भुज मंदिर हैं।

खजुराहो का मंदिर

कंदरिया महादेव का मंदिर सबसे सुंदर और विशाल है। इसकी ऊंचाई 31 मीटर है। गर्भगृह में शिव हैं, जो सेक्स और नैतिकता के आदि संगम हैं। मंदिर का अंतरिम स्थापत्य और प्रतिमाएं शिल्पकारों की छेनियों से भूरे पत्थरों पर उकेरी गई हैं। मैथुन मूर्तियों का संतुलन और सौंदर्य देखते ही बनता है। वे चंदेल राजाओं की अनूठी रुचि और कल्पनाशीलता से साक्षात्कार कराती हैं। कहा जाता है कि खजुराहो एक ब्राह्मण पुजारी की अनिंद्य सुंदर कन्या की आंखों का स्वप्न है। जंगल में एक सरोवर में स्नान करते हुए चंद्र देव ने उसके सौंदर्य पर रीझकर उसका कौमार्य भंग कर दिया। इस घटना से चंदेलवंश के संस्थापक चंद्रवर्मन का जन्म हुआ। चंद्रवर्मन ने अपनी माता की आंखों से देखे गए स्वप्न को खजुराहो के मंदिरों के अद्वितीय मंदिर बनवाकर साकार कर दिया। चंद्रवर्मन की मां की इच्छा थी कि ऐसे मंदिरों का निर्माण हो, जिनमें वासनाओं की कोई जगह न होते हुए भी रति की स्वच्छंदता मूर्तियों के माध्यम से व्यक्त हो और वे काम के मार्ग से आध्यात्मिक आनंद की ओर ले जा सकें। काम अर्थात सेक्स मनुष्य जीवन का एक महत्वपूर्ण अंग है। खजुराहो के काम कला के मंदिर एक हजार वर्षों से मनुष्य को एक संदेश देते आए हैं, जो सारी दुनिया सुन रही है।

वसंत निरगुणे

खड़ी बोली

खड़ी बोली पश्चिमी हिंदी की एक प्रमुख बोली है, जो पहले अंबाला और मेरठ कमिश्नरी में बोली जाती थी। गंगा और यमुना के बीच सहारनपुर, मुजफ्फरनगर और मेरठ जिलों, गंगा के पूर्व बिजनौर और यमुना के पश्चिम करनाल, रोहतक, हिसार और दिल्ली परिक्षेत्र के लोग खड़ी बोली बोलते रहे हैं। उत्तर में देहरादून और अंबाला, पूर्व में मुरादाबाद और रामपुर, दक्षिण में बुलंदशहर आदि के अधिकांश लोग खड़ी बोली का प्रयोग करते रहे हैं। मेरठ जिले की बागपत तहसील खड़ी बोली का केंद्र रही है, जहाँ की भाषा खांटी और टकसाली मानी जाती है। भोलानाथ तिवारी के अनुसार खड़ी बोली का शुद्ध रूप बिजनौर में बोला जाता है। इसका पुराना परिक्षेत्र दक्षिण और पूर्व में ब्रजभाषा, पश्चिम में राजस्थानी, मारवाड़ी और पंजाबी तथा उत्तर में उत्तराखंड की पहाड़ी बोलियों के क्षेत्र से घिरा था। सीमावर्ती भागों में पड़ोस की बोलियों से इसका मिश्रण सहज स्वाभाविक है।

ग्रियर्सन ने खड़ी बोली को सरहिंदी, सिरहिंदी, वर्नाक्युलर, हिंदुस्तानी आदि कहा है, तो सुनीति कुमार चटर्जी ने हिंदुस्तानी या जनपदीय हिंदुस्तानी। राहुल सांकृत्यायन की भांति भोलानाथ तिवारी भी इसे 'कौरवी' कहते हैं, क्योंकि इसका परिक्षेत्र प्रायः वही है जिसे 'कुरु' जनपद कहते थे। खड़ी बोली कहने से कई बार आधुनिक हिंदी का भ्रम हो जाता है। खड़ी बोली में रोट्टी, बेट्टी, जात्ता है, जात्ते हो जैसे द्वित्व प्रयोग चलते हैं। पर आधुनिक हिंदी में रोटी, बेटी, जाता है, जाते हो—जैसे सरल रूप चलते रहे

हैं। खड़ी बोली कुरु जनपद के देहातों तक सीमित है, आधुनिक हिंदी समूचे देश की संपर्क भाषा है। इसे संविधान में राजभाषा का दर्जा हासिल है। दूसरी ओर कई बार आधुनिक हिंदी को खड़ी बोली कह दिया जाता है। इसलिए खड़ी बोली के जनपदीय स्वरूप को एक सुनिश्चित नाम देने के लिए ही राहुल जी ने उसे 'कौरवी' कहना उचित समझा। एक जगह उन्होंने उसे 'आदि हिंदी' भी कहा है और 'आदि हिंदी की कहानियां और गीतें' नाम से एक संकलन भी प्रकाशित किया है।

कुछ विद्वानों ने लक्षित किया है कि खड़ी बोली पश्चिमी क्षेत्रों में पंजाबी और राजस्थानी से अधिक प्रभावित है और पूर्वी क्षेत्रों में ब्रजभाषा से। पूर्वी भाग की खड़ी बोली उच्चारण आदि की दृष्टि से आधुनिक हिंदी के अधिक निकट है। यह सभी मानते हैं कि हिंदी, उर्दू और हिंदुस्तानी—तीनों की बुनियाद में खड़ी बोली है। सवाल उठता है कि हिंदी-उर्दू का नया रूप खड़ी बोली के किस रूप से विकसित हुआ? खड़ी बोली के पश्चिमी रूप से जो पंजाबी, बांगर और राजस्थानी से प्रभावित हैं आधुनिक हिंदी का विकास संभव न था। दिल्ली में खड़ी बोली का यह रूप अब भी सुनाई देता है—अपणापण, बालकपणा, चुगणा, मन्नै (मुझे), तन्नै (तुझे), सकूल (स्कूल), गामड़ा (गांव), बेल्लण (बेलन), धोत्री (धोती) आदि।

रामविलास शर्मा ने अपने सुचिंतित अध्ययन से निष्कर्ष निकाला है कि हिंदी उर्दू का नया रूप आगरा में विकसित हुआ। आगरा व्यापार की बहुत बड़ी मंडी थी, जहाँ उत्तर-पश्चिम के व्यापारियों के 'जरिए जनपदीय खड़ी बोली पहुंची और आगरे के ब्रजभाषी परिवेश में घिसते-घिसते उसने नया रूप प्राप्त किया। द्वित्व उच्चारण और ण कार की कर्कशता दूर हुई—'अपणापण' से 'अपनापन' हुआ, किसाण किसान हुए, रोट्टी-बेट्टी अपने सरल रूप में आ गई—रोटी-बेटी। खड़ी बोली की खड़खड़ाहट ब्रजभाषा की मिठास में पगकर हिंदी की आधुनिक बनावट में ढल गई। आगरे की यही ब्रज प्रभावित खड़ी बोली बाद में दिल्ली पहुंची। मथुरा और आगरा दोनों ब्रज क्षेत्र में हैं। मथुरा व्यापारिक मंडी नहीं बनी, इसलिए वहाँ खांटी ब्रजभाषा बोली जाती है। आगरे की मंडी में अनेक 'जनपदीय' बोलियों का मिश्रण हुआ।' रामविलास शर्मा का निष्कर्ष है, 'जनपदीय खड़ी बोली का नया हिंदी-उर्दू रूप आगरा की देन है। व्यापार की बहुत बड़ी मंडी होने से यहां अनेक बोलियों को इकट्ठे होने और एक-दूसरे को प्रभावित करने का अवसर मिला।... आगरा ब्रज जनपद का नगर है। स्वभावतः यहां जिस खड़ी बोली का विकास हुआ, वह ब्रजभाषा से प्रभावित थी। यह ब्रजभाषा साहित्य से अधिक बोलचाल की भाषा है। उसमें अनेक वैकल्पिक प्रयोग हैं और पुरानी हिंदी-उर्दू में मिलते हैं।'

रामचंद्र शुक्ल ने बताया है कि मुगल साम्राज्य के ध्वंस के बाद हिंदू व्यापारी जातियां (आगरावाले, खत्री आदि) दिल्ली और आगरे से पूरब की ओर लखनऊ, पटना, मुर्शिदाबाद आदि नए केंद्रों की ओर फैलने लगीं। उनके साथ-साथ उनकी बोलचाल की भाषा खड़ी बोली का प्रसार भी होता गया। यद्यपि साहित्य में ब्रजभाषा का व्यवहार प्रधान रूप से होता रहा, फिर भी अपभ्रंश के दोहों, गोरखनाथ की बानियों, अमीर खुसरो की पहेलियों और मुकरियों तथा कबीर के वचनों में खड़ी बोली का प्रयोग दिखाई देता है। अकबर के समय गंग कवि ने 'चंद छंद बरनन की महिमा' नाम की एक रचना खड़ी बोली गद्य में लिखी थी। खड़ी बोली के आरंभिक गद्य लेखक मुंशी सदासुख और लल्लू लाल से 62 साल पहले 1741 में रामप्रसाद निरंजनी ने 'भाषा योगवसिष्ठ' की रचना साफ-सुथरी खड़ी बोली में की थी। शुक्ल जी ने 'भाषा योगवसिष्ठ' को 'परिमार्जित गद्य की प्रथम पुस्तक' और रामप्रसाद निरंजनी को 'प्रथम प्रौढ़ गद्य लेखक' माना है। नागरी प्रचारिणी सभा के 14वें खोज-विवरण के अनुसार इससे भी पहले 1699 में भगवान दास ने 'गीता वार्तिका' की रचना की थी। रामविलास शर्मा ने उस दौर की दसियों पुस्तकों का उल्लेख किया है। इससे प्रमाणित होता है कि खड़ी बोली शब्द का प्रयोग भले लल्लू लाल ने

पहली बार किया हो, लेकिन खड़ी बोली गद्य रचना का सिलसिला बहुत पहले का है।

भारतेंदु युग में खड़ी बोली गद्य का साहित्यिक रूप प्रतिष्ठित हो गया, फिर भी कविता में ब्रजभाषा का ही बोलबाला था। खड़ी बोली का कविता में भी शुरू करने के लिए एक साहित्यिक आंदोलन चल पड़ा, जिसे 'खड़ी बोली आंदोलन' कहते हैं।

अवधेश प्रधान

अधिक जानकारी के लिए :

1. **हिंदी साहित्य का इतिहास :** रामचंद्र शुक्ल, 2. **हिंदी भाषा :** धीरेंद्र वर्मा, 3. **भारतेंदु युग और हिंदी भाषा की विकास-परंपरा :** रामविलास शर्मा, 4. **अयोध्या प्रसाद खत्री स्मारक ग्रंथ :** शिवपूजन सहाय और नलिन विलोचन शर्मा

खड़ी बोली आंदोलन

खड़ी बोली आंदोलन का संबंध ब्रजभाषा की जगह खड़ी बोली में हिंदी कविता लिखने के आंदोलन से है, जिसके पुरोधा अयोध्या प्रसाद खत्री (1858-1905) थे। उस समय गद्य खड़ी बोली में लिखे जाने के बावजूद कविता ब्रजभाषा में लिखी जाती थी। भारतेंदु हरिश्चंद्र ने खड़ी बोली में कुछ कविता लिखी थीं। फिर भी उनका विचार था, 'जो हो मैंने आप कई बेर परिश्रम किया कि खड़ी बोली में कुछ कविता बनाऊं पर वह मेरे चित्तानुसार नहीं बनी, इसे यह निश्चय होता है कि ब्रजभाषा में कविता करना उत्तम होता है।' (हिंदी भाषा)। ब्रजभाषा में कविताएं छायावाद के दौर तक लिखी जाती रहीं, और भारतेंदु मंडल के कई लेखक ब्रजभाषा के ही पक्ष में थे, पर अयोध्या प्रसाद खत्री ने 1887 में यह विवाद शुरू कर दिया कि हिंदी में कविता भी खड़ी बोली में ही लिखी जानी चाहिए। इस तरह खड़ी बोली आंदोलन का संबंध गद्य और कविता की भाषा को एक करने से था। यह हिंदी कविता में सौंदर्यबोध और मूल्य के एक पूरे संसार को बदलने की लड़ाई थी।

उस समय यह भय दिखाया जा रहा था कि

कविता में खड़ी बोली अपनाने से उसकी महोहारिता चली जाएगी। पद्य साहित्य खो जाएगा और हिंदी कविता की परंपरा से ब्रजभाषा को निकाल दिया जाएगा। थोड़ी चिंता यह भी थी कि खड़ी बोली कविता में उर्दू घुस जाएगी। प्रतापनारायण मिश्र और राधाचरण गोस्वामी का मत ऐसा ही था। अयोध्या प्रसाद खत्री के द्वारा चलाया गया खड़ी बोली आंदोलन घोषित रूप के हिंदी का पहला साहित्यिक आंदोलन है। यह आंदोलन इसलिए महत्वपूर्ण है कि उन्होंने उपनिवेशवाद और कट्टरपंथियों दोनों का विरोध किया। उन्होंने लिखा, 'यदि अंग्रेजों की रुचि इस ओर होती तो ग्रियर्सन साहब अवश्य खड़ी बोली पद्य के पक्ष में होते, पर वे इसके विरोधी हैं।' (अयोध्या प्रसाद खत्री स्मारक ग्रंथ, संपादक : शिवपूजन सहाय, नलिन विलोचन शर्मा)।

फ्रेडरिक पिन्काट का रुख ग्रियर्सन से भिन्न था। ग्रियर्सन और पिन्काट से हिंदी के बारे में दो अंग्रेज सज्जनों की दो भिन्न दृष्टियों का पता चलता है। इस आंदोलन का असर था कि ब्रजभाषा आगे चल न सकी। दरअसल हिंदी गद्य की तरह हिंदी कविता को एक विस्तृत सार्वजनिक क्षेत्र की जरूरत थी।

खड़ी बोली में कविता के लिए आंदोलन का मंच था 'हिंदुस्तान पत्र'। यह साहित्यिक विवाद नवंबर

1887 से अप्रैल 1888 तक चला था। प्रतापनारायण मिश्र हिंदी की एकस्रोतपरकता का बखान कर रहे थे, 'ब्रजभाषा और हिंदी दो भिन्न भाषा हैं—नहीं भाई! भिन्न कहां? दोनों की जननी संस्कृत है, दोनों का देश आर्य देश है।' (वही)। संस्कृत को हिंदी जननी कहना लोकभाषाओं की उपेक्षा है और भारत को आर्य देश कहना भी एक तरह की संकीर्णता है। हिंदी के विकास को बृहत्तर हिंदी समाज के जातीय विकास से जोड़ कर नहीं देखने की वजह से ही हिंदी को कभी ब्रज, कभी परिवार की अन्य भाषाओं और कभी उर्दू से लड़ाकर देखने की कोशिश हुई। हाल के उत्तर-औपनिवेशिक मूल्यांकनों (फ्रांसेस्का आरसेनी, आलोक राय) ने नागरी लिपि में हिंदी को बनियों, ब्राह्मणों और कायस्थों की भाषा कहा गया है, जबकि हम भारतेंदु (अग्रवाल), प्रतापनारायण मिश्र (ब्राह्मण) और अयोध्या प्रसाद खत्री (कायस्थ) को भिन्न वैचारिक कोणों पर खड़ा पाते हैं। इसका अर्थ है, उस समय का हिंदी माहौल जातिवाद से ऊपर उठा हुआ था। उस माहौल में वैचारिक टकराहटें थी, पर एक साझी समझ भी बन रही थी।

अयोध्या प्रसाद खत्री की खूबी थी कि उन्होंने जोरदार शब्दों में भाषा को जाति (कास्ट) और मजहब से अलग किया, क्योंकि इसके बिना हिंदी क्षेत्र में सर्वमान्य भाषा रूप का गठन मुश्किल था। उन्होंने 'खडी बोली का पद्य' (1887) में लिखा, 'थोड़ा ही सोचने से यह बात खुल जाएगी कि कुल, जातियां, मजहब का बहुत कम असर भाषा पर पहुंच सकता है।' (वही)। वह जानते थे कि भाषा पर सबसे ज्यादा समाज का असर पड़ता है, फिर शिक्षा का। उस दौर में बालकृष्ण भट्ट भी कह रहे थे, 'आज जो भाषा बोलेंगे, वह किसी न किसी सांचे में ढली होगी। लोग कहेंगे कि इसका ढलना कुल और जाति से संबंध रखता है, अर्थात एक ब्राह्मण का लड़का कभी संभव नहीं है कि नित्य बोलचाल में 'खाक सार को क्या हुक्म होता है' इत्यादि के ढंग की फारसी मिली हुई उर्दू बोले। यह भी संभव नहीं है कि कोई मुसलमान चाहे वह संस्कृत का बड़ा विद्वान क्यों न हो, काशी के पंडितों की भाषा बोले, पर थोड़ा सोचने से बात खुल जाएगी कि कुल, जाति या मजहब का बहुत कम असर भाषा पर पहुंच सकता है। लखनऊ के एक मुसलमान की भाषा पर ध्यान दीजिए : 'देखिए, कैसी लच्छेदार शीन-काफ से जुड़ी हुई फसही उर्दू बोलता है, तब ढाका या मुर्शिदाबाद के बंगाली मुसलमान को लीजिए। सुनते ही आप कह उठेंगे कि यह न तो फारसी है, न उर्दू, बल्कि शुद्ध बांग्ला है। जैसे लोगों में कोई रहेगा, वैसी ही उसकी भाषा बदल कर हो जाएगी।' (ग्रामीण भाषा, 1885)। मुश्किल है कि प्रतापनारायण मिश्र के 'जपो निरंतर एक जबान, हिंदी-हिंदू-हिंदुस्तान' की ओर बार-बार ध्यान आकर्षित करने वालों को बालकृष्ण भट्ट के उपर्युक्त विचारों और उस जमाने की नई करवट की ओर दृष्टि नहीं जाती।

अयोध्या प्रसाद खत्री द्वारा चलाए जा रहे खड़ी बोली आंदोलन में ब्रजभाषा-विरोध का अर्थ हिंदी को स्थानीय जड़ों से विच्छिन्न करना नहीं था। यह हम उनके इस कथन से जान सकते हैं, 'जो (लोकभाषा) लोगों के घर में बोली जाती है, उसकी सहज गति यां प्रवाह होने के कारण उसमें एक विचित्र लालित्य, माधुर्य या कोमलता आ जाती है और जिसमें अब तक हजारों-लाखों अति पुष्ट अर्थ के द्योतक हिंदी शब्द भरे हैं और जो दुर्भाग्य से मनुष्यों की सभा-मंडली से निकालकर अलग फेंक दिए गए हैं—इस अन्याय का कारण क्या है? कारण केवल यही जान पड़ता है कि हम लोगों के बीच बिना बोलाए ही एक पाढ़ना आ घुसा है।' (अयोध्या प्रसाद खत्री स्मारक ग्रंथ) यहां 'पाढ़ना' का आशय किताबीपन से है। समझना मुश्किल नहीं है कि सीमित उद्देश्य से दी जा रही नई शिक्षा के भाषा पर पड़े बुरे असर को यहां रेखांकित किया जा रहा है। शहरी शिक्षित वर्ग की भाषा में एक तरह की रईसी, लालित्यहीनता और कृत्रिमता आ जाती है, ऐसी भाषा अक्सर जड़विहीन होती है।

हिंदी के निर्माण में कायस्थों की भूमिका पर कई बार चर्चा हुई है। यह आश्चर्यजनक लग सकता

है कि अयोध्या प्रसाद खत्री ने घर की बोली के लालित्य-मधुरता की प्रशंसा करते हुए कायस्थों के रईसी मिजाज की कटु आलोचना की है, 'कायस्थ महाशय... दूसरे लोगों से कुछ और ही चीज बोलते हैं और विचित्र भद्दे फारसी शब्द मिला उर्दू बूकते हैं।" (वही)। एक तरफ 'मुंशी स्टाइल की हिंदी' का समर्थन और दूसरी तरफ कायस्थ महाशय द्वारा उर्दू बूकने की आलोचना, यह विरोधाभास-सा लगता है। आखिरकार अयोध्या प्रसाद कैसी हिंदी चाहते थे? यह निश्चय ही भारतेंदु की परंपरा में 'हिंदुस्तानी' जैसी हिंदी की कल्पना कर रहे थे, जिसमें घर की बोली का लालित्य और मधुरता हो तो उर्दू की रवानी भी हो। वे भाषा पर समाज और शिक्षा का संतुलित असर चाहते थे, ताकि लालित्य बचा रहे और गंवारी छंटे। वह एक नई खड़ी बोली की कल्पना कर रहे थे, निश्चय ही ऐसे समय में, जब इसे कुछ विद्वान इकहरे ढंग से अपनी-अपनी तरफ खींच रहे थे और इसके स्वरूप को लेकर एक दुविधा थी।

हिंदी खड़ी बोली के जो पांच रूप अयोध्या प्रसाद ने देखे थे, ये रूप वस्तुतः उनके जमाने के वैचारिक आग्रहों से सामने आए थे। ये महज भाषा-रूप नहीं, विचार भी थे। ये रूप हैं—1. तद्भव और देशज शब्दों वाली ठेठ हिंदी, 2. कठिन संस्कृत शब्दों वाली पंडितजी की हिंदी, 3. बीच की मुंशीजी की हिंदी, 4. कठिन फारसी-उर्दू शब्दों वाली मौलवी साहब की हिंदी और 5. अंग्रेजी मिश्रित यूरेशियन हिंदी। स्थानीय जड़ों वाली हिंदी से लेकर हिंग्लिश तक के भाषारूप उस जमाने के परिदृश्य में थे। उस समय हिंदी को रोमन लिपि में लिखने की वकालत करने वाले भी थे। आज विज्ञापनों और एसएमएस में रोमन लिपि चल पड़ी थी है जो टेक्नोलॉजी के दबाव के अलावा अंग्रेजी संस्कृति की नकाब में बौद्धिक उपनिवेशवाद का चिह्न है।

अयोध्या प्रसाद खत्री चाहते थे कि लोग एक तरफ ब्रजभाषा और अन्य ग्रामीण भाषाओं का मोह छोड़ दें, दूसरी तरफ, फारसी भाषा-लिपि के चक्कर में न पड़ें और तीसरी तरफ, रोमन लिपि न अपनाएं। इस तरह हिंदुस्तानी क्षेत्र में एक ऐसी समन्वित' धर्मनिरपेक्ष और सर्वमान्य भाषा उभर आए जिसका संबंध विविधतामय जनजीवन के आधुनिक उत्थान से हो। यह हिंदी के साथ-साथ हिंदुस्तानी जनता की राष्ट्रीय अस्मिता के निर्माण की बेचैनी थी, जो उन्नीसवीं सदी में व्यापक आकार ले चुकी थी। औपनिवेशिक कूटनीति सिर्फ भाषा के ही विभाजन पर उतारू नहीं थी, राष्ट्रीय अस्मिता के विभाजन पर उतारू थी। इसलिए पंडित जी की कृत्रिम हिंदी और मौलवी जी साहब की कृत्रिम उर्दू चल रही थी। काफी लोग 'कच्ची' या ग्रामीण बोली में ठहरे हुए थे और विकास के लिए तैयार नहीं थे।

अयोध्या प्रसाद खत्री ने यूरेशियन हिंदी में कविता का उदाहरण दिया है, 'डार्कनेश छाया हुआ है हिंद में चारों तरफ। नाम की भी है कहीं बाकी न लाइट नाउएडेज' (वही)। आज टीवी समाचार, रेडियो एफएम और नई पीढ़ी की बातचीत में हिंदी का कुछ ऐसा ही हिंग्लिश रूप देखने को मिलता है। दरअसल अंग्रेजी का बुरा मिश्रण इधर सभी भारतीय भाषाओं में हुआ है। ऐसा नहीं है कि अयोध्या प्रसाद खत्री 'मुंशीजी की हिंदी' का या यूरोपियन विद्वानों द्वारा दिए गए नाम 'हिंदुस्तानी' का आंख मूंद कर समर्थन करते हैं। वे साफ कहते हैं, 'ठेठ हिंदी के शब्दों पर ध्यान देना चाहिए।' इस तरह अयोध्या प्रसाद खत्री जन चित्त से जुड़े एक उदारवादी भाषा-विमर्शकार के रूप में सामने आए उन्होंने खड़ी बोली आंदोलन अंतर्विरोधों की भी सामने ला दिया था।

अयोध्या प्रसाद खत्री को इस बात का अहसास था कि उनके आंदोलन का हिंदी संसार पर असर पड़ा है। इससे श्रीधर पाठक और महावीर प्रसाद द्विवेदी की हिंदी सुधरी है। महावीर प्रसाद द्विवेदी ने 'सरस्वती' में आने के बाद तुरंत स्वीकार किया, 'अब तक हिंदी का पद्य ब्रजभाषा में ही था। अब बोलचाल की भाषा में भी कविता होने लगी है। इस विषय की ओर पहले पहल बाबू अयोध्या प्रसाद का ध्यान गया।' भारतीय भाषाओं में हिंदी का एक प्रमुख स्थान है। फिर भी कई दूसरी भाषाओं की तुलना

में खड़ी बोली हिंदी में कविता लेखन काफी देर से जोर पकड़ सका।

उन्नीसवीं सदी में हिंदी खड़ी बोली में कई धारदार कविताएं लिखी गईं, जो अज्ञात रह गईं। ऐसे कई कवि थे, जो ऐतिहासिक जगह न बना पाए हों पर वे जोखिम उठाकर राष्ट्रीय जागरण की आवाज बुलंद कर रहे थे। वे उपनिवेशवाद को बौद्धिक चोट दे रहे थे। अयोध्या प्रसाद 'मुंशी स्टाइल' के उदाहरण स्वरूप अनजाने ही ऐसी कविताएं सामने लाते हैं, जिनमें राष्ट्रीय जागरण की झलका है। इन पर एक नजर दौड़ा लेनी चाहिए। राम मोहन लाल पूछते हैं, "ऐ हिंद तेरा वह रंग कहां है? पहला सा तेरा वह ढंग कहां है?' पटना के बाबू महेशनारायण की लंबी कविता है 'स्वप्न'। वे कहते हैं, 'क्या है यह अहा हिंद की जमीन? होगी तो जरूर यह स्वाधीन।' 1887 में छपी किताब 'खड़ी बोली का पद्य' से ये पंक्तियां हैं। यह लगभग वह समय है, जब ह्यूम की अगुवाई में राष्ट्रीय कांग्रेस की स्थापना (1885) हो चुकी थी। कविता राजनीति से आगे थी। निश्चय ही यह प्रश्न भी था कि ब्रज और उर्दू के विद्वानों तक सीमित कविता एक नई चेतना लेकर सर्वसाधारण तक कैसे पहुंचे। पंडित स्टाइल की हिंदी से एक उदाहरण है, 'आर्य्यावर्त ! तू क्यों करती है दिन-रात विलाप। कौन से क्रूर हृदय ने यह किया है संताप।' मुंशी स्टाइल में हिंदी है और पंडित स्टाइल में 'आर्य्यावर्त' है। यह सिर्फ शैली का फर्क नहीं है, विचारों का भी फर्क है।

अयोध्या प्रसाद खत्री खड़ीबोली आंदोलन को एक अन्य संदर्भ से भी जोड़ते हैं—आलोचना से। 20वीं सदी का आरंभ होते-होते हिंदी के परिदृश्य में काफी बदलाव आ चुका था। 1902 में अयोध्या प्रसाद आलोचना की जरूरत पर टिप्पणी करते हैं, 'इस समय हिंदी में एक ऐसा पत्र अत्यावश्यक है, जिसमें हिंदी संबंधी सब विषयों की समालोचना रहा करे। हमारे जानते खड़ी बोली आंदोलन इसी का एक अंग है। हिंदी का इतिहास भी इसी का अंग हो सकता है।' (वही)। उन्नीसवीं सदी के राष्ट्रीय जागरण की एक बड़ी देन यह है कि इसने दृष्टि को आलोचनात्मक बनाया। इसने मानव जीवन में आलोचनात्मक परिप्रेक्ष्य की जरूरत बढ़ा दी। इसी से औपनिवेशिक-सामंती व्यवस्था के विरोध के साथ खड़ी बोली आंदोलन और साहित्येतिहास संभव हुए।

आरंभ में अयोध्या प्रसाद खत्री को उपहास और निराशा का सामना करना पड़ा। अंततः स्थितियों में परिवर्तन आया। खड़ी बोली आंदोलन के ही एक समर्थक भुवनेश्वर मिश्र ने उनके संबंध में लिखा है, 'पहले बाबू अयोध्या प्रसाद किले के नीचे खड़े थे और शत्रु उन पर किले के ऊपर से हमला करते थे। अब बाबू साहब लकड़ियों और घास के सहारे किले के टीले पर चढ़ गए हैं।' (वही)। नई राजनीतिक हवा उनके पक्ष में थी। इसका यह अर्थ नहीं है कि उस समय पुनरुत्थानवादी तत्वों ने कुछ जोर नहीं लगाया। वे सक्रिय थे, पर अंततः उनकी न चली। अयोध्या प्रसाद इसलिए भी याद किए जाने चाहिए कि वे खड़ी बोली आंदोलन में बिना थके, सबको जोड़ते और सम्मिलित करते चलते थे। वे मुजफ्फरपुर में जहाँ भी हिंदी साइनबोर्ड अशुद्ध देखते, इसे शुद्ध करने की प्रार्थना करते। वे रोमन लिपि में हिंदी लिखने का विरोध करते। उनमें एक बेचैनी थी। वे मिलने वाले लेखकों से जरूर पूछते थे, 'कहिए, कुछ नई लिटररी न्यूज है क्या?' वे खड़ी बोली में रचना करने वालों को तरह-तरह से उत्साह देते थे। अयोध्या प्रसाद खत्री भारतेंदु और महावीर प्रसाद द्विवेदी को जोड़ने वाली एक महत्वपूर्ण कड़ी थे।

शंभुनाथ

खड्ग विलास प्रेस

खड्ग विलास प्रेस की स्थापना 1880 में पाठ्यपुस्तकों की कमी दूर करने के लिए पटना के बाँकीपुर नामक स्थान पर हुई थी। इसके संस्थापक बाबू रामदीन सिंह थे, जो मूलतः उत्तर प्रदेश के रहने वाले थे। वे शिक्षक थे, पर हिंदी पाठ्य पुस्तकों के अभाव के कारण उन्होंने प्रकाशन व्यवसाय को अपनाया।

उन्नीसवीं सदी के उत्तरार्ध में हिंदी की साहित्यिक पुस्तकों, पाठ्यपुस्तकों और पत्रिकाओं के प्रकाशन में खड्ग विलास प्रेस की भूमिका ऐतिहासिक है। आधुनिक हिंदी साहित्य की कई महत्वपूर्ण पुस्तकों के प्रकाशन का श्रेय इस प्रेस को जाता है। भारतेंदु हरिश्चंद्र, प्रताप नारायण मिश्र, अंबिका दत्त व्यास, शीतला प्रसाद त्रिपाठी, भारतीय सिविल सेवा में हिंदी के प्रतिष्ठापक फ्रेडरिक पिन्काट, अयोध्या सिंह उपाध्याय 'हरिऔध', दामोदर शास्त्री सप्रे, शिवनंदन सहाय जैसे रचनाकारों की पुस्तकें इस प्रेस से प्रकाशित हुईं। हिंदी की पहली ग्रंथावली भारतेंदु ग्रंथावली थी, जिसका प्रकाशन 1912 में खड्ग विलास प्रेस से ही हुआ था।

1835 में बिहार में पहली बार हिंदी को लेकर आंदोलन शुरू हुआ था। हिंदी के लिए आंदोलन के चलते जिसके फलस्वरूप 1875 में बिहार के स्कूलों और कचहरियों में हिंदी को स्वीकार किया गया था। इस पृष्ठभूमि में इस प्रेस द्वारा पाठ्यपुस्तकों की कमी को दूर करने का प्रयास किया गया। साहब प्रसाद सिंह, उमानाथ मिश्र, चांदी प्रसाद सिंह, काली प्रसाद मिश्र आदि लेखकों के सक्रिय सहयोग से पाठ्य पुस्तकों का प्रकाशन खड्ग विलास प्रेस द्वारा हुआ। साहब प्रसाद सिंह की पुस्तक 'भाषा सार' 1884 से 1936 तक बिहार के स्कूलों और कॉलेजों में पढ़ाई जाती रही। भारतेंदु हरिश्चंद्र से उनकी अच्छी मित्रता थी। इस प्रेस के कारण ही भारतेंदु का साहित्य सुव्यवस्थित रूप से प्रकाशित हो सका। इसने मासिक 'क्षत्रिय पत्रिका' (1882), पाक्षिक 'भाषा-प्रकाश' (1883), मासिक 'हरिश्चंद्र कला' (1885), पाक्षिक 'द्विज पत्रिका' (1883), मासिक 'ब्राह्मण' (1890), मासिक 'विद्या विनोद' (1894), कवि समाज (1897) और साप्ताहिक 'शिक्षा' जैसी पत्रिकाओं का प्रकाशन करके हिंदी की साहित्यिक पत्रकारिता के विकास में भारी योगदान दिया।

श्रीधरम

अधिक जानकारी के लिए :
आधुनिक हिंदी के विकास में खड्ग विलास प्रेस की भूमिका : धीरेंद्र सिंह

खरोष्ठी लिपि

सिंधु घाटी की चित्रलिपि के बाद भारत की जिन प्राचीनतम लिपियों का उल्लेख मिलता है, खरोष्ठी उनमें से एक है। पुरातत्व संबंधी विभिन्न ग्रंथों में इसका उल्लेख 'इंडो-बैक्ट्रियन', 'बैक्ट्रियन', 'बैक्ट्रो-पालि', 'काबुली', 'गांधारी' के नामों से भी हुआ है। दूसरी सदी ईस्वी के प्रसिद्ध बौद्ध ग्रंथ 'ललितविस्तर' के दसवें अध्याय में जिन चौंसठ लिपियों के नाम गिनाए गए हैं, उनमें पहला नाम 'ब्राह्मी' और दूसरा 'खरोष्ठी' का है।

खरोष्ठी का इस्तेमाल गांधारी, संस्कृत और गांधारी-मिश्रित संस्कृत (संकर भाषा) को लिपिबद्ध करने के लिए किया जाता था। यह लिपि ईसा पूर्व तीसरी-चौथी सदी में भारत के उत्तर-पश्चिमी सीमा प्रांतों से लेकर सातवीं सदी ईस्वी में चीनी तुर्किस्तान (खोतान प्रांत) तक प्रचलित थी। विशेष रूप से कुषाण काल में इसका उपयोग बहुतायत से हुआ लेकिन बाद में इन इलाकों में भी ब्राह्मी लिपि का प्रचार-प्रसार हो जाने के कारण यह प्रचलन से बाहर हो गई। इसके उपयोग के कुछ छिटपुट अभिलेख सातवीं शताब्दी में भी मिलते हैं।

भारत में यह लिपि उत्तर-पश्चिम से दाखिल हुई और एक कालखंड तक विदेशी मूल के राजवंशों द्वारा इस्तेमाल हुई और फिर उनके साथ ही समाप्त हो गई।

खरोष्ठी के पुरालेख : सिकंदर के भारत-आक्रमण (326 ई.पू.) के बाद पश्चिमोत्तर प्रदेश तथा बल्ख पर यूनानियों का शासन स्थापित हुआ तो उन्होंने अपने सिक्कों पर खरोष्ठी लिपि के अक्षरों का उपयोग किया।

यूनानियों से भी पहले ईरानी शासकों के चांदी के सिक्कों पर खरोष्ठी के अक्षरों के ठप्पे देखने को मिलते हैं। माना जाता है कि भारत के पश्चिमोत्तर प्रदेश पर ईरानियों का अधिकार हो जाने पर वहां आर्मेइक लिपि के आधार पर दाहिनी ओर से बाईं ओर लिखी जाने वाली एक नई लिपि खरोष्ठी का निर्माण किया गया था।

खरोष्ठी के अभिलेख प्रस्तर-शिल्पों, धातु-

फलकों, बर्तनों, सिक्कों, मूर्तियों, भोजपत्र आदि में मिलते हैं। प्राचीनतम लेख तक्षशिला और पुष्कलावती के आसपास से मिले हैं लेकिन इसका प्रमुख क्षेत्र उत्तर-पश्चिमी भारत और पूर्वी अफगानिस्तान था। कुछ अभिलेख और खंडित अक्षर या शब्द मथुरा (उत्तर प्रदेश), उज्जैन (मध्य प्रदेश), मैसूर (सिद्दापुर) और दक्षिण भारत के अन्य भागों से भी प्राप्त हुए हैं। कुषाण युग के बाद यह लिपि भारत के बाहर चीन के तुर्किस्तान में पहुंची और वहां यह कम से कम एक शताब्दी तक जीवित रही।

विदेशी मूल के शासकों के अलावा सम्राट अशोक के भी दो शिलालेख खरोष्ठी लिपि में मिले हैं—(i) शाहबाजगढ़ी (जिला : पेशावर, पंजाब प्रांत, पाकिस्तान) और (ii) मानसेहरा (जिला : हज़ारा, उत्तर पश्चिमी सीमांत, पाकिस्तान)। इनका समय 250 ईसा पूर्व है। इनके अलावा अशोक के शेष सभी शिलालेख ब्राह्मी लिपि में हैं।

तक्षशिला के धर्मराजिका स्तूप की खुदाई से सन 78 का एक खरोष्ठी लिपि का लेख मिला है, जो चांदी के फलक पर अंकित है। यहीं से ताम्रपत्र पर अंकित सन 76 का एक और लेख प्राप्त हुआ है। प्राचीन पुष्कलावती (चारसद्दा, उ.प.सी. प्रांत, पाकिस्तान) तथा अफगानिस्तान के वरदक और हद्दा नामक स्थानों से भी खरोष्ठी के लेख मिले हैं। मथुरा से महाक्षत्रप राजुल की रानी का सिंहाकृति पर खुदा हुआ खरोष्ठी लेख उपलब्ध हुआ है। पटना (बिहार) से भी खरोष्ठी का एक लेख मिला है। इसके अलावा सिद्दापुर (जिला : चित्रदुर्ग, कर्नाटक) में स्थित अशोक के ब्राह्मी शिलालेख की आखिरी पंक्ति में पांच अक्षर ('लिपिकरेण') खरोष्ठी लिपि में खुदे हुए हैं।

1892 में फ्रांसीसी यात्री द्यूर्त्य द रॅन्स को खोतान से खरोष्ठी लिपि में भोजपत्र पर लिखी हुई 'धम्मपद' की एक प्रति हासिल हुई थी। भोजपत्र पर लिखी हुई यह अब तक की सबसे पुरानी पुस्तक है। खरोष्ठी लिपि सेमेटिक लिपियों की तरह दाईं से बाईं ओर लिखी जाती थी। खरोष्ठी के उद्भव के बारे में सर्वाधिक प्रचलित मत है कि हखमनी शासकों को राज-काज चलाने के लिए परिस्थितिवश असीरिया में प्रचलित आर्मेइक लिपि को अपनाना पड़ा। 559-336 ईसा पूर्व के दौरान हखमनी शासकों का गांधार पर भी शासन था। उनके शासन के साथ ही इस लिपि का उत्तर-पश्चिम भारत में प्रवेश हुआ। आवश्यकतावश कुछ भारतीयों को भी इसे सीखना पड़ा लेकिन यह स्थानीय भाषा के उच्चारण के अनुकूल नहीं थी। आर्मेइक लिपि सेमेटिक भाषाओं को लिखने के लिए तो ठीक थी लेकिन भारोपीय परिवार की प्राकृत भाषा को इस लिपि में लिखना संभव नहीं था। इसलिए ऐसा जान पड़ता है कि ईसा पूर्व पांचवीं शताब्दी में गांधार देश में आर्मेइक लिपि के आधार पर और ब्राह्मी लिपि के स्वनिक सिद्धांतों के आधार पर एक नई लिपि खरोष्ठी का जन्म हुआ। इसके कुछ अक्षर ही नहीं, बल्कि इनके ध्वनिमान भी आर्मेइक लिपि से मिलते हैं।

आर्मेइक लिपि में केवल 22 अक्षर थे और उसमें स्वरों की अपूर्णता (जैसा कि सभी सेमेटिक लिपियों में देखने को मिलता है) भी थी। इसमें ह्रस्व-दीर्घ का कोई भेद नहीं था। इसलिए प्राकृत (पालि) के लिए नई लिपि का निर्माण करते समय कुछ नए स्वर तथा उनकी मात्राओं के लिए संकेत गढ़ने पड़े।

खरोष्ठी-आर्मेइक लिपियों के संबंध को पुष्ट करने के पक्ष में अनेक तथ्य हैं—(i) मुख्य रूप से भारत में ईरान द्वारा अधिकृत प्रदेश में इसका प्रचार, (ii) पुरानी फारसी मूल के कुछ शब्दों का अशोक के अभिलेखों में प्रयोग, (iii) लिपि में दीर्घस्वरों का अभाव, (iv) ईरानी आहत सिक्कों पर ब्राह्मी अक्षरों के साथ खरोष्ठी अक्षरों की मौजूदगी और (v) खरोष्ठी के कुछ वर्णों की आर्मेइक लिपि के वर्णों से समानता और अन्य अनेक वर्णों का आर्मेइक वर्णों से विकास होने संबंधी तथ्य।

खरोष्ठी की लिपिवैज्ञानिक विशेषताएं : लिपि-वैज्ञानिक दृष्टि से यह भारतीय (इंडिक) लिपि परिवार की एक वर्णाक्षरिक (या अबुगिडा) लिपि थी। हालांकि उल्लेखनीय है कि इंडिक परिवार के लक्षणों के विपरीत खरोष्ठी लिपि अरबी की तरह

दाईं से बाईं ओर लिखी जाती थी। फिर भी इसमें अरबी और हिब्रू की भांति वर्णों के लिपि-संरूप नहीं थे। खरोष्ठी वर्णमाला को देखने से स्पष्ट होता है कि विदेशी आर्मेइक लिपि से इसका जो भी संबंध हो, इसके निर्माण और विकास में ब्राह्मी लिपि का प्रभाव रहा है। फिर भी ब्राह्मी की तरह खरोष्ठी के स्वरों तथा उनकी मात्राओं में ह्रस्व-दीर्घ का भेद नहीं है। संयुक्ताक्षर बहुत कम मिलते हैं। कुछ संयुक्ताक्षरों का पाठ अब भी संदेह से मुक्त नहीं है।

प्रत्येक व्यंजन में 'अ' की अंतर्निहित स्थिति, दीर्घ स्वरों एवं स्वरों की मात्राओं का अभाव, अन्य स्वरमात्राओं की ऋजुदंडों द्वारा अभिव्यक्ति, व्यंजनों के पूर्व पंचम वर्णों के लिए सभी जगह अनुस्वार का प्रयोग खरोष्ठी लिपि की कुछ विशेषताएं हैं।

खरोष्ठी में संख्या-अंकों के लिए अनेक लिपि चिह्न हैं। ये भी वर्णाक्षरों की तरह ही बाएं से दाएं लिखे जाते हैं। खरोष्ठी में संख्या-अंकों की प्रस्तुति योजक पद्धति (एडिटिव सिस्टम) पर आधारित है। आधुनिक दाशमिक संख्या-पद्धति की भाषा में कहें तो इसमें 0 (शून्य) नहीं है, 5 से 9 तक के लिए अलग से अंक नहीं हैं। सिर्फ 1 से 4 तक के अंक हैं। खरोष्ठी में नौ विभिन्न योजक चिह्न भी हैं जिनका इस्तेमाल विभिन्न पुरालेखों और पांडुलिपियों में मिलता है।

खरोष्ठी के लेख शिलाओं, धातु-फलकों, काष्ठ-पट्टिकाओं, सिक्कों, भोजपत्रों, चर्मपट तथा कागजों पर मिलते हैं और इन सभी पर इस लिपि का सामान्यतः एक-सा ही स्वरूप देखने को मिलता है। इसकी कलात्मक शैलियां, रूप-भेद आदि उपलब्ध नहीं होते। (खोतान से प्राप्त पांडुलिपि किसी हद तक इसका अपवाद कही जा सकती है।) इसलिए कुछ सुलेख-विज्ञों का मानना है कि यह लिपि कठोर फलक पर उत्कीर्ण होने के बजाय मुलायम फलक (जैसे चमड़ा, कागज आदि) पर स्याही और कलम से लिखने के लिए अधिक उपयुक्त थी।

इसकी लेखनपरक विशेषताओं और वर्णों के असंतुलित रूपाकार/घसीट शैली से सिद्ध होता है कि यह मूल रूप में लिपिकों और व्यापारियों की लिपि थी। वास्तव में जिस तरह भारत के कुछ भागों में कामचलाऊ 'महाजनी/ लंडालिपि' चलती है, उसी तरह खरोष्ठी का उपयोग लंबे ऐतिहासिक कालखंड में राजवंशों की गौरव गाथाएं लिपिबद्ध करने से कहीं अधिक अधिकांशतः मामूली व्यापारिक पत्र-व्यवहार, हिसाब-किताब तक सीमित हो गया।

अनुपम श्रीवास्तव

अधिक जानकारी के लिए :

भारतीय पुरावशेषों का अध्ययन : शिव स्वरूप सहाय

खाप पंचायत

खाप पंचायत बहिर्गोत्रीय विवाह को ही मान्यता देने वाली एक पितृसत्तात्मक जातिवादी व्यवस्था है, जिसमें औरतें भाग नहीं लेतीं पर वे पंचायत के निर्णयों से प्रभावित होती हैं। इसके अलावा समाज के निम्न वर्ग के लोगों को भी खाप पंचायत के कठोर नियमों को मानना पड़ता है। यह एक गोत्र और अनुवांशिकी-आधारित व्यवस्था है जो पश्चिमी उत्तर प्रदेश, हरियाणा, दिल्ली के आसपास और राजस्थान के इलाकों में मिलती है। खाप का अभिप्राय है, विशेष कुल के लोग। खाप पंचायत का गठन कुछ गांवों के समूह द्वारा होता है। बुजुर्ग व्यक्ति पंच होते हैं। यह मुख्यतः जाट सामाजिक व्यवस्था है, पर अहीर, गुज्जर आदि की भी पंचायतें हैं। ये जाति पंचायतें कहलाती हैं। जिन जातियों में गोत्र, कुल, जाति, वंशावली आदि की परंपरा कठोर है, खास कर कृषि-मिल्कियत से संबंधित ऐसी जातियों में रक्त संबंधों की शुद्धता, गोत्र के नियमों, पुरुष वर्चस्व, वर्ण व्यवस्था और ऊंच-नीच के भेदभाव का आज भी कठोरता से पालन होता है। आधुनिक रिश्तों का निर्ममता से दमन होता है और संविधान की धज्जियां उड़ा दी जाती हैं। कई खापों को मिला कर सर्वखाप पंचायत होती है जो समानांतर रूप से एक उच्च न्यायालय की तरह काम करती है।

खाप पंचायतों को प्राचीन विदथ या गण

खाप पंचायत

परिषदों का विकृत अवशेष कहा गया है। ये सैकड़ों सालों से चली आ रही हैं। कुछ दशकों से ये अधिक स्वेच्छाचारितापूर्ण और क्रूर होती गई हैं। ये अपने समाज के नौजवानों के आधुनिक विकासों से संबद्ध और उनकी स्वच्छंदताओं के प्रति निर्मम होती हैं। ये जमाने के अनुसार अपने को बदलना नहीं चाहतीं। इनके दबाव में करोड़ों लोग हैं। वे क्रूरता के शिकार हैं, पर भयवश बोल नहीं पाते–पानी में रहकर मगर से बैर! इनके समाजों में स्त्रियों की दशा पढ़-लिख कर भी गुलामों जैसी होती है। इन समाजों में कन्या-भ्रूण हत्या सबसे अधिक है। आवाज और प्रमाण के अभाव में कानून कई बार खाप पंचायत के तालिबानी निर्णयों में दखल नहीं दे पाता। पिछले कुछ सालों से अंतरजातीय विवाह के कारण लड़कियों की 'आनर किलिंग' की कई घटनाएं हुई हैं। इनके मीडिया द्वारा प्रचार से खाप पंचायतें चर्चा में आई हैं और इन पर शिकंजा कसने की शुरुआत हुई है। अदालतों ने जघन्य अपराधों पर कठोर सजा सुनाई है, जिससे अब जड़ता टूटने लगी है।

खाप पंचायत के पैरोकारों का सामान्यतः कहना है कि ये जाति-बिरादरी की कठोरता बनाए रखते हुए समाज सुधार के काम करती हैं, न्यायालयों के चक्कर से मुक्ति दिलाती हैं, फूहड़ता और अश्लीलता से अपने समाज को बचाती हैं, जरूरतमंदों की मदद करती हैं और भाईचारा मजबूत करती हैं। उनका कहना है कि आधुनिक लोग और मीडिया उनकी समस्याओं को समझना नहीं चाहते। कुछ हैं जो मामले को शहरी और ग्राम सभ्यताओं के द्वंद्व के रूप में देखते हैं। कई खाप पंचायतों ने स्त्रियों के बाजार जाने और आधुनिक पोशाक पहनने पर पाबंदी लगा रखी है। निम्न जातियों के प्रति उनका रुख सामंती क्रूरता से भरा होता है। उनके साथ हुक्का पीने की मनाही है। यदि जाट लड़कों ने किसी दलित लड़की से प्रेम किया और पता चल गया तो दोनों के मार दिए जाने की संभावना होती है। प्रेमियों का 'आनर किलिंग' एक फैशन और संक्रामक रोग बन गया। विकास के पिछवाड़े में खाप पंचायत के नाम पर जो कुछ होता गया है, उसे लोमहर्षक बताया गया है। राजनीतिज्ञ वोट के लिए खाप पंचायतों के नियमों का बेशर्मी से समर्थन करते हैं। खाप पंचायतों या जाति पंचायतों से अभी भी भारत के करोड़ों लोग जुड़े हैं, जहाँ सिर्फ असहिष्णुता है और राजनीतिक संरक्षण में मानवाधिकारों का खुलेआम उल्लंघन है।

गांधी ने कहा था, 'जब तक भारत के सवा पांच लाख गांव उन्नत, स्वावलंबी और समृद्धिशाली न होंगे, जब तक यहां से अविद्या का अंधकार, दरिद्रता का दानव और ऊंच-नीच का भेदभाव नष्ट नहीं होगा, तब तक स्वतंत्रता अथवा स्वराज्य का भारत के लिए कोई मूल्य नहीं है। खाप पंचायत तथा ऐसी ही दूसरी किस्म की कठोर पंचायतें अविद्या के अंधकार और कूपमंडूकता की प्रतिमूर्ति हैं।'

शंभुनाथ

अधिक जानकारी के लिए :

1. **खाप पंचायतों की प्रासंगिकता** : डी आर चौधरी, 2012,
2. **Political Economy of Production and Reproduction in North India** : Prem Choudhary, 2011

खिच्चड़ शैली

खिच्चड़ शैली के लिए अंग्रेजी में 'पेस्टीशे' (Pastiche) शब्द का प्रयोग होता है। पेस्टीशे उत्तर-आधुनिक सांस्कृतिक उत्पाद का मुख्य चरित्र है। यहां कलाएं विज्ञापन की संस्कृति का अंग बनते हुए सपाट और सतह के अर्थों तक सीमित रह

जाती हैं। चमक, सनसनी और सजावट इसके मूल में हैं। इसका प्रचलित अर्थ नकल है, पर इसे ठीक से समझने के लिए 'पैरोडी' से अलगाने की जरूरत है। 'पैरोडी' अतीत की नई और सार्थक नकल है। पेस्टीशे भी पैरोडी की तरह एक विशिष्ट शैली की नकल है, लेकिन इसमें सघनता का अभाव होता है। इसमें विडंबना-बोध पैदा करने की क्षमता नहीं होती। इस तरह की कला किसी नए सौंदर्यबोध या नया अर्थ पैदा करने की क्षमता से रहित होती है। ऐसी कला विभिन्न सत्ताओं द्वारा बनाई जा रही दुनिया को ही पुनरुत्पादित करती रहती है। इस तरह यह कला संस्कृति और समाज में आलोचनात्मक जमीन निर्मित कर सकने की अपनी ताकत से च्युत हो कर एक आत्म-विरोधी दुनिया को मजबूत बनाती है।

पेस्टीशे का सबसे सशक्त विश्लेषण फ्रेडरिक जेमसन ने किया। जेमसन वान गॉग की कृति 'ए पेयर ऑफ बूट्स' और एंडी वारहोल की पेंटिंग 'डायमंड डस्ट शूज' और कुछ फिल्मों के माध्यम से वे बहुत सटीक ढंग से समझाते हैं, 'पेस्टीशे में कोई उद्देश्य, कोई स्मृति, कोई बृहत्तर लक्ष्य नहीं है। यह सिर्फ एक कमोडिटी है।'

उत्तर-आधुनिकता ने 'सब्जेक्ट' का जिस तरह अंत कर दिया है, उससे कलाकार सिर्फ मौजूद संरचना और शैलियों की नकल, मिलावट और पुनरुत्पादन ही कर सकता है। अब वह न्याय की घोषणा करने में, अपने समाज की संरचना में मौजूद संघर्ष और आवेग को रच पाने में सक्षम नहीं है। उत्तर-आधुनिक कलाएं आधुनिक युग की वैयक्तिकता के जादू को खोकर अब व्यक्तित्वहीन और मिलावटी कला में बदल गई हैं। पिछले बीस वर्षों में हुए सूचना विस्फोट का कलाओं पर व्यापक प्रभाव पड़ा है। इसने कलाओं को उपभोग के लिए उत्तर-आधुनिक उत्पादन बना दिया है।

आशीष मिश्र

अधिक जानकारी के लिए :
1. **Pastiche Cultural Memory in Art, Film, Literature** : Ingeborg Hoesterey, 2011, 2. **Post-modern Culture :** Fredric Jameson, 1985

खिलाफत आंदोलन

प्रथम विश्वयुद्ध के दौरान अटमन सल्तनत में खलीफा (राज्य का मुखिया) को ब्रिटिश सरकार द्वारा हटाए जाने के कारण वहां असंतोष फैल गया।

दरअसल तुर्की के इस अंतिम सुन्नी खलीफा अब्दुल मजीद अल यानी (1868-1944) को ब्रिटिश सरकार ने युद्ध में परास्त कर दिया था। इस कारण वे खलीफा की गद्दी से हटा दिए गए। मजीद इस्लाम के सैंतीसवें खलीफा थे जिनसे सुन्नी मुसलमानों का भावात्मक संबंध था। इसलिए उनकी हार को इस्लामी जगत में गुस्से और दुख के साथ लिया गया। इसी गुस्से और आक्रोश ने भारत में खिलाफत आंदोलन का रूप धारण कर लिया। यह वह समय था जब अंग्रेजों के खिलाफ देश का हर नागरिक किसी न किसी रूप में आंदोलन छेड़ने के लिए तैयार था। गांधी का असहयोग आंदोलन चल रहा था। गांधी जी ने खिलाफत आंदोलन की हिमायत की और इसके आंदोलनकारियों—मौलाना मुहम्मद अली जौहर और शौकत अली (अली बंधु), बेगम मुहम्मद अली आदि तीस के करीब सदस्यों से विचार विमर्श कर इस आंदोलन को अंग्रेजों के खिलाफ खड़ा करने की चेष्टा की।

खिलाफत आंदोलन (1919-1924) उग्र रूप से मुस्लिम समुदाय द्वारा भारत में चलाया गया जिसकी गूंज लंदन तक पहुंची थी। इस मंच से हिंदू-मुस्लिम एक होकर अंग्रेजों के खिलाफ आंदोलन करने लगे थे। लेकिन महज तीन वर्षों में ही खिलाफत आंदोलन ने अपनी साख खो दी। यह आंदोलन 1922 में पतनशील होने लगा क्योंकि तुर्की में एक नए विचार और सोच का व्यक्ति अतातुर्क कमाल पाशा (1881-1938) का प्रभाव बढ़ने लगा था। कमाल पाशा ने देश के नक्शे से उन सनातनी खलीफाओं की हैसियत को उठाकर हाशिए पर फेंक दिया। इस्लामी राष्ट्र का यह वैधानिक पद, जो तुर्की और अन्य इस्लामी राष्ट्रों में एक महत्वपूर्ण स्थान रखता था, अब भारहीन हो गया था। एक प्रकार से अतातुर्क कमाल पाशा ने खिलाफत के पद को निरस्त कर दिया था।

तुर्की राज्य के मुखिया खलीफा अब्दुल मजीद ने अपनी खिलाफत को बचाने के लिए विश्व के सुन्नी समुदाय से गुहार लगाना शुरू कर दिया। उन्हें विश्वास था कि विश्व का सुन्नी समुदाय उनकी हिमायत में उठ खड़ा होगा और उनकी खिलाफत बच जाएगी। इस प्रकार वे अपने देश तुर्की को अंग्रेजों के प्रकोप से बचा पाएंगे। इसी दृष्टि से खलीफा अब्दुल मजीद ने अपने एक दूत जलालुद्दीन अफगानी को भारत भेज कर यहां के मुस्लिम समुदाय से अपनी सहानुभूति अर्जित करना चाहा।

खलीफा इस्लामी दृष्टिकोण से विश्व के सारे मुसलमानों का सर्वोच्च और शक्तिशाली व्यक्ति होता था। प्रारंभ के चार खलीफाओं हजरत अबूबक्र सिद्दीक, हजरत उमर, हजरत उस्मान और हजरत अली को खिलाफत-ए-राशिदा कहते हैं। इसके बाद खिलाफत-ए-बनू उमैया, अब्बासिया, उन्दुलुस और उस्मानी का दौर आया। खिलाफत-ए-राशिदा सबसे अधिक लोकप्रिय था। अब्दुल मजीद अंतिम तुर्क खलीफा थे। उन्होंने विश्व के अन्य मुस्लिम समुदायों को एक सूत्र में बांधने की कोशिश की। उनका विश्वास था कि वे इस आंदोलन के द्वारा फिर से इस्लाम का उत्कर्ष काल पुनर्स्थापित कर पाएंगे। लेकिन खलीफा अब्दुल मजीद का सपना साकार न हो सका। वहां कमाल पाशा के 'राष्ट्रवादी' दल का उदय हो गया था। कमाल पाशा ने राष्ट्रवादी प्रगतिशील आंदोलन के द्वारा तुर्की में व्याप्त कठमुल्लावाद को खत्म कर दिया। उसने फर्जी इस्लामी मान्यताएं ध्वस्त कर दीं। उसके सुधार आंदोलन से वे कर्मकांडी मौलवी जो धर्म की ठेकेदारी कर रहे थे, हाशिए पर आ गए।

इस प्रकार सारे अधिकार खलीफा के हाथ से ग्रांड एसेंबली ऑफ तुर्की के अधीन हो गए। कलकत्ता में आज भी खिलाफत कमिटी जीवित है, जो अब केवल ईद-बकराईद की नमाजें रेड रोड पर आयोजित करवाती है।

भारत के प्रसिद्ध बुद्धिजीवी और ऑक्सफोर्ड विश्वविद्यालय से शिक्षित प्रखर वक्ता मौलाना मुहम्मद अली जौहर (1878-1931) को खिलाफत आंदोलन को भारत में उग्र रूप देने के जुर्म में अंग्रेजी सरकार ने चार साल की सजा काटने के लिए मजबूर कर दिया था।

इस आंदोलन के प्रखर प्रवक्ताओं में अली बंधुओं के अलावा मौलाना हसरत मोहानी, मौलाना अबुल कलाम आजाद और (हकीम) अजमल खान जैसे बुद्धिजीवी, शायर और शिक्षाविद थे। 1920 में लखनऊ में गठित अखिल भारतीय खिलाफत समिति की स्थापना की गई थी। इसी वर्ष कांग्रेस ने खिलाफत आंदोलन से मिलकर अंग्रेजी राज के खिलाफ देशव्यापी आंदोलन छेड़ा था। गांधी जी ने कहा था कि खिलाफत और स्वराज को स्थापित करना हमारा उद्देश्य होगा। इसी आंदोलन से निकले विद्वानों ने 'जामिया मिलिया इस्लामिया' की बुनियाद रखी थी। 1928 की 'नेहरू रिपोर्ट' में मोतीलाल नेहरू ने भी खिलाफत आंदोलन के उद्देश्यों की सराहना की थी।

राष्ट्रवादी दृष्टि से खिलाफत आंदोलन कोई धार्मिक आंदोलन नहीं था। मगर भारतीय मुसलमान इस आंदोलन से संवेदनात्मक रूप से जुड़ गए थे। वे खलीफा को तुर्की की गद्दी से हटाने से आहत थे। इस गुस्से में अंग्रेजों के प्रति उनका गुस्सा भी शामिल था, जिसे गांधी ने राजनीतिक स्वरूप दिया। उन्होंने खिलाफत आंदोलन के लिए अपनी सहमति जाहिर की, हालांकि यह एक पुनरुत्थानवादी मामला भी था।

सेराज खान बातिश

खुदीराम बोस

(1889-1908)

भारत के क्रांतिकारी आंदोलन में शहीद होने वालों में खुदीराम बोस सबसे युवा माने जाते हैं। उनका जन्म मिदनापुर (पश्चिम बंगाल) में हुआ था। वह उत्तर भारत में भी क्रांतिकारियों के साथ

सक्रिय थे। तीन दिसंबर 1889 को जन्मे खुदीराम का केवल 19 वर्षों का जीवन असाधारण साहस और नेतृत्व क्षमता का परिचायक रहा है। उनके पिता त्रैलोक्य नाथ बोस और माता लक्ष्मीप्रिया देवी के दो पुत्र बचपन में ही मर चुके थे। उस समय के अंधविश्वास के अनुसार तीसरे पुत्र खुदीराम को बेच दिया गया ताकि यदि भाग्य के अनुसार उनकी संतानों की मृत्यु लिखी है तो अब दूसरे की संतान होने के नाते हो सकता है वह इस अभिशाप से बच जाए। वे बच ही नहीं गए, उन्होंने विलक्षण प्रतिभा का परिचय देना शुरू किया।

उस समय अरविंद बंगाल के विभिन्न जिलों में घूम कर लोगों को स्वतंत्रता संग्राम में कूदने का आह्वान कर रहे थे। तेरह-चौदह साल के खुदीराम बोस ने अरविंद का भाषण सुना तो प्रेरणा से ओत-प्रोत हो कर वे छात्रों के बीच शुरू हुए क्रांतिकारी आंदोलन में सक्रिय हो गए। जल्द ही वे मिदिनापुर में सबसे सक्रिय क्रांतिकारी छात्र बन गए। उनके नेतृत्व के गुणों ने दूसरे नेताओं का भी ध्यान आकर्षित किया। वे अपने शिक्षक सत्येंद्र नाथ बोस के अलावा सबसे अधिक अरविंद और भगिनी निवेदिता से प्रभावित थे।

1905 में जब बंगाल में बंग-भंग विरोधी आंदोलन तेज हुआ, वे 'जुगांतर' दल में शामिल हो

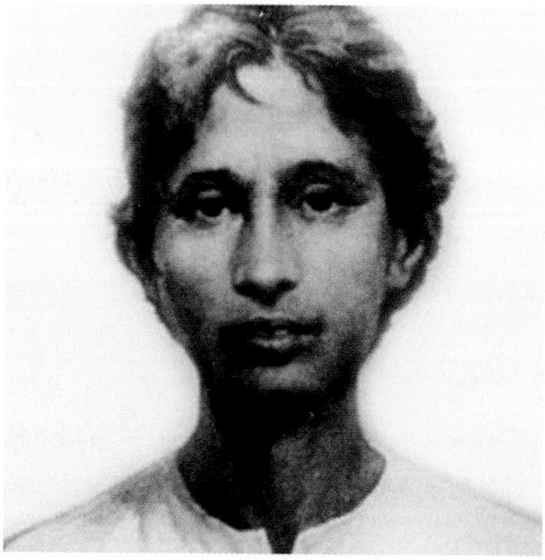

खुदीराम बोस

गए और सशस्त्र गतिविधियों में भागीदारी करने लगे। कई थानों में बम फेंकने में वे शामिल थे। उनकी नेतृत्व-कुशलता देखते हुए उन्हें और प्रफुल्ल चाकी को क्रांतिकारी कामों के लिए बिहार भेजा गया। उन्हें मुजफ्फरपुर में जन-विरोधी जज किंग्सफोर्ड की हत्या करने की जिम्मेदारी दी गई। 30 अप्रैल 1908 को उस जज के यूरोपियन क्लब से बाहर निकलने पर उस पर बम फेंकने की योजना थी। रात साढ़े आठ बजे जब उसकी बग्घी क्लब से निकली तो खुदीराम बोस और प्रफुल्ल चाकी ने उस पर बम फेंक दिया और यह सोचकर कि काम पूरा हो गया है वहाँ से भाग चलें। बाद में उन्हें पता चला कि उस बग्घी में तो किंग्सफोर्ड था ही नहीं। उसमें बैरिस्टर केनिडी की पत्नी और बेटी थी। इन निर्दोष व्यक्तियों की हत्या का उन्हें बहुत पछतावा हुआ और वे भागते फिरे। बाद में दोनों ही गिरफ्तार कर लिए गए।

खुदीराम बोस और चाकी ने अलग-अलग तरीके से बंगाल लौटने का फैसला किया था। चाकी ट्रेन बदलते हुए मिदनापुर वापस आना चाहता था, पर रास्ते में पकड़ लिया गया। खुदीराम ने पैदल ही लौटने का फैसला किया। एक जगह वह थककर पानी पीने के लिए रुका। सारे इलाके में पुलिस चौकन्ना थी कि दो बालकों ने अंग्रेजों की हत्या कर दी है। एक बेहद थके हुए युवा पर एक पुलिस की नजर पड़ी तो उसने फौरन उसके पास जा कर उसकी तलाशी ली। खुदीराम बोस के पास दो पिस्तौलें और सैंतीस कारतूस बरामद हुए। उसने भागने की कोशिश की पर एक थका हुआ युवा दो मजबूत पुलिस वालों के चंगुल से बच नहीं सका। जब वह मुजफ्फरपुर लाया जा रहा था तो वंदे मातरम का नारा लगाते हुए इस युवा को देखने के लिए स्टेशन पर भारी भीड़ एकत्र हो गई थी।

मजिस्ट्रेट के सामने खुदीराम बोस ने स्वीकार कर लिया कि उसने किंग्सफोर्ड की हत्या का प्रयास किया था। पर उसने अपने साथी प्रफुल्ल चाकी का नाम नहीं बताया। इस बीच गिरफ्तार प्रफुल्ल चाकी ने आत्महत्या कर ली थी। जब प्रफुल्ल

चाकी की लाश खुदीराम बोस के सामने पेश की गई तो वह स्तब्ध रह गया और उसकी भंगिमाओं से वास्तविकता का पता चल गया। खुदीराम बोस का मुकदमा लड़ने के लिए कई वकील मुफ्त में पैरवी करने को तैयार हो गए। वकीलों ने सलाह दी कि खुदीराम बम कांड से अपनी भागीदारी से इनकार कर दे। वकीलों ने बहुत कोशिश की कि खुदीराम को मौत की सजा न मिले। अदालत में यह साबित नहीं हुआ कि बम खुदीराम बोस ने फेंका था, परयह साबित हो चुका था कि वह क्रांतिकारी है। इसलिए उसे मौत की सजा सुना दी गई। वह हाई कोर्ट में अपील कर सकता था। पर उसने इनकार कर दिया। फिर भी नरेंद्र कुमार बसु ने उसका मुकदमा हाई कोर्ट में लड़ा, क्योंकि इस बीच इस युवा की बहादुरी की चर्चा सारे देश में, विशेषकर बंगाल में हो गई थी। हाईकोर्ट ने मौत के फैसले की पुष्टि कर दी। इस फैसले के विरुद्ध गवर्नर जनरल के पास अपील करने की कोशिश की गई, पर अपील स्वीकार नहीं की गई। 1908 में 11 अगस्त को 19 साल की उम्र में खुदीराम को फाँसी दे दी गई। एक बालक को फांसी देने पर भारी हंगामा हुआ। खुदीराम उस समय ही नहीं, बाद में भी युवाओं के प्रेरणा स्रोत बने रहे।

लाल बहादुर वर्मा

अधिक जानकारी के लिए :
स्वाधीनता संग्राम के क्रांतिकारी साहित्य का इतिहास : मदनलाल वर्मा, 2006

खैराड़ी

खैराड़ी पश्चिमी राजस्थानी की लोकभाषा है, जो राजस्थानी हिंदी उपभाषा वर्ग के अंतर्गत आती है। ग्रियर्सन ने इसका उल्लेख पश्चिमी राजस्थानी की बोली के रूप में किया है। मोतीलाल मेनारिया सहित अनेक विद्वानों ने इसे मारवाड़ी की उपबोली माना है। राजस्थानी की दूसरी लोकभाषाओं के साथ भी इसका संबंध और संपर्क रहा है। खैराड़ी शाहपुरा बूंदी के कुछ इलाकों में बोली जाती है। इसके अलावा टोंक क्षेत्र की बोली के तौर पर भी इसका उल्लेख किया जाता है। 2001 की जनगणना के अनुसार खैराड़ी भाषाभाषियों की कुल जनसंख्या 11,937 थी। भाषिक दृष्टि से खैराड़ी में मेवाड़ी, ढूंढाणी और हाड़ौती का मिश्रण देखा जाता है।

यह लोकभाषा लोकसाहित्य के लिहाज से समृद्ध है। खैराड़ी के समकालीन साहित्यकारों में खुरशीद खैराड़ी (जोधपुर) का नाम उल्लेखनीय है। इनके द्वारा लिखे गए कुछ दोहों के माध्यम से खैराड़ी की भाषाई और साहित्यिक बानगी देखी जा सकती है :

खांडा ने दे धार मां, हाथां में दे जोर।
दुबलां रे हक लार मां, सगती दूं झकझोर।।
मंस-बली ना मांगती, सब जीवां री मात।
दारू मां री भेंट रो, भोपाजी गटकात।।
कलजुग में दसमाथ रा, होग्या सौ-सौ माथ।
राम कठै घुस्या फरै, सीता इब बेनाथ।।
बायण थारे देवले, शीस झुकाऊं आर।
सब पर किरपा राखजे, बाडोली दातार।।

कवि लोक देवी से प्रार्थना करता है, 'हे मां, मेरे खांडे (खड्ग) को इतनी धार और हाथों में इतनी ताकत दे कि मैं दुर्बल लोगों के अधिकार के लिए संघर्ष करते हुए ताकतवर की शक्ति को झकझोर दूं। जो सब जीवों की मां है, वह मांस की बलि नहीं मांगती है। जो शराब मां को भेंट के नाम पर चढ़ाई जाती है, उसे तो आखिरकार भोपा अर्थात पुजारी ही गटकता है। इस कलियुग में दशमुख रावण के सौ-सौ सिर हो गए हैं, अर्थात अनाचार बेहद बढ़ गया है। पता नहीं राम कहां छिपा बैठा है जिसकी वजह से सीता अनाथ, असहाय हो गई है। हे लोक देवी बायण, तुम्हारे मंदिर में आकर मैं अपना सिर झुकाता हूं। देवी बाडोली, तुम सब पर अपनी कृपादृष्टि बनाए रखना।

अनुपम श्रीवास्तव

खोजी पत्रकारिता

खोजी पत्रकारिता (Investigative Journalism) एकदम नई चीज नहीं है। जब यूरोप में पत्रकारिता का विकास हो रहा था, संपादक हमेशा ऐसे तथ्यों या दस्तावेजों की खोज में रहते थे जिनसे कुलीन और सम्मानित लोगों अथवा सरकार का कोई छिपा हुआ पहलू उजागर हो। तब पत्रकार, जो अधिकतर संपादक या प्रेस स्वामी होते थे, अपने को समाज का नेता मानते थे। जनतंत्र के विकास में उन पत्रकारों की उल्लेखनीय भूमिका है। उन्हीं दिनों किसी नकारात्मक खबर या तस्वीर को छापने या न छापने के लिए पैसे लेने यानी ब्लैकमेल की शुरुआत हो गई थी। दोनों ही प्रवृत्तियां आज अपने विकसित रूप में दिखाई देती हैं।

खोजपूर्ण पत्रकारिता से आशय ऐसी पत्रकारिता से है जिसमें पत्रकार किसी एक विषय पर गहराई से शोध करता है। इसमें हफ्तों से ले कर महीनों भी लग सकते हैं। विषय कुछ भी हो सकता है– कोई बड़ा अपराध, राजनीतिक भ्रष्टाचार, अफसरों की मनमानी या उद्योगपतियों की अंधेरगर्दी। लंबी खोजबीन से पत्रकार ऐसे दस्तावेज या रिकॉर्ड भी प्रस्तुत करता है जिससे उसकी रिपोर्टिंग की प्रामाणिकता सिद्ध हो सके। बीसवीं शताब्दी में खोजपूर्ण पत्रकारिता का सबसे बड़ा और बहुचर्चित उदाहरण संयुक्त राज्य अमेरिका का वाटरगेट कांड (1972-1974) है, जिसके उद्‌घाटन में न्यूयॉर्क टाइम्स, वाशिंगटन पोस्ट और टाइम पत्रिका ने गहरी रुचि ली थी। इस कांड में प्रतिपक्ष की डेमोक्रेटिक पार्टी के कार्यालय में सेंधमारी हुई थी, जिसके तथ्यों को सत्तारूढ़ रिपब्लिकन पार्टी के राष्ट्रपति रिचर्ड निक्सन लगातार ढंकने की कोशिश करते रहे। अंत में उन्हें इस्तीफा देना पड़ा जो अमेरिका के इतिहास में राष्ट्रपति पद से एकमात्र इस्तीफा है।

भारत में खोजपूर्ण पत्रकारिता की शुरुआत आपातकाल (1975-1977) के बाद हुई। कुलदीप नैयर, जनार्दन ठाकुर, अरुण शौरी तथा कुछ अन्य पत्रकारों ने आपातकाल की क्रूर घटनाओं की कहानियां लिखीं। उन्होंने उस समय के प्रभावशाली राजनीतिक नेताओं का कच्चा चिट्ठा पेश किया और इंदिरा गांधी को हरा कर सत्ता में आई जनता पार्टी के अंदरूनी झगड़ों को भी उजागर किया। खोजी पत्रकार किसी एक मुद्दे पर काम करते हुए इनमें से किसी भी एक या कई का सहारा ले सकता है : कानूनी दस्तावेजों, सरकारी रिपोर्टों, कंपनियों द्वारा फाइल किए गए वित्तीय विवरणों का विश्लेषण, मंत्रियों और नौकरशाहों के रिकॉर्ड और बयानों की तह में जाना, गोपनीय दस्तावेजों को बाहर ले आना, सामाजिक मुद्दों पर शोध करना, सार्वजनिक रिकॉर्ड की जांच करना आदि। यह बड़ी चतुराई, साहस और धैर्य का काम होता है और इसमें खतरा भी होता है।

आजकल खोजी पत्रकारिता में स्टिंग का स्थान बढ़ता जा रहा है। स्टिंग का मतलब होता है डंक मारना। पत्रकार वेश बदल कर या अपनी कोई और पहचान बना कर मंत्री या अधिकारी से बातचीत करता है ताकि कुछ छिपे तथ्य उजागर हो सकें। 1980 के दशक में इंडियन एक्सप्रेस का एक पत्रकार अश्विनी सरीन औरत खरीदने वाला बन कर मध्य प्रदेश के शिवपुरी जिले के नजदीक एक गांव में गया और 2300 रुपए में एक औरत को खरीद कर दिल्ली ले आया। उस औरत का नाम कमला था। स्टिंग ऑपरेशन की खूबी यह होती है कि पत्रकार जिस व्यक्ति से मिलता है, उसका विश्वास अर्जित कर लेता है और सौहार्दपूर्ण वातावरण में खुली बातचीत होती है, जिसे गुप्त साउंड रिकॉर्डर या कैमरे से रिकॉर्ड कर लिया जाता है। ऐसे मामलों में अदालत खोजी पत्रकार के साथ उदारता से पेश आती है और समाचार के स्रोतों को सार्वजनिक नहीं होने देती। पत्रकारिता की दीर्घकालीन परंपरा यह है कि किसी भी पत्रकार को समाचार का स्रोत

बताने के लिए बाध्य नहीं किया जा सकता। लेकिन कभी-कभी अदालत आग्रह करती है कि स्रोत का नाम एक बंद लिफाफे में डाल कर जज को दे दिया जाए। खोजी पत्रकारिता का एक रूप कोई तथ्य लीक करने का है। इसमें गोपनीय सरकारी दस्तावेज या उनके अंश समाचार पत्र या मीडिया में प्रकाशित कर दिए जाते हैं। जाहिर है, यह किसी मंत्री या अफसर के सहयोग के बिना संभव नहीं है। कई बार लीक करने में नेताओं का अपना स्वार्थ होता है। किसी की निजी बातचीत के टेप प्रकाशित कर देना भी खोजी पत्रकारिता की श्रेणी में आता है।

खोजी पत्रकारिता की आलोचना यह कह कर की जाती है कि यह व्यक्ति की निजता का हनन है। कभी किसी की डायरी के पन्ने उजागर कर दिए जाते हैं, कभी किसी के प्रेम पत्र या अन्य व्यक्तिगत दस्तावेज छाप दिए जाते हैं तो किसी की नंगी तस्वीरें पेश कर दी जाती हैं। यह कहाँ तक नैतिक या कानून-सम्मत है, यह विवाद का विषय रहा है। एक तर्क यह दिया जाता है कि तथ्यों की खोज में पत्रकार चोरी भी कर सकता है या रिश्वत देकर गोपनीय दस्तावेज खरीद सकता है। पत्रकार का काम सत्य को उद्घाटित करना है। अपनी इस भूमिका में वह समाज के प्रतिनिधि के रूप में काम कर रहा होता है। इसके विरुद्ध तर्क यह है कि किसी भी स्थिति में पत्रकार को न कानून तोडना चाहिए न ही नैतिकता की सीमाओं का अतिक्रमण करना चाहिए। वास्तव में, खोजी पत्रकारिता एक बहुत जिम्मेदारी का काम है और उसी जिम्मेदारी से इसका निर्वाह करना चाहिए। इसकी सर्वमान्य कसौटी यह है कि स्टिंग किसी सार्वजनिक हित के लिए किया जाए, न कि व्यक्तिगत लाभ के लिए।

राजकिशोर

अधिक जानकारी के लिए :

1. **Investigative Reporting : A Study is Technique :** David Spark, 1999. 2. **Investigative Journalism : Context and Practice :** Huge de Burgh, 2000

खोरठा

खोरठा को आर्य परिवार की भाषा माना जाता है। इसकी उत्पत्ति मागधी अपभ्रंश से बताई जाती है। खोरठा की लिपि देवनागरी है। खोरठा शब्द की व्युत्पत्ति को ले कर विद्वानों में मतभेद है। कई विद्वानों ने इसका संबंध खरोष्ठी से जोड़ा है। खरोष्ठी लिपि का प्रचलन पश्चिमोत्तर भारत में चौथी शताब्दी ईसा पूर्व में था। ग्रियर्सन आदि विद्वानों ने खोरठा को स्वतंत्र भाषा नहीं माना। कुछ ने खोरठा को मगही के अंतर्गत स्थान दिया। आज खोरठा हिंदी की एक स्वतंत्र बोली के रूप में स्वीकृत है। खोरठा भाषा झारखंड के दो प्रमंडलों उत्तरी छोटानागपुर और संथाल परगना के अधिकांश क्षेत्रों में और बांग्लादेश के कुछ भागों में बोली जाती है। दामोदर नदी तथा पारसनाथ पहाड़ी से संबंधित क्षेत्र खोरठा व्यवहार का केंद्रीय क्षेत्र है। मानक खोरठा हजारीबाग के कुछ भागों तथा धनबाद, बोकारो और गिरीडीह जिलों में बोली जाती है। 2001 की जनगणना के अनुसार इसके बोलने वालों की संख्या 47,25,927 है।

विभिन्न खोरठा की शब्द संपदा समृद्ध है। इसमें कई भाषाओं के शब्द मिले-जुले हैं, जिनमें आर्य मूल के शब्दों की संख्या सर्वाधिक है। इसके बाद इसमें आस्ट्रिक और द्रविड़ शब्द हैं। इसमें नागपुरी, मगही, अंगिका और बांग्ला के भी शब्द हैं। विदेशी भाषाओं में अंग्रेजी तथा अरबी-फारसी के शब्द इसके शब्द भंडार में शामिल हैं।

कई क्षेत्रों में यह भाषा अलग-अलग भाषाओं से प्रभावित है। चतरा की खोरठा मगही से काफी प्रभावित है। रामगढ़ के आसपास इस भाषा पर कुरमाली का प्रभाव लक्षित किया जा सकता है। धनबाद के इलाके में खोरठा पर बांग्ला भाषा का सर्वाधिक असर है। ऐसे ही, जामताड़ा की खोरठा अंगिका से प्रभावित है। इतने व्यापक क्षेत्र की भाषा होने के कारण इसकी अनेक उपबोलियां हो गई हैं। भाषा संरचना और शब्द भंडार के आधार पर विद्वानों ने खोरठा भाषी क्षेत्र को दो वर्गों में

विभाजित किया है—गाढ़ी और सिंआड़ी। गाढ़ी खोरठा का वह क्षेत्र है जहाँ इस पर अन्य भाषाओं का न्यूनतम प्रभाव पड़ा। ऐसे ही, सिंआड़ी खोरठा का वह क्षेत्र है, जहाँ विभिन्न भाषाओं का प्रभाव है। इसकी प्रमुख उपबोलियां गोलवारी, सिखरिया, देसवाली, रमगढ़िया आदि हैं। खोरठा में पर्याप्त लोक साहित्य है।

खोरठा में 'ङ' और 'ञ' का आनुनासिक व्यवहार होता है। अन्य पूर्वी बोलियों की भांति खोरठा में 'ण' की जगह 'न' का व्यवहार होता है। भोजपुरी, मगही आदि बिहारी भाषाओं की तरह खोरठा में 'श' और 'ष' की जगह 'स' का प्रचलन है। 'य' और 'व' ध्वनियां भी खोरठा में विरल दिखाई पड़ेंगी। शब्द के आरंभ में 'य' की जगह 'अ' हो जाता है। ऐसे ही, इस भाषा में शब्दारंभ का 'व' परिवर्तित होकर 'ब' हो जाता है। शब्दों के मध्य में प्रयुक्त 'य' प्रायः 'ज' में बदल जाता है। खोरठा में विसर्ग ध्वनि नहीं है।

खोरठा में तत्सम और तद्भव शब्दों के साथ-साथ आंचलिक शब्द भी हैं, जैसे डाँड़ा (कमर), सुपली (तलवा), बुकू (नाभि), लादा (तोंद), गीदर (लड़का) आदि। डाँड़, सुपली, लाद जैसे शब्द भोजपुरी में भी चलते हैं। खोरठा शब्दों में अनुकरणात्मक शब्दों की काफी संख्या है, जैसे करकरा, घरघरा, झरझरा, हरहारा आदि।

खोरठा : ऊ कहलकौ। शिवनाथ प्रमाणिक जीक जनम बैधमारा गांवें भेलइ। इनखर आरंभिक जीवन बड़ी दुखें बितलइ।

हिंदी : उसने कहा। शिवनाथ प्रमाणिक जी का जन्म बैधमारा गांव में हुआ। इनका आरंभिक जीवन अत्यंत दुख में बीता।

राजेंद्र प्रसाद सिंह

अधिक जानकारी के लिए :

1. **भारत के प्राचीन भाषा परिवार और हिंदी** : रामविलास शर्मा, 2. **हिंदी भाषा का इतिहास** : केशवदत्त रुवाली, 3. **हिंदी की उपभाषाएं और बोलियां** : रामचंद्र मिश्र

ख्याल

ख्याल राजस्थान में लोक नाट्य का एक महत्वपूर्ण रूप है। इसका आनंद हजारों ग्रामीण दर्शक लेते हैं। इसमें संगीतमय लोक नाटिकाएं तथा नृत्य नाटिकाएं दोनों ही शामिल हैं। इसके विशेषज्ञों का कहना है कि इनमें चार सौ वर्षों से भी पुरानी सामाजिक और सांस्कृतिक परंपराएं सुरक्षित हैं। लोक कला मर्मज्ञ देवी लाल सामर करीब दो सौ ख्यालों की चर्चा करते हैं। ये ख्याल न सिर्फ मनोरंजन बल्कि सामाजिक-सांस्कृतिक शिक्षा के भी साधन हैं। भारत के किसी भी क्षेत्र में लोक नाटकों या ख्याल के इतने रूप प्रचलित नहीं हैं जितने राजस्थान में हैं। ये ख्याल बड़े सरल होते हैं, लेकिन इनकी तकनीक अपने आप में पूर्ण है।

ख्याल का मंच खुला होता है। यह प्रायः गांव के किसी केंद्रीय स्थल जैसे—किसी समृद्ध ग्रामीण का खुला दालान या मंदिर के बाहर के चबूतरे पर मंचित किया जाता है। इस व्यवस्था के परिणामस्वरूप दर्शकों तथा कलाकारों के बीच एक विशिष्ट सामंजस्य स्थापित हो जाता है। प्रायः नाटक की वेश-भूषा पहने हुए ही कलाकार दर्शकों के बीच आ बैठता है, बातचीत करता है तथा उनके साथ चिलम और बीड़ी भी पीता है। ये कलाकार अचानक मंच पर पहुंच जाते हैं तथा बड़े ही स्वाभाविक ढंग से अपनी कला का प्रदर्शन करते हैं। इस नाटक के दृश्य, पात्र और वेश-भूषा सांकेतिक होते हैं। फिर भी ये इतने प्रभावशाली हैं कि बिना किसी पूर्व-तैयारी या निर्देशन के ही लोगों को मंत्र-मुग्ध कर देते हैं। इनकी कहानियां जैसे—ढोला-मारू, सुलतान-निहाल्दे, भृर्तृहरि, अमरसिंह राठौड़ आदि पहले से लोकप्रिय होती हैं।

राजस्थान के लोक नाटकों को काव्यात्मक विशिष्टताओं और संवाद के आधार पर तीन भागों में बांटा जा सकता है। पहले समूह में भवाइयों की नृत्य-नाटिकाएं तथा अन्य नाटक आते हैं। इनमें कलाबाजी की संभावनाएं रहती हैं। दूसरे समूह में

रसधारी, तुर्रा-कलंगी, रम्मत तथा मेवात, कुचामन और चिड़ावा के काव्य नाटक शामिल हैं, जबकि तीसरे समूह में भीलों का नाटक गवरी तथा अन्य नाटक हैं जिनमें संवाद के बदले मूक अभिनय तथा संगीत और नृत्य होते हैं।

काव्यात्मक ख्याल मुख्यतः सामाजिक विषयवस्तु के इर्द-गिर्द बने नाटक होते हैं। रसधारी इसी श्रेणी के नाटक हैं। अपने मूल स्वरूप में रसधारी कृष्ण लीला का वर्णन करता था, लेकिन इसमें बाद में अन्य कथा वस्तुएं भी शामिल हो गईं। मेवाड़ में रसधारियों की उत्पत्ति पचास साल से भी पहले मोतीलाल जाट द्वारा लिखित प्रथम नाटक से हुई थी। धीरे-धीरे यह शैली मारवाड़ में भी प्रचलित हो गई। ऐसे नाटकों की कथावस्तु प्रायः धार्मिक होती है, जैसे—राम, कृष्ण, हरिश्चंद्र तथा राजा मोरध्वज की कहानी।

एक अन्य लोक नाट्य रूप है तुर्रा-कलंगी। कहा जाता है कि इस शैली की उत्पत्ति दो साधु कलाकारों से हुई, जो आज से चार सौ साल पहले के थे। तुर्रा शिव का प्रतीक है और कलंगी उनकी शक्ति पार्वती का। इन दो प्रतीकों ने दो संप्रदायों को जन्म दिया जो प्रायः काव्यात्मक प्रतिस्पर्धाओं के द्वारा अपने-अपने दार्शनिक विचारों को प्रकट करते थे। मालवा के आसपास के इलाकों में ये दोनों संप्रदाय बहुत लोकप्रिय थे। धीरे-धीरे इन प्रतिस्पर्धाओं या दंगलों ने मंच-अभिनय का स्वरूप लेना शुरू कर दिया। इस शैली में निर्मित तथा मंचित नृत्य नाटक धीरे-धीरे तुर्रा और कलंगी से अलग होते गए। इनमें जनरुचि की सभी कथाएं कथावस्तु बनती गईं। गाने की शैली के कारण इन्हें तुर्रा-कलंगी ही कहा गया। घोसुंडा, चित्तौड़गढ़, निम्बाहेड़ा तथा नीमच इस शैली के मुख्य केंद्र बन गए। सोनी जयदयाल के तुर्रा-कलंगी बड़े लोकप्रिय हैं।

जयपुर के कुचामन तथा शेखावाटी क्षेत्रों के ख्याल अपने समृद्ध गायन, मंच पर नृत्य के साथ नाटकीय अभिनय तथा वाद्य यंत्रों के गूढ़ तत्वों के लिए विख्यात हैं। कुचामन के लच्छीराम ने चाँद-मलयागिरि रिदमल, मिरन-मंगल जैसे कई ख्यालों की रचना की है। शेखावाटी के ख्यालों को कुचामन के ख्यालों से अधिक प्राचीन माना जाता है। कुचामन के ख्यालों में संगीत तथा गायन, नृत्य, वेशभूषा तथा मुक्ताकाश मंच की व्यवस्था—इन सबमें आधुनिकता का प्रभाव दिखाई देता है। लेकिन शेखावाटी ख्यालों ने अपने काव्यात्मक संगीत और अभिनय की मौलिकता को बनाए रखा है।

खंडेला तथा चिड़ावा जैसी जगहों ने कई ख्याल संगीतकारों तथा कलाकारों को पैदा किया है। मीरासी नानू को नगाड़ा बजाने के कारण राणा भी कहते हैं। वह शेखावाटी क्षेत्र में ख्याल को आगे बढ़ाने वाला प्रमुख व्यक्ति था। इसी क्षेत्र का एक अन्य ख्याल रचनाकार था उजीरा। उसने करीब पंद्रह ख्यालों की रचना की। उसकी प्रमुख रचनाएं हैं—माधवमाल-कामकंडला, हाड़ी-रानी, निहाल्दे-सुलतान, नरसी भगत तथा पद्मावती। कल्पना करें कि गांव के चौराहे पर रखे दो बड़े तख्तों के चारों तरफ ग्रामीण दर्शक खचा-खच भरे हैं। शामियाना लगा है तथा रोशनी है। गायक ऊंची आवाज में नगाड़ों और सारंगी की धुन पर गा रहे हैं। आसपास बंजर भूमि में रात का सन्नाटा छाया है। शेखावाटी में इसी प्रकार हजारों लोगों के मनोरंजन के लिए ख्याल गाया जाता है।

अलीबख्श ने मेवाती में ख्याल रचना की है। इन्हें अपनी विशिष्ट शैली के कारण अलीबख्शी ख्याल कहा जाता है। इन संगीतमय नाटकों में वही लोग भाग लेते हैं जो अच्छा गाते हैं, जिनकी आवाज भारी है और जो राग-रागनियों की जानकारी रखते हैं। नानू के वंशज अभी भी चिड़ावा में रहते हैं तथा अपने पूर्वजों के द्वारा बनाए ख्याल मंचित करते हैं।

बीकानेर क्षेत्र में प्रचलित ख्याल 'रम्मत' कहे जाते हैं जिन्हें मुख्यतः स्वामी गाते हैं। प्रारंभिक काल में रम्मत सिर्फ गाए जाते थे। बाद में उनमें नृत्य तथा नाटक के तत्व भी शामिल हो गए। इसके कारण रम्मत भी ख्याल बन गए और उनकी

लोकप्रियता बढ़ गई। हिंदनमेसी पुराना रम्मत है तथा अमरसिंह राठौड़ बाद का ख्याल है जो मोतीलाल द्वारा रचा गया। अब रम्मत तथा ख्याल को समान माना जाता है। इन्हें नगाड़ा, हारमोनियम, सारंगी, ढोलक तथा मंजीरे के साथ मंचित किया जाता है। ख्याल के आयोजन का खास महीना फागुन है। इस महीने में ही होली भी मनाई जाती है।

ख्याल राजस्थान के हर इलाके में प्रचलित है। जैसलमेर, अलवर, कोटा तथा झालावाड़ क्षेत्रों के अपने ख्याल हैं। ये ख्याल तकनीक और बनावट की दृष्टि से अन्य क्षेत्रों के ख्यालों से अलग नहीं हैं। यहां भरतपुर की नौटंकी का विशेष उल्लेख आवश्यक है। इस शैली में एक मजबूत मंच तथा रंग-बिरंगे परदों का प्रयोग होता है। नगाड़ा के बजने तथा ऊंची कूद और लंबी कूद वाले नृत्यों के कारण इसे तख्त-तोड़ भी कहा जाता है। यह शैली क्षीण होती गई है, क्योंकि यह नर्तकों को थकाने वाली थी।

राजाराम भादू

अधिक जानकारी के लिए :

Khyal : Creativity within North India's Classical Music Tradition : C Wade Bomnic, 1984

❐❐